Des
cor
Cha
dos
2020

GUIA DE **VINHOS**
DA **ARGENTINA, BRASIL,**
CHILE E **URUGUAI**

PATRICIO TAPIA

WWW.WORLDWINE.COM.BR

World Wine

CHILE

BISQUERTT
- Vinho REVELAÇÃO — Q CLAY — 95
- TRALCA — 92
- LA JOYA SINGLE VINEYARD CABERNET SAUVIGNON — 92

BOUCHON
- GRANITO CABERNET SAUVIGNON - CARMENERE — 95
- GRANITO SÉMILLON — 95 — O MELHOR SÉMILLON
- MINGRE BLEND — 93

ODFJELL
- O MELHOR de CAUQUENES — ODFJELL CABERNET SAUVIGNON
- ORZADA CARIGNAN — 92
- ALIARA — 94
- 96

CONO SUR
- 20 BARRELS CARMENERE — 95 — Vinho REVELAÇÃO
- OCIO PINOT NOIR — 96 — MELHOR de Casablanca
- SILENCIO CABERNET SAUVIGNON — 96

BARON PHILIPPE DE ROTHSCHILD
- ESCUDO ROJO RESERVA SAUVIGNON BLANC — 93
- ESCUDO ROJO ORIGINE CABERNET SAUVIGNON — 94
- ESCUDO ROJO GRAN RESERVA — 93

ARBOLEDA
- ARBOLEDA CARMENERE — 92
- ARBOLEDA BRISA — 94
- ARBOLEDA CABERNET SAUVIGNON — 92

PEDRO PARRA Y FAMILIA — BODEGA REVELAÇÃO
- IMAGINADOR — 90
- PENCOPOLITANO — 92

ESTE PRODUTO É DESTINADO A ADULTOS

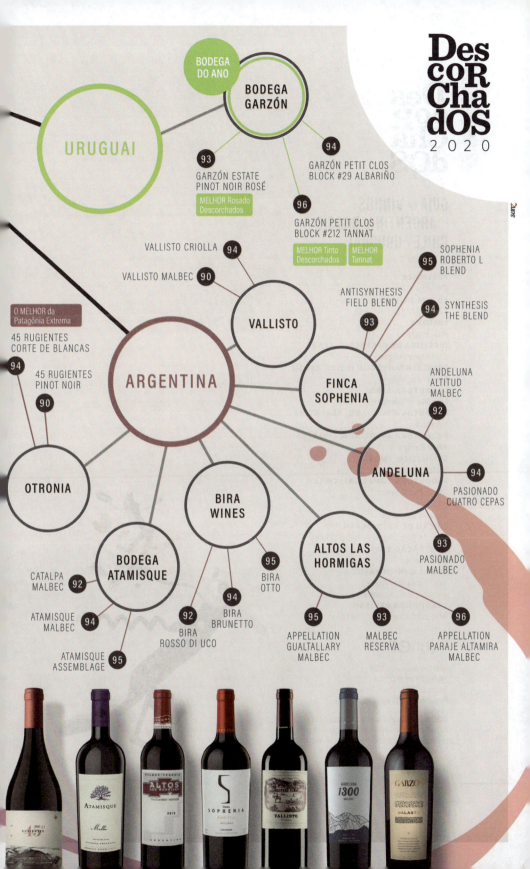

Descorchados 2020

GUIA DE VINHOS DA ARGENTINA, BRASIL, CHILE E URUGUAI

By Patricio Tapia A.

PUBLISHER
Christian Burgos
EDITOR DE VINHO
Eduardo Milan
EDITORA
Pilar Hurtado
DIRETORA DE OPERAÇõES, BRASIL
Christiane Burgos
REPRESENTANTE COMERCIAL, BRASIL
Sônia Machado
PRODUTORA GERAL
Lina María Gómez
PRODUTOR ASSOCIADO, ARGENTINA
Winifera
PRODUTORA ASSOCIADA, CHILE
Anita Zaror
SOMMELIER, CHILE
Víctor Lara
PRODUTORA COMERCIAL, CHILE
María Paz Jiménez
DESIGN
Claudia Caviedes
EDIÇÃO DE ARTE, BRASIL
Ricardo Torquetto e Aldeniei Gomes
ILUSTRAÇÃO CAPA
Pablo Balzo
MAPAS & INFOGRÁFICOS
Juan Pablo Domínguez
www.bajolagua.com.ar
TRADUÇÃO E REVISÃO
Arnaldo Grizzo e Eduardo Milan

inner

Guia Descorchados 2020.
Produzido Inner Editora
Textos © 2020, Patricio Tapia
Produção © 2020, Guia Descorchados

Direitos Reservados. Proibida a reprodução total ou parcial deste livro em qualquer formato ou meio sem prévia autorização de seu autor e editora.

ISBN: 978-85-99159-20-0
Impresso em BFM Gráfica

sumário

06
EDITORIAL

ARGENTINA

10	22	32	138
introdução	*vales da* Argentina	vencedores	prova *de* vinhos

BRASIL

450	458	464	500
introdução	*vales do* Brasil	vencedores	prova *de* vinhos

CHILE

544	558	576	702
introdução	*vales do* Chile	vencedores	prova *de* vinhos

URUGUAI

1108	1114	1124	1170
introdução	*vales do* Uruguai	vencedores	prova *de* vinhos

{ DESCORCHADOS }

PEIXES MINÚSCULOS COM DENTES AFIADOS

ERA UM ENTRE MUITOS OUTROS LIVROS. UM VELHO, COMO TODOS OS OUTROS. OS CLÁSSICOS ESTAVAM NA BIBLIOTECA DOS MEUS AVÓS, DISPOSTOS SEM NENHUMA ORDEM APARENTE. LÁ ESTAVA *PAVILHÃO DE CANCEROSOS*, UM LIVRO QUE NUNCA CHEGUEI A LER, MAS CUJO TÍTULO ME INTERESSA ATÉ AGORA. TAMBÉM OS *CONTOS COMPLETOS* DE CHÉJOV, QUE RECÉM VIM A DESCOBRIR MUITOS ANOS DEPOIS, E UMA COMPILAÇÃO DAS PINTURAS DE LOWRY, QUE TANTAS OUTRAS VEZES NÃO ME DISSERAM NADA, MAS QUE AGORA - 40 ANOS MAIS TARDE - PARECEM TÃO CHEIAS DE SIGNIFICADO. E, CLARO, *AS VINHAS DA IRA* E *ADEUS ÀS ARMAS*, DOIS LIVROS QUE SE TIVESSE LIDO NAQUELE TEMPO TERIAM TRANSFORMADO MINHA VIDA.

Mas não li nada disso, exceto aquele livro velho de capa marrom escura. *Las exploraciones de coronel Percy Fawcett*.

Nas férias daqueles anos, na casa dos meus avós, meus interesses não estavam nos clássicos, mas sim no futebol. De manhã, por volta das dez horas, um jogo improvisado no jardim da frente da casa que meus amigos e eu chamávamos pomposamente de "treinamentos". E, uma ou duas vezes por semana, partidas mais organizadas contra outras equipes do bairro, de outras ruas. Nós, os da Martín de Zamora, contra os de Roncesvalles ou contra os da Las Antillas ou contra os da Bello Horizonte.

A leitura, por outro lado, era uma obrigação imposta pelos meus avós. Mas não havia especificidade nessa obrigação. Havia a responsabilidade, naquela biblioteca, em uma parede cheia de livros antigos e nomes intimidadores: *O Morro dos Ventos Uivantes*, *Homem sem atributos*, *Crime e castigo*. O preço que eu tinha que pagar pelos meus jogos de futebol era pegar alguns desses

‹ *editorial* ›

livros e ler. "Leia e depois saia para brincar", meus avós me disseram. E eu li as aventuras desse tal de Fawcett.

O coronel Percy Fawcett era um explorador inglês do início do século XX, quando o mundo começava a deixar de ser um planeta misterioso e se tornava um território a explodir e não a explorar. Fawcett, um aventureiro de última hora, ocupado em seu papel de último explorador dos tempos modernos, finalmente acabou perdido em Mato Grosso, no meio da selva brasileira, onde existem pequenos peixes com dentes afiados que penetram em suas cavidades genitais e ali lhe mordem até matá-lo. Ou moscas que incubam suas larvas sob a pele e depois explodem em suas veias ou mosquitos que mordem seus lábios.

Nunca mais ouvi falar de Fawcett. Perdido em algum lugar da Amazônia brasileira, em algum momento dos anos vinte do século passado, sua aventura foi contada por outros. Por seu filho, Jack, que escreveu o livro que li quando criança; por colegas que saíram em sua busca, escritores, cineastas.

Aventureiros. No vinho, não há insetos que põem ovos sob a pele ou que penetram nas partes íntimas e o consomem por dentro, com dentes minúsculos e afiados. No entanto, e como em qualquer aventura, há riscos. Entre na selva sem saber o que está atrás daquela mata espessa de arbustos.

E claro. Pode seguir o caminho que alguém já fez para você com seu facão. Os galhos dos arbustos no chão, secando ao sol da Amazônia, aos seus pés. Ou faça um mapa que mostre o caminho seguro, onde não há tribos que usem seus órgãos como aperitivo ou sua cabeça como colar. A propósito, você pode produzir o vinho que você sabe que terá sucesso comercial, aquele que terá uma boa pontuação no Vivino ou que seu gerente comercial venderá sem problemas ao gerente de compras dessa ou daquela rede de

{ DESCORCHADOS }

supermercados. Você pode fazer isso. Ou então, você pode se aventurar em uma selva desconhecida.

No vinho do sul do mundo, nem todos os produtores optam por essa aventura desconhecida, uma aventura sem outros facões indicando o caminho. Mas existem. E esses são os que nos interessam, os que nos motivam. Pessoas que se motivam graças a códigos diferentes: aprofundam-se acerca de um só lugar, exploram novos lugares, investigam as possibilidades dadas pela enologia, saem do caminho daqueles que garantiram que tudo estava bem ali, nesse lugar seguro.

Aventuras. Antes, nos irritava a ideia de que todo o vinho era o mesmo e defendíamos a necessidade de encontrar um senso de lugar nos vinhos da Argentina. Hoje isso já está no passado. Hoje vemos que são necessários exploradores, mais homens como o coronel Percy Fawcett; produtores que não têm medo de tomar banho no rio Amazonas e que, nessas águas, existem pequenos peixes. Existem vários aventureiros como esse atualmente. Esperamos, com os dedos cruzados, que haja muito mais.

Sejam todos bem-vindos ao **Descorchados 2020.**

Patricio Tapia
Novembro de 2019
patricio@guiadescorchados.cl

{ DESCORCHADOS }

AMIGOS E
PROJETOS

NESTE ANO, A REVISTA ADEGA COMPLETA 15 ANOS E É IMPOSSÍVEL NÃO AVALIAR AS COISAS SOB ESTA ÓTICA. AMIGOS QUE FIZEMOS E PROJETOS QUE REALIZAMOS. EM DESCORCHADOS TIVE A SORTE DE ENCONTRAR OS DOIS, UM LINDO PROJETO CUJA SOCIEDADE NO BRASIL COMEÇAMOS NOVE ANOS ATRÁS COM PATRICIO TAPIA. NESSE PROCESSO, ADMIRAÇÃO E RESPEITO, GENEROSIDADE E CONFIANÇA, CONVERTERAM-SE EM AMIZADE.

DESCORCHADOS e ADEGA cresceram se fortaleceram; e acredito que se influenciaram mutuamente de forma positiva, sinérgica e estratégica.

Considero DESCORCHADOS em Brasil uma de nossas grandes conquistas nesta história de 15 anos e, como avançar é preciso, agora vamos juntos lançar DESCORCHADOS em Miami para levar a mensagem do vinho sul-americano ao mais sul-americano dos estados americanos.

Acima de tudo, vejo isto como o resultado do trabalho e da relação humana ao redor de grandes vinhos. Só podia dar certo. E deu!

Saúde e saboreiem esta edição 2020,

Christian Burgos

ADEGA

15 ANOS
acelerando a cultura do vinho no Brasil

ASSINE E TENHA ACESSO A BENEFÍCIOS EXCLUSIVOS
Ingressos para degustações | Descontos no Seleção ADEGA | Promoções exclusivas | e muito mais...

WWW.REVISTAADEGA.COM.BR

ARGENTINA 2020

San Pablo, Vale de Uco

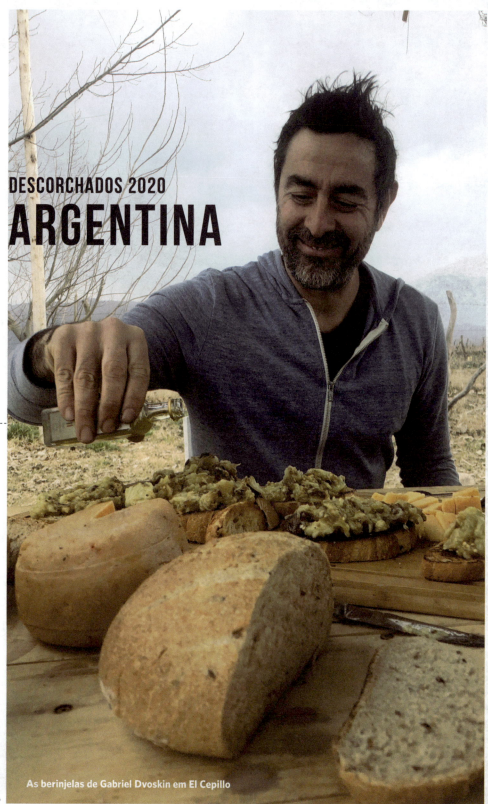

DESCORCHADOS 2020
ARGENTINA

As berinjelas de Gabriel Dvoskin em El Cepillo

⟨ *introdução* ⟩

Não. Não é uma moda ······⟫

GABRIEL DVOSKIN ESTÁ GRELHANDO BERINJELAS. EM UMA PARRILA IMPROVISADA NO CHÃO E PRÓXIMA AO NÃO MENOS IMPROVISADO QUIOSQUE QUE POSSUI NA ZONA DE EL CEPILLO, NO EXTREMO SUL DO VALE DO UCO. GABRIEL É CUIDADOSO COM AS BERINJELAS, PARA QUE ELAS ASSEM CORRETAMENTE. DEPOIS DE CORTÁ-LAS CUIDADOSAMENTE, COLOCA-AS EM TORRADAS DE PÃO CASEIRO E DERRAMA ALGUMAS GOTAS DE AZEITE DE OLIVA.

O resto se deve à paisagem das montanhas, às brisas geladas que deslizam pelos montes aos pés dos Andes. A paisagem é árida, severa, nesta área de Uco. Isso, as berinjelas e uma espécie de rosé que parece bastante claro, seu **Pintom Subversivo 2019**, um vinho que parece ter nascido no momento exato para se unir a esses legumes.

Gabriel Dvoskin é jornalista e passou boa parte da vida reportando-se a agências internacionais no exterior. Em 2008, decidiu voltar à Argentina para produzir vinho e, juntamente com dois parceiros, iniciou o projeto Canopus, um vinhedo de dez hectares plantado com Malbec e Pinot Noir em El Cepillo, local onde o frio domina e, acima de tudo, as geadas perseguem. Dessas vinhas, plantadas em 2010, Canopus produz cerca de doze mil garrafas.

O projeto de Gabriel é um dos últimos elos de um movimento que tem tirado o vinho argentino de suas raízes. O que antes parecia uma cenário cheio de vinhos sobrecarregados de tudo, ridiculamente padronizados, atualmente se tornou um terreno empolgante de pessoas experimentando com as possibilidades que o território argentino lhes oferece, mas também com as fronteiras da enologia . Dez anos atrás, apenas dez anos atrás, um vinho como esse **Subversivo** seria impensável. Hoje não é o único.

Essa revolução teve pioneiros, mentes inquietas como a de Matías Michelini, do lado da enologia. Alguns dos vinhos que, a partir de 2011, ele elaborou para a linha **Inéditos** (hoje conhecida como **Via Revolucionária**, em homenagem ao romance de Richard Yates) foram o ponto de partida para a liberação das amarras dentro das vinícolas. Enquanto isso, Alejandro Vigil e Sebastián Zuccardi se concentraram no terroir, explorando o lado maleável da Malbec, sua capacidade de mostrar a enorme diversidade de solos do território de Mendoza.

Sebastián Zuccardi — Alejandro Vigil — Matías Michelini

Mas, além da experimentação ou aprofundamento no terroir da Malbec, o que deixa o trabalho desses três profissionais, sua influência mais profunda, é a ideia de frescor, de tintos que não precisam ser odes à madurez ou abusar do uso da madeira para impressionar. Isso, que parece uma equação simples, uma subtração mais que uma adição, realmente significou uma profunda mudança no estilo dos tintos argentinos, algo que, na tentativa de diminuir seu impacto, alguns catalogaram como "moda".

Durante as degustações desse ano para o Descorchados 2020, escutamos que tudo isso pode ser apenas uma moda passageira, que poderia voltar ao que era e, principalmente, que o gosto das pessoas pode mudar e voltar a preferir o estilo de uma década atrás. E que é necessário estar atento a essas mudanças, às mudanças do mercado.

Não. Nós não concordamos. O processo de mudança, tão fascinante quanto rápido no vinho argentino, não pode ser reduzido a uma questão de estilo. Fazer isso não apenas seria ter uma visão superficial, mas também míope. Não podemos imaginar, por exemplo, que independentemente de todo o trabalho de pesquisa realizado por Sebastián Zuccardi em seu vinhedo de Altamira ou por Alejandro Vigil no vinhedo Adrianna, repentinamente, por si só, mudariam o caminho, transformariam seu discurso e nos contariam que, de fato, usar duzentos por cento de barricas novas, sobremadurar as uvas acima de quinze graus de álcool ou extrair com sangrias impossíveis de tomar, é uma maneira verdadeira de interpretar um lugar.

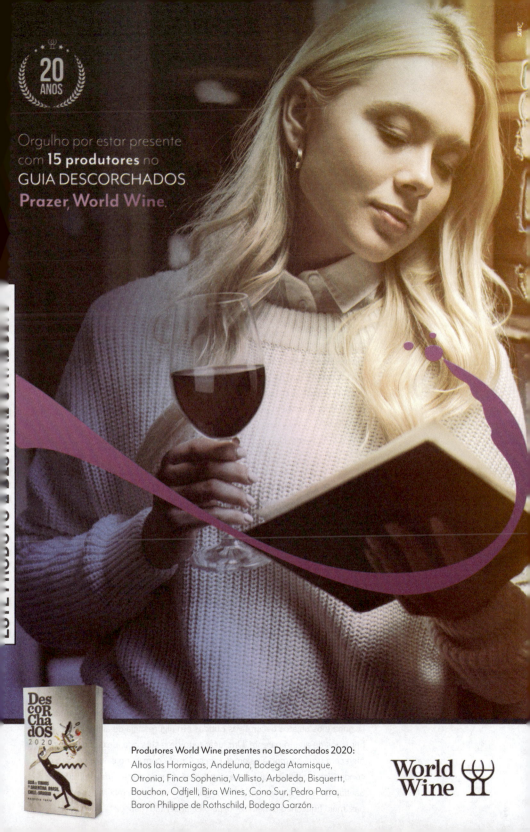

{ DESCORCHADOS }

E sim, pode haver uma moda. Pode até ser que alguns tenham exagerado com essa ideia de fazer vinhos de piscina para matar a sede. Mas, isso é apenas parte de todo esse grande esquema, a parte que vem mais fácil e mais fácil de digerir. A outra tem bases muito mais sólidas, baseadas no fato, muito difícil de refutar, de que o uso excessivo de madeira ou a sobremadurez padronizam, fazem com que tudo tenha o mesmo sabor, independentemente de onde venham ou da cepa que esse vinho foi elaborado. E não é bom viver em um mundo assim. Um lugar onde toda a música é a mesma, onde todo o cinema responde aos mesmos cânones, onde toda a escrita tem a mesma receita; onde o vinho quer imitar Coca-Cola.

Mais de uma década atrás, quando começamos a nos aprofundar com *Descorchados* na Argentina, pedimos vinhos mais fáceis de beber, vinhos que refrescavam o churrasco, não que competissem em tamanho e corpo com um bife de chorizo. No entanto, o que estávamos pedindo, no fundo, era diversidade e senso de lugar. E a maneira de alcançá-lo, o primeiro passo, era moderar o ego na vinícola, acalmar o monstro interno de querer controlar tudo, impor uma assinatura pessoal, deixar claro que o responsável é um. Na vinícola e também no vinhedo.

Não é uma moda. Não é.

Alice no país de San Rafael

O LUGAR FOI CONSTRUÍDO COM SUAS MÃOS, LITERALMENTE. Levou um ano, tudo em 2011. Naquele ano, ele mal podia produzir 700 garrafas porque, é claro, "a casa era a prioridade", diz Santiago Salgado, proprietário da Finca Las Payas.

Esta casa é alcançada por uma estrada de terra, no meio do deserto de San Rafael. Você deve seguir as indicações, sinais amarelos que indicam a direção de Finca Las Payas e uma flecha com "siga o coelho branco". Há também um coelho branco, desenhado, tocando clarinete e vestido de bobo da corte nessas placas.

A casa é uma espécie de loft artesanal espaçoso, com tetos altos que chegam até os quartos no segundo andar e holofotes direcionais, daqueles usados no teatro pendurados no topo das paredes de adobe. É um iglu de lama, "para que não haja energia ruim", diz Santiago. Ali está a sala de estar, a sala de jantar, a cozinha e os objetos decorativos obtidos em alguma loja de antiguidades ou herdados de algum parente. Um lugar feito de restos que, unidos nesse iglu, oferecem uma harmonia calorosa que contrasta com o frio externo e com os condomínios privados que se escondem a poucos metros da propriedade. Santiago nos mostra sua casa com orgulho, embora ele também peça desculpas, meio brincando e meio sério, pelo lugar ser tão rústico.

{ DESCORCHADOS }

Santiago estudou jornalismo em Buenos Aires, mas a partir dos 23 anos começou a se dedicar ao teatro como produtor. Nessa idade, reabriu um antigo teatro em seu bairro, San Isidro, enquanto continuava seu trabalho de produção. No entanto, em 2004, ele decidiu mudar sua vida e foi para San Rafael para trabalhar na terra. E a partir daí, caiu no vinho. Sua primeira safra foi a de 2005 e, desde então, ele compra uvas de diferentes produtores da região.

Em *Descorchados*, temos seguido o trabalho de Santiago Salgado por seis safras. Nós o encontramos quando buscávamos produtores argentinos que estavam fazendo algo fora do padrão, algo semelhante ao que havíamos encontrado no Chile alguns anos antes. E embora as primeiras degustações de seu projeto Finca Las Payas tenham nos surpreendido, não foi necessariamente porque nos deslumbraram em qualidade. De fato, havia muitas falhas neles, muitos erros de vinificação, mas além de uma enologia mais afinada, o que nos levou a continuar insistindo no trabalho dele era o espírito de seus vinhos, um espírito livre que agora, enquanto provávamos o trabalho de sua última colheita e, pelas caixas acústicas saia a música do uruguaio Martín Buscaglia, ele define como "vinhos sem moral".

"Este vinho que não tem moral vem de uma música dos Babasónicos, 'Fãs de Scorpions'. Como em todas as coisas, no vinho há uma moral que nos diz o que é certo e o que é errado. E é uma moral, como sempre, que muda com o tempo. Antes, havia uma moral que dizia que tudo o que tinha a ver com os vinhos ao estilo Michel Rolland era bom. Hoje não. Prefiro acreditar que não deve haver uma moral. Melhor é a ética".

Depois de seis degustações com Santiago Salgado, de seis safras de sua Finca Las Payas e de seis anos seguindo o coelho branco, finalmente encontramos o que procurávamos. Além da experimentação, além da "moralidade", o que a degustação com a música de Martín Buscaglia nos mostra é consistência. A experimentação ainda está lá, mas a loucura nunca é suficiente se não houver transparência por trás do que se entende, sem que a mensagem, por uma enologia limpa e cuidadosa, seja lida com clareza. Pela primeira vez, sua ideia é consistente e clara.

Embora a Finca Las Payas produza pouco mais de dez mil garrafas, hoje se tornou uma das referências dos vinhos de San Rafael, uma área periférica ao sul de Mendoza, na região de Cuyo. E "cuyo", em huarpe, significa "deserto". San Rafael é realmente um deserto, abençoado pelas águas dos rios Diamante no norte e Atuel no sul. Estamos a apenas 235 quilômetros ao sul da cidade de Mendoza ou, melhor, a apenas três horas de distância. Mas as distâncias, é claro, não são medidas aqui em quilômetros ou em horas.

Mistral

A IMPORTADORA DOS MELHORES VINHOS

A Mistral agradece o Guia Descorchados pela
verdadeira coleção de prêmios e altas notas concedidas
a nossos vinhos na edição de 2020

Com nada menos que **112 vinhos** classificados com **90 pontos ou mais**, incluindo impressionantes **25 rótulos** que mereceram **95 pontos ou mais** na edição 2020 do guia, o Descorchados confirma que **ninguém tem tantos vinhos** premiados como a **Mistral**!

WWW.MISTRAL.COM.BR   11 3372-3400

APRECIE COM MODERAÇÃO

Santiago Salgado

Na última década, assistimos à primavera em Mendoza. Mas essa primavera parece ter deixado de lado San Rafael. Enquanto áreas como o vale de Uco ou as mais tradicionais, como Luján de Cuyo, brilham com uma nova leva de vinhos deliciosos e cheios de senso de lugar, longe dos excessos de madurez e de madeira do passado, San Rafael parece permanecer imóvel, fora dos holofotes teatrais, sem atenção. No entanto, isso está mudando graças a Las Payas, mas também a outros nomes que começam a soar alto. Por exemplo, Leo Borsi.

Leo Borsi nasceu em San Rafael, mas entre 1997 e 2017 viveu na França. Primeiro na Borgonha, estudando e produzindo vinhos por dez anos e depois outra década como enólogo de Vieux Télégraphe, uma das vinícolas mais tradicionais e importantes da França, localizada em Châteauneuf-du-Pape. No entanto, em 2017, ele decidiu voltar para suas terras e fazer vinhos por ali. "Voltei porque, depois de passar vinte anos tentando entender a estranha alquimia que habita as pessoas que produzem os melhores vinhos do mundo, entendi que todos tinham uma conexão com o lugar, com a terra, sua vegetação, com as pessoas, com o velhinho da esquina, com o cara do bar na outra esquina", reflete.

De volta à sua terra natal, Borsi tem se dedicado a investigar as possibilidades de San Rafael; as possibilidades que esse deserto, no sul de Mendoza, oferece. E sob a vinícola que leva seu nome, mostra hoje uma das versões

Leo Borsi — Novos vinhedos de Funckenhausen

mais precisas do potencial da área. Vamos dar uma olhada em um de seus vinhos, **Horizon Sur Cuesta de los Terneros Malbec 2019**.

A cerca de 900 metros de altura, perto de 25 de Mayo, na parte mais ocidental de San Rafael, os vinhos tendem a ser afiados e firmes por causa do clima mais frio. E esse **Terneros** é assim, cheio de frutas vermelhas, de sabores especiados, com toques minerais. É um vinho nervoso, de acidez firme, com uma estrutura longa e afiada de taninos. Borsi seleciona videiras para esse Malbec de solos com componente calcário, e isso também explica o lado nervoso e agudo. Um para ser lembrado na hora de planejar guardar vinhos de San Rafael, mas especialmente um vinho para pensar no potencial dessa zona. E assim, existem vários. E não apenas Malbec, como se poderia esperar, também existe Cabernet Sauvignon, por exemplo.

Horizon Sur D.O.C. San Rafael 2019 é um Cabernet que vem de uma das áreas mais altas de San Rafael, chegando em 25 de Mayo, onde foram estabelecidas as primeiras colônias espanholas que chegaram a Mendoza. Taninos e acidez fazem uma pequena festa nesse Cabernet. É fruta pura, mas também estrutura e tensão, ambos detalhes que falam de onde vem e a influência da altura em sua fruta. É um vinho muito fresco, mas ao mesmo tempo de grande caráter varietal. Há um espaço para o Cabernet de San Rafael e esse é um bom exemplo de potencial, especialmente das zonas mais altas, ao sul do rio Diamante.

⟨ *introdução* ⟩

Equipe técnica da Bodega Funckenhausen

Salgado e Borsi são duas das quatro forças que hoje pretendem dar uma nova vida (e apostam) em San Rafael. A terceira dessas forças é Funckenhausen.

Kurt Heinlein foi um empresário de transporte marítimo que, com o objetivo de diversificar seus negócios e ter um lugar no campo, começou a plantar vinhedos na área de 25 de Mayo, San Rafael, por volta de 2005. Dois anos depois, teve sua primeira safra e já em 2010 começou a comercializar seus vinhos com a marca Funckenhausen. Hoje eles têm trinta e quatro hectares plantados nessa área a noroeste de San Rafael, um lugar pouco explorado pelos produtores locais, mas que promete muito por suas temperaturas mais baixas e seus solos de pedras e de cal, produto dos terraços formados pelo rio Diamante. Espera-se que, no futuro próximo, mais vizinhos acompanhem a aventura de Heinlein, que morreu em janeiro de 2019. Seu neto, Alejandro Leirado, é o encarregado da vinícola.

Em uma manhã muito fria em julho de 2019, visitamos as vinhas de Funckenhausen com Alejandro, um jovem de caráter inquieto e mente desperta. Enquanto me mostra uma nova parcela que acaba de plantar em seu vinhedo, o vento frio passa por aquelas videiras jovens e esquálidas, plantadas em solos de cascalho cobertos de cal, o mesmo solo - exatamente o mesmo - que hoje dá os melhores vinhos da Argentina no vale de Uco. Aqui, porém, são videiras que darão frutas no futuro, um dos prováveis futuros de San Rafael.

No momento, o melhor vinho desse ano de Funckenhausen não vem de lá, mas de uma parcela adjacente. Tem o nome um tanto bombástico de **La Espera Gran Reserva Finest Expression 2016**. 63% dessa mescla é de Malbec de solos pedregosos e pobres em nutrientes. Esse solo produz grãos muito pequenos, mas de grande concentração; concentração que é sentida nesse vinho. Embora a madeira também seja percebida em um tinto que talvez ainda seja muito jovem. Funckenhausen apresenta esse **Gran Reserva** como um exemplo do terroir de 25 de Mayo e do potencial que ele oferece. Por enquanto, parece um ótimo vinho: complexo, com nuances, com estrutura, mas um ótimo vinho de estilo internacional, sem o caráter (o que quer que seja) do lugar. É um processo, uma evolução. Por enquanto, um bom começo seria desnudar a fruta, tirar a madeira, mostrar o terroir.

Funckenhausen é uma vinícola com recursos, com milhares de garrafas (duzentas mil em 2019) e, portanto, que tem o poder de mostrar San Rafael ao mundo.

Outra das vinícolas mais tradicionais de Mendoza é Bianchi. Essa vinícola foi fundada em 1928 por Valentín Bianchi, um imigrante italiano que possuía empresas dos setores florestal e marítimo e que também participou da política antes de se aventurar no setor do vinho. Bodegas Bianchi opera em duas instalações: no campo original, em San Rafael, e em Los Chacayes, um setor do vale de Uco. Possui trezentos hectares em San Rafael e uma parte deles é usada para vinhos espumantes. Além disso, possui outros 150 hectares em Uco. No total, eles produzem anualmente mais de vinte milhões de garrafas.

É provável que os leitores argentinos conheçam Bianchi por seu "**Lacrado**", um clássico do cenário daquele país. Sua primeira safra data dos anos sessenta (1965 foi a primeira) e, no início, foi o vinho mais importante da vinícola e foi baseado em Cabernet Sauvignon de San Rafael. Hoje são produzidos cerca de oito milhões de litros, com uvas de diferentes lugares de Mendoza, especialmente da parte oriental, longe de San Rafael.

No entanto, Bianchi quer colocar seu foco na área. Aposta nela, como Silvio Alberto nos assegura. Esse enólogo tem uma longa história na Argentina e, antes de ser diretor técnico da Bianchi, foi responsável pela vinificação e viticultura de Achával Ferrer, em Mendoza, uma vinícola pioneira na Argentina em vinhos que privilegiam a ideia de lugar em vez de variedade. **Achával Ferrer Finca Altamira 1999** foi o primeiro vinhedo único naquele país.

Como muitas outras vinícolas, Bianchi - sob o comando de Alberto - está transformando o estilo de seus vinhos, tornando-os mais amáveis e frescos, com menos madurez e dulçor. E isso está permitindo que os gostos do vale comecem a aparecer. Vejam **Particular Malbec 2017** como um exemplo.

‹ introdução ›

Silvio Alberto

De vinhedos de cerca de quarenta anos na área de Las Paredes, em frente ao aeroporto de San Rafael, esse cem por cento Malbec estagia em barricas (70% novas) por um ano. Consistente com o novo estilo da casa, esse vinho também vai para o lado do frescor, com frutas vermelhas maduras, crocantes e profundas. Há muita carne aqui, muito corpo, mas também uma acidez muito boa. Em termos de estilo, esse Malbec é completamente incomum no catálogo Bianchi, ou melhor, era.

Somando e subtraindo, o número de vinhos que nos chamaram a atenção no vale de Uco ou Luján de Cuyo é muito maior os que nos chamaram a atenção de San Rafael. Mas é lógico, primeiro porque o número de vinícolas é muito menor. "No início dos anos 1990, havia cerca de trezentas e cinquenta vinícolas na região. Hoje não há mais de cinquenta e apenas vinte envasando seus vinhos", diz Edgardo Ibarra, proprietário de uma pequena vinícola de San Rafael que leva seu nome.

Não passaram tão bem em San Rafael. E se hoje não estão na primeira fila dos vinhos da Argentina isso se deve, em grande parte, ao fato de que as contínuas crises nesse país afetaram profundamente o local. No entanto, após nossa viagem, ficamos otimistas. Uma nova geração de produtores está tentando tornar San Rafael novamente o que, em algum momento, trinta anos atrás, era um dos centros dos vinhos de Mendoza. Potencial San Rafael tem de sobra. 🍇

{ DESCORCHADOS }

Vales da Argentina

UM DOS DETALHES MAIS APAIXONANTES DO VINHO É QUE SUAS CARACTERÍSTICAS SÃO FORTEMENTE INFLUENCIADAS POR SEU LUGAR DE ORIGEM, ISTO É, PELO TIPO DE SOLO, TOPOGRAFIA E CLIMA EM QUE AS UVAS AMADURECEM.

A **Argentina tem** uma grande superfície territorial, de 2,8 milhões de km² e, por conta disso, seu relevo e clima são muito variados. As zonas vitivinícolas tradicionais englobam uma extensa área a oeste do país e aos pés da Cordilheira dos Andes, desde o paralelo 22º até o 40º de latitude sul, com altitudes que vão dos 350 até 2.000 metros acima do nível do mar. Isso possibilita a existência de uma grande quantidade de vales com características diferentes. A variedade de climas, geralmente desérticos, permite cultivar em cada região as cepas mais aptas para cada zona. Ainda assim, nos últimos anos, o mapa vitivinícola foi ampliado, distanciando-se da Cordilheira dos Andes, com uma tendência predominante em direção das zonas mais baixas e com influência marítima.

Que os vinhedos se movam em direção ao mar é só a ponta do iceberg. A Argentina é um país de território imenso, com muitos lugares ainda por descobrir. Hoje, quase 90% da viticultura se concentra na zona de Mendoza-San Juan. No entanto, o processo de autodescobrimento já se iniciou. A Argentina que conheceremos nos próximos anos será muito diferente da de hoje.

Mas enquanto isso não acontece, vamos olhar os vales mais importantes no vinho argentino hoje.

⟨ vales da *argentina* ⟩

VALES CALCHAQUÍES
Salta, Tucumán e Catamarca

Os Vales Calchaquíes se encontram entre cadeias montanhosas que vão desde o oeste de Salta e o noroeste de Tucumán até o norte de Catamarca. Esse conjunto de vales profundos e de grande altitude representa só 6% do total de vinhedos do país. É lá que estão os empreendimentos situados em maior altitude do mundo (San Pedro de Yacochuya, a 2.000 m acima do nível do mar e Colomé, a 2.300 m, por exemplo). Ainda que Cafayate seja a localidade mais conhecida dessa zona, e a que abriga a maior quantidade de vinícolas, outros nomes devem ser lembrados: Tacuil, Animaná e Fiambalá (Catamarca).

O clima é temperado-quente, com 300 dias de sol ao ano, uma grande amplitude térmica e chuvas escassas, que favorecem uma diferenciada pureza atmosférica. O sistema de condução predominante é o de latada, que permite que as videiras suportem o calor e conservem a umidade. Os solos são homogêneos, profundos, arenosos e argilosos, com um pouco de pedra em algumas zonas específicas e muito pobres em matéria orgânica.

A variedade mais cultivada é a Torrontés (riojana), a emblemática da zona, seguida da Chardonnay, entre os brancos. Nos tintos, existem vinhas velhas de Malbec e Cabernet Sauvignon. Também existem Bonarda, Syrah, Merlot e Tannat, com as quais se estão fazendo bons vinhos. Eles resultam maduros, estruturados, potentes e, muitas vezes, confitados. Há pouco tempo começaram a aparecer grandes vinhos que não traem seu estilo e seu terroir. A chegada de Michel Rolland em 1986 e a de Donald Hess, no começo do século XXI, conseguiu modificar a cara desta tradicional zona vitivinícola.

Sem dúvida, a melhora da qualidade (que foi a base de seu êxito internacional) obtida com o vinho Torrontés, feito pelas mãos de Etchart, posiciona esse vinho branco tão particular como o mais emblemático dessa zona.

{ DESCORCHADOS }

VALES DA FAMATINA
La Rioja

A Serra de Famatina ingressa profundamente na província de La Rioja e alcança 6.200 metros de altitude. Em paralelo, e delimitando o interno Vale de Famatina, corre a Serra de Velasco que, com 4.000 metros, também é impactante. Seu centro mais importante é Chilecito (80% das vinhas) e o modelo de vinícola predominante é o de cooperativa. A altitude varia desde os 900 metros até os 1.400 acima do nível do mar e, com clima quente, com sol abundante, escassas precipitações (menos de 300 mm anuais) e uma grande amplitude térmica.

Os solos de tipo aluvial apresentam uma textura mais grossa nos planaltos e mais fina nos vales e planícies. São profundos, soltos e permeáveis. Vão de francos a franco-arenosos e franco-limosos. A superfície plantada é superior a 8.000 hectares (a maioria em latada) e as principais cepas são Torrontés (riojano), Bonarda, Barbera, Cabernet Sauvignon, Syrah e, obviamente, Malbec. Ainda que existam alguns poucos empreendimentos novos, a zona ficou um pouco de fora dos avanços tecnológicos e quase não aparecem vinhos de alta gama como em outras regiões.

Por outro lado, é uma zona que tem uma grande capacidade de produzir vinhos frutados e fáceis de beber, sobretudo com base na Torrontés. Muitos agrônomos, entendidos no assunto, asseguram que nesta província estão os melhores vales (ainda inexplorados) para a viticultura, mas, por ora, isso é só uma teoria.

Vicente Jorge e Manu Brandão
WineHunters da Wine

O maior clube de vinhos do mundo.

Só com o **Clube Wine**, você recebe todos os meses vinhos selecionados pelos nossos **Winehunters** que fazem uma curadoria especial nos quatro cantos do mundo, uma revista com conteúdo exclusivo e um corta-gotas colecionável.

Sócio ainda garante benefícios exclusivos:

- 15% de desconto em todas as suas compras;
- Frete diferenciado;
- 3x mais pontos no WineUP - programa de recompensas do app Wine.

Seja Wine, sempre.

baixe nosso app

Beba com moderação.

Saiba mais em: **wine.com.br**

{ DESCORCHADOS }

San Juan

A vitivinicultura se desenvolve principalmente no Vale de Tulum e, em menor escala, nos vales de Zonda e Ullum, entre a cordilheira dos Andes e a Serra do Pie de Palo, em ambos os lados do rio San Juan, a 780 metros acima do nível do mar. Existem outros vales com microclimas mais frescos devido à altitude, como Calingasta (a 1.350m) e Pedernal (a 1.330m). É a região mais açoitada pelo vento Zonda, o clima é muito quente, mas de grande estabilidade e com suficiente amplitude térmica (15ºC).

Ao pé da pré-cordilheira dos Andes, o solo é pedregoso, mas à medida que se distancia do maciço andino, torna-se aluvial, franco-argiloso e arenoso. Com mais de 50.000 hectares plantados, é a segunda região produtora do país. Aqui também a maioria das parreiras está conduzida em latada, com um passado ainda ligado à produção de uvas de mesa, mosto, sucos concentrados e vinhos licorosos.

Depois de uma longa reconversão, hoje San Juan procura se destacar na elaboração de vinhos de qualidade. Para isso, adotou a Syrah como cepa emblemática para diferenciar-se de sua vizinha Mendoza. E ainda que tenham todas as variedades plantadas, os vinhos mais destacados são os de Viognier, Pinot Grigio, Bonarda, Malbec, Cabernet Sauvignon e, é claro, Syrah. Historicamente na sombra de Mendoza, a evolução da indústria de San Juan parece ser em câmera lenta. O esforço dos grandes empreendimentos e de várias pequenas vinícolas tradicionais parece não ser suficiente para que essa zona decole de uma vez.

‹ vales da *argentina* ›

Mendoza

Conhecida como a terra do sol e do bom vinho, é a província que melhor se desenvolveu. Com a maior reconversão de vinhedos, as vinícolas mais tecnológicas e as que mais investimentos internacionais receberam, essa é, sem dúvida, a província vitivinícola argentina por excelência. Junto a San Juan, representa mais de 90% da superfície de vinhedos do país, que se estendem desde o paralelo 29,5º até o 36º de latitude sul, mas é Mendoza a principal província produtora (70%), com seus mais de 140.000 hectares plantados. A zona é essencialmente um deserto (irrigado pelo homem), mas sua topografia oferece inúmeras paisagens e microclimas variados, que outorgam características particulares a cada vinho. Os vinhedos encontram-se em altitudes elevadas, geralmente a partir dos 600 metros acima do nível do mar e até ultrapassam 1.500 metros. O clima é extremamente seco e ensolarado; mas ainda assim as geadas e o granizo são dois fatores que causam perdas consideráveis. Os solos são pedregosos, arenosos e, em menor grau, francos a franco-argilosos. Não existem problemas de salinidade, sendo os solos pobres e permeáveis. Diferentemente das demais zonas, aqui predomina a espaldeira alta como sistema de condução. Como principal área de produção, possui quase todas as cepas plantadas, começando pela Malbec, a grande estrela. Também são elaborados vinhos de alta qualidade com Cabernet Sauvignon, Merlot, Syrah, Bonarda, Tempranillo e Pinot Noir. Entre as variedades brancas, destacam-se a Chardonnay e a Sauvignon Blanc, mas cada uma delas encontra sua melhor expressão em distintas sub-regiões que valem a pena descobrir.

{ DESCORCHADOS }

Regiões Norte e Leste

A zona mais baixa da província (de 600 a 750 metros acima do nível do mar) é uma planície desértica com a maior extensão de vinhedos. O clima é quente e o solo, franco-arenoso e arenoso-argiloso, permeável, pouco profundo e sem declives. É a zona de maior produção, sede das grandes vinícolas que elaboraram, desde sempre, os vinhos presentes nas mesas argentinas, ainda que atualmente tudo esteja mudando. O clima faz com que os vinhos daqui sejam mais maduros e quentes e, com isso, equivale a dizer que a região está apta a fazer vinhos de consumo rápido e fáceis de beber.

⟨ vales da *argentina* ⟩

Região Centro

Conhecida como a primeira e melhor zona por suas condições excepcionais para o cultivo, compreende dois distritos de destaque: Maipú e Luján de Cuyo. A altitude varia de 750 a 1.100 metros, os solos são pedregosos e com uma capa superficial de material fino, de areia, limo e argila; além disso, são pobres em matéria orgânica e ricos em calcário, não permitindo que a videira tenha grande vigor. O clima aqui é temperado-fresco a temperado-quente (de sul a norte), contando com inúmeros microclimas. Não apenas a maioria das vinícolas tradicionais está localizada aqui, mas também quase todas as outras possuem algum vinhedo ou compram uvas desta zona para fazerem seus vinhos.

Maipú (Coquimbito, Beltrán, Lunlunta, Cruz de Piedra e Las Barrancas). Destaca-se a zona do Alto Rio Mendoza, onde há vinhedos do princípio do século passado. Com clima mais quente e altitude menor, os vinhos são mais maduros e voluptuosos, às vezes, potentes.

Luján de Cuyo (Las Compuertas, Vistalba, Mayor Drummond, Chacras de Coria, Carrodilla, Perdriel, Agrelo e Ugarteche). Aqui está a Denominação de Origem Controlada para elaboração do Malbec. Localizada aos pés da Cordilheira dos Andes, mais de 1.000 metros acima do nível do mar, os vinhedos desfrutam da permanente brisa fresca da montanha e de mais de 300 dias de sol ao ano. Essas condições vantajosas permitem que a fruta alcance excelente cor e grande concentração aromática. Por ser reconhecida como berço nacional do Malbec, muitas vinícolas se instalaram ali, e mesmo sendo uma das zonas que produz as melhores uvas, não é a de maior crescimento devido à urbanização. Contando com a força dos grandes vinhos elaborados com uvas das velhas plantações, esta zona parece querer recuperar seu lugar privilegiado, hoje ameaçado pelo auge do Vale de Uco. O Cabernet Sauvignon é a sua casta mais forte.

Vale de Uco e San Rafael

Localizado a sudoeste da cidade de Mendoza, o Vale de Uco é a zona de maior crescimento vitícola dos últimos anos, impulsionada por grandes investimentos internacionais. A altitude vai de 900 a 1.700 m, o clima é mediano, com grande amplitude térmica (até 16ºC), que favorece a produção de cor, taninos e um melhor equilíbrio de açúcares e acidez nas uvas. O solo, pedregoso e com boa drenagem, é irrigado com águas puras do degelo.

Os distritos mais destacados são Tupungato, Tunuyán e San Carlos, mas ainda existem localidades menores que, graças a seus vinhos, têm fama própria como Vista Flores, Altamira e Gualtallary, entre outros.

A altitude não garante qualidade, mas sim uma fase de amadurecimento mais longa e regular; por isso, as cepas mais destacadas são as de ciclo curto e médio, como Merlot, Pinot Noir, Malbec, Sauvignon Blanc, Sémillon e Chardonnay.

Nesta zona, estão as vinícolas mais imponentes e modernas da Argentina. A gastronomia e a hotelaria de nível internacional também não ficam para trás. A imponente paisagem, a grande superfície disponível e as condições naturais do terroir para o crescimento da videira fazem do Vale de Uco a zona com maior potencial de crescimento. E a cada ano que passa isso se confirma, pois um número maior de grandes vinhos são provenientes desse lugar bem específico, com seu microclima e solo particulares.

Mais ao sul e em menor altitude (de 450 a 800 m) se encontra San Rafael, uma das zonas mais tradicionais. Lá o clima é mediano e os solos têm grande quantidade de calcário, em alguns lugares são arenosos, com escassa matéria orgânica e pedregoso. Os rios Atuel e Diamante têm as funções de irrigar e refrescar o clima. Existe uma Denominação de Origem Controlada (D.O.C San Rafael), mas é ampla e bastante genérica.

⟨ vales da *argentina* ⟩

Vales patagônicos

É a mais austral de todas as regiões vitivinícolas argentinas e a que está localizada em menor altitude. Compreende áreas bem delimitadas das províncias de La Pampa (Colonia 25 de Maio), Neuquén (San Patricio del Chañar e El Añelo), Rio Negro (Alto Vale e Vale Médio) e Chubut (Hoyo de Epuyén), pode-se dizer que os vinhedos mais importantes estão nas margens dos rios Colorado e Negro.

São pequenas áreas, em sua maioria, de grande potencial para a vitivinicultura de qualidade. Os dias são temperados e claros, e as noites, frescas. A grande amplitude térmica, em especial no outono quando amadurecem os frutos, permite que a uva o faça lentamente e acumule melhor os açúcares e sabores. As geadas tardias e adiantadas, além dos fortes e insistentes ventos da Patagônia, são as principais ameaças que a videira enfrenta para crescer por lá.

Os solos são aluviais, de textura mediana a grossa, típicos do deserto. Distinguem-se os arenosos e limosos, muito bons para o cultivo da videira.

Predominam as variedades tintas, destacando-se a Malbec, Merlot, Pinot Noir e Syrah; e entre as brancas, Sauvignon Blanc, Sémillon e Chardonnay.

O exponencial crescimento dos vinhos patagônicos continua significativo, sobretudo pela passagem esmagadora dos exemplares provenientes dos terroirs neuquinos, que ganham mercados à medida que vão encontrando sua personalidade. É importante também destacar que alguns jovens empreendimentos focados em qualidade prenunciam um futuro muito promissor para as centenárias zonas do rio Negro, com um Pinot Noir que está dando o que falar.

{ DESCORCHADOS }

VENCEDORES 2020

DESCORCHADOS

⟨ vencedores ⟩

O MELHOR TINTO E O MELHOR BRANCO

De todos os vinhos que provamos ano a ano, este par é o meu favorito. Sem dúvida, a maior honra que uma garrafa pode alcançar no *Descorchados*.

ENÓLOGO E VINÍCOLA REVELAÇÃO DO ANO

O prêmio Enólogo do Ano recebe quem mais nos entusiasmou pela qualidade de seus vinhos. Os prêmios Enólogo e Vinícola Revelação são para aqueles que, com seu trabalho, transformam o vinho na América do Sul.

VINHOS REVELAÇÃO DO ANO

Esta é a novidade, o vinho que se destaca do resto, o que busca caminhos diferentes. Esse tipo de vinho sempre tem um lugar no *Descorchados*.

OS MELHORES EM CADA CEPA OU ESTILO

Seguindo o estilo varietal dos vinhos no Novo Mundo, estes rankings apelam aos melhores dentro de sua cepa. Mas atenção, porque também incluem-se rankings por estilos de vinhos: **doces, espumantes, rosados.**

OS MELHORES POR VALE

No *Descorchados* nos interessa o sentido de lugar dos vinhos, sua origem. Por isso aqui destacamos os melhores segundo o vale onde foram produzidos.

SUPER PREÇO

Um tema sempre recorrente é a boa relação qualidade-preço. Neste par de rankings vocês encontrarão as melhores ofertas provadas no ano. **Imprescindível.**

{ DESCORCHADOS }

MELHOR TINTO

ZUCCARDI VALLE DE UCO
Finca Piedra Infinita Supercal *Malbec 2017*
ALTAMIRA

Zuccardi tem 38 hectares de vinhedos ao redor da vinícola Piedra Infinita de Altamira e de lá obtém vários vinhos, entre eles os notáveis **Concreto**, **Finca Piedra Infinita** e **Canal Uco** que, de certa forma, são os ancestrais deste **Supercal**, um vinho de parcelas, a menor unidade até agora. Este ano, desta unidade de apenas meio hectare, rica em solos calcários, foram produzidas 1800 garrafas e o resultado é um vinho envolvente, generoso em frutas, mas também generoso em estrutura. A cal parece marcar os taninos, fazendo-os sentir-se verticais e afiados. É um Malbec crocante e elétrico, mas também profundo e longo. Um vinho para beber hoje, para ser provado sozinho, mas também para abrir daqui a alguns anos e ver até onde essa expressão de lugar pode ir.

Os melhores tintos do ano

99 | **PER SE** La Craie Malbec Cabernet Franc 2018 | Gualtallary
99 | **PER SE** Uni del Bonnesant Malbec Cabernet Franc 2018 | Gualtallary
98 | **ZUCCARDI VALLE DE UCO** Finca Piedra Infinita Gravascal Malbec 2017 Altamira
97 | **ZUCCARDI VALLE DE UCO** Polígonos del Vale de Uco Paraje Altamira Malbec 2018 | Altamira
97 | **ALEANNA - EL ENEMIGO WINES** Gran Enemigo Single Vineyard El Cepillo 2016 | El Cepillo
97 | **ALEANNA - EL ENEMIGO WINES** Gran Enemigo Single Vineyard Gualtallary 2016 | Gualtallary
97 | **CATENA ZAPATA** Adrianna Vineyard River Stones Malbec 2016 | Mendoza
97 | **CATENA ZAPATA** Adrianna Vineyard River Stones Malbec 2017 | Mendoza
97 | **CATENA ZAPATA** Adrianna Vineyard Mundus Bacillus Terrae Malbec 2016 | Mendoza
97 | **CATENA ZAPATA** Adrianna Vineyard Mundus Bacillus Terrae Malbec 2017 | Mendoza
97 | **CHEVAL DES ANDES** Cheval des Andes Cabernet Sauvignon, Malbec, Petit Verdot 2016 | Mendoza
97 | **DOMAINE NICO** Le Paradis Pinot Noir 2017 | Vale de Uco
97 | **ESTANCIA USPALLATA** Estancia Uspallata Malbec 2017 | Uspallata
97 | **MATERVINI** Alteza Malbec 2017 | Cafayate
97 | **MOSQUITA MUERTA** Malcriado Malbec 2015 | Vale de Uco
97 | **NOEMÍA DE PATAGONIA** Noemía Malbec 2017 | Patagônia argentina
97 | **NORTON** Gernot Langes Malbec, Cabernet Franc, Cabernet Sauvignon 2016 | Vale de Uco
97 | **SUSANA BALBO WINES** Nosotros Single Vineyard Nomade Malbec 2016 | Vale de Uco
97 | **TERRAZAS DE LOS ANDES** Parcel Nº12S Lican Malbec 2016 | Mendoza
97 | **ZUCCARDI VALLE DE UCO** Finca Canal Uco Malbec 2017 | Altamira
97 | **ZUCCARDI VALLE DE UCO** Finca Piedra Infinita Malbec 2017 | Altamira

‹ vencedores ›

DIVIDIDO

MELHOR BRANCO

ALTAR UCO
Edad Media
Chardonnay, Chenin Blanc, Sauvignon Blanc 2018
VALE DE UCO

Esta é uma mistura de 60% de Chardonnay, 30% de Chenin Blanc e o restante de Sauvignon Blanc, todos cofermentados e envelhecidos em barricas, com 60% delas sob o véu de flor, todos por um ano. Há cremosidade aqui, notas de nozes e especiarias, mas especialmente frutas brancas com notas de sal. O vinho se expande pela boca, deixando um rastro de oleosidade, texturas voluptuosas e sabores acompanhados de uma acidez salgada. Hoje é uma delícia, mas este é um vinho de longa guarda. Deixe algumas garrafas e esqueça-as por pelo menos dez anos. Certamente algo muito bom será a recompensa por essa paciência. 🍷

Os melhores brancos do ano

97 | **CATENA ZAPATA** Adrianna Vineyard White Stones Chardonnay 2017 | Mendoza
96 | **PASSIONATE WINE** @micheliniwine Irma Liberata S. Blanc 2012 | San Pablo
96 | **ZUCCARDI VALLE DE UCO** Fósil Chardonnay 2018 | San Pablo
96 | **BRESSIA** Lágrima Canela Chardonnay, Sémillon 2018 | Agrelo
96 | **BUSCADO VIVO O MUERTO** El Cerro Gualtallary Chardonnay 2017 | Gualtallary
95 | **ALMA MATER** Alma Mater Chardonnay 2017 | Los Chacayes
95 | **BUSCADO VIVO O MUERTO** El Límite Las Pareditas Chardonnay 2017 | Las Pareditas
95 | **BUSCADO VIVO O MUERTO** Las Tunas Los Árboles Chardonnay 2017 | Los Árboles
95 | **BUSCADO VIVO O MUERTO** La Verdad San Pablo Chardonnay 2017 | San Pablo
95 | **BODEGA VISTALBA** Autóctono Blend de Blancas Chardonnay, Sauvignon blanc, Sémillon 2019 | Mendoza
95 | **EL PORVENIR DE CAFAYATE** Laborum de Parcela Finca El Retiro Block 10 Torrontés 2019 | Cafayate
95 | **MICHELINI I MUFATTO** Certezas Sémillon 2017 | El Peral
95 | **MICHELINI I MUFATTO** Convicciones Chardonnay 2017 | Gualtallary
95 | **RICCITELLI WINES** Old Vines From Patagônia Torrontés 2019 | Río Negro
95 | **RICCITELLI WINES** Viñedos de Montaña Chardonnay 2019 | Vale de Uco
95 | **RICCITELLI WINES** Vino de Finca de la Carrera S. Blanc 2019 | Vale de Uco
95 | **SALENTEIN** Single Vineyard Las Sequoias Chardonnay 2017 | San Pablo
95 | **SALENTEIN** Single Vineyard Los Nogales S. Blanc 2018 | San Pablo
95 | **SUSANA BALBO WINES** Susana Balbo Signature Barrel Fermented Torrontés 2019 | Vale de Uco
95 | **TRAPICHE** Terroir Series Finca Las Piedras Chardonnay 2018 | Vale de Uco

{ DESCORCHADOS }

DIVIDIDO

MELHOR BRANCO

CATENA ZAPATA
Adrianna Vineyard White Bones *Chardonnay 2017*
MENDOZA

White Bones é uma seleção de fileiras plantadas em solos calcários do vinhedo Adrianna, em Gualtallary, um dos primeiros vinhedos naquela área muito em moda no vale do Uco hoje. Há dois aspectos a sublinhar neste vinho, para nós o mais radical de White Bonés desde a sua primeira safra em 2009. O primeiro é aquele solo de cal, pedras banhadas de calcário que dão a este vinho aquela severidade de branco feito de pedras ao invés de frutas. É o segundo é o véu de flor, como os vinhos de Jerez, que em Gualtallary, no alto da montanha, dá um véu leve, mas que chega a dar aquele lado salino, a dar essa complexidade, aquele lado mineral que permeia tudo e que acentua aquela sensação de pedra, que este vinho não é feito de uvas.

Os melhores brancos do ano

97 | **CATENA ZAPATA** Adrianna Vineyard White Stones Chardonnay 2017 Mendoza
96 | **PASSIONATE WINE** @micheliniwine Irma Liberata S. Blanc 2012 | San Pablo
96 | **ZUCCARDI VALLE DE UCO** Fósil Chardonnay 2018 | San Pablo
96 | **BRESSIA** Lagrima Canela Chardonnay, Sémillon 2018 | Agrelo
96 | **BUSCADO VIVO O MUERTO** El Cerro Gualtallary Chardonnay 2017 Gualtallary
95 | **ALMA MATER** Alma Mater Chardonnay 2017 | Los Chacayes
95 | **BUSCADO VIVO O MUERTO** El Limite Las Pareditas Chardonnay 2017 | Las Pareditas
95 | **BUSCADO VIVO O MUERTO** Las Tunas Los Árboles Chardonnay 2017 Los Árboles
95 | **BUSCADO VIVO O MUERTO** La Verdad San Pablo Chardonnay 2017 San Pablo
95 | **BODEGA VISTALBA** Autóctono Blend de Blancas Chardonnay, Sauvignon blanc, Sémillon 2019 | Mendoza
95 | **EL PORVENIR DE CAFAYATE** Laborum de Parcela Finca El Retiro Block 10 Torrontés 2019 | Cafayate
95 | **MICHELINI I MUFATTO** Certezas Sémillon 2017 | El Peral
95 | **MICHELINI I MUFATTO** Convicciones Chardonnay 2017 | Gualtallary
95 | **RICCITELLI WINES** Old Vines From Patagônia Torrontés 2019 | Río Negro
95 | **RICCITELLI WINES** Viñedos de Montaña Chardonnay 2019 | Vale de Uco
95 | **RICCITELLI WINES** Vino de Finca de la Carrera S. Blanc 2019 | Vale de Uco
95 | **SALENTEIN** Single Vineyard Las Sequoias Chardonnay 2017 | San Pablo
95 | **SALENTEIN** Single Vineyard Los Nogales S. Blanc 2018 | San Pablo
95 | **SUSANA BALBO WINES** Susana Balbo Signature Barrel Fermented Torrontés 2019 | Vale de Uco
95 | **TRAPICHE** Terroir Series Finca Las Piedras Chardonnay 2018 | Vale de Uco

‹ *vencedores* ›

ENÓLOGO DO ANO

LAURA PRINCIPIANO & SEBASTIÁN ZUCCARDI

Mais que para um enólogo, este ano o prêmio é para uma equipe formada por Laura Principiano e Sebastián Zuccardi e que trabalha há um década com um tema específico: o terroir de Uco. E é isso. Mais do que expandir seu trabalho, o que esses dois jovens enólogos têm feito é se aprofundar em um tópico, interpretar um lugar, entender como se comporta a Malbec aos pés dos Andes e, principalmente, em Altamira, de onde tem saído seus melhores vinhos, onde conseguiram se aprofundar mais nesses solos de cal e de pedra. Quando a ideia de que existe não apenas um Malbec, mas muitos, quando há a sensação de que o terroir da Malbec no vale do Uco é uma ampla possibilidade, um horizonte claro, Laura e Sebastián estão à frente, mostrando algumas das facetas mais alucinantes que temos provado em tintos argentinos. E nós provamos muitos. 🍷

{ DESCORCHADOS }

ENÓLOGO REVELAÇÃO DO ANO

MATÍAS MORCOS

O leste de Mendoza. Aquele lugar esquecido, na sombra de Uco, de Luján. Essa área de grandes produções, de vinhos comuns, de vinhos pouco interessantes. Quem pode se interessar pelos vinhos do leste quando há muito a descobrir em outros lugares? A muitos, na verdade. Um deles, um jovem enólogo cuja família produz vinhos no ensolarado leste há duas gerações. É chamado Matías Morcos e, no Descorchados, gostaríamos de apostar nele e em seus vinhos que escavam o passado, um passado familiar repleto de vinhos tradicionais, com base em cepas que são gradualmente resgatadas, como Moscatel ou Criolla Chica, a Listán Prieto das Ilhas Canárias. "A família de minha mãe tomava Moscatel, a de meu pai, Clarete", diz Matías, em referência aos vinhos com os quais ele cresceu: o Moscatel perfumado, amadurecido ao sol, e o "Clarete" rústico, feito de Criolla, dois vinhos para matar a sede diretamente do leste profundo de Mendoza. Um jovem em plano de resgate.

< *vencedores* >

VINÍCOLA REVELAÇÃO

ALTAR UCO

Quando começamos a provar os vinhos que Juan Pablo Michelini produz para Altar Uco, o assunto nos pareceu um experimento, outra das loucuras dos irmãos Michelini que estamos acostumados; loucuras deliciosas, é claro. No entanto, ao longo dos anos, Altar Uco tem crescido solidamente, ganhando peso, ganhando altura. Hoje já é um projeto importante no cenário argentino e, para nós, a grande revelação desse ano. Na parte de cima do portfólio, **Edad Antiga** oferece vinhos densos e complexos. No meio, **Edad Media** encanta com suas sutilezas. E abrindo a porta para esse mundo, os vinhos **Edad Moderna** encapsulam as frutas de Uco, como poucas vinícolas fazem hoje nos Andes. Altar Uco é uma vinícola a ser considerada ao se fazer uma lista do futuro de Mendoza. Nossos cumprimentos a Maia Echegoyen, Juan Pablo Michelini e Daniel Kokogian. Há um bom trabalho aí.

47

{ DESCORCHADOS }

95

MELHOR ESPUMANTE

RUTINI WINES
Apartado Nature *Chardonnay, Pinot Noir 2016*
MENDOZA

Elaborado com Pinot Noir em 80% mais 20% de Chardonnay, este último fermentado em barricas. Este vinho vem 100% de vinhas de altura em Gualtallary e permaneceu por três anos com suas borras e tem o caráter dos vinhos Finos Amontillados de Jerez, esse lado nogado, especiado e ao mesmo tempo iodado ao estilo de vinhos que têm muito tempo de envelhecimento e, portanto, toques oxidativos que aqui são complementados por toques frutados e uma acidez e um corpo firme e forte, quase austero. Uma nova ideia de espumante na Argentina.

Os melhores espumantes do ano

94 | **BODEGAS CHANDON** Barón B Brut Nature Chardonnay, Pinot Noir 2011 | Mendoza
94 | **EL RELATOR WINES** Tapado Extra Brut Chardonnay 2014 | Agrelo
94 | **MOSQUITA MUERTA** Mosquita Muerta Brut Nature Chardonnay N/V Vale de Uco
94 | **RUTINI WINES** Brut Nature Chardonnay, Pinot Noir 2016 | Mendoza
93 | **ALMA 4** Alma 4 Rosé Pinot Noir 2015 | Vale de Uco
93 | **ALMA 4** Alma 4 Pinot Noir, Chardonnay 2017 | Vale de Uco
93 | **BODEGAS CHANDON** Barón B Cuvée Millésime Brut Nature Chardonnay, Pinot Noir 2016 | Mendoza
93 | **ESTANCIA USPALLATA** Estancia Uspallata Brut Nature Pinot Noir N/V Uspallata
93 | **LUIGI BOSCA | FAMILIA ARIZU** Bohème Brut Nature Pinot Noir, Chardonnay, Pinot Meunier N/V | Argentina
93 | **MOSQUITA MUERTA** Mosquita Muerta Extra Brut Chardonnay, Pinot Noir N/V | Vale de Uco
93 | **RUTINI WINES** Encuentro Brut Nature Pinot Noir 2017 | Mendoza
93 | **VIÑA LAS PERDICES** Las Perdices Nuit 730 Brut Nature Pinot Noir, Chardonnay 2013 | Agrelo
92 | **VINOS BARROCO** Aether Assemblage Pinot Noir, Chardonnay, Sémillon 2013 | San Patricio del Chañar

‹ *vencedores* ›

MELHOR ROSADO

SUSANA BALBO WINES
Susana Balbo Signature Rosé del Valle de Uco
Malbec, Pinot Noir 2019
VALE DE UCO

Este é um blend de Malbec e Pinot Noir, com a Pinot Noir cofermentada com algumas gotas de Viognier, todos de frutas de Los Chacayes, no vale de Uco. Com vinhas desenhadas para rosé, trata-se de um rosado delicioso, com sabores refrescantes de frutas, moldados por uma acidez firme e suculenta, mas também por uma estrutura de taninos, que lhe confere corpo e, acima de tudo, linearidade. Não há espaço para dulçor aqui, só há frutas vibrantes e textura crocante em um dos melhores rosés da América do Sul.

Os melhores rosados do ano

93 | **CANOPUS VINOS** Pintom Subversivo Pinot Noir 2019 | El Cepillo
93 | **CARA SUR** Cara Sur Moscatel Negro 2019 | Barreal
92 | **BODEGA VISTALBA** Tomero Rosé Pinot Noir 2019 | Mendoza
92 | **CARA SUR** Cara Sur Rosado Bonarda, Cabernet Sauvignon, Malbec 2019 | Barreal
92 | **CARA SUR** Cara Sur Moscatel Rosado 2019 | Barreal
92 | **MYTHIC ESTATE** Mythic Divine Creations Malbec, Syrah, Merlot 2019 Mendoza
92 | **PIEDRA NEGRA** Gran Lurton Rosado Pinot Gris, Cabernet Franc 2019 Los Chacayes
92 | **RENACER** Renacer Rosé Pinot Noir 2019 | Gualtallary
92 | **VER SACRUM** Ménage Clarete Garnacha, Syrah, Marsanne 2018 Mendoza

94

VINHO REVELAÇÃO

ALMA 4
Crudo Alma 4 *Sémillon 2017*
VALE DE UCO

Para este Sémillon, Alma 4 obtém o fruto de um antigo vinhedo da cepa na zona de La Consulta. O vinho, feito pelo método tradicional de segunda fermentação, tem um envelhecimento de 20 meses em leveduras e embora esta influência seja sentida nos seus aromas e sabores de padaria, o que predomina é a fruta. E atenção com a turbidez. Não entre em pânico. O vinho não é filtrado e daí vem seu caráter.

⟨ *vencedores* ⟩

96

VINHO REVELAÇÃO

ALTA YARI
Alta Yari Gran Corte
Cabernet Franc, Malbec, Cabernet Sauvignon 2018
GUALTALLARY

Este é uma mistura de 60% de Cabernet Franc, mais 35% de Malbec e o restante de Cabernet Sauvignon. A exuberância do lugar se impõe, as notas de ervas, as frutas vermelhas raivosamente frescas e flores por toda parte. Estagia em barricas velhas por um ano, apresenta uma textura deliciosa, polida e muito elegante em um vinho que parece não ter bordas, apesar de jovem. O final é generoso em ervas, refrescante, convidando a continuar bebendo.

{ DESCORCHADOS }

VINHO REVELAÇÃO

AMANSADO
Crianza en Ánfora *Pedro Ximénez 2017*
MENDOZA

Para a versão deste Pedro Ximénez, um vinhedo de cerca de 70 anos foi usado na área de El Zampal, nas colinas de Tupungato. O vinho estagia por dois anos em uma pequena ânfora de cerâmica de 450 litros. O vinho parece ser influenciado pelo véu de flor, pelo lado salino que este vinho tem. Mas não houve desenvolvimento de véu de flor aqui, mas apenas a longa e lenta oxidação que deu complexidade extra ao já austero Pedro Ximénez que o Amansado de Zampal obtém. A boca é suculenta e crocante, deliciosa, para beber e não parar. Um vinho de extrema complexidade, com um forte lado salino, mas ao mesmo tempo fácil de beber.

‹ *vencedores* ›

VINHO REVELAÇÃO

ARCA YACO
Imagínate *Malbec 2018*
SALTA

Este Malbec vem de vinhedos plantados em 2013, na propriedade Arca Yaco, a cerca de 38 quilômetros a noroeste da cidade de Cafayate e a 2.100 metros de altura. A ideia de **Imagínate** é mostrar a fruta sem a influência da madeira, pois é fermentada em tanques de concreto e de aço e depois é engarrafado. O vinho é delicioso, com os taninos muito firmes e selvagens que são comuns na região, mas a diferença aqui é que a fruta se sente especialmente fresca e frutada, muito mais fresca do que o habitual para os Malbec da zona. Mais um para notar na lista cada vez mais longa de tintos que desafiam a norma e mostram o frescor no norte da Argentina.

{ DESCORCHADOS }

VINHO REVELAÇÃO

BBPC
Hasta la Vendimia Siempre! 100% Guarda
Chardonnay 2017
AGRELO

Elaborado com uvas de Agrelo, de uma vinha cujos cachos estavam bem protegidos do sol e vinificados de forma bem redutiva, protegidos do contato com o oxigênio, trata-se de um Chardonnay de ossos duros, de uma estrutura muito boa. Mais do que frutado, é um vinho austero, mais focado na acidez do que nos sabores e com forte acento na mineralidade. É um branco tremendo, com o corpo de um vinho tinto. Para guardá-lo por cinco anos ou mais.

‹ *vencedores* ›

93

VINHO REVELAÇÃO

BODEGA DEL FIN DEL MUNDO
Fin del Mundo Single Vineyard *Pinot Noir 2019*
SAN PATRICIO DEL CHAÑAR

Fala-se muito de Pinot Noir da Patagônia argentina, mas a verdade é que os verdadeiramente bons são muito poucos, dois ou três e nenhum de Neuquén. Para esse grupo, agora tem que adicionar a este novo **Fin del Mundo**, que estreia com este Pinot Noir de um solo calcário e rochoso na parte mais alta do vinhedo de San Patricio del Chañar. Para conseguir esse grau de frescor e frutas vermelhas, a colheita foi adiantada, o que resulta em frutas vermelhas refrescantes e também numa textura firme, com taninos que sim parecem de Pinot. Um novo começo que aqui em Descorchados nos faz sonhar.

VINHO REVELAÇÃO

BODEGA TEHO
Flora By Zaha *Chardonnay 2017*
LOS ÁRBOLES

Cem por cento Chardonnay de Los Árboles, esse tipo de vinho laranja ficava em contato com as peles por uma semana e depois estagia, sem peles, por dois anos, com um véu de flor, à maneira dos vinhos de Jerez. O resultado é um delicioso vinho em frutas vermelhas ácidas, com toques florais. A textura é tensa, muito firme. O corpo é grande, mas ao mesmo tempo de grande acidez.

‹ *vencedores* ›

95

VINHO REVELAÇÃO

BODEGA VISTALBA
Autóctono Blend de Blancas
Chardonnay, Cabernet Sauvignon, Sémillon 2018
MENDOZA

Um vinho novo no catálogo de Vistalba, esse tem 40% de Chardonnay de Gualtallary, 35% de Sauvignon Blanc de Los Árboles e 35% de Sémillon, também de Los Árboles, e é o único que estagia em barricas, com contato com ass borras. O vinho é pura verticalidade e tensão. É um vinho firme, com muita fruta, mas especialmente com tons salinos que são típicos dos Chardonnay de Gualtallary, um componente que parece mandar nessa mistura. Um vinho de grande caráter para mariscos crus, especialmente se houver ouriços no menu.

{ DESCORCHADOS }

VINHO REVELAÇÃO

BUSCADO VIVO O MUERTO
Las Tunas Los Árboles *Chardonnay 2017*
LOS ÁRBOLES

Esse vinho foi escolhido em uma vinha de Los Árboles, no vale de Uco, enxertada em vinhedo antigo de Pedro Jiménez com uma população de Chardonnay que, naqueles anos, não possuía a pureza clonal existente na Argentina atualmente. Portanto, não há apenas Chardonnay, mas também outras cepas brancas em 5% ou mais. A ideia de resgatar essas vinhas massais se materializa aqui com um delicioso vinho em suas notas de ervas, com uma forte mineralidade; é austero, firme na acidez, na textura severa e com uma tremenda sensação de frescor. Uma viagem ao primeiro Chardonnay da Argentina, aqui com um visual moderno. Procurando o sentido de origem.

⟨ *vencedores* ⟩

93

VINHO REVELAÇÃO

CANOPUS VINOS
Pintom Subversivo *Pinot Noir 2019*
EL CEPILLO

Este rosé vem de um setor especial na propriedade de Canopus, o solo mais ao sul do vinhedo, mais frio e de solo mais calcário do lugar. O vinho é estagiado em ânforas de cerâmica. Tem uma deliciosa fruta vermelha, um frescor suculento, cheio de uma acidez que range na boca e é algo como a alma da festa neste rosado para beber sem parar. Mas, isso é apenas o começo. Em seguida, o vinho apresenta aromas muito mais complexos, mel, pêssego, pimenta branca, enquanto a boca cresce cada vez mais, aumentando sua garra, as unhas que aderem ao paladar. Um vinho muito especial. Cerca de três mil garrafas foram feitas dele. ☙

{ DESCORCHADOS }

VINHO REVELAÇÃO

CATENA ZAPATA
La Marchigiana *Criolla Chica 2018*
MENDOZA

Para esse Criolla Chica (também conhecida no Chile como País ou na Califórnia como Mission), o enólogo Alejandro Vigil usa uvas da parte leste de Mendoza, em Rivadavia, uma das principais fontes da variedade na Argentina. Fermentado e criado por oito meses em recipientes de argila, tem um nariz ainda fechado, ainda muito tímido. Mas o que ele não tem no nariz, tem na boca onde exibe uma deliciosa mistura de sabores de terra e, acima de tudo, muita fruta vermelha. Este é um vinho para matar a sede.

‹ *vencedores* ›

93

VINHO REVELAÇÃO

CHAKANA
4 Gatos Locos *Malbec 2017*
GUALTALLARY

Este vinho vem de um vinhedo plantado em 2009, parte do projeto Tupungato Winelands, uma das mais importantes fontes de uvas em Gualtallary. Fermentado em tanques de aço com 10% de engaços, depois envelhecido em barris de 225 e 500 litros por 18 meses. Depois desse longo estágio, o vinho ainda tem taninos muito firmes e quase rústicos em um Malbec que tem uma fruta vermelha deliciosa, fresca e viva.

{ DESCORCHADOS }

93
VINHO REVELAÇÃO

CLOS ULTRALOCAL
Spontanée *Malbec, Cabernet Sauvignon 2019*
PERDRIEL

Este tinto vem de um vinhedo abandonado por anos que, ao invés de ser recuperado e voltar ser conduzido da forma moderna, foi deixado em estado selvagem, como uma trepadeira em seu estado real na natureza. O vinhedo é uma mescla (indeterminada) principalmente de Malbec com algo de Cabernet em um vinho delicioso e refrescante, ideal para o verão. A vinificação foi elaborada em um tanque de aço de mil litros, com uma maceração de uns 18 dias e posterior estágio de três meses em barricas usadas. Não há indícios da passagem por barricas. A fruta vermelha e radiante é a que manda aqui. Desse blend foram elaboradas 400 garrafas.

‹ vencedores ›

93

VINHO REVELAÇÃO

CORAZÓN DEL SOL
Luminoso *Grenache, Syrah, Monastrell 2016*
LOS CHACAYES

Trata-se de uma cofermentação de Garnacha (67%), Monastrell (19%) e Syrah (14%), tudo do vinhedo de Corazón del Sol, na região de Los Chacayes, no vale de Uco. As frutas se sentem nítidas e frescas aqui, com sabores de frutos vermelhos muito típicos de um ano fresco como foi 2016. O vinho estagia em barricas durante doze meses e sente-se um pouco defumado ao fundo, mas é a fruta e a textura redonda e amigável o que predomina, além de um toque particular de terra.

{ DESCORCHADOS }

VINHO REVELAÇÃO

DOÑA PAULA
969 Petit Verdot, Bonarda, Malbec 2019
LUJÁN DE CUYO

De vinhedos em Ugarteche, a quase mil metros de altura (969, como diz o rótulo), aqui há 55% Petit Verdot, 40% Bonarda e o resto de Malbec, todos colhidos separadamente e depois estagiados em ovos de cimento de cerca de seis meses. Aqui, o que prevalece é o produto de frescor das culturas avançadas que deram muitas frutas vermelhas e muito vigor num vinho que é surpreendentemente fresco para a área e especialmente porque tem 40% de Bonarda, que dá mais sabores doces do que nervosos como estes. Um achado.

⟨ *vencedores* ⟩

93

VINHO REVELAÇÃO

DURIGUTTI FAMILY WINEMAKERS
Proyecto Las Compuertas *Cordisco 2019*
LAS COMPUERTAS

Este é o vinho típico para embutidos. Nada de cor, muita fruta vermelha, taninos acentuados como o demônio e uma acidez que quase faz você sorrir com a sensação de frescor e nitidez. Os Durigutti plantaram esse Cordisco (Montepulciano d'Abruzzo) com material obtido de um antigo vinhedo em San Juan. A fermentação foi feita em cimento e estagia por cerca de três meses. Para um bom salame.

{ DESCORCHADOS }

93
VINHO REVELAÇÃO

E'S VINO
Histeria Blanco de Ánfora *Sémillon 2018*
TUPUNGATO

De um vinhedo muito antigo, plantado há cerca de 50 anos em Tupungato, este Sémillon é fermentado em ânforas de barro e aí é elevado por um ano. O lado com mel e de frutas brancas maduras são claramente sentidos, acompanhados de toques salinos que lhe dão complexidade. O corpo é médio/leve, com uma acidez suculenta em um vinho que gostaríamos de ver em cinco anos. Aqui há acidez e o corpo para aguentar na garrafa.

⟨ *vencedores* ⟩

92

VINHO REVELAÇÃO

EL PORVENIR DE CAFAYATE
Pequeñas Fermentaciones *Bonarda 2019*
CAFAYATE

El Porvenir compra as uvas desse Bonarda de um vinhedo de cerca de 15 anos, em Cafayate, e as colhe no início da estação, em meados de fevereiro, o que é muito cedo em uma área quente como essa. A vinificação tem 30% de cachos inteiros, que contribuem com o lado ligeiramente "Beaujolais" desse vinho, com muita fruta e nota de cerejas ácidas. A boca é clara em acidez, com muitos sabores de frutas vermelhas em um vinho para se beber no verão, um desses tintos para matar a sede. Na verdade, entre os melhores que provamos nesse ano para saciar a sede.

{ DESCORCHADOS }

VINHO REVELAÇÃO

ESTANCIA LOS CARDONES
Anko Flor de Cardón *Cabernet Sauvignon 2018*
CAFAYATE

É insistentemente dito que a Cabernet Sauvignon no norte é rico em ervas, em hortelã, nas chamadas pirazinas. Esse vem negar tal coisa. A partir da encosta de pedras na área de Tolombón, uma encosta voltada para o norte e muito quente, a Estancia Los Cardones consegue obter vinhos frescos e de ricas frutas vermelhas. Nesse caso, há muitas frutas vermelhas deliciosas e refrescantes. E, sim, algumas ervas, mas não predominam, acompanham. Um Cabernet para refrescar.

‹ *vencedores* ›

VINHO REVELAÇÃO

FAMILIA CASSONE
La Coupe *Syrah 2019*
LUJÁN DE CUYO

Colhido em duas partes, para combinar momentos de madurez distintos. Esse Syrah de Agrelo, da área mais alta daquele lugar, é vinificado de maneira muito simples, com alguns cachos inteiros (5%) para acentuar a fruta e em tanques de aço; e de lá para a garrafa. O que eles engarrafam é um delicioso suco de amoras, com taninos firmes e muito boa acidez. Um vinho fresco, com toques de carne como todo bom Syrah e um final ligeiramente doce e amável.

91
VINHO REVELAÇÃO

FINCA SUÁREZ
Rocamadre Rosado *Pinot Noir 2019*
ALTAMIRA

Marcado por uma acidez firme, não usual no estereótipo desse estilo. Este Pinot Noir tem um corpo leve, vertical, de estrutura linear, mas ao mesmo tempo uma textura dura, muito atípica. Um bicho diferente, com zero grau de doçura, para comer frutos do mar com ele.

‹ *vencedores* ›

VINHO REVELAÇÃO

FUNCKENHAUSEN VINEYARDS
La Espera Reserva Carpe Diem *Chardonnay 2018*
SAN RAFAEL

De solos pedregosos, cheios de rochas redondas, este Chardonnay tem um intrigante sabor salino, que aporta muito mais caráter à uva. É uma seleção desses vinhedos pobres em nutrientes e também com presença de calcário, o que pode ter relação com esse lado salino. Mas, além disso, aqui se tem muita fruta branca, radiante de uma textura tensa, que vibra na boca. Uma grande amostra de potencial.

{ DESCORCHADOS }

93
VINHO REVELAÇÃO

KARIM MUSSI WINEMAKER
Alandes Paradoux Blend Blanc de Blancs 3ème Édition
Sémillon, Sauvignon Blanc N/V
VALE DE UCO

Este é um blend de dois terços de Sémillon que vem de La Consulta e um terço de Sauvignon Blanc de Los Chacayes. Ambos os vinhedos foram gerenciados protegendo os cachos e, assim, mantendo o frescor. Estagia 14 meses em barricas com suas borras e isso teve um impacto importante sobre os sabores, acrescentando notas tostadas a frutas brancas maduras. Mas, atenção, pois necessita de tempo de garrafa. Aqui se tem um importante vinho branco, encorpado, com uma tensão na acidez que o torna ideal para guardar.

‹ *vencedores* ›

VINHO REVELAÇÃO

KRONTIRAS
Krontiras Natural *Malbec 2019*
MENDOZA

Este é um 100% Malbec que vem de vinhedos biodinâmicos na zona de Maipú. É fermentado em tanques de aço com suas leveduras nativas e, em seguida, engarrafado sem adição de sulfitos em nenhum momento durante a vinificação. Este tipo de vinho natural é um verdadeiro suco de amoras, delicioso em sua suculência, frutas puras em um vinho de corpo médio, com taninos firmes e deliciosa acidez. Um vinho fresco e transparente.

{ DESCORCHADOS }

VINHO REVELAÇÃO

LEO BORSI
Horizonte Sur D.O.C. San Rafael
Cabernet Sauvignon 2019
SAN RAFAEL

De uma das zonas mais altas de San Rafael, chegando em 25 de Mayo, aqui os taninos e a acidez fazem uma pequena festa neste Cabernet. É pura fruta, mas também estrutura e tensão, ambos detalhes que falam do lugar de onde vem e da influência da altura em sua fruta. É um vinho de grande frescor, mas também de grande caráter varietal. Há espaço para um Cabernet de San Rafael e este é um bom exemplo de potencial, acima de tudo nas zonas de maior altitude, ao sul do rio Diamante.

⟨ *vencedores* ⟩

94

VINHO REVELAÇÃO

MATERVINI
Antes Andes Viña Canota *Malbec 2017*
LAS HERAS

Las Heras, a cerca de 1.100 metros de altura, não é um lugar comum para a viticultura. Plantado com vinhedos em 2012, próximo ao aeroporto, é um local de solos sedimentares, áridos, extremos e quentes. Tudo isso é sentido neste vinho, de frutas maduras e generosas, mas mantendo sempre o vigor da acidez que aqui se sente fortemente e, de certo modo, libera a fruta, expande-a. Um delicioso e untuoso vinho.

{ DESCORCHADOS }

VINHO REVELAÇÃO

MATÍAS MORCOS
Matías Morcos *Criolla Chica 2019*
MENDOZA

No leste de Mendoza, a cepa Criolla Chica (Listan Prieto, País) é chamada de Sanjuanina. Nesse caso, é um antigo parral (vinhedo em latada) com mais de cem anos. Fermentado em pequenos tanques de cimento de 1.200 litros e depois envelhecido em barricas usadas. No leste, chamavam esses vinhos de "Claretes" porque não eram tintos nem rosados, apenas a cor das uvas lhes dava esse tom. Esse vinho é fresco, amável, delicioso, com toques terrosos e um delicioso final de ervas. "A família da minha mãe tomava Moscatel, a família do meu pai esse clarete", diz Matias Morcos sobre a influência que sua história familiar teve nos vinhos que produz hoje.

⟨ *vencedores* ⟩

91

VINHO REVELAÇÃO

MAURICIO LORCA
Lorca Fantasía El Mirador *Criolla Grande 2019*
RIVADAVIA

Mauricio Lorca obtém essa Criolla Grande de vinhedos no leste de Mendoza, em Rivadavia, de um vinhedo de 65 anos de idade. O sol e o calor das áreas têm um impacto sobre este vinho, mas não a ponto de se tornar cansativo em madurez, mas sim oferecer uma deliciosa personalidade frutífera. Os taninos, como em qualquer Criolla Grande, são muito amigáveis e há uma acidez que refresca tudo.

{ DESCORCHADOS }

VINHO REVELAÇÃO

PER SE
Inseparable *Malbec 2018*
GUALTALLARY

Inseparable é o vinho de entrada de Per Se e, também, é o que produz mais garrafas. Cerca de sete mil garrafas foram produzidas a partir dessa primeira safra, o que, no contexto das pequenas produções dessa vinícola (tão pequenas que, na prática, estão fora do circuito comercial), é muito vinho. Esse é 100% Malbec de vinhedos plantados em 2010, na área mais baixa da vinha de Monasterio, a cerca de 1.450 metros acima do nível do mar, em solos pedregosos e arenosos, com um pouco de cal. A colheita de 2018 foi quente e seca, mas isso não aparece aqui. Por outro lado, o estilo dos vinhos Per Se, sempre frescos e luminosos, dá seus primeiros passos nesse **Inseparable**. As frutas vermelhas, toques de violeta e de acidez firme, junto com taninos de cal, muito precisos, definidos e pulsantes. Decidimos colocar pontuação nesse vinho e recomendá-lo porque é um tinto que - por sua produção - é relativamente mais simples de encontrar. Os demais vinhos da casa, ainda que sejam melhores e mais repletos de sentido de lugar que este Malbec, decidimos deixar sem pontuação porque, na verdade, não existem.

⟨ *vencedores* ⟩

VINHO REVELAÇÃO

PYROS WINES
Limestone Hill Vineyard *Malbec 2016*
PEDERNAL

Limestone Hill é uma seleção de Malbec de uma encosta rica em cal que, de acordo com Pyros, é uma formação de cal geológica não aluvial, não arrastada pelos rios como de costume na Cordilheira dos Andes. A diferença fundamental é que aqui as rochas são feitas de cal, não cobertas por ela. Como isso influencia o vinho? Aqui a principal característica é a tensão dos taninos. Se você olhar de perto, este não é um vinho de grande concentração, mas de taninos firmes e nervosos, quase como se fosse um Nebbiolo ou Baga. Aqui há um vinho excepcional em todos os seus aspectos, na fruta que é muito vermelha e radiante. Fruta radiante numa expressão generosa, suculenta e vibrante. Uma amostra do potencial de uma área e o que um solo pode fazer em um vinho.

{ DESCORCHADOS }

VINHO REVELAÇÃO

RICCITELLI WINES
Old Vines From Patagonia *Torrontés 2019*
RÍO NEGRO

Não é comum encontrar Torrontés em Rio Negro, uma cepa mais vista no norte da Argentina ou em La Rioja. Segundo Matías Riccitelli, os Torrontés do sul têm tudo o que se espera da cepa, mas na medida certa, isto é, não cansam como muitos exemplos da uva. Esse Torrontés vem de vinhas plantadas no final dos anos 60 e é fermentado em ânforas italianas de barro e lá estagiam por cerca de 7 meses e o resultado é uma visão completamente diferente da variedade, com toques especiados e florais, mas com uma acidez muito mais intensa e sem aquela "gordura" que caracteriza a variedade; tem muito nervo, muita força e muita garra, graças ao fato de que metade do volume tem contato com a peles. Uma delícia.

⟨ *vencedores* ⟩

VINHO REVELAÇÃO

RUCA MALEN
Terroir Series Valle de Uco *Petit Verdot 2017*
VALE DE UCO

A Petit Verdot, sob o sol de Mendoza, tende a ser domada, com seus taninos acalmados e com acidez menos intensa, tornando-se gatinhos amorosos, pedaços de chocolate. Este não é o caso com esse **Terroir Series**. Aqui há taninos selvagens, acidez acentuada e frutas vermelhas com muitas notas de cominho. O vinho estagia durante 12 meses em madeira usada e por isso não há sabores de chocolate, mas sim puras frutas vermelhas e silvestres puras. Atenção com ele.

{ DESCORCHADOS }

VINHO REVELAÇÃO

RUTINI WINES
Colección Cabernet Franc 2017
MENDOZA

Um Cabernet Franc crocante, claro em sua expressão de ervas. Vem de vinhedos próprios em El Cepillo e Gualtallary e consegue mostrar a variedade sem complexos, sem fantasias. Aqui estão notas de pimenta, pimenta preta, ervas e tabaco em um corpo suculento, onde mandam as frutas vermelhas antes de qualquer outra coisa. É refrescante e vivaz. Se você quiser saber como é o Cabernet Franc argentino de Mendoza, compre este aqui.

⟨ *vencedores* ⟩

VINHO REVELAÇÃO

SANTA JULIA
Flores Negras *Pinot Noir 2019*
VALE DE UCO

De vinhedos de uns 30 anos plantados a cerca de 1.500 metros de altura em San José. Esse é um simples Pinot na aparência, mas cuidado com ele. As notas de frutas vermelhas freneticamente frescas escondem notas de ervas e ligeiros toques de terra. A textura é firme, tensa, com uma acidez acentuada. Um delicioso vinho, frescor crocante, vivacidade deliciosa e olho no preço, que é uma barganha de grandes proporções. Não pare de beber. Deste vinho há o suficiente, cerca de sessenta mil garrafas. Vá e compre algumas delas.

{ DESCORCHADOS }

VINHO REVELAÇÃO

SOLOCONTIGO
Casa de las Musas GSM
Garnacha, Syrah, Mourvèdre 2018
LOS CHACAYES

Esta mistura de variedades mediterrâneas, todas de vinhas próprias em Los Chacayes, inclui 60% de Garnacha, 30% de Syrah e o resto de Mourvèdre. As uvas são cofermentadas e envelhecidas em barricas usadas por um ano. O resultado é um vinho severo em taninos, em textura, e ao mesmo tempo suculento e amplo em sabores de frutas maduras para frutas pretas. Um vinho grande, que precisa de dois a três anos na garrafa para ganhar complexidade.

‹ *vencedores* ›

VINHO REVELAÇÃO

TERRAZAS DE LOS ANDES
Parcel Nº10W Los Cerezos *Malbec 2016*
MENDOZA

Os vinhedos mais antigos de Terrazas estão na área de Las Compuertas, uma área tradicional em Luján de Cuyo e com uma herança muito importante de videiras antigas que, infelizmente, sucumbem à pressão imobiliária. Essa vinha foi plantada em 1929, a cerca de 1.070 metros de altura e este ano dá um Malbec radiante em frutas vermelhas, talvez a versão mais fresca que lembramos desse clássico. A boca tem taninos firmes e pungentes, excelente aderência e frutas vermelhas vivas que acompanham o vinho todo o tempo até o final. Uma excelente versão. No passado, o preço a pagar pela suavidade dos vinhos de Las Compuertas (e também em outras áreas tradicionais de Mendoza) era com as frutas doces, não inteiramente frescas. Esse vinho tem ambas as coisas.

{ DESCORCHADOS }

VINHO REVELAÇÃO

TRIVENTO
Golden Reserve Black Series *Sémillon 2019*
LUJÁN DE CUYO

Este vinho vem de vinhas muito velhas, da mesma vinha de onde vem o top Eolo, junto ao rio Mendoza em Vistalba. Estima-se que esta vinha foi estabelecida em 1895. Este vem de uma mistura de dois quartéis e dá um delicado, muito refrescante e, acima de tudo, muito perfumado Sémillon com aromas que escapam da taça. Um delicioso e delicado vinho.

⟨ *vencedores* ⟩

92

VINHO REVELAÇÃO

VALLE ARRIBA
Criollita *Criolla Chica 2018*
VALES CALCHAQUÍES

A Criolla Chica, especialmente de vinhas velhas, é comum no norte da Argentina, uma herança que nesse caso se trata de vinhas muito velhas em Molinos, a 2400 metros de altura que dão um vinho de notas de terra, com sabores ligeiramente defumados e de um delicioso frescor. Tem doze meses de carvalho, em barricas usadas e que talvez tenham permitido que a textura se suavize, mas o resto cheira e tem gosto de vinho campesino.

VINHO REVELAÇÃO

VER SACRUM
Ménage Clarete *Garnacha, Syrah, Marsanne 2018*
MENDOZA

A base desse vinho é Garnacha e Marsanne, prensadas ao mesmo tempo e que perfazem 80% da mescla. Tudo fermenta sem peles, mesmo o Syrah, que fermenta separadamente. Então o vinho é misturado e 20% estagia em barricas e o restante em ovos. Um delicioso e suculento clarete, com tons vermelhos e vivos num vinho de grande frescor. Para beber por litros no verão e também uma boa maneira de entrar no mundo dos claretes que, claro, não são rosados.

⟨ *vencedores* ⟩

VINHO REVELAÇÃO

VIÑA LOS CHOCOS
Vertebrado *Malbec 2017*
GUALTALLARY

Vertebrado vem de um vinhedo plantado no leito de um rio, de modo que esses solos são ricos em pedras que, neste caso, são banhadas em cal, como é comum em Gualtallary. O vinho é fermentado em ovos de concreto e envelhecido em barricas de 500 litros por doze meses. Parece um vinho construído a partir dos seus taninos. Parece quase que não há fruta, apenas os ossos feitos de taninos que têm a textura do giz. Um vinho muito arriscado e, talvez pelo mesmo motivo, com muito caráter. 🍷

{ DESCORCHADOS }

92

VINHO REVELAÇÃO

ZORZAL WINES
Terroir Único *Pinot Noir 2018*
GUALTALLARY

Uma das grandes relações preço e qualidade em Pinot Noir na América do Sul, vem dos vinhedos de Tupungato Winelands em Gualtallary, a cerca de 1300 metros acima do nível do mar. Uma mistura de colheitas antecipadas, extrações muito suaves e uso zero de madeira resultam em um intenso Pinot, com leves toques terrosos, que lhe dão uma complexidade extra que já é mais do que suficiente. Excelente.

‹ *vencedores* ›

96

VINHO REVELAÇÃO

ZORZAL WINES
El Barba *Malbec 2016*
GUALTALLARY

Cinzas. O que este vinho cheira são cinzas. O enólogo Juan Pablo Michelini não confiou nesse vinhedo de solo com três metros de areia pura plantado em 2013. No entanto, o resultado surpreendeu. "É outro tipo de Malbec, outro Gualtallary", diz ele. E é isso. Aos sabores de cinza são adicionados aromas de ervas e frutas em um vinho louco, cheio de frescor, mas de tal personalidade que é difícil não distingui-lo do resto. Um novo caminho para a Malbec de Gualtallary e uma das grandes surpresas deste ano em *Descorchados*.

{ DESCORCHADOS }

97

VINHO REVELAÇÃO

ZUCCARDI VALLE DE UCO
Polígonos del Valle de Uco Paraje Altamira
Malbec 2018
ALTAMIRA

Uma fotografia dos vinhos de Altamira. Este vinho nasce em solos ricos em cal. A fermentação é feita em tanques de concreto, sem estágio em barricas para mostrar o lugar com a maior fidelidade possível. Aqui está a austeridade quase monástica do Malbec sobre os solos pedregosos, aluviais, de Altamira. É severo este Malbec em que tudo parece estar focado na estrutura, na força dos taninos. Um tinto que merece cinco anos em garrafa.

‹ vencedores ›

MELHOR BLEND BRANCO

ALTAR UCO
Edad Media
Chardonnay, Chenin Blanc, Sauvignon Blanc 2018
VALE DE UCO

Esta é uma mistura de 60% de Chardonnay, 30% de Chenin Blanc e o restante de Sauvignon Blanc, todos cofermentados e envelhecidos em barricas, com 60% delas sob o véu de flor, todos por um ano. Há cremosidade aqui, notas de nozes e especiarias, mas especialmente frutas brancas com notas de sal. O vinho se expande pela boca, deixando um rastro de oleosidade, texturas voluptuosas e sabores acompanhados de uma acidez salgada. Hoje é uma delícia, mas este é um vinho de longa guarda. Deixe algumas garrafas e esqueça-as por pelo menos dez anos. Certamente algo muito bom será a recompensa por essa paciência.

Os melhores blend brancos do ano

96 | **BRESSIA** Lágrima Canela Chardonnay, Sémillon 2018 | Agrelo
95 | **BODEGA VISTALBA** Autóctono Blend de Blancas Chardonnay, Sauvignon Blanc, Sémillon | 2019 Mendoza
94 | **BODEGAS CHANDON** Barón B Brut Nature Chardonnay, Pinot Noir 2011 | Mendoza
94 | **LAGARDE** Proyecto Hermanas White Blend Chardonnay, Sauvignon Blanc, Sémillon 2018 | Mendoza
94 | **MOSQUITA MUERTA** Mosquita Muerta Blend de Blancas Chardonnay, Sauvignon Blanc, Sémillon 2018 | Vale de Uco
94 | **RICCITELLI WINES** Blanco de la Casa Sauvignon Blanc, Sémillon, Chardonnay 2019 | Vale de Uco
94 | **SUSANA BALBO WINES** Signature White Blend Sémillon, Sauvignon Blanc, Torrontés 2018 | Vale de Uco

{ DESCORCHADOS }

 97

DIVIDIDO

MELHOR BLEND TINTO

ALEANNA - EL ENEMIGO WINES
Gran Enemigo Single Vineyard El Cepillo
Cabernet Franc, Malbec 2016
EL CEPILLO

El Cepillo é uma área que está localizada na ponta sul do vale de Uco. É uma zona muito fria, com geadas contínuas, num clima extremo que dá vinhos extremos como este, rico em frutas vermelhas que são gradualmente transformadas em aromas de curry que tomam conta de tudo. A boca é generosa em frutas, mas também rica em acidez e força de taninos, tudo sob quilos de frutas vermelhas maduras e acidez. Um vinho que não para de crescer na boca, que não irá sofrer mutação. Abra esta garrafa e sente-se na fila da frente para apreciar o espetáculo.

Os melhores blend tintos do ano

96 | **ALEANNA - EL ENEMIGO WINES** Gran Enemigo Single Vineyard Chacayes Cabernet Franc, Malbec 2016 | Los Chacayes
96 | **ALTA YARI** Gran Corte Cabernet Franc, Malbec, Cabernet Sauvignon 2018 | Gualtallary
96 | **ALTAR UCO** Edad Media Malbec, Cabernet Sauvignon, Cabernet Franc, Merlot 2016 | Vale de Uco
96 | **BODEGA TEHO** Teho Tomal Vineyard 2018 | La Consulta
96 | **BODEGA TEHO** Teho Tomal Vineyard El Corte 2017 | La Consulta
96 | **CASARENA** Icono Malbec, C. Franc, P. Verdot 2015 | Luján de Cuyo
96 | **FABRE MONTMAYOU** Grand Vin Cabernet Sauvignon, Merlot, Malbec 2016 | Luján de Cuyo
96 | **MICHELINI I MUFATTO** GY Malbec, C. Franc 2018 | Gualtallary
96 | **NOEMÍA DE PATAGONIA** J Alberto Malbec, Merlot 2018 Patagônia argentina
96 | **RICCITELLI WINES** Riccitelli & Father Malbec, Cabernet Franc 2017 Las Compuertas
96 | **RUTINI WINES** Antología XLVIII Malbec, Petit Verdot, Cabernet Franc, Merlot 2014 | Mendoza
96 | **SUPERUCO** SuperUco Gualta Malbec, Cabernet Franc 2016 | Gualtallary
96 | **SUPERUCO** SuperUco Los Chacayes Merlot, Malbec, Cabernet Franc, Petit Verdot 2016 | Los Chacayes
96 | **VIÑALBA** Diane Malbec, Cabernet Franc 2017 | Vale de Uco
96 | **WEINERT** Cavas de Weinert Malbec, Cabernet Sauvignon, Merlot 2009 | Mendoza
96 | **ZORZAL WINES** Piantao Cabernet Franc, Malbec, Merlot 2015 Tupungato

‹ *vencedores* ›

97
DIVIDIDO

MELHOR BLEND TINTO

ALEANNA - EL ENEMIGO WINES
Gran Enemigo Single Vineyard Gualtallary
Cabernet Franc, Malbec 2016
GUALTALLARY

Como de costume nos Single Vineyard de El Enemigo, tem cerca de 80% de Cabernet Franc e o resto de Malbec, neste caso todos os vinhedos de Adrianna, nas alturas de Gualtallary. Quando você fala sobre Gualtallary, você fala sobre as uvas mais caras de toda Mendoza. No entanto, Gualtallary é extensa e diversificada e nem tudo é tão bom. Um dos seus melhores lugares é Adrianna, no que é conhecido como Monasterio, um lugar rico em solos de cal e de pedra, que dão vinhos com severa austeridade, vinhos que são mais de estrutura do que de aromas. E esses são os vinhos - como este - de que gostamos.

Os melhores blend tintos do ano

96 | **ALEANNA - EL ENEMIGO WINES** Gran Enemigo Single Vineyard Chacayes Cabernet Franc, Malbec 2016 | Los Chacayes

96 | **ALTA YARI** Gran Corte Cabernet Franc, Malbec, Cabernet Sauvignon 2018 | Gualtallary

96 | **ALTAR UCO** Edad Media Malbec, Cabernet Sauvignon, Cabernet Franc, Merlot 2016 | Vale de Uco

96 | **BODEGA TEHO** Teho Tomal Vineyard 2018 | La Consulta

96 | **BODEGA TEHO** Teho Tomal Vineyard El Corte 2017 | La Consulta

96 | **CASARENA** Icono Malbec, C. Franc, P. Verdot 2015 | Luján de Cuyo

96 | **FABRE MONTMAYOU** Grand Vin Cabernet Sauvignon, Merlot, Malbec 2016 | Luján de Cuyo

96 | **MICHELINI I MUFATTO** GY Malbec, C. Franc 2018 | Gualtallary

96 | **NOEMÍA DE PATAGONIA** J Alberto Malbec, Merlot 2018 Patagônia argentina

96 | **RICCITELLI WINES** Riccitelli & Father Malbec, Cabernet Franc 2017 Las Compuertas

96 | **RUTINI WINES** Antología XLVIII Malbec, Petit Verdot, Cabernet Franc, Merlot 2014 | Mendoza

96 | **SUPERUCO** SuperUco Gualta Malbec, Cabernet Franc 2016 | Gualtallary

96 | **SUPERUCO** SuperUco Los Chacayes Merlot, Malbec, Cabernet Franc, Petit Verdot 2016 | Los Chacayes

96 | **VIÑALBA** Diane Malbec, Cabernet Franc 2017 | Vale de Uco

96 | **WEINERT** Cavas de Weinert Malbec, Cabernet Sauvignon, Merlot 2009 | Mendoza

96 | **ZORZAL WINES** Piantao Cabernet Franc, Malbec, Merlot 2015 Tupungato

{ DESCORCHADOS }

DIVIDIDO

MELHOR BLEND TINTO

CHEVAL DES ANDES
Cheval des Andes C. Sauvignon, Malbec, P. Verdot 2016
MENDOZA

A colheita de 2016 é a mais fresca da última década e provavelmente a mais chuvosa. Isso significou um grande impacto no frescor da fruta, na acidez e nos taninos, um pouco mais pulsante do que o habitual. As condições da colheita, além disso, talvez tenham adiantado a evolução desse vinho para um caráter mais fresco. A mistura deste ano de 58% de Malbec, 37% de Cabernet Sauvignon e 5% de Petit Verdot e o efeito do ano parece muito forte no caráter frutado, nas frutas vermelhas ácidas, algo que pouco a pouco já foi visto, especialmente na safra de 2015. Aqui está um Cheval com um corpo mais magro, mas com uma fruta vermelha fresca e crocante. Algo que também deve ser adicionado à equação é que o regime de irrigação é mais generoso, impedindo a planta de se estressar e, portanto, obtendo mais frutas vermelhas. Isso vem de 2015 e também teve um impacto poderoso aqui. Mas, independentemente desse frescor, esse 2016 precisa de tempo em garrafa. Comece por abrir suas primeiras garrafas em cinco anos.

Os melhores blend tintos do ano

96 | **ALEANNA - EL ENEMIGO WINES** Gran Enemigo Single Vineyard Chacayes Cabernet Franc, Malbec 2016 | Los Chacayes
96 | **ALTA YARI** Gran Corte C. Franc, Malbec, C. Sauvignon 2018 | Gualtallary
96 | **ALTAR UCO** Edad Media Malbec, Cabernet Sauvignon, Cabernet Franc, Merlot 2016 | Vale de Uco
96 | **BODEGA TEHO** Teho Tomal Vineyard 2018 | La Consulta
96 | **BODEGA TEHO** Teho Tomal Vineyard El Corte 2017 | La Consulta
96 | **CASARENA** Icono Malbec, C. Franc, P. Verdot 2015 | Luján de Cuyo
96 | **FABRE MONTMAYOU** Grand Vin Cabernet Sauvignon, Merlot, Malbec 2016 | Luján de Cuyo
96 | **MICHELINI I MUFATTO** GY Malbec, C. Franc 2018 | Gualtallary
96 | **NOEMÍA DE PATAGONIA** J Alberto Malbec, Merlot 2018 | Patagônia argentina
96 | **RICCITELLI WINES** Riccitelli & Father Malbec, Cabernet Franc 2017 | Las Compuertas
96 | **RUTINI WINES** Antologia XLVIII Malbec, Petit Verdot, Cabernet Franc, Merlot 2014 | Mendoza
96 | **SUPERUCO** SuperUco Gualta Malbec, Cabernet Franc 2016 | Gualtallary
96 | **SUPERUCO** SuperUco Los Chacayes Merlot, Malbec, Cabernet Franc, Petit Verdot 2016 | Los Chacayes
96 | **VIÑALBA** Diane Malbec, Cabernet Franc 2017 | Vale de Uco
96 | **WEINERT** Cavas de Weinert Malbec, C. Sauvignon, Merlot 2009 | Mendoza
96 | **ZORZAL WINES** Piantao Cabernet Franc, Malbec, Merlot 2015 | Tupungato

‹ vencedores ›

97

DIVIDIDO

MELHOR BLEND TINTO

NORTON
Gernot Langes *Malbec, C. Franc, C. Sauvignon 2016*
VALE DE UCO

Este é o vinho mais ambicioso da casa. A primeira safra foi em 2003 e desde então vem de uma seleção de vinhedos em Agrelo e Perdriel. No entanto, e como Norton estava mostrando interesse em vinhedos mais altos, no vale de Uco, foram gradualmente entrando uvas desses lugares. Hoje, no entanto, a mudança foi radical e essa nova safra pela primeira vez é 100% do vale de Uco. 50% do Malbec vem de Gualtallary, 30% do Cabernet Franc vem de Altamira e o resto é Cabernet Sauvignon, que também vem de Gualtallary. A mudança é sentida. A fruta é muito mais vermelha do que o habitual e a madeira (não há madeira nova no envelhecimento de 16 meses desse vinho) não tem maior relevância, deixando os sabores de frutas vermelhas serem exibidos com total liberdade. A estrutura é tensa, de taninos potentes, mas também de grande frescor graças a essa suculenta acidez. Uma tremenda mudança, que também se beneficia de uma safra fria, a mais fria da década. Muito disso está aqui.

Os melhores blend tintos do ano

96 | **ALEANNA - EL ENEMIGO WINES** Gran Enemigo Single Vineyard Chacayes Cabernet Franc, Malbec 2016 | Los Chacayes
96 | **ALTA YARI** Gran Corte C. Franc, Malbec, C. Sauvignon 2018 Gualtallary
96 | **ALTAR UCO** Edad Media Malbec, Cabernet Sauvignon, Cabernet Franc, Merlot 2016 | Vale de Uco
96 | **BODEGA TEHO** Teho Tomal Vineyard 2018 | La Consulta
96 | **BODEGA TEHO** Teho Tomal Vineyard El Corte 2017 | La Consulta
96 | **CASARENA** Icono Malbec, C. Franc, P. Verdot 2015 | Luján de Cuyo
96 | **FABRE MONTMAYOU** Grand Vin Cabernet Sauvignon, Merlot, Malbec 2016 | Luján de Cuyo
96 | **MICHELINI I MUFATTO** GY Malbec, C. Franc 2018 | Gualtallary
96 | **NOEMÍA DE PATAGONIA** J Alberto Malbec, Merlot 2018 Patagônia argentina
96 | **RICCITELLI WINES** Riccitelli & Father Malbec, Cabernet Franc 2017 Las Compuertas
96 | **RUTINI WINES** Antología XLVIII Malbec, Petit Verdot, Cabernet Franc, Merlot 2014 | Mendoza
96 | **SUPERUCO** SuperUco Gualta Malbec, Cabernet Franc 2016 | Gualtallary
96 | **SUPERUCO** SuperUco Los Chacayes Merlot, Malbec, Cabernet Franc, Petit Verdot 2016 | Los Chacayes
96 | **VIÑALBA** Diane Malbec, Cabernet Franc 2017 | Vale de Uco
96 | **WEINERT** Cavas de Weinert Malbec, C. Sauvignon, Merlot 2009 | Mendoza
96 | **ZORZAL WINES** Piantao Cabernet Franc, Malbec, Merlot 2015 Tupungato

97

{ DESCORCHADOS }

MELHOR BONARDA

ZUCCARDI VALLE DE UCO
Emma Zuccardi *Bonarda 2018*
VALE DE UCO

Emma é o Bonarda top de Zuccardi e é uma homenagem à vovó Emma que, aos 93 anos, ainda está ativa na vinícola. Este vinho vem das áreas de San Pablo e Altamira (em quantidades semelhantes), ambos lugares frios no vale de Uco, que imprime esse frescor e vivacidade para a fruta, especialmente em um ano que não foi tão quente e o que, portanto, sublinha essas frutas vermelhas e essa acidez, talvez, a melhor versão de **Emma** até hoje.

Os melhores bonarda do ano

- 94 | **DURIGUTTI FAMILY WINEMAKERS** Proyecto Las Compuertas Charbono 2018 | Las Compuertas
- 93 | **NIETO SENETINER** Trilogía Terroir Agrelo - Luján de Cuyo Bonarda 2018 Mendoza
- 93 | **NIETO SENETINER** Trilogía Terroir Cordón del Plata - Tupungato Bonarda 2018 | Mendoza
- 92 | **ALEANNA - EL ENEMIGO WINES** El Enemigo Bonarda 2017 | Mendoza
- 92 | **ALEANNA - EL ENEMIGO WINES** El Enemigo Single Vineyard El Barranco Bonarda 2017 | Mendoza
- 92 | **ALEANNA - EL ENEMIGO WINES** El Enemigo Single Vineyard La Esperanza Bonarda 2017 | Mendoza
- 92 | **ALEANNA - EL ENEMIGO WINES** El Enemigo Single Vineyard Los Paraísos Bonarda 2017 | Mendoza
- 92 | **ALTOS LAS HORMIGAS** Colonia Las Liebres Bonarda 2019 | Mendoza
- 92 | **EL PORVENIR DE CAFAYATE** Pequeñas Fermentaciones Bonarda 2019 Cafayate
- 92 | **ESCALA HUMANA WINES** Livverá Bonarda 2019 | Vale de Uco
- 92 | **LAS PAYAS** Don Nadie Bonarda 2018 | San Rafael
- 92 | **NIETO SENETINER** Partida Limitada Bonarda 2016 | Mendoza
- 92 | **PASSIONATE WINE** Vía Revolucionaria Pura Bonarda 2019 Tupungato
- 92 | **POLOPUESTO WINES** Mala Hierba Bonarda 2017 | Tupungato

⟨ *vencedores* ⟩

MELHOR
CABERNET FRANC

ZUCCARDI VALLE DE UCO
Polígonos del Valle de Uco Paraje Altamira
Cabernet Franc 2018
ALTAMIRA

Dos solos aluviais de Altamira, ricos em pedras cobertas de cal, este Cabernet Franc tem a força típica dos tintos da área, aquela arquitetura monolítica que também pode ser vista nos Malbec. Este vinho é vinificado em tanques de concreto e depois é estagiado em foudres de 2.500 litros por cerca de sete meses. O vinho tem um forte componente herbáceo, muito típico da cepa, no meio de notas de frutas que se desdobram por toda a boca.

Os melhores cabernet franc do ano

94 | **ABRASADO** Unique Parcel Cabernet Franc 2017 | Vale de Uco
94 | **DURIGUTTI FAMILY WINEMAKERS** Proyecto Las Compuertas Cabernet Franc 2018 | Las Compuertas
94 | **LUIGI BOSCA | FAMILIA ARIZU** Gala 4 Cabernet Franc 2017 Las Compuertas
94 | **MAURICIO LORCA** Inspirado Cabernet Franc 2015 | Los Árboles
94 | **MAURICIO LORCA** Lorca Poético Cabernet Franc 2015 | Vale de Uco
94 | **NORTON** Altura Cabernet Franc 2018 | Vale de Uco
94 | **PASSIONATE WINE** @micheliniwine Manolo Cabernet Franc 2017 San Pablo
94 | **RICCITELLI WINES** Viñedos de Montaña Cabernet Franc 2017 Vale de Uco
94 | **RUTINI WINES** Colección Cabernet Franc 2017 | Mendoza
94 | **RUTINI WINES** Single Vineyard Gualtallary Cabernet Franc 2017 Gualtallary
94 | **SUPERUCO** Calcáreo Granito de Tupungato Cabernet Franc 2018 Gualtallary
94 | **SUPERUCO** Sorella Cabernet Franc 2016 | Gualtallary
94 | **TRAPICHE** Gran Medalla Cabernet Franc 2016 | Vale de Uco
94 | **VIÑA LOS CHOCOS** Estéreo Cabernet Franc 2017 | Gualtallary
94 | **ZORZAL WINES** EGGO Franco Cabernet Franc 2018 | Gualtallary
94 | **ZUCCARDI VALLE DE UCO** Polígonos del Vale de Uco San Pablo Cabernet Franc 2018 | San Pablo

{ DESCORCHADOS }

MELHOR CABERNET SAUVIGNON

RUTINI WINES
Apartado Gran *Cabernet Sauvignon 2015*
VALE DE UCO

Esta é uma seleção de uvas Cabernet Sauvignon plantada ao lado da vinícola em 1998, em um vinhedo que é podado para ter baixos rendimentos. Esta é a primeira vez que a qualidade desse vinhedo ranqueia para **Apartado**, o vinho mais ambicioso da vinícola, e isso é muito merecida. Aqui há uma concentração potente, mas ao mesmo tempo uma acidez que corresponde às circunstâncias. É bom em taninos, mas intenso e até selvagem em acidez. Há frutas vermelhas e pretas e muitas ervas em um dos melhores Cabernet que experimentamos dessa safra na Argentina.

Os melhores cabernet sauvignon do ano

95 | **NOEMÍA DE PATAGONIA** Due Cabernet Sauvignon 2017
Patagônia argentina
95 | **SUSANA BALBO WINES** Susana Balbo Signature Cabernet Sauvignon 2017
Vale de Uco
95 | **TRAPICHE** Terroir Series Edición Limitada Finca Laborde
Cabernet Sauvignon 2015 | Vale de Uco
95 | **TRIVENTO** Gaudeo Single Vineyard Tupungato Cabernet Sauvignon 2018
Vale de Uco
94 | **BENEGAS** Benegas Single Vineyard Finca Libertad
Cabernet Sauvignon 2017 | Maipú
94 | **CADUS** Appellation Tupungato Cabernet Sauvignon 2017 | Tupungato
94 | **CASARENA** DNA Cabernet Sauvignon 2016 | Luján de Cuyo
94 | **EL ESTECO** Fincas Notables Cuartel 9 Cabernet Sauvignon 2017
Vales Calchaquíes
94 | **MASCOTA VINEYARDS** Big Bat Cabernet Sauvignon 2016 | La Consulta
94 | **MASCOTA VINEYARDS** Magnánime Cabernet Sauvignon 2013
La Consulta
94 | **MYTHIC ESTATE** Mythic Block Cabernet Sauvignon 2017 | Mendoza
94 | **SUSANA BALBO WINES** BenMarco Cabernet Sauvignon 2018
Vale de Uco
94 | **TERRAZAS DE LOS ANDES** Grand Cabernet Sauvignon 2017 | Mendoza

‹ vencedores ›

MELHOR CHARDONNAY

CATENA ZAPATA
Adrianna Vineyard White Bones *Chardonnay 2017*
MENDOZA

White Bones é uma seleção de fileiras plantadas em solos calcários do vinhedo Adrianna, em Gualtallary, um dos primeiros vinhedos naquela área muito em moda no vale do Uco hoje. Há dois aspectos a sublinhar neste vinho, para nós o mais radical de **White Bones** desde a sua primeira safra em 2009. O primeiro é aquele solo de cal, pedras banhadas de calcário que dão a este vinho aquela severidade de branco feito de pedras ao invés de frutas. É o segundo é o véu de flor, como os vinhos de Jerez, que em Gualtallary, no alto da montanha, dá um véu leve, mas que chega a dar aquele lado salino, a dar essa complexidade, aquele lado mineral que permeia tudo e que acentua aquela sensação de pedra, que este vinho não é feito de uvas.

Os melhores chardonnay do ano

97 | **CATENA ZAPATA** Adrianna Vineyard White Stones Chardonnay 2017
Mendoza

96 | **BUSCADO VIVO O MUERTO** El Cerro Gualtallary Chardonnay 2017
Gualtallary

96 | **ZUCCARDI** Vale de Uco Fósil Chardonnay 2018 | San Pablo

95 | **ALMA MATER** Alma Mater Chardonnay 2017 | Los Chacayes

95 | **BUSCADO VIVO O MUERTO** Las Tunas Los Árboles Chardonnay 2017
Los Árboles

95 | **BUSCADO VIVO O MUERTO** La Verdad San Pablo Chardonnay 2017
San Pablo

95 | **BUSCADO VIVO O MUERTO** El Límite Las Pareditas Chardonnay 2017
Las Pareditas

95 | **MICHELINI I MUFATTO** Convicciones Chardonnay 2017 | Gualtallary

95 | **RICCITELLI WINES** Viñedos de Montaña Chardonnay 2019
Vale de Uco

95 | **SALENTEIN** Single Vineyard Las Sequoias Chardonnay 2017
San Pablo

95 | **TRAPICHE** Terroir Series Finca Las Piedras Chardonnay 2018
Vale de Uco

{ DESCORCHADOS }

MELHOR CRIOLLA

CARA SUR
Parcela La Totora *Criolla Chica 2018*
BARREAL

La Totora é uma parcela de pouco menos de meio hectare, plantada a cerca de 1.550 metros de altura em Paraje Hilario. É uma vinha em um parral de mais de sessenta anos. O vinho é fermentado com 30% de engaços e estagia por oito meses em ovos de concreto. Como a primeira versão, essa também é fina, mas nervosa, com um corpo de baixa concentração, mas ao mesmo tempo com muito sabor e taninos afiados, intensos e pontiagudos. A Listán Prieto em seu melhor momento na Argentina.

Os melhores criolla do ano

- 94 | **VALLISTO** Vallisto Criolla Chica 2019 | Vales Calchaquíes
- 92 | **CARA SUR** Cara Sur Criolla Chica 2019 | Barreal
- 92 | **DURIGUTTI FAMILY WINEMAKERS** Proyecto Las Compuertas Criolla Chica 2019 | Las Compuertas
- 92 | **EL ESTECO** Old Vines 1958 Criolla Chica 2019 | Vales Calchaquíes
- 92 | **MATÍAS MORCOS** Matías Morcos Criolla Chica 2019 | Mendoza
- 92 | **PASSIONATE WINE** Vía Revolucionaria La C. Grande Criolla Grande 2019 | Tupungato
- 92 | **VALLE ARRIBA** Criollita Criolla Chica 2018 | Vales Calchaquíes
- 91 | **CADUS** Signature Series Criolla Chica 2019 | Vista Flores
- 91 | **CATENA ZAPATA** La Marchigiana Criolla Chica 2018 | Mendoza
- 91 | **MAURICIO LORCA** Lorca Fantasía El Mirador Criolla Grande 2018 Rivadavia
- 90 | **FINCA SUÁREZ** Rocamadre Criolla Chica 2019 | Vista Flores

DESCORCHADOS 2020
102

‹ vencedores ›

MELHOR MALBEC

ZUCCARDI VALLE DE UCO
Finca Piedra Infinita Supercal *Malbec 2017*
ALTAMIRA

Zuccardi tem 38 hectares de vinhedos ao redor da vinícola Piedra Infinita de Altamira e de lá obtém vários vinhos, entre eles os notáveis **Concreto**, **Finca Piedra Infinita** e **Canal Uco** que, de certa forma, são os ancestrais deste Supercal, um vinho de parcelas, a menor unidade até agora. Este ano, desta unidade de apenas meio hectare, rica em solos calcários, foram produzidas 1800 garrafas e o resultado é um vinho envolvente, generoso em frutas, mas também generoso em estrutura. A cal parece marcar os taninos, fazendo-os sentir-se verticais e afiados. É um Malbec crocante e elétrico, mas também profundo e longo. Um vinho para beber hoje, para ser provado sozinho, mas também para abrir daqui a alguns anos e ver até onde essa expressão de lugar pode ir.

Os melhores malbec do ano

- 99 | **PER SE** La Craie Malbec Cabernet Franc 2018 | Gualtallary
- 99 | **PER SE** Uni del Bonnesant Malbec Cabernet Franc 2018 | Gualtallary
- 98 | **ZUCCARDI VALLE DE UCO** Finca Piedra Infinita Gravascal Malbec 2017 Altamira
- 97 | **CATENA ZAPATA** Adrianna Vineyard River Stones Malbec 2016 | Mendoza
- 97 | **CATENA ZAPATA** Adrianna Vineyard River Stones Malbec 2017 | Mendoza
- 97 | **CATENA ZAPATA** Adrianna Vineyard Mundus Bacillus Terrae Malbec 2016 | Mendoza
- 97 | **CATENA ZAPATA** Adrianna Vineyard Mundus Bacillus Terrae Malbec 2017 | Mendoza
- 97 | **ESTANCIA USPALLATA** Estancia Uspallata Malbec 2017 | Uspallata
- 97 | **MATERVINI** Alteza Malbec 2017 | Cafayate
- 97 | **MOSQUITA MUERTA** Malcriado Malbec 2015 | Vale de Uco
- 97 | **NOEMÍA DE PATAGONIA** Noemía Malbec 2017 | Patagônia argentina
- 97 | **SUSANA BALBO WINES** Nosotros Single Vineyard Nómade Malbec 2016 | Vale de Uco
- 97 | **TERRAZAS DE LOS ANDES** Parcel N°12S Lican Malbec 2016 | Mendoza
- 97 | **ZUCCARDI VALLE DE UCO** Polígonos del Vale de Uco Paraje Altamira Malbec 2018 | Altamira
- 97 | **ZUCCARDI VALLE DE UCO** Finca Canal Uco Malbec 2017 | Altamira
- 97 | **ZUCCARDI VALLE DE UCO** Finca Piedra Infinita Malbec 2017 | Altamira

{ DESCORCHADOS }

MELHOR OUTRAS CEPAS BRANCAS

AMANSADO
Crianza en Ánfora *Pedro Ximénez 2017*
MENDOZA

Para a versão deste Pedro Ximénez, um vinhedo de cerca de 70 anos foi usado na área de El Zampal, nas colinas de Tupungato. O vinho estagia por dois anos em uma pequena ânfora de cerâmica de 450 litros. O vinho parece ser influenciado pelo véu de flor, pelo lado salino que este vinho tem. Mas não houve desenvolvimento de véu de flor aqui, mas apenas a longa e lenta oxidação que deu complexidade extra ao já austero Pedro Ximénez que o Amansado de Zampal obtém. A boca é suculenta e crocante, deliciosa, para beber e não parar. Um vinho de extrema complexidade, com um forte lado salino, mas ao mesmo tempo fácil de beber.

Os melhores outras cepas brancas do ano

93 | **ALMA 4** Alma 4 Viognier 2018 | Vale de Uco
93 | **VIÑAS DEL NANT Y FALL** Viñas del Nant y Fall Gewürztraminer 2019 | Patagônia argentina
92 | **CARA SUR** Cara Sur Moscatel Blanco 2019 | Barreal
92 | **NORTON** Special Edition Grüner Veltliner 2018 | Agrelo
92 | **SANTA JULIA** Flores Blancas Viognier 2019 | Mendoza
92 | **SOTTANO** Sottano Viognier 2019 | Mendoza
92 | **VINOS BARROCO** Barroco Viognier 2012 | Mendoza
92 | **ZUCCARDI VALLE DE UCO** Polígonos del Vale de Uco San Pablo Verdejo 2019 | San Pablo
91 | **CONTRA CORRIENTE** Contra Corriente Gewürztraminer 2019 | Patagônia argentina
91 | **DOÑA PAULA** Estate Riesling 2018 | Vale de Uco
91 | **LA GIOSTRA DEL VINO** Sparring Pedro Ximénez 2018 | Mendoza
91 | **LAGARDE** Lagarde Viognier 2019 | Mendoza
91 | **PIEDRA NEGRA** Reserve Pinot Gris 2018 | Los Chacayes
91 | **PIEDRA NEGRA** Gran Lurton Jackot Tocai 2018 | Los Chacayes
91 | **RUTINI WINES** Colección Gewürztraminer 2019 | Mendoza
91 | **TRAPICHE** Costa & Pampa Albariño 2019 | Chapadmalal

⟨ *vencedores* ⟩

94

MELHOR OUTRAS CEPAS TINTAS

VER SACRUM
Gloria S. *Garnacha 2016*
LOS CHACAYES

Gloria vem de uma plantação de Garnacha que a Ver Sacrum plantou em 2012 com material original da vinha de Barrancas, com a qual eles produziram vinhos até 2016. Hoje, eles só usam Garnachas plantadas em Los Chacayes e San Martín (dependendo dos novos vinhedos de Cruz de Piedra). Esse material de desfiladeiros vem de um vinhedo que foi arrancado e tinha 70 anos quando desapareceu. Uma pequena homenagem da vinícola que se estende por 2.500 metros quadrados e dá uma Garnacha de mais cor, mais profundidade e frutas mais cristalinas que suas vizinhas, embora igualmente deliciosa de se beber.

Os melhores outras cepas tintas do ano

94 | **CASA PETRINI** Casa Petrini Tannat 2019 | Tupungato
94 | **SECLANTAS ADENTRO** Seclantas Adentro Tannat 2016 | Molinos
94 | **VALLE ARRIBA** El Seclanteño Tannat 2018 | Vales Calchaquíes
94 | **VER SACRUM** Ver Sacrum Monastrell 2017 | Los Chacayes
93 | **CARA SUR** Cara Sur Moscatel Negro 2019 | Barreal
93 | **DURIGUTTI FAMILY WINEMAKERS** Proyecto Las Compuertas Cordisco 2019 | Las Compuertas
93 | **EL PORVENIR DE CAFAYATE** Laborum Single Vineyard Finca El Retiro Tannat 2017 | Cafayate
93 | **ESCALA HUMANA WINES** Livverá Bequignol 2019 | Vale de Uco
93 | **KARIM MUSSI WINEMAKER** Altocedro Año Cero Tempranillo 2018 La Consulta
93 | **LAS PAYAS** Bicho Raro Nero d'Avola 2018 | San Rafael
93 | **LAS PAYAS** Libre Corvina 2019 | San Rafael
93 | **VER SACRUM** Ver Sacrum Garnacha 2017 | Los Chacayes
93 | **VER SACRUM** La Dama del Abrigo Rojo Nebbiolo 2017 | Los Chacayes
93 | **VIÑA ALICIA** Viña Alicia Nebbiolo 2014 | Luján de Cuyo
92 | **EL ESTECO** Fincas Notables Cuartel 28 Tannat 2017 | Vales Calchaquíes
92 | **ESTANCIA LOS CARDONES** Tigerstone Garnacha 2018 | Cafayate
92 | **KRONTIRAS** Doña Silvina Family Selection Aglianico 2017 | Mendoza
92 | **LEO BORSI** Horizonte Sur D.O.C. San Rafael Tannat 2019 | San Rafael
92 | **RICCITELLI WINES** Old Vines from Patagônia Bastardo 2019 | Río Negro

{ DESCORCHADOS }

MELHOR PETIT VERDOT

KARIM MUSSI WINEMAKER
Altocedro Finca Los Galos *Petit Verdot 2017*
LA CONSULTA

A Petit Verdot na Argentina em geral, mas especialmente em Mendoza, tende a se transformar, tende a se "domar". Deixa taninos ferozes e a acidez demoníaca e torna-se gentil e sedosa, com frutas vermelhas maduras como neste exemplo. Aqui tudo é gentileza, amabilidade, toques especiados, frutas vermelhas maduras e doces em um corpo médio, mas com acidez rica que proporciona um frescor necessário. Este Petit Verdot vem de um vinhedo originalmente plantado com Cabernet Sauvignon, mas 15 anos atrás foi enxertado com este Petit.

Os melhores petit verdot do ano

93 | **CADUS** Signature Series Petit Verdot 2017 | Los Chacayes
93 | **RUCA MALEN** Terroir Series Vale de Uco Petit Verdot 2017 | Vale de Uco
92 | **KRONTIRAS** Doña Silvina Family Selection Petit Verdot 2017 | Mendoza
92 | **MOSQUITA MUERTA** Perro Callejero Petit Verdot 2019 | Vale de Uco
90 | **BUDEGUER** 4000 Petit Verdot 2017 | Mendoza
90 | **CASARENA** Lauren's Vineyard Petit Verdot 2017 | Agrelo
90 | **MYTHIC ESTATE** Mythic Mountain Petit Verdot 2019 | Agrelo
90 | **VIÑA LAS PERDICES** Ala Colorada Petit Verdot 2015 | Agrelo

⟨ *vencedores* ⟩

97

MELHOR PINOT NOIR

DOMAINE NICO
Le Paradis *Pinot Noir 2017*
VALE DE UCO

Da área mais alta de Gualtallary, cerca de 1500 metros perto do limite da viticultura, este vinho foi fermentado com 40% do seu volume em cachos inteiros e estagiado por 18 meses. O clima é frio e o solo é rico em cal, dois fatores que influenciam diretamente o caráter deste vinho, seus frutos vermelhos que são misturados com notas de terra e especiarias em um contexto de grande tensão de grande estrutura. Não há medo aqui dos taninos ferozes da Pinot, não há medo aqui da acidez. Um Pinot de lugar.

Os melhores pinot noir do ano

96 | **DOMAINE NICO** Domaine Nico La Savante Pinot Noir 2017 | Vale de Uco
95 | **DOMAINE NICO** Histoire d'A Pinot Noir 2017 | Vale de Uco
95 | **ZORZAL WINES** Porfiado Pinot Noir N/V | Tupungato
94 | **BRESSIA** Piel Negra Pinot Noir 2018 | Vale de Uco
94 | **CHACRA** Cincuenta y Cinco Pinot Noir 2018 | Patagônia argentina
94 | **DOMAINE NICO** Grand Père Pinot Noir 2017 | Vale de Uco
94 | **MANOS NEGRAS** Artesano Pinot Noir 2017 | Río Negro
94 | **NORTON** Altura Pinot Noir 2019 | Vale de Uco
94 | **TRIVENTO** Golden Reserve Black Series Pinot Noir 2019 | El Cepillo
94 | **ZORZAL WINES** Gran Terroir Pinot Noir 2018 | Tupungato

{ DESCORCHADOS }

96

MELHOR SAUVIGNON BLANC

PASSIONATE WINE
@micheliniwine Irma Liberata *Sauvignon Blanc 2012*
SAN PABLO

Agua de Roca vem de um vinhedo na região de San Pablo, rico em quartzo e limo, plantado em 2007. Esse Sauvignon fez história na Argentina por causa de seu estilo, radicalmente mineral e ácido. **Irma Liberata** é esse mesmo vinho, mas com 7 anos de envelhecimento em uma barrica de 500 litros. E esse estágio é o que imprime aqui um lado salino, fruto do envelhecimento na barrica, mas sobretudo porque ao longo dos anos desenvolveu um véu de flor como nos vinhos de Jerez. Tem corpo, muita intensidade, muita força e suavidade, mas acima de tudo uma acidez como uma flecha, a mesma que tem **Agua de Roca**, mas com um vestido completamente diferente.

Os melhores sauvignon blanc do ano

- 95 | **RICCITELLI WINES** Vino de Finca de la Carrera Sauvignon Blanc 2019 | Vale de Uco
- 95 | **SALENTEIN** Single Vineyard Los Nogales Sauvignon Blanc 2018 | San Pablo
- 94 | **LA GIOSTRA DEL VINO** Saltimbanco Sauvignon Blanc 2018 | Mendoza
- 94 | **PASSIONATE WINE** Saltallary (Passionate Wines / Tacuil) Sauvignon Blanc 2017 | Argentina
- 94 | **PIEDRA LÍQUIDA** Piedra Líquida Sauvignon Blanc 2018 | Mendoza
- 94 | **TACUIL** RD Sauvignon Blanc 2019 | Molinos
- 94 | **ZORZAL WINES** EGGO Blanc de Cal Sauvignon Blanc 2018 | Gualtallary
- 93 | **CASA YAGÜE** Casa Yagüe Sauvignon Blanc 2018 | Patagônia argentina
- 93 | **FUEGO BLANCO** Valle del Sílex Sauvignon Blanc 2019 | Pedernal
- 93 | **TRAPICHE** Costa & Pampa Sauvignon Blanc 2019 | Chapadmalal
- 93 | **ZORZAL WINES** Terroir Único Sauvignon Blanc 2019 | Gualtallary
- 92 | **DOÑA PAULA** Estate Sauvignon Blanc 2019 | Vale de Uco
- 92 | **RUTINI WINES** Colección Sauvignon Blanc 2019 | Mendoza
- 91 | **EL ESTECO** Don David Reserva Sauvignon Blanc 2019 | Vales Calchaquíes
- 91 | **MANOS NEGRAS** Cold Soil Sauvignon Blanc 2019 | San Carlos
- 91 | **PERDRIEL** Series Sauvignon Blanc 2019 | Luján de Cuyo
- 91 | **ZUCCARDI VALLE DE UCO** Polígonos del Vale de Uco Sauvignon Blanc 2019 | Tupungato

‹ *vencedores* ›

MELHOR SÉMILLON

MICHELINI I MUFATTO
Certezas *Sémillon 2017*
EL PERAL

Certezas vem um vinhedo muito antigo, com mais de cem anos, em solos pedregosos e calcários. O estágio é de cerca de 15 meses em barricas velhas. O vinho tem uma voluptuosidade ampla e generosa, com notas de mel e de especiarias e uma textura cremosa, que cobre o palato como se o estivesse abraçando. É um branco com moral de tinto, com esse tipo de ossos, com essa força, mas também com uma acidez estranhamente cítrica. Não se deve tocar nesse vinho em pelo menos cinco anos.

Os melhores sémillon do ano

- 94 | **ALMA 4** Crudo Alma 4 Sémillon 2017 | Vale de Uco
- 93 | **BODEGA VISTALBA** Tomero Reserva Sémillon 2017 | Mendoza
- 93 | **E'S VINO** Histeria Blanco de Ánfora Sémillon 2018 | Tupungato
- 93 | **FINCA LAS GLICINAS** Jengibre Sémillon 2019 | Vale de Uco
- 93 | **FINCA SUÁREZ** Sémillon 2019 | Altamira
- 93 | **NOEMÍA DE PATAGONIA** A Lisa Sémillon 2019 | Patagônia argentina
- 93 | **PASSIONATE WINE** Vía Revolucionaria Hulk Sémillon 2019 | Tupungato
- 93 | **RICCITELLI WINES** Old Vines From Patagônia Sémillon 2019 | Río Negro
- 93 | **TRIVENTO** Golden Reserve Black Series Sémillon 2019 | Luján de Cuyo
- 92 | **ALEANNA - EL ENEMIGO WINES** El Enemigo Sémillon 2018 | Mendoza
- 92 | **ANDELUNA** Andeluna Sémillon 2019 | Vale de Uco
- 92 | **MIRAS** Jovem Sémillon 2019 | Patagônia argentina

MELHOR SYRAH

PASSIONATE WINE
@micheliniwine Tupungato Divino *Syrah 2017*
GUALTALLARY

Tupungato Divino é um hotel em Gualtallary, que também tem um pequeno terreno de 0,8 hectare de Syrah cultivado organicamente que Matías Michelini trabalha desde a colheita de 2012. O envelhecimento ocorre em barricas de 500 litros por dois anos. O resultado é um vinho de grande força tânica, mais herbáceo que frutado, mais picante do que terroso. A variedade adaptada ao local, mostra aqui um vinho de montanha, enérgico, firme. Cerca de 1.200 garrafas são feitas deste vinho.

Os melhores syrah do ano

- 94 | **FINCA LAS MORAS** Gran Syrah Syrah 2016 | San Juan
- 93 | **FAMILIA CASSONE** La Coupe Syrah 2019 | Luján de Cuyo
- 92 | **LUCA WINES** Laborde Double Select Syrah 2017 | La Consulta
- 92 | **MAURICIO LORCA** Lorca Ópalo Syrah 2017 | Vale de Uco
- 91 | **ALPAMANTA ESTATE WINES** Breva Rosé Syrah 2018 | Mendoza
- 91 | **BRESSIA** Monteagrelo Syrah 2018 | Vale de Uco
- 91 | **FUNCKENHAUSEN VINEYARDS** La Espera Reserva Terroir's Signature Syrah 2017 | San Rafael
- 91 | **MAURICIO LORCA** Lorca Poético Syrah 2015 | Vale de Uco
- 90 | **PYROS WINES** Appellation Valle de Pedernal Syrah 2017 | Pedernal

⟨ *vencedores* ⟩

DIVIDIDO

MELHOR TORRONTÉS

EL PORVENIR DE CAFAYATE
Laborum de Parcela Finca El Retiro Block 10
Torrontés 2019
CAFAYATE

O enólogo Paco Puga começou a produzir este vinho com a colheita de 2017, selecionando os vinhedos mais antigos de Finca El Retiro, um vinhedo de cerca de 22 hectares em Cafayate, que foi plantado em 1945. As videiras são manejadas para que suas folhagens protejam os cachos do intenso sol do norte e assim ganhar frescor. O estágio, desde então, é feito em ovos e, após cerca de oito meses de envelhecimento, o vinho é engarrafado. Este vinho é um suco de limão, mas com flores brancas e frutas em um contexto de muito frescor, muita suculência. Mas cuidado, você tem que guardar esse vinho. Aqui há vida por um tempo.

Os melhores Torrontés do ano

94 | **EL PORVENIR DE CAFAYATE** Laborum S. Vineyard Finca El Retiro Oak Fermented Torrontés 2018 | Cafayate
93 | **POLOPUESTO WINES** El Otro Lado Torrontés 2017 | Gualtallary
92 | **COLOMÉ** Estate Torrontés 2018 | Salta
92 | **EL ESTECO** Old Vines 1945 Torrontés 2019 | Cafayate
92 | **EL PORVENIR DE CAFAYATE** Laborum Single Vineyard Finca El Retiro Torrontés 2019 | Cafayate
92 | **ETCHART** Cafayate Gran Linaje Torrontés 2018 | Cafayate
91 | **KARIM MUSSI WINEMAKER** Abras Torrontés 2019 | Cafayate
91 | **SUSANA BALBO WINES** Críos Torrontés 2019 | Argentina
91 | **VALLE ARRIBA** Mayuco Torrontés 2018 | Vales Calchaquíes
91 | **VINYES OCULTS** Dulce Natural Torrontés 2019 | Vale de Uco
90 | **CARA SUR** Pérgolas Torrontés 2019 | Barreal
90 | **CASARENA** Winemaker's Selection (Areyna) Torrontés 2019 | Cafayate
90 | **CHAKANA** Estate Selection Torrontés 2019 | Gualtallary
90 | **EL ESTECO** Don David Reserve Torrontés 2019 | Vales Calchaquíes
90 | **TERRAZAS DE LOS ANDES** Reserva Torrontés 2018 | Cafayate

{ DESCORCHADOS }

DIVIDIDO

MELHOR TORRONTÉS

RICCITELLI WINES
Old Vines From Patagonia *Torrontés 2019*
RÍO NEGRO

Não é comum encontrar Torrontés em Rio Negro, uma cepa mais vista no norte da Argentina ou em La Rioja. Segundo Matías Riccitelli, os Torrontés do sul têm tudo o que se espera da cepa, mas na medida certa, isto é, não cansam como muitos exemplos da uva. Esse Torrontés vem de vinhas plantadas no final dos anos 60 e é fermentado em ânforas italianas de barro e lá estagiam por cerca de 7 meses e o resultado é uma visão completamente diferente da variedade, com toques especiados e florais, mas com uma acidez muito mais intensa e sem aquela "gordura" que caracteriza a variedade; tem muito nervo, muita força e muita garra, graças ao fato de que metade do volume tem contato com a peles. Uma delícia.

Os melhores Torrontés do ano

- 94 | **EL PORVENIR DE CAFAYATE** Laborum S. Vineyard Finca El Retiro Oak Fermented Torrontés 2018 | Cafayate
- 93 | **POLOPUESTO WINES** El Otro Lado Torrontés 2017 | Gualtallary
- 92 | **COLOMÉ** Estate Torrontés 2018 | Salta
- 92 | **EL ESTECO** Old Vines 1945 Torrontés 2019 | Cafayate
- 92 | **EL PORVENIR DE CAFAYATE** Laborum Single Vineyard Finca El Retiro Torrontés 2019 | Cafayate
- 92 | **ETCHART** Cafayate Gran Linaje Torrontés 2018 | Cafayate
- 91 | **KARIM MUSSI WINEMAKER** Abras Torrontés 2019 | Cafayate
- 91 | **SUSANA BALBO WINES** Críos Torrontés 2019 | Argentina
- 91 | **VALLE ARRIBA** Mayuco Torrontés 2018 | Vales Calchaquíes
- 91 | **VINYES OCULTS** Dulce Natural Torrontés 2019 | Vale de Uco
- 90 | **CARA SUR** Pérgolas Torrontés 2019 | Barreal
- 90 | **CASARENA** Winemaker's Selection (Areyna) Torrontés 2019 Cafayate
- 90 | **CHAKANA** Estate Selection Torrontés 2019 | Gualtallary
- 90 | **EL ESTECO** Don David Reserve Torrontés 2019 | Vales Calchaquíes
- 90 | **TERRAZAS DE LOS ANDES** Reserva Torrontés 2018 | Cafayate

‹ vencedores ›

95
DIVIDIDO

MELHOR TORRONTÉS

SUSANA BALBO WINES
Susana Balbo Signature Barrel Fermented
Torrontés 2019
VALE DE UCO

A ideia de Torrontés com um pouco mais de ambição, estagia em madeira, nasceu em 2013 e, no ano seguinte, entrou na linha de Susana Balbo. Gradualmente a madeira foi integrada na fruta, deixando de lado sua proeminência. Isso, por um lado. Do outro, a fruta mais herbácea, o caráter mais fresco e mineral que a Torrontés dá em Altamira. Um estágio em barris maiores, com menos impacto e maior contato com as borras, que se estendeu por mais de seis meses são a chave aqui. Um vinho sério, como poucos Torrontés no mercado.

Os melhores Torrontés do ano

- 94 | **EL PORVENIR DE CAFAYATE** Laborum S. Vineyard Finca El Retiro Oak Fermented Torrontés 2018 | Cafayate
- 93 | **POLOPUESTO WINES** El Otro Lado Torrontés 2017 | Gualtallary
- 92 | **COLOMÉ** Estate Torrontés 2018 | Salta
- 92 | **EL ESTECO** Old Vines 1945 Torrontés 2019 | Cafayate
- 92 | **EL PORVENIR DE CAFAYATE** Laborum Single Vineyard Finca El Retiro Torrontés 2019 | Cafayate
- 92 | **ETCHART** Cafayate Gran Linaje Torrontés 2018 | Cafayate
- 91 | **KARIM MUSSI WINEMAKER** Abras Torrontés 2019 | Cafayate
- 91 | **SUSANA BALBO WINES** Críos Torrontés 2019 | Argentina
- 91 | **VALLE ARRIBA** Mayuco Torrontés 2018 | Vales Calchaquíes
- 91 | **VINYES OCULTS** Dulce Natural Torrontés 2019 | Vale de Uco
- 90 | **CARA SUR** Pérgolas Torrontés 2019 | Barreal
- 90 | **CASARENA** Winemaker's Selection (Areyna) Torrontés 2019 | Cafayate
- 90 | **CHAKANA** Estate Selection Torrontés 2019 | Gualtallary
- 90 | **EL ESTECO** Don David Reserve Torrontés 2019 | Vales Calchaquíes
- 90 | **TERRAZAS DE LOS ANDES** Reserva Torrontés 2018 | Cafayate

{ DESCORCHADOS }

 96

 DIVIDIDO

MELHOR AGRELO

BRESSIA
Lágrima Canela *Chardonnay, Sémillon 2018*
AGRELO

A mistura de **Lágrima Canela** desse ano tem 70% de Chardonnay de Gualtallary de vinhedos de aproximadamente 30 anos, enquanto o resto do Sémillon vem de Los Alamos, perto de Los Chacayes, de vinhedos de mais de cinquenta anos. Ambas as cepas são fermentadas e estagiadas separadamente por cerca de dez meses. Depois, a mescla é feita antes do engarrafamento e o resultado é um vinho com notas de mel, abacaxi maduro, especiarias. A boca é delicada, suculenta, macia e amigável, mas também profunda. Um delicioso vinho em sua complexidade. Esta é provavelmente a melhor versão de Lágrima Canela desde 2006.

Os melhores de Agrelo do ano

95 | **ALEANNA - EL ENEMIGO WINES** Gran Enemigo Single Vineyard Agrelo 2016 | Agrelo
95 | **SUSANA BALBO WINES** Susana Balbo Signature Brioso 017 | Agrelo
94 | **BBPC** Hasta la Vendimia Siempre! 100% Guarda Chardonnay 2017 Agrelo
94 | **CADUS** Single Vineyard Finca Las Torcazas Malbec 2016 | Agrelo
94 | **CASARENA** DNA Cabernet Sauvignon 2016 | Luján de Cuyo
94 | **CASARENA** Naoki's Vineyard Malbec 2017 | Agrelo
94 | **MELIPAL** Nazarenas Vineyard Malbec 2016 | Agrelo
94 | **MYTHIC ESTATE** Mythic Block Cabernet Sauvignon 2017 | Mendoza
94 | **NAVARRO CORREAS** Structura 2015 | Agrelo
93 | **CASARENA** Lauren's Vineyard Cabernet Franc 2017 | Agrelo
93 | **CASARENA** Lauren's Vineyard Malbec 2017 | Agrelo
93 | **CASARENA** Owen's Vineyard Cabernet Sauvignon 2017 | Agrelo
93 | **CHAKANA** Sobrenatural Tinto Tannat, Malbec 2019 | Agrelo
93 | **FAMILIA CASSONE** La Coupe Syrah 2019 | Luján de Cuyo
93 | **FAMILIA CASSONE** La Bouteille Chardonnay, Viognier 2019 | Agrelo
93 | **NAVARRO CORREAS** Alegoría Gran Reserva Cabernet Sauvignon 2016 Agrelo
93 | **NAVARRO CORREAS** Alegoría Gran Reserva Malbec 2016 | Agrelo
93 | **NIETO SENETINER** Trilogía Terroir Agrelo-Luján de Cuyo Bonarda 2018 Mendoza
93 | **VIÑA LAS PERDICES** Las Perdices Nuit 730 Brut Nature P. Noir, Chardonnay 2013 | Agrelo

< *vencedores* >

DIVIDIDO

MELHOR AGRELO

CASARENA
Icono *Malbec, Cabernet Franc, Petit Verdot 2015*
LUJÁN DE CUYO

Icono é uma mescla não só de variedades (Malbec com 70%, Cabernet Franc em 20% e Petit Verdot em 10%) mas também das diferentes microvinificações que Casarena produz em barricas de 225 litros para a linha Single Vineyard, e delas escolheu as melhores, a nata da nata dos vinhedos de Naoki e Lauren, que são Agrelo. Um vinho com muita fruta, com muita expressão de frutos vermelhos maduros e de especiarias, com uma textura tão suave e fresca que o convida a continuar a beber. Ele é amável, mas também muito jovem hoje. O que há aqui é fruta, amanhã pode se transformar em outra coisa, então paciência e anos em garrafa.

Os melhores de Agrelo do ano

95 | **ALEANNA - EL ENEMIGO WINES** Gran Enemigo Single Vineyard Agrelo 2016 | Agrelo
95 | **SUSANA BALBO WINES** Susana Balbo Signature Brioso 017 | Agrelo
94 | **BBPC** Hasta la Vendimia Siempre! 100% Guarda Chardonnay 2017 Agrelo
94 | **CADUS** Single Vineyard Finca Las Torcazas Malbec 2016 | Agrelo
94 | **CASARENA** DNA Cabernet Sauvignon 2016 | Luján de Cuyo
94 | **CASARENA** Naoki's Vineyard Malbec 2017 | Agrelo
94 | **MELIPAL** Nazarenas Vineyard Malbec 2016 | Agrelo
94 | **MYTHIC ESTATE** Mythic Block Cabernet Sauvignon 2017 | Mendoza
94 | **NAVARRO CORREAS** Structura 2015 | Agrelo
93 | **CASARENA** Lauren's Vineyard Cabernet Franc 2017 | Agrelo
93 | **CASARENA** Lauren's Vineyard Malbec 2017 | Agrelo
93 | **CASARENA** Owen's Vineyard Cabernet Sauvignon 2017 | Agrelo
93 | **CHAKANA** Sobrenatural Tinto Tannat, Malbec 2019 | Agrelo
93 | **FAMILIA CASSONE** La Coupe Syrah 2019 | Luján de Cuyo
93 | **FAMILIA CASSONE** La Bouteille Chardonnay, Viognier 2019 | Agrelo
93 | **NAVARRO CORREAS** Alegoría Gran Reserva Cabernet Sauvignon 2016 Agrelo
93 | **NAVARRO CORREAS** Alegoría Gran Reserva Malbec 2016 | Agrelo
93 | **NIETO SENETINER** Trilogía Terroir Agrelo-Luján de Cuyo Bonarda 2018 Mendoza
93 | **VIÑA LAS PERDICES** Las Perdices Nuit 730 Brut Nature P. Noir, Chardonnay 2013 | Agrelo

{ DESCORCHADOS }

99

MELHOR ALTAMIRA

ZUCCARDI VALLE DE UCO
Finca Piedra Infinita Supercal *Malbec 2017*
ALTAMIRA

Zuccardi tem 38 hectares de vinhedos ao redor da vinícola Piedra Infinita de Altamira e de lá obtém vários vinhos, entre eles os notáveis **Concreto**, **Finca Piedra Infinita** e **Canal Uco** que, de certa forma, são os ancestrais deste Supercal, um vinho de parcelas, a menor unidade até agora. Este ano, desta unidade de apenas meio hectare, rica em solos calcários, foram produzidas 1800 garrafas e o resultado é um vinho envolvente, generoso em frutas, mas também generoso em estrutura. A cal parece marcar os taninos, fazendo-os sentir-se verticais e afiados. É um Malbec crocante e elétrico, mas também profundo e longo. Um vinho para beber hoje, para ser provado sozinho, mas também para abrir daqui a alguns anos e ver até onde essa expressão de lugar pode ir.

Os melhores de Altamira do ano

- 98 | **ZUCCARDI VALLE DE UCO** Finca Piedra Infinita Gravascal Malbec 2017 | Altamira
- 97 | **ZUCCARDI VALLE DE UCO** Polígonos del Vale de Uco Paraje Altamira Malbec 2018 | Altamira
- 97 | **ZUCCARDI VALLE DE UCO** Finca Canal Uco Malbec 2017 | Altamira
- 97 | **ZUCCARDI VALLE DE UCO** Finca Piedra Infinita Malbec 2017 | Altamira
- 96 | **ALTOS LAS HORMIGAS** Appellation Paraje Altamira Malbec 2017 | Altamira
- 96 | **CATENA ZAPATA** Nicasia Vineyard Malbec 2016 | Mendoza
- 96 | **RUTINI WINES** Single Vineyard Altamira Malbec 2017 | Altamira
- 96 | **SUSANA BALBO WINES** Susana Balbo Signature La Delfina Malbec 2016 | Altamira
- 96 | **TERRAZAS DE LOS ANDES** Parcel N°2W Los Castaños Malbec 2016 | Mendoza
- 96 | **ZUCCARDI VALLE DE UCO** Zuccardi Concreto Malbec 2018 | Altamira

‹ vencedores ›

97

MELHOR CAFAYATE

MATERVINI
Alteza *Malbec 2017*
CAFAYATE

Alteza marcou o caminho para um novo estilo de vinhos tintos no norte da Argentina. Seu estilo muito mais fresco, mais nervoso, tem pouco a ver com os vinhos hiperconcentrados e maduros da região. Aqui há outras coisas. Sem dúvida, esse Malbec é um vinho de sol. De vinhas a cerca de 2.100 metros de altitude, plantadas há cerca de 30 anos, aqui há frutas vermelhas intensas e ácidas, mas também aqui há deliciosos tons de terra, como se houvesse turfa no meio do processo de vinificação, o que obviamente não existe. Esse vinho é fresco, vivo, cheio de frutas, mas também com um lado pouco convencional que lhe dá muita personalidade. Turfa? Como no uísque das ilhas? Este vinho tem muito.

Os melhores de Cafayate do ano

96 | **EL PORVENIR DE CAFAYATE** Laborum de Parcela Finca Los Cuises Block Único Malbec 2018 | Cafayate
96 | **ESTANCIA LOS CARDONES** Tigerstone Malbec 2017 | Cafayate
95 | **EL ESTECO** Altimus Gran Vino Cabernet Franc, Cabernet Sauvignon, Malbec, Merlot 2016 | Vales Calchaquíes
95 | **EL PORVENIR DE CAFAYATE** Laborum de Parcela Finca El Retiro Block 10 Torrontés 2019 | Cafayate
95 | **ESTANCIA LOS CARDONES** Estancia Los Cardones Cabernet Sauvignon, Garnacha, Malbec, P. Verdot 2017 | Cafayate
94 | **EL ESTECO** Fincas Notables Cuartel 9 C. Sauvignon 2017 | Vales Calchaquíes
94 | **EL PORVENIR DE CAFAYATE** Laborum Single Vineyard Finca El Retiro Oak Fermented Torrontés 2018 | Cafayate
94 | **EL PORVENIR DE CAFAYATE** Laborum de Parcela Finca Alto Río Seco Block 4 Malbec 2017 | Cafayate
94 | **EL PORVENIR DE CAFAYATE** Laborum de Parcela Finca Alto Las Cuices Block Único Chardonnay 2018 | Cafayate
93 | **EL ESTECO** Old Vines 1946 Malbec 2019 | Vales Calchaquíes
93 | **EL ESTECO** Old Vines 1947 C. Sauvignon 2019 | Vales Calchaquíes
93 | **EL ESTECO** Fincas Notables Cuartel 5 C. Franc 2017 | Vales Calchaquíes
93 | **EL PORVENIR DE CAFAYATE** Laborum Single Vineyard Finca El Retiro Tannat 2017 | Cafayate
93 | **EL PORVENIR DE CAFAYATE** Pequeñas Fermentaciones Naranjo en Flor 2019 | Cafayate
93 | **ESTANCIA LOS CARDONES** Anko Flor de Cardón C. Sauvignon 2018 | Cafayate
93 | **PIATTELLI VINEYARDS** Arlene Series Malbec, Cabernet Sauvignon, Cabernet Franc 2016 | Cafayate
93 | **VALLISTO** Vallisto Viejas Blancas Pinot Blanco, Riesling 2019 | Cafayate

{ DESCORCHADOS }

97

MELHOR EL CEPILLO

ALEANNA - EL ENEMIGO WINES
Gran Enemigo Single Vineyard El Cepillo
Cabernet Franc, Malbec 2016
EL CEPILLO

El Cepillo é uma área que está localizada na ponta sul do vale de Uco. É uma zona muito fria, com geadas contínuas, num clima extremo que dá vinhos extremos como este, rico em frutas vermelhas que são gradualmente transformadas em aromas de curry que tomam conta de tudo. A boca é generosa em frutas, mas também rica em acidez e força de taninos, tudo sob quilos de frutas vermelhas maduras e acidez. Um vinho que não para de crescer na boca, que não irá sofrer mutação. Abra esta garrafa e sente-se na fila da frente para apreciar o espetáculo.

Os melhores de El Cepillo do ano

95 | **CANOPUS VINOS** Y La Nave Va Malbec 2018 | El Cepillo
94 | **BUSCADO VIVO O MUERTO** El Indio El Cepillo Malbec 2016 | El Cepillo
94 | **TRIVENTO** Golden Reserve Black Series P. Noir 2019 | El Cepillo
93 | **CANOPUS** Vinos Pintom Subversivo P. Noir 2019 | El Cepillo
93 | **DOÑA PAULA** 1100 Malbec, Syrah, C. Sauvignon 2017 | San Carlos
93 | **KARIM MUSSI WINEMAKER** Altocedro Año Cero Tempranillo 2018 La Consulta
93 | **MASCOTA VINEYARDS** Gran Mascota Malbec 2017 | San Carlos
93 | **RENACER** Renacer Malbec 2015 | Vale de Uco
92 | **CANOPUS VINOS** Pintom Pinot Noir 2018 | El Cepillo
92 | **ESCORIHUELA GASCÓN** Organic Vineyard Malbec 2018 | El Cepillo
92 | **ESCORIHUELA GASCÓN** DON Malbec 2017 | El Cepillo
91 | **ABSURDO** Contador de Estrellas Malbec 2018 | Vale de Uco
91 | **ABSURDO** Contador de Estrellas Tempranillo Eterno Tempranillo 2018 Vale de Uco
91 | **FORASTERO** El Cepillo Single Vineyard Malbec 2017 | El Cepillo

⟨ *vencedores* ⟩

MELHOR EL PERAL

VAGLIO WINES
MiPeral *Malbec 2018*
EL PERAL

Mi Peral vem de uma pequena encosta ao lado da vinícola. A extensão é de apenas 0,3 hectare ou se você preferir cerca de 600 plantas que dão cerca de 500 litros de vinho, um Malbec que estagia por cerca de 16 meses em barricas novas. A Malbec aqui tem o fruto dos vinhos da área de El Peral, um lugar fresco, com muito verde, riachos e montanhas que dão vinhos como esse Malbec. Aqui há clareza de frutas, frutos maduros e untuosos, mas que mantêm seu frescor, sua tensão.

Os melhores de El Peral do ano

95 | **MICHELINI I MUFATTO** Certezas Sémillon 2017 | El Peral
95 | **PIEDRA LÍQUIDA** Piedra Líquida Malbec 2016 | Mendoza
95 | **SUSANA BALBO WINES** Nosotros Francis Malbec, Syrah, Cabernet Franc 2015 | Vale de Uco
95 | **TRAPICHE** Terroir Series Finca Coletto Malbec 2017 | Vale de Uco
95 | **ZORZAL WINES** Porfiado Pinot Noir N/V | Tupungato
94 | **LA GIOSTRA DEL VINO** Saltimbanco Sauvignon Blanc 2018 | Mendoza
94 | **PIEDRA LÍQUIDA** Piedra Líquida Sauvignon Blanc 2018 | Mendoza
93 | **LAS ESTELAS** Las Estelas Malbec 2017 | Tupungato
93 | **VAGLIO WINES** Vaglio Blanco Chardonnay, Sémillon 2018 | El Peral
92 | **ANDELUNA** Andeluna Sémillon 2019 | Vale de Uco
92 | **ESCALA HUMANA WINES** Livverá Cabernet Sauvignon 2019 | El Peral
92 | **LA GIOSTRA DEL VINO** Saltimbanco P. Noir 2017 | Mendoza
91 | **ZUCCARDI VALLE DE UCO** Polígonos del Vale de Uco El Peral Sémillon 2019 | El Peral

{ DESCORCHADOS }

MELHOR LESTE MENDOCINO

ACHÁVAL FERRER
Finca Mirador *Malbec 2016*
MEDRANO

Bem ao lado do rio Mendoza, na área tradicional de Medrano, esse vem de um vinhedo de cerca de cem anos plantado em solos arenosos. Este ano, uma colheita muito fresca, tem um lado especiado muito marcado, quase como se fosse um curry no meio de frutas vermelhas maduras. A textura é macia, quase sutil, e a acidez é tensa, com um acabamento que combina muito bem as especiarias e as frutas.

Os melhores do leste mendocino do ano

92 | **ALEANNA - EL ENEMIGO WINES** El Enemigo Single Vineyard El Barranco Bonarda 2017 | Mendoza
92 | **ALEANNA - EL ENEMIGO WINES** El Enemigo Single Vineyard La Esperanza Bonarda 2017 | Mendoza
92 | **ALEANNA - EL ENEMIGO WINES** El Enemigo Single Vineyard Los Paraísos Bonarda 2017 | Mendoza
92 | **ALEANNA - EL ENEMIGO WINES** El Enemigo Bonarda 2017 | Mendoza
92 | **MATÍAS MORCOS** Matías Morcos Criolla Chica 2019 | Mendoza
92 | **MATÍAS MORCOS** Matías Morcos Moscatel Rosado 2019 | Mendoza
91 | **ARGENTO** Reserva Cabernet Sauvignon 2017 | Mendoza
91 | **CATENA ZAPATA** La Marchigiana Criolla Chica 2018 | Mendoza
91 | **DURIGUTTI FAMILY WINEMAKERS** Cara Sucia Tinto de Rivadavia Cereza 2019 | Rivadavia
91 | **MAURICIO LORCA** Lorca Fantasía El Mirador Criolla Grande 2018 Rivadavia
90 | **DURIGUTTI FAMILY WINEMAKERS** Cara Sucia Tinto de Rivadavia Cepas Tradicionales 2018 | Rivadavia
90 | **MATÍAS MORCOS** Blanc de Bonarda Bonarda 2019 | Mendoza

‹ *vencedores* ›

98

MELHOR GUALTALLARY

CATENA ZAPATA
Adrianna Vineyard White Bones *Chardonnay 2017*
MENDOZA

White Bones é uma seleção de fileiras plantadas em solos calcários do vinhedo Adrianna, em Gualtallary, um dos primeiros vinhedos naquela área muito em moda no vale do Uco hoje. Há dois aspectos a sublinhar neste vinho, para nós o mais radical de **White Bones** desde a sua primeira safra em 2009. O primeiro é aquele solo de cal, pedras banhadas de calcário que dão a este vinho aquela severidade de branco feito de pedras ao invés de frutas. É o segundo é o véu de flor, como os vinhos de Jerez, que em Gualtallary, no alto da montanha, dá um véu leve, mas que chega a dar aquele lado salino, a dar essa complexidade, aquele lado mineral que permeia tudo e que acentua aquela sensação de pedra, que este vinho não é feito de uvas. 🍷

Os melhores de Gualtallary do ano

97 | **ALEANNA - EL ENEMIGO WINES** Gran Enemigo Single Vineyard Gualtallary Cabernet Franc, Malbec 2016 | Gualtallary
97 | **CATENA ZAPATA** Adrianna Vineyard White Stones Chardonnay 2017 | Mendoza
97 | **CATENA ZAPATA** Adrianna Vineyard River Stones Malbec 2016 | Mendoza
97 | **CATENA ZAPATA** Adrianna Vineyard River Stones Malbec 2017 | Mendoza
97 | **CATENA ZAPATA** Adrianna Vineyard Mundus Bacillus Terrae Malbec 2016 | Mendoza
97 | **CATENA ZAPATA** Adrianna Vineyard Mundus Bacillus Terrae Malbec 2017 | Mendoza
97 | **DOMAINE NICO** Le Paradis Pinot Noir 2017 | Vale de Uco
96 | **ALTA YARI** Alta Yari Gran Corte Cabernet Franc, Malbec, Cabernet Sauvignon 2018 | Gualtallary
96 | **ALTAR UCO** Edad Media Malbec, Cabernet Sauvignon, Cabernet Franc, Merlot 2016 | Vale de Uco
96 | **BUSCADO VIVO O MUERTO** El Cerro Gualtallary Chardonnay 2017 | Gualtallary
96 | **BUSCADO VIVO O MUERTO** El Cerro Gualtallary Malbec 2016 | Gualtallary
96 | **CATENA ZAPATA** Adrianna Vineyard Fortuna Terrae Malbec 2016 | Mendoza
96 | **CATENA ZAPATA** Adrianna Vineyard Fortuna Terrae Malbec 2017 | Gualtallary
96 | **DOMAINE NICO** Domaine Nico La Savante P. Noir 2017 | Vale de Uco
96 | **DOÑA PAULA** Alluvia Parcel Malbec 2017 | Gualtallary
96 | **MICHELINI I MUFATTO** GY Malbec, C. Franc 2018 | Gualtallary
96 | **MICHELINI I MUFATTO** La Cautiva Malbec 2017 | Gualtallary
96 | **RUTINI WINES** Apartado Gran Cabernet Sauvignon 2015 | Vale de Uco
96 | **SUPERUCO** SuperUco Gualta Malbec, Cabernet Franc 2016 | Gualtallary
96 | **VIÑALBA** Diane Malbec, Cabernet Franc 2017 | Vale de Uco
96 | **ZORZAL WINES** El Barba Malbec 2016 | Gualtallary
96 | **ZORZAL WINES** Piantao C. Franc, Malbec, Merlot 2015 | Tupungato
96 | **ZUCCARDI VALLE DE UCO** Aluvional Gualtallary Malbec 2017 | Gualtallary

{ DESCORCHADOS }

DIVIDIDO

MELHOR LA CONSULTA

BODEGA TEHO
Teho Tomal Vineyard *2018*
LA CONSULTA

Este é um vinhedo de cerca de 75 anos em La Consulta. E como todo vinhedo muito velho, aqui não existe apenas Malbec, mas também outras cepas que completam algo como os 20% restantes. A Malbec, no entanto, domina com seus toques de frutas vermelhas deliciosamente exuberantes em uma textura que é rígida, que tem notas especiadas e florais, mas especialmente frutas. É amplo, suculento, mas com ossos muito bons, taninos muito bons.

Os melhores de La Consulta do ano

- 95 | **ATAMISQUE** Atamisque Malbec, Cabernet Sauvignon, Merlot, Petit Verdot 2016 | La Consulta
- 95 | **TINTO NEGRO** 1955 Vineyard Malbec 2017 | La Consulta
- 95 | **TRAPICHE** Terroir Series Edición Limitada Finca Laborde Cabernet Sauvignon 2015 | Vale de Uco
- 95 | **TRAPICHE** Terroir Series Edición Limitada Finca El Milagro Malbec 2017 | Vale de Uco
- 94 | **ALMA 4** Crudo Alma 4 Sémillon 2017 | Vale de Uco
- 94 | **ATAMISQUE** Atamisque Malbec 2017 | La Consulta
- 94 | **KARIM MUSSI WINEMAKER** Altocedro Finca Los Galos Petit Verdot 2017 | La Consulta
- 94 | **KARIM MUSSI WINEMAKER** Altocedro Año Cero Malbec 2018 La Consulta
- 94 | **KARIM MUSSI WINEMAKER** Altocedro La Consulta Select Blend 2018 La Consulta
- 94 | **KARIM MUSSI WINEMAKER** Altocedro Reserve Old Vine Malbec 2017 La Consulta
- 94 | **MASCOTA VINEYARDS** Big Bat Cabernet Sauvignon 2016 | La Consulta
- 94 | **MASCOTA VINEYARDS** Magnánime Cabernet Sauvignon 2013 La Consulta
- 94 | **TRAPICHE** Gran Medalla C. Franc 2016 | Vale de Uco
- 94 | **TRAPICHE** Terroir Series Finca Orellana Malbec 2017 | Vale de Uco
- 93 | **MASCOTA VINEYARDS** Gran Mascota Cabernet Sauvignon 2017 San Carlos
- 93 | **POLO** Herencia La Palabra Malbec 2017 | La Consulta

‹ *vencedores* ›

96
DIVIDIDO

MELHOR LA CONSULTA

BODEGA TEHO
Teho Tomal Vineyard El Corte *2017*
LA CONSULTA

Tomal é o vinhedo mais antigo da Bodega Teho. Plantado há 75 anos na La Consulta, esse é principalmente Malbec, mas também tem 40% de Cabernet Sauvignon, o que lhe confere uma complexidade de sabores que tem muito caráter esse ano. A Malbec é sentida aqui, com suas frutas vermelhas e toques de violetas, mas aqui também há notas de ervas e algo de frutos secos em um aroma que não para de mostrar coisas. A fruta é suculenta e vermelha, os taninos firmes e tensos, em um vinho para a guarda, mas que agora é ideal para fraldinha.

Os melhores de La Consulta do ano

95 | **ATAMISQUE** Atamisque Malbec, Cabernet Sauvignon, Merlot, Petit Verdot 2016 | La Consulta
95 | **TINTO NEGRO** 1955 Vineyard Malbec 2017 | La Consulta
95 | **TRAPICHE** Terroir Series Edición Limitada Finca Laborde Cabernet Sauvignon 2015 | Vale de Uco
95 | **TRAPICHE** Terroir Series Edición Limitada Finca El Milagro Malbec 2017 | Vale de Uco
94 | **ALMA 4** Crudo Alma 4 Sémillon 2017 | Vale de Uco
94 | **ATAMISQUE** Atamisque Malbec 2017 | La Consulta
94 | **KARIM MUSSI WINEMAKER** Altocedro Finca Los Galos Petit Verdot 2017 | La Consulta
94 | **KARIM MUSSI WINEMAKER** Altocedro Año Cero Malbec 2018 | La Consulta
94 | **KARIM MUSSI WINEMAKER** Altocedro La Consulta Select Blend 2018 | La Consulta
94 | **KARIM MUSSI WINEMAKER** Altocedro Reserve Old Vine Malbec 2017 | La Consulta
94 | **MASCOTA VINEYARDS** Big Bat Cabernet Sauvignon 2016 | La Consulta
94 | **MASCOTA VINEYARDS** Magnánime Cabernet Sauvignon 2013 | La Consulta
94 | **TRAPICHE** Gran Medalla C. Franc 2016 | Vale de Uco
94 | **TRAPICHE** Terroir Series Finca Orellana Malbec 2017 | Vale de Uco
93 | **MASCOTA VINEYARDS** Gran Mascota Cabernet Sauvignon 2017 | San Carlos
93 | **POLO** Herencia La Palabra Malbec 2017 | La Consulta

{ DESCORCHADOS }

 96

 DIVIDIDO

MELHOR LA CONSULTA

LUCA WINES
Nico by Luca *Malbec 2016*
LA CONSULTA

Luca compra a uva de um produtor da La Consulta, cuja vinha tem cerca de 80 anos. É majoritariamente Malbec, mas como todas as vinhas velhas, há também outras cepas, brancas e tintas. O vinho estagia em barricas por cerca de 20 meses. A fruta aqui é firme e vermelha, rica em acidez, rica em sensações refrescantes, mas ao mesmo tempo com muita profundidade e peso. É um vinho de grande corpo, mas, estranhamente, esse peso não interfere na sensação de frescor. E já foi o tempo que o top da vinícola era o maior, mais doce e mais cheio de madeira. Este é um vinho tinto longo, profundo e envolvente, mas vibrante e crocante ao mesmo tempo.

Os melhores de La Consulta do ano

- 95 | **ATAMISQUE** Atamisque Malbec, Cabernet Sauvignon, Merlot, Petit Verdot 2016 | La Consulta
- 95 | **TINTO NEGRO** 1955 Vineyard Malbec 2017 | La Consulta
- 95 | **TRAPICHE** Terroir Series Edición Limitada Finca Laborde Cabernet Sauvignon 2015 | Vale de Uco
- 95 | **TRAPICHE** Terroir Series Edición Limitada Finca El Milagro Malbec 2017 | Vale de Uco
- 94 | **ALMA 4** Crudo Alma 4 Sémillon 2017 | Vale de Uco
- 94 | **ATAMISQUE** Atamisque Malbec 2017 | La Consulta
- 94 | **KARIM MUSSI WINEMAKER** Altocedro Finca Los Galos Petit Verdot 2017 | La Consulta
- 94 | **KARIM MUSSI WINEMAKER** Altocedro Año Cero Malbec 2018 | La Consulta
- 94 | **KARIM MUSSI WINEMAKER** Altocedro La Consulta Select Blend 2018 | La Consulta
- 94 | **KARIM MUSSI WINEMAKER** Altocedro Reserve Old Vine Malbec 2017 | La Consulta
- 94 | **MASCOTA VINEYARDS** Big Bat Cabernet Sauvignon 2016 | La Consulta
- 94 | **MASCOTA VINEYARDS** Magnánime Cabernet Sauvignon 2013 | La Consulta
- 94 | **TRAPICHE** Gran Medalla C. Franc 2016 | Vale de Uco
- 94 | **TRAPICHE** Terroir Series Finca Orellana Malbec 2017 | Vale de Uco
- 93 | **MASCOTA VINEYARDS** Gran Mascota Cabernet Sauvignon 2017 | San Carlos
- 93 | **POLO** Herencia La Palabra Malbec 2017 | La Consulta

< *vencedores* >

DIVIDIDO

MELHOR
LAS COMPUERTAS

ENRIQUE FOSTER
Firmado *Malbec 2013*
LAS COMPUERTAS

A primeira safra de **Firmado** foi em 2004 e sempre veio dos antigos vinhedos de Las Compuertas, com cerca de 60 anos de idade, na área mais alta de Luján de Cuyo, ao lado do rio Mendoza, um lugar clássico no vinho argentino. Este vinho mostra essa hierarquia, a voluptuosidade da fruta e ao mesmo tempo a qualidade dos taninos, esse lado amável, quente, de frutos vermelhos maduros, especiarias e frutos secos dos tintos desse lugar. Os primeiros grandes vinhos argentinos vieram de Las Compuertas. Veja este Firmado como um tributo a essa herança.

Os melhores de Las Compuertas do ano

95 | **TERRAZAS DE LOS ANDES** Apelación de Origen Las Compuertas Malbec 2017 | Mendoza
94 | **DURIGUTTI FAMILY WINEMAKERS** Proyecto Las Compuertas Charbono 2018 | Las Compuertas
94 | **DURIGUTTI FAMILY WINEMAKERS** Proyecto Las Compuertas Cabernet Franc 2018 | Las Compuertas
94 | **DURIGUTTI FAMILY WINEMAKERS** Proyecto Las Compuertas 5 Suelos Malbec 2018 | Las Compuertas
94 | **DURIGUTTI FAMILY WINEMAKERS** Proyecto Las Compuertas 1914 Malbec 2017 | Las Compuertas
94 | **LUIGI BOSCA | FAMILIA ARIZU** Gala 4 C. Franc 2017 | Las Compuertas
94 | **LUIGI BOSCA | FAMILIA ARIZU** Finca Los Nobles Chardonnay 2018 | Las Compuertas
94 | **LUIGI BOSCA | FAMILIA ARIZU** Finca Los Nobles Field Blend Cabernet Sauvignon, Cabernet Franc 2015 | Las Compuertas
94 | **RICCITELLI WINES** República del Malbec Malbec 2017 | Las Compuertas
94 | **VIÑA ALICIA** Brote Negro Malbec 2016 | Las Compuertas
93 | **DURIGUTTI FAMILY WINEMAKERS** Proyecto Las Compuertas Cordisco 2019 | Las Compuertas
93 | **VIÑA ALICIA** Viña Alicia Malbec 2016 | Las Compuertas
92 | **DURIGUTTI FAMILY WINEMAKERS** Proyecto Las Compuertas Criolla Chica 2019 | Las Compuertas
92 | **LUIGI BOSCA | FAMILIA ARIZU** De Sangre C. Sauvignon, Merlot, Syrah 2017 | Las Compuertas
92 | **LUIGI BOSCA | FAMILIA ARIZU** Finca Los Nobles Field Blend Malbec, Petit Verdot 2016 | Las Compuertas
92 | **VIÑA ALICIA** Paso de Piedra Malbec 2017 | Las Compuertas

{ DESCORCHADOS }

DIVIDIDO

MELHOR LAS COMPUERTAS

RICCITELLI WINES
Riccitelli & Father *Malbec, Cabernet Franc 2017*
LAS COMPUERTAS

Este vinho reúne o trabalho de Matías Riccitelli e seu pai, Jorge, um dos mais importantes enólogos da era moderna do vinho argentino e durante anos à frente da Bodega Norton. Esse tem 80% dos antigos vinhedos de Malbec de Las Compuertas, ao lado do rio Mendoza, e o resto de Cabernet Franc em solos pedregosos de Los Chacayes. 100% estágio em foudres por cerca de 18 meses. Matías Riccitelli diz que essa é uma seleção dos melhores vinhedos que eles têm em Las Compuertas com o melhor do que eles têm em Los Chacayes. Aqui há muita tensão de acidez de taninos e uma forte presença das notas herbáceas da Cabernet Franc, mas rodeadas pelas notas de frutas vermelhas e vibrantes da Malbec de Las Compuertas.

Os melhores de Las Compuertas do ano

95 | **TERRAZAS DE LOS ANDES** Apelación de Origen Las Compuertas Malbec 2017 | Mendoza
94 | **DURIGUTTI FAMILY WINEMAKERS** Proyecto Las Compuertas Charbono 2018 | Las Compuertas
94 | **DURIGUTTI FAMILY WINEMAKERS** Proyecto Las Compuertas Cabernet Franc 2018 | Las Compuertas
94 | **DURIGUTTI FAMILY WINEMAKERS** Proyecto Las Compuertas 5 Suelos Malbec 2018 | Las Compuertas
94 | **DURIGUTTI FAMILY WINEMAKERS** Proyecto Las Compuertas 1914 Malbec 2017 | Las Compuertas
94 | **LUIGI BOSCA | FAMILIA ARIZU** Gala 4 C. Franc 2017 | Las Compuertas
94 | **LUIGI BOSCA | FAMILIA ARIZU** Finca Los Nobles Chardonnay 2018 Las Compuertas
94 | **LUIGI BOSCA | FAMILIA ARIZU** Finca Los Nobles Field Blend Cabernet Sauvignon, Cabernet Franc 2015 | Las Compuertas
94 | **RICCITELLI WINES** República del Malbec Malbec 2017 | Las Compuertas
94 | **VIÑA ALICIA** Brote Negro Malbec 2016 | Las Compuertas
93 | **DURIGUTTI FAMILY WINEMAKERS** Proyecto Las Compuertas Cordisco 2019 | Las Compuertas
93 | **VIÑA ALICIA** Viña Alicia Malbec 2016 | Las Compuertas
92 | **DURIGUTTI FAMILY WINEMAKERS** Proyecto Las Compuertas Criolla Chica 2019 | Las Compuertas
92 | **LUIGI BOSCA | FAMILIA ARIZU** De Sangre C. Sauvignon, Merlot, Syrah 2017 | Las Compuertas
92 | **LUIGI BOSCA | FAMILIA ARIZU** Finca Los Nobles Field Blend Malbec, Petit Verdot 2016 | Las Compuertas
92 | **VIÑA ALICIA** Paso de Piedra Malbec 2017 | Las Compuertas

⟨ *vencedores* ⟩

96

DIVIDIDO

MELHOR
LAS COMPUERTAS

TERRAZAS DE LOS ANDES
Parcel N°10W Los Cerezos *Malbec 2016*
MENDOZA

Os vinhedos mais antigos de Terrazas estão na área de Las Compuertas, uma área tradicional em Luján de Cuyo e com uma herança muito importante de videiras antigas que, infelizmente, sucumbem à pressão imobiliária. Essa vinha foi plantada em 1929, a cerca de 1.070 metros de altura e este ano dá um Malbec radiante em frutas vermelhas, talvez a versão mais fresca que lembramos desse clássico. A boca tem taninos firmes e pungentes, excelente aderência e frutas vermelhas vivas que acompanham o vinho todo o tempo até o final. Uma excelente versão. No passado, o preço a pagar pela suavidade dos vinhos de Las Compuertas (e também em outras áreas tradicionais de Mendoza) era com as frutas doces, não inteiramente frescas. Esse vinho tem ambas as coisas.

Os melhores de Las Compuertas do ano

95 | **TERRAZAS DE LOS ANDES** Apelación de Origen Las Compuertas Malbec 2017 | Mendoza
94 | **DURIGUTTI FAMILY WINEMAKERS** Proyecto Las Compuertas Charbono 2018 | Las Compuertas
94 | **DURIGUTTI FAMILY WINEMAKERS** Proyecto Las Compuertas Cabernet Franc 2018 | Las Compuertas
94 | **DURIGUTTI FAMILY WINEMAKERS** Proyecto Las Compuertas 5 Suelos Malbec 2018 | Las Compuertas
94 | **DURIGUTTI FAMILY WINEMAKERS** Proyecto Las Compuertas 1914 Malbec 2017 | Las Compuertas
94 | **LUIGI BOSCA | FAMILIA ARIZU** Gala 4 C. Franc 2017 | Las Compuertas
94 | **LUIGI BOSCA | FAMILIA ARIZU** Finca Los Nobles Chardonnay 2018 Las Compuertas
94 | **LUIGI BOSCA | FAMILIA ARIZU** Finca Los Nobles Field Blend Cabernet Sauvignon, Cabernet Franc 2015 | Las Compuertas
94 | **RICCITELLI WINES** República del Malbec Malbec 2017 | Las Compuertas
94 | **VIÑA ALICIA** Brote Negro Malbec 2016 | Las Compuertas
93 | **DURIGUTTI FAMILY WINEMAKERS** Proyecto Las Compuertas Cordisco 2019 | Las Compuertas
93 | **VIÑA ALICIA** Viña Alicia Malbec 2016 | Las Compuertas
92 | **DURIGUTTI FAMILY WINEMAKERS** Proyecto Las Compuertas Criolla Chica 2019 | Las Compuertas
92 | **LUIGI BOSCA | FAMILIA ARIZU** De Sangre C. Sauvignon, Merlot, Syrah 2017 | Las Compuertas
92 | **LUIGI BOSCA | FAMILIA ARIZU** Finca Los Nobles Field Blend Malbec, Petit Verdot 2016 | Las Compuertas
92 | **VIÑA ALICIA** Paso de Piedra Malbec 2017 | Las Compuertas

{ DESCORCHADOS }

MELHOR LOS ÁRBOLES

TRAPICHE
Terroir Series Edición Limitada Finca Las Piedras
Malbec 2017
VALE DE UCO

Finca Las Piedras está localizada em Los Árboles e foi plantada em 2008. Desde 2015, essa vinha tem um regime de "secano" (sem irrigação), só é possível em um mesoclima especial, onde chove mais que o dobro dos 200 mm anuais de Mendoza. A fruta é vermelha aqui, vermelha e fresca, mas também com toques licorosos em um corpo médio, de média concentração, sem um corpo exagerado que é o que se esperaria de um vinho de videira que não se rega e, portanto, de produção muito baixa. É fluido, suculento, rico em textura, de taninos pungentes e de uma acidez afiada.

Os melhores de Los Árboles do ano

95 | **BUSCADO VIVO O MUERTO** Las Tunas Los Árboles Chardonnay 2017 | Los Árboles
95 | **MAURICIO LORCA** Inspirado Cabernet Sauvignon, Cabernet Franc 2015 | Los Árboles
95 | **TRAPICHE** Terroir Series Finca Las Piedras Chardonnay 2018 | Vale de Uco
94 | **BODEGA TEHO** Flora By Zaha Chardonnay 2017 | Los Árboles
94 | **MAURICIO LORCA** Inspirado Cabernet Franc 2015 | Los Árboles
94 | **MAURICIO LORCA** Gran Lorca Poético Malbec 2014 | Los Árboles
94 | **MAURICIO LORCA** Gran Lorca Poético Malbec, Syrah, Petit Verdot 2014 | Los Árboles
94 | **SUSANA BALBO WINES** BenMarco Cabernet Sauvignon 2018 | Vale de Uco
94 | **TRAPICHE** Iscay Syrah, Viognier 2017 | Vale de Uco
93 | **ANTONIO MAS** Historia Cabernet Sauvignon 2015 | Tupungato
93 | **ANTONIO MAS** Historia Malbec 2015 | Tupungato
93 | **BODEGA VISTALBA** Tomero Reserva Sémillon 2017 | Mendoza
93 | **SALENTEIN** Numina Cabernet Franc 2017 | Vale de Uco
93 | **SALENTEIN** Numina Malbec 2017 | Vale de Uco
92 | **ANTONIO MAS** Single Vineyard Cabernet Sauvignon 2016 | Tupungato
92 | **BODEGA TEHO** Zaha Chardonnay 2019 | Los Árboles
92 | **BODEGA VISTALBA** Tomero Rosé Pinot Noir 2019 | Mendoza

‹ *vencedores* ›

97

◂◂◂----------•
DIVIDIDO

MELHOR LOS CHACAYES

MOSQUITA MUERTA
Malcriado *Malbec 2015*
VALE DE UCO

A finca Mantrax foi adquirida por Mosquita Muerta em 2015. Trata-se de um vinhedo de cerca de 60 hectares, plantado no início de 2000 em direção às colinas de Los Chacayes, em uma topografia muito especial, de montanhas muito diferentes dos planos de Los Chacayes. Os solos são pedregosos, muito da área. Esse é 100% Malbec, e é uma seleção do que melhor há nesse vinhedo. O vinho é impressionante em seu tamanho, mas também em sua profundidade. Este é um vinho que é consistente com o estilo da casa, sem trair a linearidade e frescor de um vinho superlativo.

Os melhores de Los Chacayes do ano

96 | **ALEANNA - EL ENEMIGO WINES** Gran Enemigo Single Vineyard Chacayes 2016 | Los Chacayes

96 | **BUSCADO VIVO O MUERTO** El Manzano Los Chacayes Malbec 2016 Los Chacayes

96 | **PASSIONATE WINE** @micheliniwine Finca La Bonita Malbec 2017 Los Chacayes

96 | **SUPERUCO** SuperUco Los Chacayes Merlot, Malbec, Cabernet Franc, Petit Verdot 2016 | Los Chacayes

95 | **ABRASADO** Unique Parcel Malbec 2017 | Vale de Uco

95 | **ALMA MATER** Alma Mater Chardonnay 2017 | Los Chacayes

95 | **ALMA MATER** Alma Mater Malbec 2018 | Los Chacayes

95 | **CADUS** Single Vineyard Finca Viña Vida Malbec 2016 | Los Chacayes

95 | **SUSANA BALBO WINES** Nosotros Sofita Malbec, Petit Verdot 2015 Vale de Uco

95 | **ZUCCARDI VALLE DE UCO** Aluvional Los Chacayes Malbec 2017 Los Chacayes

129

{ DESCORCHADOS }

 97

DIVIDIDO

MELHOR LOS CHACAYES

SUSANA BALBO WINES
Nosotros Single Vineyard Nómade *Malbec 2016*
VALE DE UCO

Los Chacayes geralmente produz vinhos de grande estrutura, severos em seus taninos, talvez austeros. Neste caso, e se você olhar com cuidado, essa textura, essa estrutura é sentida, mas o problema (ou a coisa boa) é que ela é coberta por uma camada densa de frutas vermelhas frescas e ácidas, muito típicas de uma colheita fria (a mais fria da década em Mendoza) como foi 2016. O resultado hoje é um vinho delicioso, tenso, em harmonia. A questão é como este vinho irá evoluir em garrafa. Será que esta fruta continuará a cobrir os taninos ou os taninos acabarão por prevalecer? De uma forma ou de outra, em qualquer caso, o futuro parece auspicioso.

Os melhores de Los Chacayes do ano

- 96 | **ALEANNA - EL ENEMIGO WINES** Gran Enemigo Single Vineyard Chacayes 2016 | Los Chacayes
- 96 | **BUSCADO VIVO O MUERTO** El Manzano Los Chacayes Malbec 2016 | Los Chacayes
- 96 | **PASSIONATE WINE** @micheliniwine Finca La Bonita Malbec 2017 | Los Chacayes
- 96 | **SUPERUCO** SuperUco Los Chacayes Merlot, Malbec, Cabernet Franc, Petit Verdot 2016 | Los Chacayes
- 95 | **ABRASADO** Unique Parcel Malbec 2017 | Vale de Uco
- 95 | **ALMA MATER** Alma Mater Chardonnay 2017 | Los Chacayes
- 95 | **ALMA MATER** Alma Mater Malbec 2018 | Los Chacayes
- 95 | **CADUS** Single Vineyard Finca Viña Vida Malbec 2016 | Los Chacayes
- 95 | **SUSANA BALBO WINES** Nosotros Sofita Malbec, Petit Verdot 2015 | Vale de Uco
- 95 | **ZUCCARDI VALLE DE UCO** Aluvional Los Chacayes Malbec 2017 | Los Chacayes

‹ *vencedores* ›

DIVIDIDO

MELHOR LOS CHACAYES

TERRAZAS DE LOS ANDES
Parcel Nº12S Lican *Malbec 2016*
MENDOZA

As vinhas de Finca Lican foram plantadas no início dessa década em Los Chacayes, uma área muito pedregosa, que geralmente produz vinhos tremendos em taninos, tintos severos e austeros. Mas esse não é o caso. Aqui, a fruta é alegre, fresca e tão vermelha que quase parece um vinho para matar a sede. A boca é amável, com taninos muito polidos para o contexto da região. A extração teve muito cuidado para somente extrair apenas a fruta e não essa força. Uma visão particular e surpreendente de um lugar para se converter em um clássico da Argentina.

Os melhores de Los Chacayes do ano

96 | **ALEANNA - EL ENEMIGO WINES** Gran Enemigo Single Vineyard Chacayes 2016 | Los Chacayes

96 | **BUSCADO VIVO O MUERTO** El Manzano Los Chacayes Malbec 2016 | Los Chacayes

96 | **PASSIONATE WINE** @micheliniwine Finca La Bonita Malbec 2017 | Los Chacayes

96 | **SUPERUCO** SuperUco Los Chacayes Merlot, Malbec, Cabernet Franc, Petit Verdot 2016 | Los Chacayes

95 | **ABRASADO** Unique Parcel Malbec 2017 | Vale de Uco

95 | **ALMA MATER** Alma Mater Chardonnay 2017 | Los Chacayes

95 | **ALMA MATER** Alma Mater Malbec 2018 | Los Chacayes

95 | **CADUS** Single Vineyard Finca Viña Vida Malbec 2016 | Los Chacayes

95 | **SUSANA BALBO WINES** Nosotros Sofita Malbec, Petit Verdot 2015 | Vale de Uco

95 | **ZUCCARDI VALLE DE UCO** Aluvional Los Chacayes Malbec 2017 | Los Chacayes

95

MELHOR MAIPÚ

LÓPEZ
Federico López *Cabernet Sauvignon, Merlot 2005*
MAIPÚ

Da vinha de La Marthita, em Maipú, um terreno plantado em 1940 e com o melhor Cabernet Sauvignon da vinícola, esta nova versão de Federico López, que está no topo da pirâmide do catálogo de López. Embora seja principalmente Cabernet, também há Merlot para acalmar a textura da Cabernet e torná-lo, talvez, mais próximo do estilo macio e sutil da casa. As notas de ervas predominam, mas a fruta tem uma doçura deliciosa em meio a uma textura quase etérea. Um vinho que é um retrato de uma filosofia enológica.

Os melhores de Maipú do ano

94 | **LÓPEZ** Montchenot 15 Años Cabernet Sauvignon, Merlot, Malbec 2004 | Maipú
94 | **LÓPEZ** Montchenot 10 Años Cabernet Sauvignon, Merlot, Malbec 2009 | Maipú
93 | **KRONTIRAS** Natural Malbec 2019 | Mendoza
93 | **LÓPEZ** Montchenot 5 Años Cabernet Sauvignon, Merlot, Malbec 2014 | Maipú
92 | **KRONTIRAS** Doña Silvina Family Selection Aglianico 2017 | Mendoza
92 | **KRONTIRAS** Doña Silvina Family Selection Petit Verdot 2017 Mendoza
91 | **BENEGAS** Benegas Estate Cabernet Franc 2017 | Maipú
91 | **MASCOTA VINEYARDS** La Mascota Extra Brut Pinot Noir N/V | Maipú
91 | **MASCOTA VINEYARDS** La Mascota Cabernet Sauvignon 2018 Mendoza
90 | **BENEGAS** Benegas Single Vineyard Finca Libertad Sangiovese 2017 Maipú
90 | **KRONTIRAS** Doña Silvina Fresh Malbec 2018 | Mendoza
90 | **KRONTIRAS** Doña Silvina Family Selection Malbec 2018 | Mendoza
90 | **LÓPEZ** Chateau Vieux Cabernet Sauvignon, Merlot, Pinot Noir 2013 Maipú

⟨ *vencedores* ⟩

93
MELHOR NEUQUÉN

BODEGA DEL FIN DEL MUNDO
Fin del Mundo Single Vineyard *Pinot Noir 2019*
SAN PATRICIO DEL CHAÑAR

Fala-se muito de Pinot Noir da Patagônia argentina, mas a verdade é que os verdadeiramente bons são muito poucos, dois ou três e nenhum de Neuquén. Para esse grupo, agora tem que adicionar a este novo **Fin del Mundo**, que estreia com este Pinot Noir de um solo calcário e rochoso na parte mais alta do vinhedo de San Patricio del Chañar. Para conseguir esse grau de frescor e frutas vermelhas, a colheita foi adiantada, o que resulta em frutas vermelhas refrescantes e também numa textura firme, com taninos que sim parecem de Pinot. Um novo começo que aqui em *Descorchados* nos faz sonhar.

Os melhores de Neuquén do ano

- 92 | **BODEGA DEL FIN DEL MUNDO** Fin del Mundo Single Vineyard Cabernet Franc 2017 | San Patricio del Chañar
- 92 | **VINOS BARROCO** Aether Assemblage Pinot Noir, Chardonnay, Sémillon 2013 | San Patricio del Chañar
- 92 | **VINOS BARROCO** Aether Brut Nature Pinot Noir N/V San Patricio del Chañar
- 90 | **BODEGA DEL FIN DEL MUNDO** Fin del Mundo Single Vineyard Malbec 2017 | San Patricio del Chañar
- 88 | **BODEGA DEL FIN DEL MUNDO** Reserve Pinot Noir 2018 San Patricio del Chañar
- 86 | **BODEGA DEL FIN DEL MUNDO** La Poderosa Cabernet Franc, Merlot 2019 | San Patricio del Chañar

{ DESCORCHADOS }

94

MELHOR PATAGÔNIA EXTREMA

OTRONIA
45 Rugientes Corte de Blancas
Gewürztraminer, Pinot Gris, Chardonnay 2017
PATAGONIA

A base deste vinho é Gewürztraminer, com 60% da mistura, mais 25% de Pinot Gris e o resto de Chardonnay em um vinho que, como sua origem, não tem nada a ver com o que é produzido mais ao norte na Argentina. Esse tem notas florais, mas quase como se fossem flores maduras. A madurez é exuberante em um lugar que, na realidade, é um deserto, mas um deserto frio com muita luz, noites longas que permitem que as uvas amadureçam. Aqui você sente isso e também uma densidade untuosa, um corpo que tem uma tremenda acidez, mas ao mesmo tempo uma ampla madurez. Uma pequena loucura.

Os melhores de Patagônia extrema do ano

- 93 | **CASA YAGÜE** Casa Yagüe Sauvignon Blanc 2018 Patagônia argentina
- 93 | **CASA YAGÜE** Casa Yagüe Chardonnay 2018 | Patagônia argentina
- 93 | **CASA YAGÜE** Oak Chardonnay 2018 | Patagônia argentina
- 93 | **VIÑAS DEL NANT Y FALL** Viñas del Nant y Fall Gewürztraminer 2019 Patagônia argentina
- 91 | **CONTRA CORRIENTE** Contra Corriente Gewürztraminer 2019 Patagônia argentina
- 91 | **CONTRA CORRIENTE** Contra Corriente Chardonnay 2018 Patagônia argentina
- 90 | **OTRONIA** 45 Rugientes Pinot Noir 2017 | Patagônia argentina
- 90 | **VIÑAS DEL NANT Y FALL** Viñas del Nant y Fall Riesling 2019 Patagônia argentina
- 88 | **CONTRA CORRIENTE** Contra Corriente Pinot Noir 2018 Patagônia argentina

‹ *vencedores* ›

MELHOR PEDERNAL

PYROS WINES
Limestone Hill Vineyard *Malbec 2016*
PEDERNAL

Limestone Hill é uma seleção de Malbec de uma encosta rica em cal que, de acordo com Pyros, é uma formação de cal geológica não aluvial, não arrastada pelos rios como de costume na Cordilheira dos Andes. A diferença fundamental é que aqui as rochas são feitas de cal, não cobertas por ela. Como isso influencia o vinho? Aqui a principal característica é a tensão dos taninos. Se você olhar de perto, este não é um vinho de grande concentração, mas de taninos firmes e nervosos, quase como se fosse um Nebbiolo ou Baga. Aqui há um vinho excepcional em todos os seus aspectos, na fruta que é muito vermelha e radiante. Fruta radiante numa expressão generosa, suculenta e vibrante. Uma amostra do potencial de uma área e o que um solo pode fazer em um vinho.

Os melhores de Pedernal do ano

95 | FINCA LAS MORAS Sagrado Pedernal Malbec 2016 | Vale de Pedernal
94 | FUEGO BLANCO Valle del Sílex Cabernet Franc, Malbec 2017 | Pedernal
94 | SUSANA BALBO WINES Benmarco Sin Límites Vale de Pedernal Malbec 2018 | Vale de Pedernal
93 | FUEGO BLANCO Valle del Sílex Sauvignon Blanc 2019 | Pedernal
93 | FUEGO BLANCO Valle del Sílex Malbec, Syrah 2018 | Pedernal
93 | FUEGO BLANCO Valle del Sílex Flintstone Sílex Red Cabernet Franc, Malbec 2018 | Pedernal
93 | FUEGO BLANCO Valle del Sílex Flintstone Malbec 2017 | Pedernal
92 | FUEGO BLANCO Valle del Sílex Flintstone Cabernet Franc 2017 | Pedernal
91 | PYROS WINES Appellation Valle de Pedernal Malbec 2017 | Pedernal
90 | FINCA LAS MORAS Paz Sauvignon Blanc 2019 | Vale de Pedernal
90 | FINCA LAS MORAS Paz Malbec 2018 | Vale de Pedernal
90 | FUEGO BLANCO Valle del Sílex Gewürztraminer 2019 | Pedernal
90 | PYROS WINES Appellation Valle de Pedernal Syrah 2017 | Pedernal

95
MELHOR PERDRIEL

PERDRIEL
Perdriel Vineyard Selection
Malbec, Cabernet Sauvignon, Cabernet Franc 2015
MENDOZA

A base deste vinho é 60% de Malbec e 20% de Cabernet Sauvignon de vinhas velhas, com cerca de 80 anos, plantadas por Norton em Perdriel. O resto é um novo Cabernet Franc, que foi plantado em 2003 na mesma finca, os cem hectares de onde Perdriel obtém todos os seus vinhos. Esta seleção de vinhedos é fermentada em barricas, todas novos, e depois o vinho é cultivado nesses mesmos recipientes por 18 meses. A fruta tem muito da área. É uma espécie suculenta, com muitas notas de especiarias e de frutas vermelhas maduras em um contexto de vinho imponente, mas com espaço suficiente para os taninos serem afiados e para a acidez refrescar, proporcionando equilíbrio. Este vinho é para guardar.

Os melhores de Perdriel do ano

- 94 | **ACHÁVAL FERRER** Finca Bella Vista Malbec 2016 | Perdriel
- 94 | **CLOS ULTRALOCAL** Ribera Alta Perdriel C. Sauvignon, Malbec 2017 | Perdriel
- 94 | **MATERVINI** Finca Malbec 2017 | Perdriel
- 93 | **CLOS ULTRALOCAL** Spontannée Malbec, C. Sauvignon 2019 | Perdriel
- 93 | **FABRE MONTMAYOU** Gran Reserva C. Sauvignon 2017 | Luján de Cuyo
- 92 | **PERDRIEL** Series Malbec 2018 | Luján de Cuyo
- 91 | **AMANSADO** Gran Amansado Blend de Tintos Malbec, Cabernet Sauvignon 2018 | Mendoza
- 91 | **CASARENA** Jamilla's Vineyard Malbec 2017 | Perdriel
- 91 | **FINCA CRUZ RAÍZ** Familia Deicas Perdriel Single Vineyards Malbec 2018 | Perdriel
- 91 | **LA GIOSTRA DEL VINO** Bacán Malbec 2019 | Mendoza
- 91 | **LAGARDE** Lagarde Viognier 2019 | Mendoza
- 91 | **PERDRIEL** Series Sauvignon Blanc 2019 | Luján de Cuyo
- 91 | **PERDRIEL** Series Cabernet Sauvignon 2018 | Luján de Cuyo
- 91 | **RICARDO SANTOS** Ricardo Santos Sémillon 2019 | Mendoza
- 90 | **KRONTIRAS** Doña Silvina Family Selection Tempranillo 2018 | Mendoza
- 90 | **LAGARDE** Lagarde Cabernet Sauvignon 2018 | Mendoza
- 90 | **LAGARDE** Lagarde Chardonnay 2019 | Mendoza
- 90 | **SINFÍN** Gran Guarda Malbec 2016 | Perdriel
- 90 | **SOTTANO** Reserva Malbec 2017 | Mendoza

⟨ *vencedores* ⟩

97
MELHOR RÍO NEGRO

NOEMÍA DE PATAGONIA
Noemía *Malbec 2017*
PATAGONIA ARGENTINA

Essa vinha, com apenas 1,5 hectare, foi a razão pela qual Noemía foi fundada em Mainque há quase 20 anos. Um vinhedo de 1932 de Malbec. Hans Vinding-Diers viu potencial lá e começou a vinificar essas uvas a partir de 2001. Envelhecido em barris de 600 litros, todos usados. Seja paciente, porque esse vinho precisa de tempo para se desdobrar, para superar essa fase de madeira, de tostado, para começar a mostrar a verdadeira essência de Malbec aqui, as flores e cerejas, o frescor e a sutileza de um vinho de baixo teor alcoólico, mas de estrutura muito boa. Essa combinação é rara, mas aqui aparece. E muito, em talvez a melhor versão de **Noemía** até agora.

Os melhores de Río Negro do ano

96 | **NOEMÍA DE PATAGONIA** J Alberto Malbec, Merlot 2018 Patagônia argentina
95 | **NOEMÍA DE PATAGONIA** Due C. Sauvignon 2017 | Patagônia argentina
95 | **RICCITELLI WINES** Old Vines From Patagônia Torrontés 2019 | Río Negro
94 | **CHACRA** Cincuenta y Cinco Pinot Noir 2018 | Patagônia argentina
94 | **CHACRA** Mainqué Chardonnay 2018 | Patagônia argentina
94 | **MANOS NEGRAS** Artesano Pinot Noir 2017 | Río Negro
93 | **DEL RÍO ELORZA** Verum Reserva C. Franc 2017 | Río Negro
93 | **HUMBERTO CANALE** Barzi Canale Malbec, Merlot, Cabernet Franc, Petit Verdot 2015 | Patagônia argentina
93 | **NOEMÍA DE PATAGONIA** A Lisa Sémillon 2019 | Patagônia argentina
93 | **NOEMÍA DE PATAGONIA** A Lisa Malbec 2018 | Patagônia argentina
93 | **RICCITELLI WINES** Old Vines From Patagônia Sémillon 2019 | Río Negro
92 | **DEL RÍO ELORZA** Verum Reserva Malbec 2017 | Río Negro
92 | **MANOS NEGRAS** Red Soil Pinot Noir 2017 | Río Negro
92 | **MIRAS** Jovem Sémillon 2019 | Patagônia argentina
92 | **RICCITELLI WINES** Old Vines from Patagônia Bastardo 2019 | Río Negro
91 | **CHACRA** Barda Pinot Noir 2018 | Patagônia argentina
91 | **DEL RÍO ELORZA** Verum Malbec 2017 | Río Negro
91 | **DEL RÍO ELORZA** Verum Pinot Noir 2018 | Río Negro
91 | **FABRE MONTMAYOU** H.J. Fabre Barrel Selection Malbec 2018 Patagônia argentina
91 | **FINCAS PATAGÓNICAS** Wapisa Malbec 2018 | Patagônia argentina
91 | **HUMBERTO CANALE** Old Vineyard Sémillon 2018 | Patagônia argentina

{ DESCORCHADOS }

96
DIVIDIDO

MELHOR SAN PABLO

PASSIONATE WINE
@micheliniwine Irma Liberata *Sauvignon Blanc 2012*
SAN PABLO

Agua de Roca vem de um vinhedo na região de San Pablo, rico em quartzo e limo, plantado em 2007. Esse Sauvignon fez história na Argentina por causa de seu estilo, radicalmente mineral e ácido. **Irma Liberata** é esse mesmo vinho, mas com 7 anos de envelhecimento em uma barrica de 500 litros. E esse estágio é o que imprime aqui um lado salino, fruto do envelhecimento na barrica, mas sobretudo porque ao longo dos anos desenvolveu um véu de flor como nos vinhos de Jerez. Tem corpo, muita intensidade, muita força e suavidade, mas acima de tudo uma acidez como uma flecha, a mesma que tem **Agua de Roca**, mas com um vestido completamente diferente.

Os melhores de San Pablo do ano

- 95 | **BUSCADO VIVO O MUERTO** La Verdad San Pablo Chardonnay 2017 | San Pablo
- 95 | **SALENTEIN** Single Vineyard Las Sequoias Chardonnay 2017 | San Pablo
- 95 | **SALENTEIN** Single Vineyard Los Nogales Sauvignon Blanc 2018 | San Pablo
- 95 | **TRIVENTO** Gaudeo Single Vineyard Tunuyán Malbec 2017 | Tunuyán
- 95 | **ZUCCARDI VALLE DE UCO** Polígonos del Vale de Uco San Pablo Malbec 2018 | San Pablo
- 94 | **PASSIONATE WINE** @micheliniwine Manolo Cabernet Franc 2017 | San Pablo
- 94 | **SALENTEIN** Single Vineyard La Pampa 1997 Malbec 2017 | San Pablo
- 94 | **ZUCCARDI VALLE DE UCO** Polígonos del Vale de Uco San Pablo Cabernet Franc 2018 | San Pablo
- 93 | **BUSCADO VIVO O MUERTO** La Verdad San Pablo Malbec 2016 | San Pablo
- 93 | **SALENTEIN** Single Vineyard Los Jabalíes Pinot Noir 2017 | San Pablo
- 92 | **FINCAS PATAGÓNICAS** Black Tears de Tapiz Malbec 2015 | Vale de Uco
- 92 | **ZUCCARDI VALLE DE UCO** Polígonos del Vale de Uco San Pablo Verdejo 2019 | San Pablo
- 91 | **SALENTEIN** Reserve Pinot Noir 2018 | Vale de Uco
- 90 | **FINCAS PATAGÓNICAS** Tapiz Alta Collection Cabernet Sauvignon 2013 | Vale de Uco

⟨ *vencedores* ⟩

DIVIDIDO

MELHOR SAN PABLO

SALENTEIN
Salentein Single Vineyard Los Jabalíes *Malbec 2017*
SAN PABLO

Com quase 1500 metros de altura, o vinhedo Los Jabalíes foi plantado em 2007 em San Pablo, um dos lugares mais altos de Uco e uma fonte de muito bons Chardonnay e Pinot Noir, mas também de Malbec, uma variedade que tem mostrado uma grande plasticidade ao longo do vale de Uco. Aqui, neste lugar extremo e muito frio, a Malbec oferece taninos firmes e severos em meio a frutas vermelhas radiantes em frescor. Pode ser definido como austero, mas é melhor descrito como um vinho tinto de montanha.

Os melhores de San Pablo do ano

- 95 | **BUSCADO VIVO O MUERTO** La Verdad San Pablo Chardonnay 2017 | San Pablo
- 95 | **SALENTEIN** Single Vineyard Las Sequoias Chardonnay 2017 | San Pablo
- 95 | **SALENTEIN** Single Vineyard Los Nogales Sauvignon Blanc 2018 | San Pablo
- 95 | **TRIVENTO** Gaudeo Single Vineyard Tunuyán Malbec 2017 | Tunuyán
- 95 | **ZUCCARDI VALLE DE UCO** Polígonos del Vale de Uco San Pablo Malbec 2018 | San Pablo
- 94 | **PASSIONATE WINE** @micheliniwine Manolo Cabernet Franc 2017 | San Pablo
- 94 | **SALENTEIN** Single Vineyard La Pampa 1997 Malbec 2017 | San Pablo
- 94 | **ZUCCARDI VALLE DE UCO** Polígonos del Vale de Uco San Pablo Cabernet Franc 2018 | San Pablo
- 93 | **BUSCADO VIVO O MUERTO** La Verdad San Pablo Malbec 2016 | San Pablo
- 93 | **SALENTEIN** Single Vineyard Los Jabalíes Pinot Noir 2017 | San Pablo
- 92 | **FINCAS PATAGÓNICAS** Black Tears de Tapiz Malbec 2015 | Vale de Uco
- 92 | **ZUCCARDI VALLE DE UCO** Polígonos del Vale de Uco San Pablo Verdejo 2019 | San Pablo
- 91 | **SALENTEIN** Reserve Pinot Noir 2018 | Vale de Uco
- 90 | **FINCAS PATAGÓNICAS** Tapiz Alta Collection Cabernet Sauvignon 2013 | Vale de Uco

{ DESCORCHADOS }

96

DIVIDIDO

MELHOR SAN PABLO

ZUCCARDI VALLE DE UCO
Fósil *Chardonnay 2018*
SAN PABLO

Esta já é a terceira colheita de **Fósil**, um 100% Chardonnay que vem das vinhas que Zuccardi plantou em San Pablo, a cerca de 1400 metros de altura, no vale do Uco. São solos aluviais, de cascalhos cobertos de cal em um clima muito frio, fortemente influenciado pela brisa andina, que imprime um selo em seus vinhos. Neste caso, a fermentação é feita em concreto e 70% do vinho fica lá, estagiando, enquanto os 30% restantes são envelhecidos em barris de 500 litros, usados. O vinho é untuoso e, ao mesmo tempo, vertical e nervoso. Tem uma textura tensa, mas também sabores amáveis de frutas brancas e de especiarias e, acima de tudo, um final longo e suculento em um dos melhores brancos da Argentina atualmente.

Os melhores de San Pablo do ano

95 | **BUSCADO VIVO O MUERTO** La Verdad San Pablo Chardonnay 2017 | San Pablo
95 | **SALENTEIN** Single Vineyard Las Sequoias Chardonnay 2017 | San Pablo
95 | **SALENTEIN** Single Vineyard Los Nogales Sauvignon Blanc 2018 | San Pablo
95 | **TRIVENTO** Gaudeo Single Vineyard Tunuyán Malbec 2017 | Tunuyán
95 | **ZUCCARDI VALLE DE UCO** Polígonos del Vale de Uco San Pablo Malbec 2018 | San Pablo
94 | **PASSIONATE WINE** @micheliniwine Manolo Cabernet Franc 2017 | San Pablo
94 | **SALENTEIN** Single Vineyard La Pampa 1997 Malbec 2017 | San Pablo
94 | **ZUCCARDI VALLE DE UCO** Polígonos del Vale de Uco San Pablo Cabernet Franc 2018 | San Pablo
93 | **BUSCADO VIVO O MUERTO** La Verdad San Pablo Malbec 2016 | San Pablo
93 | **SALENTEIN** Single Vineyard Los Jabalíes Pinot Noir 2017 | San Pablo
92 | **FINCAS PATAGÓNICAS** Black Tears de Tapiz Malbec 2015 | Vale de Uco
92 | **ZUCCARDI VALLE DE UCO** Polígonos del Vale de Uco San Pablo Verdejo 2019 | San Pablo
91 | **SALENTEIN** Reserve Pinot Noir 2018 | Vale de Uco
90 | **FINCAS PATAGÓNICAS** Tapiz Alta Collection Cabernet Sauvignon 2013 | Vale de Uco

‹ *vencedores* ›

95

MELHOR SAN RAFAEL

LEO BORSI
Horizonte Sur Cuesta de los Terneros *Malbec 2019*
SAN RAFAEL

A uns 900 metros de altura, próximo a 25 de Mayo, na zona mais ocidental de San Rafael, onde os vinhos costumam ser mais pulsantes e firmes por esse clima mais fresco. E esse Terneros é assim, cheio de frutas vermelhas, de sabores amáveis, com toques minerais. É um vinho nervoso em seus sabores, firme em acidez, com uma estrutura de taninos afiados. Leo Borsi seleciona vinhedos em solos com componente calcário e isso explica também o lado nervoso e pulsante. Um vinho para ser lembrando no momento de guardar vinhos de San Rafael, mas acima de tudo um vinho para se pensar no potencial dessa zona.

Os melhores de San Rafael do ano

94 | **CLOS ULTRALOCAL** Terruños Olvidados de Rama Caída Malbec, Cabernet Sauvignon 2017 | Rama Caída
94 | **FUNCKENHAUSEN VINEYARDS** La Espera Gran Reserva Finest Expression 2016 | San Rafael
94 | **LEO BORSI** Horizonte Sur Pobre Diablo Malbec, Cabernet Sauvignon 2019 | San Rafael
93 | **BODEGAS BIANCHI** Particular Malbec 2017 | San Rafael
93 | **BODEGAS BIANCHI** Enzo Bianchi Cabernet Sauvignon, Malbec, Merlot, Petit Verdot 2017 | Mendoza
93 | **CLOS ULTRALOCAL** Revolución Garage Rama Blanco 2019 | Rama Caída
93 | **CLOS ULTRALOCAL** Revolución Garage San Rafael Malbec, Cabernet Sauvignon 2018 | San Rafael
93 | **FUNCKENHAUSEN VINEYARDS** La Espera Reserva Carpe Diem Chardonnay 2018 | San Rafael
93 | **FUNCKENHAUSEN VINEYARDS** Kurt Heinlein Malbec 2015 | San Rafael
93 | **LAS PAYAS** Bicho Raro Nero d'Avola 2018 | San Rafael
93 | **LAS PAYAS** Libre Corvina 2019 | San Rafael
93 | **LAS PAYAS** Criollaje Cereza, Criolla Grande 2019 | San Rafael
93 | **LAS PAYAS** Moscato di Cardinale - Capítulo 2: El Naranjo Moscatel Rosado 2019 | San Rafael
93 | **LEO BORSI** Horizonte Sur D.O.C. San Rafael Cabernet Sauvignon 2019 San Rafael
93 | **LEO BORSI** Horizonte Sur D.O.C. San Rafael Malbec 2019 | San Rafael
93 | **LEO BORSI** Horizonte Sur Tropezón El Aluvión Malbec, Cabernet Sauvignon 2019 | San Rafael

{ DESCORCHADOS }

MELHOR UGARTECHE

DOÑA PAULA
969 Petit Verdot, Bonarda, Malbec 2019
LUJÁN DE CUYO

Dos vinhedos em Ugarteche, a quase mil metros de altura (969, como diz o rótulo), aqui há 55% Petit Verdot, 40% Bonarda e o resto de Malbec, todos colhidos separadamente e depois estagiados em ovos de cimento de cerca de seis meses. Aqui, o que prevalece é o produto de frescor das culturas avançadas que deram muitas frutas vermelhas e muito vigor num vinho que é surpreendentemente fresco para a área e especialmente porque tem 40% de Bonarda, que dá mais sabores doces do que nervosos como estes. Um achado.

Os melhores de Ugarteche do ano

- 93 | **ALPAMANTA ESTATE WINES** Breva Cabernet Sauvignon 2018 | Mendoza
- 93 | **LA POSTA VINEYARD** Paulucci Malbec 2018 | Ugarteche
- 92 | **VAGLIO WINES** Temple Malbec 2018 | Ugarteche
- 92 | **VINOS BARROCO** Barroco Viognier 2012 | Mendoza
- 91 | **ALPAMANTA ESTATE WINES** Campal Malbec, Merlot, Cabernet Franc 2018 | Mendoza
- 91 | **ALPAMANTA ESTATE WINES** Terroir Blend Merlot, Malbec, Cabernet Franc, Cabernet Sauvignon 2016 | Mendoza
- 91 | **FAMILIA BLANCO** Mairena Desafío Bonarda 2019 | Ugarteche
- 90 | **FAMILIA BLANCO** Mairena Brut Nature Rosé Bonarda N/V Ugarteche

⟨ vencedores ⟩

95
MELHOR VISTA FLORES

MAURICIO LORCA
Inspirado *Malbec, Cabernet Sauvignon, Cabernet Franc, Syrah, Petit Verdot 2015*
VISTA FLORES

Este vinho vem 100% de Vista Flores, o vinhedo de Lorca plantado em 1999 e inclui as cinco variedades plantadas naquela finca. Cada cepa estagia separadamente por 18 meses em barricas e depois é mesclada em tanques de cimento. A mistura tende a ser marcada pela fruta da Malbec, aquele generoso e gentil fruto, rico em nuances de flores e de violetas. A estrutura é firme, de taninos muito severos, de vinho jovem. Outro vinho tinto de Lorca para guardar. 🍷

Os melhores de Vista Flores do ano

94 | **BRESSIA** Piel Negra Pinot Noir 2018 | Vale de Uco
94 | **ENRIQUE FOSTER** Single Vineyard Los Barrancos Malbec 2017 | Vista Flores
94 | **FLECHAS DE LOS ANDES** Flechas de los Andes Gran Malbec 2015 | Vista Flores
94 | **FLECHAS DE LOS ANDES** Flechas de los Andes Gran Corte Malbec, Cabernet Franc, Syrah 2013 | Vista Flores
93 | **ALMA 4** Alma 4 Viognier 2018 | Vale de Uco
93 | **RJ VIÑEDOS** Joffré e Hijas Premium Malbec 2015 | Vale de Uco
93 | **TRES 14** Tres 14 Malbec 2016 | Vale de Uco
92 | **CADUS** Appellation Vista Flores Chardonnay 2018 | Vista Flores
92 | **FLECHAS DE LOS ANDES** Aguaribay Gran Reserva Malbec, Merlot, Cabernet Sauvignon, Petit Verdot 2016 | Vista Flores

DESCORCHADOS2020

143

{ DESCORCHADOS }

94

SUPERPREÇO BRANCO

MOSQUITA MUERTA
Mosquita Muerta Blend de Blancas *2018*
VALE DE UCO

Até a última safra, essa mistura de brancas tinha 5% de Moscatel. Esse ano, no entanto, não está mais porque - de acordo com o enólogo Bernardo Bossi - deu-lhe um amargor e uma doçura que eles não gostaram. O vinho mantém a cremosidade de sempre e a Sémillon (de uma antiga parcela da La Consulta) proporciona uma gordura, uma deliciosa untuosidade e sabores profundos, deliciosos em sua exuberância.

Os melhores superpreço brancos do ano

94 | **BODEGA TEHO** Flora By Zaha Chardonnay 2017 | Los Árboles
94 | **TACUIL** RD Sauvignon Blanc 2019 | Molinos
93 | **CLOS ULTRALOCAL** Revolución Garage Rama Blanco 2019 | Rama Caída
93 | **FINCA AMBROSÍA** Viña Única Chardonnay 2017 | Gualtallary
93 | **FUEGO BLANCO** Valle del Sílex Sauvignon Blanc 2019 | Pedernal
93 | **PASSIONATE WINE** Vía Revolucionaria Hulk Sémillon 2019 | Tupungato
93 | **POLOPUESTO WINES** El Otro Lado Torrontés 2017 | Gualtallary
93 | **BODEGA VISTALBA** Tomero Reserva Sémillon 2017 | Mendoza
93 | **ZORZAL WINES** Terroir Único Sauvignon Blanc 2019 | Gualtallary
92 | **BENEGAS** Clara Benegas Chardonnay 2019 | Gualtallary
92 | **COLOMÉ** Amalaya Blanco de Corte Torrontés, Riesling 2018 | Salta
92 | **DOÑA PAULA** Estate Sauvignon Blanc 2019 | Vale de Uco
92 | **EL PORVENIR DE CAFAYATE** Laborum Single Vineyard Finca El Retiro Torrontés 2019 | Cafayate
92 | **FINCA SUÁREZ** Finca Suárez Chardonnay 2018 | Altamira
92 | **MANOS NEGRAS** Stone Soil Blend de Blancas Sémillon, Sauvignon Blanc, Chardonnay 2019 | San Carlos
92 | **POLO** Herencia Respeto Blend de Blancas Chardonnay, Viognier, Torrontés 2018 | Vale de Uco
92 | **RUTINI WINES** Colección Sauvignon Blanc 2019 | Mendoza
92 | **SANTA JULIA** Tensión La Ribera Chardonnay, Sémillon 2019 Mendoza
92 | **VINOS DE POTRERO** Potrero Chardonnay 2019 | Vale de Uco

⟨ *vencedores* ⟩

94

SUPERPREÇO TINTO

MAURICIO LORCA
Lorca Ópalo *Malbec 2017*
VALE DE UCO

A vinha que em 1999 Mauricio Lorca plantou em Vista Flores é hoje a principal fonte de uvas para os seus melhores tintos. A linha Ópalo, além disso, não tem madeira e esse fato implica que nesses vinhos não há nenhum "ruído", apenas o caráter frutado que aqui se mostra especialmente suculento. Um vinho cheio de sabores de frutas, notas de especiarias e de flores e um corpo profundo e equilibrado. Um dos melhores vinhos desta linha que experimentamos e uma relação preço-qualidade impressionante.

Os melhores superpreço tintos do ano

- 94 | **CASA PETRINI** Casa Petrini Tannat 2019 | Tupungato
- 94 | **CASA PETRINI** Casa Petrini Malbec 2019 | Tupungato
- 94 | **CLOS ULTRALOCAL** Revolución Garage Paraje Altamira Malbec 2018 | Altamira
- 94 | **LEO BORSI** Horizonte Sur Pobre Diablo Malbec, Cabernet Sauvignon 2019 | San Rafael
- 94 | **MANOS NEGRAS** Stone Soil Malbec 2017 | Altamira
- 93 | **CHAKANA** Sobrenatural Tinto Tannat, Malbec 2019 | Agrelo
- 93 | **CLOS ULTRALOCAL** Spontannée Malbec, C. Sauvignon 2019 | Perdriel
- 93 | **CLOS ULTRALOCAL** Revolución Garage San Rafael Malbec, Cabernet Sauvignon 2018 | San Rafael
- 93 | **COLOMÉ** Amalaya Gran Corte Malbec 2017 | Salta
- 93 | **ESTANCIA LOS CARDONES** Anko Flor de Cardón Cabernet Sauvignon 2018 | Cafayate
- 93 | **FAMILIA CASSONE** La Coupe Syrah 2019 | Luján de Cuyo
- 93 | **FUEGO BLANCO** Valle del Sílex Malbec, Syrah 2018 | Pedernal
- 93 | **FUEGO BLANCO** Valle del Sílex Flintstone Sílex Red Cabernet Franc, Malbec 2018 | Pedernal
- 93 | **LAS PAYAS** Bicho Raro Nero d'Avola 2018 | San Rafael
- 93 | **LAS PAYAS** Libre Corvina 2019 | San Rafael
- 93 | **LAS PAYAS** Criollaje Cereza, Criolla Grande 2019 | San Rafael
- 93 | **LEO BORSI** Horizonte Sur D.O.C. San Rafael C. Sauvignon 2019 | San Rafael
- 93 | **LEO BORSI** Horizonte Sur D.O.C. San Rafael Malbec 2019 | San Rafael
- 93 | **LEO BORSI** Horizonte Sur Tropezón El Aluvión Malbec, Cabernet Sauvignon 2019 | San Rafael
- 93 | **LOS TONELES** Tonel 78 Malbec, Bonarda 2017 | Mendoza
- 93 | **PASSIONATE WINE** Esperando a los Bárbaros Malbec 2018 | Gualtallary
- 93 | **RUCA MALEN** Terroir Series Vale de Uco Malbec, Cabernet Sauvignon, Petit Verdot, Syrah 2017 | Vale de Uco
- 93 | **RUTINI WINES** Encuentro Malbec 2017 | Mendoza
- 93 | **SANTA JULIA** Magna C. Sauvignon, Malbec, Syrah 2018 | Vale de Uco

PROVA DE VINHOS DESCORCHADOS 2020

⟨ *prova de vinhos* ⟩

AS PONTUAÇÕES

80 ▶ 85
VINHOS SIMPLES
para todos os dias.

86 ▶ 90
APOSTAS MAIS COMPLEXAS,
ainda que também adequadas
para beber diariamente.

91 ▶ 95
VINHOS EXCELENTES
que, independente
de seu preço, devem
ser provados.

96 ▶ 100
EXISTE A PERFEIÇÃO?
Provavelmente não, mas
neste grupo há vinhos que
se aproximam bastante.

AS CEPAS

tinto

branco

rosado

laranja

espumante

doce

EQUIVALÊNCIAS ESTIMADAS DE PREÇOS

$ ⇢⇢⇢ Até **25** reais

$$ ⇢⇢⇢ De **26** a **50** reais

$$$ ⇢⇢⇢ De **51** a **75** reais

$$$$ ⇢⇢⇢ De **76** a **100** reais

$$$$$ ⇢⇢⇢ Acima de **101** reais

Abrasado

PROPRIETÁRIO Millán S.A.
ENÓLOGO Bernardo Bossi Bonilla
WEB www.bodegalostoneles.com
RECEBE VISITAS *Sim*

Enólogo
BERNARDO BOSSI BONILLA

Abrasado é o restaurante da vinícola Los Toneles, que é especializado em carnes curadas e maturadas a frio (dry aged) - que nasce de um jogo com as palavras "asado", abrazo" e "brasas" - batiza também essa linha de vinhos da família Millán, que é construída a partir de uma seleção de uvas das fincas que eles têm para seus outros projetos, a saber: Mosquita Muerta, Fuego Blanco, Los Toneles e Elodia. A filosofia de Abrasado é produzir vinhos que, evidentemente, sejam aptos ao menu carnívoro do restaurante, um dos melhores em seu estilo em Mendoza.

VINHOS

 95
UNIQUE PARCEL
MALBEC 2017
$$ | VALE DE UCO | 14°

Mantrax é uma vinha de cerca de 60 hectares plantada em solos de pedras em direção às colinas de Los Chacayes, no vale de Uco. Dessa vinha, especificamente do quartel quatro, este vinho tem um forte carácter de lugar. A fruta é deliciosamente madura, com um fundo de ervas e flores, e a acidez que é penetrante, densa. A textura também é; há uma sensação cremosa, quase perturbadora em sua suavidade. Um vinho com muita personalidade.

 94
UNIQUE PARCEL
CABERNET FRANC 2017
$$ | VALE DE UCO | 14°

Abrasado tem um pequeno pedaço de terra em Los Chacayes, contra as montanhas que chamam de Finca Mosquita Muerta, e de lá eles obtêm esse vinho que tem uma generosidade de frutas assim como um senso de lugar. Aqui há muitas frutas vermelhas, também notas de ervas e de especiarias em uma textura que é densa, que é projetada pela boca com aquela suavidade cremosa no meio de uma acidez que brinca com a língua, que lhe dá nervo.

 92
HISTORIC BLENDS
MALBEC, BONARDA 2018
$$ | MENDOZA | 13.5°

Essa mistura tem cerca de metade Bonarda e metade Malbec. A Bonarda vem de Barrancas, no leste de Mendoza, e a Malbec vem de Los Árboles e Los Chacayes, ambas as áreas do vale de Uco. O vinho é uma mistura suculenta dos sabores mais maduros da Bonarda e do nervo da Malbec de montanha, com todos os suas frutas que é o que traz alegria.

 91
TERROIR SELECTION
MALBEC 2019
$ | VALE DE UCO | 13°

Focado em frutas vermelhas frescas, com taninos sólidos e acidez suculen-

‹ *prova de **vinhos*** ›

ta, esse 100% Malbec de vale do Uco (Los Árboles e Los Chacayes) tem um nervo, tem frescor e muita força de taninos, mas como a fruta é tão generosa, os taninos se sentem domados, como gatinhos brincalhões. Um delicioso vinho a um preço imbatível.

 HISTORIC BLENDS
MALBEC 2018
$$ | VALE DE UCO | 13.5°

Uma mistura de vinhas do vale de Uco e envelhecido em barricas cerca de 8 meses (70% do volume total), aqui se sente a influência da madeira, mas após esse efeito a fruta vermelha fresca palpita. O estilo da casa está aqui. Ainda é frutado, mas esse toque de madeira o torna muito mais comercial.

OUTROS VINHOS SELECIONADOS

89 | BLEND DE PARCELAS Malbec 2019 | Perdriel | 13° | $
89 | HISTORIC BLENDS Malbec, Cabernet Sauvignon, Merlot 2018 | Vale de Uco 13° | $$
89 | TERROIR SELECTION Cabernet Sauvignon 2019 | Vale de Uco | 13° | $
88 | BLEND DE PARCELAS Chardonnay 2019 | Luján de Cuyo | 13° | $
86 | BLEND DE PARCELAS Cabernet Sauvignon 2019 | Luján de Cuyo | 13° | $

Achával Ferrer

PROPRIETÁRIO SPI Group
ENÓLOGO Gustavo Rearte
WEB www.achaval-ferrer.com
RECEBE VISITAS Sim

Enólogo
GUSTAVO REARTE

Achával Ferrer foi fundada em **1998** por Santiago Achával, Manuel Ferrer e Roberto Cipresso e foi baseada e ainda se baseia em vinhedos antigos e elaborados com intervenção mínima. Seus principais rótulos são os três Malbec de sua série Fincas, cada um de um território particular em Mendoza. As uvas de **Finca Altamira**, seu vinho mais famoso, vêm de um vinhedo de 1925 plantado nas margens do rio Tunuyán. As de **Finca Mirador** são da região de Medrano, metade de vinha plantada em 1928 e metade em 1942. E as de **Finca Bellavista** nascem em um vinhedo de 1910 no setor de Perdriel, ao sul do rio Mendoza, onde têm sua vinícola. Em 2011, a vinícola foi vendida para o grupo russo SPI, conhecido por seus negócios em bebidas alcoólicas, especialmente pela vodca Stolichnaya.

IMPORTADORES: BRASIL: www.clarets.com.br | USA: www.stoli.com

VINHOS

 FINCA ALTAMIRA
MALBEC 2016
$$$$$ | ALTAMIRA | 14.5°

De um vinhedo muito antigo em Altamira, plantado em 1925, a leste do rio Tunuyán, na área mais ao norte de Altamira, esse é o primeiro da série Fincas de Achaval Ferrer, com sua primeira safra em 1999. Esse ano, a estrutura firme e densa de Altamira tende a amolecer. Foi um ano mais frio, que deu um vinho mais sutil e suculento, com uma acidez marcada e frutas vermelhas e especiarias.

Achával Ferrer

 FINCA BELLA VISTA
MALBEC 2016
$$$$$ | PERDRIEL | 14.5°

Finca Bellavista é o mais antigo vinhedo da série Achával Ferrer Fincas e foi plantado em 1913 em solos aluviais e pedregosos na área de Perdriel, em Luján de Cuyo. Este ano, uma colheita muito fresca, gerou uma Bella Vista um pouco mais tânica do que o habitual, e com uma acidez acentuada que lhe dá um delicioso sabor na boca. A tensão dos taninos acompanha a fruta até ao final, deixando uma nova impressão. Uma edição muito boa do Bella Vista.

 FINCA MIRADOR
MALBEC 2016
$$$$$ | MEDRANO | 14.5°

Bem ao lado do rio Mendoza, na área tradicional de Medrano, esse vem de um vinhedo de cerca de cem anos plantado em solos arenosos. Este ano, uma colheita muito fresca, tem um lado especiado muito marcado, quase como se fosse um curry no meio de frutas vermelhas maduras. A textura é macia, quase sutil, e a acidez é tensa, com um acabamento que combina muito bem as especiarias e as frutas.

 QUIMERA
MALBEC, CABERNET FRANC, CABERNET SAUVIGNON, MERLOT 2016
$$$ | MENDOZA | 14.5°

Quimera desse ano tem 45% de Malbec, 19% de Cabernet Sauvignon, 18% de Merlot e 18% de Cabernet Franc, todos de diferentes vinhedos em Mendoza. O vinho estagia em barricas (70% novas) durante cerca de quinze meses, com todas as cepas já misturadas. Um vinho muito jovem, a madeira tende a ter algum destaque, mas cuidado com o fundo de frutas vermelhas maduras que pulsa atrás. A força dos taninos também assegura que o vinho será capaz de absorver a madeira e obter maior complexidade.

 ACHÁVAL FERRER
MALBEC 2018
$$ | MENDOZA | 14.5°

Esse é o Malbec genérico de Achaval, e vem de cinco fincas de Luján de Cuyo e do vale de Uco, 40% de suas próprias vinhas e o resto de outros produtores. Com passagem em barricas por cerca de 8 meses, tudo em madeira usada, apresenta um perfil muito maduro de frutas vermelhas, com notas de violetas e especiarias num corpo médio, com taninos bem polidos e acidez fresca, como é habitual nos vinhos tintos da casa.

<<<---->>>

‹ *prova de **vinhos*** ›

Alba en Los Andes

PROPRIETÁRIO Carlos Lorefice
ENÓLOGO Bernardo Bossi Bonilla
WEB www.montanaconsultores.com.ar/bodegas/alba-en-los-andes
RECEBE VISITAS *Não*

Enólogo
BERNARDO BOSSI BONILLA

A lba en los Andes é o projeto de Carlos Lorefice, um empresário de comunicações em Buenos Aires, que possui essa vinícola desde 2014. A fazenda possui cerca de 23 hectares de vinhedos e está localizada em Tupungato e, originalmente, esses vinhedos eram dedicados à venda de uvas O primeiro engarrafamento foi em 2015. **IMPORTADORES:**
BRASIL: www.premierwine.com.br | USA: www.novovino.com

VINHOS

93 LA MUJER BLEND
MALBEC, CABERNET SAUVIGNON 2015
$$ | VALE DE UCO | 14°

Essa mistura possui 85% de Malbec e o restante de Cabernet Sauvignon, todos provenientes de vinhedos de 25 anos de idade em Tupungato. O vinho ainda parece muito jovem, com toques especiados e de madeira, onde estagia por dois anos. A textura é selvagem, precisa se integrar, mas há uma carga muito boa de frutas vermelhas maduras aqui para equilibrar todo esse peso. Paciência.

92 ESTATE RESERVE
MALBEC 2017
$ | VALE DE UCO | 14°

De vinhas de cerca de 25 anos em Tupungato, esse Malbec tem uma textura muito calcária do solo, aquela textura de giz que é afirmada na boca acompanhada de frutas e de flores, em um vinho com muito sabor e muito frescor, mas também com muita profundidade. Para beber agora e talvez esperar para que ganhe em complexidade.

90 FINCA
MALBEC 2019
$ | VALE DE UCO | 14°

Uma excelente relação qualidade-preço, a fruta é vermelha intensa e a textura, embora leve, possui taninos muito bons que ajudam a definir muito bem a estrutura. É nervoso e muito refrescante. Esse Malbec é proveniente de vinhedos de 25 anos em Tupungato.

«‹‹----›››

Aleanna-El Enemigo Wines

PROPRIETÁRIO Alejandro Vigil & Adrianna Catena
ENÓLOGO Alejandro Vigil
WEB www.enemigowines.com
RECEBE VISITAS *Sim*

Proprietário & enólogo
ALEJANDRO VIGIL

A historiadora Adrianna Catena é filha de Nicolás Catena, um dos principais nomes do vinho argentino. Sua ligação com o negócio não era mais do que essa, até que em 2009 ela se juntou a Alejandro Vigil, diretor técnico de Catena, para realizar um projeto que nasceu com uma conversa e que estava lentamente tomando do forma: criar vinhos inspirados naqueles produzidos pelos primeiros imigrantes europeus na Argentina. Conceitos como cofermentação, pisa a pé, leveduras nativas e madeira usada surgiram. Hoje produzem cerca de 100 mil garrafas, com ênfase na Bonarda e, especialmente, na Cabernet Franc, que representa 70% de sua produção. Aleanna tem acesso a algumas das melhores vinhas do grupo Catena, no vinhedo Adrianna, em Gualtallary. **IMPORTADORES:** BRASIL: www.mistral.com.br | USA: www.winebowgroup.com

VINHOS

97 **GRAN ENEMIGO SINGLE VINEYARD EL CEPILLO**
CABERNET FRANC, MALBEC 2016
$$$ | EL CEPILLO | 13.9°

El Cepillo é uma área que está localizada na ponta sul do vale de Uco. É uma zona muito fria, com geadas contínuas, num clima extremo que dá vinhos extremos como este, rico em frutas vermelhas que são gradualmente transformadas em aromas de curry que tomam conta de tudo. A boca é generosa em frutas, mas também rica em acidez e força de taninos, tudo sob quilos de frutas vermelhas maduras e acidez. Um vinho que não para de crescer na boca, que não irá sofrer mutação. Abra esta garrafa e sente-se na fila da frente para apreciar o espetáculo.

97 **GRAN ENEMIGO SINGLE VINEYARD GUALTALLARY** CABERNET FRANC, MALBEC 2016
$$$ | GUALTALLARY | 13.9°

Como de costume nos vinhedos únicos de El Enemigo, tem cerca de 80% de Cabernet Franc e o resto de Malbec, neste caso todos os vinhedos de Adrianna, nas alturas de Gualtallary. Quando você fala sobre Gualtallary, você fala sobre as uvas mais caras de toda Mendoza. No entanto, Gualtallary é extensa e diversificada e nem tudo é tão bom. Um dos seus melhores lugares é Adrianna, no que é conhecido como Monasterio, um lugar rico em solos de cal e de pedra, que dão vinhos com severa austeridade, vinhos que são mais de estrutura do que de aromas. E esses são os vinhos - como este - de que gostamos.

‹ *prova de vinhos* ›

 GRAN ENEMIGO SINGLE VINEYARD CHACAYES
CABERNET FRANC, MALBEC 2016
$$$ | LOS CHACAYES | 13.9°

Com 80% de Cabernet Franc e 20% de Malbec, todos de vinhedos de El Enemigo em Los Chacayes. Observe aqui com a força, com a tensão dos frutos vermelhos, severos e austeros dos solos pedregosos da área. Há garras de taninos aqui, mas também uma acidez deliciosa, crocante e vivaz. Os sabores se projetam na boca por um longo tempo e essa nota de cravo, que é sentida no começo e que se pode relacionar com madeira nova (mas, não tem madeira nova, apenas foudres velhos em seu estágio) é repetida no final. Pura especiaria.

 GRAN ENEMIGO SINGLE VINEYARD AGRELO
CABERNET FRANC, MALBEC 2016
$$$ | AGRELO | 13.9°

Este Gran Enemigo vem do vinhedo de La Pirámide, em Agrelo, e este ano tem 80% de Cabernet Franc e o restante de Malbec, todos plantados em meados dos anos 1980. Ele foi envelhecido por 15 meses em foudres de madeira muito antigos e recondicionados. A exuberância da fruta quente em Luján, sente-se muito mais fresca numa colheita muito fria, e aqui é a chave para este vinho, a sua exuberância, a sua generosidade. Aqui se tem um delicioso vinho hoje, mas espere alguns anos para ter ainda mais complexidade.

 GRAN ENEMIGO BLEND MALBEC, CABERNET FRANC,
CABERNET SAUVIGNON, MERLOT, PETIT VERDOT 2016
$$$ | GUALTALLARY | 13.9°

Este Gran Inimigo Blend é baseado em Malbec (com 50%) mais 30% de Cabernet Franc, 10% de Cabernet Sauvignon e o resto em partes iguais de Merlot e Petit Verdot. Ela é cultivada por 18 meses em foudres e o que sai dessa madeira tem um forte componente de sabores de frutas negras e sabores de especiarias doces. A textura é suave, amigável, com taninos suficientes para aderir ao paladar e fazer você sentir que há um Cabernet de montanha aqui para resistir à fruta sedimentar de Malbec.

 EL ENEMIGO
CABERNET FRANC 2017
$$ | MENDOZA | 13.5°

A Cabernet Franc (aqui com algo de Malbec) dos solos calcários do vinhedo Adrianna, em Gualtallary, tende a deixar de lado suas notas herbáceas para permanecer um tanto discreto no nariz. A boca, no entanto, neste caso e em muitos outros, sente-se cheia de uma fibrosidade, uma estrutura muito firme e tensa, enquanto os sabores de frutas vermelhas ácidas fazem uma festa.

EL ENEMIGO
CHARDONNAY 2018
$$ | MENDOZA | 13.5°

Para El Enemigo Chardonnay, a vinícola Aleanna escolhe uvas da vinícola Adrianna, nas alturas de Gualtallary, em Uco. Este vinho é envelhecido por nove meses em barricas sob um véu de flor e, embora a presença do véu seja pequena, se sente uma carga salina sutil na boca, que se mistura com

Aleanna - El Enemigo Wines

os sabores de frutas brancas maduras. Tem densidade, cremosidade e um acabamento levemente floral que lhe confere ainda mais caráter.

93 EL ENEMIGO
MALBEC 2017
$$ | MENDOZA | 13.5°

Este é o mais básico dos Malbec de Aleanna e, como todo o Malbec da casa, vem do vinhedo Adrianna, a cerca de 1450 metros de altitude em Gualtallary. Os solos lá são de cal e o clima é de montanha, o que marca a boca deste vinho e também suas frutas. Ao solo devem-se esses taninos firmes e tensos e ao clima, os frutos vermelhos ácidos de um vinho que oferece uma boa aproximação aos vinhos de Gualtallary. Este ano, parece especialmente nítido e fresco, mas acima de tudo, especialmente nervoso e tenso. Uma das melhores versões deste vinho.

92 EL ENEMIGO
SÉMILLON 2018
$$ | MENDOZA | 13.5°

A Sémillon vive uma espécie de segundo ar na Argentina e El Enemigo se junta a este revival com este branco da área de Agrelo, a cerca de 930 metros de altura, em Luján de Cuyo. É envelhecido por 15 meses em barricas e 20% do vinho tem estado sob o véu de flor, o que dá um leve caráter salino aos sabores de frutas. O corpo é leve e amável, com uma acidez rica e fina que corta os tons de mel na boca.

 EL ENEMIGO
SYRAH, VIOGNIER 2017
$$ | MENDOZA | 13.5°

Este Syrah de Gualtallary cofermentou-se com uma pequena porcentagem de Viognier, à moda do norte do Rhône, onde tal técnica é usada para aplacar o calor e dar nuances ao vinho. Aqui ela oferece leves toques florais, mas a verdade é que a Syrah afiada de Gualtallary, no vale de Uco, é a que manda com suas frutas vermelhas, especiarias, toques de carne e acidez firme.

**92 EL ENEMIGO SINGLE VINEYARD
EL BARRANCO** BONARDA 2017
$$ | MENDOZA | 13.5°

Estagiando um ano em grandes foudres usados, esse Bonarda vem das terras de Junín, no leste de Mendoza, de um vinhedo de 80 anos plantado em solos arenosos, típicos da região. É suculento e refrescante, com uma acidez persistente e taninos muito finos e amigáveis, que realçam o frescor dos frutos vermelhos maduros.

**92 EL ENEMIGO SINGLE VINEYARD
LA ESPERANZA** BONARDA 2017
$$ | MENDOZA | 13.5°

La Esperanza vem de um vinhedo antigo, de 80 anos, na região de San Martín, no quente leste de Mendoza, onde a Bonarda é abundante e amadurece sem problemas. O solo é arenoso, com vestígios de cal e o enólogo Alejandro Vigil não tem problemas em adiantar a colheita para obter mais fruta fresca e taninos mais tensos, que têm uma maior ligação com esse

‹ prova de **vinhos** ›

solo. Aqui estão as frutas frescas da Bonarda, amoras ácidas e ervas em nosso single vineyard favorito de El Enemigo.

92 | EL ENEMIGO SINGLE VINEYARD
LOS PARAÍSOS BONARDA 2017
$$ | MENDOZA | 13.5°

Los Paraísos é um single vineyard do vinhedo El Mirador, na área de Rivadavia. É uma vinha de cerca de 80 anos, plantada em solos arenosos na parte leste de Mendoza, onde a Bonarda pode amadurecer sem problemas. O vinho também estagia por 12 meses em foudres. Um Bonarda surpreendentemente fresco e delicado para a variedade, aqui há sabores maduros de amoras, mas também uma estrutura de taninos finos e firmes onde repousa essa generosa fruta. A acidez desempenha um papel muito importante, enaltecendo o frescor.

92 | EL ENEMIGO
BONARDA 2017
$$ | MENDOZA | 13.5°

Este Bonarda vem do lado leste de Mendoza, em Rivadavia, um lugar quente no meio do deserto de Mendoza. Além disso, tem uma porcentagem de Cabernet Franc das alturas de Gualtallary, para suportar a estrutura geneticamente suave da Bonarda e também fornecer frescor. O vinho estagia durante 15 meses em foudres e o resultado é uma delícia de sabores de frutos vermelhos maduros, amoras e morangos. A textura é muito macia, muito amável, no entanto, há taninos firmes que aparecem no meio do palato para suportar toda essa exibição de frutas.

OUTRO VINHO SELECIONADO
89 | EL ENEMIGO SINGLE VINEYARD EL MIRADOR Bonarda 2017 | Mendoza 13.5° | $$

Alfredo Roca

PROPRIETÁRIO Família Roca
ENÓLOGO José Rubiales
WEB www.rocawines.com
RECEBE VISITAS *Sim*

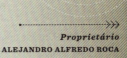
Proprietário
ALEJANDRO ALFREDO ROCA

Alfredo Roca é enólogo e durante toda a sua vida trabalhou em San Rafael. Desde 1976, ele começou a produzir seus próprios vinhos, na área de Cañada Seca. Lá eles têm a vinícola, mas seus vinhedos mais importantes estão ao redor da cidade de San Rafael. No total, eles têm 114 hectares com os quais produzem cerca de 90 mil caixas de doze garrafas. Depois de quarenta anos, Alfredo Roca se aposentou e é seu filho, Alejandro, também enólogo, que assumiu o comando da empresa. Don Alfredo, no entanto, ainda está ligado à vinícola, uma empresa familiar tradicional de San Rafael. "Meus três filhos estão no comando hoje, uma espécie de renascimento." diz. 🦢 **IMPORTADORES:** BRASIL: www.casaflora.com | USA: www.handpickedselections.com

Alfredo Roca

VINHOS

 NURI
MALBEC 2018
$$ | SAN RAFAEL | 13.6°

Um pouco mais do que o típico rosado para matar a sede, este rosé de Malbec tem dois meses de contato com suas borras e, embora não tenha estágio em barricas, oferece uma complexidade aromática que vai de especiarias a ervas, com muitos sabores de frutas entremeados. Esse rosé vem de vinhas plantadas em 1973 no vinhedo La Perseverancia, nos arredores de San Rafael. Fique atento para este vinho e como ele irá evoluir na garrafa durante os próximos meses.

 PARCELAS ORIGINALES
MALBEC 2017
$$ | SAN RAFAEL | 13.8°

Um Malbec old-school, este tem aromas de tabaco em vez de cerejas vermelhas ou de violetas. É especiado e não frutado. E a textura é muito macia, de uvas muito maduras, mas não em excesso, apenas ao ponto de criar um vinho muito macio e amigável. Este Malbec vem do vinhedo La Perseverancia, de um quartel de 2,4 hectares plantado em 1953.

OUTROS VINHOS SELECIONADOS
89 | PARCELAS ORIGINALES Sangiovese 2017 | San Rafael | 13.1° | $$
89 | RESERVA DE FAMILIA Cabernet Franc 2017 | San Rafael | 13.6° | $$
88 | PARCELAS ORIGINALES VINO TINTO DE PARCELA Malbec, Cabernet Sauvignon, Bonarda, Syrah 2017 | Mendoza | 13° | $$
87 | RESERVA DE FAMILIA Chardonnay, Pinot Noir 2018 | Mendoza | 13° | $$

Alma 4

PROPRIETÁRIOS Marcela Manini, Mauricio Castro, Agustín López & Sebastián Zuccardi
ENÓLOGOS Marcela Manini, Mauricio Castro, Agustín López & Sebastián Zuccardi
WEB www.alma4.com
RECEBE VISITAS Não

Proprietários & enólogos

Este projeto, nascido em 1999, reúne quatro amigos mendocinos em torno da elaboração de espumantes: o casal Sebastián Zuccardi-Marcela Manini (o enólogo da vinícola Zuccardi e sua mulher, que também estudou enologia) e os engenheiros agrônomos Mauricio Castro e Agustín López. Todos amigos do tempo em que estudavam no Liceo Agrícola de Mendoza. Cada espumante é elaborado pelo método de segunda fermentação em garrafa, alguns têm longos períodos de estágio e trabalham com certas variedades atípicas para as borbulhas, como Viognier. Suas uvas vêm de Vista Flores, Tupungato, Los Árboles e San José. Produzem umas 40 mil garrafas ao ano. **IMPORTADOR:** USA: www.wineslellersltd.com

VINHOS

 ALMA 4
CHARDONNAY 2012
$$ | VALE DE UCO | 12.7°

Setenta meses de borras neste 100% Chardonnay de 2012, uma das safras

‹ prova de *vinhos* ›

favoritas de Alma 4 que eles decidiram lançar pouco a pouco. Neste caso, há duas mil garrafas de um vinho de uma borbulha tensa, de acidez mineral e notas de padaria que, apesar dos anos e em consequência do estilo da casa, ainda é frutado e parece muito jovem. Se há um elo condutor nos vinhos de Alma 4, é essa forma que capturam o frescor da fruta, uma espécie de Dorian Grey com borbulhas.

94 · CRUDO ALMA 4
SÉMILLON 2017
$$ | VALE DE UCO | 10°

Para este Sémillon, Alma 4 obtém o fruto de um antigo vinhedo da cepa na zona de La Consulta. O vinho, feito pelo método tradicional de segunda fermentação, tem um envelhecimento de 20 meses em leveduras e embora esta influência seja sentida nos seus aromas e sabores de padaria, o que predomina é a fruta. E atenção com a turbidez. Não entre em pânico. O vinho não é filtrado e daí vem seu caráter.

93 · ALMA 4
CHARDONNAY 2014
$$ | VALE DE UCO | 12.5°

Este vinho está em contato com as leveduras por 50 meses, mas o estilo da casa persiste. Aqui há frutas frescas, brancas e ácidas em um contexto de grande frescor e vivacidade. A borbulha é macia como creme, mas acidez é o que manda, uma acidez salina que vem de vinhas altas, neste caso, de La Carrera e San Pablo, ambos com mais de 1400 metros de altura, no vale de Uco. Estas são borbulhas de montanha.

93 · ALMA 4
PINOT NOIR, CHARDONNAY 2017
$$ | VALE DE UCO | 12°

Esse tem 70% de Pinot Noir que vem de La Carrera, uma zona de altura a cerca de 1.500 metros acima do nível do mar, enquanto a base da Chardonnay vem de San Pablo, da vinha La Verdad, a cerca de 1.400 metros. O vinho tem uns 20 meses com suas borras pelo método tradicional de segunda fermentação em garrafa. E é vibrante e refrescante, nervoso em acidez e cheio de sabores de frutas vermelhas.

93 · ALMA 4 ROSÉ
PINOT NOIR 2015
$$ | VALE DE UCO | 11.5°

Este 100% Pinot Noir vem de vinhas de altura na zona de San Pablo, a cerca de 1450 metros acima do nível do mar. Com quarenta meses de contato com as borras, há muito frescor aqui. A levedura desempenha um papel fundamental, dando complexidade e notas de padaria, mas o que predomina é a fruta vermelha ácida, refrescante e viva; um vinho para beber agora, mas também para manter por cinco anos. Surpreendentemente frutado e jovial.

93 · ALMA 4

VIOGNIER 2018
$$ | VALE DE UCO | 11.7°

De um vinhedo em Vista Flores, da safra de 2018, este tem as borbulhas

Alma 4

precisas para acompanhar um "mariscal", uma sopa de frutos do mar crus que é servida fria, no Chile. Tem a estrutura para suportar o peso dos frutos do mar e também a acidez para refrescá-los. Um vinho tenso, rico em texturas, mas também generoso em frutas. Um pequeno deleite feito pelo método tradicional de segunda fermentação na garrafa e com dez meses de contato com as borras.

Alma Mater

PROPRIETÁRIOS Santiago Achával & Pablo Martorell
ENÓLOGOS Santiago Achával & Pablo Martorell
RECEBE VISITAS Não

Viticultor & enólogo
JUAN PABLO CALANDRIA & SANTIAGO ACHÁVAL

Alma Mater é o projeto de Santiago Achaval e Pablo Martorell, como parceiros, com assessoria de vinhedos de Juan Pablo Calandria. Sua produção, de cerca de 15 mil garrafas, é baseada nos vinhedos de Los Chacayes, no projeto enoimobiliário The Vines. Lá eles têm cerca de dez hectares aos quais, além disso, acrescentam vinhedos em San Pablo, para complementar. **IMPORTADORES:** BRASIL: www.thewineshipping.company | USA: www.thefarmwinery.com

VINHOS

95 ALMA MATER
CHARDONNAY 2017
$$$ | LOS CHACAYES | 13.5°

Para esse Chardonnay, Santiago Achaval escolhe plantas de seu vinhedo em Los Chacayes, vinhas que não tinham folhas para receber uma luz difusa à medida que os cachos amadureciam. O vinho estagia cerca de 11 meses em barricas, com uma malolática parcial, que para quando o vinho tem cerca de 40% de malolática. Aí pode estar o lado do doce de leite que é sentido na boca e que é sentido novamente no nariz, uma vez que o vinho ganha oxigênio suficiente na taça. O interessante aqui é o contraste entre os sabores doces e a acidez que é uma flecha de frescor. Um delicioso branco.

 ALMA MATER
MALBEC 2018
$$$$ | LOS CHACAYES | 14°

De vinhedos plantados em 2011, nos solos pedregosos de Los Chacayes, no vale de Uco, esse Malbec possui a fruta vermelha intensa do lugar, a profundidade dos melhores exemplares da região. Há flores e ervas, mas principalmente isto é dominado por cerejas ácidas, maduras e untuosas em um corpo de taninos muito suaves, muito dóceis para o lugar. Um delicioso vinho que precisa de pelo menos cinco anos em garrafa.

 GSM
MOURVÈDRE, SYRAH, GARNACHA 2017
$$$$ | LOS CHACAYES | 14.5°

Alma Mater possui cerca de 10 hectares de vinhedos, todos plantados em torno de 2011. Desses, cerca de três hectares são dessas três variedades:

‹ *prova de **vinhos*** ›

Garnacha, Syrah e Monastrell. Um delicioso e fresco GSM, com muitas notas de especiarias e toques florais em um fundo de muitos frutas maduras. A textura é bastante leve, mas de muito bons taninos. Um vinho festivo, simpático e refrescante para o verão. A mistura aqui tem 40% de Monastrell, 40% de Syrah e o resto de Garnacha.

Alpamanta Estate Wines

PROPRIETÁRIO Andrej Razumovsky
ENÓLOGO Giuseppe Franceschini
WEB www.alpamanta.com
RECEBE VISITAS *Não*

Enólogo
GIUSEPPE FRANCESCHINI

Alpamanta foi fundada em **2005** 2005 por Andrej Razumovsky, da Áustria, seu primo André Hoffmann, da Suíça, e Jérémie Delecourt, da França; os três amigos e os três com antepassados de vinhateiros na Europa. Seus vinhedos estão em Ugarteche, Luján de Cuyo, e são trabalhados sob os preceitos da viticultura orgânica e biodinâmica. Desde 2013, os vinhos estão sob responsabilidade do prestigiado enólogo e consultor italiano Giuseppe Franceschini, a cargo de alguns dos melhores brancos da Argentina, enquanto Fernanda Casado é a enólogo da vinícola. **IMPORTADOR:** USA: www.tedwardwines.com

VINHOS

93 | **BREVA**
CABERNET SAUVIGNON 2018
$$ | MENDOZA | 13.5°

Breva é a linha experimental de Alpamanta, todos de corte natural, tentando intervir o mínimo possível na uva. Aqui há um desengace das uvas à mão e é fermentado com suas leveduras nativas em ânforas de barro e lá é estagiado por nove meses. O resultado é um vinho de aromas selvagens, onde notas de frutas muito maduras (como ditado pelo estilo da casa) são misturadas com notas de couro. A boca é sedosa e amigável, com muitas frutas e notas terrosas.

91 | **BREVA ROSÉ**
SYRAH 2018
$$ | MENDOZA | 13.5°

Engarrafado com suas borras (restos de leveduras mortas), isto é, sem filtragem prévia, este rosé tem uma aparência turva, mas seus sabores são nítidos. Um vinho quente, um rosado com um corpo imponente e uma boa presença de álcool. Um rosé com corpo para beber com mollejas de porco.

91 | **CAMPAL**
MALBEC, MERLOT, CABERNET FRANC 2018
$ | MENDOZA | 14.5°

Para **Campal**, as uvas de Malbec, Merlot e Cabernet Franc são desengaçadas e fermentadas espontaneamente (com leveduras indígenas) em tanques de cimento onde o vinho também é cultivado. O estilo opulento e maduro da casa aparece claramente aqui. É muita fruta vermelha madura,

Alpamanta Estate Wines

notas de especiarias e nozes em um vinho que tem uma textura amigável, arredondada pela sensação de calor do álcool.

 TERROIR BLEND
MERLOT, MALBEC, C. FRANC, C. SAUVIGNON 2016
$ $ $ | MENDOZA | 14°

Dentro do seu estilo maduro e super maduro, este vinho faz um bom jogo. Tem uma excelente estrutura de taninos e uma acidez muito boa para neutralizar o calor que emana da fruta. Este vinho vem de um vinhedo em Ugarteche, plantado em 2006. É uma seleção das melhores barricas da vinícola e só foi engarrafada em garrafas magnum de um litro e meio.

 BREVA
SAUVIGNON BLANC 2018
$ $ | MENDOZA | 14.5°

De vinhas plantadas em 2006 na área de Ugarteche, em Luján de Cuyo, este é um Sauvignon muito particular. Tem o calor da área expressado em seus sabores de frutas brancas maduras e nozes e em um corpo voluptuoso. O vinho não foi filtrado e, portanto, sua aparência é um tanto selvagem e turva. Um bom experimento.

OUTRO VINHO SELECIONADO
89 | NATAL Malbec 2018 | Mendoza | 14.5° | $

Alta Yari

PROPRIETÁRIO Hervé J. Fabre
ENÓLOGO Juan Bruzzone
WEB www.fabremontmayou.com
RECEBE VISITAS Não

Enólogo
JUAN BRUZZONE

Hervé Fabre e sua esposa, Diane, são os donos da famosa vinícola Fabre Montmayou, em Vistalba, mas também têm esse projeto com outros parceiros para uma linha de produções limitadas, seleções de um único vinhedo plantado há 13 anos em Gualtallary, a mais 1.500 metros de altura. **IMPORTADOR:** BRASIL: Biolivas | USA: www.vinoviawinegroup.com

VINHOS

ALTA YARI GRAN CORTE
CABERNET FRANC, MALBEC, CABERNET SAUVIGNON 2018
$ $ $ | GUALTALLARY | 14.5°

É uma mistura de 60% de Cabernet Franc, mais 35% de Malbec e o restante de Cabernet Sauvignon. A exuberância do lugar se impõe, as notas de ervas, as frutas vermelhas raivosamente frescas e flores por toda parte. Estagia em barricas velhas por um ano, apresenta uma textura deliciosa, polida e muito elegante em um vinho que parece não ter bordas, apesar de jovem. O final é generoso em ervas, refrescante, convidando a continuar bebendo.

‹ *prova de **vinhos*** ›

Altar Uco

PROPRIETÁRIOS Maia Echegoyen, Juan Pablo Michelini & Daniel Kokogian
ENÓLOGO Juan Pablo Michelini
WEB www.altaruco.com
RECEBE VISITAS *Sim*

Proprietário & enólogo
JUAN PABLO MICHELINI

A ltar Uco é uma vinícola de três sócios: Maia Echegoyen, Juan Pablo Michelini e Daniel Kokogian. Eles começaram a elaborar em 2014 tudo com o fruta de terceiros, principalmente em Gualtallary, mas também em El Peral e San José, todas áreas altas no vale de Uco. Juan Pablo Michelini é o enólogo, enquanto Maia cuida das vinhas. Hoje eles produzem cerca de trinta mil garrafas. **IMPORTADORES:** BRASIL: www.familiakogan-wines.com | USA: www.skurnik.com

VINHOS

98 — EDAD MEDIA
CHARDONNAY, CHENIN BLANC, SAUVIGNON BLANC 2018
$$$ | VALE DE UCO | 13°

Esta é uma mistura de 60% de Chardonnay, 30% de Chenin Blanc e o restante de Sauvignon Blanc, todos cofermentados e envelhecidos em barricas, com 60% delas sob o véu de flor, todos por um ano. Há cremosidade aqui, notas de nozes e especiarias, mas especialmente frutas brancas com notas de sal. O vinho se expande pela boca, deixando um rastro de oleosidade, texturas voluptuosas e sabores acompanhados de uma acidez salgada. Hoje é uma delícia, mas este é um vinho de longa guarda. Deixe algumas garrafas e esqueça-as por pelo menos dez anos. Certamente algo muito bom será a recompensa por essa paciência.

96 — EDAD MEDIA
MALBEC, C. SAUVIGNON, C. FRANC, MERLOT 2016
$$$ | VALE DE UCO | 13.4°

Esta é uma seleção de vinhas em áreas de maior altura em Gualtallary, com 25% de cada uma das quatro variedades. O vinho envelhece um ano em barris e depois um ano em ânforas de cimento de três mil litros. O acento aqui está na força dos taninos e como eles criam uma estrutura de ferro, austera, pouco comum em Gualtallary, mais monástica e severa que a exuberância de fruta habitual dos vinhos desta área. Este é um bloco de cimento que precisa de tempo na garrafa ou em um cabrito assado.

94 — EDAD MODERNA
MALBEC 2018
$$ | TUPUNGATO | 14.5°

Baseado em vinhas de San José e El Peral, com algo de Gualtallary. As uvas dos três vinhedos são fermentadas juntas e estagiam por oito meses em tanques de cimento. A fruta e pureza varietal que Altar Uco procura nos seus vinhos. Aqui há frescor e tensão e uma camada de frutas vermelhas que se desdobra generosamente em um vinho tinto que é suculento e fácil de beber, além de ser um exemplo de lugar.

94 — EDAD MODERNA BLEND
MALBEC, C. FRANC, C. SAUVIGNON, MERLOT 2018
$$ | TUPUNGATO | 14.5°

Com porcentagens mais ou menos semelhantes das quatro variedades,

Altar Uco

esse segue o caminho de Edad Moderna como linha. A pureza da fruta expressada em todas as suas dimensões, o frescor dos tintos de montanha de Mendoza e a nitidez com que expressa esse lugar, de textura macia, mas com taninos como agulhas que se fixam ao palato. Este é um vinho tinto para se beber por garrafas, mas também para pensar em guardá-lo.

93 | **EDAD MODERNA**
CABERNET SAUVIGNON 2018
$$ | TUPUNGATO | 14.5°

Baseado em Cabernet de Finca Ambrosía, uma das melhores fontes de tintos em Gualtallary, este é um caminho surpreendente e suculento para a Cabernet de vale de Uco. Este tem o lado de ervas e cassis do Cabernet, mas acompanhado de notas de frutas vermelhas e de flores que são mais típicas do lugar do que da variedade. Os taninos são pontiagudos, afiados, com um delicioso final frutado. Atenção com esse tinto.

Altos Las Hormigas

PROPRIETÁRIOS Antonio Morescalchi, Alberto Antonini & outros
ENÓLOGO Leo Erazo
WEB www.altoslashormigas.com
RECEBE VISITAS Não

Proprietários

Altos Las Hormigas foi uma das primeiras vinícolas a apostar seriamente na Malbec, quando não se sabia do tremendo êxito internacional que viria a ter. A aposta se materializou nos anos noventa com os italianos, o enólogo Alberto Antonini e o engenheiro Antonio Morescalchi, fundadores; e parte de uma equipe que hoje é complementada pelo expert em solo, Pedro Parra, o empresário Albert Cussen e o enólogo Leonardo Erazo (os três chilenos). A vinícola segue apostando forte na Malbec e se aprofundou no sentido de origem de seus vinhos, que estão entre os mais estimulantes do cenário local. Aos seus 206 hectares iniciais em Luján de Cuyo, onde têm também sua vinícola, no ano 2011 somaram outros 50 na zona de Altamira, no vale do Uco.

IMPORTADORES: BRASIL: www.worldwine.com.br | USA: www.skurnik.com

VINHOS

96 | **APPELLATION PARAJE ALTAMIRA**
MALBEC 2017
$$$ | ALTAMIRA | 13.5°

Alto Las Hormigas obtém a fruta para este vinho a partir dos solos pedregosos e calcários de Altamira, a 1.100 metros de altitude no vale de Uco. O estágio é de um ano em foudres de três mil e quinhentos litros. E é uma foto dos vinhos da região, a dureza dos taninos, aquela certa austeridade e severidade da textura, junto com frutas vermelhas intensas e frescas, desafiando as características quentes da colheita.

 APPELLATION GUALTALLARY
MALBEC 2017
$$$ | GUALTALLARY | 13°

Para **Appellation Gualtallary**, a vinícola obtém frutos de um vinhedo plan-

‹ prova de *vinhos* ›

tado em solos ricos em calcário, que é em parte responsável pela estrutura dos taninos e pela aderência que eles têm na boca. Além disso, tem muito a ver com o estilo dos vinhos daquela região de altura, a cerca de 1.300 metros acima do nível do mar. As violetas, a fruta vermelha raivosamente refrescante, tudo fala dessa área do vale de Uco.

93 RESERVE
MALBEC 2017
$$$ | VALE DE UCO | 13.5°

Para o **Reserve Valle de Uco**, o enólogo Leonardo Erazo seleciona os vinhedos de Altamira e Gualtallary, ambos com presença de cal, um detalhe que imediatamente se sente na textura que é áspera, muito tensa. O resto são frutas vermelhas maduras de um ano quente em Mendoza, mesmo em áreas frias como essas duas no vale de Uco. Um vinho para guardar.

92 CLÁSICO
MALBEC 2018
$ | MENDOZA | 13.5°

Clásico é o Malbec base de Alto Las Hormigas. Vem 70% dos seus próprios vinhedos em Luján de Cuyo, enquanto o restante são de uvas compradas de diferentes produtores no vale de Uco. Há também 30% de grão completos em uma espécie de maceração carbônica, para elevar os sabores de frutas em um vinho muito refrescante e vibrante. Esse Clásico é algo como um Malbec regional, a visão do Alto Las Hormigas sobre como o Malbec de Mendoza deveria ser.

92 COLONIA LAS LIEBRES
BONARDA 2019
$ | MENDOZA | 13°

Um clássico no catálogo Altos Las Hormigas, esse Bonarda vem de Luján de Cuyo, de vinhas plantadas em 2007. 10% do vinho tem maceração carbônica para levantar os sabores da fruta, que estão aqui e aos montes. Um delicioso vinho, cheio de frutas vermelhas em uma textura tensa, que não é usual neste vinho ou na Bonarda. Atenção que esse deveria ser o melhor Colonia Bonarda que provamos.

92 TERROIR VALLE DE UCO
MALBEC 2018
$$ | VALE DE UCO | 13.5°

Uma mescla de La Consulta e de Gualtallary, é isso que a vinícola entende por um Malbec de Uco, as notas florais, de cerejas, o frescor da acidez e os taninos firmes e pulsantes dos vinhos de montanha. Um exemplo claro de Malbec regional, compará-lo com o orgânico que, por sua vez, o olhar da vinícola para um lugar tradicional como Luján.

92 TERROIR LUJÁN DE CUYO ORGANIC
MALBEC 2018
$$ | LUJÁN DE CUYO | 13.5°

Cem por cento de suas próprias vinhas orgânicas em Luján de Cuyo, esta é a interpretação do Alto Las Hormigas dessa área tradicional de Mendoza. Seguindo o estilo da casa, de vinhos mais frescos, colhidos muito cedo na

Altos Las Hormigas

safra, este Malbec tem nervos e acidez que sobra em meio as camadas de frutas vermelhas deliciosas e suculentas. O estágio deste vinho é apenas em cimento para respeitar o caráter da fruta.

 COLONIA LAS LIEBRES
CABERNET FRANC 2019
$ | GUALTALLARY | 13.5°

91

Outro que se junta à família de Colonia, este Cabernet Franc vem de Ugarteche, na região de Alto Agrelo e possui todas as armas da cepa, as notas de ervas, frutos vermelhos radiantes e final fresco, marcado por um acidez fina.

 COLONIA LAS LIEBRES RESERVE
MALBEC 2018
$$ | MENDOZA | 13.5°

91

Este é um novo membro da família Colonia Las Liebres. Vem das vinhas da vinícola de Luján de Cuyo, de setores com algum calcário que pode explicar a tensão, os taninos com garras neste vinho. A fruta é muito vermelha, vibrante, com notas de violetas, mas especialmente frutas vermelhas em todos os lugares.

90 **TINTO**
BONARDA, MALBEC, SÉMILLON 2018
$ | MENDOZA | 13.5°

De diferentes vinhedos de Luján de Cuyo, esse é o vinho tinto de entrada de Altos Las Hormigas, uma espécie de vinho da casa que serve para começar a entender como Altos las Hormigas mudou nas últimas três safras. Aqui a fruta vermelha irradia frescor e na boca o nervo da acidez realça a textura dos taninos. Uma porta para entrar em uma das vinícolas que mais se aprofundaram em Malbec na Argentina.

Amansado

PROPRIETÁRIOS Adolfo & Gustavo Brennan
ENÓLOGO Juan Pablo Michelini
WEB www.amansadowines.com
RECEBE VISITAS Não

Enólogo
JUAN PABLO MICHELINI

Os irmão Brennan são criadores de cavalos criollos em Mendoza, mas além disso tem como atividade paralela a elaboração de vinhos, mais como um hobby. E foi assim, até que em um dia de 2014 visitaram a vinícola Zorzal, em Gualtallary. Um ano mais tarde, Michelini e os Brennan lançaram sua primeira safra com uvas das zonas de Lunlunta e Perdriel, ambos lugares muito tradicionais em Luján de Cuyo, e dos quais Juan Pablo nunca tinha tido a oportunidade de vinificar. Os Brennan, também contam com vinhedos muito velhos de Malbec, de mais de 70 anos, com os quais produzem seus melhores vinhos.

‹ prova de vinhos ›

VINHOS

 CRIANZA EN ÁNFORA
PEDRO XIMÉNEZ 2017
$$$ | MENDOZA | 14°

Para a versão deste Pedro Ximénez, um vinhedo de cerca de 70 anos foi usado na área de El Zampal, nas colinas de Tupungato. O vinho estagia por dois anos em uma pequena ânfora de cerâmica de 450 litros. O vinho parece ser influenciado pelo véu de flor, pelo lado salino que este vinho tem. Mas não houve desenvolvimento de véu de flor aqui, mas apenas a longa e lenta oxidação que deu complexidade extra ao já austero Pedro Ximénez que o Amansado de Zampal obtém. A boca é suculenta e crocante, deliciosa, para beber e não parar. Um vinho de extrema complexidade, com um forte lado salino, mas ao mesmo tempo fácil de beber.

 GRAN AMANSADO BLEND DE TINTOS
MALBEC, CABERNET SAUVIGNON 2018
$$ | MENDOZA | 13.2°

Gran Amansado este ano tem 55% de Malbec e 45% de Cabernet Sauvignon, da área de Perdriel, embora haja 10% de Malbec que vem de Gualtallary, para adicionar um pouco de frescor à fruta madura de Perdriel. Tem uma forte carga de sabores maduros na boca, generosos e expansivos, mas ao mesmo tempo uma tremenda acidez, que contrasta com essa madurez.

 AMANSADO
PEDRO XIMÉNEZ 2019
$ | MENDOZA | 13.9°

De um vinhedo em latada (parral) muito antigo, de cerca de 70 anos em La Arboleda, nas colinas de Tupungato. Elaborado em concreto, trata-se de um Pedro Ximénez bastante austero, e também muito fresco, com uma acidez delicada que acaba por sublinhar o vinho e sublinhar o seu frescor. Para os frutos do mar crus.

Andeluna

PROPRIETÁRIO José María Barale
ENÓLOGO Manuel González
WEB www.andeluna.com.ar
RECEBE VISITAS Sim

Enólogo
MANUEL GONZÁLEZ

Fundada em 2003 pelo norte-americano Ward Lay, e adquirida em 2011 pelo empresário argentino José María Barale, Andeluna é uma das vinícolas mais conhecidas do Vale de Uco. Possui 67 hectares em Gualtallary, a 1300 metros de altura, com os que produzem 80.000 caixas de doze garrafas ao ano, a metade delas de Malbec. Seu enólogo é Manuel González, que vem buscando que cada vez mais seus vinhos expressem seu lugar de origem. Tem quatro linhas de distintos níveis: **Raíces**, **1.300**, **Altitud** e **Pasionado**. **IMPORTADORES:** BRASIL: www.worldwine.com.br | USA: www.banvillewine.com

Andeluna

VINHOS

 PASIONADO CUATRO CEPAS
MALBEC, C. SAUVIGNON, C. FRANC, MERLOT 2016
$$$ | GUALTALLARY | 14°

Cuatro Cepas é uma seleção das melhores vinhas de Malbec, Cabernet Sauvignon, Cabernet Franc e Merlot que Andeluna começou a plantar em sua finca em Gualtallary a partir de 1998. Esse ano, a porcentagem leva, como de costume, Malbec com 35%, seguido de Cabernet Sauvignon com 33%, Cabernet Franc com 20% e o resto de Merlot. A safra fria de 2016 fez sua assinatura muito clara aqui, deixando as notas herbáceas da Cabernet Franc dominam o nariz e os intensos frutos vermelhos da Malbec fazem isso na boca. Um delicioso vinho de boa aderência na boca para se beber com cabrito.

 PASIONADO
CABERNET FRANC 2017
$$$ | VALE DE UCO | 13.5°

Generoso em aromas de tabaco e ervas, tem um nariz inegavelmente varietal. A boca é elegante, com sutis toques de ervas, mas especialmente frutas vermelhas em um corpo bastante leve, mas de taninos longos, muito profundos e muito polidos. Andeluna tem cerca de cinco hectares produtivos e esse vinho é uma seleção dessas plantas. O estágio é em barricas de madeira e tanques de cerâmica.

 PASIONADO
MALBEC 2016
$$$ | GUALTALLARY | 14.6°

Este **Pasionado** vem das primeiras plantações de Andeluna em Gualtallary, em 1998. Uma safra muito fria como a de 2016 (a mais fria da década) influenciou fortemente no perfil das frutas que aqui se sentem muito vermelhas e frescas. A textura dos taninos é firme, pulsante, mas ao mesmo tempo delicada. Não é um vinho grande, mas parece ser um vinho longo, de muito frescor.

 ALTITUD
CABERNET SAUVIGNON 2016
$$ | TUPUNGATO | 13.5°

Dominado por notas herbáceas mas sutilmente rodeado de aromas de frutados, este Cabernet fala muito sobre Gualtallary, especialmente sobre a nova influência da montanha e da altura, a cerca de 1300 metros acima do nível do mar. A textura é tensa, com acidez firme e os sabores de ervas e frutas são misturados novamente para torná-lo amável e suculento.

 ALTITUD
MALBEC 2017
$$ | TUPUNGATO | 14.5°

Andeluna tem cerca de 68 hectares de vinhas plantadas em torno de sua vinícola em Gualtallary, uma área de altura, a cerca de 1.300 metros acima do nível do mar. Os vinhos locais são geralmente como este exemplar, um exuberante Malbec em sabores de frutas vermelhas e flores, com toques de ervas e um corpo de taninos firmes, novamente cercados por muitos sabores. Um Malbec muito típico desse lugar.

‹ prova de vinhos ›

ANDELUNA
SÉMILLON 2019
$$ | VALE DE UCO | 12.5°

De um antigo vinhedo de Sémillon em El Peral, em Tupungato, foi colhido muito cedo na safra, pois a umidade desse vinhedo (os solos pesados e menos incidência de ventos) faz com que as uvas apodreçam rapidamente. Daí a acidez acentuada deste vinho e também o corpo leve e quase frágil, com pouco mais de 12 graus de álcool. Um vinho sutil e refrescante.

1300 RED BLEND
MERLOT, MALBEC, CABERNET SAUVIGNON 2018
$ | VALE DE UCO | 14°

Essa é uma mistura incomum, especialmente por causa da alta porcentagem de Merlot que chega a 45% e fornece frutas vermelhas em um fundo de toques especiados. É um tinto direto e simples, com uma textura suculenta e amável e de muito frescor.

ALTITUD
CHARDONNAY 2018
$$ | TUPUNGATO | 14°

Metade desse vinho estagia em barricas por cerca de 7 meses e esse efeito é sentido nas notas levemente defumadas, mas especialmente na cremosidade de textura. É um Chardonnay cheio, mas muito bem equilibrado. Muito harmonioso, sem arestas, é frutado e maduro.

ANDELUNA ROSÉ
MALBEC 2019
$ | VALE DE UCO | 13°

Suculento e muito fresco, esse Malbec de Vista Flores tem tudo o que você poderia pedir de um rosé. Os sabores de frutas vermelhas ácidas, a acidez tensa e vibrante, o corpo leve e aquele final frutado, que o convida a continuar bebendo. Muito bem feito em seu ponto perfeito de frescor.

BLANC DE FRANC
CABERNET FRANC 2019
$$$ | GUALTALLARY | 12.5°

Na fronteira entre branco e rosado, pelo menos em termos de cor, as frutas aqui vão mais para o lado do rosado, com notas de frutas vermelhas ácidas e uma deliciosa sensação na boca. Um vinho para o verão, branco ou rosado. Como preferirem.

OUTROS VINHOS SELECIONADOS

- 89 | 1300 Chardonnay 2019 | Vale de Uco | 14° | $
- 89 | 1300 Sauvignon Blanc 2019 | Vale de Uco | 12° | $
- 88 | 1300 Cabernet Sauvignon 2018 | Vale de Uco | 14.5° | $
- 88 | 1300 Malbec 2018 | Vale de Uco | 14° | $
- 87 | RAÍCES LIMITED EDITION Chardonnay 2019 | Vale de Uco | 13.5° | $

Antonio Mas

PROPRIETÁRIO Praktis Team S.A.
ENÓLOGO Antonio Mas
WEB www.antoniomaswines.com
RECEBE VISITAS *Sim*

Enólogo
ANTONIO MAS

Antonio Mas, enólogo de trajetória na Argentina, comprou uma finca em La Arboleda, Tupungato, e lançou em 2011 sua própria vinícola em sociedade com seus filhos Santiago e Manuel, encarregados da direção geral e da enologia respectivamente. A vinícola tem 40 hectares entre Malbec, Cabernet Sauvignon, Chardonnay e, recentemente, Sémillon.

IMPORTADORES: BRASIL: www.ravin.com.br | USA: www.southernstarz.com

VINHOS

 HISTORIA
CABERNET SAUVIGNON 2015
$$$ | TUPUNGATO | 13.8°

Esse Cabernet Sauvignon vem da parte mais alta da vinha, a cerca de 960 metros, de uma pequena colina plantada em 1998. Antonio Más seleciona uvas daquele local e depois fermenta e estagia em barricas por cerca de 11 meses. A sedosidade dos taninos é a primeira coisa que chama a atenção aqui, com essa textura polida e amigável. Os sabores são frutados, saborosos e maduros e o vinho é longo, com aqueles sabores se prolongando por muito tempo na boca.

 HISTORIA
MALBEC 2015
$$$ | TUPUNGATO | 14.5°

Antonio Mas plantou pouco mais de um hectare de Malbec clonal, importado da França (Côt) em sua propriedade, em Los Árboles. Com esse material, que já tem vinte anos, faz esse Historia. Costuma-se dizer que a Côt dá vinhos mais ácidos e tânicos que a Malbec e, neste caso, talvez por causa do estilo da vinícola ou dos solos de argila e de areia, esse Malbec seja muito frutado e macio, com uma acidez suave. As notas da madeira misturam-se com as de frutas oferecendo aromas especiados. Um vinho muito delicado e elegante.

 NÚCLEO
CHARDONNAY 2018
$$ | TUPUNGATO | 13.2°

Núcleo é o branco top de Antonio Mas e é uma seleção de vinhedos da propriedade de Mas em Los Árboles, no vale de Uco. 40% do vinho estagia em barricas por cerca de cinco meses. Uma vez completada a malolática, o vinho retorna ao tanque para ser misturada com os outros 60% que não passaram pela madeira. Esse vinho tem uma untuosidade suculenta, preenche a boca de sabores de frutas maduras em uma arquitetura redonda, um corpo expansivo, daqueles Chardonnay old-school, que agora são escassos em Mendoza.

‹ prova de *vinhos* ›

 **SINGLE VINEYARD**
CABERNET SAUVIGNON 2016
$ | TUPUNGATO | 13.7°

Segundo Antonio Mas, em 2016 - que foi um ano muito frio em geral em Mendoza - a Cabernet amadureceu antes da Malbec, o que é muito incomum. Ele não consegue encontrar a explicação, mas aparentemente essa madurez adiantada deu a este vinho uma faísca especial. Tem frutas vermelhas, sublinhadas por uma rica acidez que se estende por todo esse vinho. Tem corpo médio e taninos suculentos.

 NÚCLEO
MALBEC 2015
$$ | TUPUNGATO | 14.4°

Estagia por cerca de seis meses, em barricas novas e usadas. A nota tostada fica em primeiro plano. Mas, lembre-se de que é um vinho jovem e precisa de algum tempo na garrafa para absorver esses aromas no meio da fruta. Os sabores de frutas são generosos e tem volume e madurez, em um vinho que precisa ser decantado ou ser guardado em garrafa por alguns anos.

 SINGLE VINEYARD
MALBEC 2017
$ | TUPUNGATO | 13.5°

O **Single Vineyard** é uma mistura de Malbec massal o material mais antigo da Malbec na Argentina, e de Côt, o material clonal importado da França. O primeiro é geralmente mais macio e mais frutado; o segundo, mais ácido e duro em taninos. Aqui a mistura funciona muito bem, oferecendo notas terrosas e muitas frutas vermelhas maduras em um corpo médio, mas ao mesmo tempo com uma acidez muito rica. Um vinho completo e generoso.

 ALMARADA
MALBEC 2018
$ | TUPUNGATO | 13.6°

Embora no início as notas aromáticas deste vinho e também os sabores tendam a parecer um pouco licoroso, pouco a pouco, à medida que o vinho é oxigenado, os toques mais frescos aparecem nas frutas vermelhas, sempre com a untuosidade dos vinhos Mas, isso também oferece tons de ervas que aportam frescor.

 SINGLE VINEYARD
CHARDONNAY 2018
$ | TUPUNGATO | 14.3°

De vinhedos próprios em La Arboleda, esse é um Chardonnay muito untuoso; os sabores de frutas maduras são sentidas na frente, com leves toques especiados e de ervas que aparece ao fundo. Um branco para acompanhar machas a la parmesão.

OUTRO VINHO SELECIONADO
89 | ALMARADA Cabernet Sauvignon 2018 | Tupungato | 14,5° | $

Antucura

PROPRIETÁRIA Anne Caroline Biancheri
ENÓLOGO Mauricio Ortiz
WEB www.antucura.com
RECEBE VISITAS Sim

Enólogo
MAURICIO ORTIZ

Esta vinícola pertence a **Anne Caroline Biancheri,** uma francesa que chegou nos anos noventa na Argentina, fundou uma editora de livros sobre vinhos e, em 1998, ingressou no mundo vitícola ao comprar uma finca na zona de Vista Flores. Ali, a mil metros de altura, no coração do Vale de Uco, Antucura conta com cem hectares, quarenta deles de Malbec. A produção anual é de 200.000 garrafas. Os vinhedos crescem em solos aluviais, ricos em pedras que alguma vez foram parte de um rio que corria pelos os Andes.

IMPORTADORES: BRASIL: www.premierwines.com.br | USA: www.southernstarz.com

VINHOS

 BLEND SELECTION (CALCURA)
MERLOT, MALBEC, CABERNET SAUVIGNON 2014
$$ | VISTA FLORES | 14.6°

Calcura é uma mescla igual de Merlot, Malbec e de Cabernet Sauvignon, todos do vinhedo de Antucura plantado em 2000 na área de Vista Flores, no vale de Uco. Esse é o vinho da casa mais concentrado e maduro. Os anos em garrafa e o ano de envelhecimento em barricas aportaram um bom equilíbrio: todos os componentes parecem estar no lugar, desenhando um vinho grande e amável.

90 LA FOLIE
MERLOT, C. FRANC, C. SAUVIGNON, SYRAH, P. VERDOT 2015
$ | VISTA FLORES | 13.7°

La Folie é uma mescla de 25% Merlot, 25% Cabernet Sauvignon, 20% Petit Verdot, 21% Cabernet Franc e o resto de Syrah. Metade da mistura passa por barricas e a outra fica em tanques. O resultado é um vinho suculento e muito frutado, com a acidez e taninos tensos da Petit Verdot e da Cabernet Sauvignon proporcionando uma estrutura boa e sólida. Simples e direto, tem uma ótima relação preço-qualidade.

OUTROS VINHOS SELECIONADOS

89 | BARRANDICA (ANTUCURA) Malbec 2018 | Vista Flores | 14.3° | $
88 | BARRANDICA SELECTION (ANTUCURA) Pinot Noir 2018 | Vista Flores 14.3° | $
87 | BARRANDICA (ANTUCURA) Cabernet Franc 2018 | Vista Flores | 14.2° | $

*‹ prova de **vinhos** ›*

Argento

PROPRIETÁRIO Alejandro Bulgheroni
ENÓLOGA Silvia Corti
WEB www.bodegaargento.com
RECEBE VISITAS Não

Enóloga
SILVIA CORTI

Argento nasceu em 1998 e foi comprado em 2011 pelo conhecido empresário petrolífero Alejandro Bulgheroni, também proprietário de vinícolas como Otronia, na profunda Patagônia Argentina e Garzón, nas colinas da baía de Maldonado, no Uruguai. O projeto Argento é baseado na área de Cruz de Piedra, Maipú, onde eles têm uma vinícola que produz mais de quatro milhões de litros de diferentes vinhedos, tanto no Vale do Uco, quanto de Luján de Cuyo. A enóloga desde 2004 é Silvia Corti e o assessor é o italiano Alberto Antonini, um dos consultores mais requisitados na América do Sul. **IMPORTADORES:** BRASIL: www.domno.com.br www.ravin.com.br | USA: www.pacific-hwy.com

VINHOS

 SINGLE BLOCK CUARTEL 1 ORGANIC
MALBEC 2017
$$ | MENDOZA | 14.2°

Este novo **Single Block** é o antigo Las Cerezas, a seleção dos solos calcários do vinhedo de Argento em Altamira e que foi lançado em 2015. Das três safras, esta é a mais quente, mas ainda assim a influência do solo é tão presente que a fruta madura é equilibrada graças aos taninos firmes e pulsantes. Sente-se, a propósito, o esforço para colher mais cedo e assim evitar a sobremadurez. Graças a esse esforço aqui também o lugar é claramente visto em um dos bons Malbec de Altamira hoje.

 SINGLE VINEYARD ALTAMIRA
MALBEC 2018
$$ | ALTAMIRA | 14.8°

Esta é uma seleção de dois quartéis do vinhedo de Argento em Altamira. É fermentado em tanques de aço e depois estagiado (75% do volume) em tonéis de cinco mil litros e em concreto. O vinho é um exemplo fiel dos tintos da região, com seus taninos austeros e afiados e suas notas de frutas vermelhas que são mostradas sem grandiloquência, com aquele caráter meio reservado, algo severo. É uma personalidade monolítica e reservada, mas ao mesmo tempo com muita fruta densa e potente.

 SINGLE VINEYARD AGRELO
MALBEC 2018
$$ | MENDOZA | 15°

Para este Malbec, a enóloga Silvia Corti seleciona vinhas de dois quartéis de seus vinhedos na área de Agrelo, na parte mais alta, a uns 1.100 metros, em solos aluviais e muito pedregosos e pobres, que para Corti oferecem uma excelente concentração de sabores frutados. E sim, este vinho tem concentração, juntamente com taninos firmes e tensos que sustentam frutas negras maduras e cheios. Para guardá-lo por vários anos em garrafa.

Argento

91 — ARGENTO SINGLE VINEYARD AGRELO
CABERNET FRANC 2018
$$ | MENDOZA | 14.7°

Este vinho é obtido a partir de um setor da vinha onde as folhas são abundantes e protegem mais os cachos, um detalhe que traz aquele lado de ervas que a enóloga Silvia Curti gosta especialmente. Por isso o vinifica separadamente para este Single Vineyard e nesta primeira edição este Cabernet Franc mostra os suas intensas frutas negras, rodeados de ervas e notas de tabaco, muito típicas da variedade. É ainda duro nos taninos, mas nada que um bom bife à milanesa não consiga remediar.

91 — RESERVA
CABERNET SAUVIGNON 2017
$ | MENDOZA | 14.6°

Da área de Medrano, este Cabernet vem de um antigo vinhedo em latada plantado na década de 1970. Além disso, o vinho tem uns 3% de Cabernet Franc de Agrelo. A mescla funciona muito bem, mostrando as frutas maduras e generosas da Cabernet e o lado herbáceo da Franc com grande nitidez. É um vinho maduro, mas não pesado ou doce. Muito pelo contrário, o que e tem aqui é uma acidez firme e taninos como agulhas.

91 — RESERVA ORGANIC
MALBEC 2017
$ | MENDOZA | 14.5°

Muito sintonizado com os vinhos tintos de Altamira, este 100% Malbec de vinhedos orgânicos tem um lado severo e austero, especialmente por seus taninos, que são firmes e por seus aromas bastante tímidos, embora muito marcados por frutas vermelhas. A acidez é importante, mas também a estrutura tânica que sustenta tudo aqui com muita energia.

90 — ARTESANO ORGANIC
CABERNET FRANC 2018
$ | MENDOZA | 14.6°

O outro dos membros da linha Artesano, este Cabernet de Franc de vinhedos orgânicos tem deliciosos toques de frutas vermelhas maduras e tons de ervas em todos os lugares em um corpo de taninos afiados, mas não a ponto de ser agressivo. É um vinho amável, muito fácil de beber.

90 — ARTESANO ORGANIC
MALBEC 2018
$ | AGRELO | 14.5°

Apenas com uvas cultivadas organicamente (Argento, no total, tem cerca de 300 hectares orgânicos), este Malbec provém de solos arenosos de Agrelo. 80% do vinho foi fermentado e armazenado em aço e o resultado é um tinto de lugar, muito de frutas de um lugar mais quente frutas e com toques de nozes que são típicos de Agrelo, um lugar clássico em Mendoza. Esse parece redondo e amigável, com um ligeiro toque de ervas no final.

‹ *prova de vinhos* ›

RESERVA
MALBEC 2017
$ | MENDOZA | **14.1°**

Para seu **Reserva**, Argento mescla as uvas Agrelo e Altamira, mais 2% do Cabernet Franc que vem da Agrelo. Consistente com o novo estilo de vinhos da casa, aqui há um acento marcado nas frutas vermelhas frescas, mas também muitas notas de pimenta e de especiarias. A textura tem taninos firmes e, embora não possa ser classificada como um vinho "adstringente", tem certa aderência.

OUTROS VINHOS SELECIONADOS

- 88 | COOL CLIMATE Pinot Grigio 2019 | Mendoza | 13° | $
- 88 | SELECCIÓN Malbec 2018 | Mendoza | 13.9° | $
- 86 | MANDALA ROSÉ Cabernet Franc, Syrah, Malbec, Pinot Grigio 2019 Argentina | 12.5° | $
- 86 | SELECCIÓN Chardonnay 2018 | Mendoza | 13° | $
- 85 | PACHECO PEREDA Sauvignon Blanc 2019 | Mendoza | 12.5° | $
- 85 | PACHECO PEREDA SELECCIÓN ROBLE C. Sauvignon 2018 | Mendoza | 13.4° | $

Atamisque

PROPRIETÁRIO John du Monceau
ENÓLOGO Philippe Caraguel
WEB www.atamisque.com
RECEBE VISITAS Sim

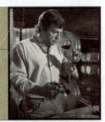

Enólogo
PHILIPPE CARAGUEL

Atamisque nasceu em 2008, em Tupungato, apostando desde o início em um estilo de fruta fresca e vibrante em seus vinhos, algo incomum para a época. Fundada pelo empresário francês John du Monceau, a vinícola possui 127 hectares de vinhedos, compra uvas de terceiros e possui um portfólio que abrange diversas faixas de preço. Serbal é a sua linha de entrada e as marcas **Catalpa** e **Atamisque** seguem para cima. Atualmente, eles produzem cerca de 600.000 garrafas. **IMPORTADORES:** BRASIL: www.worldwine.com.br | USA: www.wbimports.com

VINHOS

ATAMISQUE
MALBEC, CABERNET SAUVIGNON, MERLOT, PETIT VERDOT 2016
$$$ | LA CONSULTA | **14.5°**

A mistura deste ano na Assemblage tem 50% de Malbec, 20% de Cabernet Sauvignon, 20% de Merlot e o restante de Petit Verdot. A Cabernet vem de Gualtallary, a Malbec de La Consulta e o resto dos vinhedos de San José, ao lado da vinícola Atamisque. O vinho estagia 16 meses em barricas novas cujo efeito tostado não é sentido neste vinho. Aqui há frutas frescas, tensão e linearidade em um vinho que se move pelo centro da boca, deixando um rastro de frescor.

ATAMISQUE
MALBEC 2017
$$ | LA CONSULTA | **14.5°**

Para este Malbec, Atamisque deixa a vinha de San José - que é a base de

Atamisque

seus vinhos - e vai para La Consulta, em um vinhedo de cerca de cem anos em La Consulta. A profundidade da fruta aqui se sente fortemente, com aquela densidade e várias camadas que as vinhas velhas parecem dar a esse Malbec. Estagia 16 meses em barricas e outro em garrafa e esse tempo é muito bom para este Malbec, especialmente em termos de textura. Este vinho é um creme.

 ATAMISQUE
CHARDONNAY 2019
$$$ | ARGENTINA | 14°

Esta é a melhor seleção de Chardonnay da fazenda San José, a vinha que Atamisque plantou no final dos anos 80 em Tupungato. 100% do vinho estagia em barricas novas, e isso parece mais do que os aromas, o que você sente aqui é a cremosidade que dá as barricas e o contato com as borras na madeira, o que parece ser uma chave aqui. Um cremoso e volumoso Chardonnay.

 CATALPA
C. FRANC, C. SAUVIGNON, MERLOT, MALBEC 2017
$$ | ARGENTINA | 14°

Este ano, este Assemblage tem 55% de Cabernet Franc, 35% de Merlot e o resto em parcelas mais ou menos iguais de Malbec e Cabernet Sauvignon, todos da vinha San José, a vinha que rodeia a vinícola de Atamisque em Tupungato. A porcentagem de Cabernet Franc é maior em volume e também em sensação. O que manda aqui são as notas de pimentões grelhados de Franc, a textura tensa, a acidez suave, mas o suficiente para esfriar.

 ATAMISQUE
CABERNET SAUVIGNON 2017
$$$ | GUALTALLARY | 14°

Gualtallary, especialmente quando se trata de solos arenosos, oferece uma voluptuosidade e exuberância que está intimamente relacionada com os tintos dessa área. Esse Cabernet quase podia ser confundido com um Malbec por essa fruta, aquela força de notas de cerejas e morangos. É interessante, se você pensar sobre isso por um segundo, como aqui o lugar se sobrepõe a variedade, o que é muito.

 CATALPA
CABERNET FRANC 2018
$$ | MENDOZA | 14.5°

Esta é a estreia desse Cabernet Franc na linha Catalpa, um exemplo da cepa que não teme as notas herbáceas da variedade que aqui é mesclada com muitos sabores frutados e suculentos. A madeira está presente, mas em segundo plano. O que predomina aqui é a sensação de ervas e tabaco da variedade.

 CATALPA
CABERNET SAUVIGNON 2017
$$ | ARGENTINA | 14°

Esse Cabernet vem de uma mistura de vinhas, metade de Tupungato, dos vinhedos de San José ao redor do vinícola e a outra metade de Gualtallary. Esta mistura dá um vinho com uma alta densidade de frutas, frutos vermelhos maduros, com taninos firmes, mas ao mesmo tempo nada agressivos em sua juventude. Um vinho deliciosamente frutado, fruta pura de Cabernet.

‹ *prova de **vinhos*** ›

 CATALPA
CHARDONNAY 2019
$$ | ARGENTINA | 14°

Esta é uma seleção das vinhas de Chardonnay de Atamisque em San José, seu vinhedo em Tupungato, ao lado da vinícola. Estagia 4 meses em barricas (50% do volume) e isso agora é sentido nas notas defumadas, mas é algo que desaparecerá com o tempo. Aqui há uma deliciosa densidade de frutas, capaz de absorver a madeira sem problemas. O vinho tem uma suavidade cremosa que desliza na boca com graça. Uma maravilha de complexidade.

 CATALPA
MALBEC 2018
$$ | ARGENTINA | 14°

No estilo dos vinhos de Catalpa, esse se move muito bem. Tem um lado doce e untuoso, mas não esquece o seu lado fresco com uma acidez que está presente, a todo momento, resfriando a fruta. É tenso na estrutura de taninos, mas ao mesmo tempo amplo e maduro nos sabores. Passa 12 meses em barricas, que aqui contribuem para essa sensação de untuosidade.

 CATALPA
PINOT NOIR 2017
$$ | ARGENTINA | 14°

A clareza varietal deste vinho é a primeira coisa que atrai a atenção. Aqui há frutas vermelhas, morangos maduros, em um vinho de sutilezas, de vinhos de clima quente, de sol, que imprimem neste vinho uma espécie dulçor, deliciosa e charmosa, que seduz com suas curvas, com sua gordura. Um bom passo a frente na busca de um estilo.

 SERBAL
CABERNET FRANC 2019
$ | ARGENTINA | 13.5°

Sem nenhuma vergonha das notas herbáceas ou vegetais da variedade, tem uma deliciosa fruta que encanta desde o começo. A textura é muito macia, o vinho é fácil de beber e tem um forte caráter varietal.

 SERBAL
MALBEC 2019
$ | ARGENTINA | 13°

Muito ao estilo dos vinhos da linha Serbal, aqui há muitas frutas vermelhas no meio de uma delicioso frescor. É macio, amigável, fácil de beber, pronto para a piscina e um dos bons expoentes da cepa em Mendoza a esse nível de preço.

 SERBAL
PINOT NOIR 2019
$ | ARGENTINA | 14°

Esta já é a terceira safra de Serbal Pinot e é a melhor. Aqui há fruta de Pinot da montanha, fresca, vermelha, viva, com notas de ervas em um corpo leve e suculento de acidez rica, taninos firmes mas amáveis. Uma boa amostra de um Pinot Noir simples, para beber todos os dias.

Atamisque

90 — SERBAL
VIOGNIER 2019
$ | SAN JOSÉ DE TUPUNGATO | 14°

Este Viognier continua a ser uma das grandes relações entre qualidade e preço que existem na América do Sul. É perfumado, com toques de flores tropicais e de frutas, e a textura é suave, sem o mínimo de amargor, que é o principal pecado na tensão deste lado do mundo. Pura fruta e frescor por aqui.

OUTRO VINHO SELECIONADO
88 | SERBAL Chardonnay 2019 | Argentina | 13° | $

Benegas

PROPRIETÁRIO Federico Benegas Lynch
ENÓLOGO Federico Benegas Lynch
WEB www.benegaswinery.com
RECEBE VISITAS Não

Proprietário & enólogo
FEDERICO BENEGAS LYNCH

Esta é uma vinícola relativamente jovem, criada por Federico Benegas, que retomou uma importante tradição familiar: no século 19, seu bisavô Tibúrcio Benegas fundou a vinícola El Trapiche e foi precursor do desenvolvimento do vinho em Mendoza, onde até então se produzia principalmente trigo e alfafa. El Trapiche foi dissolvida na década de 1970, mas seu bisneto queria recuperar parte dessa história e, em 1999, comprou um antigo vinhedo plantado por Don Tiburcio, chamado Finca La Libertad. Dois anos depois, ele adquiriu outro vinhedo que hoje tem quarenta hectares plantados, a La Encerrada, na agora muito renomada área de Monasterio, em Gualtallary. Benegas produz anualmente cerca de 500.000 garrafas. **IMPORTADORES:** BRASIL: www.vinhosdomundo.com.br | USA: www.bestwinesofmiami.com

VINHOS

94 — BENEGAS SINGLE VINEYARD FINCA LIBERTAD
CABERNET SAUVIGNON 2017
$$ | MAIPÚ | 14.7°

Esta é uma seleção de antigos vinhedos Cabernet Sauvignon, plantados na Finca La Libertad, próximo ao rio Mendoza, um lugar de pedra e areia e muito ventoso, portanto, mais frio que o habitual em Cruz de Piedra e que se reflete neste vinho, fruta fresca, acidez tensa e taninos muito firmes. Existem detalhes herbáceos que aumentam a sensação de frescor. Depois de um tempo no copo, o vinho fica cada vez mais fresco e frutado e sempre com aquele lado de ervas ao fundo.

93 — BENEGAS LYNCH SINGLE VINEYARD FINCA LA ENCERRADA
MALBEC 2017
$$$ | GUALTALLARY | 14.7°

Esta é uma seleção das vinhas de La Encerrada em Gualtallary, plantadas no início dos anos 2000 na área da zona que hoje é conhecida como Monasterio, uma faixa de solos pedregosos e calcários a cerca de 1400 metros

‹ prova de **vinhos** ›

acima do nível do mar e que hoje dá alguns dos melhores tintos da Argentina. Benegas seleciona as melhores parcelas e depois as melhores barricas para este delicioso Malbec suculento, com notas de frutas vermelhas intensas, moderadas pelo calor de uma colheita quente como 2017. O vinho tem muito corpo, de grande intensidade, mas ao mesmo tempo grande frescor.

92 CLARA BENEGAS
CHARDONNAY 2019
$ | GUALTALLARY | **13.5°**

Benegas tem um vinhedo de cerca de 15 anos a cerca de 1450 metros de altura na área de Gualtallary. Não tem madeira, é fermentado em tanques de cimento e depois na garrafa para capturar a fruta. O resultado é um vinho muito fresco e muito vivo, com uma fruta radiante e firme e uma acidez tensa e vibrante. Não há muitos Chardonnay desse nível e a esse preço no mercado sul-americano.

91 BENEGAS ESTATE
CABERNET FRANC 2017
$$ | MAIPÚ | **14.5°**

Benegas foi pioneiro no engarrafamento de Cabernet Franc na Argentina, com frutas da sua Finca Libertad, ao lado do rio Mendoza, em Maipú. Essa vinha é a base deste vinho, um Cabernet Franc focado em frutos vermelhos, muito fresco e com ligeiras notas de ervas e pimentões, típicos da variedade. A textura tem taninos firmes, com uma acidez muito amigável e suculenta.

91 JUAN BENEGAS
MALBEC 2019
$ | MENDOZA | **14.5°**

Este é o Malbec básico de Benegas e é baseado em vinhedos na área de Maipú, além de algo também de Gualtallary. O vinho tem uma grande carga de frutas, muito refrescante, muito vivo e um delicioso sabor de frutas vermelhas em uma textura que se agarra ao paladar e refresca com sua acidez cheia de vida. E por favor, olhem o preço. Uma verdadeira barganha.

90 BENEGAS SINGLE VINEYARD FINCA LIBERTAD
SANGIOVESE 2017
$$ | MAIPÚ | **14°**

Dos 40 hectares que Benegas tem em Finca La Libertad, ao lado do rio Mendoza, dois hectares são de Sangiovese plantados em 1935. Este vinho tinto tem os taninos severos da variedade, mas também frutas vermelhas ricas em um Sangiovese para a massa de domingo.

‹‹‹----›››

Bodega del Fin del Mundo

PROPRIETÁRIOS Família Viola & Família Eurnekian
ENÓLOGO Ricardo Galante
WEB www.bodegadelfindelmundo.com
RECEBE VISITAS Sim

Enólogo
RICARDO GALANTE

No que já foi uma área desértica da Patagônia argentina está Bodega del Fin del Mundo. Especificamente em San Patricio del Chañar, a 55 quilômetros de Neuquén. O empresário Julio Viola e sua família começaram a plantar vinhedos em 1999 e hoje já somam 870 hectares. Em 2009, a família Eurnekian se associou à Viola e em 2019 eles decidiram adquirir toda a propriedade. Os Eurnekian também têm outra vinícola, na Armênia, de onde emigraram para a Argentina no início do século XX. **IMPORTADORES:** BRASIL: www.mrman.com.br | USA: Carbe

VINHOS

93 | FIN DEL MUNDO SINGLE VINEYARD
PINOT NOIR 2019
$$ | SAN PATRICIO DEL CHAÑAR | 14°

Fala-se muito de Pinot Noir da Patagônia argentina, mas a verdade é que os verdadeiramente bons são muito poucos, dois ou três e nenhum de Neuquén. Para esse grupo, agora tem que adicionar a este novo Fin del Mundo, que estreia com este Pinot Noir de um solo calcário e rochoso na parte mais alta do vinhedo de San Patricio del Chañar. Para conseguir esse grau de frescor e frutas vermelhas, a colheita foi adiantada, o que resulta em frutas vermelhas refrescantes e também numa textura firme, com taninos que sim parecem de Pinot. Um novo começo que aqui em *Descorchados* nos faz sonhar.

92 | FIN DEL MUNDO SINGLE VINEYARD
CABERNET FRANC 2017
$$ | SAN PATRICIO DEL CHAÑAR | 14.3°

Para este **Single Vineyard**, Fin del Mundo seleciona frutas de um setor de sua vinha rica em cal e em rochas, na parte mais alta, próximo à margem do que antes era um rio que corria ao Atlântico. Graças a uma colheita antecipada e um estágio em barricas de 400 litros, muito menos invasivo com a fruta, esse Cabernet Franc brilha com seus sabores especiados e frutados, um sorvete de frutas vermelhas no meio de um corpo leve e tremendamente fresco, com uma doçura gentil até o final.

90 | FIN DEL MUNDO SINGLE VINEYARD
MALBEC 2017
$$ | SAN PATRICIO DEL CHAÑAR | 14.3°

Este Malbec vem de vinhedos plantados há cerca de 14 anos em solos arenosos de San Patricio del Chañar. A fruta tem um caráter festivo dos vinhos que nascem em solos arenosos, os sabores vermelhos nítidos e também apoiados aqui por notas especiadas, que provavelmente vem das barricas onde estagiou durante um ano. Um vinho leve e de suculenta madurez.

OUTROS VINHOS SELECIONADOS

88 | RESERVE Pinot Noir 2018 | San Patricio del Chañar | 13.4° | $
86 | LA PODEROSA Cabernet Franc, Merlot 2019 | San Patricio del Chañar | 14.1° | $

‹ *prova de* **vinhos** ›

Bodega Teho

PROPRIETÁRIOS Jeff Mausbach & Alejandro Sejanovich
ENÓLOGO Alejandro Sejanovich
WEB www.tintonegro.com
RECEBE VISITAS *Sim*

Proprietários
ALEJANDRO SEJANOVICH & JEFF MAUSBACH

Teho nasce da iniciativa de dois amigos, Jeff Mausbach e Alejandro Sejanovich, que resgataram um vinhedo de 1945 abandonado em Altamira, Vale de Uco. Em 2010 tiveram sua primeira safra, mais tarde acrescentaram uvas de outros locais como La Consulta e Los Árboles, e rapidamente posicionaram seus vinhos como um dos projetos mais estimulantes do cenário argentino. Sejanovich (enólogo) e Jeff Mausbach (educador do vinho) trabalharam vários anos em Catena Zapata. Hoje, não só estão nesta vinícola, senão também em Estancia Los Cardones, Tinto Negro, Mano Negra e Buscado Vivo o Muerto. **IMPORTADORES:** BRASIL: www.wine.com.br | USA: www.vinodelsol.com

VINHOS

96 | **TEHO TOMAL VINEYARD** MALBEC, C. FRANC, C. SAUVIGNON, SÉMILLON, TEMPRANILLO, GARNACHA 2018
$$$ | LA CONSULTA | 14°

Esse é um vinhedo de cerca de 75 anos em La Consulta. E como todo vinhedo muito velho, aqui não existe apenas Malbec, mas também outras cepas que completam algo como os 20% restantes. A Malbec, no entanto, domina com seus toques de frutas vermelhas deliciosamente exuberantes em uma textura que é rígida, que tem notas especiadas e florais, mas especialmente frutas. É amplo, suculento, mas com ossos muito bons, taninos muito bons.

96 | **TEHO TOMAL VINEYARD EL CORTE** MALBEC, C. FRANC, C. SAUVIGNON, SYRAH, TEMPRANILLO, P. VERDOT, BONARDA, SÉMILLON 2017
$$$ | LA CONSULTA | 14°

Tomal é o vinhedo mais antigo de Bodega Teho. Plantado há 75 anos na La Consulta, esse é principalmente Malbec, mas também tem 40% de Cabernet Sauvignon, o que lhe confere uma complexidade de sabores que tem muito caráter esse ano. A Malbec é sentida aqui, com suas frutas vermelhas e toques de violetas, mas aqui também há notas de ervas e algo de frutos secos em um aroma que não para de mostrar coisas. A fruta é suculenta e vermelha, os taninos firmes e tensos, em um vinho para a guarda, mas que agora é ideal para fraldinha.

94 | **FLORA BY ZAHA**
CHARDONNAY 2017
$ | LOS ÁRBOLES | 13°

100% Chardonnay de Los Árboles, esse tipo de vinho laranja ficava em contato com as peles por uma semana e depois estagia, sem peles, por dois anos, com um véu de flor, à maneira dos vinhos de Jerez. O resultado é um delicioso vinho em frutas vermelhas ácidas, com toques florais. A textura é tensa, muito firme. O corpo é grande, mas ao mesmo tempo de grande acidez.

Bodega Teho

 ZAHA TOKO VINEYARD
MALBEC 2018
$$ | ALTAMIRA | 14°

O vinhedo Toko tem cerca de 20 anos, plantado em solos heterogêneos, areia, limo, gravas e cal. Mais do que a Altamira severa e de taninos duros, aqui existem exuberantes frutas vermelhas e notas de violetas, em um fundo de deliciosas cerejas, com acidez que realça os sabores refrescantes de um vinho que se bebe fácil.

 ZAHA TOKO VINEYARD
CABERNET FRANC 2017
$$ | ALTAMIRA | 14°

Plantado em solos calcários, aqui você sente o ano mais quente com seus sabores de frutas vermelhas maduras e de especiarias doces. A cal, no entanto, é responsável por colocar ossos duros aqui, dando uma sensação de gravidade, mas no meio de frutas amplas e suculentas. Os doze meses em carvalho agregam especiarias, mas não muito mais em um vinho para guardar.

 ZAHA
CHARDONNAY 2019
$$ | LOS ÁRBOLES | 13°

Toques suaves de frutas e de flores brancas nesse Chardonnay de vinhedos na área de Los Árboles, no vale de Uco. O corpo é leve, os frutos muito sutis e de acidez tem um pouco de suco de limão. Um vinho delicado, suculento e tenso.

 ZAHA TOKO VINEYARD
CABERNET SAUVIGNON 2017
$$ | ALTAMIRA | 14°

Essa é a primeira versão do Toko Vineyard Cabernet, de vinhedos plantados há cerca de 20 anos em solos de gravas. É um Cabernet moldado por acidez severa, com notas de frutas vermelhas maduras, mas sempre com acidez intensa e vibrante.

Bodega Vistalba

PROPRIETÁRIOS Carlos Pulenta & Alejandro Bulgheroni
ENÓLOGO Juan Pablo Murgia
WEB www.bodegavistalba.com
RECEBE VISITAS *Sim*

Enólogo
JUAN PABLO MURGIA

A família Pulenta é dos nomes ilustres do vinho mendocino. Antonio Pulenta foi o fundador da vinícola Peñaflor, a maior da Argentina e que foi propriedade da família até 1997. Seu filho mais velho, Carlos, quis seguir os passos de seu pai e em 2003 começou a produzir vinhos com sua marca própria, Vistalba, na zona de mesmo nome, próxima ao rio Mendoza, em Luján de Cuyo. Em 2009, o empresário do petróleo, Alejandro Bulgheroni (proprietário, entre outras vinícolas, da Garzón, no Uruguai) entrou na sociedade e desde então mudanças importantes têm ocorrido na empresa. Em termos

‹ *prova de **vinhos*** ›

enológicos, a chegada do assessor Alberto Antonini acarretou transformações estilísticas nos vinhos, deixando os excessos de madurez e de madeira do passado. ⚭ IMPORTADO-
RES: BRASIL: www.domno.com.br | USA: www.pacific-hwy.com

VINHOS

95 — AUTÓCTONO BLEND DE BLANCAS
CHARDONNAY, SAUVIGNON BLANC, SÉMILLON 2018
$$$ | MENDOZA | 14°

Um vinho novo no catálogo de Vistalba, esse tem 40% de Chardonnay de Gualtallary, 35% de Sauvignon Blanc de Los Árboles e 35% de Sémillon, também de Los Árboles, e é o único que estagia em barricas, com contato com ass borras. O vinho é pura verticalidade e tensão. É um vinho firme, com muita fruta, mas especialmente com tons salinos que são típicos dos Chardonnay de Gualtallary, um componente que parece mandar nessa mistura. Um vinho de grande caráter para mariscos crus, especialmente se houver ouriços no menu.

94 — VISTALBA CORTE A
MALBEC, CABERNET SAUVIGNON, BONARDA 2016
$$$ | VISTALBA | 14°

Para o enólogo Juan Pablo Murgia, o Corte A define mais precisamente o caráter dos tintos de Vistalba, as notas florais da Malbec (a base da mistura) e a suavidade dos taninos. Com isso em mente, fazem essa seleção de vinhedos de Vistalba, de vinhas plantadas a partir de 1948 e o resultado é um delicioso vinho em sua expressão frutada. Longe, distante do tradicional Corte A que costumava ser muito mais carregado, muito mais maduro e cheio de madeira. Esse está indo no caminho oposto.

94 — VISTALBA CORTE B
MALBEC, CABERNET SAUVIGNON, BONARDA 2017
$$ | VISTALBA | 14.2°

O tradicional Corte B de Vistalba é produzido desde a vindima de 2003, sempre vindo das vinhas próximas à vinícola da não menos tradicional área de Vistalba. Esse é baseado em Malbec, com 70%, e mais Cabernet e Bonarda em quantidades similares. Tem um ano de envelhecimento em barricas e o vinho que sai delas tem um perfil de frutas vermelhas que predomina sobre as notas de madeira. É mais frutado e a acidez ajuda a expressar esses sabores com mais clareza e força.

93 — TOMERO RESERVA
MALBEC 2017
$$ | MENDOZA | 14°

Essa é uma mistura de Malbec com base nos vinhedos de Los Árboles, mas também com contribuições de Agrelo e Gualtallary e mostra como o estilo da casa mudou nas últimas safras. As extrações mais suaves, as colheitas adiantadas e o menor uso de madeira nova fazem com que a fruta apareça na frente. E aqui se sente muito em um vinho muito fluido, com muitas frutas vermelhas. Daqueles para beber e refrescar.

93 — TOMERO RESERVA
SÉMILLON 2017
$ | MENDOZA | 13.5°

A primeira versão deste Tomero Sémillon vem da vindima de 2007 e sem-

Bodega Vistalba

pre veio da vinha da família Pulenta em Los Árboles, uma antiga vinha plantada nos anos 1980. Este vinho tem muito trabalho com as borras, e outra coisa permanece nelas, de um ano em borras. Daí essa textura cremosa, com tons de mel e toques de padaria. Um vinho suculento, rico em acidez, mas especialmente com muitas frutas maduras e untuosas. Para guardar.

92 — **TOMERO ROSÉ**
PINOT NOIR 2019
$ | MENDOZA | 13.6°

Esta é a primeira versão do Tomero Rosé que tem 100% de Pinot Noir, uvas colhidas no início da temporada, com uma acidez suculenta e cheia de frutas vermelhas em um vinho de estrutura muito boa, de muita força. Um desses rosés para pensar em salmão grelhado.

92 — **VISTALBA CORTE C**
MALBEC, CABERNET SAUVIGNON 2018
$ | VISTALBA | 14.6°

O **Corte C** é uma mistura de 80% de Malbec e o resto de Cabernet Sauvignon, todos provenientes das vinhas de Vistalba, uma das áreas mais altas de Luján de Cuyo. Há muitas frutas vermelhas, vibrantes e suculentas aqui. A mudança de estilo na vinícola, para vinhos mais frescos, é evidente aqui. Um vinho quase de sede, para o verão, mas também para o churrasco de fim de semana.

 TOMERO
CABERNET FRANC 2018
$ | MENDOZA | 14.5°

Uma visão clara de Cabernet Franc, tem notas de ervas muito claras, mas também frutas vermelhas em um corpo médio, com taninos pulsantes. Quando o vinho abre, as frutas vermelhas ganham território e deixam um delicioso ar refrescante.

 TOMERO
CABERNET SAUVIGNON 2018
$ | MENDOZA | 14.5°

A partir da área de Los Árboles, no vale de Uco, oferece uma excelente relação qualidade/preço. Aqui há muitas notas de ervas, com toques condimentados e de frutas negras em um vinho que tem taninos que se agarram ao paladar, pedindo por bondiola de porco.

 TOMERO
MALBEC 2018
$ | MENDOZA | 14°

A linha Tomero vem da área de Los Árboles, no vale de Uco. Lá, a família Pulenta tem cerca de 400 hectares plantados a partir dos anos 80 e esse Malbec é uma seleção desses vinhedos. Um Malbec com sabores de montanha, com toques de ervas e de frutas muito vermelhas em um corpo simpático e suculento. Cerca de 25 mil caixas de doze garrafas são produzidas desse vinho.

《《----》》

‹ *prova de **vinhos*** ›

Bodegas Bianchi

PROPRIETÁRIO Família Bianchi
ENÓLOGO Silvio Alberto
WEB www.bodegasbianchi.com.ar
RECEBE VISITAS *Sim*

Enólogo
SILVIO ALBERTO

Esta vinícola foi fundada em 1928 por Valentín Bianchi, imigrante italiano que antes de empreender com o vinho destacou-se como empresário da madeira e do transporte, além de ter sido político. A vinícola tem atualmente dois núcleos, um em seu lugar de origem, em San Rafael, e outro no Vale de Uco, no setor de Los Chacayes. Em San Rafael têm 300 hectares e parte da produção está focada em espumantes, enquanto no Uco contam com cento cinquenta hectares, a maioria de Malbec e curiosamente doze hectares da variedade branca Viognier. A produção anual de Bianchi supera as vinte milhões de garrafas. **IMPORTADORES: BRASIL:** www.paodeacucar.com.br | **USA:** www.quintessentialwines.com

VINHOS

ENZO BIANCHI
MALBEC 2017
$$$$$ | VALE DE UCO | 14°

Essa é a primeira versão de Enzo Bianchi Malbec, 100% de vinhedos de altura a uns 1.300 metros da zona de Los Chacayes, no vale do Uco. É uma seleção de somente uma parcela de rendimentos muito baixos. O vinho estagia em barricas novas de carvalho francês por 12 meses, o que se percebe nos toques tostados desse vinho. Sem dúvidas, aqui a fruta é deliciosa, firme em acidez, encantador em seus toques de violetas e cerejas. Um vinho delicioso, que talvez tenha muita madeira ou seja muito jovem, mas que, em todo caso, tem um tremendo fundo frutado.

ENZO BIANCHI
CABERNET SAUVIGNON, MALBEC, MERLOT, PETIT VERDOT 2017
$$$$$ | MENDOZA | 14.4°

Enzo Bianchi Blend é uma seleção dos melhores vinhedos da vinícola em San Rafael, especificamente do vinhedo Asti na zona de Las Paredes, a fonte dos melhores tintos da casa. Este ano, a mescla é de 41% Cabernet Sauvignon, 35% Malbec, 15% Merlot e o restante de Petit Verdot. O vinho estagia um ano em barricas novas de carvalho e o resultado é um tinto potente, de grande concentração, potente em estrutura, do tipo de vinhos que tem que ser guardados por, pelo menos, cinco anos.

PARTICULAR
MALBEC 2017
$$ | SAN RAFAEL | 14°

De uns vinhedos de 40 anos na zona de Las Paredes, em frente ao aeroporto de San Rafael, esse Malbec 100% estagia em barricas (70% novas) por um ano. Em conformidade com o novo estilo da casa, este também vai para esse lado, de maior frescor, com frutas vermelhas maduras, crocantes e profundas. Há muita carne nesse vinho, muito corpo, mas também uma muito boa acidez. Deem tempo a ele em garrafa, ainda que já se beba muito bem agora.

Bodegas Bianchi

 BIANCHI EXTRA BRUT EDICIÓN LIMITADA
CHARDONNAY, PINOT NOIR 2014
$$ | SAN RAFAEL | 13°

Com cinco anos de estágio com as leveduras, esse 75% Chardonnay e 25% Pinot Noir, tudo de vinhedos próprios em San Rafael, tem borbulhas suaves e abundantes, com leves toques salinos e uma acidez pulsante e afiada. Os sabores são frescos e há notas de pão, que aportam complexidade a esse corte clássico, de muita elegância.

92 **GRAN FAMIGLIA**
MALBEC 2017
$$ | MENDOZA | 14°

100% de vinhedos de Los Chacayes, no vale do Uco, e plantado em solos pedregosos típicos da zona. Essa é uma clássica expressão dos Malbec desse lugar. Cerca de 20% do vinho não passa por madeira (o resto estagia por 10 meses em barrica) para colocar acento nessa fruta vermelha, que aqui se sente com muita nitidez. Os aromas de violetas, típicos dos Malbec de altura, aqui são percebidos com força, em meio a uma acidez suculenta e taninos firmes. Um Malbec andino de dicionário.

 GRAN FAMIGLIA
MALBEC, P. VERDOT, MERLOT, C. SAUVIGNON, TANNAT 2017
$$ | VALE DE UCO | 14°

A uns 1300 metros de altura, na zona de Los Chacayes, este blend embasado em Malbec (59%) tem as unhas dos vinhos desse lugar, um vinhedo plantado em solos de pedras faz 20 anos, terraços aluviais que dão Malbec de grande intensidade e força. Aqui há sabores de frutas vermelhas maduras intensas e também de violetas e de especiarias, em um vinho que necessita de tempo em garrafa para mostrar toda sua complexidade.

 MARÍA CARMEN
CHARDONNAY 2018
$$$ | MENDOZA | 14°

María Carmen é uma seleção das melhores vinhas do Quartel 18, um vinhedo de Chardonnay que usualmente dá as melhores uvas da variedade na finca de Las Paredes, próxima a vinícola, em San Rafael. O solo tem forte componente calcário e isso se sente na textura desse vinho, como unhas na boca, o modo que os taninos se prendem no paladar. Um ponto a parte, é a acidez que se sente afiada, que dá verticalidade a um vinho de grande tamanho, de dimensões importantes.

 PARTICULAR
CABERNET SAUVIGNON 2017
$$ | MENDOZA | 14°

O enólogo de Bianchi, Silvio Alberto, é um fanático pelo Cabernet de San Rafael e, em especial, pelo produzidos na zona de Las Paredes, nos terraços aluviais ao norte do rio Diamante. 70% do vinho estagia em madeira por uns 15 meses e o restante é guardado em tanques para manter a fruta intacta. E se pode entender esse entusiasmo de Alberto. Sob um clima quente, é de se esperar por um tinto amável em taninos, com pouco detalhes herbáceas e muita fruta vermelha madura. Um Cabernet amável e redondo.

‹ *prova de vinhos* ›

 DON VALENTÍN LACRADO
BONARDA, TEMPRANILLO, SYRAH 2019
$ | MENDOZA | 14°

Esse é um clássico no cenário da Argentina. Sua primeira safra foi anos 1960 (1965 foi a primeira) e no início era o vinho top da vinícola e se baseava em Cabernet Sauvignon. Atualmente, são produzidos uns 8 milhões de litros (de distintos lugares de Mendoza, principalmente do leste), e a base é de Bonarda, que neste ano corresponde a uns 40% da mescla final, mais partes iguais de Tempranillo e de Syrah. O resultado é um vinho simples, delicioso em sua simplicidade, pura fruta engarrafada, que se bebe como água. Um clássico.

 FAMIGLIA BIANCHI
CHARDONNAY 2018
$ | SAN RAFAEL | 14°

Pouco a pouco esse vinho foi baixando o aporte de madeira, que tinha um papel importante no estilo do vinho, mas que nublava o caráter da fruta. Agora a fruta está na frente, com seus toques de frutas brancas maduras e de especiarias. A madeira é percebida no final da boca, mas sem incomodar.

 FAMIGLIA BIANCHI
VIOGNIER 2019
$ | VALE DE UCO | 14°

A Viognier é uma variedade pouco explorada na Argentina. Apenas algumas vinícolas o elaboram e uma das que se tem que ser levadas em conta é Bianchi, esse Viognier da zona de Los Chacayes, no vale do Uco. Essa versão é delicada, sutil, não necessariamente muito expressiva, mas sim cheia de frescor e de vivacidade. Não tem estágio em barricas.

 ELSA BIANCHI
MALBEC 2019
$ | MENDOZA | 14°

Deste Malbec são elaboradas mais de dois milhões de garrafas e com o tempo tem mudado o seu estilo, em direção a um tinto mais fresco e leve, com maior frescor, mas acima de tudo com menos dulçor, o que foi uma marca registrada no passado dessa marca. Hoje a fruta vermelha é a que manda em um vinho puro, simples, sem grandes ambições, mas sim muito fácil de beber.

 FAMIGLIA BIANCHI ROSÉ BLEND
PINOT NOIR, MALBEC 2019
$ | SAN RAFAEL | 13°

Com 60% de Pinot Noir e o restante de Malbec, tudo de vinhedos de San Rafael, esse é o primeiro rosado seco de Bianchi, o que é um detalhe importante. Até o momento, New Age era o único rosado da casa com 50 gramas de açúcar residual. Essa mudança vem de uma visão muito mais frutada e seca em termos de estilo. Aqui há muito frescor e tensão num vinho que se bebe muito fácil.

OUTRO VINHO SELECIONADO

89 | FAMIGLIA BIANCHI WHITE BLEND Chardonnay, Moscato, Viognier 2019 Mendoza | 13° | $
89 | ELSA BIANCHI Cabernet Sauvignon 2019 | Mendoza | 14° | $
89 | ELSA BIANCHI Torrontés 2019 | Mendoza | 13° | $
87 | ELSA BIANCHI Chardonnay 2019 | Mendoza | 13° | $

Bodegas Chandon

PROPRIETÁRIO Bodegas Chandon S.A.
ENÓLOGOS Diego Ribbert & Gustavo Sánchez
WEB www.terrazasdelosandes.com
RECEBE VISITAS *Sim*

Enólogos
DIEGO RIBBERT & GUSTAVO SÁNCHEZ

Chandon se instalou na Argentina em 1960, sendo a primeira filial no exterior de Moët & Chandon, reconhecida vinícola da região de Champagne, na França. Ao chegar apostaram em elaborar seus espumantes com uvas dos setores do Alto Vale do Rio Negro e Agrelo, o mais frio que havia para aportar o frescor necessário para este tipo de vinho. Mas, com os anos foram se aventurando em vinhedos de maior altura. Em 1992 plantaram em Gualtallary, e foram pioneiros em uma região que atualmente experimenta um grande auge. Hoje, a base de seus melhores espumantes vem dessa zona, de vinhedos como El Espinillo (a 1600 metros) e El Peral (a 1500 metros). Chandon conta com vinhedos próprios nas zonas mais importantes de Mendoza e é o maior produtor de borbulhas da Argentina.

VINHOS

 BARÓN B BRUT NATURE
CHARDONNAY, PINOT NOIR 2011
$$$ | MENDOZA | 12.7°

Com três anos de leveduras e cinco anos em garrafa, essa mistura de Chardonnay e de Pinot Noir oferece uma evolução deliciosa, com muita complexidade. A Pinot Noir, embora tenha 40% da mescla, tem forte presença com suas frutas vermelhas ácidos em um corpo delicado, com bolhas muito suaves, moderadas pela passagem do tempo.

 BARÓN B CUVÉE MILLÉSIME BRUT NATURE
CHARDONNAY, PINOT NOIR 2016
$$ | MENDOZA | 12.2°

Esse tem 60% de Chardonnay e o restante de Pinot Noir, ambos de áreas altas de Uco, em El Peral e Gualtallary. O vinho tem 36 meses de envelhecimento com as borras e isso se sente nos toques de padaria deste vinho. É suculento e rico em frutas vermelhas, a Pinot parece dominar o paladar com sua força. Um vinho delicioso, firme e poderoso.

 BARÓN B CUVÉE MILLÉSIME BRUT ROSÉ
CHARDONNAY, MALBEC, PINOT NOIR 2015
$$ | MENDOZA | 12.1°

Com 36 meses sobre suas borras, essa peculiar mistura de Pinot Noir, Malbec e Chardonnay tem notas de ervas em meio a muitos sabores de frutas vermelhas ácidas. Provém das vinhas de El Peral e de Gualtallary e, por isso, os sabores são tão frescos. Apesar do longo estágio com suas lias, esse vinho ainda está muito frutado. Uma sofisticado vinho de piscina.

‹ *prova de **vinhos*** ›

92 | **BARÓN B EXTRA BRUT**
CHARDONNAY, PINOT NOIR N/V
$$ | MENDOZA | 12.4°

Das vinhas de Peral e Gualtallary, esse tem 70% de Chardonnay e o restante de Pinot Noir, todos cultivados com as borras por dois anos, aqui se tem uma delícia de sabores de mel e de especiarias, além de um generoso fundo de frutas brancas maduras, mas refrescado pela acidez intensa, firme e afiada. Enquanto isso, as borbulhas são muito macias e cremosas.

91 | **BRUT NATURE**
CHARDONNAY, PINOT NOIR N/V
$ | MENDOZA | 12.4°

Esse **Brut Nature** vem de vinhas de El Peral e Gualtallary, entre 1.250 e 1.550 metros de altura, aos pés dos Andes, no vale de Uco. Passa cerca de 20 meses com as borras e o resultado é que, embora se sinta esse período de guarda nas notas de pastelaria, o que manda aqui são as frutas frescas e vivas, a acidez deliciosa e pulsante e borbulhas suaves. Um vinho para matar a sede.

91 | **CUVÉE RESERVE**
CHARDONNAY N/V
$ | MENDOZA | 12.8°

Esse é um clássico do catálogo de Chandon, 100% Chardonnay mantido em sua garrafa por mais de dois anos e de vinhedos plantados em El Peral e Gualtallary. Tem uma cremosidade deliciosa e firme, com toques defumados, mas principalmente com aquela fruta suculenta e madura que encanta.

90 | **CUVÉE RESERVE**
PINOT NOIR N/V
$ | MENDOZA | 11.9°

Com 25 meses sobre as borras, esse 100% Pinot Noir possui borbulhas muito delicadas e suaves, aromas de frutas maduras cobertas com notas de padaria em um vinho muito fácil e suculento.

OUTRO VINHO SELECIONADO
87 | EXTRA BRUT Chardonnay, Pinot Noir N/V | Mendoza | 12.1° | $

«‹---›»

Bressia

PROPRIETÁRIO Walter Bressia
ENÓLOGO Walter Bressia
WEB www.bressiabodega.com
RECEBE VISITAS Sim

Proprietário & enólogo
WALTER BRESSIA

Este é o projeto do renomado enólogo de Mendoza Walter Bressia, que ele completou em 2003, após uma carreira de sucesso marcada por seu tempo nas vinícolas Nieto Senetiner e Viniterra. É uma vinícola familiar e de pequena escala, focada em pequenas tiragens, várias delas de alta qualidade. Está localizada em Agrelo e as uvas são compradas em alguns dos melhores setores de Luján de Cuyo e de Uco.

VINHOS

 LÁGRIMA CANELA
CHARDONNAY, SÉMILLON 2018
$$ | AGRELO | 14°

A mistura de Lágrima Canela desse ano tem 70% de Chardonnay de Gualtallary de vinhedos de aproximadamente 30 anos, enquanto o Sémillon vem de Los Alamos, perto de Los Chacayes, de vinhedos de mais de cinquenta anos. Ambas as cepas são fermentadas e estagiadas separadamente por cerca de dez meses. Depois, a mescla é feita antes do engarrafamento e o resultado é um vinho com notas de mel, abacaxi maduro, especiarias. A boca é delicada, suculenta, macia e amigável, mas também profunda. Um delicioso vinho em sua complexidade. Esta é provavelmente a melhor versão de Lágrima Canela desde 2006.

 PIEL NEGRA
PINOT NOIR 2018
$$ | VALE DE UCO | 14°

Este Pinot vem da área de Vista Flores em Uco. A primeira versão foi em 2009 e nos últimos quatro anos teve uma mudança importante em seu estilo que, acreditamos, está consolidada com esta safra. As frutas negras e a madeira do passado deixaram espaço para um vinho rico em frutas, rico em frescor, com toques muito sutis de flores e frutas num corpo médio, com taninos muito elegantes, polidos e cremosos. Esta é a melhor versão de Piel Negra, a mais frutada, a mais elegante e delicada.

 CONJURO
MALBEC, CABERNET SAUVIGNON, MERLOT 2015
$$$ | MENDOZA | 14°

Um vinho poderoso, ainda muito jovem, esse Conjuro tem 50% de Malbec, 30% de Cabernet Sauvignon e o resto de Merlot. A Malbec vem de Agrelo, enquanto a Cabernet e a Merlot vêm de Gualtallary, no vale de Uco. Todos estagiados separadamente em barricas por 18 meses. O vinho parece fechado, com toques de madeira e frutas negras em um vinho com muito corpo, com muita extração. Paciência aqui.

 PROFUNDO
MALBEC, CABERNET SAUVIGNON, MERLOT, SYRAH 2015
$$ | AGRELO | 14°

100% com frutas Agrelo, na tradicional D.O. de Luján de Cuyo, aqui há

‹ *prova de **vinhos*** ›

50% de Malbec, 30% de Cabernet Sauvignon, 10% de Merlot e 10% de Syrah. As cepas estagiam separadamente entre 12 e 18 meses em madeira e depois são misturadas. Este é um vinho redondo e amigável, cheio de frutas maduras. Um vinho que não tem arestas, que não tem obstáculos quando passa pela boca, deslizando.

92 | SYLVESTRA LA VIE EN ROSÉ NATURE
PINOT NOIR 2018
$$ | VALE DE UCO | 12°

Feita pelo método tradicional de segunda fermentação em garrafa, e 100% Pinot Noir, segue a linha Sylvestra de vinhos simples e amigáveis, mas com o detalhe que aqui é uma estrutura que parece aspirar a mais. Tem uma acidez deliciosa, frutas frescas em todos os lugares e uma borbulha cremosa.

91 | MONTEAGRELO
CABERNET FRANC 2018
$ | VISTA FLORES | 14°

De vinhas em Vista Flores, com cerca de 30 anos, este vinho tem doze meses de envelhecimento com 25.000 litros de foudres. Este é um delicioso Cabernet Franc em sua expressão de uva. Há força de taninos e nas notas de ervas. É frutado, com tons de frutas negras, mas também algumas especiarias e tabaco. Um vinho simples, direto e muito fácil de beber.

91 | MONTEAGRELO
MALBEC 2018
$ | MENDOZA | 14°

Embora no início, este vinho vinha 100% de Agrelo, hoje também inclui tintos de áreas mais frias no vale de Uco. Esse tem frutas negras e toques florais em um vinho que embora tenha um corpo médio, tem taninos de muito boa estrutura, pinicando a boca. Um vinho ideal para o cabrito.

91 | MONTEAGRELO
SYRAH 2018
$ | VALE DE UCO | 14°

Muito no estilo da linha de vinhos Monteagrelo, esse Syrah de vinhas de Vista Flores oferece um radiante Syrah em frutas maduros, muito suave, muito amigável, com toques especiados e de carne, num vinho que é fácil de beber, mas que também oferece uma profundidade suculenta.

90 | MONTEAGRELO
CABERNET SAUVIGNON 2018
$ | VALE DE UCO | 14°

Com uma cota de frutas negras e vermelhas, esse é um Cabernet untuoso, com taninos muito polidos, mas abundantes. A textura parece untuosa, acompanhada por uma acidez suave e gentil. Este vinho tem um corpo, suficiente para o churrasco.

OUTROS VINHOS SELECIONADOS

89 | SYLVESTRA Pinot Noir 2019 | Vale de Uco | 12° | $
88 | SYLVESTRA Sauvignon Blanc 2019 | Vale de Uco | 12° | $
87 | SYLVESTRA Malbec 2019 | Vale de Uco | 14° | $

Budeguer

PROPRIETÁRIO Sebastián Budeguer
ENÓLOGO Federico Bizzotto
WEB www.budeguer.com
RECEBE VISITAS *Sim*

Enólogo
FEDERICO BIZZOTTO

A família Budeguer é de Tucumán, no norte da Argentina, mas em 2005 eles decidiram se mudar para Mendoza para iniciar o projeto de uma vinícola. Eles escolheram o distrito de Maipú e lá plantaram seus primeiros vinhedos. Na área de Agrelo, entretanto, eles construíram a vinícola. Hoje têm acesso a uvas de diferentes áreas de Mendoza, de Uco a Luján de Cuyo e, sem esquecer suas origens, suas linhas lembram suas terras tucumanas como a básica **Tucumán** de vinhos varietais e a mais ambiciosa **4000** (o código postal de Tucumán), onde se encontram seus melhores vinhos. **IMPORTADORES:** BRASIL: www.dolomitiwine.com.br | USA: www.apexwinegroup.com

VINHOS

 4000
MALBEC 2017
$$ | MENDOZA | 14°

Esse Malbec é uma mistura de diferentes vinhedos de Los Chacayes, Agrelo e Perdriel, plantados entre 1976 e 2006. Esse tipo de visão de Malbec mendocino tem muita garra em seus taninos, mas ao mesmo tempo uma vivacidade muito boa de frutas vermelhas, frescas e alegres, no meio de um corpo também mediano, mas de rica tensão. Uma boa surpresa que fala de Mendoza com frescor.

 4000 BLACK BLEND
CABERNET SAUVIGNON, MALBEC, PETIT VERDOT 2017
$$ | MENDOZA | 14°

Esta mescla vem dos vinhedos de Los Chacayes, Perdriel e Agrelo e é envelhecida em barricas (70% novas) por 16 meses. Tem o nervo de Los Chacayes em seus genes, a força da fruta que é obtida lá, mas também a amabilidade de vinhos de áreas mais baixas e mais quentes, como Perdriel e Agrelo. Uma mistura muito boa de terroirs para um delicioso vinho.

 4000
PETIT VERDOT 2017
$$ | MENDOZA | 13°

O sol de Luján de Cuyo parece fazer bem a Petit Verdot, parece acalmá-la e, acima de tudo, suavizar sua acidez e textura. Este é um Petit manso, com toques florais suaves, com presença óbvia de madeira (16 meses em barricas) e com um final frutado e maduro.

OUTRO VINHO SELECIONADO

87 | **4000 TINTO ARGENTINO** Malbec, Cabernet Sauvignon, Petit Verdot 2018
Mendoza | 14° | $

‹ *prova de* **vinhos** ›

Buscado Vivo o Muerto

PROPRIETÁRIOS Jeff Mausbach & Alejandro Sejanovich
ENÓLOGO Alejandro Sejanovich
RECEBE VISITAS *Não*

Proprietários
ALEJANDRO SEJANOVICH & JEFF MAUSBACH

Em 2013 foram elaborados os primeiros vinhos de Buscado Vivo o Muerto, outra das vinícolas emergentes no sempre dinâmico cenário dos vinhos argentinos. Os nomes atrás dela, isso sim, não são novos. É uma sociedade entre Jeff Mausbach, Alejandro Sejanovich e Jorge Crotta, proprietários também de vinícolas como Tinto Negro, Manos Negras e Bodega Teho. A proposta que fazem aqui é um catálogo de blends baseado na Malbec. São uvas vinificadas em distintas partes de Mendoza e que as complementam com porcentagens menores de outras variedades tintas como Cabernet Franc, Tempranillo ou Cabernet Sauvignon. Todos os seus vinhos são do vale do Uco. **IMPORTADORES:** BRASIL: www.wine.com.br | USA: www.vineyardbrands.com

VINHOS

 EL CERRO GUALTALLARY
CHARDONNAY 2017
$$$ | GUALTALLARY | 13°

Os Chardonnay de Gualtallary geralmente têm esse caráter, herbáceo, mineral, com uma acidez afiada e profunda. Uma flecha na boca. Trata-se de uma mistura de clones, plantados em solos de areia e cal, e esse cal dá a textura tensa e de giz. Quase parece não haver espaço para frutas aqui, tudo é pedras, severidade e acidez. Um Chardonnay que serve como uma foto de alguns dos grandes brancos de montanha atualmente.

 EL CERRO GUALTALLARY
MALBEC 2016
$$$ | GUALTALLARY | 14°

Marcado pelos taninos, que aqui se sentem selvagens e duros, esse vinho é tenso, duro, absorvido, de certa maneira, em seu próprio mundo, sem mostrar nada no copo. No entanto, como o vinho é oxigenado, mostra suas frutas vermelhas, as notas de cerejas e muito levemente os aromas de ervas típicos da região. O solo é rico em pedras e o clima da montanha faz com que esse vinho não tenha a exuberância de outros exemplos do local, de mais solos arenosos. Esse é, de certa forma, mais próximo de Altamira e de Los Chacayes.

 EL MANZANO LOS CHACAYES
MALBEC 2016
$$$ | LOS CHACAYES | 14°

É uma cofermentação de 85% de Malbec mais Cabernet Franc e Petit Verdot, todos da área de Los Chacayes, um local de muitas pedras que produz vinhos severos, austeros e profundos. Possui aromas frutados, mas especialmente minerais em um vinho que não mostra nada ou que mostra muito pouco. Atenção com os taninos. Este não é um vinho para paladares frágeis. Uma foto dos vinhos de Chacayes.

Buscado Vivo o Muerto

 EL LÍMITE LAS PAREDITAS
CHARDONNAY 2017
$$$ | LAS PAREDITAS | 13°

Essa é uma "população" de Chardonnay, plantada no início dos anos 1990, com o material que naquela época existia e que não é totalmente puro, ou seja, existem outras cepas misturadas. De acordo com o cálculo do enólogo Alejandro Sejanovich, aqui existem 5% de outras cepas brancas. Esse vinho provém de uma das últimas vinhas ao sul, antes de chegar a San Rafael, os solos são calcários e isso se reflete no nervo desse branco, na tensão da acidez e na rica fruta branca que se move pela boca com muita vivacidade. É um vinho nervoso, um branco para ceviche.

EL LÍMITE LAS PAREDITAS
MALBEC 2016
$$$ | LAS PAREDITAS | 14°

Pouco antes do início do deserto que leva a San Rafael, no limite sul do vale de Uco, Las Pareditas é uma área não totalmente explorada. Os solos calcários e que se sentem nesse Malbec (85% da mistura), que aqui tem uma forte influência do cal na textura, áspera, selvagem, que se agarra à boca como unhas afiadas. A fruta é vermelha e radiante, com toques de violeta, mas especialmente frutas deliciosas e frescas.

  **LA VERDAD SAN PABLO**
CHARDONNAY 2017
$$ | SAN PABLO | 14°

Os primeiros clones de Chardonnay começaram a chegar na Argentina no início dos anos 1990 e dez anos depois, com esse material clonal (no caso, o clone 76, que produz vinhos mais frescos), foi plantado esse vinhedo de La Verdad. O clima de San Pablo aqui desempenha um papel muito importante. A acidez é firme, tensa. Não há espaço para frutas tropicais aqui, mas apenas ervas e frutas cítricas em um vinhos de grande linearidade e austeridade.

  **LAS TUNAS LOS ÁRBOLES**
CHARDONNAY 2017
$$$ | LOS ÁRBOLES | 13°

Esse vinho foi escolhido em uma vinha de Los Árboles, no vale de Uco, enxertada em vinhedo antigo de Pedro Jiménez com uma população de Chardonnay que, naqueles anos, não possuía a pureza clonal existente na Argentina atualmente. Portanto, não há apenas Chardonnay, mas também outras cepas brancas em 5% ou mais. A ideia de resgatar essas vinhas massais se materializa aqui com um delicioso vinho em suas notas de ervas, com uma forte mineralidade; é austero, firme na acidez, na textura severa e com uma tremenda sensação de frescor. Uma viagem ao primeiro Chardonnay da Argentina, aqui com um visual moderno. Procurando o sentido de origem.

 SAN JORGE ALTAMIRA
MALBEC, CABERNET FRANC, CABERNET SAUVIGNON 2016
$$$ | ALTAMIRA | 14°

De solos muito pedregosos, de gravas banhadas com cal, esse é o exemplo típico de tinto de Altamira. Com a maior parte de Malbec, essa cofermentação fornece uma estrutura profunda e sólida de taninos, severos e auste-

‹ prova de *vinhos* ›

ros, mas ao mesmo tempo cercados por frutas vermelhas maduras em um tremendo vinho tinto, mas ao mesmo tempo de notas muito frescas e de ricas notas de violetas e de cerejas pretas.

 EL INDIO EL CEPILLO
MALBEC 2016
$$$ | EL CEPILLO | 14°

El Cepillo é uma das áreas mais extremas do vale de Uco, localizada no extremo sul de Mendoza. Lá, as geadas são selvagens e o frescor confere aos vinhos um caráter muito fresco, embora severo, não especialmente aromático. Isso é visto neste vinho, embora talvez com a vantagem de uma maturidade um pouco mais acentuada que tenha dado um pouco de gordura no meio daquelas garras que são os taninos.

 LA VERDAD SAN PABLO
MALBEC 2016
$$$ | SAN PABLO | 14°

San Pablo é uma das áreas mais frescas do vale de Uco, principalmente por sua proximidade com os Andes, o que implica uma forte presença de brisas que retardam a madurez. Este é um bom exemplo dessas áreas, com frutas vermelhas frescas, ervas. Uma expressividade rica que é projetada na boca com taninos macios, de solos de areia. Um vinho de grande equilíbrio.

Cadus

PROPRIETÁRIO Molinos Río de la Plata S.A.
ENÓLOGO Santiago Mayorga
WEB https://www.caduswines.com
RECEBE VISITAS *Sim*

Enólogo
SANTIAGO MAYORGA

Cadus foi a linha top de Nieto Senetiner até se tornar independente da sua vinícola mãe em 2015. Atualmente, possui vinhedos exclusivos para este projeto no vale de Uco, em setores como Altamira, Gualtallary e Vistaflores. Eles também vinificam algo de Agrelo, em Luján de Cuyo. Sua filosofia é fazer vinhos de terroirs específicos, que têm um senso de lugar. A pessoa encarregada de materializá-lo é o enólogo Santiago Mayorga, que trabalhou vários anos com Roberto de la Mota, na vinícola Mendel. **IMPORTADORES:** BRASIL: www.casaflora.com.br | USA: www.hidalgoimports.com

VINHOS

 SINGLE VINEYARD FINCA VIÑA VIDA
MALBEC 2016
$$$ | CHACAYES | 14.5°

Este **Finca Vida** vem do quartel 8 da finca Viña Vida, em Los Chacayes, a cerca de 1250 metros de altura, no vale de Uco. São solos muito pedregosos, que geralmente dão vinhos de grande estrutura tânica. Não é o caso. Aqui a extração na vinícola era muito leve, a fim de capturar a fruta do lugar, que é sempre vermelha e generosa, mas para acalmar a força dos taninos. Além disso, tem dois anos em barricas, com 40% novas, o que contribui para essa sensação de maciez, mas sem distorcer a grande carga de frutas que oferece.

Cadus

 APPELLATION TUPUNGATO
CABERNET SAUVIGNON 2017
$$ | TUPUNGATO | 14.7°

Esse Cabernet vem de uma finca na zona de Gualtallary a cerca de 1.100 metros de altura, plantada em solos arenosos, solos que refletem muito calor e, portanto, adiantam a colheita em alguns dias. Aqui a fruta é o que manda. A Cabernet de Gualtallary tem aquele toque que a Malbec também tem na zona: frutas vermelhas, cerejas, notas de ervas. De certo modo, a Cabernet adquire notas de Malbec ou, inversamente, quem sabe. O fato é que esses Cabernet de Gualtallary têm um caráter muito especial, muito vibrante e frutado. Nada parecido com isso na América do Sul.

 APPELLATION TUPUNGATO
MALBEC 2017
$$ | TUPUNGATO | 14.8°

Como forma de mostrar, de maneira genérica, o Malbec de Tupungato, essa é uma mistura de Malbec de vinhedos da região, todos de solos pedregosos e calcários. Esse cal se sente na boca, transformado em textura de giz, com grande aderência. As frutas são raivosamente frescas e vermelhas e de uma acidez que irradia luz em um vinho de grande corpo, que precisa de pelo menos três anos para atingir maior complexidade.

 SINGLE VINEYARD FINCA LAS TORCAZAS
MALBEC 2016
$$$ | AGRELO | 14.5°

Este **Las Torcazas** vem de um quartel de Agrelo, muito alto nessa denominação, que costuma dar vinhos de muita cor e concentração, principalmente se comparado ao outro Single Vineyard Finca Viña Vida. Além dessa intensa cor e concentração de sabores, possui uma camada de sabores de generosos e exuberantes de frutas vermelhas e, acima de tudo, notas de flores, violetas que são mais normais nos Malbec de altura de Uco.

 APPELLATION LOS CHACAYES
MALBEC 2017
$$ | LOS CHACAYES | 14.5°

Cadus tem cerca de 80 hectares de vinhedos na área de Los Chacayes, no vale de Uco. Os solos são pedregosos e calcários que geralmente dão um efeito de taninos firmes e penetrantes nos vinhos. Nesse Malbec, e essa tensão dos taninos, mas também um monte de frutas suculentas em um vinho que tem muito frescor e concentração rica. Um para guardar.

 BLEND OF VINEYARDS
MALBEC 2017
$$$ | MENDOZA | 15.5°

Esta mistura vem de três vinhedos, um em Agrelo, o outro em Los Chacayes e o último em Los Árboles, entre 1100 metros de altura em Agrelo e 1400 em Los Árboles, cada um contribuindo com um terço da mistura. 85% do vinho estagia por um ano em barricas, mas isso quase não parece em nível aromático, mas provavelmente na textura que é macio e cremoso.

‹ prova de *vinhos* ›

 SIGNATURE SERIES
PETIT VERDOT 2017
$$ | LOS CHACAYES | **14.2°**

Este Petit Verdot vem dos vinhedos de Cadus, em Los Chacayes, uma área de solos muito pedregosos no vale de Uco, no sopé dos Andes. Aqui está uma fruta muito poderosa, com tons especiados, mas especialmente frutas vermelhas intensas. A textura, como um bom exemplo da linhagem, irradia taninos e acidez em um vinho concentrado, potente, porém ágil e fresco.

 APPELLATION VISTA FLORES
CHARDONNAY 2018
$$ | VISTA FLORES | **13.8°**

Muito perto do limite entre Vista Flores e Los Chacayes, aqui está um branco nítido de montanha. No lado herbáceo da variedade, aqui estão os toques de flores e de ervas em um corpo médio, muito refrescante e fácil de beber, mas ao mesmo tempo com um bom corpo. 60% do vinho passou dez meses em barricas e isso se sente mais do que qualquer coisa na textura que é cremosa sem perder o frescor.

 CADUS CHAMPENOISE BRUT NATURE
PINOT NOIR, MALBEC N/V
$$$ | VALE DE UCO | **12.5°**

Com 60% de Pinot Noir e 40% de Malbec, todos estagiados com suas borras por cerca de 18 meses sob o método tradicional de segunda fermentação em garrafa, aqui se tem um vinho espumante seco (4,9 gramas de açúcar residual) com uma espuma muito fina, muito pontiaguda, rodeado de sabores frutas vermelhas em um vinho que é branco, mas que cheira a frutas vermelhas.

 SIGNATURE SERIES
CRIOLLA CHICA 2019
$$ | VISTA FLORES | **13°**

De uma vinha muito antiga em Vista Flores, plantada em solos muito arenosos e com muito pouca produção por planta (principalmente devido à idade), esse Signature Series tem todas as qualidades da variedade, seu lado fresco e vibrante, seus frutos vermelhos, o lado ligeiramente terroso e um corpo ágil, muito refrescante.

 SIGNATURE SERIES
PINOT NOIR 2018
$$ | TUNUYÁN | **14.5°**

Um Pinot simples e amigável, com notas de frutas vermelhas e muito frescor. É leve, com taninos muito polidos, acidez refrescante. Como ponto de partida, é um bom começo. Esse Pinot vem da área de Los Árboles, a cerca de 1400 metros de altura, ao sopé dos Andes.

⋘┄┄┄⋙

Cara Sur

PROPRIETÁRIOS Francisco Bugallo, Sebastián Zuccardi, Marcela Manini & Nuria Añó
ENÓLOGOS Francisco Bugallo & Sebastián Zuccardi
INSTAGRAM carasur.barreal/
RECEBE VISITAS Sim

Proprietários
FRANCISCO BUGALLO, NURIA AÑÓ,
MARCELA MANINI & SEBASTIÁN ZUCCARDI

Do Vale de Calingasta, província de San Juan, vêm os vinhos deste projeto de Nuria Añó, Pancho Bugallo, Marcela Manini e Sebastián Zuccardi (da bodega Zuccardi), dois amigos de universidade. O projeto nasce na zona de Paraje Hilario, em um antigo vinhedo de Criolla, Bonarda e Moscatel Negro, com exceção do vinho rosado, que vem de Paraje Villa Nueva, no mesmo vale. O projeto destaca-se por ter sido um dos primeiros a se aventurar com a uva Criolla, antes do pequeno auge experimentado atualmente, e também por ter atraído a atenção para uma zona de grande patrimônio de vinhas velhas, muitas delas consideradas extintas ou, simplesmente, desconhecidas. O trabalho de resgate de Cara Sur é algo que merece muita atenção.

IMPORTADORES: BRASIL: www.vinhomix.com.br | USA: www.brazoswine.com

VINHOS

 PARCELA LA TOTORA
CRIOLLA CHICA 2018
$$$ | BARREAL | 13.5°

La Totora é uma parcela de pouco menos de meio hectare, plantada a cerca de 1.550 metros de altura em Paraje Hilario. É uma vinha em um parral de mais de sessenta anos. O vinho é fermentado com 30% de engaços e estagia por oito meses em ovos de concreto. Como a primeira versão, essa também é fina, mas nervosa, com um corpo de baixa concentração, mas ao mesmo tempo com muito sabor e taninos afiados, intensos e pontiagudos. A Listán Prieto em seu melhor momento na Argentina.

 CARA SUR TINTO
BARBERA, BONARDA, MALBEC 2019
$$ | BARREAL | 13.5°

A ideia desse vinho tinto é, de acordo com Cara Sur, fazer uma espécie de resumo da zona, uma espécie de vinho de povoado onde três cepas entre as muitas tintas que estão na zona. O vinho tem muita energia interior. A fruta é negra, mas de grande tensão, graças aos taninos firmes e à acidez brilhante. Um vinho intenso de corpo, mas ao mesmo tempo fácil de beber, como todos os da casa.

 CARA SUR
MOSCATEL NEGRO 2019
$$ | BARREAL | 13.5°

A base das vinhas de Cara Sur está localizada em Finca Maggio, em Paraje Hilario, a cerca de 1.500 metros acima do nível do mar. Daí vem este Moscatel Tinto, uma delícia de sabores frescos, frutas vermelhas, notas terrosas. Para encher o ovo onde este Moscatel estava, Francisco Bugallo teve que completar com Criolla Chica, o que, segundo ele, lhe deu um maior aderência na textura. E a textura é selvagem. Um vinho para linguiças.

‹ prova de *vinhos* ›

 CARA SUR
CRIOLLA CHICA 2019
$$ | BARREAL | 13.5°

Essa é uma seleção de quatro lotes na área de Paraje Hilario, todos de uma vinha muito antiga em parral. O estágio ocorre em dois ovos de cimento de mil litros cada, durante seis meses. Um vinho delicioso, cheio de frutas vermelhas, sabores terrosos, toques minerais, tudo isso em um vinho que é, antes de mais nada, um tinto para matar a sede.

 CARA SUR
MOSCATEL BLANCO 2019
$$ | BARREAL | 11.9°

De uma seleção de parrais (vinhedos em latada) de 50 anos de idade, em solos aluviais do rio Los Patos, tem um envelhecimento de seis meses em ovos de cimento. Os aromas da Moscatel inundam o nariz com toques florais, enquanto na boca é perfumado, rico em sabores de frutas brancas maduras em uma textura de taninos suaves, muito amáveis. Um vinho que bebe bem hoje, mas cerca de cinco anos em garrafa ganhará muito em complexidade.

 CARA SUR
MOSCATEL ROSADO 2019
$$ | BARREAL | 12°

Esse Moscatel vem de vinhas muito velhas, com mais de cinquenta anos de idade. O vinho é fermentado com as leveduras da vinha e depois estagia em garrafões de vidro por oito meses, os aromas florais dominam, inundando tudo. Os sabores de frutas, ao fundo, parecem frutas vermelhas ácidas e a textura tem muito boa aderência. Ideal para um sanduíche de pastrami.

 CARA SUR ROSADO
BONARDA, CABERNET SAUVIGNON, MALBEC 2019
$ | BARREAL | 13°

Metade desse rosé é elaborado com Bonarda de um parral muito antigo, com cerca de 80 anos e, Paraje Hilario. A outra metade vem de vinhas jovens, plantadas em 2015. O resultado é um rosé fresco, vivo em sua acidez, com frutas e flores e temperos que enchem a boca com um sabor refrescante.

 PÉRGOLAS
TORRONTÉS 2019
$ | BARREAL | 12°

Essa é uma seleção de vinhedos em pérgolas antigas, algumas de mais de 80 anos nos pátios das casas de Barreal. O vinho é 100% Torrontés Sanjuanino, uma variação de Torrontés muito menos aromática que a de Cafayate. Apresenta notas de frutas brancas maduras, com toques de especiarias e de ervas, tudo em intensidade média em um corpo leve e fresco.

«‹‹ ---›››

CARO

PROPRIETÁRIOS Nicolás Catena & Barón Eric de Rothschild
ENÓLOGO Philippe Rolet
WEB www.bodegascaro.com.ar
RECEBE VISITAS *Sim*

Enólogo
PHILIPPE ROLET

Caro nasce da sociedade que as vinícolas Catena e Lafite (emblemático château francês) estabeleceram em 1999. A ideia inicial era unir duas culturas, duas famílias e duas variedades em um vinho que tinha Malbec e Cabernet Sauvignon, variedades típicas de Mendoza e Bordeaux respectivamente. Esse vinho é **Caro**. Com o tempo, eles criaram dois rótulos complementares. Em 2003, nasceu o **Amancaya** (**Petit Caro** no mercado argentino), o segundo vinho da casa, feito com uma filosofia semelhante, mas com um período mais curto de envelhecimento, e desde 2010 eles produzem o 100% Malbec **Aruma**. Caro tem oito hectares próprios e produz cerca de 700 mil garrafas por ano.

IMPORTADORES: BRASIL: www.mistral.com.br | USA: www.taubfamilyselections.com

VINHOS

 CARO
MALBEC, CABERNET SAUVIGNON 2017
$$$$$ | ALTAMIRA | 14°

CARO é 100% Altamira. A Cabernet Sauvignon (25% da mescla) vem de um antigo vinhedo plantado em 1996, enquanto a Malbec vem de um vinhedo plantado em 1999 com o material do tradicional vinhedo Angélica em Catena, em Maipú. Passa 18 meses em barricas, 80% novas e o resto de segundo uso. Tem uma forte presença de frutas, com toques de frutas vermelhas, de especiarias e de ervas. A mesma coisa acontece na boca. A sensação frutada é poderosa, mas também a estrutura, que sustenta esses deliciosos sabores de frutas vermelhas.

 AMANCAYA RESERVE RED BLEND
MALBEC, CABERNET SAUVIGNON 2017
$$$ | MENDOZA | 14°

Amancaya (**Petit Caro** para o mercado argentino) é o segundo vinho da casa, um blend de Malbec (72% esse ano) e Cabernet Sauvignon. A fruta vem principalmente da área de Altamira, além de algo de Alto Agrelo. O vinho estagia em barricas (metade do volume, o outro em aço) para mostrar uma excelente relação entre a fruta amável, a personalidade acessível da Malbec, com os taninos firmes da Cabernet Sauvignon e seu lado de ervas que lá nas alturas de Altamira parece mais claro. A fruta é deliciosa, com toques especiados e uma textura muito polida e fina.

 ARUMA
MALBEC 2018
$$ | VALE DE UCO | 14.2°

100% Malbec de diferentes vinhas no vale de Uco, sem passar por barricas, esta é a porta de entrada para os vinhos Caro. Cerca de 260 mil garrafas são feitas, e é um Malbec muito floral e fresco, com tons de frutas vermelhas maduras e uma textura muito macia e acessível.

‹ prova de *vinhos* ›

Casa Petrini

PROPRIETÁRIO Eduardo Petrini
ENÓLOGO Ariel Angelini
WEB www.casapetrini.com
RECEBE VISITAS *Sim*

Proprietários
FAMÍLIA PETRINI

Casa Petrini é uma das vinícolas jovens mais atrativas do Vale de Uco. Trata-se de um projeto familiar baseado em um vinhedo de trinta e cinco hectares plantado em 2013 junto ao rio Las Tunas, na zona de Agua Amarga. Entre as características desse terroir majoritariamente de Malbec, destaca-se um pequeno setor com pedras vulcânicas, de onde vem seu peculiar Malbec Single Vineyard Roca Volcánica. O enólogo de Casa Petrini é Ariel Angelini.

VINHOS

 TALUD
MALBEC, TANNAT, PETIT VERDOT 2018
$$ | TUPUNGATO | 13.5°

Este **Talud** é o emblema da casa, um resumo do vinhedo de Petrini ao lado do rio Las Tunas, que esse ano tem 80% Malbec, 15% Tannat e 5% Petit Verdot. O vinho é fermentado em aço e estagia em barricas usadas por 14 meses. Nessa safra - assim como os outros vinhos da casa - também mostra que a fruta fresca e radiante se concentra em frutas vermelhas. Não é só a acidez que aparece como protagonista, mas agora são os sabores da Malbec de altura, na área de Agua Amarga, que estão em primeiro plano. Sabores da montanha em um vinho para beber agora ou para o guardar.

 CASA PETRINI
MALBEC 2019
$ | TUPUNGATO | 13.5°

O estilo dos vinhos de Petrini, desde a sua primeira safra em 2015, mostrou um estilo centrado na fruta, no frescor dos sabores da Malbec, uma aposta que desde o início aplaudimos em Descorchados. Gradualmente, o estilo é consolidado, um estilo que na época não era a norma na Argentina, e que não era comum ver em uma vinícola que recém estava começando. Esse Malbec é uma continuação de estilo, com um acento na frutas vermelhas, raivosamente fresco e suculento. O vinho gira em torno da acidez, mas a acidez não é mais o ator principal e sim a fruta.

 CASA PETRINI
TANNAT 2019
$ | TUPUNGATO | 12.5°

Muito em sintonia com a nova onda de Tannat uruguaio, esse parente argentino também vai para o lado da fruta em um bom exemplo da variedade. Com 50% de cachos inteiros em fermentação, aqui se tem uma forte nota frutada, muito intensa na boca, mas sem os taninos agressivos que normalmente estão associados a essa uva. Um vinho adorável, mas atenção para a estrutura dos taninos. Eles não são agressivos, mas se sentem. Eles pedem carne.

Casa Petrini

94 | **LECHO DE RÍO**
CHARDONNAY 2018
$$ | TUPUNGATO | 13°

Esse é um Chardonnay atípico. Dos solos aluviais da vinícola, ao lado do rio Las Tunas, metade desse vinho foi fermentado com um cachos inteiros, ou seja, em contato com suas peles, como se fosse um vinho tinto. Depois, o vinho estagia em ovos e 30% em barricas. O vinho é muito atípico. Os sabores são maduros, exuberantes, com toques salinos e de flores. A textura é cheia, quase oleosa. Quando todo mundo procura por mineralidade e linearidade no Chardonnay, esse vai no caminho oposto.

91 | **CASA PETRINI ROSÉ**
MALBEC, TANNAT 2019
$ | TUPUNGATO | 12.5°

Esta é uma mistura de 70% Malbec e 30% Tannat, todos da vinha de Petrini em Agua Amarga, no vale de Uco. É um rosado delicado, com muitas frutas vermelhas ácidas, em um corpo leve, mas com muitos sabores. Um rosé ideal para o verão.

Casa Yagüe

PROPRIETÁRIOS Marcelo Yagüe & Patricia Ferrari
ENÓLOGO Sebastián Landerreche
WEB www.casayague.com
RECEBE VISITAS Sim

Proprietários
MARCELO YAGÜE & PATRICIA FERRARI

Em um clima extremo e muito complexo, a família Yagüe segue construindo um catálogo de vinhos repletos de sentido de lugar. Em 2014 plantaram um punhado de hectares de vinhedos no vale Trevelín, na província de Chubut, localizada na Cordilheira dos Andes, a cerca de 500 metros do rio Futaleufú e a 12 quilômetros da fronteira com o Chile. Naquele lugar, a quase 2.000 quilômetros ao sul de Buenos Aires, as chuvas são abundantes e a paisagem é repleta de verde na fronteira sul do vinho argentino.

VINHOS

 CASA YAGÜE
CHARDONNAY 2018
$$$ | PATAGÔNIA ARGENTINA | 11.5°

O impacto do tempo frio de Trevelín tem um efeito importante. Os sabores são cítricos e a acidez é fulminante, aguda, cheia de vigor. O interessante, no entanto, é que depois de toda essa crocância ácida há um corpo voluptuoso e cremoso, que fala sobre frutas colhidas muito maduras na estação.

 CASA YAGÜE
SAUVIGNON BLANC 2018
$$$ | PATAGÔNIA ARGENTINA | 11.5°

Um dos principais inimigos naturais da área de Trevelín é a geada. Mais do que as chuvas, que abundam no inverno, são as terríveis geadas que queimam tudo em seu caminho. Em Yagüe eles os combatem com irrigação por

‹ *prova de* **vinhos** ›

aspersão, uma maneira moderna de combater o frio do sul. Aqui você sente aquele frio, especialmente na acidez que é afiada como uma navalha, cortando frutas cítricas com toques caramelizados. O corpo é de textura média e cremosa. Um Sauvignon sem igual na Argentina.

OAK
CHARDONNAY 2018
$$$ | PATAGÔNIA ARGENTINA | 11.5°

Tentando encontrar um caminho que interprete o lugar extremo de Trevelín, no extremo sul da Argentina, a família Yagüe experimentou o estágio de seu Chardonnay por meio ano em barricas. O resultado não é um vinho madeirizado. O poder do lugar é tal que excede o tostado da barrica e se impõe com suas frutas cítricas e acidez acentuada. Uma boa tentativa.

Casarena

PROPRIETÁRIO Peter Dartley
ENÓLOGO Leandro Azin
WEB www.casarena.com
RECEBE VISITAS *Sim*

Enólogo
LEANDRO AZIN

Desde sua criação em 2007, Casarena tem se focado na tradicional denominação de origem de Luján de Cuyo, especificamente nas zonas de Perdriel e Agrelo, onde tem vários vinhedos. Esses somam no total 160 hectares, alguns deles plantados há pouco tempo, outros faz vinte e outros faz oitenta anos. Com essas videiras elaboram anualmente ao redor de um milhão de garrafas. Apesar de que terem também vinhos jovens e reservas, o foco principal em Casarena está posto nos vinhos que nascem de parcelas específicas, os **Single Vineyards**. IMPORTADORES: BRASIL: www.magnumimportadora.com.br USA: www.vineconnections.com

VINHOS

ICONO
MALBEC, CABERNET FRANC, PETIT VERDOT 2015
$$$ | LUJÁN DE CUYO | 14°

Icono é uma mescla não só de variedades (Malbec com 70%, Cabernet Franc em 20% e Petit Verdot em 10%) mas também das diferentes microvinificações que Casarena produz em barricas de 225 litros para a linha Single Vineyard, e delas escolhes as melhores, a nata da nata dos vinhedos de Naoki e Lauren, que são Agrelo. Um vinho com muita fruta, com muita expressão de frutos vermelhos maduros e de especiarias, com uma textura tão suave e fresca que o convida a continuar a beber. Ele é amável, mas também muito jovem hoje. O que há aqui é fruta, amanhã pode se transformar em outra coisa, então paciência e anos em garrafa.

DNA
CABERNET SAUVIGNON 2016
$$$ | LUJÁN DE CUYO | 14°

Esta é uma seleção de Owen, uma vinha plantada há cerca de 70 anos em Agrelo, graças ao material cultivado pela família Blanco, o proprietário original desse vinhedo. O vinho tem um componente de cassis e de grafite que o direciona imediatamente para a cepa. A textura, embora amigável, tem

Casarena

taninos firmes e pontiagudos, acompanhados por uma acidez fresca e vital. Um vinho que parece muito jovem. Precisa de vários anos na garrafa.

 NAOKI'S VINEYARD
MALBEC 2017
$$ | AGRELO | 14°

Este é o vinhedo mais jovem de Casarena, plantado em 2010 em uma área de Agrelo que, de acordo com a vinícola, tem solos muito diferentes, com áreas que são compostas de gesso, cal e até mesmo solos vulcânicos em uma diversidade que abrange 18 hectares de vinhedos em uma propriedade de 160 hectares. Este Malbec, em sua essência, não tem muito a ver com o Malbec de Agrelo, ou mesmo com os Malbec que Casarena tem na zona. Aqui há muita fruta, muito frescor e acidez firme, que tem sido uma constante desde a sua primeira safra em 2014.

 LAUREN'S VINEYARD
CABERNET FRANC 2017
$$ | AGRELO | 14°

Dos 82 hectares do vinhedo Lauren (a maior das vinhas de Casarena), cerca de 3,5 hectares são de Cabernet Franc. Uma seleção desses hectares vai para esse Single Vineyard. O vinho estagia por cerca de doze meses antes de ir para a garrafa. Aqui se tem um Cabernet Franc muito herbáceo, com toques de pimentão grelhados e suco de cereja madura. Um vinho que tem boa aderência na boca, mas ao mesmo tempo um delicioso frescor, que o convida a continuar a bebê-lo.

 LAUREN'S VINEYARD
MALBEC 2017
$$ | AGRELO | 14°

O vinhedo Lauren foi plantado há cerca de doze anos, na área de Agrelo. O vinho estagia por um ano em barricas novas, mas o impacto da madeira não é importante nesse vinho, o que importa é a fruta que tem o caráter maduro e amável de Agrelo. Um vinho de taninos "doces", como são frequentemente chamados os taninos polidos dos Malbec de Mendoza, com um fundo de fruta delicioso e generoso.

 OWEN'S VINEYARD
CABERNET SAUVIGNON 2017
$$ | AGRELO | 14°

Este Cabernet vem de um parral (vinhedo em latada) plantado há mais de 70 anos na área de Agrelo, na famosa Calle Cobos, uma espécie de espinha dorsal do vinho tradicional de Mendoza. Este Cabernet tem doçura e amabilidade, com notas de frutas secas e de frutas vermelhas maduras com muitas especiarias e um toque de ervas em um tinto de muito corpo, de dimensões generosas.

RESERVADO (ESTATE)
MALBEC, CABERNET SAUVIGNON, CABERNET FRANC, SYRAH 2018
$$ | LUJÁN DE CUYO | 14°

Nessa safra, a mescla é composta por 65% Malbec, 20% Cabernet Franc e o restante de Cabernet Sauvignon e de Syrah e dessa linha é o mais bem sucedido, especialmente por sua fruta fresca, vermelha e deliciosa em sua nitidez. Há tensão de taninos e de acidez, em meio a sabores de frutas que não saem da boca.

⟨ *prova de* **vinhos** ⟩

 JAMILLA'S VINEYARD
MALBEC 2017
$$ | PERDRIEL | 14°

100% dos vinhedos de Perdriel, esse Malbec vem de videiras plantadas há cerca de 25 anos nos solos aluviais da região. Aí Casarena tem 11 hectares plantados, e esta é uma seleção de Malbec local. Você sente o calor das pedras e do sol da zona, mas também se sente a intenção da vinícola de procurar por frutas mais frescas. Aqui há cerejas maduras no contexto de muitas especiarias e acidez rica.

 RESERVADO (ESTATE)
CABERNET SAUVIGNON 2018
$$ | LUJÁN DE CUYO | 14°

A Cabernet de Agrelo tem este estilo untuoso, de frutos secos e de notas de especiarias. Aqui há um plus de acidez que lhe dá energia, mas tudo fala daquele estilo de vinhos argentinos tradicionais, amáveis, de texturas untuosas, de final ligeiramente doce e muito amável.

 RESERVADO (ESTATE)
MALBEC 2018
$$ | LUJÁN DE CUYO | 14°

Uma mescla de vinhedos de Luján de Cuyo, principalmente dos vinhedos de Agrelo e de Perdriel, aqui há uma busca para obter maior frescor, um fruta mais vermelha. E isso é alcançado. No cenário dos vinhos de Luján, é bom que haja Malbec assim tão rico em frutas vermelhas e com pouca presença de madeira.

 LAUREN'S VINEYARD
PETIT VERDOT 2017
$$ | AGRELO | 14°

Do vinhedo Lauren, em Agrelo, de vinhas de doze anos em solos aluviais, esse Petit Verdot se sente amável e doce, com toques picantes e herbáceos, mas acima de tudo muita fruta doce e madura em um vinho opulento.

 WINEMAKER'S SELECTION (AREYNA)
CABERNET SAUVIGNON 2018
$ | LUJÁN DE CUYO | 14°

No lado herbáceo da cepa, essa mescla de vinhedos de Perdriel e Agrelo mostra uma fruta madura, ampla e expansiva, mas ao mesmo tempo fresca, muito rica e pulsante, pelo menos para o contexto da Cabernet de Luján. É um vinho perfeito para empanadas de carne.

 WINEMAKER'S SELECTION (AREYNA)
MALBEC 2018
$ | LUJÁN DE CUYO | 14°

Esta é uma mescla de vinhas em Agrelo e Perdriel, onde Casarena obtém todos os seus vinhos. A fruta é amável, com uma doçura de taninos que encanta, juntamente com notas defumadas e notas especiadas num vinho simples e direto.

Casarena

 WINEMAKER'S SELECTION (AREYNA)
TORRONTÉS 2019
$ | CAFAYATE | 13.5°

Um estilo de Torrontés de corte internacional em um tom mais leve que o habitual, mas ao mesmo tempo com flores e frutas maduras que são típicas da variedade. O corpo é leve e amável, ideal para beber como aperitivo.

OUTROS VINHOS SELECIONADOS

89 | 505 (BODINI) Malbec 2019 | Luján de Cuyo | 13.5° | $
87 | 505 (BODINI) Malbec 2019 | Luján de Cuyo | 13.5° | $

Catena Zapata

PROPRIETÁRIO Família Catena Zapata
ENÓLOGO Alejandro Vigil
WEB www.catenawines.com
RECEBE VISITAS Sim

Proprietários
FAMÍLIA CATENA ZAPATA

O fato de a **Malbec ser a grande marca dos vinhos da Argentina** deve-se em parte ao trabalho de Nicolás Catena, que nos anos 1990 optou seriamente por essa variedade e sua internacionalização. O proprietário de Catena Zapata vem de uma tradição que começou em 1902, quando seu avô Nicola Catena plantou um vinhedo de Malbec, e continuou com seu pai, Domingo Catena, responsável por fazer da vinícola uma das mais importantes produtoras do país. Nicolás Catena finalmente consagrou-a como uma marca orientada para a qualidade, sendo pioneira não apenas em resgatar a Malbec, mas também em apostar em vinhedos de altitude. A história recente da vinícola tem sido marcada pelo trabalho da equipe enológica liderada por Alejandro Vigil, que se dedicou a estudar em profundidade os diferentes terroirs de Mendoza, produzindo vinhos que comprovam a hierarquia da Malbec e também as diferentes faces que sua origem é capaz de mostrar.

IMPORTADORES: BRASIL: www.mistral.com.br | USA: www.thewinebowgroup.com

VINHOS

 **ADRIANNA VINEYARD WHITE BONES**
CHARDONNAY 2017
$$$$$ | MENDOZA | 12.7°

White Bones é uma seleção de fileiras plantadas em solos calcários do vinhedo Adrianna, em Gualtallary, um dos primeiros vinhedos naquela área muito em moda no vale do Uco hoje. Há dois aspectos a sublinhar neste vinho, para nós o mais radical de White Bonés desde a sua primeira safra em 2009. O primeiro é aquele solo de cal, pedras banhadas de calcário que dão a este vinho aquela severidade de branco feito de pedras ao invés de frutas. É o segundo é o véu de flor, como os vinhos de Jerez, que em Gualtallary, no alto da montanha, dá um véu leve, mas que chega a dar aquele lado salino, a dar essa complexidade, aquele lado mineral que permeia tudo e que acentua aquela sensação de pedra, que este vinho não é feito de uvas.

‹ *prova de* **vinhos** ›

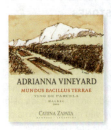

 ADRIANNA VINEYARD MUNDUS BACILLUS TERRAE MALBEC 2016
$$$$$ | MENDOZA | 14°

Mundus, segundo o enólogo Alejandro Vigil, vem do mundo bacteriano que existe naquele pequeno pedaço de vinhedo de 1,4 hectare; a simbiose desse mundo molecular com as raízes que, por algum motivo, dão um delicioso fruto. Podem ser esse mundo molecular, mas também o fato de que a fermentação é feita 100% com cachos inteiros. E, a propósito, não podemos esquecer de deixar de esquecer de um ano muito frio na equação, o mais frio da década e também o mais chuvoso. Tudo conspira para que este vinho tenha uma linearidade, uma verticalidade que não é vista com frequência nos Malbec argentinos, mas que se vê em Adrianna Vineyard em particular e em Monasterio (aquele cantinho de Gualtallary), em geral: os solos de cal, o frio, a montanha.

 ADRIANNA VINEYARD MUNDUS BACILLUS TERRAE MALBEC 2017
$$$$$ | MENDOZA | 13.8°

O nome **Mundus Bacillus**, segundo o enólogo Alejandro Vigil, vem do mundo bacteriano que existe naquele pequeno pedaço de vinhedo de 1,4 hectare; a simbiose desse mundo molecular com raízes. Em comparação com a vindima de 2016, este vinho parece mais robusto, com taninos mais firmes e mais severos, maior graças a uma colheita quente, que deu vinhos suculentos em madurez. Não é o caso aqui. Neste Mundus, há muito frescor e tensão em um Malbec que vai muito além de sua mera expressão varietal.

 ADRIANNA VINEYARD RIVER STONES
MALBEC 2016
$$$$$ | MENDOZA | 14°

Essa é uma seleção de vinhedos muito pedregosos e calcários. Com 20% de cachos inteiros na fermentação e 20 meses em barricas, este vinho tem um nariz muda, não diz nada. Mas o que ele não diz no nariz, ele diz na boca. É tremendamente frutado, rico em acidez e frescor. A austeridade é o que define a estrutura tânica aqui, um esqueleto de taninos como uma rede de aço, tensa. Um vinho que vai muito além da cepa para falar de um lugar, um vinho de montanha.

 ADRIANNA VINEYARD RIVER STONES
MALBEC 2017
$$$$$ | MENDOZA | 14.1°

O desenvolvimento de River Stones é um pouco reflexo da evolução do estilo dos vinhos de Catena. Até duas safras atrás, a influência desse solo, pedregoso, quente, era claramente sentida. Tanto é assim que costumávamos definir este vinho como o mais quente dos três single vineyard do vinhedo Adrianna em Gualtallary. Hoje é pura estrutura, solo puro, frutas vermelhas, resultado de uma seleção muito mais minuciosa de vinhedos ricos em calcário, que aqui constrói o esqueleto de taninos. Um vinho fresco com frutas vermelhas e uma estrutura para viver por muitos anos na garrafa.

Catena Zapata

 ADRIANNA VINEYARD WHITE STONES
CHARDONNAY 2017
$$$$$ | MENDOZA | 12.9°

Acima dos 1450 metros, no vinhedo Adrianna, na área que agora é conhecida como Monasterio, no coração de Gualtallary, esta é uma seleção de vinhedos com solos muito calcários, que é sentida no esqueleto deste vinho. Há força mineral, ácida e também uma complexidade aromática dada pelo véu de flor. 50% deste vinho foi criado sob um leve véu que transforma os sabores. Uma montanha branca, com todo o frescor da brisa dos Andes.

 ADRIANNA VINEYARD FORTUNA TERRAE
MALBEC 2016
$$$$$ | MENDOZA | 14°

Esta é uma seleção de cinco hectares do vinhedo Adrianna, plantado por volta de 1995 em Gualtallary. É um solo franco arenoso profundo, que tem uma camada de cal na extremidade onde as raízes chegam. A safra de 2016 foi especialmente fria, a mais fria da década e isso é sentido no caráter da fruta que é nervosa, vermelha e rica em acidez. A estrutura é firme, tensa, com uma linearidade que entusiasma, que convida a continuar bebendo. Uma excelente colheita.

 ADRIANNA VINEYARD FORTUNA TERRAE
MALBEC 2017
$$$$$ | GUALTALLARY | 14°

É um solo profundo, arenoso, com uma camada de cal até o final, onde as raízes chegam. Esta é uma seleção de cinco hectares da vinha Adrianna, plantada por volta de 1995 em Gualtallary. Uma colheita mais quente como 2017 marcou a fruta, tornando-a mais generosa, mais abundante que na safra anterior, muito mais fria, de 2016. A tensão destes solos de cal parece muito clara, os taninos firmes e suculentos, favorecendo a fruta, o sabor generoso deste Malbec. Guarde-o. Ele tem muita vida pela frente.

 NICASIA VINEYARD
MALBEC 2016
$$$$$ | MENDOZA | 13.8°

Nicasia é uma vinha plantada em 1997 em Paraje Altamira, em pisos de pedra e cal. O vinho é fermentado com 50% de cachos inteiros, todos em barricas de madeira. O vinho então estagia em tonéis por cerca de 16 meses. A ideia de fermentação com cachos inteiros acarreta uma deliciosa qualidade de frutas, como se fosse um Beaujolais, mas com toda a fruta doce da Malbec aqui, contrastando com a força dos taninos, que são típicos de Altamira, os taninos de cal.

MALBEC ARGENTINO
MALBEC 2017
$$$$$ | MENDOZA | 14.1°

Este **Malbec Argentino** é uma mistura de duas vinhas, metade de Angelica, a propriedade clássica de Catena ao lado do rio Mendoza e Nicasia, em Altamira. Ambos são colhidos na mesma data, a primeira semana de março, muito cedo para Angélica e um pouco cedo para Altamira. O fruto

*‹ prova de **vinhos** ›*

de Angelica é desmatado e o fruto de Altamira está com cachos inteiros, todos cofermentados em barricas onde também é cultivado. Para os fãs de Malbec Argentino, esta pode ser uma mudança radical: a acidez da colheita precoce, a fruta vermelha e a exuberância da fermentação com cachos inteiros, dão a este tinto um perfil muito mais focado na fruta do que no madeira, como era no passado. Além disso, parece mais ágil e leve; ele passa pela boca como se estivesse deslizando.

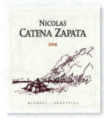

 NICOLÁS CATENA ZAPATA
CABERNET SAUVIGNON, MALBEC 2016
$$$$$ | MENDOZA | 13.6°

Nicolás Catena Zapata é um vinho clássico no cenário argentino. Com sua primeira safra em 1997, sempre foi a resposta de Catena aos grandes Cabernet do mundo. Neste caso, há 50% de Cabernet Sauvignon mais Malbec e outros varietais como Cabernet Franc, Petit Verdot e Merlot. Se pensarmos que há 50% de Cabernet Sauvignon, mas também 15% de Cabernet Franc, é normal que haja muitas notas de ervas e de tabaco aqui. Um vinho de grande poder em frutos vermelhos, uma acidez suculenta e um grande potencial para envelhecer na garrafa.

 NICOLÁS CATENA ZAPATA
CABERNET SAUVIGNON, MALBEC 2017
$$$$$ | MENDOZA | 13.9°

Este ano, por ser um ano mais quente, o mix inclui algo mais de Malbec do que no ano passado e de áreas mais frias como Gualtallary e Altamira, que deram frescor a um ano difícil para a Cabernet, sempre mais propenso a anos frios no deserto quente de Mendoza. Entre Cabernet Sauvignon e Franc há este na 65%, que no quente 2017 oferece frutas vermelhas maduras e também muitas especiarias e frutas secas, mas tudo em um contexto de taninos afiados e austeros. Um vinho para longa guarda.

 CATENA ALTA
CHARDONNAY 2018
$$$$ | VALE DE UCO | 13.7°

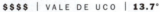

A mescla deste ano de Alta Chardonnay tem 80% dos vinhedos de Adrianna mais 20% de Villa Bastías, ambos plantados no início dos anos 1990. O material clonal deste Chardonnay geralmente dá uma podridão pelo fungo botrytis (o fungo dos vinhos doces), por isso se manifesta aqui nessa doçura, mas sem comprometer a tensão e frescor do vinho, mas adicionando muita complexidade, aromas compotados no meio de frutas maduras e todos acompanhados de acidez muito de Gualtallary, muito de vinhos de montanha.

 CATENA ALTA
MALBEC 2017
$$$$ | MENDOZA | 13.8°

Alta é um Malbec de vinhedos diferentes, tanto em Luján de Cuyo como no vale de Uco. Fermentado com 40% de cachos inteiros e estagia por 18 meses em barricas. A fruta é deliciosa neste vinho, uma acidez fresca e crocante, com notas de violetas e frutos vermelhos numa textura tensa, de taninos firmes, de grande tensão e frescor.

Catena Zapata

 LA MARCHIGIANA
CHARDONNAY 2018
$$ | MENDOZA | 13.5°

Do vinhedo Adrianna, nas alturas de Gualtallary, a cerca de 1.450 metros, esse é um Chardonnay bastante raro. No lado oxidativo da cepa, o vinho estagia em ânforas de barro por cerca de 8 meses, em uma abordagem completamente natural, sem intervenção. Além disso, antes do envelhecimento, tem duas semanas de contato com as borras, o que adiciona cor e complexidade aromática a este poderoso branco, com um corpo grande e acidez suculenta.

 **CATENA ALTA**
CABERNET SAUVIGNON 2017
$$$$ | MENDOZA | 13.7°

A base deste vinho é ainda a vinha La Pirámide, em Agrelo, plantada na década de 1980. A madeira (18 meses em barricas) tem uma forte presença aqui, com toques defumados e tostados. A fruta está por trás, com suas frutas vermelhas e especiarias. Um vinho de taninos ricos e firmes, muito típica da cepa. Um vinho que precisa de tempo na garrafa.

 CATENA APPELLATION PARAJE ALTAMIRA
MALBEC 2018
$$$ | ALTAMIRA | 13.6°

A linha **Appellation** tem como objetivo mostrar alguns dos terroirs mais característicos de Mendoza, com especial ênfase nas áreas do vale de Uco como este Altamira que nos permite dar uma rápida olhada no estilo da Malbec desse lugar, de Malbec tensos, ricos em frutas vermelhas, bastante austeros na boca, com taninos firmes e penetrantes. Este Malbec mostra isso em um tinto suculento e pronto para beber.

 CATENA APPELLATION SAN CARLOS
CABERNET FRANC 2018
$$$ | SAN CARLOS | 13.3°

No lado mais picante e terrosos da cepa, com notas defumadas e de tabaco, este é um bom exemplo de Cabernet Franc de Uco. Aqui há uma textura tensa, muito de solos com traços de cal e uma acidez que responde à lógica dos vinhos de montanha. É perfumado, rico em sabores de frutas. Pronto agora para beber com fraldinha.

DV CATENA TINTO HISTÓRICO
MALBEC, BONARDA, PETIT VERDOT 2018
$$$ | MENDOZA | 13.5°

Este vinho é baseado em frutas do vinhedo Angélica, a histórica vinha de Catena, plantada ao lado do rio Mendoza em 1930. De lá, durante os anos 90, Catena reproduziu material para todos os seus vinhedos em Uco e também a partir daí obteve e obtém alguns dos melhores vinhos de seu catálogo. Nesta mistura de Malbec com Bonarda e Petit Verdot há uma base de 75% de Malbec que vem dessa vinha acrescido de algo de El Cepillo, no sul de Uco. A mistura é deliciosa, suculenta, cheia de frutas vermelhas e com uma textura tensa e vibrante.

‹ *prova de* **vinhos** ›

92 | DV CATENA TINTO HISTÓRICO
MALBEC, BONARDA, PETIT VERDOT 2017
$$$ | MENDOZA | 13.5°

O vinhedo Angélica, plantado em 1932 ao longo do rio Mendoza, é um lugar chave na história de Catena. De lá, vieram seus primeiros grandes vinhos e, a partir daí, todo o material de Malbec que eles replantaram em outros lugares, especialmente no vale de Uco. Este Tinto Histórico tem 72% de Malbec, a maior parte desse vinhedo, e apresenta um lado fresco e vital, radiante em frutos vermelhos e muito bom equilíbrio com a acidez. Tem taninos firmes e nítidos, num vinho tinto de corpo médio a leve, mas com uma aderência muito boa.

91 | CATENA APPELLATION AGRELO
CABERNET SAUVIGNON 2018
$$$ | AGRELO | 13.5°

Os solos aluviais de Agrelo têm sido uma fonte tradicional de bons Cabernet Sauvignon em Mendoza, e Catena é uma das principais responsáveis por este prestígio. Nesta denominação, as frutas negras da Cabernet de clima quente se sentem com firmeza, além das especiarias e ervas em um vinho de taninos polidos, mas muito firmes. Um Cabernet com toques de clássico.

CATENA APPELLATION LA CONSULTA
MALBEC 2018
$$$ | LA CONSULTA | 13.5°

Uma expressão fina e quase sutil da Malbec de La Consulta, aqui há notas de cerejas e de especiarias, mas também leves toques terrosos que adicionam complexidade. A boca é leve, mas ao mesmo tempo tensa, com taninos muito nervosos e rica acidez, que aumenta a sensação de frescor da fruta. Este 100% Malbec vem dos solos aluviais de La Consulta, de um vinhedo plantado em 1996. Estagia doze meses de envelhecimento em barricas, 35% novas.

LA MARCHIGIANA
CRIOLLA CHICA 2018
$$ | MENDOZA | 13.7°

Para esse Criolla Chica (também conhecida no Chile como País ou na Califórnia como Mission), o enólogo Alejandro Vigil usa uvas da parte leste de Mendoza, em Rivadavia, uma das principais fontes da variedade na Argentina. Fermentado e criado por oito meses em recipientes de argila, tem um nariz ainda fechado, ainda muito tímido. Mas o que ele não tem no nariz, tem na boca onde exibe uma deliciosa mistura de sabores de terra e, acima de tudo, muita fruta vermelha. Este é um vinho para matar a sede.

CATENA
CABERNET SAUVIGNON 2018
$$$ | MENDOZA | 13.4°

Este Cabernet é uma seleção de diferentes vinhedos em Mendoza, desde Agrelo em Luján de Cuyo, até El Cepillo, no extremo sul do vale de Uco. Não há medo e vergonha dos aromas herbáceos aqui, que se desenrolam suavemente junto com as frutas maduras em um Cabernet de corpo leve, mas com taninos muito presentes e um final levemente picante.

Catena Zapata

CATENA
MALBEC 2018
$$$ | MENDOZA | 13.6°

Com frutas principalmente dos vinhedos de Lunlunta, em Luján de Cuyo, e mais adiante, no vale do Uco, das vinhas El Cepillo e de Gualtallary (duas áreas muito frias ao pé da montanha), este Malbec mostra uma agradável combinação desses dois mundos. O clássico mais quente e suculento de Lunlunta, com os tons mais ácidos e pulsantes do clima de montanha.

CATENA APPELLATION LUJÁN DE CUYO
WHITE CLAY SÉMILLON, CHENIN BLANC 2018
$$ | LUJÁN DE CUYO | 13.3°

Plantado em solos heterogêneos de argilas e areias, esse é uma mistura de Sémillon e Chenin Blanc. A madeira parece ter um papel muito importante no começo. Ele estagia por seis meses, com 35% das barricas novas. Mas, esperem e vejam como a fruta gradualmente ganha espaço em um vinho muito jovem, que precisa de pelo menos dois anos em garrafa.

CATENA APPELLATION LUNLUNTA
MALBEC 2018
$$$ | LUNLUNTA | 13.6°

Mostra os habituais tons de frutas negras e de especiarias dos vinhos de Lunlunta, um local clássico e histórico para os vinhos de Mendoza. Aqui, além disso, há aqueles taninos suaves e amigáveis da região, o que, localmente, o povo de Mendoza chama de "taninos doces", como um atributo do que é sentido aqui na bondade de seus frutos e na facilidade com que passa pela boca.

CATENA APPELLATION TUPUNGATO
CHARDONNAY 2018
$$$ | TUPUNGATO | 13.5°

Uma expressão suave e leve de Chardonnay, aqui há toques de frutas brancas e pimenta em um corpo suave e amável, com uma acidez rica e suculenta. Este Chardonnay passa nove meses em contato com suas borras, em barricas de carvalho.

OUTROS VINHOS SELECIONADOS
89 | ÁLAMOS Chardonnay 2018 | Mendoza | 13° | $$
89 | LA MARCHIGIANA Malbec 2018 | Mendoza | 14.4° | $$
88 | CATENA Chardonnay 2018 | Mendoza | 13.5° | $$$
88 | LA MARCHIGIANA Bonarda 2018 | Mendoza | 14.1° | $$
88 | LA MARCHIGIANA Moscatel Rosado 2018 | Mendoza | 13.9° | $$
87 | ÁLAMOS Malbec, Bonarda, Syrah 2018 | Mendoza | 13.5° | $$

⟪----⟫⟫⟫

‹ *prova de* **vinhos** ›

Cave Extrême

PROPRIETÁRIO Jean-Edouard de Rochebouet
ENÓLOGO Philippe Caraguel
WEB www.atamisque.com
RECEBE VISITAS *Sim*

Enólogo
PHILIPPE CARAGUEL

Esta vinícola de espumantes foi fundada em 1998 por Jean-Edouard de Rochebouët, que durante anos foi gerente geral da Chandon Argentina, além de presidente da Câmara de Comércio Franco-Argentina. Philippe Caraguel, filho de Paul Caraguel, ex-enólogo de Chandon, foi contratado como enólogo. A Cave Extrême desenvolve uma pequena produção de cerca de 18 mil garrafas por ano.

VINHOS

91 — EXTRÊME CUVÉE SPECIALE EXTRA BRUT
PINOT NOIR, CHARDONNAY 2018
$$ | SAN JOSÉ DE TUPUNGATO | 13°

Este **Extrême** tem cerca de 24 meses de contato com as lias pelo método de segunda fermentação em garrafa. Aqui há 70% de Pinot Noir e o resto de Chardonnay e tudo é delicioso, fruta vermelha refrescante, com um toque doce que lhe dá amabilidade, mas isso não diminui o seu lado pulsante. Para a piscina.

90 — VICOMTE DE ROCHEBOUËT ROSÉ EXTRA BRUT
PINOT NOIR, CHARDONNAY 2018
$$ | SAN JOSÉ DE TUPUNGATO | 13°

Essa mescla tem 70% de Pinot Noir e o resto de Chardonnay têm uma deliciosa densidade de fruta. Maturidade voluptuosa e com aquele toque oxidativo que dá o perfil "vínico" ao qual também contribuem os 20 meses de contato com as lias que esse vinho teve. As borbulhas são macias e cremosas. Um vinho para se beber com salmão grelhado.

OUTRO VINHO SELECIONADO
89 | CAVE EXTRÊME EXTRA BRUT Chardonnay, Pinot Noir 2018 | San José de Tupungato | 13° | $$

Chacra

PROPRIETÁRIO Piero Incisa della Rocchetta
ENÓLOGOS Piero Incisa & Gabriele Graia
WEB www.bodegachacra.com
RECEBE VISITAS *Não*

Proprietário
PIERO INCISA DELLA ROCCHETTA

Chacra é uma vinícola da zona de Mainqué, Río Negro, na Patagônia. Seu dono, Piero Incisa della Rocchetta (da mesma família que produz o famoso Sassicaia, na Toscana), a fundou em 2004, com a intenção de elaborar vinhos representativos desse particular clima e terroir. Elaboram principalmente Pinot Noir, alguns de vinhas muito velhas, plantadas entre 1932 e 1955. Seus vinhos vão desde o genérico **Barda** até os Pinot Noir de alta

Chacra

gama **Treinta y Dos** e **Cincuenta y Cinco**. Chacra conta com 32 hectares e uma produção anual de aproximadamente cem mil garrafas as quais se soma também **Mainqué**, o Chardonnay que Incisa della Rocchetta elabora em conjunto com Jean-Marc Roulot, do Domaine Roulot, em Meursault, um dos personagens chaves dos vinhos da Borgonha.
IMPORTADORES: USA: www.grandcruselections.com   www.kobrandwineandspirits.com

VINHOS

CHACRA CINCUENTA Y CINCO
PINOT NOIR 2018
$$$$$ | PATAGÔNIA ARGENTINA | 12.5°

Para **Cincuenta y Cinco**, Chacra obtém as uvas de um vinhedo plantado em 1955, em solos pedregosos do leito do rio. O envelhecimento é feito em concreto (60% do volume total) e em barris (40%) para obter um vinho de grande complexidade, mas ao mesmo tempo de uma fruta fresca e vibrante. As notas de frutas vermelhas roubam o filme no nariz, mas é na boca onde toda a diversão acontece. Sabores de frutas se fundem em uma rede firme e firme de taninos, sustentada por uma acidez vibrante que acompanha todos os sabores até o final. Espere um pouco com o vinho na taça e você verá como um lado de sangue intrigante aparece entre os aromas de cerejas. Uma pequena festa.

MAINQUÉ
CHARDONNAY 2018
$$$$$ | PATAGÔNIA ARGENTINA | 12.5°

Este Chardonnay é feito em colaboração com Jean-Marc Roulot do Domaine Roulot em Meursault, um dos heróis da Borgonha e um dos mais precisos produtores de Chardonnay do mundo. Nos solos arenosos e sob o sol da Patagônia, em Mainqué, este Chardonnay é luminoso e refrescante, com nove meses de estágio em barricas (14% novas), que dá notas tostadas e cremosas a frutos brancos maduros, além das especiarias deste vinho. Uma dica: espere por este branco na taça. Não para de abrir e mostra cada vez mais aromas.

BARDA
PINOT NOIR 2018
$$$ | PATAGÔNIA ARGENTINA | 13°

Barda baseia-se nos vinhedos mais jovens da propriedade, plantados no início dos anos 1990, além de vinhos que as vinhas mais velhas (plantadas em 1932) não se qualificaram para os vinhos mais altos no catálogo. O envelhecimento é feito em 65% de concreto e o restante em barricas. Este ano o vinho parece um pouco tímido no nariz, mas na boca é uma delícia de sabores picantes e frutos vermelhos, num contexto de taninos firmes e aguçados, muito finos e em grande quantidade. Um vinho pronto agora para beber sem parar.

<<<----->>>

‹ *prova de **vinhos*** ›

Chakana

PROPRIETÁRIO Juan Pelizzatti
ENÓLOGO Gabriel Bloise
WEB www.chakanawines.com.ar
RECEBE VISITAS *Não*

Proprietário
JUAN PELIZZATTI

Chakana foi fundada em 2002 pelos Pelizzatti. A família é a segunda geração na Argentina de imigrantes italianos chegados de Valtellina, zona onde seus parentes ainda têm uma vinícola produtora de vinhos. Chakana se encontra em Agrelo, Luján de Cuyo, onde possui cem hectares plantados. Nos últimos anos somaram outros vinhedos: dois em Altamira (na parte alta e baixa), um em Mayor Drummond e outro em Gualtallary. Recentemente todos os seus vinhedos passaram a ser cultivados de forma biodinâmica.

IMPORTADORES: BRASIL: www.lapastina.com | USA: www.kysela.com

VINHOS

95   **AYNI PARCELA GRAVAS**
MALBEC 2018
$$ | ALTAMIRA | 13.5°

Ayni Parcela Gravas vem de um setor de vinha de Ayni em Altamira que é rico em cascalho. As uvas ali, naquele chão de pedra, amadureceram algumas semanas antes. Todo o vinho estagia em foudres de carvalho alemão novo, durante aproximadamente 14 meses. O efeito da madeira é ligeiro e a tensão e a força dos taninos dessas gravas (revestidos de cal) constroem uma estrutura severa, muito de Altamira que tende a dar aqueles vinhos monásticos, projetados para guardas longas.

 AYNI
MALBEC 2018
$$ | ALTAMIRA | 13.5°

Ayni foi plantada em Altamira em 2007 e é um vinhedo rico em pedras cobertas de cal. Esta característica parece dar aos vinhos uma estrutura severa, com taninos muito firmes que se sentem nítidos aqui. A fruta é vermelha, radiante. O vinho foi fermentado em foudres e aço e o envelhecimento é em foudres. Os aromas de madeira não entram na equação deste vinho. A fruta é a que manda.

93   **4 GATOS LOCOS**
MALBEC 2017
$$$ | GUALTALLARY | 14°

Este é um vinhedo plantado em 2009, parte do projeto Tupungato Winelands, uma das mais importantes fontes de uvas em Gualtallary. Fermentado em tanques de aço com 10% de engaços, depois envelhecido em barris de 225 e 500 litros por 18 meses. Depois desse longo estágio, o vinho ainda tem taninos muito firmes e quase rústicos em um Malbec que tem uma fruta vermelha deliciosa, fresca e viva.

 AYNI
CHARDONNAY 2018
$$ | ALTAMIRA | 12.5°

Ayni é o vinhedo de Chakana em Altamira e a Chardonnay daquele vinhe-

Chakana

do foi plantada em 2006. O vinho é fermentado 100% em barricas novas de carvalho de 500 litros de florestas alemãs. É suavemente sulfitado no meio do caminho para evitar a fermentação malolática e é engarrafado um ano depois. O vinho é muito frutado, com muitas frutas brancas com leves toques defumados e condimentados, mas acima de tudo de frutas. A textura é cremosa, com muito volume na boca.

93 SOBRENATURAL TINTO
TANNAT, MALBEC 2019
$ | AGRELO | 13°

Esta é a segunda versão desse tinto e 20% de Malbec é agora adicionado ao Tannat para acalmar a intensidade dos taninos da cepa. Ambas as variedades são provenientes da vinha biodinâmica de Agrelo e dão esse tinto suculento, de taninos firmes mas amáveis, com um fundo frutado que encanta. São frutas deliciosas em um contexto de muito frescor.

91 ESTATE FINCA LOS CEDROS
MALBEC 2018
$ | ALTAMIRA | 13.5°

Este Malbec vem de uma finca que foi certificada orgânica este ano, de um vinhedo plantado em 2010. É 100% Malbec e foi fermentado metade em concreto e metade em foudres. O vinho tem uma nota de chá estranha que lhe dá muita personalidade. Vem da área mais fértil dos solos de Altamira e que é sentida num vinho que não tem a habitual corpulência dos vinhos da região, mas o que não tem no corpo, tem na graça e no frescor de um vinho muito particular de Uco.

ESTATE SELECTION
CHARDONNAY 2019
$ | VALE DE UCO | 13.5°

Este Chardonnay vem da área de Paraje Altamira e Gualtallary, ambos no vale de Uco. 25% do vinho é fermentado em barricas usadas e o restante em ovos de cimento. A mescla estagia durante 8 meses em concreto e o resultado é um vinho de grande pureza e de notas florais ricas em meio as frutas brancas. A textura é macia, cremosa, com boa acidez e aromas florais novamente acompanhando.

ESTATE SELECTION
MALBEC 2018
$ | VALE DE UCO | 14°

Estate vem 100% de vinhas em três áreas no vale de Uco: Altamira, Gualtallary e Los Chacayes, os lugares onde Chakana prefere buscar a Malbec. O vinho estagia em barricas e em alguns foudres, todos de madeira usada. O vinho tem um perfil bastante maduro, com frutas negras, mas ao mesmo tempo com uma boa estrutura de taninos que suporta o peso da fruta. Um vinho de rico equilíbrio.

90 ESTATE SELECTION
TORRONTÉS 2019
$ | GUALTALLARY | 14°

Nas alturas de Gualtallary não é usual encontrar Torrontés. O frio da montanha tende a extinguir a habitual exuberância da cepa, e embora haja notas de flores e de frutos brancos, há também uma intensidade na acidez e severidade na textura que falam da altura. Um Torrontés mais austero e mineral para frutos do mar crus.

INKARRI ESTATE RED BLEND
TANNAT, MALBEC, PETIT VERDOT, SYRAH 2018
$ | AGRELO | 13.5°

Uma mistura particular de quatro cepas que nem sempre combinam, aqui a prática excede o que em teoria parecia difícil. A força da Tannat é sentida, mas a Malbec suporta com sua fruta para acalmar essa severidade. Tem garra e taninos acentuados, mas também muitos sabores de frutas crocantes neste vinho que é fermentado em cimento com leveduras nativas e que é então cultivado em barricas e tonéis durante dez meses.

NUNA VINEYARD
MALBEC 2019
$ | AGRELO | 13.5°

Um puro Malbec de Agrelo, com os aromas e texturas amáveis e untuosas da zona, um local de calor que dá Malbec assim suaves, com toques especiados, mas acima de tudo com aquela fruta redonda e suculenta, quente e expansiva, sobretudo de sensação cremosa na língua.

SOBRENATURAL
BONARDA 2019
$ | AGRELO | 12°

Este **Sobrenatural** vem de uvas Agrelo, de vinhas biodinâmicas. 30% do volume total tem maceração carbônica, o que acentuou a carga de frutos e a exuberância desse Bonarda. As uvas foram colhidas muito cedo, por isso seu baixo teor alcoólico, mas também seu pronunciado lado herbáceo.

SOBRENATURAL ROSÉ PETNAT
TANNAT 2019
$ | AGRELO | 10.7°

De vinhedos biodinâmicos de Agrelo, esse é 100% de Tannat que começa a fermentar em tanques de aço inoxidável e depois termina sua fermentação em garrafas, onde as borbulhas são produzidas. O resultado é um vinho de muito baixo teor alcoólico, de grande força de fruta e de grande frescor acompanhado de bolhas finas e afiadas. Para se jogar na piscina e passar a tarde bebendo.

OUTROS VINHOS SELECIONADOS
89 | NUNA VINEYARD ROSÉ Syrah, Malbec, Tannat 2019 | Agrelo | 12.5° | $
88 | ESTATE SELECTION Cabernet Sauvignon 2018 | Gualtallary | 14° | $
88 | ESTATE SELECTION RED BLEND Malbec, Cabernet Sauvignon, Cabernet Franc 2018 | Vale de Uco | 14.2° | $
88 | INKARRI ESTATE Syrah 2019 | Agrelo | 14.5° | $
87 | INKARRI ESTATE Bonarda 2019 | Agrelo | 13° | $

Cheval des Andes

PROPRIETÁRIOS Château Cheval Blanc & Terrazas de Los Andes
ENÓLOGO Gérald Gabillet
WEB www.chevaldesandes.com.ar
RECEBE VISITAS Não

Enólogo
GÉRALD GABILLET

Cheval des Andes nasce em 1999, produto da sociedade entre Cheval Blanc, um dos château lendários de St. Émilion, e Terrazas de los Andes, propriedade de Chandon. Foi numa visita de Pierre Lurton, presidente de Cheval Blanc, à vinícola argentina que nasceu o projeto. Diz-se que Lurton ficou impressionado com o Malbec que Terrazas produz em Las Compuertas e lhe seduziu a ideia de se reconectar com uma variedade de uva que foi importante em St. Émilion até a chegada da filoxera, a praga que destruiu a viticultura francesa na segunda metade do século XIX. A filosofia de Cheval des Andes é elaborar um único vinho, um blend com base na Malbec, de um vinhedo plantado faz oitenta anos em Las Compuertas, além de 15 hectares em um vinhedo de Altamira.

IMPORTADORES: BRASIL: www.catalogomh.com.br | USA: www1.mhusa.com

VINHOS

 CHEVAL DES ANDES
CABERNET SAUVIGNON, MALBEC, PETIT VERDOT 2016
$$$$$ | MENDOZA | 13.9°

A colheita de 2016 é a mais fresca da última década e provavelmente a mais chuvosa. Isso significou um grande impacto no frescor da fruta, na acidez e nos taninos, um pouco mais pulsante do que o habitual. As condições da colheita, além disso, talvez tenham adiantado a evolução desse vinho para um caráter mais fresco. A mistura deste ano de 58% de Malbec, 37% de Cabernet Sauvignon e 5% de Petit Verdot e o efeito do ano parece muito forte no caráter frutado, nas frutas vermelhas ácidas, algo que pouco a pouco já foi visto, especialmente na safra de 2015. Aqui está um Cheval com um corpo mais magro, mas com uma fruta vermelha fresca e crocante. Algo que também deve ser adicionado à equação é que o regime de irrigação é mais generoso, impedindo a planta de se estressar e, portanto, obtendo mais frutas vermelhas. Isso vem de 2015 e também teve um impacto poderoso aqui. Mas, independentemente desse frescor, esse 2016 precisa de tempo em garrafa. Comece por abrir suas primeiras garrafas em cinco anos.

<<<---->>>

‹ prova de *vinhos* ›

Clos Ultralocal

PROPRIETÁRIO Leo Borsi
ENÓLOGO Leo Borsi
WEB www.leoborsi.com
RECEBE VISITAS *Sim*

Enólogo
LEO BORSI

Ultralocal nasce em 2010 como o empreendimento pessoal de Leo Borsi, que então regressava à Argentina depois de uma exitosa carreira na França, onde foi enólogo titular da histórica vinícola Vieux Telegraphe, na região do Rhône. E surge com uma ideia bem específica que chegou com vontade de solidificar: fazer vinhos argentinos definidos mais por seu lugar de origem que pela variedade, ao costume francês. Hoje, com a ajuda de dois sócios que se juntaram ao projeto, produz vinhos provenientes de distintos pontos de Mendoza, de pequenas propriedades em Rama Caída, Los Chacayes, Las Catitas e Perdriel. Tem 13 hectares e uma produção anual que gira em torno de 13 mil garrafas.

VINHOS

 TIERRA FIRME PARAJE ALTAMIRA
MALBEC 2017
$$ | ALTAMIRA | 14°

Tierra Firme é uma seleção das melhores parcelas da finca de Altamira e também de uma seleção de distintos graus de madurez. Além disso, tem cerca de 30% de engaço para acentuar a estrutura de taninos que aqui se sente firme, intensa e monolítica, mas também linear, muito vertical em sua construção. Os sabores são maduros e untuosos, também especiados e levemente herbáceos, em um contexto de muita juventude. Esperem ao menos um cinco anos para abrir esse Altamira.

 REVOLUCIÓN GARAGE PARAJE ALTAMIRA
MALBEC 2018
$ | ALTAMIRA | 14°

Os Malbec de Altamira muitas vezes tendem a ser monolíticos, austeros, como blocos de cimento, com taninos duros e firmes como neste caso, um Malbec de vinhas de 60 anos, plantados em solos aluviais. O estágio é feito em barricas usadas por uns dez meses. Necessita de mais tempo em garrafa para que esse taninos acalmem, porém, caso haja cordeiro no menu, este seria um bom companheiro.

 RIBERA ALTA PERDRIEL
CABERNET SAUVIGNON, MALBEC 2017
$$ | PERDRIEL | 14°

A ideia de Clos Ultralocal é a de buscar mais a expressão do lugar do que da cepa. E, nessa mescla de Cabernet e de Malbec, o que há é a sensação de volume de boca, de tintos de solos de argila, que entregam essa carne voluptuosa. O vinho estagia por um ano em barricas e se sente nesse lado especiado. Outro dos vinhos dessa vinícola, que devem ser guardados pelo menos por cinco anos.

Clos Ultralocal

 TERRUÑOS OLVIDADOS DE RAMA CAÍDA
MALBEC, CABERNET SAUVIGNON 2017
$$ | RAMA CAÍDA | 14°

Ao sul do rio Diamante, na zona de Rama Caída, e de um vinhedo de 60 anos de Malbec (principalmente) com Cabernet Sauvignon, aqui há uma boa aproximação aos vinhos de uma região muito tradicional de San Rafael, onde estão alguns dos vinhedos mais velhos. Aqui se sente a força dessas vinhas, a força da fruta e dos taninos firmes, quase selvagens. O vinho tem sua vinificação com 30% dos engaços, o que aporta essa estrutura. Guardem essa garrafa. Somente ganhará em complexidade.

REVOLUCIÓN GARAGE RAMA BLANCO
SÉMILLON, S. BLANC, CHARDONNAY, CHENIN BLANC 2019
$ | RAMA CAÍDA | 13°

Da zona de Rama Caída, ao sul de San Rafael, esse é um blend de quatro cepas brancas, com Chardonnay, Sauvignon e Sémillon em partes iguais, além de uma pequena porcentagem de Chenin, em torno de 7%. O vinho é fermentado em tanques de cimento e depois estagia em barricas velhas com suas leveduras por seis meses. Este blend tem uma cremosidade deliciosa, com toques de mel e um final refrescante e de ervas. Atenção com a evolução na garrafa. Há vinho para aqui para muito tempo.

 REVOLUCIÓN GARAGE SAN RAFAEL
MALBEC, CABERNET SAUVIGNON 2018
$ | SAN RAFAEL | 14°

Com uvas Malbec (mais uns 10% de Cabernet Sauvignon), principalmente da zona de Rama Caída, ao sul de San Rafael, e de vinhedos de uns 60 anos plantados em solos aluviais. Aqui há uma densidade de intensos sabores frutados, cheio de frutas negras e de especiarias. Tem um ano de estágio em barricas usadas, o que aporta um certo caráter especiado e parece ter adoçado a fruta, dando ainda mais amabilidade.

 SPONTANNÉE
MALBEC, CABERNET SAUVIGNON 2019
$ | PERDRIEL | 13°

Este tinto vem de um vinhedo abandonado por anos que, ao invés de ser recuperado e voltar ser conduzido da forma moderna, foi deixado em estado selvagem, como uma trepadeira em seu estado real na natureza. O vinhedo é uma mescla (indeterminada) principalmente de Malbec com algo de Cabernet em um vinho delicioso e refrescante, ideal para o verão. A vinificação foi elaborada em um tanque de aço de mil litros, com uma maceração de uns 18 dias e posterior estágio de três meses em barricas usadas. Não há indícios da passagem por barricas. A fruta vermelha e radiante manda aqui. Foram elaboradas 400 garrafas.

 REVOLUCIÓN GARAGE LAS CATITAS
SYRAH, TEMPRANILLO, MALBEC 2019
$ | SANTA ROSA | 13°

A zona de Santa Rosa está um pouco fora do radar dos grandes vinhos mendocinos, mas se tem que dar atenção ao caráter de seus vinhos, sobretudo quando são nesse estilo mais fresco e frutado, sem maiores pretensões. O blend tem cerca de 90% de Syrah, mais 7% de Tempranillo e o restante de Malbec, tudo cofermentado. Um tinto de muita força de fruta e que se bebe muito fácil.

‹ *prova de* *vinhos* ›

Colomé

PROPRIETÁRIO Christhop Erhbar
ENÓLOGO Thibaut Delmotte
WEB www.bodegacolome.com
RECEBE VISITAS *Sim*

Enólogo
THIBAUT DELMOTTE

Localizada na cidade de Colomé, no departamento de Molinos, essa é a vinícola em operação mais antiga da Argentina. Foi fundada em 1831 pelo último governador colonial de Salta, Nicolás Severo de Isasmendi, e os vinhedos de Malbec plantados por seus descendentes em 1854 fornecem as uvas para o vinho **Colomé Reserva**. A família Hess da Suíça (que também é proprietária de Amalaya) adquiriu a propriedade em 2010 e investiu fortemente na remodelação da vinícola, na compra de novas terras, na introdução de práticas agrícolas biodinâmicas e no posicionamento da Colomé como uma empresa focada em Malbec e Torrontés. Além dos vinhedos que cercam a vinícola a uma altitude de 2.300 metros, eles têm mais três propriedades, incluindo Altura Máxima, que é especialmente notável por sua altitude: 3.111 metros acima do nível do mar. **IMPORTADORES:** BRASIL: www.decanter.com.br | USA: www.hesscollection.com

VINHOS

AUTÉNTICO
MALBEC 2018
$$ | SALTA | 14.5°

Sem passar por madeira, é uma seleção de vinhedos de Malbec antigos, propriedade do suíço Donald Hess em Colomé, este é o exemplo mais claro do caráter dos vinhos da casa e também daquele lugar, interpretado pela vinícola Colomé. Aqui há um caráter voluptuoso, redondo e amplo, alcançando todos os cantos do palato com seus frutos maduros e texturas cremosas. Há um delicioso fundo de ervas e também frutas mais frescas que emergem gradualmente no meio do bacanal de maturez em um vinho intenso, mas equilibrado. Um bom exemplo de estilo em um lugar radical como esta área do norte da Argentina.

AMALAYA CORTE ÚNICO BARREL FERMENTED
MALBEC, CABERNET SAUVIGNON, TANNAT 2017
$$ | SALTA | 14.5°

Este vinho vem de vinhas altas, a cerca de 1800 metros, e é uma mistura de Malbec, Cabernet Sauvignon e Tannat. Um tinto de força, de taninos poderosos, de toques frutos negros e ervas, mas acima de tudo uma estrutura na boca que impressiona por sua firmeza. Para a guarda, porque este vinho tem muita vida pela frente.

AMALAYA GRAN CORTE
MALBEC 2017
$ | SALTA | 14.5°

Esta é uma seleção dos melhores Malbec que Amalaya tem na área de Colomé, tudo o vinhedo Finca La Brava. Um excelente exemplo de estilo e Malbec daquele lugar no norte da Argentina, aqui há notas de ervas que se fundem com os sabores de frutas negras que, embora se sintam maduras e voluptuosas, mantêm um frescor, uma tensão que nunca perde Essa ten-

Colomé

são se manifesta especialmente na boca, onde a camada de taninos é firme e vibrante. Um vinho muito rico de se beber.

 COLOMÉ ESTATE
MALBEC 2017
$$ | SALTA | 14.9°

Este **Estate** é uma mistura de Malbec das quatro vinhas de altura de Colomé, El Arenal, La Brava, Colomé e Altura Máxima. O vinho estagia em barricas durante um ano e depois mais seis meses em garrafa antes de ir ao mercado. E tenha paciência. A princípio, esse vinho tinto maduro e robusto do norte da Argentina parece fechado e impenetrável; No entanto, à medida que os minutos passam, lentamente se abre para sabores mais vermelhos e refrescantes. É grande na boca, mas com muito boa acidez. Necessita tempo de garrafa.

 AMALAYA BLANCO DE CORTE
TORRONTÉS, RIESLING 2018
$ | SALTA | 12.5°

É uma mistura de 85% de Torrontés e 15% de Riesling, todos da Finca Las Mercedes, nas alturas do vale de Colomé, no norte da Argentina. Sem madeira, apenas fermentado em aço, este branco tem uma clareza cristalina. Seus frutos brancos, os toques florais e a acidez brilhante no palato tornando-o tremendamente refrescante.

 ESTATE
TORRONTÉS 2018
$$ | SALTA | 13.5°

Da vinha Finca La Brava, este Torrontés tem todas as qualidades que um amante esperaria encontrar: aromas exuberantes de flores e frutos, corpo redondo e amigável e muitos sabores frutados. Colomé vem mudando seu estilo, de vinhos mais rústicos e cheios de sabor e maturidade para esta nova versão que se sente fresca e leve, pelo menos para os padrões da tensão sob o intenso sol de Colomé, nas alturas impossíveis do norte da Argentina.

OUTRO VINHO SELECIONADO
88 | AMALAYA ROSADO DE CORTE Malbec 2018 | Salta | 13.3° | $

Corazón del Sol

PROPRIETÁRIO Madaiah Revana
ENÓLOGO Cristián Moor
WEB www.corazondelsol.com
RECEBE VISITAS Sim

Enólogo
CRISTIÁN MOOR

Madaiah Revana é cardiologista em Houston, mas também adora vinhos e tem três vinícolas, uma em Napa, outra em Oregon e a última em Los Chacayes. Lá, ele plantou sete hectares em 2008, com os quais produz atualmente cerca de 80 mil garrafas. Além disso, em 2014 eles acabaram de construir a vinícola ali mesmo, no complexo The Vines.

‹ *prova de* **vinhos** ›

VINHOS

LUMINOSO
GRENACHE, SYRAH, MONASTRELL 2016
$$ | LOS CHACAYES | 13°

Trata-se de uma cofermentação de Garnacha (67%), Monastrell (19%) e Syrah (14%), tudo do vinhedo de Corazón del Sol, em Los Chacayes, no vale de Uco. As frutas se sentem nítidas e frescas aqui, com sabores de frutos vermelhos muito típicos de um ano fresco como foi 2016. O vinho estagia em barricas durante doze meses e sente-se um pouco defumado ao fundo, mas é a fruta e a textura redonda e amigável o que predomina, além de um toque particular de terra.

SOLEADO
MALBEC, MERLOT, C. SAUVIGNON, C. FRANC 2015
$$ | LOS CHACAYES | 14.1°

Essa mescla vem dos blocos 13 e 22 do vinhedo Corazón del Sol em Los Chacayes. Por um lado, a Malbec (49%) é cofermentada com a Merlot (31%) e, por outro, a Cabernet Franc (2%) com a Cabernet Sauvignon (18%). Então os vinhos estagiam por 18 meses em barricas e também em foudres. O resultado é um vinho ainda muito jovem, mas que já mostra os sabores das frutas negras de Los Chacayes, e também a sua passagem pela madeira. A fruta aparece fresca e compacta, com uma estrutura de tanino forte e firme.

PADMA
GRENACHE 2018
$$ | LOS CHACAYES | 13.5°

Um rosado com peso e madurez elaborado 100% com grãos de Grenache diretamente prensados. Após a fermentação, 80% são armazenados em ovos e os outros 20% em barricas usadas. O vinho tem madurez exuberante, com toques de flores e de frutos vermelhos, no meio de taninos muito suaves e polidos. É fresco e fácil de beber. Resfrie bem para o verão.

OUTROS VINHOS SELECIONADOS
87 | CORAZÓN DEL SOL Sémillon 2018 | Tupungato | 12° | $$
87 | REVANA VINEYARD SINGLE BLOCK 13 Grenache 2018 | Los Chacayes 13.5° | $$

Cruzat

PROPRIETÁRIOS Carlos Barros, Gastón Cruzat, Hernán Boher & Pedro Rosell
ENÓLOGOS Pedro Rosell & Lorena Mulet
WEB www.bodegacruzat.com
RECEBE VISITAS *Sim*

Enólogos
PEDRO ROSELL & LORENA MULET

Esta conhecida vinícola de espumantes nasce em 2004 da sociedade entre um grupo de empresários chilenos e o enólogo argentino Pedro Rosell, uma das vozes mais qualificadas neste tipo de vinhos na Argentina. Rosell é conhecido também por haver formado várias gerações de enólogos durante seus quarenta e três anos lecionando na Faculdade de Ciências Agrárias da Universidade de Cuyo. Ainda que a vinícola fique em Perdriel, Luján de Cuyo, onde também tem vinhedos, vários de seus rótulos vêm de uvas de Tupungato, no Vale

Cruzat

de Uco. Cruzat se caracteriza por elaborar todos os seus espumantes pelo método de segunda fermentação em garrafa, o estilo tradicional da região de Champagne. **IMPORTADORES:** BRASIL: www.vinhoseazeites.com.br | USA: www.elixirwinegroup.com

VINHOS

 PREMIER ESPECIAL NATURE
PINOT NOIR, CHARDONNAY N/V
$ | VALE DE UCO | 11.5°

Este **Premier** é uma mescla a de 60% de Pinot Noir e 40% de Chardonnay, com 12 meses de envelhecimento em suas borras pelo método tradicional de segunda fermentação em garrafa. Os frutos vermelhos da Pinot Noir parecem mandar nesse vinho, com toques de especiarias e de cerejas em meio a borbulhas que ainda muito pulsantes e quase selvagens. Esse é um vinho para guardar.

 PREMIER ROSÉ EXTRA BRUT
PINOT NOIR, CHARDONNAY N/V
$ | LUJÁN DE CUYO | 11°

De vinhedos plantados na área de Perdriel, em Luján, muito próximos ao rio Mendoza, esse tem um ano de contato com as borras e é um vinho espumante focado inteiramente nas frutas. Quase um rosé daqueles maduros de Luján, aqui há frutas vermelhas suculentas e espuma suave em um vinho para beber muito fresco no verão.

Dante Robino

PROPRIETÁRIO Alejandro Squassini
ENÓLOGA Soledad Buenanueva
WEB www.bodegadanterobino.com
RECEBE VISITAS Sim

Enóloga
SOLEDAD BUENANUEVA

Dante Robino foi um imigrante italiano da região do Piemonte que se estabeleceu em Luján de Cuyo e criou essa vinícola há cerca de cem anos, em 1920, na área de Agrelo. Naqueles anos e até os anos 1980, Robino era produtor de uvas e de vinhos a granel. Em 1982, ele decidiu vender a companhia para Alejandro Squassini, um amigo de anos que decidiu começar a engarrafar seus vinhos. Em homenagem ao proprietário original, ele decidiu manter o nome de seu fundador. Hoje Dante Robino tem cerca de 50 hectares, em Perdriel e Santa Rosa. **IMPORTADORES:** BRASIL: www.grandcru.com.br | USA: Carbe

VINHOS

 GRAN DANTE
MALBEC 2017
$$ | VALE DE UCO | 14.6°

Para este **Gran Dante**, Dante Robino compra uvas de um vinhedo de cerca de 14 anos na área de Los Chacayes, a cerca de 1.300 metros de altitude, no vale de Uco. O lote escolhido é especialmente de solos pedregosos, o que parece ter um impacto direto na textura dos taninos. Aqui eles são firmes, severos, muito consistentes com o que geralmente oferece Los Chacayes. A maturação da fruta (e álcool) não impede que esses

‹ *prova de **vinhos*** ›

taninos apareçam. E a fruta, apesar dessa madurez, é fresca e vermelha. Um vinho exuberante.

94 | **SQ FAMILY ESTATE**
MALBEC, CABERNET FRANC, PETIT VERDOT 2017
$$$$ | VALE DE UCO | 14.4°

Em 2020, a vinícola completa cem anos desde que foi fundada pelo imigrante italiano Dante Robino. Para comemorar, eles lançaram este Centennial Blend que inclui 70% Malbec de Los Chacayes, 20% de Cabernet Franc e 10% de Petit Verdot, ambos de Agrelo. Aqui os taninos e a acidez da Petit Verdot parecem desempenhar um papel muito importante, elevando o frescor e aportando nervo. O vinho é suculento, muito maduro, mas ao mesmo tempo com espaço para os sabores de frutas vermelhas. Muito jovem ainda, precisa de pelo menos dois a três anos em garrafa.

 RESERVA
BONARDA 2017
$$ | LUJÁN DE CUYO | 13.8°

A partir da área de Alto Agrelo, a cerca de 1.100 metros de altura, aqui a Bonarda é mostrada com seu lado característico de frutos negras maduras e de especiarias em um contexto de Bonarda, madura, cheia, com taninos abundantes mas muito polidos. Os sabores de frutas enchem a boca.

 RESERVA
MALBEC 2017
$$ | LOS CHACAYES | 14°

Los Chacayes costumam dar vinhos tensos, severos e austeros. Os solos de pedra e o clima de montanha têm muito a ver com isso. No entanto, produtores como Dante Robino optam por acentuar a madurez das uvas à procura de uma visão muito mais amável do local. Esse vinho é sedoso, com muitas camadas de frutas cremosas e doces.

OUTRO VINHO SELECIONADO
87 | DANTE ROBINO Chardonnay 2019 | Mendoza | 12.8° | $

Del Río Elorza

PROPRIETÁRIOS Eduardo Alfredo Del Río & Mirentxu Elorza
ENÓLOGO Agustín Lombroni
WEB www.delrioelorza.com
RECEBE VISITAS *Não*

Enólogo
AGUSTÍN LOMBRONI

Na zona de Fernández Oro, província de Rio Negro, começa em 2001 este projeto comandado por Eduardo Del Río Elorza, um advogado da zona, e sua família. Contam com vinte hectares de vinhedos plantados em 2004, principalmente com Malbec, Pinot Noir, Cabernet Franc e Chardonnay. Tem duas linhas de vinhos, **Verum** e **Verum Reserva**. O enólogo é Agustín Lombroni e o consultor é o dinamarquês Hans Vinding-Diers.

IMPORTADOR: USA: www.vinodelsol.com

Del Río Elorza

VINHOS

 VERUM RESERVA
CABERNET FRANC 2017
$$ | RÍO NEGRO | 14.1°

Muito no estilo amigável e sutil dos vinhos da casa, aqui há uma excelente abordagem para a Cabernet Franc. As notas de ervas são misturadas com frutas vermelhas que acabam dominando tudo, deixando uma sensação refrescante e suculenta, tudo suportado por uma estrutura tensa e elétrica de taninos, que parece com graça ao fundo, como um guarda-costas.

 VERUM RESERVA
MALBEC 2017
$$ | RÍO NEGRO | 14°

Dos solos argilosos e pedregosos de Río Negro, esse é uma delícia de frutas vermelhas frescas em um corpo de estrutura muito boa, mas mantendo o equilíbrio muito bem. Nada parece incomodar aqui, a menos que você esteja incomodado com a textura um tanto rígida dos taninos. As notas de madeira, muito atrás, (têm um ano de envelhecimento em barricas, parecem usadas) trazer complexidade.

 VERUM
MALBEC 2017
$ | RÍO NEGRO | 13.7°

Uma abordagem original de Malbec, esse vem de vinhedos de cerca de 15 anos na área de Fernández Oro em Río Negro, o vinho passa um ano em barricas, metade usadas e o que sai delas tem uma expressão de fruta fresca, e ao mesmo tempo um corpo delicado, quase etéreo, que acentua aquele frescor, um delicado Malbec como poucos.

VERUM
PINOT NOIR 2018
$$ | RÍO NEGRO | 13.7°

Uma abordagem suculenta e ao mesmo tempo terrosa para Pinot Noir, aqui há frutas muito vivas e frescas, com notas de especiarias e flores. O vinho foi fermentado com 50% de cachos inteiros, o que trouxe fruta e também tensão na estrutura. É um Pinot simples e direto, mas tem nuances que lhe dão complexidade. Uma excelente interpretação em uma terra como Río Negro, onde não há abundância de bons Pinot.

OUTRO VINHO SELECIONADO
89 | VERUM Chardonnay 2018 | Río Negro | 13.7° | $

⟨ *prova de **vinhos*** ⟩

Divendres

PROPRIETÁRIO Daniel Moreno
ENÓLOGO Miguel Navarro
WEB www.divendres.com.ar
RECEBE VISITAS *Não*

Enólogo
MIGUEL NAVARRO

Divendres é o projeto de cinco amigos que em 2015 decidiram fazer vinhos, aproveitando os recipientes de cimento que Daniel Moreno, um dos sócios, constrói e a expertise de outro dos sócios, Miguel Navarro, que é enólogo. Hoje o projeto consiste em 70 mil garrafas, que eles produzem graças a uvas de diferentes lugares em Mendoza. Para o seu top, Red Blend, obtém uvas exclusivamente de Altamira.

VINHOS

 90 **DIVENDRES**
MALBEC, CABERNET SAUVIGNON, PETIT VERDOT, SYRAH 2017
$$$ | MENDOZA | 13.8°

Para **Divendres**, a vinícola utiliza vinhas de cerca de 60 anos na região de Altamira. A mescla contém 80% de Malbec, 10% de Cabernet Sauvignon e o restante entre Petit Verdot e Syrah. O vinho é fermentado em tanques de concreto e depois envelhecido em barricas de madeira (30% novas) por 2 meses. É um vinho amplo, envolvente e maduro, com sabores exuberantes e doces, mas ao mesmo tempo com uma acidez muito boa.

Domaine Bousquet

PROPRIETÁRIOS Anne Bousquet, Labid Al-Ameri & Guillaume Bousquet
ENÓLOGO Rodrigo Serrano
WEB www.domainebousquet.com
RECEBE VISITAS *Sim*

Proprietários
GUILLAUME BOUSQUET, ANNE BOUSQUET,
LABID & EVA AL-AMERI

Esta vinícola pertence à família Bousquet, franceses com uma história de várias gerações no negócio do vinho. Chegaram a Mendoza nos anos noventa liderados por Jean Bousquet, que em 1997 iniciou este empreendimento, que depois deixaria nas mãos de seus filhos Anne e Guillaume. A vinícola se localiza e tem seus vinhedos no valorizado setor de Gualtallary, a 1200 metros de altura, no Vale de Uco. Contam ali com cento e dez hectares plantados, cultivados de forma orgânica. **IMPORTADOR:** USA: www.domainebousquet.com

VINHOS

 95 **AMERI**
MALBEC, CABERNET SAUVIGNON, MERLOT, SYRAH 2018
$$$ | TUPUNGATO | 15°

Ameri é uma seleção de fileiras dentro dos melhores terrenos da propriedade de 110 hectares que o Domaine Bousquet tem em Gualtallary, plantado em 1998. É uma mescla que só foi feita três vezes na história da vinícola, a primeira em 2013. Essa terceira versão tem uma fruta vermelha raivosamente fresca, com taninos intensos e acidez crocante. As notas

Domaine Bousquet

florais são sentidas ao fundo e também de ervas, ambas notas típicas da região, mas acima de tudo esse vinho é fruta madura e muito vermelha.

 GRAN MALBEC
MALBEC 2018
$$ | GUALTALLARY | 14.5°

Para este **Gran Malbec**, Domaine Bousquet obtém uvas de dois quartéis em seu vinhedo em Gualtallary, plantado em 1998, um dos primeiros na zona. Além disso, este ano tem 10% de Merlot e algumas gotas de Syrah. Aqui a Malbec com toda a exuberância de Gualtallary manda, impõe-se com frutas frescas, notas de ervas e toques especiados, enquanto na boca a textura é firme e tensa. Um tinto com a assinatura de Gualtallary.

GRAN CABERNET SAUVIGNON
CABERNET SAUVIGNON 2018
$$ | GUALTALLARY | 15°

Um Cabernet amplo e untuoso, com muitos toques especiados e de frutas vermelhas maduras. Vem 100% dos vinhedos do Domaine Bousquet em Gualtallary, com cerca de 1.200 metros de altura, no vale de Uco. O vinho estagia dez meses em barricas e isso parece fornecer notas tostadas, mas especialmente especiadas em um vinho que ainda se sente muito jovem.

 VIRGEN ORGANIC
MALBEC 2019
$ | TUPUNGATO | 14.5°

Feito de forma completamente natural, apenas com uvas fermentadas, este Malbec tem uma pureza deliciosa. Como um bom filho de Gualtallary, aqui os aromas herbáceos dos vinhos desse lugar de montanha sentem-se com veemência. Frutas vermelhas, cerejas maduras e flores em um delicioso e nítido vinho.

 VIRGEN ORGANIC RED BLEND
MALBEC, CABERNET SAUVIGNON, CABERNET FRANC 2019
$ | TUPUNGATO | 14.5°

A linha **Virgen** refere-se a um baixo nível de intervenção enológica. Apenas uvas fermentando e não muito mais. Assim como Virgen Malbec, essa mistura tem 35% de Malbec, 35% de Cabernet Sauvignon e o restante de Cabernet Franc em um vinho nítido em frutas, suculento, fresco, claro em sua expressão de lugar. A exuberância de Gualtallary em uma garrafa.

 RESERVE
MALBEC 2018
$ | TUPUNGATO | 14.5°

Para este **Reserve**, a maior parte da mescla provém dos vinhedos da própria Bousquet em Gualtallary, além de 10% de produtores em Altamira. O blend final é de cerca de duzentos mil litros e o resultado é um generoso Malbec em frutas vermelhas maduras. Tem generosidade de fruta dos vinhos da zona, a exuberância e os toques de flores e de ervas são típicas de Gualtallary, embora nesse caso, com taninos muito mais polidos e uma acidez mais calma.

‹ *prova de **vinhos*** ›

 DOMAINE BOUSQUET
MERLOT 2019
$ | TUPUNGATO | 14°

A Merlot não passa pelos seus melhores momentos comerciais. Com as vendas em decadência, vale a pena lembrar os vinhos ricos que esta uva dá, mesmo em níveis tão simples como esse Domaine Bousquet. Esse é suculento, vermelho, intenso, vibrante e crocante, um daqueles tintos que se bebe feliz ao lado de um prato de embutidos.

 GRAN CHARDONNAY
CHARDONNAY 2018
$$ | GUALTALLARY | 14°

Este Chardonnay tem uma guarda de cerca de 10 meses em barricas (60% de madeira nova) o que sente nas notas defumadas desse maduro e expansivo Chardonnay, cheio de cremosidade. É um Chardonnay old-school, de textura redonda, de sabores expansivos e doces.

OUTROS VINHOS SELECIONADOS

89 | DOMAINE BOUSQUET Malbec 2019 | Tupungato | 14° | $
89 | RESERVE Chardonnay 2018 | Tupungato | 14.5° | $
88 | DOMAINE BOUSQUET Torrontés, Chardonnay 2019 | Tupungato | 13° | $
87 | DOMAINE BOUSQUET Chardonnay 2019 | Tupungato | 14° | $
87 | DOMAINE BOUSQUET Pinot Grigio 2019 | Tupungato | 12° | $
87 | DOMAINE BOUSQUET Sauvignon Blanc 2019 | Tupungato | 12.5° | $
87 | DOMAINE BOUSQUET ROSÉ Tempranillo, Pinot Noir, Viognier, Pinot Gris 2019 Tupungato | 12.5° | $
86 | BRUT ROSÉ Pinot Noir, Chardonnay N/V | Tupungato | 12.5° | $

Domaine Nico

PROPRIETÁRIA Laura Catena
ENÓLOGO Roy Urvieta
WEB https://www.domainenico.com
RECEBE VISITAS *Sim*

Enólogo
ROY URVIETA

Domaine Nico é o projeto da família Catena focado em Pinot Noir, tudo de vinhedos de altura, no vale do Uco, em geral, e em Gualtallary, em particular. De acordo com Laura Catena, tudo começou com as primeiras seleções clonais de Pinot que a vinícola plantou em meados dos anos 90. Observando como se comportavam de acordo com os solos e as condições topográficas, pouco a pouco foram selecionando material e fazendo microvinificações que, eram mescladas e destinadas para os Pinot da bodega Luca, outra das marcas de Catena. "Mas nos demos conta que era um crime mesclá-las", diz Laura. Em 2016, aproveitando um ano fresco e muito expressivo para a Pinot, puseram para andar Domaine Nico, com fruta tanto de Villa Bastías (ali foi o primeiro lugar onde a vinícola plantou Pinot clonal), do vinhedo Adrianna e da nova vinha de Gualtallary Alto (ainda mais alta que Adrianna, acima dos 1550 metros), plantada em solos ricos em calcário e de onde vem seu Pinot mais ambicioso, Le Paradise. O projeto, até o momento, também inclui um branco feito com Chardonnay e que também vem desse vinhedo de altura. Le Paradis. **IMPORTADOR:** USA: www.winebow.com

Domaine Nico

LE PARADIS
PINOT NOIR 2017
$$$$$ | VALE DE UCO | 13°

Da área mais alta de Gualtallary, cerca de 1500 metros perto do limite da viticultura, este vinho foi fermentado com 40% do seu volume em cachos inteiros e estagiado por 18 meses. O clima é frio e o solo é rico em cal, dois fatores que influenciam diretamente o caráter deste vinho, seus frutos vermelhos que são misturados com notas de terra e especiarias em um contexto de grande tensão de grande estrutura. Não há medo aqui dos taninos ferozes da Pinot, não há medo aqui da acidez. Um Pinot de lugar.

DOMAINE NICO LA SAVANTE
PINOT NOIR 2017
$$$$ | VALE DE UCO | 13°

Na área de vinhedos mais altas de Adrianna, em Gualtallary, a cerca de 1.450 metros de distância, Domaine Nico seleciona uvas de um setor de 1,44 hectare. O vinho é fermentado com 20% de cachos inteiros e depois estagia 18 meses em barricas, 20% deles novos. Este Pinot tem uma delicadeza quase etérea e deliciosa. As notas de cerejas derretem nos aromas de ervas e de terra em um vinho de grande profundidade. Um vinho que mistura solo, fruta e ervas num mundo de taninos como agulhas.

HISTOIRE D'A
PINOT NOIR 2017
$$$$ | VALE DE UCO | 13.5°

Histoire D'A vem de um pequeno canto do vinhedo Adrianna em Gualtallary. É apenas 1,75 hectare de solos pesados, de limos. O vinho é fermentado com 40% de cachos inteiros e depois passa em barricas por 18 meses, sendo 20% de madeira nova. A sensação aqui é de flores, de frutas vermelhas, mas acima de tudo os toques terrosos que não perdem seu frescor. Aqui há complexidade de sabores, mas ao mesmo tempo uma facilidade de se beber que encanta.

GRAND PÈRE
PINOT NOIR 2017
$$$ | VALE DE UCO | 13°

Este vinho vem de um vinhedo de dois hectares plantado em 1988, o mais antigo vinhedo de Pinot que o grupo Catena plantou em Mendoza. Aqui há 20% de cachos inteiros e 14 meses em barricas. Comparado ao Grand Mère, aqui você sente uma sensação tânica mais firme, mais presente, junto com frutas maduras e uma sensação de terra que atravessa tudo.

GRAND MÈRE
PINOT NOIR 2017
$$$ | VALE DE UCO | 13.5°

Para **Grand Mère**, Domaine Nico obtém frutos de Villa Bastías nas áreas mais baixas de Tupungato. Com 20% de cachos inteiros, estagia cerca de 14 meses em barricas. O vinho tem uma cor pálida e deliciosos frutos vermelhos e, acima de tudo, taninos que se agarra firmemente à boca. É rico em acidez, mas especialmente rico em taninos.

‹ *prova de **vinhos*** ›

Doña Paula

PROPRIETÁRIO Grupo Claro
ENÓLOGO Marcos Fernández
WEB www.donapaula.com
RECEBE VISITAS *Não*

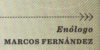
Enólogo
MARCOS FERNÁNDEZ

Fundada pelos chilenos de Santa Rita, Doña Paula foi fundada em Mendoza em 1997. Eles trabalham somente com seus próprios vinhedos e têm quatro fincas: El Alto em Luján de Cuyo, Los Cerezos em Tupungato, Aluvia em Gualtallary e Los Indios em San Carlos. Gualtallary, com solos aluviais generosos em cal, tem 130 hectares plantados e é atualmente a fonte de seus melhores vinhos. A equipe técnica é liderada por Matías Kaiser como viticultor e Marcos Fernández como enólogo. **IMPORTADOR:** USA: www.tfewines.com

VINHOS

 ALLUVIA PARCEL
MALBEC 2017
$$$$$ | GUALTALLARY | **14.1°**

Alluvia é uma seleção de vinhas de um terreno de 2,4 hectares plantadas em um terreno pedregoso em Gualtallary. A condução dos vinhedos é em gobelet, pequenos arbustos, uma condução típica de vinhedos de áreas de muita irradiação solar como é o caso deste local no Vale de Uco. A camada de folhas protege os cachos do sol, mantendo o frescor, que aqui se traduz em um Malbec de sabores vermelhos e suculentos, toques de flores e de especiarias. A acidez é firme, mas também os taninos que parecem granulados e pontiagudos, uma influencia direta dos solos calcários da vinha. Um vinho que é pura expressão de lugar.

 SELECCIÓN DE BODEGA
MALBEC 2017
$$$ | GUALTALLARY | **14.2°**

Até 2014, Selección de Bodega era uma mistura de diferentes vinhedos que foram selecionados de acordo com suas melhores barricas. Desde 2015, no entanto, vem apenas dos setores calcários da vinha Alluvia de Gualtallary. Este ano, um ano mais quente que a safra anterior de 2016, dá talvez mais corpo para o álcool, mas a verdade é que a fruta parece muito fresca e viva, com toques florais. Um vinho de grande concentração, mas ao mesmo tempo de grande tensão.

 1350
CABERNET FRANC, MALBEC, CASA VECCHIA 2017
$$ | TUPUNGATO | **14°**

Com 50% de Cabernet Franc, 45% de Malbec e o resto da Casa Vecchia, esse é um exemplo claro da generosidade dos tintos de Gualtallary. Neste caso, as três cepas provêm de solos de muitas gravas e de muita cal, que aqui oferecem uma textura de taninos ferozes e tensos, envoltos em uma acidez deliciosa e nervosa. É um vinho grande, mas ao mesmo tempo de muito frescor e de muita tensão.

Doña Paula

 969
PETIT VERDOT, BONARDA, MALBEC 2019
$$ | LUJÁN DE CUYO | 13.5°

Dos vinhedos em Ugarteche, a quase mil metros de altura (969, como diz o rótulo), aqui há 55% Petit Verdot, 40% Bonarda e o resto de Malbec, todos colhidos separadamente e depois estagiados em ovos de cimento de cerca de seis meses. Aqui, o que prevalece é o produto de frescor das culturas avançadas que deram muitas frutas vermelhas e muito vigor num vinho que é surpreendentemente fresco para a área e especialmente porque tem 40% de Bonarda, que dá mais sabores doces do que nervosos como estes. Um achado.

1100
MALBEC, SYRAH, CABERNET SAUVIGNON 2017
$$ | SAN CARLOS | 14°

A zona de El Cepillo, em direção ao sul do vale de Uco, é fresca e geralmente dá vinhos mais austeros e de frutas mais ácidas. Essa mistura tem 60% de Malbec, 30% de Syrah e o resto de Cabernet Sauvignon, que juntos dão tintos generosos em taninos, mas também generosos em frutos vermelhos e em tons herbáceas e florais. A acidez do clima fresco desempenha um papel importante aqui, resfriando e aliviando o álcool. Apesar dos 12 meses de barricas, o tostado da madeira não é sentida. Um vinho de frutas antes de mais nada.

 ESTATE
SAUVIGNON BLANC 2019
$ | VALE DE UCO | 12°

Pela primeira vez na longa história desta Sauvignon Blanc (primeira colheita em 2004) este vinho tem a sua base principal em Gualtallary e isso se sente no frescor da fruta, mas também tem uma colheita muito precoce de 5%, com aproximadamente 7% de álcool, que legalmente nem é vinho. Essa pequena percentagem aporta um lado austero a esse vinho e retirou o componente de aromas doces e tropicais que é normalmente comum em vinhos Gualtallary que, como esse, nascem em solos arenosos. Muito suculento, refrescante e vivo.

 ESTATE
MALBEC 2018
$ | VALE DE UCO | 14°

90% deste vinho vem de solos arenosos em Gualtallary e o resto de El Cepillo, também de solos arenosos. O vinho deve muito a esses solos. Há exuberância de frutas vermelhas maduras em um vinho rico em texturas amáveis em um dicionário Malbec, muito de Uco.

 ESTATE
RIESLING 2018
$ | VALE DE UCO | 13.1°

Acima de 1.300 metros de altura, em Gualtallary e plantadas em solos de areia e cal. Esse cheira frutas brancas e como um bom Riesling tem toques especiados em um corpo de textura muito boa que se agarra ao paladar e pede peixe grelhado. Opte por uma sardinha.

OUTRO VINHO SELECIONADO
89 | ROSÉ OF MALBEC Malbec 2019 | Luján de Cuyo | 12° | $

‹ *prova de* **vinhos** ›

Durigutti Family Winemakers

PROPRIETÁRIOS Héctor & Pablo Durigutti
ENÓLOGOS Héctor & Pablo Durigutti
WEB www.durigutti.com
RECEBE VISITAS *Sim*

Proprietários & enólogos
HÉCTOR & PABLO DURIGUTTI

Os irmãos Pablo e Héctor Durigutti são enólogos e se dedicam a produzir vinhos ao longo de suas vidas, primeiro para importantes vinícolas de Mendoza, e desde 2002 iniciaram este projeto que começou com três mil garrafas e agora estão em 600 mil. Em 2007, compraram sua primeira vinícola em Las Compuertas, a antiga vinha que hoje faz parte dos 20 hectares da família. **IMPORTADORES:** BRASIL: www.dominiocassis.com.br | USA: www.theartisancollection.us

VINHOS

PROYECTO LAS COMPUERTAS
CABERNET FRANC 2018
$$ | LAS COMPUERTAS | **13.8°**

Esta é a primeira safra desse Cabernet Franc de vinhas jovens, plantadas em 2015 em solos argilosos e pedregosos. Fermentação e envelhecimento (durante nove meses) são feitos em cimento e o que sai dele é um desses Cabernet Franc que brilha por suas frutas vermelhas, por seu frescor, pela clareza com que expressam suas notas herbáceas e, tudo, por causa da nitidez dos taninos e da acidez que se projeta por toda a boca. Um Cabernet Franc elegante, sutil, mas firme e tenso.

PROYECTO LAS COMPUERTAS
CHARBONO 2018
$$ | LAS COMPUERTAS | **13.7°**

Charbono é sinônimo de Bonarda, mas esse Bonarda não tem muito a ver com Bonarda que se conhece regularmente. Antes dos sabores untuosos e taninos maduros e doces, o que se tem aqui é uma estrutura muito firme de taninos e uma acidez firme e nítida, pouco usual para essa cepa. Essa é a primeira safra de 2.340 garrafas vindas de um hectare, de videiras plantadas em 2016, ou seja, produção muito baixa. O frescor aqui pode ser devido ao fato de que é uma área muito ventosa, mas também porque o solo é muito pedregoso, ou seja, tem muita permeabilidade. Para Pablo Durigutti, o estresse hídrico da planta concentra sabores, mas perde em acidez. Aqui, então, a planta é mais irrigada por esse solo. E assim a acidez permanece. Uma Bonarda a ser considerado.

PROYECTO LAS COMPUERTAS 1914
MALBEC 2017
$$$ | LAS COMPUERTAS | **13.5°**

Esta é uma seleção da vinha que a Durigutti comprou em 2007 em Las Compuertas, um vinhedo plantado em 1914. Aqui, o que se escolhe são os solos mais frios, isto é, aqueles que refletem menos o sol, neste caso, a argila. O vinho é fermentado e criado em foudres, é uma vinificação de muito pouca intervenção, tratando de ver o estilo de Malbec

Durigutti Family Winemakers

nessa área, o mais alto em Luján de Cuyo, a cerca de 1050 metros. O resultado é um vinho de grande firmeza de taninos, toques defumados, tostados e de frutas vermelhas. Necessita de pelo menos dois ou três anos de garrafa.

 PROYECTO LAS COMPUERTAS 5 SUELOS
MALBEC 2018
$$ | LAS COMPUERTAS | 13.5°

Cinco Suelos é uma seleção de tipos de solo que Durigutti plantou em Las Compuertas, principalmente gravas, argilas, pedras, areias e limos. Segundo Pablo Durigutti, a riqueza dos solos da região é dada pelos cones aluviais dos Andes, mas também pela influência direta do rio Mendoza, que trouxe argila dos cerros. Esse tipo de resumo através da Malbec é uma delícia de frutas vermelhas, deliciosas, ricas em acidez, um vinho completamente atípico para Las Compuertas. Aqui não há espaço para a doçura da Malbec, só há tensão e frescor.

 PROYECTO LAS COMPUERTAS
CORDISCO 2019
$$ | LAS COMPUERTAS | 12.2°

Este é o vinho típico para embutidos. Nada de cor, muita fruta vermelha, taninos acentuados como o demônio e uma acidez que quase faz você sorrir com a sensação de frescor e nitidez. Os Durigutti plantaram esse Cordisco (Montepulciano d'Abruzzo) com material obtido de um antigo vinhedo em San Juan. A fermentação foi feita em cimento e estagia por cerca de três meses. Para um bom salame.

 PROYECTO LAS COMPUERTAS
CRIOLLA CHICA 2019
$ | LAS COMPUERTAS | 13.4°

Essa Criolla Chica vem de uma parcela de vinhedo quase abandonada ao lado da propriedade de Durigutti em Las Compuertas, a área mais alta de Luján de Cuyo, a cerca de 1.050 metros. Plantada em 1943, os Durigutti a recupera em 2017 para o projeto Las Compuertas, uma série de vinhos que buscam resgatar a tradição vitícola da região. Isso foi feito com a intervenção mínima, fermentado em tanques de concreto e cerca de três meses de envelhecimento ai mesmo. O vinho é uma delícia de frutas vermelhas, com frescor e acidez, corpo leve e taninos firmes em um contexto de muitos sabores e grande fluidez. Outro vinho para o verão.

 CARA SUCIA TINTO DE RIVADAVIA
CEREZA 2019
$ | RIVADAVIA | 13°

A Cereza é uma dessas cepas esquecidas na América do Sul. Juntamente com a Criolla (País) durante décadas, foi relegada a segundo plano. Bem trabalhada, no entanto, pode dar vinhos muito frescos e vivos como esse, que vem de campos muito antigos, plantados em 1940, na zona leste de Mendoza, em Rivadavia. Aqui as frutas são vermelhas e há um leve toque de terra em uma deliciosa acidez. Um vinho muito fresco e ágil para o verão.

‹ *prova de* **vinhos** ›

CARA SUCIA TINTO DE RIVADAVIA CEPAS TRADICIONALES
BONARDA, SYRAH, SANGIOVESE, BARBERA, BUONAMICO 2018
$ | RIVADAVIA | 13.5°

Tudo, desde os vinhedos de Rivadavia, no quente e ensolarado leste de Mendoza, é uma espécie de resgate de vinhas velhas, neste caso, todas plantadas em 1940, todas do mesmo vinhedo. Um delicioso vinho em frutas vermelhas, muito vivo e de acidez com uma aresta que refresca tudo no seu caminho.

El Esteco

PROPRIETÁRIO Grupo Peñaflor
ENÓLOGO Alejandro Pepa
WEB www.elesteco.com.ar
RECEBE VISITAS *Sim*

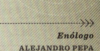
Enólogo
ALEJANDRO PEPA

Localizada nas alturas de Cafayate, em Salta, El Esteco é a vinícola do norte do Grupo Peñaflor (Trapiche, Finca Las Moras, entre outros). Tem mais de um século no negócio de vinhos, possui cerca de 780 hectares (520 em Cafayate e 260 em Chañarpunco) e uma produção anual que ultrapassa 15 milhões de garrafas. Desde 2015, o seu enólogo, Alejandro Pepa, está levando El Esteco para novos rumos, com uma abordagem que promove um maior frescor e influenciou uma grande parte do portfólio da vinícola. Essa abordagem é notória principalmente em linhas como a **Old Vines**, lançada em 2015. Nesse e em outros vinhos, Pepa está colocando a ênfase na vitalidade da fruta, conseguindo interpretar o terroir de Salta de uma forma completamente diferente da usual. **IMPORTADORES:** BRASIL: www.devinum.com.br | USA: www.frederickwildman.com

VINHOS

ALTIMUS GRAN VINO
C. FRANC, C. SAUVIGNON, MALBEC, MERLOT 2016
$$$ | VALES CALCHAQUÍES | 14.5°

A mistura de **Altimus** deste ano tem 55% de Cabernet Sauvignon, 30% de Malbec, 10% de Cabernet Franc e o resto de Merlot, todos de diferentes vinhedos em Cafayate. O vinho estagia por um ano em barricas, os varietais separadamente e depois todos juntos em barricas por seis meses. A Cabernet manda aqui com seus toques de ervas, toques de pimentões. A boca permanece a mesma, mas dessa vez a fruta mais carnuda da Malbec é predominante. O vinho é suculento, frutado, mas também muito vibrante em acidez e em taninos. Para guardar.

CHAÑAR PUNCO
CABERNET SAUVIGNON, MALBEC, MERLOT 2016
$$$ | VALES CALCHAQUÍES | 14.5°

Chañar Punco está localizado a cerca de 80 km de Cafayate. É um vale formado pelas montanhas de Quilmes, em uma área mais fria e alta, a cerca de dois mil metros. Os solos são rochosos e calcários. Se o clima torna a fruta menos carnuda e mais fresca, esse solo confere aos taninos certa austeridade, dá-lhes mais tensão. Além disso, a acidez é acentuada, o que ressalta o caráter linear e vertical do vinho, muito diferente dos vinhos redondos de Cafayate, trezentos metros abaixo.

El Esteco

 FINCAS NOTABLES CUARTEL 9
CABERNET SAUVIGNON 2017
$$ | VALES CALCHAQUÍES | 14°

Este **Fincas Notables** é uma seleção do vinhedo Finca La Urquiza, plantado em 1960. Como todos os Finca Notables, esse vinho é fermentado e estagiado por 15 meses em barricas rolantes que geralmente arredondam e dão volume aos taninos. Este Cabernet é intenso, rico em tons de ervas e pimentões, mas especialmente generoso nos sabores de frutas vermelhas maduras que aparecem em todo o lado, desde o nariz até à boca. Para se guardar, mas também para beber agora com cordeiro.

 PARTIDA LIMITADA CHAÑAR PUNCO
MALBEC 2018
$$$ | CATAMARCA | 14°

Um 100% Malbec de uma seleção de vinhas de Chañar Punco, a cerca de dois mil metros de altura. Apenas 1.500 garrafas deste vinho foram feitas, vinificado em ovos de cimento com 35% de cachos inteiros e leveduras indígenas. Pureza enológica para um vinho de grande estrutura, de taninos tensos (produto da fermentação com engaços) enquanto o fruto é maduro e carnudo. Um vinho de grande carácter para guardar na garrafa e que só é vendido na loja da El Esteco em Cafayate.

 FINCAS NOTABLES CUARTEL 5
CABERNET FRANC 2017
$$ | VALES CALCHAQUÍES | 14.5°

La Colección é uma vinha plantada em 1999, em solos arenosos e de lá vem este Cabernet Franc de ricos tons de ervas, com muitas frutas vermelhas e especialmente especiarias. Atenção, no entanto, porque depois de um tempo na taça mostra notas defumadas e de tabaco, típicas da cepa. É de corpo médio, com taninos pulsantes mas suaves, polidos por 15 meses em barricas.

 OLD VINES 1947
CABERNET SAUVIGNON 2019
$$ | VALES CALCHAQUÍES | 14.5°

Para este **Old Vines**, El Esteco usa velhas vinhas de Cabernet Sauvignon plantadas em 1947 na Finca Las Mercedes. Como toda a linha Old Vines, aqui o vinho é fermentado e estagiado em ovos de cimento, em um esforço para respeitar o carácter da vinha. Aqui há um frescor associado a ervas e frutos vermelhos, mas especialmente pimentões, que dão a este vinho o carácter local, típicos dos Cabernet de Cafayate. A estrutura do vinho é tensa, firme, um tremendo Cabernet, cheio de personalidade.

 OLD VINES 1946
MALBEC 2019
$$ | VALES CALCHAQUÍES | 14.5°

O Finca Las Mercedes tem o mais antigo Malbec da propriedade, plantado em 1946 em solos arenosos a cerca de dois quilômetros da vinícola. O vinho estagia durante 11 meses em ovos de cimento e, depois disso, seis meses de envelhecimento em garrafas. A pureza da fruta é o que primeiro chama a atenção aqui, uma fruta negra, muito do sol de Cafayate, misturada com toques de ervas em um corpo que, embora seja amplo e carnudo,

‹ prova de *vinhos* ›

tem taninos muito bons, firmes e com força suficiente para suportar esse peso. Também tem 15% de engaços que, segundo o enólogo Alejandro Pepa, tende a diminuir um pouco o álcool, o que é importante em um lugar de madurez generosa como o norte da Argentina.

 FINCAS NOTABLES CUARTEL 9
MALBEC 2017
$$ | VALES CALCHAQUÍES | 14.5°

Do vinhedo La Colección, plantado no início de 2000 nos solos arenosos típicos de Cafayate, é fermentado em barricas de 600 litros e aí estagia durante cerca de 15 meses. São barricas rolantes que tendem a suavizar os taninos, algo que em Cafayate contribui para acentuar o caráter da região, a generosidade e a maciez da fruta que se multiplica aqui. Mas cuidado, pois a acidez coloca as coisas em ordem e impede que este vinho se torne uma bomba de chocolate.

 FINCAS NOTABLES CUARTEL 28
TANNAT 2017
$$ | VALES CALCHAQUÍES | 14°

A madeira, por enquanto, desempenha um papel muito importante neste vinho a partir de vinhas plantadas em 1993 em Cafayate. Tem 15 meses de estágio em barricas, e isso é sentido nos aromas tostados, mas atenção com as frutas que aparecem atrás. É fruta vermelha, radiante em acidez e frescor, embora agora um pouco ofuscada pela madeira. Seja paciente. Há um vinho aqui para 10 anos.

 OLD VINES 1958
CRIOLLA CHICA 2019
$$ | VALES CALCHAQUÍES | 14.2°

Plantando em vinhedos em 1958, este vinhedo de cerca de 16 hectares com Torrontés e Criolla e ambos vão para a linha Old Vines. Neste caso, a Criolla é vinificada em ovos de cimento, parte com cachos inteiros, e no total cerca de oito mil garrafas são produzidas. O vinho é uma delícia, cheio de sabores frescos e vermelhos, com tons de ervas. Ele passa seis meses nesses ovos, que, segundo o enólogo Alejandro Pepa, o ajuda a arejar, a perder aquele caráter redutivo da variedade. Um vinho que parece um suco.

 OLD VINES 1945
TORRONTÉS 2019
$$ | CAFAYATE | 13.5°

Este **Torrontés Old Vines** vem de um antigo parral (vinhedo em latada) plantado em Cafayate em 1945, em solos arenosos. É uma seleção desse vinhedo que tem uma área de cerca de 16 hectares. A seleção inclui um total de 12 mil garrafas deste vinho que estagia em ovos de cimento. O vinho é uma expressão muito boa de Torrontés na área. Esse lado é gentil, floral e amigável, mas ao mesmo tempo uma acidez firme que suporta o peso daquela fruta. Há força aqui, mas também muita fruta que o torna adorável e refrescante.

 BLANC DE NOIR
PINOT NOIR 2019
$$ | VALES CALCHAQUÍES | 13.5°

Pensado como um vinho espumante, mas sem borbulhas, vem dos vinhedos de Chañar Punco, a cerca de dois mil metros e plantados há vinte anos.

El Esteco

Os cachos são prensados diretamente e, em seguida, o vinho vai para os tanques de aço, onde fermenta e é levantado com suas borras por cerca de seis meses. Este rosé tem aromas e sabores de frutas vermelhas em todos os lugares, com toques condimentados, mas principalmente de frutas e de rica acidez em um vinho refrescante e suculento para o verão com sushi.

BLEND DE EXTREMOS
MALBEC 2017
$ | VALES CALCHAQUÍES | 14°

Para esta mescla, o enólogo Alejandro Pepa utiliza uvas de duas vinhas, uma em Chañar Punco, com cerca de dois mil metros de altura e a outra em Finca Las Mercedes, a cerca de 80 quilômetros ao norte e 300 metros mais abaixo, em Cafayate. A ideia é fazer um vinho que mostre a Malbec nos vales Calchaquíes, todo o sol e sob o efeito da altura. Aqui você sente aquele fruto intenso da região, os sabores de frutas pretas, a generosidade do álcool e notas de ervas em tinto para guisados de cordeiro.

DON DAVID RESERVA
SAUVIGNON BLANC 2019
$ | VALES CALCHAQUÍES | 13°

Do vinhedo Las Mercedes, um vinhedo em latada (parral) plantado em 2006, este Sauvignon Blanc é envelhecido 7 meses com suas borras. É exuberante em seus sabores e aromas, tudo aqui é uma festa de toques de ervas, de frutas cítricas e de flores. A boca é fresca, ácida, muito tensa, em um vinho feito para frutos do mar.

EL ESTECO
MALBEC 2017
$$ | VALES CALCHAQUÍES | 14.5°

Esta é uma mistura de diferentes parcelas de Malbec que a El Esteco tem na área de Cafayate e é envelhecida por um ano em barricas. São um total de 30 mil litros de um tinto intenso em aromas de ervas e frutas, com toques picantes. Sabores de frutas são intensos na boca, preenchê-lo com seu caráter amplo e envolvente. A madurez será equilibrada com boa acidez em um vinho típico do sol generoso de Cafayate.

FINCAS NOTABLES CUARTEL 28
MERLOT 2017
$$ | VALES CALCHAQUÍES | 14.5°

Dos vinhedos de altitude em Chañar Punco, plantados em 1999, esse Merlot tem aromas herbáceos, mas principalmente florais, em um vinho com grande expressão de fruta. O envelhecimento em barricas é 12 meses, com parte em barricas rolantes, confere aos taninos uma suavidade deliciosa, enquanto a acidez desempenha um papel muito importante, sublinhando aromas de ervas e proporcionando frescor. Difícil defini-lo como Merlot, mas é um ótimo tinto.

DON DAVID RESERVE
TORRONTÉS 2019
$ | VALES CALCHAQUÍES | 14°

Os Torrontés de Cafayate são luminosos em aromas de flores e também generosos no corpo. Ele entra maduro, mostrando uma fruta deliciosa-

‹ prova de *vinhos* ›

mente doce, mas depois se expande com uma acidez suculenta que muda completamente a percepção do vinho. Este vinho vem de vinhas velhas a 1800 metros de altura.

 EL ESTECO
CABERNET SAUVIGNON 2017
$$ | VALES CALCHAQUÍES | 14°

Para esse Cabernet de El Esteco, são selecionadas frutas de diferentes vinhedos em Cafayate e o vinho é envelhecido em barricas por um ano. Tem o aroma clássico de ervas, de pimentão, típicas dos Cabernet da zona, mas também frutas vermelhas e pretas em um vinho de rica acidez e de taninos firmes.

OUTROS VINHOS SELECIONADOS
89 | DON DAVID RESERVE Malbec 2018 | Vales Calchaquíes | 14° | $
89 | DON DAVID RESERVE Tannat 2018 | Vales Calchaquíes | 14° | $
88 | BLEND DE EXTREMOS Cabernet Sauvignon 2017 | Vales Calchaquíes 14.2° | $
88 | DON DAVID RESERVE Cabernet Sauvignon 2018 | Vales Calchaquíes 14° | $

El Porvenir de Cafayate

PROPRIETÁRIA Lucía Romero
ENÓLOGO Paco Puga
WEB http://www.elporvenirdecafayate.com
RECEBE VISITAS Sim

Proprietária, agrônomo & enólogo
DANIEL GUILLÉN, LUCÍA ROMERO & PACO PUGA

No ano 2000 nasce este empreendimento da família Romero Marcuzzi. Eles têm 90 hectares, divididos entre quatro fincas. Uma delas é a El Retiro, a 1.450 metros de altura, com velhas vinhas de Tannat e Torrontés. Outro é a Alto Los Cuises, a 1.850 metros, com 5.000 plantas de Chardonnay. El Porvenir de Cafayate destaca-se, entre outras coisas, pelo trabalho que fazem com a Torrontés, uma variedade com que fazem desde vinhos jovens até outros de grande complexidade. O enólogo residente é Francisco Puga, que chegou em 2016 da vinícola Amalaya.

IMPORTADORES: BRASIL: www.domno.com.br | USA: www.brazoswine.com

VINHOS

 LABORUM DE PARCELA FINCA LOS CUISES BLOCK ÚNICO MALBEC 2018
$$$ | CAFAYATE | 13.8°

Finca Los Cuises é uma encosta na Serra de Quilmes, em uma espécie de oásis no meio de árvores, riachos, um ponto verde no meio de uma das regiões vinícolas mais extremas do mundo, das mais desérticas e definitivamente de maior altura. Nesse ambiente muito especial, esse vinho não poderia ter a carga tânica, quanto mais a exuberante maturidade dos tintos de Cafayate. Esse é o oposto. Notas de ervas são confundidas com os aromas de frutas vermelhas, raivosamente frescas. O corpo é leve e tenso, com uma acidez brilhante e frutas por toda parte. Um bicho esquisito de Cafayate.

El Porvenir de Cafayate

LABORUM DE PARCELA FINCA EL RETIRO BLOCK 10 TORRONTÉS 2019
$$ | CAFAYATE | 13°

O enólogo Paco Puga começou a produzir este vinho com a colheita de 2017, selecionando os vinhedos mais antigos de Finca El Retiro, um vinhedo de cerca de 22 hectares em Cafayate, que foi plantado em 1945. As videiras são manejadas para que suas folhagens protejam os cachos do intenso sol do norte e assim ganhar frescor. O estágio, desde então, é feito em ovos e, após cerca de oito meses de envelhecimento, o vinho é engarrafado. Este vinho é um suco de limão, mas com flores brancas e frutas em um contexto de muito frescor, muita suculência. Mas cuidado, você tem que guardar esse vinho. Aqui há vida por um tempo.

LABORUM DE PARCELA FINCA ALTO LAS CUISES BLOCK ÚNICO CHARDONNAY 2018
$$$ | CAFAYATE | 13°

São pouco mais de três mil e algumas plantas que compõem o vinhedo de Chardonnay de Alto Los Cuises, um vinhedo de cerca de 1.850 metros de altura, no meio de árvores, ao lado de um pequeno riacho em um lugar idílico e fresco; uma espécie de oásis no meio do deserto bruto de altura que é Salta. Esse Chardonnay, assim como sua origem, é especial em seu caráter. Tem deliciosos aromas de ervas, únicos no seu gênero. Embora, a primeira sensação seja a da tosta da barrica, o que vem depois são as ervas em um corpo de acidez crocante, firme e suculento, em um corpo médio, com uma textura firme e um final novamente herbáceo, sutilmente refrescante.

LABORUM DE PARCELA FINCA ALTO RÍO SECO BLOCK 4 MALBEC 2017
$$$ | CAFAYATE | 14.5°

Nas encostas mais baixas da Serra de Quilmes, o solo é menos pedregoso e mais arenoso e sedimentado, o que permite - segundo o enólogo Paco Puga - que os taninos não sejam tão selvagens ou duros como o que vem dos solos pedras. Mesmo assim, este vinho tem muita concentração, mas ao mesmo tempo muita acidez e frutos vermelhos maduros que contrastam com tons terrosos. Incrível que em menos de cem metros de distância, este monstrinho com um corpo grande, mas de acidez suculenta, seja tão diferente do seu irmão, Alto Los Cuises Malbec, um vinho tinto muito mais delicado e fino. Vizinhos muito diferentes.

LABORUM SINGLE VINEYARD FINCA EL RETIRO OAK FERMENTED TORRONTÉS 2018
$$ | CAFAYATE | 13°

Nesse Torrontés não é apenas o estágio em barricas, o principal é o vinhedo, um lote de 2,2 hectares da vinha El Retiro, onde se trabalha protegendo os cachos do sol com a folhagem dos parreirais antigos, originalmente plantados em 1945. Aqui a acidez é fina e quase cítrica. A boca, no entanto, é o melhor que tem. Imagine uma infusão de ervas, mas gelada, mas gelada. E a textura que tem, nervosa, suculenta, de uma sensação refrescante como poucos Torrontés do norte da Argentina.

‹ *prova de **vinhos*** ›

 LABORUM SINGLE VINEYARD FINCA EL RETIRO
TANNAT 2017
$$ | CAFAYATE | 14.5°

Em solos de areia, e de vinhedos de cerca de 65 anos, esse Tannat preenche todos os requisitos da cepa: a fruta é vermelha ácida, a textura raivosamente tânica, a acidez firme e tensa. O vinho tem 12 meses de barricas usadas e isso não influenciou em nada em sua expressão ou textura de fruta clara. Este é um vinho muito jovem, mas delicioso agora com costeletas de cordeiro.

 PEQUEÑAS FERMENTACIONES NARANJO EN FLOR TORRONTÉS, MOSCATEL ROSADO 2019
$$ | CAFAYATE | 12.3°

Fermentados em suas peles por cerca de seis meses, essa mistura de Muscat e Torrontés fermenta, estagia e macera em um ovo de cimento de dois mil litros. Tem a graça de ser especialmente fino e refrescante para ser uma laranja. Não é pesado, não tem amargor, mas se bebe fácil e a vantagem dos aromas e sabores de ambas as variedades ajuda-o a ser bebido ainda mais depressa.

 LABORUM SINGLE VINEYARD FINCA EL RETIRO
TORRONTÉS 2019
$ | CAFAYATE | 13°

Esse Torrontés faz parte da trilogia dos melhores brancos da casa feitos com essa variedade. Vem do vinhedo El Retiro, próximo à vinícola, de vinhas plantadas em 1945. A colheita é feita em três momentos para obter frutos de diferentes estágios de maturação. Aqui as frutas são frescas, as notas florais fazem uma festa e a textura é macia e flui pela boca.

 LABORUM SINGLE VINEYARD RÍO SECO
MALBEC 2018
$$ | CAFAYATE | 14°

Finca Río Seco foi plantada há 20 anos no sopé da Serra de Quilmes, em um terreno arenoso e rochoso. De lá vem esse vinho, um Malbec que - sob a mão do enólogo Paco Puga - conseguiu capturar a fruta fresca do lugar e transformar o que normalmente era muita madurez e concentração, em um Malbec delicioso e amável.

 PEQUEÑAS FERMENTACIONES
BONARDA 2019
$$ | CAFAYATE | 12.5°

El Porvenir compra as uvas desse Bonarda de um vinhedo de cerca de 15 anos, em Cafayate, e as colhe no início da estação, em meados de fevereiro, o que é muito cedo em uma área quente como essa. A vinificação tem 30% de cachos inteiros, que contribuem com o lado ligeiramente "Beaujolais" desse vinho, com muita fruta e nota de cerejas ácidas. A boca é clara em acidez, com muitos sabores de frutas vermelhas em um vinho para se beber no verão, um desses tantos para matar a sede. Na verdade, entre os melhores que provamos nesse ano para saciar a sede.

El Relator Wines

PROPRIETÁRIO Fernando Gabrielli & Pepe Reginato
ENÓLOGO Pepe Reginato
FACEBOOK ElRelatorWines
RECEBE VISITAS Não

Proprietário & enólogo
FERNANDO GABRIELLI & PEPE REGINATO

O **nome deste projeto** de Fernando Gabrielli não é metafórico. Gabrielli é um repórter oficial de corrida de cavalos em Mendoza. E desde 2015 combina essa profissão com a produção de vinhos. Seu parceiro nesta aventura é Pepe Reginato (Chamán Wines e Bodega Reginato), com quem ele desenhou uma linha de vinhos com uvas principalmente do vale de Uco e também agora do lado leste de Mendoza. A produção anual gira em torno de 70.000 garrafas e é distribuído entre vinhos tintos e espumantes, a especialidade de Reginato.

VINHOS

 HERMANO MAYOR
MALBEC 2017
$$$$ | LOS CHACAYES | 14.5°

Este Malbec vem 100% da área de Los Chacayes, um lugar de solos pedregosos no vale de Uco que geralmente dá vinhos austeros a cerca de 1200 metros de altura, com a montanha ao fundo. Um vinho de grande força, de acidez feroz, selvagem também, com as frutas vermelhas intensas tomando conta da boca e não a liberam mais, como uma presa.

 TAPADO EXTRA BRUT
CHARDONNAY 2014
$$$ | AGRELO | 13.1°

Um dos melhores vinhos espumantes da Argentina atualmente, com mais de cinco anos com suas borras, detalhe nada descartável, e que dá aqui toda essa complexidade de sabores e aromas e também aquela textura macia, quase cremosa. Além disso, possui um certo caráter oxidativo, de frutos secos, o que aumenta essa complexidade. O contexto é de muito baixo teor de açúcar, aumentando o frescor. Este deveria ser um futuro clássico entre os espumantes.

 ZAINO VIEJO
BONARDA 2010
$$ | MENDOZA | 12.5°

Na parte leste de Mendoza, este 100% Bonarda de cem é feito pelo método tradicional de segunda fermentação na garrafa, que parece aqui dar à fruta uma maciez especial. Tem pouco açúcar, e isso ajuda com que a fruta vermelha seja mais evidente claramente exibida. Muito refrescante.

‹ *prova de* **vinhos** ›

Enrique Foster

PROPRIETÁRIO Enrique Foster
ENÓLOGO Mauricio Lorca
WEB www.grupoforsterlorca.com
RECEBE VISITAS Sim

Enólogo
MAURICIO LORCA

Norte-americano nascido na Espanha, Enrique Foster chegou a Mendoza em 2001 entusiasmado com a Malbec e a ideia de empreender com a variedade. Assim foi que comprou um vinhedo plantado em 1919, em Mayor Drummond, Luján de Cuyo, e convenceu o enólogo Mauricio Lorca, com experiência em várias vinícolas locais, a se somar ao projeto. Hoje são sócios não só nesta marca, senão também na vinícola Mauricio Lorca, formando ambas o grupo Bodega Foster Lorca. Seus vinhos sempre apostaram em menos aporte de madeira e também em escapar da sobre-extração, quando isso era algo ainda fora do normal. **IMPORTADORES:** BRASIL: www.vinhoeponto.com.br | USA: www.dreyfussashby.com

VINHOS

 FIRMADO
MALBEC 2013
$$$ | LAS COMPUERTAS | 14.5°

A primeira safra de Firmado foi em 2004 e sempre veio dos antigos vinhedos de Las Compuertas, com cerca de 60 anos de idade, na área mais alta de Luján de Cuyo, ao lado do rio Mendoza, um lugar clássico no vinho argentino. Este vinho mostra essa hierarquia, a voluptuosidade da fruta e ao mesmo tempo a qualidade dos taninos, esse lado amável, quente, de frutos vermelhos maduros, especiarias e frutos secos dos tintos desse lugar. Os primeiros grandes vinhos argentinos vieram de Las Compuertas. Veja este Firmado como um tributo a essa herança.

 SINGLE VINEYARD LOS BARRANCOS
MALBEC 2017
$$ | VISTA FLORES | 14°

Esta é uma seleção de Malbec da vinha de Los Barrancos em Vista Flores, plantada em 1999. O vinho estagia por doze meses em barricas, com 20% de madeira nova que não é realmente sentida aqui. A fruta é o que comanda, aquela fruta generosa e crocante com taninos muito polidos que são a marca registrada da vinícola. Um vinho muito equilibrado, tudo em seu lugar.

 SINGLE VINEYARD LOS ALTEPES
MALBEC 2017
$$ | VALE DE UCO | 14°

100% do vinhedo de Los Altepes, em Los Árboles, este é o outro Single vineyard da casa, uma seleção de Malbec de vinhedos plantados no final dos anos 90 naquela região de vale de Uco. Aqui há frutos vermelhos maduros em todos os lugares, taninos polidos e leves toques de especiarias e madeira, onde foi criado por cerca de um ano. Um vinho para pensar em bife de chorizo.

 RESERVA
BONARDA 2015
$$ | VALE DE UCO | 13.5°

Um bom e suculento Bonarda, esse tem as notas de frutas vermelhas da

Enrique Foster

variedade, mas também uma boa camada de taninos que ajudam a gerar um saboroso equilíbrio. A acidez é afiada e firme e ajuda nessa mesma direção. Escolham morcillas para acompanhar.

90 | RESERVA
MALBEC 2015
$$ | VALE DE UCO | 14.2°

Com todo o frescor das frutas maduras de Vista Flores, esse tem um fundo de cerejas pretas e deliciosos toques de violetas. O corpo é médio/leve, com taninos muito polidos e uma acidez muito boa para complementar essa sensação de suculência. Para beber com bondiola de porco ou costela.

OUTRO VINHO SELECIONADO
87 | IQUE Malbec 2019 | Mendoza | 13.5° | $$

Escala Humana Wines

PROPRIETÁRIO Germán Masera
ENÓLOGO Germán Masera
WEB www.escalahumanawines.com
RECEBE VISITAS Não

Proprietário & enólogo
GERMÁN MASERA

Depois de passar pela **Viña Cobos,** Grupo Millán, Sophenia e também em Noemía, na Patagônia, o enólogo Germán Masera decidiu, junto com a sua família, que era hora de desenvolver um projeto próprio. Escala Humana é seu nome e sua primeira linha de vinhos é **Livverá,** cuja proposta é resgatar cepas esquecidas do vale do Uco, essas que chegaram com os imigrantes e por anos deram identidade à região. Bonarda, Malvasia e Veguiñol (além de algo de Cabernet Sauvignon) são as vinhas com as quais produz cerca de 30 mil garrafas.

IMPORTADORES: BRASIL: www.sinapsis.com.br | USA: www.brazoswineimports.com

VINHOS

93 | LIVVERÁ
BEQUIGNOL 2019
$$ | VALE DE UCO | 12°

Esta variedade obscura do sul da França tem uma presença moderada na Argentina, com cerca de 600 hectares oficiais pelo INV em Mendoza. A vinha para este vinho tem cerca de 40 anos e é plantada em Zampal, a cerca de mil metros de altura no vale de Uco. Este é rico em frutas vermelhas, vibrantes em acidez, especiadas e crocantes. Nós gostamos de compará-lo com a País do sul do Chile, de Bío Bío, aquele caráter radiante e super fácil de beber.

93 | LIVVERÁ
MALVASÍA 2019
$$ | VALE DE UCO | 11.5°

Da região de El Zampal, no vale de Uco, esta vinha de Malvasia de 91 anos foi resgatada por Germán Masera para este branco deliciosamente aromático, com toques florais e muitas frutas brancas maduras em um corpo marcado por uma acidez tensa e deliciosa. Um vinho para não parar de se beber.

‹ prova de *vinhos* ›

92 | LIVVERÁ
BONARDA 2019
$$ | VALE DE UCO | 12°

Com 50% do vinho fermentado com cachos inteiros, em uma espécie de semi-maceração carbônica, esta é um dos Bonardas mais delicados e frescos que podem ser obtidos hoje na Argentina. As uvas vêm de um vinhedo em La Arboleda, em Tupungato, e esse lugar mais fresco que parece influenciar o caráter radiante da fruta. É um vinho para matar a sede.

92 | LIVVERÁ
CABERNET SAUVIGNON 2019
$$ | EL PERAL | 13.5°

Atenção com este vinho. Este Cabernet é uma delícia de aromas frutados, frutas vermelhas radiantes em um vinho tenso e refrescante acima de tudo. A acidez é uma companheira fiel na boca, destacando os sabores de cerejas em um Cabernet incomum, dos poucos Cabernet da América do Sul que podem competir com o Cinsault de Itata na competição de qual é mais fácil beber.

91 | LIVVERÁ
MALBEC 2018
$$ | GUALTALLARY | 14°

De três vinhedos diferentes plantados em Gualtallary, todos com cerca de 15 anos de idade, este é um Malbec suculento em frutas vermelhas, delicioso em sua maturidade, quase voluptuoso. Também atenção com as notas de violetas e de ervas tão típicas da zona. Este é outro dos vinhos da linha Livverá que são feitos para saciar a sede.

90 | LIVVERÁ
SANGIOVESE 2019
$$ | VALE DE UCO | 11°

De vinhas de 50 anos de idade plantadas na área de Campo Vidal, a cerca de 1250 metros de altura no vale de Uco. Aqui há uma maceração por doze horas e o que se ganha é um rosé muito simples e fresco, com sabores ricos de frutas vermelhas ácidas em um corpo leve, muito fresco e frutado, para o aperitivo.

Escorihuela Gascón

PROPRIETÁRIO Grupo acionista de capitais argentinos
ENÓLOGO Matías Ciciani Soler
WEB https://www.escorihuelagascon.com.ar
RECEBE VISITAS Sim

Enólogo
MATÍAS CICIANI SOLER

Escorihuela Gascón foi fundada em 1884 por Miguel Escorihuela Gascón, então um jovem vindo de Aragón, Espanha. O edifício ainda permanece em seu lugar original, em Godoy Cruz, e é a vinícola mais antiga de Mendoza ainda em funcionamento. Em 1992, a empresa passou para as mãos do Grupo Catena Zapata, que a levou para novos caminhos, como

Escorihuela Gascón

abrir no lugar o 1884 Restaurante, um dos mais reconhecidos de Mendoza, iniciativa de Nicolás Catena e do chef Francis Mallmann. Em Escorihuela Gascón produzem ao redor de seis milhões de garrafas ao ano, com 250 hectares próprios e 150 de produtores externos. Seu catálogo inclui vinhos jovens e reservas, mas o acento está posto nas linhas de alta gama. 🍷

IMPORTADORES: BRASIL: www.grandcru.com.br | USA: www.gasconwines.com

VINHOS

95 — MEG
MALBEC, CABERNET SAUVIGNON 2017
$$$ | VALE DE UCO | 14°

Este **MEG** tem 60% de Malbec da área de El Cepillo, ao sul do vale de Uco, e o Cabernet Sauvignon da área de San José, em Tupungato, no outro extremo de Uco. A Cabernet tem cerca de 18 meses de envelhecimento em barricas, enquanto a Malbec é uma mistura de vinhos criados em barricas e outros em tanques. Esta mescla tem aromas de terra que são plantados no início com força e, em seguida, mostram deliciosos frutos vermelhos no meio de toques terrosos. A boca tem taninos firmes, muito acentuada e a acidez é da zona fria de El Cepillo. Um vinho de grande caráter.

93 — PEQUEÑAS PRODUCCIONES
CHARDONNAY 2018
$$ | MENDOZA | 13.4°

Essa é a primeira vez que este vinho provém das vinhas Gualtallary, plantadas em 1999. Um terço do volume total (13 mil litros) é fermentado e estagiado em foudres, o outro em barricas e o restante em tanques de aço. A acidez aqui é a espinha que conduz a todos os sabores. Essa tensão deve-se à acidez, mas também aos sabores minerais que sublinham o frescor geral deste vinho que tem gosto de frutos, mas que é principalmente de pedras.

93 — PEQUEÑAS PRODUCCIONES
MALBEC 2017
$$ | VALE DE UCO | 14°

Pequeñas Producciones é uma mistura de quatro vinhedos, de diferentes áreas de Mendoza. No vale de Uco, os vinhedos estão em El Cepillo, La Consulta e Los Chacayes, enquanto o outro está em Luján de Cuyo, na tradicional área de Las Compuertas. O vinho é forte, com taninos firmes, muito intenso. Há a voluptuosidade de Las Compuertas e La Consulta, mas também o nervo das áreas mais frias de El Cepillo e Los Chacayes, todas mescladas em uma camada generosa de frutas vermelhas maduras. Um vinho intenso, para a guarda.

92 — DON
MALBEC 2017
$$$$ | EL CEPILLO | 14°

DON é um Single Vineyard que vem de El Cepillo, uma área fria ao sul do vale de Uco. O vinho é envelhecido em barricas durante 16 meses e depois engarrafado num vinho de grande estrutura, como parece habitual nos vinhos desse lugar. Parece fechado e muito austero, sem mostrar muitos aromas, mas oferecendo taninos e estrutura firme, e uma acidez acentuada e intensa que sublinha essa sensação de severidade.

‹ *prova de **vinhos*** ›

ORGANIC VINEYARD
MALBEC 2018
$$ | EL CEPILLO | 14.5°

De El Cepillo, uma área muito fria ao sul do vale de Uco, vem de uma vinha certificada como biodinâmica e é feito em tanques de aço, onde permanece por 8 meses. O vinho é apenas fruta vermelha madura, intensa em uma boca que é preenchida com taninos e uma deliciosa acidez que se sente muito desse lugar de remoto de montanha.

OUTROS VINHOS SELECIONADOS
89 | ESCORIHUELA GASCÓN Malbec 2018 | Agrelo | 13.8° | $
88 | ESCORIHUELA GASCÓN Viognier 2019 | Agrelo | 13.6° | $

Estancia Los Cardones

PROPRIETÁRIOS Saavedra, Sejanovich & Mausbach
ENÓLOGO Alejandro Sejanovich
WEB http://www.estancialoscardones.com
RECEBE VISITAS Sim

Enólogo
ALEJANDRO SEJANOVICH

Estancia Los Cardones é uma das vinícolas que têm se rebelado contra o estilo de tintos que dominou o norte por anos. Com medidas como adiantar a colheita e irrigar mais tem conseguido vinhos de maior frescor e caráter frutado, distantes da sobrematuração e da exuberância. A vinícola é de Jeff Mausbach e Alejandro Sejanovich, ex-colegas em Catena Zapata e sócios em vários projetos (Teho, Manos Negras, Buscado Vivo o Muerto). Compartilhamm a propriedade com o cardiologista Fernando Saavedra, que investiu de maneira importante. O vinhedo de Estancia Los Cardones tem vinte e cinco hectares plantados, a maioria com Malbec, mais algo de Petit Verdot, Garnacha e Tannat. **IMPORTADORES:** BRASIL: http://www.tdpwines.com | USA: http://www.vinodelsol.com

VINHOS

TIGERSTONE
MALBEC 2017
$$ | CAFAYATE | 14°

Essa é uma seleção de vinhedos de solos laminados de granito, com listras brancas como as dos tigres, daí o nome do vinho. É, principalmente, a parte mais alta da vinha, uma grande encosta virada a oeste, plantada em 2003. A chave aqui, segundo o enólogo Alejandro Sejanovich, é a colheita antecipada e a irrigação até ao último minuto para obter frescor. Para suportar a estrutura, vão 30% de cachos inteiros, o que suporta os taninos em um delicioso e refrescante vinho, muito diferente do que provamos do norte, mais pulsante. Estancia Los Cardones é pioneira nessa visão muito mais nervosa dos vinhos do norte.

ESTANCIA LOS CARDONES
C. SAUVIGNON, GARNACHA, MALBEC, P. VERDOT 2017
$$$ | CAFAYATE | 14°

Mantendo o estilo da casa, essa mistura tem principalmente Malbec com 90% mais outras variedades em quantidade semelhantes. É firme e suculen-

Estancia Los Cardones

to, com uma acidez que refresca tudo em seu caminho. Tem 70% de cachos inteiros, que suporta a estrutura e dá muitos sabores de frutados. O resto é colocado pela ideia de Los Cardones de colher mais cedo e regar até ao último minuto para preservar a máxima acidez e o frescor das uvas.

 ANKO FLOR DE CARDÓN
CABERNET SAUVIGNON 2018
$ | CAFAYATE | 14°

É insistentemente dito que a Cabernet Sauvignon no norte é rica em ervas, em hortelã, nas chamadas pirazinas. Esse vem para negar tal coisa. A partir da encosta de pedras na área de Tolombón, uma encosta voltada para o norte e muito quente, a Estancia Los Cardones consegue obter vinhos frescos e de ricas frutas vermelhas. Nesse caso, há muitas frutas vermelhas deliciosas e refrescantes. E, sim, algumas ervas, mas não predominam, acompanham. Um Cabernet para refrescar.

 **ANKO FLOR DE CARDÓN**
MALBEC 2018
$ | CAFAYATE | 13°

Estancia Los Cardones significou uma verdadeira quebra no caráter dos vinhos da região, geralmente associados a frutas negras maduras, exuberantes em seu dulçor. E essa é uma boa porta de entrada, cheia de frutas vermelhas, cheia de nervo e suculência. Muito o oposto da norma. Um vinho incomum que está ganhando mais e mais seguidores na área.

 TIGERSTONE
GARNACHA 2018
$$ | CAFAYATE | 13°

Uma deliciosa Garnacha, uma foto da variedade com suas notas florais, seus aromas e sabores de morangos e seu corpo magro, mas ao mesmo tempo muito ágil e fácil de beber. A acidez percorre um longo caminho aqui, prolongando os sabores vermelhos em todo o palato. A Garnacha aqui é plantada a 1700 metros, nos arredores de Cafayate.

OUTROS VINHOS SELECIONADOS
89 | ANKO Torrontés 2019 | Cafayate | 13° | $
88 | ANKO Malbec 2018 | Cafayate | 13.5° | $

《《《----》》》

‹ prova de *vinhos* ›

Estancia Mendoza

PROPRIETÁRIO Fecovita
ENÓLOGO David Gargantini
WEB http://www.estanciamendoza.com.ar
RECEBE VISITAS *Sim*

Enólogo
DAVID GARGANTINI

A Federação de Cooperativas Vitivinícolas Argentinas, Fecovita, é uma associação de 29 cooperativas em toda a Argentina. No total, existem cinco mil produtores com mais de trinta mil hectares de vinhedos, um gigante que tem a Estancia Mendoza como uma de suas marcas emblemáticas e, sob esse guarda-chuva, outras marcas como Los Helechos ou a representação para a América do Sul da marca F.C. Barcelona, que eles podem usar como uma linha de vinhos. 🍷 **IMPORTADORES:** BRASIL: www.barrinhas.com.br   www.cencosud.com

VINHOS

92 | LOS HELECHOS
CHARDONNAY 2016
$$ | TUPUNGATO | 13.8°

Los Helechos vem de duas vinhas, uma em Gualtallary e outra em San José, ambas no vale de Uco. Metade do vinho é armazenada em tanques de aço e a outra estagia em barricas. Existe uma certa influência da madeira nesse vinho, especialmente na doçura suave dos sabores, mas o que predomina é a tensão de acidez típica dos vinhos de montanha. Um longo vinho em sabores.

90 | DRALION
MALBEC, SYRAH 2017
$ | VALE DE UCO | 13.5°

Essa mistura é baseada em Malbec, 80% da área de Los Árboles, enquanto a Syrah vem de uma vinha em Vista Flores, ambas na província de Tunuyán, no vale de Uco. A fruta da montanha tem uma boa expressão aqui, permitindo que os sabores e aromas das frutas vermelhas se expressem sobre a madeira onde estagia por dez meses. É um vinho simples e frutado.

90 | LOS HELECHOS
CABERNET SAUVIGNON 2015
$$ | VALE DE UCO | 14°

Uma visão muito amável e frutada da cepa. Esta mistura de uvas de El Peral e de Gualtallary oferece a textura tânica certa para um bife, mas também muitas frutas vermelhas maduras e leves toques de ervas em um vinho fácil e muito rico de se beber.

90 | TEXTO SÚBITO
CABERNET SAUVIGNON, PETIT VERDOT 2017
$ | MENDOZA | 14°

Toques de frutas vermelhas muito maduras flutuam em um corpo sedoso, aqui tanto a Cabernet Sauvignon quanto a Petit Verdot parecem domados pela suculenta madurez desse vinho. Existe uma acidez rica que eleva os sabores e oferece um frescor muito bom.

Estancia Uspallata

PROPRIETÁRIOS Ariel Saud, Alejandro Sejanovich & Jeff Mausbach
ENÓLOGO Alejandro Sejanovich
RECEBE VISITAS *Não*

Enólogo
ALEJANDRO SEJANOVICH

Estancia Uspallata é parte de um terreno de 44.000 hectares, propriedade de Ariel e Belén Saud. Na entrada deste campo funcionou durante muito tempo a estação de intercâmbio de carga da linha de trem que cruzava para o Chile. Durante décadas passavam por seu interior as linhas de telégrafos que iam da Argentina até o Canadá, propriedade da empresa All American Cable. No ano 2008, depois de muitos anos de exploração de turismo exclusivo, decidiram plantar as primeiras plantas do que é o vinhedo mais alto de Mendoza (dois mil metros). Com algo mais de quatro hectares repartidos entre Malbec, Cabernet Franc e Pinot Noir, a propriedade é o melhor exemplo de onde termina literalmente a pré-cordilheira e onde começam os gigantes dos Andes, Vale de Uspallata está no meio. **IMPORTADOR:** USA: www.vineyardbrands.com

VINHOS

 ESTANCIA USPALLATA
MALBEC 2017
$$$ | USPALLATA | 14°

Dos quatro hectares que Estancia Uspallata plantou a 2000 metros de altura no meio dos Andes, pouco menos de dois são de Malbec, todos para esse vinho tinto da montanha. O estágio é de cerca de 15 meses em barricas e o que sai dessas barricas é um vinho muito diferente do ano passado. Se antes havia certa voluptuosidade, esse se sente muito mais severo, mais marcado por taninos firmes, delineados pela acidez. Um vinho austero, com muito boa fruta vermelha, mas acima de tudo, um vinho de estrutura.

 ESTANCIA USPALLATA BRUT NATURE
PINOT NOIR N/V
$$ | USPALLATA | 12°

Das exposições mais frescas da vinha de apenas quatro hectares da Estancia Uspallata, esse 100% Pinot Noir tem um ano e meio de contato com as borras pelo método tradicional de segunda fermentação em garrafa. Apesar desse ano e meio, o vinho ainda é marcado por aromas de frutas, de notas de ervas em um delicioso vinho em frescor, com uma acidez monumental que ainda precisa de tempo, muito tempo na garrafa. A primeira degola foi de cerca de 1.500 garrafas.

 ESTANCIA USPALLATA
PINOT NOIR 2017
$$$ | USPALLATA | 13.5°

Pouco a pouco, Estancia Uspallata vai encontrando o caminho para o Pinot nesse lugar extremo, a 2.000 metros de altura, no meio dos Andes. Este vinho oferece uma excelente textura, rugosa, com agarre, e a fruta é vermelha e deliciosa. Um vinho que promete.

‹ *prova de* **vinhos** ›

Etchart

PROPRIETÁRIO Pernod Ricard Argentina s.r.l.
ENÓLOGO Víctor Marcantoni
WEB www.bodegasetchart.com
RECEBE VISITAS *Não*

Enólogo
VÍCTOR MARCANTONI

Fundada em 1850, esta importante vinícola da zona de Cafayate pertence desde 1996 completamente ao grupo francês Pernod Ricard, que na Argentina é dono, além dela, de Mumm. Uma das particularidades de Etchart é seu trabalho pioneiro com a Torrontés, variedade que elaboram seriamente há décadas. Etchart tem 423 hectares de vinhedos, a maioria deles ao redor da vinícola, e uma produção anual próxima de dez milhões de garrafas. **IMPORTADORES:** BRASIL: www.pernodricard.com.br | USA: www.pernodricard.com

VINHOS

 CAFAYATE GRAN LINAJE
TORRONTÉS 2018
$$ | CAFAYATE | 13.8°

Dos mais antigos vinhedos de Torrontés, plantados em 1963, esse é fermentado em tanques de aço e sem contato com a madeira, vai para a garrafa. Fiel representante dos Torrontés de Cafayate, a mais de 1.700 metros de altura, aqui estão as notas florais e de frutas, mas com um acento nas flores em um corpo delicado e sutil, acompanhado de muito boa acidez. Um vinho para refrescar o verão.

 ARNALDO B
MALBEC, CABERNET SAUVIGNON, TANNAT 2017
$$$ | CAFAYATE | 14.5°

Arnaldo B é ícone de Etchart. Sua primeira safra foi em 1988, e este ano mostra uma personalidade leve, de taninos muito polidos. A base é Malbec, com 60%, enquanto a Tannat e a Cabernet contribuem em quantidades semelhantes a um vinho tinto que tem as frutas doces e suculentas dos vinhos do norte da Argentina, com mais de 1.700 metros de altura. Esse é especiada, mas especialmente com uma rica carga de frutas e a influência tostada da madeira, onde estagia por 15 meses.

 CAFAYATE GRAN LINAJE
CABERNET SAUVIGNON 2017
$$ | CAFAYATE | 14.5°

Com as notas de ervas típicas, os pimentões oferecidos pelos Cabernet de Cafayate, esse é suave e amável, com toques doces e de frutas maduras. Para pensar no churrasco de domingo.

 RUTAS DE CAFAYATE FRUTADO
MALBEC, TANNAT, BONARDA 2018
$ | ARGENTINA | 13.2°

Essa é uma mescla de vinhas e variedades em Cafayate. 40% é Malbec, 30% é Tannat e 30% é Bonarda. 40% do volume total é vinificado com maceração carbônica, o que dá um extra frutado. Esse vinho tem muitas

Etchart

frutas, mas também notas intrigantes de cinzas, algo mineral que dá uma complexidade extra a um vinho delicioso e fresco e com uma tremenda relação preço-qualidade.

OUTROS VINHOS SELECIONADOS
89 | CAFAYATE GRAN LINAJE Malbec 2017 | Cafayate | 14.9° | $$
88 | CAFAYATE RESERVE Torrontés 2018 | Cafayate | 14° | $
87 | CAFAYATE RESERVE Malbec 2017 | Cafayate | 15° | $
85 | CAFAYATE RESERVE Cabernet Sauvignon 2016 | Cafayate | 14.2° | $

E's Vino Wines

PROPRIETÁRIA Eugenia Luka
ENÓLOGOS Julia Halupczok & Matías Michelini
WEB www.esvino.com.ar
RECEBE VISITAS *Não*

Proprietária
EUGENIA LUKA

Este é o projeto de **Eugenia Luka,** filha de Roberto Luka, dono de Finca Sophenia, em Gualtallary, na parte mais alta do vale do Uco. Sua produção, de umas 90 mil garrafas, é baseada no vinhedo de Finca Sophenia, plantado por seu pai em 1998, muito antes de Gualtallary ser o que é hoje. **IMPORTADOR:** BRASIL: www.worldwine.com.br

VINHOS

93 | HISTERIA BLANCO DE ÁNFORA
SÉMILLON 2018
$$$ | TUPUNGATO | 12.8°

De um vinhedo muito antigo, plantado há cerca de 50 anos em Tupungato, este Sémillon é fermentado em ânforas de barro e aí é elevado por um ano. O lado com mel e de frutas brancas maduras são claramente sentidos, acompanhados de toques salinos que lhe dão complexidade. O corpo é médio/leve, com uma acidez suculenta em um vinho que gostaríamos de ver em cinco anos. Aqui há acidez e o corpo para aguentar na garrafa.

92 | VIRGIN SOILS
MALBEC 2018
$$ | GUALTALLARY | 13.9°

Dos vinhedos da vinícola Sophenia, em Gualtallary, há um acento em acidez e em frutas vermelhas lembrando cerejas ácidas. A seleção é dada pelos solos, que geralmente são mais pedregosos, mais relacionados talvez ao estilo dos vinhos Gualtallary, no sentido de frescor e da exuberância de fruta. Um vinho selvagem e delicioso.

91 | VIRGIN SOILS
CABERNET SAUVIGNON 2019
$ | GUALTALLARY | 14°

Com um foco na acidez e no lado mais selvagem de Gualtallary, esse Cabernet de vinhas plantadas em 1998 é uma seleção de solos muito pedregosos na propriedade de Finca Sophenia. Esse é um vinho de muitas frutas vermelhas, de grande tensão de taninos, de notas herbáceas e tudo num contexto de muito frescor.

‹ *prova de* **vinhos** ›

Fabre Montmayou

PROPRIETÁRIO Bodegas Fabre S.A.
ENÓLOGO Hervé J. Fabre
WEB www.fabremontmayou.com
RECEBE VISITAS *Não*

Proprietários
HERVÉ J. FABRE & DIANE J. FABRE

F abre Montmayou foi criada no início dos anos noventa pelo enólogo Hervé Joyaux Fabre, vindo de Bordeaux, que chegou com a ideia de empreender com a Malbec. Sua primeira iniciativa foi comprar um vinhedo de vinhas velhas (de 1908) na zona de Vistalba, na parte mais alta de Luján de Cuyo. Aí mesmo construiu sua vinícola. Anos depois comprou vinhedos na Patagônia e mais tarde, no Vale de Uco. Hoje tem cinquenta hectares na Patagônia e quase trezentos em Mendoza, duzentos deles em Gualtallary. As uvas de seu antigo vinhedo de Vistalba vão para a mescla tinta **Grand Vin**, o ícone da casa. ☙ **IMPORTADORES:** BRASIL: www.premiumwines.com.br | USA: www.vinoviawinegroup.com

VINHOS

GRAN VIN
CABERNET SAUVIGNON, MERLOT, MALBEC 2016
$$$ | LUJÁN DE CUYO | 14.5°

O **Grand Vin** de Fabre é uma seleção dos melhores vinhedos de Vistalba, de vinhas velhas plantadas em 1908, que em anos mais complexos como esse de 2016 (chuvas muito frias e fortes) mantêm a qualidade e o volume constantes. Esse ano, a mescla é semelhante à habitual: 85% de Malbec, 10% de Cabernet Sauvignon e o resto de Merlot, a receita clássica dada por essas videiras. Como de costume, essa mistura precisa abrir na taça, então seja paciente. Gradualmente, frutas vermelhas maduras e notas de ervas começam a se expandir, entregando frutas e toques de cerejas ao licor no meio de uma acidez um tanto incomum, talvez produto de um safra fresca como 2016. Um dos bons Grand Vin que já provamos.

GRAN RESERVA
MALBEC 2017
$$ | LUJÁN DE CUYO | 14.5°

Essa é uma seleção de vinhedos que foram originalmente estabelecidos em 1908 na área de Vistalba. Aqui há uma média de cerca de 60 anos de vinhas, um patrimônio histórico que aqui dá um delicioso vinho em frescor e frutas. Tem o DNA do Malbec local, a elegância dos taninos, polidos e macios com frutas vermelhas maduras, suculentas, mas nunca ao nível de serem enjoativas. Esse vinho pede outra taça. Uma pequena homenagem ao estilo tradicional dos vinhos de Mendoza.

GRAN RESERVA
CABERNET SAUVIGNON 2017
$$ | LUJÁN DE CUYO | 14.5°

Para seu Cabernet **Gran Reserva**, Fabre obtém frutos na área de Perdriel. Marcado por notas de ervas e de pimentão, esse é um Cabernet de dicionário: frutas negras, taninos firmes e musculares e acidez bem marcada. O vinho estagia por um ano em barricas, o que afina os taninos, mas não diminuiu a exuberância de fruta, que aqui é especialmente sentida na boca. Um delicioso e profundo vinho.

Fabre Montmayou

92 RESERVA
MALBEC 2018
$ | LUJÁN DE CUYO | 14.5°

Uma das referências fundamentais quando se trata de vinhos de muito boa relação qualidade/preço (digamos, menos de US$15), é uma seleção de vinhedos de Vistalba e Las Compuertas, ambos da área tradicional de Luján de Cuyo. Aqui é a fruta amistosa e madura do lugar, os tons de frutos secos e de especiarias doces, mas realçados por mais frutas vermelhas e refrescantes e, acima de tudo, por uma acidez suculenta e textura muito macia e fácil de beber.

91 H.J. FABRE BARREL SELECTION
MALBEC 2018
$ | PATAGÔNIA ARGENTINA | 14.5°

Na área do Alto Valle del Río Negro, no começo da Patagônia, esse 100% Malbec vem de plantas de cerca de 40 anos. 60% do volume total estagia em barricas durante um ano. Esse tem uma madurez rica, textura muito macia, quase cremosa, aveludada e acidez fina em um Malbec para acompanhar cozidos de carne.

91 H.J. FABRE RESERVA
CABERNET FRANC 2018
$ | LUJÁN DE CUYO | 14.5°

Uma mescla de vinhedos de Agrelo (da parte mais alta daquele lugar) e Perdriel, todos de vinhas de cerca de 20 anos, esse Cabernet Franc tem uma entrada cheia de notas de ervas, quase de tabaco. A boca é suave e envolvente, com notas de especiarias, mas sobretudo com uma acidez que corta a "gordura" desse vinho e isso aporta muito frescor.

90 RESERVA
CABERNET SAUVIGNON 2018
$ | LUJÁN DE CUYO | 14.5°

Cheio de notas de ervas, rico em frutas pretas maduras e com uma base de especiarias e de frutas vermelhas, esse é um vinho delicioso e expansivo. Ela se expande pela boca com sua madurez e suas ervas, preenchendo tudo. Faz lembrar uma fraldinha.

Familia Blanco

PROPRIETÁRIOS Mónica Najurieta & Gabriel Blanco
ENÓLOGO Giuseppe Franceschini
WEB www.familiablancowines.com.ar
RECEBE VISITAS Sim

Proprietários
GABRIEL BLANCO & MÓNICA NAJURIETA

A família Blanco produz uvas há três gerações em Mendoza, mas desde 2005 começaram a engarrafar seus próprios vinhos. Hoje Gabriel e Mónica, juntamente com seus cinco filhos, que tomam as rédeas da empresa. Seus vinhedos estão localizados na região alta de Ugarteche, entre 970 e 1070 metros de altura. **IMPORTADORES:** BRASIL: Makonnys | USA: www.sanrafaelimport.com

*‹ prova de **vinhos** ›*

VINHOS

MAIRENA DESAFÍO
BONARDA 2019
$ | UGARTECHE | 12°

Familia Blanco obtém esse delicioso Bonarda de um vinhedo muito antigo, plantado há 50 anos. A fim de obter o máximo frescor possível, as uvas são colhidas no início da temporada, em fevereiro. A elaboração não tem grande intervenção, apenas uvas fermentando. O resultado é suculento, vibrante, rico em frutas vermelhas com uma textura que fala daquela colheita antecipada, com taninos firmes e nervosos, pouco comuns na cepa.

MAIRENA BRUT NATURE ROSÉ
BONARDA N/V
$$ | UGARTECHE | 11.3°

Muitas frutas vermelhas, borbulhas abundantes e uma acidez muito boa neste espumante feito pelo método tradicional de segunda fermentação em garrafa, 100% Bonarda e nada menos que 30 meses em suas lias, que não subtraiu qualquer sabor de frutas, mas parece ter adicionado essa suavidade na textura.

OUTROS VINHOS SELECIONADOS
- 88 | JUST MALBEC, PLEASE Malbec 2018 | Ugarteche | 13.6° | $
- 87 | FAMILIA BLANCO Sauvignon Blanc 2018 | Ugarteche | 12.7° | $$$
- 87 | MAIRENA RESERVE Malbec 2017 | Ugarteche | 13.7° | $$
- 86 | MAIRENA RESERVE BLEND Cabernet Franc, Malbec, Bonarda, Cabernet Sauvignon 2017 | Ugarteche | 14.1° | $$
- 85 | MAIRENA OCASIÓN Sauvignon Blanc 2019 | Ugarteche | 11.5° | $

Familia Cassone

PROPRIETÁRIO Federico Cassone
ENÓLOGA Estela Perinetti
WEB http://www.familiacassone.com.ar
RECEBE VISITAS *Sim*

Enólogos & proprietário
NICOLÁS FERREIRA, ESTELA PERINETTI
& FEDERICO CASSONE

Familia Cassone nasce em 1999 no prestigioso e tradicional setor de Mayor Drummond. Além de ter vinhedos aí, possuem outros nas igualmente famosas zonas de Agrelo e Vistalba, sempre em Luján de Cuyo. No total são cento e vinte e cinco hectares. Os responsáveis por sua elaboração são o enólogo e proprietário Federico Cassone e a enóloga Estela Perinetti. **IMPORTADORES:** BRASIL: www.bfcbr.com.br | USA: www.montcalmwines.com

VINHOS

LA BOUTEILLE
CHARDONNAY, VIOGNIER 2019
$$ | AGRELO | 12.5°

Esse novo laranja de Cassone tem 50% Viognier e 50% Chardonnay, todos provenientes de suas próprias vinhas em Agrelo. Ambas as cepas são cofermentadas e deixadas macerando com a pele por 6 dias. Ao contrário de outros laranja, isso não tem um nível associado de amargor em seus sabores, mas parece um branco de corpo e cremoso com muitas notas de especiarias

Familia Cassone

e de frutas maduras. Um branco com corpo para picorocos.

93 | LA COUPE
SYRAH 2019
$ | LUJÁN DE CUYO | 14°

Colhido em duas partes, para combinar momentos de madurez distintos. Esse Syrah de Agrelo, da área mais alta daquele lugar, é vinificado de maneira muito simples, com alguns cachos inteiros (5%) para acentuar a fruta e em tanques de aço; e de lá para a garrafa. O que eles engarrafam é um delicioso suco de amoras, com taninos firmes e muito boa acidez. Um vinho fresco, com toques de carne como todo bom Syrah e um final ligeiramente doce e amável.

93 | OBRA PRIMA
MALBEC, CABERNET SAUVIGNON, CABERNET FRANC 2017
$$ | LUJÁN DE CUYO | 14°

De suas próprias vinhas em Mayor Drummond e Agrelo, possui 55% de Malbec, 40% de Cabernet Sauvignon e 5% de Cabernet Franc, esse vinho mostra uma fruta vermelha madura, as especiarias enchem a boca e os taninos são macios como creme. Um vinho quente, de acidez rica e uma sensação suculenta, quase oleosa.

92 | OBRA PRIMA
MALBEC 2017
$$ | LUJÁN DE CUYO | 14.5°

Uma boa mudança de estilo, aqui está uma base de madeira que suporta muito bem a fruta que, neste caso, está madura, tem boa densidade. Esse vem de uma vinha de cerca de 108 anos em Mayor Drummond, em Luján de Cuyo. Os sabores são profundos, há frescor e a madeira traz uma parte de doçura e também dos tons tostados. Uma mudança importante no estilo da casa.

90 | FINCA LA FLORENCIA
CHARDONNAY, VIOGNIER 2019
$ | LUJÁN DE CUYO | 13°

Essa é a primeira experiência de Cassone misturando brancos. Aqui há 75% Chardonnay e o restante do Viognier, com muita fruta madura e branca, com toques especiados e florais da Viognier que aqui parece moderado, quase tímido, mas contribuindo com cremosidade.

90 | OBRA PRIMA ROSADO
CABERNET SAUVIGNON 2019
$ | LUJÁN DE CUYO | 14°

Graças a uma colheita antecipada, com uma maceração que se limita apenas ao contato do suco com as peles no momento de pressionar os cachos e as fermentações a baixa temperatura, o resultado é que Cassone obtém um delicioso rosé para saciar a sede, um vinho para o verão.

OUTRO VINHO SELECIONADO
88 | FINCA LA FLORENCIA Torrontés 2019 | Cafayate | 12.5° | $

‹ *prova de* **vinhos** ›

Familia Ibarra

PROPRIETÁRIO Pablo Javier Ibarra
ENÓLOGOS Edgardo & Pablo Ibarra
WEB www.bodegafamiliaibarra.com
RECEBE VISITAS *Sim*

Enólogo
EDGARDO IBARRA

Edgardo Ibarra é enólogo e é um importante assessor em San Rafael. Em 1998, junto com sua família, decidiu iniciar esse projeto na zona de Rama Caída, com uma pequena vinícola na Calle Cubillos, no caminho do Cañon del Río Atuel, uma área tradicional de vinhos no sul mendocino. Atualmente, os quatro filhos e a mulher de Edgardo participam na empresa familiar, produzindo ao redor de quinze mil garrafas com as cepas Malbec, Cabernet, Merlot e Sauvignon Blanc, tudo de uvas compradas de produtores locais.

VINHOS

 IBARRA UVA ORGÁNICA
MALBEC 2019
$$ | SAN RAFAEL | 14.3°

Esse Malbec vem de uma seleção de vinhedos das zonas de Las Paredes e Rama Caída. As uvas se fermentam em aço e depois vão para a garrafa, sem estágio em barricas. A fruta é radiante. A acidez é crocante e a textura - como manda a variedade - é suave como creme. Um vinho fácil e suculento, além de ser também um exemplo da visão de Ibarra sobre o vinho de San Rafael.

OUTRO VINHO SELECIONADO

87 | IBARRA UVA ORGÁNICA Cabernet Sauvignon 2019 | San Rafael | 14.6° | $$

Felipe Staiti Wines

PROPRIETÁRIO Felipe Staiti
ENÓLOGO Marcelo Pelleriti
WEB www.felipestaitiwines.com
RECEBE VISITAS *Sim*

Proprietário
FELIPE STAITI

Felipe Staiti é o guitarrista da lendária banda de Mendoza Enanitos Verdes, um grupo do qual ele fez parte no final dos anos 1980 e ainda lotava estádios. Mas, Felipe também tem o seu lado do vinho. Há pouco mais de uma década, o enólogo Marcelo Peleritti convenceu-o a fazer vinhos e hoje dedica boa parte de seu tempo a esse projeto de cerca de 16 mil garrafas, todas de uvas compradas em Clos de los Siete, no vale de Uco. Para os fãs dos Enanitos, seria necessário acrescentar que a música favorita de Staiti é Luz de Dia, que uma vez, muitos anos atrás, ele compôs em uma viagem de metrô em Buenos Aires. **IMPORTADORES:** BRASIL: www.delmaipo.com.br | USA: www.gowineusa.com

Felipe Staiti Wines

VINHOS

91 · **FELIPE STAITI HONOR**
MALBEC, CABERNET FRANC 2015
$$$$$ | VISTA FLORES | 15.5°

Este melhor vinho da casa, uma mistura de 75% de Malbec e o restante de Cabernet Franc de vinhedos em Vista Flores. O vinho foi mantido durante dois anos em barricas e mostra fielmente estilo de Staiti, um estilo opulento, maduro, rico em toques de madeira, como os leitores de Descorchados sabem, este não é o estilo de vinho que gostamos, mas no mundo da diversidade e gostos, este estilo continua a existir e que há pessoas que permanecem fiéis a ele. Como Staiti diz, seria estranho que Iron Maiden de repente, por causa da moda, começasse a tocar reggaeton.

90 · **VÉRTIGO**
MALBEC, SYRAH, CABERNET FRANC 2015
$$$ | VISTA FLORES | 15°

Essa mistura tem 70% de Malbec, 20% de Syrah e o restante de Cabernet Franc em um estilo que, segundo Felipe Staiti, é o que ele gosta de beber. É um vinho grande e maduro, rico em tons de madeira e especiarias. Um daqueles vinhos que acompanham o inverno.

OUTRO VINHO SELECIONADO
89 | EUFORIA Malbec 2017 | Vale de Uco | 14.2° | $$

Finca Ambrosía

PROPRIETÁRIO Hans Niedermann & amigos
ENÓLOGO Matías Macías
WEB www.fincaambrosia.com
RECEBE VISITAS Não

Proprietário
HANS NIEDERMANN

Este projeto pertence ao suíço Hans Niedermann (mais 10 amigos) e está localizado em Gualtallary, uma das zonas de maior altitude e prestígio no vale do Uco. A finca começou a ser plantada em 2004 e hoje tem 60 hectares, cuja a maior parte da produção é vendida a terceiros, como Trapiche, Altos Las Hormigas e Zorzal. **IMPORTADORES:** BRASIL: www.mondoroso.com | USA: www.apexwinegroup.com

VINHOS

95 · **PRECIOSO**
MALBEC 2017
$$ | GUALTALLARY | 14.8°

Em geral, para o Precioso Malbec é usado o Cuartel Dos, o mais antigo da propriedade plantada em 2004. De lá eles selecionam as videiras em solos mais rasos, de maior quantidade de pedras, que reduzem os rendimentos e dão vinhos de maior concentração. Aqui se sente isso, em um Malbec de muita força, um tinto que exige muita paciência do consumidor. Hoje, apesar dos belos frutos vermelhos, é um vinho selvagem, com taninos que precisam de cerca de dois a três anos para acalmar, pelo menos.

*‹ prova de **vinhos** ›*

VIÑA ÚNICA
MALBEC 2016
$$ | GUALTALLARY | 14.8°

A colheita de 2016 foi a mais fria da década e também a mais chuvosa e que tem sido notada no caráter dos vinhos de Mendoza, especialmente nos de Uco. Esse 100% Malbec tem uma fruta vermelha profunda, ácida e nervosa com muito frescor. Consistente com o estilo da casa, aqui há força, concentração, mas ao mesmo tempo muita tensão e frescor. Os 15 meses em barricas quase não se sentem em um vinho muito jovem, que ainda tem um longo caminho em garrafa.

VIÑA ÚNICA
CHARDONNAY 2017
$ | GUALTALLARY | 13.6°

Das vinhas da Finca Ambrosía em Gualtallary, esse estagia nove meses em madeira, e o efeito das barricas quase não é percebido em um Chardonnay que é o filho da região, um lugar que dá ao Chardonnay muito mais focado nas notas de solo, das pedras do lugar do que nas frutas. É provável que sejam os solos de cal ou o clima das montanhas, o fato é que este é um selo de Gualtallary e este é um exemplo muito bom.

LUNA LLENA GRAN MALBEC
MALBEC 2018
$ | GUALTALLARY | 14.8°

Este vinho decorre da preocupação do proprietário da Finca Ambrosía, Hans Niedermann, por saber algo sobre o manejo biodinâmico das vinhas. Para começar, eles decidiram colher na lua cheia. Embora, não seja muito fácil falar sobre as diferenças que essa decisão implica nos sabores do vinho, podemos dizer que é suculento e frutado, com toques de madeira (seis meses em barricas usadas), apresenta a pura fruta de Gualtallary, exuberante e suculento, com taninos de giz, com muita aderência.

VIÑA ÚNICA
CABERNET SAUVIGNON 2016
$$ | GUALTALLARY | 14.8°

Um Cabernet de expressão generosa de frutas, aqui se tem um exemplo da cepa em Gualtallary. Notas de ervas, frutas pretas maduras e acidez combinados com taninos firmes e tensos. Há um bom corpo aqui e os sabores das frutas estão na boca. Esse tem 15 meses em barricas e depois mais um ano em garrafa antes de sair ao mercado.

CASA AMBROSÍA
CABERNET SAUVIGNON 2018
$ | TUPUNGATO | 14.5°

Algo está acontecendo com Gualtallary e a Cabernet. O clima montanhoso, as pedras e a cal parecem fazer bem a essa variedade. Sente-se confortável, mesmo nos níveis mais básicos, como nesse caso, que entrega fruta vermelha crocante e deliciosa em um refrescante vinho tinto que também tem os taninos ferozes da cepa para acompanhar o churrasco.

Finca Beth

PROPRIETÁRIO Enrique Sack
ENÓLOGOS Matías Michelini & Felipe Stahlschmidt
WEB www.fincabeth.com
RECEBE VISITAS Não

Proprietário
ENRIQUE SACK

Finca Beth, de propriedade da família Sack, está localizada no extremo sudoeste de Altamira e possui 40 hectares de vinhedos, plantados em 2010. Três anos depois eles começaram a engarrafar seus primeiros vinhos. Hoje eles contam com assessoria de dois enólogos, Matías Michelini para a linha **2 km** e Felipe Stahlschmidt para **Rompecabezas**, dois estilos opostos sob o mesmo teto. **IMPORTADOR:** USA: www.handpickedselections.com

VINHOS

 2KM BLEND
MALBEC, CABERNET FRANC 2017
$$ | ALTAMIRA | 14.5°

93

Este é o primeiro vinho da Finca Beth, com a sua primeira colheita em 2013. Aqui há 65% Malbec e 35% Cabernet Franc, todos provenientes das vinhas de Altamira. Atenção aqui com a textura, com a forma um tanto selvagem com que os taninos são mantidos na boca. A fruta é loucamente vermelha e fresca e as notas de violetas inundam o final.

 **2KM NARANJO**
CHARDONNAY 2017
$$ | ALTAMIRA | 12.2°

91

A maceração com as peles neste vinho durou cinquenta dias, o que deu à estrutura um plus e lhe deu força, nervo. Se a safra anterior foi de taninos selvagens, isso é mais acessível. Um vinho para choripan ou para qualquer salsicha grelhada.

 ROMPECABEZAS BLEND
MALBEC, CABERNET FRANC 2017
$$ | ALTAMIRA | 14.4°

90

De vinhedos plantados em 2010, essa mescla de 65% Malbec e 35% Cabernet Franc permaneceu 16 meses em barricas e isso é sentido nos sabores defumados e tostados que mostram. Atrás deles, frutas vermelhas maduras e taninos ferozes, muito típicos da região. Deixe esse vinho por uns dois anos na adega e veja como ele ganha complexidade.

OUTROS VINHOS SELECIONADOS

89 | 2KM Cabernet Sauvignon 2017 | Altamira | 14° | $$
88 | ROMPECABEZAS Malbec 2017 | Altamira | 14.5° | $$
87 | ROMPECABEZAS Cabernet Sauvignon 2017 | Altamira | 14.2° | $$

‹ *prova de **vinhos*** ›

Finca Blousson

PROPRIETÁRIOS Patrick Blousson & Victoria Jones
ENÓLOGO Patrick Blousson (viticultor)
WEB www.fincablousson.com
RECEBE VISITAS *Sim*

Proprietários
VICTORIA JONES & PATRICK BLOUSSON

Este projeto nasce no ano 2009, quando Patrick Blousson e Victoria Jones buscavam uma mudança em suas vidas. Depois de perambular por Mendoza, encontraram um lugar ideal para concretizar essa mudança, em Los Chacayes, vale do Uco. Seu primeiro engarrafamento foi em 2015, da safra 2013 e agora produzem 12 mil garrafas. Em 2017, os vinhedos da vinícola foram vendidos a Bono, líder da banda irlandesa U2. Com ele, fizeram um acordo para comprar uvas da, agora, sua ex-propriedade.

IMPORTADOR: USA: www.icaruswines.com

VINHOS

92 — **LAS GUAPAS** — PINOT NOIR 2019 — $$$ | LOS CHACAYES | 13°

Para este Pinot Noir, Finca Blousson procura uvas em um vinhedo remoto ao sul de Los Chacayes, muito perto da pré-cordilheira, em clima frio, ideal para Pinot. Esse foi fermentado em aço e depois estagiado em barricas por dez meses. São apenas 3.500 garrafas de um vinho de deliciosa pureza, frutas puras e umas notas terrosas, de textura como creme.

Finca Cruz Raíz

PROPRIETÁRIO Família Deicas
ENÓLOGO Santiago Delcas
WEB www.familiadeicas.com
RECEBE VISITAS *Não*

Enólogo
SANTIAGO DEICAS

A família Deicas é um dos principais produtores de vinho do Uruguai e também um dos mais dinâmicos. Para esta aventura na Argentina, em 2010, eles compraram um velho vinhedo de 7 hectares na área de Perdriel, em Luján de Cuyo, que, segundo Santiago Deicas, lhes oferece uma herança interessante de vinhas muito antigas. No momento, concentram-se 100% em Malbec.

VINHOS

91 — **FAMILIA DEICAS PERDRIEL SINGLE VINEYARDS** — MALBEC 2018 — $$$ | PERDRIEL | 13.5°

Para este **Single Vineyard**, a família Deicas obtém uvas de seus próprios vinhedos de vinhas muito antigas em Perdriel. O vinho estagia 85% em tanques de aço e o restante em barricas, para mostrar sua origem com a máxima clareza. Este é um vinho quente e amigável, uma Malbec de cara madura e suculenta, com notas ricas de especiarias e de flores, com taninos polidos e elegantes.

Finca El Origen

PROPRIETÁRIO Viña Santa Carolina
ENÓLOGO Gonzalo Bertelsen
WEB www.fincaelorigen.com
RECEBE VISITAS *Não*

Enólogo
GONZALO BERTELSEN

Esta é uma filial da vinícola chilena Santa Carolina, uma das mais antigas do país vizinho. Finca El Origen nasceu em 1996 e comprou uvas de produtores de Vista Flores (Vale de Uco) até que plantou, com o tempo, seus próprios vinhedos. Hoje conta com duas fincas: La Esperanza, em Los Chacayes, a 1200 metros de altura, e Las Pintadas, no setor de Colonia Las Rosas, de menor altitude e condições menos extremas, de onde vem seus vinhos mais jovens. **IMPORTADOR:** USA: www.carolinawinebrandsusa.com

VINHOS

 GRAN RESERVA
MALBEC 2017
$$ | LOS CHACAYES | 14.7°

Privilegiando a fruta vermelha e a expressão clara em termos de sabores de Los Chacayes, onde geralmente há esse tipo de fruta vermelha radiante, aqui, no entanto, grande cuidado foi tomado com a força dos taninos que são geralmente ferozes nesse lado do vale de Uco. Há também toques florais em um corpo médio, com muito sabor.

 ESTATE BLEND
MALBEC, CABERNET SAUVIGNON, PETIT VERDOT 2017
$ | LOS CHACAYES | 13.8°

Este **Estate Blend** possui cerca de 50% Malbec, 35% Cabernet Sauvignon e o restante de Petit Verdot, todos de seus próprios vinhedos na região de Los Chacayes, no vale de Uco. Apesar de ter vindo de um local que dá vinhos com muita estrutura tânica, tem uma suavidade deliciosa, muito fácil de beber e muitos sabores amáveis e suculentos num vinho muito acessível.

 RESERVA ESTATE
MALBEC 2018
$ | LOS CHACAYES | 14.9°

Uma excelente relação preço-qualidade aqui, esse é um Malbec da área de Los Chacayes, no vale de Uco. As frutas são vermelhas, intensas e suculentas, enquanto a textura, embora leve, mostra alguns desses taninos desse lugar, ferozes e ideais para fraldinha.

OUTRO VINHO SELECIONADO
88 | RESERVA ESTATE Cabernet Sauvignon 2018 | Los Chacayes | 14.6° | $

⟨ *prova de* **vinhos** ⟩

Finca Ferrer

PROPRIETÁRIO Freixenet Argentina S.A.
ENÓLOGO Horacio Daniel Ekkert
WEB https://www.fincaferrer.com.ar
RECEBE VISITAS *Não*

Enólogo
HORACIO DANIEL EKKERT

Pedro Ferrer é acionista da gigante Freixenet da Catalunha e, em 2003, buscando expandir seus negócios em vinhos, chegou a Mendoza e plantou em Gualtallary. Hoje existem cerca de 60 hectares plantados, principalmente com Malbec, mas também com Pinot Noir e Chardonnay. Todos os vinhos da casa vêm desse vinhedo, plantado em solos ricos em cal, em uma das áreas mais altas do vale de Uco.

VINHOS

94 | **DOSCUMBRES**
MALBEC, SYRAH, C. SAUVIGNON, TEMPRANILLO, TANNAT 2013
$$ | ARGENTINA | 14°

Doscumbres é o vinho mais ambicioso da vinícola e é composto por 65% Malbec, 25% Syrah e o restante das outras variedades. As cepas são fermentadas separadamente e depois também estagiadas separadamente. A mistura dá um vinho delicioso, muito tenso, de muita acidez e de muito finos, que realçam os sabores das frutas vermelhas. O nervo é sentido aqui.

93 | **COLECCIÓN 1310 BLOCK C2**
CHARDONNAY 2018
$$ | ARGENTINA | 13.5°

De vinhedos a 1300 metros de altura, em Gualtallary, vem esse Chardonnay que tem o caráter dos vinhos brancos da região, mais focados em toques minerais do que em árvores frutíferas, produto talvez da forte presença de limão nos solos e também do clima frio da montanha. A acidez aqui é importante, sendo a coluna a partir da qual os sabores muito nervosos e frescos são mostrados claramente.

92 | **COLECCIÓN 1310 BLOCK A1**
PINOT NOIR 2017
$$ | ARGENTINA | 13.5°

O clima da montanha faz muito bem ao Pinot em Uco; o ar fresco dos Andes e os solos de cal, especialmente em Gualtallary. A fruta aqui é vermelha, muito fresca, e os taninos são firmes, muito afiados em um vinho que parece elegante, muito tenso. Um Pinot muito varietal, mas com o lado salino dos Pinot de montanha.

OUTRO VINHO SELECIONADO
88 | ACORDEÓN Malbec 2018 | Argentina | 14.5° | $

⟪⟪⟪----⟫⟫⟫

Finca Flichman

PROPRIETÁRIO Sogrape Original Legacy Wines
ENÓLOGO Germán Berra
WEB www.flichman.com.ar
RECEBE VISITAS Não

Enólogo
GERMÁN BERRA

Finca Flichman foi fundada em 1910 por Sami Flichman, um emigrante polonês que chegou à Argentina no início do século 20, fugindo da guerra dos czares. Finca Flichman é uma das marcas emblemáticas do vinho argentino e ainda é, embora desde 1998 seja de propriedade da gigante Sogrape, uma empresa portuguesa que também possui vinhedos do outro lado da Cordilheira, no Chile. **IMPORTADORES:** BRASIL: www.sograpebrasil.winecatalogs.com | USA: www.evaton.com

VINHOS

 DEDICADO MICROTERROIR GRAVEL & STONE
MALBEC 2017
$$$ | TUPUNGATO | 13.8°

Finca Flichman plantou cerca de 228 hectares no vale de Uco, na fronteira com Gualtallary, em Cordón del Plata. A partir daí, desses vinhedos plantados de 2010, na colheita de 2017, foram selecionados dois microterroirs, um rico em areia e limo e este rico em gravas e pedras. Esse solo deu um vinho rico em frutas vermelhas que, apesar do calor do ano, oferece frescor e, principalmente, aderência em acidez e taninos na boca. Há violetas aqui, há suculência em um vinho que tem corpo e comprimento na boca.

 DEDICADO MICROTERROIR SAND & SILT
MALBEC 2017
$$$ | TUPUNGATO | 13.2°

Flichman tem cerca de 300 hectares de terra em Cordón del Plata, na fronteira com Gualtallary. Desses hectares, 228 estão plantados. Esta é uma seleção de Malbec, mas determinada pelos solos que aqui são de areia e limo com traços de cal. São solos profundos e quentes que deram um vinho de frutos maduros e untuosos que aportam uma sensação amável. É suculento, acessível, mas ao mesmo tempo muito profundo.

 DEDICADO GRAN CORTE
CABERNET FRANC, MALBEC, PETIT VERDOT 2015
$$$ | TUPUNGATO | 13.5°

Dedicado nesta safra tem 77% de Malbec, 13% de Petit Verdot e o restante de Cabernet Franc, tudo de vinhedos em Tupungato, no vale de Uco. O vinho estagia um ano em barricas e depois mais oito meses na garrafa antes de ir ao mercado. A textura aqui desempenha um papel de protagonista, dando uma sensação amável deliciosa, enquanto o vinho mostra seus frutos maduros, em harmonia com uma acidez suculenta.

OUTRO VINHO SELECIONADO
88 | CABALLERO DE LA CEPA RESERVA | Malbec 2018 | Tupungato | 13.5° | $

‹ *prova de* **vinhos** ›

Finca Las Glicinas

PROPRIETÁRIO Humberto Lorenzo Persano
ENÓLOGOS Julieta Núñez, Felipe Stahlschmidt & Luis Soria
WEB www.fincalasglicinas.com
RECEBE VISITAS *Sim*

Proprietário
HUMBERTO LORENZO PERSANO

Las Glicinas é o projeto da família Persano em Altamira. Em 2002 compraram terras na região e plantaram no ano seguinte, inicialmente dedicando-se à venda de uvas para terceiros. A primeira vez que eles engarrafaram sob a marca Las Glicinas foi em 2007 e hoje produzem cerca de 15 mil garrafas de 38 hectares de vinhedos.

VINHOS

93   **CIRUELO**
MALBEC 2017
$ | ALTAMIRA | **14.3°**

Este é o único Malbec da casa e vem de uma seleção de vinhedos da família Persado em Altamira. Com cerca de 15 meses de envelhecimento em barricas, tudo de madeira usada, que não parece influenciar os aromas. Pelo contrário, aqui há muita fruta, muita tensão, com uma textura de taninos firmes e severos, muito ao estilo dos vinhos da região.

93   **JENGIBRE**
SÉMILLON 2019
$ | VALE DE UCO | **14.2°**

De um vinhedo muito antigo, com mais de 50 anos de idade, em Altamira, este Sémillon foi fermentado em barricas usadas antes de ser engarrafado. E com uma vida tão curta surpreende pela densidade, a cremosidade de sua textura, aliada a uma acidez tensa e linear. Um branco para guardar por uma década.

91   **LIBARNA ROSÉ**
RUCHÉ 2019
$ | ALTAMIRA | **12.6°**

A variedade Ruché vem do norte da Itália e foi importada pela família Persano para plantá-la em sua propriedade de Altamira. A genética tem muita cor e taninos, então foi um desafio para obter delicadeza. O que foi obtido é um rosa muito claro, mas com muita estrutura, um rosé forte como poucos.

91   **TERCIOPELO BLEND**
MALBEC, CABERNET FRANC, CABERNET SAUVIGNON 2017
$ | ALTAMIRA | **14.2°**

Do vinhedo de Las Glicinas, em Altamira, aqui você sente o calor da colheita de 2017, mas ao mesmo tempo a forte resistência que os taninos dos solos calcários do vinhedo impõem a essa doçura. É um vinho voluptuoso e redondo, e o envelhecimento em madeira por mais de um ano não fez nada além de aumentar essa amplitude em um tinto generoso de onde o observe.

OUTROS VINHOS SELECIONADOS

88 | JENGIBRE Chardonnay 2019 | Altamira | 13.9° | $
88 | TERCIOPELO Syrah 2017 | Altamira | 14.6° | $
86 | CIRUELO Cabernet Sauvignon 2017 | Altamira | 14.3° | $

Finca Las Moras

PROPRIETÁRIO Bemberg Family
ENÓLOGO Eduardo Casademont
WEB www.fincasmoras.com.ar
RECEBE VISITAS Não

Enólogo
EDUARDO CASADEMONT

Finca Las Moras é a vinícola que o Grupo Peñaflor (Trapiche, El Esteco, entre outras) tem em San Juan. Possui quase mil hectares de vinhedos repartidos entre os vales de Zonda, Tulum e Pedernal. De um vinhedo a 1350 metros de altura em Pedernal, plantado no ano 2009, vêm alguns de seus melhores vinhos. O portfólio de Las Moras é muito diverso, abarca desde varietais e marcas comerciais, até vinhos de muita ambição, como seus rótulos **Gran Syrah** e **Mora Negra**. Produzem 32 milhões de garrafas ao ano.

IMPORTADORES: BRASIL: www.decanter.com.br | USA: www.prestigewineimports.com

VINHOS

SAGRADO PEDERNAL
MALBEC 2016
$$$ | VALE DE PEDERNAL | 14.3°

Esta é uma seleção dos melhores vinhedos em Malbec, dos 35 hectares que Las Moras plantou com a variedade em 2009 na área de Pedernal, a cerca de 1.350 metros de altura, em San Juan. Para o caráter fresco e tenso dessas vinhas altas, deve-se adicionar um ano mais como 2016. O resultado é uma fruta fresca e vermelha, taninos crocantes que são muito diferentes das primeiras versões desse Sagrado, cuja estreia foi em 2010. Muita tensão aqui, em um exemplo claro do potencial de Pedernal.

MORA NEGRA
MALBEC, BONARDA 2017
$$$ | SAN JUAN | 14°

Este é um clássico no catálogo de Las Moras, uma cofermentação entre um antigo parral (vinhedo em latada) de Bonarda de cerca de 60 anos na área de Tulum (30% das mescla) e um Malbec de Pedernal, 700 metros mais alto no vale. Essa é talvez a melhor versão que provamos de Mora Negra até hoje. A fruta parece vibrante, crocante como nunca antes. A culpa é a acidez das frutas colhidas um pouco antes, que aqui desempenha um papel muito importante. Um delicioso vinho para beber sem parar.

GRAN SYRAH
SYRAH 2016
$$$ | SAN JUAN | 14°

Gran Syrah é a visão que Las Moras tem da Syrah em San Juan. A primeira safra foi em 2006 e neste ano a base está em Pedernal, a maior área em San Juan, com 55% da mescla. O vale de Zonda, a cerca de 500 metros abaixo do vale, tem 29% e o resto de Tulum, a cerca de 650 metros de altura. O enólogo Eduardo Casademont diz que os altos vinhedos de Pedernal são a espinha dorsal, que fornece acidez e taninos firmes, enquanto as outras áreas fornecem carne e gordura. Este é um vinho muito equilibrado, suculento e muito frutado, com um corpo médio a grande e boa acidez.

‹ *prova de* **vinhos** ›

 PAZ
MALBEC 2018
$ | VALE DE PEDERNAL | 14°

Na linha Paz, o vale de Pedernal começa a predominar no catálogo de Las Moras. A fruta mais apunhalada das vinhas altas é sentida nesse Paz, com uma maior vibração de taninos e uma acidez que decola e traz esse frescor. Esse é um Malbec simples, mas muito suculento e rico.

 PAZ
SAUVIGNON BLANC 2019
$ | VALE DE PEDERNAL | 13°

A Sauvignon Blanc de montanha, na América do Sul, tende a mostrar um lado mais herbáceo do que o de fruta, talvez mais austero. Este vinho tem algo desse caráter. Aqui as notas das ervas são aquelas que dominam com uma acidez tensa e penetrante. Esse Sauvignon vem das vinhas de Las Moras, com cerca de 1350 metros de altura, em Pedernal.

 PAZ BLEND
CABERNET SAUVIGNON, CABERNET FRANC 2018
$ | SAN JUAN | 14°

A Cabernet Sauvignon (55% da mescla) vem das alturas de Pedernal, enquanto o resto é de Cabernet Franc e vem da área de Zonda, de vinhas a uma altura menor no próprio vale de San Juan. O vinho estagia por cerca de 15 meses em barricas usadas para entregar um tinto cheio de notas de ervas e de frutas vermelhas maduras em uma estrutura firme, com taninos que se mostram sem vergonha. Um lindo tinto para matambre.

OUTROS VINHOS SELECIONADOS

88 | BARREL SELECT Malbec 2018 | San Juan | 13.5° | $
88 | BARREL SELECT BLEND Cabernet Sauvignon, Syrah 2018 | San Juan 13.5° | $
86 | BARREL SELECT Cabernet Sauvignon 2018 | San Juan | 13.5° | $

Finca Sophenia

PROPRIETÁRIO Roberto Luka
ENÓLOGOS Julia Halupczok & Matías Michelini
WEB www.sophenia.com.ar
RECEBE VISITAS *Sim*

Proprietário
ROBERTO LUKA

Sophenia foi uma das primeiras vinícolas a apostar no hoje muito em voga distrito de Gualtallary, na parte alta do Vale de Uco. O empresário Roberto Luka a fundou em 1997, quando a zona era quase um deserto e, ao redor das fincas, não havia hotéis e restaurantes. A Finca Sophenia junto à cordilheira tem 130 hectares plantados, com os quais anualmente produzem 850.000 garrafas. Desde 2013 o assessor enológico é Matías Michelini, conhecido por elaborar vinhos que respeitam a força da fruta e seu sentido de origem, além de ser um nome chave dentro do auge que experimenta Gualtallary. **IMPORTADORES:**
BRASIL: www.worldwine.com.br | USA: www.thewinebowgroup.com

Finca Sophenia

VINHOS

95 — ROBERTO LUKA
CABERNET SAUVIGNON, MALBEC, MERLOT, SYRAH 2016
$$$ | GUALTALLARY | 14.9°

Esta já é a quinta versão do Roberto Luka, um vinho que foi originalmente criado em 2014 para o casamento de Victoria, a filha mais velha de Roberto Luka, dono da vinícola. Esse ano, a versão tem 55% de Malbec, 25% de Cabernet Sauvignon, 10% de Merlot e 10% de Syrah e estagia por 14 meses em barricas. Graças a uma safra muito fria, a mais fria da década em Mendoza, deu frutas vermelhas deliciosas e suculentas e a acidez aqui é pulsante, penetrando em um vinho longo e profundo.

94 — SYNTHESIS THE BLEND
MALBEC, CABERNET SAUVIGNON, MERLOT 2016
$$$ | GUALTALLARY | 14.5°

Essa mistura é uma seleção das melhores barricas que vão para os dois Synthesis: Malbec e Cabernet Sauvignon, aos quais a Merlot é adicionado. A base é 50% de Malbec e aqui tem a força da fruta da variedade em Gualtallary, a exuberância dos sabores e sua frescor. A acidez é firme, tensa e os taninos são amigáveis, mas suculentos, enfatizando o delicioso lado da fruta deste vinho.

93 — ANTISYNTHESIS
CABERNET SAUVIGNON, MALBEC 2018
$$$ | GUALTALLARY | 13.6°

Esse vinho vem de um quartel, 12, de muitas pedras, que foi plantado com Cabernet Sauvignon e depois enxertado com Malbec. Mas nem todas as plantas aceitaram o enxerto para que finalmente 30% das videiras continuassem como Cabernet. No fundo, é uma mistura de campo de cerca de 70% de Malbec e 30% de Cabernet Sauvignon, que, como de costume, tem um ano em barricas, 30% novas. O vinho tem muitas frutas vermelhas por todos os lugares, exuberante e fresco. A textura é amistosa, a sensação é sempre suculenta.

93 — SYNTHESIS
CABERNET SAUVIGNON 2017
$$$ | GUALTALLARY | 14.2°

Sophenia tem um forte foco na Cabernet Sauvignon. Quando Roberto Luka plantou o vinhedo em 1998, a ideia da Malbec como emblema ainda não estava clara e a aposta era por uma variedade internacional. Um terço dos 130 hectares da propriedade são de Cabernet e uma seleção de um quarto de vinhas correspondente à primeira plantação. A fruta aqui é suculenta, cheia de frutas vermelhas, generosas e exuberantes. A textura é suave, com taninos muito polidos e acidez acentuada. Um vinho para salvar.

93 — SYNTHESIS
MALBEC 2017
$$$ | GUALTALLARY | 14.9°

Essa é uma seleção de solos arenosos, que dão muito pouco rendimento por planta. O vinho tem muito corpo, muita densidade, mas a força da acidez neste vinho de montanha faz tudo parecer em equilíbrio, sem a sensação de estar diante de um vinho pesado. Os taninos, além disso, ajudam em sua maciez para que este vinho passe pela boca sem problemas.

‹ *prova de* **vinhos** ›

ESTATE RESERVE
CABERNET SAUVIGNON 2018
$$ | GUALTALLARY | 14°

Dos 130 hectares plantados por Sophenia em Gualtallary, um terço é de Cabernet Sauvignon. A partir destas videiras vem este Cabernet frutado, muito em sintonia com o estilo da Cabernet da zona, muito focado em frutas vermelhas, muito frescas e vivazes. Isso vem especialmente de solos arenosos e, embora esses solos sejam quentes, a nova influência da montanha proporcionando frutas frescas dá um ar suculento. Um Cabernet para beber no verão.

ESTATE RESERVE
MALBEC 2018
$$ | GUALTALLARY | 14.5°

Para esse Malbec, Sophenia faz uma seleção de vinhas próprias em Gualtallary que já tem vinte anos. O vinho passa por barricas usadas por oito meses. Esse tem um lado muito aromático, quase floral, com toques de ervas e muitos sabores de cerejas maduras em um vinho de taninos muito domados e de muito equilíbrio.

FINCA SOPHENIA
CHARDONNAY 2019
$$ | GUALTALLARY | 13.8°

De solos muito pedregosos e com um envelhecimento de três meses em barricas (apenas 30% do volume), esse é um Chardonnay de notas florais e de frutas, com uma textura deliciosa, como creme, embora com uma boa acidez que refresca tudo ao seu caminho.

RUTA RESERVE 89
MALBEC 2019
$ | GUALTALLARY | 13.8°

Essa é uma seleção de vinhas de Malbec de 20 anos do vinhedo de Gualtallary de Sophenia. Esse se move muito bem na fronteira entre frescor e doçura. Há uma rica acidez, mas também frutas vermelhas maduras e toques de chocolate em um vinho onde o lado comercial se dá muito bem com a sensação de lugar desses vinhos de montanha.

OUTROS VINHOS SELECIONADOS
89 | ALTOSUR Malbec 2019 | Gualtallary | 13.5° | $
88 | ALTOSUR Cabernet Sauvignon 2019 | Gualtallary | 14° | $
88 | ALTOSUR Malbec 2019 | Gualtallary | 13.8° | $

«‹‹---››»

Finca Suárez

PROPRIETÁRIO Juanfa Suárez
ENÓLOGO Juanfa Suárez
WEB www.fincasuarez.com.ar
RECEBE VISITAS *Sim*

Proprietário & enólogo
JUANFA SUÁREZ

Facundo e Juan Suárez, pai e filho, comandam esta vinícola de Paraje Altamira, um dos setores com mais história vitícola no Vale de Uco. Facundo é o encarregado do vinhedo, enquanto que Juan é o responsável por elaborar os vinhos. O laço da família com o vinho e a terra vem desde muito antes, mais de um século atrás, quando o avô de Facundo (bisavô de Juan), o engenheiro Leopoldo Suárez, comprou a finca original de cinquenta hectares. Esta finca é o que eles chamam "Altamira Vieja", que está ao norte de Canal Uco, a zona mais tradicional de Altamira. A segunda propriedade também se encontra no mesmo setor, a mil metros da primeira finca, mas ao sul do Canal, o que chamam de "Nueva Altamira", que começaram a plantar em meados da década passada. No total, Finca Suárez abarca uns sessenta hectares, dos quais quarenta estão plantados com vinhas. Sua produção é de 42.000 garrafas.

VINHOS

 BLANCO DE PARCELA
CHARDONNAY 2018
$$$ | ALTAMIRA | 12.5°

O **Blanco de Parcela** é 100% Chardonnay, uma seleção de uma parcela que - depois de provar a fruta - foi colhida separadamente. Fermentado em barricas e estagiado em suas borras, este é suculento e profundo, com toques especiados e um fundo de ervas em um vinho complexo e, em termos de textura, cremoso e amplo.

 ROCAMADRE BLANCO
CHARDONNAY 2018
$$ | ALTAMIRA | 12.5°

Para este branco, Finca Suarez macera por dez dias o vinho com suas peles, não tentando fazer um vinho "laranja", mas sim para dar mais aderência e tensão. A produção é pequena, cerca de 1.200 garrafas e o resultado vale a pena. Ele tem uma textura muito firme, mas acima de tudo, uma profundidade de sabores maduros de frutas brancas, que se estende pela boca. Este é um branco de guarda.

 FINCA SUÁREZ
MALBEC 2018
$$ | ALTAMIRA | 14°

Dos vinhedos plantados no início de 2000, tem um caráter floral que, segundo Juan Francisco Suarez, é típico daquele vinhedo. Os taninos são firmes e verticais, enquanto o fruto é vermelho e exuberante, além de muito fresco e suculento.

‹ *prova de **vinhos*** ›

93 | SÉMILLON
SÉMILLON 2019
$$ | ALTAMIRA | 12°

Esta é uma mistura de duas vinhas, uma de seus vinhedos próprios e outra comprada de um vizinho a algumas quadras mais ao norte da propriedade. 20% do vinho estagia em barricas por cerca de cinco meses, enquanto o resto fica em tanques. O vinho é orduroso e profundo, mas ao mesmo tempo muito fresco e tenso, com toques especiados e à base de ervas que acentuam esse lado fresco. O fim é suave com toques de mel.

92 | FINCA SUÁREZ
CHARDONNAY 2018
$ | ALTAMIRA | 12.5°

De vinhedos de uns 25 anos, de solos profundos, com maior presença de areias que, segundo Juan Francisco Suarez, dá maior profundidade e voluptuosidade. É rico em acidez, nervoso, mas com uma parte de cremosidade que o torna inevitável.

92 | FINCA SUÁREZ DE PARCELA
MALBEC 2017
$$ | ALTAMIRA | 14°

De uma seleção de solos pedregosos de uma parcela em Finca Suarez plantada no início de 2000 em Altamira, aqui se tem uma interpretação concentrada e poderosa da variedade nesta área. É feroz em taninos, e o estágio por 15 meses em barris lhe dá um extra de notas especiadas e defumadas. Um vinho para a guarda.

91 | ROCAMADRE
MALBEC 2018
$$ | ALTAMIRA | 13.5°

Este **Rocamadre** vem de solos aluviais, ricos em pedras calcárias, plantadas no início de 2000 em Altamira. Com uma pequena produção de apenas 1800 garrafas, este tem 50% de cachos inteiros, o que dá um caráter que lembra suco de uva, a engaço, um lado de ervas que domina o nariz e a boca no meio de taninos firmes e crocantes.

91 | ROCAMADRE ROSADO
PINOT NOIR 2019
$ | ALTAMIRA | 11.5°

Marcado por uma acidez firme, não usual no estereótipo desse estilo. Este Pinot Noir tem um corpo leve, vertical, de estrutura linear, mas ao mesmo tempo uma textura dura, muito atípica. Um bicho diferente, com zero grau de doçura, para comer frutos do mar com ele.

90 | ROCAMADRE
CRIOLLA CHICA 2019
$$ | VISTA FLORES | 14°

Este é o único vinho da vinícola que não vem da finca, mas de um vinhedo em latada de Criolla Chica em Vista Flores. O vinho tem aquele lado suculento e quase espontâneo dos vinhos feitos com esta variedade. As frutas são vermelhas, intensas no frescor e a textura é um pouco rústica e o sabor suave de ervas em um vinho que não pode deixar de ser bebido, especialmente no verão.

Fincas Patagónicas

PROPRIETÁRIA Patricia Ortiz
ENÓLOGO Fabián Valenzuela
WEB www.tapiz.com.ar
RECEBE VISITAS *Sim*

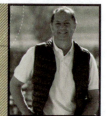

Enólogo
FABIÁN VALENZUELA

Fincas Patagónicas é o projeto da família Ortiz, que a comprou - em 2003 - do grupo Kendall Jackson, com sede na Califórnia. Patricia Ortiz dirige esta empresa que possui cerca de 75 hectares de vinhas em San Pablo e mais 60 nos setores de Vista Flores e La Arboleda, que usam para produzir sua marca **Tapiz**. **Zolo** é a marca que se concentra nas vinhas de Agrelo e **Wapiza** é o novo projeto dos Ortiz a cerca de 1.400 quilômetros ao sul de Mendoza, e a 15 quilômetros do Atlântico, em Viedma, na foz do rio Negro. Fabián Valenzuela é o enólogo residente, enquanto o enólogo francês Jean-Claude Berrouet, ex--diretor técnico do famoso Château Pétrus, em Pomerol, é seu consultor desde 2012.

IMPORTADOR: USA: www.vinodelsol.com

VINHOS

 BLACK TEARS DE TAPIZ
MALBEC 2015
$$$ | VALE DE UCO | **14.5°**

San Pablo é uma das áreas mais altas do vale de Uco e lá Tapiz tem alguns dos seus mais importantes vinhedos de Malbec. De lá vem esse Black Tears, 100% Malbec estagiado em barricas por cerca de 24 meses. Apesar da firmeza da fruta, aqui você sente as notas herbáceas e de especiarias dos vinhos da montanha. O corpo é longo e poderoso, com uma acidez firme. Você precisa de tempo na garrafa. Deixe-o na adega por uns cinco anos.

 WAPISA
MALBEC 2018
$$ | PATAGÔNIA ARGENTINA | **13.9°**

Wapisa é o projeto da Tapiz em Río Negro, na entrada da Patagônia argentina. Esse vem da Finca Los Acantilados, perto da cidade de Viedma, a cerca de 15 quilômetros do Atlântico. Os sabores frutados deste vinho são expressivos, as notas de frutos pretos maduros mandam em conjunto com os tons tostados da barrica, onde foi cultivado durante cerca de 8 meses. É um vinho de bom corpo, para o cordeiro.

 ZOLO BLACK
MALBEC 2015
$$ | LUJÁN DE CUYO | **13.9°**

De Finca El Jarillal, a cerca de 1.050 metros de altura, em Luján de Cuyo, este poderoso e corpulento Malbec é envelhecido por 18 meses em barricas e isso sente nas notas especiadas e tostadas deste vinho, que se unem numa camada generosa e espessa de frutas negras. Um grande Malbec para um bife.

‹ prova de *vinhos* ›

90 | **TAPIZ ALTA COLLECTION**
CABERNET SAUVIGNON 2013
$$ | VALE DE UCO | 13.9°

Acima de 1300 metros de altitude, na área de San Pablo, no vale de Uco, este Cabernet mostra a influência da montanha em suas notas herbáceas, que superam a fruta. Tem um corpo intenso, com taninos firmes e pulsantes, mas também muitos sabores especiados e de frutas negras. Um forte Cabernet dos Andes.

Flechas de Los Andes

PROPRIETÁRIOS Grupo Societário Rothschild & Dassault
ENÓLOGO Pablo Richardi
WEB http://www.flechasdelosandes.com.ar
RECEBE VISITAS Sim

Enólogo
PABLO RICHARDI

Benjamín de Rothschild e Laurent Dassault são dois empresários e vitivinicultores franceses (donos do Château Clarke e Château Dassault respectivamente) que se associaram para fundar Flechas de los Andes no setor de Vista Flores. Ali chegaram somando-se ao grupo de propriedades de Clos de los Siete, o empreendimento desenvolvido por Michel Rolland para plantar vinhedos e estabelecer várias vinícolas nessa zona (também em elaborar entre todas um vinho, mas eles se desvincularam do projeto em 2011). Os vinhedos de Flechas de los Andes foram plantados gradualmente desde 1999, sua imponente vinícola foi construída em 2003 e começaram a elaborar seus primeiros vinhos em 2004. Focam-se na Malbec, variedade que ocupa setenta de seus cem hectares.

IMPORTADOR: USA: www.mtouton.com

VINHOS

94 | **FLECHAS DE LOS ANDES GRAN**
MALBEC 2015
$$$ | VISTA FLORES | 14.5°

Esta é uma seleção de parcelas que dão vinhos mais estruturados, de maior concentração. Um terço do vinho estagia em foudres, outro terço em barricas de segundo uso e o outro terço em aço, todos por 18 meses. A acidez desempenha um papel importante aqui. Delineia os contornos da boca com a sua presença, enquanto os frutos são generosos com toques especiados. Tem dois anos na garrafa, o que permite com que a madeira se integre num vinho equilibrado e muito potente.

94 | **FLECHAS DE LOS ANDES GRAN CORTE**
MALBEC, CABERNET FRANC, SYRAH 2013
$$$$ | VISTA FLORES | 15°

O **Gran Corte** deste ano tem 60% Malbec, 30% Cabernet Franc e o resto de Syrah. A maior parte de Malbec é cofermentada com o Cabernet Franc e depois fica em barricas por dois anos, enquanto o Syrah permanece em tanques de aço. É um vinho que passa quatro anos em garrafa e é apresentado num estilo tradicional, de grande estrutura e força, com uma importante presença de barrica. É um vinho imponente, grande, de bastante peso.

Flechas de Los Andes

 AGUARIBAY GRAN RESERVA
MALBEC, MERLOT, CABERNET SAUVIGNON, PETIT VERDOT 2016
$$ | VISTA FLORES | 14.5°

Aguaribay Gran Reserva é o vinho que resume a vinha Flechas de Los Andes. Esta mistura tem 50% de Malbec, mais 24% de Cabernet, 24% de Merlot e o resto de Petit Verdot. 70% do vinho passa em tanques de aço e 30% em barricas. O Malbec rege com notas frutadas e herbáceas, num vinho delicioso e suculento, com uma estrutura firme de taninos e também com uma boa acidez.

 AGUARIBAY
MALBEC 2018
$$ | MENDOZA | 14°

Aguaribay é a base dos vinhos Malbec e dele são feitas cerca de 400 mil garrafas, um resumo de todo o vinhedo de Malbec da propriedade e também de diferentes épocas de colheita. 30% do vinho passa por barricas. Esse Malbec é fruta pura, delicioso em sua expressão varietal, com notas de especiarias, mas especialmente de frutas vermelhas vibrantes em um vinho suculento acima de tudo.

Forastero

PROPRIETÁRIO Fernando Ravera
ENÓLOGO Fernando Ravera
INSTAGRAM forasterowines
RECEBE VISITAS Não

Proprietário & enólogo
FERNANDO RAVERA

Fernando Ravera é enólogo de Buenos Aires. Há 16 anos mudou-se para Mendoza e trabalhou em diferentes vinícolas até que em 2010 começou a fazer seus próprios vinhos, primeiro sem nome e à venda apenas para amigos e há quatro anos com a marca Forastero. Atualmente, produz cerca de 2.700 garrafas em três rótulos.

VINHOS

 FORASTERO COFERMENTADO
MALBEC, CABERNET FRANC 2017
$$ | VALE DE UCO | 14.5°

Trata-se de uma cofermentação de 80% de Malbec da El Cepillo, no extremo sul do Uco, e 20% Cabernet Franc de Los Chacayes. Envelhecido por doze meses em barricas velhas, este é um vinho vibrante em frutas vermelhas, suculentas, tensos em taninos e em acidez. A fruta vermelha faz uma festa aqui, enquanto as notas herbáceas da Cabernet Franc acrescentam complexidade ao conjunto.

 LOS CHACAYES SINGLE VINEYARD
CABERNET FRANC 2017
$$ | LOS CHACAYES | 14.5°

Fernando Ravera compra uvas para este vinho de um vinhedo Cabernet Franc na área de Los Chacayes, a cerca de 1300 metros de altura no vale de

*‹ prova de **vinhos** ›*

Uco. Tem um ano de envelhecimento em barris velhos e o caráter da fruta é claramente adequado para o lado herbáceo. Isso cheira a ervas, pimentões assados, mas a princípio. Com o tempo na taça, o vinho começa a mostrar seu lado mais frutado, mais fresco e vital. Atenção com esse Franc.

 EL CEPILLO SINGLE VINEYARD
MALBEC 2017
$$ | EL CEPILLO | 14.5°

Da área de El Cepillo, no extremo sul do vale de Uco, esse Malbec é fermentado com leveduras nativas e envelhecido por doze meses em barricas antigos. O vinho é tremendamente floral, com um toque picante, mas especialmente frutas. Este é um Malbec que bebe bem, para aquelas frutas, mas especialmente para aquela textura que é macia e amigável.

Fuego Blanco

PROPRIETÁRIO Millán S.A.
ENÓLOGO Bernardo Bossi Bonilla
WEB www.fuegoblancowines.com
RECEBE VISITAS *Sim*

Enólogo
BERNARDO BOSSI BONILLA

Parte do grupo de vinícolas da família Millán (Los Toneles, Mosquita Muerta Wines), Fuego Blanco é o projeto que eles têm no vale de Pedernal, província de San Juan. A zona onde se localiza o vinhedo é de altura, a 1400 metros, condições que aqui se aproveitam para desenhar um pequeno portfólio de vinhos frutados e de bom frescor. Contam com 100 hectares próprios e são hoje um dos principais produtores em um lugar de grande potencial no cenário de vinhos argentinos.

IMPORTADORES: BRASIL: www.optimusimportadora.com.br | USA: www.tri-vin.com

VINHOS

 VALLE DEL SÍLEX
CABERNET FRANC, MALBEC 2017
$$ | PEDERNAL | 14.5°

Esta nova versão de Valle del Silex tem 70% de Cabernet Franc e o resto do Malbec e tem toda aquela fruta fresca e vermelha da montanha, todo aquele nervo que dá a altura, a acidez que se sente desde o começo até o fim. Um vinho delicioso em sua pureza, com uma textura pungente de taninos e acidez suculenta. Criado em barricas de madeira usadas, esta é uma fotografia de vinho de Pedernal.

VALLE DEL SÍLEX
MALBEC, SYRAH 2018
$ | PEDERNAL | 14°

Esta é uma mescla de 60% Malbec e o resto de Syrah, todos de vinhas plantadas por volta de 2012 nas alturas de Pedernal, em San Juan. O vinho é fermentado em cimento e envelhecido em tonéis antigos. A fruta aqui é exuberante, não só em frutas vermelhas e em frescor, mas também na apresentação de sabores na boca. Esse é frutado antes de tudo, mas também tenso em acidez e com um fim de ervas e de frutos vermelhos que pede uma segunda taça.

Fuego Blanco

 VALLE DEL SÍLEX
SAUVIGNON BLANC 2019
$ | PEDERNAL | 13.5°

Fuego Blanco plantou o vinhedo de El Pedernal em 2012, em solos de pedra a cerca de 1500 metros de altura em San Juan. Esse Sauvignon é fermentado em aço e depois já vai para a garrafa. É um Sauvignon muito da lógica desse lugar alto. As ervas mandam e as notas minerais abundam em um vinho muito fresco. A maceração dura cerca de vinte dias e isso também fala da textura, que é cremosa aqui.

 VALLE DEL SÍLEX FLINTSTONE
MALBEC 2017
$$ | PEDERNAL | 14.5°

Flintstone é uma linha de vinhos que é uma seleção dos solos mais pedregosos, manchas de pedra que dão vinhos de maior concentração, de mais tempo na boca. Cerca de dez mil garrafas foram feitas a partir deste Malbec e o vinho é fruta fresca pura. O envelhecimento é em tonéis de madeira velha, e isso ajuda a suavizar a textura, mas não influencia nos sabores de cereja e de flores que são muito comuns em vinhos de montanha.

 VALLE DEL SÍLEX FLINTSTONE SÍLEX RED
CABERNET FRANC, MALBEC 2018
$ | PEDERNAL | 14°

Essa mistura é baseada em Cabernet Franc, além da Malbec, todos de vinhedos muito jovens selecionados de solos muito pedregosos, na área de Pedernal, a cerca de 1500 metros de altura. A fruta é vermelha, deliciosamente fresca, os tanino são firmes e tensos, com uma acidez que sublinha o frescor e as frutas vermelhas condimentadas por especiarias e flores. Por enquanto, Pedernal é fruta fresca pura. E esse é um exemplo de uma fresca nitidez.

 VALLE DEL SÍLEX FLINTSTONE
CABERNET FRANC 2017
$$ | PEDERNAL | 14°

Dos solos pedregosos de Pedernal, a cerca de 1500 metros de altura, esse Cabernet Franc possui uma importante fatia de frutos vermelhos em meio a toques de ervas em um vinho simples e direto. São vinhas muito jovens, que estão apenas dando sua segunda colheita, mas já mostrando um potencial de frescor e caráter. Paciência aqui.

 VALLE DEL SÍLEX
GEWÜRZTRAMINER 2019
$ | PEDERNAL | 13°

Esse é um exemplo da tensão especialmente austera e refrescante. A Gewürztraminer costuma dar vinhos exuberantes, tanto em corpo quanto em aromas, mas aparentemente nas alturas do Pedernal, mais de 1400 metros, e nesses pisos de pedra, a variedade torna-se mais tímida, embora com uma forte acidez e um corpo sólido, quase tânico. Atenção, aqui se tem um parceiro ideal para comida indiana.

OUTRO VINHO SELECIONADO
89 | CONTRAVIENTO Malbec 2018 | San Juan | 13.5° | $

‹ prova de *vinhos* ›

Funckenhausen Vineyards

PROPRIETÁRIO Família Heinlein
ENÓLOGA Jimena López
WEB www.funckenhausen.com
RECEBE VISITAS Sim

Proprietários
KURT HEINLEIN & ALEJANDRO LEIRADO

Kurt Heinlein foi um empresário do ramo náutico que, em busca de diversificar seus negócios e ter um lugar no campo, começou a plantar vinhedos na zona de 25 de Mayo, em San Rafael, no ano de 2005. Dois anos mais tarde teve sua primeira safra e já em 2010 começaram a comercializar seus vinhos com a marca Funckenhausen. Atualmente, tem 34 hectares plantados nessa zona noroeste de San Rafael, um lugar não muito explorado pelos produtores locais, mas que é uma promessa de potencial por suas temperaturas mais baixas e por seus solos de pedras e de calcário, produto dos terraços do rio Diamante. É de se esperar que num futuro próximo, mais vizinhos cheguem para acompanhar a aventura de Heinlein que morreu em janeiro de 2019. Alejandro Heinlein, seu neto, hoje está a cargo da vinícola.

IMPORTADORES: BRASIL: www.angeloni.com.br | www.familiakoganwines.com | www.cwbbooze.com.br | USA: www.globalvineyard.com | www.classicwines.us

VINHOS

 LA ESPERA GRAN RESERVA FINEST EXPRESSION BLEND MALBEC, CABERNET SAUVIGNON, SYRAH 2016
$$ | SAN RAFAEL | 14.6°

63% desse blend é de Malbec que vem de solos pedregosos e pobres em nutrientes, que dão grãos muito pequenos, mas de grande concentração e essa concentração é percebida nesse vinho, mas também é percebida na madeira em um tinto, que talvez ainda esteja muito jovem. Funckenhausen apresenta esse Gran Reserva como um exemplo do terroir de 25 de Mayo e do potencial que esse lugar oferece. Mas, no momento, parece para nós, um grande vinho (o que não é pouco), complexo, com camadas, com estrutura, mas um grande vinho de estilo internacional, sem o caráter (qualquer que seja ele) do lugar. É um processo, um bom início seria despir a fruta, tirando a madeira, mostrando o terroir.

 KURT HEINLEIN
MALBEC 2015
$$$ | SAN RAFAEL | 14.6°

Um vinho de estilo tradicional, com marcado acento na madurez dos sabores, este vem de uma seleção de solos pedregosos plantados em 2010. É denso e profundo, rico em notas especiadas e herbáceas, mas acima de tudo de frutos secos que enchem a boca em um vinho grande e ambicioso.

LA ESPERA RESERVA CARPE DIEM
CHARDONNAY 2018
$$ | SAN RAFAEL | 13.8°

De solos pedregosos, cheios de rochas redondas, este Chardonnay tem um intrigante sabor salino, que aporta muito mais caráter à uva. É uma seleção desses vinhedos pobres em nutrientes e também com presença de calcário, o que pode ter relação com esse lado salino. Mas, além disso, aqui se

Funckenhausen Vineyards

tem muita fruta branca, radiante de uma textura tensa, que vibra na boca. Uma grande amostra de potencial.

92 | LA ESPERA RESERVA TERROIR'S SIGNATURE
CABERNET SAUVIGNON 2017
$ | SAN RAFAEL | 14°

O clima quente de San Rafael, em teoria, não deveria ser o melhor lugar para a Cabernet Sauvignon, mas na prática há vários exemplos que dizem o contrário, como esse suculento e herbáceo Cabernet que vem dos primeiros vinhedos plantados por Funckenhausen em 2005, em terrenos arenosos nos terraços do rio Diamante. Aqui há pura fruta, suculenta e vivaz, com toques de ervas e de pimentão, em um corpo de taninos tensos e de acidez vibrante.

91 | LA ESPERA RESERVA CARPE DIEM
PINOT NOIR 2018
$$ | SAN RAFAEL | 13.6°

De solos muito pedregosos, com pedras redondas cobertas de calcário, esse, assim como o branco Carpe Diem, apresenta um marcado lado salino. Gostaríamos um pouco menos de madurez nos aromas, mas na boca, com sua estrutura tensa e firme, esse vinho causa impacto, gruda no palato e não se solta mais, como se tivesse unhas. Este é um interessante trabalho em progresso de uma vinícola com vinhedos nas zonas mais altas de San Rafael.

91 | LA ESPERA RESERVA TERROIR'S SIGNATURE
MALBEC 2017
$ | SAN RAFAEL | 14.3°

Essa é uma mescla de duas parcelas, uma plantada em 2005 e a outra em 2010. A primeira em solos mais arenosos e a segunda em solos mais pedregosos, ambas aportando 50% na mescla final. O vinho tem madurez acentuada, mas também estrutura firme de taninos, que aporta equilíbrio e que tem força suficiente para sustentar o peso dessa fruta madura. Em outras palavras, esse é um vinho para cordeiro.

91 | LA ESPERA RESERVA TERROIR'S SIGNATURE
SYRAH 2017
$ | SAN RAFAEL | 14.5°

Dos 34 hectares que a vinícola tem plantados em 25 de Mayo, cinco são de Syrah, uma variedade que, desde o início, vem ocupando lugar importante em seu catálogo. Esse Syrah vem de vinhas plantadas em 2005 em solos pedregosos e arenosos. Cerca de 70% tem guarda em barricas, guardando 30% de fruta pura. O blend funciona muito bem esse Syrah de sabores de carne e de frutas negras maduras. A textura é suave, cremosa e o final levemente floral.

90 | LA ESPERA EXTRA BRUT ROSÉ CHAMPENOISE
PINOT NOIR N/V
$$ | SAN RAFAEL | 13°

100% Pinot Noir da zona de 25 de Mayo, a mais alta plantada em San Rafael. Esse tem 36 meses de estágio com suas lias pelo método tradicional de segunda fermentação em garrafa. O vinho é frutado e fresco, com borbulhas suaves e amáveis. Gostoso de beber, esse é perfeito para o salmão na brasa.

⟨ *prova de **vinhos*** ⟩

OUTROS VINHOS SELECIONADOS

88 | FUNCKENHAUSEN 1 LITER Cabernet Sauvignon, Malbec, Petit Verdot 2017
San Rafael | 14.1° | $

88 | FUNCKENHAUSEN 1 LITER RED BLEND Malbec, Syrah, Bonarda 2018
San Rafael | 13.7° | $

88 | FUNCKENHAUSEN 1 LITER ROSÉ Malbec, Cabernet Sauvignon,
Cabernet Franc 2019 | San Rafael | 13° | $

Huentala Wines

PROPRIETÁRIO Julio Camsen
ENÓLOGO José Pepe Galante (assessor)
WEB www.huentalawines.com
RECEBE VISITAS *Sim*

Proprietário
JULIO CAMSEN

No alto do Vale de Uco, no lado sul da calle La Vencedora, que divide o vale de Gualtallary em dois, a imponente entrada de pedra de Huentala Wines dá uma ideia das proporções desse projeto do empresário de Mendoza (ligado à hotelaria) Julio Camsen. Os 230 hectares de vinhas, base para todos os vinhos da casa, são guardados por duas enormes raposas de pedra, a icônica escultura de Huentala.

VINHOS

 GRAN SOMBRERO
CHARDONNAY 2017
$$ | GUALTALLARY | **13.8°**

Dos vinhedos de Huentala, em Gualtallary, metade desse vinho estagia em barricas e a outra em tanques. A barrica tende a mandar com seus toques defumados, mas os solos de cal de Gualtallary também falam em uma estrutura poderosa e firme. Um vinho para porco defumado.

 GRAN SOMBRERO
MALBEC 2017
$$ | GUALTALLARY | **14.6°**

Esta seleção de Malbec do vinhedo de Huentala em Gualtallary tem um caráter frutado marcado. Apesar dos doze meses em barricas, o que comanda aqui são os sabores de cerejas e as notas de ervas, que são clássicos dos solos arenosos e pedregosos da região. Um vinho simples e direto, muito em sintonia com o frescor dos Malbec de Gualtallary.

OUTROS VINHOS SELECIONADOS

87 | HUENTALA BLACK SERIES Malbec 2017 | Argentina | 14.5° | $
87 | SOMBRERO Malbec 2018 | Argentina | 14.5° | $
85 | SOMBRERO Cabernet Franc 2018 | Argentina | 14.6° | $

Humberto Canale

PROPRIETÁRIO Guillermo Canale
ENÓLOGO Horacio Bibiloni
WEB www.bodegahcanale.com
RECEBE VISITAS *Sim*

Proprietários
GUILLERMO CANALE & GUILLO BARZI

A vinícola Canale é uma das pioneiras em Río Negro. Foi fundada em 1909 pela família Canale e hoje continua sendo uma das grandes referências na Patagônia argentina. Atualmente, eles têm 140 hectares de vinhedos, todos em Río Negro, com 70% de vinhas velhas, com mais de 35 anos de idade. Com esse material, eles produzem um milhão e seiscentas mil garrafas e é a maior da região. **IMPORTADORES:** BRASIL: www.grandcru.com.br | USA: www.grazianoimports.com

VINHOS

 BARZI CANALE
MALBEC, MERLOT, CABERNET FRANC, PETIT VERDOT 2015
$$$ | PATAGÔNIA ARGENTINA | 14°

Este é o novo vinho de Canale, um blend de Malbec 37%, Merlot 33%, Cabernet Franc com 19% e Petit Verdot com 11%, todos selecionados a partir das parcelas da vinícola em Río Negro. O envelhecimento é de cerca de 18 meses em barricas e produziram mais de 2.300 garrafas. É um vinho que celebra os nomes das duas famílias que fazem parte da história da vinícola: Canale, os fundadores e Barzi, a família que atualmente dirige a empresa, relacionada aos Canale há quatro gerações. O resultado é um vinho perfumado, com muitos sabores de frutas vermelhas maduras em um corpo de taninos muito polidos e muito elegantes. É um vinho equilibrado em aromas e também em acidez e taninos, o que o torna muito fácil de beber, mas atenção pois aqui há um tinto para guardar.

 OLD VINEYARD
SÉMILLON 2018
$ | PATAGÔNIA ARGENTINA | 13°

Do vinhedo Finca Milagros, plantado em 1942, este é um clássico da casa. Canale foi a pioneira na Argentina em revitalizar a Sémillon e, apesar de seus esforços estarem muito à frente de seu tempo, hoje ela ainda é uma referência na cepa. Este tem todas as qualidades da variedade, suas notas de mel e aquele tipo de textura amável. A acidez também refresca todos os sabores frutados.

OUTROS VINHOS SELECIONADOS
88 | GRAN RESERVA Malbec 2016 | Patagônia argentina | 14° | $$
88 | OLD VINEYARD Riesling 2018 | Patagônia argentina | 13.7° | $
87 | OLD VINEYARD Malbec 2016 | Patagônia argentina | 14° | $$

‹ *prova de* **vinhos** ›

Iaccarini

PROPRIETÁRIO Paulo Méndez
ENÓLOGO Daniel Pomar
WEB www.bodegaiaccarini.com.ar
RECEBE VISITAS *Sim*

Enólogo
DANIEL POMAR

Bodega Iaccarini foi fundada foi fundada originalmente em 1903, comprada pela família Méndez Collado em 2008, completamente reciclada e reinaugurada em 2009. Conta com 30 hectares de vinhedos próprios em Colonia El Usillal, na zona mais fria e de maior altitude em San Rafael e uma capacidade de 500 mil litros, entre tanques de cimento e de aço inox. Hoje a vinícola produz diferentes linhas com as marcas **Vía Blanca**, **Vía Blanca Reserva de Familia**, **Selección de Parcelas**, **Cavas Don Nicasio Reserva** e **Cavas Don Nicasio Gran Reserva.** **IMPORTADOR:** USA: www.panoramimports.com

VINHOS

 CAVAS DON NICASIO RESERVA
BONARDA 2018
$ | SAN RAFAEL | 14°

De Colonia El Usillal, a cerca de 850 metros de altura, em San Rafael, esse vinhedo de 15 anos de idade mostra as clássicas notas de frutas negras untuosas da variedade (imagine uma geleia de amora), mas na boca tem muito nervo, boa acidez e taninos que fazem tudo parecer muito mais fresco. Para as morcillas.

OUTROS VINHOS SELECIONADOS
89 | CAVAS DON NICASIO RESERVA Malbec 2018 | San Rafael | 14° | $
88 | VÍA BLANCA RESERVA DE FAMILIA CORTE DE TINTAS Malbec, Cabernet Sauvignon, Syrah 2018 | San Rafael | 13° | $

Kaikén Wines

PROPRIETÁRIO Aurelio Montes
ENÓLOGOS Rogelio Rabino & Gustavo Hörmann
WEB www.kaikenwines.com
RECEBE VISITAS *Sim*

Enólogos
GUSTAVO HÖRMANN & ROGELIO RABINO

Kaikén pertence aos chilenos de **Viña Montes,** uma das vinícolas mais bem-sucedidas do país vizinho e emblemática do vale de Colchagua. Se estabeleceu em Mendoza em 2002 e desde então tem seguido a evolução do vinho argentino. De seu amplo catálogo sobressaem as linhas **Terroir Series** e **Ultra**, além de seus vinhos de gama alta como o Cabernet Franc **Obertura** e o Malbec **Mai**. Seus vinhedos estão em Vistalba e Agrelo (Luján de Cuyo) e Vista Flores (Vale de Uco). Quem supervisiona a parte enológica é Aurelio Montes Jr., enquanto que o enólogo residente é Rogelio Rabino. Produzem 200.000 garrafas ao ano. **IMPORTADORES:** BRASIL: www.qualimpor.com.br | USA: www.guarachiwinepartners.com

Kaikén Wines

VINHOS

94 MAI
MALBEC 2017
$$$ | MENDOZA | 14.5°

Kaikén estima que essa vinha de Vistalba deve ter pelo menos cem anos de idade. Plantada ao lado da vinícola, oferece uma profundidade de sabores deliciosos, vermelhos e maduros, mas sem excessos. A incidência da madeira está menor e nessa colheita especialmente se sente. Estagia em barricas por 18 meses, cerca da metade delas novas, mas em formatos maiores, 600 litros, que não têm um impacto tão grande. Um vinho que pode falar dos novos tempos de Kaikén.

92 OBERTURA
CABERNET FRANC 2017
$$ | MENDOZA | 14°

As vinhas de Cabernet Franc desse Obertura vêm de vinhedos da região de Los Chacayes, no vale de Uco. O vinho é envelhecido por doze meses em barricas e esse efeito é sentido aqui, com notas tostadas que se misturam com os aromas de frutas vermelhas e toques de ervas em um vinho que precisa de tempo na garrafa para se mostrar. Paciência aqui, porque há uma boa base de frutas para esperar por maior complexidade.

91 ULTRA
CHARDONNAY 2018
$$ | MENDOZA | 14°

Esse ano, Ultra Chardonnay é baseado nas vinhas de Altamira, além de 10% de Vistalba para adicionar notas mais untuosas aos sabores nervosos e tensos de Altamira. E o objetivo é alcançado com um vinho que possui uma camada de sabores maduros e toques de fumaça, em uma textura cremosa, com muitas camadas. Um vinho para saborear com camarões fritos.

90 ULTRA
CABERNET SAUVIGNON 2018
$$ | MENDOZA | 14°

Uma deliciosa expressão de fruta, no momento nublada pela presença da barrica. A fruta é vibrante, suculenta, com taninos finos e estruturados, que picam a língua e aumentam a sensação de frescor. Esse Cabernet vem de parrais (vinhedos em latada) plantados há mais de 100 anos.

90 ULTRA
MALBEC 2018
$$ | MENDOZA | 14°

Para **Ultra**, Kaikén faz uma mistura de diferentes Malbec, principalmente de Los Chacayes, Altamira e Gualtallary, três das principais fontes de uvas no vale de Uco. Esse tem as notas tostadas da madeira bem na frente, pois a fruta por trás é vermelha e fresca, vibra com seus aromas e sabores de cerejas e com a acidez que é pulsante e afiada.

OUTROS VINHOS SELECIONADOS
89 | ESTATE Sauvignon Blanc, Sémillon 2019 | Mendoza | 12.9° | $
89 | ULTRA Merlot 2017 | Mendoza | 14.5° | $$
88 | TERROIR SERIES Malbec, Bonarda, Petit Verdot 2018 | Mendoza | 14° | $
88 | TERROIR SERIES Torrontés 2019 | Mendoza | 13° | $

‹ prova de *vinhos* ›

Karim Mussi Winemaker

PROPRIETÁRIO Karim Mussi Saffie
ENÓLOGO Karim Mussi Saffie
WEB www.altocedro.com.ar
RECEBE VISITAS *Sim*

Proprietário & enólogo
KARIM MUSSI

Karim Mussi é um renomado enólogo mendocino que, ao longo dos anos, construiu um sólido portfólio de vinícolas sob o seu nome: Altocedro, Abras, Alandes e Qaramy. Para suprir os 28 rótulos que compõem esta coleção, Mussi obtém frutas do vale de Uco, com exceção de **Abras**, que é um projeto focado em Cafayate. **IMPORTADORES:** BRASIL: www.portusimportadora.com.br | www.thewine.com.br | USA: www.agrovice.com | www.vinodelsol.com

VINHOS

95 **ALANDES PARADOUX RED BLEND 5ÈME ÉDITION**
MALBEC, MERLOT, P. VERDOT, C. FRANC, C. SAUVIGNON N/V
$$$ | VALE DE UCO | 14.8°

Esta é uma mistura de cepas, mas também de anos (esse tem 2018, 2017, 2016 e 2015) e das zonas de La Consulta, Los Chacayes e Gualtallary, todos com um ano de estágio em barricas. O que sai dessas barricas é um vinho muito particular. O fundo é cheio de frutas vermelhas, com toques especiados, mas acima de tudo, dominado por aqueles radiantes frutos vermelhos em um contexto de vinho de corpo imponente, com muitos taninos e muita força.

94 **ALANDES UCO VALLEY**
MALBEC 2018
$$ | VALE DE UCO | 14.5°

Para **Alandes**, Karim Mussi seleciona uvas de seis vinhedos ao longo do vale de Uco. 70% do vinho estagia em barricas e o resto em cimento, o que traz a fruta fresca de Uco para este vinho que já é amável, com taninos muito bons, pulsantes e também muito frutados, com tudo o que a fruta Uco, fresca e viva, muito de montanha. Se você perceber, depois de um tempo na taça começam a aparecer toques de ervas que dão complexidade.

94 **ALTOCEDRO AÑO CERO**
MALBEC 2018
$$ | LA CONSULTA | 14.2°

Esse Malbec é na verdade quatro Malbecs de quatro diferentes vinhedos, todos na área de La Consulta. Um terço do vinho foi mantido em barricas por dez meses, o que traz algumas notas tostadas, mas o foco aqui é a fruta, que é viva e suculenta, com toques especiados e florais, mas principalmente frutados. Muita acidez, muita vibração, muita fruta crocante em uma prova de quão rico e suculento um Malbec pode ser.

94 **ALTOCEDRO FINCA LOS GALOS**
PETIT VERDOT 2017
$$$ | LA CONSULTA | 13°

A Petit Verdot na Argentina em geral, mas especialmente em Mendoza, tende a se transformar, tende a se "domar". Deixa taninos ferozes e a aci-

Karim Mussi Winemaker

dez demoníaca e torna-se gentil e sedosa, com frutas vermelhas maduras como neste exemplo. Aqui tudo é gentileza, amabilidade, toques especiados, frutas vermelhas maduras e doces em um corpo médio, mas com acidez rica que proporciona um frescor necessário. Este Petit Verdot vem de um vinhedo originalmente plantado com Cabernet Sauvignon, mas 15 anos atrás foi enxertado com este Petit.

94 | ALTOCEDRO LA CONSULTA SELECT BLEND
MALBEC, SYRAH, C. SAUVIGNON, TEMPRANILLO, C. FRANC, MERLOT 2018
$$ | LA CONSULTA | 14.3°

Para este **La Consulta Select**, o enólogo Karim Mussi utiliza sete vinhas de cinco denominações em La Consulta: Altamira, Lotes Barraqueros, La Cañada, Chacón e El Cepillo e esse ano o blend tem 40% de Malbec, 19% de Syrah, 12% de Tempranillo, 9% de Cabernet Franc e o resto de Merlot. O estágio é de um ano em barricas e o resultado é refrescante em seus frutos vermelhos, com muita tensão de taninos, ou seja, é mantido no palato e não liberado até que a comida chegue, um bife seria uma boa opção nesse caso.

94 | ALTOCEDRO RESERVE OLD VINE
MALBEC 2017
$$$ | LA CONSULTA | 13.8°

Esse Malbec vem de vinhas velhas em La Consulta, uma média de 50 anos. O estágio se estende por 18 meses em barricas. O vinho tem o caráter fresco e vivo dos vinhos de Uco. Há frescor nos taninos, há frescor nas notas frutadas de cerejas e a madeira traz toques defumados, mas não intervém, somente afina os taninos neste equilibrado e delicioso Malbec.

 ALANDES PARADOUX BLEND BLANC DE BLANCS 3ÈME ÉDITION SÉMILLON, S. BLANC N/V
$$$ | VALE DE UCO | 13.4°

Este é um blend de dois terços de Sémillon que vem de La Consulta e um terço de Sauvignon Blanc de Los Chacayes. Ambos os vinhedos foram gerenciados protegendo os cachos e, assim, mantendo o frescor. Estagia 14 meses em barricas com suas borras e isso teve um impacto importante sobre os sabores, acrescentando notas tostadas a frutas brancas maduras. Mas, atenção, pois necessita de tempo de garrafa. Aqui se tem um importante vinho branco, encorpado, com uma tensão na acidez que o torna ideal para guardar.

93 | ALTOCEDRO AÑO CERO
TEMPRANILLO 2018
$$ | LA CONSULTA | 14°

De uma vinha de uns 25 anos em El Cepillo, esse vinho tem uma deliciosa pegada na boca, que fala da região, que fica ao sul de Uco que é frio e que dá vinhos como esses, levemente selvagens, cheios de frutos vermelhos radiantes e firmes. "O lugar onde o inverno vive", como descreve Karim Mussi enquanto bebemos esse pequeno deleite de frutas vermelhas e notas de terra.

92 | ALTOCEDRO AÑO CERO
CABERNET SAUVIGNON 2018
$$ | LA CONSULTA | 14.3°

Esse vinho vem de duas vinhas, ambas em La Consulta. Uma delas, o Lote Barraquero, que é de clima quente e que dá a gordura, a carne neste vinho,

‹ *prova de **vinhos*** ›

enquanto o outro vinhedo, perto de El Cepillo, ao sul de Uco, é um lugar frio, que dá o nervo a esse Cabernet. Há um Novo Mundo com o Cabernet em Mendoza. Desde que descobriram esse Cabernet colhido antes, a fruta vermelha e o lado herbáceo emergiram. Uma boa dica e algo para investigar.

 ABRAS
TORRONTÉS 2019
$ | CAFAYATE | **13.5°**

De um parral (vinhedo em latada) de 50 anos na área de Cafayate, a cerca de 1750 metros de altura no norte da Argentina, este Torrontés tem todos os elementos que distinguem a cepa. O aroma é intenso, cheio de flores e frutos brancos maduros e doces. A boca é generosa em doçura e também em corpo, com toques especiados. Uma foto do lugar.

 ALTOCEDRO AÑO CERO BARREL COLLECTION ROSÉ MERLOT 2018
$$ | LA CONSULTA | **14.4°**

Um rosé de Merlot, de frutas vermelhas ricas, com toques frescos e alegres, e uma acidez muito boa. O vinho estagia em barricas durante um ano (todo de madeira usada) o que lhe confere uma complexidade extra, com notas defumadas e de especiarias. Um rosé que vai além do estilo.

 ALTOCEDRO LOS POETAS
MALBEC 2018
$ | LA CONSULTA | **15.1°**

Este Malbec vem de vinhedos a cerca de 1.100 metros de altura na área de La Consulta, ao lado do rio Tunuyán, no vale de Uco. Este é fermentado em tanques e não vê madeira em sua produção, de modo que o fruto untuoso de La Consulta é claramente visto, aqueles sabores de frutas vermelhas maduras e algumas notas de ervas em um vinho que é muito fácil de beber, muito no estilo de dois outros vinhos "sem madeira" da vinícola: **El Turco** e **Latido**.

 EL TURCO (THE PHOENICIAN)
MALBEC, C. SAUVIGNON, TEMPRANILLO, P. VERDOT, MERLOT 2018
$ | VALE DE UCO | **14.5°**

El Turco vem de alguns vinhedos de Malbec de 30 anos (71% do mix), além dos jovens vinhedos de Cabernet e Merlot, todos da região de La Consulta, no vale de Uco. O vinho não passa pela madeira e a fruta daquele lugar, algo quente na montanha, é untuoso, cheio e cremoso, com um toque de dulçor que o torna muito amável e fácil de beber. Atenção também com a textura suave como creme.

 QARAMY LATIDO
MALBEC 2018
$ | TUNUYÁN | **14.5°**

Latido é um vinho simples, com frutas frescas e uma leve doçura que o torna muito bebível. Tem taninos polidos e uma acidez muito rica que fala talvez da área de Los Árboles, em solos aluviais do rio Las Tunas, que divide o Tupungato e Tunuyán. O final é ligeiramente floral.

OUTRO VINHO SELECIONADO
87 | ABRAS Malbec 2018 | Cafayate | 14.2° | $

Kauzo Estates

PROPRIETÁRIO Gustavo Arnold
ENÓLOGO Pablo Blasco
WEB www.kauzoestates.com
RECEBE VISITAS Não

Enólogo & Sales director
PABLO BLASCO & ANDRÉS GIORGIO

Criado em 2014, Kauzo significa "lugar" em esperanto e é o projeto de um grupo de cinco amigos criado em 2014, todos relacionados de uma forma ou de outra ao vinho. O grupo tem cerca de 65 hectares próprios em La Consulta, Altamira, Gualtallary e Maipú, que são a base de sua produção, embora também trabalhem com outros produtores para completar as 200.000 garrafas que produzem anualmente, 45 mil delas sob a linha **Kauzo Estate**. ↘ **IMPORTADORES:** BRASIL: www.delmaipo.com | USA: www.gowineusa.com

VINHOS

 **92** **TERROIR EXPRESSIONS**
CABERNET SAUVIGNON 2017
$ | GUALTALLARY | 14°

O Cabernet em Gualtallary é geralmente expresso como nesse exemplo, com suas frutas vermelhas vibrantes e toques florais. De certa forma adquire o tons de Malbec, que fala da força deste lugar, no Vale do Uco, um dos lugares mais altos no sopé dos Andes. Os taninos aqui são pulsantes, mas muito amáveis em um Cabernet delicioso e simples, mas ao mesmo tempo com um senso de lugar.

 **91** **TERROIR EXPRESSIONS**
MALBEC 2017
$$ | GUALTALLARY | 14°

Após a cortina de notas de barrica onde este vinho estagia por 9 meses, esconde-se uma rica expressão de lugar. Com cerca de 1500 metros de altura, essa vinha plantada em 2000 em Gualtallary mostra a frutífera exuberância da Malbec daquele lugar, os sabores de cerejas, de flores e de ervas, juntamente com uma rica acidez.

 **90** **TERROIR EXPRESSIONS**
MALBEC 2017
$$ | ALTAMIRA | 14°

Os Malbec de Altamira tendem a ser severos e penetrantes em taninos, mas não neste caso, uma visão muito mais gentil e dócil do vinho tinto na região. De vinhas plantadas em 2007, aqui se tem um Malbec fácil para se beber agora.

 **90** **TERROIR EXPRESSIONS**
MALBEC 2017
$$ | LA CONSULTA | 14°

Kauzo obtém este vinho de suas próprias vinhas plantadas em 2004 na área de La Consulta, no vale de Uco. Esse vinhedo está a uma altura próxima de mil metros. O vinho estagia por nove meses em barricas. É um vinho muito próximo do que costumamos saborear desse lugar com suas frutas maduras e corpo sedoso. Um pouco quente no contexto de Uco, aqui os taninos são suaves e amáveis.

*‹ prova de **vinhos** ›*

OUTROS VINHOS SELECIONADOS

88 | COFERMENTED Malbec 2017 | Vale de Uco | 14° | $
88 | COFERMENTED Malbec, Cabernet Sauvignon 2017 | Vale de Uco | 14° | $
86 | COFERMENTED Malbec, Syrah 2017 | Vale de Uco | 14° | $

Krontiras

PROPRIETÁRIO Constantinos Krontiras
ENÓLOGOS Panos Zoumbulis & Maricruz Antolin
WEB www.bodegaskrontiras.com
RECEBE VISITAS *Sim*

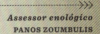

Assessor enológico
PANOS ZOUMBULIS

Constantinos Krontiras é um empresário grego de navegação, mas casado com uma argentina, Silvina, e daí sua conexão com o vinho em Mendoza. Em 2005, ele começou a engarrafar seus vinhos sob a marca Krontiras, enquanto em 2011 eles abriram a vinícola em Perdriel. Todas as uvas vêm de duas fincas que totalizam 20 hectares de vinhedos, principalmente plantados com Malbec, embora também existam Tempranillo, Petit Verdot Aglianico e Chardonnay, todos cultivados sob os preceitos da biodinâmica. **IMPORTADOR:** USA: www.easternliquorsusa.com

VINHOS

 KRONTIRAS NATURAL
MALBEC 2019
$$ | MENDOZA | 14°

Este é 100% Malbec que vem de vinhedos biodinâmicos na zona de Maipú. É fermentado em tanques de aço com suas leveduras nativas e, em seguida, engarrafado sem adição de sulfitos em nenhum momento durante a vinificação. Este tipo de vinho natural é um verdadeiro suco de amoras, delicioso em sua suculência, frutas puras em um vinho de corpo médio, com taninos firmes e deliciosa acidez. Um vinho fresco e transparente.

92 **DOÑA SILVINA FAMILY SELECTION**
AGLIANICO 2017
$$ | MENDOZA | 14°

A Krontiras possui um hectare de Aglianico, plantado em sua propriedade de Maipú no início de 2000. Uma variedade complicada, muito suscetível a doenças, de grande carga tânica que aqui se sente ao lado de muitos sabores de frutas. Tem 18 meses de barricas, o que eles não sentem, exceto no efeito de acalmar os taninos selvagens. Um vinho muito particular no contexto dos vinhos de Mendoza.

 DOÑA SILVINA FAMILY SELECTION
PETIT VERDOT 2017
$$ | MENDOZA | 14°

O calor de Maipú parece fazer bem a Petit Verdot. São 18 meses em barricas e vem de vinhedos de dez anos, administrados sob os preceitos da biodinâmica. O envelhecimento parece domar os taninos da cepa, mas não completamente. Isso tem pequenas garras que aderem ao paladar, tudo cheio de frutas em um delicioso e refrescante vinho.

Krontiras

 DOÑA SILVINA FAMILY SELECTION
MALBEC 2018
$ | MENDOZA | 14°

De vinhedos biodinâmicos plantados na região de Maipú há cerca de doze anos, esse é um Malbec de acidez nítida e de frutas vermelhas frescas com leves toques de uma forma que lhe dão complexidade e que não ofusca os sabores de frutas em um Malbec simples e suculento, muito bom pelo seu preço.

 DOÑA SILVINA FAMILY SELECTION
TEMPRANILLO 2018
$$ | MENDOZA | 14°

Krontiras plantou Tempranillo ao lado de sua vinícola em Perdriel, em Luján de Cuyo. Com 18 meses de envelhecimento em barricas, possui uma textura agradável com notas de frutas pretas e um corpo médio, generoso em acidez e sabores. A madeira traz especiarias e acalma os taninos em um vinho para o cabrito.

DOÑA SILVINA FRESH
MALBEC 2018
$ | MENDOZA | 13.5°

Fresh vem de uvas da região de Maipú e é a primeira uva que é colhida em busca de menos álcool e mais frescor de frutas. Não tem madeira para respeitar os sabores que vêm da vinha. É um Malbec muito simples e acessível, com toques condimentados, mas especialmente frutas em um vinho para o verão.

La Celia

PROPRIETÁRIO VSPT Wine Group
ENÓLOGA Andrea Ferreyra
WEB www.lacelia.com.ar
RECEBE VISITAS Sim

Enóloga
ANDREA FERREYRA

Desde 1999 propriedade do grupo chileno San Pedro Tarapacá (também dono de Tamarí), esta histórica vinícola do Vale de Uco conta com quatrocentos hectares repartidos entre os distritos de Eugenio Bustos, Altamira e La Consulta. A variedade que predomina neles é a Malbec, coluna vertebral dos vinhos de La Celia. Faz um tempo o estilo da casa vem apostando no maior frescor, tensão e caráter frutado. Tem seis marcas de vinhos, sendo **Supremo** o top da vinícola.

IMPORTADORES: BRASIL: www.interfood.com.br | USA: www.apollowinespirits.com

VINHOS

ELITE
MALBEC 2017
$$ | ALTAMIRA | 14°

Para **Elite**, diferentes parcelas da vinha de La Celia são selecionadas em Altamira, a mais alta vinha (mais de mil metros) da vinícola no Vale de Uco. Daí vem esse vinho delicado em contexto, mas ao mesmo tempo feroz em taninos que envol-

‹ *prova de* **vinhos** ›

vem muitos sabores de frutados, frutas vermelhas frescas e suculentas em um vinho refrescante, mas ao mesmo tempo muito elegante e quase sutil.

90 | PIONEER
CABERNET SAUVIGNON 2018
$ | VALE DE UCO | **13.5°**

Esse Cabernet é uma mistura de Eugenio Bustos e de La Consulta, ambas as áreas no vale de Uco. Aqui se tem algumas deliciosas notas de ervas, de tabaco no meio de muitas frutas vermelhas. A textura é cheia de taninos pulsantes num contexto de grande frescor e suculência. Um muito boa relação preço-qualidade para beber na hora do churrasco.

OUTROS VINHOS SELECIONADOS
89 | PIONEER Cabernet Franc 2018 | Vale de Uco | 14° | $
89 | PIONEER Chardonnay 2018 | Vale de Uco | 13.5° | $
88 | PIONEER Malbec 2018 | Vale de Uco | 13.5° | $

La Chamiza

PROPRIETÁRIO Finca La Chamiza
ENÓLOGA Magdalena Viani
WEB www.lachamiza.com
RECEBE VISITAS *Não*

Enóloga
MAGDALENA VIANI

La Chamiza é uma vinícola do grupo Trivento. Tem seus próprios vinhedos em Tupungato, em um plano contínuo de 115 hectares, plantado principalmente com Malbec e Cabernet Sauvignon. A produção anual é de cerca de 300.000 garrafas por ano, com os hectares em Tupungato, mas também com frutas de terceiros, tanto no vale de Uco quanto em Luján de Cuyo. Magdalena Viani é a principal enóloga deste projeto.

IMPORTADOR: BRASIL: www.wine.com.br

VINHOS

92 | POLO HERITAGE
MALBEC 2016
$$ | LUJÁN DE CUYO | **14°**

Com base em frutas de Las Compuertas, a área mais alta de Luján de Cuyo, ao lado do rio Mendoza, este tem o caráter da região, frutas vermelhas maduras, notas especiadas e taninos que são deliciosamente macios, doces e amigáveis. Tem as notas tostadas da barrica, mas elas são apenas um complemento. Aqui está um vinho de lugar, muito tradicional em Mendoza.

OUTROS VINHOS SELECIONADOS
89 | POLO LEGENDS Malbec 2017 | Mendoza | 13.5° | $
88 | POLO PROFESIONAL Malbec 2018 | Mendoza | 13.5° | $

La Giostra del Vino

PROPRIETÁRIO Giuseppe Franceschini
ENÓLOGO Giuseppe Franceschini
WEB www.lagiostradelvino.com
RECEBE VISITAS *Não*

Enólogo
GIUSEPPE FRANCESCHINI

O enólogo italiano **Giuseppe Franceschini**, da região de Friuli, trabalha desde 2007 em Mendoza assessorando vinícolas como Alpamanta, Mayol e Caelum. Nesse mesmo ano iniciou La Giostra del Vino, um projeto próprio que tem em sociedade com Jacques Hoogeveen, encarregado da parte comercial. Produzem vinhos de alta gama, com uvas de lugares tão diferentes como Agrelo, em Luján de Cuyo, e as colinas de El Peral, em Tupungato. Franceschini é hoje um dos mais importantes produtores de vinho no cenário argentino, especialmente quando se trata de vinhos brancos.

VINHOS

SALTIMBANCO
SAUVIGNON BLANC 2018
$$$ | MENDOZA | 12.5°

Esse Sauvignon vem de uma vinha ao pé de uma colina em El Peral, uma área ao sul de Gualtallary, um lugar de riachos e colinas que se torna uma espécie de oásis no meio do deserto que é o vale de Uco. Aqui há uma deliciosa força de acidez, um Sauvignon fresco, nítido, de grane tensão e com certos toques salinos que aumentam sua complexidade. Os sabores frutados lembram frutos brancos maduros, uma sensação que contrasta com aquela acidez acentuada que é mostrada desde o início até o final da boca.

SALTIMBANCO
PINOT NOIR 2017
$$$ | MENDOZA | 13°

El Peral é uma área de montanhas, árvores, riachos e árvores em uma área bastante fresca, aliviada pela água que corre dos Andes, mas também pela brisa da montanha. Esse ambiente provou ser adequado para variedades como Malbec, a propósito, mas também para Sauvignon e, sob a mão de Giuseppe Franceschini, também Pinot Noir. A safra anterior, em um ano muito legal como era 2016, deu frutos vermelhos e mais frescor. Este ano tem um lado terroso frutas mais maduras, mas ainda é Pinot fresco e tenso.

BACÁN
MALBEC 2019
$$ | MENDOZA | 14°

De Perdriel, em Luján de Cuyo, esse é um Malbec com estágio em barricas, tonéis e tanques de aço. A fruta aqui é uma pequena festa de cerejas maduras em um vinho de corpo médio, com uma textura muito suave e sensações muito frescas. Daqueles para se beber no verão e para acompanhar todos os churrascos possíveis.

‹ *prova de **vinhos*** ›

SPARRING
PEDRO XIMÉNEZ 2018
$ | MENDOZA | 14.7°

No lado mais untuoso e envolvente do estilo, este Pedro Ximénez macerado com as suas peles tem uma forte carga floral. Os aromas de flores ligados a toques de laranja capturam desde o nariz. A textura é bastante suave e com aquela gordura que faz pensar em sardinhas assadas.

PUERCOVIN PUERCOESPÍN
CABERNET FRANC 2019
$ | MENDOZA | 13°

A Cabernet Franc tem sido uma das cepas de maior tensão de crescimento nos últimos cinco anos na Argentina e hoje há Cabernet Franc em todos os níveis, especialmente em níveis elevados. Isto, a um preço muito baixo, deveria ser o melhor Cabernet Franco em sua categoria. A fruta é deliciosa, refrescante, com notas suaves de ervas e um lado picante que lhe dá complexidade. A textura é tensa em um corpo médio de acidez muito rica.

PUERCOVIN PUERCOESPÍN
MALBEC 2019
$ | MENDOZA | 13°

Uma tremenda relação de preço/qualidade nesse Malbec. A fruta é generosa em sua maturidade, mas sem negligenciar o frescor e a acidez que desempenham um papel fundamental aqui, adicionando nervos e tensão. O vinho é fácil de beber, ideal para o verão e para morcillas.

OUTROS VINHOS SELECIONADOS
88 | PUERCOVIN PUERCOESPÍN Cabernet Franc 2019 | Mendoza | 13.3° | $
88 | PUERCOVIN PUERCOESPÍN Pedro Ximénez 2019 | Mendoza | 12.5° | $

La Posta Vineyards

PROPRIETÁRIA Laura Catena
ENÓLOGO Luis Reginatto
WEB https://www.lapostavineyards.com
RECEBE VISITAS Sim

Enólogo & proprietária
LUIS REGINATTO & LAURA CATENA

Laura Catena (Luca Wines) tem esse projeto há cerca de 15 anos. As uvas são adquiridas de terceiros, mas tornam visível o nome de cada vinhedo, de cada produtor no rótulo, como forma de reconhecer aquele trabalho e o local de origem específico. De fato, é o sobrenome de cada família de vinhedos ou produtores que dá nome a cada vinho. Por exemplo, o Malbec **La Posta Pizzella**, cultivado em Altamira pelos Pizzella, um casal de professores que deixou Buenos Aires para viver no campo, ou **La Posta Armando Bonarda**, nascido de um vinhedo de seis hectares no setor de Guaymallén, plantado em 1963 e de propriedade de Estela Armando, cuja ligação com o cultivo da vinha vem de seu bisavô. **IMPORTADORES:**
BRASIL: https://www.vinci.com.br | USA: https://www.vineconnections.com

La Posta Vineyards

VINHOS

PAULUCCI
MALBEC 2018
$$ | UGARTECHE | 13.5°

Paulucci em um ano muito bom, este Malbec oferece notas suculentas de cerejas e de especiarias, mas acima de tudo um monte de frutas vermelhas por todos os lados. Metade do vinho estagia em barricas por dez meses (15% novos) e a outra parte é armazenada em tanques de aço, para preservar a fruta. E essa metade é o que governa hoje neste vinho de grande vigor e brilho. Um daqueles que custa parar de beber. Paulucci é um vinhedo plantado em Ugarteche há 44 anos.

FAZZIO
MALBEC 2018
$$ | TUPUNGATO | 13.6°

Os vinhedos de Fazzio são jovens, plantados há cerca de 13 anos na área de Tupungato, a cerca de 1200 metros de altura no vale de Uco. Neste Malbec há um delicioso toque de frutas vermelhas e de taninos firmes e vibrantes. A fruta traz frescor e os taninos ajudam a sustentar o vinho sem que decaia até o final. Uma versão muito boa de Fazzio.

PIZZELLA
MALBEC 2018
$$ | LA CONSULTA | 13.7°

De vinhedos de cerca de 17 anos plantados em Altamira, esse mostra o caráter do Malbec da zona, com seus taninos firmes e austeros, frutas vermelhas por toda parte, mas nunca com a exuberância de outros lugares em Uco, por exemplo, Gualtallary. Aqui há uma certa austeridade nos sabores, mas ao mesmo tempo uma estrutura poderosa em um vinho tinto para se beber agora com morcilla.

OUTROS VINHOS SELECIONADOS
88 | ARMANDO Bonarda 2018 | Guaymallén | 13.3° | $$
88 | TINTO RED BLEND Malbec, Bonarda, Syrah 2018 | Vale de Uco | 13.3° | $

Lagarde

PROPRIETÁRIO Família Pescarmona
ENÓLOGO Juan Roby
WEB www.lagarde.com.ar
RECEBE VISITAS Sim

Enólogo
JUAN ROBY

A história moderna de Lagarde começa em 1969, quando a família Pescarmona compra esta vinícola fundada em 1897. Os Pescarmona a converteram em uma das marcas mais representativas do vinho argentino, e hoje é a terceira geração dessa família que está no comando. Comandada desde 2003 pelo enólogo Juan Roby Stordeur, Lagarde conta com vinhedos em algumas das melhores zonas de Mendoza, como Gualtallary, Vista Flores, Perdriel, Agrelo e Mayor Drummond. Nesta última se localiza a vinícola, além do vinhedo histórico da casa, plantado em 1906. **IMPORTADORES:** BRASIL: www.ravin.com.br | USA: www.askarioh.com

‹ *prova de* **vinhos** ›

VINHOS

95 PRIMERAS VIÑAS GUALTALLARY
MALBEC 2017
$$$ | MENDOZA | 13.9°

Em 2011, Lagarde comprou uma vinha em Gualtallary que já estava plantada com Malbec. Logo, tornou-se a fonte de maior qualidade de Malbec da vinícola. Essa é uma seleção desses vinhedos, plantada em 2005 e o resultado está intimamente relacionado aos vinhos da zona. A exuberância da Malbec com suas frutas vermelhas ácidas e suas notas herbáceas e florais, mas também a tensão e a rigidez dos taninos, produto dos solos ricos em cal daquela área de Gualtallary. Um vinho profundo, intenso e muito vibrante, com um longo potencial de envelhecimento.

94 PROYECTO HERMANAS WHITE BLEND
CHARDONNAY, SAUVIGNON BLANC, SÉMILLON 2018
$$$ | MENDOZA | 13.2°

Metade desse vinho é Chardonnay de Gualtallary, uma área que geralmente oferece brancos austeros, focados no lado mineral e não na fruta. O chardonnay aqui é a única variedade que passou por barricas, cerca de seis meses em madeira usada. A Sauvignon, 37% da mescla, vem de Vista Flores, também no vale de Uco, e finalmente o resto é Sémillon das vinhas históricas da vinícola, plantadas em 1903 em Drummond. O resultado é um delicioso e refrescante vinho mineral, com acidez cítrica e notas de ervas.

93 PRIMERAS VIÑAS GUALTALLARY
CABERNET SAUVIGNON 2017
$$$ | MENDOZA | 15°

Gualtallary não é apenas uma fonte muito boa de Malbec, mas também começa a mostrar muito bons Cabernet Sauvignon que oferecem uma deliciosa fruta vermelha da montanha como esse Primeras Viñas que é puro sabor frutado, mas também com notas de ervas e de menta num corpo de taninos tensos e rígidos. O vinho estagia em barricas de carvalho por cerca de 18 meses e a madeira aqui não influencia em termos aromáticos, mas traz suavidade aos taninos. Um vinho para guardar.

PROYECTO HERMANAS UNOAKED
CHARDONNAY 2019
$$ | MENDOZA | 12.4°

Para este **Unoaked**, Lagarde usa sua melhor fonte de Chardonnay, um vinhedo plantado em 2014 em Gualtallary, a cerca de 1350 metros de altura, hoje o epicentro dos melhores exemplos da cepa na Argentina. Assim como seus vizinhos, concentra-se mais no lado mineral do que no frutado da variedade. Não há frutas tropicais ou exuberância aqui, mas algo oposto: austeridade, muito frescor, mas concentrado em uma acidez vibrante, que no final quase parece salina.

GUARDA COLECCIÓN DE VIÑEDOS
CHARDONNAY 2018
$$ | TUPUNGATO | 13.4°

Para **Guarda**, Lagarde recorre a vinhedos na região de Gualtallary, um lugar alto no vale de Uco que parece oferecer o lado mais mineral e austero aos Chardonnay de Mendoza atualmente. Muito tem a ver, imaginamos, com as brisas frescas da montanha, mas também com os solos calcários que aqui impactam a textura, dando uma sensação tensa e com muita aderência em um vinho refrescante, focado no lado mineral antes da fruta.

 PROYECTO HERMANAS
PINOT NOIR 2018
$$$ | GUALTALLARY | 12.8°

Esta é a segunda versão desse Proyecto Hermanas Pinot Noir e é visivelmente superior ao primeiro. Com colheitas antecipadas, extrações mais suaves e sem vestígios de madeira, esse é um vinho focado nas notas de terra e também em frutas vermelhas radiantes em frescor. A textura é firme, com taninos selvagens e pulsantes. Esse vinho tem doze meses de envelhecimento em um tonel de 2.500 litros mais duas barricas de 500 litros.

 GUARDA COLECCIÓN DE VIÑEDOS D.O.C.
MALBEC 2017
$$ | MENDOZA | 13.8°

Lagarde tem sua vinha original, plantada em 1906, ao lado da vinícola em Drummond, na zona de Maipú. Lá eles têm 30 hectares de vinhedos e uma seleção dessas vinhas vai para este DOC Malbec, um vinho tinto com muita fruta vermelha madura, muito profundo e com uma textura que apesar de macia, oferece uma boa aderência na boca, que pede por carne. Os aromas e sabores estão se expandindo lentamente para também alcançar tons especiados. Um vinho muito suculento e ao mesmo tempo de boa complexidade.

 GUARDA COLECCIÓN DE VIÑEDOS SISTERS' SELECTION MALBEC, CABERNET FRANC 2017
$$ | MENDOZA | 13.8°

Embora aqui a Malbec predomine com 70% da mescla, todos de Gualtallary no vale de Uco, no nariz há um forte predomínio das notas de tabaco e ervas da Cabernet Franc, que vem de um vinhedo plantado em 1993 em Perdriel. Na boca, as duas cepas dividem o protagonismo, com as frutas exuberantes que são comuns nos Malbec de Gualtallary e o tempero das notas de ervas e especiarias da Franc. Um vinho equilibrado, fresco e suculento.

 GUARDA COLECCIÓN DE VIÑEDOS
CABERNET FRANC 2017
$$ | MENDOZA | 14.1°

Em um estilo mais concentrado e maduro do que o que está na moda na Argentina hoje, tem notas de frutas secas, de especiarias doces e de ervas, tudo em uma base de taninos sólidos e bem estruturados e frutas negras. Esse vem de vinhas plantadas por volta de 1993 em Perdriel.

 GUARDA COLECCIÓN DE VIÑEDOS BLEND
MALBEC, CABERNET SAUVIGNON, MERLOT, SYRAH 2017
$$ | MENDOZA | 13.9°

40% dessa mescla é Malbec, mais 30% de Cabernet Sauvignon, 20% Merlot e o resto de Syrah, tudo de diferentes vinhedos em Luján de Cuyo, especialmente Perdriel. Com estágio de 12 meses em barricas usadas, tem a fruta suculenta da Malbec como protagonista. É um vinho ágil, de acidez muito rica e nervosa e de textura macia, muito amigável. Um daqueles que custa parar de beber.

 *prova de vinhos*

 LAGARDE
VIOGNIER 2019
$$ | MENDOZA | 11.9°

Plantada em 1993, esta vinha está localizada na área de Perdriel, a cerca de 980 metros de altura na denominação de Luján de Cuyo. Como de costume, esse Viognier é refrescante e sutil. Colhida no início da temporada (tem apenas 11,9 de álcool) com pouca extração, aqui estão as notas de flores e frutas brancas em um corpo leve e muito ágil. Um refresco de flores para o restaurante chinês favorito.

 GOES PINK ROSÉ
MALBEC, PINOT NOIR 2019
$$ | MENDOZA | 12°

Esse é 50% de Pinot Noir de Vista Flores, no vale de Uco e 50% de Perdriel Malbec, em Luján de Cuyo. Ambas as cepas são fermentadas separadamente, com breve contato com as peles e depois misturadas para ir a garrafa. Esse rosé tem uma suculência deliciosa, com muitos sabores de frutas vermelhas e uma acidez vibrante.

 LAGARDE
CABERNET SAUVIGNON 2018
$$ | MENDOZA | 13.6°

Este Cabernet tem força em sua estrutura de taninos, mas também em seus sabores de frutas que inundam o palato. É um tipo de vinho, com frutas maduras, muito ao estilo do que o calor de Perdriel produz. Este vinhedo foi plantado em 1992 e é um dos primeiros que Lagarde plantou nessa área tradicional de Luján de Cuyo.

 LAGARDE
CHARDONNAY 2019
$$ | MENDOZA | 12.2°

Com uvas colhidas no início da temporada e sem contato com madeira, trata-se de um Chardonnay muito leve e fresco, quase sutil na sua abordagem. Para refrescar o verão.

 LAGARDE
MALBEC 2018
$$ | MENDOZA | 14.1°

Um Malbec muito de Luján de Cuyo, aqui os aromas de especiarias e frutas negras são mostrados em primeiro plano. Há uma suavidade de taninos deliciosa e uma acidez suave que acompanha sem se intrometer. Esse Malbec vem de três vinhedos em Luján de Cuyo: Perdriel, Drummond e Agrelo.

 ORGANIC ROSÉ
SÉMILLON, MALBEC 2019
$$ | MENDOZA | 12.5°

Este é na verdade um Sémillon, mas tingido com algumas gotas de Malbec. E o experimento funciona em um branco com um pinta de rosado, que refresca o paladar com seus aromas de mel e de frutas brancas. Para se ter em mente quando há caranguejos no menu.

Lagarde

OUTROS VINHOS SELECIONADOS
89 | ALTAS CUMBRES Sauvignon Blanc 2019 | Mendoza | 11.6° | $
89 | LAGARDE Merlot 2018 | Mendoza | 13.3° | $
86 | ALTAS CUMBRES Cabernet Sauvignon 2018 | Mendoza | 13.9° | $
86 | ALTAS CUMBRES Malbec 2018 | Mendoza | 13.8° | $

Las Payas

PROPRIETÁRIO Santiago Salgado
ENÓLOGO Santiago Salgado
WEB www.fincalaspayas.com.ar
RECEBE VISITAS Sim

Proprietário & enólogo
SANTIAGO SALGADO

Santiago Salgado estudou jornalismo em Buenos Aires, mas desde os 23 anos começou a se dedicar ao teatro, como produtor. Nessa idade reabriu um velho teatro em seu bairro, San Isidro, enquanto continuava seu trabalho de produção. Já em 2004, decidiu mudar de vida e foi para San Rafael, para trabalhar com a terra. Foi aí que caiu no vinho. Sua primeira safra foi em 2005 e desde então compra uvas de distintos produtores da zona. A visão de Salgado é completamente livre, sem preconceitos, ainda que com certa tendência para elaborar vinhos naturais, sem nada mais que uvas. Las Payas elabora atualmente alguns dos vinhos menos comuns à disposição na Argentina.

IMPORTADORES: BRASIL: sommelier4u.com.br

VINHOS

93 | **BICHO RARO**
NERO D'AVOLA 2018
$ | SAN RAFAEL | **13.5°**

Las Payas obtém este vinho de um pequeno vinhedo do INTA (Instituto Nacional de Tecnologia Agropecuária) em San Rafael, de onde compra uns 250 quilos de umas 60 plantas, umas gotas de vinho que oferece fruta deliciosa, refrescante e pura. A vinificação, como a de todos os outros tintos, é muito simples. Foi fermentado em tanques de plástico e de fibra de vidro e, depois de alguns trasfegos, é engarrafado. Um suco de uva para não parar de beber.

93 | **CRIOLLAJE**
CEREZA, CRIOLLA GRANDE 2019
$ | SAN RAFAEL | **12.3°**

Criollaje é um blend de uvas Cereza e Criolla Grande, plantadas ambas na Finca La Rosendo, sob o cultivo orgânico. E ainda que a lei argentina o tenha catalogado como rosado. Para nós, parece um tinto leve, delicioso para ser bebido agora, durante o verão, como um suco a mais em cima da mesa. É intenso em acidez, intenso em frutas, mas de corpo ligeiro.

93 | **LIBRE**
CORVINA 2019
$ | SAN RAFAEL | **12.5°**

Primeiro as más notícias. Dessa pequena delícia foram feitas apenas 200 garrafas, assim a possibilidade de que possa prová-lo são pequenas. As boas, enfim, é as que imaginam: esse é uma delícia de sabores de frutas vermelhas, crocantes, luminosas, cheias de vida. De um vinhedo de Corvina do Instituto Nacional de Tecnologia Agropecuária e de apenas 60 plantas. Aqui há um vinho para se beber durante o verão, para matar a sede.

 MOSCATO DI CARDINALE - CAPÍTULO 2: EL NARANJO MOSCATEL ROSADO 2019
$ | SAN RAFAEL | 13.7°

Para esse laranja Las Payas adquire as uvas de um vinhedo de Moscatel em Las Paredes, próxima da vinícola em San Rafael. As uvas são fermentadas como tintas, sem controle de temperatura e com suas peles. A maceração se prolonga por 12 das para conseguir esse laranja cheio de notas de especiarias e herbáceas, mas sobretudo de fruta. Um vinho firme em textura, muito típico da Moscatel e também com uma acidez deliciosa. Santiago Salgado vem fazendo esse vinho com nomes distintos desde 2005.

 DON NADIE BONARDA 2018
$ | SAN RAFAEL | 14°

Usillal é uma zona a nordeste de San Rafael, a uns 800 metros de altura, alto para os padrões da zona. Dali o produtor Santiago Salgado obtém muitos de seus melhores vinhos, como esse Bonarda de um vinhedo de uns 20 anos, que dá um tinto delicioso, puro em sua expressão frutada, cheio de acidez (algo comum para a casta) e com o dulçor dos sabores muito controlado e baixo, num vinho que se sente equilibrado e acima de tudo muito fresco.

 DON NADIE CABERNET SAUVIGNON 2018
$ | SAN RAFAEL | 14.5°

A busca pela pureza na elaboração (e no resultado) tem um bom momento nesse Cabernet, uma casta que tende a ser maltratada com trasfegos e madeira. Nesse caso, o vinho é fermentado em tanques de fibra de vidro e é trasfegado algumas vez para que perca o gás carbônico e se clarifique. Um Cabernet simples, completamente focado na fruta, que vermelha, radiante em toques especiados. É firme em taninos, de brilhante acidez, um puro suco para não para de se beber.

 DON NADIE PINOT NOIR 2018
$ | SAN RAFAEL | 12.5°

Este Pinot vem da zona de Usillal, de um vinhedo de dez anos. O produtor Santiago Salgado colhe as uvas antes (esse anos comprou dois mil quilos) para manter o frescor das uvas. O suco foi fermentado em tanques de plástico e depois de alguns trasfegos o vinho é engarrafado sem filtrar. O resultado é um vinho fresco, deliciosamente frutado, com toques especiados, mas acima de tudo de frutas vermelhas em uma acidez firme e tensa.

 MOSCATO DI CARDINALE - CAPÍTULO 1: LA PLEBEYA MOSCATEL ROSADO 2019
$ | SAN RAFAEL | 11.9°

Acima dos 800 metros da altura, em Usillal, esse vinhedo é propriedade de

Las Payas

Juan González, também conhecido como Juanito, um antigo produtor de uvas de Las Payas. Essa versão tem toda a exuberância da variedade, seus aromas florais entregues com potência. A boca também responde aos genes da Moscatel: é firme, de corpo potente, quase tânico. Um vinho grande, um branco com alma de tinto.

CRUDO
ANCELLOTTA 2019
$ | SAN RAFAEL | 13°

Brilhante em frutas negras ácidas, suaves em texturas e com acidez deliciosa, tenso e suculento. Este vinho vem de um pequeno vinhedo de Ancellotta, propriedade do INTA, o Instituto Nacional de Tecnologia Agropecuária e o resultado, sob o sol de San Rafael, oferece uma generosidade e um suave dulçor que encanta.

CRUDO
SANGIOVESE 2018
$ | SAN RAFAEL | 13.9°

Crudo é a linha de Las Payas que tem o objetivo de lançar vinhos em um estado quase embrionário, que quase não terminam a fermentação alcoólica. Aqui há pura fruta e também esses taninos firmes da Sangiovese, que se agarram na língua, pedindo carne. Para se beber agora ou para guardar por uns três anos.

DON NADIE
CARIGNAN N/V
$ | SAN RAFAEL | 14.5°

De um vinhedo de uns 80 anos, da zona de Las Paredes, este Carignan tem algumas características da cepa, a acidez feroz e os taninos rudes de um vinho de campo. Como todos os tintos de Las Payas, este foi fermentado em tanques de fibra de vidro e de plástico, sem nada de estágio em madeira para privilegiar o sabor frutado. Um desses que se bebem por litros, junto a uma bandeja de empanadas de carne. Este Carignan é uma mescla das safras 2017 e 2018.

MUTANTE
CABERNET SAUVIGNON, MALBEC 2018
$ | SAN RAFAEL | 14°

Esse é uma cofermentação de Cabernet Sauvignon, principalmente, com Malbec, sendo que um terço das uvas com seus engaços. Da zona de Atuel Norte, em San Rafael e é cheio de frutas negras, profundo em sabores especiados e doces. Tem taninos firmes, mas também muito boa acidez. Adoravelmente rústico e em doses homeopáticas: deste vinho foram feitas somente 112 garrafas.

OUTRO VINHO SELECIONADO
87 | BICHO RARO - PATRICIA + MALVINA Patricia, Malvina 2018 | San Rafael 14° | $

‹ *prova de* **vinhos** ›

Lattarico

PROPRIETÁRIO Famílias Magliocco-Ávila
ENÓLOGO Pablo Bassin
WEB www.lattaricowines.com
RECEBE VISITAS *Sim*

Proprietários
EZEQUIEL ÁVILA & ROMINA MAGLIOCCO

Lattarico é o nome de um povoado de Cosenza, Itália, de onde a família Magliocco emigrou para a Argentina no final dos anos 50 do século passado. Lá na Itália eles eram viticultores, um posto que foi levado pela terceira geração da família ao Novo Mundo. Hoje Lattarico obtém a fruta para seus vinhos principalmente do vale de Uco, de áreas que costumam dar vinhos com muito caráter, como El Cepillo e Altamira.

VINHOS

93 **GRAN BERRINCHE**
MALBEC 2017
$$ | ALTAMIRA | 14.3°

Para **Gran Berrinche**, Lattarico usa uvas de Paraje Altamira, um solo muito pedregoso, que normalmente é típico do lugar. E Altamira se sente aqui do lado da fruta, frutas vermelhas, mas também na severidade dos taninos e sua estrutura em geral, um caráter monástico e austero. E o final tem notas herbáceos que acentuam esse frescor. Um para ser lembrado quando se fala em Altamira.

90 **BERRINCHE DE HERENCIA**
MALBEC 2017
$ | VALE DE UCO | 13.5°

Dominado pela acidez e notas de ervas, este é um Malbec muito peculiar, focado em um personagem da montanha que tende a ser normal em uma área extrema, como El Cepillo, no sul do vale de Uco, muito perto dos Andes, um lugar atacado por geada, frio e deserto. Este vinho reflete um pouco disso.

90 **BERRINCHE DE HERENCIA BLEND DE TINTAS**
MALBEC, CABERNET SAUVIGNON, BONARDA 2017
$ | VALE DE UCO | 13.5°

Esta mescla de tintas da região de El Cepillo, no extremo sul do vale de Uco, tem deliciosas notas de ervas e de frutas vermelhas em um contexto de sabores frescos, muito herbáceos, típicos da montanha. A textura é delicada, a acidez é firme e as ervas continuam a dominar até o final.

Leo Borsi

PROPRIETÁRIO Leo Borsi
ENÓLOGO Leo Borsi
WEB http://www.leoborsi.com
RECEBE VISITAS *Sim*

Proprietário & enólogo
LEO BORSI

Leo Borsi nasceu em San Rafael, mas entre 1997 e 2017 viveu na França. Primeiro viveu na Borgonha, estudando e fazendo vinhos por dez anos e uma década mais como enólogo de Vieux Telegraphe, uma das vinícolas mais tradicionais e importantes da França, situada em Châteauneuf-du-Pape. Porém, em 2017 decide voltar à sua terra e elaborar vinhos por aqui. Esse projeto é um retorno às suas origens e pretende mostrar o terroir de San Rafael e toda a sua diversidade.

VINHOS

 HORIZONTE SUR CUESTA DE LOS TERNEROS
MALBEC 2019
$$ | SAN RAFAEL | 14°

A uns 900 metros de altura, próximo a 25 de Mayo, na zona mais ocidental de San Rafael, onde os vinhos costumam ser mais pulsantes e firmes por esse clima mais fresco. E esse Terneros é assim, cheio de frutas vermelhas, de sabores amáveis, com toques minerais. É um vinho nervoso em seus sabores, firme em acidez, com uma estrutura de taninos afiados. Leo Borsi seleciona vinhedos em solos com componente calcário e isso explica também o lado nervoso e pulsante. Um vinho para ser lembrando no momento de guardar vinhos de San Rafael, mas acima de tudo um vinho para se pensar no potencial dessa zona.

 HORIZONTE SUR POBRE DIABLO
MALBEC, CABERNET SAUVIGNON 2019
$ | SAN RAFAEL | 13°

Pobre Diablo é um vinhedo de 30 anos na zona de Rama Caída, na margem sul do rio Diamante, em um terraço aluvial rico em pedras e argilas, em uma zona considerada fresca dentro do contexto de San Rafael, com exposição sul que é mais fria e que nos vinhos que Borsi produz, o que marca uma grande diferença acima de tudo em tensão de taninos e de acidez. Esse é um vinho de nervo.

 HORIZONTE SUR D.O.C. SAN RAFAEL
CABERNET SAUVIGNON 2019
$ | SAN RAFAEL | 14°

De uma das zonas mais altas de San Rafael, chegando em 25 de Mayo, aqui os taninos e a acidez fazem uma pequena festa neste Cabernet. É pura fruta, mas também estrutura e tensão, ambos detalhes que falam do lugar de onde vem e da influência da altura em sua fruta. É um vinho de grande frescor, mas também de grande caráter varietal. Há espaço para um Cabernet de San Rafael e este é um bom exemplo de potencial, acima de tudo nas zonas de maior altitude, ao sul do rio Diamante.

*‹ prova de **vinhos** ›*

 HORIZONTE SUR D.O.C. SAN RAFAEL
MALBEC 2019
$ | SAN RAFAEL | 14°

Ao sul do rio Diamante, em solos aluviais na zona histórica de San Rafael, este Malbec é uma expressão pura e suculenta da cepa, mas além disso oferece notas especiadas e também com tons levemente sanguíneos, que aportam um extra de complexidade, pouco usual para vinhos desse preço. A textura é suave, ampla, mas com boa acidez, que marca os contornos da língua. O estágio em barricas por seis meses e aporta um lado especiado, mas principalmente o que se tem aqui é fruta e sangue.

 HORIZONTE SUR TROPEZÓN EL ALUVIÓN
MALBEC, CABERNET SAUVIGNON 2019
$ | SAN RAFAEL | 14°

Tropezón é um vinhedo de uns 20 anos localizado numa zona mais baixa em San Rafael, de solos mais profundos e de clima mais quente. Ali o que se obtém é fruta e mais fruta e isso precisamente é o que esse vinho demonstra. Não tem uma grande estrutura de taninos, mas sim uma generosidade de sabores, que enchem a boca. Uma certa suntuosidade, que fala de sua origem.

 HORIZONTE SUR D.O.C. SAN RAFAEL
TANNAT 2019
$ | SAN RAFAEL | 14°

No caminho em direção a 25 de Mayo, este vinhedo de 30 anos de Tannat oferece uma fruta muito em sintonia com essa zona que chega a 800 metros de altura, os sabores vermelhos intensos, a textura muito em linha com a variedade. Os taninos selvagens, firmes, pulsantes. E a acidez suculenta e tensa. Mantendo a força da cepa, esse lado meio brutal da Tannat, este tem esse lado frutado que o torna muito mais acessível.

OUTROS VINHOS SELECIONADOS
88 | HORIZONTE SUR D.O.C. SAN RAFAEL Syrah 2019 | San Rafael | 14° | $
87 | HORIZONTE SUR D.O.C. SAN RAFAEL Tempranillo 2019 | San Rafael | 14.5° | $

López

PROPRIETÁRIO Família López
ENÓLOGOS Carlos López & Omar Panella
WEB www.bodegaslopez.com.ar
RECEBE VISITAS *Sim*

Enólogos
OMAR PANELLA, CARLOS LÓPEZ & CARMELO PANELLA

Isto se trata, por certo, de um estilo. Eles mesmos o chamam "o estilo López", e como poucas vezes, essa autodefinição tem muito a ver. Esta vinícola foi fundada em 1898 e ainda segue nas mãos da família, que tem mantido uma forma de fazer as coisas quase sem variações por mais de um século. Hoje contam com uns mil hectares, dos quais setecentos estão em Maipú, incluindo seu vinhedo emblemático La Marthita, uma larga extensão de velhas vinhas (uns cento e oitenta hectares) de onde nascem vinhos clássicos como os **Montchenot**. A vinícola, também localizada em Maipú, é imponente, e possui capacidade de uns quarenta milhões de litros. Os López se distanciam das modas com vinhos sutis, as vezes extremamente delicados, filhos do estágio. Como no caso de Weinert, os López acreditam que o vinho deve ser guardado primeiro em velhos tonéis, entre cinco mil e até trinta e cinco mil litros de capacidade, onde, de acordo com cada rótulo, podem permanecer por vários anos, décadas às vezes. Também, acreditam no envelhecimento em garrafa, o que se prolonga também por anos. Trata-se de uma forma de ver o vinho, um olhar de velha escola que nós aqui no Descorchados não só aplaudimos, mas admiramos. **IMPORTADORES:** BRASIL: www.uainegroup.com.br www.rivascomex.com.br | USA: www.viniimports.com www.grazianoimports.com

VINHOS

 FEDERICO LÓPEZ
CABERNET SAUVIGNON, MERLOT 2005
$$$$ | MAIPÚ | 13°

Da vinha de La Marthita, em Maipú, um terreno plantado em 1940 e com o melhor Cabernet Sauvignon da vinícola, esta nova versão de Federico López, que está no topo da pirâmide do catálogo de López. Embora seja principalmente Cabernet, também há Merlot para acalmar a textura da Cabernet e torná-lo, talvez, mais próximo do estilo macio e sutil da casa. As notas de ervas predominam, mas a fruta tem uma doçura deliciosa em meio a uma textura quase etérea. Um vinho que é um retrato de uma filosofia enológica.

 MONTCHENOT 15 AÑOS
CABERNET SAUVIGNON, MERLOT, MALBEC 2004
$$$ | MAIPÚ | 13.3°

Esse é o vinho "intermediário" da linha Montchenot de López. Estagia por 10 anos em toneis entre cinco mil e vinte mil litros, e em garrafa. Aqui os aromas terciários começam a predominar sobre as árvores frutíferas. As notas de frutos secos, de especiarias doces, de frutas licorosas. A boca tem esses mesmos sabores, flutuando em um corpo leve e delicado de taninos altamente polidos. Um clássico.

‹ *prova de **vinhos*** ›

 MONTCHENOT 10 AÑOS
CABERNET SAUVIGNON, MERLOT, MALBEC 2009
$$ | MAIPÚ | 13.5°

Para essa mescla, a base das vinhas fica em Cruz de Piedra, em Maipú. O vinho estagiou por 9 anos em tonéis entre cinco mil e vinte mil litros e foi engarrafado em 2013, passando mais seis anos antes de entrar no mercado. Aqui predominam notas terciárias, de frutos secos, de especiarias doces e de geleia, além de alguns toques terrosos que lhe conferem grande complexidade. O corpo, como sempre, é leve, com taninos muito polidos. Um tinto muito elegante e sutil.

 MONTCHENOT 5 AÑOS
CABERNET SAUVIGNON, MERLOT, MALBEC 2014
$$ | MAIPÚ | 13.2°

Com "apenas" 5 anos de envelhecimento em tonéis e garrafas, é proveniente da vinha La Marthita, em Cruz de Piedra, plantada em 1940. Uma safra clássica, esse oferece notas de frutas vermelhas em meio a toques especiados e de ervas. O corpo é leve, com uma profundidade suculenta. A acidez é sutil, suportando o frescor dos sabores. Um vinho clássico para o estilo de casa, na sua versão mais jovem.

 MONTCHENOT
CHENIN BLANC 2019
$ | AGRELO | 12.5°

O resgate da Chenin Blanc não teve o mesmo impulso que o da Sémillon. E se você tiver que encontrar uma vinícola que, na verdade, não o resgatou, mas sim nunca abandonou, é López. Esse é um exemplo delicioso de Chenin. O clima quente de Maipú e Cruz de Piedra deu o tom aqui, com seus frutos brancos maduros que se estendem sobre uma estrutura firme de taninos e de acidez. Um vinho austero, como todos os vinhos de López.

 CHÂTEAU VIEUX
CABERNET SAUVIGNON, MERLOT, PINOT NOIR 2013
$ | MAIPÚ | 13.3°

É em **Château Vieux** onde o estilo de López começa a se mostrar claramente. E é também quando o envelhecimento em toneis e garrafas começa a ser mais pronunciado. Aqui existem três anos em tonéis e depois mais três anos de garrafa e isso é sentido nos tons de frutos secos, de especiarias e de frutas vermelhas maduras em um vinho muito macio, de taninos muito polidos em um vinho de caráter muito sutil.

OUTROS VINHOS SELECIONADOS

88 | LÓPEZ Sémillon 2019 | Maipú | 12.8° | $
88 | MONTCHENOT BRUT NATURE Pinot Noir, Chardonnay 2017 | Mendoza 12.5° | $$
87 | LÓPEZ DULCE NATURAL Sauvignon Blanc, Torrontés, Moscatel Rosado 2018 Mendoza | 10.2° | $
86 | LÓPEZ Sauvignon Blanc 2019 | Luján de Cuyo | 12.5° | $
86 | RINCÓN FAMOSO Malbec 2019 | Maipú | 13.1° | $
86 | VASCO VIEJO Pedro Ximénez, Torrontés 2019 | Mendoza | 12.7° | $
86 | XERO Malbec 2018 | Luján de Cuyo | 13° | $
84 | LÓPEZ Cabernet Sauvignon 2017 | Mendoza | 13.2° | $

Los Toneles

PROPRIETÁRIO Millán S.A.
ENÓLOGO Cristián Ampuero
WEB www.bodegalostoneles.com
RECEBE VISITAS *Sim*

Proprietário
JOSÉ MILLÁN

A família **Millán** comprou em 2002 a vinícola Armando, empresa mendocina fundada em 1922, e a rebatizou como Los Toneles para honrar a maneira em que a população se referia a ela ("a vinícola dos tonéis"), devido aos seus enormes recipientes serem visíveis da rua. Além de remodelar o antigo edifício, declarado Patrimônio Cultural de Mendoza, dedicaram-se à elaboração de vinhos massivos até que, em 2010, decidiram reorientá-la pensando na qualidade. Para isso construíram um catálogo de acordo com a origem das uvas e o tempo de guarda. As uvas vêm de vinhedos de Luján de Cuyo (Perdriel) e do vale do Uco (Chacayes, Vista Flores, Gualtallary). Os Millán contam, além disso, com as vinícolas Fuego Blanco e Mosquita Muerta Wines. **IMPORTADORES:** BRASIL: www.optimusimportadora.com.br www.winemania.com.br

VINHOS

 TONEL 137
MALBEC 2016
$$ | VALE DE UCO | 14°

Dos vinhedos de Los Toneles, no vale de Uco, principalmente em Los Árboles e Los Chacayes, esse vinho fermenta em barricas e depois estagia nessas mesmas barricas e também em tonéis. É uma seleção de vinhas que dão um vinho delicioso, com taninos muito apurados, acidez deliciosa e vibrante e acima de tudo, é um vinho suculento, com um bom corpo, mas suculento antes de mais nada. Um bom ponto, especialmente se pensarmos que é o vinho mais ambicioso da casa.

 TONEL 78
MALBEC, BONARDA 2017
$ | MENDOZA | 13.5°

Para essa mescla metade Bonarda e metade Malbec, a Bonarda vem de Barrancas, no leste de Mendoza, onde a cepa amadurece suavemente e a Malbec do vale de Uco, que aqui parece contribuir com o nervo e frescor para a fruta mais doce e exuberante da Bonarda para um vinho muito equilibrado, mas acima de tudo muito nervoso e fresco.

 TONEL 46
CABERNET SAUVIGNON 2017
$ | VALE DE UCO | 13.5°

Dos 33 hectares que Los Toneles plantou em Los Árboles, três são de Cabernet Sauvignon e de lá eles elaboram este Cabernet que é delicioso em seus sabores de frutas, fresco em acidez, tenso em taninos. Um estilo fresco e vivo, para os dias de verão.

 TONEL 46
MALBEC 2017
$ | VALE DE UCO | 13.5°

Fruta suculenta pura, vibrante em seus sabores de cerejas e de flores, esse é

‹ *prova de* **vinhos** ›

um exemplo clássico de Malbec do vale de Uco, especialmente em Los Árboles e Los Chacayes. Um vinho vibrante, com taninos firmes, num corpo leve, com uma deliciosa acidez. Uma excelente relação entre preço e qualidade.

90 | **VERY**
MALBEC 2019
$ | LUJÁN DE CUYO | 13°

Baseado em Malbec de Luján de Cuyo, esse é um daqueles deliciosos vinhos para beber no verão. Fruta crocante e suculenta, rica acidez e toques florais num vinho para matar a sede.

OUTROS VINHOS SELECIONADOS
89 | VERY ROUGE Pinot Noir, Malbec 2019 | Luján de Cuyo | 13° | $
87 | TONEL 22 Cabernet Sauvignon 2018 | Luján de Cuyo | 13.5° | $
87 | TONEL 22 Malbec 2018 | Luján de Cuyo | 13.5° | $

Luca Wines

PROPRIETÁRIA Laura Catena
ENÓLOGO Luis Reginatto
WEB https://www.lucawines.com
RECEBE VISITAS *Sim*

Enólogo & proprietária
LUIS REGINATTO & LAURA CATENA

Luca é a vinícola de Laura Catena, filha de Nicolás Catena. Foi fundada em 1999 para criar pequenas tiragem de vinhos de alta qualidade, estudando em profundidade as melhores parcelas de certos vinhedos. Eles têm seus próprios vinhedos no vale de Uco, alguns deles muito antigos, e acesso a quartéis do grupo Catena, bem como a diferentes produtores, principalmente no vale de Uco. Em Luca produzem cerca de 270.000 garrafas por ano e Luis Reginato é responsável pela enologia e viticultura.

IMPORTADORES: BRASIL: www.vinci.com.br | USA: www.vineconnections.com

VINHOS

96 | **NICO BY LUCA**
MALBEC 2016
$$$$$ | LA CONSULTA | 14°

Luca compra a uva de um produtor da La Consulta, cuja vinha tem cerca de 80 anos. É majoritariamente Malbec, mas como todas as vinhas velhas, há também outras cepas, brancas e tintas. O vinho estagia em barricas por cerca de 20 meses. A fruta aqui é firme e vermelha, rica em acidez, rica em sensações refrescantes, mas ao mesmo tempo com muita profundidade e peso. É um vinho de grande corpo, mas, estranhamente, esse peso não interfere na sensação de frescor. E já foi o tempo que o top da vinícola era o maior, mais doce e mais cheio de madeira. Este é um vinho tinto longo, profundo e envolvente, mas vibrante e crocante ao mesmo tempo.

94 | **G LOT**
CHARDONNAY 2018
$$ | GUALTALLARY | 13.6°

G Lot foi a primeira plantação que foi feita em Gualtallary, no início dos anos 90, com cerca de 1300 metros de altura. 85% deste vinho foi enve-

Luca Wines

lhecido por um ano em barricas com 60% de fermentação malolática. Este Chardonnay é untuoso, de sabores tensos e firmes, com toques especiados em uma textura cremosa graças a um longo trabalho com as lias.

 HISTORIA DE FAMILIA
MALBEC 2017
$$$$$ | VALE DE UCO | 14°

Essa é a segunda versão desse História da Família, que vem de dois vinhedos, um em Altamira e outro em Gualtallary, 100% de Malbec, tudo engarrafado em garrafas magnum. Os vinhedos altos, especialmente os de Gualtallary, sentem-se aqui com notas de ervas e de frutas vermelhas, oferecendo muito frescor em uma colheita quente como 2017. A textura é boa, a trama dos taninos afiados e pulsantes, a fruta é vermelha e gostosa.

 LUCA BESO DE DANTE
MALBEC, CABERNET FRANC, CABERNET SAUVIGNON 2017
$$$ | VALE DE UCO | 14°

Este **Beso de Dante** vem de três vinhedos no vale de Uco, El Cepillo, La Consulta e Altamira. A mistura tem 50% de Cabernet Sauvignon, 40% de Malbec e 10% de Cabernet Franc e tem um envelhecimento de 18 meses em barricas, metade de primeiro uso. A fruta aqui é radiante em seu frescor, as notas de especiarias são misturadas com as notas de ervas que evidenciam a presença dos Cabernet. Um vinho vibrante e suculento, com muito carácter herbáceo.

 G LOT
PINOT NOIR 2017
$$ | GUALTALLARY | 13°

Este **G Lot** vem do topo do vinhedo Adrianna em Gualtallary, a cerca de 1450 metros de altura. Tem 12 meses em barricas, 30% novas. O vinho tem uma expressão muito austera, quase imperceptível, mas na boca se desdobra. A acidez é suculenta e vibrante e os taninos são muito Pinot, muito afiados.

 LABORDE DOUBLE SELECT
SYRAH 2017
$$ | LA CONSULTA | 13.8°

Esse Syrah vem de La Consulta, de uma antiga vinha, em um parral (vinhedo em latada) de cerca de 50 anos, bastante para a média de idade dos Syrah da América do Sul. Com um ano de estágio em barricas, 35% novas, este vinho tem taninos pulsantes e firmes, com muitas frutas vermelhas e um delicioso lado especiado. É puro em frutas, severo em acidez.

 OLD VINE
MALBEC 2017
$$$ | VALE DE UCO | 13.6°

Old Vine é uma seleção de dois vinhedos antigos, com cerca de 50 anos, da La Consulta e Altamira. O perfil é concentrado, de frutas muito maduras e um peso de fruta que se sente na boca. Um vinho potente para o cordeiro.

《《----》》》

*‹ prova de **vinhos** ›*

Lui Wines

PROPRIETÁRIO Mauricio Vegetti Lui
ENÓLOGO Mauricio Vegetti Lui
WEB https://www.luiwines.com
RECEBE VISITAS *Sim*

Proprietário & enólogo
MAURICIO VEGETTI LUI

Mauricio Vegetti Lui é um produtor de vinhos na área de Maipú, além de ser o enólogo da vinícola Gauchezco, também localizada na região de Mendoza. Para seu projeto pessoal, Lui compra uvas dos produtores da província, com as quais produz cerca de 120 mil garrafas.

VINHOS

93 | LUI GRAN RESERVA
CABERNET FRANC 2017
$$ | MENDOZA | 14°

Este Cabernet Franc vem de uma das áreas mais altas de Agrelo e é vinificado em barricas de 300 litros, metade novas (70% da mescla) por um ano. O resultado tem muito a ver com a Cabernet Franc de Agrelo que, se comparado com o mais famoso hoje de Gualtallary, tende a ser menos expressivo, mais austero, mas com ossos mais firmes. Este tem isso. A estrutura de taninos é firme, com garras, enquanto os aromas de ervas são misturados com as frutas negras em um vinho de grande equilíbrio e força.

92 | LUI CHAMPENOISE NATURE
PINOT NOIR 2015
$$$ | LOS ÁRBOLES | 12°

O vinho base deste vinho é 100% Pinot Noir da área de Los Árboles, no vale de Uco. Feito pelo método tradicional de segunda fermentação na garrafa, tem 36 meses em contato com as borras. É um vinho espumante muito elegante e pulsante, com uma acidez que conduz todos os sabores, fazendo com que as notas de padaria e de frutas brancas sejam radiantes em frescor. As borbulhas são firmes, com aderência. Ideal para frutos do mar crus.

92 | LUI GRAN RESERVA
MALBEC 2017
$$ | MENDOZA | 14°

Uma visão madura e untuosa do Malbec em Altamira, esse vem de um vinhedo de cerca de 45 anos e resulta da busca de Lui por vinhos mais cheios e amigáveis na boca não foi capaz de rivalizar com a força do lugar. Aqui você sente os taninos firmes e austeros, quase monásticos da região, emergindo em meio a sabores de frutas doces e amáveis. A força de origem, aqui, faz um esforço para prevalecer. E ela consegue.

OUTRO VINHO SELECIONADO
88 | LUI GRAN RESERVA Bonarda 2017 | Mendoza | 14° | $$

‹‹‹----›››

Luigi Bosca
Familia Arizu

PROPRIETÁRIO Família Arizu & L Catterton
ENÓLOGOS Pablo Cúneo & Vicente Garzia
WEB www.luigibosca.com.ar
RECEBE VISITAS Sim

Enólogos
PABLO CÚNEO & VICENTE GARZIA

Luigi Bosca é uma das vinícolas mais importantes da Argentina. É também uma das mais antigas: foi fundada em 1901 por dom Leoncio Arizu e é liderada hoje pela quarta geração da família. Produzem sete milhões de litros ao ano, provenientes de setecentos hectares próprios e outros tantos externos, todos em Mendoza. O estilo dos vinhos progressivamente tem ido para uma maior expressão da fruta, menor concentração e menos presença de madeira. Alguns de seus melhores vinhos vêm de seus vinhedos em Las Compuertas e outras zonas de Luján de Cuyo, ainda que estejam se aventurando também no vale do Uco. A equipe enológica é liderada por Pablo Cúneo.

IMPORTADORES: BRASIL: www.decanter.com.br | USA: www.frederickwildman.com

VINHOS

95

GALA 2
CABERNET SAUVIGNON, CABERNET FRANC, MERLOT 2017
$$ | MENDOZA | 14.5°

Com 85% de Cabernet Sauvignon (cerca de metade de Gualtallary e a outra de Las Compuertas), esse tem um brilho especial, uma luz e frescor que vem diretamente da fruta que está lá em cima nas montanhas em Gualtallary. Esse detalhe transforma tudo nesse vinho, oferecendo as frutas vermelhas da Cabernet de montanha. Um delicioso vinho agora, mas um bom candidato para guardar.

94

GALA 4
CABERNET FRANC 2017
$$ | LAS COMPUERTAS | 14.4°

Este **Gala 4** vem de uma vinha de cerca de 15 anos plantada na área de Las Compuertas, um lugar clássico em Luján de Cuyo, e também o mais alto. Tem 95% de Cabernet Franc e a expressão da cepa parece muito clara aqui. Os aromas de ervas e de frutas vermelhas em meio a toques florais e de frutas vermelhas. A acidez é fresca e viva, a textura é tensa. Um vinho cheio de frutas.

94

FINCA LOS NOBLES
CHARDONNAY 2018
$$ | LAS COMPUERTAS | 14.5°

A madurez e doçura desse vinho é um marco no catálogo de Luigi Bosca. O sol de Las Compuertas e os solos aluviais conferem uma sedosidade e uma suavidade que se projeta por toda a boca. Desse estilo de Chardonnay não restam muitos na América do Sul. E sim, é verdade: o estilo variou ao longo dos anos, abaixando a madeira nova e a malolática, mas mantendo aquele creme, essa voluptuosidade. Este é um branco clássico no catálogo de Luigi Bosca, 100% Chardonnay de vinhas de 20 anos em Las Compuertas, um dos lugares mais altos em Luján de Cuyo, a cerca de 1.100 metros, em um terraço aluvial do rio Mendoza.

< *prova de **vinhos*** >

 FINCA LOS NOBLES FIELD BLEND
CABERNET SAUVIGNON, CABERNET FRANC 2015
$$$ | LAS COMPUERTAS | 14.3°

Cheia de frutos secos, a maior parte desta cofermentação de uma antiga vinha Las Compuertas é de Cabernet Sauvignon e é um Cabernet untuoso, cheio de aromas de frutas secas, nozes e de café. É um vinho grande, mas ao mesmo tempo taninos macios e redondos, gordurosos e suculentos. Um vinho envolvente, mas muito profundo. Guarde essa garrafa por pelo menos cinco anos.

ICONO
MALBEC, CABERNET SAUVIGNON 2015
$$$$$ | ARGENTINA | 14.6°

Icono é o vinho tinto mais ambicioso do catálogo de Luigi Bosca. A sua primeira versão foi em 2005 e, desde 2008, vem mudando seu estilo e, embora a madeira ainda seja um tema importante nesse vinho, deixa de ter o papel de protagonista que tinha, enquanto o caráter da fruta parece mais fresco do que antes, com uma preponderância dos sabores mais frescos sobre as notas tostadas. É um vinho, se preferir, mais ágil, embora ainda seja uma interpretação concentrada das vinhas históricas de Luigi Bosca em Las Compuertas, plantadas há quase cem anos.

 BOHÈME BRUT NATURE
PINOT NOIR, CHARDONNAY, PINOT MEUNIER N/V
$$$ | ARGENTINA | 12.3°

Com dois anos de estágio com suas lias e elaborado pelo método tradicional de segunda fermentação em garrafa, esse é um vinho de grande complexidade, mas ao mesmo tempo de rico frescor. Tem 60% Pinot Noir, 30% de Chardonnay e 10% Pinot Meunier e é tudo frutas, acidez intensa. É especiado, as borbulhas muito suaves e o final herbáceo.

 GALA 1
MALBEC, TANNAT, PETIT VERDOT 2017
$$ | MENDOZA | 14.2°

Gala 1 desse ano é uma mistura de fincas, mas também de variedades. Esse tem 85% e Malbec (metade de Luján de Cuyo e metade vale de Uco), 10% Petit Verdot de Maipú e o Tannat de Vistalba, com metade de Malbec estagiado em barricas novas e outra em barricas usadas, enquanto a Tannat e a Petit Verdot estagiam em cimento. O vinho é focado na fruta, nos sabores de frutas vermelhas e maduras e na textura elegante, muito suave e crocante nas frutas. Um caminho novo para Luigi Bosca.

 LUIGI BOSCA
CABERNET SAUVIGNON 2017
$$ | MENDOZA | 13.8°

A base desse vinho é o vinhedo EL Paraíso, na área de Maipú. Além disso, há algo aqui de Agrelo e também do vale de Uco. O resultado é uma deliciosa mistura de aromas de ervas, pimentões, mas também muitas frutas vermelhas que é o que finalmente define esse vinho, aquele lado frutado que se torna o protagonista. Um Cabernet elegante e suculento.

Luigi Bosca | Familia Arizu

 DE SANGRE
CABERNET SAUVIGNON, MERLOT, SYRAH 2017
$$ | LAS COMPUERTAS | 14.2°

A base deste vinho é uma antiga vinha na área de Las Compuertas, um Cabernet de cerca de 90 anos que cresce nas margens do rio Mendoza. Essa é uma expressão untuosa de Cabernet, opulenta, amável e gorda. Um vinho que preenche a boca da madurez, mas que ao mesmo tempo tem uma estrutura de taninos firmes, suportando todo esse peso. Dê cinco anos em garrafa.

 FINCA LOS NOBLES FIELD BLEND
MALBEC, PETIT VERDOT 2016
$$$ | LAS COMPUERTAS | 14.5°

De vinhas de mais de 90 anos na área de Las Compuertas, na parte mais alta de Luján de Cuyo, essa mescla é baseada na maioria de Malbec que se sente aqui com todo o calor voluptuoso da zona. Malbec de frutas licorosas, de sabores voluptuosos, texturas gordas. Um vinho para que gosta de potência.

 GALA 3
VIOGNIER, CHARDONNAY, RIESLING 2018
$$ | MENDOZA | 13.4°

Baseado em Viognier, 50%, mais 40% de Chardonnay e 10% Riesling, este é uma espécie de resumo do estilo voluptuoso e untuoso da casa. Aqui há fruta fresca e madura, notas de pêssegos e abacaxis no meio desse corpo oleoso, rico em sedosidade. Este é o branco ideal para uma garoupa grelhada.

 D.O.C.
MALBEC 2017
$$ | LUJÁN DE CUYO | 14°

A primeira versão de D.O.C., foi na safra de 1991 e, desde então, o estilo vem se transformando em vinhos mais frescos e mais nervosos, sem a extração ou a madeira de antigamente. Aqui há uma expressão pura da variedade, mas também de um lugar como Luján que oferecem Malbec como esses, com frutas vermelhas maduras, ameixas, especiarias e taninos muito suaves.

 DEL ALMA WHITE BLEND
CHARDONNAY, S. BLANC, P. GRIS, VIOGNIER, RIESLING 2019
$$ | MENDOZA | 13.6°

Este é um multivarietal, de diferentes áreas de Mendoza, de Maipú ao vale de Uco, uma mistura muito particular que tem o selo dos vinhos brancos da casa, a cremosidade dos sabores e a acidez muito bem integrada. Um vinho para acompanhar frango grelhado.

 LA LINDA SMART BLEND
CABERNET SAUVIGNON, SYRAH, TANNAT 2017
$ | MENDOZA | 14.4°

Dos vinhedos em Maipú e Luján, essa mescla de 50% Cabernet Sauvignon, 40% Syrah e o resto de Tannat, em uma mistura distinta que funciona bem. É um vinho grande, com toques maduros e de especiarias doces, com uma textura grande, um corpo poderoso, para comidas encorpadas.

‹ *prova de* **vinhos** ›

LUIGI BOSCA
CHARDONNAY 2019
$$ | MENDOZA | 13.7°

É uma mistura de uvas dos vinhedos de Uco e de Luján de Cuyo, com 10% de estágio em barricas. Um Chardonnay sublinhando a fruta, a madurez dos sabores e a cremosidade da textura, simples e direta, com um final herbáceo.

LUIGI BOSCA
MALBEC 2017
$$ | ARGENTINA | 14.1°

Esta mistura vem 70% dos vinhedos de Luján de Cuyo e o resto dos vinhedos de vale de Uco, com vinhedos de cerca de 35 anos em média. Um tipo de Malbec, de frutas maduras temperadas por especiarias doces. A textura é apenas suavidade.

OUTROS VINHOS SELECIONADOS

89 | LA LINDA Malbec 2019 | Mendoza | 14° | $
89 | LA LINDA OLD VINES Malbec 2017 | Mendoza | 14° $
89 | LA LINDA UNOAKED Chardonnay 2019 | Argentina | 13.4° | $
89 | LUIGI BOSCA Sauvignon Blanc 2019 | Argentina | 13° | $$
88 | LA LINDA Cabernet Sauvignon 2019 | Maipú | 14° | $
88 | LA LINDA Torrontés 2019 | Cafayate | 14.8° | $
88 | LA LINDA EXTRA BRUT Chardonnay, Sémillon N/V | Argentina | 11.8° | $
88 | LUIGI BOSCA ROSÉ Pinot Gris, Pinot Noir 2019 | Argentina | 12° | $$
87 | LA LINDA HIGH VINES Sauvignon Blanc 2019 | Argentina | 13.6° | $

Lupa

PROPRIETÁRIOS Juan Pablo Lupiañez & Carolina Tripodi
ENÓLOGO Juan Pablo Lupiañez
WEB www.lupawines.com
RECEBE VISITAS *Sim*

Proprietário & enólogo
JUAN PABLO LUPIAÑEZ

Lupa é propriedade de Juan Pablo Lupiañez, um produtor que trabalha há mais de 20 anos produzindo vinhos em Mendoza. Para esse seu projeto pessoal, Lupiañez tem como principal fonte de frutos uma vinha de cerca de 60 anos, plantada em solos pedregosos em Altamira, além de outra parcela mais jovem, plantada no início de 2000. Com ambas essas fontes de frutas, hoje produz cerca de vinte e três mil garrafas.

VINHOS

CALLE CONTASTINI
MALBEC, PETIT VERDOT 2018
$$ | ALTAMIRA | 14.9°

De vinhedos de cerca de 16 anos, e com 93% de Malbec e o resto de Petit Verdot, isso tem uma clareza e nitidez de fruta que entusiasma. A fruta é crocante, fresca, vermelha intensa, de grande profundidade e força de taninos, aliada a uma acidez tensa e crocante. Atenção que aqui há um vinho para guardar.

OUTRO VINHO SELECIONADO

88 | LUPA Malbec 2016 | Altamira | 14° | $$$

Manos Negras

PROPRIETÁRIOS Alejandro Sejanovich & Jeff Mausbach
ENÓLOGO Alejandro Sejanovich
WEB www.manosnegras.com.ar
RECEBE VISITAS Sim

Proprietários
ALEJANDRO SEJANOVICH & JEFF MAUSBACH

Manos Negras é outra das vinícolas da sociedade entre Alejandro Sejanovich, Jeff Mausbach e Jorge Crotta. Nasceu em 2009 com a ideia de elaborar vinhos que refletissem as distintas latitudes da Argentina. A nomearam Manos Negras como uma forma de prestar um tributo aos produtores artesanais que sujam as mãos fazendo vinho. Elaboram vinhos em Salta, Mendoza e na Patagônia buscando o terroir adequado para as distintas variedades. Sua produção anual gira em torno das 360.000 garrafas.

IMPORTADORES: BRASIL: www.wine.com.br | USA: www.domaineselect.com

VINHOS

 ARTESANO
MALBEC 2017
$$ | ALTAMIRA | 14°

Esse ano, a mistura é uma cofermentação de quase 90% Malbec, além de outras cepas em quantidade similares. O vinho estagia por doze meses em barricas de carvalho, sendo 20% de madeira nova. Aqui existem solos diferentes, alguns de lima e argila e que afetam a textura, que se sente ampla e untuosa com uma fruta madura que é fresca e tensa, mas ao mesmo tempo com aquela estrutura ampla que preenche o paladar. Um vinho para guardar.

 ARTESANO
PINOT NOIR 2017
$$ | RÍO NEGRO | 13.5°

Para o Pinot Noir mais ambicioso de Manos Negras, o enólogo Alejandro Sejanovich segue em direção a Mainque, uma área onde é possível encontrar vinhedos antigos de Pinot. Nesse caso, uma vinha de 50 anos, plantada em solos argilosos. Produto de colheitas adiantadas e extrações muito suaves, esse vinho apresenta uma deliciosa fruta vermelha refrescante, juntamente com um corpo sutil, muito elegante, mas ao mesmo tempo com uma trama de taninos afiados que atuam aqui como pilares, sólidos e firmes. Um vinho de grande elegância.

 STONE SOIL
MALBEC 2017
$ | ALTAMIRA | 14°

Manos Negras seleciona a fruta para esse vinho de uma vinha de Malbec plantada em pisos de pedra em Altamira, plantada no início dos anos 1990. Em um ano quente, é surpreendente que este vinho mostre esse nível de frescor, de frutas vermelhas. Os solos calcários e pedregosos fornecem texturas firmes e uma arquitetura linear que lhe confere uma austeridade rica, uma acidez firme, em um vinho que mostra hoje uma face severa de Altamira, a face que mais gostamos.

*‹ prova de **vinhos** ›*

92 | RED SOIL
PINOT NOIR 2017
$ | RÍO NEGRO | 13.5°

Manos Negras obtém essas uvas em vinhedos de cerca de 25 anos na região de Valle Azul, em uma área de solos frescos, rica em argilas, que dão frutas mais frescas e vibrantes, com toques leves de flores e muitas frutas vermelhas. Esse é um vinho sutil, quase etéreo. Aqui não há espaço para excesso de concentração ou madurez, mas tudo é sutil e fresco: um vinho que fala muito bem do potencial de Río Negro, um lugar onde pouco mais exemplos de bons Pinot começam a aparecer.

92 | STONE SOIL BLEND DE BLANCAS
SÉMILLON, SAUVIGNON BLANC, CHARDONNAY 2019
$ | SAN CARLOS | 13°

Baseado em Sémillon, com 65%, todos provenientes de uma vinha muito antiga na área de La Consulta, esse não passa por barricas, apenas por tanques de aço que deixou aqui uma fruta que é claramente mostrada, especialmente a Sémillon que mostra seu lado aqui mais frio com notas quase cítricas, mas também com toques de mel em fundo floral, delicioso em seu poder refrescante.

91 | COLD SOIL
SAUVIGNON BLANC 2019
$ | SAN CARLOS | 13°

Das áreas de altitude mais baixa em San Carlos e dos solos argilosos, mais frios que as pedras dos solos mais altos, possui um lado herbáceo refrescante e delicioso em seu nervo. A estrutura de acidez dá corpo e tensão em um vinho para o ceviche.

90 | MANOS NEGRAS
CHARDONNAY 2019
$ | LOS ÁRBOLES | 13.5°

Da área de Los Árboles, no vale de Uco, a cerca de 1.200 metros de altura aos pés dos Andes, esse Chardonnay tem muito frescor e muita fruta em um vinho direto e simples para o aperitivo.

90 | MANOS NEGRAS
MALBEC 2018
$ | SAN CARLOS | 14°

Rico em sabores de frutas vermelhas frescas e de especiarias, esse Malbec vem da área de San Carlos, no vale de Uco e mostra aqueles sabores ricos e refrescantes das montanhas que dão todo o vigor aqui. Um vinho simples e direto, sem margens e com muita gentileza.

OUTRO VINHO SELECIONADO
89 | MANOS NEGRAS Pinot Noir 2018 | Río Negro | 13.5° | $

Mascota Vineyards

PROPRIETÁRIO Bemberg Family
ENÓLOGO Rodolfo Sadler
WEB www.mascotavineyards.com.ar
RECEBE VISITAS *Não*

Enólogo
RODOLFO SADLER

Por mais de trinta anos o enólogo **Rodolfo Sadler** está vinculado ao Grupo Peñaflor (Trapiche, El Esteco) e desde 2010 está encarregado desta jovem vinícola do conglomerado, Mascota. Produzem ao redor de 2,4 milhões de garrafas ao ano, repartidas entre suas linhas de entrada (**Opie** e **Mascota Vineyards**) e outras de maior nível de preços (**Unánime**, **Big Bat** e **Gran Mascota**). As primeiras nascem de vinhedos em Cruz de Piedra, Maipú; as outras vêm do vale de Uco. **IMPORTADORES:** BRASIL: www.paodeacucar.com | USA: www.deutschfamily.com

VINHOS

 BIG BAT
CABERNET SAUVIGNON 2016
$$$$ | LA CONSULTA | 14.2°

Um ano difícil na Argentina, muito frio e de fortes chuvas, teve um impacto no caráter da fruta, acrescentando acidez e frescor. Nesse Cabernet de vinhedos próprios em La Consulta, plantados em 2009, o efeito da safra é sentido em frutas vermelhas e nos taninos que picam a língua. Há notas de frutas pretas e muitas especiarias. Um vinho com muito corpo, para costelas de porco.

 MAGNÁNIME
CABERNET SAUVIGNON 2013
$$$$$ | LA CONSULTA | 14.5°

Esse vinho corresponde a cerca de oito barricas das primeiras fermentações que foram feitas das vinhas que La Mascota plantou em 2008 em La Consulta. Nas barricas foram 18 meses e depois permaneceu em tanques até ser engarrafado em 2017. Hoje, este 100% de Cabernet tem frutas secas e especiarias numa estrutura poderosa, como se fosse feito de cimento. Cheio de sabores de frutas negras e de especiarias, a acidez desempenha um papel importante, mantendo o equilíbrio. Sente-se jovem e seria uma boa ideia guardá-lo por mais cinco anos.

 UNÁNIME
MALBEC 2016
$$$ | SAN CARLOS | 14°

Esta é a primeira versão do Unánime Malbec e é uma ótima estreia. A fruta vem de El Cepillo, na área mais ao sul do vale de Uco, um lugar frio, sempre atacado pela geada. Essa fruta sempre dá um tenso Malbec, de taninos firmes e severos, mas ao mesmo tempo de uma fruta fresca muito generosa, vermelha. Este vinho passa 14 meses em barricas, o que dá um toque de fumaça que adiciona complexidade.

 GRAN MASCOTA
CABERNET SAUVIGNON 2017
$$ | SAN CARLOS | 14.3°

Marcado pelos tons de licorosos, esse Cabernet vem da área de La Con-

‹ *prova de* **vinhos** ›

sulta no vale de Uco. Com um envelhecimento de 15 meses em barricas, todas usadas. O vinho tem uma excelente concentração de frutas doces, mas marcadas com acidez acentuada e penetrante. É robusto, com taninos grossos. Um bom vinho para se guardar.

93 | GRAN MASCOTA
MALBEC 2017
$$ | SAN CARLOS | 13.8°

Para a linha Gran Mascota, a vinícola usa vinhedos no vale de Uco, neste caso um vinhedo a 1050 metros de altura em San Carlos. O vinho estagia em barricas por cerca de 15 meses e depois é engarrafado por mais seis antes de ir ao mercado. Um vinho delicioso em frutas vermelhas maduras e ao mesmo tempo especiado com um corpo firme e taninos acentuados que conferem a este tinto um aspecto severo e rigoroso.

93 | UNÁNIME GRAN VINO TINTO
CABERNET SAUVIGNON, MALBEC, CABERNET FRANC 2017
$$$ | SAN CARLOS | 14.2°

Essa é uma mistura de áreas dentro de San Carlos, no vale de Uco, ao sul da denominação. Tem 60% de Cabernet Sauvignon, 25% de Malbec e o resto de Cabernet Franc. As três variedades estagiam separadamente por doze meses e depois é feita a mescla. Esse é um vinho com frutas ricas e taninos pulsantes. As notas de ervas são claramente mostradas e a Malbec traz frutas vermelhas maduras e licorosas. Um vinho para guardar.

91 | LA MASCOTA
CABERNET SAUVIGNON 2018
$$ | MENDOZA | 14°

Próximo ao rio Mendoza, na área de Cruz de Piedra, os Cabernets costumam dar mentol e tons especiados. As brisas do rio parecem moderar a temperatura e dar frescor ao Cabernet. Esse é sutilmente herbáceo, com toques de mentol e tons de frutas licorosas, em um vinho de rica complexidade e muito característico de variedade.

91 | LA MASCOTA EXTRA BRUT
PINOT NOIR N/V
$$ | MAIPÚ | 12.5°

Com quatorze meses sobre as borras pelo método tradicional de segunda fermentação em garrafa e com 100% Pinot Noir de Cruz de Piedra, esse é um vinho delicioso, cheio de frutas vermelhas ácidas, um vinho refrescante e de acidez firme para beber como aperitivo ou durante todo o verão.

91 | UNÁNIME
CHARDONNAY 2018
$$$ | GUALTALLARY | 13.5°

Unánime é o branco top da vinícola. Vem de vinhas na área de Gualtallary, no vale de Uco. 70% do vinho é armazenado em ovos e o restante em foudres, o que dá um certo caráter defumado, mas não é suficiente para entorpecer a fruta neste Chardonnay fresco e amável, com acidez rica e corpo médio, muito bem equilibrado.

Mascota Vineyards

LA MASCOTA ROSÉ
MALBEC 2019
$$ | MENDOZA | 12.5°

Este rosé vem da Finca La Mascota, em Cruz de Piedra, em Maipú. O contato com as peles é de apenas três horas para obter aquela cor suave, quase pele de cebola. Com apenas três gramas de açúcar residual, ele se sente seco e deixa amplo espaço para a acidez e os sabores de frutas vermelhas ácidas ganharem destaque.

Matervini

PROPRIETÁRIO Santiago Achával
ENÓLOGO Santiago Achával
WEB www.matervini.com
RECEBE VISITAS *Sim*

Proprietário & enólogo
SANTIAGO ACHÁVAL

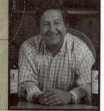

Vinhos que nascem ao longo da pré-cordilheira dos Andes. Esse é o conceito de Matervini, projeto que os enólogos Santiago Achával e Roberto Cipresso, que foi por anos consultor em Achával Ferrer, têm desde 2008. Trabalham principalmente com Malbec, proveniente de terroirs como Yacochuya (Cafayate), Las Heras (Mendoza), Chacayes (vale do Uco) e Perdriel (Luján de Cuyo). Santiago Achával já está totalmente desvinculado de sua antiga vinícola (a famosa Achával Ferrer) e hoje está dedicado completamente a este projeto. **IMPORTADORES:** BRASIL: www.thewineshipping.company | USA: La Granja Winery, Inc

VINHOS

ALTEZA
MALBEC 2017
$$$$$ | CAFAYATE | 13.8°

Alteza marcou o caminho para um novo estilo de vinhos tintos no norte da Argentina. Seu estilo muito mais fresco, mais nervoso, tem pouco a ver com os vinhos hiperconcentrados e maduros da região. Aqui há outras coisas. Sem dúvida, esse Malbec é um vinho de sol. De vinhas a cerca de 2.100 metros de altitude, plantadas há cerca de 30 anos, aqui há frutas vermelhas intensas e ácidas, mas também aqui há deliciosos tons de terra, como se houvesse turfa no meio do processo de vinificação, o que obviamente não existe. Esse vinho é fresco, vivo, cheio de frutas, mas também com um lado pouco convencional que lhe dá muita personalidade. Turfa? Como no uísque das ilhas? Este vinho tem muito.

PIEDRAS VIEJAS
MALBEC 2017
$$$$$ | EL CHALLAO | 14.3°

O vinhedo de El Challao foi plantado em 2008, a oeste de Mendoza, a cerca de 1.600 metros de altitude. De solos coluviais, ricos em cal. Matervini plantou cerca de 8 hectares. É um vinhedo alto para os padrões dos arredores de Mendoza e a fruta que oferece hoje é primária, quase varietal, algo raro para os padrões de Matervini, de vinhos de muito sentido de lugar. É uma questão de tempo. Aqui está um vinho que é essencialmente frutado, mas só precisa de tempo para ir muito além.

‹ *prova de **vinhos*** ›

ANTES ANDES VALLES CALCHAQUÍES
MALBEC 2017
$$$$$ | VALES CALCHAQUÍES | 14.4°

O vinhedo de onde vem esse Antes Andes está localizado na região da Quebrada de las Flechas, uma hora e meia ao norte de Cafayate. Foi plantada há 15 anos, apenas com Malbec. O vinhedo está a cerca de 2.400 metros de altura e a influência do sol e da irradiação afeta diretamente o caráter dos tintos dessa região, mas de todos os vinhedos de altura do norte da Argentina em geral. Esse tem essa faceta, mas nesse ano tem um frescor marcado, tem mais frutos vermelhos, mais tensão num vinho que se sente mais fresco que na última safra. Por quê? Santiago Achaval não tem uma resposta conclusiva. As análises de uva são semelhantes às de outros anos, mas aqui o grau de frescor é muito maior. Mistérios do norte.

ANTES ANDES VIÑA CANOTA
MALBEC 2017
$$$$ | LAS HERAS | 14°

Las Heras, a cerca de 1.100 metros de altura, não é um lugar comum para a viticultura. Plantado com vinhedos em 2012, próximo ao aeroporto, é um local de solos sedimentares, áridos, extremos e quentes. Tudo isso é sentido neste vinho, de frutas maduras e generosas, mas mantendo sempre o vigor da acidez que aqui se sente fortemente e, de certo modo, libera a fruta, expande-a. Um delicioso e untuoso vinho.

FINCA
MALBEC 2017
$$$$$ | PERDRIEL | 13.8°

Finca nasce de em um vinhedo em frente à vinícola de Matervini, em Perdriel. São 15.000 vinhas que foram plantadas em 1938. A vinha foi muito negligenciada até que Matervini começou a recuperá-la em 2013. Localizada no terraço ao sul do rio Mendoza, Perdriel é uma das áreas tradicionais de Mendoza, e desse lugar saem vinhos generosos em frutas maduras, com alguma untuosidade. Esse vai para esse lado. É um vinho da velha escola, daqueles tradicionais, embora talvez com um nervo mais pronunciado, com maior frescor, mas com a mesma voluptuosidade generosa.

BLANCO
MARSANNE, ROUSSANNE, VIOGNIER 2018
$$$ | LOS CHACAYES | 14.7°

100% de vinhedos em Los Chacayes, a partir de videiras de cerca de 9 anos, esse é um blend baseado em 40% de Marsanne, 30% de Roussanne e o resto de Viognier. O estágio se estende por 11 meses em madeira e o que sai daí é um vinho cheio de especiarias, com frutas maduras e toques herbáceas. O divertido, no entanto, é na boca onde esse branco é um creme com pêssegos. Um delicioso e voluptuoso vinho.

TINTO
CABERNET FRANC, MALBEC, PETIT VERDOT 2017
$$$ | LOS CHACAYES | 14°

Esse ano, "Tinto" tem 65% de Malbec, 30% de Cabernet Franc e o restante de Petit Verdot, todos cofermentados e envelhecidos em barricas por cerca

Matervini

de 14 meses. Embora seja um vinho caro (cerca de US$ 35 a garrafa) é vinho de entrada da casa, que mostra o estilo de Matervini. E esse estilo, retratado aqui, é a fruta madura e intensa, com uma irradiação de acidez que refresca tudo em seu caminho. Um vinho firme em taninos, mas jovial em frescor.

Mauricio Lorca

PROPRIETÁRIO Mauricio Lorca
ENÓLOGO Mauricio Lorca
WEB www.grupofosterlorca.com
RECEBE VISITAS Sim

Proprietário & enólogo
MAURICIO LORCA

O enólogo Mauricio Lorca tem desde 2003 sua própria marca de vinhos, além de seu trabalho como enólogo em Enrique Foster, ambas vinícolas do Grupo Foster Lorca. O catálogo da vinícola Mauricio Lorca é sólido e ordenado, com vinhos conhecidos por defender um estilo de equilíbrio e elegância. Outra particularidade é que alguns de seus vinhos passam por vários anos de guarda antes de sair ao mercado. Parte de seus melhores rótulos vêm dos vinhedos de Vista Flores, no vale de Uco.

IMPORTADORES: BRASIL: www.vinhoeponto.com.br | USA: www.domaineselect.com

VINHOS

 INSPIRADO
CABERNET SAUVIGNON, CABERNET FRANC 2015
$$$ | LOS ÁRBOLES | 14°

Tanto a Cabernet Sauvignon (75% dessa mescla) quanto a Cabernet Franc (25%) têm esse componente de aromas de ervas que não é comum encontrar na terra da Malbec, uma variedade que não possui a chamada pirazina, portanto, esse sopro de ervas como as que esse vinho tem. Mas também há frutas, muitas frutas vermelhas maduras em um corpo de taninos bem polidos e acidez que é responsável por refrescar tudo em um vinho que tem um equilíbrio zen.

 INSPIRADO
MALBEC, C. SAUVIGNON, C. FRANC, SYRAH, P. VERDOT 2015
$$$ | VISTA FLORES | 14°

Este vinho vem 100% de Vista Flores, o vinhedo de Lorca plantado em 1999 e inclui as cinco variedades plantadas naquela finca. Cada cepa estagia separadamente por 18 meses em barricas e depois é mesclada em tanques de cimento. A mistura tende a ser marcada pela fruta da Malbec, aquele generoso e gentil fruto, rico em nuances de flores e de violetas. A estrutura é firme, de taninos muito severos, de vinho jovem. Outro vinho tinto de Lorca para guardar.

 LORCA POÉTICO
MALBEC 2015
$$ | VALE DE UCO | 14.5°

Essa é uma mescla de vinhedos de Vista Flores, plantados em 1999 e Los Árboles, plantados mais ou menos na mesma data. Esse tem guarda em barricas de cerca de 14 meses e depois fica em garrafas por mais quatro anos antes de ir ao mercado, uma decisão bastante incomum nestes

⟨ *prova de **vinhos*** ⟩

tempos nos vinhos da América do Sul. O resultado é um vinho de grande pureza varietal, com notas de flores e frutas vermelhas maduras em um contexto de grande amabilidade e equilíbrio.

 GRAN LORCA POÉTICO
MALBEC 2014
$$ | LOS ÁRBOLES | 14°

A base deste vinho está no vinhedo de Los Árboles, mas tem 25% de uvas de Vista Flores, outro setor do vale de Uco onde Lorca tem vinhedos. Com 18 meses em barricas, todos novos, e com três anos de garrafa, este vinho ainda se sente muito jovem, com taninos firmes e madeira como um personagem importante. Dê tempo na garrafa porque há vinho aqui para muito tempo.

 GRAN LORCA POÉTICO
MALBEC, SYRAH, PETIT VERDOT 2014
$$ | LOS ÁRBOLES | 14.5°

Esta mescla de Gran Poético neste ano tem 60% de Malbec, 25% de Syrah e o resto de Petit Verdot, principalmente de fruta do vinhedo de Los Árboles, no vale de Uco. Com 28 meses em barricas, e o resto do tempo em garrafa. O caráter fresco da área é sentido neste vinho, com seus frutos vermelhos ácidos em meio a especiarias que provavelmente venham do envelhecimento em barricas. Um vinho ainda jovem. Deixe-o em adega por pelo menos cinco anos.

 INSPIRADO
CABERNET FRANC 2015
$$$ | LOS ÁRBOLES | 14°

O vinhedo Los Árboles tem cerca de 80 hectares plantados, dos quais cerca de sete correspondem a Cabernet Franc que aqui, depois de 18 meses envelhecidos em barricas novas, oferecem um vinho muito jovem, ainda marcado pela barrica, mas ao mesmo tempo com uma carga generosa de frutas que vibram no fundo, esperando para sair. Aqui há muita fruta, muita concentração, mas como de costume no estilo da casa, os taninos são polidos e a acidez bem colocada para que nada saia do lugar. Paciência, aqui há vinho por um bom tempo.

 LORCA ÓPALO
MALBEC 2017
$ | VALE DE UCO | 14°

A vinha que em 1999 Mauricio Lorca plantou em Vista Flores é hoje a principal fonte de uvas para os seus melhores tintos. A linha Ópalo, além disso, não tem madeira e esse fato implica que nesses vinhos não há nenhum "ruído", apenas o caráter frutado que aqui se mostra especialmente suculento. Um vinho cheio de sabores de frutas, notas de especiarias e de flores e um corpo profundo e equilibrado. Um dos melhores vinhos desta linha que experimentamos e uma relação preço-qualidade impressionante.

 LORCA POÉTICO
CABERNET FRANC 2015
$$ | VALE DE UCO | 14°

Há um forte sentido varietal nesse Cabernet Franc de dois vinhedos próprios que Mauricio Lorca tem no vale de Uco, um em Vista Flores e outro

Mauricio Lorca

em Los Árboles. Aqui há tabaco e especiarias, muitas notas herbáceas em um corpo médio de taninos firmes e crocantes. É envelhecido em barricas durante 14 meses e esse efeito não parece tão presente, mas ajuda a dar complexidade a um vinho com muita fruta vermelha.

GRAN LORCA ÓPALO BLEND
MALBEC, SYRAH, PETIT VERDOT 2015
$$ | VALE DE UCO | **14.9°**

Este ano, a mistura Gran Ópalo tem 70% de Malbec, 20% de Syrah e o resto de Petit Verdot. Esta é uma seleção mais cuidadosa de uvas que resulta em um vinho mais carregado, com mais corpo do que a linha Ópalo em geral. O protocolo de produção de Ópalo é mais ou menos o mesmo aqui, com nove meses de envelhecimento em tanques de cimento, sem envelhecimento em madeira, mas com muito mais tempo de guarda em garrafa, que se estende por quatro anos. O resultado é um vinho delicioso em sua textura, macio, amigável, com um corpo poderoso, mas taninos suaves e polidos. E o resto é fruta sem interferência.

LORCA ÓPALO
CABERNET SAUVIGNON 2017
$ | VALE DE UCO | **13.6°**

Toda a linha Ópalo vem de um vinhedo de alta densidade (6.850 plantas por hectare) que Mauricio Lorca plantou em 1999 em Vista Flores. No caso, deste Cabernet Sauvignon, tem 9 meses de armazenamento em tanques de cimento e depois entre um ano e um ano e meio na garrafa, antes de ir ao mercado. O resultado é uma expressão de fruta pura, cheia de especiarias e uma estrutura muito boa, impressionante para o nível de preço.

LORCA ÓPALO
SYRAH 2017
$ | VALE DE UCO | **13.5°**

100% do vinhedo de Vista Flores, no vale de Uco, esse Syrah segue o mesmo protocolo de produção. Cerca de nove meses de concreto e um ano e meio em garrafa antes de ir ao mercado. Nenhuma madeira é usada e o resultado é fresco e vivo, cheio de frutas vermelhas, suculentas, amigáveis, diretas e honestas. Um ano quente fez muito bem a esse Syrah, deu-lhe frutos e força.

LORCA POÉTICO
CABERNET SAUVIGNON 2015
$$ | VALE DE UCO | **14.5°**

Para este Cabernet, Lorca obtém uvas de duas vinhas no vale de Uco, uma em Los Árboles e outra em Vista Flores. O envelhecimento é em barricas por cerca de 14 meses, todos em madeira usada. O estágio em garrafa, entretanto, nunca é inferior a um ano para esta linha. Este Cabernet tem frutas abundantes e uma textura amigável, muito amigável para os padrões da cepa. A madeira aparece, mas acompanha muito bem e dá complexidade.

LORCA FANTASÍA EL MIRADOR
CRIOLLA GRANDE 2019
$ | RIVADAVIA | **8.2°**

Mauricio Lorca obtém essa Criolla Grande de vinhedos no leste de Mendoza, em Rivadavia, de um vinhedo de 65 anos de idade. O sol e o calor

‹ *prova de **vinhos*** ›

das áreas têm um impacto sobre este vinho, mas não a ponto de se tornar cansativo em madurez, mas sim oferecer uma deliciosa personalidade frutífera. Os taninos, como em qualquer Criolla Grande, são muito amigáveis e há uma acidez que refresca tudo.

 LORCA POÉTICO
SYRAH 2015
$ $ | VALE DE UCO | **14°**

Este Syrah é baseado em vinhas plantadas no final dos anos 1990 em Los Árboles, no vale de Uco. Esse estagia 14 meses em barricas e quatro anos em garrafas. É um Syrah com uma forte carga de especiarias e de frutas negras, num corpo de taninos firmes, que ainda se sentem muito jovens, muito selvagens. Deem-lhe (ainda mais) tempo na garrafa.

 LORCA FANTASÍA
CABERNET FRANC 2019
$ | VALE DE UCO | **13.6°**

Outra tremenda relação preço-qualidade da linha Fantasia, este Cabernet Franc vem de duas áreas no vale de Uco: Vista Flores e Los Árboles. 30% do vinho teve contato com a madeira, que se sente um pouco no final do palato, mas o resto é fruta pura, com toques de ervas e tabaco. Aqui há muito caráter varietal a um preço ridículo.

 LORCA FANTASÍA
MALBEC 2019
$ | VALE DE UCO | **13.5°**

Por este preço, este vinho oferece muito mais do que a maioria. A fruta vem do vale de Uco, especialmente de Vista Flores e Los Árboles. O vinho tem uma deliciosa carga de fruta, com aromas de cerejas negras em todo o lado e uma sensação frutada que envolve. É fresco e vibrante, com um delicioso acabamento floral.

 LORCA POÉTICO
VIOGNIER 2019
$ | VISTA FLORES | **13°**

Todos os brancos de Mauricio Lorca vêm dos vinhedos próprios em Vista Flores, no vale de Uco. Este é um Viognier particularmente fresco e vivaz, com uma acidez vibrante, com toques especiados e florais em um corpo leve e simpático. Um vinho refrescante.

OUTROS VINHOS SELECIONADOS
89 | LORCA FANTASÍA Sauvignon Blanc 2019 | Vale de Uco | 12° | $
88 | LORCA FANTASÍA Cabernet Sauvignon 2019 | Vale de Uco | 13.6° | $
88 | LORCA FANTASÍA Torrontés 2019 | La Rioja | 13.1° | $
86 | FANTASÍA EL MIRADOR | Moscatel Rosado 2019 | Rivadavia | 7.8° | $

Melipal

PROPRIETÁRIO SPI Group
ENÓLOGA Victoria Pons
WEB www.bodegamelipal.com
RECEBE VISITAS *Sim*

Enóloga
VICTORIA PONS

Melipal nasce em 2002 fundada pela família Aristi, com uma vasta experiência no setor agrícola. Está localizada em Agrelo, Luján de Cuyo, onde tem 87 hectares de vinhas com as quais abastecem todo o catálogo de vinhos que são elaborados, desde 2012, por sua enóloga Victoria Pons. Em junho de 2019, Melipal foi comprada pelo grupo russo SPI, também dono da Achaval Ferrer e mundialmente famoso pela vodca Stolichnaya.

VINHOS

94 — **NAZARENAS VINEYARD**
MALBEC 2016
$$$ | AGRELO | 14.3°

Las Nazarenas é um vinhedo de Malbec muito antigo, plantado em 1923. Está localizado em Agrelo e daí a enóloga Victoria Pons obtém frutos para três de seus vinhos, Melipal Malbec, o Blend e Las Nazarenas, que é uma seleção de fileiras de um vinhedo de 25 hectares em solos aluviais. O vinho tem uma tipicidade ligada aos vinhos de Agrelo, notas especiadas, de frutos secos e taninos que são muito amáveis, os famosos "taninos doces" do primeiro Malbec argentino que impactaram o mercado há duas décadas.

92 — **BLEND**
MALBEC, PETIT VERDOT, CABERNET FRANC 2016
$$ | AGRELO | 14.4°

A base deste vinho (60% da mescla) é um Malbec da propriedade Las Nazarenas, um vinhedo plantado em Agrelo em 1923, enquanto 30% e é de Petit Verdot e o resto de Cabernet Franc, essas duas videiras jovens plantados em 2003 na Finca Melipal, ao lado da vinícola. O vinho tem um delicioso lado mentolado e notas de ervas e também um fundo terroso que lhe dá complexidade. Na boca, os taninos são polidos mas ao mesmo tempo sentem-se num vinho com muitos sabores frutados.

90 — **MELIPAL**
MALBEC 2018
$ | AGRELO | 14.9°

Esse é o Malbec de entrada de Melipal e vem de duas vinhas, metade de Las Nazarenas, plantada em 1923 e outra da finca Melipal, onde a vinícola está localizada, plantada em 2003. O vinho é um Malbec muito fácil de beber, com aromas florais, mas especialmente frutas em um vinho muito fácil de beber.

‹ *prova de* *vinhos* ›

Michelini i Mufatto

PROPRIETÁRIOS Gerardo Michelini & Andrea Mufatto
ENÓLOGOS Andrea Mufatto & Manuel Michelini
WEB www.michelinimufatto.com
RECEBE VISITAS *Não*

Proprietária & enóloga
ANDREA MUFATTO

Michelini i Mufatto é o projeto da enóloga Andrea Mufatto, seu marido, Gerardo Michelini e seu filho mais velho, Manuel. A fonte de frutas para seus vinhos brancos está em El Peral, um dos lugares mais frescos dentro do vale de Uco, enquanto os tintos vêm de La Cautiva, em uma das áreas mais altas de Gualtallary, logo acima da agora altamente comentada área de Monasterio. O estilo da casa é baseado na pureza da fruta, com muito pouca intervenção, quando se trata de vinificação e também de colheitas antecipadas para sublinhar o frescor. O projeto inclui cerca de 35 mil garrafas.

VINHOS

GY
MALBEC, CABERNET FRANC 2018
$$$ | GUALTALLARY | 14°

Esta é uma seleção de vinhas de três áreas em Gualtallary que, para a enóloga Andrea Mufatto, representam a ideia de vinho tinto desta área muito alta na cordilheira. As duas variedades são cofermentadas, com 30% de engaços. No começo o vinho é um muro de concreto, impenetrável, mas pouco a pouco está se abrindo para sabores e aromas muito mais frutados, mais exuberantes, muito mais relacionados ao que se espera de Gualtallary. Para Mufatto, este vinho mostra o caráter um pouco fechado das pessoas que vivem nas montanhas, como eles. Um pouco tímido ou sombrio, talvez.

LA CAUTIVA
MALBEC 2017
$$$$$ | GUALTALLARY | 13°

O vinhedo La Cautiva é uma vinha plantada há cerca de oito anos a cerca de 1600 metros de altitude, em Gualtallary. É um lugar especial, não só pelo seu clima mais fresco e mais alto, mas também pelo seu solo rico em cal, que tem um impacto profundo no vinho, especialmente na forma como ele afeta os taninos: é tenso, com aderência, com unhas afiadas, agulhas no palato. E a fruta é austera, com notas minerais e frutadas, mas ao mesmo tempo salinas. Uma complexidade que raramente se encontra em um vinho de Gualtallary, geralmente mais exuberante, mais generoso. Isto não é Gualtallary, isso é outra coisa. E essa outra coisa que amamos em sua austeridade, em seu caráter monástico.

CERTEZAS
SÉMILLON 2017
$$$$ | EL PERAL | 13°

De um vinhedo muito antigo, com mais de cem anos, em solos pedregosos e calcários. O estágio é de cerca de 15 meses em barricas velhas. O vinho tem uma voluptuosidade ampla e generosa, com notas de mel e de especiarias e uma textura cremosa, que cobre o palato como se o estivesse abraçando. É um branco com moral de tinto, com esse tipo de ossos, com essa força, mas também com uma acidez estranhamente cítrica. Não se deve tocar nesse vinho em pelo menos cinco anos.

Michelini i Mufatto

 CONVICCIONES
CHARDONNAY 2017
$$$$ | GUALTALLARY | 13°

Para **Convicciones**, Michelini e Mufatto compram esta uva de um vinhedo de 11 anos de idade em La Cautiva, plantado em solos ricos em cal em uma das áreas mais altas de Gualtallary. Aqui há um estágio de 15 meses em barricas, sem recheios e adornos na oxidação da fruta, que vai além dos meros sabores varietais da uva para penetrar nos aromas e sabores, de frutos secos. É cremoso, longo, voluptuoso. Um branco pintado por Botero.

 PROPÓSITOS
CHENIN BLANC 2017
$$$$ | VILLA SECA | 12°

Este Chenin vem de um vinhedo em latada (parral) plantado em 1970, de produção muito baixa na área de Villa Seca. O envelhecimento é de 15 meses em barricas velhas e o resultado tem um forte caráter mineral, com uma acidez persistente e aguda em meio a sabores herbáceos e cítricos. Tem um corpo médio, com taninos firmes e um suave final de ervas, como se fosse uma infusão.

Miras

PROPRIETÁRIO Marcelo Miras & família
ENÓLOGO Marcelo Miras
WEB www.bodegamiras.com.ar
RECEBE VISITAS *Sim*

Enólogo
MARCELO MIRAS

Nascido em San Rafael, província de Mendoza, o enólogo Marcelo Miras chegou à Patagônia no final dos anos 90 para trabalhar na vinícola Humberto Canale, pioneira em Río Negro. Ao mesmo tempo, produzia vinhos para consumo pessoal, cuja produção foi crescendo até que em 2006 começou a vendê-los. Hoje, a Miras é uma marca totalmente estabelecida, que produz cerca de 60.000 garrafas por ano. **IMPORTADOR:** BRASIL: www.lacharbonnade.com.br

VINHOS

 JOVEM
SÉMILLON 2019
$ | PATAGÔNIA ARGENTINA | 13.5°

Marcelo Miras é especialista em Sémillon e o primeiro a tentar devolver parte de sua fama perdida, quando era enólogo na vinícola Humberto Canale, em Río Negro. Este Jovem tem todas as qualidades da variedade, seus aromas de mel, sua amável e pulsante acidez, textura cremosa e sabores herbáceos e frutados. Esse branco também é profundo e para ser um vinho jovem, já mostra muita complexidade. Atenção com o preço. É uma barganha.

 JOVEM
TROUSSEAU 2019
$$ | PATAGÔNIA ARGENTINA | 14°

Miras obtém essa pequena raridade de um vinhedo plantado em 1977 de

⟨ prova de **vinhos** ⟩

Trousseau, também conhecido como Bastardo, variedade que hoje goza de certa reputação graças à fama dos vinhos de Jura, mas que muito tempo antes já se encontrava na região de Río Negro, vá saber o porquê. Este vinho é fiel à variedade, com uma camada de deliciosos frutos vermelhos e uma textura um tanto rústica, um pouco selvagem e que pede embutidos.

OUTRO VINHO SELECIONADO
88 | JOVEM Torrontés 2019 | Patagônia argentina | 11° | $$

Mosquita Muerta

PROPRIETÁRIO Millán S.A.
ENÓLOGOS Bernardo Bossi Bonilla & Cristián Ampuero
WEB www.mosquitamuertawines.com
RECEBE VISITAS *Sim*

Proprietários
FAMÍLIA MILLÁN

Este projeto da família **Millán** (Fuego Blanco, Los Toneles) começa em 2010 e deve ser o mais atrevido do grupo. Aqui só se fazem blends, com a filosofia de mesclar tanto variedades como origens. Partiram unicamente com tintos, mas desde o ano 2014 elaboram também mesclas brancas, algumas tão originais como **Mosquita Muerta Blend de Blancas**, baseada em Chardonnay, com Viognier, Moscatel e Sauvignon Blanc. O projeto é liderado por José Millán. **IMPORTADORES:** BRASIL: http://www.optimusimportadora.com.br | USA: http://www.vinamericas.com

VINHOS

MALCRIADO
MALBEC 2015
$$$ | VALE DE UCO | 14.5°

A finca Mantrax foi adquirida por Mosquita Muerta em 2015. Trata-se de um vinhedo de cerca de 60 hectares, plantado no início de 2000 em direção às colinas de Los Chacayes, em uma topografia muito especial, de montanhas muito diferentes dos planos de Los Chacayes. Os solos são pedregosos, muito da área. Esse é 100% Malbec, e é uma seleção do que melhor há nesse vinhedo. O vinho é impressionante em seu tamanho, mas também em sua profundidade. Este é um vinho que é consistente com o estilo da casa, sem trair a linearidade e frescor de um vinho superlativo.

MOSQUITA MUERTA BLEND DE TINTAS
MALBEC, C. FRANC, C. SAUVIGNON, MERLOT 2016
$$ | VALE DE UCO | 14°

A base deste vinho é Malbec, mas este ano tem 30% de Cabernet Sauvignon, que aporta uma estrutura muito poderosa, algo que não tínhamos visto antes. A seleção de uvas (que também inclui Cabernet Franc e Merlot) vem dos dois vinhedos que Mosquita Muerta tem em duas áreas do vale de Uco, Los Árboles e Los Chacayes. A fruta vermelha da montanha parece aqui. É um vinho tinto intenso, acidez deliciosa, tons profundos, muito caráter de lugar. A fruta aqui tem a tensão de Uco.

Mosquita Muerta

 MOSQUITA MUERTA BLEND DE BLANCAS
CHARDONNAY, SAUVIGNON BLANC, SÉMILLON 2018
$ | VALE DE UCO | 13.5°

Até a última safra, essa mistura de branco tinha 5% de Moscatel. Este ano, no entanto, não tem mais porque - de acordo com o enólogo Bernardo Bossi - deu-lhe um amargor e uma doçura que eles não gostaram. O vinho mantém a cremosidade de sempre e a Sémillon (de uma antiga parcela da La Consulta) proporciona uma gordura, uma deliciosa untuosidade e sabores profundos, deliciosos em sua exuberância.

 MOSQUITA MUERTA BRUT NATURE
CHARDONNAY N/V
$$ | VALE DE UCO | 12.5°

Este é 100% Chardonnay, feito pelo método tradicional de segunda fermentação em garrafa e estagiou em suas lias por mais de três anos. É um novo vinho da casa e é uma boa estreia nas ligas do Brut Nature, uma estreia de sabores profundos e borbulhas cremosas. O Chardonnay de vale de Uco traz seus sabores de montanha, mas o que mais importa aqui é a textura, que é pura seda.

 SAPO DE OTRO POZO BLEND DE TINTAS
MALBEC, CABERNET FRANC, SYRAH 2017
$$ | VALE DE UCO | 14°

Sapo de Otro Pozo é um dos nomes mais originais do cenário argentino e se refere à origem do proprietário da bodega, José Millán, que começou a ter um relacionamento com vinhos finos em 2009. Até então, um dono de supermercado, esse "sapo de outro poço" que entrou na cena dos vinhos argentinos como um outsider e que, pouco a pouco, foi integrado até ser referência. Esta é uma mistura de variedades, baseada em Malbec de duas áreas no vale de Uco: Los Árboles e Los Chacayes, um intenso, delicioso, fresco e tenso vinho tinto. Para não parar de beber.

 MOSQUITA MUERTA EXTRA BRUT
CHARDONNAY, PINOT NOIR N/V
$$ | VALE DE UCO | 12.5°

Com mais de três anos de contato com as borras, pelo método tradicional de dupla fermentação em garrafa, a borbulha desse vinho é cremosa até não poder mais e consegue deslizar pela boca com uma facilidade que quase parece etérea, muito sutil. A mistura vem tudo do vale de Uco e aqui está aquela deliciosa e fresca fruta radiante. Aqui há muito frescor, mas também muita profundidade. Separe um par de garrafas e abra-as em dez anos.

 PISPI BLEND DE TINTAS MALBEC, CABERNET SAUVIGNON, PETIT VERDOT, CABERNET FRANC, BONARDA 2017
$$ | VALE DE UCO | 14°

Pispi é uma mistura que é baseada no vale de Uco, e esse ano - como de costume - o coração é a Malbec, que tem um papel fundamental aqui com aquele toque frutado e fresco, nervoso, do Malbec de montanha. Há notas florais e o efeito da Cabernet e da Petit é sentido na carga de taninos que é feroz aqui, tem força e garra. O envelhecimento é feito em barricas e tonéis e isso reduziu um pouco a carga de taninos, suavizou-os, mas sem colher completamente suas unhas. Um vinho essencialmente frutado.

‹ *prova de **vinhos*** ›

92 | **PERRO CALLEJERO**
PETIT VERDOT 2019
$ | VALE DE UCO | **13°**

Para esse Petit Verdot, o vinho é fermentado a uma temperatura muito baixa, para extrair o mínimo possível desta variedade sempre selvagem e sempre ácida. Há muito disso aqui, os taninos são ferozes, mas a acidez é suculenta e há muitas frutas que acabam sendo seduzidas por aquele forte caráter frutado e aceitam a tanicidade. Melhor se eles tiverem um cabrito por perto.

91 | **PERRO CALLEJERO**
PINOT NOIR 2019
$ | VALE DE UCO | **12.5°**

De acordo com Bernardo Bossi, o enólogo de Mosquita Muerta, a Pinot de Los Chacayes tende a ser muito poderosa. O solo de pedra e a intensidade do calor a essa altura, acima de 1200 metros, dão à Pinot de grande concentração. Portanto, para obter este tinto delicado e suculento, deve-se tentar extrair os sabores delicadamente, quase como se fosse uma infusão. O resultado é um suco de frutas vermelhas delicioso, refrescante e simples.

91 | **PERRO CALLEJERO BLEND**
DE CABERNET FRANC CABERNET FRANC 2018
$ | VALE DE UCO | **13°**

Um Cabernet Franc suculento e fresco, com ligeiras notas de ervas, especialmente focado nos sabores frutados e refrescantes que caracterizam os vinhos da casa, um Franc que vem de duas vinhas no vale de Uco, em Los Árboles e Los Chacayes, isto tem o selo de um vinho de montanha e um preço muito bom.

91 | **PERRO CALLEJERO BLEND DE MALBEC**
MALBEC 2018
$ | MENDOZA | **13°**

Esta é uma versão de Malbec de diferentes áreas (daí "blend de Malbec"), de Uco a Luján de Cuyo, tudo com o espírito de respeitar a fruta e entregar um vinho fresco e vivo, de taninos tensos e frutas vermelhas. Uma boa foto do Malbec moderno, focado na acidez e na tensão dos taninos, esse está pronto para beber agora.

90 | **MARGARITA PARA LOS CHANCHOS**
EXTRA BRUT CHARDONNAY, SAUVIGNON BLANC N/V
$ | VALE DE UCO | **12.5°**

Este é o novo espumante de Mosquita Muerta, um Charmat "longo", para contato prolongado com as borras, cerca de três meses no tanque. A borbulha é macia, quase cremosa, os sabores são exuberantes, ricos em frutas brancas, suculentas, muito simples e fáceis de beber.

OUTRO VINHO SELECIONADO
89 | CORDERO CON PIEL DE LOBO Malbec 2019 | Luján de Cuyo | 13° | $

Mumm

PROPRIETÁRIO Pernod Ricard Argentina s.r.l.
ENÓLOGO Víctor Marcantonni
WEB www.mumm.com.ar
RECEBE VISITAS Não

Enólogo
VÍCTOR MARCANTONNI

Mumm é a filial na Argentina da famosa vinícola da região de Champagne, G.H. Mumm, por sua vez parte da Pernod Ricard, conglomerado de bebidas alcoólicas de alcance mundial. A vinícola argentina está em San Rafael, na parte sul da província de Mendoza. Nessa zona compram as uvas para seus espumantes elaborados pelo método Charmat (de fermentação em cubas de aço), enquanto que para os mais importantes compram nas alturas do vale do Uco. Só estes últimos é que se elaboram pelo método tradicional. **IMPORTADORES:** BRASIL: www.pernodricard.com.br | USA: www.pernodricard.com

VINHOS

92 | **DOMAINE BRUT ROSÉ**
CHARDONNAY, PINOT NOIR 2016
$$ | MENDOZA | 11.6°

Dominada por frutas vermelhas, esse é proveniente de vinhedos da região de La Consulta. Com 5 gramas de açúcar residual (por lei, pode ser a Nature), é intenso em notas frutadas, deliciosas frutas vermelhas que o convidam a beber, no meio de uma acidez firme e de borbulhas cremosas. Um vinho espumante com uma excelente relação preço / qualidade e rica complexidade. Apesar dos dois anos com as borras, conserva todo o frescor da fruta.

91 | **DOMAINE BRUT NATURE**
CHARDONNAY, PINOT NOIR N/V
$$ | MENDOZA | 11.6°

Para seus vinhos elaborados pelo método tradicional de segunda fermentação em garrafa, Mumm usa seus vinhos da La Consulta, a cerca de 1.100 metros de altura no vale de Uco. O vinho estagia por 18 meses em suas borras e o que se obtém é um espumante de borbulha delicada, muito sutil, com toques de frutas brancas e muito frescor.

90 | **DOMAINE EXTRA BRUT**
CHARDONNAY, PINOT NOIR 2016
$$ | MENDOZA | 11.6°

Com 60% Chardonnay e 40% de Pinot Noir e dois anos em suas borras, esse é um vinho cremoso e amigável. Com 9,5 gramas de açúcar residual, não se sente doce, mas de textura muito gentil e macia. Ideal para acompanhar a sobremesa.

OUTROS VINHOS SELECIONADOS

88 | CUVÉE RÉSERVE BRUT ROSÉ Chardonnay, Pinot Noir N/V | Mendoza 12.1° | $
88 | CUVÉE RÉSERVE EXTRA BRUT Chardonnay, Pinot Noir N/V | Mendoza 12.1° | $

‹ *prova de* **vinhos** ›

Mythic Estate

PROPRIETÁRIO Peter Dartley
ENÓLOGO Leandro Azin
WEB www.mythicestate.com
RECEBE VISITAS *Sim*

Enólogo
LEANDRO AZIN

Propriedade dos norte-americanos Peter e Karen Dartley, também donos da vinícola Casarena, a Mythic Estate surgiu em 2012 com a compra de um vinhedo de 20 hectares localizado em Agrelo, Luján de Cuyo. A produção da vinícola também está a cargo do enólogo de Casarena Leandro Azin, que obtém uvas de Agrelo e Perdriel, ambas na zona de Luján de Cuyo, em Mendoza. **IMPORTADORES:** BRASIL: Dinamica | USA: Westford

VINHOS

 MYTHIC BLOCK
CABERNET SAUVIGNON 2017
$$ | MENDOZA | 14°

A área Agrelo tem a reputação de fazer os melhores Cabernet de Mendoza e isso pode ser verdade, especialmente se o que o bebedor de Cabernet procura são vinhos concentrados e maduros. Aqui está um bom exemplo de estilo. Isto vem de uma antiga videira de mais de 70 anos na calle Cobos, em Agrelo e dá sabores profundos de frutos secos e de especiarias em um corpo grande, com toques de ervas e um fim de frutas vermelhas maduras que segue por um longo tempo.

 MYTHIC BLOCK
MALBEC 2017
$$ | MENDOZA | 14°

De acordo com Pablo Severino, o encarregado de vinhedos de Mythic Estate, esse vinho vem de uma das partes mais altas e mais frias de Agrelo, especialmente quando se trata da diferença entre as temperaturas diurna e noturna. Esse dá frutos mais frescos que são expressos aqui com sabores de frutas vermelhas em um vinho de taninos muito polidos, muito equilibrado com sua acidez.

 MYTHIC DIVINE CREATIONS
MALBEC, SYRAH, MERLOT 2019
$$$ | MENDOZA | 13°

Esta é uma pequena produção de 1.800 garrafas, todas em um design estilizado de 1,5 litros. O vinho é uma mistura de 50% Malbec, 30% Syrah e 20% Merlot e tem uma fruta suculenta, muito generosa tanto em aromas como em sabores, uma espécie de suco de cereja que oferece textura de seda na boca, com uma acidez pulsante e um final floral. Um dos bons rosados hoje na Argentina.

 MYTHIC VINEYARD
CABERNET SAUVIGNON 2018
$$ | MENDOZA | 14°

A base deste vinho vem de uma vinha de cerca de 12 anos, em Agrelo. O restante de uma antiga vinha de cerca de 70 anos na calle Cobos, também

Mythic Estate

em Agrelo. Este é um Cabernet amplo, com toques de frutos secos e de especiarias, em um corpo com taninos, um Cabernet muito em sintonia com outros que são produzidas nessa zona de solos aluviais e arenosos.

 MYTHIC VINEYARD BLANC DE BLANCS
CHARDONNAY, VIOGNIER 2018
$$ | MENDOZA | 13.7°

Este **Blanc de Blancs** vem sendo produzido desde a safra de 2012 e sempre foi uma mistura de Viognier e Chardonnay, nesse caso, metade e metade e todo de Luján de Cuyo. A gordura vem da Viognier, uma uva que é colhida mais tarde para dar aquela sensação de madurez, enquanto a Chardonnay é colhido em datas normais, o que dá um branco mais fresco para contrastar com essa gordura. Um equilíbrio muito bem sucedido.

 MYTHIC MOUNTAIN
CABERNET FRANC 2019
$ | AGRELO | 13.5°

Uma suculenta interpretação de Cabernet Franc, este tem o caráter amável de vinhos de Mythic em Agrelo, aquela sensação de calor ou, melhor, de calor que toma conta da boca e que acaricia com seus taninos redondos e amáveis. Um toque de ervas deixa uma sensação fresca até o final de boca.

MYTHIC MOUNTAIN
PETIT VERDOT 2019
$ | AGRELO | 14°

Esse Petit Verdot é uma excelente abordagem para uma cepa que nos últimos anos teve um grande boom na Argentina. No terroir de Mendoza, sob o intenso sol da região, os Petit Verdot são como esse, delicioso em suas frutas maduros e com taninos muito polidos. Um simpático e argentino Petit Verdot.

OUTRO VINHO SELECIONADO
88 | MYTHIC MOUNTAIN WHITE BLEND Sauvignon Blanc, Chardonnay 2019
Mendoza | 13° | $

< prova de vinhos >

Navarro Correas

PROPRIETÁRIO Bemberg Family
ENÓLOGO Fabián Gardino
WEB www.navarrocorreas.com
RECEBE VISITAS *Sim*

Enólogo
FABIÁN GARDINO

Desde 2016 esta vinícola faz parte do Grupo Peñaflor (Trapiche, El Esteco). Mas sua origem remonta há nada menos que o ano de 1798, quando Juan de Dios Correas plantou vinhas aos pés da cordilheira. Durante o século XIX e boa parte do XX a empresa se dedicou à venda de uvas, até 1979, quando Edmundo Navarro Correas, descendente do fundador, impulsionou a elaboração de vinhos. Voltando ao presente, os enólogos são Fernando Ravera (tintos) e Celia López (brancos e espumantes), que se guiam em boa parte pela origem das uvas para construir o catálogo. A empresa tem trinta e oito hectares próprios e adquire uvas de outros seiscentos externos, que englobam de San Juan até a Patagônia. . **IMPORTADORES:** BRASIL: www.devinum.com.br | USA: www.augustwinegroup.com

VINHOS

 SELECCIÓN DEL ENÓLOGO GRAND ASSEMBLAGE MALBEC, C. SAUVIGNON 2015
$$ | MENDOZA | 14.5°

Este **Selección** é um vinho que muda todos os anos. Nessa versão, é uma cofermentação de 80% do Malbec na área de Los Chacayes e 20% de Cabernet de Los Árboles. O estágio é em barrica há um ano e o resultado é um vinho de grande concentração de frutas, puro suco de cerejas negras sobre uma superfície de taninos polidos, de grande bondade. Por seu preço, essa é uma tremenda relação qualidade-preço.

 STRUCTURA
C. FRANC, C. SAUVIGNON, MALBEC, MERLOT 2015
$$$ | AGRELO | 14.5°

Structura é o top de Navarro Correas e é baseado em frutas de Luján de Cuyo. A mistura consiste em 60% de Malbec, 30% de Cabernet Sauvignon, 7% de Cabernet Franc e o restante de Merlot. O vinho tem um longo envelhecimento em barricas, que pode chegar a dois anos e tem um esqueleto poderoso de taninos, uma força interna que se equilibra com a concentração não menos feroz do sabor das frutas maduras. Esse é um vinho para guardar.

 ALEGORÍA GRAN RESERVA
CABERNET SAUVIGNON 2016
$$ | AGRELO | 14.5°

Com 15 meses de barricas e vinhedos em áreas de alta altitude na tradicional zona de Agrelo. Esse tem aquelas notas de madeira, mas acima de tudo tem uma camada rica e suculenta de frutos maduros, dominada por taninos suculentos e notas de frutos secos. Um vinho de profundidade rica, com aquela textura de Agrelo que encanta.

Navarro Correas

 ALEGORÍA GRAN RESERVA
MALBEC 2016
$$ | AGRELO | 14.5°

Para **Alegoría**, Navarro Correas obtém frutos da área de Agrelo, em Luján de Cuyo. Uma pequena homenagem a uma zona tradicional de Mendoza, de onde nasceram alguns dos melhores Malbec da Argentina. Esse tem esse lado "Agrelo" em suas frutas maduras e untuosas, uma textura muito macia, muito gentil e, nesse caso, muito profunda. Um para ser lembrado quando se falar sobre o renascimento das áreas clássicas de Mendoza.

 ALEGORÍA GRAN RESERVA
CHARDONNAY 2017
$$ | MENDOZA | 14°

100% das vinhas de Los Árboles, metade desse vinho é fermentado e estagiado em madeira, enquanto a outra metade permanece em tanques. O vinho mostra uma espinha dorsal de acidez que refresca tudo em seu caminho. Os aromas são minerais e ao mesmo tempo frutados, em um vinho de rico nervo e frescor.

RESERVA SELECCIÓN DE PARCELAS
CHARDONNAY 2018
$ | MENDOZA | 13.5°

No lado frutado e cremoso da variedade, apresenta notas de frutas tropicais e de especiarias tropicais. 30% do vinho passa por madeira e isso acrescenta toques tostados, que dão uma certa complexidade a um vinho muito amigável e maduro. Para os peixes grelhados.

 RESERVE SELECCIÓN DE PARCELAS
CABERNET SAUVIGNON 2018
$ | MENDOZA | 14°

Um Cabernet muito varietal, aqui se encontram notas de frutas pretas e de ervas, com uma boca de taninos acentuados, acidez muito boa e as notas de ervas que se apoderam dos sabores e dão muito frescor.

RESERVE SELECCIÓN DE PARCELAS
MALBEC 2018
$ | MENDOZA | 14°

Por esse preço, é uma ótima relação qualidade/preço. Há uma mistura de vinhedos aqui, que liga porções mais ou menos semelhantes das uvas de Uco e Luján de Cuyo. O que se sente aqui é uma deliciosa generosidade de fruta deliciosa, a Malbec mostrando todo o seu lado frutado e suas flores, mas também sua textura macia e acidez rica. Um para se beber por litros.

OUTROS VINHOS SELECIONADOS

89 | COLECCIÓN PRIVADA Malbec 2019 | Mendoza | 13.5° | $
89 | COLECCIÓN PRIVADA RED BLEND Cabernet Sauvignon, Malbec, Merlot 2019 Mendoza | 13.5° | $
89 | NATURE Chardonnay, Chenin Blanc, Viognier N/V | Mendoza | 12° | $
88 | EXTRA BRUT Chardonnay, Chenin Blanc, Pinot Noir N/V | Mendoza | 12° | $
87 | COLECCIÓN PRIVADA Cabernet Sauvignon 2019 | Mendoza | 13.5° | $

⟨ *prova de **vinhos*** ⟩

Nieto Senetiner

PROPRIETÁRIO Molinos Río de la Plata S.A.
ENÓLOGOS Roberto González & Santiago Javier Mayorga
WEB www.nietosenetiner.com.ar
RECEBE VISITAS *Sim*

Enólogo
ROBERTO GONZÁLEZ

Nieto Senetiner é uma das maiores vinícolas da Argentina. Tem 300 hectares, arrendam uns 1.700 e produzem mais de 20 milhões de garrafas ao ano. Sua história começa em 1969, quando as famílias Nieto e Senetiner compram uma antiga vinícola em Vistalba, Luján de Cuyo. Além de ampliá-la e desenvolver várias marcas, a venderam em 1998 para a companhia Molinos Río de La Plata, atuais proprietários. O enólogo que supervisiona tudo é Roberto González, que está há 25 anos ligado à empresa e divide hoje seu trabalho em 2 plantas de vinificação. Uma é em Vistalba, a vinícola histórica; a outra, Carrodilla, onde produzem os espumantes, que representam parte importante de sua produção. Nieto Senetiner tem outras empresas sob sua supervisão: Cadus, que foi a marca estrela até que se tornou independente, e a vinícola Ruca Malén, comprada em 2015.

IMPORTADORES: BRASIL: www.casaflora.com.br | USA: www.ffwsales.com

VINHOS

 DON NICANOR SINGLE VINEYARD VILLA BLANCA MALBEC 2016
$$$ | LUJÁN DE CUYO | 15°

O vinhedo Villa Blanca fica a menos de um hectare de 118 anos, uma verdadeira herança mendocina que fica ao lado do restaurante Nieto em Vistalba. O vinho é cultivado durante dois anos em madeira de primeiro e segundo uso, o que é sentido no lado tostado deste vinho, mas o que predomina aqui é a fruta deliciosa profunda dessas vinhas velhas. Um vinho frutado, delicado e suculento. Tem quase tudo. Um Malbec que demonstra o poder desse grande terroir que é Vistalba.

 TRILOGÍA TERROIR AGRELO-LUJÁN DE CUYO BONARDA 2018
$$ | MENDOZA | 14.5°

Esse Bonarda de trilogia vem de vinhas plantadas em 1974 em Agrelo. O vinho, como todos os outros membros desta linha, tem seis meses em barricas cuja influência não é sentida aqui. O que sim se percebe são aromas de frutas vermelhas, notas de ervas, em um corpo médio, de taninos tão macios que quase acariciam a boca.

 TRILOGÍA TERROIR CORDÓN DEL PLATA TUPUNGATO BONARDA 2018
$$ | MENDOZA | 14.5°

Dos três Bonarda desta linha Trilogía, este é o único que vem de vinhas de altura. É um vinhedo plantado em 1974 na região do Cordón del Plata, em Tupungato. O frio da altura faz com que a Bonarda, que quase não tem taninos, mostre suas garras no meio de frutas vermelhas muito voluptuosas e maduras. Também tem uma alta acidez, o que também contrasta com a ideia que se tem da Bonarda do leste, a de calor intenso. Essa é outra interpretação.

Nieto Senetiner

 PARTIDA LIMITADA
BONARDA 2016
$$ | MENDOZA | 14.1°

Essa é a Bonarda tradicional de Nieto Senetiner, cuja primeira safra foi em 2000, e foi um marco no cenário argentino, pois foi o primeiro vinho que teve grandes ambições com uma uva que até então não era muito considerada. O estilo, obviamente, variou com o tempo e nessa nova versão há muita fruta vermelha, a madeira quase não é sentida (grande protagonista nas primeiras safras) e a textura é firme, ela agarra na boca, o que não é tão usual na variedade.

 DON NICANOR
CHARDONNAY 2018
$ | MENDOZA | 14.4°

Com uvas do Vale de Uco, este Chardonnay tem uma camada muito generosa de frutas, com toques condimentados em um corpo de textura cremosa e muito boa acidez. O vinho tem profundidade e também frescor e cresce à medida que se oxigena na boca. Atenção aqui.

 GRAND CUVÉE EXTRA BRUT
PINOT NOIR N/V
$ | MENDOZA | 12°

Este vinho é feito pelo método Charmat, de segunda fermentação em tanques de aço e, neste caso, com um longo envelhecimento com as borras em depósito durante um ano. 100% Pinot Noir do vale de Uco. Aqui há complexidade, um bom exemplo de charmat com uma bolha muito envolvente e amigável. Os sabores são frutas vermelhas em um branco que tem sabores rosa.

 GRAND CUVÉE NATURE
PINOT NOIR N/V
$ | MENDOZA | 12°

Este Brut Nature é feito pelo método Charmat de segunda fermentação em tanques de aço, um método menos artesanal que é usado para simplificar a formação de espuma. E isso, apesar de simples, tem muitos atributos que o tornam especial, especialmente sua acidez fresca e vibrante, deliciosos sabores de frutas e bolhas abundantes e finas. Uma excelente relação preço-qualidade também.

 NIETO SENETINER
SÉMILLON 2018
$ | TUPUNGATO | 13.5°

Da área de Villa Bastías, em Tupungato, no vale de Uco, trata-se de um Sémillon muito herbáceo, com notas de mel e de frutas brancas, em um corpo leve e muito elegante, com suculentos toques de frutas brancas sobre um fundo branco. Muito elegante e sutil.

 TRILOGÍA TERROIR JOCOLÍ-LAVALLE
BONARDA 2018
$$ | MENDOZA | 14.9°

A partir de Lavalle, a cerca de 600 metros de altitude, no leste de Mendoza, esta Bonarda nasceu em um pátio plantado em 1994 em solos arenosos naquela área que é um deserto. Essa Bonarda capta aquela sensação de calor, de sol e de sua origem. É denso em textura e em corpo, muito macio, muita fruta vermelha madura, muita untuosidade.

 BRUT NATURE
PINOT NOIR, MALBEC N/V
$ | MENDOZA | 12.5°

Excelente relação qualidade/preço para um espumante fresco, muito seco e de borbulha abundante e concentrado totalmente nos sabores de frutas vermelhas da Pinot Noir. Pela cor, qualifica-se para rosé, e pelos aromas e sabores um vinho perfeito para o verão.

 DON NICANOR
MALBEC 2018
$ | MENDOZA | 14.8°

Com uvas que vêm em partes iguais de Luján de Cuyo e do vale de Uco, esta versão quente e frutada de Don Nicanor consegue equilibrar um grau bastante elevado de álcool, com uma acidez rica e crocante e muita fruta vermelha madura. O resultado é que tudo parece muito fácil e suculento de beber.

 DON NICANOR BLEND
MALBEC, CABERNET SAUVIGNON, MERLOT, PETIT VERDOT 2018
$ | MENDOZA | 14.5°

Esta é uma mescla de três cepas e de duas zonas, principalmente de vale de Uco e Luján de Cuyo. As cepas, além disso, são estagiadas separadamente em madeira por um ano. É um tinto simpático e muito fácil de beber, principalmente pela sua generosa camada de sabores de fruta, mas também pelos taninos polidos e suaves que deslizam suavemente pela boca. Uma aposta segura para o churrasco.

 MALBEC D.O.C.
MALBEC 2018
$ | LUJÁN DE CUYO | 14.5°

Este é um clássico no catálogo de Nieto Senetiner, o D.O.C. Malbec Luján de Cuyo, um vinho tinto que tem mudado ao longo do tempo de frutos muito maduros e sabores concentrados a esta versão que é frutada, fresca, com taninos muito suaves e uma acidez rica e crocante. Como vinho para todos os dias, aqui se eles têm um luxo.

OUTROS VINHOS SELECIONADOS

89 | DON NICANOR BARREL SELECT Cabernet Franc 2017 | Los Chacayes 14.3° | $$
89 | EXTRA BRUT Pinot Noir, Malbec N/V | Mendoza | 12.5° | $
88 | NIETO SENETINER Malbec 2019 | Mendoza | 14,1° $
87 | BELIEVE IN ROSÉ Malbec, Pinot Noir 2019 | Mendoza | 11° | $
87 | FRAN Malbec 2019 | Mendoza | 12.6° | $
86 | EMILIA Cabernet Sauvignon 2019 | Mendoza | 12.9° | $

Noemía de Patagonia

PROPRIETÁRIO Hans Vinding-Diers
ENÓLOGO Hans Vinding-Diers
WEB www.bodeganoemia.com
RECEBE VISITAS Não

Proprietário & enólogo
HANS VINDING-DIERS

A empresária italiana **Noemi Marone Cinzano e seu marido**, o enólogo e consultor dinamarquês Hans Vinding-Diers, fundaram em 2002 esta vinícola na Patagônia. Vinding-Diers havia chegado uns anos antes em Rio Negro como consultor de Humberto Canale, vinícola pioneira na região. E assim nasceu seu gosto por este terroir e um carinho especial pelos velhos vinhedos que se podem encontrar por lá. A origem de Noemía é um vinhedo de Malbec de 1932, semi abandonado, que eles recuperaram. Deste e outro vinhedo, plantado em 1955, vêm os tintos de Noemía, todos de alta gama.

IMPORTADOR: USA: www.viaswine.com

VINHOS

97 — NOEMÍA
MALBEC 2017
$$$$$ | PATAGÔNIA ARGENTINA | 13°

Essa vinha, com apenas 1,5 hectare, foi a razão pela qual Noemía foi fundada em Mainque há quase 20 anos. Um vinhedo de 1932 de Malbec. Hans Vinding-Diers viu potencial lá e começou a vinificar essas uvas a partir de 2001. Envelhecido em barris de 600 litros, todos usados. Seja paciente, porque esse vinho precisa de tempo para se desdobrar, para superar essa fase de madeira, de tostado, para começar a mostrar a verdadeira essência de Malbec aqui, as flores e cerejas, o frescor e a sutileza de um vinho de baixo teor alcoólico, mas de estrutura muito boa. Essa combinação é rara, mas aqui aparece. E muito, em talvez a melhor versão de Noemía até agora.

96 — J. ALBERTO

MALBEC, MERLOT 2018
$$$ | PATAGÔNIA ARGENTINA | 13.5°

Para **J. Alberto**, Noemía seleciona videiras de uma vinha de 67 anos de idade, cerca de 4,5 hectares próximos à vinícola. É uma mistura na vinha com 95% de Malbec e o resto de Merlot. Tudo é fermentado em concreto, mas apenas metade estagia em barricas. Esse vinho tem uma fruta deliciosa, taninos firmes, muito frescor. A madeira tem um papel muito secundário nesse vinho. O papel principal é a fruta, muito na frente, deliciosa em sua expressão de frescor. Um J Alberto fibroso, para guardar.

95 — DUE

CABERNET SAUVIGNON 2017
$$$$$ | PATAGÔNIA ARGENTINA | 13°

Esse Cabernet vem de um quintal de cerca de 40 anos, um quarto de um hectare que fica bem em frente à casa de Hans Vinding-Diers, em Mainque. Estagia 18 meses em madeira, tem notas de ervas da Cabernet, juntamente com frutas vermelhas, especiarias num contexto de grande suculência. Os taninos constroem uma estrutura firme, suportada por uma acidez refrescante. Um Cabernet de tamanho importante que merece dez anos em adega.

‹ *prova de* **vinhos** ›

A LISA
MALBEC 2018
$$ | PATAGÔNIA ARGENTINA | 13.5°

Esse é um vinho introdutório para o mundo de Noemía. O enólogo Vinding-Diers compra uvas de produtores na área de Mainque e é uma espécie de vinho village. São 90% de Malbec, 9% de Cabernet Sauvignon e o restante de Petit Verdot. O vinho é frutado a um nível delicioso, as frutas são maduras e vermelhas e há um toque ligeiramente floral, mas especialmente aqui é a fruta que manda. A textura, por outro lado, é suave e amável. Um vinho que se bebe muito fácil.

A LISA
SÉMILLON 2019
$$ | PATAGÔNIA ARGENTINA | 13°

Essa já é a terceira versão de A Lisa branco, um Sémillon de uma vinha de 40 anos em Mainque. O vinho é fermentado em aço e depois vai para a garrafa. A fruta é suculenta, com toques de mel e de frutas brancas, mas ao mesmo tempo com uma acidez deliciosa que tem notas cítricas e também frutas cítricas confitadas. O vinho tem uma textura amável, com ervas em direção ao fundo da boca e a acidez que continua refrescando até o final.

Norton

PROPRIETÁRIO Gernot Langes-Swarovski
ENÓLOGO David Bonomi
WEB https://www.norton.com.ar
RECEBE VISITAS *Sim*

Enólogo
DAVID BONOMI

Com uma produção de 25 milhões de garrafas, mais de 60 rótulos diferentes e com 5 fincas nas principais zonas de Mendoza, Norton é uma das maiores vinícolas da Argentina. Foi fundada em 1895 e sua história recente está marcada pela compra pela família austríaca Swarovski, proprietária de Norton desde 1989. Dessa família vem Michael Halstrick, CEO de Norton desde 1991 e que se considera "mendocino por adoção". Nos últimos anos, a equipe enológica, foi liderada por Jorge Riccitelli, uma das figuras chaves na história recente do vinho argentino. Em 2017, Riccitelli deixou seu cargo nas mãos de David Bonomi, que foi seu braço direito nos últimos anos. **IMPORTADOR:** BRASIL: www.winebrands.com.br

VINHOS

GERNOT LANGES
MALBEC, CABERNET FRANC, CABERNET SAUVIGNON 2016
$$$$ | VALE DE UCO | 14.6°

Este é o vinho mais ambicioso da casa. A primeira safra foi em 2003 e desde então vem de uma seleção de vinhedos em Agrelo e Perdriel. No entanto, e como Norton estava mostrando interesse em vinhedos mais altos, no vale de Uco, foram gradualmente entrando uvas desses lugares. Hoje, no entanto, a mudança foi radical e essa nova safra pela primeira vez é 100% do vale de Uco. 50% do Malbec vem de Gualtallary, 30% do Cabernet Franc vem de Altamira e o resto é Cabernet Sauvignon, que também

Norton

vem de Gualtallary. A mudança é sentida. A fruta é muito mais vermelha do que o habitual e a madeira (não há madeira nova no envelhecimento de 16 meses desse vinho) não tem maior relevância, deixando os sabores de frutas vermelhas serem exibidos com total liberdade. A estrutura é tensa, de taninos potentes, mas também de grande frescor graças a essa suculenta acidez. Uma tremenda mudança, que também se beneficia de uma safra fria, a mais fria da década. Muito disso está aqui.

 LOTE NEGRO UNIQUE EDITION
MALBEC, CABERNET FRANC 2017
$$ | VALE DE UCO | 14.5°

Lote Negro é uma mistura de 60% Malbec de Los Chacayes e 40% de Cabernet Franc de Altamira, ambas seleções de vinhedos. O envelhecimento é realizado por cerca de 14 meses em barricas antigas de 600 litros. O vinho tem muitas frutas vermelhas, as da Malbec, mas também as da Franc de Altamira, rugindo alto em um vinho de rica acidez, frescor crocante, mas ao mesmo tempo muita profundidade. Um vinho tenso, severo e firme.

 ALTURA
CABERNET FRANC 2018
$$ | VALE DE UCO | 14.5°

De uma vinha na fronteira entre Altamira e El Cepillo, geograficamente em Altamira, esta vinha foi plantada há 20 anos em solos aluviais. O caráter deste vinho é vermelho, de muitas frutas ácidas, com um leve toque de ervas, mas principalmente aquelas deliciosas frutas que deliciam. A textura é muito local. Com aqueles taninos firmes, com uma certa severidade quase monástica. Um vinho para pensar em guardar.

 ALTURA
PINOT NOIR 2019
$$ | VALE DE UCO | 13°

Gualtallary é a principal fonte de Pinot Noir para Norton. É uma vinha de cerca de dez anos, plantada em solos aluviais, com muitas pedras e cal. É impressionante como o lugar define esse Pinot. Mais do que Pinot, cheira a Gualtallary. Notas de ervas, cerejas e taninos de giz, que distinguem os vinhos locais. Um vinho floral, de ervas e frutado, que fala de um lugar muito especial no vale de Uco.

 PRIVADO FAMILY BLEND
MALBEC, CABERNET SAUVIGNON, MERLOT 2017
$$ | LUJÁN DE CUYO | 14.5°

Essa é uma mistura de vinhedos de Luján de Cuyo, especialmente Perdriel, mais algo de Las Compuertas e Vistalba, isto é, apenas áreas clássicas dos tintos de Mendoza. Tem 40% de Malbec, mais 30% de Cabernet Sauvignon e 30% de Merlot. Gradualmente, está ganhando frescor e frutas, mas sem perder peso. O envelhecimento em barricas é de 14 meses, um terço delas novas, o que significa uma grande mudança diante das antigas guardas prolongadas em madeira 100% nova. O vinho não perde peso, mantém o seu volume, mas ganha em frescor.

‹ prova de *vinhos* ›

ALTURA
MALBEC 2018
$$ | VALE DE UCO | 14.5°

Los Chacayes e sua área de solo pedregoso, a cerca de 1.300 metros acima do nível do mar, no Vale do Uco, geralmente dá taninos e texturas como a desse Malbec, pequenas agulhas que picam o paladar. O resto aqui é fruta vermelha madura, com toques especiados em um grande vinho.

ALTURA WHITE BLEND
SAUVIGNON BLANC, SÉMILLON, GRÜNER VELTLINER 2019
$$ | VALE DE UCO | 13°

Esta é uma mescla que é baseada em uvas do vale de Uco. A Sauvignon (50%) vem das alturas de San Pablo, enquanto a Sémillon (35%) vem de um vinhedo antigo, resgatado pela Norton na região de Altamira. O resto é de Grüner Veltliner de Agrelo. No nariz, as notas frias e herbáceas da Sauvignon dominam completamente, enquanto na boca o assunto é bastante compartilhado, com o frescor da Sauvignon, mas também o volume da Sémillon e da Grüner. Apesar disso, ainda é um vinho com acidez rica e muita textura.

D.O.C.
MALBEC 2017
$ | LUJÁN DE CUYO | 14°

D.O.C. é um vinho clássico no catálogo de Norton feito desde a safra 1994. É uma seleção de vinhedos em Luján de Cuyo, a denominação de origem estabelecida em outubro de 1989. Essa nova versão tem uma fruta semelhante à safra anterior, mas com a diferença de uma maior densidade devido a um ano mais quente, no entanto, não perde frescor. Aqui há taninos tensos e acidez em um vinho que é fácil de beber.

RESERVA
MALBEC 2018
$ | MENDOZA | 14.5°

Enquanto este vinho desenvolve seu estilo, as uvas de vale de Uco, um lugar mais fresco, vão ganhando terreno. Se no ano passado, 60% vinha de Uco, hoje esse percentual sobe para 70% enquanto o restante é da Agrelo. Um ano quente deu a este vinho uma intensidade especial, a fruta parece profunda e madura, enquanto a madeira, ao fundo, traz notas tostadas. É um vinho ainda muito jovem, que precisa de mais um ano para se integrar.

SPECIAL EDITION
GRÜNER VELTLINER 2018
$ | AGRELO | 12.8°

As primeiras videiras de Grüner Veltliner foram plantadas pela Norton no início de 2000 em Agrelo. Foram 6 hectares em uma espécie de tributo à origem austríaca dos proprietários da vinícola. A partir destas videiras vem esse branco que tem o lado da pimenta branca, o que é muito típico da variedade. A boca é dócil, rica em acidez e o corpo é muito leve, cheio de frutas brancas.

Norton

COLECCIÓN
MALBEC 2019
91 $ | ARGENTINA | **13.7°**

Este é o vinho base do Norton, um Malbec que vem de diferentes vinhedos e mostra como é bom o trabalho do enólogo David Bonomi e sua equipe. Este é um vinho delicioso, uma foto HD da Malbec e todas as suas frutas vermelhas ácidas, frescas e sua crocância na boca. Um vinho frutado, delicioso para beber e por um preço que é ridículo.

ROSADO DE MALBEC
MALBEC 2019
91 $ | MENDOZA | **12.8°**

Um rosé sério, com muita força na boca, esse vem de videiras plantadas há quase cem anos em Agrelo. O vinho foi fermentado em aço, com uma breve maceração na prensa de cerca de quatro horas apenas para obter aquela cor muito suave que se mostra. A acidez é suculenta e a fruta vermelha ácida dá muito vigor e frescor.

101 BUBBLES EXTRA BRUT
GRÜNER VELTLINER N/V
90 $ | AGRELO | **12°**

Esta já é a segunda versão desse Grüner Veltliner, um vinho feito pelo método Charmat de segunda fermentação em tanques de aço. Tem cerca de 5,5 gramas de açúcar, o que lhe dá uma vantagem de frescor. A borbulha é cremosa, mas sem perder seu lado pulsante e também serve como base para os sabores frutados se expressarem. Muito refrescante e suculento.

RESERVA
CHARDONNAY 2019
90 $ | VALE DE UCO | **14°**

Dos vinhedos de Gualtallary (80%) e do resto de Altamira e com seis meses de envelhecimento em barricas, é cremoso e simpático, com notas de frutas brancas maduras, atravessadas por uma acidez muito boa que dá equilíbrio. É um branco rico para paella de frutos do mar.

OUTRO VINHO SELECIONADO
88 | COLECCIÓN Torrontés 2019 | Mendoza | 13.3° | $

‹ *prova de **vinhos*** ›

Otronia

PROPRIETÁRIO Grupo Avinea
ENÓLOGO Juan Pablo Murgia
WEB www.bodegaotronia.com
RECEBE VISITAS *Não*

Enólogo
JUAN PABLO MURGIA

A uns 1.900 quilômetros de distância de Mendoza, muito ao sul, na parte oriental do lago Musters, em Chubut, o empresário argentino Alejandro Bulgheroni e o assessor italiano Alberto Antonino pensaram nesse lugar cheio de ventos e com chuvas escassas e de baixas temperaturas, um deserto onde no verão há 14 dias de sol (a fotossíntese não é o problema) e o no inverno as noites duram 12 horas. Em 2007 começaram a plantar o vinhedo e hoje tem 50 hectares plantados, principalmente com Chardonnay e Pinot Noir no projeto mais austral da América do Sul.

VINHOS

94 | **45 RUGIENTES CORTE DE BLANCAS**
GEWÜRZTRAMINER, PINOT GRIS, CHARDONNAY 2017
$$$$ | PATAGÔNIA ARGENTINA | **13.7°**

A base deste vinho é Gewürztraminer, com 60% da mistura, mais 25% de Pinot Gris e o resto de Chardonnay em um vinho que, como sua origem, não tem nada a ver com o que é produzido mais ao norte na Argentina. Esse tem notas florais, mas quase como se fossem flores maduras. A madurez é exuberante em um lugar que, na realidade, é um deserto, mas um deserto frio com muita luz, noites longas que permitem que as uvas amadureçam. Aqui você sente isso e também uma densidade untuosa, um corpo que tem uma tremenda acidez, mas ao mesmo tempo uma ampla madurez. Uma pequena loucura.

 45 RUGIENTES
PINOT NOIR 2017
$$$$ | PATAGÔNIA ARGENTINA | **13.5°**

É normal que a Pinot Noir tenha uma adaptação mais lenta ao local onde foi plantado. E especialmente em lugares extremos, como este vinhedo plantado em um deserto frio, ventoso e ensolarado, com solos de cal e intenso frio. É muito difícil projetar o caráter de Pinot Noir aqui. Essas videiras têm apenas 7 anos de idade, uma idade infantil. No momento, esse é um tinto suculento e simples, com muitas frutas vermelhas e notas de terra que refrescam. O futuro, vamos ver.

‹‹‹---›››

Passionate Wine

PROPRIETÁRIO Matías Michelini
ENÓLOGO Matías Michelini
WEB www.passionatewine.com
RECEBE VISITAS *Sim*

Proprietário & enólogo
MATÍAS MICHELINI

Este é o projeto de Matías Michelini, enólogo chave no panorama atual do vinho argentino. Michelini, vinculado a várias vinícolas como assessor, entre elas Zorzal, descarrega aqui livremente toda sua criatividade e também seu apreço a Tupungato (Vale de Uco) e seu setor de maior altitude, Gualtallary. As linhas principais de Passionate são **Vía Revolucionaria**, **Montesco** e, no mais alto do catálogo, **@Michelini**. Todas testemunham a personalidade dos vinhos de Michelini, que aposta em uma enologia de respeito pela origem, priorizando o frescor e a tensão da fruta. Um trabalho dos mais originais na América do Sul. **IMPORTADORES:** BRASIL: www.vinhomix.com | USA: www.brazoswine.com   www.ripewi.com

VINHOS

@MICHELINIWINE IRMA LIBERATA
SAUVIGNON BLANC 2012
$$$ | SAN PABLO | 13°

Agua de Roca vem de um vinhedo na região de San Pablo, rico em quartzo e limo, plantado em 2007. Esse Sauvignon fez história na Argentina por causa de seu estilo, radicalmente mineral e ácido. Irma Liberata é esse mesmo vinho, mas com 7 anos de envelhecimento em uma barrica de 500 litros. E esse estágio é o que imprime aqui um lado salino, fruto do envelhecimento na barrica, mas sobretudo porque ao longo dos anos desenvolveu um véu de flor como nos vinhos de Jerez. Tem corpo, muita intensidade, muita força e suavidade, mas acima de tudo uma acidez como uma flecha, a mesma que tem Agua de Roca, mas com um vestido completamente diferente.

@MICHELINIWINE FINCA LA BONITA
MALBEC 2017
$$$ | LOS CHACAYES | 14.5°

Com mais de 1.300 metros de altura, na área de Los Chacayes, essa pequena parcela de 1,2 hectare no leito branco do rio foi plantado com Malbec em 2010. Foi abandonada por um tempo e em 2017 o enólogo Matías Michelini a recuperou, no meio de um ataque severo de formigas. O vinho é feito em barricas abertas de 500 litros e ali estagia por dois anos. O vinho é uma delícia de frutos vermelhos e pretos, notas de ervas e um corpo intenso e firme, acidez suculenta com toques defumados. Um vinho completamente sedutor em frutas, ervas e em caráter.

@MICHELINIWINE MANOLO
CABERNET FRANC 2017
$$$ | SAN PABLO | 13.9°

Em um canto do vale do Uco, na área de San Pablo a 1450 metros de altitude, Manolo Pelegrina - sócio de Matías Michelini em Passionate Wines- plantou este vinhedo em 2012 e esta é a primeira colheita comercial de Cabernet Franc. O lugar é difícil, especialmente para geadas, e os rendi-

‹ *prova de **vinhos*** ›

mentos são baixos, e eles dão esse tipo de vinho frio, um Cabernet Franc rico em tabaco e ervas, em acidez e taninos tensos como um tinto de Loire, mas talvez com algo mais de frutas doces. Mas além das comparações, este é um vinho delicioso, crocante e refrescante.

@MICHELINIWINE TUPUNGATO DIVINO
SYRAH 2017
$$$ | GUALTALLARY | 13.5°

Tupungato Divino é um hotel em Gualtallary, que também tem um pequeno terreno de 0,8 hectare de Syrah cultivado organicamente que Matías Michelini trabalha desde a colheita de 2012. O envelhecimento ocorre em barricas de 500 litros por dois anos. O resultado é um vinho de grande força tânica, mais herbáceo que frutado, mais picante do que terroso. A variedade adaptada ao local, mostra aqui um vinho de montanha, enérgico, firme. Cerca de 1.200 garrafas são feitas deste vinho.

@MICHELINIWINE TUPUNGATO WINELANDS
MALBEC 2017
$$$ | GUALTALLARY | 14.5°

Plantado acima dos 1.350 metros de altura, nos solos aluviais e calcários de Gualtallary, este vinho mostra toda a exuberância daquele lugar, os aromas de ervas, frutas, terra em um corpo igualmente voluptuoso, mas com os taninos firmes de cal do solo. Esse é uma fotografia de Gualtallary, que está localizado em Tupungato Winelands, um vinhedo que foi divulgado pelos irmãos Michelini no início da década passada e que se tornou sinônimo dos vinhos dessa região em Uco.

SALTALLARY (PASSIONATE WINES | TACUIL)
SAUVIGNON BLANC 2017
$$$ | ARGENTINA | 13°

Uma comunicação enológica entre Matías Michelini e a família Dávalos produz este vinho que é 50% Sauvignon Blanc dos vinhedos Gualtallary, no vale de Uco, e outros 50% dos vinhedos de Tacuil a cerca de 2500 metros de altura, nos vales Calchaquíes. O encontro de dois mundos: a tensão e frescor de Uco com a exuberância e o corpo dos brancos do norte da Argentina. O resultado tem algo de ambos os mundos, bem equilibrado em um vinho de acidez ampla, exuberante, mas acentuada. O final é floral.

ESPERANDO A LOS BÁRBAROS
MALBEC 2018
$ | GUALTALLARY | 13.5°

A ideia por trás de Esperando a los Bárbaros é um Malbec nu, sem mais aditivos ou ingredientes agregados ao que é o fruto da zona. O vinho é desengaçado e fermentado e criado em ovos de cimento. E o que mostra é essa pureza frutada, com todos os ingredientes de Gualtallary: notas herbáceas, exuberância, notas de cerejas azedas vermelhas, taninos firmes mas ao mesmo tempo amigáveis. E essa suculência que torna tão fácil de beber.

VÍA REVOLUCIONARIA HULK
SÉMILLON 2019
$ | TUPUNGATO | 11°

A primeira colheita de Hulk foi em 2001 e no início este vinho foi colhido

Passionate Wine

muito antes, enfatizando seu lado verde (daí o nome) e seu vigor na acidez. Hoje está mais moderado e mostra mais um lado de mel e de frutos brancos que não tinha antes. Ele também tem uma certa cremosidade e untuosidade no meio de uma acidez sempre crocante.

 VÍA REVOLUCIONARIA LA C. GRANDE
CRIOLLA GRANDE 2019
$ | TUPUNGATO | 12°

De um vinhedo muito antigo em Campo Vidal, a sudeste de Gualtallary, essa Criolla Grande é fermentada em ovos de cimento e é um vinho delicioso para beber, suculento até não poder mais. "Isto é para entender a Criolla de um lugar de frutas, de pureza." Diz Matías sobre um vinho tinto que é tão leve, frutado e refrescante, que você não pode parar de beber.

 VÍA REVOLUCIONARIA PINK PANTER
MOSCATEL ROSADO 2019
$ | TUPUNGATO | 11°

"Quando se vê esse vinhedo em latada, tão carregado com aquelas uvas rosas, já se sabe que virá um vinho para beber sem parar." Matías Michelini fala sobre o antigo vinhedo de 1950 que ele usa para este Pink Panter. Fermenta com as peles e depois ter cerca de 30 dias de maceração até o engarrafamento. O vinho é seco, frutado, leve e pode ser classificado como vinho laranja, mas também funciona muito bem como vinho rosé.

 VÍA REVOLUCIONARIA PURA
BONARDA 2019
$ | TUPUNGATO | 12°

O primeiro Bonarda Pura no mercado foi graças à safra de 2011 e foi 100% maceração carbônica. Ao longo dos anos, o enólogo Matías Michelini começou a reduzir o percentual de carbônica porque sentiu que tirava a tensão da Bonarda. Este ano, apenas metade é carbônica e o vinho ganhou muito em estrutura, mas ainda é o mesmo vermelho de sempre, desta vez com um pouco mais de aderência.

Per Se

PROPRIETÁRIOS David Bonomi & Edgardo del Popolo
ENÓLOGOS David Bonomi & Edgardo del Popolo
RECEBE VISITAS Não

Proprietários & enólogos
EDGARDO DEL POPOLO & DAVID BONOMI

Per Se é o projeto de David Bonomi, enólogo chefe da Norton, e Edgardo del Popolo, encarregado vitícola de Susana Balbo Wines. Ambos sonharam Per Se como uma vinícola intimamente ligada ao terroir mendocino, com vinhos que mostrassem esse caráter de montanha. Sua história começa em 2012, mas é provável que a partir da safra mais fresca de 2016 os encontre em seu melhor momento, acima de tudo agora que estão obtendo as primeiras frutas de um vinhedo que compartilham com os monges do Monasterio del Cristo Orante, na zona de Monasterio, uma das mais altas de todo o vale do Uco e hoje

‹ *prova de **vinhos*** ›

um dos locais dos melhores vinhos da América do Sul. Nos solos calcários do lugar (intensamente brancos e pedregosos) e a uns 1500 metros de altura, no meio desse deserto de montanha. Bonomi e Del Popolo encontraram seu lugar no mundo.

VINHOS

99 — LA CRAIE
MALBEC, CABERNET FRANC 2018
$$$$$ | GUALTALLARY | 14°

Ao lado do setor de videiras que dá vida a Jubileus, mas desta vez olhando para o sul, uma exposição mais fria, daí vem La Craie. "Esse setor é o último lugar onde a neve derrete", diz o enólogo Edy del Popolo. Plantada em 2013 em um solo rico em cal, aqui se tem uma mescla de cerca de 70% de Malbec e 30% de Cabernet Franc, todos colhidos ao mesmo tempo. Jubileus à parte, que é o vinho mais horizontal e mais amplo do catálogo de Per Se, esse La Craie é um tipo de aprofundamento no estilo que tanto Popolo quanto o enólogo David Bonomi perseguem nesse terroir na zona de Monasterio e que se mostra solidamente em Volare: austeridade total, uma espécie de minimalismo. Enquanto a maioria de seus vizinhos em Gualtallary têm Malbecs exuberantes e suculentos (muitos deles entre os melhores que podem ser encontrados na Argentina), esse La Craie está em um caminho diferente. Esse solo e essa orientação fazem da Malbec um monge. Não há ornamentos de frutas ou flores aqui, apenas uma estrutura de taninos firme e tensa, uma acidez penetrante. Os sabores são minerais e não frutados. Tudo é austeridade. Um vinho que se move. O problema é que apenas 1.200 garrafas foram feitas em 2018, o que, em termos simples, significa que é um vinho que quase não existe, um vinho que poucos de vocês podem provar. Pedimos desculpas por incluí-lo aqui em Descorchados. Nossa única justificativa é que a tentação de descrevê-lo foi mais forte. Um pedido de desculpas, a propósito, patético.

99 — UNI DEL BONNESANT
MALBEC 2018
$$$$$ | GUALTALLARY | 13.5°

Temos sentimentos confusos, inclusive arrependimentos com esse vinho. E são sentimentos e arrependimentos confusos, porque Uni é um vinho tinto que, quase literalmente, não existe. Provém de uma pequena parcela de solos de cal, um canto, uma "unha", cujos solos são ricos no que é conhecido como "cimento índio" ou "caliche", uma mistura compacta de areia, de cal e de pedras, concreto natural e puro. Essa parcela foi plantada em alta densidade, mas ainda deu apenas cerca de 312 videiras que oferecem uma soma muito pobre de 300 garrafas. Sim, como você vê. E sim, não faz sentido falar sobre um vinho que não existe no mundo comercial. Pedimos desculpas por uma atitude que é, sem dúvida, um ato de egocentrismo, como também pediremos desculpas pelos outros vinhos de Per Se, também produzidos em pequenas quantidades, revisados aqui. Mas digamos que sim, concordam em experimentá-los. Se o fizerem, verão a conexão. Primeiro, Volare mostra a austeridade do solo de cal, decorado apenas com alguns sabores de frutas e flores; depois, La Craie, intenso da mesma maneira. Desta vez não há flores nem frutos, mas cimento transformado em vinho. E, finalmente, Uni, uma exacerbação das terras de Monasterio, a cerca de 1500 metros no vale de

Per Se

Uco. O solo não existe, apenas as pedras cobertas de cal na superfície, e então aquela camada compacta de cimento "índio", onde as videiras mal conseguem espalhar suas raízes em busca de nutrientes e de água. Tudo isso está na taça. Um Malbec (com algo de Cabernet Franc) que não parece ter sido feito de frutas, mas de pedras. Um vinho que é o melhor que provamos desde que cobrimos a Argentina em Descorchados, algo que fizemos há quase duas décadas.

 VOLARE
MALBEC 2018
$$$$$ | GUALTALLARY | 13.5°

Volare é o vinho de entrada do Per Se e vem das vinhas que os Monges de Cristo Orante plantaram ao lado de seu mosteiro, em 2010. É uma seleção dessa vinha, de setores de solos mais rasos e pedregosos. Essa já é a segunda safra proveniente dessa vinha, de apenas dois hectares. É como uma porta de entrada para o mundo de Per Se na área de Monasterio e é um começo brilhante. A austeridade da Malbec de Gualtallary, nascida em solos de cal, é claramente sentida aqui. Há notas de frutas vermelhas e também, a propósito, flores, mas o que definitivamente chama a atenção é a estrutura dos taninos, firmes como colunas de pedra. A acidez é brilhante, impulsiona os sabores, torna-os evidentes, enquanto o vinho é projetado no palato como uma flecha. De Volare 2018, foram feitas 1.600 garrafas. Um vinho impressionante, mas ao mesmo tempo muito difícil de encontrar, tanto que - devemos reconhecê-lo - é difícil incluí-lo nesse livro. Como todos os vinhos da casa, todos em pequenas quantidades, você precisa ter paciência para encontrar, nem que seja uma garrafa.

 INSEPARABLE
MALBEC 2018
$$$$ | GUALTALLARY | 13.8°

Inseparable é o vinho de entrada de Per Se e, também, é o que produz mais garrafas. Cerca de sete mil garrafas foram produzidas a partir dessa primeira safra, o que, no contexto das pequenas produções dessa vinícola (tão pequenas que, na prática, estão fora do circuito comercial), é muito vinho. Esse é 100% Malbec de vinhedos plantados em 2010, na área mais baixa da vinha de Monasterio, a cerca de 1.450 metros acima do nível do mar, em solos pedregosos e arenosos, com um pouco de cal. A colheita de 2018 foi quente e seca, mas isso não aparece aqui. Por outro lado, o estilo dos vinhos Per Se, sempre frescos e luminosos, dá seus primeiros passos nesse Inseparable. As frutas vermelhas, toques de violeta e de acidez firme, junto com taninos de cal, muito precisos, definidos e pulsantes.

 JUBILEUS
MALBEC 2018
$$$$$ | GUALTALLARY | 14°

É apenas uma questão de contexto. Comparado com Volare e, acima de tudo, com Uní, esse Jubileus parece ser o mais untuoso, o mais "horizontal" dos vinhos da casa. Mas é só isso. Contexto: em outro lugar, esse vinho seria uma flecha, mas no pequeno universo de Per Se, esse é o mais exube-

‹ prova de *vinhos* ›

rante. E essa exuberância se deve em parte (em grande parte) ao solo onde as videiras foram plantadas. É um solo com mais limo entre as pedras, o cal e a areia, o que parece ser responsável por essa estrutura mais ampla, de maior peso no meio do palato, maior volume. O resto é mais do mesmo: deliciosas frutas vermelhas ácidas, acidez firme como um cabo de tensão. É a primeira vez que Jubileus vem 100% dessa nova vinha de Per Se em Monasterio, em uma colina plantada pelo enólogo Edy del Popolo em 2013. Se houvesse uma espécie de linha entre os vinhos dessa vinícola, Jubileus vai em outra direção se comparado com Volare, La Craie e Uní. A partir deste Jubileus 2018, apenas 1.500 garrafas foram feitas.

Perdriel

PROPRIETÁRIO Gernot Langes-Swarovski
ENÓLOGO David Bonomi
WEB www.perdrielwines.com
RECEBE VISITAS *Sim*

Enólogo
DAVID BONOMI

Perdriel é parte do **grupo Norton,** uma das maiores vinícolas da Argentina. Esta é de tamanho médio: produz umas 300.000 garrafas ao ano. O foco de seus vinhos é, como o nome já adianta, a zona Perdriel, no coração de Luján de Cuyo. Tem, além de Malbec, Cabernet Sauvignon, cepa presente no monovarietal **Series** e na mescla de alta gama **Centenario.** **IMPORTADOR:** BRASIL: www.winebrands.com.br

VINHOS

PERDRIEL VINEYARD SELECTION
MALBEC, CABERNET SAUVIGNON, CABERNET FRANC 2015
$$$$ | MENDOZA | 14.5°

A base deste vinho é 60% de Malbec e 20% de Cabernet Sauvignon de vinhas velhas, com cerca de 80 anos, plantadas por Norton em Perdriel. O resto é um novo Cabernet Franc, que foi plantado em 2003 na mesma finca, os cem hectares de onde Perdriel obtém todos os seus vinhos. Esta seleção de vinhedos é fermentada em barricas, todas novas, e depois o vinho é cultivado nesses mesmos recipientes por 18 meses. A fruta tem muito da área. É uma espécie suculenta, com muitas notas de especiarias e de frutas vermelhas maduras em um contexto de vinho imponente, mas com espaço suficiente para os taninos serem afiados e para a acidez refrescar, proporcionando equilíbrio. Este vinho é para guardar.

CENTENARIO
MALBEC, CABERNET SAUVIGNON, MERLOT 2017
$$$ | MENDOZA | 14°

Centenario é uma seleção de vinhas velhas, entre 50 e 80 anos de idade, com 40% de Malbec, 30% de Cabernet Sauvignon e 30% de Merlot, todas em torno da vinícola em Perdriel. O envelhecimento é de cerca de 14 meses, tudo em barricas antigas. O resultado é um vinho muito frutado e fresco, mas com o frescor dos vinhos de Perdriel, aquele calor suave que envolve a boca. A força dos taninos esta ai, mas equilibrada por essa espécie de sensação amável e frutada.

Perdriel

92 | SERIES MALBEC 2018
$$ | LUJÁN DE CUYO | 14°

De vinhedos plantados entre 30 e 50 anos, todos em Perdriel em torno da vinícola e com estágio de 12 meses em barricas usadas, aqui a fruta de Perdriel, que é uma área quente, é mostrada em seu lado mais fresco, mais crocante. Graças ao trabalho do enólogo David Bonomi, que tem avançado as colheitas subtraindo a influência da madeira para alcançar esse tipo de vinho vibrante.

91 | SERIES CABERNET SAUVIGNON 2018
$$ | LUJÁN DE CUYO | 14°

Dos cem hectares que a vinícola possui em Perdriel, oito são de Cabernet Sauvignon para esse Series, um tinto rico em toques de ervas, com aromas especiados e leves toques de tabaco. O corpo é firme, com uma boca intensa em taninos e notas de mentol que são sentidas no final. Delicioso e com menos madeira do que no passado, também muito frutado.

91 | SERIES SAUVIGNON BLANC 2019
$$ | LUJÁN DE CUYO | 13.5°

Um verdadeiro desafio para obter este tipo de frescor e este tipo de nervo sob o intenso sol de Perdriel. Um vinho refrescante e suculento, que vem de um par de quartéis de Sauvignon que cercam a vinícola. Em duas datas de colheita, aqui há uma deliciosa acidez e muitas notas de ervas. 10% deste vinho estagia em barricas e o restante em ovos de cimento.

Piattelli Vineyards

PROPRIETÁRIOS Jon & Arlene Malinski
ENÓLOGOS Valeria Antonlin & Alejandro Nesman
WEB www.piattellivineyards.com
RECEBE VISITAS *Sim*

Enólogo
ALEJANDRO NESMAN

Piattelli é o projeto de um casal de americanos de Minnesota, Jon e Arlene Malinski. Em 2001, enquanto viajavam em Mendoza, eles foram tomados pelo lugar e por seu povo e decidiram transformar suas vidas e se mudar para produzir vinhos. Primeiro foi a vinícola de Agrelo e os vinhedos que a rodeiam, além de outros no vale de Uco, e depois a expansão para Cafayate, onde eles têm uma segunda vinícola. O portfólio da vinícola, portanto, é dividido entre Mendoza e os vinhos do norte da Argentina. **IMPORTADORES:** BRASIL: www.vinhosdomundo.com.br | USA: www.vinocopia.com

‹ *prova de vinhos* ›

VINHOS

 ARLENE SERIES
MALBEC, CABERNET SAUVIGNON, CABERNET FRANC 2016
$$$ | CAFAYATE | 14.8°

Todo o calor e o sol das alturas de Cafayate concentram-se neste vinho, o mais ambicioso do catálogo de Piattelli. De um vinhedo a 1.700 metros, tem uma maceração carbônica de cachos e depois estagia em barricas. O efeito da maceração (pensado, geralmente, para vinhos mais simples e frutíferos) parece funcionar aqui fornecendo a fruta no meio de uma cascata de taninos e de potência ácida. Um vinho muito jovem que requer tempo e atenção.

 **TRINITÁ**
MALBEC, CABERNET SAUVIGNON, MERLOT 2016
$$$ | MENDOZA | 14°

Esta é uma mistura de vinhas da zona de Luján de Cuyo e de Los Chacayes, esta última no vale de Uco. As três cepas são vinificadas separadamente, tanto em aço quanto em ovos de cimento e a mistura vai estagiar em barricas. As frutas mostram um lado fresco e vermelho, embora seja um vinho com muito corpo e taninos firmes e muito jovens. Dê um par de anos em garrafa.

 GRAND RESERVE
MALBEC 2017
$$ | CAFAYATE | 14°

Das alturas de Cafayate, a cerca de 1.700 metros e com doze meses de barrica, este Malbec mostra toda a maturidade especiarias dos vinhos tintos do norte. Aqui há taninos firmes e musculosos que sustentam sabores frutados maduros e envolvente. Um grande vinho para guisados.

 **GRAND RESERVE**
MALBEC 2017
$$ | LUJÁN DE CUYO | 14°

Para seu **Grand Reserve** Piattelli usa vinhas velhas em Luján de Cuyo. O vinho estagia por um ano em barricas e esse tempo é sentido nos aromas defumados e torrados que ele mostra. No entanto, existe uma boa camada de frutas atrás, que consegue equilibrar a madeira. Como um bom exemplo de Luján, este Malbec tem uma textura deliciosamente suave.

 LIMITED EDITION
CHARDONNAY 2018
$$ | TUPUNGATO | 14°

Esta é uma seleção de barricas de vinhos nascidos na Finca San José, em Tupungato, a mais de 1200 metros de altitude. O vinho estagia por seis meses em madeira e o resultado é um Chardonnay amplo e doce, com sabores tostados e de frutas maduras, no meio de um corpo de estrutura muito boa. Para frutos do mar gratinados.

OUTROS VINHOS SELECIONADOS
89 | PIATTELLI Torrontés 2019 | Cafayate | 14° | $
87 | GRAND RESERVE Cabernet Sauvignon 2017 | Tupungato | 14° | $$
87 | RESERVE Malbec 2018 | Cafayate | 14° | $

Piedra Líquida

PROPRIETÁRIOS Juan Pablo Calandria & Giuseppe Franceschini
ENÓLOGO Giuseppe Franceschini
RECEBE VISITAS Sim

Proprietários & enólogo
JUAN PABLO CALANDRIA & GIUSEPPE FRANCESCHINI

Talvez sem ser tão chamativo como alguns de seus colegas, o italiano estabelecido em Mendoza, Giuseppe Franceschini, é hoje um dos personagens chave do vinho mendocino, sobretudo se pensarmos em brancos e, especialmente, se se trata de Sauvignon Blanc. Piedra Líquida é outro de seus projetos e nesse está com o viticultor Juan Pablo Calandria, que tem um vinhedo nas encostas da zona de El Peral, no vale do Uco. Essa é a fonte das uvas de Piedra Líquida e dali vêm excelentes Sauvignon, Malbec e Pinot Noir, todos com essa marca fresca e tensa dos vinhos dessa zona aos pés dos Andes. Atualmente, o projeto produz cerca de 50 mil garrafas, todas de El Peral.

VINHOS

95 — PIEDRA LÍQUIDA
MALBEC 2016
$$$ | MENDOZA | 14.8°

Este vinho vem das colinas de El Peral, ao sul de Gualtallary, entre árvores e encostas a cerca de 1250 metros de altura. O vinho é envelhecido por 22 meses em barricas, todas usadas. O resultado é um delicioso exemplo da fruta de El Peral, aquela área fresca e verde no meio do deserto Uco. E também é um excelente exemplo de um ano frio como 2016, o mais frio da década em Mendoza. Puras cerejas e violetas nesse pequeno deleite de Giuseppe Franceschini, um enólogo que construiu sua reputação com os brancos, mas que pode fazer deliciosos tintos.

94 — PIEDRA LÍQUIDA
SAUVIGNON BLANC 2018
$$$ | MENDOZA | 13.5°

Este Sauvignon vem de El Peral, ao sul de Gualtallary no extremo norte do vale de Uco. A vinha foi plantada há cerca de seis anos em solos arenosos compactados com cascalhos. Fermenta e estagia em barricas durante 14 meses. Esse tem todo o caráter frutado da cepa, notas cítricas e também um leve toque salino no final. O corpo é generoso, com uma textura amável e redonda. Um dos melhores brancos hoje na Argentina.

92 — TINTO NATURAL
MALBEC, SAINT JENET 2018
$ | MENDOZA | 14.2°

Trata-se de uma mistura de 93% de Malbec e o restante de Saint Jenet, tudo do vinhedo de Piedra Liquida, na região de El Peral, na parte norte do vale de Uco. É completamente natural, isto é, nada mais do que uvas foram adicionadas na fermentação e o dióxido de enxofre foi evitado no engarrafamento. Aqui há muitas frutas vermelhas maduras em um vinho exuberante e ao mesmo tempo muito fresco, com taninos deliciosos e muito polidos.

‹ *prova de **vinhos*** ›

CANOTA
MALBEC 2016
$$$ | MENDOZA | 14.5°

No vale de Canota, a cerca de mil metros de altitude e a cerca de 20 quilômetros ao norte da cidade de Mendoza, o solo é de ardósia e o clima é temperado quente. É uma área ainda pouco explorada e onde Piedra Líquida tem doze hectares. Esse 100% de Malbec tem um caráter de fruta negra muito marcante. Frutas negras, frutos secos e também muitas especiarias. O corpo é generoso, moldado pelo álcool.

Piedra Negra

PROPRIETÁRIO François Lurton
ENÓLOGO Alfredo Mestre
WEB http://www.bodegapiedranegra.com
RECEBE VISITAS *Sim*

Gerente de enologia
THIBAULT LEPOUTRE

E sta é uma das vinícolas de François Lurton, proprietário de projetos no Chile, na Espanha e em sua terra natal, na França, onde faz parte de uma família de Bordeaux que está neste ramo há várias gerações. François e seu irmão Jacques Lurton chegaram a Mendoza na década de 1990 como assessores de Catena Zapata. Com o tempo, eles criaram seu próprio projeto no vale de Uco, especificamente na cordilheira e no setor árido de Los Chacayes, onde começaram a plantar vinhedos há mais de duas décadas. Essas videiras hoje são a base para o seu portfólio de vinhos, vinhedos pioneiros em uma área que atualmente está em voga na Argentina. **IMPORTADOR:** USA: www.atlasimports.com

VINHOS

GRAN LURTON CORTE ARGENTINO
CABERNET SAUVIGNON, MALBEC 2017
$$ | LOS CHACAYES | 15°

Este **Corte Argentino** possui 85% de Cabernet Sauvignon e o resto de Malbec. Nas primeiras versões deste vinho, a Cabernet era colhida um mês depois do que agora, e isso deu um vinho mais frutado, embora ainda seja um tinto encorpado, dominado pelos intensos taninos da Cabernet nos solos pedregosos de Los Chacayes À medida que o vinho se abre na boca, mostra mais e mais frutas, mais e mais frescor.

GRAN MALBEC
MALBEC 2017
$$$ | LOS CHACAYES | 15.5°

Das vinhas de 20 anos, plantadas pelos irmãos Jacques e François Lurton em Los Chacayes, estagiam por um ano, metade em novas barricas. Esse vinho, como de costume, é severo, intenso, de taninos selvagens, que inundam a boca com sua textura intensa e nítida. Ao falar sobre a textura dos vinhos de Los Chacayes, como são selvagens e indomáveis, pensem nesse vinho para entender do que se trata.

Piedra Negra

 L'ESPRIT DE CHACAYES SIN AZUFRE
MALBEC 2019
$$ | LOS CHACAYES | 15°

Fermentado e estagiado em um ovo de cimento, este é um novo vinho da casa. Possui 70% de Malbec de seleções massais e o restante de Côt, uma importação clonal da França que geralmente dá vinhos de maior acidez e taninos. O vinho não contém sulfitos, ou seja, esse composto não é adicionado para evitar doenças e oxidação, que aqui causa o efeito semelhante ao do Vuelà Malbec: a pureza da fruta na frente, em um delicioso e concentrado suco de frutas vermelhas maduras.

 GRAN LURTON CORTE FRIULANO
TOCAI, SAUVIGNON BLANC 2019
$$ | LOS CHACAYES | 14.5°

Corte Friulano é elaborado desde a safra de 2006 e já é um clássico da vinícola. Esse ano, como na colheita anterior, possui 90% de Tocai e o restante de Sauvignon Blanc, todo de vinhas plantadas em 2002 nos solos de pedra de Los Chacayes. É um vinho perfumado, suculento, especiado e muito fresco. A acidez é acentuada, os sabores maduros e amplos.

 L'ESPRIT DE CHACAYES
MALBEC 2019
$$ | LOS CHACAYES | 15°

Trata-se de uma mistura de 70% de Malbec massal, o tradicional material da cepa na Argentina, mais 30% de Côt, um Malbec importado da França por Piedra Negra. A diferença é que o último é mais severo, mais rico em acidez e de taninos. Aqui nesta mistura o que prevalece é um Malbec argentino, com toda a sua exuberância. Mas tenha cuidado com a textura, que aqui é acentuada, sustentando a acidez e proporcionando frescor.

 GRAN LURTON ROSADO
PINOT GRIS, CABERNET FRANC 2019
$$$ | LOS CHACAYES | 13.5°

Trata-se de um ovo de cimento de três mil litros, um terço de Cabernet Franc sem casca e o restante de Pinot Gris. O vinho permanece oito meses nesse ovo e depois direto para garrafa. Atenção aqui com a textura. É um rosé sério, com uma arquitetura firme de taninos e uma acidez acentuada que projeta os sabores de frutas em um vinho que precisa de camarão, que dera se fosse num ceviche.

RESERVE
MALBEC 2018
$ | LOS CHACAYES | 14.5°

Com 80% de Malbec das seleções de massais argentinas e 20% do material importado da França, esse tem um lado predominante frutado, que é o lado do material local, que fornece toda essa exuberância típica dos Malbec de Uco, enquanto o clone estrangeiro adiciona acidez e taninos em um vinho grande, de muito boa profundidade e força.

‹ *prova de **vinhos*** ›

 GRAN LURTON JACKOT
TOCAI 2018
$ | LOS CHACAYES | 14°

Há muita força neste Tocai. De videiras plantadas há cerca de 25 anos em Los Chacayes, esse se sente com muita aderência na boca, mas ao mesmo tempo com muitas frutas brancas maduras que enchem a boca. É um vinho amável e grande, para ser bebido com caranguejo.

 RESERVE
PINOT GRIS 2018
$ | LOS CHACAYES | 13°

Os vinhedos de Pinot Gris de Piedra Negra já têm uma idade mais do que respeitável de 20 anos e hoje eles estão dando uma deliciosa fruta. 30% deste Reserve estagia em madeira, com o contato com suas borras, o que lhe confere cremosidade extra, se comparada à versão Alta Colección, mais abaixo no catálogo. Aqui há frutas maduros, muita profundidade e suculenta madurez.

 ALTA COLECCIÓN
PINOT GRIS 2018
$ | LOS CHACAYES | 13°

Piedra Negra usa seus próprios vinhedos de Pinot Gris, plantados sobre as pedras de Los Chacayes, no vale de Uco. Para esse Pinot Gris de leves toques rosados e de frutas deliciosas e refrescantes, há flores e ervas, mas especialmente sabores de frutas brancas maduras em um vinho com um corpo muito bom e textura com garras para pensar em ouriços.

 VUELÀ SIN SULFITOS AGREGADOS
(ALTA COLECCIÓN) MALBEC 2019
$ | LOS CHACAYES | 14.5°

Esse Malbec é livre de sulfitos, um composto para prevenir doenças e oxidação. Sem enxofre, os vinhos tendem a expressar seu lado frutado com mais clareza e, nesse caso, parece um suco de fruta delicioso, simples e direto. Esse é um excelente exemplo de quão potável a Malbec pode ser quando é feita sem mais ambição do que ser refrescante.

OUTRO VINHO SELECIONADO
88 | ALTA COLECCIÓN Pinot Gris 2018 | Los Chacayes | 13° | $

Polo

PROPRIETÁRIO Polo Bodega y Viñedos
ENÓLOGO Tomás Stahringer
WEB www.bodegapolo.com
RECEBE VISITAS *Não*

Enólogo
TOMÁS STAHRINGER

Esta vinícola familiar foi fundada no início dos anos noventa por Ramón Polo. Boa parte de seus vinhos vem da finca Doña Luisa, uma propriedade situada a mil metros de altura em La Consulta, vale do Uco. À sua vinícola principal, em Carrodilla, Luján de Cuyo, acrescentaram em 2011 uma vinícola somente para espumantes, em Coquimbito, Maipú. A produção de Polo, de umas 350.000 garrafas anuais, está sob responsabilidade do enólogo Tomás Stahringer (Vinyes Ocults).

VINHOS

 HERENCIA LA PALABRA
MALBEC 2017
$$ | LA CONSULTA | 13.9°

Esse vinhedo em La Consulta foi plantado pela família Polo há 22 anos. Essa é uma seleção de solos pedregosos da propriedade, com baixos rendimentos que dão maior concentração. O vinho é envelhecido por 12 meses em barricas usadas e tem o caráter maduro e untuoso dos vinhos da região, mas aqui também com um aperto especial dos taninos e uma importante presença de acidez que refresca tudo, o que dá uma sensação geral de maior nervo, cortando a doçura.

 HERENCIA LA PALABRA
MALBEC, CABERNET SAUVIGNON, MERLOT 2017
$$ | LA CONSULTA | 14°

Essa mistura representa mais ou menos as variedades que estavam no vinhedo de Polo em La Consulta no início, quando foi plantado em 1997. Aqui há 60% de Malbec, 35% de Cabernet Sauvignon e 5% de Merlot. Hoje, devido a problemas comerciais, a Merlot foi substituído no vinhedo, mas esse vinho continua a mostrar o que eram essas vinhas, a base dos tintos do Polo. Esse tem um corpo quase delicado, com taninos muito finos e uma fruta suculenta, muito definida pelos seus toques especiados e herbáceos. O final tem um dulçor agradável.

 HERENCIA RESPETO BLEND DE BLANCAS
CHARDONNAY, VIOGNIER, TORRONTÉS 2018
$ | VALE DE UCO | 12.5°

70% desta mistura é Chardonnay da área de Gualtallary, mais 25% de Viognier que vem de Los Chacayes. O resto é de Torrontés de Gualtallary. O vinho é conservado em tanques de aço, com suas borras, por cerca de 6 meses e o envelhecimento dá mais textura, sabores ligados a uma fruta madura, profunda, com toques especiados. O vinho tem um corpo muito bom, com uma acidez que se manifesta desde o início.

‹ *prova de **vinhos*** ›

HERENCIA RESPETO BRUT NATURE
PINOT NOIR N/V
$$ | LA CONSULTA | 12.5°

Feito pelo método Charmat de segunda fermentação em tanques, e com um longo estágio com suas borras de seis meses, um Charmat "longo", este tem foco nos frutos da Pinot, os sabores de frutas vermelhas são refrescantes e a borbulhas suaves. Um vinho ideal para ser servido por taças como aperitivo.

HERENCIA TRABAJO
MALBEC 2018
$ | LA CONSULTA | 13.7°

Esse vinho vem de La Consulta, de uma vinha de Malbec de cerca de 22 anos. 20% do vinho estagia em barricas usadas durante um ano, mas o resto que passa em tanques é o que dá todas as frutas aqui, uma fruta deliciosa de Malbec, com toques florais, mas acima de tudo muitas frutas vermelhas frescas em uma excelente relação preço-qualidade.

Pyros Wines

PROPRIETÁRIO Família Pon
ENÓLOGO José Morales
WEB www.pyroswines.com
RECEBE VISITAS Não

Enólogo
JOSÉ MORALES

Pyros é uma das vinícolas do grupo Salentein. Seus vinhedos estão em Pedernal, na parte mais alta de San Juan, província que se limita ao norte com La Rioja e ao sul com Mendoza. Ali plantaram no ano 2008 seus vinhedos, em uma zona há pouco tempo explorada para a viticultura. Desde 2011 o enólogo é José Morales e o viticultor Gustavo Luis Matocq, que tem vários anos de experiência neste lugar. O consultor enológico é o californiano Paul Hobbs. **IMPORTADORES:** BRASIL: www.zahil.com.br | USA: www.taubfamilyselections.com

VINHOS

96 | **LIMESTONE HILL VINEYARD**
MALBEC 2016
$$$ | PEDERNAL | 14.1°

Limestone Hill é uma seleção de Malbec de uma encosta rica em cal que, de acordo com Pyros, é uma formação de cal geológica não aluvial, não arrastada pelos rios como de costume na Cordilheira dos Andes. A diferença fundamental é que aqui as rochas são feitas de cal, não cobertas por ela. Como isso influencia o vinho? Aqui a principal característica é a tensão dos taninos. Se você olhar de perto, este não é um vinho de grande concentração, mas de taninos firmes e nervosos, quase como se fosse um Nebbiolo ou Baga. Aqui há um vinho excepcional em todos os seus aspectos, na fruta que é muito vermelha e radiante. Fruta radiante numa expressão generosa, suculenta e vibrante. Uma amostra do potencial de uma área e o que um solo pode fazer em um vinho.

Pyros Wines

 APPELLATION VALLE DE PEDERNAL
MALBEC 2017
$ | PEDERNAL | 14°

Este vinho é proveniente de quartéis com maior presença de limos e areias e menor presença de cal. Produzem cerca de dez mil caixas de doze garrafas desse vinho, de um total de 16 mil que produz a vinícola, ou seja, esse corte é a porta de entrada para o mundo de Pedernal e também a base dos vinhos Pyros. E a entrada é muito boa este ano. Tem muito nervo, deliciosa acidez e muitas frutas vermelhas em um corpo amável, mas com taninos afiados como agulhas.

 APPELLATION VALLE DE PEDERNAL
SYRAH 2017
$ | PEDERNAL | 14.6°

Este Syrah vem de uvas compradas de uma fazenda ao lado da propriedade de Pyros, a cerca de 1300 metros acima da encosta leste. O vinho tem uma deliciosa generosidade em frutas vermelhas maduras em um corpo untuoso e amável, pronto para beber agora. Uma ótima relação entre preço e qualidade.

Renacer

PROPRIETÁRIO Patricio Reich
ENÓLOGO Lucas Amoretti
WEB http://www.bodegarenacer.com.ar
RECEBE VISITAS Sim

Enólogo
LUCAS AMORETTI

Renacer é de propriedade de Patricio Reich, um executivo chileno com uma longa história na comercialização de vinhos. Em 2003 mudou-se para Mendoza para iniciar a vinícola Renacer, na tradicional área de Perdriel, em Luján de Cuyo. Um ano depois, ele construiu a vinícola de pedra ali mesmo, um símbolo da marca. Em torno da vinícola existem cerca de 30 hectares de vinhas que correspondem à base dos vinhos da casa. Hoje eles produzem cerca de dois milhões de garrafas. **IMPORTADORES:** BRASIL: www.vinhosdomundo.com.br | USA: www.winebow.com

VINHOS

 RENACER
MALBEC 2015
$$$ | VALE DE UCO | 14.5°

Renacer utiliza uvas em El Cepillo para seu Malbec mais ambicioso. Um lugar extremo, ao sul do vale de Uco, muito perto da pré-cordilheira e também com uma permanente afeição às geadas. Os vinhos que vêm de lá têm a expressividade deste Renacer, as frutas vermelhas e frescas, os tons das flores, em meio a taninos firmes e severos. Tem dois anos em barricas e as notas tostadas da madeira aparecem, mas não são protagonistas. Um vinho para guardar.

 RENACER
CABERNET FRANC 2016
$$$ | MENDOZA | 14.5°

Este é um Cabernet Franc que vem de dois vinhedos, o primeiro de Vista Flores, no vale de Uco, e o segundo em Perdriel, ao lado da vinícola de Renacer. O envelhecimento se estende por doze meses em barricas. As notas de ervas ficam em primeiro plano, enquanto os sabores maduros de frutas vermelhas e as notas de especiarias ficam no fundo. O corpo tem taninos muito polidos que deslizam pela boca sem problemas. Um bom exemplo de um Franc de clima quente.

92 | RENACER ROSÉ
PINOT NOIR 2019
$$ | GUALTALLARY | 13.5°

Um rosé delicado, fresco e muito perfumado, esse vem das vinhas pedregosas e calcárias de Gualtallary, no vale de Uco. Um Pinot Noir com toques suaves e especiados, mas principalmente frutas em um corpo etéreo, com acidez fina e taninos polidos e pulsantes. À medida que o vinho passa tempo em garrafa, as notas florais ganham território, sempre num contexto de grande elegância.

90 | CALIBRE REPASSO
MALBEC, CABERNET FRANC, CABERNET SAUVIGNON 2018
$ | Luján de Cuyo | 13.5°

Frutas vermelhas maduras em um vinho de muito boa estrutura, de taninos firmes em acidez feito de acordo com a técnica do ripasso Veneto, misturando o bagaço do Amarone, nesse caso, do Milamore, com um vinho jovem. O resultado, com 5 gramas de açúcar residual, funciona surpreendentemente bem. Sente-se fruta madura, mas também acidez e ricas notas herbáceas.

OUTROS VINHOS SELECIONADOS
89 | PUNTO FINAL RESERVA Malbec 2017 | Luján de Cuyo | 13.5° | $
88 | PUNTO FINAL Cabernet Sauvignon 2018 | Luján de Cuyo | 14° | $
88 | PUNTO FINAL Malbec 2018 | Luján de Cuyo | 14° | $
88 | PUNTO FINAL RESERVA Cabernet Franc 2017 | Luján de Cuyo | 13.5° | $
88 | PUNTO FINAL ROSÉ Malbec 2019 | Luján de Cuyo | 13.5° | $
86 | CALIBRE Malbec 2018 | Vale de Uco | 14° | $

Ricardo Santos

PROPRIETÁRIO Família Santos
ENÓLOGO Patricio Santos
WEB www.ricardosantos.com
RECEBE VISITAS Sim

Enólogo
PATRICIO SANTOS

A família Santos sempre esteve ligada ao vinho. Manuel Santos comprou a vinícola Norton nos anos 1950, que permaneceu na família até o ano 1990. Ricardo, seu filho, dirigiu Norton e então iniciou um projeto familiar com o nome dele por volta de 1992. Os Santos hoje têm cerca de 11 hectares de vinhedos, na área de Russel, em Maipú. Ricardo morreu em 2018 e hoje seus filhos, Patrício e Pedro, estão encarregados dos negócios da família. **IMPORTADORES:** BRASIL: www.premiumwines.com.br | USA: www.globalvineyard.com

VINHOS

92 | EL GRAN MALBEC DE RICARDO SANTOS
MALBEC 2013
$$$ | MENDOZA | 14.5°

Em um estilo old school, privilegiando o envelhecimento em barricas, que aqui

Ricardo Santos

se estende por três anos, tudo em madeira usada. A fruta vem do vinhedo que Ricardo Santos plantou em Russel, Maipú, em 1992, dois anos depois de sua família ter vendido a Norton. Atenção aqui com as notas de frutas vermelhas e os toques de frutos secos, que são mostrados no meio dos toques defumados da madeira. O corpo é leve, os taninos polidos graças ao tempo. Um vinho clássico.

 91 | RICARDO SANTOS SÉMILLON 2019 | $ | MENDOZA | 14.5°

Os Santos recorrem a um vinhedo de Sémillon muito antigo, plantado há 75 anos em Perdriel. A primeira colheita deste vinho foi em 2007 e foi um dos pioneiros no resgate da variedade na Argentina. A Sémillon aqui é claramente mostrada, as notas de mel e de frutas brancas em um corpo médio, amigável, com toques de ervas e muito frescor. Com um grau de álcool muito próximo de 15 graus (o rótulo indica 14,5, mas o grau é um pouco mais alto) esse é surpreendentemente tenso. Para beber com frutos do mar gratinados.

OUTROS VINHOS SELECIONADOS
89 | EL MALBEC DE RICARDO SANTOS Malbec 2018 | Mendoza | 14° | $
89 | TERCOS Torrontés 2019 | Cafayate | 13° | $
84 | TERCOS Malbec 2018 | Mendoza | 13.5° | $

Riccitelli Wines

PROPRIETÁRIO Matías Riccitelli
ENÓLOGO Matías Riccitelli
WEB www.matiasriccitelli.com
RECEBE VISITAS Sim

Enólogo
MATÍAS RICCITELLI

Enólogo desde 2003 da vinícola Fabre Montmayou e filho do lendário produtor de vinhos da Norton Jorge Riccitelli, Matías Riccitelli começou a engarrafar sua própria linha de vinhos em 2009. Depois de alguns anos, seu projeto foi transformado em uma vinícola em Las Compuertas, onde produz atualmente cerca de 400.000 garrafas. Produz vinhos de diferentes terroirs de Mendoza, especialmente de vinhedos antigos que administra em La Consulta, Perdriel e Vistalba, bem como de vinhedos mais jovens em Uco.

IMPORTADORES: BRASIL: www.winebrands.com.br | USA: www.elixirwinegroup.com

96 | RICCITELLI & FATHER MALBEC, CABERNET FRANC 2017 | $$$$ | LAS COMPUERTAS | 14.5°

Este vinho reúne o trabalho de Matías Riccitelli e seu pai, Jorge, um dos mais importantes enólogos da era moderna do vinho argentino e durante anos à frente da Bodega Norton. Esse tem 80% dos antigos vinhedos de Malbec de Las Compuertas, ao lado do rio Mendoza, e o resto de Cabernet Franc em solos pedregosos de Los Chacayes. 100% estágio em foudres por cerca de 18 meses. Matías Riccitelli diz que essa é uma seleção dos melhores vinhedos que eles têm em Las Compuertas com o melhor do que eles tem em Los Chacayes. Aqui há muita tensão de acidez de taninos e uma forte presença das notas herbáceas da Cabernet Franc, mas rodeadas pelas notas de frutas vermelhas e vibrantes da Malbec de Las Compuertas.

*‹ prova de **vinhos** ›*

95 OLD VINES FROM PATAGÔNIA
TORRONTÉS 2019
$$$ | RÍO NEGRO | 12°

Não é comum encontrar Torrontés em Rio Negro, uma cepa mais vista no norte da Argentina ou em La Rioja. Segundo Matías Riccitelli, os Torrontés do sul têm tudo o que se espera da cepa, mas na medida certa, isto é, não cansam como muitos exemplos da uva. Esse Torrontés vem de vinhas plantadas no final dos anos 60 e é fermentado em ânforas italianas de barro e lá estagiam por cerca de 7 meses e o resultado é uma visão completamente diferente da variedade, com toques especiados e florais, mas com uma acidez muito mais intensa e sem aquela "gordura" que caracteriza a variedade; tem muito nervo, muita força e muita garra, graças ao fato de que metade do volume tem contato com a peles. Uma delícia.

95 VIÑEDOS DE MONTAÑA
CHARDONNAY 2019
$$$ | VALE DE UCO | 13°

Viñedos de Montaña faz jus a seu nome com vinhedos de grande altitude, o primeiro é um Chardonnay de La Encerrada em Gualtallary a 1.450 metros e os outros 50% de Finca María Bombal, a cerca de 1.700 metros em La Carrera. Atenção com a intensidade aromática no nariz, que é preenchido com ervas e flores e a boca, que tem uma textura que parece ser feita de pequenas garras. Generoso em frutas e acidez, este é um Chardonnay nervoso e suculento.

95 VINO DE FINCA DE LA CARRERA
SAUVIGNON BLANC 2019
$$$ | VALE DE UCO | 12°

Este Sauvignon vem de um vinhedo de cerca de 1.700 metros de altura, na parte norte do vale de Uco, em La Carrera. Esta vinha foi plantada há cerca de dez anos, mas nunca foi levada muito a sério até que Matias Riccitelli a recuperou em 2015. Esta é a segunda versão deste Sauvignon selvagem, cheio de notas herbáceas, com toques especiados e cítricos, e com uma força na boca que enche de acidez, mas também que enche de notas de ervas.

94 BLANCO DE LA CASA
SAUVIGNON BLANC, SÉMILLON, CHARDONNAY 2019
$$ | VALE DE UCO | 13°

O **Blanco de la Casa** é uma mistura de 40% Sauvignon Blanc de Gualtallary, 40% de Sémillon de La Consulta e Chardonnay de La Carrera, esse último um vinhedo de cerca de 1.700 metros de altura. O vinho fermenta em ovos de concreto e estagia neles por oito meses. O frescor da Sauvignon manda aqui com as suas notas frescas e herbáceas, enquanto a Sémillon adiciona textura cremosa num vinho de grande frescor, de grande presença na boca e com muitos sabores de fruta.

94 REPÚBLICA DEL MALBEC
MALBEC 2017
$$$ | LAS COMPUERTAS | 14.5°

Esse Malbec vem de Las Compuertas, uma área rica em vinhedos antigos na área mais alta da tradicional D.O. Luján de Cuyo, ao lado do rio Mendoza, a cerca de 1.100 metros. Esse é um vinho que vem das vinhedos de Malbec

Riccitelli Wines

de 1927 e mostra claramente os vinhos da zona, a força dos vinhos tintos do local, mas ao mesmo tempo delineada por essa acidez que dá vigor à fruta. Este é um clássico do catálogo Riccitelli e um clássico Malbec de Luján.

TINTO DE LA CASA
MALBEC 2018
$$ | VALE DE UCO | 14°

O **Tinto de la Casa**, além do rótulo muito bom do fotógrafo de Buenos Aires Marcos López, é um delicioso tinto, cheio de frutas e de acidez suculenta. É uma cofermentação entre Malbec de Gualtallary e de Las Compuertas, com metade do volume com cachos inteiros, que fornece estruturas de taninos, mas também uma fruta extra em um vinho delicioso e fresco, para beber por litros.

VIÑEDOS DE MONTAÑA
CABERNET FRANC 2017
$$$ | VALE DE UCO | 14.5°

Com base nos vinhedos de Los Chacayes, com 80% do volume (o restante vem de Campo de Los Andes, um pouco mais ao sul), este vinho é fermentado em tanques de concreto e envelhecido em barricas por pouco mais de um ano. As notas herbáceas da variedade aqui são mostradas claramente, mas há também muitas frutas vermelhas e os taninos clássicos da cepa mais notas de tabaco no final, que o tornam muito varietal.

OLD VINES FROM PATAGÔNIA
SÉMILLON 2019
$$$ | RÍO NEGRO | 12.5°

Esse Sémillon foi plantado no final dos anos 1960 na área de Río Negro, no começo da Patagônia. A partir daí, alguns dos bons exemplos da cepa surgiram, incluindo esse que já está em sua quinta safra. Fermentado em foudres pela primeira vez (70% do volume e o restante em ovos), aqui é um tema importante com a textura cremosa, rica em acidez e taninos suaves que são entrelaçados com sabores de frutas e notas de mel muito típicas a variedade.

RICCITELLI VALLE DE UCO
MALBEC 2018
$$$ | VALE DE UCO | 14°

Esta é uma seleção de vinhas em Gualtallary, no vale de Uco, especialmente em solos calcários, a uma altura de cerca de 1.450 metros. O vinho é fermentado em tanques de concreto e envelhecido em barricas de diferentes usos por um ano. O vinho tem um caráter floral, de ervas e de cerejas ácidas que são muito típicas dessa zona. A estrutura dos taninos é firme e tensa, deve-se muito aos solos calcários de Gualtallary. Esse é uma foto da área.

OLD VINES FROM PATAGÔNIA
BASTARDO 2019
$$$ | RÍO NEGRO | 13°

Em Río Negro ainda é possível encontrar vinhas de Bastardo (Trousseau em Jura) que dão vinhos de taninos ricos e, acima de tudo, muita fruta vermelha que lembra a Mencía ou Cinsault, mas com uma estrutura de taninos totalmente diferente. Aqui está uma explosão de frutas vermelhas que inundam o nariz e a boca. É firme e suculenta, muito refrescante, mas ao mesmo tempo de bom corpo graças a esses taninos duros e tensos.

92 THE PARTY
MALBEC 2018
$$ | VALE DE UCO | 14°

Este é o novo vinho de Riccitelli, um pouco mais caro do que o seu muito bem sucedido Hey Malbec. Com 60% de cachos inteiros na fermentação e estagia em tanques de cimento, aqui há uma forte intensidade de frutas vermelhas em um corpo rico em texturas macias e uma acidez muito boa. Destaca-se pela seu frescor e pelo vigor dos toques de fruta.

91 HEY MALBEC
MALBEC 2018
$$ | VALE DE UCO | 14°

Riccitelli produz cerca de 400 mil garrafas por ano, e metade corresponde a este Hey Malbec, o protótipo do vinho tinto por taças que agrada a todos, especialmente aquele "mundo" que entende que o vinho é para refrescar a comida. Esse é um Malbec refrescante antes de mais nada, com muita fruta e deliciosa acidez.

90 RICCITELLI VALLE DE UCO
PINOT NOIR 2018
$$$ | VALE DE UCO | 13.5°

Os solos ricos em cal de Gualtallary dão a estrutura de taninos e também as notas herbáceas da variedade com notas de frutas vermelhas em uma acidez deliciosa. O acabamento é um pouco doce, o que dá um caráter mais comercial. Este vinho estagia 100% em madeira durante um ano.

RJ Viñedos

PROPRIETÁRIOS Raúl Jofré & Mirta Santalucia
ENÓLOGO Ricardo González
WEB http://www.rjvinedos.com
RECEBE VISITAS Sim

Proprietários
JIMENA & RAUL JOFRÉ

A família de Raúl Jofré é do sul da França e ali foram produtores de vinho por gerações e, como uma homenagem a essa herança, em 1998 ele comprou a primeira vinha em Tunuyán e depois restaurou uma antiga vinícola em Perdriel, onde atualmente produz seus vinhos. Hoje eles têm cerca de 60 hectares próprios e cerca de cinco produtores, com quem, no total, produzem cerca de 650 mil garrafas. **IMPORTADORES:** BRASIL: www.dominiocassis.com.br | USA: www.dionysosimports.com

VINHOS

94 BLEND DE SELECCIÓN 2 CABERNET
CABERNET SAUVIGNON, CABERNET FRANC 2016
$$ | MENDOZA | 13.6°

Por esse item limitado de seis mil garrafas, a RJ Viñedos obtém 60% da

RJ Viñedos

mistura de Cabernet Sauvignon de Vista Flores e o restante de Cabernet Franc de Altamira. Dê uma olhada no nariz desse vinho. Os aromas de frutas secas são misturados com os toques de ervas da Sauvignon e de tabaco da Cabernet Franc, em um aroma encantador e envolvente. Na boca, parecem ser os frutos predominantes, com sabores predominantes de frutas vermelhas maduras. Um vinho delicioso e muito elegante.

 JOFFRÉ E HIJAS GRAN CUATRO UVAS
MALBEC, C. SAUVIGNON, C. FRANC, P. VERDOT 2018
$$ | VALE DE UCO | 14°

Com 35% de Malbec e 35% de Cabernet Sauvignon, 20% Cabernet Franc e 10% de Petit Verdot, todos provenientes de vinhedos do vale de Uco, plantados em solos ricos em pedras e cal. Essa é uma boa fotografia dos tintos de Uco, com todos as suas frutas vermelhas e de violetas, além das leves notas de ervas, num corpo de rica acidez e taninos firmes, mas ao mesmo tempo muito finos. Uma delícia de vinho.

 JOFFRÉ E HIJAS PREMIUM
MALBEC 2015
$$ | VALE DE UCO | 14.2°

Muito ao estilo dos vinhos da casa, o vinho tinto mais ambicioso de RJ Viñedos não tem excessos, mas equilibra. A fruta madura do Vista Flores aqui desempenha um papel muito importante, colocando o caráter da fruta em primeiro plano e mostrando taninos muito polidos e uma acidez suave, mas o suficiente para dar equilíbrio. Esse é um vinho sem arestas, tudo parece estar em seu lugar.

 JOFFRÉ E HIJAS GRAN MALBEC
MALBEC 2018
$$ | VALE DE UCO | 13.8°

Para esse vinho, RJ Viñedos busca frutas de dois vinhedos no vale de Uco, um dos solos argilosos mais férteis e frescos que lhes conferem um lado mais frutado, enquanto o outro vinhedo com solos mais pedregosos oferece taninos mais severos. Ambos os vinhos são fermentados e envelhecidos em barricas separadamente. Esse vinho apresenta frutas suaves e maduras, com taninos muito polidos, acidez muito amável, o que faz com que tudo se sinta no mesmo nível, um vinho tinto muito equilibrado.

OUTROS VINHOS SELECIONADOS

89 | JOFFRÉ E HIJAS GRAN BONARDA Bonarda 2018 | Luján de Cuyo | 14.3° | $$
89 | PASIÓN 4 Malbec 2018 | Mendoza | 14.4° | $
89 | REUNIÓN Malbec 2018 | Mendoza | 14.4° | $
88 | PASIÓN 4 Torrontés 2017 | Mendoza | 12.5° | $
86 | JOFFRÉ EXPRESIONES DE TERROIR ROSÉ Bonarda 2018 | Mendoza | 13.1° | $

⟨ prova de *vinhos* ⟩

Ruca Malen

PROPRIETÁRIO Molinos Río de la Plata
ENÓLOGA Noelia Torres
WEB www.bodegarucamalen.com
RECEBE VISITAS Sim

Enóloga
NOELIA TORRES

Esta vinícola da zona de Agrelo foi fundada em 1998 pelos sócios franceses Jean Pierre Thibaud e Jacques Louis de Montalembert. Em 2015, foi adquirida pelo grupo Molinos Río de la Plata, uma das maiores empresas do setor alimentício da Argentina e da América Latina, proprietária da vinícola Nieto Senetiner. Localizada trinta quilômetros ao sul de Mendoza, a Ruca Malen é cercada por um vinhedo de vinte e sete hectares. Seus vinhos nascem de lá, mas também dos 140 hectares que controla com contratos com terceiros. Noelia Torres é a enóloga-chefe. **IMPORTADORES:** BRASIL: www.lapastina.com.br | USA: www.opiciwines.com

VINHOS

TERROIR SERIES VALLE DE UCO
MALBEC, CABERNET SAUVIGNON, PETIT VERDOT, SYRAH 2017
$ | VALE DE UCO | 14.4°

Este ano a mescla de Terroir Series tem 65% de Malbec, 15% de Cabernet Sauvignon, 10% de Petit Verdot e 10% de Syrah. Todas as variedades estagiam separadamente em barricas durante um ano e depois são misturadas antes de irem para a garrafa. A fruta da Malbec, generosa e amigável, é apoiada aqui nos taninos firmes da Petit Verdot, uma das estrelas de Ruca Malen. O resto é muita fruta em um vinho com muita aderência e tensão.

TERROIR SERIES VALLE DE UCO
PETIT VERDOT 2017
$ | VALE DE UCO | 14.1°

A Petit Verdot, sob o sol de Mendoza, tende a ser domada, com seus taninos acalmados e com acidez menos intensa, tornando-se gatinhos amorosos, pedaços de chocolate. Este não é o caso com esse Terroir Serie. Aqui há taninos selvagens, acidez acentuada e frutas vermelhas com muitas notas de cominho. O vinho estagia durante 12 meses em madeira usada e por isso não há sabores de chocolate, mas sim puras frutas vermelhas e silvestres puras. Atenção com ele.

TERROIR SERIES VALLE DE UCO
CHARDONNAY 2018
$ | VALE DE UCO | 13.5°

Ruca Malen obtém as uvas para esse Chardonnay de um vinhedo na área de Los Árboles. É prensado em cachos inteiros e 40% do vinho estagia em barricas novas e usadas por cerca de 8 meses. Esses mesmos 40% que passaram em barricas fizeram a fermentação malolática, que deu cremosidade e sabores mais maduros, mas que não diminuiu seu lado fresco e vibrante. Um Chardonnay delicioso para beber agora com peixe ao curry.

SPECIAL CREATIONS BLEND DE BLANCAS
GEWÜRZTRAMINER, SÉMILLON, CHARDONNAY 2018
$ | MENDOZA | 14°

A força da Gewürztraminer e, acima de tudo, a sua exuberância, são mo-

Ruca Malen

deradas aqui pelos aromas e sabores da Sémillon, que tende a ser mais austero e amável. Há 50% de Gewürztraminer, 45% de Sémillon e 5% de Chardonnay e o blend, embora incomum, funciona. Com notas de flores e toques especiados, tem uma textura deliciosamente cremosa e tudo num contexto de grande frescor.

 TERROIR SERIES VALLE DE UCO
MALBEC 2017
$ | VALE DE UCO | 14.1°

Para Terroir Series, Ruca Malen selecionou vários vinhedos em diferentes áreas de vale de Uco para esse blend de cerca de 150 mil litros. E tem aquela sensação de vinho da montanha, com notas de ervas e de frutas vermelhas maduras em um corpo de taninos firmes e de acidez acentuada. 100% do vinho estagia em barricas, o que traz sensações achocolatadas.

OUTROS VINHOS SELECIONADOS

89 | TERROIR SERIES VALE DE UCO C. Sauvignon 2017 | Vale de Uco | 14.1° | $
88 | RUCA MALEN Chardonnay 2018 | Mendoza | 13.8° | $
88 | SPECIAL CREATIONS BLEND ROSADO Malbec, Chardonnay 2018 Mendoza | 12.4° | $
87 | RUCA MALEN Cabernet Sauvignon 2018 | Mendoza | 14.7° | $
87 | RUCA MALEN Malbec, Cabernet Sauvignon 2018 | Mendoza | 14.4° | $
86 | RUCA MALEN Malbec 2018 | Vista Flores | 14° | $

Rutini Wines

PROPRIETÁRIO Grupo Catena - Benegas Lynch
ENÓLOGO Mariano Di Paola
WEB www.rutiniwines.com
RECEBE VISITAS Sim

Enólogo
MARIANO DI PAOLA

Fundada em 1886, Rutini é uma das grandes vinícolas de Argentina. Contam com a infraestrutura e a tecnologia para produzir quinze milhões de garrafas ao ano, que se repartem em diversas linhas de vinhos e variedades. O volume que administram não lhes impede de fazer vinhos com caráter, capazes de se diferenciarem um dos outros, sobretudo desde que o reconhecido Mariano Di Paola, enólogo chefe desde 1994, levou muito a sério esse desafio. Di Paola começou a colher antes a fruta, a baixar o álcool, a diminuir a influência da madeira. Um foco que marcou o rumo da vinícola nestes últimos anos. **IMPORTADORES:** BRASIL: www.zahil.com.br | USA: www.grazianosgroup.com

VINHOS

 ANTOLOGÍA XLVIII
MALBEC, PETIT VERDOT, CABERNET FRANC, MERLOT 2014
$$$ | MENDOZA | 13.7°

Este **Antología** é a versão 48 desta clássica linha de Rutini, uma seleção de algumas das melhores barricas de cada safra. Este ano tem 85% de Malbec, mais Merlot, Petit Verdot e Cabernet Franc em partes iguais. As três uvas foram cofermentadas e depois foram para a barrica durante 18 meses. Este novo Antologia é radiante em frutas vermelhas, suculento e brilhante, com uma acidez vibrante e um futuro promissor. Deixe este vinho na adega e comece a abrir as primeiras garrafas em 10 anos.

‹ *prova de **vinhos*** ›

 APARTADO GRAN CABERNET SAUVIGNON
CABERNET SAUVIGNON 2015
$$$ | VALE DE UCO | 14.3°

Esta é uma seleção de uvas Cabernet Sauvignon plantada ao lado da vinícola em 1998, em um vinhedo que é podado para ter baixos rendimentos. Esta é a primeira vez que a qualidade desse vinhedo ranqueia para Apartado, o vinho mais ambicioso da vinícola, e isso é muito merecida. Aqui há uma concentração potente, mas ao mesmo tempo uma acidez que corresponde às circunstâncias. É bom em taninos, mas intenso e até selvagem em acidez. Há frutas vermelhas e pretas e muitas ervas em um dos melhores Cabernet que experimentamos dessa safra na Argentina.

 APARTADO GRAN MALBEC
MALBEC 2016
$$$ | VALE DE UCO | 13.9°

Este **Apartado** é uma mescla de três vinhas, uma em Gualtallary de cerca de 20 anos, outra em Altamira há cerca de dez anos e a da La Consulta há cerca de 80 anos. O vinho estagia 18 meses em carvalho levemente tostado. 2016 foi uma colheita difícil, com baixos rendimentos e, acima de tudo, muita fria que deu vinhos como estes, ricos em acidez e frutas, alguns dos melhores vinhos que provamos na Argentina em duas décadas. Esse é radiante em acidez, profundo, especiado e herbáceo. E de muito bom corpo. Um vinho para pensar sobre a importância da acidez quando você pensa em vinhos de guarda.

 SINGLE VINEYARD ALTAMIRA
MALBEC 2017
$$ | ALTAMIRA | 13.6°

Muito próximo de El Cepillo, na parte alta de Altamira que é muito fria, muito perto da Cordilheira, este Single Vineyard mostra uma face frutada e refrescante da Malbec nesse lugar, talvez algo mais generoso do que o habitual para os Malbec do zona. No entanto, na boca é Altamira de onde se olhe para ele. A estrutura firme e monolítica, austera, está aqui, acompanhada por uma acidez intensa e nítida em um vinho de boca completamente linear.

 APARTADO GRAN BLEND CABERNET SAUVIGNON, CABERNET FRANC, MALBEC, SYRAH 2015
$$$ | VALE DE UCO | 14.3°

Esta versão de Gran Apartado Blend é uma cofermentação de 30% Cabernet Sauvignon, 30% Malbec, 20% Cabernet Franc e 20% Syrah, todos provenientes de duas vinhas em Altamira e Gualtallary. O vinho é envelhecido por dois anos em barricas e depois é engarrafado por mais alguns anos. O resultado é um vinho de grande suculência, de grande frescor e de fruta, mas também de intensa acidez e taninos. O novo estilo de Rutini, em busca de vinhos mais nítidos, tem um dos seus melhores exemplos aqui.

 APARTADO NATURE
CHARDONNAY, PINOT NOIR 2016
$$$ | MENDOZA | 12.2°

Baseado em Pinot Noir com 80% mais 20% de Chardonnay, este último fermentado em barricas. Este vinho vem 100% de vinhas de altura em Gualtallary e

Rutini Wines

permaneceu por três anos com suas borras e tem o caráter dos vinhos Amontillados de Jerez, esse lado nogado, especiado e ao mesmo tempo iodado ao estilo de vinhos que têm muito tempo de envelhecimento e, portanto, toques oxidativos que aqui são complementados por toques frutados e uma acidez e um corpo firme e forte, quase austero. Uma nova ideia de espumante na Argentina.

ANTOLOGÍA XLII MALBEC, CABERNET SAUVIGNON, MERLOT, CABERNET FRANC, PETIT VERDOT, PINOT NOIR 2014
$$$ | VALE DE UCO | 14.4°

A primeira versão de Antologia de Rutini foi feita em 1997. E, desde então, todos os anos aparecem certas edições que são aclamadas nesta linha clássica. Este Antologia XLVII já é a 42ª edição e tem 35% de Malbec, 35% de Cabernet Sauvignon, 10% de Cabernet Franc, 10% de Merlot e 5% de Petit Verdot e 5% de Pinot Noir. De acordo com o enólogo Mariano di Paola, não há pressões de volume aqui, então a liberdade de mesclar é absoluta. Desse total, por exemplo, foram feitas 8 mil garrafas, o que representa uma gota no mar das mais de 13 milhões de garrafas que Rutini produz anualmente. E o vinho é delicioso, maduro, longo, com toques especiados e de frutos secos em uma rede de taninos firmes e tensos. Outro para ser guardado.

APARTADO GRAN CHARDONNAY
CHARDONNAY 2017
$$$ | VALE DE UCO | 14.5°

Mariano di Paola seleciona uvas para este Chardonnay de vinhas em Gualtallary e El Cepillo. O vinho estagia por um ano em barricas (metade novas) e com 40% malolático. O vinho é cremoso, longo, envolvente, com toques de nozes e frutas brancas, mas especialmente especiarias em um corpo grande e imponente. Este vinho é muito jovem. Pense em dez anos de garrafa. Este Chardonnay só vai ganhar complexidade e charme.

BRUT NATURE
CHARDONNAY, PINOT NOIR 2016
$$ | MENDOZA | 12.2°

Com 50% de Chardonnay e 50% de Pinot Noir, todos de vinhedos altos, em Gualtallary principalmente, este tem dois anos com as borras e uma cremosidade envolvente. A acidez é tensa, como suco de limão e os sabores são vibrantes, mas ao mesmo tempo contrastam com as notas de padaria, mais complexas, que vêm desse contato com as borras. Um vinho complexo e ao mesmo tempo refrescante.

COLECCIÓN
CABERNET FRANC 2017
$$ | MENDOZA | 14.2°

Um Cabernet Franc crocante, claro em sua expressão de ervas. Vem de vinhedos próprios em El Cepillo e Gualtallary e consegue mostrar a variedade sem complexos, sem fantasias. Aqui estão notas de pimenta, pimenta preta, ervas e tabaco em um corpo suculento, onde mandam as frutas vermelhas antes de qualquer outra coisa. É refrescante e vivaz. Se você quiser saber como é o Cabernet Franc argentino de Mendoza, compre este aqui.

‹ *prova de* **vinhos** ›

94 COLECCIÓN
CABERNET FRANC, MALBEC 2017
$$ | MENDOZA | 14.3°

Com 50% de Malbec e os outros 50% de Cabernet Franc, todos provenientes de vinhedos no Vale de Uco, tem um brilho e uma fruta vermelha madura crocante e suculenta. Tem um ano de barricas (60% usadas), que não toca a fruta para nada, mas sim o suavizou, poliu os taninos para criar um vinho cremoso e redondo. Um dos bons expoentes da linha Colección.

94 COLECCIÓN
MALBEC 2017
$$ | MENDOZA | 13.9°

O que é feito deste Malbec, cerca de 350 mil litros, seria equivalente à produção de dez vinícolas boutique em Mendoza. Isso é apenas para dar uma ideia da magnitude do trabalho de Mariano Di Paola com a Malbec em Rutini. Este é rico em frutos vermelhos maduros e um corpo tenso, muito marcado por uma acidez crocante. Há força aqui, mas também docilidade, isto é, o vinho ideal para o churrasco.

94 SINGLE VINEYARD GUALTALLARY
CABERNET FRANC 2017
$$ | GUALTALLARY | 13.6°

O enólogo Mariano di Paola seleciona as uvas para este vinho das suas vinhas em Gualtallary, a cerca de 1300 metros de altitude no vale de Uco. O vinho passa 14 meses em barricas, metade novas. O solo desta vinha é pobre e rico em cal e é sentido na textura áspera, que adere à boca com garras. Os sabores são frutados, vermelhos, misturados com especiarias e tabaco em um vinho de longa guarda, mas agora é bebido sem problemas, embora tenham que procurar um cordeiro.

94 SINGLE VINEYARD GUALTALLARY
MALBEC 2017
$$ | GUALTALLARY | 13.5°

De acordo com o enólogo Mariano Di Paola, a Malbec em Gualtallary tende a ser especiada e generosa em sabores de frutas, como este Single Vineyard de um vinhedo anexo à vinícola, o mais antigo da propriedade, plantado em 1998. Aqui os rendimentos são baixos e dão vinhos de grande concentração como aqui, um tinto generoso em taninos e também generoso em frutos pretos. Um vinho para longa guarda.

93 ANTOLOGÍA ESENCIA XLVII
SAUVIGNON BLANC, CHARDONNAY, GEWÜRZTRAMINER 2013
$$$ | MENDOZA | 11.9°

Este vinho nasce de um esquecimento. Uma área de um quartel de Sauvignon Blanc (90%) que não foi colhida e lá permaneceu até julho. Foi só então que as uvas foram colhidas e prensadas. Com esse nível de açúcar, a fermentação durou nada menos que dois anos. E então o vinho foi estagiado em barricas durante quatro anos. Esta é a primeira vez que a linha Anthologia inclui um vinho doce. E é um vinho muito especial, com uma intensidade aromática de um Moscatel, e com uma tremenda acidez, com força suficiente para dar equilíbrio a não menos que 390 gramas de açúcar por litro.

Rutini Wines

ENCUENTRO
MALBEC 2017
$ | MENDOZA | 13.9°

Embora venha de diferentes áreas do vale de Uco, a base é de Gualtallary, o que lhe dá um toque de frescor e vibração muito típico dos Malbec da zona. 70% do vinho estagia em madeira usada e o restante em madeira nova, mas a madeira não é um problema aqui. O que manda é a fruta.

ENCUENTRO BRUT NATURE
PINOT NOIR 2017
$$ | MENDOZA | 12.1°

Da colheita de 2017, esta Encuentro é feito pelo método tradicional de segunda fermentação em garrafa e essa mudança deu-lhe um pedigree diferente, proporcionando complexidade e elegância. É 100% Pinot com 15 meses de estágio com suas borras e oferece aromas herbáceos, condimentados e de tabaco, em meio a finas e delicadas bolhas que preenchem a boca.

SINGLE VINEYARD GUALTALLARY
CABERNET SAUVIGNON 2017
$$ | GUALTALLARY | 14.3°

Este Cabernet vem de vinhas ao lado da vinícola, plantadas em 1999. Estagia 14 meses em carvalho (metade de segundo uso) e o efeito da madeira ainda é sentido neste vinho muito jovem. Essa juventude também está na textura selvagem, que envolve os toques de frutas negras e de ervas. Mais um para se guardar.

COLECCIÓN
CABERNET SAUVIGNON, MALBEC 2017
$$ | MENDOZA | 14.1°

Com metade de Cabernet e metade de Malbec, ambos de diferentes vinhedos no vale de Uco, aqui há uma forte presença de Cabernet com seus aromas especiados e herbáceos. A Malbec traz taninos suaves e seus toques mais frutados em um vinho muito equilibrado.

COLECCIÓN
SAUVIGNON BLANC 2019
$ | MENDOZA | 12.8°

Este é Sauvignon top de Rutini e vem de diferentes áreas do vale de Uco. Mais de duzentas mil garrafas são elaboradas e a qualidade para essa quantidade é impressionante. 10% são estagiados em carvalho e isso dá um aspecto especiado que adiciona complexidade às frutas e as notas de ervas. A boca é intensa e textura firme. Para frutos do mar crus.

RUTINI EXTRA BRUT
PINOT NOIR, CHARDONNAY 2017
$$ | MENDOZA | 12.2°

Para a linha Rutini, vinhedos mais altos são os escolhidos na área Gualtallary. Este tem 18 meses em suas borras e 8 gramas de açúcar (o mínimo de acordo com a lei para extra brut é de 7) e atinge um equilíbrio delicioso e suculento. É fácil beber, mas cuidado, também há complexidade aqui, a força da acidez que eleva os aromas das frutas brancas.

‹ *prova de **vinhos*** ›

92 TRUMPETER BRUT NATURE
CHARDONNAY, PINOT NOIR 2017
$$ | MENDOZA | 11.8°

Para esse Nature, a mistura é de 75% Chardonnay e o resto de Pinot Noir. Feito pelo método de segunda fermentação em garrafa, tem 5 gramas de açúcar residual, o que aumenta a sensação de acidez e o torna ideal para o aperitivo. Entretanto, esteja ciente de que há complexidade e profundidade.

92 TRUMPETER RESERVE
CABERNET SAUVIGNON 2018
$ | VALE DE UCO | 13.7°

Este Cabernet Sauvignon vem de uma seleção de diferentes vinhedos no Vale de Uco, tem doze meses de envelhecimento em carvalho, 80% de madeira nova. Cem mil litros são feitos deste vinho e o resultado é uma foto da variedade, com seus toques de ervas, seus frutos pretos e a textura suave e firme, como um autêntico Cabernet.

92 TRUMPETER RESERVE
MALBEC 2018
$ | VALE DE UCO | 13.4°

A estrutura deste vinho fala de vinhas de montanha, com taninos tensos e uma acidez acentuada. Há força aqui, há uma boa camada de frutas vermelhas maduras e também um fundo de ervas e flores que dá complexidade a um vinho do qual são produzidas cerca de trezentas mil garrafas, nada menos para esse nível de qualidade.

91 COLECCIÓN
CHARDONNAY 2018
$$ | MENDOZA | 13.1°

Com frutas de diferentes regiões do vale de Uco, principalmente de Tupungato e com 10% do vinho total (cerca de 150 mil litros) fermentado em barricas, trata-se de um Chardonnay fresco e direto, com cremosidade deliciosa e notas especiadas. Move-se pela boca com graça, sustentada por uma persistente e constante acidez, embora nunca excessiva. Um vinho muito equilibrado.

91 COLECCIÓN
GEWÜRZTRAMINER 2019
$$ | MENDOZA | 13.4°

Para este Gewürztraminer, o enólogo Mariano Di Paola opta por um envelhecimento de 10% do vinho por cerca de 4 meses para esconder um pouco o lado amargo da cepa. Tem certa austeridade ou, pelo menos, não a tradicional exuberância aromática que é típica da variedade. Aqui há elegância e sutileza em um vinho cremoso antes de qualquer outra coisa.

91 TRUMPETER EXTRA BRUT
CHARDONNAY 2017
$ | MENDOZA | 11.8°

Feito pelo método tradicional de segunda fermentação em garrafa, e com um ano em suas borras, trata-se de um vinho espumante refrescante, com

Rutini Wines

uma acidez tensa, firme e uma deliciosa cremosidade. Apenas com frutas de Tupungato, este é 100% Chardonnay para beber todos os dias. Excelente relação preço-qualidade.

ENCUENTRO
CHARDONNAY 2018
$ | MENDOZA | 12.8°

De diferentes vinhedos no distrito de Tupungato, estagia por cerca de nove meses em barricas, 30% novas e o restante usadas, este é um Chardonnay de tons especiados e frutados em proporções semelhantes. Tem aderência na boca, tem uma textura nervosa e uma boa acidez que se desdobra por toda a boca até o final.

RUTINI VIN DOUX NATUREL VERDICCHIO, GEWÜRZTRAMINER, SAUVIGNON BLANC, SÉMILLON 2014
$$ | VALE DE UCO | 13°

Uma mistura bastante incomum de 50% Verdicchio, 30% Sauvignon Blanc, 15% Sémillon e o restante de Gewürztraminer. O envelhecimento é de 15 meses em barricas, metade novas. Este vinho é sustentado na acidez da Verdicchio, que aqui é a alma do vinho, que mantém todo o frescor de um branco doce simples e direto, para acompanhar a sobremesa.

TRUMPETER
MALBEC 2018
$ | MENDOZA | 13.9°

Quatro milhões de litros são produzidos desse vinho e, para atingir essa quantidade, a Rutini utiliza frutas de todas as partes de Mendoza, do leste ao vale de Uco. O sabor deste verdadeiro lago de Malbec é pura fruta madura e intenso, com taninos muito suaves e um fundo de frutos secos, que dá complexidade a um vinho clássico, para todos os dias. Excelente relação preço-qualidade.

TRUMPETER ROSÉ
MALBEC 2019
$ | MENDOZA | 12.8°

Floral e frutado em proporções semelhantes, este rosé de Malbec é feito com cachos inteiros, prensados diretamente, todos com frutas de Tupungato no vale de Uco. O resultado é um delicioso rosé, para beber por litros na piscina. Cristalino e frutado.

OUTROS VINHOS SELECIONADOS
89 | ENCABEZADO Malbec 2014 | Vale de Uco | 18° | $$
88 | TRUMPETER Cabernet Sauvignon 2018 | Mendoza | 13.9° | $
88 | TRUMPETER Chardonnay 2019 | Mendoza | 13.2° | $
86 | TRUMPETER RESERVE DOUX Gewürztraminer, Riesling 2018 Vale de Uco | 11.8° | $

‹ prova de *vinhos* ›

Salentein

PROPRIETÁRIO Família Pon
ENÓLOGO José Galante
WEB www.bodegasalentein.com
RECEBE VISITAS Sim

Enólogo
JOSÉ GALANTE

Salentein foi uma das vinícolas pioneiras em apostar forte no vale do Uco. Seu fundador, o empresário holandês Mijndert Pon, falecido em 2014, não só acreditava no potencial dos vinhos, plantando vinhedos em San Pablo, a 1605 metros de altura, mas também apostou na arquitetura da vinícola ao criar um ambicioso museu com arte argentina e holandesa (Killka) e conceber um centro de visitas que está ao nível dos melhores do mundo. Salentein tem 180 hectares, entre as fincas San Pablo, La Pampa, Oasis e Altamira, com distintas variedades plantadas, ainda que com a Malbec e a Chardonnay tenham os melhores resultados. **IMPORTADORES:** BRASIL: www.zahil.com.br | USA: www.palmbay.com

VINHOS

 SALENTEIN SINGLE VINEYARD LOS JABALÍES
MALBEC 2017
$$$ | SAN PABLO | 13.5°

Com quase 1500 metros de altura, o vinhedo Los Jabalíes foi plantado em 2007 em San Pablo, um dos lugares mais altos de Uco e uma fonte de muito bons Chardonnay e Pinot Noir, mas também de Malbec, uma variedade que tem mostrado uma grande plasticidade ao longo do vale de Uco. Aqui, neste lugar extremo e muito frio, a Malbec oferece taninos firmes e severos em meio a frutas vermelhas radiantes em frescor. Pode ser definido como austero, mas é melhor descrito como um vinho tinto de montanha.

95 PRIMUS
MALBEC 2016
$$$ | VALE DE UCO | 14.5°

A ideia da Primus é selecionar entre as melhores parcelas de Malbec, o melhor vinho possível de cada safra. Aqui, então, há seleções de vinhedos e seleções de barricas desses vinhedos em um Malbec que mudou muito em estilo desde a sua estreia na safra de 2003. Hoje, como vimos na safra de 2015, o frescor da fruta é o que manda. A diferença é que é uma safra muito fria em Mendoza e que marca ainda mais aquele frescor em um vinho de grande densidade, de muito boa maturidade, mas ao mesmo tempo com muito nervo. Um Malbec para guardar.

 SINGLE VINEYARD LAS SEQUOIAS
CHARDONNAY 2017
$$ | SAN PABLO | 14°

A cerca de 1.600 metros de altura, em um canto de Los Andes, em San Pablo, no vale de Uco. É um lugar muito legal, com videiras que foram plantadas em 2002 e que deram qualidade para este vinho desde a safra de 2010. Esse Chardonnay é um vinho excepcional, com uma textura cremosa (100% malolática), mas também mantém uma tremenda acidez, que vem diretamente da zona fria de Los Andes. A fruta é suculenta, os sabores são

Salentein

mostrados em camadas. Um vinho de grande intensidade, mas ao mesmo tempo de grande elegância e complexidade.

SINGLE VINEYARD LOS CEREZOS
MALBEC 2016
$$$ | GUALTALLARY | 14.5°

Essa vinha provém de uma das zonas mais altas de Gualtallary, com cerca de 1.400 metros de altitude, junto ao Mosteiro de Cristo Orante, numa zona que é conhecida como Monasterio, um local chave no vale de Uco e origem de alguns dos melhor Malbec na Argentina hoje. Este vinho é em grande parte exuberante, com notas de cerejas num corpo marcado pelo solo de cal desse lugar, taninos firmes e verticais. Fruta pura e pura mineralidade.

SINGLE VINEYARD LOS NOGALES
SAUVIGNON BLANC 2018
$$ | SAN PABLO | 13°

Los Nogales é uma vinícola com 1.605 metros de altura na área de San Pablo, uma das mais altas do vale de Uco, um lugar onde variedades como Sauvignon são muito boas, oferecendo tons herbáceos e frescos. Trata-se de um vinho muito sutil, com aromas de ervas e de frutas cítricas, em um corpo leve, muito macio, mas ao mesmo tempo com uma acidez energética, acidez da montanha branca que morde a boca e pede frutos do mar crus.

SINGLE VINEYARD EL TOMILLO
MALBEC 2017
$$$ | ALTAMIRA | 14°

El Tomillo é um vinhedo localizado em Altamira, plantado nos solos aluviais da região, de pedras arredondadas pelo rio e cobertas por cal. Este tipo de solo costuma oferecer vinhos com uma estrutura de taninos muito boa, mas também com muitas frutas vermelhas, talvez relacionados com o clima de montanha, nessa área de Uco. Aqui há muita fruta vermelha, rica acidez, com toques de ervas, mas especialmente frutas.

SINGLE VINEYARD LA PAMPA 1997
MALBEC 2017
$$$ | SAN PABLO | 13.5°

La Pampa foi plantada em 1997 e é um dos primeiros vinhedos altos que foram plantados em Uco, a cerca de 1.300 metros neste caso. Este Malbec oferece um lado austero da variedade, com notas de grafite e de especiarias em um corpo grande, com sabores de frutos secos e uma estrutura de taninos que impacta a boca. Precisa de tempo na garrafa.

NUMINA
CABERNET FRANC 2017
$$ | VALE DE UCO | 14.5°

As vinhas de Cabernet Franc foram plantadas no final dos anos 1990 em La Finca El Oasis, os 540 hectares de vinhedos que Salentein tem na área de Los Árboles, a maior de toda a propriedade. Esse tem um componente herbáceo forte, muito típico da cepa, mas também de frutos maduros, frutos secos, em um vinho de grande corpo e densidade.

⟨ *prova de* ***vinhos*** ⟩

93 — NUMINA
MALBEC 2017
$$ | VALE DE UCO | 14.5°

Oasis Estate, o vinhedo mais antigo, tem cerca de 540 hectares que começaram a ser plantados em 1996, a cerca de 1.200 metros de altura, em Los Árboles. Esta é uma seleção daquela vinha, um Malbec amplo e voluptuoso, muito afinado com uma colheita bastante quente que deu Malbec como esse, de exuberante expressão de fruta.

93 — SINGLE VINEYARD LOS JABALÍES
PINOT NOIR 2017
$$ | SAN PABLO | 13.5°

Esse Pinot vem do vinhedo Los Jabalíes, com cerca de 1400 metros de altura, em San Pablo, de videiras plantadas em 2000. Assim como a versão Reserve desse vinho, aqui também há aromas de terra no meio das frutas vermelhas e maduras. A diferença (muito importante) é que aqui a estrutura dos taninos é diferente: aqui há taninos firmes e lineares que dão ao vinho uma postura diferente, muito mais sólida. É um Pinot sério, de grande profundidade.

91 — RESERVE
CABERNET SAUVIGNON 2018
$ | VALE DE UCO | 14°

A Finca El Oásis é a zona de vinha mais baixa que a Salentein tem, com cerca de 1.100 metros de altura, um local ainda limitado pela variedade, segundo José Galante, enólogo da vinícola. E essa borda é sentida em um vinho que tem uma alta dose de tons de ervas, em meio a frutas vermelhas maduras e um corpo generoso, com uma textura suave.

91 — RESERVE
MALBEC 2018
$ | VALE DE UCO | 14°

Essa é uma mescla dos vinhedos de Salentein no vale de Uco. 70% do vinho estagia por doze meses em barricas usadas e isso adiciona maciez, mas acima de tudo o que este vinho tem é frutas vermelhas maduras em meio a toques de violetas em um vinho tinto que serve de entrada para os Malbec do vale de Uco.

91 — RESERVE
PINOT NOIR 2018
$ | VALE DE UCO | 13.5°

De vinhedos nas áreas mais baixas de San Pablo, a 1300 metros, esse Pinot Noir tem um tom agradável de terra em meio a frutas vermelhas frescas e maduras. Envelhecido por 10 meses em barricas usadas, esse efeito é sentido em seus tons defumados e a doçura leve na boca, mas o principal é a fruta e o frescor e aquelas notas de terra que lhe dão alguma seriedade e complexidade.

90 — RESERVE
CHARDONNAY 2018
$ | VALE DE UCO | 13.5°

Da Finca La Pampa, a cerca de 1300 metros de altitude no vale de Uco, é um Chardonnay com aromas sutis e muito boa acidez. Tem força em sua estrutura e, em vez de sabores de frutas tropicais, tem sutis toques de ervas em um vinho branco que é muito fácil de beber e muito equilibrado.

Salentein

OUTROS VINHOS SELECIONADOS
- 89 | KILLKA Sauvignon Blanc 2019 | Vale de Uco | 12.7° | $
- 89 | KILLKA BLEND Malbec, Cabernet Sauvignon, Petit Verdot 2018 | Vale de Uco 14.2° | $
- 88 | PORTILLO Cabernet Sauvignon 2018 | Vale de Uco | 14° | $
- 88 | PORTILLO Sauvignon Blanc 2019 | Vale de Uco | 12,5° | $
- 87 | KILLKA Malbec 2018 | Vale de Uco | 14° | $

Santa Julia

PROPRIETÁRIO Família Zuccardi
ENÓLOGO Rubén Ruffo
WEB www.santajulia.com.ar
RECEBE VISITAS Sim

Enólogo
RUBÉN RUFFO

A marca mais comercial do grupo **Zuccardi** produz a impressionante quantidade de doze milhões de garrafas, mais da metade delas para o mercado local. Nos últimos anos as mudanças que tem experimentado Zuccardi também tem atingido Santa Julia, com vinhos que tendem a um estilo com menos madeira, mais leves e suculentos. Seu amplo catálogo oferece hoje alguns vinhos de grande relação preço-qualidade, como os Malbec da linha Reserva, e outras novidades, como a mescla de Bonarda e Malbec, **Tintillo**. O enólogo é Rubén Ruffo, que tem quase 30 vindimas na vinícola.

IMPORTADORES: BRASIL: www.paodeacucar.com.br | USA: www.winesellersltd.com

VINHOS

93 — MAGNA
CABERNET SAUVIGNON, MALBEC, SYRAH 2018
$ | VALE DE UCO | 14°

Este **Magna** tem 50% de Cabernet Sauvignon, 40% de Malbec e o resto de Syrah este ano. Seguindo a lógica dos vinhos da casa, também tem fruta raivosamente fresca, crocante e viva, mas também há profundidade e complexidade. Não há só fruta aqui, mas também potencial para guarda e estrutura de taninos em, talvez, uma das as melhores relações entre qualidade e preço na América do Sul.

92 — FLORES BLANCAS
VIOGNIER 2019
$ | MENDOZA | 12.5°

De duas áreas no vale de Uco, uma em La Consulta e outra em Tupungato, esse Viognier tem a capacidade de capturar as sutilezas em uma variedade que, normalmente, tende a ser bruta, selvagem e rústica na América do Sul. Este é elegante, suavemente floral, com uma acidez firme e textura tensa. Há notas de ervas, mas o que domina aqui são aquelas flores e aquelas deliciosas frutas brancas em um vinho para beber sem parar. Um novo caminho para a Viognier na Argentina.

92 — FLORES NEGRAS
PINOT NOIR 2019
$ | VALE DE UCO | 13°

Atenção com esse vinho. De vinhedos de uns 30 anos plantados a cerca de

*‹ prova de **vinhos** ›*

1.500 metros de altura em San José. Esse é um simples Pinot na aparência, mas cuidado com ele. As notas de frutas vermelhas freneticamente frescas escondem notas de ervas e ligeiros toques de terra. A textura é firme, tensa, com uma acidez acentuada. Um delicioso vinho, frescor crocante, vivacidade deliciosa e olho no preço, que é uma barganha de grandes proporções. Não pare de beber. Deste vinho há o suficiente, cerca de 60 mil garrafas. Compre algumas delas.

 TENSIÓN LA RIBERA
CHARDONNAY, SÉMILLON 2019
$ | MENDOZA | 13.5°

Esta mistura tem 70% Chardonnay de vinhas jovens do vinhedo de La Ribera, plantadas em um antigo braço do rio Tunuyán, em Vista Flores. A Sémillon vem de um antigo vinhedo em La Consulta e é a protagonista daqui, contribuindo com notas de mel e de frutas, deixando a Chardonnay como uma espécie de base rítmica, uma bateria e um baixo como Chardonnay e um cantor e guitarrista principal como Sémillon. Um delicioso vinho.

 ALAMBRADO
MALBEC 2018
$ | MENDOZA | 13°

Este vinho é baseado em vinhedos da La Consulta, no vale de Uco e estagia por cerca de dez meses em barricas de diferentes usos. Aqui há algo do Malbec da zona, com certa voluptuosidade, mas também há aqui uma presença forte da acidez e tensão da estrutura de taninos. Uma visão suculenta da Malbec, a um preço tremendo.

 TINTILLO
MALBEC, BONARDA 2019
$ | MENDOZA | 13.5°

Esta já é a quarta versão de Tintillo, o vinho tinto mais descontraído de Santa Julia, feito 100% com maceração carbônica e uma mistura de metade de Malbec e metade Bonarda. Como de costume, o vinho se bebe como a água, o tinto típico para se tomar um pouco resfriado e, assim, ser capaz de enaltecer seus aromas de frutas que são deixados por aqui.

 ALAMBRADO
CABERNET SAUVIGNON 2018
$ | MENDOZA | 13.5°

Uma abordagem rica e suculenta da Cabernet Sauvignon, aqui há uma camada de frutas vermelhas maduras temperadas com ervas e flores. A textura tem um teor de taninos suficiente para se adaptar a cepa, mas ao mesmo tempo é suave e amigável. Um Cabernet para o churrasco a um preço ridículo.

 ALAMBRADO
CHARDONNAY 2018
$ | MENDOZA | 13.5°

Com uma maturidade equilibrada, com uma acidez rica e crocante, este Chardonnay tem uma boca encantadora cheia de sabores de fruta, vibração e muito frescor. De uma seleção de vinhedos no vale de Uco, especialmente em Vista Flores e Tupungato.

Santa Julia

MALBEC DEL MERCADO
MALBEC 2019
$ | MENDOZA | 14°

Uma seleção de vinhedos de vale de Uco, a ideia por trás deste vinho é mostrar esse lugar ao pé dos Andes com pureza, sem interferência. E este vinho é algo assim: puras frutas vermelhas, vibrante, fresca e crocante e acidez e, acima de tudo, uma tonelada de sabores de cerejas vermelhas.

NACIONAL
SÉMILLON, TORRONTÉS 2019
$ | MENDOZA | 12.5°

Com 60% de Sémillon e o resto de Torrontés, ambas variedades plantadas no vale de Uco, esta é uma mistura bastante incomum que faz maravilhas. Apesar de cheirar a Moscatel e até ter o lado do meio de cebola da Sauvignonasse, tem muito frescor e acidez e, por isso, é fácil de ser bebido.

RESERVA
MALBEC 2019
$ | VALE DE UCO | 14°

Um bom exemplo do novo caráter dos vinhos da casa, aqui há frutas vermelhas frescas e vivas em um Malbec focado na variedade, mas a variedade nas alturas do vale de Uco, onde a fruta é crocante e a acidez muito mais firme. Há um vinho rico para o verão aqui.

RESERVA
MALBEC, CABERNET FRANC 2019
$ | VALE DE UCO | 14°

O Malbec recebe de braços abertos o Cabernet Franc, que traz tudo que o Malbec não tem: notas de ervas, taninos firmes, aquela certa terrosidade. Esse tem 30% de Cabernet Franc, mas isso já é o suficiente. O resto é a fruta refrescante da Malbec de Uco.

TENSIÓN LA RIBERA
MALBEC, PETIT VERDOT 2018
$ | MENDOZA | 14°

Esse blend de Tensión deste ano tem 90% de Malbec e o resto de Petit Verdot e é um bom olhar para o efeito que tem a Petit na estrutura tânica do Malbec. Aporta ossos, dá firmeza, o firma no meio do paladar de modo que, geneticamente, a Malbec não pode fazer. O que a Malbec traz, no entanto, é algo que a Petit não tem: frutas doces e suculentas.

OUTROS VINHOS SELECIONADOS

- 89 | RESERVA Cabernet Sauvignon 2019 | Vale de Uco | 14° | $
- 89 | RESERVA Chardonnay 2019 | Vale de Uco | 13.5° | $
- 89 | TENSIÓN LA RIBERA Cabernet Sauvignon, Cabernet Franc 2018 | Mendoza 14° | $
- 88 | ORGANIC WINE Cabernet Sauvignon 2019 | Mendoza | 14° | $
- 88 | ORGANIC WINE Chardonnay 2019 | Mendoza | 13° | $
- 88 | SANTA JULIA ROSÉ Malbec 2019 | Mendoza | 13.5° | $
- 87 | ORGANIC WINE Malbec 2019 | Mendoza | 13° | $

‹ prova de *vinhos* ›

SinFin

PROPRIETÁRIO Família Caselles
ENÓLOGO Gabriel Molina
WEB www.bodegasinfin.com
RECEBE VISITAS Sim

Enólogo
GABRIEL MOLINA

SinFin é uma vinícola da família Caselles, em Maipú, Mendoza. Em 2005, Carlos Caselles - produtor de uva de Mendoza - começou a engarrafar seus vinhos sob a marca SinFin, primeiro apenas com Cabernet Sauvignon, e depois expandiu seu catálogo para três linhas de vinhos. Carlos morreu em 2017 e atualmente seus cinco filhos administram a vinícola. A SinFin obtém suas uvas de diferentes áreas em Mendoza.

VINHOS

 EL INTERMINABLE BLEND DE MALBEC
MALBEC 2015
$$ | MENDOZA | 14°

Essa mistura de Malbec é uma mescla da mesma variedade, mas de diferentes áreas de Mendoza: Altamira e Gualtallary, no vale de Uco, e Agrelo, em Luján de Cuyo. Aqui há um forte caráter de frutas vermelhas ácidas, frescas e tensas. A textura é nervosa, com uma acidez muito presente e taninos firmes. O vinho estagia durante 18 meses em barricas e esse estágio em madeira não afeta em absoluto a expressão desse Malbec. Um bom exemplo do estilo dos vinhos da casa.

 EL INTERMINABLE RED BLEND
MALBEC, CABERNET FRANC, PETIT VERDOT 2015
$$ | MENDOZA | 14°

70% dessa mescla é de Malbec da área de Agrelo, enquanto 18% de Cabernet Franc são de Tupungato e o resto de Petit Verdot de Ugarteche. As notas herbáceas de Cabernet Franc acrescentam complexidade aqui, em meio às frutas ácidas da Malbec. O estilo da casa é mantido. Vinhos nervosos, secos e relativamente austeros. Com estes taninos, esse vinho seria perfeito com costeletas de porco.

 GRAN GUARDA
CABERNET FRANC 2015
$$ | TUPUNGATO | 14°

Seguindo o estilo dos vinhos da casa, tem uma certa austeridade nos sabores e uma certa severidade na textura. O vinho parece seco, sem espaço para a doçura da fruta, em vez disso, oferece taninos firmes com uma acidez marcada e sabores de frutas negras, além de um leve toque picante que fala da variedade. Esse vinho vem de vinhedos em Tupungato e é envelhecido por cerca de doze meses em barricas.

 GRAN GUARDA
MALBEC 2016
$$ | PERDRIEL | 14°

Esse Malbec vem da área de Perdriel. A SinFin compra uvas lá, de um vinhedo de cerca de 15 anos. O vinho estagia por 12 meses em barricas de

SinFin

diferentes usos e o que sai deles é um Malbec austero, sem a doçura de outros exemplos da zona. Esse se sente seco, com frutas negras ácidas e taninos ferozes que precisam de carne.

SoloContigo

PROPRIETÁRIOS Noel & Terry Neelands
ENÓLOGO Pablo Marino
WEB www.solocontigowine.com
RECEBE VISITAS Sim

Enólogo
PABLO MARINO

Terry e Noel Neelands são uma família de Toronto. Em uma viagem a Mendoza em 2008, eles se entusiasmaram com a ideia de fazer vinhos na região, especificamente em The Vines, um projeto imobiliário de Los Chacayes. A primeira safra foi em 2012, e hoje eles têm cinco hectares (plantados a partir de 2009) com os quais produzem cerca de 120 mil garrafas. Além disso, eles têm uma casa-adega, inaugurada em outubro de 2016, com capacidade para cem mil litros e onde também recebem turistas com o impressionante fundo dos Andes como quintal. **IMPORTADOR:** USA: www.www.mhwltd.com

VINHOS

 CASA DE LAS MUSAS BLEND
CABERNET FRANC, MALBEC, MERLOT 2018
$$ | LOS CHACAYES | 13.5°

Esta é uma mistura de 40% de Merlot, 20% de Cabernet Franc e o resto de Malbec. E é fermentado e estagiado em barricas de carvalho de seis mil litros. Toda a fruta vem de uma seleção de cinco hectares que a vinícola tem em Los Chacayes. A expressão das variedade aqui é profunda, cheia de maturidade suculenta, mas ao mesmo tempo com uma trama de taninos firmes e tensos. Notas herbáceas e picantes inundam o final em um vinho de rica complexidade.

 DEVELADO
CABERNET SAUVIGNON, CABERNET FRANC 2019
$$ | LOS CHACAYES | 14.3°

Develado é uma nova linha de SoloContigo, idealizada pelo consultor Juan Pablo Michelini. Neste caso, é uma cofermentação de Cabernet Franc (20%) e o resto de Cabernet Sauvignon, com 20% de cachos inteiros para acentuar o lado da fruta. Por esta razão, não tem madeira e o que manda aqui são os frutos vermelhos frescos de uma vinha de cerca de 25 anos, tudo em Los Chacayes. Este tinto tem uma luz deliciosa e refrescante. Um daqueles que se bebem muito fácil.

 CASA DE LAS MUSAS GSM
GARNACHA, SYRAH, MOURVÈDRE 2018
$$ | LOS CHACAYES | 13.5°

Esta mistura de variedades mediterrâneas, todas de vinhas próprias em Los Chacayes, inclui 60% de Garnacha, 30% de Syrah e o resto de Mourvèdre. As uvas são cofermentadas e envelhecidas em barricas usadas por um ano. O resultado é um vinho severo em taninos, em textura, e ao mesmo tempo suculento e amplo em sabores de frutas maduras para frutas pretas. Um vinho grande, que precisa de dois a três anos na garrafa para ganhar complexidade.

SoloContigo ‹ *prova de* **vinhos** ›

DEVELADO
SYRAH, GARNACHA 2019
$$ | LOS CHACAYES | 13.8°

92

Dentro dos cinco hectares de vinhedos que SoloContigo tem em Los Chacayes, há espaço para este par de variedades do Mediterrâneo que aqui é conferido. A mistura inclui 60% de Syrah e o resto de Garnacha, mais 20% de cachos inteiros para sustentar a fruta. Tudo isto faz deste tinto um vinho muito frutado, muito exuberante, mas ao mesmo tempo com uma estrutura ferrosa que o torna mais do que um simples vinho de piscina. Aqui há garras e profundidade.

PRIMERA AMANTE
CHARDONNAY 2018
$ | LOS CHACAYES | 13°

90

Com toques delicados de flores e de frutas brancas, este é um Chardonnay sutil em todos os seus aspectos da acidez, que flui sem perturbar a boca, com os toques suaves de ervas, que deixam uma agradável frescor no final. Este Chardonnay é de uvas compradas na vinha de The Vines, em Los Chacayes, de vinhedos de 15 anos. Não tem estágio em barricas.

OUTROS VINHOS SELECIONADOS

87 | COLECCIÓN BLEND Malbec, Cabernet Franc, Syrah 2016 | Los Chacayes 13.1° | $$$

87 | PRIMERA AMANTE Malbec 2017 | Los Chacayes | 13.5° | $

Sottano

PROPRIETÁRIO Família Vicentín
ENÓLOGO Adrián Toledo
WEB www.bodegasottano.com
RECEBE VISITAS Sim

Enólogo
ADRIÁN TOLEDO

Sottano é uma antiga vinícola de Mendoza, originalmente construída em Godoy Cruz. Em 2005, eles se mudaram para Perdriel, iniciando uma nova etapa na história da vinícola, concentrando sua produção em vinhos engarrafados de produções mais limitadas. Em 2016, a família Vicentín comprou a vinícola. A espinha dorsal dos vinhedos de Sottano fica em Perdriel, onde tem 30 hectares plantados. **IMPORTADORES:** BRASIL: www.supermuffato.com.br | USA: www.dangerousIG.com

VINHOS

SOTTANO
VIOGNIER 2019
$ | MENDOZA | 14.2°

92

Este vinho vem dos vinhedos de The Vines, em Los Chacayes, hoje a principal fonte de uvas na região. Aí, nessa altura (acima de 1.200 metros) nesses solos pedregosos, esse Viognier parece muito contido, não tão explosivo como normalmente são os Viognier. É cremoso, com deliciosa acidez em um vinho muito fácil de beber, quente e suculento.

Sottano

RESERVA
MALBEC 2017
$$ | MENDOZA | 13.8°

90

De vinhas próprias na área de Perdriel, onde Sottano tem sua vinícola, esse é um Malbec amplo e suculento, com sabores maduros. Parece um exemplo clássico de Malbec na região, os tintos sob sol que geralmente dão esses sabores untuosos e amplos, que enchem a boca.

OUTROS VINHOS SELECIONADOS
88 | SOTTANO Chardonnay 2019 | Mendoza | 13.5° | $
88 | SOTTANO Merlot 2018 | Mendoza | 13.5° | $
87 | SOTTANO Malbec 2018 | Mendoza | 13.5° | $

Staphyle

PROPRIETÁRIO Família Porretta
ENÓLOGO Ricardo Minuzzi
WEB www.staphyle.com.ar
RECEBE VISITAS Não

Enólogo
RICARDO MINUZZI

Staphyle começou a produzir vinhos em 2002, após a restauração de uma antiga vinícola na área de Carrodillas, em Luján de Cuyo, local que hoje é o seu centro de operações. A família Porretta estava a cargo de levar este projeto à realidade, com vinhedos em Ugarteche e Agrelo, mas também com um punhado de hectares ao lado do lago Potrerillos, no meio dos Andes e ao lado do hotel vinícola, um lugar dos mais espetaculares no cenário de vinhos de Mendoza. **IMPORTADORES:** BRASIL: www.galeriadosvinhos.com.br | USA: www.dangerousIG.com

VINHOS

PARTIDA LIMITADA
CABERNET FRANC 2018
$$ | AGRELO | 14°

90

Esse Cabernet Franc vem da região de Alto Agrelo, de um vinhedo plantado há 18 anos pela família Porretta. As notas de ervas da variedade estão aqui, acompanhadas de frutas frescas e vermelhas. É um vinho de corpo médio, com taninos suficientes para acompanhar carne assada.

PARTIDA LIMITADA
MALBEC 2018
$$ | AGRELO | 14°

90

Uma boa maneira de conhecer o estilo dos vinhos Staphyle, esse Malbec tem uma camada de aromas de carvalho, que depois de um tempo na taça revela frutas vermelhas maduras e muitas especiarias. É proveniente de uma vinha plantada no início de 2000 na área de Agrelo, em Luján de Cuyo e as frutas desse local, geralmente oferecem aromas maduros e exuberantes. Este não é o caso. Aqui o que você sente é uma certa austeridade em um vinho sério, com muito equilíbrio.

‹ *prova de* **vinhos** ›

90 | PARTIDA LIMITADA
MALBEC, BONARDA 2018
$$ | AGRELO | 14°

Não é muito comum que duas variedades tão frutadas mesclem-se bem, mas essa é a exceção. Ambas de um vinhedo de 18 anos que a família Porretta estabeleceu em Agrelo, no início dos anos 2000, aqui a fruta untuosa da Bonarda é sentida, mas também as notas florais da Malbec. O corpo é gentil e cremoso.

OUTROS VINHOS SELECIONADOS
89 | PARTIDA LIMITADA Malbec, Cabernet Sauvignon 2018 | Agrelo | 14° | $$
88 | PREMIUM Merlot 2018 | Agrelo | 13.5° | $
86 | PREMIUM Malbec 2018 | Agrelo | 13.5° | $
85 | VÁSTAGO DE GEA Bonarda 2019 | Ugarteche | 13.5° | $

SuperUco

PROPRIETÁRIO SuperUco S.A.
ENÓLOGO Matías Michelini
WEB www.superucowines.com
RECEBE VISITAS Sim

Proprietários
IRMÃOS MICHELINI

Este é o projeto dos quatro irmãos **Michelini** (Gabriel, Gerardo, Juan Pablo e Matías) junto com Daniel Sammartino, um amigo da família. Elegeram pequenos vinhedos em três distintas zonas do Vale do Uco: Gualtallary em Tupungato, Altamira em San Carlos e Chacayes em Tunuyán. Neste último setor, no coração de Uco, têm também sua pequena vinícola, construída em 2015 e rodeada por dois hectares de vinhedos que cultivam sob o conceito da agricultura biodinâmica. **IMPORTADORES:** BRASIL: www.grandcru.com.br | USA: www.brazoswine.com

VINHOS

96 | SUPERUCO GUALTA
MALBEC, CABERNET FRANC 2016
$$$$ | GUALTALLARY | 14°

Esta é uma cofermentação de 60% Malbec e 40% Cabernet Franc de vinhedos em Tupungato Winelands, uma das mais importantes fontes de uvas em Gualtallary. Neste caso, a vinificação é feita sem engaços e o vinho estagia por 18 meses em barricas usadas. A força da acidez é o principal ponto de apoio neste vinho. A fruta é vermelha, as notas herbáceas são exuberantes e tudo neste tinto fala da volúpia dos vinhos de Gualtallary, mas também dos seus ossos duros e firmes, dos seus taninos como colunas, produto dos solos calcários desse lugar.

96 | SUPERUCO LOS CHACAYES
MERLOT, MALBEC, CABERNET FRANC, PETIT VERDOT 2016
$$$$$ | LOS CHACAYES | 14°

SuperUco Los Chacayes vem de vinhedos a cerca de 1400 metros de altitude em dos solos pedregosos desta área do vale de Uco. É uma cofermentação de principalmente Malbec com Cabernet Franc e estagia por 18

SuperUco

meses em barricas usadas. Como de costume, os tintos de Los Chacayes não são excessivamente exuberantes no nariz (como são, por exemplo, os de Gualtallary) e aqui se sente esse perfil discreto. A boca, no entanto, é cheia de frutas vermelhas e ervas em um vinho de taninos firmes, de estrutura poderosa que lembra as pedras de onde ele nasce.

 CALCÁREO COLUVIO DE ALTAMIRA
MALBEC 2018
$$ | ALTAMIRA | 13.5°

Da zona de Paraje Altamira, em um terreno de 0,5 hectare de solos principalmente coluviais, e com depósitos de calcário, a 1.150 metros acima do nível do mar, este Malbec é um exemplo bastante preciso de como em um micro lugar como essa parcela pode resumir um mundo como é Altamira. Seus aromas de frutas vermelhas e intensas, mas também sua textura severa, ainda sendo suculenta. Há uma certa austeridade nos vinhos de Altamira que aqui está muito bem refletida.

 CALCÁREO GRANITO DE TUPUNGATO
CABERNET FRANC 2018
$$ | GUALTALLARY | 13.5°

A Cabernet Franc se adaptou especialmente bem aos solos de calcário de Gualtallary e, a partir daí, vem alguns dos melhores exemplos da cepa obtidos atualmente. Coloquem esse tinto entre eles. Aqui há uma força de taninos firmes e pulsantes, que dão lugar a frutas vermelhas e, acima de tudo, a notas de tabaco e de especiarias. O vinho é fermentado em cimento, 100% com os engaços, e envelhecido em barricas usadas por um ano. Não há vestígios de madeira aqui. O que prevalece são frutas raivosamente frescas e esse lado de tabaco e de terra é muito típico da variedade.

 CALCÁREO GRANITO DE TUPUNGATO
MALBEC 2018
$$ | GUALTALLARY | 13.5°

De um terreno de 1,5 hectare em Gualtallary, com cerca de 1400 metros de altura, este Malbec tem toda a exuberância dos vinhos da região, aquelas notas frutadas que se misturam com as ervas. Como todos os vinhos da linha Calcáreo, este tem 100% de engaços, o que aumenta a sensação de estrutura de algo que não se sente tão necessário em Gualtallary, um lugar rico em solos calcários que costuma dar taninos já firmes e pulsantes. De qualquer forma, o resultado funciona aqui em um vinho exuberante.

 CALCÁREO RÍO DE LOS CHACAYES
MALBEC 2018
$$ | LOS CHACAYES | 13.5°

Esta é a primeira safra dos vinhedos que SuperUco plantou ao lado de sua vinícola, na região de Los Chacayes. E é uma interpretação muito gentil e frutada dessa área. Há notas de ervas, mas o que predomina é a fruta vermelha fresca e intensa em um vinho de grande intensidade. A vinificação - como em toda a linha Calcáreo- é feita 100% com engaços, para dar uma estrutura maior sem necessariamente ter que se extrair mais. E isso é alcançado. Este é um vinho firme, tenso e ao mesmo tempo muito frutado.

‹ prova de vinhos ›

SORELLA
CABERNET FRANC 2016
$$$$ | GUALTALLARY | 14°

Sorella é 100% Cabernet Franc, dos vinhedos de Tupungato Winelands, um vinhedo que - junto com Adrianna, de Catena - eram as zonas zero de onde as virtudes do terroir de Gualtallary começaram a ser conhecidas. Este vem de uma pequena parcela de 0,4 hectares, plantada em solos pedregosos e calcários da área. Estagia 18 meses em barricas de segunda utilização. A força do Cabernet Franc é sentida aqui nos sabores de frutas vermelhas e nas notas de ervas que enchem o nariz, mas também a boca. A sensação de frescor inunda tudo enquanto o vinho percorre a boca com os seus taninos firmes e penetrantes. Um dos bons Cabernet Franc da Argentina.

Susana Balbo Wines

PROPRIETÁRIA Susana Balbo
ENÓLOGOS Susana Balbo, José Lovaglio, Edy del Pópolo & Gustavo Bertanga
WEB www.susanabalbowines.com.ar
RECEBE VISITAS Sim

Proprietária & enólogos
ANA LOVAGLIO, SUSANA BALBO & JOSÉ LOVAGLIO

Susana Balbo foi a primeira mulher licenciada em enologia da Argentina e um dos nomes chave do vinho no país. Depois de anos trabalhando para conhecidas vinícolas, em 1999 nasce esta, sua própria empresa, que se transformaria numa das protagonistas do processo de modernização do vinho argentino. Se estabeleceu em Luján de Cuyo, de onde nasce boa parte de seus vinhos, enquanto que outros vêm do vale de Uco. Na equipe da vinícola estão seus filhos Ana Lovaglio e José Lovaglio (este tem ainda seu próprio projeto, Vaglio Wines), e também Edgardo do Popolo, um dos enólogos e viticultores mais reputados da Argentina. **IMPORTADORES:** BRASIL: www.cantuimportadora.com.br | USA: www.foliowine.com

VINHOS

NOSOTROS SINGLE VINEYARD NÓMADE
MALBEC 2016
$$$$$ | VALE DE UCO | 14.2°

Los Chacayes geralmente produz vinhos de grande estrutura, severos em seus taninos, talvez austeros. Neste caso, e se você olhar com cuidado, essa textura, essa estrutura é sentida, mas o problema (ou a coisa boa) é que ela é coberta por uma camada densa de frutas vermelhas frescas e ácidas, muito típicas de uma colheita fria (a mais fria da década em Mendoza) como foi 2016. O resultado hoje é um vinho delicioso, tenso, em harmonia. A questão é como este vinho irá evoluir em garrafa. Será que esta fruta continuará a cobrir os taninos ou os taninos acabarão por prevalecer? De uma forma ou de outra, em qualquer caso, o futuro parece auspicioso.

SUSANA BALBO SIGNATURE LA DELFINA
MALBEC 2016
$$$$ | ALTAMIRA | 14°

A safra de 2016 foi a mais fria da década em Mendoza, ano também chuvoso e de muito pouca produção, o que foi um desafio e um teste para os produtores argentinos. E nem todos se saíram bem, mas aqueles que sim, conseguiram

Susana Balbo Wines

vinhos de grande frescor, pureza varietal e frutas vermelhas. Esse La Delfina é assim. Aqui há frutas vermelhas crocantes em um corpo médio, mas de grande tensão. Há também notas florais e aqueles taninos severos que ocorrem tão usualmente em Altamira, aqueles solos de gravas e de cal, que propiciam essas texturas severas. Um vinho para a guarda, mas irresistível agora.

BENMARCO SIN LÍMITES GUALTALLARY
MALBEC 2018
$$ | GUALTALLARY | 14.6°

A cerca de 1500 metros acima do nível do mar, em Gualtallary, esse Malbec é responsável por tirar uma foto de Malbec da área, a exuberância dos vinhos tintos locais, as notas de flores de ervas e de frutas vermelhas, todos lutando para se destacar e aquela textura de giz tensa em meio a sensação de giz, que vem dos solos de cal da zona, e especialmente na parcela de onde vem este vinho, uma língua de leito de rio rica em calcário.

NOSOTROS FRANCIS
MALBEC, SYRAH, CABERNET FRANC 2015
$$$$$ | VALE DE UCO | 14.6°

Esta mistura de 60% Malbec, 20% Syrah e 20% Cabernet Franc vem de El Peral, ao sul de Gualtallary, uma área fresca no vale de Uco com muito verde, riachos e pequenas colinas, um clima que dá vinhos frescos e amáveis, com muita fruta. Este vinho é assim, mas também tem uma espécie de doçura na fruta que o torna muito mais acessível a curto prazo. Os taninos são redondos e untuosos.

NOSOTROS SOFITA
MALBEC, PETIT VERDOT 2015
$$$$$ | VALE DE UCO | 14.5°

Sofita este ano foi uma tiragem de três mil garrafas, uma mistura de 80% de Malbec e o resto de Petit Verdot e essa mistura funciona muito bem este ano, com a fruta da Malbec de uma colheita bastante fria, oferecendo os seus toques frutados e florais e a Petit Verdot apoiando com sua estrutura tânica. O resto são notas de ervas e de frutas secas em um vinho que acaba de começar sua evolução em garrafa.

SUSANA BALBO SIGNATURE
CABERNET SAUVIGNON 2017
$$ | VALE DE UCO | 13.9°

Das alturas de Gualtallary, no vale de Uco, aqui se tem um Cabernet Sauvignon com um grande caráter varietal, mas ao mesmo tempo com um selo do lugar. A exuberância da fruto de Gualtallary é sentida neste vinho, com uma onda de frutas vermelhas e de notas herbáceas que saltam da taça. A boca tem os taninos pulsantes e firmes da cepa, acidez e também essas notas de cassis em um Cabernet que está mudando em direção a lugares muito mais frescos, fruto de colheitas adiantadas que, de acordo com Susana Balbo, conseguiram mostrar com maior clareza a variedade.

SUSANA BALBO SIGNATURE
MALBEC 2017
$$ | VALE DE UCO | 14.5°

A fonte desse Signature é um vinhedo na região de Altamira, onde Balbo

‹ prova de *vinhos* ›

compra uvas desde 1999. Os solos são calcários, com forte presença de gravas, que juntamente com o clima de montanha, costumam dar vinhos austeros e de forte presença de taninos. Há um pouco disso aqui, mas também há muita fruta vermelha madura que fica no meio dessas colunas de taninos. Um vinho para guardar por cinco anos.

SUSANA BALBO SIGNATURE BARREL FERMENTED TORRONTÉS 2019
$$ | VALE DE UCO | 13.4°

A ideia de Torrontés com um pouco mais de ambição, estagia em madeira, nasceu em 2013 e, no ano seguinte, entrou na linha de Susana Balbo. Gradualmente a madeira foi integrada na fruta, deixando de lado sua proeminência. Isso, por um lado. Do outro, a fruta mais herbácea, o caráter mais fresco e mineral que a Torrontés dá em Altamira. Um estágio em barris maiores, com menos impacto e maior contato com as borras, que se estendeu por mais de seis meses são a chave aqui. Um vinho sério, como poucos Torrontés no mercado.

SUSANA BALBO SIGNATURE BRIOSO
C. SAUVIGNON, MALBEC, C. FRANC, P. VERDOT 2017
$$$ | AGRELO | 14.5°

A safra 2017 da Brioso tem 41% de Cabernet Sauvignon, 32% de Malbec, 22% de Cabernet Franc e o resto de Petit Verdot, todos provenientes da vinha plantada em 2001 em torno da vinícola, em Agrelo. O vinho estagia em carvalho por 15 meses, tudo em madeira nova. E é um vinho jovem que ainda mostra o seu lado tostado desse envelhecimento, mas ao mesmo tempo já possui uma textura suave e elegante, taninos polidos que escondem muita fruta vermelha madura, tudo muito consequente com os solos argilosos onde está plantada a vinha.

BENMARCO
CABERNET SAUVIGNON 2018
$$ | VALE DE UCO | 14.3°

Susana Balbo produz este vinho desde 1999, sempre do mesmo lote de Cabernet em Los Árboles, de um vinhedo de cerca de 25 anos. Balbo é uma das professoras de Cabernet na Argentina. Essa versão tem uma deliciosa camada de sabores de ervas no meio de muitas frutas vermelhas frescas e em uma camada de taninos firmes e tensos que são responsáveis por suportar todo esse peso. Muito equilibrado.

BENMARCO
MALBEC 2018
$$ | VALE DE UCO | 14.6°

100% de frutas de Los Chacayes, uma área de solos pedregosos no vale de Uco, é envelhecida por cerca de 11 meses em barricas usadas. A força de Los Chacayes é sentida aqui, com aqueles taninos firmes que esta área de montanha dá. A acidez é firme, os sabores de frutas vermelhas têm tensão e muito vigor em um vinho grande, mas ao mesmo tempo de grande riqueza de frutos e de grande profundidade.

BENMARCO SIN LÍMITES GUALTALLARY
CHARDONNAY 2019
$$ | GUALTALLARY | 14.4°

Fermentado em barris de 500 litros e depois estagia ali mesmo por 6 meses,

Susana Balbo Wines

tudo em madeira usada, são provenientes de solos com alto teor de calcário, que parecem conferir estrutura de acidez e de taninos, mas também uma boa parcela de mineralidade a um vinho, que é essencialmente fruta branca, madura e untuosa, mas temperada com aquela acidez do clima de montanha.

 BENMARCO SIN LÍMITES VALLE DE PEDERNAL
MALBEC 2018
$$ | VALE DE PEDERNAL | 14.5°

O vale de Pedernal é a área mais alta de San Juan, ao norte de Mendoza. É uma zona montanhosa, com cerca de 1500 metros de altura, rico em pedras e em cal, com a influência dos Andes que está muito próximo. Esse BenMarco tem um lado de ervas bem marcado, com frutas atrás, mas especialmente notas de ervas que dominam o nariz. Um vinho de grande força, de grande frescor, de taninos ricos, firmes e tensos. Atenção aqui com o guarda, há vinho por um tempo.

 **SUSANA BALBO SIGNATURE ROSÉ**
DEL VALLE DE UCO MALBEC, PINOT NOIR 2019
$$$ | VALE DE UCO | 12.8°

Esse é um blend de Malbec e Pinot Noir, com a Pinot Noir cofermentada com algumas gotas de Viognier, todos de frutas de Los Chacayes, no vale de Uco. Com vinhas desenhadas para rosé, trata-se de um rosado delicioso, com sabores refrescantes de frutas, moldados por uma acidez firme e suculenta, mas também por uma estrutura de taninos, que lhe confere corpo e, acima de tudo, linearidade. Não há espaço para dulçor aqui, só há frutas vibrantes e textura crocante em um dos melhores rosés da América do Sul.

 **SUSANA BALBO SIGNATURE WHITE BLEND**
SÉMILLON, SAUVIGNON BLANC, TORRONTÉS 2018
$$$ | VALE DE UCO | 13.3°

Para essa mescla branca, Balbo usa 35% de Sémillon, 35% de Sauvignon Blanc e o restante de Torrontés, todos de vinhas em Altamira. Tem 4 meses de envelhecimento em barricas e essa permanência é sentida em aromas defumados e tostados. No entanto, é a fruta que predomina, com seus toques de pêssegos e também flores em um vinho de rica acidez e de muito bom corpo, para frutos do mar crus.

 BENMARCO
CABERNET FRANC 2018
$$ | VALE DE UCO | 14.6°

Um Cabernet Franc de Altamira que tem a impressão da tensão desse lugar, com seus taninos tensos e ferozes, com a textura de giz dos solos pisos de cal. O vinho é envelhecido por 11 meses em barricas, todos em madeira usada. As notas de ervas parecem fortes, mas há um fundo frutado que ajuda a dar equilíbrio. Um tinto fresco, mas de muito bom corpo e de muita profundidade.

 BENMARCO EXPRESIVO
MALBEC, CABERNET FRANC 2017
$$$ | GUALTALLARY | 14.3°

Este ano, o blend Expresivo tem 80% de Malbec e o restante de Cabernet Franc, todos provenientes dos vinhedos de Gualtallary. O envelhecimento é em barricas de primeira utilização, por 14 meses. O vinho tem o selo de um ano quente como era 2017, os aromas de frutas vermelhas maduras, de frutos secos e de especiarias doces. Um vinho denso e untuoso com taninos mansos e expansivos.

93 | SUSANA BALBO SIGNATURE BARREL FERMENTED CHARDONNAY 2019
$$ | VALE DE UCO | 14.6°

Para **Signature**, Susana Balbo seleciona uvas de Gualtallary, de vinhas ricas em areia e em cal. O envelhecimento é em barricas, metade novas e isso se percebe nas leves notas tostadas que se sentem, mas acima de tudo há frutas brancas maduras e toques minerais em um vinho que é caracterizado por sua textura que é untuoso, redondo, com sabores ligeiramente picantes. Este precisa de curry de camarão.

91 | CRÍOS TORRONTÉS 2019
$ | ARGENTINA | 13°

Esta é uma mistura de duas origens, Altamira, no vale de Uco, e Cafayate, no norte. Segundo Susana Balbo, Altamira traz as ervas e o lado cítrico, enquanto Cafayate acrescenta aromas de frutas brancas maduras. O resultado é um vinho tremendamente fresco, algo que não é frequente na variedade, mas sem perder o caráter varietal. A textura é suave e redonda. Um vinho para o aperitivo.

90 | CRÍOS CABERNET SAUVIGNON 2018
$ | VALE DE UCO | 14.5°

A primeira versão de Críos Cabernet foi em 2001 e desde então sua principal fonte tem sido Tupungato, no vale de Uco. A mudança fundamental deste vinho ao longo dos anos tem sido a menor madurez que permite que as notas herbáceas da variedade sejam mostradas mais claramente, junto com frutas vermelhas frescas em um Cabernet simples e delicioso.

90 | CRÍOS MALBEC 2018
$ | VALE DE UCO | 13.9°

De acordo com Susana Balbo, 2018 foi um ano muito bom para a Malbec e esse entusiasmo é comprovado com vinhos de entrada como esse Críos, que foi produzido a partir da safra de 2001. Um pequeno clássico cheio de notas suculentas e sabores de frutas em um vinho fresco, amável. Um Malbec para beber sem parar.

90 | CRÍOS RED BLEND MALBEC, CABERNET FRANC, ANCELLOTTA, PETIT VERDOT 2018
$ | VALE DE UCO | 14.3°

Críos desse ano tem 55% de Malbec, 25% de Cabernet Franc, 10% de Petit Verdot e, pela primeira vez, 10% de Ancellotta, isso segue na linha de tintos de Críos, com muitas frutas e sabores suculentos em um vinho simples, com uma textura deliciosa, embora com ligeiros taninos que pinicam e dão aderência.

Tacuil

PROPRIETÁRIO Família Dávalos
ENÓLOGOS Álvaro & Raúl Dávalos
WEB http://www.tacuil.com.ar
RECEBE VISITAS Sim

Enólogos
ÁLVARO & RAÚL DÁVALOS

A vinícola saltenha Tacuil tem um dos vinhedos mais alto do mundo. Está a nada menos do que a 2597 metros de altura, na faixa pré-montanhosa andina do norte da Argentina, na província de Salta. São doze hectares de vinhas que desafiam o deserto e produzem anualmente cerca de 60.000 garrafas por ano. Raúl Dávalos os plantou em 2001, com vinhas de uma finca que eles tinham na cidade de Colomé. Dávalos é dono de Tacuil e um dos personagens lendários do vinho argentino, um iconoclasta que faz os vinhos que ele sente.

VINHOS

 33 DE DÁVALOS
MALBEC, CABERNET SAUVIGNON 2018
$$$ | MOLINOS | 15.2°

Para esse vinho, Tacuil obtém as uvas de uma vinha murada de um hectare e meio, uma espécie de "clos" plantado em 2001. O vinho é uma mistura que representa a percentagem de variedades que estão nessa vinha, 70% de Malbec e 30% de Cabernet Sauvignon que são cofermentados, sem passar por barricas. Este vinho tem uma densidade deliciosa, com toques condimentados, quase como curry e um fundo frutado de frutas vermelhas muito maduras, como é exigido pelo estilo dos vinhos da casa, no alto de Molinos.

 RD
SAUVIGNON BLANC 2019
$ | MOLINOS | 13.8°

O estilo particular deste vinho pode ser devido a muitos fatores. O primeiro é altura, a 2.400 metros, onde a irradiação é intensa nos cachos. O segundo, o calor da área no meio do deserto de altura. Ambos os fatores influenciam na untuosidade e madurez dos sabores que são expressos aqui como um creme em um vinho grande, mas ao mesmo tempo acidez rica e profunda.

 VIÑAS DE DÁVALOS
MALBEC, CABERNET SAUVIGNON 2018
$$$ | MOLINOS | 15.5°

33 de Dávalos e **Viñas de Dávalos** são o resultado de seleções massais, que os Dávalos trouxeram de Colomé e que correspondem ao material genético original plantado pela bisavó, Doña Ascensión. Aqui há 80% de Malbec e o resto de Cabernet Sauvignon, todos plantados ao lado da vinícola no ano 2000. Este vinho tem o caráter frutado dos tintos da região, untuoso, exuberante em frutas maduras, mas aqui também com uma estrutura de esta que tem força suficiente para suportar todo esse peso brutal de frutas e os 15,5 graus de álcool deste monstrinho.

 YACUIL
MALBEC 2015
$$$$ | VALES CALCHAQUÍES | 15°

Yacuil é a mistura de vinhedos da vinícola Yacochuya, a cerca de dois mil metros

Tacuil   ‹ *prova de vinhos* ›

de altura, e de Tacuil a cerca de 2.500 metros, uma espécie de parceria entre as duas famosas vinícolas do norte da Argentina, que mostra uma combinação suculenta e frutada de estilos. A força tânica de Yacochuya com a fruta exuberante de Tacuil. Esta estrutura firme de taninos ajuda aqui a fazer o vinho se sentir equilibrado, embora seja um vinho enorme e expansivo de qualquer maneira.

 91 **RD**
MALBEC, CABERNET SAUVIGNON 2018
$$ | MOLINOS | 15.2°

Este ano, a mescla de RD tem 80% de Malbec e o restante de Cabernet Sauvignon, todos os vinhedos de Tacuil, na cidade de Molinos, a mais de 2.400 metros de altura. Este vinho mostra a fruta ampla e madura da área, a radiação a essa altura mostrando a sua influência em frutas licorizadas e suculentas.

Terra Camiare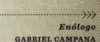

PROPRIETÁRIO Família Mizzau
ENÓLOGO Gabriel Campana
WEB www.terracamiare.com
RECEBE VISITAS *Sim*

Enólogo
GABRIEL CAMPANA

A vinícola **Terra Camiare** está localizada em Colonia Caroya, cerca de 60 quilômetros ao norte da cidade de Córdoba. É uma grande vinícola, com capacidade de produzir cerca de 500 mil litros, mas que elabora apenas cerca de 200 mil garrafas. O resto eles vendem a terceiros. Os proprietários são a família Mizzau, que também tem 18 hectares em Caroya e outros 9 em Quilino, uma área ao norte, perto do lago Salinas Grandes.

VINHOS

 91 **SOCAVONES SINGLE VINEYARD**
SÉMILLON 2018
$$ | CÓRDOBA | 13.9°

Este Sémillon vem de vinhedos que a família Mizzau tem em Quilino, ao lado do lago Salinas Grandes. Envelhecido em barricas usadas, possui perfil austero, com notas de mel e frutas brancas em um corpo macio, muito equilibrado em acidez. Um clássico Sémillon bastante austero, mas com rica profundidade de sabores.

 90 **SOCAVONES OVUM**
MALBEC 2017
$$ | ARGENTINA | 13.8°

Com 90% de Malbec e 10% de Ancellotta, este vinho é armazenado e ovos por um ano. O que vem daí é uma mistura de toques de frutas negras, marcadas por uma maturidade generosa, mas também por uma acidez firme e tensa. Este é um vinho grande, com agradáveis toques de frutos secos no final.

OUTRO VINHO SELECIONADO
88 | SOCAVONES GRAN QUILINO SINGLE VINEYARD Cabernet Franc, Malbec, Tannat 2017 | Córdoba | 14° | $$

Terrazas de Los Andes

PROPRIETÁRIO Terrazas de Los Andes
ENÓLOGO Gonzalo Carrasco
WEB www.terrazasdelosandes.com.ar
RECEBE VISITAS *Sim*

Enólogo
GONZALO CARRASCO

Terrazas de Los Andes nasce em 1996 a partir da Chandon Argentina, que depois de trinta anos em Mendoza decide empreender com uma vinícola dedicada a vinhos não espumantes. O selo aqui, como seu nome sugere, está na altura. Terrazas tem 550 hectares de vinhedos repartidos em setores conhecidos por sua altitude e prestígio, como Las Compuertas, em Luján de Cuyo, e Los Chacayes, no vale do Uco. **IMPORTADORES:** BRASIL: www.catalogomh.com.br | USA: www1.mhusa.com

VINHOS

97 — PARCEL N°12S LICAN
MALBEC 2016
$$$$ | MENDOZA | 14.4°

As vinhas de Finca Lican foram plantadas no início dessa década em Los Chacayes, uma área muito pedregosa, que geralmente produz vinhos tremendos em taninos, tintos severos e austeros. Mas esse não é o caso. Aqui, a fruta é alegre, fresca e tão vermelha que quase parece um vinho para matar a sede. A boca é amável, com taninos muito polidos para o contexto da região. A extração teve muito cuidado para somente extrair apenas a fruta e não essa força. Uma visão particular e surpreendente de um lugar para se converter em um clássico da Argentina.

96 — PARCEL N°10W LOS CEREZOS
MALBEC 2016
$$$$ | MENDOZA | 13.7°

Os vinhedos mais antigos de Terrazas estão na área de Las Compuertas, uma área tradicional em Luján de Cuyo e com uma herança muito importante de videiras antigas que, infelizmente, sucumbem à pressão imobiliária. Essa vinha foi plantada em 1929, a cerca de 1.070 metros de altura e este ano dá um Malbec radiante em frutas vermelhas, talvez a versão mais fresca que lembramos desse clássico. A boca tem taninos firmes e pungentes, excelente aderência e frutas vermelhas vivas que acompanham o vinho todo o tempo até o final. Uma excelente versão. No passado, o preço a pagar pela suavidade dos vinhos de Las Compuertas (e também em outras áreas tradicionais de Mendoza) era com as frutas doces, não inteiramente frescas. Esse vinho tem ambas as coisas.

96 — PARCEL N°2W LOS CASTAÑOS
MALBEC 2016
$$$$ | MENDOZA | 14.5°

Acima de 1.100 metros de altura, nos pisos de pedra e de cal de Altamira, esse vinho brilha em frescor e em frutas vermelhas. A textura dos taninos é firme e severa, contrastando com a alegria e frescor da fruta. Os sabores são muito profundos e complexos, deixando para trás a madeira que não desempenha um papel, além de apazigar os taninos (finalmente). A Cal se sente nessa textura, o giz desses solos. Um vinho fascinante para ver como a Malbec mudou nos últimos dez anos.

‹ prova de vinhos ›

 APELACIÓN DE ORIGEN LAS COMPUERTAS
MALBEC 2017
$$ | MENDOZA | 13.8°

Terrazas possui antigas vinhas de Malbec em Las Compuertas, plantadas por volta de 1929 na área mais alta de Luján de Cuyo. Aqui está uma interpretação deliciosa da região, muitas frutas vermelhas, muito frescor e tensão em um vinho de corpo médio, mas com uma trama acentuada de taninos. A acidez ajuda a exacerbar o frescor de um vinho que chama a atenção por seu caráter e sua aparência em uma área tão tradicional como essa.

 APELACIÓN DE ORIGEN PARAJE ALTAMIRA
CABERNET SAUVIGNON, MALBEC 2016
$$$ | MENDOZA | 14°

Terrazas possui vinhedos em Altamira de cerca de vinte anos, plantados em solos muito pedregosos, daí o nome da fazenda "El Pedregal". Aqui se tem uma mistura de 50% de Cabernet Sauvignon e 50% de Malbec. A Cabernet tem destaque, acima de tudo na boca, com seus toques de mentol e de ervas, enquanto na boca a força da fruta da Malbec domina, mas acompanhada pelos taninos firmes da Cabernet. Há bom equilíbrio aqui.

94 APELACIÓN DE ORIGEN LOS CHACAYES
MALBEC 2017
$$ | MENDOZA | 14.7°

Los Chacayes é uma área de altura, no vale de Uco. Os solos aluviais são ricos em pedras e geralmente dão vinhos severos e austeros, especialmente em texturas. Esse tem aquela rede de taninos finos, mas afiados, juntamente com uma acidez deliciosa e refrescante, que também acentua esse caráter austero. A fruta é vermelha intensa. Delicioso vinho, excelente relação entre preço e qualidade.

94 GRAND
CABERNET SAUVIGNON 2017
$$ | MENDOZA | 14°

Esta é uma mescla de vinhedos de Perdriel e Altamira e está enquadrada em uma nova geração de Cabernet argentino, Cabernet que tem algumas frutas e um pouco dessa alegria, daquela fruta radiante e fresca e aquelas notas florais que a Malbec tem e que aqui estão elas também. Uma espécie de "Malbeczação" da Cabernet que está criando um estilo único na Argentina, especialmente nas alturas e solos de cal do vale de Uco.

 GRAND
CHARDONNAY 2018
$$ | MENDOZA | 13.8°

Esse Chardonnay é uma mistura de vinhas, ambas em Gualtallary. A primeira, a cerca de 1.200 metros e a segunda, a nova joia da coroa de Terrazas, a vinha El Espinillo, a cerca de 1.630 metros na maior altura de Gualtallary. A mistura é explosiva, mas mais do que pela sua fruta, pela sua firmeza. Tem um forte componente mineral, o tipo de branco que parece ser feito de pedra são invés de frutas. Aqui está essa sensação de austeridade, acentuada pela acidez nítida e a textura que é tomada como se tivesse garras.

Terrazas de Los Andes

94 GRAND
MALBEC 2017
$$ | MENDOZA | 14.3°

Um bom exemplo do novo estilo da casa, tem um lado vibrante e vermelho muito fresco e de taninos que não apresentam problemas para mostrar suas garras. Essa é uma mistura de diferentes vinhedos de Mendoza, desde o tradicional de Las Compuertas até as alturas de Gualtallary, no vale de Uco. Um vinho radiante que só mostra que a Malbec pode ser muito frutada.

92 RESERVA
CHARDONNAY 2018
$ | VALE DE UCO | 14.1°

É uma combinação de vinhedos altos, principalmente de Caicayén e alguns de El Espinillo, esse último com mais de 1.600 metros de altura e ambos em Gualtallary. O vinho tem um lado salino bem marcado, totalmente focado no aspecto herbáceo e mineral da cepa, e não no lado frutado. A acidez desempenha um papel importante, marcando esse lado salino.

92 RESERVA
MALBEC 2017
$ | MENDOZA | 14°

Las Compuertas é a base desse Malbec, mas também existem frutas de Altamira e de Los Chacayes, ambas áreas do vale de Uco. Esse é um bom exemplo da mudança que existe em Terrazas. Aqui o vinho é sobre a fruta, sobre flores. Os aromas são refrescantes, a madeira muito atrás, quase não aparece, e a textura é dominada pela acidez.

91 RESERVA
CABERNET SAUVIGNON 2017
$ | MENDOZA | 14.3°

Uma abordagem madura e frutada da Cabernet Sauvignon, vem de Perdriel, Altamira e Eugenio Bustos. A camada de taninos é tensa, com muitos aromas de ervas e uma fruta madura e suculenta.

90 RESERVA
TORRONTÉS 2018
$ | CAFAYATE | 14.2°

Dos vinhedos de 40 anos, esse Torrontés tem uma textura cremosa e aromas suaves de especiarias e de flores, mas especialmente com um fundo de frutas brancas maduras que o tornam adorável.

OUTRO VINHO SELECIONADO
89 | RESERVA Cabernet Franc 2017 | Mendoza | 14.4° | $

⟨⟨⟨----⟩⟩⟩

‹ prova de *vinhos* ›

The Vines of Mendoza

CEO Michael Evans
ENÓLOGO Pablo Martorell
WEB www.vinesofmendoza.com
RECEBE VISITAS *Não*

Enólogo
PABLO MARTORELL

Fundado em 2007 por Pablo Giménez Riili, de Mendoza, e Michael Evans, da Califórnia, The Vines of Mendoza é um projeto único: vende pequenos lotes de uma propriedade no vale de Uco a particulares que querem produzir seu próprio vinho. A finca, que começou com 250 hectares, expandiu-se para 670 hectares, com 217 proprietários de diferentes partes do mundo, principalmente dos Estados Unidos e do Brasil. Cada proprietário faz pequenas quantidades usando uma vinícola geral. O enólogo é Pablo Martorell. O projeto inclui um resort e o restaurante Siete Fuegos, de Francis Mallmann.

IMPORTADORES: BRASIL: Vino Tourism Brasil

VINHOS

RECUERDO GRAN CORTE
MALBEC, CABERNET FRANC, PETIT VERDOT, MERLOT 2016
$$$ | VALE DE UCO | **14.1°**

Com 20 meses de envelhecimento em barricas, esta mescla de 60% Malbec, 20% Cabernet Franc, mais 15% de Petit Verdot e o resto de Merlot tem, no início, o efeito da barrica bem presente com toques tostados e especiados. Mas se prestar bem atenção, a força da fruta palpita no fundo, fresca e viva fruta vermelha em um vinho muito jovem que merece pelo menos alguns anos de garrafa.

MEUS AMORES
MALBEC 2017
$$ | VALE DE UCO | **14.1°**

Uma mudança importante é sentida nos vinhos de The Vines. O enólogo Pablo Martorell, o encarregado dos vinhos do grupo, vem reduzindo a madeira e baixando os níveis de madurez, o que resultou em vinhos de muito mais frescor, como neste caso, um 100% Malbec dos solos pedregosos, em Los Chacayes, no vale de Uco. Aqui está uma força de fruta que se sente vibrante, generosa e fresca, apesar do álcool e da madeira. Aqui se tem um vinho com equilíbrio.

RECUERDO ALIADO
MALBEC 2017
$$ | VALE DE UCO | **14.1°**

As frutas são brilhantes e frescas neste Malbec das alturas de Los Chacayes, a cerca de 1200 metros acima do nível do mar no vale de Uco, que é ao mesmo tempo robusto e elétrico. Estagia por 16 meses em barricas de diferentes usos, a madeira não é sentida, mas acompanha com seus ligeiros toques especiados deixando a fruta aparecer. A textura é firme, com taninos silvestres. Escolham para costelas de porco.

The Vines of Mendoza

TIERRA DE DIOSES
ZINFANDEL 2017
$$ | LOS CHACAYES | 14.6°

Aparentemente, a Zinfandel também pode se sentir à vontade nas montanhas de Uco tanto quanto na ensolarada Califórnia. Este Zinfandel 100% cresce em Los Chacayes, solos pedregosos e clima de montanha muito ensolarado que permitem que esta variedade amadureça sem problemas e que seu alto grau natural de álcool (aqui 14,6) se sinta equilibrado graças a uma boa carga de frutas e um acidez que pulsante. Um vinho para beber junto à lareira.

OUTROS VINHOS SELECIONADOS
89 | KRASIA MAY Petit Verdot 2015 | Vale de Uco | 15.4° | $$$
89 | UCO'S PLAYGROUND Garnacha, Syrah, Mourvèdre 2017 | Vale de Uco 14.4° | $$

Tinto Negro

PROPRIETÁRIOS Alejandro Sejanovich & Jeff Mausbach
ENÓLOGO Alejandro Sejanovich
WEB www.tintonegro.com
RECEBE VISITAS Não

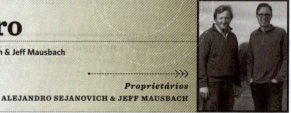

Proprietários
ALEJANDRO SEJANOVICH & JEFF MAUSBACH

Tinto Negro é um dos projetos do viticultor Alejandro Sejanovich e o wine educator Jeff Mausbach, que foram colegas em Catena Zapata por quase quinze anos. Este projeto foca-se completamente na Malbec e surge da vontade de seus sócios em explorar em profundidade as possibilidades da variedade em distintos tipos de solos e climas de Mendoza. O catálogo vai desde um Malbec genérico elaborado com fruta de distintas zonas de Luján de Cuyo até tintos de muita ambição como **Vineyard 1955**, proveniente de La Consulta. **IMPORTADORES:** BRASIL: www.wine.com.br | USA: www.vineyardbrands.com

VINHOS

VINEYARD 1955
MALBEC 2017
$$ | LA CONSULTA | 14°

Como o nome diz, essa vinha de apenas dois hectares foi plantada em 1955, na área de La Consulta, no vale de Uco. A vinha velha já dá pouco fruto, mas com sabores equilibrados. E essa é a sensação aqui. Um tinto equilibrado, com notas de frutas vermelhas maduras, algumas flores e especiarias, mas nada em excesso. E a textura, muito macia, muito amável. Tudo em seu lugar e na medida certa, em um vinho muito elegante.

FINCA LA ESCUELA
MALBEC 2017
$$ | ALTAMIRA | 14°

Este é um resumo de Finca La Escuela, plantada há cerca de vinte anos em solos muito heterogêneos, de areias e de gravas. Há uma linha de vinhos de cada um desses solos, e este é um tipo de resumo onde as gravas é que mandam. E isso parece. Esse é um vinho de estrutura rica e firme, nervoso

⟨ *prova de **vinhos*** ⟩

e fibroso. Os taninos concentraram-se em sua tarefa de suportar o peso da fruta que aqui é vermelha e madura. Apesar de ser um ano muito quente em Mendoza, este vinho se sente ágil.

FINCA LA ESCUELA LA GRAVA
MALBEC 2017
$$ | ALTAMIRA | 14°

Para este **Finca La Escuela**, a seleção é feita de pisos de gravas cobertas de cal, o que confere a esse vinho uma estrutura tensa e firme. O solo que está imediatamente sobre essas gravas é uma mistura de areia, limo e pedras, por isso não é um solo tão quente, o que significa que os cachos não recebem tanta irradiação e podem dar frutas vermelhas mais frescas. A estrutura que proporciona a cal e o solo proporcionando frescor fazem deste vinho o mais nervoso e fresco da série Finca La Escuela.

FINCA LA ESCUELA EL LIMO
MALBEC 2017
$$ | ALTAMIRA | 14°

Os solos de argila dão geralmente, no vale de Uco, vinhos mais cheios que lineares e nervosos, mas segundo o enólogo Alejandro Sejanovich, quando há pureza no limo como nesse caso (e não há pedras ou cascalhos), o solo mais fresco dá frutas mais vermelhas e a maior retenção de água oferece vinhos mais elegantes e menos concentrados. E esse é o caso. Este vinho é o mais bebível e mais acessível da série "Suelos" de Finca La Escuela, o mais suculento e mais fácil.

FINCA LA ESCUELA LA PIEDRA
MALBEC 2017
$$ | ALTAMIRA | 14°

Essa é uma seleção de solos muito pedregosos, com muito calcário. Esses são solos quentes, que refletem o sol sobre os cachos e que se sente no maior grau de madurez que esse vinho mostra. Este vinho parece suculento e amplo. Enche a boca com cerejas maduras e especiarias. Um vinho amplo, mas ao mesmo tempo com uma coluna vertebral de taninos e de acidez.

FINCA LA ESCUELA LA ARENA
MALBEC 2017
$$ | ALTAMIRA | 14°

Os solos arenosos são solos quentes e essa radiação atinge os cachos para criar sabores maduros, suculentos de frutas vermelhas doces em uma textura que tem taninos firmes, nervosos o suficiente para sustentar o peso dessa fruta. Dê um par de anos em garrafa para que ganhe complexidade.

LIMESTONE BLOCK
MALBEC 2018
$ | LOS CHACAYES | 14°

Uma visão amável e madura de Los Chacayes, essa é uma cofermentação de principalmente Malbec com algum Cabernet Franc. Tem nove meses em carvalho e o resultado é rico em notas de frutos secos, textura muito suave e notas de especiarias doces. Esse é para a costela de porco.

Tinto Negro

UCO VALLEY
MALBEC 2018
$ | VALE DE UCO | 13°

Uma expressão pura e fresca de Malbec do vale de Uco, aqui há frutas vermelhas e toques de violetas. A textura é amável, percorre o palato suavemente. Um vinho para aprender a conhecer o Malbec de montanha.

Trapiche

PROPRIETÁRIO Bemberg Family
ENÓLOGOS Daniel Pi, Sergio Case & Germán Buk
WEB www.trapiche.com.ar
RECEBE VISITAS Sim

Enólogo
DANIEL PI

Amendocina Trapiche é uma das maiores vinícolas da Argentina e parte do Grupo Peñaflor, dono também de Finca Las Moras, El Esteco, entre outras. Nasce em 1883, vinculada a um pequeno vinhedo chamado El Trapiche na localidade de Godoy Cruz. Estabeleceu-se definitivamente em Maipú, onde em 1912 construiu sua vinícola. Trapiche tem hoje mil e trezentos hectares, controla outros três mil e produz cerca de quarenta milhões de garrafas, exportando parte importante de sua produção a mais de oitenta países. Seu amplo catálogo de vinhos está a cargo do enólogo Daniel Pi. **IMPORTADORES:** BRASIL: www.interfood.com www.devinum.com.br | USA: www.thewinegroup.com www.frederickwildman.com

VINHOS

TERROIR SERIES EDIÇÃO LIMITADA
FINCA LAS PIEDRAS MALBEC 2017
$$$ | VALE DE UCO | 14.5°

Finca Las Piedras está localizada em Los Árboles e foi plantada em 2008. Desde 2015, essa vinha tem um regime de "secano" (sem irrigação), só é possível em um mesoclima especial, onde chove mais que o dobro dos 200 mm anuais de Mendoza. A fruta é vermelha aqui, vermelha e fresca, mas também com toques licorosos em um corpo médio, de média concentração, sem um corpo exagerado que é o que se esperaria de um vinho de videira que não se rega e, portanto, de produção muito baixa. É fluido, suculento, rico em textura, de taninos pungentes e de uma acidez afiada.

ISCAY
MALBEC, CABERNET FRANC 2015
$$$$ | VALE DE UCO | 14.5°

Essa nova versão de Iscay tem 70% de Malbec de Gualtallary mais 30% de Cabernet Franc de La Consulta, ambos no vale de Uco. A influência da Franc no nariz é notável. Cheira a tabaco, ervas e frutas vermelhas. Na boca, a Malbec mostra toda a sua voluptuosidade e exuberância em meio a taninos firmes e pulsantes, que é o plus que dá a Cabernet Franc, de acordo com o enólogo Daniel Pi. No final da boca, o lado de ervas deixa um frescor suave. Este vinho estagia 12 meses em barricas, variedades em separado e, em seguida, outros seis meses em foudres de 6.000 litros, mas com a mescla já feita.

‹ prova de *vinhos* ›

 TERROIR SERIES EDICIÓN LIMITADA FINCA EL MILAGRO MALBEC 2017
$$$ | VALE DE UCO | 14.5°

Dos vinhedos de La Consulta, plantados em 2008 em pisos de gravas cobertos de cal, esse 100% Malbec estagia por 18 meses em madeira. O vinho é rico em frutas vermelhas maduras, com toques licorosos e florais. A textura dos taninos é macia, mas com aderência suficiente para aportar tensão. Há força de acidez aqui e também notas herbáceas. É um vinho para guardar. Dê pelo menos uns cinco anos em garrafa.

 TERROIR SERIES EDICIÓN LIMITADA FINCA LABORDE CABERNET SAUVIGNON 2015
$$$ | VALE DE UCO | 14.2°

Esse é de um vinhedo em latada (parral) antigo, plantado nos anos 1960 ao lado do rio Tunuyán, em La Consulta. O solo é muito pedregoso, o que dá muito pouca produção, com pequenos cachos, que dão vinhos de alta concentração. Muita concentração equivale a muito sabor neste delicioso Cabernet em sua expressão varietal: cheio de notas de frutas vermelhas e de ervas em um corpo de taninos firmes e tensos. Muita força e muito equilíbrio ao mesmo tempo.

 TERROIR SERIES FINCA AMBROSÍA MALBEC 2017
$$$ | VALE DE UCO | 14.8°

Esse vem de vinhedos de 17 anos de idade na área de Gualtallary e mostra o estilo de Malbec daquele lugar. Tudo é exuberância, tudo em um excesso quase decadente. Os aromas de cerejas, de flores e de ervas. O corpo é cheio, mas marcado por uma acidez severa e a textura dos taninos marcados pelos solos de cal que aporta um caráter de giz que é típico de Gualtallary. Uma foto suculenta de lugar.

TERROIR SERIES FINCA COLETTO MALBEC 2017
$$$ | VALE DE UCO | 14.8°

Finca Coletto foi plantado no início dos anos 60, em El Peral, no vale de Uco, um lugar de riachos e montanhas, uma área bastante fria no deserto que se forma ao sul de Mendoza, em direção aos Andes. A fruta que agora se mostra está cheia de frutas vermelhas licorosas e notas de especiarias. "Das três séries de terroir, esse é o mais elegante, a menos concentrada", diz o enólogo de Trapiche, Daniel Pi. A textura é efetivamente sutil, com muitos sabores de frutas vermelhas ácidas e um delicioso final floral.

 TERROIR SERIES FINCA LAS PIEDRAS CHARDONNAY 2018
$$$ | VALE DE UCO | 14°

Este **Finca Las Piedras** vem dos solos pedregosos de Los Árboles no vale de Uco. Segundo o enólogo Germán Buk, encarregado dos vinhos brancos de alta gama de Trapiche, Los Árboles costuma dar Chardonnay com aromas de frutas brancas, como peras ou pêssegos, ou seja, frutas sem uma acidez muito alta, portanto, eles têm que ter muito cuidado com a madeira e sua influência, embora 85% do vinho estagie em barricas, quase não há

Trapiche

madeira nova. A fruta e expressa-se fortemente e a textura é firme, com muita aderência. É um vinho de grande corpo e profundidade.

 GRAN MEDALLA
CABERNET FRANC 2016
$$$ | VALE DE UCO | 14°

Ao sul do vale de Uco, perto de El Cepillo, o clima é frio e os solos têm muitas pedras e cal, oferecendo vinhos de certa austeridade, com taninos firmes, cheios de vitalidade e de força. A fruta é vermelha madura, com notas de sal e de ervas por toda parte. É um Cabernet Franc de grande expressão varietal, mas ao mesmo tempo de grande senso de lugar. Herbáceo e severo, frutado e tenso.

 GRAN MEDALLA
CHARDONNAY 2018
$$$ | VALE DE UCO | 14°

100% de vinhedos de Gualtallary, esse Chardonnay estagia com suas borras por aproximadamente 9 meses. Uma parte em foudres e a outra em ovos de cimento. A textura dos solos de cal é muito presente aqui, dando uma tensão e um aperto que o convida a comer frutos do mar crus. É um vinho suculento, com muito boa acidez e de notas salgadas. Uma foto do Chardonnay mineral e refrescante de Gualtallary.

 ISCAY
SYRAH, VIOGNIER 2017
$$$ | VALE DE UCO | 14.5°

Essa mistura tem 97% de Syrah e o resto de Viognier, todos do mesmo vinhedo plantado em 2008 em Los Árboles. Ambas cepas são colhidas ao mesmo tempo, com o Viognier um pouco mais maduro porque esperou pela maturação correta da Syrah. O vinho é fermentado em cubas de madeira e envelhecido em barricas novas por 15 meses. O resultado é um vinho que se destaca pela sua suavidade. Taninos amáveis, domesticados em meio a muitas frutas vermelhas maduras e de especiarias. Um vinho exótico para cabrito.

 TERROIR SERIES FINCA EL TOMILLO
CHARDONNAY 2018
$$$ | VALE DE UCO | 14.5°

Trapiche tem cerca de 70 hectares de vinhedos em Gualtallary, que começaram a plantar em 1998, uma das primeiras plantações naquela área do vale de Uco. A partir destas videiras vem este branco, um Chardonnay de uma mineralidade muito acentuada, com toques especiados e herbáceos, mas especialmente frutado, num corpo de muitos ossos, com muita estrutura. A acidez faz a sua parte, proporcionando frescor, mas acima de tudo, sublinhando os sabores de frutas. Um vinho grande, mas ao mesmo tempo nervoso.

 TERROIR SERIES FINCA ORELLANA
MALBEC 2017
$$$ | VALE DE UCO | 14.8°

Finca Orellana é um vinhedo de 1948, plantado na área de La Consulta. Estagia doze meses em madeira e depois outro ano em garrafa. O vinho tem uma deliciosa camada de frutas vermelhas ácidas e licorosas, cerejas

‹ *prova de* **vinhos** ›

em calda que mantêm sua acidez. O corpo é médio, com taninos muito finos e elegantes e com acidez própria e muito presente até o final da boca.

93 | **COSTA & PAMPA**
PINOT NOIR 2018
$$ | CHAPADMALAL | 12.5°

Na costa Atlântica, em Chapadmalal, a 400 quilômetros ao sul de Buenos Aires, a Pinot tem um novo lugar. Esse Costa & Pampa vem de vinhedos plantados em 2006, tempo suficiente para que as plantas se adaptarem ao clima ventoso do lugar e, embora não deem muitas uvas, sim dão uvas de caráter como essas que são puras notas terrosas pura no meio de frutas e uma corpo ágil, de taninos firmes e suculentos. Um Pinot para beber sem parar.

93 | **COSTA & PAMPA**
SAUVIGNON BLANC 2019
$$ | CHAPADMALAL | 12.5°

Marcado por notas de ervas e minerais, em vez de notas de frutas. É um vinho de muita acidez e essa acidez constrói a estrutura tornando o vinho firme e tenso. Trapiche tem cerca de três hectares de Sauvignon, plantados a cerca de seis quilômetros do mar, em Chapadmalal, e aqui eles parecem absorver toda a salinidade do Atlântico. Um vinho de caráter.

93 | **FOND DE CAVE GRAN RESERVA**
CABERNET SAUVIGNON 2016
$$ | MENDOZA | 14.5°

Baseado em vinhedos de Agrelo e Ugarteche, esse é um Cabernet clássico, com toques especiados e muitas frutas vermelhas. É um vinho fresco e tenso, que vai mostrando toques de ervas que são muito típicas da cepa. A textura é firme, com taninos pontiagudos, que mantém tudo em tensão. A fruta é generosa, mais negras que vermelha, mas ainda assim de muito frescor.

93 | **FOND DE CAVE GRAN RESERVA**
MALBEC 2016
$$ | VALE DE UCO | 14.5°

De vinhedos de Los Árboles e de La Consulta, esse Malbec tem cerca de 18 meses em barricas, principalmente usadas. A fruta é vermelha, raivosamente fresca, com toques herbáceos e florais, mas especialmente de frutas vermelhas numa textura tensa, construída a partir de taninos muito sólidos e muito firmes. Tem acidez e nervo, muito frescor e tensão.

93 | **FOND DE CAVE GRAN RESERVA RED BLEND**
MALBEC, C. SAUVIGNON, C. FRANC, TANNAT 2016
$$ | MENDOZA | 14.5°

Esse é um blend multizonas, mas baseado principalmente no vale de Uco, com 50% de Malbec e 35% de Cabernet Sauvignon, e tem todo o caráter da fruta de Uco, as refrescantes frutas vermelhas e a textura firme e tensa, aqueles taninos montanhosos, que se agarram à boca e que se agarram ainda mais em uma safra fria como a de 2016.

Trapiche

COSTA & PAMPA EXTRA BRUT
CHARDONNAY, PINOT NOIR N/V
$$ | CHAPADMALAL | 13°

Com cerca de 15 meses de contato com as borras e 80% de Chardonnay e o resto de Pinot Noir, este é um extra brut concentrado em suculentas frutas brancas, muito refrescante. Um vinho de frutas, em primeiro lugar, com uma borbulha deliciosa e cremosa. Um vinho refrescante.

COSTA & PAMPA
ALBARIÑO 2019
$$ | CHAPADMALAL | 12.9°

Dos pouco mais de 24 hectares plantados em Chapadmalal, a cerca de seis quilômetros do mar, cerca de três são de Albariño, uma variedade que se sente bem neste ambiente marinho de Mar del Plata e que dá um branco muito aromático, com uma acidez que parece uma limonada com frutas brancas e flores em um vinho nervoso e refrescante, leve e muito fácil de beber.

COSTA & PAMPA
CHARDONNAY 2019
$$ | CHAPADMALAL | 13°

Trapiche já possui 24 hectares plantados em Chapadmalal, em Mar del Plata, a cerca de 6 quilômetros do mar. Esse Chardonnay vem dos primeiros vinhedos que foram plantados na área em 2006. Aqui há fruta fresca, branca, de acidez firme e presente, com notas de pimenta em um corpo magro e nervoso, muito refrescante.

COSTA & PAMPA BRUT ROSÉ
PINOT NOIR, CHARDONNAY N/V
$$ | CHAPADMALAL | 12.5°

Feito com 80% de Pinot Noir e o resto de Chardonnay e com cerca de 15 meses de contato com as borras, aqui há uma forte presença de frutas vermelhas e de notas de terra que a Pinot Noir dá nessa área de Mar del Plata, a cerca de seis quilômetros do mar, em Chapadmalal. Isso é refrescante, com borbulhas afiadas e acidez quase salina. Delicioso para o aperitivo.

PERFILES CALCÁREO
CHARDONNAY 2018
$$ | VALE DE UCO | 14°

Em Gualtallary abundam gravas banhadas em cal e esse vinho é uma representação deste tipo de solo. O efeito é a ênfase nas notas minerais e herbáceas em vez das frutas e aqui se tem um pouco disso, embora os sabores de abacaxis maduros da Chardonnay de áreas ensolaradas sejam muito claros, em um branco delicioso em seu frescor, nítido em sua expressão varietal.

PERFILES TEXTURA FINA
MALBEC 2018
$$ | MENDOZA | 14°

Essa é uma seleção dos solos argilosos e arenosos de Agrelo, a área tradicional de Luján de Cuyo, na margem norte do rio Mendoza. Os sabores aqui são maduros e envolventes, com uma acidez muito rica e vibrante,

‹ *prova de* **vinhos** ›

que tende a refrescar tudo em seu caminho. Tem uma textura deliciosa e amável de taninos polidos.

 FOND DE CAVE RESERVA | BROQUEL
CABERNET SAUVIGNON 2018
$ | MENDOZA | 14°

Esta é uma seleção de vinhas em diferentes áreas de Mendoza que conseguem mostrar um Cabernet muito varietal. Os aromas de ervas que são sutilmente misturados com notas de hortelã e de frutas vermelhas maduras com notas de cassis em um meio a um corpo leve, com taninos pulsantes e acidez muito fresca.

 PERFILES CALCÁREO
MALBEC 2018
$$ | VALE DE UCO | 14°

Dos solos ricos em cascalhos banhados em cal, tudo no vale de Uco e especialmente em Tupungato e San Carlos, esse Malbec é generoso em aromas e sabores de frutas vermelhas maduras no meio de uma acidez muito rica. Há taninos firmes e nítidos aqui, em um corpo médio e rico em sabores de frutas.

 PERFILES GRAVA
CABERNET SAUVIGNON 2018
$$ | VALE DE UCO | 14°

Dos solos aluviais em La Consulta, no vale de Uco, esse é um bom exemplo de Cabernet Sauvignon com notas de ervas em meio a toques picantes e frutados. Na boca, é leve, com acidez pronunciada e sabores de frutas negras.

OUTROS VINHOS SELECIONADOS
89 | PURE Malbec 2019 | Vale de Uco | 13.5° | $
88 | PURE Sauvignon Blanc 2019 | Vale de Uco | 13° | $
87 | PURE Cabernet Sauvignon 2019 | Vale de Uco | 13.5° | $
87 | PURE ROSÉ Sangiovese, Syrah, Merlot 2019 | Vale de Uco | 12.5° | $
86 | PURE Chardonnay 2019 | Vale de Uco | 13° | $

Traslapiedra

PROPRIETÁRIOS Juanfa Suárez, Santiago Garriga, Germán Cohen & Javier Aszerman
ENÓLOGO Juanfa Suárez
WEB http://www.traslapiedra.com
RECEBE VISITAS *Sim*

Proprietários
JUANFA SUÁREZ, SANTIAGO GARRIGA, GERMÁN COHEN & JAVIER ASZERMAN

Traslapiedra é o projeto de quatro amigos, Germán Cohen, Santiago Garriga, Javier Aszerman e Juanfa Suarez, o último proprietário de Finca Suarez e era quem recebia esses amigos nos fins de semana. Entre churrascos e várias garrafas de vinho, surgiu a ideia de fazer um vinho entre todos. A base de sua produção está nas vinhas de Altamira e seu estilo passa pelo lado dos tintos e brancos para matar a sede.

Traslapiedra

VINHOS

91 TRASLAPIEDRA BLANCO
CHARDONNAY 2018
$ | ALTAMIRA | 12°

Fermentado com suas leveduras indígenas e estagiado apenas em ovos de cimento, tem o nervo e o frescor da variedade num clima de montanha como Altamira. Nítido, fresco e puro, dominado por uma acidez firme e tensa, este é para frutos do mar gratinados.

90 TRASLAPIEDRA
MALBEC 2018
$ | ALTAMIRA | 13.5°

Frutas doces contrastam com taninos firmes e acidez suculenta neste Malbec. É pura expressão de fruta de Altamira, com toques condimentados e um delicioso final de ervas.

Trivento

PROPRIETÁRIO Viña Concha y Toro
ENÓLOGO Germán Di Césare
WEB www.trivento.com
RECEBE VISITAS Sim

Enólogo
GERMÁN DI CÉSARE

Trivento é a filial em **Mendoza** da holding Concha y Toro, a maior das vinícolas do Chile. Aterrissaram na Argentina em 1996, sendo então a primeira empresa vitícola a cruzar os Andes. Trivento conta com fincas próprias em distintas partes de Mendoza, que somam 1289 hectares. Com elas, mais a uva que compram de terceiros, elaboram aproximadamente trinta milhões de garrafas ao ano, das quais exportam uma boa parte. Isso a converte na terceira vinícola em exportações da Argentina, só atrás dos grupos Peñaflor e Catena. O portfólio é extenso e em sua parte alta se localizam a linha de vinhos **Golden Reserve** e o ícone **Eolo**, cuja base nasce em um vinhedo de mais de cem anos localizado na margem norte do rio Mendoza.

VINHOS

96 GAUDEO SINGLE VINEYARD LOS SAUCES
MALBEC 2018
$$$ | TUNUYÁN | 14°

Para este **Gaudeo**, Trivento obteve frutos de uma vinha em Los Sauces. Plantada em 2008 com o material de vinhedo de Eolo, o melhor vinho da casa, esse é uma seleção especial em terrenos muito pedregosos. Segundo o enólogo Germán Di Césare, as uvas têm que ser colhidas mais cedo porque senão essas pedras sobremaduram esses sabores rapidamente. O resultado é um vinho muito particular com um bom caráter. Esse Malbec tem um lado de férrico, quase de sangue, em um corpo bem mais leve, com taninos suaves, mas com sabores profundos. Há muita personalidade aqui.

‹ *prova de **vinhos*** ›

 EOLO
MALBEC 2016
$$$$ | LUJÁN DE CUYO | 14.5°

Este é o vinho top da casa. Vem de uma vinha muito antiga. Os registros falam que foi estabelecida em 1895 ao longo do rio Mendoza, na área de Vistalba. O vinho estagia em barricas por 15 meses, sendo 60% de madeira nova. Essa influência é sentida aqui, inicialmente e especialmente no nariz. Deixe o vinho abrir no copo e você verá que aqui há um pequeno monstro de sabores de frutas maduras, envolventes, suculentas. Esse é para ser guardado por dez anos.

 GAUDEO SINGLE VINEYARD PARAJE ALTAMIRA
MALBEC 2017
$$$ | ALTAMIRA | 14°

Trivento tem uma vinha de 125 hectares em Paraje Altamira, principalmente plantada com Malbec. No catálogo de Trivento, esse Gaudeo é o Malbec mais ambicioso de Altamira e este 2017 mostra uma visão muito clara do lugar. É suculenta em frutas vermelhas, muito envolvente em sua maturidade, mas ao mesmo tempo com uma energia em acidez que põe tudo em equilíbrio. É grande e ao mesmo tempo nervoso.

 GAUDEO SINGLE VINEYARD TUNUYÁN
MALBEC 2017
$$$ | TUNUYÁN | 14°

San Pablo é uma das áreas mais frias e altas de Uco, anexa às montanhas pré-montanhosas e a uma altura superior a 1500 metros. Os Malbec daí são como este exemplar, severo em acidez, linear, vertical. Para aqueles que querem mostrar esse lugar através dessa tensão, não há muitas alternativas em uma área tão radical. Este tem frutas ácidas e, embora mantenha a doçura da variedade, o que comanda aqui é a acidez e a tensão dos taninos.

GAUDEO SINGLE VINEYARD TUPUNGATO
CABERNET SAUVIGNON 2018
$$$ | VALE DE UCO | 14.5°

Gaudeo Cabernet Sauvignon vem de solos aluviais em Gualtallary, uma das áreas mais altas aos pés dos Andes, no vale de Uco. Esse vinho estagia em uma mistura de foudres e barricas e hoje mostra essa nova face da variedade naquele local montanhoso, frutas maduros mais frescas, os leves detalhes de ervas e de especiarias (provavelmente de madeira) e também a acidez dos vinhos andinos, especialmente aqueles colhidos no início da temporada. Você deve ficar de olho nessa nova onda de Cabernet do Uco, uma revisão fresca da variedade.

 GAUDEO SINGLE VINEYARD TUPUNGATO
MALBEC 2017
$$$ | TUPUNGATO | 14°

Trivento compra uvas na área Gualtallary de um produtor que tem vinhas plantadas lá em 2009. Segundo o enólogo Germán Di Césare, essa área precisa colher muito cedo para que a acidez não decaia e o vinho não se encha de maturez. Aqui, o ponto de colheita permite que o vinho mostre

Trivento

toda a exuberância de Gualtallary, frutas vermelhas e flores e o toque de ervas. Este é um Gualtallary de dicionário.

 GOLDEN RESERVE BLACK SERIES
PINOT NOIR 2019
$$ | EL CEPILLO | 12.5°

Black Series Pinot Noir vem de um vinhedo em San Pablo, uma área muito fresca no vale de Uco que dá bons brancos e também alguns bons tintos. Depois de uma safra perdida por granizo em 2018, este 2019 é a recuperação daquela vinha danificada que deu muito pouca fruta, de grande concentração. No entanto, aqui o frescor não foi perdido, muito menos a tensão dos taninos que aqui se sentem afiados e pulsantes, como agulhas. O resto é uma festa de frutas vermelhas, deliciosamente refrescante em um vinho para os embutidos.

 GOLDEN RESERVE BLACK SERIES
CABERNET SAUVIGNON, CABERNET FRANC 2018
$$ | ALTAMIRA | 14.5°

Da mesma vinha e ambas colhidas ao mesmo tempo, esta mistura tem 70% de Cabernet Sauvignon e 30% Cabernet Franc, ambos cofermentados e escapa ao estilo da linha num vinho tremendamente frutado, suculento e simpático, rico em toques frutados e de ervas, tudo misturado em uma festa deliciosa e exuberante. O vinho é levantado durante um ano em foudres, que arredonda os taninos ainda mais, fazendo deste vinho um creme doce e suculento.

 GOLDEN RESERVE BLACK SERIES
MALBEC 2017
$$ | VALE DE UCO | 14°

Black Series baseia-se em vinhedos de Gualtallary (55%) e Malbec em San Pablo e El Cepillo. A exuberância da Malbec de Gualtallary é mostrada aqui com toda a sua expressão. Cerejas maduras, flores e ervas. No entanto, a austeridade e acidez de áreas mais frias, como San Pablo e El Cepillo tendem a "acalmar" Gualtallary, especialmente na boca. Este efeito faz com que se sinta taninos severos, de mais austeridade, embora a fruta ainda esteja fazendo uma boa festa.

 GOLDEN RESERVE BLACK SERIES
SÉMILLON 2019
$$ | LUJÁN DE CUYO | 14.5°

Este vinho vem de vinhas muito velhas, da mesma vinha de onde vem o top Eolo, junto ao rio Mendoza em Vistalba. Estima-se que esta vinha foi estabelecida em 1895. Este vem de uma mistura de dois quartéis e dá um delicado, muito refrescante e, acima de tudo, muito perfumado Sémillon com aromas que escapam da taça. Um delicioso e delicado vinho.

 GOLDEN RESERVE
CABERNET SAUVIGNON 2017
$$ | VALE DE UCO | 14°

Para esse Cabernet, Trivento faz uma mistura de diferentes vinhedos, tudo no vale de Uco e é uma boa fonte para nos dar uma ideia do que é a Cabernet que está aos pés dos Andes. Há muita fruta vermelha madura, com

< *prova de **vinhos*** >

taninos deliciosamente amigáveis, maduros e suaves e o final rico em notas de ervas.

GOLDEN RESERVE
CHARDONNAY 2017
$$ | VALE DE UCO | 13.5°

Esse Chardonnay é baseado no vinhedo de Los Sauces, uma área de aproximadamente 1050 metros de altura no vale de Uco. É uma área que dá vinhos frescos, especialmente se colhida antecipadamente, como neste caso. No entanto, aqui está um componente que está sob o véu de flor (criança biológica) e que parece ter mudado radicalmente o estilo, dando-lhe um caráter mais amanteigado, com uma textura cremosa. Não tem malolática, mas ainda parece cremoso e envolvente.

GOLDEN RESERVE
MALBEC 2017
$$ | LUJÁN DE CUYO | 14°

Golden Reserve é uma mescla de diferentes vinhedos, mas apenas na tradicional Primeira Zona, mais especificamente em Luján de Cuyo, uma área clássica e fundamental na história do Malbec argentino. Foi a partir daí que os primeiros exemplos da cepa que conquistaram o mundo começaram a aparecer. Essa visão de Trivento oferece um olhar rico e maduro do local. Luján costuma dar Malbecs assim, maduros, untuosos, de doçura deliciosa. Um vinho envolvente e quente.

GOLDEN RESERVE BLACK SERIES
CABERNET FRANC 2017
$$ | ALTAMIRA | 14°

Um Cabernet Franc de Altamira que tem todos os detalhes da variedade, notas de ervas, toques de tabaco e de fruta vermelha madura, que fala do sol e do calor da safra 2017. Aqui se tem um corpo médio com taninos muito firmes e rica acidez. No final, as notas das ervas se unem às notas de frutos secos.

TRIVENTO CHAMPENOISE
PINOT NOIR, CHARDONNAY N/V
$$ | MENDOZA | 12°

Este novo espumante de Trivento tem 70% Pinot Noir e o resto de Chardonnay, elaborado pelo método tradicional de segunda fermentação na garrafa. Aqui, além disso, há dois anos de contato com as borras na garrafa, que lhe conferiram uma cremosidade especial nas borbulhas. Os aromas são uma mistura de notas de frutos secos e toques de frutas mais frescas, enquanto na boca tem uma acidez deliciosa e refrescante.

GOLDEN RESERVE BLACK SERIES
SAUVIGNON BLANC, SÉMILLON 2019
$$ | MENDOZA | 12.5°

Esse blend tem 65% de Sauvignon de San Pablo, uma das áreas mais frescas do vale de Uco. O restante é de Sémillon e vem de uma antiga vinha em Vistalba, de 1895. A mistura cria um vinho muito leve e aromático, com notas de mel e acidez de limão. É refrescante antes de mais nada, mas também oferece uma certa complexidade de sabores que se abre a medida que o vinho permanece na taça.

Trivento

PRIVATE RESERVE
MALBEC 2018
$ | VALE DE UCO | 14°

Essa é uma seleção de Malbec que Trivento tem no vale de Uco. É um Malbec cheio e doce, com taninos muito suaves e uma grande carga de fruta para um vinho amplo e maduro que ocupa todo o palato com os suas frutas exuberantes.

RESERVE
MALBEC 2019
$ | MENDOZA | 12°

Deste vinho, a Trivento produz cerca de oito milhões de litros, a maior mescla de Malbec da empresa. E é um tremendo esforço para uma excelente qualidade. Aqui estão notas suculentas de cerejas e flores, taninos amigáveis, mas ainda com bastante aderência para a carne. Primeiro, um vinho de frutas e uma excelente relação preço-qualidade.

RESERVE WHITE ORCHID
TORRONTÉS, PINOT GRIGIO 2019
$ | MENDOZA | 12°

Essa mistura tem 85% de Torrontés do vale de Uco e do resto de Pinot Grigio e é charmosa em seus aromas e sabores florais e frutados. O Pinot Grigio parece acalmar a exuberância da Torrontés, mas não é bem assim. Esse é um vinho que encanta por seu nariz e refresca com a sua acidez na boca. Leve para verão.

OUTRO VINHO SELECIONADO
89 | RESERVE Pinot Grigio 2019 | Mendoza | 12° | $

Vaglio Wines

PROPRIETÁRIO José Lovaglio
ENÓLOGO José Lovaglio
WEB www.vagliowines.com
RECEBE VISITAS Não

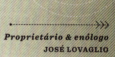

Proprietário & enólogo
JOSÉ LOVAGLIO

Este projeto do enólogo **José Lovaglio** (filho de Susana Balbo) tem uma pequena vinícola - antiga e reformada - em El Peral, vale de Uco. Sua proposta consiste em Malbec de diversas origens de Mendoza, como **Aggie**, de Gualtallary, **Temple**, do setor de Anchoris, a nordeste do vale de Uco, ou **Miperal**, o único de suas próprias videiras, de um pequeno vinhedo que está plantado em uma encosta ao lado da vinícola. Um projeto dos mais pessoais hoje na Argentina. **IMPORTADOR:** USA: www.brazoswine.com

VINHOS

MIPERAL
MALBEC 2018
$$$ | EL PERAL | 14.4°

MiPeral vem de uma pequena encosta ao lado da vinícola. A extensão é de apenas 0,3 hectare ou se você preferir cerca de 600 plantas que dão cerca de 500 litros de vinho, um Malbec que estagia por cerca de 16 meses em

*‹ prova de **vinhos** ›*

barricas novas. A Malbec aqui tem o fruto dos vinhos da área de El Peral, um lugar fresco, com muito verde, riachos e montanhas que dão vinhos como esse Malbec. Aqui há clareza de frutas, frutos maduros e untuosos, mas que mantêm seu frescor, sua tensão.

93 AGGIE
MALBEC 2018
$$ | VALE DE UCO | 14.6°

Aggie vem de solos de areia e cal, na área de Gualtallary, aqui é a exuberância dos vinhos desta parte de Uco, os aromas de frutas vermelhas, mas também ervas e de toques especiados. Também em força de taninos e de acidez que se mantém até o final. Este vinho é uma porta de entrada para entender o caráter dos vinhos de Gualtallary.

93 VAGLIO BLANCO
CHARDONNAY, SÉMILLON 2018
$$ | EL PERAL | 12.5°

Este é o novo branco de Vaglio, todo de vinhedos de El Peral, a mesma área onde José Lovaglio decidiu instalar sua vinícola um lugar fresco, cheio de verde no meio do deserto. Este é 90% Chardonnay e o resto de Sémillon e o resultado é um vinho cremoso, rico em notas de frutos e de especiarias, mas também em frutas brancas maduras. No entanto, a característica mais importante aqui é a textura que é sedosa, um creme.

92 CHACRA
MALBEC 2018
$$ | AGRELO | 14.1°

Chacra vem de Agrelo e é 100% de Malbec, que nessa área dá vinhos expansivos e amáveis, os primeiros Malbec que encantavam o mercado mundial há quase duas décadas. Esse Malbec de argila tem aquela textura arredondada, suculenta e madura sob o sol de Agrelo. É um vinho bebível e acessível e uma boa fotografia dos vinhos dessa área.

92 TEMPLE
MALBEC 2018
$$ | UGARTECHE | 14.6°

Pura fruta nesse vinho. De Malbec de Anchoris, em Tupungato, aqui há sabores de montanha. Um Malbec especiado, rico em flores e frutos vermelhos e com texturas amáveis que são muito fáceis de beber. Este ano, esse Malbec - fermentado em concreto e criado por 8 meses em madeira usada - possui todo o vigor e simplicidade da fruta de Uco.

91 CHANGO
MALBEC, TANNAT, CABERNET SAUVIGNON 2018
$$ | ARGENTINA | 14.3°

Malbec e Cabernet Sauvignon (80% da mistura) vêm de Altamira, enquanto os 20% restantes são Tannat de Cafayate. Os sabores de frutas tomam a palavra aqui, frutas vermelhas maduras e doces, em uma rede de taninos compactos e densos. Um vinho exuberante e amplo.

Valle Arriba

PROPRIETÁRIOS Raúl Dávalos & Paula Marra
ENÓLOGO Yeyé Dávalos
WEB www.vallearriba.com.ar
RECEBE VISITAS *Não*

Proprietário
RAÚL DÁVALOS

Raúl Dávalos é o agrônomo de Tacuil e, como tal, percorre centenas de quilômetros em seu caminhão pelos vinhedos nos vales Calchaquíes. Esse Valle Arriba é o resultado dessas viagens, um passeio pelas diferentes áreas dos Vales Calchaquíes, em Cafayate, San Carlos e Molinos, a mais de 1.800 metros até 2.600 metros de altura.

VINHOS

 EL CATEÑO
MALBEC 2018
$$$ | MOLINOS | 13.8°

Luracatao é uma cidade a cerca de 2.600 metros de altitude, a noroeste de Molinos. Há uma vinha plantada por Raúl Dávalos em 2010, em solos de pedra e de areia. O vinho é fermentado em aço para depois ir para a garrafa e é estranho os aromas que tem, algo de terra que envolve a fruta e lhe confere complexidade. A boca é deliciosa, rica em toques especiados e com um frescor crocante e suculento. Uma versão muito boa deste vinho altura.

 EL SECLANTEÑO
TANNAT 2018
$$$ | VALES CALCHAQUÍES | 14.5°

Este vinho provém de um terraço aluvial do rio Brealito, um afluente do rio Calchaquí, portanto, de um solo aluvial, de muita pedra e de muito cal. É 100% de Tannat de videiras plantadas em 2007 no povoado de Seclantas. Sob o intenso sol da região, este Tannat é rico em frutas vermelhas, intensos em acidez apesar do calor da região. E a genética da cepa, a mesma que mantém tudo aqui em um nível de frescor e com taninos firmes e suculentos.

 CRIOLLITA
CRIOLLA CHICA 2018
$$ | VALES CALCHAQUÍES | 13°

A Criolla Chica, especialmente de vinhas velhas, é comum no norte da Argentina, uma herança que neste caso se trata de vinhas muito velhas em Molinos, a 2400 metros de altura que dão um vinho de notas de terra, com sabores ligeiramente defumados e de um delicioso frescor. Tem doze meses de carvalho, em barricas usadas e que talvez tenham permitido que a textura se suavize, mas o resto cheira e tem gosto de vinho campesino.

 EL PUCAREÑO
MALBEC 2018
$$$ | VALES CALCHAQUÍES | 14.8°

Para **Pucareño**, Raúl Dávalos seleciona vinhas dos vinhedos de Angastaco, da Finca Pucará, a 2.400 metros de altitude e plantados em 2005. A fru-

⟨ *prova de **vinhos*** ⟩

ta parece madura e cremosa aqui, com toques terrosos e condimentados, tudo em uma estrutura de taninos muito firmes, um vinho amável, grande, mas que consegue manter o equilíbrio de seus sabores e texturas.

 MAYUCO
TORRONTÉS 2018
$ | VALES CALCHAQUÍES | 13°

Este **Mayuco** vem de um antigo parral (vinhedo em latada) na área de Tolombón, a mais de dois mil metros de altura. Não tem passagem por barricas e a ideia é mostrar a variedade sem maquiagem. Tem um lado floral delicioso, num corpo com textura tensa e um pouco áspera e uma acidez suculenta que é a culpada por esse vinho se sentir fresco.

 MAYUCO
MALBEC 2018
$ | VALES CALCHAQUÍES | 14°

Esta é uma mescla de vinhedos, especialmente Cafayate, mais algo de San Carlos e Molinos. Fermentado com leveduras indígenas e sem madeira, é um Malbec quente e suculento, com taninos doces e muito gentis. Um bom exemplo do que é a Malbec no norte da Argentina.

Vallisto

PROPRIETÁRIO Francisco Lavaque
ENÓLOGO Francisco Lavaque
WEB www.vallisto.com.ar
RECEBE VISITAS Não

Proprietário & enólogo
FRANCISCO LAVAQUE

Do sol e das alturas de Cafayate vem este projeto dos enólogos - e amigos - Hugh Ryman e Francisco Lavaque. Seu vinhedo está localizado a 1.900 metros de altitude, na encosta oeste das colinas de Cafayate, e foi plantado há uma década em solos pedregosos e arenosos. Malbec e Torrontés são as variedades que mais vinificam, parte de um catálogo que, apesar da juventude da vinícola, já possui diversos vinhos. Eles também trabalham a variedade Barbera e a uva Criolla, com a qual produzem um de seus vinhos mais atraentes. **IMPORTADORES:** BRASIL: www.worldwine.com.br | USA: www.mtouton.com

VINHOS

 VALLISTO
CRIOLLA CHICA 2019
$$ | VALES CALCHAQUÍES | 13.5°

Vallisto compra uvas para esse Criolla de um vinhedo muito antigo, a 2.600 metros de altura, em Hualfin. Os registros dizem que foi originalmente plantada em 1898, com material trazido pelos jesuítas da Espanha. O vinho estagia em cimento e 20% em barricas usadas e tem uma expressão séria de Criolla, porém mais focado em mostrar os aromas da terra que os frutos. O que se sente os sabores da terra que você às vezes mostra, aquele lado austero, sem os aspectos frutados de outros exemplares (diga-se muito bons), mas com mais caráter.

Vallisto

 VALLISTO VIEJAS BLANCAS
PINOT BLANC, RIESLING 2019
$$ | CAFAYATE | 11°

As duas cepas dessa mescla são encontradas em um antigo vinhedo no meio da cidade de Cafayate. É uma vinha de mais de 70 anos, que também tem Cabernet Franc. Com muito pouca intervenção, este vinho tem uma aparência turva, mas sabores puros de frutas brancas e de especiarias. Nem a Riesling, nem a Pinot Blanc parecem predominar, mas é um bom complemento entre os dois, em um vinho fresco e tenso, que abre um novo caminho para os brancos no norte da Argentina.

 VALLISTO
MALBEC 2017
$$ | CAFAYATE | 14°

Um Malbec de sol, com um toque picante e de frutas negras, de clima muito quente e ensolarado. A boca é intensa, com boa acidez e frutos maduros. No caminho em direção a vinhos de mais tensão que Vallisto tem buscado ultimamente, este é um ponto intermediário.

Ver Sacrum

PROPRIETÁRIO Ver Sacrum
ENÓLOGO Eduardo Soler
INSTAGRAM ver_sacrum_wines
RECEBE VISITAS Sim

Enólogo
EDUARDO SOLER

Projeto do empresário turístico **Eduardo Soler,** esta jovem vinícola tem uma das propostas mais originais de Mendoza. Centra-se em variedades pouco comuns na Argentina, como as mediterrâneas Garnacha e Monastrell. E na sua elaboração aposta na acidez, na pouca extração, na cor leve, e nas colheitas adiantadas e algumas vezes na técnica de maceração carbônica. O resultado é que, dentro do estilo de vinhos de frescor e tensão, seus tintos estão entre os mais radicais. Seu interesse por este tipo de vinhos nasceu em um viagem a Espanha em 2010, onde o cativaram os Garnachas da zona de Gredos, próxima de Madrid. **IMPORTADOR:** USA: www.brazoswine.com

VINHOS

94 **GLORIA S.**
GARNACHA 2016
$$$ | LOS CHACAYES | 13°

Gloria vem de uma plantação de Garnacha que a Ver Sacrum plantou em 2012 com material original da vinha de Barrancas, com a qual eles produziram vinhos até 2016. Hoje, eles só usam Garnachas plantadas em Los Chacayes e San Martín (dependendo dos novos vinhedos de Cruz de Piedra). Esse material de desfiladeiros vem de um vinhedo que foi arrancado e tinha 70 anos quando desapareceu. Uma pequena homenagem da vinícola que se estende por 2.500 metros quadrados e dá uma Garnacha de mais cor, mais profundidade e frutas mais cristalinas que suas vizinhas, embora igualmente deliciosa de se beber.

‹ *prova de vinhos* ›

VER SACRUM
MONASTRELL 2017
$$ | LOS CHACAYES | 13°

Ver Sacrum tem cerca de dez hectares no total, distribuídos em seus vinhedos de San Martín, Cruz de Piedra e Los Chacayes, esse último em vale de Uco. De lá, a partir destes vinhedos plantados em 2011 vem esse Monastrell que segue o estilo dos vinhos da casa, com macerações muito leves para não extrair tanta cor, mas o suficiente para obter frutas e taninos pulsantes. Esse tipo de "infusão" é acompanhado por cachos completos, neste caso em todo o vinho, que fornecem frutas e também estrutura através dos taninos dos engaços. O resultado é um vinho suculento, com ossos duros, mas com um corpo leve; outro dos vinhos do Ver Sacrum que são bebidos como água.

GEISHA DE JADE
ROUSSANNE, MARSANNE 2018
$$ | LOS CHACAYES | 13°

Geisha é uma mistura de 50% de Roussanne e 50% de Marsanne, tudo de vinhedos de Ver Sacrum em Los Chacayes plantados em 2011. Ambas as cepas são cofermentadas em concreto e 20% são estagiam sob véu de flor (criança biológica) e o restante é deixado com suas borras em concreto. O vinho descansa por um ano em garrafa antes de ir ao mercado. Esse branco tem uma nota de nozes deliciosa, com toques especiados e muitas frutas brancas maduras. A textura parece gentil e macia e esse 20% que fica sob o véu de flor, como nos vinhos de Jerez, dá uma rica salinidade.

GSM
GARNACHA, MONASTRELL, SYRAH 2017
$$ | LOS CHACAYES | 13°

Para este **GSM**, Ver Sacrum utiliza um setor da vinha que tem 70% de Garnacha, mais partes iguais de Syrah e Monastrell, todas mescladas no vinhedo. A colheita é determinada pela madurez da Syrah e quando isso acontece, todas as uvas são colhidas. O estilo é semelhante ao resto dos vinhos da casa, com uma "bebidilidade" infalível, taninos acentuados, cor clara e uma deliciosa fruta que o convida a continuar bebendo.

LA DAMA DEL ABRIGO ROJO
NEBBIOLO 2017
$$$$ | LOS CHACAYES | 13°

Muito difícil de ser classificado como um Nebbiolo, pode ter a cor ou talvez os taninos duros da cepa, mas o que realmente mostra é o estilo da casa. Muita fruta vermelha, taninos tensos, rica acidez e muita amabilidade. Fermentado 100% de cachos inteiros, com estágio de 11 meses em barricas de carvalho, esse é perigosamente fácil de beber e, portanto, também a garrafa de 1.125 ml. De qualquer forma, ainda é muito pouco.

VER SACRUM
GARNACHA 2017
$$ | LOS CHACAYES | 13°

Ver Sacrum plantou seus vinhedos de Garnacha em 2011 no complexo enoimobiliário The Vines, no que é hoje a Indicação Geográfica Los Chacayes. O vinho tem 25% de cachos inteiros, em uma espécie de semi-mace-

Ver Sacrum

ração carbônica. A extração da cor é ligeira, permitindo que a aparência do vinho seja quase translúcida, com mais cor de clarete. O envelhecimento é metade em ovos, metade em barricas usadas e o resultado é um vinho adorável em suas frutas vermelhas, com taninos tensos e muito afiados e a fruta vermelha que está por toda parte. Um vinho de sede, mas dos bons, aqueles que servem para saciar a sede, mas também para acompanhar embutidos.

MÉNAGE CLARETE
GARNACHA, SYRAH, MARSANNE 2018
$ | MENDOZA | 13°

A base desse vinho é Garnacha e Marsanne, prensadas ao mesmo tempo e que perfazem 80% da mescla. Tudo fermenta sem peles, mesmo o Syrah, que fermenta separadamente. Então o vinho é misturado e 20% estagia em barricas e o restante em ovos. Um delicioso e suculento clarete, com tons vermelhos e vivos num vinho de grande frescor. Para beber por litros no verão e também uma boa maneira de entrar no mundo dos claretes que, claro, não são rosados.

DOÑA MENCÍA DE LOS ANDES
MENCÍA 2016
$$$ | LOS CHACAYES | 13°

Esta é a primeira tentativa com Mencía de Ver Sacrum. É proveniente de vinhas muito jovens, plantadas em 2013 e esta é a primeira produção. Como tal, ainda é difícil ver o caráter real da variedade nos solos pedregosos de Los Chacayes. No momento, é mais o estilo da casa, de vinhos leves e nervosos, que é o imposto aqui.

Vicentín Family Wines

PROPRIETÁRIO Vicentín Family Wines
ENÓLOGO Adrián Toledo
WEB www.vicentinfw.com
RECEBE VISITAS Sim

Enólogo
ADRIÁN TOLEDO

Até 2010, a família Vicentín não estava diretamente relacionada ao vinho, exceto por uma finca de 80 hectares plantada em Los Chacayes, cujas uvas eram vendidas a terceiros. No entanto, em 2010, eles decidiram começar a engarrafar seus próprios vinhos sob a marca Vicentín. Atualmente, produzem cerca de 700 mil garrafas, com a coluna vertebral ainda no vinhedo de Los Chacayes, no vale de Uco. **IMPORTADORES:** BRASIL: www.supermuffato.com.br | www.galeriadosvinhos.com.br | USA: www.DangerousIG.com

VINHOS

COLOSSO
MALBEC 2015
$$$ | MENDOZA | 14.5°

Para **Colosso**, a seleção de uvas vem de uma parcela de solos especialmente pedregosos, que parecem dar uma madurez voluptuosa, mas ao mesmo tempo com uma acidez no meio de todo esse festival de voluptuosidade. O vinho estagia dois anos em barricas, o que aporta uma boa dose de notas tostadas que, lentamente, o oxigênio na taça encarrega-se de misturar com as frutas. Ele faz jus ao seu nome. Este é um grande vinho.

‹ *prova de vinhos* ›

ARROGANTE
MALBEC 2017
$$ | LOS CHACAYES | 14.8°

Arrogante vem de uma parcela especial da propriedade de Vicentín em Los Chacayes, um solo de sedimentos finos com pedras de cerca de 60 cm. A madurez da Malbec da zona aparece aqui. Com 14,8 álcool, os taninos normalmente pulsantes e um tanto selvagens de Los Chacayes são muito mais macios e domesticados, enquanto a fruta vermelha é muito madura e untuosa. Um vinho grande, mas amável e focado em frutas.

EL CUARTO SUCIO EL CANALLA
CABERNET SAUVIGNON, CABERNET FRANC, PETIT VERDOT 2017
$$ | MENDOZA | 14°

Para **El Canalla**, Vicentín mistura 40% de Cabernet Franc, 40% de Cabernet Sauvignon e o restante de Petit Verdot, todos da vinha de Los Chacayes, no vale de Uco. A tensão dos taninos que dão esses solos de pedra é claramente sentida aqui. Há muito frescor aqui e tensão.

VICENTÍN BLEND DE MALBEC
MALBEC 2018
$$ | MENDOZA | 14°

Trata-se de uma mistura de áreas diferentes, de Gualtallary a Perdriel, uma espécie de pot-pourri de terroirs que dão esse genérico e delicioso Malbec, rico em toques de frutas e uma delicada suavidade. Um vinho amável e fácil de beber, com estágio de 12 meses em barricas que apenas interferiram agregando notas tostadas, mas que não afetam a expressão da fruta.

OUTROS VINHOS SELECIONADOS
88 | THE TROUBLE MAKERS EL GUAPO Cabernet Franc 2018 | Mendoza | 13.5° | $
86 | PRISIONERO Malbec 2018 | Mendoza | 13.5° | $

Vinos Barroco

PROPRIETÁRIO Roberto Romano
ENÓLOGOS Sergio Montiel & Ricardo Galante
WEB www.barrocowines.com
RECEBE VISITAS Sim

Proprietário
ROBERTO ROMANO

Roberto Romano é sommelier de Buenos Aires e trabalhou em restaurantes e consultorias. No entanto, em 2013, ele decidiu expandir seu trabalho para a produção de vinho. Hoje produz cerca de trinta mil garrafas de vinhos que Romano escolhe em diferentes regiões da Argentina, apenas guiadas pelo seu gosto pessoal.

VINHOS

BARROCO MALBEC DE ZONA LOS CHACAYES
MALBEC 2017
$$ | LOS CHACAYES | 14.3°

100% de Malbec e 100% de Los Chacayes, no vale de Uco. Esse vinho vem de solos muito pedregosos, que - juntamente com o clima severo da mon-

Vinos Barroco

tanha - geralmente dão vinhos muito tânicos e selvagens. Esse, no entanto, não é o caso. Aqui está um vinho muito frutado, muitas flores e ervas num corpo médio, taninos polidos, acidez rica e suculenta.

 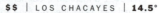

BARROCO REVELACIONES
CABERNET FRANC 2017
$$ | LOS CHACAYES | 14.5°

Dos solos pedregosos de Los Chacayes, no vale de Uco, possui um lado intenso de ervas, com notas de frutas vermelhas e de especiarias, mas especialmente marcado por seu lado de ervas. Pouco a pouco, se abre e mostra mais frutas, o que aumenta seu grau de frescor de uma maneira surpreendente. Acaba sendo mais sobre a fruta do que as ervas, enquanto a textura vai se expandindo, com seus taninos pulsantes.

AETHER ASSEMBLAGE
PINOT NOIR, CHARDONNAY, SÉMILLON 2013
$$$ | SAN PATRICIO DEL CHAÑAR | 12.3°

Com base em 70% de Pinot Noir, mais 20% de Chardonnay e 10% de Sémillon, possui uma grande força interna, dominada pela força de acidez, pela borbulha firme e abundante emoldurada por uma acidez firme. Suculento e severo, tem 41 meses de contato com as borras e sente os aromas de padaria. Aqui não sobram frutas, apenas toques especiados e de leveduras que lhe dão muita complexidade.

AETHER BRUT NATURE
PINOT NOIR N/V
$$ | SAN PATRICIO DEL CHAÑAR | 12.3°

100% Pinot Noir, com três anos de estágio com suas borras, parece estar deixando de lado a fruta para ir para as notas dadas por essas borras, notas de padaria e de especiarias em um corpo firme, muito boa tensão e borbulhas, com uma acidez que refresca e suporta ainda mais esse nervo.

BARROCO
VIOGNIER 2012
$$ | MENDOZA | 14°

A oxidação dos sabores e dos aromas que o tempo causou neste vinho dá-lhe uma aparência muito particular, com notas de terra e de gasolina. É um bicho diferente, é difícil descrever como Viognier. A textura tem uma garra e os sabores de maçãs maduras preenchem o palato em um vinho muito particular. Em 2013, o proprietário do Barroco, Roberto Romano comprou um tanque de seis mil litros desse vinho. E é assim que ele começou o seu projeto pessoal. O vinho foi fermentado em tanques de aço e teve um ano de estágio em barricas.

BARROCO AIRE BLANC DE BLANCS
MARSANNE, ROUSSANNE, VIOGNIER 2018
$ | VALE DE UCO | 14.6°

Essa mescla mediterrânea vem de uvas do complexo enoimobiliário The Vines, uma das principais fontes de uvas hoje em Los Chacayes. A mistura tem aquele caráter de vinhos de clima quente, com notas de frutos secos e de muitas especiarias. O corpo é intenso, com uma textura muito cremosa para carne de porco assada.

‹ *prova de **vinhos*** ›

 BARROCO AIRE CORTE MALBEC, PETIT VERDOT, CABERNET FRANC, SYRAH, CABERNET SAUVIGNON 2017
$ | LOS CHACAYES | 14.5°

Esse vinho é proveniente de Los Chacayes, no vale de Uco e consiste em 42% de Malbec, 37% de Petit Verdot, 7% de Cabernet Franc e 19% de co-fermentação de Syrah e Cabernet Sauvignon. Tem bons taninos, amáveis e ao mesmo tempo pulsantes, com frutas vermelhas maduras e especialmente muitas especiarias. Ele tem corpo suficiente para hambúrgueres.

OUTRO VINHO SELECIONADO
89 | BARROCO AIRE ROSÉ Garnacha, Sangiovese, Pinot Noir 2018 | Vale de Uco 13.8° | $

Vinos de Potrero

PROPRIETÁRIA Belén Soler
ENÓLOGO Bernardo Bossi Bonilla
WEB www.vinosdepotrero.com
RECEBE VISITAS *Não*

Enólogo
BERNARDO BOSSI BONILLA

Esta é a vinícola do jogador **Nicolás Burdisso e sua família.** Burdisso, ex-zagueiro central do Boca Juniors e da seleção argentina e durante quinze anos jogador em importantes clubes da liga italiana, iniciou este projeto junto com sua mulher, Belén Soler Valle, ao comprar em 2010 uma finca em Gualtallary, uma das zonas de maior altitude e prestígio no vale do Uco. Bernardo Bossi, com experiência nas vinícolas Catena Zapata e Casarena, é o enólogo.  **IMPORTADORES:** BRASIL: www.premierwines.com.br | USA: www.mimportsusa.com

VINHOS

 GRAN POTRERO
MALBEC 2017
$$ | VALE DE UCO | 14.5°

Esse Malbec vem de um setor especial da vinha, especialmente de solos pedregosos que uma vez passaram por um rio que hoje está seco. Esses solos restringem severamente os rendimentos e dão uvas de ótimo sabor. Além disso, nesse vinho há 3% de Petit Verdot, que lhe confere ainda mais aderência do que já possui. E olhem que tem muita. A fruta é vermelha, raivosamente fresca e a textura é tensa, com garras que não soltam a língua. Um vinho de grande tensão.

EL DEBUT DE POTRERO
MALBEC, CABERNET FRANC, SYRAH 2016
$$ | VALE DE UCO | 14.5°

Vinos de Potrero tem sete hectares plantados com vinhedos em Gualtallary e essa mistura de 50% Malbec e o restante de Cabernet Franc e Syrah é uma seleção dos melhores quartéis. Aqui há muita força, muita aderência na boca, como ditam os solos de cal da área. Destacam-se as frutas vermelhas da Malbec, mas as notas da Cabernet Franc também acrescentam complexidade aos seus toques de ervas. Ainda muito jovem, dê cerca de dois a três anos em garrafa.

Vinos de Potrero

POTRERO
CHARDONNAY 2019
$ | VALE DE UCO | 13°

Esse Chardonnay vem de Gualtallary, 20% do vinho estagia em barricas por seis meses, enquanto o restante permanece em tanques de aço. Esse tem o caráter dos brancos da região, notas de ervas e minerais em um corpo médio e de grande acidez, uma acidez quase salina que refresca tudo.

POTRERO RESERVA
MALBEC 2018
$ | VALE DE UCO | 14.5°

Esse Malbec é proveniente de vinhedos plantados em 2001, no complexo enoimobiliário Tupungato Winelands, uma das principais fontes de uvas de Gualtallary. Uma excelente relação qualidade-preço, aqui está um tinto radiante em frutas vermelhas, suculento, com taninos pulsantes, mas nada agressivo. Um exemplo muito bom de Gualtallary com seus toques de ervas e florais.

POTRERO
MALBEC 2018
$ | VALE DE UCO | 14.5°

Expressão pura da Malbec de Gualtallary, apresenta deliciosas frutas vermelhas, puro frescor em uma textura com muita aderência, que se deve muito aos solos de calcário de onde esse vinho vem. A acidez é firme, pulsante, atualiza todos os sabores e sublinha o vermelho da fruta.

Vinyes Ocults

PROPRIETÁRIO Tomás Stahringer
ENÓLOGO Tomás Stahringer
WEB www.vinyesocults.com
RECEBE VISITAS Não

Proprietário & enólogo
TOMÁS STAHRINGER

Este é o empreendimento pessoal de **Tomás Stahringer**, o enólogo da vinícola Polo. Começou em 2007 com uma vinícola de garagem, de quatrocentos litros elaborados em sua casa. Teve sucesso entre seus primeiros compradores e isso o animou ainda mais. Atualmente, tem vinhedos próprios, sete hectares em Tunuyán, no vale do Uco. As vinhas estão rodeadas por árvores, escondidas, daí o nome do projeto (*vinyes ocult* significa "vinhedo oculto" em catalão). Oferece vinhos de uma mesma faixa de preço, um Malbec e um Blend Malbec-Cabernet Sauvignon. Um degrau acima está seu terceiro vinho, o Malbec **Vinyes Ocult Ícono**. **IMPORTADORES:** BRASIL: www.bocaabocavinhos.com.br | USA: www.tri-vin.com

VINHOS

GRAN MALBEC
MALBEC 2016
$$$ | VALE DE UCO | 14°

Para **Gran Malbec**, Tomás Stahringer seleciona videiras de áreas particularmente arenosas e improdutivas de sua vinha, que plantou em 2007 na

‹ *prova de **vinhos*** ›

área de Tunuyán, próximo ao rio Las Tunas, no vale de Uco. Consistente com o estilo dos vinhos da casa, esse frescor em seus sabores frutados, muita fruta vermelha fresca, com toques florais típicos das alturas de Uco. Pura frescor e tensão, em um vinho que também se bebe muito fácil.

92 **MACERACIÓN CARBÓNICA**
MALBEC 2019
$ | VALE DE UCO | 13.8°

Feito pelo método de maceração carbônica, que dá vinhos muito frutados e se tornou popular graças aos vinhos Beaujolais. Nesse caso, foi feito com Côt que é a Malbec, mas importado da França. Geralmente tem mais acidez e taninos que a Malbec "Criollo" e aqui se sente parte dessa característica, em um vinho de frutas vermelhas radiantes e muito frescor em todos os lugares em um vinho daqueles de sede que não se pode parar de beber.

92 **VINYES OCULTS BLEND DE TINTAS**
MALBEC, CABERNET FRANC, CABERNET SAUVIGNON 2018
$ | VALE DE UCO | 13.8°

Para essa mescla, Vinyes Ocults seleciona as vinhas de Malbec (60% da mistura) ao lado do rio Las Tunas, em Tunuyán, além de Cabernet Franc e Cabernet Sauvignon em partes iguais provenientes de uma vinha em La Consulta, de propriedade da família Polo (que atua como parceira nesse projeto). O vinho segue o estilo da casa, com muitas frutas vermelhas, frescor e muitas notas de flores e de ervas, características dos Cabernet em um tinto suculento, para beber sem parar.

91 **DULCE NATURAL**
TORRONTÉS 2019
$ | VALE DE UCO | 7.2°

Em estilo semelhante ao Asti, e intimamente relacionado ao delicioso Moscatel Espumante de Farroupilha, na Serra Gaúcha, no Brasil, possui cerca de sessenta gramas de açúcar e uma deliciosa acidez que refresca tudo. A borbulha é tensa, com um perfume de flores muito bom, típico da Torrontés. Daqueles para beber durante todo o verão.

91 **VINYES OCULTS**
MALBEC 2018
$ | VALE DE UCO | 13.8°

Tomás Stahringer plantou essa vinha há doze anos e hoje é a base de alguns dos seus melhores vinhos. Este 100% Malbec vem desse vinhedo, plantado em um terreno de pequenas gravas, de grande permeabilidade em um clima muito frio. Esse vinho é uma delícia de frescor, cheio de frutas vermelhas muito frescas e uma textura que se adere à boca com taninos muito finos.

«« ···· »»

Viña Alicia

PROPRIETÁRIO Rodrigo Arizu
ENÓLOGO Alberto Arizu (p)
WEB www.vinaalicia.com
RECEBE VISITAS Sim

Proprietário
RODRIGO ARIZU

Com seu estilo de vinhos sofisticados e elegantes, Viña Alicia ganhou um lugar entre as vinícolas fundamentais no panorama argentino. A empresa nascida em 1998 e liderada por Alicia Mateu Arizu e o enólogo Rodrigo Arizu, seu filho, destaca-se por suas extrações suaves e o uso criterioso da madeira. Não menos importante é o cuidadoso trabalho de vinhedos, responsabilidade de Alberto Arizu, marido de Alicia e diretor da famosa vinícola Luigi Bosca, que tem desenvolvido os dois vinhedos que tem este projeto, um em Lunlunta e outro em Las Compuertas, sempre na tradicional zona de Luján de Cuyo. **IMPORTADORES:** BRASIL: www.decanter.com.br | USA: www.southernstarz.com

VINHOS

 BROTE NEGRO
MALBEC 2016
$$$$$ | LAS COMPUERTAS | 14.5°

Como é habitual nesse vinho, aqui há uma força tremenda, mas ao mesmo tempo uma textura suave e amável de taninos, que acaricia o paladar. Os sabores são maduros, untuosos, cheios de notas de especiarias e de frutas pretas. Um ótimo vinho, mas muito amigável. A história do porquê Brote Negro nasceu há cerca de 17 anos, quando o enólogo Alberto Arizú caminhou pela vinha de Las Compuertas. Lá ele percebeu que, entre as vinhas de Malbec, havia alguns brotos mais escuros. Os ampelógrafos não deram uma resposta, então a conclusão de Alberto foi que essa era uma espécie de mutação da Malbec, cachos mais soltos e folhas menores, se comparados com as seleções massais tradicionais que foram se expandido por séculos em Mendoza. Hoje a família Arizú tem meio hectare e uma seleção dessas vinhas vai para este **Brote Negro**.

 MORENA
CABERNET SAUVIGNON, CABERNET FRANC 2015
$$ | LUJÁN DE CUYO | 14.5°

Alberto Arizu plantou Cabernet Sauvignon e Cabernet Franc na região de Lunlunta, seguindo o modelo de Bordeaux que se acreditava naqueles anos seria o futuro da Argentina. Hoje sabemos que é um dos futuros possíveis. E esse vinho está lá para prová-lo. Tem uma madurez deliciosa, suculenta e ampla. Enche a boca com sabores de frutos e de especiarias. Um vinho grande, mas ao mesmo tempo de textura muito polida.

 TIARA
RIESLING, ALBARIÑO, SAVAGNIN 2019
$$ | LUJÁN DE CUYO | 13°

O branco clássico de Viña Alicia, este ano tem 55% de Riesling, 35% de Albariño e o resto de Savagnin. Sem passar por barricas, esse tem um lado delicioso de limão. É fresco, nervoso, com muito boa acidez, mas também possui uma textura cremosa e deliciosa. Este é um branco perfumado, intenso, para frutos do mar crus.

‹ prova de *vinhos* ›

VIÑA ALICIA
MALBEC 2016
$$ | LAS COMPUERTAS | 14.5°

As vinhas de Malbec de Viña Alicia em Las Compuertas têm cerca de 150 anos, uma verdadeira herança na América do Sul, que aqui se traduz em um Malbec com sabores profundos, com tons de frutos secos e especiarias doces. Este vinho é amplo, intenso, com uma textura muito macia, muito amável. Um vinho quente e untuoso.

VIÑA ALICIA
NEBBIOLO 2014
$$$ | LUJÁN DE CUYO | 15°

A amabilidade dos vinhos Lunlunta, os taninos suaves e untuosos, estão acima do caráter varietal aqui. E isso é bom. Para um amante de Nebbiolo, esse vinho pode parecer esquisito, mas no contexto dos vinhos Lunlunta, essa exuberância, aqueles toques de frutas secas, essa amplitude e especialmente os taninos envolventes são normais. Um "Barolo" de Lunlunta.

PASO DE PIEDRA
MALBEC 2017
$ | LAS COMPUERTAS | 14.5°

De vinhas muito velhas, com mais de cem anos, na área tradicional de Las Compuertas, a altura mais alta de Luján de Cuyo, cerca de metade desse Malbec estagia em carvalho e metade em cimento. O vinho tem um lado de ervas que pode ser confundido com a Cabernet Franc e também aromas e sabores de animais e de frutas em um vinho muito particular, com muito caráter.

PASO DE PIEDRA
CABERNET SAUVIGNON 2017
$ | LUJÁN DE CUYO | 14.5°

Uma expressão gentil e madura da cepa, apresenta uma camada de taninos redondos, gentis, suculentos e untuosos, com um caráter muito marcado de clima quente. Expande-se na boca e a cobre com sabores untuosos.

Viña Las Perdices

PROPRIETÁRIOS Nicolás & J. Carlos Muñoz
ENÓLOGOS J. Carlos Muñoz & Fernando Losilla
WEB www.lasperdices.com
RECEBE VISITAS *Não*

Proprietário & enólogo
J. CARLOS MUÑOZ

A família **Muñoz** chegou à Argentina em meados dos anos 1950, com a última imigração de espanhóis para o Novo Mundo. Os Muñoz vieram de Granada e se estabeleceram primeiro em San Rafael e depois em Agrelo. No começo dos anos 70, eles começaram a plantar vinhedos na área de Agrelo. Hoje, Carlos e Nicolás são os encarregados da vinícola, que já possui 110 hectares em Agrelo, e que começaram a engarrafar seus vinhos em 2006. **IMPORTADORES:** BRASIL: www.wine.com.br | USA: www.grazianoimport.com

Viña Las Perdices

VINHOS

93 EXPLORACIÓN PARAJE ALTAMIRA
MALBEC 2017
$$ | ALTAMIRA | 14.5°

Apesar da madeira, que sente e muito, a zona aqui é revelada e mostra o caráter do lugar, as frutas vermelhas, os taninos severos, quase monásticos. Las Perdices compra as uvas nesse lugar e depois estagiam em madeira por um ano, a metade de barricas novas (70% do volume total) e depois passam mais um ano em garrafas. Um vinho muito do lugar, mas com o selo da casa.

93 EXPLORACIÓN GUALTALLARY
MALBEC 2017
$$ | GUALTALLARY | 14.5°

A exuberância de Gualtallary, e todas as suas notas de flores, de ervas e de frutas vermelhas neste vinho que, além disso - depois de um ano de barricas - também mostra notas de madeira e de especiarias, além dos toques tostados que isso implica. Mesmo assim, este vinho oferece o caráter do lugar, predominando a fruta vermelha em altura (quase 1300 metros). Um vinho para refrescar.

93 LAS PERDICES NUIT 730 BRUT NATURE
PINOT NOIR, CHARDONNAY 2013
$$$ | AGRELO | 13°

Nuit é uma mistura de 60% de Pinot Noir e 40% de Chardonnay, que permanece seis anos com suas borras. A passagem do tempo parece não ter passado por aqui. A fruta é fresca e ácida, os aromas do envelhecimento são mostrados como tons de padaria num contexto de borbulhas finas e abundantes. Um para se ter em mente quando se pensa em um bom espumante água de Agrelo.

91 EXPLORACIÓN LA CONSULTA
MALBEC 2017
$$ | LA CONSULTA | 14.7°

Para este vinho, Las Perdices deixa sua terra "natal", Agrelo, para se aventurar em La Consulta e obter esse vinho rico em frutas vermelhas, suculento ao mesmo tempo com uma forte influência da barrica em que estagia por doze meses, metade da madeira nova. A textura é muito macia e amável. Um vinho rico agora para beber com cabrito.

91 LAS PERDICES EXTRA BRUT ROSÉ
PINOT NOIR, CHARDONNAY N/V
$ | AGRELO | 13°

Esta é uma mistura de 70% Pinot Noir e 30% de Chardonnay, tem 3 anos de contato com as borras pelo método tradicional de segunda fermentação em garrafa. O vinho tem muitos sabores de frutas, frutas vermelhas e deliciosa acidez. Um vinho para se beber como aperitivo, com camarões.

91 LAS PERDICES ROSÉ
MALBEC N/V
$$ | AGRELO | 12.5°

A cor desse Malbec rosado, tão sutil que parece até branco, é obtida graças a um breve contato com as peles na prensa antes de entrar nos tanques de fermentação. O que se segue é uma vinificação em branco, com o contato

‹ prova de *vinhos* ›

com suas borras em tanques de aço por alguns meses. É um rosé muito fresco, e a colheita antecipada das uvas oferece uma acidez deliciosa para convidar a continuar bebendo.

 **ALA COLORADA**
PETIT VERDOT 2015
$$ | AGRELO | 14°

Com um ano em barricas e com vinhedos de 15 anos plantados em Agrelo, ao lado da vinícola de Las Perdices em Alto Agrelo. Este vinho tem uma forte influência da madeira, mas também uma generosa camada de frutas vermelhas maduros e de especiarias que lhe dão toda a sustentação. Um delicioso vinho para beber, mas ao mesmo tempo muito fácil de entender.

 LAS PERDICES
ALBARIÑO 2019
$$ | AGRELO | 13°

Embora em teoria o clima desértico de Agrelo não seja muito apropriado para uma cepa que venha das costas úmidas da Galícia, aqui a Albariño se transforma aportando aromas maduros, suculentos, opulentos e, obviamente, sem a acidez de seus similares espanhóis. Mas atenção que funciona e funciona bem. Um Albariño de inverno.

 LAS PERDICES
RIESLING 2019
$$ | AGRELO | 12.5°

Uma expressão de Riesling deliciosa e fresca, com notas de maçãs verdes maduras que são muito típicas da variedade, especialmente em áreas quentes como Agrelo, onde mostra seu lado mais untuoso. É raro que existam Riesling para esses lados, mais raro é que haja Riesling no deserto de Mendoza. Mas funciona, e é fresco e fácil de beber.

OUTROS VINHOS SELECIONADOS
88 | ALA COLORADA Cabernet Franc 2016 | Agrelo | 14.5° | $$
87 | PARTRIDGE EXTRA BRUT Chardonnay, Pinot Noir N/V | Agrelo | 12° | $

Viña Los Chocos

PROPRIETÁRIO Rodrigo I. Reina
ENÓLOGO Germán Masera
WEB https://www.loschocos.com
RECEBE VISITAS Não

Proprietário
RODRIGO I. REINA

Los Chocos é o projeto de Rodrigo Reina, ao qual se une uma forte ligação com o mundo do vinho. Seus avós e pais eram produtores de vinho históricos no vale de Uco, fornecendo uvas para muitos produtores da região há anos. E com o pai, Reina fez parte da criação da vinícola Andeluna no início de 2000, embora anos depois eles tenham vendido sua participação. O enólogo é Germán Massera, que também é conhecido por sua vinícola Escala Humana.

Viña Los Chocos

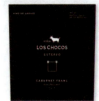

 ESTÉREO
CABERNET FRANC 2017
$$$ | GUALTALLARY | 13.5°

Estéreo vem do mesmo tipo de solo de Vertebrado, ou seja, de um leito de rio com muitas pedras e muito componente calcário. A diferença aqui é que esse é a melhor barrica de Cabernet Franc que Los Chocos aposta para guardá-lo por mais tempo, geralmente por mais um ano. Esse tempo extra em barricas consegue suavizar os taninos em parte e torná-lo mais acessível no contexto de um vinho que se concentra em sua estrutura de taninos deixando a fruta no fundo. Um vinho nu. 300 garrafas foram feitos deste Estéreo, apenas no formato magnum.

 VERTEBRADO
MALBEC 2017
$$$ | GUALTALLARY | 13.5°

Vertebrado vem de um vinhedo plantado no leito de um rio, de modo que esses solos são ricos em pedras que, neste caso, são banhadas em cal, como é comum em Gualtallary. O vinho é fermentado em ovos de concreto e envelhecido em barricas de 500 litros por doze meses. Este parece um vinho construído a partir dos seus taninos. Parece quase que não há fruta, apenas os ossos feitos de taninos que têm a textura do giz. Um vinho muito arriscado e, talvez pelo mesmo motivo, com muito caráter.

93 **VERTEBRADO**
CABERNET FRANC 2018
$$$ | GUALTALLARY | 12.7°

Como Vertebrado Malbec, esse vinho vem de um vinhedo plantado no leito de um rio, isto é, é rico em pedras, um solo de baixa fertilidade, mas com aquelas pedras (banhadas em cal) que dão aos taninos um caráter feroz. Aqui há força, há uma estrutura tensa que se sobrepõe a fruta ou, pelo menos, que deixa os sabores em segundo plano. É um vinho, de certa forma, de uma sua faceta.

 PARCELA 1
CHARDONNAY, SAUVIGNON BLANC 2018
$$$ | GUALTALLARY | 13.1°

Esse 100% de Gualtallary visa, em vez da variedade, mostrar um branco de lugar. Aqui há 70% Chardonnay e 30% Sauvignon Blanc, todos provenientes de vinhas em solos pedregosos do vinhedo de Tupungato Winelands. O vinho estagia em barricas novas de 500 litros por um ano. Os aromas são minerais e frutados, com notas de especiarias. É poderoso no corpo, com acidez intensa e muitos sabores de frutas acompanhados de ervas. Um branco de montanha.

 MOTONETA
MALBEC 2018
$$ | GUALTALLARY | 13°

Motoneta é a principal marca de Los Chocos e da qual produzem cerca de 10 mil garrafas. Vem de dois solos de pedra cobertas com cal em Gualtallary e é um vinho selvagem. Olhe para a força dos taninos intensos e selvagens, que dominam a boca no meio dos sabores vermelhos.

‹ prova de *vinhos* ›

92 | PARCELA 5
PINOT NOIR 2017
$$$ | GUALTALLARY | 12.9°

Esse Pinot vem de solos arenosos em Tupungato Winelands, uma das principais fontes de uvas em Gualtallary. O vinho tem 30% de engaços, que aqui destacam a textura, dando mais aderência com taninos muito finos. O vinho tem tons terrosos que se misturam com sabores de fruta, com a acidez sempre aí, pulsante e vivaz.

Viñalba

PROPRIETÁRIO Bodegas Fabre S.A.
ENÓLOGO Hervé J. Fabre
WEB www.vinalba.com
RECEBE VISITAS *Não*

Proprietários
HERVÉ J. & DIANE J. FABRE

Hervé Joyaux nasceu em Bordeaux, mas desde a primeira metade dos anos 90 começou a ser uma figura fundamental no renascimento do vinho argentino, graças a sua vinícola Fabre Montmayou, situada em Vistalba, uma das zonas de maior altitude em Luján de Cuyo. Mas, se Fabre concentra-se nas vinhas velhas desse lugar mendocino, Viñalba - seu segundo projeto na Argentina - é focado no vale do Uco, especificamente na zona de Gualtallary, aos pés dos Andes e em vinhedos que estão plantados acima dos 1.500 metros de altura. Trata-se de vinhedos muito mais jovens que os centenários de Fabre Montmayou em Vistalba, mas que já oferecem um forte sentido de lugar a esses vinhos de montanha. **IMPORTADORES:** BRASIL: www.vinhoeponto.com.br | USA: www.vinoviawinegroup.com

VINHOS

96 | DIANE
MALBEC, CABERNET FRANC 2017
$$$ | VALE DE UCO | 14.5°

Este **Diane** é a versão mais recente do top de Viñalba, uma mistura de 85% de Malbec e 15% de Cabernet Franc das vinhas da vinícola de Gualtallary, em um vinhedo plantado há treze anos na área mais alta do local, rica em solos de calcário. Essa é uma seleção dos melhores quartéis que dão vinhos de alta densidade, de grande volume, mas o fato é que você não sente esse peso devido aos taninos pulsantes, esses taninos de cal que aqui são a coluna que sustenta tudo aqui. Um vinho ainda muito jovem, de vitalidade impressionante.

94 | GRAN RESERVA (GRAN RESERVADO)
MALBEC 2017
$$ | VALE DE UCO | 14.5°

De vinhedos de cerca de 13 anos de idade nos solos arenosos e pedregosos da propriedade de Viñalba, a mais de 1500 metros de altura em Gualtallary. A fruta é exuberante aqui, cheia de toques vermelhos e de violetas, além de notas de ervas que são comuns na área. O que se destaca nesse vinho é a firmeza dos taninos, que parece ter unhas. Isso é culpa do calcário que há nos solos e é isso que dá essa textura tão nervosa e tensa.

Viñalba

92 | 80 20 RESERVA
MALBEC, CABERNET FRANC 2018
$ | VALE DE UCO | 14.5°

Tal como o nome diz 80% de Malbec e o resto de Cabernet Franc. Mas, embora a Franc esteja em minoria, o nariz está cheio de aromas de ervas e de tabaco que são deliciosos e refrescantes. Se se apressa, há algo de Chinon aqui. Não muito, mas há algo. A textura dos taninos é firme e envolvida em muitos sabores de frutas. Não pode acreditar na relação preço/qualidade que se tem aqui.

92 | RESERVA
MALBEC, TOURIGA NACIONAL 2018
$ | VALE DE UCO | 14.5°

Acima dos 1500 metros de altura, essa mistura de 80% Malbec e o resto da Touriga Nacional oferece um vinho tinto exuberante. De acordo com Juan Bruzzone, enólogo da vinícola, a Touriga tende a ser muito produtiva, tem dificuldade em amadurecer nas alturas de Gualtallary. Portanto, os rendimentos devem ser reduzidos para que o vinho tenha concentração suficiente. Esse é um vinho tinto amplo, enche tudo com os seus sabores de frutas maduras.

91 | RESERVA
MALBEC 2018
$ | VALE DE UCO | 14.5°

Este Malbec vem dos próprios vinhedos de Viñalba em Gualtallary. E oferece uma visão muito clara da tensão daquele local, a exuberância das frutas vermelhas, as notas de ervas e de flores, todas unidas como cola por uma acidez cintilante e vibrante, que dá ainda mais luz a esse vinho. Um Malbec para o verão.

OUTRO VINHO SELECIONADO
88 | ROSÉ Malbec 2019 | Vale de Uco | 12.5° | $

Weinert

PROPRIETÁRIO Família Weinert
ENÓLOGO Hubert Weber
WEB www.bodegaweinert.com
RECEBE VISITAS Sim

Enólogo
HUBERT WEBER

Esta emblemática vinícola nasce em 1975, quando o brasileiro Bernardo Weinert compra uma antiga vinícola em Mendoza. No começo seus vinhos foram elaborados pelo lendário enólogo Raúl de La Mota, responsável por um estilo que perdura até hoje: longos períodos de estágio dos tintos de até quinze anos em velhos e grandes tonéis de madeira. Nos anos noventa, outro enólogo, Hubert Weber, que havia chegado como estagiário, tomou as rédeas do projeto e continua até os dias de hoje. Weinert é uma vinícola clássica, com caráter, que faz poucas concessões às modas e aos tempos atuais. **IMPORTADORES:** BRASIL: www.vinhosdomundo.com.br | USA: www.broadbent.com

< *prova de **vinhos*** >

VINHOS

 CAVAS DE WEINERT
MALBEC, CABERNET SAUVIGNON, MERLOT 2009
$$$ | MENDOZA | 15°

Cavas esse ano é uma mistura de 40% Malbec, 40% Cabernet Sauvignon e 20% de Merlot. Seu envelhecimento foi em cinco tonéis de diferentes tamanhos, entre 2.500 e 6.000 litros, durante cerca de oito anos antes de ser engarrafado em setembro de 2019. Um delicioso tinto, com uma acidez nervosa, que tem o trabalho de refrescar toda aquela fruta madura e os toques de especiarias e de frutos secos que são típicos do estilo da casa. Um vinho para abrir em vinte anos.

 WEINERT
MALBEC 2010
$$$ | MENDOZA | 14°

Esta é uma mescla de vinhas de diferentes vinhedos em Luján de Cuyo, com mais de 60 anos e também uma mistura de diferentes tonéis que no total foram cerca de 30 mil litros. O vinho foi estagiado nesses tonéis por quase dois anos antes de ser engarrafado em abril de 2019. E o que nasce daí é essa fotografia do estilo da casa, o equilíbrio entre os sabores de nozes, temperados com frutos secos em um corpo que é sempre suculento, mas nunca cansado, graças a uma boa acidez. E a propósito, taninos suaves e elegantes.

 WEINERT
MERLOT 2011
$$ | MENDOZA | 14°

Para a linha Weinert, os vinhos têm um longo envelhecimento em barricas entre 2.500 e 6.000 litros. Nesse caso, esse Merlot entra em tonéis em outubro de 2011 a outubro de 2019 e hoje mostra uma fruta generosa e suculenta, mas ao mesmo tempo de estrutura muito boa, com uma rica acidez em um vinho que está gradualmente ganhando complexidade. Hoje começa a abrir, para mostrar os sabores e aromas de frutos secos, as notas de especiarias. Um vinho jovem.

 CARRASCAL
CABERNET SAUVIGNON 2017
$$ | MENDOZA | 14.5°

Essa é uma mistura de vários vinhedos em toda Luján de Cuyo, com ênfase em vinhas plantadas em solos pedregosos, especialmente em Ugarteche e Perdriel. O vinho estagia em tonéis por pouco mais de um ano. A força desse vinho é dada pela tensão dos taninos que têm de suportar uma carga importante de frutas maduras e doces, num contexto de vinho suculento e cheio.

CARRASCAL
MALBEC 2017
$ | MENDOZA | 14°

Para o **Malbec Carrascal**, Weinert seleciona vinhas em Agrelo, Chacras de Coria e Perdriel, todas em Luján de Cuyo. O vinho estagia em tonéis de carvalho de 2.500 a 6.000 litros por pouco mais de um ano. Esse ano o vinho tem uma concentração muito boa, com toques de frutas vermelhas licorosas, em um corpo untuoso, com toques de ervas que interferem no meio dos sabores de frutas.

Weinert

90 CARRASCAL
CHARDONNAY 2019
$ | LUJÁN DE CUYO | **13.5°**

Um Chardonnay untuoso, com notas de frutas brancas e flores em um vinho suculento, com uma textura muito rica. Esse vem de vinhedos em latada (parrais) de cerca de 20 anos na área de El Carrizal, em Luján de Cuyo.

OUTRO VINHO SELECIONADO
88 | CARRASCAL Bonarda 2019 | Luján de Cuyo | 13.8° | $

WHT

PROPRIETÁRIO WHT Partners
ENÓLOGO José Hernández Toso
WEB www.huarpewines.com.ar www.rigloswines.com.ar
RECEBE VISITAS Sim

Enólogo
JOSÉ HERNÁNDEZ TOSO

WHT é o projeto que engloba as vinícolas Huarpe e Riglos, sócias desde 2016. Situada na zona de Agrelo, Luján de Cuyo, Huarpe foi fundada em 2003 pelos irmãos José e Maximiliano Hernández Toso, enólogo e engenheiro, respectivamente. Riglos surge em 2002 em Tupungato, vale do Uco, por iniciativa dos empresários portenhos e amigos de infância Darío Werthein e Fabián Suffern. **IMPORTADORES:** BRASIL: www.bevgroup.com.br | www.decanter.com.br | USA: www.skurnik.com

VINHOS

93 HUARPE TERROIR GUALTALLARY
CABERNET FRANC, CABERNET SAUVIGNON 2015
$$ | GUALTALLARY | **14.5°**

Variedades que têm um pouco de aromas de ervas como essas, em áreas frias como Gualtallary, parecem brilhar. Esse tem um delicioso nariz de ervas e de tabaco, enquanto o mesmo acontece na boca, mas com uma maior presença de frutas. Essa mistura é obtida a partir de vinhedos de 17 anos plantados nas alturas de Gualtallary, no vale de Uco, um vinho tinto de montanha para levá-lo à adega ou abrir agora com embutidos.

92 RIGLOS GRAN
CHARDONNAY 2018
$$ | GUALTALLARY | **12.8°**

Os Chardonnay de Gualtallary têm essa qualidade mineral que é tão típica dos vinhos das montanhas, especialmente em solos de cal. Além das frutas, o que você sente aqui é um lado salino, uma acidez firme. A madeira ajuda a torná-lo mais amável e comercial, mas por trás dessa camada de notas tostadas há um branco de montanha que você deve provar.

91 HUARPE TERROIR AGRELO
MALBEC, CABERNET SAUVIGNON 2015
$$ | AGRELO | **14.3°**

Essa mistura tem o nome bem colocado de Agrelo. De vinhedos de 15 anos em solos argilosos e de limo, estagia por cerca de 15 meses em barricas

‹ prova de *vinhos* ›

de 500 litros. O caráter dos vinhos de Agrelo é sentido aqui na generosidade dos sabores de frutos secos e de especiarias doces em um corpo generoso em concentração, mas suave em taninos. Um vinho amável do sol de Agrelo.

91 | **RIGLOS GRAN**
CABERNET FRANC 2017
$$ | GUALTALLARY | 14.2°

Com vinhedos de 17 anos, plantados na área de Gualtallary em solos aluviais, esse mostra claramente as notas de ervas da cepa, no meio de frutas vermelhas muito maduras e suculentas e carnudas. A boca é grande, com taninos firmes e ainda muito jovem. Um vinho grande, para esperar por cerca de três anos.

OUTRO VINHO SELECIONADO
88 | RIGLOS QUINTO DULCE NATURAL Sauvignon Blanc 2017 | Gualtallary | 8.5° | $

Wine is Art by Ernesto Catena

PROPRIETÁRIO Ernesto Catena
ENÓLOGO Alejandro Kuschnaroff
INSTAGRAM siestaeneltahuan
RECEBE VISITAS *Sim*

Proprietário
ERNESTO CATENA

De uma ou outra maneira, todos os filhos de Nicolás Catena dedicam-se, assim como ele, ao vinho. Sua filha Laura, atualmente é seu braço direito na Bodegas Catena; sua filha mais nova Adrianna, está a frente de Bodegas Aleanna - El Enemigo, um dos projetos mais festejados da Argentina. E seu filho Ernesto, com seu projeto Wine is Art, focado em vinhedos de Vistaflores, no vale do Uco. Sob a bandeira da mínima intervenção enológica e de vinhedos cultivados sob os preceitos da biodinâmica, Wine is Art é o mais experimental dos braços da família Catena. Aqui há espaço para vinhos "naturais" e laranjas, mas também para outros mais convencionais, que são os que mais nos interessam no eclético catálogo dessa vinícola de Uco. ⚭ IMPORTADORES: BRASIL: www.mistral.com.br | USA: www.vineconnections.com www.vineyardbrands.com

VINHOS

91 | **ALMA NEGRA BRUT NATURE ROSÉ**
MALBEC, PINOT NOIR N/V
$$ | VALE DE UCO | 12.5°

Com 80% de Malbec e o resto de Pinot Noir, este tem um ano de envelhecimento com as borras e 4,5 gramas de açúcar residual, o que o qualifica como Brut Nature de acordo com a lei argentina. Aqui, o que prevalece é a fruta vermelha viva e suculenta, com toques picantes e florais. Um vinho de vivo e vibrante.

91 | **SIESTA EN EL TAHUANTINSUYU**
CABERNET SAUVIGNON 2016
$$ | VISTA FLORES | 13.8°

Ernesto Catena tem vinhedos plantados há 12 anos na região de Vista

Wine is Art by Ernesto Catena

Flores, no vale de Uco, todos tratados organicamente. Este Cabernet vem de lá e mostra como foi fresca essa safra e como isso influenciou nos frutos mais frios e vermelhos deste Cabernet. No meio daquela fruta, há notas herbáceas em um corpo amável, mas com taninos afiados.

 SIESTA EN EL TAHUANTINSUYU
CABERNET FRANC 2016
$$$ | VISTA FLORES | 13.8°

De vinhedos próprios em Vista Flores, que foi plantado no final da última década e que hoje é cultivado sob os preceitos da biodinâmica. Este é um estilo maduro, mais próximo do estilo Bordeaux de frutas pretas e menor presença de notas vegetais. Isso é expansivo, com sabores maduros e notas de especiarias. Para o cordeiro.

 TIKAL AMORÍO
MALBEC 2016
$$ | ALTAMIRA | 14°

Dos vinhedos de Altamira, plantados há doze anos, tem 14 meses de envelhecimento em barricas e o que sai dessas barricas é um vinho muito fresco, com notas vibrantes e tensas. A acidez é firme, suculenta, destaca os sabores de frutas vermelhas em um vinho que é fácil de beber.

 TIKAL JÚBILO
MALBEC, CABERNET SAUVIGNON 2015
$$ | GUALTALLARY | 14°

Com 60% de Malbec e 40% de Cabernet Sauvignon, todos provenientes de vinhas de Gualtallary, estagia por 16 meses em barricas. O vinho tem uma forte presença de frutos maduros submersos num corpo médio e suculento. A tensão dos taninos permite que a estrutura exista o suficiente para suportar o peso da fruta, mas também para pensar em um cabrito.

 ALMA NEGRA BLANC DE BLANCS
CHARDONNAY, SÉMILLON, SAUVIGNON BLANC N/V
$$ | VALE DE UCO | 12.5

De diferentes vinhedos no vale de Uco, este é um branco baseado em Chardonnay e é produzido com o método tradicional de segunda fermentação em garrafa. Este é suculento, de uma doçura sedutora, com espuma cremosa e amável.

 SIESTA EN EL TAHUANTINSUYU
MALBEC 2016
$$ | VISTA FLORES | 13.8°

Este Malbec vem da finca de vinhedos orgânicos que Ernesto Catena tem em Vista Flores, no vale de Uco. 50% do vinho estagia em carvalho francês e os outros 50% em carvalho americano, por cerca de 14 meses. A influência do carvalho é sentida, mas a influência de uma colheita fria também é sentida, a mais fria de Mendoza na última década, que trouxe frutos vermelhos frescos e rica acidez ao conjunto. Um vinho simpático e de corpo médio, com taninos bem polidos para bebê-lo agora.

⟨ *prova de* **vinhos** ⟩

 STELLA CRINITA
BARBERA 2018
$$ | VISTA FLORES | **13.9°**

Esta é uma das primeiras incursões no mundo dos vinhos naturais, com nada além de uvas, de Ernesto Catena. Neste caso, não há nada além de frutas vermelhas deliciosas e frescas em um vinho que não é pretensioso. Daqueles tintos que você tem que beber fresco com embutidos.

 TIKAL NATURAL
MALBEC, SYRAH 2016
$$ | VISTA FLORES | **13.5°**

Esse Tikal Natural vem 100% da vinha de Ernesto Catena em Vista Flores. Tem 60% de Malbec e o resto de Syrah, move-se pela boca com frutos vermelhos maduros e notas especiadas num corpo médio e simpático. Para curry de cordeiro.

OUTROS VINHOS SELECIONADOS
- 89 | BE MY HIPPIE LOVE TINTO Criolla Grande 2018 | Vista Flores | 13.8° | $
- 88 | ANIMAL ORGANIC Malbec 2018 | Vista Flores | 13.5° | $
- 88 | ANIMAL ORGANIC Syrah 2018 | Vista Flores | 13.5° | $$
- 87 | ALMA NEGRA ORANGE Sémillon, Chardonnay, Pinot Grigio, Viognier 2018 Vale de Uco | 14° | $$
- 87 | TIKAL PATRIOTA Malbec, Bonarda 2017 | La Consulta | 13.4° | $$

Wine y Circo

PROPRIETÁRIOS Juan Ubaldini & Javier Solfanelli
ENÓLOGO Juan Ubaldini
WEB https://wine-y-circo.business.site
RECEBE VISITAS *Sim*

Enólogo
JUAN UBALDINI

Juan Ubaldini é o enólogo responsável por Wine y Circo, uma abordagem lúdica para o vinho desse mendocino que passou por vinícolas muito importantes, como Monteviejo, La Rural, Lurtón e Terrazas de Los Andes. Este projeto é baseado em uvas do vale de Uco, e especialmente em Vista Flores, onde é um fã declarado. Para sua linha **Cielo, Vida, Suelo** utiliza uvas de La Consulta, enquanto que para os vinhos que levam seu nome, obtém matéria-prima de Altamira. **IMPORTADOR:** BRASIL: www.wine-co.com.br

VINHOS

 CIELO, VIDA, SUELO
MALBEC 2017
$$ | LA CONSULTA | **14.3°**

Para este Malbec, Juan Ubaldini obtém uvas de um antigo vinhedo de 50 anos na área de La Consulta. O vinho estagia em barricas de diferentes usos, por 18 meses. A fruta aqui é viva e vibrante e embora haja uma madurez muito marcada (como é o estilo da casa) aqui há uma acidez bem colocada para que as coisas não saiam do caminho. Um vinho muito jovem, precisa de dois a três anos para obter complexidade.

Wine y Circo

90 | FUNCIÓN PLATEA
MALBEC 2017
$$ | LA CONSULTA | 14.2°

Función Platea é uma mescla de uvas de San Carlos, com metade de vinhedos de Altamira e a outra metade de La Consulta, a primeira de aproximadamente quinze anos e a segunda de quarenta. Apesar da maturidade, a textura dura e austera dos vinhos locais é sentida. Há muitos frutos maduros aqui, mas também uma acidez equilibrada que faz os sabores brilharem.

OUTROS VINHOS SELECIONADOS
88 | FUNCIÓN PALCO Cabernet Sauvignon 2017 | La Consulta | 13.9° | $$$
87 | CIELO, VIDA, SUELO Cabernet Sauvignon 2017 | La Consulta | 14.1° | $$

Wines of Sins

PROPRIETÁRIOS Agostina Astegiano & Fabricio Hernández
ENÓLOGOS Fabricio Hernández & Agostina Astegiano
WEB www.winesofsins.com
RECEBE VISITAS Sim

Proprietários & enólogos
FABRICIO HERNÁNDEZ & AGOSTINA ASTEGIANO

Wines of Sins é a vinícola de Agostina Astegiano e seu marido, Fabricio Hernández, ambos produtores de vinho da Universidade Dom Bosco, em Mendoza. Eles começaram a engarrafar em 2008, com um único vinho, o **Avarizza** rosado. Oito anos depois eles estrearam com a marca **Wines of Sins**. A fruta é obtida de seus próprios vinhedos: 8 hectares na área de Chilecito, em San Carlos, no vale de Uco, e também compram de dois produtores, um em Los Chacayes e outro em Vista Flores, sempre no vale de Uco. Hoje eles produzem 50 mil garrafas. **IMPORTADORES:** BRASIL: www.somm4u.com | USA: www.vidawines.com

VINHOS

94 | AVARIZZA SIBARITA
MALBEC, CABERNET SAUVIGNON 2013
$$ | LOS CHACAYES | 15°

Este é um corte muito particular entre vinhos de diferentes origens e produtores. O primeiro é um Malbec da área de Los Chacayes e é preparado por Wines of Sins. É envelhecido por 18 meses em barricas e representa 67% da mescla. O segundo componente é um Cabernet Sauvignon feito por Manuel López, proprietário de Patrón Santiago, uma vinícola na área de Villa Seca, em Maipú. Ali, López produz vinhos como antigamente, com longo envelhecimento em madeira. Malbec é da safra 2014 enquanto o Cabernet é 2012. O resultado desta experiência peculiar é um vinho com muitas camadas, notas defumadas e de nozes, mas também de ervas e de café. É grande em tamanho, com taninos ainda ferozes e um ar old-school que predomina.

92 | AVARIZZA OPULENTO
MALBEC, CABERNET FRANC, PETIT VERDOT 2016
$$ | LOS CHACAYES | 14°

Este **Opulento** é uma mistura de 60% Malbec, 22% Cabernet Franc e o resto de Petit Verdot, estes dois últimos cofermentados. O estágio é de 16 meses em barricas de primeiro a quarto usos. O vinho mostra um claro

‹ prova de *vinhos* ›

efeito da colheita, que era mais fria e que, de certa forma, distorce o estilo maduro e voluptuoso da casa, dando-lhe mais nervo e, acima de tudo, maior força nos taninos.

 AVARIZZA LEGENDARIO
MALBEC 2017
$$ | LOS CHACAYES | 14°

Wines of Sins compra uvas para este Malbec de um produtor em Los Chacayes, vale de Uco. O caráter do lugar de vinhos fortes, de taninos firmes, de acidez presente, é claramente sentido aqui. Os frutos são negros e maduros e esses taninos são firmes o suficiente para neutralizar essa madurez e voluptuosidade.

 IRA
MALBEC 2018
$ | VISTA FLORES | 13°

Com 100% da uva de um produtor em Vista Flores, este é um vinho de grande expressão frutada, com toques de cerejas maduras e amoras, num contexto de muito suave e com um lado marcado doce, amplo, de vinho maduro e expansivo, pior, que, estranhamente, não se cansa de tomá-lo.

Zorzal Wines

PROPRIETÁRIOS Investidores Canadenses, irmãos Michelini & Grupo Belén
ENÓLOGO Juan Pablo Michelini
WEB www.zorzalwines.com
RECEBE VISITAS *Sim*

Enólogo
JUAN PABLO MICHELINI

Uma enologia que respeita a origem, do fruto antes da madeira e da austeridade antes da exuberância. Essa é a filosofia que desde 2008 pratica essa vinícola na área Gualtallary, a 1.350 metros de altura, e que tem quase todos os irmãos Michelini envolvidos. Matías Michelini, um dos nomes fundamentais do vinho moderno na Argentina, é o consultor de vinhos, Juan Pablo Michelini é o enólogo residente, sua mão direita é a enóloga Noelia Juni e seu irmão, Gerardo Michelini (Michelini y Mufatto) trabalha na área comercial. Zorzal compra uvas de diferentes produtores em Gualtallary (principalmente em Tupungato Winelands) e produz cerca de 400.000 garrafas por ano. Os Michelini compartilham a propriedade da empresa com investidores canadenses e, desde 2011, com os chilenos do Grupo Belén (Viña Morandé), encarregados de comercializar seus vinhos no exterior. **IMPORTADORES:** BRASIL: www.grandcru.com.br | USA: www.brazoswines.com

VINHOS

 **EL BARBA**
MALBEC 2016
$$$ | GUALTALLARY | 13°

Cinzas. O que este vinho cheira são cinzas. O enólogo Juan Pablo Michelini não confiou nesse vinhedo de solo com três metros de areia pura plantado em 2013. No entanto, o resultado surpreendeu. "É outro tipo de Malbec, outro Gualtallary", diz ele. E é isso. Aos sabores de cinza são adicionados aromas de ervas e frutas em um vinho louco, cheio de frescor, mas de tal personalida-

Zorzal Wines

de que é difícil não distingui-lo do resto. Um novo caminho para a Malbec de Gualtallary e uma das grandes surpresas deste ano em *Descorchados*.

96 | PIANTAO
CABERNET FRANC, MALBEC, MERLOT 2015
$$$$ | TUPUNGATO | 13.6°

A primeira safra de Piantao foi em 2011 e significou uma das primeiras abordagens para a Cabernet Franc em Gualtallary (que a colheita tinha mais de 90%), uma variedade que anos mais tarde se tornaria uma das estrelas do vale de Uco. Esta versão tem 60% de Franc e é sentida em notas de ervas, em sabores de frutas vermelhas e especiadas em meio a taninos firmes e verticais. Os 30% de Malbec traz frutas vermelhas aqui e também algumas ervas em um vinho que tem muitas camadas e muita complexidade.

95 | EGGO TINTO DE TIZA
MALBEC 2018
$$ | GUALTALLARY | 14°

O coração deste vinho sempre foi a finca 35, uma vinha de 11 anos plantada em solos ricos em cal. O vinho estagia em ovos de cimento por cerca de dez meses e oferece notas puras de frutas vermelhas, mas especialmente de ervas e de flores em um contexto de frescor e vivacidade. A textura é tensa e firme, mas as frutos a envolvem, tornando-o mais amigável. É um tinto muito jovem, que precisa de, pelo menos, cinco anos em garrafa.

95 | PORFIADO
PINOT NOIR N/V
$$$$$ | TUPUNGATO | 12.8°

Porfiado é um vinho muito particular, uma mistura de diferentes safras (11 neste caso) que são misturadas em barricas de 500 litros. Este ano, o coração do vinho está na colheita de 2016, com cerca de 40% do volume final, uma colheita muito fria em Mendoza e aqui impõe seus nervos e também frescor, cheio de notas de cereja. A textura é firme, cheia de garras e tensão, com uma acidez que se projeta pela boca com força. Cerca de 2000 garrafas deste vinho foram elaboradas. Tentem conseguir uma garrafa, porque aqui está um vinho que vale a pena beber, não importa quão excêntrico ele seja.

94 | EGGO BLANC DE CAL
SAUVIGNON BLANC 2018
$$ | GUALTALLARY | 13.5°

Blanc de Cal vem da parcela 93 do vinhedo de Tupungato Winelands, uma vinha plantada em solos ricos em cal no início de 2010. O vinho é estagiado em ovos de cimento durante nove meses. Este ano tem uma acidez moderada para os sabores de frutas brancas e ervas. Ainda é muito fresco e vivaz, mas com uma densidade maior, com ênfase na cremosidade. Um vinho profundo, com muito mais boca do que de nariz.

94 | GRAN TERROIR
PINOT NOIR 2018
$$ | TUPUNGATO | 13°

Esta Pinot vem de duas vinhas, uma em El Peral e outra em Gualtallary. Há 50% de cachos inteiros para suportar a estrutura e dar mais frescor à fruta e também tem um ano de envelhecimento em barricas usadas. Como o

‹ *prova de **vinhos*** ›

Terroir Unico, esse também tem um certo lado terroso que adiciona complexidade, mas neste caso há sabores profundos e uma textura com aderência, com força. Este é um dos bons Pinot hoje na Argentina.

 EGGO FRANCO
CABERNET FRANC 2018
$$ | GUALTALLARY | 14°

Um vinho de parcela, desta vez de Tupungato Winelands que é a principal fonte de uvas para Zorzal. Este vinho estagia cerca de dez meses em ovos de cimento e o resultado está entre os melhores exemplos da variedade em Gualtallary. Aqui você tem as notas de ervas da variedade, mas também todo o lado da fruta exuberante dos vinhos de Gualtallary. Suculento, fresco, com grande acidez, um suco de cereja com especiarias.

 GRAN TERROIR
MALBEC 2018
$$ | TUPUNGATO | 14°

60% deste vinho vem do vinhedo Finca Ambrosía, uma das melhores fontes de Malbec hoje em Gualtallary. O restante vem de Tupungato Winelands, outra das boas fontes de frutas da região. O resultado é um Malbec muito típico de Gualtallary, com todas aquelas notas herbáceas e frutadas, frutas vermelhas intensas e refrescantes em um corpo muito marcado pelos solos calcários do lugar, a tensão e a aderência dos taninos em uma textura elétrica.

 TERROIR ÚNICO
SAUVIGNON BLANC 2019
$ | GUALTALLARY | 12.6°

Da Finca Ambrosía, uma das melhores fontes de frutas em Gualtallary, este ano este Sauvignon Blanc parece muito mais complexo e denso do que a versão anterior. Aqui há uma excelente relação entre preço e qualidade. Por um preço incrível, você obtém muita complexidade, notas salinas resultantes de um bom trabalho com as borras, tudo em um contexto de vinho muito refrescante, de muita vivacidade. Atenção também com a densidade que mostra. Para guardar.

 EGGO FILOSO
PINOT NOIR 2018
$$ | GUALTALLARY | 13°

Como de costume desde a sua primeira colheita em 2013, trata-se de uma maceração cem por cento carbônica em ovos de cimento. Deste método, vinhos de grande expressão de fruta são obtidos, mas neste caso também há um acento marcado no lado herbário, quase vegetal, que tende a predominar. Há sabores de frutas vermelhas e também de terra em um vinho muito particular.

 TERROIR ÚNICO
PINOT NOIR 2018
$ | GUALTALLARY | 13°

Uma das grandes relações preço e qualidade em Pinot Noir, na América do Sul, vem dos vinhedos de Tupungato Winelands em Gualtallary, a cerca de 1300 metros acima do nível do mar. Uma mistura de colheitas antecipadas, extrações muito suaves e uso zero de madeira resultam em um intenso Pinot, com leves toques terrosos, que lhe dão uma complexidade extra que já é mais do que suficiente. Excelente.

Zorzal Wines

 TERROIR ÚNICO
CHARDONNAY 2019
$ | TUPUNGATO | 13.8°

Suculento e amigável, esse 100% Chardonnay vem do vinhedo de Tupungato Winelands e mostra uma deliciosa riqueza de texturas, que o convida a comer. A acidez é fresca, os sabores de frutas brancas maduras e ervas fazem uma pequena festa. Sem envelhecimento em madeira, este é um Chardonnay puro, de montanha.

 TERROIR ÚNICO ROSÉ
PINOT NOIR 2019
$ | GUALTALLARY | 13.5°

Este rosé elaborado desde o vinhedo, com uvas colhidas antecipadamente para obter um maior frescor e acidez da Pinot Noir; então, na adega, apenas o primeiro suco que sai da prensa é usado para obter essa cor rosa ligeira, quase de casca de cebola. O vinho tem um nervo muito fresco, com uma acidez persistente e firme, que sublinha os sabores de frutos vermelhos. Para se beber no verão.

 TERROIR ÚNICO
MALBEC 2018
$ | GUALTALLARY | 13.5°

Para o blend deste ano (180 mil garrafas) foram utilizadas quatro vinhas em Uco, duas em Gualtallary, uma em El Peral e outra em San José, o que transformou este vinho numa expressão de vinhas altas do vale de Uco. E isso mostra essa fruta vermelha e essas ervas típicas dos Malbec de montanha em Mendoza. Um vinho muito frutado e suculento.

Zuccardi Valle de Uco

PROPRIETÁRIO Família Zuccardi
ENÓLOGO Sebastián Zuccardi
WEB www.zuccardiwines.com
RECEBE VISITAS Sim

Enólogo
SEBASTIÁN ZUCCARDI

Zuccardi **é uma das vinícolas chave** na história recente do vinho argentino. Fundada por Alberto Zuccardi nos anos sessenta, e expandida por seu filho José Zuccardi nos noventa e nestes últimos anos pelo enólogo Sebastián Zuccardi, terceira geração da família, que a está levando a novos territórios. Em 2008 criaram uma área de pesquisa dedicada ao estudo dos solos e outras variáveis que incidem no vinho, e desde então tem privilegiado a máxima expressão dos vinhedos, com mínima intervenção na vinícola, deixando inclusive de usar de barricas novas. Zuccardi tem cerca de mil hectares de vinhedos, repartidos em distintas fincas no vale do Uco.

IMPORTADORES: BRASIL: www.grandcru.com.br | USA: www.winesellersltd.com

< prova de *vinhos* >

VINHOS

FINCA PIEDRA INFINITA SUPERCAL
MALBEC 2017
$$$$$ | ALTAMIRA | 14°

99

Zuccardi tem 38 hectares de vinhedos ao redor da vinícola Piedra Infinita de Altamira e de lá obtém vários vinhos, entre eles os notáveis Concreto, Finca Piedra Infinita e Canal Uco que, de certa forma, são os ancestrais deste Supercal, um vinho de parcelas, a menor unidade até agora. Este ano, desta unidade de apenas meio hectare, rica em solos calcários, foram produzidas 1800 garrafas e o resultado é um vinho envolvente, generoso em frutas, mas também generoso em estrutura. A cal parece marcar os taninos, fazendo-os sentir-se verticais e afiados. É um Malbec crocante e elétrico, mas também profundo e longo. Um vinho para beber hoje, para ser provado sozinho, mas também para abrir daqui a alguns anos e ver até onde essa expressão de lugar pode ir.

FINCA PIEDRA INFINITA GRAVASCAL
MALBEC 2017
$$$$$ | ALTAMIRA | 14°

98

Gravascal e **Supercal**, são o supra sumo do trabalho de pesquisa que Zuccardi realizou no terroir de Altamira, os 38 hectares que cercam a vinícola Piedra Infinita de Zuccardi em Altamira, ambos vinhos da parcela que respondem a solos muito particulares. No caso de Gravascal, como o próprio nome diz, é um solo rico em cascalhos cobertos de cal, um solo típico de Altamira e também comum nos melhores vinhos dessa denominação. Este ano, Gravascal é austero e firme, com a severidade de Altamira no seu melhor. É frutado, mas acima de tudo mineral, com um delicioso fundo salino e taninos duros como o aço.

FINCA CANAL UCO
MALBEC 2017
$$$$$ | ALTAMIRA | 14°

97

Ao contrário de Piedra Infinita, os solos que dão vida a Canal Uco são um pouco mais profundos e férteis, o que é imediatamente sentido no caráter da fruta que é mais generosa aqui, se ambos os vinhos são comparados. Como Piedra Infinita, a vinificação é muito simples: fermentação em cimento e depois envelhecimento nesse mesmo tanque de cimento e em barricas de 500 litros usados. Aqui a diferença é que a profundidade no solo que dá um fruto mais rico, sem que necessariamente signifique melhor nem pior, mas apenas diferente. E tudo em um contexto de vinho fresco e crocante, que é um mérito neste ano quente em Mendoza.

FINCA PIEDRA INFINITA
MALBEC 2017
$$$$$ | ALTAMIRA | 14°

97

Piedra Infinita é um vinho de vinhedo, uma seleção de solos ricos em cal que dão a este Malbec uma estrutura dura, forte e severa. Há uma força de fruta imensa, mas não há nada doce aqui, só complexidade em aromas minerais e frutados na medida certa. Não é um vinho de variedade, é antes um vinho de solo. E os taninos e a acidez, conjugados, construindo uma textura e um corpo tenso e severo. Este vinho tem anos de futuro na garrafa, mas experimentá-lo agora é um bom exercício para entender como em um ano quente como foi em 2017, a equipe Zuccardi conseguiu obter essa expressão clara de sua origem.

Zuccardi Valle de Uco

 POLÍGONOS DEL VALLE DE UCO PARAJE ALTAMIRA MALBEC 2018
$$ | ALTAMIRA | 14°

Uma fotografia dos vinhos de Altamira, é proveniente de solos ricos em cal e a fermentação decorre em tanques de concreto, sem envelhecimento, para mostrar o local da forma mais fiel possível. Aqui está a austeridade quase monástica da Malbec nos solos aluviais e pedregosos de Altamira. Este Malbec é severo; tudo parece estar focado na estrutura, na força dos taninos em um vinho tinto que merece cinco anos na garrafa.

 ALUVIONAL GUALTALLARY MALBEC 2017
$$$$$ | GUALTALLARY | 14°

Segundo Sebastián Zuccardi, o intervalo de colheita em Gualtallary é muito pequeno e as frutas vermelhas podem se tornar frutas sobremaduras, algo que eles não querem. Graças a uma divisão meticulosa de solos nos vinhedos de Gualtallary, a precisão na colheita em um ano quente como 2017 foi fundamental para não perder aquele vigor de fruta fresca. Dos três membros da série Aluvial, parece ser o mais beneficiado com o calor de 2017. Mais do que exuberância, aqui a fruta dessa zona está contida, tornando-o um pouco mais austera, produzindo um vinho alegre e festivo, mas ao mesmo tempo de estrutura profunda e firme.

 FÓSIL CHARDONNAY 2018
$$$$ | SAN PABLO | 14°

Esta já é a terceira colheita de Fósil, um 100% Chardonnay que vem das vinhas que Zuccardi plantou em San Pablo, a cerca de 1400 metros de altura, no vale do Uco. São solos aluviais, de cascalhos cobertos de cal em um clima muito frio, fortemente influenciado pela brisa andina, que imprime um selo em seus vinhos. Neste caso, a fermentação é feita em concreto e 70% do vinho fica lá, estagiando, enquanto os 30% restantes são envelhecidos em barris de 500 litros, usados. O vinho é untuoso e, ao mesmo tempo, vertical e nervoso. Tem uma textura tensa, mas também sabores amáveis de frutas brancas e de especiarias e, acima de tudo, um final longo e suculento em um dos melhores brancos da Argentina atualmente.

 ZUCCARDI CONCRETO MALBEC 2018
$$$ | ALTAMIRA | 14°

Concreto estreou no mercado na safra de 2014 e foi uma espécie de declaração de princípios de Zuccardi: mostrar o lugar sem nenhuma interferência. Cinco safras depois, Concreto parece aprofundar essa escolha, mostrando o terroir de Altamira e seus Malbec severos, monolíticos e austeros. Neste vinho, tudo parece ser estrutura, força. Não há nem as violetas, nem as cerejas do Malbec de altura, mas sim uma parede espessa de taninos, que exigem antes de entregarem. Um vinho para o guarda.

‹ prova de *vinhos* ›

 ALUVIONAL LOS CHACAYES
MALBEC 2017
$$$$$ | LOS CHACAYES | 14.5°

Los Chacayes é uma área no vale do Uco, com solos ricos em pedras, mas também com depósitos calcários, como é habitual em vinhedos de altura, no sopé dos Andes em Mendoza. O estilo de Malbec aqui é geralmente duro, tenso. Em um ano quente essa tensão é sentida, mas também acompanhada por frutos pretos maduros e voluptuosos que lhe dão um grau maior de gentileza. Este é outro dos Zuccardi Malbec feitos para guardar.

ALUVIONAL PARAJE ALTAMIRA
MALBEC 2017
$$$$$ | ALTAMIRA | 14°

Em um ano quente, este Aluvional apresenta frutos vermelhos maduros e um certo grau de bondade no contexto austero e monástico dos vinhos de Altamira. Isso vem de um solo de cascalho coberto de cal. Foi fermentado em tanques de concreto e depois envelhecido em uma mistura de cimento e velhas barricas de 500 litros, nada que altere seus sabores originais. O ano marca o caráter mais generoso dos sabores, mas no final sente-se a austeridade de Altamira.

 **EMMA ZUCCARDI**
BONARDA 2018
$$$ | VALE DE UCO | 13.5°

Emma é o Bonarda top de Zuccardi e é uma homenagem à vovó Emma que, aos 93 anos, ainda está ativa na vinícola. Este vinho vem das áreas de San Pablo e Altamira (em quantidades semelhantes), ambos lugares frios no vale de Uco, que imprime esse frescor e vivacidade para a fruta, especialmente em um ano que não foi tão quente e o que, portanto, sublinha essas frutas vermelhas e essa acidez, talvez, a melhor versão de Emma até hoje.

 **POLÍGONOS DEL VALLE DE UCO
PARAJE ALTAMIRA** CABERNET FRANC 2018
$$ | ALTAMIRA | 14°

Dos solos aluviais de Altamira, ricos em pedras cobertas de cal, este Cabernet Franc tem a força típica dos tintos da área, aquela arquitetura monolítica que também pode ser vista nos Malbec. Este vinho é vinificado em tanques de concreto e depois é estagiado em foudres de 2.500 litros por cerca de sete meses. O vinho tem um forte componente herbáceo, muito típico da cepa, no meio de notas de frutas que se desdobram por toda a boca.

 **POLÍGONOS DEL VALLE DE UCO SAN PABLO**
MALBEC 2018
$$ | SAN PABLO | 13.5°

Zuccardi plantou em 2012 em San Pablo, uma área de altura no vale do Uco. Os solos são aluviais, de cascalho coberto de calcário em um clima muito frio. De lá vem este vinho que hoje mostra uma grande influência do lugar. A textura tensa e afiada fala do solo calcário do vinhedo, enquanto as

Zuccardi Valle de Uco

 POLÍGONOS DEL VALLE DE UCO TUPUNGATO ALTO MALBEC 2018
$$ | TUPUNGATO | 14°

É um exercício muito didático comparar os três tintos da linha Polígonos. Comparado, por exemplo, com o Polígonos Paraje Altamira, este Tupungato Alto (Gualtallary) parece muito mais festivo, mais frutado, muito menos severo. E tem lógica. Os vinhos desta área tendem a ter uma expressividade generosa e exuberante. Entretanto, fora desse contexto, a percepção desse Malbec seria muito diferente. Sem este pano de fundo, ele se sente duro na estrutura, com taninos pulsantes e firmes, filhos de solos de cal. Um vinho com um forte senso de lugar.

 JOSÉ ZUCCARDI
MALBEC 2016
$$$ | VALE DE UCO | 14.5°

José Zuccardi é uma homenagem ao filho dos fundadores da vinícola que, nos anos 1990 e 2000, foi responsável pela internacionalização da vinícola Zuccardi e sua colocação no mercado mundial. Esse é 90% de Malbec de Altamira e Gualtallary, mais 10% de Cabernet Sauvignon de Gualtallary. Desde a primeira colheita de 2013 até esta, há uma mudança muito importante em termos de frescor de fruta (um ano muito frio ajudou aqui) e também em termos de estrutura, com taninos mais finos e uma acidez muito mais aguda. Um delicioso e nervoso vinho.

 POLÍGONOS DEL VALLE DE UCO SAN PABLO
CABERNET FRANC 2018
$$ | SAN PABLO | 13°

Plantado em 2012 nas alturas de San Pablo, a cerca de 1400 metros em um dos lugares mais altos de Uco e também muito perto da montanha. O vinho é fermentado em concreto e envelhecido por cerca de sete meses em foudres de 2500 litros. O clima frio daquele canto de Uco é sentido e claro aqui na acidez firme do vinho, mas também nas frutas vermelhas que são mostradas generosamente, mas também com muito frescor. Uma flecha na boca.

ZUCCARDI FINCA LOS MEMBRILLOS
CABERNET SAUVIGNON 2017
$$$$$ | ALTAMIRA | 14.5°

O vinhedo de Los Membrillos foi plantado há cerca de 25 anos em Altamira e é 100% Cabernet Sauvignon é uma seleção dos três hectares da finca, com os quais mal são feitos dois mil litros. O resto vai para a mescla de Cabernet Q. Trata-se de um vinho com muita fruta, com taninos firmes, mas ao mesmo tempo macio, redondo e amigável. Segundo Sebastián Zuccardi, isso pode estar relacionado com os solos mais profundos que, ao contrário de solos muito pedregosos, eles tendem a acalmar o ímpeto tânico da variedade. Um Cabernet amigável e muito frutado.

⟨ *prova de vinhos* ⟩

 TITO ZUCCARDI PARAJE ALTAMIRA
MALBEC, CABERNET FRANC 2017
$$$ | ALTAMIRA | 14°

Tito este ano é uma cofermentação de Malbec (85%) e Cabernet Franc, todos de vinhas de solos pedregosos e calcários na área de Altamira. Comparado com outros tintos e Malbec da casa, possui um maior nível de maturidade em seus sabores; a fruta parece mais escura, mas a estrutura severa e quase monástica, típica dos tintos de Altamira está aqui, inalterável. Um vinho para guardar.

 ZUCCARDI Q
CHARDONNAY 2018
$$ | TUPUNGATO | 13.5°

Zuccardi obtém as uvas para este Chardonnay de dois vinhedos, um de Gualtallary e outro em El Peral, ambos localizados em Tupungato. A prensagem das uvas é direta, isto é, os cachos inteiros vão para prensa. Uma metade do vinho fermenta em concreto e a outra em barris usados de 500. O vinho possui um delicioso lado salino, que se une aos aromas frutados e florais. O corpo é médio, mas de grande profundidade e acidez firme (não tem malolática) que dá um nervo extra.

 POLÍGONOS DEL VALLE DE UCO SAN PABLO
VERDEJO 2019
$$ | SAN PABLO | 14°

Zuccardi plantou meio hectare de Verdejo em seu vinhedo de San Pablo em 2012. A ideia original era complementar os sabores da Chardonnay para um vinho branco da região, mas a variedade era muito aromática, muito varietal, e eles decidiram engarrafá-la separadamente. Aqui estão as notas de pele de amêndoas, clássicas da variedade e também a textura firme e severa, mas os aromas e sabores dominam a cena em um vinho alegre e crocante.

 ZUCCARDI Q
CABERNET FRANC 2018
$$ | VALE DE UCO | 14.5°

Feita com uvas de Altamira e San Pablo, ambas áreas no vale de Uco, esta é a segunda versão deste Cabernet de Franc para a marca Q. E é delicioso em seus sabores de frutas vermelhas, brilhantes e frescas. É leve no corpo e com taninos delicados, mas ao mesmo tempo muito boa acidez. O vinho é produzido em foudres de 2500 litros.

 ZUCCARDI Q
CABERNET SAUVIGNON 2017
$$ | TUPUNGATO | 14°

Para o Cabernet Sauvignon Q, a vinícola Zuccardi obtém uvas de Gualtallary e La Consulta. Para Sebastián Zuccardi, La Consulta fornece a carne enquanto Gualtallary, um clima mais frio, adiciona a espinha dorsal de taninos e também em acidez que aqui desempenha um papel fundamental, acrescentando frescor e tensão. Este vinho é cofermentado com 10% de Malbec para dar alguma fruta a um Cabernet que na Argentina, diz Zuccardi, é muito austero. Esse tem aquele frutado suculento de um vinho para beber e beber.

Zuccardi Valle de Uco

ZUCCARDI Q
MALBEC 2018
$$ | VALE DE UCO | 14°

Mescla de vinhos de Altamira e Los Chacayes, e fermentado em tanques de concreto e barricas usadas, este é o primeiro passo para entender os vinhos de Zuccardi, e especialmente o trabalho que eles fizeram com a Malbec do vale de Uco. Este vinho, genérico, é tenso em taninos, de textura firme, com uma fruta deliciosa e refrescante e com uma acidez acentuada. Aqui é o primeiro degrau em Zuccardi.

POLÍGONOS DEL VALLE DE UCO
SAUVIGNON BLANC 2019
$$ | TUPUNGATO | 13.5°

A área de La Carrera está localizada no extremo oeste de Tupungato, em uma das áreas mais altas do vale do Uco, ao norte de El Peral. Essa área fria parece ideal para Sauvignon Blanc e aqui você sente aquele frio em notas de ervas, em uma acidez intensa e firme, quase aguda. Esta é a primeira vez que um Sauvignon Blanc é incluído nesta linha, um experimento para ver o potencial de La Carrera, com essa variedade em particular, mas com os brancos em geral.

POLÍGONOS DEL VALLE DE UCO EL PERAL
SÉMILLON 2019
$$ | EL PERAL | 13.5°

Esta já é a segunda colheita em que Polígonos inclui o Sémillon em sua linha. Este ano é um vinhedo muito antigo, com cerca de cinquenta anos de idade, na área de El Peral, em Tupungato, plantada em vinhedos em latada. O vinho é fermentado em barricas de 500 litros para dar um branco sutil, de tons de mel e frutas brancas, um corpo médio e acidez rica e crocante.

《《《----》》》

PEQUENAS AVENTURAS

A CENA DE VINHOS NA AMÉRICA DO SUL SE DIVERSIFICOU E POR OS TODOS LADOS APARECEM NOVOS PROJETOS, MUITAS VEZES PEQUENOS, DE POUCAS GARRAFAS. AQUI VÃO ALGUNS DELES.

Pequenas Aventuras

Absurdo

Este é o projeto do enólogo **Leonardo Quercetti e sua esposa,** Emilce Burgos, baseado em frutas de três produtores de Agrelo, Vistaflores e El Cepillo. Começaram a engarrafar seus vinhos em 2013 e hoje produzem cerca de 25 mil garrafas distribuídas em um portfólio de quatro rótulos. www.absurdo.com.ar

VINHOS

91 — **CONTADOR DE ESTRELLAS**
MALBEC 2018
$$ | VALE DE UCO | 14°

Uma versão muito amável e suculenta de Malbec de El Cepillo, um lugar que geralmente produz mais vinhos selvagens e tânicos. Essa é outra história. Aqui há uma densidade de frutas maduras e um toque de flores e ervas que acrescenta muito à complexidade. É um vinho quente, de toques especiados. Para ser bebido no inverno.

91 — **CONTADOR DE ESTRELLAS TEMPRANILLO ETERNO** TEMPRANILLO 2018
$$ | VALE DE UCO | 13.9°

A madeira desempenha um papel importante, assumindo a liderança em um vinho muito jovem. Mas olhe além desses sabores e encontrará um mundo de frutas vermelhas e de taninos que se abrem pouco a pouco, abrindo espaço para o frescor em um vinho que revela uma personalidade deliciosa. Um vinho para beber sem parar.

90 — **ABSURDO**
CHARDONNAY 2018
$ | MENDOZA | 13°

Esse ano, Absurdo Chardonnay vem da área de Vista Flores. Fermenta em tanques de concreto e, em seguida, 40% do volume estagia em barricas por cerca de 4 meses, antes de fazer a mistura final. É um vinho muito frutado, muito concentrado em frutas e flores brancas maduras, que combinam uma textura cremosa e amável.

OUTRO VINHO SELECIONADO

85 | ABSURDO Cabernet Franc, Malbec 2018 | Mendoza | 13.7° | $

Arca Yaco

A **família Etchart** tem uma longa tradição na produção de vinhos em Salta. Por quase setenta anos eles foram donos da Bodegas Etchart, uma das grandes vinícolas, em volume, da Argentina. A empresa foi vendida em 1996 ao grupo Pernod Ricard e Matías Etchart, como forma de dar continuidade à tradição familiar, comprou a fazenda Arca Yaco e lá, em 2010, começou a plantar vinhedos e estruturar seu projeto. me@amaryvivir.com

‹ prova de vinhos ›

VINHOS

 AMAR Y VIVIR
MALBEC, CABERNET SAUVIGNON 2017
$$$ | ARGENTINA | 15.1°

Para **Amar y Vivir**, Matías Etchart seleciona vinhedos de Malbec e mais 10% de Cabernet Sauvignon, todos de sua propriedade a cerca de 2.100 metros de altura, a cerca de Cafayate. A fermentação e envelhecimento do vinho é feito em barricas de 500 litros, sendo 70% delas novas. Como manda o estilo da casa, este vinho tem uma fruta vermelha radiante, desafiando o cânone dos vinhos de Salta, recentemente muito concentrado e sobremaduro. Aqui não. O que se sente nesse Amar y Vivir é frescor e tensão de taninos, um vinho crocante e ao mesmo tempo potente.

 IMAGÍNATE
MALBEC 2018
$$ | SALTA | 15.2°

Esse Malbec vem de vinhedos plantados em 2013, na propriedade Arca Yaco, a cerca de 38 quilômetros a noroeste da cidade de Cafayate e a 2.100 metros de altura. A ideia de Imagínate é mostrar a fruta sem a influência da madeira, pois é fermentada em tanques de concreto e de aço e depois é engarrafado. O vinho é delicioso, com os taninos muito firmes e selvagens que são comuns na região, mas a diferença aqui é que a fruta se sente especialmente fresca e frutada, muito mais fresca do que o habitual para os Malbec da zona. Mais um para notar na lista cada vez mais longa de tintos que desafiam a norma e mostram o frescor no norte da Argentina.

BBPC

BBPC é a vinícola de **Bernardo Bossi**, um enólogo uruguaio experiente que trabalha em Mendoza há cerca de 20 anos e já trabalhou em vinícolas tão importantes quanto Catena, Casarena e atualmente em Los Toneles. Este projeto é baseado nas uvas Altamira e, por enquanto, produzem cerca de 20 mil garrafas. 🍷 FACEBOOK: Bernardo.Bossi.Bonilla

VINHOS

 HASTA LA VENDIMIA SIEMPRE! 100% GUARDA
CHARDONNAY 2017
$$ | AGRELO | 13°

Feito com uvas de Agrelo, de uma vinha cujos cachos estavam bem protegidos do sol e vinificados de forma bem redutiva, protegidos do contato com o oxigênio, trata-se de um Chardonnay de ossos duros, de uma estrutura muito boa. Mais do que frutado, é um vinho austero, mais focado na acidez do que nos sabores e com forte acento na mineralidade. É um branco tremendo, com o corpo de um vinho tinto. Para guardá-lo por cinco anos ou mais.

 EL GORDO BERNARDO
MALBEC, TANNAT 2017
$$ | VALE DE UCO | 14°

Essa mistura inclui 70% de Malbec da região de Altamira e o restante de Tannat de Agua Amarga, ambos no vale de Uco. Esse vinho tem uma forte

Pequenas Aventuras

presença de taninos da Tannat, firmes e robustos, mas também a força tânica do Malbec de Altamira, que em solos calcários mostra suas garras. Os sabores são austeros, mas tem muito frescor. Um vinho para guardar ou agora acompanhado um bife.

 HASTA LA VENDIMIA SIEMPRE!
MALBEC 2017
$$ | VALE DE UCO | 14°

Com frutos de Altamira, este envelhece 8 meses em barricas. Tem esse lado doce da madeira, mas a fruta é fresca e crocante e a força da acidez faz com que o vinho sinta-se nervoso. Ainda está jovem, é recomendável deixá-lo na garrafa por cerca de dois anos antes de abri-lo num churrasco.

BIRA Wines

Santiago Bernasconi é gerente comercial de vinícolas na Argentina e Federico Isgro é agrônomo. Ambos têm esse projeto de cerca de 20 mil garrafas, todas de frutas do vale de Uco, em particular de La Consulta, Gualtallary e La Arboleda. www.birawines.com | IMPORTADOR: BRASIL: www.worldwine.com.br

VINHOS

 BIN OTTO
SANGIOVESE, SYRAH, MERLOT 2019
$$$$ | VALE DE UCO | 13.5°

Para este **Bin Otto**, há uma proporção maior de Sangiovese que, segundo o enólogo Federico Isgro, é uma variedade que permite crescer em madurez e em concentração, mas não aumentar o álcool e nem perder em frescor. Aqui há 80% de Sangiovese, uma uva que foi transformada em uma delícia de frutas vermelhas. O estágio em barricas 100% novas, não parece ser influenciado ou caráter de fruta. Tudo aqui é fresco e vibrante. Atenção também com o potencial de guarda. Aqui há vinho por um tempo e ficamos intrigados em saber como essa fruta irá evoluir em garrafa.

 BRUNETTO
SANGIOVESE, MERLOT, SYRAH 2019
$$$ | VALE DE UCO | 13.5°

Mantendo a fruta vermelha do estilo da casa, esse 70% Sangiovese de um vinhedo velho, cerca de 45 anos em La Consulta, mais Merlot e Syrah (cofermentado), também de vinhas velhas, tem um corpo importante, a acidez é firme, e a fruta é raivosamente fresca e os sabores são profundos. O vinho é envelhecido por doze meses apenas em barricas usadas. Um vinho que, devido à sua acidez e à sua carga de taninos, é ideal para a guarda.

 ROSSO D'UCO
SANGIOVESE, SYRAH, MERLOT 2019
$$ | VALE DE UCO | 13.5°

Um vinho de grande expressão frutada, com acidez acentuada e de taninos firmes. Essa mistura tem 60% de Sangiovese, 20% de Merlot e 20% de Syrah e é uma expressão frutada pura que se move pela boca com agilidade. Esse é um vinho refrescante como poucos.

‹ prova de *vinhos* ›

Canopus Vinos

Gabriel Dvoskin é jornalista e passou boa parte de sua vida reportando a agências internacionais no exterior. Em 2008, ele decidiu voltar para a Argentina para provar com o vinho, junto com dois sócios, e iniciou o projeto Canopus, um vinhedo de 10 hectares plantado com Malbec e Pinot Noir em El Cepillo, a área mais ao sul do vale de Uco, um lugar onde o frio domina e, sobretudo, a geada espreita. A partir desses vinhedos, plantados em 2010, Canopus produz cerca de 12 mil garrafas. 🍇 www.canopusvinos.com

VINHOS

95 — Y LA NAVE VA
MALBEC 2018
$$$ | EL CEPILLO | **13.9°**

Dos 10 hectares que Canopus plantou em El Cepillo, 8 são de Malbec. Este vinho tinto é uma seleção de diferentes parcelas, com diferentes solos dessa propriedade. O vinho é produzido em barricas usadas de 225 e de 400 litros por um ano. O vinho tem um perfil de acidez e taninos que pode perfeitamente ser comparado com o clima frio e áspero de onde vem, no sopé da montanha, no último canto do deserto de montanha que é o vale do Uco. Aqui há austeridade monástica, com um enredo de taninos tensos e elétricos. As frutas são abundantes, mas sempre vermelhas e frescas, juntamente com tons de ervas. Um delicioso vinho e filho do seu lugar.

93 — PINTOM SUBVERSIVO
PINOT NOIR 2019
$$ | EL CEPILLO | **11.5°**

Este rosé vem de um setor especial na propriedade de Canopus, o solo mais ao sul do vinhedo, mais frio e de solo mais calcário do lugar. O vinho é estagiado em ânforas de cerâmica. Tem uma deliciosa fruta vermelha, um frescor suculento, cheio de uma acidez que range na boca e é algo como a alma da festa neste rosado para beber sem parar. Mas, isso é apenas o começo. Em seguida, o vinho apresenta aromas muito mais complexos, mel, pêssego, pimenta branca, enquanto a boca cresce cada vez mais, aumentando sua garra, as unhas que aderem ao paladar. Um vinho muito especial. Cerca de três mil garrafas foram feitas dele.

92 — PINTOM
PINOT NOIR 2018
$$$ | EL CEPILLO | **12.2°**

Canopus tem dois hectares de Pinot em sua propriedade de El Cepillo e com eles obtém este Pinot com características de vinhos naturais, com as notas selvagens, carne crua, especiarias e frutas vermelhas ao fundo. O vinho é fermentado com suas leveduras nativas, estagiado em barricas usadas e depois engarrafado com uma pequena adição de sulfuroso, mantendo taninos selvagens, com muita aderência ao paladar.

90 — VINO DE SED
MALBEC 2019
$ | EL CEPILLO | **12.8°**

Este é o Malbec básico de Canopus, uma mistura de diferentes parcelas

dos oito hectares da cepa na propriedade em El Cepillo. O vinho é feito em tanques de concreto e vai direto para garrafa para entregar, como o nome diz, um vinho simples para saciar a sede. É cheio de frutas vermelhas e notas de ervas ,que ajudam na sensação de frescor.

Contra Corriente

Contra Corriente é o projeto de Rance Rathie e Travis Smith, dois norte-americanos de Montana que há dez anos se estabeleceram em Trevelin para começar um lodge de pesca. Desde 2014, eles também decidiram se aventurar no vinho. Hoje eles têm três hectares plantados com os quais produziram vinhos pela primeira vez na safra de 2018. www.bodegacontracorriente.com

VINHOS

 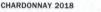 

CONTRA CORRIENTE
CHARDONNAY 2018
$$$ | PATAGÔNIA ARGENTINA | 12.5°

A vinícola Contra Corriente possui 1,5 hectare de Chardonnay plantados a cerca de 400 metros de altura no Vale Trevelin. São vinhas jovens, de quatro anos de idade, que acabam de se acostumar com o tempo extremo naquela região fria e chuvosa da Patagônia, quase dois mil quilômetros ao sul de Buenos Aires. A fermentação aqui é muito simples: somente aço inoxidável é usado e não há envelhecimento em madeira. Isto permite capturar todo o fruto do lugar, fresco, cítrico, com uma acidez que range na boca, que é aguda e severa. Um Chardonnay como poucos na Argentina, mas esse ainda parece simples e muito direto. Vinhas mais velhas provavelmente oferecerão outros sabores no futuro.

CONTRA CORRIENTE
GEWÜRZTRAMINER 2019
$$$ | PATAGÔNIA ARGENTINA | 12.5°

Com os suaves toques florais da variedade, mas numa potência muito menor, mais sutil que o habitual, aqui está um Gewürz refrescante, vibrante e muito simples e direto, com uma agradável cremosidade na boca e uma acidez que fala muito do frio desse lugar, muito ao sul, no coração da Patagônia. Atenção com a evolução na garrafa; podem ter um branco aqui para guardar por cerca de cinco anos. Contra a Corriente tem meio hectare de Gewürztraminer, plantado em 2014 em um antigo leito do rio.

OUTRO VINHO SELECIONADO
88 | CONTRA CORRIENTE Pinot Noir 2018 | Patagônia argentina | 12.4° | $$$

Costa Miragaya Wines

Gustavo Miragaya é publicitário de Buenos Aires, mas além disso, é um admirador do trabalho de Philippe Caraguel para Atamisque, que tem uma das linhas mais sólidas de Mendoza, vinhos confiáveis e sempre focado na fruta. Em 2018, Gustavo propõe a Philippe fazer uma partida limitada e este par de tintos é o resultado. www.costamiragayawines.com.ar

‹ *prova de **vinhos*** ›

VINHOS

91 — LA SANGRE DE CRISTO
MALBEC, PETIT VERDOT 2018
$$ | VALE DE UCO | 14°

Essa mescla tem 78% de Malbec e o restante do Petit Verdot, o primeiro de Altamira e o segundo da propriedade Atamisque em San José. A fruta aqui é doce, cremosa, com sabores suculentos e que enchem a boca. A madeira se sente (estagia em barricas por 12 meses), mas a Petit Verdot e toda sua carga tânica são responsáveis por absorver boa parte dessa influência. O vinho tem um espírito comercial claro, rico em frutas maduras e toques de madeira.

90 — LA SANGRE DE CRISTO
MALBEC 2018
$$ | ALTAMIRA | 14.5°

Este Malbec vem de vinhedos em Altamira, selecionados pelo enólogo Philippe Caraguel. O vinho estagia em barricas durante cerca de dez meses. E é bastante sentido nos aromas tostados e defumados, que são projetados na boca com frutas maduras e amáveis em um vinho de espírito comercial.

Finca La Bonita

A família Cutillo comprou a Finca La Bonita em 2016. É um vinhedo de Malbec de 3,5 hectares plantado no final da última década, na parte mais alta de Los Chacayes, a cerca de 1.300 metros. O agrônomo Marcelo Canatella e o enólogo Matías Michelini ajudam neste pequeno projeto. ❧ fernando.cutillo@yahoo.com.ar

VINHOS

94 — FINCA LA BONITA
MALBEC 2017
$$ | LOS CHACAYES | 14.5°

Na zona de Los Chacayes os solos são pedregosos e o ar da montanha parece forte. Os vinhos são geralmente austeros e os Malbec com toques florais suaves e uma boa dose de taninos. Este é um bom exemplo de lugar. Embora generoso em frutas vermelhas ácidas, aqui se tem uma sólida rede de taninos que dá um caráter mais monolítico e traz muito corpo. O acabamento é floral e a sensação de frescor está girando por vários minutos. Feito com intervenção mínima, este vinho tem dois anos de envelhecimento em barricas usadas.

Finca Las Marianas

Propriedade da família Jannas Rosas, Finca Las Marianas é um vinhedo de 4 hectares na área de Alto Agrelo, que faz parte do desenvolvimento da propriedade enoimobiliária Dragonback. O enólogo é Juan Manuel González, também responsável pelos vinhos de De Angeles. Hoje eles produzem três vinhos diferentes com um total de seis mil garrafas. ❧ mrosa@fincalasmarianas.com

Pequenas Aventuras

VINHOS

GRAN RESERVA BLEND
MALBEC, C. FRANC, C. SAUVIGNON, P. VERDOT 2016
$$ | AGRELO | 14.5°

Esta mistura de 45% de Malbec, 30% de Cabernet Franc, 15% de Cabernet Sauvignon e o resto de Petit Verdot e mantém o estilo da casa, com um acento na maturidade e madeira que é, de acordo com Raymond Jannas, o estilo de vinhos que ele gosta de beber. Este estilo untuoso e super maduro manteve-se e é bom que assim seja. Deste modo a favor da diversificação do vinho argentino, por mais que não seja inteiramente de acordo com nosso gosto.

OUTROS VINHOS SELECIONADOS
88 | DUET Cabernet Sauvignon 2017 | Agrelo | 14.1° | $$
88 | DUET Malbec 2017 | Agrelo | 13.8° | $$

La Igriega

Marcelo Goldberg e seu filho Nicolás não eram profissionalmente relacionados ao vinho até que, em uma viagem ao vale de Uco, foram cativados por uma propriedade em Altamira. Isso foi em 2006 e desde então, têm se dedicado a produzir uvas para terceiros e também engarrafar seus próprios vinhos sob a marca Igriega. Tanto se enamoraram que hoje tem cerca de 25 hectares. O enólogo é Felipe Stahlschmidt. www.laigriegawines.com | IMPORTADOR: USA: www.golden-vines.com

VINHOS

SUPERIOR
MALBEC 2017
$$ | ALTAMIRA | 14.5°

Este **Superior Malbec** é uma seleção que mal abarca duas fileiras de vinhedos que produzem cerca de mil e quinhentas garrafas. Essas fileiras estão localizadas nos solos mais pedregosos da propriedade de La Igriega, em Altamira, e dão uma grande tensão, de taninos muito tensos e rígidos que imediatamente se conectam com o caráter da Malbec na área. Esta é outra garrafa para guardar.

LA IGRIEGA
MALBEC 2018
$ | ALTAMIRA | 13.5°

La Igriega é um projeto da família Goldberg que iniciou este projeto em 2006, quando eles compraram uma fazenda de 25 hectares em Altamira e começaram a plantar com Malbec no mesmo ano. No começo, eles venderam as uvas enquanto em 2012 começaram a engarrafar suas uvas. Hoje produz cerca de 15 mil garrafas. Este Malbec é generoso em frutas pretas e especiarias em um vermelho de grande força e intensidade. Ele é feroz em taninos, porém ainda jovem.

OUTRO VINHO SELECIONADO
89 | LA IGRIEGA ROSÉ Malbec 2019 | Altamira | 13.5° | $

‹ *prova de* **vinhos** ›

La Niña Alba

A família Alba tem cerca de seis hectares de vinhas plantadas em 2013 na área de La Cautiva, a mais alta em Gualtallary, a quase 1.600 metros acima do nível do mar. Esses solos ricos em cal têm um forte senso de lugar, tintos dominados por esse componente calcário. Eles atualmente produzem cerca de 1.200 garrafas. 🌱 www.laninaalba.com

| VINHOS | | **LA NIÑA ALBA**
MALBEC 2018
$$$ | GUALTALLARY | 13.8° | |

La Cautiva está a cerca de 1600 metros acima do nível do mar na área mais alta de Gualtallary. Os solos de cal e o clima frio de montanha imprimem em seus tintos um caráter austero, firme e tenso. Este vinho, embora de uma maturidade marcada, não pode deixar de mostrar esse lugar, aquela austeridade, aquele bloco de cimento de taninos, que se mostra no meio dos sabores de cerejas maduras. Um vinho de lugar.

Larraín, Lasmartres, Toso & Undurraga

LTU é o projeto de seis sócios, três argentinos e três chilenos, com base em um vinhedo em La Consulta, plantado em alta densidade (seis mil plantas por hectare) em 1998. Hoje eles produzem cerca de 10 mil garrafas desse vinho e adicionaram uma segunda marca, Tundra, uma mistura de Malbec, Cabernet Franc e Merlot. 🌱 www.ltuwines.com

| VINHOS | | **LTU**
MALBEC 2017
$$$ | LA CONSULTA | 15° | |

A primeira colheita da LTU foi em 2007, sob a marca Cayú, e desde então eles têm mantido um estilo maduro e doce de Malbec. No entanto, este ano há uma mudança que, embora moderada, afeta o caráter da fruta. Segundo Mario Toso, um dos sócios deste projeto, grande parte disso se deve às leveduras nativas que estão usando e que mantiveram as temperaturas de fermentação mais baixas, mantendo os sabores e aromas. Há muitas frutas vermelhas aqui, mas há também a contribuição óbvia da barrica, onde o vinho estagia por 30 meses. Um vinho de corpo importante, mas de muita suculência.

«« ---- »»

Pequenas Aventuras

Las Estelas

Estela Perinetti é uma enóloga de Mendoza de longa data, sempre com o grupo Catena. Hoje, já fora do grupo, lança-se com esse projeto pessoal, baseado em um vinhedo familiar, plantado na área de El Peral, no vale de Uco. www.lasestelas.com | IMPORTADOR: USA: www.seaviewimports.com

VINHOS

93 LAS ESTELAS
MALBEC 2017
$$ | TUPUNGATO | 13.8°

Das vinhas de cerca de 25 anos em El Peral, plantadas em solos pedregosos, esse tem o charme de Malbec na área, um lugar de riachos, árvores e pequenas montanhas onde o deserto de Mendoza parece parar. Aqui existem deliciosos frutas vermelhas suculentas, com taninos muito domesticados e um final de frutos vermelhos refrescante. Precisa de tempo na garrafa para absorver a madeira, mas já pode ser bebido e apreciar esses sabores.

Masso Gottardini

Hugo Gottardini é um produtor que há anos vende suas uvas a produtores do vale do Uco, advindas de seus sete hectares plantados com Chardonnay e Pinot Noir, em um setor baixo e muito frio, próximo à cidade de Tupungato. Em 2017, apoiado por Andrea Mufatto e Gerardo Michelini (vinícola Michelini y Mufatto), ele decidiu engarrafar seu primeiro vinho. www.elregalon.com

VINHOS

93 EL REGALÓN
PINOT NOIR 2018
$$$ | TUPUNGATO | 13°

Esse Pinot vem de um vinhedo de cerca de 15 anos plantado em solos arenosos e calcários na cidade de Tupungato, na entrada do vale de Uco, no norte. 100% fermentado com cachos inteiros, com 15 meses de barricas usadas. Esta é uma pequena delícia de sabores de terra e de flores, leve em corpo, mas acentuado em taninos, este é um Pinot para os embutidos.

Matías Morcos

Matías Morcos é um jovem produtor da parte oriental de Mendoza. Sua família é produtora de uvas para vinhos a granel e o desafio de Morcos era provar que com essas uvas é possível fazer vinhos de maior ambição. Seu trabalho se concentra em uvas da região, como Bonarda, Moscatel e Criolla, as três uvas que são a base de seus vinhos e a base da viticultura do leste. Para sua linha Don Argentino, as uvas são provenientes de Uco. www.familiamorcos.com.ar

‹ *prova de* **vinhos** ›

VINHOS

92 | **MATÍAS MORCOS**
CRIOLLA CHICA 2019
$ | MENDOZA | 13°

No leste de Mendoza, a cepa Criolla Chica (Listán Prieto, País) é chamada de Sanjuanina. Nesse caso, é um antigo parral (vinhedo em latada) com mais de cem anos. Fermentado em pequenos tanques de cimento de 1.200 litros e depois envelhecido em barricas usadas. No leste, chamavam esses vinhos de "Claretes" porque não eram tintos nem rosados, apenas a cor das uvas lhes dava esse tom. Esse vinho é fresco, amável, delicioso, com toques terrosos e um delicioso final de ervas. "A família da minha mãe tomava Moscatel, a família do meu pai esse clarete", diz Matias Morcos sobre a influência que sua história familiar teve nos vinhos que produz hoje.

92 | **MATÍAS MORCOS**
MOSCATEL ROSADO 2019
$ | MENDOZA | 13°

De um vinhedo de Moscatel de cerca de 80 anos e em contato com as cascas. É assim que se produz vinho na região, o que os locais chamam de "vinho caseiro" para saciar a sede no verão, que é intenso na zona e feito com as mesmas uvas que as pessoas comem na hora da sobremesa. Esse vinho é uma delícia de frescor, um suco de uvas aromáticas para beber por litros. A acidez, que sempre é corrigida nos vinhos do leste pelo calor, parece natural aqui. Um suco para adultos.

90 | **ESTO ES UN BLANC DE BONARDA**
BONARDA 2019
$ | MENDOZA | 13°

Esse vem de uma vinha de Bonarda de cerca de 80 anos, na área de San Martín, no leste de Mendoza. É o suco da Bonarda, em um vinho que parece mais rosado do que branco. E também tem um sabor de rosé com suas notas de frutas vermelhas ácidas e um corpo leve e amigável. Um para matar a sede.

90 | **MONTECASEROS**
BONARDA 2019
$ | MENDOZA | 13°

Da área de Montecaseros, em San Martín, é proveniente de um parral (vinhedo em latada) de mais de 100 anos e é uma delícia de frutas vermelhas maduras, macio no palato, com uma acidez bem corrigida aqui, que eleva os sabores e refresca. Um vinho para saciar a sede no verão.

Oíd Mortal

Amparo March e seu marido, Pablo Marino, iniciaram este projeto em 2017, como uma extensão dos vinhos que eles já faziam para suas famílias, em um plano artesanal e quase como hobby. A fonte de uvas é toda de Tupungato onde vivem atualmente. A produção do Oíd Mortal é de cerca de 16 mil garrafas. @oidmortalvinos

Pequenas Aventuras

VINHOS

91 | **OÍD MORTAL**
PINOT NOIR 2019
$ | TUPUNGATO | **13°**

Este Pinot Noir é o vinho ideal para se beber no verão. 100% Pinot Noir da área de La Arboleda, em Tupungato, é cultivada em tanques de cimento por meio ano e na garrafa para capturar todos os frutos da variedade. E eles fazem isso em um puro vinho tinto, delicioso em frutas refrescantes. Um daqueles vinhos sedentos que sempre acabam logo no churrasco.

91 | **OÍD MORTAL MALBEC**
MALBEC 2019
$ | EL PERAL | **13.5°**

A área de El Peral em Uco é um desses lugares mágicos em Mendoza. Muito mais verde na vegetação, um oásis verde no deserto, dá vinhos de frescor e vitalidade. Aqui está um exemplo. Esse é rico em frutas vermelhas, puro suco refrescante e vibrante.

OUTRO VINHO SELECIONADO
89 | OÍD MORTAL Merlot 2019 | Tupungato | 13.8° | $

Onofri Wines

Mariana Onofri é sommelière e diretora de vinhos do projeto enoimobiliário The Vines, na região de Los Chacayes. O projeto Onofri Wines tem 8 hectares na região de Lavalle, de onde vem a base de seus vinhos, mais uvas compradas em Los Chacayes, especialmente vinhos brancos de uvas mediterrâneas. Em enologia, Pablo Martorell é o assessor que se encarrega dos vinhos de Los Chacayes (The Vines) e Gonzalo Tamagnini com os vinhos de Lavalle. Hoje, produzem cerca de vinte mil garrafas.

FACEBOOK: onofriwines

VINHOS

94 | **ALMA GEMELA WHITE FIELD BLEND**
ROUSSANNE, MARSANNE, CHARDONNAY 2018
$$ | LOS CHACAYES | **13.4°**

Este branco é um field blend, uma mistura de variedades na vinhedo que é colhida e fermentada de uma só vez. O envelhecimento ocorre em barricas por cerca de dez meses, embora apenas 30% dessa madeira seja nova. O resultado é um exemplo clássico de brancos mediterrâneos com sabores de frutos secos em meio à deliciosa acidez. A textura é cremosa, ampla, mas essa acidez ajuda a não se cansar. Um vinho de tensão e elegância ao mesmo tempo, e dos bons exemplos deste estilo mediterrânico que estão atualmente disponíveis no mercado. Cerca de 1.600 garrafas foram feitas.

 ALMA GEMELA
BONARDA, MONASTRELL 2018
$$ | LAVALE | **12.3°**

Esta é uma mistura de 50% de Bonarda e 50% de Monastrell, colhida muito cedo na estação sob o calor de Lavalle. Mas esse calor não é senti-

‹ prova de *vinhos* ›

do aqui, mas sim o que há é frutas vermelhas intensas, frescor e um corpo tenso, dominado pelos taninos ferozes da Monastrell, que são acentuados aqui graças ao fato de que ele foi fermentado com cachos inteiros. Um novo olhar para o calor do leste mendocino, um olhar mais fresco e suculento que poderia quebrar preconceitos sobre os vinhos desse lugar.

91 | **ALMA GEMELA** | BONARDA 2018 | $ | LAVALLE | 12.8°

Seguindo sua pesquisa sobre o potencial frescor de Lavalle no leste quente de Mendoza, o teste principal é a Bonarda, que geralmente tem baixa acidez e é um pouco pesada quando vem do calor. Esta Bonarda foi colhida no início da temporada para tentar obter frescor e tensão. E se consegue isso, em um vinho intenso em frutas vermelhas e notas terrosas, tudo suportado por uma textura firme e rígida.

OUTRO VINHO SELECIONADO
88 | ALMA GEMELA ROSÉ Mourvèdre 2019 | Lavalle | 12.1° | $$

Pasaje Nobrega

Natalia Menvielle-Labourdet e Christian Mallia são um casal de Buenos Aires que há muito tempo estava procurando fazer vinhos em Mendoza. Em 2017, eles encontraram três hectares de vinhedos de cerca de 25 anos que seriam vendidos para projetos imobiliários e decidiram comprá-los para começar a fazer vinhos. 2018 foi a safra de estreia com duas barricas de 225 litros.  www.pasajenobrega.com.ar

VINHOS

93 | **PASAJE NOBREGA CHARDONNAY** | CHARDONNAY 2018 | $$ | ALTAMIRA | 13.2°

Uma expressão pura e crocante de Chardonnay de Altamira, este Chardonnay vem de vinhedos de solo aluvial, plantados há cerca de 25 anos. Esta primeira produção de cerca de 600 garrafas tem o nervo dos vinhos que o consultor Giuseppe Franceschini costuma produzir. São vinhos com garra, com uma acidez intensa e também com deliciosos sabores frutado.

Paso a Paso

Paso a Paso é a vinícola de Norberto Páez e Sebastián Bisole, ambos agrônomos que se conhecem desde a faculdade. Eles fazem vinhos juntos desde 2008, como hobby, mas desde 2015 começaram a engarrafar sob a marca Paso a Paso, em uma garagem no centro da cidade de Godoy Cruz. Eles não têm vinhedos, mas compram uvas de produtores em diferentes áreas de Mendoza, do leste até El Cepillo, no sul do vale de Uco. Hoje eles produzem cerca de 20 mil garrafas. www.pasoapasowines.com.ar

Pequenas Aventuras

VINHOS

 PASO A PASO
BONARDA 2018
$ | EL CEPILLO | 12.5°

Paso a Paso obtém estas uvas de um antigo vinhedo em latada de cerca de 80 anos na área de El Cepillo, um lugar frio e gelado ao sul do vale de Uco. E essa atmosfera é sentida nesse Bonarda, dominada pela acidez e pela tensão dos taninos. É duro e ao mesmo tempo suculento, com essa nitidez projetada até o fim. O vinho tem 30% de cachos inteiros, para acentuar o lado da fruta neste vinho bastante austero.

 CRIOLLAS ROSÉ CRIOLLA GRANDE, CRIOLLA CHICA, MOSCATEL ROSADO, BONARDA 2018
$ | SAN MARTÍN | 12.1°

Um rosado muito particular, feito de 50% de Criolla Grande, 25% de Moscatel Rosado e o resto de tipos similares de Torrontés Sanjuanino e Pedro Ximénez, além de um Bonarda que lhe deu a cor rosa pálido. O vinho é simples, frutado, cheio de vida e frescor. Um rosado para se beber por litros no verão.

 LAS CRIOLLAS DE DON GRACIANO CRIOLLA GRANDE, CRIOLLA CHICA, MOSCATEL ROSADO, PEDRO XIMÉNEZ 2018
$ | SAN MARTÍN | 12.5°

Montecasero está localizado no leste de Mendoza, em San Martín, e é o maior distrito produtor de vinho na Argentina. De uma fazenda de cepas Criollas, plantada nos anos 60 pela família Graciano. A mescla corresponde mais ou menos à porcentagem de cepas que este vinhedo de quatro hectares possui, a saber: 50% de Criolla Grande, 25% de Moscatel Rosado e o restante de tipos similares de Torrontés Sanjuanino e Pedro Ximénez. Todas as uvas são colhidas ao mesmo tempo, tal como a família Graciano fez para o vinho de sua parcela. Um branco rústico, com toques terrosos e de frutas brancas e uma doçura suave que aporta um lado amável.

polOpuesto Wines

Pol Andsnes é um velho conhecido em Descorchados. Produtor nascido nos Estados Unidos que mora em Mendoza desde 2011 e faz pequenas produções de vinhos experimentais, especialmente com vinhedos do vale de Uco, e especialmente Gualtallary. Pol estudou filosofia, mas é dedicado à enologia, e o faz de uma maneira completamente intuitiva. Hoje ele vive na Catalunha, onde também produz vinhos tão originais quanto os de Mendoza. www.polopuesto.com

VINHOS

EL OTRO LADO
TORRONTÉS 2017
$ | GUALTALLARY | 12.5°

Este vinho vem de uma vinha plantada em 2005 em Tupungato Winelands, uma das mais importantes fontes de fruta em Gualtallary. A maceração com as peles dura cerca de dez meses, mas ainda assim a rus-

‹ *prova de vinhos* ›

ticidade de tal contato prolongado não é sentida. É perfumado, rico em notas florais e cítricas, em um corpo que possui aderência e também uma acidez suculenta.

92

MALA HIERBA
BONARDA 2017
$ | TUPUNGATO | 12°

Pol Andsnes pensou nos vinhos da Savoie quando fez este Bonarda. E pode haver conexões. De um parral de cerca de 40 anos, colhido muito cedo na estação, tem uma acidez elétrica, assim como os vinhos daquela região da França. É duro em taninos, mas ao mesmo tempo tremendamente fresco e frutado. Se não fosse pela generosidade frutada lembrando os frutos vermelhos dos vinhos de montanha em Uco, alguém poderia se confundir.

Seclantas Adentro

Ovidio Corvaniu é um médico romeno que se casou com Alicia Hasenbal, uma psiquiatra argentina. Ambos vivem em Paris há décadas, mas por volta de 2006 eles viajaram para os Vales Calchaquíes e se apaixonaram pela paisagem e seus vinhos. Em 2010, eles pediram a assessoria da família Dávalos de Tacuil; e eles administram os vinhedos e produziram o vinho. 🐦 www.seclantas-adentro-vinos.com

VINHOS

94

SECLANTAS ADENTRO
TANNAT 2016
$$$ | MOLINOS | 15°

Dos quatro hectares plantados nas margens do rio Brealto, a 2.200 metros de altura em Molinos, metade de um hectare é de Tannat, que cresce em solos argilosos e de pedra. Este Tannat tem tudo o que os amantes da tensão pedem: taninos ferozes, acidez suculenta e uma quantidade de fruta que enche a boca num vinho que ainda é muito jovem. Dê tempo em garrafa que há vinho aqui por um tempo.

92

SECLANTAS ADENTRO
MALBEC 2016
$$ | MOLINOS | 15°

De um vinhedo a cerca de 2.200 metros de altura, na cidade de Seclantas, de solos ricos em argilas e granitos que parecem influenciar o fruto desse vinho. Parece amplo, voluptuoso, com notas de ervas e de café, mas nunca em sua vinificação passou por madeira. Um vinho de grande personalidade, com sabores que fazem você pensar em um cordeiro grelhado.

«‹‹----›››

Pequenas Aventuras

Tequendama

Gladys Vidal e Carlos Calad tem um vinhedo de 8 hectares de Merlot nos arredores do povoado de Tupungato. A maior parte dessa uva é vendida a terceiros, mas desde 2010 decidiram começar a engarrafar seus próprios vinhos com o nome Tequendama, uma queda de água nos arredores de Bogotá. @tequendamawines

VINHOS

TEQUENDAMA
MERLOT 2016
$$$ | ARGENTINA | 15°

Tequendama obtém a fruta para este vinho a partir de uma antiga vinha de 2 hectares, plantada há cerca de 60 anos, sob a forma de parral (vinhedo em latada). Então estagia por cerca de 18 meses em barricas novas, metade novas. No lado doce da variedade, aqui há uma forte presença de frutas doces, quase caramelizadas em um contexto de taninos suaves e aveludados e um corpo médio.

Tres 14

O enólogo Daniel Pi tem esse projeto familiar onde produz vinhos em pequena escala e praticamente feitos à mão. São dois rótulos, duas leituras diferentes da Malbec do vale de Uco. Imperfeito vem de Gualtallary, enquanto Tres 14 é de Vista Flores. O projeto, que começou em 2011 com uma produção de apenas duas barricas, produz atualmente cerca de oito mil garrafas. www.tres14.com.ar
IMPORTADORES: BRASIL: www.interfood.com | USA: www.deutschfamily.com

VINHOS

IMPERFECTO
MALBEC, CABERNET FRANC 2016
$$$ | GUALTALLARY | 14.4°

A Finca Ambrosía está localizada em Gualtallary, tem cerca de 63 hectares de vinhas, foi plantada em 2001 e é hoje uma das fontes mais importantes em termos de qualidade na zona. Tres 14 compra uvas lá desde o início do projeto, em 2010. Essa é a melhor versão que provamos até hoje. As frutas exuberantes de Gualtallary, aqui se desdobram sem receios, oferecendo flores maduras e cerejas em uma textura que - como dita o solo de cal - tem força e é afiada, dando ao vinho uma estrutura linear, ocupando o meio do paladar em vez das bordas. Para guardar.

TRES 14
MALBEC 2016
$$ | VALE DE UCO | 14°

Do vinhedo Mortarotti, em Vistaflores, e plantado há cerca de 60 anos, estagia 18 meses em barricas usadas. O vinho base de Tres 14 é uma delícia de sabores, cheios e maduros e de texturas suaves. É um vinho com ênfase em frutas, um vinho frutado e amável, com um delicioso toque floral, que se prolonga até o final da boca. Um vinho para beber sem parar.

‹ prova de *vinhos* ›

Villar Báez

Esta vinícola é um projeto antigo de Walter Villar, um anestesista de Mar del Plata. Aos 11 anos, ele viajou para Mendoza pela primeira vez e ficou fascinado com a paisagem das vinhas, a geometria das vinhas. Sem saber do que se tratava, ele prometeu a si mesmo ter alguma vinha "quando crescer". E esse sonho agora se torna realidade na forma de vinhos. Embora sem os seus próprios vinhedos, hoje ele produz cerca de 4.000 garrafas por ano. bodegasvillarbaez@icloud.com

VINHOS

94 | **MY WAY**
MALBEC 2018
$$ | MENDOZA | 14°

A interpretação de Villar Báez da Malbec em Altamira (de um vinhedo de cerca de 15 anos plantado em solos pedregosos da região) é uma das mais amigáveis e mais redondas que experimentamos. O enólogo Giuseppe Franceschini é encarregado de polir os taninos sempre severos dessa denominação, mas sem comprometer o vigor da fruta em um vinho fresco, tenso e ao mesmo tempo muito amável, detalhe pouco comum em Altamira.

 DESPERTARES
MERLOT, MALBEC 2018
$$ | VALE DE UCO | 14.8°

Com frutas de Tupungato e Altamira, este 50% Malbec e 50% Merlot, é um tinto de frutos vermelhos maduros, suculentos e tensos. A trama de taninos é fina, mas pulsante, com uma acidez firme, que é responsável por refrescar todos os sabores frutados até o final, um final rico em toques de ervas. Um delicioso vinho para se beber agora, mas com bom potencial de guarda.

 DESPERTARES
PEDRO XIMÉNEZ, SÉMILLON, CHENIN BLANC 2018
$$ | MENDOZA | 14.5°

Esta é uma mistura de duas zonas, Ugarteche e Tupungato, e três cepas, 75% de Pedro Ximénez, 18% de Sémillon e o resto de Chenin Blanc. Esta mistura pouco usual funciona muito bem graças à sensação cremosa de Pedro Ximénez, apoiada pelos sabores de mel da Sémillon. Um vinho amplo, com sabores quentes e de frutos secos. Um branco de inverno.

Viñas del Nant y Fall

Trevelin está localizado a cerca de 1.900 quilômetros ao sul de Buenos Aires, na Patagônia Argentina. Em termos de paisagens, é espetacular. As montanhas, as florestas, os lagos. Em termos de vinhos, o assunto está apenas começando e há um pequeno grupo de produtores dispostos a mostrar que, apesar das condições adversas, principalmente por causa do frio, podem ser feitos bons vinhos. Um deles é a família Rodriguez, cuja pequena vinícola fica ao lado do rio Nant y Fall. Hoje eles têm quatro hectares e seu foco é a Pinot Noir. **FACEBOOK: nantyfalltrevelin**

Pequenas Aventuras

VINHOS

 VIÑAS DEL NANT Y FALL
GEWÜRZTRAMINER 2019
$$$ | PATAGÔNIA ARGENTINA | 11.9°

Sob o frio de Trevelin, na Patagônia Argentina, esse Gewürz vem de uma vinha de três anos de idade, plantada em solos arenosos. O clima frio da região parece acalmar a personalidade normalmente exuberante da cepa, dando a impressão de que é um vinho frutado, de intensidade rica, mas sem a voluptuosidade associada ao Gewürz. E isso pode ser porque a acidez aqui é tremenda, afiada, cítrica. Um estranho e encantador Gewürztraminer.

 VIÑAS DEL NANT Y FALL
RIESLING 2019
$$$ | PATAGÔNIA ARGENTINA | 10.1°

De vinhas muito jovens, em uma área extrema para a viticultura sul-americana, esse Riesling ainda é um trabalho em andamento. Sem as notas aromáticas características das frutas ou ao menos com o toque mineral, esse é selvagem, com acidez cítrica e sabores maduros em um vinho diferente, mas ao mesmo tempo com muito caráter.

«««----»»»

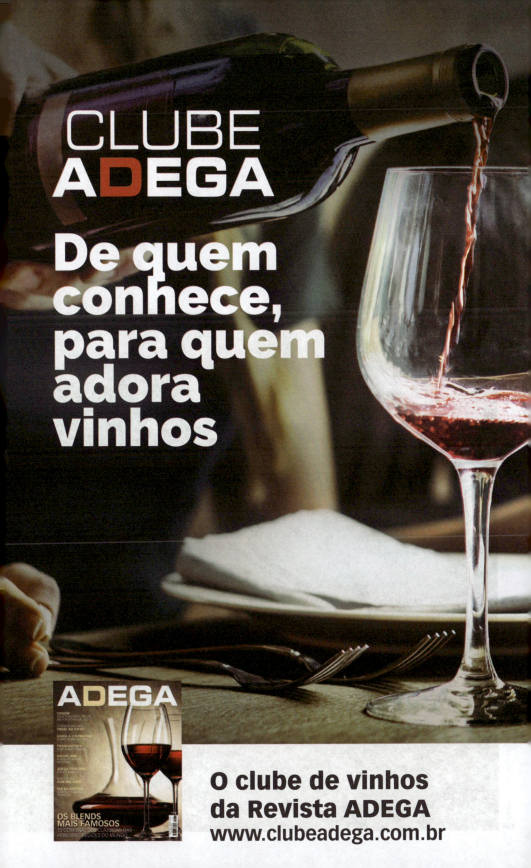

BRASIL 2020

DESCORCHADOS 2020
BRASIL

‹ *introdução* ›

Um grupo de amigos ·······»»

A PRIMEIRA VEZ QUE VISITAMOS GABRIELA SCHÄFER E EDUARDO ZENKER FOI QUANDO ELES FAZIAM VINHOS LITERALMENTE NA GARAGEM DE SUA CASA, UM SOBRADO LOCALIZADO NO TOPO DA CIDADE DE GARIBALDI, NO RIO GRANDE DO SUL, CORAÇÃO DA VITICULTURA BRASILEIRA. ERA 2014 E PELA PRIMEIRA VEZ INCLUÍAMOS VINHOS BRASILEIROS EM NOSSO GUIA.

Como é habitual nesses projetos, digamos, experimentais e idealizados por mentes inquietas como as de Schäfer e de Zenker, a quantidade de vinhos que experimentamos na primeira visita foi grande. Todos ensaios, todos feitos à mão, não apenas pelo método, mas também pela quantidade: 200 garrafas, outras 150. No entanto, essa visita à garagem/vinícola de Garibaldi continua sendo uma das mais memoráveis que fizemos no Descorchados Brasil.

A propósito, nem todos os vinhos valeram a pena. Pelo contrário, o que vimos naquele dia foi um produtor em busca de seu caminho, utilizando o que estava em suas mãos para elaborar de acordo com sua intuição. De certa forma, lembrou-nos muito o início de Passionate Wines, de Matías Michelini, no vale de Uco, ou o trabalho de Santiago Salgado em Finca Las Payas, em San Rafael. Esse tipo de loucura, essa sensação de curiosidade transbordante e quase ingênua, que deseja aprender por tentativa e erro.

Perdemos Zenker de vista por um longo tempo. Seu projeto, Arte da Vinha, teve problemas com o Ministério da Agricultura do Brasil, por meio da Secretaria Regional do Rio Grande do Sul. Arte da Vinha podia produzir vinhos para consumo próprio, mas não para venda ao público. A Secretaria alegou problemas de saúde, embora seja provável que o espírito rebelde do projeto tenha algo a ver com o assunto.

{ DESCORCHADOS }

Deixando isso de lado, hoje o casal está construindo sua vinícola, distantes das polêmicas legais, passaram a se concentrar em reduzir para cinco a quantidade de vinhos que produzem, sempre com a filosofia da mínima intervenção. Um deles, **Arte da Vinha Magmatic Chardonnay**, foi escolhido esse ano como o melhor branco brasileiro em Descorchados. Uma nova etapa para Arte da Vinha, uma das vinícolas pioneiras em produzir vinhos naturais no Brasil, mostrando o caminho para outros seguirem.

Com alguns deles - que seguiram Zenker ou percorreram rotas paralelas - nos encontramos nessa edição de Descorchados. Um dia inteiro de degustações organizadas por nossa equipe no Brasil, um dia que nos abriu os olhos e nos serviu para conhecer um pouco mais o movimento dos produtores naturais de vinhos brasileiros, um movimento sem uma organização interna aparente, sem líderes. Em vez disso, um grupo de amigos, que hoje formam uma das comunidades mais intensas produzindo esse estilo de vinho na América do Sul.

Dessa degustação saíram o melhor tinto e o melhor branco do Descorchados 2020. Um deles, o branco de Arte da Vinha e o outro, um delicioso e especiado Cabernet Franc, o **Kame 2018**, da Casa Ágora. Essa vinícola, que mal produz cerca de cinco mil garrafas no total, é o projeto de Elio Marchioro e de seus pais, produtores de uvas e de vinhos em Santo Augusto, na região de Misiones. Em 2014, plantaram uma pequena vinha de 2,2 hectares em Pinto Bandeira, a origem de seus vinhos, que começaram a produzir a partir de 2016.

Provar esse vinho nos faz perguntar sobre o futuro da Cabernet Franc no sul do Brasil, especialmente em uma área de alta altitude como a de Pinto Bandeira. Provamos outros Franc desse lugar e sempre nos mostraram um caráter nítido da variedade. Esse Kame foi surpreendente, e acabou por coroar uma degustação incrível com esses pequenos produtores. Mas existem poréns.

E esses poréns estão relacionados à falta de uma enologia mais polida. Em muitos desses projetos era sentida a má qualidade da fruta ou erros na vinificação, a falta de higiene que, em suma, interfere ou, melhor, distorce o caráter da fruta. Mas, em todos os projetos, sem exceção, havia pelo menos um ou dois vinhos que demonstravam essa nitidez. Se no ano passado ficamos com uma sensação amarga, dessa vez o grupo de amigos de vinhos naturais do Brasil mostra sua força e oferece um delicioso lado alternativo ao vinho sul-americano. Todos os recomendados podem ser vistos na edição impressa, na seção Pequenas Aventuras, ou individualmente em nosso site www.guiadescorchados.cl

Família Valduga — Gabriela Schäfer & Eduardo Zenker

Borbulhas levadas a sério ······>>>

Se a comunidade de produtores naturais é um tema emergente, a produção de espumantes progrediu muito desde a primeira vez que degustamos os vinhos para Descorchados, seis edições atrás. Mas atenção, mesmo nesses anos anteriores já se via um cenário sólido de produção de borbulhas, o que fazia a viagem ao sul do Brasil parecer realmente valer a pena.

Este ano, o prêmio do melhor vinho espumante foi compartilhado entre os Nature da Luiz Argenta (**Cave 48 Meses Nature Rosé Pinot Noir 2015**) e o da Casa Valduga (**Sur lie 30 meses Nature Chardonnay, Pinot Noir**), dois vinhos que, em qualquer degustação na América do Sul, devem estar entre os melhores. Esses foram os destaques desse ano, mas também houve outras vinícolas muito próximas, como a Geisse, com um dos mais sólidos portfólios deste lado do mundo, ou Peterlongo, Pizzato e Maximo Boschi.

Mas, a comunidade de bons produtores de borbulhas no Brasil não se limita apenas a fabricar esse estilo de Nature, elaborado pelo método tradicional de segunda fermentação em garrafa; muitos deles também produzem excelentes Charmat. Nessa seção, devemos citar a Domno do Brasil, uma vinícola especializada nesse método de segunda fermentação em tanques e que obtém resultados impressionantes com seus longos envelhecimentos,

{ DESCORCHADOS }

Produtores pequenos

‹ introdução ›

de mais de três anos de contato com as borras, um período incomum para os Charmat. Miolo, Vallontano, Don Guerino e Vistamontes são outros nomes a serem considerados quando se pensa em Charmat no Brasil.

Além de bons Charmat, um estilo lentamente popularizado é o espumante "cru", ou seja, sem degola, uma maneira de entender as borbulhas que oferecem vinhos rústicos, deliciosamente rústicos, como os produzidos por Valduga, Hermann, Pizzato, Geisse ou Estrelas do Brasil. Há muito que escolher, caso não tenha preconceito em beber vinhos com aparência turva, mas ao mesmo tempo muito saborosos.

E, é claro, como é tradicional nessa análise dos espumantes brasileiros, não podemos ignorar os Moscatéis, especialmente os da zona de Farroupilha, um lugar alto onde vinícolas como Monte Paschoal, Don Guerino e Casa Perini obtêm vinhos deliciosamente perfumados, com altos níveis de açúcar, mas com acidez que consegue trazer equilíbrio. Caso ainda não tenha experimentado o Moscatel Espumante brasileiro, especialmente desse lugar nas montanhas do sul do Brasil, deve experimentá-los já.

Tranquilos, muito tranquilos ·······»

Quanto aos vinhos não espumantes, os vinhos "tranquilos", as notícias não são tão animadoras. O estilo dos tintos (especialmente os tintos) tende a nos lembrar o que costumava ser elaborado na Argentina e no Chile há mais de uma década. Consequência, a propósito, da utilização dos habituais artifícios da sobremadurez, da super maturação das uvas e da extração excessiva, que oferecem vinhos, claro, encorpados, muito potentes, mas com um nível muito baixo de caráter varietal ou de senso de lugar. Prova-se um vinho e acaba provando todos eles.

Esse ano, provamos 308 vinhos tranquilos brasileiros, mas só deixamos 56 deles em nossa seleção, o que fala - pelo menos para nós - da importante lacuna que existe entre os espumantes produzidos no Brasil e o restante.

Dizem, nos disseram, que o clima é o culpado. Que sob essas chuvas é impossível - ou pelo menos muito difícil - obter a clareza da expressão de fruta que buscamos. No entanto, exemplos como Cabernet Franc **Kame** da Casa Ágora mostram o contrário. Os vinhos tranquilos são uma dívida da viticultura brasileira. Uma dívida grande. ~

{ DESCORCHADOS }

Brasil vitivinícola

O BRASIL TEM PROPORÇÕES CONTINENTAIS. ASSIM, GEOGRAFIA E CLIMA SÃO TAMBÉM BASTANTE DIVERSIFICADOS, PERMITINDO UMA SÉRIE DE CULTURAS. OBVIAMENTE, UMA DELAS É A DE UVAS E, POR ISSO, NÃO É SURPRESA QUE O PAÍS ESTEJA, COM O PASSAR DOS ANOS, DESENVOLVENDO-SE NA PRODUÇÃO DE VINHOS. DE FATO, A VITIVINICULTURA, QUE SE INICIOU NO RIO GRANDE DO SUL, EXPANDIU-SE POR OUTRAS ÁREAS DO TERRITÓRIO BRASILEIRO. NÃO OBSTANTE HAVER RÓTULOS DE VINHOS TRANQUILOS, TANTO TINTOS QUANTO BRANCOS, CERTAMENTE É PELOS ESPUMANTES QUE O VINHO BRASILEIRO TEM OBTIDO MAIOR RECONHECIMENTO.

Os vinhedos plantados em solo brasileiro estão distribuídos em seis regiões principais. No Rio Grande do Sul: Serra Gaúcha, Campos de Cima da Serra, Campanha e Serra do Sudeste; em Santa Catarina, no Planalto Catarinense; e, no Nordeste do país, no Vale do São Francisco. Além dessas, atualmente existem projetos nos estados do Paraná, São Paulo, Minas Gerais, Espírito Santo e Goiás.

O Estado do Rio Grande do Sul certamente abriga a maior parte da produção vitivinícola do Brasil. Lá estão as regiões da Serra Gaúcha e de Campos de Cima da Serra, são responsáveis por aproximadamente 85% da produção nacional de vinhos. Na Serra Gaúcha e em Campos de Cima da Serra, as principais cepas cultivadas são Cabernet Sauvignon, Merlot, Cabernet Franc, Tannat, Ancellotta, Pinot Noir, Chardonnay, Moscato, Riesling Itálico, Malvasia e Glera (Prosecco).

Localizada entre os paralelos de latitude 28° e 29°, em altitudes que variam entre 600 m e 1.000 m acima do nível do mar, a Serra Gaúcha tem clima temperado, com invernos rigorosos e verões quentes. Entretanto, é comum a ocorrência de chuvas entre os meses de dezembro e fevereiro, época em que as uvas estão em fase final de amadurecimento, logo antes de sua colheita. O solo é pobre, predominantemente basáltico e um pouco argiloso. Campos de Cima da Serra é, na verdade, uma microrregião ao norte da Serra Gaúcha, situada em altitude aproximada de 1.000 m acima do nível do mar. O clima é mais frio que na Serra. Na Serra Gaúcha estão cidades já com indústria vitivinícola bem estabelecida, como Bento Gonçalves, Garibaldi, Caxias do Sul, Flores da Cunha, Monte Belo do Sul, Cotiporã, Antônio Prado e Farroupilha, além das cinco únicas áreas com certificação do país. São elas: a Denominação de Origem - D.O. Vale dos Vinhedos, a Indicação de Procedência - I.P. Pinto Bandeira, a Indicação de Procedência - I.P. Altos Montes, a Indicação de Procedência - I.P. Monte Belo do Sul e a Indicação de Procedência - I.P. Farroupilha (com foco na variedade Moscatel).

‹ valles de **brasil** ›

O Vale dos Vinhedos ocupa uma área de 72,45 km², que se estende entre os municípios de Bento Gonçalves, Garibaldi e Monte Belo do Sul. Para ostentar o selo D.O., os vinhos produzidos na região devem obedecer a regras rígidas. Para espumantes, tanto brancos quanto rosados, as cepas autorizadas são Chardonnay e/ou Pinot Noir como variedades principais (mínimo de 60%) e Riesling Itálico como variedade auxiliar para corte. A elaboração deve obrigatoriamente ser pelo método tradicional e a produtividade das videiras é limitada a 12 toneladas/ha ou 4 kg de uva por planta. O sistema de sustentação autorizado para os vinhedos é exclusivamente em espaldeira. A colheita das uvas deve ser toda manual. Expedientes de chaptalização e concentração de mostos são proibidos. O período mínimo de contato com as leveduras, na fase de tomada de espuma, é de 9 meses. A utilização de leveduras encapsuladas não é permitida. O vinho pode passar por barris de carvalho, mas a utilização de chips e staves também são proibidos. Elaboração, envelhecimento e engarrafamento dos vinhos devem acontecer obrigatoriamente dentro da D.O. No rótulo principal do espumante, deve estar clara a classificação do produto como nature, extra-brut e brut, de acordo com seu teor de açúcar. Também é obrigatório o uso da numeração de controle sequencial.

A segunda área a ser certificada no Brasil foi Pinto Bandeira, que totaliza 81,38 km², estendendo-se entre as cidades de Bento Gonçalves e Farroupilha. Assim como ocorre com a D.O. Vale dos Vinhedos, para serem certificados com o selo da I.P., os vinhos produzidos em Pinto Bandeira devem seguir uma série de normas. Os espumantes devem ser elaborados exclusivamente com uvas Chardonnay, Riesling Itálico, Viognier e Pinot Noir e a partir do método tradicional. As videiras podem ser conduzidas tanto em latada aberta quanto em espaldeira. A produtividade das videiras permitida é diferente para cada sistema. No sistema em latada, a produtividade máxima é de até 12 toneladas por hectare, enquanto que para espaldeira a produtividade máxima é de 9 toneladas por hectare. Elaboração, envelhecimento e engarrafamento dos vinhos devem acontecer obrigatoriamente dentro da I.P. Pinto Bandeira. O selo de controle é numerado.

A terceira é a I.P. Altos Montes, uma área de 173,84 km² que abrange os municípios de Flores da Cunha e Nova Pádua. Para receber o selo da I.P., os vinhos devem ser elaborados com um mínimo de 85% de uvas produzidas na área geográfica delimitada, sendo que os espumantes poderão ser produzidos tanto pelo método tradicional, quanto pelo método charmat, além de classificarem-se como nature, extra-brut, brut, sec, demi-sec ou doce, de acordo com seu teor de açúcar. A produtividade das videiras permitida é de 10 toneladas por hectare. Ao contrário dos vinhos tranquilos, que para ostentarem o selo da I.P. Altos Montes devem obrigatoriamente ser elaborados, envelhecidos e engarrafados dentro da área geográfica delimitada, os espumantes produzidos pelo método charmat poderão ser engarrafados nos municípios de Bento Gonçalves, Caxias do Sul, Farroupilha ou Garibaldi; nas mesmas cidades poderá ser feito o dégorgement dos espumantes produzidos pelo método tradicional. O vinho pode passar por barris de carvalho, mas a utilização de chips é proibida. As garrafas que levam o selo da I.P. são numeradas individualmente.

Monte Belo do Sul, foi a quarta I.P. reconhecida em 2013 e abrange área geográfica de 56,09 km², distribuídos pelos municípios de Monte Belo do Sul (com 80% da área), Bento Gonçalves e Santa Tereza. É formada quase que exclusivamente por vinícolas familiares de pequeno porte. Para receber o selo de certificação, o vinho deve ser elaborado, engarrafado e envelhecido na região delimitada com uvas produzidas exclusivamente no local. Em se tratando de espumantes, exige-se um mínimo de 40% de Riesling Itálico e 30% de Pinot Noir, completando-se o blend com no máximo 30% de Chardonnay e 10% de Glera (Prosecco). Os espumantes Moscatel, branco ou rosado, devem levar pelo menos 70% de Moscato. Os vinhedos têm produtividade controlada e as uvas devem seguir um padrão estabelecido de maturação. Além disso, a I.P. disponibiliza levedura nativa exclusiva da região para vinificação dos produtos.

Já a mais recente é a I.P. de Farroupilha, com 379,2 km² de área geográfica contínua, concentrada na histórica região de produção de espumantes Moscatéis - variedade que, aliás, é o foco exclusivo dessa I.P., seja para produção dos próprios espumantes e, também, brancos, frisantes, licorosos, mistela e brandy -, na Serra Gaúcha, ao redor do município de Farroupilha. Para ostentar o selo, o vinho deve ser elaborado com mínimo de 85% de uvas produzidas na I.P. (vinhedos podem ser conduzidos em latada aberta, Y ou espaldeira), feitos a partir de uma única fermentação parcial, apenas com mosto chaptalizado exclusivamente com açúcar de cana e/ou mosto concentrado de uvas moscatéis. O teor alcoólico deve ficar entre 7% e 9% e, quanto ao açúcar, classificam-se entre seco, meio-doce e suave.

Mais ao sul do estado estão as regiões da Campanha e da Serra do Sudeste. Tratam-se de planícies e colinas já na fronteira com o Uruguai. Nessas áreas encontram-se alguns dos mais antigos vinhedos do Brasil e, ao mesmo tempo, novos investimentos. Solo arenoso, rico em granito e calcário e de boa drenagem, associados a um clima seco, de invernos rigorosos, verões quentes, índices pluviométricos baixos e dias longos propiciam o bom desenvolvimento das videiras. Na Campanha, grandes vinícolas brasileiras mantém projetos de qualidade. As principais uvas cultivadas são: Cabernet Sauvignon, Merlot, Tannat, Pinot Noir, Chardonnay, Touriga Nacional, Tempranillo, Sauvignon Blanc, Pinot Gris e Gewürztraminer.

Ainda no Sul do Brasil, destaca-se a produção vitivinícola de Santa Catarina. A maioria das vinícolas está concentrada no Planalto Catarinense - regiões do Alto Vale do Peixe, Serra do Rio do Rastro e Carbonífera - caracterizado pela altitude, que pode chegar a 1.400 m acima do nível do mar e pelas baixas temperaturas e grande amplitude térmica. Essas temperaturas exercem grande influência sobre as videiras, já que retardam a maturação das uvas, postergando a colheita para os meses de março e abril, normalmente. As principais cepas cultivadas são Cabernet Sauvignon, Merlot, Pinot Noir, Chardonnay e Sauvignon Blanc.

Atualmente, existem projetos interessantes em outras partes do território do país.

A região Nordeste, extensa e de climas tropical e semiárido, não teria naturalmente vocação vitivinícola. Entretanto, o Vale do São Francisco - área situada entre os paralelos 8° e 9° de latitude sul, onde a temperatura média anual gira em torno de 26ºC, o clima é seco e a proximidade com o rio São Francisco possibilita irrigações - converteu seu foco para a produção de vinhos há duas décadas. A região produtora está no limite entre os Estados da Bahia e de Pernambuco e trabalhos de pesquisas de clones já detectaram algumas variedades que melhor se adaptam ao solo e clima da região – como Syrah, Petit Verdot, Touriga Nacional, Moscatel e Chenin Blanc. O solo, irrigado com água do rio São Francisco, apresenta grandes depósitos de sedimentos rochosos. A capacidade produtiva das videiras é determinada pelo manejo, e não pelo clima, sempre seco e quente. O sistema de irrigação artificial elimina períodos de entressafra e possibilita a obtenção de mais de uma colheita por ano.

Por fim, mais recentemente, nos estados de São Paulo, Paraná, Minas Gerais e Goiás tem-se visto o surgimento de projetos vinícolas interessantes. São Paulo, por exemplo, sempre teve tradição na produção de vinhos de uvas americanas, mas vive um forte movimento para mudar esse fato, dando os primeiros passos para que o estado se transforme num produtor de vinhos finos de relevância. No Paraná, a situação é semelhante; o cultivo de uvas finas vem se difundindo com resultados interessantes, especialmente nas cidades de Toledo e de Colombo, com destaque para Cabernet Sauvignon e Chardonnay. O sul de Minas Gerais, da mesma forma, tem recebido investimentos envolvendo o cultivo de vitis vinífera, com mapeamento para identificação das melhores áreas para videiras e das melhores variedades a serem plantadas. No Centro-Oeste do Brasil, a Serra dos Pirineus, no Estado de Goiás, conta com empreendimentos que colocam a região no mapa da vitivinicultura brasileira.

Regulações para espumantes no Brasil

Exceto pelas disposições especiais para ostentar os selos da D.O. Vale dos Vinhedos e das I.P. Pinto Bandeira, Altos Montes, Monte Belo do Sul e Farroupilha, no Brasil pode-se produzir espumantes, teoricamente, a partir de quaisquer cepas e segundo os métodos de fermentação em tanque (Charmat) e de segunda fermentação em garrafa (método tradicional).

A legislação brasileira traz, entretanto, normas expressas para classificar os espumantes nacionais conforme seu teor de açúcar total. De fato, a classificação atual, que prevê que espumantes podem ser nature, extra-brut, brut, sec, demi-sec ou doce, é recente, publicada em 2014.

CLASSIFICAÇÃO	TEOR DE AÇÚCAR
Nature	Até 3g/l
Extra-Brut	> 3g/l até 8g/l
Brut	> 8g/l até 15g/l
Sec ou seco	> 15g/l até 20g/l
Demi-Sec ou Meio-Seco ou Meio-Doce	> 20g/l até e 60g/l
Doce	> 60g/l

VENCEDORES 2020

DESCORCHADOS

O MELHOR TINTO E O MELHOR BRANCO

De todos os vinhos que provamos ano a ano, este par é o meu favorito. Sem dúvida, a maior honra que uma garrafa pode alcançar no *Descorchados*.

ENÓLOGO E VINÍCOLA REVELAÇÃO DO ANO

O prêmio Enólogo do Ano recebe quem mais nos entusiasmou pela qualidade de seus vinhos. Os prêmios Enólogo e Vinícola Revelação são para aqueles que, com seu trabalho, transformam o vinho na América do Sul.

VINHOS REVELAÇÃO DO ANO

Esta é a novidade, o vinho que se destaca do resto, o que busca caminhos diferentes. Esse tipo de vinho sempre tem um lugar no *Descorchados*.

OS MELHORES EM CADA CEPA OU ESTILO

Seguindo o estilo varietal dos vinhos no Novo Mundo, estes rankings apelam aos melhores dentro de sua cepa. Mas atenção, porque também incluem-se rankings por estilos de vinhos: **doces, espumantes, rosados.**

OS MELHORES POR VALE

No *Descorchados* nos interessa o sentido de lugar dos vinhos, sua origem. Por isso aqui destacamos os melhores segundo o vale onde foram produzidos.

SUPER PREÇO

Um tema sempre recorrente é a boa relação qualidade-preço. Neste par de rankings vocês encontrarão as melhores ofertas provadas no ano. **Imprescindível.**

{ DESCORCHADOS }

DIVIDIDO

MELHOR ESPUMANTE

LUIZ ARGENTA
Cave 48 Meses Nature Rosé *Pinot Noir 2015*
FLORES DA CUNHA

Um espumante rosé, mas dos mais sérios, esse é nature, o nível mais baixo de doçura, e também tem quatro anos de estágio com suas borras, segundo o método tradicional de segunda fermentação em garrafa. E as uvas, 100% Pinot Noir, provêm de Altos Montes, uma área de altura, fresca, da Serra Gaúcha. Tudo isso dá um vinho generoso em frutas vermelhas ácidas, mas também com um lado terroso que lhe dá complexidade. A borbulha é abundante e firme, com uma acidez suculenta e acentuada ao mesmo tempo. E o final é levemente herbáceo e especiado. Um vinho espumante que leva o rosado a um nível mais alto no contexto de espumantes rosé na América do Sul.

Os melhores espumantes do ano

93 | **MAXIMO BOSCHI** Biografia Extra Brut Chardonnay, Pinot Noir 2013
Serra Gaúcha

93 | **PETERLONGO** Elegance Nature Chardonnay N/V | Garibaldi

93 | **PETERLONGO** Vita Sur Lie Nature Chardonnay, Pinot Noir 2014
Garibaldi

93 | **GEISSE** Cave Amadeu Laranja Nature Chardonnay 2017 | Pinto Bandeira

93 | **GEISSE** Cave Geisse Terroir Nature Chardonnay, Pinot Noir 2015
Pinto Bandeira

93 | **GEISSE** Cave Geisse Brut Magnum Chardonnay, Pinot Noir 2013
Pinto Bandeira

93 | **GEISSE** Cave Geisse Nature Vintage 2010 | Pinto Bandeira

93 | **GEISSE** Cave Geisse Blanc de Noir Brut Pinot Noir 2016 | Pinto Bandeira

93 | **HERMANN** Lírica Crua N/V | Pinheiro Machado

93 | **CASA VALDUGA** Sur Lie 30 Meses Nature Rosé N/V
Vale dos Vinhedos

93 | **CASA VALDUGA** Casa Valduga 130 Meses Brut N/V
Vale dos Vinhedos

93 | **CASA VALDUGA** 130 Special Edition Blanc de Blanc N/V
Vale dos Vinhedos

93 | **PIZZATO** Vertigo Nature Sur Lies Chardonnay, Pinot Noir 2017
Vale dos Vinhedos

‹ *vencedores* ›

◂◂◂ ------------•
DIVIDIDO

MELHOR ESPUMANTE

CASA VALDUGA
Sur Lie 30 Meses Nature *Chardonnay, Pinot Noir N/V*
VALE DOS VINHEDOS

Este não é apenas um dos melhores espumantes nature do Brasil, mas também oferece uma ótima relação qualidade-preço. Produzido com uvas de vinhedos de cerca de 15 anos, plantados no Vale dos Vinhedos, na Serra Gaúcha, é produzido pelo método tradicional de segunda fermentação em garrafa. Permanece 30 meses com suas borras e o resultado é um vinho no meio do caminho entre sabores de frutas e notas de especiarias e de frutos secos desse envelhecimento prolongado. A textura é cremosa, gentil, untuosa. Para queijos. O aspecto turvo do vinho é porque não foi separado de suas borras, ou seja, não foi degolado.

Os melhores espumantes do ano

93 | **MAXIMO BOSCHI** Biografia Extra Brut Chardonnay, Pinot Noir 2013
Serra Gaúcha

93 | **PETERLONGO** Elegance Nature Chardonnay N/V | Garibaldi

93 | **PETERLONGO** Vita Sur Lie Nature Chardonnay, Pinot Noir 2014
Garibaldi

93 | **GEISSE** Cave Amadeu Laranja Nature Chardonnay 2017 | Pinto Bandeira

93 | **GEISSE** Cave Geisse Terroir Nature Chardonnay, Pinot Noir 2015
Pinto Bandeira

93 | **GEISSE** Cave Geisse Brut Magnum Chardonnay, Pinot Noir 2013
Pinto Bandeira

93 | **GEISSE** Cave Geisse Nature Vintage 2010 | Pinto Bandeira

93 | **GEISSE** Cave Geisse Blanc de Noir Brut Pinot Noir 2016 | Pinto Bandeira

93 | **HERMANN** Lírica Crua N/V | Pinheiro Machado

93 | **CASA VALDUGA** Sur Lie 30 Meses Nature Rosé N/V
Vale dos Vinhedos

93 | **CASA VALDUGA** Casa Valduga 130 Meses Brut N/V
Vale dos Vinhedos

93 | **CASA VALDUGA** 130 Special Edition Blanc de Blanc N/V
Vale dos Vinhedos

93 | **PIZZATO** Vertigo Nature Sur Lies Chardonnay, Pinot Noir 2017
Vale dos Vinhedos

{ DESCORCHADOS }

 92

DIVIDIDO

MELHOR BRANCO

CASA VALDUGA
ERA SO2 Free *Chardonnay 2019*
SERRA DO SUDESTE

O sulfuroso ou SO2 é usado em enologia para a higiene do vinho e para prevenir ataques de bactérias. No entanto, e com a chegada dos vinhos naturais, o SO2 começa a ser retirado na tentativa de produzir apenas uvas, com nada mais que a fruta da videira. Além disso, a ausência de SO2 permite que a fruta se expresse com mais clareza, desde que haja bons frutos, boa matéria-prima para vinificar. É o caso desse Chardonnay muito bom da Valduga. A qualidade dos cachos da Chardonnay, sua saúde e madurez é evidente aqui. Tem uma acidez deliciosa e crocante, suculenta e firme e os sabores são frescos e frutados, com textura cremosa e amável. Uma descoberta.

Os melhores brancos do ano

91 | **LUIZ ARGENTA** Cave Sauvignon Blanc 2017 | Flores da Cunha
91 | **LUIZ ARGENTA** Cave 48 Meses Brut Chardonnay 2015 Flores da Cunha
91 | **PIZZATO** Chardonnay de Chardonnays Chardonnay 2018 Vale dos Vinhedos
90 | **CASA VALDUGA** Terroir Chardonnay 2018 | Vale dos Vinhedos
90 | **GUASPARI** Vale da Pedra Branco Sauvignon Blanc 2018 Espírito Santo do Pinhal
90 | **SALTON** Virtude Chardonnay 2017 | Tuiuty

‹ vencedores ›

DIVIDIDO

MELHOR BRANCO

EDUARDO ZENKER
Arte da Vinha Magmatic *Chardonnay N/V*
MONTE BELO DO SUL

Eduardo Zenker quis expressar aqui o solo de rocha basáltica da região, um vinhedo que inclui Chardonnay e Pinot. A vinificação foi o menos intervencionista possível, mostrando uma cara nua da Chardonnay nessa área de montanhas, chuvas e rochas. O resultado é um Chardonnay austero, concentrado em sua estrutura monolítica, marcada pela acidez firme, pelos taninos verticais e pelos sabores de ervas em um vinho que é um projeto em andamento, ao qual devemos estar atentos. Tendo passado por dificuldades nos últimos dois anos, Zenker volta a elaborar seus vinhos. Uma notícia muito boa, de um dos produtores mais criativos da América do Sul.

Os melhores brancos do ano

91 | **LUIZ ARGENTA** Cave Sauvignon Blanc 2017 | Flores da Cunha
91 | **LUIZ ARGENTA** Cave 48 Meses Brut Chardonnay 2015 Flores da Cunha
91 | **PIZZATO** Chardonnay de Chardonnays Chardonnay 2018 Vale dos Vinhedos
90 | **CASA VALDUGA** Terroir Chardonnay 2018 | Vale dos Vinhedos
90 | **GUASPARI** Vale da Pedra Branco Sauvignon Blanc 2018 Espírito Santo do Pinhal
90 | **SALTON** Virtude Chardonnay 2017 | Tuiuty

| DESCORCHADOS 2020
477

{ DESCORCHADOS }

93

DIVIDIDO

MELHOR TINTO

CASA AGORA
Kame *Cabernet Franc 2018*
PINTO BANDEIRA

Feito com uvas orgânicas, da região de Pinto Bandeira e de uma vinha de cerca de dez anos plantada a cerca de 870 metros de altura, na Serra Gaúcha, esse Cabernet Franc de pequena produção (apenas 600 garrafas) é delicioso em sua expressão da variedade. As notas de tabaco e de ervas se fundem com os sabores de frutas vermelhas em um corpo tenso, de deliciosa acidez e de taninos firmes, com aderência para embutidos. Feito com intervenção mínima, apenas em tanques e sem madeira, é uma expressão pura de uma área fresca e alta e um excelente exemplo de que é possível produzir tintos com frescor e caráter no sul do Brasil. Não há muitos, mas existem e você deve procurá-los. Esse é um dos mais brilhantes.

Os melhores tintos do ano

92 | **MIOLO WINE GROUP** Vinhas Velhas Tannat 2018 | Campanha Gaúcha
91 | **CASA PERINI** Crudo Nero di Bianca Merlot, Moscato 2019 | Serra Gaúcha
91 | **CASA VALDUGA** Gran Terroir Identidade Corte Merlot, Arinarnoa, Marselan 2013 | Serra do Sudeste
91 | **MINCARONE** Minca Cabernet Franc 2018 | Caxias do Sul
91 | **QUINTA DA NEVE** Quinta Essência Montepulciano 2016 | São Joaquim
90 | **CASA PERINI** Vitis Barbera 2017 | Vale Trentino
90 | **CASA VALDUGA** Gran Raízes Corte Tannat, C. Sauvignon, C. Franc 2015 | Campanha Gaúcha
90 | **DOMINIO VICARI** Dominio Vicari Cabernet Sauvignon 2015 Monte Belo do Sul
90 | **LEONE DI VENEZIA** Palazzo Ducale Sangiovese, Primitivo, N d'Avola, Rebo 2017 | São Joaquim
90 | **MIOLO WINE GROUP** Miolo Cuvée Giuseppe Merlot, C. Sauvignon 2018 Vale dos Vinhedos
90 | **MIOLO WINE GROUP** Miolo Reserva Tannat 2018 | Campanha Gaúcha
90 | **MIOLO WINE GROUP** Quinta do Seival Cabernet Sauvignon 2018 Campanha Gaúcha

‹ *vencedores* ›

 93

DIVIDIDO

MELHOR TINTO

MIOLO WINE GROUP
Miolo Lote 43 *Merlot, Cabernet Sauvignon 2018*
VALE DOS VINHEDOS

Dê a esse vinho tempo na taça. Gradualmente, começa a emergir no que a princípio parecia ser apenas madeira e madurez. O que nasce daqui são especiarias e ervas em um fundo de frutas negras ácidas. Na boca, é de acidez firme, com uma estrutura de taninos firmes, densa e ao mesmo tempo pontiaguda, cheia de tensão. Os sabores são frutados e lembram cerejas pretas, enquanto a acidez permanece firme com o trabalho de não deixar nada ficar enjoativo, sempre refrescante. Um vinho para deixar na adega por pelo menos cinco anos e hoje um dos melhores vinhos tintos do Brasil.

Os melhores tintos do ano

92 | **MIOLO WINE GROUP** Vinhas Velhas Tannat 2018 | Campanha Gaúcha

91 | **CASA PERINI** Crudo Nero di Bianca Merlot, Moscato 2019 | Serra Gaúcha

91 | **CASA VALDUGA** Gran Terroir Identidade Corte Merlot, Arinarnoa, Marselan 2013 | Serra do Sudeste

91 | **MINCARONE** Minca Cabernet Franc 2018 | Caxias do Sul

91 | **QUINTA DA NEVE** Quinta Essência Montepulciano 2016 | São Joaquim

90 | **CASA PERINI** Vitis Barbera 2017 | Vale Trentino

90 | **CASA VALDUGA** Gran Raízes Corte Tannat, C. Sauvignon, C. Franc 2015 | Campanha Gaúcha

90 | **DOMINIO VICARI** Dominio Vicari Cabernet Sauvignon 2015 Monte Belo do Sul

90 | **LEONE DI VENEZIA** Palazzo Ducale Sangiovese, Primitivo, N d'Avola, Rebo 2017 | São Joaquim

90 | **MIOLO WINE GROUP** Miolo Cuvée Giuseppe Merlot, C. Sauvignon 2018 Vale dos Vinhedos

90 | **MIOLO WINE GROUP** Miolo Reserva Tannat 2018 | Campanha Gaúcha

90 | **MIOLO WINE GROUP** Quinta do Seival Cabernet Sauvignon 2018 Campanha Gaúcha

{ DESCORCHADOS }

VINÍCOLA DO ANO

CASA VALDUGA

Os Valduga chegaram ao Vale dos Vinhedos por volta de 1875, mais uma família em meio aos muitos imigrantes vindos da Itália na segunda metade do século XIX. E, como muitos deles, também se dedicaram ao vinho. Hoje os Valduga lideram o novo cenário do vinho brasileiro, focados em espumantes, mas também em vinhos tranquilos, onde o progresso dessa vinícola tem sido muito importante. Nas borbulhas, o **Sur Lie 30 Meses Nature** foi o melhor espumante que provamos este ano, em um portfólio que tem muito bons expoentes no estilo e é um dos mais fortes do Brasil. Nos vinhos tranquilos, este ano houve boas surpresas, como o **ERA SO2 Free Chardonnay 2019**, um vinho com pouca intervenção enológica e muita expressividade de fruta, algo pouco comum no mundo do vinho brasileiro. Caso passem pelo Vale dos Vinhedos, não esqueçam de visitar a Casa Valduga e de comer no restaurante dos Valduga na Casa Madeira. As codornas ensopadas servidas por lá são de outro mundo.

⟨ *vencedores* ⟩

VINÍCOLA REVELAÇÃO DO ANO

CASA ÁGORA

Uma das grandes surpresas deste ano no Descorchados foi o mergulho que fizemos nos vinhos naturais brasileiros, um dia inteiro provando e conversando com alguns dos mais importantes produtores de vinhos "naturebas", pessoas buscando fazer vinhos com a menor intervenção possível e, também, cuidar do meio ambiente em que suas vinhas estão localizadas. Entre eles, muitos nomes chamaram nossa atenção, mas o da Casa Ágora foi especial. Os motivos são vários. Primeiro, porque seus vinhos (em particular o tremendo **Kame Cabernet Franc 2018**) oferecem uma pureza de fruta difícil de encontrar nos vinhos tranquilos brasileiros. Também porque neles pode-se sentir o frescor, a fruta viva, suculenta, sem ambições maiores do que acompanhar um prato sobre a mesa. E porque gostamos da Cabernet Franc, especialmente o que a Casa Ágora elabora, rico em frescor, mas também delicioso em sabores de especiarias e de ervas. A vinícola é pequena, as produções são mínimas, mas é preciso ficar de olho nela. Elio Marchioro e seus pais, com seu pequeno vinhedo de apenas 2,2 hectares nas alturas de Pinto Bandeira, foram uma agradável surpresa em Descorchados.

{ DESCORCHADOS }

91

VINHO REVELAÇÃO

CASA PERINI
Crudo Nero di Bianca *Merlot, Moscato 2019*
SERRA GAÚCHA

Embora, em teoria, cofermentar Merlot e Moscatel não faria muito sentido, a verdade é que, na prática - e nesse vinho em particular - funciona muito bem. A seleção dos cachos de ambas as cepas é manual. Os bagos da Merlot são misturados com a pele e a polpa da Moscatel e macerados por duas semanas e, em seguida, o vinho final é levado para barricas de segundo uso, onde a fermentação termina. Permanece lá por mais cinco meses antes de ser engarrafado sem filtragem. É um suco de frutas vermelhas maduras temperadas com notas de flores da Moscatel. A textura é muito macia, muito amável e a sensação de suculência torna-o muito fácil de beber.

⟨ *vencedores* ⟩

VINHO REVELAÇÃO

CASA VALDUGA
Sur Lie 30 Meses Nature Rosé
Chardonnay, Pinot Noir N/V
VALE DOS VINHEDOS

O **Sur Lie** branco foi uma das grandes surpresas que tivemos no Descorchados Brasil. Sem dégorgement, ou seja, sem separar-se das borras, esse vinho tem uma aparência turva, mas ao mesmo tempo ganha complexidade de sabores e de texturas que lhe conferem um caráter especial. Essa nova versão, dessa vez rosado, segue o caminho de seu antecessor com uma estrutura semelhante de borbulhas e acidez, firme e enérgica, nítida e vertical. Os sabores são suculentos, mas ao mesmo tempo muito frescos. Um espumante impressionante e tenso ao mesmo tempo.

{ DESCORCHADOS }

VINHO REVELAÇÃO

CASA VALDUGA
ERA SO2 Free *Chardonnay 2019*
SERRA DO SUDESTE

O sulfuroso ou SO2 é usado em enologia para a higiene do vinho e para prevenir ataques de bactérias. No entanto, e com a chegada dos vinhos naturais, o SO2 começa a ser retirado na tentativa de produzir apenas uvas, com nada mais que a fruta da videira. Além disso, a ausência de SO2 permite que a fruta se expresse com mais clareza, desde que haja bons frutos, boa matéria-prima para vinificar. É o caso desse Chardonnay muito bom da Valduga. A qualidade dos cachos da Chardonnay, sua saúde e madurez é evidente aqui. Tem uma acidez deliciosa e crocante, suculenta e firme e os sabores são frescos e frutados, com textura cremosa e amável. Uma descoberta.

⟨ *vencedores* ⟩

VINHO REVELAÇÃO

DOMNO DO BRASIL
Ponto Nero Icon 40 Meses Brut *Chardonnay N/V*
VALE DOS VINHEDOS

Este espumante é elaborado pelo método Charmat, que produz espumantes de maneira mais industrial, embora sem serem gaseificados, mas por segunda fermentação, que nesse caso é em tanques. A principal diferença com esse vinho é que o contato com borras é muito mais longo do que na maioria dos Charmat. Foram quarenta meses de envelhecimento (contra um ou dois meses do restante), o que lhe confere um caráter muito mais complexo, misturando notas de frutas com toques de especiarias e de leveduras. A borbulha é abundante, fina e a acidez é suculenta. Um dos melhores Charmat da América do Sul.

{ DESCORCHADOS }

VINHO REVELAÇÃO

ESTRELAS DO BRASIL
Sur Lie Selvagem Nature *Trebbiano 2016*
FARIA LEMOS

Com 40 meses de contato com as borras pelo método tradicional de segunda fermentação em garrafa, esse Trebbiano de vinhedos da região de Nova Prata, na Serra Gaúcha, foi acondicionado sem degola, ou seja, sem separar o vinho das borras ou leveduras mortas o que confere uma cor turva, mas também notas lácticas em meio aos sabores frutados e especiados. É um vinho com muito corpo, muito amplo no palato e as borbulhas parecem expansivas, generosas em quantidade. Escolha ouriços para dar a esse nature ainda mais vida.

⟨ *vencedores* ⟩

VINHO REVELAÇÃO

GEISSE
Cave Amadeu Laranja Nature *Chardonnay 2017*
PINTO BANDEIRA

A moda dos vinhos laranjas, macerados com a casca, também chega aos espumantes. Esse 100% Chardonnay é elaborado pelo método tradicional de segunda fermentação em garrafa e tem dois anos de contato com as borras e sem SO2 na vinificação, seguindo o exemplo dos chamados vinhos naturais, feitos apenas a partir de uvas. O resultado é um vinho muito particular, com uma cor bastante escura e com um corpo tenso em acidez, firme em taninos e borbulhas. Robusto, amplo, tudo afirmado em uma estrutura de acidez firme e acentuada. Esse é para guardar por uma década e beber agora com ouriços crus.

{ DESCORCHADOS }

90
VINHO REVELAÇÃO

MIOLO WINE GROUP
Seival by Miolo Brut Rosé *Pinot Noir, Pinot Gris N/V*
CAMPANHA GAÚCHA

Embora simples, esse rosado de Pinot Noir e de Pinot Gris, provenientes de vinhedos da região da Campanha Gaúcha e produzidos pelo método Charmat de segunda fermentação em tanques de aço, apresentam muito frescor e vivacidade; um vinho de sede para os dias de verão e, ao mesmo tempo, a um preço muito bom. Compre uma caixa para as férias e desfrute de todo o seu sabor e toda a sua simplicidade. Vinhos dessa clareza de frutas e a esse preço o Brasil não oferece muitos.

‹ *vencedores* ›

VINHO REVELAÇÃO

PENZO
Ombra *Glera 2018*
SÃO VALENTIN DO SUL

Este espumante tem em comum com o Prosecco apenas a variedade, a Glera. O resto escapa à tradição veneziana de vinhos espumantes. Esse é produzido pelo método ancestral de uma única fermentação em garrafa, a técnica mais antiga e original para fazer vinhos com borbulhas. É um nature, portanto, de doçura não tem nada. Os aromas são florais, os sabores são frescos e enérgicos, a borbulha é delicada e o final levemente floral em um branco para não parar de beber, de uma simplicidade encantadora.

{ DESCORCHADOS }

90

VINHO REVELAÇÃO

PROJETO ORIGENS
Clarin *Tannat 2019*
ALTO FELIZ

Algo como um clarete ou, melhor, um rosado denso, um pouco mais maduro e exuberante do que todos aqueles rosados leves que estão na moda hoje em dia, esse 100% Tannat flui pela boca com graça. O final é um pouco doce, mas imagine esse vinho com embutidos e verá como funciona. Esse rosé, contra a corrente da moda, provém de uma vinha de cerca de 30 anos plantada em solos de basalto com cerca de 700 metros de altura (muito alta para os padrões da região) na área de Alto Feliz. Estagia em barricas velhas durante 5 meses e é engarrafado com uma dose mínima de SO2. Para uma tábua de frios. Quem dera seja no verão.

‹ vencedores ›

DIVIDIDO

MELHOR ESPUMANTE MÉTODO TRADICIONAL

LUIZ ARGENTA
Cave 48 Meses Nature Rosé *Pinot Noir 2015*
FLORES DA CUNHA

Um espumante rosé, mas dos mais sérios, esse é nature, o nível mais baixo de doçura, e também tem quatro anos de estágio com suas borras, segundo o método tradicional de segunda fermentação em garrafa. E as uvas, 100% Pinot Noir, provêm de Altos Montes, uma área de altura, fresca, da Serra Gaúcha. Tudo isso dá um vinho generoso em frutas vermelhas ácidas, mas também com um lado terroso que lhe dá complexidade. A borbulha é abundante e firme, com uma acidez suculenta e acentuada ao mesmo tempo. E o final é levemente herbáceo e especiado. Um vinho espumante que leva o rosado a um nível mais alto no contexto de espumantes rosé na América do Sul.

Os melhores espumantes método tradicional do ano

93 | **CASA VALDUGA** Casa Valduga 130 Meses Brut N/V
Vale dos Vinhedos

93 | **GEISSE** Cave Amadeu Laranja Nature Chardonnay 2017
Pinto Bandeira

93 | **GEISSE** Cave Geisse Terroir Nature Chardonnay, Pinot Noir 2015
Pinto Bandeira

93 | **GEISSE** Cave Geisse Brut Magnum Chardonnay, Pinot Noir 2013
Pinto Bandeira

93 | **GEISSE** Cave Geisse Since 1979 Nature Vintage 2010 | Pinto Bandeira

93 | **GEISSE** Cave Geisse Blanc de Noir Brut Pinot Noir 2016
Pinto Bandeira

93 | **HERMANN** Lírica Crua Chardonnay, Verdejo, Pinot Noir N/V
Pinheiro Machado

93 | **MAXIMO BOSCHI** Biografia Extra Brut Chardonnay, Pinot Noir 2013
Serra Gaúcha

93 | **PETERLONGO** Vita Sur Lie Nature Chardonnay, Pinot Noir 2014
Garibaldi

93 | **PIZZATO** Vertigo Nature Sur Lies Chardonnay, Pinot Noir 2017
Vale dos Vinhedos

{ DESCORCHADOS }

MELHOR ESPUMANTE MÉTODO TRADICIONAL

CASA VALDUGA
Sur Lie 30 Meses Nature *Chardonnay, Pinot Noir N/V*
VALE DOS VINHEDOS

Este não é apenas um dos melhores espumantes nature do Brasil, mas também oferece uma ótima relação qualidade-preço. Produzido com uvas de vinhedos de cerca de 15 anos, plantados no Vale dos Vinhedos, na Serra Gaúcha, é produzido pelo método tradicional de segunda fermentação em garrafa. Permanece 30 meses com suas borras e o resultado é um vinho no meio do caminho entre sabores de frutas e notas de especiarias e de frutos secos desse envelhecimento prolongado. A textura é cremosa, gentil, untuosa. Para queijos. O aspecto turvo do vinho é porque não foi separado de suas borras, ou seja, não foi degolado.

Os melhores espumantes método tradicional do ano

93 | **CASA VALDUGA** Casa Valduga 130 Meses Brut N/V
Vale dos Vinhedos
93 | **GEISSE** Cave Amadeu Laranja Nature Chardonnay 2017
Pinto Bandeira
93 | **GEISSE** Cave Geisse Terroir Nature Chardonnay, Pinot Noir 2015
Pinto Bandeira
93 | **GEISSE** Cave Geisse Brut Magnum Chardonnay, Pinot Noir 2013
Pinto Bandeira
93 | **GEISSE** Cave Geisse Since 1979 Nature Vintage 2010 | Pinto Bandeira
93 | **GEISSE** Cave Geisse Blanc de Noir Brut Pinot Noir 2016
Pinto Bandeira
93 | **HERMANN** Lírica Crua Chardonnay, Verdejo, Pinot Noir N/V
Pinheiro Machado
93 | **MAXIMO BOSCHI** Biografia Extra Brut Chardonnay, Pinot Noir 2013
Serra Gaúcha
93 | **PETERLONGO** Vita Sur Lie Nature Chardonnay, Pinot Noir 2014
Garibaldi
93 | **PIZZATO** Vertigo Nature Sur Lies Chardonnay, Pinot Noir 2017
Vale dos Vinhedos

‹ vencedores ›

92

MELHOR ESPUMANTE MÉTODO CHARMAT

DOMNO DO BRASIL
Ponto Nero Icon 40 Meses Brut *Chardonnay N/V*
VALE DOS VINHEDOS

Este espumante é elaborado pelo método Charmat, que produz espumantes de maneira mais industrial, embora sem serem gaseificados, mas por segunda fermentação, que nesse caso é em tanques. A principal diferença com esse vinho é que o contato com borras é muito mais longo do que na maioria dos Charmat. Foram quarenta meses de envelhecimento (contra um ou dois meses do restante), o que lhe confere um caráter muito mais complexo, misturando notas de frutas com toques de especiarias e de leveduras. A borbulha é abundante, fina e a acidez é suculenta. Um dos melhores Charmat da América do Sul.

Os melhores espumantes método charmat do ano

91 | **VALLONTANO** Vallontano Brut Rosé N/V | Vale dos Vinhedos
90 | **DOMNO DO BRASIL** Ponto Nero Cult Brut Rosé N/V Vale dos Vinhedos
90 | **DOMNO DO BRASIL** Ponto Nero Cult Brut N/V | Vale dos Vinhedos
90 | **DON GUERINO** Lumen Brut Chardonnay N/V | Alto Feliz
90 | **MIOLO WINE GROUP** Seival Brut Rosé Pinot Noir, Pinot Gris N/V Campanha Gaúcha
90 | **VISTAMONTES** Vistamontes Brut Rosé Malbec N/V Bento Gonçalves
89 | **MIOLO WINE GROUP** Seival Brut Chardonnay, Pinot Noir N/V Campanha Gaúcha
89 | **DON GUERINO** Cuvée Extra Brut Chardonnay N/V | Alto Feliz
89 | **DOMNO DO BRASIL** Ponto Nero Live Celebration Brut N/V Vale dos Vinhedos
89 | **DOMNO DO BRASIL** Ponto Nero Live Celebration Brut Glera N/V Vale dos Vinhedos

{ DESCORCHADOS }

91

DIVIDIDO

MELHOR MOSCATO

MONTE PASCHOAL
Moscatel Espumante *Moscato N/V*
FARROUPILHA

Farroupilha é uma área de montanhas entre as cidades de Caxias do Sul e Bento Gonçalves. A altura e a umidade relativa do local é apreciada pela Moscatel, tanto que Farroupilha é considerada - pelo menos aqui em Descorchados - como a melhor fonte de vinhos espumantes feitos com essa cepa no Brasil. Monte Paschoal compra uvas de pequenos produtores da região e, com essa matéria-prima, obtém uma espécie de Asti, fermentado em tanques de aço e com cerca de 70 gramas de açúcar residual. O vinho, apesar dessa doçura, possui uma acidez vibrante que não apenas dá a sensação de equilíbrio, mas especialmente refresca, em um espumante simples, direto, ideal para o verão.

Os melhores moscatos do ano

90 | **CASA PERINI** Casa Perini Moscatel Espumante Moscato N/V Vale Trentino
90 | **DON GUERINO** Don Guerino Moscatel Giallo, Moscato Branco 2019 Farroupilha
90 | **DON GUERINO** Don Guerino Moscatel Rosé 2019 | Farroupilha
90 | **PETERLONGO** Presence Moscatel Espumante Moscato Giallo N/V Serra Gaúcha
90 | **SANTA AUGUSTA** Santa Augusta Moscatel Espumante Moscato Giallo 2019 | Videira
90 | **VALLONTANO** Moscatel Moscato N/V | Vale dos Vinhedos
90 | **VALMARINO** Valmarino Moscatel Espumante 2019 | Pinto Bandeira
90 | **VISTAMONTES** Vistamontes Moscatel Rosé N/V | Bento Gonçalves

⟨ *vencedores* ⟩

DIVIDIDO

MELHOR MOSCATO

MAXIMO BOSCHI
Vezzi per Boschi Ganimedes *Moscatel 2019*
SERRA GAÚCHA

A acidez é o motor dessa mistura de Moscato Branco e Moscato Giallo de vinhedos de cerca de 15 anos na Serra Gaúcha. Os sabores são de frutas cítricas, maçãs verdes e a doçura é importante, mas existe essa acidez para manter as coisas em equilíbrio. Um vinho simples, direto e muito fácil de beber. Mas, ao mesmo tempo, um ótimo exemplo de Moscatel Espumante do sul do Brasil, uma categoria inteira que merece ser conhecida.

Os melhores moscatos do ano

- 90 | **CASA PERINI** Casa Perini Moscatel Espumante Moscato N/V Vale Trentino
- 90 | **DON GUERINO** Don Guerino Moscato Giallo, Moscato Branco 2019 Farroupilha
- 90 | **DON GUERINO** Don Guerino Moscatel Rosé 2019 | Farroupilha
- 90 | **PETERLONGO** Presence Moscatel Espumante Moscato Giallo N/V Serra Gaúcha
- 90 | **SANTA AUGUSTA** Santa Augusta Moscatel Espumante Moscato Giallo 2019 | Videira
- 90 | **VALLONTANO** Moscatel Moscato N/V | Vale dos Vinhedos
- 90 | **VALMARINO** Valmarino Moscatel Espumante 2019 | Pinto Bandeira
- 90 | **VISTAMONTES** Vistamontes Moscatel Rosé N/V | Bento Gonçalves

{ DESCORCHADOS }

93

DIVIDIDO

MELHOR BRUT

CASA VALDUGA
130 Meses Brut *Chardonnay, Pinot Noir N/V*
VALE DOS VINHEDOS

Embora não seja apenas o longo envelhecimento do vinho em suas borras que se estenderam aqui pela loucura de 130 meses, é verdade que aqui isso determina todo o caráter desse vinho. A qualidade da fruta é um fator importante, a melhor seleção de Chardonnay e Pinot que Valduga plantou no Vale dos Vinhedos, no sul do Brasil. Mas é aqui que o vinho comanda, com 8% de Chardonnay envelhecido em barricas que é o suficiente para lhe dar um toque defumado e tostado. E as borras envolvendo tudo. Aqui as frutas parecem maduras e oleosas, enquanto a festa é liderada por frutos secos e especiarias. As borbulhas são densas, quase como se fossem espuma. Um vinho delicioso e para continuar na garrafa.

Os melhores brut do ano

92 | **DOMNO DO BRASIL** Ponto Nero Icon 40 Meses Brut Chardonnay N/V
Vale dos Vinhedos
92 | **GEISSE** Cave Geisse Brut Chardonnay, Pinot Noir 2017 | Pinto Bandeira
92 | **GEISSE** Cave Geisse Blanc de Blanc Brut Chardonnay 2016
Pinto Bandeira
92 | **MIOLO** Wine Group Miolo Millésime Swarovki Brut 2011
Vale dos Vinhedos
91 | **CASA VALDUGA** RSV Brut Chardonnay, Pinot Noir 2017
Vale dos Vinhedos
91 | **CASA VALDUGA** 130 Brut Rosé Chardonnay, Pinot Noir N/V
Vale dos Vinhedos
91 | **CASA VALDUGA** Arte Tradicional Brut Rosé 2018 | Vale dos Vinhedos
91 | **CASA VALDUGA** 130 Special Edition Blanc do Noir Pinot Noir N/V
Vale dos Vinhedos
91 | **GEISSE** Cave Geisse Brut Rosé Pinot Noir 2017 Pinto Bandeira
91 | **HERMANN** Lírica Brut Chardonnay, Pinot Noir, Verdelho N/V
Pinheiro Machado
91 | **LUIZ ARGENTA** Cave 48 Meses Brut Chardonnay 2015 | Flores da Cunha
91 | **LUIZ ARGENTA** Cave 48 Meses Brut Chardonnay 2015 | Flores da Cunha
91 | **MAXIMO BOSCHI** Racconto Brut Rosé Chardonnay, Pinot Noir 2017
Serra Gaúcha
91 | **VALLONTANO** Vallontano Brut Rosé N/V | Vale dos Vinhedos
91 | **YOO** Yoo Brut Rosé Pinot Noir, Chardonnay N/V | Caxias do Sul

< vencedores >

DIVIDIDO

MELHOR BRUT

GEISSE
Cave Geisse Brut Magnum *Chardonnay, Pinot Noir 2013*
PINTO BANDEIRA

Esta é uma edição especial, disponível apenas no formato magnum (500 garrafas no total) de Cave Geisse Brut, 70% Chardonnay e o restante de Pinot Noir, tudo da safra de 2013 e que foram engarrafadas para a ocasião com nada menos que seis anos de envelhecimento com as borras. O resultado é um vinho que, apesar dos anos, mantém uma camada de frutas brancas maduras, misturadas com toques especiados e de leveduras típicas de um vinho que permaneceu tanto tempo com suas borras. A borbulha é sedosa e termina com toques frutados e de ervas.

Os melhores brut do ano

92 | **DOMNO DO BRASIL** Ponto Nero Icon 40 Meses Brut Chardonnay N/V | Vale dos Vinhedos
92 | **GEISSE** Cave Geisse Brut Chardonnay, Pinot Noir 2017 | Pinto Bandeira
92 | **GEISSE** Cave Geisse Blanc de Blanc Brut Chardonnay 2016 | Pinto Bandeira
92 | **MIOLO** Wine Group Miolo Millésime Swarovki Brut 2011 | Vale dos Vinhedos
91 | **CASA VALDUGA** RSV Brut Chardonnay, Pinot Noir 2017 | Vale dos Vinhedos
91 | **CASA VALDUGA** 130 Brut Rosé Chardonnay, Pinot Noir N/V | Vale dos Vinhedos
91 | **CASA VALDUGA** Arte Tradicional Brut Rosé 2018 | Vale dos Vinhedos
91 | **CASA VALDUGA** 130 Special Edition Blanc do Noir Pinot Noir N/V | Vale dos Vinhedos
91 | **GEISSE** Cave Geisse Brut Rosé Pinot Noir 2017 | Pinto Bandeira
91 | **HERMANN** Lírica Brut Chardonnay, Pinot Noir, Verdelho N/V | Pinheiro Machado
91 | **LUIZ ARGENTA** Cave 48 Meses Brut Chardonnay 2015 | Flores da Cunha
91 | **LUIZ ARGENTA** Cave 48 Meses Brut Chardonnay 2015 | Flores da Cunha
91 | **MAXIMO BOSCHI** Racconto Brut Rosé Chardonnay, Pinot Noir 2017 | Serra Gaúcha
91 | **VALLONTANO** Vallontano Brut Rosé N/V | Vale dos Vinhedos
91 | **YOO** Yoo Brut Rosé Pinot Noir, Chardonnay N/V | Caxias do Sul

497

{ DESCORCHADOS }

DIVIDIDO

MELHOR BRUT

GEISSE
Cave Geisse Blanc de Noir Brut *Pinot Noir 2016*
PINTO BANDEIRA

Um 100% Pinot Noir de vinhedos de 20 anos em Pinto Bandeira, possui uma estrutura de acidez imponente. Como se estivesse afiada, essa acidez se desdobra pela boca, refrescando todos os cantos. As borbulhas são finas, mas abundantes e com bordas semelhantes, sublinhando essa estrutura e proporcionando frescor. O vinho é intenso, encorpado e os sabores são suculentos, embora nunca se canse. Tudo está em equilíbrio aqui.

Os melhores brut do ano

- 92 | **DOMNO DO BRASIL** Ponto Nero Icon 40 Meses Brut Chardonnay N/V
Vale dos Vinhedos
- 92 | **GEISSE** Cave Geisse Brut Chardonnay, Pinot Noir 2017 | Pinto Bandeira
- 92 | **GEISSE** Cave Geisse Blanc de Blanc Brut Chardonnay 2016
Pinto Bandeira
- 92 | **MIOLO** Wine Group Miolo Millésime Swarovki Brut 2011
Vale dos Vinhedos
- 91 | **CASA VALDUGA** RSV Brut Chardonnay, Pinot Noir 2017
Vale dos Vinhedos
- 91 | **CASA VALDUGA** 130 Brut Rosé Chardonnay, Pinot Noir N/V
Vale dos Vinhedos
- 91 | **CASA VALDUGA** Arte Tradicional Brut Rosé 2018 | Vale dos Vinhedos
- 91 | **CASA VALDUGA** 130 Special Edition Blanc do Noir Pinot Noir N/V
Vale dos Vinhedos
- 91 | **GEISSE** Cave Geisse Brut Rosé Pinot Noir 2017 | Pinto Bandeira
- 91 | **HERMANN** Lírica Brut Chardonnay, Pinot Noir, Verdelho N/V
Pinheiro Machado
- 91 | **LUIZ ARGENTA** Cave 48 Meses Brut Chardonnay 2015 | Flores da Cunha
- 91 | **LUIZ ARGENTA** Cave 48 Meses Brut Chardonnay 2015 | Flores da Cunha
- 91 | **MAXIMO BOSCHI** Racconto Brut Rosé Chardonnay, Pinot Noir 2017
Serra Gaúcha
- 91 | **VALLONTANO** Vallontano Brut Rosé N/V | Vale dos Vinhedos
- 91 | **YOO** Yoo Brut Rosé Pinot Noir, Chardonnay N/V | Caxias do Sul

498

‹ vencedores ›

MELHOR EXTRA BRUT

MAXIMO BOSCHI
Biografia Extra Brut *Chardonnay, Pinot Noir 2013*
SERRA GAÚCHA

Para **Biografia Extra Brut**, Maximo Boschi utiliza vinhedos de cerca de 23 anos plantados nos solos de rochas basálticas de Bento Gonçalves. O vinho permanece com as borras por 36 meses e depois de se adicionar o licor de expedição, o teor de açúcar é um pouco maior do que 3 gramas por litro, que na verdade é muito seco. Sente-se austero, tenso e vertical. Os aromas e sabores são especiados, de frutos secos e de terra, enquanto a boca é imponente, com uma acidez energética e borbulhas abundantes e afiadas. Para queijos azuis.

Os melhores extra brut do ano

- 92 | **CASA VALDUGA** Gran 60 Meses Extra Brut Chardonnay, Pinot Noir 2013 | Vale dos Vinhedos
- 92 | **GEISSE** Cave Geisse Extra Brut Chardonnay, Pinot Noir 2016 | Pinto Bandeira
- 92 | **GEISSE** Victoria Geisse Gran Reserva Extra Brut Vintage 2016 | Pinto Bandeira
- 92 | **GEISSE** Victoria Geisse Reserva Extra Brut 2017 | Pinto Bandeira
- 91 | **GEISSE** Victoria Geisse Extra Brut Vintage Chardonnay, Pinot Noir 2018 | Pinto Bandeira
- 91 | **PETERLONGO** Privilege Extra Brut Chardonnay, Pinot Noir N/V Garibaldi
- 90 | **AURORA** Pinto Bandeira Extra Brut 24 Meses Método Tradicional N/V Pinto Bandeira
- 90 | **DON CARLOS** Sete Misterios N/V | Santo Ângelo
- 90 | **ESTRELAS DO BRASIL** Estrelas do Brasil Extra Brut Rosé Pinot Noir N/V Faria Lemos
- 90 | **GUATAMBU** Guatambu Extra Brut Chardonnay 2019 Campanha Gaúcha
- 89 | **DON GUERINO** Cuvée Extra Brut Chardonnay N/V | Alto Feliz

{ DESCORCHADOS }

 94

DIVIDIDO

MELHOR NATURE

CASA VALDUGA
Sur Lie 30 Meses Nature *Chardonnay, Pinot Noir N/V*
VALE DOS VINHEDOS

Este não é apenas um dos melhores espumantes nature do Brasil, mas também oferece uma ótima relação qualidade-preço. Produzido com uvas de vinhedos de cerca de 15 anos, plantados no Vale dos Vinhedos, na Serra Gaúcha, é produzido pelo método tradicional de segunda fermentação em garrafa. Permanece 30 meses com suas borras e o resultado é um vinho no meio do caminho entre sabores de frutas e notas de especiarias e de frutos secos desse envelhecimento prolongado. A textura é cremosa, gentil, untuosa. Para queijos. O aspecto turvo do vinho é porque não foi separado de suas borras, ou seja, não foi degolado.

Os melhores nature do ano

93 | **GEISSE** Cave Amadeu Laranja Nature Chardonnay 2017
Pinto Bandeira

93 | **GEISSE** Cave Geisse Terroir Nature Chardonnay, Pinot Noir 2015
Pinto Bandeira

93 | **GEISSE** Cave Geisse Since 1979 Nature 2010 | Pinto Bandeira

93 | **HERMANN** Lírica Crua Chardonnay, Verdejo, Pinot Noir N/V
Pinheiro Machado

93 | **PETERLONGO** Vita Sur Lie Nature Chardonnay, Pinot Noir 2014
Garibaldi

93 | **PIZZATO** Vertigo Nature Sur Lies Chardonnay, Pinot Noir 2017
Vale dos Vinhedos

‹ vencedores ›

DIVIDIDO

MELHOR NATURE

LUIZ ARGENTA
Cave 48 Meses Nature Rosé *Pinot Noir 2015*
FLORES DA CUNHA

Um espumante rosé, mas dos mais sérios, esse é nature, o nível mais baixo de doçura, e também tem quatro anos de estágio com suas borras, segundo o método tradicional de segunda fermentação em garrafa. E as uvas, 100% Pinot Noir, provêm de Altos Montes, uma área de altura, fresca, da Serra Gaúcha. Tudo isso dá um vinho generoso em frutas vermelhas ácidas, mas também com um lado terroso que lhe dá complexidade. A borbulha é abundante e firme, com uma acidez suculenta e acentuada ao mesmo tempo. E o final é levemente herbáceo e especiado. Um vinho espumante que leva o rosado a um nível mais alto no contexto de espumantes rosé na América do Sul.

Os melhores nature do ano

- 93 | **GEISSE** Cave Amadeu Laranja Nature Chardonnay 2017
  Pinto Bandeira
- 93 | **GEISSE** Cave Geisse Terroir Nature Chardonnay, Pinot Noir 2015
  Pinto Bandeira
- 93 | **GEISSE** Cave Geisse Since 1979 Nature 2010 | Pinto Bandeira
- 93 | **HERMANN** Lírica Crua Chardonnay, Verdejo, Pinot Noir N/V
  Pinheiro Machado
- 93 | **PETERLONGO** Vita Sur Lie Nature Chardonnay, Pinot Noir 2014
  Garibaldi
- 93 | **PIZZATO** Vertigo Nature Sur Lies Chardonnay, Pinot Noir 2017
  Vale dos Vinhedos

{ DESCORCHADOS }

MELHOR BENTO GONÇALVES

MAXIMO BOSCHI
Biografia Extra Brut *Chardonnay, Pinot Noir 2013*
SERRA GAÚCHA

Para **Biografia Extra Brut**, Maximo Boschi utiliza vinhedos de cerca de 23 anos plantados nos solos de rochas basálticas de Bento Gonçalves. O vinho permanece com as borras por 36 meses e depois de se adicionar o licor de expedição, o teor de açúcar é um pouco maior do que 3 gramas por litro, que na verdade é muito seco. Sente-se austero, tenso e vertical. Os aromas e sabores são especiados, de frutos secos e de terra, enquanto a boca é imponente, com uma acidez energética e borbulhas abundantes e afiadas. Para queijos azuis.

Os melhores de Bento Gonçalves do ano

92 | **ERA DOS VENTOS** Nature Sur Lie Peverella N/V | Bento Gonçalves
91 | **ERA DOS VENTOS** Trebbiano On The Rock Trebbiano 2019
       Bento Gonçalves
91 | **MAXIMO BOSCHI** Biografia Brut Chardonnay, Pinot Noir 2013
       Serra Gaúcha
90 | **VISTAMONTES** Vistamontes Moscatel Rosé Blanco N/V
       Bento Gonçalves
90 | **VISTAMONTES** Vistamontes Brut Rosé Malbec N/V
       Bento Gonçalves

‹ vencedores ›

92

MELHOR CAMPANHA GAÚCHA

MIOLO WINE GROUP
Vinhas Velhas *Tannat 2018*
CAMPANHA GAÚCHA

De vinhas antigas, com cerca de 40 anos plantadas na Campanha Gaúcha, esse Tannat é monumental em tamanho e concentração. Com doze meses em barricas e um ano quente e seco, os 15,5 graus de álcool parecem bem integrados no meio de uma rede de taninos duros como aço. O vinho é imponente, enche o paladar, mas está em equilíbrio. Tudo é grande aqui. Deixe na garrafa por pelo menos cinco anos para ganhar complexidade e ir além de ser apenas uma grande bomba de frutas maduras.

Os melhores da Campanha Gaúcha do ano

91 | **GUATAMBU** Isadora Nature Rosé Chardonnay, Pinot Noir 2018 Campanha Gaúcha

91 | **GUATAMBU** Guatambu Nature Chardonnay 2019 | Campanha Gaúcha

90 | **CASA VALDUGA** Gran Raízes Corte Tannat, Cabernet Sauvignon, Cabernet Franc 2015 | Campanha Gaúcha

90 | **GUATAMBU** Guatambu Extra Brut Chardonnay 2019 Campanha Gaúcha

90 | **MIOLO WINE GROUP** Seival Brut Rosé Pinot Noir, Pinot Gris N/V Campanha Gaúcha

90 | **MIOLO WINE GROUP** Miolo Reserva Tannat 2018 | Campanha Gaúcha

90 | **MIOLO WINE GROUP** Quinta do Seival C. Sauvignon 2018 Campanha Gaúcha

90 | **SALTON** Virtude Chardonnay 2017 | Tuiuty

{ DESCORCHADOS }

92

MELHOR FARROUPILHA

CASA PERINI
Casa Perini Nature *Chardonnay, Pinot Noir N/V*
VALE TRENTINO

Um espumante austero, com muito boa acidez e borbulhas finas e afiadas. A estrutura é vertical, com uma acidez que faz com que o vinho se projete com força e frescor pela boca. Tudo é frescor, tudo é tenso nessa mistura de 60% Chardonnay e 40% Pinot Noir de vinhedos localizados no Vale Trentino. Surpreende que ele tenha 56 meses de contato com as borras. A fruta parece muito mais fresca e mais viva do que os vinhos usuais que têm tanto tempo de armazenamento. Há muita luz aqui.

Os melhores de Farroupilha do ano

91 | **CASA PERINI** Crudo Nero di Bianca Merlot, Moscato 2019
Serra Gaúcha

91 | **MONTE PASCHOAL** Monte Paschoal Moscatel Espumante Moscato N/V
Farroupilha

90 | **CASA PERINI** Casa Perini Moscatel Espumante Moscato N/V
Vale Trentino

90 | **CASA PERINI** Vitis Barbera 2017 | Vale Trentino

90 | **CASA PERINI** Casa Perini Método Tradicional Chardonnay,
Pinot Noir N/V Vale Trentino

90 | **DON GUERINO** Don Guerino Moscatel Espumante 2019 | Farroupilha

90 | **DON GUERINO** Don Guerino Moscatel Rosé 2019 | Farroupilha

90 | **MONTE PASCHOAL** Monte Paschoal Moscatel Rosé Espumante
Moscato N/V | Farroupilha

93

DIVIDIDO

MELHOR PINTO BANDEIRA

CASA AGORA
Kame *Cabernet Franc 2018*
PINTO BANDEIRA

Feito com uvas orgânicas, da região de Pinto Bandeira e de uma vinha de cerca de dez anos plantada a cerca de 870 metros de altura, na Serra Gaúcha, esse Cabernet Franc de pequena produção (apenas 600 garrafas) é delicioso em sua expressão da variedade. As notas de tabaco e de ervas se fundem com os sabores de frutas vermelhas em um corpo tenso, de deliciosa acidez e de taninos firmes, com aderência para embutidos. Feito com intervenção mínima, apenas em tanques e sem madeira, é uma expressão pura de uma área fresca e alta e um excelente exemplo de que é possível produzir tintos com frescor e caráter no sul do Brasil. Não há muitos, mas existem e você deve procurá-los. Esse é um dos mais brilhantes.

Os melhores de Pinto Bandeira do ano

93 | **GEISSE** Cave Geisse Terroir Nature Chardonnay, Pinot Noir 2015 Pinto Bandeira
93 | **GEISSE** Cave Geisse Brut Magnum Chardonnay, Pinot Noir 2013 Pinto Bandeira
93 | **GEISSE** Cave Geisse Since 1979 Nature Vintage 2010 | Pinto Bandeira
93 | **GEISSE** Cave Geisse Blanc de Noir Brut Pinot Noir 2016 | Pinto Bandeira
92 | **GEISSE** Cave Amadeu Rústico Nature Chardonnay, Pinot Noir 2016 Pinto Bandeira
92 | **GEISSE** Cave Geisse Brut Chardonnay, Pinot Noir 2017 | Pinto Bandeira
92 | **GEISSE** Cave Geisse Extra Brut Chardonnay, P. Noir 2016 | Pinto Bandeira
92 | **GEISSE** Victoria Geisse Gran Reserva Extra Brut Vintage 2016 Pinto Bandeira
92 | **GEISSE** Victoria Geisse Reserva Extra Brut Vintage 2017 | Pinto Bandeira
92 | **GEISSE** Cave Geisse Blanc de Blanc Brut Chardonnay 2016 | Pinto Bandeira
92 | **VALMARINO** Valmarino Nature Chardonnay, P. Noir 2013 | Pinto Bandeira
91 | **GEISSE** Victoria Geisse Extra Brut Rosé Vintage Pinot Noir 2018 Pinto Bandeira
91 | **GEISSE** Cave Geisse Nature Chardonnay, P. Noir 2017 | Pinto Bandeira
91 | **GEISSE** Victoria Geisse Extra Brut Vintage Chardonnay, Pinot Noir 2018 Pinto Bandeira
91 | **GEISSE** Cave Geisse Brut Rosé Pinot Noir 2017 | Pinto Bandeira
90 | **AURORA** Pinto Bandeira Extra Brut 24 Meses Método Tradicional N/V Pinto Bandeira
90 | **VALMARINO** Valmarino Moscatel Espumante 2019 Pinto Bandeira
90 | **VALMARINO** Valmarino Brut Chardonnay, P. Noir 2016 | Pinto Bandeira
90 | **VALMARINO** Valmarino Sur Lie Nature Chardonnay, Pinot Noir 2015 Pinto Bandeira
90 | **VALMARINO** Valmarino Brut Glera 2019 Pinto Bandeira

{ DESCORCHADOS }

93

DIVIDIDO

MELHOR PINTO BANDEIRA

GEISSE
Cave Amadeu Laranja Nature *Chardonnay 2017*
PINTO BANDEIRA

A moda dos vinhos laranjas, macerados com a casca, também chega aos espumantes. Esse 100% Chardonnay é elaborado pelo método tradicional de segunda fermentação em garrafa e tem dois anos de contato com as borras e sem SO2 na vinificação, seguindo o exemplo dos chamados vinhos naturais, feitos apenas a partir de uvas. O resultado é um vinho muito particular, com uma cor bastante escura e com um corpo tenso em acidez, firme em taninos e borbulhas. Robusto, amplo, tudo afirmado em uma estrutura de acidez firme e acentuada. Esse é para guardar por uma década e beber agora com ouriços crus.

Os melhores de Pinto Bandeira do ano

93 | **GEISSE** Cave Geisse Terroir Nature Chardonnay, Pinot Noir 2015 Pinto Bandeira
93 | **GEISSE** Cave Geisse Brut Magnum Chardonnay, Pinot Noir 2013 Pinto Bandeira
93 | **GEISSE** Cave Geisse Since 1979 Nature Vintage 2010 | Pinto Bandeira
93 | **GEISSE** Cave Geisse Blanc de Noir Brut Pinot Noir 2016 | Pinto Bandeira
92 | **GEISSE** Cave Amadeu Rústico Nature Chardonnay, Pinot Noir 2016 Pinto Bandeira
92 | **GEISSE** Cave Geisse Brut Chardonnay, Pinot Noir 2017 | Pinto Bandeira
92 | **GEISSE** Cave Geisse Extra Brut Chardonnay, P. Noir 2016 | Pinto Bandeira
92 | **GEISSE** Victoria Geisse Gran Reserva Extra Brut Vintage 2016 Pinto Bandeira
92 | **GEISSE** Victoria Geisse Reserva Extra Brut Vintage 2017 | Pinto Bandeira
92 | **GEISSE** Cave Geisse Blanc de Blanc Brut Chardonnay 2016 | Pinto Bandeira
92 | **VALMARINO** Valmarino Nature Chardonnay, P. Noir 2013 | Pinto Bandeira
91 | **GEISSE** Victoria Geisse Extra Brut Rosé Vintage Pinot Noir 2018 Pinto Bandeira
91 | **GEISSE** Cave Geisse Nature Chardonnay, P. Noir 2017 | Pinto Bandeira
91 | **GEISSE** Victoria Geisse Extra Brut Vintage Chardonnay, Pinot Noir 2018 Pinto Bandeira
91 | **GEISSE** Cave Geisse Brut Rosé Pinot Noir 2017 | Pinto Bandeira
90 | **AURORA** Pinto Bandeira Extra Brut 24 Meses Método Tradicional N/V Pinto Bandeira
90 | **VALMARINO** Valmarino Moscatel Espumante 2019 Pinto Bandeira
90 | **VALMARINO** Valmarino Brut Chardonnay, P. Noir 2016 | Pinto Bandeira
90 | **VALMARINO** Valmarino Sur Lie Nature Chardonnay, Pinot Noir 2015 Pinto Bandeira
90 | **VALMARINO** Valmarino Brut Glera 2019 Pinto Bandeira

⟨ vencedores ⟩

92

MELHOR
SERRA CATARINENSE

NEGROPONTE
Bigorna da Sapiencia
Sangiovese, Ojaleshi, Agiorgitiko 2019
SÃO JOAQUIM

Este é um espumante tinto ou, melhor dizendo, um clarete com borbulhas. Originalmente, era um rosé, mas o vinho ganhou muita cor e James Martini, proprietário da Negroponte, decidiu mudar de rumo e torná-lo espumante, usando o método tradicional de segunda fermentação na garrafa. Esta é uma mistura muito especial de 80% de Sangiovese e 10% de Ojaleshi da Geórgia e Agiorgitiko da Grécia, todas tintas. O resultado é fresco, tinto, frutado, delicioso e acentuado, com uma acidez suculenta em um vinho para não parar de beber. O problema é que apenas 170 garrafas foram feitas.

Os melhores da Serra Catarinense do ano

91 | **QUINTA DA NEVE** Quinta Essência Montepulciano 2016 | São Joaquim
90 | **DOMINIO VICARI** Dominio Vicari Cabernet Sauvignon 2015 | Monte Belo do Sul
90 | **LEONE DI VENEZIA** Palazzo Ducale Sangiovese, Primitivo, Nero d'Avola, Rebo 2017 | São Joaquim
90 | **LEONE DI VENEZIA** Rosato Sangiovese 2019 | São Joaquim
90 | **SANTA AUGUSTA** Santa Augusta Moscatel Espumante Moscato Giallo 2019 Videira
90 | **THERA** Auguri Blanc de Blancs Brut Chardonnay N/V | Bom Retiro

{ DESCORCHADOS }

94

MELHOR VALE DOS VINHEDOS

CASA VALDUGA
Sur Lie 30 Meses Nature *Chardonnay, Pinot Noir N/V*
VALE DOS VINHEDOS

Este não é apenas um dos melhores espumantes nature do Brasil, mas também oferece uma ótima relação qualidade-preço. Produzido com uvas de vinhedos de cerca de 15 anos, plantados no Vale dos Vinhedos, na Serra Gaúcha, é produzido pelo método tradicional de segunda fermentação em garrafa. Permanece 30 meses com suas borras e o resultado é um vinho no meio do caminho entre sabores de frutas e notas de especiarias e de frutos secos desse envelhecimento prolongado. A textura é cremosa, gentil, untuosa. Para queijos. O aspecto turvo do vinho é porque não foi separado de suas borras, ou seja, não foi degolado.

Os melhores do Vale Dos Vinhedos do ano

93 | **CASA VALDUGA** Sur Lie 30 Meses Nature Rosé N/V | Vale dos Vinhedos
93 | **CASA VALDUGA** Casa Valduga 130 Meses Brut N/V | Vale dos Vinhedos
93 | **CASA VALDUGA** 130 Special Edition Blanc de Blanc Brut N/V
93 | **MIOLO WINE GROUP** Miolo Lote 43 Merlot, Cabernet Sauvignon 2018 Vale dos Vinhedos
93 | **PIZZATO** Vertigo Nature Sur Lies Chardonnay, Pinot Noir 2017
92 | **CASA VALDUGA** Gran 60 Meses Extra Brut 2013 | Vale dos Vinhedos
92 | **DOMNO DO BRASIL** Ponto Nero Icon 40 Meses Brut Chardonnay N/V Vale dos Vinhedos
92 | **MIOLO WINE GROUP** Íride Miolo Sur Lie Nature 10 Anos 2009 Vale dos Vinhedos
92 | **MIOLO WINE GROUP** Miolo Millésime Swarovki Brut 2011 Vale dos Vinhedos
92 | **VALLONTANO** LH Zanini Nature Chardonnay, Pinot Noir 2017 Vale dos Vinhedos
91 | **CASA VALDUGA** Gran 60 Meses Nature Chardonnay, Pinot Noir 2013 Vale dos Vinhedos
91 | **CASA VALDUGA** RSV Brut Chardonnay, P. Noir 2017 | Vale dos Vinhedos
91 | **CASA VALDUGA** 130 Brut Rosé Chardonnay, Pinot Noir N/V Vale dos Vinhedos
91 | **CASA VALDUGA** Arte Tradicional Brut Rosé 2018 Vale dos Vinhedos
91 | **CASA VALDUGA** 130 Special Edition Blanc do Noir Pinot Noir N/V Vale dos Vinhedos
91 | **PIZZATO** Chardonnay de Chardonnays Chardonnay 2018 Vale dos Vinhedos
91 | **PIZZATO** Nature Chardonnay, Pinot Noir 2016 | Vale dos Vinhedos
91 | **VALLONTANO** Vallontano Brut Rosé N/V | Vale dos Vinhedos

< *vencedores* >

91

SUPERPREÇO

MONTE PASCHOAL
Monte Paschoal Moscatel Espumante *Moscato N/V*
FARROUPILHA

Farroupilha é uma área de montanhas entre as cidades de Caxias do Sul e Bento Gonçalves. A altura e a umidade relativa do local é apreciada pela Moscatel, tanto que Farroupilha é considerada - pelo menos aqui em Descorchados - como a melhor fonte de vinhos espumantes feitos com essa cepa no Brasil. Monte Paschoal compra uvas de pequenos produtores da região e, com essa matéria-prima, obtém uma espécie de Asti, fermentado em tanques de aço e com cerca de 70 gramas de açúcar residual. O vinho, apesar dessa doçura, possui uma acidez vibrante que não apenas dá a sensação de equilíbrio, mas especialmente refresca, em um espumante simples, direto, ideal para o verão.

Os melhores superpreço do ano

- 90 | **MONTE PASCHOAL** Monte Paschoal Moscatel Rosé Espumante Moscato N/V Farroupilha
- 88 | **MIOLO WINE GROUP** Almadén Cabernet Franc 2019 Campanha Gaúcha
- 88 | **AURORA** Aurora Brut Chardonnay N/V | Serra Gaúcha
- 88 | **SALTON** Salton Moscatel Espumante Moscato N/V | Tuiuty
- 86 | **AURORA** Aurora Moscatel Espumante Moscato Branco, Moscato Giallo N/V | Serra Gaúcha
- 83 | **MIOLO WINE GROUP** Almadén Moscatel Frisante Rosé Moscato N/V Vale do São Francisco

509

PROVA DE VINHOS DESCORCHADOS 2020

‹ *prova de* **vinhos** ›

AS PONTUAÇÕES

80 » 85
VINHOS SIMPLES
para todos os dias.

86 » 90
APOSTAS MAIS COMPLEXAS,
ainda que também adequadas
para beber diariamente.

91 » 95
VINHOS EXCELENTES
que, independente
de seu preço, devem
ser provados.

96 » 100
EXISTE A PERFEIÇÃO?
Provavelmente não, mas
neste grupo há vinhos que
se aproximam bastante.

AS CEPAS

 tinto

 branco

 rosado

 laranja

espumante

doce

EQUIVALÊNCIAS ESTIMADAS DE PREÇOS

$ ⟶ Até **25 reais**

$$ ⟶ De **26 a 50 reais**

$$$ ⟶ De **51 a 75 reais**

$$$$ ⟶ De **76 a 100 reais**

$$$$$ ⟶ Acima de **101 reais**

Aurora

PROPRIETÁRIO Vinícola Aurora
ENÓLOGO Flávio Zilio
WEB www.vinicolaaurora.com.br
RECEBE VISITAS *Sim*

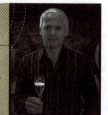

Enólogo
FLÁVIO ZILIO

Aurora é uma cooperativa de produtores do sul de Brasil nascida em 1931, quando 16 famílias dedicadas à viticultura decidiram unir suas forças. Hoje tem cerca de 1.100 membros associados, compreende mais de 2.800 hectares de vinhedos e é um dos maiores produtores do país. Sua sede está em Bento Gonçalves, na Serra Gaúcha.

VINHOS

PINTO BANDEIRA EXTRA BRUT 24 MESES MÉTODO TRADICIONAL CHARDONNAY, P. NOIR, RIESLING ITÁLICO N/V
$$$$ | PINTO BANDEIRA | 13°

Esse é o vinho top da Cooperativa Aurora e vem de sua própria vinha (a única na vinícola) na área de Pinto Bandeira. É uma mistura de 60% Chardonnay, 30% de Pinot Noir e o restante de Riesling em Itálico. Feito pelo método tradicional de segunda fermentação na garrafa, tem dois anos em contato com as borras e, portanto, esse lado das leveduras e padaria que aqui é sentido, juntamente com as frutas brancas maduras e exuberantes desse branco. Para ouriços.

OUTROS VINHOS SELECIONADOS

89 | PINTO BANDEIRA Chardonnay 2018 | Pinto Bandeira | 13° | $$
88 | AURORA BRUT Chardonnay N/V | Serra Gaúcha | 12.8° | $
88 | PROCEDÊNCIAS BRUT Pinot Noir N/V | Tuiuty | 11.5° | $$
86 | AURORA MOSCATEL ESPUMANTE Moscato Branco, Moscato Giallo N/V Serra Gaúcha | 7.5° | $

Casa Perini

PROPRIETÁRIO Benildo Perini
ENÓLOGO Leandro Santini
WEB www.casaperini.com.br
RECEBE VISITAS *Sim*

Proprietário
BENILDO PERINI

Casa Perini nasce em 1970, quando Benildo Perini decide expandir o negócio familiar que em 1929 foi iniciado por seu pai, João Perini, um filho de imigrantes italianos que começou produzindo no sótão de sua casa para as festividades em Farroupilha, na Serra Gaúcha. A vinícola partiu com a marca Jota Pê e em 1996 lançam no mercado seus primeiros espumantes sob a marca Casa Perini, que têm se destacado especialmente por seus Moscatéis. Além de espumantes, tem uma linha de vinhos tranquilos chamada Arbo. **IMPORTADORES:** BRASIL: www.casaperini.com.br | USA: www.aikoimporters.com

‹ *prova de* **vinhos** ›

VINHOS

92 | CASA PERINI NATURE
CHARDONNAY, PINOT NOIR N/V
$$$$$ | VALE TRENTINO | 12.5°

Um espumante austero, com muito boa acidez e borbulhas finas e afiadas. A estrutura é vertical, com uma acidez que faz com que o vinho se projete com força e frescor pela boca. Tudo é fresco, tudo é tenso nessa mistura de 60% Chardonnay e 40% Pinot Noir de vinhedos localizados no Vale Trentino. Surpreende que ele tenha 56 meses de contato com as borras. A fruta parece muito mais fresca e mais viva do que os vinhos usuais que têm tanto tempo de armazenamento. Há muita luz aqui.

91 | CRUDO NERO DI BIANCA
MERLOT, MOSCATO 2019
$$$$$ | SERRA GAÚCHA | 12.5°

Embora, em teoria, cofermentar Merlot e Moscatel não faria muito sentido, a verdade é que, na prática - e nesse vinho em particular - funciona muito bem. A seleção dos cachos de ambas as cepas é manual. Os bagos da Merlot são misturados com a pele e a polpa da Moscatel e macerados por duas semanas e, em seguida, o vinho final é levado para barricas de segundo uso, onde a fermentação termina. Permanece lá por mais cinco meses antes de ser engarrafado sem filtragem. É um suco de frutas vermelhas maduras temperadas com notas de flores da Moscatel. A textura é muito macia, muito amável e a sensação de suculência torna-o muito fácil de beber.

90 | CASA PERINI MÉTODO TRADICIONAL
CHARDONNAY, PINOT NOIR N/V
$$$$ | VALE TRENTINO | 12°

Um estilo oxidativo de espumante, elaborado pelo método tradicional de fermentação na garrafa. Os 36 meses de contato com as borras aportaram um caráter amanteigado e cremoso, com nuances de frutos secos e frutas brancas maduras. A borbulha é muito macia.

90 | CASA PERINI MOSCATEL ESPUMANTE
MOSCATO N/V
$$$ | VALE TRENTINO | 7.5°

Dos solos argilosos e arenosos do Vale Trentino, este espumante doce possui uma acidez firme que permite contrastar essa doçura e obter equilíbrio. O resto são frutas e flores em um vinho muito simples, mas ao mesmo tempo tremendamente refrescante. Ideal para beber no verão, ao lado da piscina.

90 | VITIS
BARBERA 2017
$$$$ | VALE TRENTINO | 12°

Embora a madeira tenda a aparecer muito no nariz, na boca a suculência e as frutas vermelhas da Barbeara são claramente mostradas em um vinho que, embora seja simples e fácil de beber, possui profundidade e complexidade, além de algumas notas terrosas, que vão além da fruta.

Casa Perini

OUTROS VINHOS SELECIONADOS

88 | CRUDO TREBUONO Trebbiano 2019 | Serra Gaúcha | 11° | $$$$$
88 | SOLIDÁRIO Cabernet Sauvignon, Merlot 2018 Vale Trentino | 12° | $$$
88 | VITIS Marselan 2017 | Vale Trentino | 12.5° | $$$$
87 | AQUARELA MOSCATEL ROSÉ ESPUMANTE Moscato Giallo, Moscato Branco, Moscatel de Hamburgo N/V | Vale Trentino | 7.5° | $$$
87 | CASA PERINI Tannat 2018 | Vale Trentino | 12° | $$$
86 | CASA PERINI Merlot 2018 | Vale Trentino | 12° | $$$
86 | CASA PERINI BRUT ROSÉ Chardonnay, Pinot Noir, Gamay N/V Vale Trentino | 12° | $$$
85 | CASA PERINI Chardonnay 2019 | Vale Trentino | 12° | $$$
85 | CASA PERINI Sauvignon Blanc 2019 | Vale Trentino | 12° | $$$

Casa Valduga

PROPRIETÁRIOS Juarez, João & Erielso Valduga
ENÓLOGO João Valduga
WEB www.casavalduga.com.br
RECEBE VISITAS Sim

Proprietário & enólogo
JOÃO VALDUGA

Os Valduga chegaram do norte da Itália ao Vale dos Vinhedos em 1875, e foram das primeiras famílias desenvolver a viticultura ali. Em 1982 começam a engarrafar seus próprios vinhos, com um portfólio de vinhos tranquilos e de espumantes. Hoje o catálogo da Casa Valduga destaca-se por vários espumantes ambiciosos, que podem passar vários anos em estágio antes de serem comercializados. Elaboram seus vinhos principalmente com os 200 hectares que têm no Vale dos Vinhedos, ainda que também com vinhedos que têm na Serra do Sudeste e na Campanha. A produção total é de 2 milhões de garrafas, sendo 55% de espumantes.

VINHOS

 SUR LIE 30 MESES NATURE
CHARDONNAY, PINOT NOIR N/V
$$$$ | VALE DOS VINHEDOS | 12°

Esse não é apenas um dos melhores espumantes nature do Brasil, mas também oferece uma ótima relação qualidade-preço. Produzido com uvas de vinhedos de cerca de 15 anos, plantados no Vale dos Vinhedos, na Serra Gaúcha, é produzido pelo método tradicional de segunda fermentação em garrafa. Permanece 30 meses com suas borras e o resultado é um vinho no meio do caminho entre sabores de frutas e notas de especiarias e de frutos secos desse envelhecimento prolongado. A textura é cremosa, gentil, untuosa. Para queijos. O aspecto turvo do vinho é porque não foi separado de suas borras, ou seja, não foi degolado.

 CASA VALDUGA 130 MESES BRUT
CHARDONNAY, PINOT NOIR N/V
$$$$$ | VALE DOS VINHEDOS | 12°

Embora não seja apenas o longo envelhecimento do vinho em suas borras que se estenderam aqui pela loucura de 130 meses, é verdade que isso determina todo o caráter desse vinho. A qualidade da fruta é um fator importante, a melhor seleção de Chardonnay e Pinot que Valduga plantou no

‹ *prova de* **vinhos** ›

Vale dos Vinhedos, no sul do Brasil. Mas é aqui que o vinho comanda, com 8% de Chardonnay envelhecido em barricas que é o suficiente para lhe dar um toque defumado e tostado. E as borras envolvendo tudo. Aqui as frutas parecem maduras e oleosas, enquanto a festa é liderada por frutos secos e especiarias. As borbulhas são densas, quase como se fossem espuma. Um vinho delicioso e para continuar na garrafa.

 130 SPECIAL EDITION BLANC DE BLANC BRUT
CHARDONNAY N/V
$$$$$ | VALE DOS VINHEDOS | 12°

Como de costume na linha 130 da Valduga, o estilo dos espumantes é bastante vinoso, com toques oxidativos, mais focados nas notas de frutos secos e de especiarias do que nas frutas frescas. É uma abordagem de estilo que aqui em Descorchados gostamos, especialmente porque a textura desse branco é sedosa, cremosa, redonda e abundante. Os 36 meses de estágio com borras dentro da garrafa (pelo método tradicional) são claramente sentidos. Para carne assada.

 SUR LIE 30 MESES NATURE ROSÉ
CHARDONNAY, PINOT NOIR N/V
$$$$ | VALE DOS VINHEDOS | 12°

O Sur Lie branco foi uma das grandes surpresas que tivemos no Descorchados Brasil. Sem dégorgement, ou seja, sem separar-se das borras, esse vinho tem uma aparência turva, mas ao mesmo tempo ganha complexidade de sabores e de texturas que lhe conferem um caráter especial. Essa nova versão, dessa vez rosado, segue o caminho de seu antecessor com uma estrutura semelhante de borbulhas e acidez, firme e enérgica, nítida e vertical. Os sabores são suculentos, mas ao mesmo tempo muito frescos. Um espumante impressionante e tenso ao mesmo tempo.

 ERA SO2 FREE
CHARDONNAY 2019
$$$$$ | SERRA DO SUDESTE | 12.5°

O sulfuroso ou SO2 é usado em enologia para a higiene do vinho e para prevenir ataques de bactérias. No entanto, e com a chegada dos vinhos naturais, o SO2 começa a ser retirado na tentativa de produzir apenas uvas, com nada mais que a fruta da videira. Além disso, a ausência de SO2 permite que a fruta se expresse com mais clareza, desde que haja bons frutos, boa matéria-prima para vinificar. É o caso desse Chardonnay muito bom da Valduga. A qualidade dos cachos da Chardonnay, sua saúde e madurez é evidente aqui. Tem uma acidez deliciosa e crocante, suculenta e firme e os sabores são frescos e frutados, com textura cremosa e amável. Uma descoberta.

GRAN 60 MESES EXTRA BRUT
CHARDONNAY, PINOT NOIR 2013
$$$$$ | VALE DOS VINHEDOS | 12°

Com pelo menos 60 meses de estágio com as borras ou restos de leveduras mortas, nesta mistura o efeito desse longo período na garrafa é claramente sentido em suas notas de padaria, frutos secos e de especiarias exóticas. Também na textura, cheia de borbulhas suaves e abundantes, muito finas. A acidez é firme e é isso que mantém tudo aqui no lado fresco, é o que ajuda este vinho - apesar de sua complexidade - a ser bebido com muita facilidade. Esse Extra Brut merece ostras, .

Casa Valduga

130 BRUT ROSÉ
CHARDONNAY, PINOT NOIR N/V
$$$$$ | VALE DOS VINHEDOS | 11.5°

Um rosé que vai além da mera expressão de frutas, aqui o estágio de três anos com as borras tem um impacto positivo nos sabores das frutas vermelhas, acrescentando notas terrosas e de especiarias. A borbulha é macia, muito macia e cremosa e os sabores na boca ganham profundidade à medida que o vinho é oxigenado. Esse é o espumante ideal para um ensopado de carne. Ele tem corpo suficiente.

130 SPECIAL EDITION BLANC DO NOIR
PINOT NOIR N/V
$$$$$ | VALE DOS VINHEDOS | 12°

Vinoso, com toques oxidativos de frutos secos e de especiarias, possui borbulhas abundantes e uma acidez suave, que não ofusca o corpo abundante e untuoso desse espumante de vinhedos de cerca de 15 anos, no Vale dos Vinhedos. O envelhecimento em suas borras dura 36 meses, o que também traz borbulhas redondas e aveludadas.

ARTE TRADICIONAL BRUT ROSÉ
CHARDONNAY, PINOT NOIR 2018
$$$ | VALE DOS VINHEDOS | 11.5°

Delicioso em suas frutas vermelhas ácidas, esse rosé possui uma espuma intensa e um tanto selvagem, picando a língua e contribuindo para a sensação de tensão e frescor. O vinho é bebido com muita facilidade e deixa uma sensação frutada rica. Esse "Arte" é produzido pelo método tradicional de segunda fermentação em garrafa e permanece com suas borras por um ano. Outro rosado especial para as férias de verão.

GRAN 60 MESES NATURE
CHARDONNAY, PINOT NOIR 2013
$$$$$ | VALE DOS VINHEDOS | 12°

Com 60 meses em suas borras sob o método de segunda fermentação em garrafa ou tradicional, esse tem um forte efeito sobre o caráter de sua fruta. Parece maduro e untuoso, acompanhado de frutos secos e de especiarias que ganham destaque à medida que o vinho permanece na taça. A textura é muito macia, com borbulhas redondas e aveludadas.

GRAN TERROIR IDENTIDADE CORTE
MERLOT, ARINARNOA, MARSELAN 2013
$$$$$ | SERRA DO SUDESTE | 13°

Na serra do Sudeste, a Casa Valduga possui vinhedos plantados há cerca de quinze anos, com os quais produz essa mistura de Merlot mais duas uvas resultantes de cruzamentos entre variedades: Marselan, um cruzamento entre Cabernet Sauvignon e Garnacha; e Arinarnoa, um cruzamento entre Tannat e Cabernet Sauvignon. O resultado desta mistura muito particular, que envelhece um ano em barricas, é um vinho com uma tremenda estrutura de taninos e uma densidade de frutos ampla e untuosa. Tudo é grande nesse vinho tinto, desde o corpo até a dimensão de seus taninos. Escolham cordeiro para acompanhá-lo.

*‹ prova de **vinhos** ›*

RSV BRUT
CHARDONNAY, PINOT NOIR 2017
$$$ | VALE DOS VINHEDOS | 12°

Uma espumante enérgico em acidez, tenso, com borbulhas afiadas e acentuadas; e sabores cítricos e de ervas. É simples, direto, com boa profundidade e bom corpo, que pede ostras ou ouriços. Esse espumante é elaborado pelo método tradicional de segunda fermentação em garrafa e tem 25 meses de estágio com suas borras ou o que também é conhecido como autólise. É nesse processo que o vinho ganha complexidade aromática e suaviza sua borbulha.

130 BRUT DÉGORGEMENT
CHARDONNAY, PINOT NOIR 2019
$$$$$ | VALE DOS VINHEDOS | 12.5°

Um estilo suculento tem esse espumante com estágio de 36 meses em suas borras. O caráter oxidativo é sentido nas notas de frutos secos e de especiarias, enquanto a boca possui uma textura suave e sedosa, cheia de borbulhas que parece espuma na língua.

GRAN RAÍZES CORTE
TANNAT, CABERNET SAUVIGNON, CABERNET FRANC 2015
$$$$$ | CAMPANHA GAÚCHA | 13.5°

Com uvas colhidas muito tarde na temporada e com uma grande quantidade de madeira na mistura final (doze meses em carvalho novo), esse é um vinho untuoso e doce, grande em todos os seus aspectos. Maduro e expansivo.

TERROIR
CHARDONNAY 2018
$$$ | VALE DOS VINHEDOS | 12°

Do vale dos Vinhedos, a região vinícola mais turística do Brasil, esse é produzido graças às vinhas de Chardonnay de cerca de 15 anos. As frutas maduras e untuosas têm todo o destaque nesse vinho, dando-lhe um caráter untuoso e amplo. Enche a boca com sua madurez e textura aveludada.

OUTROS VINHOS SELECIONADOS

89 | RSV MOSCATEL ESPUMANTE Moscato Giallo N/V | Vale dos Vinhedos 7.5° | $$$

87 | ARTE TRADICIONAL ELEGANCE Chardonnay, Pinot Noir 2017 Vale dos Vinhedos | 11° | $$$

86 | NATURELLE MOSCATEL ROSÉ ESPUMANTE Moscato Branco, Moscatel de Hamburgo N/V | Vale dos Vinhedos | 7.5° | $$$

Domno do Brasil

PROPRIETÁRIOS Juarez, João e Erielso Valduga
ENÓLOGO Daniel Dalla Valle
WEB www.pontonero.com.br
RECEBE VISITAS *Sim*

Enólogo
DANIEL DALLA VALLE

Além de ser uma importadora de vinhos de diversos países, com bons rótulos do Chile (Maquis e Casas del Bosque) e Argentina (Vistalba e Argento), Domno do Brasil tem desde 2008 no Vale dos Vinhedos sua própria vinícola de espumantes, com um catálogo de 7 rótulos, comercializados sob a marca Ponto Nero, todos elaborados pelo método Charmat. Domno do Brasil é parte do grupo de vinícolas da Casa Valduga.

VINHOS

 PONTO NERO ICON 40 MESES BRUT
CHARDONNAY N/V
$$$$$ | VALE DOS VINHEDOS | 12°

Esse espumante é elaborado pelo método Charmat, que produz espumantes de maneira mais industrial, embora sem serem gaseificados, mas por segunda fermentação, que nesse caso é em tanques. A principal diferença com esse vinho é que o contato com borras é muito mais longo do que na maioria dos Charmat. Foram quarenta meses de envelhecimento (contra um ou dois meses do restante), o que lhe confere um caráter muito mais complexo, misturando notas de frutas com toques de especiarias e de leveduras. A borbulha é abundante, fina e a acidez é suculenta. Um dos melhores Charmat da América do Sul.

 PONTO NERO CULT BRUT
CHARDONNAY, PINOT NOIR, RIESLING ITÁLICO N/V
$$$ | VALE DOS VINHEDOS | 12°

Esse vinho é elaborado pelo método Charmat de segunda fermentação em tanques de aço, mas aqui é um "Charmat longo", o que significa que tem muito tempo (seis meses aqui) em contato com suas borras. E esse contato dá a esse vinho uma sensação suave de cremosidade e também aromas de leveduras, mas o principal é a fruta viva e suculenta. Para refrescar um barco de nigiris.

 PONTO NERO CULT BRUT ROSÉ
CHARDONNAY, PINOT NOIR N/V
$$$ | VALE DOS VINHEDOS | 12°

De vinhas de Chardonnay e de Pinot Noir de mais de 15 anos, essa mistura tem seis meses de contato com as borras, o que é bastante prolongado para os padrões desse método. O resultado é um vinho cheio de frutas vermelhas e uma acidez suculenta que faz salivar. Outro para as férias de verão, por caixas de doze.

‹ *prova de* *vinhos* ›

OUTROS VINHOS SELECIONADOS

89 | PONTO NERO LIVE CELEBRATION BRUT Chardonnay, Glera, Pinot Noir, Riesling Itálico N/V | Vale dos Vinhedos | 11° | $$

89 | PONTO NERO LIVE CELEBRATION BRUT Glera N/V | Vale dos Vinhedos | 10° | $$

88 | PONTO NERO LIVE CELEBRATION BRUT ROSÉ Chardonnay, Pinot Noir, Riesling Itálico, Glera, Merlot N/V | Vale dos Vinhedos | 10.5° | $$

88 | PONTO NERO LIVE CELEBRATION MOSCATEL ESPUMANTE Moscato N/V Vale dos Vinhedos | 7.5° | $$

Don Guerino

PROPRIETÁRIO Osvaldo Amadeu Motter
ENÓLOGO Bruno Motter
WEB www.donguerino.com.br
RECEBE VISITAS *Sim*

Enólogo
BRUNO MOTTER

Localizada em **Alto Feliz**, em uma encosta da Serra Gaúcha, Don Guerino é uma vinícola familiar fundada em 2007 por Osvaldo Motter, quarta geração de uma família de imigrantes italianos. Desde 2011 quem elabora os vinhos é seu filho, o enólogo Bruno Motter, formado em Mendoza. Em Alto Feliz, a uns 500 metros de altura, tem 55 hectares de vinhedos e produzem anualmente cerca de 500.000 garrafas, sendo 60% por cento delas de espumantes.

VINHOS

92 | **BLANC DE BLANC NATURE**
CHARDONNAY N/V
$$$$ | ALTO FELIZ | 12°

De vinhedos de 10 anos em Alto Feliz, essa Nature tem três anos de estágio com suas borras pelo método tradicional de segunda fermentação em garrafa e apenas dois gramas de açúcar. Tudo isso é sentido na complexidade dos sabores e na predominância da acidez, que aqui tem todo o poder de refrescar e também de dar um certo ar de austeridade. As borbulhas são finas e generosas em quantidade, milhares de pequenas agulhas que picam o paladar nesse vinho perfeito para comer com ostras.

91 | **DON GUERINO MOSCATEL ESPUMANTE**
MOSCATO GIALLO, MOSCATO BRANCO 2019
$$ | FARROUPILHA | 7.6°

Farroupilha está localizada entre as cidades de Caxias do Sul e de Bento Gonçalves e é uma área de alta altitude, com um clima mais fresco, onde a Moscatel possui uma cota de alta acidez. E isso ajuda a equilibrar o estilo de seus vinhos espumantes, inspirados nas borbulhas de Asti, no norte da Itália. Aqui existem cerca de 70 gramas de açúcar, mas a acidez é tão suculenta e refrescante que não há nada enjoativo nesse vinho. Pelo contrário, é para se beber por litros quando você precisa se defender do calor.

90 | **DON GUERINO MOSCATEL ROSÉ ESPUMANTE**
MOSCATO BRANCO, MOSCATO GIALLO, MOSCATEL DE HAMBURGO 20
$$ | FARROUPILHA | 7.6°

Imagine um suco de cerejas ácidas, com um pouco de açúcar para equilibrar e você terá uma ideia mais ou menos precisa do que é este rosado

Don Guerino

feito de uvas Moscatel na área de Farroupilha, a leste de Bento Gonçalves, a terra por excelência do Moscatel doce e refrescante do Brasil. Aqui se tem um vinho para se beber por litros.

90 | LUMEN BRUT
CHARDONNAY N/V
$$$$ | ALTO FELIZ | 11.5°

Esse 100% Chardonnay é elaborado pelo método Charmat de segunda fermentação em tanques de aço. O habitual é que o contato com as borras nesse método seja bastante breve, mas, neste caso, é um "Charmat Longo" que permaneceu em borras por um ano e que deu uma complexidade extra, não tanto em termos de complexidade de aromas, mas em sua estrutura que se sente sutil, muito suave e cremosa. Os sabores são suculentos, frutados e refrescantes, em um excelente exemplo de estilo.

OUTROS VINHOS SELECIONADOS
89 | CUVÉE EXTRA BRUT Chardonnay N/V | Alto Feliz | 12° | $$$
86 | VINTAGE Torrontés 2019 | Alto Feliz | 12° | $$

Era dos Ventos

PROPRIETÁRIO Luis Henrique Zanini
ENÓLOGO Luis Henrique Zanini
WEB www.eradosventos.com.br
RECEBE VISITAS Não

Proprietário & enólogo
LUIS HENRIQUE ZANINI

Luis Henrique Zanini e seus dois sócios, Pedro Hermeto, um restaurateur do Rio de Janeiro e Álvaro Escher, um colega enólogo, começaram este projeto em 2007 com o objetivo de resgatar velhas vinhas e velhas cepas que chegaram com os imigrantes italianos ao sul do Brasil no fim do século XIX. A filosofia de Era dos Ventos é se aproximar da vinificação com mínima intervenção, só usando as uvas, todas fermentadas em lagares abertos de madeira (exceto o On the Rock, que é feito em lagares de basalto) e com leveduras nativas. A produção total é de 5.000 garrafas, principalmente de vinhedos próprios em distintas zonas da Serra Gaúcha que somam 13 hectares no total.

VINHOS

92 | EDIÇÃO 2018 NATURE SUR LIE
PEVERELLA N/V
$$$$$ | BENTO GONÇALVES | 12°

Acredita-se que a Peverella (uma uva do norte da Itália) tenha sido a primeira vitis vinífera branca trazida pelos imigrantes italianos ao sul do Brasil, no final do século XIX. Esse vinho é proveniente de antigas vinhas de Peverella na região dos Caminhos da Pedra, vinhas que se voltam para a exposição quente do norte, o que ajuda a um bom amadurecimento em um clima bastante úmido como o da Serra Gaúcha. Nesse caso, 20% do vinho base provém de uvas Peverella da safra 2013 e que estagiam por quatro anos em barricas usadas. O restante é vinho fresco da safra 2017. A mistura é uma loucura com aromas láticos, frutados e especiados. O nariz é um pouco agressivo com seus aromas animais e terrosos, mas na boca é onde

‹ *prova de **vinhos*** ›

a fruta é melhor expressada, apoiada por borbulhas amáveis e suculentas. Um vinho grande, para acompanhar carne de porco defumada.

  TREBBIANO ON THE ROCK
TREBBIANO 2019
$$$$ | BENTO GONÇALVES | 12.2°

Este vinho provém de vinhedos de cerca de 40 anos de Trebbiano, nos Caminhos de Pedra, em solos de rochas basálticas (daí o nome). Fermentado em uma vinícola construída especialmente com rocha de basalto (do mesmo terroir em que a vinha foi plantada), esse vinho estagia metade em barricas e metade em tanques de aço. O resultado é um vinho de grande corpo, enche a boca com sua textura rústica, cercada por notas florais e frutadas. Um vinho de ótima estrutura, quase a estrutura de um vinho tinto, é um laranja que você precisa para os ouriços.

Estrelas do Brasil

PROPRIETÁRIOS Irineo Dall'Agnol & Alejandro Cardozo
ENÓLOGOS Irineo Dall'Agnol & Alejandro Cardozo
WEB www.estrelasdobrasil.com.br
RECEBE VISITAS *Sim*

Proprietários & enólogos
IRINEO DALL AGNOL & ALEJANDRO CARDOZO

Em frente das imponentes montanhas da Serra Gaúcha, Estrelas do Brasil produz alguns dos espumantes mais originais do país. Foi fundada em 2005 em Bento Gonçalves pelo brasileiro Irineo Dall'Agnol e pelo uruguaio Alejandro Cardozo. Cardozo é também um dos enólogos mais influentes em termos de espumantes no país, sendo assessor de numerosas vinícolas no Brasil e de outras no Uruguai, Chile e Peru.

VINHOS

  ESTRELAS DO BRASIL NATURE ROSÉ
PINOT NOIR 2014
$$$$$ | FARIA LEMOS | 12°

Para esse Nature rosé, Estrelas obtém uvas de vinhedos clonais de Pinot Noir, na área de Faria Lemos. O vinho é feito pelo método tradicional de segunda fermentação em garrafa e com o tempo de estágio em borras extra longo para um espumante rosé sul-americano que se estende por 48 meses, não menos de quatro anos em contato com os restos de leveduras mortas, que aqui oferecem toques de padaria e de especiarias em um vinho que ainda é muito frutado, mas também oferece outras camadas mais complexas, como sabores terrosos e especiados. A boca é cheia, mas a acidez é aguda e as borbulhas são abundantes e macias.

  SUR LIE SELVAGEM NATURE
TREBBIANO 2016
$$$$$ | FARIA LEMOS | 11°

Com 40 meses de contato com as borras pelo método tradicional de segunda fermentação em garrafa, esse Trebbiano de vinhedos da região de Nova Prata, na Serra Gaúcha, foi acondicionado sem degola, ou seja, sem separar o vinho das borras ou leveduras mortas o que confere uma cor turva, mas também notas lácticas em meio aos sabores frutados e espe-

Estrelas do Brasil

ciados. É um vinho com muito corpo, muito amplo no palato e as borbulhas parecem expansivas, generosas em quantidade. Escolha ouriços para dar a esse nature ainda mais vida.

90 | ESTRELAS DO BRASIL EXTRA BRUT ROSÉ
PINOT NOIR N/V
$$$$ | FARIA LEMOS | 12°

100% Pinot Noir de vinhedos clonais plantados na área Faria Lemos, na Serra Gaúcha, tem 30 meses de contato com as borras, seguindo o método "champenoise" de segunda fermentação em garrafa. As frutas e especiarias vermelhas desse Pinot aparecem claramente, mas também a força de sua estrutura em um vinho que é refrescante e suculento para beber, mas também tem ossos duros que podem acompanhar uma mesa de embutidos ou mollejas.

OUTROS VINHOS SELECIONADOS
88 | ESTRELAS DO BRASIL BRUT CLÁSSICO Chardonnay, Viognier, Riesling Itálico, Trebbiano N/V | Faria Lemos | 12° | $$$$
87 | ESTRELAS DO BRASIL PROSECCO BRUT Glera 2019 | Faria Lemos | 11° | $$

Geisse

PROPRIETÁRIO Mario Geisse
ENÓLOGOS Mario Geisse & Carlos Abarzua
WEB www.familiageisse.com.br
RECEBE VISITAS Sim

Enólogo
CARLOS ABARZUA

Em 1979, o enólogo chileno **Mario Geisse,** que chegou ao Brasil como diretor técnico de Moët & Chandon, começou este projeto familiar de espumantes apostando em Pinto Bandeira, uma das zonas de maior altura em Bento Gonçalves, plantando principalmente Chardonnay e Pinot Noir. Com os anos - e com os bons resultados - sua vinícola se consagrou como um dos produtores de espumantes mais prestigiados do Brasil. De seu extenso catálogo destaca-se especialmente a linha Cave Geisse, que é a que agrupa seus espumantes de maior hierarquia e que passam por longos períodos de estágio.

IMPORTADORES: BRASIL: www.familiageisse.com.br   www.grandcru.com.br | USA: www.wine4theworld.com

VINHOS

93 | CAVE GEISSE TERROIR NATURE
CHARDONNAY, PINOT NOIR 2015
$$$$$ | PINTO BANDEIRA | 12°

Esse é um dos grandes espumantes do Brasil e também uma maneira clara de ver o potencial que esse país tem nesse estilo. Para esse Terroir, Geisse seleciona uvas de vinhedos com idade média de 25 anos, todos plantados nos solos basálticos de Pinto Bandeira. Produzida pelo método tradicional (segunda fermentação na garrafa), essa mistura de 50% Chardonnay e 50% Pinot Noir tem um longo estágio com as borras por cerca de quatro anos. E o produto deste longo estágio é um vinho de grande complexidade, mas ao mesmo tempo de grande frescor. Possui sabores e aromas de leveduras, mas também de frutas brancas maduras e principalmente de especiarias.

‹ *prova de* **vinhos** ›

As borbulhas são macias e abundantes, a acidez aguda e crocante. Embora esteja pronto para beber hoje, esse vinho ainda tem muitos anos pela frente.

 CAVE GEISSE BLANC DE NOIR BRUT
PINOT NOIR 2016
$$$$$ | PINTO BANDEIRA | 12°

100% Pinot Noir de vinhedos de 20 anos em Pinto Bandeira, possui uma estrutura de acidez imponente. Como se estivesse afiada, essa acidez se desdobra pela boca, refrescando todos os cantos. As borbulhas são finas, mas abundantes e com bordas semelhantes, sublinhando essa estrutura e proporcionando frescor. O vinho é intenso, encorpado e os sabores são suculentos, embora nunca se canse. Tudo está em equilíbrio aqui.

 CAVE GEISSE BRUT MAGNUM
CHARDONNAY, PINOT NOIR 2013
$$$$$ | PINTO BANDEIRA | 12°

Essa é uma edição especial, disponível apenas no formato magnum (500 garrafas no total) de Cave Geisse Brut, 70% Chardonnay e o restante de Pinot Noir, tudo da safra de 2013 e que foram engarrafadas para a ocasião com nada menos que seis anos de envelhecimento com as borras. O resultado é um vinho que, apesar dos anos, mantém uma camada de frutas brancas maduras, misturadas com toques especiados e de leveduras típicas de um vinho que permaneceu tanto tempo com suas borras. A borbulha é sedosa e termina com toques frutados e de ervas.

 CAVE GEISSE SINCE 1979 NATURE VINTAGE
CHARDONNAY, PINOT NOIR 2010
$$$$$ | PINTO BANDEIRA | 12°

Essa mistura de 70% Chardonnay e 30% Pinot Noir, provenientes de vinhedos de cerca de 25 anos em média, é para comemorar os 40 anos em que o enólogo chileno Mario Geisse chegou ao sul do Brasil para começar a produzir vinhos. Uma longa trajetória que o posicionou como um dos mais importantes produtores de espumantes na América do Sul. Somente em garrafas de magnum (1.500 garrafas), esse vinho elaborado pelo método tradicional de segunda fermentação em garrafa tem nove anos com borras ou restos de leveduras mortas e isso trouxe toda a complexidade que oferece hoje. Mais do que frutado, esse vinho é especiado e herbáceo, com borbulhas macias e cremosas. É profundo em sabores, com uma acidez firme e penetrante. Tem ainda muita vida pela frente.

 CAVE AMADEU LARANJA NATURE
CHARDONNAY 2017
$$$ | PINTO BANDEIRA | 12°

A moda dos vinhos laranjas, macerados com a casca, também chega aos espumantes. Esse 100% Chardonnay é elaborado pelo método tradicional de segunda fermentação em garrafa e tem dois anos de contato com as borras e sem SO2 na vinificação, seguindo o exemplo dos chamados vinhos naturais, feitos apenas a partir de uvas. O resultado é um vinho muito particular, com uma cor bastante escura e com um corpo tenso em acidez, firme em taninos e borbulhas. Robusto, amplo, tudo afirmado em uma estrutura de acidez firme e acentuada. Esse é para guardar por uma década e beber agora com ouriços crus.

Geisse

 CAVE AMADEU RÚSTICO NATURE
CHARDONNAY, PINOT NOIR 2016
$$$ | PINTO BANDEIRA | 12°

Este é o segundo ano que provamos esse Rústico Nature, o primeiro dos vinhos espumantes da Geisse que são engarrafados sem dégorgement, ou seja, quando o vinho ainda está estagiando com suas borras pelo método tradicional de segunda fermentação na garrafa. Os sabores aqui são complexos e profundos, com predominância de notas de padaria resultantes do contato com as lias. A boca tem um corpo muito bom, denso, saboroso e profundo.

 CAVE GEISSE BLANC DE BLANC BRUT
CHARDONNAY 2016
$$$$$ | PINTO BANDEIRA | 12°

Para esse Blanc de Blanc, Geisse seleciona vinhedos de cerca de 20 anos plantados em solos de rochas basálticas de Pinto Bandeira. O vinho tem pelo menos três anos de estágio e, embora sejam sentidas as notas desse envelhecimento (aromas de leveduras), o que predomina aqui são as frutas frescas e brancas, além da deliciosa acidez. Esse período de contato também moldou a textura das bolhas, suavizando suas bordas. Um vinho profundo, mas ao mesmo tempo refrescante.

 CAVE GEISSE BRUT
CHARDONNAY, PINOT NOIR 2017
$$$$ | PINTO BANDEIRA | 12°

Uma deliciosa camada de notas cítricas abre-se lentamente para revelar aromas mais complexos de leveduras e de especiarias nesse espumante fresco, crocante e tenso, feito com 70% Chardonnay e 30% Pinot Noir, todos de vinhedos de cerca de 15 anos plantados em solos das rochas basálticas de Pinto Bandeira. As borbulhas, depois de dois anos com as borras, suavizaram-se como creme. Para o ceviche.

 CAVE GEISSE EXTRA BRUT
CHARDONNAY, PINOT NOIR 2016
$$$$$ | PINTO BANDEIRA | 12°

Trata-se de uma mescla de 50% Chardonnay e 50% Pinot Noir e, como em todos os vinhos da linha Cave Geisse, possui três anos de contato com as borras pelo método tradicional de segunda fermentação em garrafa. Além disso, e também como os outros membros dessa linha, esse Extra Brut tem uma densidade que retém o paladar, além de borbulhas muito abundantes e ao mesmo tempo muito finas, acentuando o frescor. Nesse ponto do desenvolvimento do vinho espumante no Brasil, esse é um clássico e também uma amostra de potencial.

 VICTORIA GEISSE GRAN RESERVA EXTRA BRUT VINTAGE CHARDONNAY, PINOT NOIR 2016
$$$$$ | PINTO BANDEIRA | 12°

Uma versão fresca e frutada pouco usual, esse Victoria tem três anos em contato com as borras, mas mais do que o lado de padaria que dá esse estágio, aqui o que predomina são as frutas, o frescor e o brilho da acidez em um vinho que, aparentemente, ainda tem uma vida longa pela frente. É uma mistura de 75% Chardonnay e 25% Pinot Noir de vinhedos de cerca de doze anos plantados em Pinto Bandeira.

‹ *prova de* **vinhos** ›

92 | VICTORIA GEISSE RESERVA EXTRA BRUT VINTAGE CHARDONNAY, PINOT NOIR 2017
$$$$ | PINTO BANDEIRA | 12°

Para este **Reserva**, uma mescla de Chardonnay e Pinot Noir de vinhedos de doze anos, a Geisse estagia essa mistura em suas borras por dois anos pelo método tradicional de segunda fermentação e envelhecimento em garrafa. E, se comparado ao Victoria básico, oferece uma carga e frescor aromáticos semelhantes, mas com maior complexidade aromática e gustativa, com toques de especiarias e de padaria. Sente-se um vinho mais importante, embora igualmente refrescante.

91 | CAVE GEISSE BRUT ROSÉ
PINOT NOIR 2017
$$$$ | PINTO BANDEIRA | 12°

Um delicioso suco de cerejas ácidas com borbulhas, esse possui borbulhas abundantes, finas e macias. O vinho tem, portanto, uma sensação cremosa que une esses sabores a frutas vermelhas e essa acidez que aumenta a tensão. É preciso ter em mente quando se trata de roastbeef.

91 | CAVE GEISSE NATURE
CHARDONNAY, PINOT NOIR 2017
$$$$ | PINTO BANDEIRA | 12°

Essa mistura de 70% Chardonnay e 30% Pinot Noir tem dois anos de contato com as borras e representa talvez o lado mais austero e menos expressivo dos vinhos da linha Cave Geisse. Os aromas são levemente herbáceos, enquanto a sensação das bolhas é firme e acentuada, em um corpo generoso, com acidez e sabores muito firmes que se movem entre notas cítricas e de ervas.

91 | VICTORIA GEISSE EXTRA BRUT ROSÉ VINTAGE
PINOT NOIR 2018
$$$$ | PINTO BANDEIRA | 12°

Rosado 100% Pinot cheio de frutas vermelhas ácidas, deliciosas em seu frescor. Com um ano de contato com as borras, não perdeu nada do seu lado jovem e vibrante, um suco de cerejas refrescante, tenso em acidez e com borbulhas abundantes e finas, que convidam a continuar bebendo.

91 | VICTORIA GEISSE EXTRA BRUT VINTAGE
CHARDONNAY, PINOT NOIR 2018
$$$$ | PINTO BANDEIRA | 12°

Esse espumante é produzido com vinhedos de Chardonnay e de Pinot de cerca de doze anos, plantados em Pinto Bandeira. A proporção desse ano tem 75% Chardonnay e o restante de Pinot Noir, com um ano de estágio com as borras pelo método tradicional de segunda fermentação em garrafa. Esse é o básico dos vinhos da linha Victoria Geisse, portanto, não é de surpreender que se concentre no frescor da acidez e nos sabores frutados, que se desenrolam pela boca com energia. Ideal para o aperitivo.

OUTROS VINHOS SELECIONADOS
89 | CAVE AMADEU BRUT ROSÉ Pinot Noir 2018 | Pinto Bandeira | 12° | $$$
88 | CAVE AMADEU BRUT Chardonnay, Pinot Noir 2018 | Pinto Bandeira | 12° | $$$

Guaspari

PROPRIETÁRIO Guaspari
ENÓLOGO Cristián Sepúlveda
WEB www.vinicolaguaspari.com.br
RECEBE VISITAS Sim

Enólogo
CRISTIÁN SEPÚLVEDA

Situada no interior de São Paulo, Guaspari foi fundada em 2006 e atualmente possui cerca de 50 hectares de vinhedos. Guaspari é o resultado do espírito empreendedor da família de mesmo nome, que, em pouco mais de 15 anos, transformou uma antiga fazenda de café em Espírito Santo do Pinhal. O projeto, para evitar as fortes chuvas do verão quente do Brasil, aproveita a transferência da colheita para o inverno através do sistema de poda invertida. A vinícola produz brancos, rosados e tintos. **IMPORTADOR:**
BRASIL: www.loja.vinicolaguaspari.com.br

VINHOS

 VALE DA PEDRA BRANCO
SAUVIGNON BLANC 2018
$$$$ | ESPÍRITO SANTO DO PINHAL | 13.5°

De vinhas de 8 anos em Espírito Santo do Pinhal e plantadas em solos de argila e de areia com fundo de granito, esse Sauvignon sem passar pela madeira, mas com seis meses de envelhecimento em suas borras, possui uma estrutura firme de acidez e de concentração. Sabores de fruta, que fazem esse branco parecer grande, imponente na boca. Notas de ervas e de especiarias o tornam complexo.

OUTRO VINHO SELECIONADO
89 | VALE DA PEDRA TINTO Syrah 2018 | Espírito Santo do Pinhal | 14° | $$$$

Guatambu

PROPRIETÁRIO Valter José Potter
ENÓLOGOS Gabriela Potter & Alejandro Cardozo
WEB www.guatambuvinhos.com.br
RECEBE VISITAS Sim

Proprietário
VALTER JOSÉ POTTER

No município de Dom Pedrito, na Campanha Gaúcha, está a Guatambu, uma antiga fazenda agrícola conhecida entre outras coisas pela criação de gado. No ano 2003, para de diversificar suas atividades, plantam seus primeiros vinhedos trazendo plantas da França e da Itália. Encarregados da elaboração dos vinhos está desde o início Gabriela Hermann Potter, parte da terceira geração da família proprietária da Guatambu, e em 2011 soma-se ao projeto Alejandro Cardozo, um dos produtores de espumantes mais prestigiados do Brasil. Ainda que o forte desta vinícola situada na zona limite com Uruguai sejam os vinhos tranquilos, nos últimos anos vem expandindo sua oferta de espumantes graças ao trabalho de Cardozo.

*‹ prova de **vinhos** ›*

VINHOS

91 | **GUATAMBU NATURE**
CHARDONNAY 2019
$$$ | CAMPANHA GAÚCHA | 12.5°

Bem na fronteira com o Uruguai, na Campanha Gaúcha, o céu está sempre limpo e as uvas podem amadurecer sem problemas. Sob essas condições, e em solos arenosos, esse Chardonnay Nature elaborado pelo método tradicional de segunda fermentação em garrafa parece amplo e maduro, mas com acidez suficiente (acentuada e tensa) para alcançar um equilíbrio refrescante. As borbulhas são densas e penetrantes, contribuindo para essa sensação de frescor. Um vinho de bom tamanho para churrasco.

91 | **ISADORA NATURE ROSÉ**
CHARDONNAY, PINOT NOIR 2018
$$$$ | CAMPANHA GAÚCHA | 12.5°

Este espumante levemente rosado é produzido com vinhedos da Guatambu na Campanha Gaúcha, no sul do Brasil e quase na fronteira com o Uruguai. É uma área ensolarada, de pampas, onde as uvas amadurecem sem problemas. É frutado e fresco, com as notas de frutas vermelhas ácidas que enchem o paladar. Foi elaborado pelo método tradicional de segunda fermentação em garrafa e, com apenas um ano de contato com as borras, o frescor e a fruta desse espumante são o ponto central. Para peixes grelhados.

90 | **GUATAMBU EXTRA BRUT**
CHARDONNAY 2019
$$$ | CAMPANHA GAÚCHA | 12.5°

Uma expressão simples e direta de Chardonnay, esse espumante elaborado pelo método tradicional de segunda fermentação em garrafa. 25% do vinho base estagia em barricas, mas isso dificilmente leva uma parcela de especiarias a um vinho frutado, refrescante e amável.

OUTRO VINHO SELECIONADO
88 | GUATAMBU BRUT ROSÉ Gewürztraminer, Pinot Noir 2019 | Campanha Gaúcha 12.5° | $$$

Hermann

PROPRIETÁRIO Adolar Leo Hermann
ENÓLOGO Átila Zavarizze
WEB www.vinicolahermann.com.br
RECEBE VISITAS *Não*

Proprietário
ADOLAR LEO HERMANN

Hermann encontra-se na zona de **Pinheiro Machado**, na Serra do Sudeste. Ali, Adolar Hermann e seu filho Edson (donos da Decanter, uma conhecida importadora de vinhos) compraram em 2009 um vinhedo que hoje soma 21 hectares, com os quais produzem vinhos tranquilos e espumantes. O assessor enológico é o português Anselmo Mendes, um dos produtores de brancos mais célebres da Europa, especialmente por seu trabalho com os Alvarinhos de Monção e Melgaço na região do Minho (Portugal).

IMPORTADOR: BRASIL: www.decanter.com.br

VINHOS

 **LÍRICA CRUA**
CHARDONNAY, VERDEJO, PINOT NOIR N/V
$$$$ | PINHEIRO MACHADO | 11.8°

Crua é uma mistura de 80% Chardonnay, 10% Gouveio (Verdejo) e o restante de Pinot Noir, tudo de vinhedos próprios na Serra do Sudoeste. Elaborado pelo método tradicional de segunda fermentação em garrafa, esse vinho não passou pelo processo de degola, ou seja, não foi separado de suas borras, por isso a cor turva que mostra. A versão que provamos para o Descorchados 2020 tem sete anos de estágio com as lias, o que sem dúvida lhe confere uma complexidade que vai além da fruta. Cheira a especiarias e ervas, tem um lado terroso e uma textura selvagem, de borbulhas que ainda não foram domadas, apesar dos anos na garrafa. Um dos pioneiros nesse estilo "cru", esse Lírica tem uma vida longa em garrafa.

 **LÍRICA BRUT**
CHARDONNAY, PINOT NOIR, VERDELHO N/V
$$$$ | PINHEIRO MACHADO | 12°

Da região de Pinheiro Machado, na Serra do Sudeste, misturando Pinot, Chardonnay e Verdelho, esse brut de um ano de idade em suas borras, pelo método tradicional de segunda fermentação em garrafa. É fresco, concentrado em frutas e em flores brancas, com uma borbulha muito fina e abundante, embora selvagem, que pinica a língua. Ideal para ostras.

«‹‹---›››

‹ *prova de* **vinhos** ›

Luiz Argenta

PROPRIETÁRIO Deunir Luis Argenta
ENÓLOGO Edegar Scortegagna
WEB www.luizargenta.com.br
RECEBE VISITAS *Sim*

Proprietário
DEUNIR LUIS ARGENTA

Este projeto de **Flores da Cunha,** a histórica zona produtora do Brasil, foi fundado em 1999 pelos irmãos Deunir e Itacir Argenta, quem compraram a propriedade e batizaram o empreendimento em homenagem a seu pai, Luiz Argenta. Um marco em sua breve história foi a inauguração de sua moderna vinícola em 2009, uma das mais vistosas do Brasil. A inauguração coincidiu com uma nova etapa na empresa, de plantação de novos vinhedos. Hoje têm 55 hectares plantados de onde produzem anualmente 180.000 garrafas. O projeto é capitaneado atualmente por Deunir e sua filha, Daiane Argenta.

VINHOS

 CAVE 48 MESES NATURE ROSÉ
PINOT NOIR 2015
$$$$$ | FLORES DA CUNHA | 12.5°

Um espumante rosé, mas dos mais sérios, esse é *nature*, o nível mais baixo de doçura, e também tem quatro anos de estágio com suas borras, segundo o método tradicional de segunda fermentação em garrafa. E as uvas, 100% Pinot Noir, provêm de Altos Montes, uma área de altura, fresca, da Serra Gaúcha. Tudo isso dá um vinho generoso em frutas vermelhas ácidas, mas também com um lado terroso que lhe dá complexidade. A borbulha é abundante e firme, com uma acidez suculenta e acentuada ao mesmo tempo. E o final é levemente herbáceo e especiado. Um vinho espumante que leva o rosado a um nível mais alto no contexto de espumantes rosé na América do Sul.

 CAVE
SAUVIGNON BLANC 2017
$$$$$ | FLORES DA CUNHA | 13°

Da área de Flores da Cunha, em Altos Montes, uma área de alta altitude na Serra Gaúcha, esse Sauvignon tem pelo menos dois anos de estágio em barricas, algo incomum para a cepa desse lado do mundo. Aqui a influência da madeira é sentida, especialmente no nariz. Na boca, há maior equilíbrio e o clima fresco de Flores da Cunha imprime aqui frutas frescas e um nervo de acidez que se destaca acima das notas tostadas. É um vinho de rica densidade, para acompanhar truta grelhada.

 CAVE 48 MESES BRUT
CHARDONNAY 2015
$$$$$ | FLORES DA CUNHA | 12.5°

Após 48 meses de estágio com as borras, esse vinho não perdeu nada da sua fruta que aqui parece madura e fresca. Por outro lado, esse estágio contribui com complexidade, por meio de notas especiadas e de frutos secos. O corpo é cheio, com borbulhas gentis e redondas e uma acidez que saliva e responde muito bem ao clima de onde vem esse Chardonnay, das alturas de Flores da Cunha, em Altos Montes. Para sashimi ou tiradito.

Luiz Argenta

 CAVE BLANC DE NOIR NATURE 36 MESES
PINOT NOIR 2016
91 $$$$$ | FLORES DA CUNHA | 12.5°

De uma das áreas mais altas da Serra Gaúcha, em Flores da Cunha, onde o clima é mais frio e as uvas amadurecem mais lentamente, esse 100% Pinot Noir é vinificado de acordo com a técnica tradicional de segunda fermentação em garrafa. Nesse caso, o vinho passa cinco meses com as borras após a primeira fermentação e 36 meses nas borras após a segunda fermentação na garrafa. O resultado é um Pinot com muita aderência na boca, muito longo, muito denso, mas sem perder o frescor que a acidez lhe confere. Para ostras.

Maximo Boschi

PROPRIETÁRIO Renato Antônio Savaris
ENÓLOGO Daniel Dalla Valle
WEB www.maximoboschi.com.br
RECEBE VISITAS Sim

Proprietário
RENATO ANTÔNIO SAVARIS

Maximo Boschi é o projeto dos enólogos brasileiros Renato Savaris (ex-Maison Forestier e ex-Casa Valduga) e Daniel Dalla Valle (Casa Valduga). Produzem anualmente 30.000 garrafas (70% espumantes) e sua filosofia é explorar o potencial de guarda dos vinhos brasileiros, dando vários anos de estágio a seus rótulos. Um exemplo extremo são os tintos que são lançados ao mercado até 16 anos depois da colheita. Nesse sentido, seus espumantes também podem passar vários anos em contato com suas borras antes de serem engarrafados.

VINHOS

BIOGRAFIA EXTRA BRUT
CHARDONNAY, PINOT NOIR 2013
93 $$$$$ | SERRA GAÚCHA | 12.5°

Para **Biografia Extra Brut**, Maximo Boschi utiliza vinhedos de cerca de 23 anos plantados nos solos de rochas basálticas de Bento Gonçalves. O vinho permanece com as borras por 36 meses e depois de se adicionar o licor de expedição, o teor de açúcar é um pouco maior do que 3 gramas por litro, que na verdade é muito seco. Sente-se austero, tenso e vertical. Os aromas e sabores são especiados, de frutos secos e de terra, enquanto a boca é imponente, com uma acidez energética e borbulhas abundantes e afiadas. Para queijos azuis.

 BIOGRAFIA BRUT
CHARDONNAY, PINOT NOIR 2013
91 $$$$$ | SERRA GAÚCHA | 12.5°

Um espumante de caráter austero e vinoso, muito profundo. Essa mescla de Chardonnay e de Pinot Noir vem de vinhedos de 23 anos plantados em Bento Gonçalves. O vinho é produzido pelo método tradicional de segunda fermentação em garrafa e, nesse caso, tem 36 meses de envelhecimento com borras na garrafa, o que explica esse lado das frutas e de leveduras, mas também a textura das borbulhas que são macias e expansivas ao mesmo tempo.

‹ *prova de* **vinhos** ›

 RACCONTO BRUT ROSÉ
CHARDONNAY, PINOT NOIR 2017
$$$$ | SERRA GAÚCHA | 12.5°

Essa é uma fruta cintilante rica em expressão. Possui aromas e sabores de frutas vermelhas no meio de uma camada de borbulhas finas e abundantes e uma acidez que possui energia e tensão. É de corpo médio a leve, mas tem uma boa profundidade. Este rosé foi produzido com vinhedos de cerca de 17 anos plantados em Bento Gonçalves. O vinho passou um ano envelhecendo com suas borras.

 VEZZI PER BOSCHI GANIMEDES MOSCATEL ESPUMANTE MOSCATO BRANCO, MOSCATO GIALLO 2019
$$ | SERRA GAÚCHA | 8°

A acidez é o motor dessa mistura de Moscato Branco e Moscato Giallo de vinhedos de cerca de 15 anos na Serra Gaúcha. Os sabores são de frutas cítricas, maçãs verdes e a doçura é importante, mas existe essa acidez para manter as coisas em equilíbrio. Um vinho simples, direto e muito fácil de beber. Mas, ao mesmo tempo, um ótimo exemplo de Moscatel Espumante do sul do Brasil, uma categoria inteira que merece ser conhecida.

 RACCONTO BRUT
CHARDONNAY, PINOT NOIR 2017
$$$$ | SERRA GAÚCHA | 12.5°

Um vinho espumante focado em sabores frescos e frutados, tem doze meses de contato com as borras, o que permite que a expressão frutada e floral permaneça quase inalterada, uma representação borbulhante e refrescante das uvas de Bento Gonçalves.

OUTROS VINHOS SELECIONADOS

- 89 | VEZZI PER BOSCHI CALISTO Cabernet Sauvignon 2018 | Serra Gaúcha | 13° | $$$
- 87 | VEZZI PER BOSCHI AMALTEIA BRUT ROSÉ Riesling Itálico, Chardonnay, Merlot 2019 | Serra Gaúcha | 11° | $$$
- 87 | VEZZI PER BOSCHI VÊNUS Merlot 2018 | Serra Gaúcha | 13° | $$$

Miolo Wine Group

PROPRIETÁRIO Miolo S.A.
ENÓLOGO Adriano Miolo
WEB www.miolo.com.br
RECEBE VISITAS *Sim*

Enólogo
ADRIANO MIOLO

A família Miolo chegou ao Vale dos Vinhedos de Pádua, na Itália, em 1897, onde continuaram com a atividade da viticultura. No entanto, somente a partir de 1990 produziram seus próprios vinhos, primeiro a granel e depois engarrafando. Seu primeiro rótulo foi o Reserva Miolo 1992, dos quais produziram 8.000 garrafas. Hoje a produção total da vinícola alcança as 10 milhões de garrafas. E seus vinhos nascem não somente na zona de Bento Gonçalves (onde está a vinícola), mas também de Cam-

Miolo Wine Group

pos de Cima da Serra, Campanha e Vale do São Francisco, abarcando 1.200 hectares de vinhedos. Ainda que elaborem espumantes (40% de sua produção), o forte da Miolo são os tintos, dos melhores no cenário brasileiro. **IMPORTADOR:** BRASIL: www.miolo.com.br

VINHOS

93 | MIOLO LOTE 43
MERLOT, CABERNET SAUVIGNON 2018
$$$$$ | VALE DOS VINHEDOS | 15°

Dê a esse vinho tempo na taça. Gradualmente, começa a emergir do que a princípio parecia ser apenas madeira e madurez. O que nasce daqui são especiarias e ervas em um fundo de frutas negras ácidas. Na boca, é de acidez firme, com uma estrutura de taninos firmes, densa e ao mesmo tempo pontiaguda, cheia de tensão. Os sabores são frutados e lembram cerejas pretas, enquanto a acidez permanece firme com o trabalho de não deixar nada ficar enjoativo, sempre refrescante. Um vinho para deixar na adega por pelo menos cinco anos e hoje um dos melhores vinhos tintos do Brasil.

92 | ÍRIDE MIOLO SUR LIE NATURE 10 ANOS
PINOT NOIR, CHARDONNAY 2009
$$$$$ | VALE DOS VINHEDOS | 12°

Essa é um espumante em homenagem à matriarca da família Miolo, Íride. Possui 75% de Pinot Noir da vinha Santa Lúcia e 25% de Chardonnay da vinha São Gabriel, ambas próximas à vinícola Miolo, no Vale dos Vinhedos. O vinho é elaborado pelo método tradicional de segunda fermentação em garrafa e passa não menos que dez anos em suas borras. O vinho tem um nariz um pouco tímido, sem muita expressão. A festa realmente começa na boca com uma camada grossa e aveludada de borbulhas, combinada com sabores frutados e especiados. É um vinho de grande profundidade e força.

92 | MIOLO MILLÉSIME SWAROVKI BRUT
CHARDONNAY, PINOT NOIR 2011
$$$$$ | VALE DOS VINHEDOS | 12°

Essa é uma edição especial do Millésime feita com frutas de Chardonnay e de Pinot Noir de vinhedos próprios na zona do Vale dos Vinhedos, na Serra Gaúcha. O vinho é produzido pelo método tradicional de segunda fermentação em garrafa e depois estagia por um ano e meio em suas borras para finalmente ser engarrafado. Esse vinho já está há seis anos em garrafa e parece muito jovem e vital, com sabores de frutas brancas maduras, em um corpo denso e cremoso, feito de borbulhas redondas e aveludadas.

92 | VINHAS VELHAS
TANNAT 2018
$$$$$ | CAMPANHA GAÚCHA | 15.5°

De vinhas antigas, com cerca de 40 anos plantadas na Campanha Gaúcha, esse Tannat é monumental em tamanho e concentração. Com doze meses em barricas e um ano quente e seco, os 15,5 graus de álcool parecem bem integrados no meio de uma rede de taninos duros como aço. O vinho é imponente, enche o paladar, mas está em equilíbrio. Tudo é grande aqui. Deixe na garrafa por pelo menos cinco anos para ganhar complexidade e ir além de ser apenas uma grande bomba de frutas maduras.

‹ *prova de **vinhos*** ›

 MIOLO CUVÉE GIUSEPPE
MERLOT, CABERNET SAUVIGNON 2018
$$$$ | VALE DOS VINHEDOS | 14°

Uma mistura de Merlot e de Cabernet com grandes ambições, parece madura e rica em toques de madeira, com um corpo grande, suculento e amplo; e taninos ainda jovens e impetuosos. O álcool aparece um pouco, mas há muitas camadas de frutas nesse vinho para pensar em uma boa guarda de garrafa.

 MIOLO RESERVA
TANNAT 2018
$$$ | CAMPANHA GAÚCHA | 13°

Um ano quente e bastante seco na Campanha Gaúcha fez bem a esse Tannat, uma variedade que pode se tornar um animal selvagem quando o calor se intensifica. Não é esse o caso. Aqui existem sabores florais e de frutas negras em um corpo abundante e amplo, com a força tânica usual da cepa, mas também com frutas muito boas para equilibrar. Um bom exemplo da cepa.

 QUINTA DO SEIVAL
CABERNET SAUVIGNON 2018
$$$$$ | CAMPANHA GAÚCHA | 14.5°

Um Cabernet monstruoso em seu tamanho e concentração. Esse vem de jovens vinhedos plantados na área da Campanha Gaúcha, perto da fronteira com o Uruguai. São vinhedos plantados em solos ricos em areia e argila que, juntamente em um ano quente e seco, conseguem criar esse tipo de estrutura ampla, grande e expansiva. Um vinho para guardar.

 SEIVAL BY MIOLO BRUT ROSÉ
PINOT NOIR, PINOT GRIS N/V
$$ | CAMPANHA GAÚCHA | 12°

Embora simples, esse rosado de Pinot Noir e de Pinot Gris, provenientes de vinhedos da região da Campanha Gaúcha e produzidos pelo método Charmat de segunda fermentação em tanques de aço, apresentam muito frescor e vivacidade; um vinho de sede para os dias de verão e, ao mesmo tempo, a um preço muito bom. Compre uma caixa para as férias e desfrute de todo o seu sabor e toda a sua simplicidade. Vinhos dessa clareza de frutas e a esse preço o Brasil não oferece muitos.

OUTROS VINHOS SELECIONADOS

89 | SEIVAL BY MIOLO BRUT Chardonnay, Pinot Noir N/V
Campanha Gaúcha | 12° | $$
88 | ALMADÉN Cabernet Franc 2019 | Campanha Gaúcha | 12.5° | $
88 | MIOLO CUVÉE TRADITION BRUT Chardonnay, Pinot Noir 2017
Vale dos Vinhedos | 12° | $$$
88 | MIOLO RESERVA Pinot Grigio 2019 | Campanha Gaúcha | 12° | $$$
87 | MIOLO RESERVA Tempranillo 2018 | Campanha Gaúcha | 14.5° | $$$
87 | TERRANOVA RESERVE Verdejo 2019 | Vale do São Francisco | 12° | $$
86 | ALMADÉN BRUT ROSÉ Syrah N/V | Vale do São Francisco | 12° | $$
86 | MIOLO RESERVA Merlot 2018 | Campanha Gaúcha | 13° | $$$
83 | ALMADÉN MOSCATEL FRISANTE ROSÉ Moscato N/V
Vale do São Francisco | 7° | $

Monte Paschoal

PROPRIETÁRIO Família Basso
ENÓLOGO Magnos Basso
WEB www.vinicolabasso.com.br
RECEBE VISITAS *Sim*

Enólogo
MAGNOS BASSO

Com uma produção anual de 10 milhões de garrafas, Monte Paschoal é um dos grandes produtores da Serra Gaúcha e um dos maiores produtores de espumante Moscatel. É propriedade da família Basso, descendentes de Vitório Basso, um italiano que chegou de Vicenza, Itália, no fim do século XIX e se fixou em Mato Perso, hoje parte do município de Flores da Cunha, onde elaborou vinhos e transmitiu esta atividade a seus descendentes. Em 1940, em Farroupilha, na Serra Gaúcha, Hermindo Basso fundou a primeira vinícola da família, chamada Cantina Rural, que é a base da moderna vinícola que existe atualmente. **IMPORTADORES:** BRASIL: www.vinicolabasso.com.br | USA: www.allbrazilian.net

VINHOS

91 | MONTE PASCHOAL MOSCATEL ESPUMANTE
MOSCATO N/V
$ | FARROUPILHA | 7.5°

Farroupilha é uma área de montanhas entre as cidades de Caxias do Sul e Bento Gonçalves. A altura e a umidade relativa do local é apreciada pela Moscatel, tanto que Farroupilha é considerada - pelo menos aqui em Descorchados - como a melhor fonte de vinhos espumantes feitos com essa cepa no Brasil. Monte Paschoal compra uvas de pequenos produtores da região e, com essa matéria-prima, obtém uma espécie de Asti, fermentado em tanques de aço e com cerca de 70 gramas de açúcar residual. O vinho, apesar dessa doçura, possui uma acidez vibrante que não apenas dá a sensação de equilíbrio, mas especialmente refresca, em um espumante simples, direto, ideal para o verão.

91 | MONTE PASCHOAL MOSCATEL ROSÉ ESPUMANTE MOSCATO N/V
$ | FARROUPILHA | 7.5°

Embora seja um vinho espumante muito simples, feito com uvas Moscatel maceradas brevemente e depois fermentadas em tanques de aço, esse vinho tem um delicioso frescor. O nível de açúcar é alto (atinge 70 gramas de açúcar), mas a acidez é pulsante e afiada, o suficiente para alcançar um equilíbrio delicioso e refrescante. Esse vinho é para se beber por garrafas, na praia, durante as férias, com calor, à beira da piscina.

‹ *prova de* **vinhos** ›

Peterlongo

PROPRIETÁRIOS Luiz Sella & Adilson Luiz Bohatczuk
ENÓLOGA Deise Tempass
WEB www.peterlongo.com.br
RECEBE VISITAS *Sim*

Enóloga
DEISE TEMPASS

Esta vinícola foi fundada por **Emmanuel Peterlongo,** imigrante italiano que chegou na Serra Gaúcha, vindo de Trento, em 1896, com 21 anos. Buscando emular a produção de espumantes que na Itália tinha o hábito de consumir, elaborou um em 1913 para um concurso de vinhos em Garibaldi, recebendo um diploma que a vinícola conserva como o primeiro registro que se tem de um espumante elaborado no Brasil. Em 1915 fundou a Casa Peterlongo, situada em uma colina de onde se aprecia a cidade de Garibaldi. É uma casa imponente, de blocos de pedra, onde também se construiu a vinícola que é mantida até hoje.

VINHOS

93 | **ELEGANCE NATURE**
CHARDONNAY N/V
$$$$ | GARIBALDI | 12.5°

Esse é uma seleção de vinhedos jovens da Serra Gaúcha, com cerca de 7 anos de idade. A profundidade dos sabores de frutas que essas vinhas adolescentes de Chardonnay podem dar nesse vinho é impressionante. Feito pelo método tradicional, permanece por três anos em suas borras antes da degola e subsequente embalagem final. E o que está na garrafa tem sabores maduros e profundos, muito afinados com a casa, que está mais do lado dos aromas oxidativos e especiados do que apenas frutas. Um vinho complexo e ao mesmo tempo refrescante.

93 | **VITA SUR LIE NATURE**
CHARDONNAY, PINOT NOIR 2014
$$$$ | GARIBALDI | 12°

Peterlongo também se une à tendência no Brasil de lançar vinhos sur lie, ou seja, vinhos espumantes que ainda não foram separados de suas borras por meio da degola. Esse tem 60 meses de contato com as borras, um tempo de envelhecimento muito longo em qualquer contexto e que, a propósito, deu a esse vinho um toque oxidativo muito claro. Os aromas são especiados, frutos secos e frutas brancas maduras em meio a borbulhas finas e abundantes, um colchão de espuma que se desdobra pela língua. É um vinho de grande madurez, mas ao mesmo tempo de grande acidez, que dá equilíbrio. E os sabores são profundos, intensos. Um daqueles que devem ser levados em consideração quando se fala de vinhos sem degola.

91 | **PRESENCE MOSCATEL ESPUMANTE**
MOSCATO GIALLO N/V
$$ | SERRA GAÚCHA | 7.5°

Um daqueles Moscatéis que, apesar da doçura, tem a capacidade de refrescar. Esse tem cerca de 70 gramas de açúcar, mas a acidez é tão acentuada que é capaz de neutralizar toda essa avalanche de açúcar. O resto é colocar frutas e notas florais em um vinho irresistível para o verão. Sirva-o fresco para sublinhar o seu lado frutado e apoiar a acidez.

Peterlongo

 PRIVILEGE EXTRA BRUT
CHARDONNAY, PINOT NOIR N/V
$$$$ | GARIBALDI | 11.5°

Borbulhas finas e de acidez acentuada constroem a estrutura desse vinho. Apresenta frutas brancas maduras e especiarias, com leves toques oxidativos, mas nunca perde frescor graças a uma acidez projetada em todo o paladar. Esse espumante tem 18 meses em contato com as borras de acordo com o método tradicional de segunda fermentação na garrafa. Aqui você tem um bom vinho para ensopado de mariscos.

 PRIVILEGE BRUT
CHARDONNAY, PINOT NOIR N/V
$$$$ | GARIBALDI | 11.5°

Com 18 meses de estágio com as borras, esse Chardonnay e Pinot possui um certo ar "vínico" ou oxidativo que lhe confere um caráter mais complexo do que normalmente possui um vinho com um ano e meio de borras. Aqui existem toques de frutos secos, especiarias, leveduras e frutas brancas maduras em um corpo firme de acidez, com borbulhas abundantes e cremosas. Escolha costeletas de porco defumadas.

OUTRO VINHO SELECIONADO
89 | PRESENCE MOSCATEL ROSÉ ESPUMANTE Moscatel de Hamburgo N/V Serra Gaúcha | 7.5° | $$

Pizzato

PROPRIETÁRIO Família Plinio Pizzato
ENÓLOGO Flavio Pizzato
WEB www.pizzato.net
RECEBE VISITAS Sim

Enólogo
FLAVIO PIZZATO

A família Pizzato, com raízes na Itália, já produz vinhos há várias décadas na zona do Vale dos Vinhedos, ainda que engarrafem sob sua marca própria desde 1999. Sua vinícola está em Santa Lúcia (Bento Gonçalves), uma zona de encostas e natureza selvagem onde possuem 26 hectares, com alguns vinhedos plantados desde 1986. Dali nascem seus vinhos e espumantes da marca Pizzato, enquanto que os da marca Fausto, de rótulos mais acessíveis, vêm de um terreno de 19 hectares situado a 50 quilômetros ao noroeste da vinícola, na localidade de Dois Lajeados, de condições climáticas similares, ainda que de terrenos mais planos. Anualmente a vinícola produz cerca de 230.000 garrafas, sendo 40% de espumantes, elaborados todos pelo método tradicional de segunda fermentação em garrafa. Pizzato produz parte dos melhores espumantes do Brasil, alguns muito originais, como Vertigo Nature, que não passa pelo processo de dégorgement.

IMPORTADORES: BRASIL: www.pizzato.net | USA: www.metropoliswine.com

VERTIGO NATURE SUR LIES
CHARDONNAY, PINOT NOIR 2017
$$$$$ | VALE DOS VINHEDOS | 12°

Quando em 2012 Pizzato estreou sua primeira versão de Vertigo, um vinho espumante sem degola, ou seja, de aparência turva, com borras em suspensão, muitos na cena brasileira zombaram, pensando que esse vinho nunca seria vendido. Hoje não há apenas outros que o imitaram, mas é uma categoria inteira que já excede uma dúzia de exemplos. Este Vertigo é um dos melhores, dos mais complexos. Feito com Chardonnay e Pinot Noir de solos basálticos de Santa Lúcia. O vinho é mantido com as borras por dois anos antes do engarrafamento e o resultado é esse vinho de cor turva e intensa, com aromas especiados e corpo firme e amplo, que se projetada pela boca acompanhado de borbulhas abundantes e finas. Um vinho poderoso que precisa de comida de igual força.

CHARDONNAY DE CHARDONNAYS
CHARDONNAY 2018
$$$$ | VALE DOS VINHEDOS | 13°

Trata-se de uma seleção de parcelas de Chardonnay, plantadas entre 1987 e 2006 nos solos de rochas basálticas de Santa Lúcia, no Vale dos Vinhedos. Sem o envelhecimento da madeira, aqui se pode ver claramente a expressão da Chardonnay dessa área. Os sabores e aromas são intensos e envolventes, os sabores de frutas doces e a sensação de untuosidade enchendo o paladar. A acidez, no entanto, é refrescante e nítida o suficiente para equilibrar tudo.

PIZZATO NATURE
CHARDONNAY, PINOT NOIR 2016
$$$$$ | VALE DOS VINHEDOS | 12°

Esse vinho vem de vinhedos plantados entre 1996 e 2008 na região de Santa Lúcia, no Vale dos Vinhedos. Essa já é a quinta versão desse Nature, uma mistura de Chardonnay e de Pinot Noir com 36 meses de contato com suas borras. Tem densidade e ao mesmo tempo muita suavidade em sua textura. É amplo e ao mesmo tempo fresco, graças a uma acidez que parece acentuada, enquanto os sabores são de frutas maduras, de ervas e de especiarias. Necessita de alguns anos mais em garrafa. Espere alguns anos antes de abri-lo.

PIZZATO BRUT
CHARDONNAY, PINOT NOIR 2017
$$$$ | VALE DOS VINHEDOS | 12°

Com a fruta do Vale dos Vinhedos e produzido pelo método tradicional de segunda fermentação em garrafa, essa mistura jovem e energética de Chardonnay e de Pinot Noir se destaca por sua acidez e sabores de frutas. As borbulhas são finas e afiadas e as notas de ervas dão complexidade.

PIZZATO BRUT ROSÉ
PINOT NOIR, CHARDONNAY 2017
$$$$ | VALE DOS VINHEDOS | 12°

Esse rosé é uma mescla de Pinot e de Chardonnay elaborada pelo método

Pizzato

tradicional de segunda fermentação em garrafa e tem cerca de 15 meses de estágio com as borras, um período bastante curto, que permitiu ao vinho continuar oferecendo um perfil muito frutado e muito refrescante, de borbulhas ainda agudas. Fresco e leve, é o vinho ideal para carne assada.

OUTROS VINHOS SELECIONADOS

- 89 | FAUSTO Tannat 2017 | Dr. Fausto de Castro | 13° | $$$
- 89 | FAUSTO BRUT ROSÉ Pinot Noir, Chardonnay N/V | Dr. Fausto de Castro | 12° | $$$
- 88 | FAUSTO BRUT Chardonnay, Pinot Noir N/V | Dr. Fausto de Castro | 12° | $$$
- 88 | RESERVA Cabernet Sauvignon 2016 | Vale dos Vinhedos | 13.5° | $$$$
- 87 | FAUSTO Cabernet Sauvignon 2018 | Dr. Fausto de Castro | 13° | $$$
- 87 | FAUSTO Chardonnay 2019 | Vale dos Vinhedos | 12.5° | $$$
- 87 | FAUSTO ROSÉ Merlot 2019 | Vale dos Vinhedos | 12° | $$$

Salton

PROPRIETÁRIO Família Salton
ENÓLOGO Gregório Salton
WEB www.salton.com.br
RECEBE VISITAS Não

Enólogo
GREGÓRIO SALTON

Uma das maiores e mais tradicionais vinícolas do Brasil, a Salton foi fundada em 1910, mas foi com Angelo Salton no final da década de 1990, que passou a se focar na produção de vinhos e espumantes de qualidade. Além de ser a maior produtora de espumantes do Brasil, conta com uma vasta linha de produtos elaborados com uvas de todas as principais regiões produtoras do Rio Grande do Sul, incluindo Serra Gaúcha, Campos de Cima da Serra, Serra do Sudeste e Campanha Gaúcha.

VINHOS

92 | GERAÇÕES AZIR ANTONIO SALTON NATURE
CHARDONNAY, PINOT NOIR, RIESLING ITÁLICO N/V
$$$$$ | TUIUTY | 11.5°

Gerações Azir Antonio Salton é o vinho espumante mais ambicioso da vinícola. É produzido com uma seleção de frutas de diferentes vinhedos da Serra Gaúcha, no sul do Brasil. O vinho é produzido pelo método tradicional de segunda fermentação em garrafa e, neste caso, com 28 meses de contato com as borras. Em um estilo bastante oxidativo, tende a se concentrar nas notas de frutas secas, de especiarias e de frutas brancas maduras, todos os sabores de profundidade muito boa. A borbulha é macia, redonda e cremosa.

90 | ÉVIDENCE BRUT
CHARDONNAY, PINOT NOIR N/V
$$ | TUIUTY | 11.5°

Salton obtém as uvas para esse vinho espumante em diferentes vinhedos da Serra Gaúcha. 20% do mosto é fermentado em barricas e permanece por 6 meses. Em seguida, o vinho passa para uma segunda fermentação na garrafa, segundo o método tradicional, e permanece em suas borras

‹ *prova de **vinhos*** ›

por dois anos. O estilo é bastante vinoso, com notas de frutos secos e de especiarias, no meio de frutas maduras. A borbulha é muito suave e a sensação de madurez permeia o paladar.

90 **VIRTUDE**
CHARDONNAY 2017
$$$ | TUIUTY | 13°

Embora a madeira esteja muito presente, fornecendo notas aromáticas tostadas e sabores um pouco doces, a qualidade da fruta aqui é sentida em sua densidade e profundidade. Esse é um branco denso, com um corpo muito bom, com acidez para alcançar o equilíbrio. Para salmão defumado.

OUTROS VINHOS SELECIONADOS
88 | SALTON MOSCATEL ESPUMANTE Moscato N/V | Tuiuty | 7.5° | $
85 | SALTON OURO BRUT Chardonnay, Pinot Noir, Riesling Itálico N/V Serra Gaúcha | 12° | $$

Santa Augusta

PROPRIETÁRIAS Taline & Morgana De Nardi
ENÓLOGO Marcel Salante
WEB www.santaaugusta.com.br
RECEBE VISITAS *Sim*

Proprietárias
TALINE & MORGANA DE NARDI

A vinícola **Santa Augusta** plantou suas primeiras videiras em 2004, em Videira, a nordeste do Vale do Contestado, no estado de Santa Catarina, uma área de alta altitude, clima montanhoso e que começou a ser plantada no final dos anos 90. Em 2008, Santa Augusta produziu seus primeiros vinhos tranquilos e, em 2009, seus primeiros vinhos espumantes. Dois anos depois, começaram a seguir a agricultura biodinâmica no cultivo de suas vinhas.

VINHOS

90 **SANTA AUGUSTA MOSCATEL ESPUMANTE**
MOSCATO GIALLO 2019
$$ | VIDEIRA | 7.5°

Um perfume delicioso nesse 100% Moscato Giallo de vinhas de altura, cerca de 1.030 no Vale do Rio do Peixe. O vinho é produzido pelo método Asti de uma única fermentação em tanques e o que se destaca aqui são os aromas florais, frutas e o equilíbrio suculento entre a doçura e a acidez, que fazem este espumante ser irresistível no verão.

Thera

PROPRIETÁRIO João Paulo Freitas
ENÓLOGO Átila Zavarize
WEB www.vinicolathera.com.br
RECEBE VISITAS Sim

Enólogo
ÁTILA ZAVARIZE

Manoel Dilor de Freitas foi o pioneiro no plantio de vinhedos de altura na Serra Catarinense, com cerca de mil metros de altura. As primeiras videiras datam de 2002, enquanto Thera começou a engarrafar seus próprios vinhos uma década depois. Hoje o projeto tem dez hectares e produz cerca de 40 mil garrafas ao ano.

VINHOS

 AUGURI BLANC DE BLANCS BRUT
CHARDONNAY N/V
$$$$$ | BOM RETIRO | 12.5°

Esse blanc de blancs 100% de uvas Chardonnay plantadas a mil metros de altura na área de Bom Retiro, permanece em contato com as borras por um ano e meio. Seu caráter é claramente frutado, com toques especiados, mas principalmente sabores frescos e de acidez vibrante.

Vallontano

PROPRIETÁRIOS Luís Henrique Zanini, Talise Valduga Zanini & Ana Paula Valduga
ENÓLOGO Luís Henrique Zanini
WEB www.vallontano.com.br
RECEBE VISITAS Não

Proprietário & enólogo
LUÍS HENRIQUE ZANINI

O enólogo Luis Henrique Zanini começou este projeto em 1999, no Vale dos Vinhedos, depois de ter trabalhado no Domaine de Montille, na Borgonha, França, onde se fascinou com o respeito pelo terroir e pela mínima intervenção. A filosofia que aqui se propôs a seguir. Contando vinhos tranquilos e espumantes, Vallontano produz anualmente 60.000 garrafas.

VINHOS

 LH ZANINI NATURE
CHARDONNAY, PINOT NOIR 2017
$$$$ | VALE DOS VINHEDOS | 12°

Com uma mescla de Chardonnay em 75% mais 25% de Pinot vinificado como branco (sem contato com as peles), tudo proveniente de vinhedos da região do Vale dos Vinhedos, esse tem dois anos de contato com suas borras pelo método tradicional de segunda fermentação em garrafa ou "champenoise". Sendo nature, o nível de dulçor é muito baixo, o que sublinha seu frescor e também a acidez aqui é firme, intensa e acentuada. As borbulhas vão na mesma direção, abundantes, perfuram a língua. Esse é o vinho necessário para um prato generoso de ostras.

‹ prova de *vinhos* ›

91 | **MOSCATEL**
MOSCATO N/V
$$$ | VALE DOS VINHEDOS | 8.2°

100% Moscato Bianco, esse foi elaborado pelo método Asti de fermentação apenas a baixa temperatura em tanques de aço. Já aqui brilham frutas brancas, notas de flores e de especiarias em um espumante tremendamente refrescante, com borbulhas abundantes que acentuam esse lado fresco, a tensão e os nervos que aqui sobram. É um vinho doce, mas a acidez é tão acentuada que alcança equilíbrio e acaba transformando tudo aqui em um branco para saciar a sede no verão. Um dos bons Moscatel Espumante do Brasil.

91 | **VALLONTANO BRUT ROSÉ**
CHARDONNAY, PINOT NOIR, RIESLING N/V
$$$$ | VALE DOS VINHEDOS | 12°

Com 40% Chardonnay, 30% Pinot Noir e 30% Riesling Itálico, esse vinho espumante foi produzido pelo método tradicional de segunda fermentação em garrafa e hoje mostra uma expressão de fruta fresca e suculenta. Parece cheio de sabores de frutas vermelhas e de especiarias ácidas, em meio a borbulhas agudas e de acidez energética. Este vinho é ideal para o aperitivo, para acompanhar camarão grelhado ou para beber na piscina e matar a sede.

OUTRO VINHO SELECIONADO
87 | TALISE Sauvignon Blanc 2019 | Vale dos Vinhedos | 12.5° | $$$

Valmarino

PROPRIETÁRIOS Marco Antônio, Guilherme & Rodrigo Salton
ENÓLOGO Marco Antônio Salton
WEB www.valmarino.com.br
RECEBE VISITAS *Sim*

Enólogo
MARCO ANTÔNIO SALTON

Valmarino nasce em 1997 na região de Pinto Bandeira, vizinha a Bento Gonçalves, como uma iniciativa da família Salton, dedicada por gerações à viticultura. A criação da vinícola foi materializada pelo enólogo Orval Salton, membro da terceira geração no Brasil dessa família de raízes italianas. O nome da empresa refere-se à cidade de origem de seus antepassados, que chegaram ao Brasil em 1878 do norte da Itália. A vinícola tem 16 hectares e uma produção anual de vinhos espumantes e tranquilos de cerca de 200.000 litros.

VINHOS

92 | **VALMARINO NATURE**
CHARDONNAY, PINOT NOIR 2013
$$$$ | PINTO BANDEIRA | 12.5°

Das vinhas de Valmarino em Pinto Bandeira, uma das áreas mais altas da Serra Gaúcha, essa mescla é de 70% de Chardonnay e 30% de Pinot Noir e com conhaque envelhecido em barricas por quatro anos como licor de ex-

Valmarino

pedição. Esse é um excelente exemplo do estilo vínico da casa, suas notas de ervas e frutos secos. A boca é cheia, exuberante, com borbulhas muito polidas e abundantes em um vinho que já mostra sua evolução em garrafa com graça e complexidade.

VALMARINO BRUT
CHARDONNAY, PINOT NOIR 2016
$$$ | PINTO BANDEIRA | 12°

Com 70% de Chardonnay e 30% de Pinot Noir e 24 meses de estágio com as borras, esse espumante feito pelo método tradicional vem da área de Pinto Bandeira, uma das melhores fontes de vinhos espumantes no Brasil. Aqui há frutas frescas e crocantes que deslizam pela boca acompanhadas por borbulhas finas e abundantes. É um pouco doce, mas amável e suculento.

VALMARINO BRUT
GLERA 2019
$$ | PINTO BANDEIRA | 12°

Um Prosecco fresco em frutas brancas e notas florais, frescas e perfumadas. O vinho tem uma doçura importante, mas ao mesmo tempo também possui uma acidez que lhe confere um equilíbrio rico e suculento. Daqueles vinhos que são bebidos com muita facilidade, esse é proveniente da área de Pinto Bandeira e foi feito pelo método charmat de segunda fermentação em tanques de aço.

VALMARINO MOSCATEL ESPUMANTE
MALVASIA, MOSCATO GIALLO 2019
$$ | PINTO BANDEIRA | 8°

Composto por 50% de Moscato Giallo e 50% de Malvasia Bianca, é um verdadeiro suco de uva, delicioso em sua doçura, amável e fresco, com uma acidez suculenta e tensa. Para beber sem parar.

VALMARINO SUR LIE NATURE
CHARDONNAY, PINOT NOIR 2015
$$$$ | PINTO BANDEIRA | 12.3°

Esse é o novo vinho espumante de Valmarino, 70% Chardonnay e 30% Pinot Noir, com 51 meses de borras e que foi engarrafado sem degola, ou seja, antes de se separar das borras. Muito no estilo da casa, possui um toque oxidativo e vinoso que se manifesta em frutos secos e em notas terrosas, enquanto a textura é ampla e ao mesmo tempo nítida. As borbulhas parecem finas. Pense em um creme de ostras.

OUTRO VINHO SELECIONADO
89 | VALMARINO Sangiovese 2017 | Pinto Bandeira | 13° | $$$$

PEQUENAS AVENTURAS

A CENA DE VINHOS NA AMÉRICA DO SUL SE DIVERSIFICOU E POR OS TODOS LADOS APARECEM NOVOS PROJETOS, MUITAS VEZES PEQUENOS, DE POUCAS GARRAFAS. AQUI VÃO ALGUNS DELES.

Pequenas Aventuras

Casa Ágora

Elio Marchioro e seus pais são produtores de uvas e vinhos em Santo Augusto, na região de Misiones. Em 2014, plantaram uma pequena vinha de 2,2 hectares em Pinto Bandeira, onde produzem vinhos desde 2016. O projeto é cerca de 5.000 garrafas.

VINHOS

 KAME
CABERNET FRANC 2018
$$$$ | PINTO BANDEIRA | 12.3°

Feito com uvas orgânicas, da região de Pinto Bandeira e de uma vinha de cerca de dez anos plantada a cerca de 870 metros de altura, na Serra Gaúcha, esse Cabernet Franc de pequena produção (apenas 600 garrafas) é delicioso em sua expressão da variedade. As notas de tabaco e de ervas se fundem com os sabores de frutas vermelhas em um corpo tenso, de deliciosa acidez e de taninos firmes, com aderência para embutidos. Feito com intervenção mínima, apenas em tanques e sem madeira, é uma expressão pura de uma área fresca e alta e um excelente exemplo de que é possível produzir tintos com frescor e caráter no sul do Brasil. Não há muitos, mas existem e você deve procurá-los. Esse é um dos mais brilhantes.

Casa Viccas

Sara Valar e Vivian Victorelli são sócias e amigas e, desde 2019, produzem vinhos parte com uvas próprias e parte com uvas compradas. Dessa primeira safra produziram 1.500 garrafas, todas em Serafina Corrêa, na Serra Gaúcha.
contato@casaviccas.com.br

VINHOS

91 **LARANJA**
CHARDONNAY 2019
$$$$$ | MONTE BELO DO SUL | 10°

Esse Chardonnay, de produção muito reduzida (250 garrafas), é uma abordagem muito boa para o estilo de vinho laranja. Com uma camada de sabores de frutas brancas maduras, de especiarias, de ervas e de taninos ferozes, esse branco tem apenas seis dias de contato com as peles, o que lhe confere uma intensa cor amarela dourada. A acidez é firme, aguda e dá uma sensação vertical. Pense em ouriços para escoltá-lo.

Dominio Vicari

Lizete Vicari é uma das pioneiras em vinhos naturais no Brasil. De Monte Belo do Sul, seu projeto começou em 2007 e, desde então, ela trabalha com uma enologia de mínima intervenção. lizetevicari@gmail.com

‹ prova de vinhos ›

| VINHOS | | **DOMINIO VICARI**
CABERNET SAUVIGNON 2015
$$$$ | MONTE BELO DO SUL | 12° | |

Esse Cabernet vem de uma vinha de cerca de 10 anos na área de Monte Agudo, na Serra Catarinense. Mostra uma face madura e untuosa da cepa, com toques de ervas e de frutas vermelhas maduras em um contexto de taninos firmes e suculentos.

Don Carlos

Carlos Alberto Boff tem esse projeto na região de Misiones, na fronteira com a Argentina e são 2,5 hectares de vinhedos, todos plantados em solos pedregosos em uma área de verão seco e quente. A produção total da vinícola é de 2.500 garrafas. ⚭ vinhosdoncarlos@gmail.com

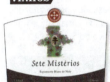

| VINHOS | | **SETE MISTERIOS** SANGIOVESE, CABERNET FRANC,
CABERNET SAUVIGNON, NERO D'AVOLA, SYRAH, NEBBIOLO N/V
$$$ | SANTO ÂNGELO | 12° |  |

É uma cofermentação de sete variedades, todas colhidas ao mesmo tempo e vinificadas pelo método tradicional de segunda fermentação em garrafa e com doze meses de contato com as borras. As cepas desse vinho são Sangiovese, Cabernet Franc, Cabernet Sauvignon, Nero d'Avola, Syrah e Nebbiolo, esse último é o que amadurece mais tarde e entra na mescla quase verde. O resultado desse vinho tão particular é uma espécie de rosé, fresco, com borbulhas agudas, de acidez intensa e final de ervas. Ninguém diria que esse vinho vem de um clima tão quente quanto Misiones, na fronteira com a Argentina.

Eduardo Mendonça

Eduardo Mendonça é originalmente músico, percussionista, mas há 15 anos se dedica à produção de uvas e, desde 2016, à produção de vinhos em seu nome. Hoje possui um hectare próprio, além de comprar uvas sempre na área de Monte Belo. No total, produz cerca de 2.000 garrafas. ⚭ edumagazzine@yahoo.com.br

| VINHOS | | **BAILENÉ NATURE ANCESTRAL ROSADO**
MOSCATEL BLANCO, CHARDONNAY N/V
$$$$ | MONTE BELO DO SUL | 11° | |

Essa mescla de Moscatel e Chardonnay (10%), toda de uvas da região de Monte Belo do Sul, na Serra Gaúcha, é feita pelo método ancestral de uma única fermentação em garrafa. O vinho é puro, com borbulhas firmes e intensas e uma acidez suculenta e penetrante.

Pequenas Aventuras

Eduardo Zenker

Eduardo Zenker é o pioneiro em vinhos naturais no Brasil e também um dos mais ativos. Embora tenha havido um tempo em que ele produziu muitos, talvez demasiados vinhos (todos experimentais), hoje seu catálogo foi reduzido para apenas cinco rótulos. A enologia foi polida, para que seus vinhos se sintam com mais clareza e sem defeitos. artedavinha@yahoo.com.br

VINHOS

 ARTE DA VINHA MAGMATIC
CHARDONNAY N/V
$$$$$ | MONTE BELO DO SUL | 12°

Eduardo Zenker quis expressar aqui o solo de rocha basáltica da região, um vinhedo que inclui Chardonnay e Pinot. A vinificação foi o menos intervencionista possível, mostrando uma cara nua da Chardonnay nessa área de montanhas, chuvas e rochas. O resultado é um Chardonnay austero, concentrado em sua estrutura monolítica, marcada pela acidez firme, pelos taninos verticais e pelos sabores de ervas em um vinho que é um projeto em andamento, ao qual devemos estar atentos. Tendo passado por dificuldades nos últimos dois anos, Zenker volta a elaborar seus vinhos. Uma notícia muito boa, de um dos produtores mais criativos da América do Sul.

Famiglia Boroto

Os **Boroto** são pioneiros em cultivos orgânicos no Brasil, desde o início dos anos 1990. Desde 1996, suas propriedades em Garibaldi são certificadas como orgânicas e também desde essa data produzem vinhos. Hoje a produção total é de cinco mil garrafas. edumagazzine@yahoo.com.br

VINHOS

 BOROTO NATURE
ISABELA 2016
$$$ | GARIBALDI | 10.9°

Se algum de vocês já experimentou a sobremesa sagu, esse vinho lembrará muitos aromas dessa preparação típica do sul do Brasil. Esse espumante, com três anos de contato com borras, é elaborado com Isabela, que é uma vitis americana, a mesma uva com a qual o vinho que vai para o sagu é elaborado. Embora seja um pouco doce, possui borbulha muito boa e uma acidez firme que pode convencê-los a beber uma segunda taça. Um vinho de gosto muito particular.

Hannover Vinhos

Hannover Vinhos é um importador tradicional de vinhos do Brasil, com sede em Porto Alegre e que, entre outras vinícolas, traz os vinhos Viu Manent do Chile para esse país. Esse projeto de cerca de 15 mil garrafas é realizado em conjunto com as vinícolas Pizzato e Empresa Brasileira de Vinificação, do enólogo Alejandro Cardozo. www.hannovervinhos.com.br

⟨ *prova de* vinhos ⟩

| VINHOS |

CHARLOTTE BRUT (PIZZATO)
CHARDONNAY, PINOT NOIR N/V
$$$ | DR. FAUSTO DE CASTRO | 12°

Refrescante e vibrante, este brut de Chardonnay e de Pinot Noir tem sabores cítricos e acidez que contrasta com a doçura do estilo. O resultado é que se bebe de uma maneira perigosamente fácil. As notas de ervas no final sublinham seu caráter refrescante.

OUTROS VINHOS SELECIONADOS
88 | CHARLOTTE BRUT (EBV) Glera 2019 | Monte Belo do Sul | 11.5° | $$$
86 | CHARLOTTE BRUT ROSÉ (PIZZATO) Pinot Noir, Chardonnay, Merlot N/V Dr. Fausto de Castro | 12° | $$$

Leone di Venezia

Saúl Bianco tem 5 hectares de vinhedos em São Joaquim, a cerca de 1300 metros acima do nível do mar, mais precisamente no vale do rio Antonina. Bianco admira a viticultura italiana e, inspirado nela, plantou distintas cepas do país da bota. ❧
www.leonedivenezia.com.br

| VINHOS |

PALAZZO DUCALE
SANGIOVESE, PRIMITIVO, NERO D'AVOLA, REBO 2017
$$$ | SÃO JOAQUIM | 13°

Uma mistura italiana por onde se olhe, esse tem Sangiovese, Primitivo, Nero d'Avola e a mais desconhecida Rebo, um cruzamento entre Merlot e Teroldego, todas plantadas nos vinhedos de altitude (1.300 metros) de São Joaquim. Sem passar por madeira, possui uma acidez intensa, corpo médio e taninos ferozes, firmes e afiados. Os sabores são de frutos secos, de muitas especiarias e de ervas.

ROSATO
SANGIOVESE 2019
$$ | SÃO JOAQUIM | 12.5°

A Sangiovese para esse frutado Rosato vem de uma vinha plantada há 11 anos. É rico em frutas vermelhas refrescantes e de corpo médio. Possui apenas alguns taninos que lembram a textura levemente terrosa da Sangiovese. A acidez é fresca, muito enérgica e faz com que este vinho se beba rapidamente. Outro para o verão, com tiradito de ostras.

Maria Maria

María María é o projeto de Eduardo Junqueira Nogueira Júnior, produtor de café no sul de Minas Gerais que, em 2006, decidiu diversificar sua atividade agrícola e começar a produzir vinhos. Com Isabel Peregrino como enóloga, hoje produzem cerca de 20 mil garrafas. ❧ www.vinhosmariamaria.com.br

Pequenas Aventuras

VINHOS

 MARIA MARIA SOUS LES ESCALIERS NATURE
CHARDONNAY N/V
$$$$$ | MINAS GERAIS | 12.5°

Esse blanc de blancs é obtido a partir de videiras de cerca de cinco anos, plantadas na fazenda Capetinga, de propriedade da família Junqueira, no sul de Minas Gerais. Feito pelo método tradicional de segunda fermentação em garrafa, aqui se tem notas de frutos secos e de especiarias, em um corpo de borbulhas polidas e amáveis. Um vinho envolvente para acompanhar sardinhas fritas.

Mincarone

A família **Mincarone** tem esse projeto desde a safra 2018 e produz cerca de 2.500 garrafas. No momento, e enquanto os novos vinhedos plantados na área rural de Porto Alegre dão seus primeiros frutos, eles compram uvas em diferentes áreas do sul do Brasil. cantina.micarone@gmail.com

VINHOS

 MINCA
CABERNET FRANC 2018
$$$$$ | CAXIAS DO SUL | 13.1°

Para esse Cabernet Franc, os Mincarone recorrem a um vinhedo na região de Caxias do Sul, na Serra Gaúcha. O vinho é fermentado e depois armazenado em tanques de plástico e essa primeira experiência é uma estreia muito boa. Tem muito caráter da Cabernet Franc com suas notas de ervas, seu lado de tabaco e de especiarias. O corpo tem taninos suficientes para pensar em carnes grelhadas, mas também acidez e boa concentração de sabores de frutas para aguentar mais alguns anos em garrafa.

Negroponte

James Martini é acupunturista e fisioterapeuta, mas em 2012 decidiu mudar de vida e produzir vinhos. Enquanto seus vinhedos amadurecem na área marítima de Capão da Canoa, ele compra uvas em diferentes áreas do sul do Brasil. james.carl1@hotmail.com

VINHOS

 BIGORNA DA SAPIÊNCIA
SANGIOVESE, OJALESHI, AGIORGITIKO 2019
$$$$ | SÃO JOAQUIM | 12°

Esse é um espumante tinto ou, melhor dizendo, um clarete com borbulhas. Originalmente, era um rosé, mas o vinho ganhou muita cor e James Martini, proprietário da Negroponte, decidiu mudar de rumo e torná-lo espumante, usando o método tradicional de segunda fermentação na garrafa. Esta é uma mistura muito especial de 80% de Sangiovese e 10% de Ojaleshi da Geórgia e Agiorgitiko da Grécia, todas tintas. O resultado é fresco, tinto, frutado, delicioso e acentuado, com uma acidez suculenta em um vinho para não parar de beber. O problema é que apenas 170 garrafas foram feitas.

«« ---- »»

‹ *prova de **vinhos*** ›

Penzo

Flavio Penzo é um produtor de vinho, mas concentrou seu trabalho na viticultura, especialmente no campo dos viveiros. Desde 2015, engarrafa seus próprios vinhos, principalmente com uvas compradas de diferentes vinhedos no sul do Brasil. Produz apenas cerca de 600 garrafas. ☙ penzofl@gmail.com

VINHOS **OMBRA**
GLERA 2018
$$$$ | SÃO VALENTIN DO SUL | 11°

Esse espumante tem em comum com o Prosecco apenas a variedade, a Glera. O resto escapa à tradição veneziana de vinhos espumantes. Esse Ombra é produzido pelo método ancestral de uma única fermentação em garrafa, a técnica mais antiga e original para fazer vinhos com borbulhas. É um nature, portanto, de doçura não tem nada. Os aromas são florais, os sabores são frescos e enérgicos, a borbulha é delicada e o final levemente floral em um branco para não parar de beber, de uma simplicidade encantadora.

Projeto Origens

O Projeto Origens é desenvolvido pelo sommelier mineiro Matheus T. Machado em conjunto com pequenos produtores de vinho brasileiros, com o objetivo de produzir vinhos com uvas cultivadas em locais emblemáticos do Brasil. ☙ www.emporiocolheita.com.br

VINHOS **CLARIN**
TANNAT 2019
$$$$ | ALTO FELIZ | 13.4°

Algo como um clarete ou, melhor, um rosado denso, um pouco mais maduro e exuberante do que todos aqueles rosados leves que estão na moda hoje em dia, esse 100% Tannat flui pela boca com graça. O final é um pouco doce, mas imagine esse vinho com embutidos e verá como funciona. Esse rosé, contra a corrente da moda, provém de uma vinha de cerca de 30 anos plantada em solos de basalto com cerca de 700 metros de altura (muito alta para os padrões da região) na área de Alto Feliz. Estagia em barricas velhas durante 5 meses e é engarrafado com uma dose mínima de SO2. Para uma tábua de frios. Quem dera seja no verão.

Quinta da Figueira

Rogério Gomes é originalmente um engenheiro de computação e também tem um gênio louco, especialmente quando começa a experimentar em sua vinícola de Terras Altas no Planalto Catarinense, a cerca de 1.400 metros de altura. ☙ www.quintadafigueira.com.br

Pequenas Aventuras

VINHOS

91 GARAPUVU LARANJA
CHARDONNAY 2018
$$$$$ | FLORIANÓPOLIS | 12°

De vinhedos de cerca de dez anos na área de Vacaria, em Campos de Cima da Serra, com cerca de 950 metros de altura, esse Chardonnay fica em contato com a casca por cinco dias e depois envelhece em barricas (sem as cascas) por seis meses. O vinho tem uma cor que pode ser catalogada nos vinhos laranjas, os aromas são compotados e na boca tem muita força, muita acidez em um vinho adoravelmente rústico.

Quinta da Neve

Quinta da Neve foi o primeiro projeto a ser instalado na região de São Joaquim, na Serra Catarinense. Os quatro parceiros desse trabalho pioneiro foram Acari Amorim, Robson Abbdala, Nelson Essemburg e Francisco Brito, no entanto, os dois últimos venderam sua participação à família Hermann, proprietária da Decanter, um dos importadores de maior prestígio no Brasil. Anselmo Mendes, um dos enólogos mais renomados de Portugal e responsável pelos vinhos de Muros de Melgaço e Quinta da Gaivosa, é o consultor.
www.quintadaneve.com.br

VINHOS

91 QUINTA ESSÊNCIA
MONTEPULCIANO 2016
$$$$ | SÃO JOAQUIM | 13.7°

Dos solos argilosos de São Joaquim, na Serra Catarinense, esse 100% Montepulciano de dez anos estagia em barricas por dois anos. Ainda parece um vinho muito jovem, com uma estrutura firme e vigorosa, com uma textura selvagem que pede carne, todo decorado com toques de especiarias, de sabores de frutas pretas e muitas ervas. Abra espaço na adega para esse adolescente que precisa de pelo menos três anos em garrafa.

Vanessa Kohlrausch Medin

Vanessa Medin é enóloga e trabalhou em importantes vinícolas do Brasil, como Aurora, Miolo e Pizzato. Em 2015, começou a pensar na ideia de fazer seus próprios vinhos, algo que se materializaria com a colheita de 2018. Hoje, ela produz 3.400 garrafas.
vanessakmedin@gmail.com

VINHOS

90 CONSTRUINDO SONHOS
CHARDONNAY 2019
$$$$ | VALE DOS VINHEDOS | 10.5°

Vanessa Medin obtém este vinho a partir de uvas de sua vinha no Vale dos Vinhedos. Produzido pelo método ancestral de uma única fermentação em garrafa, possui uma suculenta camada de laranjas confitadas no meio de notas de ervas e de poderosas borbulhas, tudo acompanhado de uma acidez igualmente acentuada. Para escoltar ouriços.

‹ prova de *vinhos* ›

Vistamontes

Geyce Marta Salton e Anderson De Césaro, ambos enólogos, fundaram a Vistamontes em 2009. Até o ano de 2018 o projeto era focado somente na elaboração de suco de uva integral. No ano de 2019, começaram a produzir vinhos, lançando quatro rótulos. Atualmente, produzem cerca de 1.000 garrafas. www.vistamontes.com.br

VINHOS

VISTAMONTES BRUT ROSÉ
MALBEC N/V
$$ | BENTO GONÇALVES | 11.5°

Uma cara nova e muito refrescante da Malbec, este rosado cintilante é feito pelo método Charmat de segunda fermentação em tanques de aço. Aqui há muitas frutas vermelhas, acompanhadas por borbulhas afiadas e acidez energética que não deixam o vinho até o final. Frutas frescas acima de tudo nesse rosado para o verão.

VISTAMONTES MOSCATEL ROSÉ ESPUMANTE
MOSCATEL BLANCO N/V
$$ | BENTO GONÇALVES | 7.6°

Um vinho projetado para as férias e para beber por caixas para saciar a sede, este 100% Moscatel é produzido pelo método Asti de uma única fermentação em tanques de aço. É rico em flores e doçura, mas possui uma acidez que perfura a língua, proporcionando equilíbrio e frescor. Para acompanhar pizzas.

Yoo Wines

Yoo Wines é o projeto do enólogo uruguaio Alejandro Cardozo, especialmente desenhado para o famoso restaurante de cozinha japonesa, Umai Yoo, em Caxias do Sul. www.yoowines.com.br

VINHOS

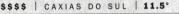

EDIÇÃO ESPECIAL NATURE
CHARDONNAY, VIOGNIER, TREBBIANO N/V
$$$$ | CAXIAS DO SUL | 11.5°

É uma mistura de variedades, mas também de vinhedos em Faria Lemos, Vacaria e Nova Prata, todos na Serra Gaúcha. Elaborado pelo método tradicional de segunda fermentação em garrafa e, neste caso, especialmente com 30 meses de contato com as borras, é um nature que, apesar de sua austeridade, possui caráter frutado, próximo aos cítricos. O corpo é intenso, muito cheio no palato, com borbulhas que constroem uma estrutura monolítica. Um vinho para ostras.

YOO BRUT ROSÉ
PINOT NOIR, CHARDONNAY N/V
$$$$ | CAXIAS DO SUL | 12°

Um vinho perfeito para salmão grelhado, esse rosé tem borbulha persistente e firme, acompanhada por uma acidez que parece elétrica e que refresca os sabores das frutas vermelhas ácidas e que destaca as notas terrosas que dão complexidade em um espumante de corpo muito bom, mas ao mesmo tempo muito fresco. Esse brut foi produzido pelo método tradicional de segunda fermentação em garrafa e é mantido com suas borras por 30 meses.

OUTRO VINHO SELECIONADO
88 | YOO PROSECCO BRUT Glera 2019 | Caxias do Sul | 11° | $$$$

CHILE
2020

Vinhedos do produtor Roberto Henríquez em Biobío

DESCORCHADOS 2020
CHILE

⟨ *introdução* ⟩

O CASO DA CARMÉNÈRE
Saindo do armário ·······»»

NA SEGUNDA METADE DOS ANOS 1990, a ideia de tintos maduros ainda não havia sido instalada no mundo do vinho. Seria instalada mais tarde, cinco anos depois, e ficaria lá por uma década e meia. Mas, na segunda metade dos anos 1990, você ainda podia beber vinhos de 12,5 graus de álcool, tintos para refrescar a comida, e é para isso que os vinhos são feitos.

No entanto, o que se gerava por esses anos era a madeira. Em algum momento, no final dos anos 1980, descobriu-se que era o tostado de madeira nova, das barricas, das aduelas, dos chips, que parecia agradar aos consumidores. Diante de tantos descritores enigmáticos, a possibilidade de reconhecer efetivamente algo (o tostado da madeira nova) parecia atraente para os consumidores que, naquele momento, entravam no mundo do vinho. O tostado e o dulçor associados a esse uso da madeira. Aromas que traziam segurança.

É nesse contexto que se descobre que o Merlot chileno não é um Merlot de nenhum lugar, mas Carménère, uma então obscura uva de Bordeaux, mas da antiga Bordeaux, a de antes da filoxera. E quando começa a se isolar, a se separar das outras plantas e torná-lo realmente varietal, descobre-se que há muito do que nessa época já começava a ser considerado um defeito. Pela genética, a Carménère tem muitos aromas de ervas, muito verde, um detalhe que, nas salas de aula de enologia, os futuros enólogos do mundo aprendem a ver como o diabo.

A madeira é usada para esconder esse lado verde de sua personalidade e depois, na década seguinte, para fazer o que todos fizeram com os tintos, sejam eles Carménère ou não: colher tarde, sobremadurar. E aí a Carménère, uma variedade difícil de manusear, que requer terroirs muito específicos, sem uma grande acidez nem grandes taninos, foi direto ao inferno.

Nas últimas duas décadas, com poucas exceções, assistimos a um show um pouco chato. O Chile tentando imitar o exemplo da Argentina, procurando mostrar-se com a bandeira de uma cepa, tentando impor uma marca. E isso não aconteceu, especialmente porque a Carménère não é a Malbec, não tem essa graça, não tem essa beleza fácil de entender. Ela não sorri para você no primeiro encontro. Demanda. E muito.

Por isso, há apenas duas ou três safras, uma nova leva de Carménère foi adicionada a essas exceções do passado, dessa vez com uma visão muito diferente. Sem medo de notas vegetais, é uma comunidade de Carménère colhida muito mais cedo na temporada e cujos aromas verdes são o preço pago por esses vinhos para obter frescor e frutas vermelhas, acidez suculenta, nervos e tensão, todos os detalhes que nunca foram vistos nos tintos elaborados com essa cepa.

Mas não foi apenas suficiente adiantar a colheita, mas também encontrar o lugar certo. Foi o que aprendeu o enólogo Sebastián Labbé, diretor técnico de Santa Rita e eleito Enólogo Revelação de Descorchados, por, entre outras coisas, seu trabalho com a Carménère.

Para seu novo **Floresta**, um Carménère fundamental para entender o novo rumo da cepa, Labbé compra uvas em Apalta, na região de Colchagua. A vinha pertence à família Muñoz e, por gerações, vem trabalhando nela. Hoje essas videiras devem ter por volta de 70 anos.

Para Labbé, a chave está no solo mais pobre, mas também na escassez ou, melhor, na baixa abundância de água nesse local. "Nossa teoria é que a produção de pirazinas (o lado vegetal da cepa) para quando o crescimento vegetativo da planta para. Se houver muita água, esse crescimento nunca para e o excesso de pirazinas é sentido". Essa é a teoria dele. E o que você ganha ao aplicá-la é um vinho que escolhemos em Descorchados 2019 entre os nossos favoritos da cepa de todos os tempos. No entanto, Labbé decidiu ir mais longe. E esse lugar se chama **Pewën**, o Carménère ícone de Santa Rita e que Labbé assumiu apenas em 2017.

A fruta para esse **Pewën** também vem de antigas vinhas de Apalta, dessa vez da Quijada, outra das famílias que estavam neste lugar muito antes de que – por volta da segunda metade dos anos 1990 – o consultor de Pomerol, Michel Rolland e seu trabalho na vinícola Lapostolle, fizessem de Apalta um terroir famoso.

A vinha de onde Labbé obtém **Pewën** também é antiga, com solos graníticos e sem muita água. Graças à colheita de 2018, colhendo as uvas extremamente cedo, esse enólogo mudou a face madura e exuberante desse vinho, para transformá-lo em um suco de frutas vermelhas, leves, mas firmes em acidez. Se um dos mais ambiciosos Carménère chilenos cheira e tem gosto assim, cabem duas perguntas. Primeiro, por que nos esconderam todo esse frescor. E segundo: há mais?

Sebastián Labbé

E sim, há mais. Por exemplo, o enólogo Rodrigo Zamorano, da vinícola Caliterra, também em Colchagua. "Acho que perdi meu medo da pirazina", diz ele, "simplesmente porque me cansei de evitá-la. E também tenho gostado desses vinhos menos ambiciosos, colhidos mais cedo e que são muito mais frescos e fáceis de beber."

Essa filosofia, pouco técnica, é a que Zamorano aplicou ao seu Carménère, especialmente ao seu top **Pétreo**, um vinho tinto que vem das partes mais altas das áreas montanhosas de Colchagua, vizinhas de Apalta.

Antes de Zamorano chegar a Caliterra, o vinhedo da colina era colhido muito tarde, porque se pensava que, para atingir a maturidade em uma área mais fresca e de altitude mais elevada, era necessário mais tempo. No entanto, provando as uvas e testando na vinícola, ele percebeu que a pirazina estava se fundindo com os sabores das frutas e que, se colhesse antes, a mesma coisa acontecia. "Para alguém obcecado por pirazinas, experimentar essa fruta seria um pesadelo. Mas se você tiver paciência e esperar, verá como ele evolui durante o estágio em madeira e como ela se mescla com a fruta. E a melhor parte é que possui uma acidez muito boa em uma uva que supostamente não possui quase nenhuma", diz ele.

Zamorano trabalhou nessa vinha por algumas safras até que em 2016 decidiu engarrafá-la separadamente para a primeira versão de **Pétreo**, um Carménère cem por cento, brilhante em frutas vermelhas e em especiarias, com suaves toques de ervas e uma acidez que o tornam um vinho perigosamente fácil de beber.

Rodrigo Zamorano

E sim, é assim. Carménère perigosamente fáceis de beber, cepas saindo do armário com toda essa energia armazenada por tanto tempo, com todo aquele ímpeto. Estamos um pouco antes da explosão do Carménère no mundo? Eu não sei se tanto assim. Mas, é certo que a Carménère entrou em uma fase final, hoje mais ligada à sua origem, mais conectada aos lugares onde se sente mais confortável. Uma fase mais honesta.

E essa palavra "honestidade" nos leva ao nosso segundo tema: honestidade brutal e o caso da Pinot Noir.

O CASO DA PINOT NOIR
Uma honestidade brutal ·······»»

EM RESUMO, TRATA-SE DE ALGO NO INÍCIO DE 2000, e a questão que nos une é uma degustação de Pinot Noir. As amostras em cima da mesa são de Pinot chilenos, da costa de Casablanca, em solos de areia, banhados pelas brisas frias do Oceano Pacífico. Nada de bom havia ali.

Nada de bom estava lá e nada de bom aconteceu com o Pinot chileno por muitos anos. E os motivos foram vários. O primeiro, começando com o vinhedo, é que a grande maioria dos Pinot que começaram a ser plantados no Chile no início dos anos 1980 eram de material destinado para espumantes, uvas sem grandes concentrações, destinadas a serem colhidas mais cedo,

Vinhedo Caliterra em Colchagua

mas também - e a pior parte - eram a qualidade desses clones ou seleções massais, com maturações desiguais, doenças: as sete pragas da Pinot.

A propósito, havia enologia, que tratava a Pinot como se fosse Cabernet ou Syrah, amadurecendo até o cansaço ou enchendo-a de madeira ou extraindo-a como um mosquito sugando sangue. Ou tudo ao mesmo tempo.

Mas, a Pinot Noir estava na moda. Para aquele filme de Hollywood de 2004, Sideways, tudo se tornou uma febre. Nele, o protagonista elogiou a Pinot. E isso foi o suficiente. No Chile, por exemplo, em 2004 foram plantados cerca de 1.400 hectares da cepa. Oito anos depois, já havia mais de 4.000. Uma moda e uma loucura.

Mas, o problema é que a Pinot é como aquele parente, como aquele amigo que não tem filtros, que diz o que pensa e não fica vermelho. Você já encontrou alguém assim entre seus conhecidos? Entre seus familiares? Muito desagradável, mas também do tipo de pessoa que causa uma inveja distante ou talvez uma certa admiração. Honestidade brutal.

A Pinot Noir é assim. Coloca-a em um lugar errado e ela cospe na sua cara. Trata-a de uma maneira que não é esperada na vinícola e vomita nas calças. Não possui filtros. E é por isso que apenas em muito poucos lugares, quase exceções (mesmo na própria Borgonha), a Pinot dá vinhos superlativos. Imagine no Chile de 2000. A Pinot ou parecia suco de madeira ou geleia de passas.

Felipe Müller e Héctor Rojas

Ainda que esteja por vir, esse ano vimos uma mudança. Depois de quase uma década, o material de Pinot no Chile começou a ser resolvido com a importação de melhores clones, bem como as viagens dos enólogos não eram mais para Bordeaux ou Napa (como foi habitual por muitos anos), mas para regiões como Jura ou a própria Borgonha. O primeiro resultado foi o aumento considerável da qualidade. Em todos os lugares, mesmo naqueles em que talvez nunca se consiga fazer um bom Pinot, como nos férteis vales centrais do Chile, por exemplo.

Em todas as áreas em que é colhido mais cedo e que não se abuse da extração nem da madeira, tem resultado em Pinot mais frescos e frutados, principalmente nas faixas de preço mais baixas. Acima, o assunto se torna uma pequena aventura.

O melhor Pinot desse ano em Descorchados não foi apenas o melhor em sua cepa, mas também o melhor tinto dessa edição, algo que nunca havia acontecido antes em 23 edições desse guia. E tudo por uma encosta, plantada com clones franceses, que olham para o norte quente, mas que recebe a brisa do mar e, é claro, os solos de calcário branco que moldam os sabores desse vinho até se tornarem uma escultura refinada de gesso.

Trata-se do **Talinay Pinot Noir 2018**, da vinícola Tabalí, produzido pelo enólogo Felipe Müller e pelo viticultor Héctor Rojas, um Pinot Noir que é um tremendo exemplo da cepa e pelas razões certas: material de primeiro nível,

< introdução >

um lugar não somente especial, mas muito específico, e uma enologia que respeita todos os itens acima.

Embora nenhum tenha atingido o nível de Talinay, esse ano houve muitos excelentes Pinot Noir e todos pelos três motivos corretos. Pense no **Tara Red Wine 1 2018**, da Ventisquero, nos vinhedos brancos e salgados nas margens do deserto de Atacama, o mais seco do mundo. Ou o novo **Cono Sur Ocio 2017**, a melhor versão desse vinho, de longe a mais fresca, a mais tensa, a mais crocante e a que provém de uma das safras mais quentes da década, se não a mais. Ou o tremendo **Errázuriz Las Pizarras 2018**, uma seleção de vinhedos plantados na costa do Aconcágua, em solos de pizarras.

E a lista continua. Não queremos ficar empolgados, mas é a era do Pinot chileno. E a razão é simples. É o momento do Pinot chileno, porque no Chile começa a ser o momento da especificidade de terroir, o que imediatamente nos leva a Cinsault.

O CASO DA CINSAULT

Quem diria? ·······»

SIM, ASSIM COMO PARECE. A Cinsault, essa variedade perdida no tempo ou, melhor, perdida nas colinas de granito do vale de Itata e que por mais de meio século ficaram restritas a vinhos comuns, para aumentar as mesclas de tintos em caixas tetra pack ou de garrafão.

A Cinsault chegou ao Chile após a tragédia de Chillán, o "grande terremoto de Chillán" que tem o triste registro de ser o desastre natural com as maiores perdas humanas na história do Chile: 30.000 pessoas morreram sob os escombros daquela noite do dia 24 de janeiro de 1939.

A tragédia não só afetou a cidade de Chillán, mas também as áreas agrícolas próximas, incluindo o vale de Itata, tradicionalmente ligado à produção de vinhos de seus antigos vinhedos de País. Para auxiliar os viticultores, o governo da época decidiu, entre outras medidas, importar cepas que servissem para apoiar e melhorar esses vinhos, para aumentar seus preços.

Por exemplo, a Carignan foi importada para fornecer melhor estrutura e corpo. E também a Cinsault, cuja produção natural é muito alta e cuja cor compensava o vermelho pálido da País. E enquanto a Carignan foi plantada nas áreas mais quentes do Maule. Já nas áreas mais frias e costeiras de Itata, a Cinsault não apenas amadurecia bem, mas também dava muitas uvas. Desde esses anos, é conhecida como "Carregadora", por sua quantidade generosa de cachos na videira.

E, é claro, ser uma variedade de "carregadores" não é exatamente um adjetivo que fala de qualidade ou, pelo menos, não foi até 2011 quando a vinícola De Martino lançou no mercado seu **Viejas Tinajas Cinsault**, um tinto feito cem por cento de Cinsault. Foi a partir daí que o estigma de muita produção e baixa qualidade começou a desaparecer.

Viejas Tinajas 2011 mostrou um rosto delicioso da cepa, fresco, leve, cheio de frutas vermelhas, exatamente no estilo dos vinhos que começaram a crescer no mercado quando a ideia de maior frescor, menos madeira e nada de sobremadurez estava sendo instalada. E o que veio a seguir foi uma crescente comunidade de Cinsault de Itata que seguiram esse caminho, de tintos para serem bebidos mais refrescados no verão.

Claro que a Cinsault é isso. E é uma grande virtude. No entanto, hoje a variedade está passando por uma nova era, graças a um punhado de produtores que se propuseram a mais do que somente vinhos tintos para matar a sede, buscar um senso de lugar; Cinsault que se distinguem por seu vinhedo.

É o que pensa Leonardo Erazo, responsável pelos vinhos de A los Viñateros Bravos. No catálogo dessa vinícola existem vários Cinsault, entre eles **Amigo Piedra Tinajacura Alto 2019**, que consideramos entre os melhores deste ano em Descorchados.

De acordo com Erazo, as melhores Cinsault que recebe de seus "crus" de Itata vem do meio da colina, onde o granito tem algumas argilas e, portanto, é retida um pouco de água para que as plantas não se desidratem nos verões muitas vezes quentes da zona. Essas parcelas, tipo de "grand crus", são hoje a base dos melhores Cinsault do vale, e esse **Amigo Piedra** está nesse grupo. Aqui, a cepa vai além de sua mera expressão de fruta (que possui e é refrescante) para entrar em terrenos um pouco mais complexos. O vinho oferece toques terrosos, especiados e de ervas em um corpo médio, com taninos pronunciados e afiados, e uma acidez que se move pela boca com grande graça.

Na parte mais baixa das colinas, em solos ricos em argila e com maior fertilidade, a Cinsault mostra aquela cara já conhecida: frescor, facilidade de se beber, as frutas vermelhas vibrantes. No meio da colina, no entanto, pode-se ir muito mais longe.

Vinhedos de Cinsault

Leonardo Erazo

Uma abordagem semelhante é a de Pedro Parra, especialista em terroir, que possui um projeto em Itata, Pedro Parra y Familia. A ideia é resgatar vinhedos antigos com o foco na Cinsault. E esse resgate começa com vinhos que poderíamos considerar "genéricos", como **Imaginador**, um Cinsault proveniente de quatro vinhedos da região e que mostra uma grande face do que é a cepa no vale.

Acima, porém, o assunto se torna mais específico quando chegamos à sua série de três vinhos em homenagem a três músicos de jazz norte-americanos, três músicos que mudaram as fronteiras do jazz. **Monk**, de Thelonious Monk; **Hub**, de Freddy Hubbard e, finalmente, **Trane**, de John Coltrane. O último, nosso favorito (tanto no jazz quanto no vinho), vem desses solos de granito que aportam profundidade e, ao mesmo tempo, uma verticalidade que não imaginávamos possível na Cinsault. O corpo é leve, quase etéreo, mas sua estrutura de taninos é firme e pulsante. "Não gostamos da argila", diz Parra. E é verdade. A argila tende a "engordar os vinhos", tornando-os horizontais em vez de verticais, e que em uma cepa que não possui acidez precisamente alta, pode ser complicado. **Trane**, de um solo muito específico, é uma flecha.

Erazo e Parra são os que mais avançaram com a Cinsault, os que estão levando a cepa a um lugar onde nunca imaginamos que seria possível estar. E sim, quem diria?

WINE

Para todos os momentos tem uma Wine perfeita para você.

Seja para reabastecer sua adega em nosso site, escolher os vinhos perfeitos para a sua festa com a Wine Eventos ou receber na comodidade da sua casa os vinhos dos quatro cantos do mundo com o Clube Wine.
Seja Wine, sempre.

Beba com moderação.

baixe nosso app

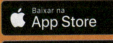

Saiba mais em: **wine.com.br**

MO

CARMÉNÈRE & BLANC

Apresentamos o primeiro vinho feito sob medida
para o Mandarin Oriental, Santiago.

Uma experiência única para todos os sentidos.

{ DESCORCHADOS }

Vales do Chile

UM DOS DETALHES MAIS APAIXONANTES DO VINHO É QUE SUAS CARACTERÍSTICAS SÃO FORTEMENTE INFLUENCIADAS PELO LOCAL DE ORIGEM, ISTO É, PELAS CONDIÇÕES DE SOLO, TOPOGRAFIA E CLIMA EM QUE SUAS UVAS AMADURECEM.

Em um país extenso como o Chile, existem diferenças que se refletem nos vinhos que cada região oferece ao público.

Essas diferenças baseiam-se, antes de mais nada, na latitude. As regiões mais próximas da linha do Equador recebem os raios solares em um ângulo de inclinação muito menos pronunciado que as que se encontram ao sul, o que, evidentemente, redunda em temperaturas mais altas. Da mesma forma, as precipitações são muito maiores em territórios ao sul. Enquanto em um ano médio em Aconcágua – ao norte – as chuvas acumuladas chegam aos 200 mm, em Biobío – ao sul –, a precipitação média está acima dos 1.200 mm anuais.

As diferenças no Chile também se apresentam de leste a oeste e de acordo com certas características mesoclimáticas criadas a partir de topografias determinadas. Para falar de forma mais simples, o clima de um vinhedo encerrado entre morros e situado nas planícies ocidentais do Vale do Maipo será, sem dúvida, mais quente que uma vinha aos pés dos Andes, que recebe os ventos frios da cordilheira nas últimas horas da tarde.

Mas assim como os Andes são uma forte influência no clima, também são o Oceano Pacífico e a corrente de Humboldt que o percorre. O frio antártico que

‹ *vales do **Chile*** ›

carrega essa massa de ar desloca-se para os setores próximos ao mar e influencia a temperatura, moderando-a, como se fosse um sistema de ar condicionado.

Como essas condições se refletem no vinho? Quando a uva acaba de se formar, sua cor é verde; sua textura, firme. Predomina o sabor ácido e seus aromas são vegetais. À medida que amadurece, perde grande parte da acidez, passa a acumular açúcares graças à fotossíntese, forma antocianinas que colorem a baga (especialmente nas tintas), e seus aromas passam de vegetais a maduros.

Em climas quentes e ensolarados, esse processo se realiza mais rapidamente. A perda de acidez é maior e o acúmulo de açúcares (que a seguir se transformam em álcool durante a fermentação) é mais acentuado. O que se deve esperar de um vinho de clima quente, então, é uma acidez reduzida diante do grau de álcool e aromas maduros: geleia de cereja mais que cereja fresca, por exemplo.

Ao contrário, em climas frios, o processo de maturação é mais lento, e no momento da colheita uma boa parte da acidez ainda está na baga, ao passo que a quantidade de açúcares não é tão alta. O vinho será menos alcoólico e dará maior sensação de frescor associado à acidez e aos aromas.

O Norte

Quando, em 1995, o ex-gerente técnico da vinha Francisco de Aguirre, Carlos Andrade, apresentou um projeto vinícola na IV Região, muitos ficaram céticos. Como conseguir qualidade em uma região quente, tradicionalmente ligada à produção de uva para Pisco? Andrade tinha a resposta.

A bacia do rio Limarí é ampla e aberta para o mar, o que implica em setores planos ou encostas de boa inclinação e ventilação, graças à influência do mar que entra no vale devido às baixas altitudes da Cordilheira da Costa. Resultado? Vinhos mais equilibrados. Além disso, não mais de 94 mm anuais, o que torna os vinhedos mais saudáveis, sem uvas podres a eliminar. Um elemento importante, ainda, são os terrenos aluviais da região, cujos solos de pedras e areias também escondem componentes calcários que dão mineralidade aos vinhos do Limarí.

No Elqui, mais ao norte, a viticultura está apenas começando, e vinhas como Falernia e sobretudo San Pedro estão provando que a Syrah pode ser uma excelente ferramenta de trabalho, principalmente se plantada perto da costa, aproveitando novamente a forte influência fria do Oceano Pacífico. Bons resultados, ainda, são obtidos com a Carménère, embora com ênfase no lado herbáceo da cepa, porque, mais que quentes, tanto o Elqui quanto o Limarí são frescos em sua parte costeira, às vezes até muito frescos como comprovam os Sauvignon Blanc de Elqui ricos em notas de ervas e cítricas.

< vales do **Chile** >

Um último empreendimento no norte é o realizado por Ventisquero em Huasco, a cerca de 800 quilômetros ao norte de Santiago. Junto à costa, em solos calcários, estão aparecendo vinhos alucinantes em frescor e em mineralidade.

Vale de Aconcágua

O Vale do Aconcágua forma-se graças à bacia do rio de mesmo nome que desce dos Andes. Ao redor do rio podem se vistas montanhas. As mais orientais correspondem aos Andes, enquanto as ocidentais são parte da Cordilheira da Costa.

Estamos em um clima semidesértico. De fato, as chuvas mal atingem os 200 mm anuais e concentram-se exclusivamente no inverno. Sob essas condições, é evidente que no vale faz calor. Mas felizmente para a maturação das uvas, há vento, o que alivia o calor do verão e, de quebra, permite que as uvas retardem um pouco mais a colheita.

Segundo informação da vinícola Errázuriz, a ventilação do vale origina-se nas diferenças de pressão resultantes das fortes oscilações térmicas (diferença de temperatura entre o dia e a noite) que existem nas regiões próximas aos Andes versus a menor oscilação que ocorre perto do mar, devido ao efeito moderador do Pacífico. De manhã corre um vento frio que vem do mar e à tarde, um vento quente que se origina no calor acumulado pelas encostas da cordilheira durante o dia.

De acordo com os viticultores da região, os vinhedos situados nos planos perto do leito do Aconcágua tendem a oferecer uma maturidade mais tardia do que nos localizados sobre as encostas dos dois lados do rio. Da mesma maneira, à medida que nos aproximamos do mar, as temperaturas caem, o que resulta em uma colheita mais tardia.

O clima e os solos aluviais próprios daquilo que um dia foi leito de rio parecem adaptar-se especialmente para variedades como a Syrah, que teve um inusitado sucesso na região graças a vinícolas como Errázuriz e Von Siebenthal.

Algumas das últimas aventuras no vale referem-se a projetos de vinhedos mais próximos ao mar, imitando o sucesso de Casablanca. Ali, a vinha Errázuriz teve especial sucesso com as primeiras colheitas.

Vale de Casablanca

Influenciado pelo Oceano Pacífico e especialmente pela fria corrente de Humboldt, esse vale está situado no meio da Cordilheira da Costa, mas em um setor de baixa altitude, o que permite receber a influência do mar transformada em frias brisas.

Até muito pouco tempo, Casablanca era um lugar de leiteiras e massagens para vacas. Porém, em 1982, o viticultor Pablo Morandé, inspirado nas semelhanças dessa região com Carneros, na Califórnia, pensou que havia possibilidades para o cultivo da videira e plantou 20 ha de Chardonnay, Riesling e Sauvignon.

{ DESCORCHADOS }

O exemplo de Morandé demorou para ser imitado. Até 1989, havia apenas 90 plantados. É provável que seus solos pobres, o risco de geadas e a pouca adaptabilidade de cepas de ciclos de maturidade lenta como Cabernet Sauvignon, tenham sido as razões de tão pouco entusiasmo. Porém, nos anos 1990, a situação mudou radicalmente e teve início uma espécie de boom de Casablanca. Atualmente, no vale, há cerca de 4.500 ha de plantações.

E, por último, o tema das geadas. As geadas ocorrem em noites limpas e tranquilas. As nuvens ou as neblinas absorvem o calor acumulado no solo e na pele das plantas durante o dia. Na ausência desses fatores, o calor escapa e o ar esfria, provocando geadas cujo principal efeito é queimar a vegetação. Literalmente.

Como o ar frio é mais denso que o quente, os maiores danos ocorrem nos setores planos, onde o ar cai por seu próprio peso; ao passo que as encostas, por estarem situadas em maior altitude, ficam livres de estrago. Em Casablanca foram usados vários métodos para prevenir os efeitos das geadas: hélices de combustão, helicópteros e, em alguns casos, irrigação por aspersão.

Tudo isso nos fala de uma região difícil para a realidade chilena. Porém, o prêmio é que, até agora, o vale é o local ideal para os brancos e uma séria possibilidade para tintos de maturidade curta como o Pinot Noir e, em certa medida, o Cabernet Franc e o Merlot.

O primeiro tema em Casablanca é a influência do Pacífico. Como o vale corre de leste a oeste, os setores orientais – também conhecidos como o "alto Casablanca" – estão mais longe do mar e são mais quentes que os do "baixo Casablanca", a oeste. Isto tem um efeito direto no caráter dos vinhos: um Sauvignon do alto Casablanca tenda ser mais maduro e com uma acidez menos fulgurante em comparação com um do baixo Casablanca. Contudo, se o colocarmos junto ao um Sauvignon do Maipo, seu grau alcoólico e maturação o delatariam de imediato.

A neblina que vem do Pacífico é outro fator relevante. Deslocando-se a altas horas da madrugada como um grande manto de umidade, essa neblina obriga os produtores a tomarem precauções no cuidado da folhagem. Permitir que os cachos fiquem em contato com o sol e recebam uma boa ventilação é o remédio mais comum para evitar que a maturação se retarde demais e que as doenças causadas por fungos ataquem a fruta, para que – afinal de contas – o vinho seja bebível.

‹ vales do *Chile* ›

Vale de San Antonio

Estendendo-se bem ao sul do Vale de Casablanca e a 75 km a oeste de Santiago, San Antonio tem muitas coisas em comum com o seu, por assim dizer, irmão mais velho. Tal como em Casablanca, aqui as colinas são o elemento topográfico predominante, fazendo com que a paisagem seja de agradáveis morros onde, pouco a pouco, os vinhedos foram sendo plantados.

O pioneiro do vale é Luiz Alberto Fernández, que começou a plantar Chardonnay em 1997. Também foi o primeiro a engarrafar vinhos sob esta denominação com a vinha Leyda, hoje uma das quatro vinícolas que funcionam em San Antonio.

Em termos legais, San Antonio divide-se em duas regiões. Ao sul fica Leyda, onde Fernández plantou seus primeiros vinhedos e onde também se encontram os vinhedos de Garcés Silva.

Ao norte fica a região de San Antonio, com o Abarca – a área mais próxima ao mar, distante quatro quilômetros do oceano – e El Rosario, um minivale encaixado entre montanhas. Em o Abarca estão vinhedos da Casa Marín e, no Rosário, encontram-se os da Matetic. Além do mais, neste período floresceu a região de Malvilla, que se estende em direção a Leyda e que, assim como Lo Abarca, está a quatro quilômetros do mar.

Como região influenciada pelo Oceano Pacífico, tiveram especial sucesso em San Antonio cepas que gostam do frio, como Sauvignon Blanc, Chardonnay, Pinot Noir e também Syrah, além de tentativas com a Merlot.

{ DESCORCHADOS }

San Antonio tem muito futuro, especialmente porque essa pequena comunidade de produtores se focou exclusivamente na qualidade, o que, em termos concretos, significa que, hoje praticamente todos os vinhos produzidos ali são de bons para cima.

Vale do Maipo

O Maipo, o vale mais clássico e conhecido do Chile, é definido em termos topográficos pelos vinhedos situados ao pé dos Andes e pelos localizados nos planos do ocidente. Muitas das vinícolas mais importantes têm base nesse vale, onde provêm os grandes Cabernet Sauvignon do país, cepa que, às vezes, abarca mais de 70% dos hectares da região.

O setor mais próximo à Cordilheira dos Andes, ou Alto Maipo, está dividido em dois grupos: um que enfrenta a quebrada de Macul e outro que se localiza nas duas margens do rio Maipo, na região de Puente Alto, Pirque e Buin. Nesses setores, a proximidade dos Andes provoca falta nas temperaturas durante a época de maturação, principalmente ao entardecer, situação que contrasta com os vinhedos das regiões do poente, onde o calor é maior.

A presença da Cordilheira dos Andes é mais importante em Pirque, Puente Alto e Macul, enquanto em Buin manifesta-se de forma moderada pelo fato de encontrar-se nas inclinações de uma cadeia que se desprende dos Andes para o oeste.

Nota-se a influência fria em algumas regiões de Pirque, por exemplo, onde

‹ vales do **Chile** ›

muitas vezes as brisas da cordilheira impedem que cepas de ciclos longos de maturação concentrem açúcar suficiente em seus cachos.

O Maipo Médio, com áreas como a Ilha de Maipo e Talagante, situa-se a oeste sobre planos bem irrigados e solos pedregosos pelos quais um dia passou o rio em sua rota rumo ao mar, e também tem ótimas condições, embora mais quentes. Aqui encontramos excelentes e generosos tintos, fundamentalmente à base de Cabernet Sauvignon e Carménère, mas nos últimos anos os produtores também têm experimentado Syrah e até Zinfandel, em alguns casos com bons e auspiciosos resultados.

E, finalmente, o Maipo Costa, onda influência do Pacífico se faz sentir. Esta é a região menos povoada de vinhedos do vale, mas, atenção, pois hoje está sendo alvo de vários projetos, Tres Palacios, Chocalán e Ventisquero entre eles.

Vale do Cachapoal

O Vale do Cachapoal ocupa a parte setentrional do Vale de Rapel, enquanto o vizinho meridional é Colchagua. Embora por muito tempo se tenha falado só do Rapel, pouco a pouco ambos foram se desligando dessa vizinhança a ponto de já muito poucos rótulos falarem de um Rapel genérico. Existe lógica por trás dessa divisão porque as diferenças são importantes, tanto em clima quanto em topografia.

Boa parte dos produtores mais importantes de Cachapoal tem seus vinhedos aos pés dos Andes, local chamado de Alto Cachapoal. Nessa região, a Cabernet Sauvignon brilha com seu frescor e elegância, mas também aproveitando a influência fria da cordilheira e dos pedregosos solos aluviais de média a baixa fertilidade, conseguiram-se interessantes resultados com a Viognier em brancos, e Merlot e Cabernet Franc em tintos.

No oeste, nos arredores de Peumo, as temperaturas aumentaram, especialmente nos setores protegidos da influência marítima, como nas Cabras. Nesse setor, o estilo delicado e elegante transforma-se em maior potência de álcool, maturidade e doçura. Isso explica por que, na região ocidental, a Carménère alcança a completa maturação sem grandes dificuldades.

Em Peumo, na margem setentrional do rio Cachapoal, são produzidos alguns dos mais interessantes Carménère do Chile. As brisas frescas da costa que deslizam pela bacia do rio banham os vinhedos de frescor e, ao mesmo tempo, moderam as altas temperaturas do setor. Isso explica, por exemplo, que os tintos tenham essas notas de ervas e frutas vermelhas maduras.

Vale de Colchagua

Enquanto no Vale de Cachapoal, a maioria dos produtores situou suas adegas e vinhedos do lado oriental, aos pés da Cordilheira dos Andes, e, em Colchagua, ocorre o contrário. Salvo as exceções da Casa Silva, Cono Sur e Santa Helena, todos os outros produtores se encontram de San Fernando à costa, o que exerce uma grande importância no caráter de seus vinhos.

O coração de Colchagua, ao redor da cidade de Santa Cruz, tem um clima quente determinado pelas colinas que se estendem dos dois lados, e pela

⟨ vales do **Chile** ⟩

altura da Cordilheira da Costa, que bloqueia em parte a influência fria do Pacífico. A diferença, por exemplo, na colheita entre uma Cabernet de Santa Cruz e uma de Angostura, nos Andes, pode superar uma semana.

Esse clima quente fez de Colchagua o paraíso do Carménère, uma variedade que precisa de sol e calor para amadurecer, mas também teve muito sucesso com a Syrah. As duas cepas expressam o calor de Colchagua com seus sabores maduros, seu teor alcoólico e sua sedosidade firme e saborosa.

Mas Colchagua continua investigando a si mesma. E, somados aos vinhedos aos pés dos Andes (cada vez mais numerosos nos Lingues), hoje também se buscam locais perto do mar, especialmente em Paredones, onde surgem brancos tão frescos como os de Casablanca ou San Antonio.

Vale de Curicó

Curicó é a origem da modernidade no vinho chileno. Foi lá que, em 1979, a empresa catalã Torres construiu a primeira vinícola realmente moderna do país e, de quebra, mudou a cara dos vinhos chilenos.

Curicó é uma região de amplas planícies, onda viticultura se desenvolveu graças ao clima propício da região central e à irrigação que se abastece dos rios Mataquito, Lontué, Teno e Claro.

Tal como em outros vales, aqui também existem diferenças entre as uvas que crescem no oeste, sobre as interseções da Cordilheira da Costa, e as que estão mais perto dos Andes.

Para comprovar essa teoria, pedimos a Fernando Almeda, enólogo da vinícola Torres, que mandasse alguns dados climáticos de duas propriedades da empresa. Maquehua, situada a oeste da estrada pan-americana, tem uma temperatura média no mês de janeiro de 22°C. A propriedade Cordilheira, nos Andes, alcança 19°C.

Esses três graus podem não parecer grande coisa, porém, temos à mão a Sauvignon Blanc para provar que influenciam, sim. Enquanto esta cepa na quente Maquehua perde frescor e graça no fruto, em Cordilheira é rica em vivacidade e em acidez vibrante, quase cítrica. De fato, a vinícola Torres tomou, há alguns anos, a decisão de transferir suas vinhas de Sauvignon para os Andes em busca de alegria da fruta para sua linha Santa Digna. E conseguiram, graças justamente ao fato dos Andes e os ventos frios que penetram o vale pelo rio Claro terem sido seus cúmplices.

Quanto a seus solos, e assim como os demais vales do Chile, as generalizações são um risco. Formados por depósitos aluviais dos Andes, os solos de Curicó podem se resumir em texturas francas, de fertilidade média e bem irrigados, graças à rede de canais que nascem nos rios, principalmente o Teno e o Lontué.

O Vale de Curicó tem 18.500 hectares de vinhedos. Destes, cerca de um terço corresponda Cabernet Sauvignon, com 6.800 hectares. Em cepas brancas, é o único vale onda Sauvignon Blanc supera a Chardonnay (3.596 ha para a primeira, contra 1.416 ha para a segunda) e isso fala de seu clima, sobretudo próximo à Cordilheira dos Andes.

‹ vales do *Chile* ›

Vale do Maule

O Vale do Maule, em termos de extensão de vinhedos, é o maior do país, com 28.500 hectares. Desses, menos de um terço corresponda uvas País, variedade tinta que os espanhóis trouxeram para o Chile no século XVI e que têm demonstrado ser sinônimo de qualidade.

Sem dúvida, esse detalhe marca o Maule, como também o esforço de um grupo cada vez mais crescente de produtores que teve sucesso em provar que sua diversidade de mesoclimas possibilita a criação de grandes vinhos. Vinícolas como J. Bouchon, Terranoble, a Reserva de Caliboro ou Gillmore fazem parte dessa comunidade.

Afora a tecnologia com que contam estes e outros produtores, a atenção está voltada para melhorar a qualidade do vinhedo, seja em regiões próximas dos Andes, seja nas tradicionais áreas costeiras sem irrigação, onda diversidade de solos e a topografia estão mostrando um grande potencial que se conecta diretamente com os primeiros vinhedos plantados no vale, há mais de trezentos anos.

Mas, sem dúvida, o que mais impulsionou o Vale do Maule é a variedade Carignan, moda entre os viticultores chilenos. O problema é que não há muita Carignan na região, não mais de 800 hectares concentrados na costa, e nem tudo é bom. O melhor vem de vinhedos mais velhos, como os vinhos que destacamos este ano. 🍇

Vale do Itata

Ao sul da cidade de Talca e próximo à região de Cauquenes, o rio Itata dá forma ao vale de mesmo nome, caracterizado por sua tradição vitícola e pelas novas apostas de renovação. Neste setor, o relevo começa a se modificar; a Cordilheira da Costa perde altitude e a depressão intermediária amplia-se, especialmente nos arredores da cidade de Chillán - onde se concentra parte significativa da vitivinicultura do Itata. As plantações vitícolas estendem-se por 10.807 ha, lideradas pela Moscatel de Alexandria, seguida por País, Cabernet Sauvignon e Chardonnay, com as cepas brancas atingindo uma porcentagem de 54% em comparação aos 46% das variedades tintas.

Em Itata, merece muita atenção o resgate da cepa Cinsault, até pouco tempo atrás completamente esquecida. E as vinhas velhas de Moscatel que hoje, em versões de vinhos brancos secos, também estão sujeitas à recuperação.

Vale do Biobío

O Vale de Biobío corresponda uma estreita faixa vitivinícola dividida nas áreas de Yumbel e Mulchén. Uma de suas principais características está em seu rio, o terceiro em extensão dentro do Chile. O rio Biobío se origina na lagoa andina Gualletué e desemboca, após serpentear todo o vale, no Golfo de Arauco, próximo à cidade de Concepción. Suas águas são utilizadas para a agricultura, para as plantações de cereja, maçã e pera, e transformaram a fruticultura em um dos setores mais dinâmicos da região.

A região que nos interessa, em termos de vinhos, concentra-se ao sul da cidade de Los Ángeles, especialmente em dois pontos: Negrete, onde estão os vinhedos de vinha Don Andes e Mulchén – área onde vinícolas como Cono sul e Concha y Toro obtêm uvas. Ambas estão no vale que olha para a Cordilheira dos Andes.

É uma região fria, não só porque a latitude beira os 38°, mas também porque a altitude da cordilheira baixa consideravelmente, permitindo que a influência das neves chegue ao vale com mais facilidade. Segundo dados da Don Andes, em Negrete as menores temperaturas determinam a colheita duas semanas depois que no campo que a adega tem no Vale de Cachapoal, e numa data similar às regiões mais frias de Casablanca.

As maiores apostas da Don Andes em Negrete são a Pinot Noir e a Chardonnay, mas lá chove bastante. Se em Rapel a média de precipitações está por volta de 700 mm, em Negrete e Mulchén atinge facilmente 1.000 mm.

Diferentemente do Vale Central, essas chuvas se distribuem durante todo o ano, o que implica na dificuldade da floração, diminuindo a carga de cachos por parreira, e, além disso, as chuvas que caem em meio às altas temperaturas do verão, que podem chegar aos 30°C, aumentando as chances de apodrecimento. Adolfo Hurtado, enólogo da Cono Sur, acredita que enquanto as uvas amadurecem, as temperaturas no campo de Mulchén, se comparadas às de Maipo, não têm uma grande diferença até fevereiro, mês em que começam a cair as chuvas, a temperatura diminui e o amadurecimento se torna mais lento.

Em extremos como esses, a viticultura não é simples, mas, levando em conta os resultados obtidos, especialmente em brancos e em variedades brancas como Riesling, Gewürztraminer e tintos como Pinot Noir, o esforço vale a pena.

Vale de Malleco

Ao sul de Biobío e da cordilheira costeira de Nahuelbuta, começa o Vale do Malleco, uma das áreas mais complexas da viticultura chilena devido, principalmente, às fortes chuvas que podem afetar os vinhedos na época da colheita. Mil milímetros anuais é coisa normal ali.

Felipe de Solminihac (da Aquitania) é o pioneiro nesse vale. Em 1995, plantou 5 ha de Chardonnay na área de Traiguén e desde 2000 utiliza a uva em seu Chardonnay Sol de Sol, um dos melhores exemplos da variedade do Chile e habitual ganhador do *Descorchados*. Felipe de Solminihac é testemunha das dificuldades que a viticultura encontra na região, principalmente pela saúde dos vinhedos embaixo da chuva e da umidade. No entanto não se queixa porque a natureza o ajuda. Como? O vento frio que vem do Pacífico entra pelo sul da Cordilheira de Nahuelbuta e banha o vale, baixando as temperaturas, oferecendo mais frescor a suas uvas, mas também ventilando as parreiras e evitando, assim, o surgimento de fungos.

Os solos desse vale são de origem aluvial e lacustre. Trata-se de solos pesados e férteis, que obrigam a trabalhar o vinhedo para não aumentar a produção. Porém, de Solminihac acha que o controle é natural: como a floração é complicada, a quantidade de cachos por parreira cai muito, ou seja, apesar dos solos serem férteis, os rendimentos são baixos. Ainda incipientes, Traiguén em particular e Malleco no geral, são uma amostra dos riscos que os produtores correm quando Trata-se de novos sabores para o vinho chileno. Muita atenção também a uma nova leva de produtores que está seguindo o exemplo de Solminihac, como Alto as Argilas e William Fèvre.

Vinhos para o seu negócio

A Bodegas conta com portfólio exclusivo, além de consultores e representantes especializados para selecionar rótulos perfeitos para o seu estabelecimento.

Faça de sua marca um sucesso junto com a gente.

Beba com moderação.

Saiba mais em: www.bodegaswine.com.br

VENCEDORES 2020

DESCORCHADOS

‹ *vencedores* ›

O MELHOR TINTO E O MELHOR BRANCO

De todos os vinhos que provamos ano a ano, este par é o meu favorito. Sem dúvida, a maior honra que uma garrafa pode alcançar no *Descorchados*.

ENÓLOGO E VINÍCOLA REVELAÇÃO DO ANO

O prêmio Enólogo do Ano recebe quem mais nos entusiasmou pela qualidade de seus vinhos. Os prêmios Enólogo e Vinícola Revelação são para aqueles que, com seu trabalho, transformam o vinho na América do Sul.

VINHOS REVELAÇÃO DO ANO

Esta é a novidade, o vinho que se destaca do resto, o que busca caminhos diferentes. Esse tipo de vinho sempre tem um lugar no *Descorchados*.

OS MELHORES EM CADA CEPA OU ESTILO

Seguindo o estilo varietal dos vinhos no Novo Mundo, estes rankings apelam aos melhores dentro de sua cepa. Mas atenção, porque também incluem-se rankings por estilos de vinhos: **doces, espumantes, rosados.**

OS MELHORES POR VALE

No *Descorchados* nos interessa o sentido de lugar dos vinhos, sua origem. Por isso aqui destacamos os melhores segundo o vale onde foram produzidos.

SUPER PREÇO

Um tema sempre recorrente é a boa relação qualidade-preço. Neste par de rankings vocês encontrarão as melhores ofertas provadas no ano. **Imprescindível.**

{ DESCORCHADOS }

MELHOR TINTO

TABALÍ
Talinay *Pinot Noir 2018*
LIMARÍ

Vamos começar pelo nariz. Tem fruta, é claro. Vamos começar com a fruta, que é fresca, vermelha e brilhante. Mas essa é apenas a primeira camada. Porque mais profundamente, as notas terrosas e salgadas estão fazendo realmente a festa, a que importa, a que dá complexidade. E, claro, a boca, que é firme, tensa, cheia de taninos de Pinot de verdade (quem disse que a Pinot tem taninos macios?). Uma textura que se agarra à língua e não a libera mais. Nela, os sabores terrosos e salinos agora assumem o controle da situação, proporcionando complexidade e texturas, brilho e profundidade em um vinho que é projetado no palato por um longo tempo. Um vinho tinto que marca um novo registro em Limarí e na América do Sul. As vinhas desse Pinot vêm de uma encosta voltada para o norte, plantada apenas em 2012, com seleções massais da Borgonha, adquiridas no Chile pelo agrônomo da Tabalí, Héctor Rojas. Em teoria, essa encosta, de solos calcários, tem uma orientação norte, mas a chave é o vento que é firme, as frescas brisas marinhas mudando o paradigma.

Os melhores tintos do ano

97 | **ALMAVIVA** Almaviva 2017 | Puente Alto
97 | **AQUITANIA** Lazuli C. Sauvignon 2016 | Maipo Andes
97 | **CONCHA Y TORO** Terrunyo 20 Años Carménère 2018 | Peumo
97 | **DE MARTINO** Vigno Carignan 2018 | Maule
97 | **DE MARTINO** Old Vine Series Las Cruces Malbec, Carménère 2018 Cachapoal
97 | **SANTA RITA** Pewën de Apalta Carménère 2018 | Apalta
97 | **SEÑA** Seña 2017 | Aconcágua
97 | **VENTISQUERO** Tara Red Wine 1 Pinot Noir 2018 | Atacama
97 | **VIÑEDO CHADWICK** Viñedo Chadwick C. Sauvignon 2017 | Puente Alto
97 | **VIÑEDOS DE ALCOHUAZ** RHU Syrah, Petite Sirah, Garnacha 2015 | Elqui

‹ vencedores ›

MELHOR BRANCO

CONCHA Y TORO
Amelia *Chardonnay 2018*
LIMARÍ

Para o vinho Quebrada Seca, o enólogo Marcelo Papa seleciona o quartel Quebrada Seca de solos ricos em argila e cal que, além da influência fria do mar (a cerca de 18 quilômetros), faz desse vinho uma flecha de austeridade e linearidade. No caso de Amelia, também é proveniente de Quebrada seca, mas dessa vez com 75% das vinhas plantadas em solos argilosos e calcários e 25% em solos argilosos, calcários e de pedra, o que talvez dê mais volume a esse branco, um pouco mais amplo, mas sem perder a estrutura, a firmeza dos taninos que aporta o calcário. Parece um vinho completo, mas também parece um vinho para guardar, para o futuro.

Os melhores brancos do ano

96	**AQUITANIA** Sol de Sol Chardonnay 2016	Malleco
96	**CONCHA Y TORO** Terrunyo Sauvignon Blanc 2019	Casablanca
96	**ERRÁZURIZ** Las Pizarras Chardonnay 2018	Aconcágua Costa
96	**KALFU** Sumpai Sauvignon Blanc 2019	Huasco-Atacama
96	**MAYCAS DEL LIMARÍ** Quebrada Seca Chardonnay 2018	Limarí
96	**TABALÍ** Talinay Chardonnay 2019	Limarí
96	**TABALÍ** Talinay Sauvignon Blanc 2019	Limarí
96	**VENTISQUERO** Tara White Wine 1 Chardonnay 2018	Atacama
96	**VENTOLERA** Private Cuvée White Blend Chardonnay, Gewürztraminer 2016	Leyda
95	**AQUITANIA** Sol de Sol Sauvignon Blanc 2018	Malleco
95	**ERASMO** Erasmo Late Harvest Torontel 2014	Maule
95	**KOYLE** Costa Sauvignon Blanc 2018	Colchagua Costa
95	**LABERINTO** Arcillas de Laberinto Riesling 2019	Maule
95	**MATETIC VINEYARDS** EQ Limited Edition Sauvignon Blanc 2019	San Antonio
95	**UNDURRAGA** T.H. Limarí Sauvignon Blanc 2018	Limarí

{ DESCORCHADOS }

ENÓLOGO DO ANO

FELIPE MÜLLER, VIÑA TABALÍ

Tudo começa com um grande terroir, os solos calcários da vinha Talinay, nas encostas da costa do vale de Limarí. E então, certamente, a habilidade de um viticultor como Héctor Rojas, que aproveitou esses solos e as videiras plantadas neles. Mas, uma boa parte está na interpretação daquele lugar especial. E foi aí que Felipe Müller brilhou esse ano com uma bateria de vinhos cheios de personalidade, cheios de força. E não apenas o tremendo Talinay Pinot Noir 2018, o melhor tinto desse ano no Descorchados, mas também o Chardonnay e o Sauvignon Blanc, ambos da linha Talinay, daqueles solos brancos próximos ao Pacífico. E isso seria suficiente, mas não é tudo. Também devemos acrescentar o catálogo de Tabalí, de consistência impecável, desde o mais básico Pedregoso até vinhos como Dom, Roca Madre ou Payén, tintos que vão muito além da qualidade, para absorver o senso de lugar e caráter.

‹ vencedores ›

ENÓLOGO REVELAÇÃO DO ANO

SEBASTIÁN LABBÉ, VIÑA SANTA RITA

É comum que *Descorchados* destaque o trabalho aventureiro de pequenos produtores que, por trás de tendências do mercado, são movidos por seus instintos. Sem pressão, fazem o vinho que sentem. Outra coisa é o caso de Sebastián Labbé (39), encarregado dos vinhos da gigante Santa Rita. Aí sim, existe pressão, o peso do mercado é sentido, deixando muito pouco espaço para riscos. No entanto, isso não parece assustar Sebastián. Desde sua chegada a Santa Rita (apenas em 2017) tem provocado uma pequena revolução com vinhos arriscados, no limite. Vejamos, por exemplo, Pewën, o ícone da vinícola. Até 2015, era um vinho denso, muito bom, mas padronizado pela madeira e madurez. A versão 2018, com uvas colhidas mais cedo na temporada, consegue nos mostrar um rosto refrescante e profundo dos tintos de Apalta. Incrível, assim como seu trabalho em Floresta, uma linha que poderia perfeitamente fazer parte do catálogo dos mais aventureiros produtores artesanais chilenos. Mas não. Sebastián sacode as fundações de Santa Rita, uma das vinícolas mais conservadoras do cenário chileno.

{ DESCORCHADOS }

VINÍCOLA REVELAÇÃO

PEDRO PARRA Y FAMILIA

Pedro Parra é o personagem com a maior projeção internacional do vinho chileno. Com mestrado em Agricultura de Precisão na prestigiosa Faculdade de Agronomia de Montpellier, no sul da França, e doutorado em Terroir no Instituto Nacional de Agronomia em Paris, Pedro é agora consultor nas áreas vinícolas mais importantes do planeta. Mas, suas raízes estão no sul do Chile, em Concepción e, por proximidade, no vale de Itata. Ali, nessa área tradicional do vinho chileno, decidiu iniciar um projeto pessoal, que se concentra na cepa Cinsault, uma variedade até recentemente subestimada para produzir vinhos de qualidade. Embora Pedro não tenha sido o pioneiro, é ele o que até agora mais avançou com essa uva, mapeando seus melhores terroirs, aprofundando as possibilidades da Cinsault. E os resultados da safra 2017 são impressionantes. A trilogia de vinhos Trane, Hub e Monk (uma homenagem aos seus ídolos do jazz) é um estudo sério e meticuloso de como o solo, a orientação e a topografia influenciam diretamente na variedade. Um trabalho que nos encheu de entusiasmo no Descorchados esse ano.

‹ *vencedores* ›

DIVIDIDO

MELHOR ESPUMANTE

MORANDÉ
Brut Nature *Chardonnay, Pinot Noir N/V*
CASABLANCA

A Chardonnay e a Pinot Noir nesse vinho espumante são provenientes das vinhas de Morandé em Belém, em Bajo Casablanca, ou seja, a área perto do mar naquele vale. Elaborado pelo método tradicional de segunda fermentação em garrafa, passou 18 meses em contato com as borras, o que sem dúvida influencia os sabores, dando notas de pão e padaria, mas o que manda acima de tudo é a fruta. Sente-se muito jovem, ainda muito frutado, com a borbulha selvagem de um vinho feito na hora. Dê a esse frasco pelo menos três a quatro anos. E verá como ganhará em complexidade.

Os melhores espumantes do ano

- 94 | **AQUITANIA** Sol de Sol Brut Nature Chardonnay, Pinot Noir N/V | Malleco
- 94 | **CASA MARÍN** Casa Marín Nature Riesling 2016 | Lo Abarca
- 94 | **CASA SILVA** Fervor del Lago Ranco Extra Brut N/V | Osorno
- 94 | **CLOS ANDINO** Le Grand Brut Chardonnay 2017 | Maipo
- 94 | **P.S. GARCIA** P. S. Garcia Nature Pinot Noir N/V | Casablanca
- 94 | **UNDURRAGA** Titillum Blanc de Noirs Pinot Noir N/V | Leyda
- 94 | **VALDIVIESO** Centenario Blanc de Blancs Cuvée Aniversario Chardonnay 2014 | Biobío
- 93 | **CALYPTRA** Hera Blanc de Blancs Extra Brut Chardonnay 2013 Alto Cachapoal
- 93 | **FATTO A MANO** Al Dente Nature Blend Blanco Cinsault Chassellas N/V | Itata
- 93 | **MIGUEL TORRES** Estelado Rosé Brut País N/V | Secano Interior
- 93 | **OC WINES** Inicio Extra Brut Chardonnay N/V | Casablanca
- 93 | **UNDURRAGA** Titillum Blanc de Blancs Chardonnay, Riesling N/V | Leyda
- 93 | **VALDIVIESO** Caballo Loco Grand Cru Brut Nature Pinot Noir, Chardonnay N/V | Biobío
- 92 | **CASA SILVA** Fervor Brut Chardonnay, Pinot Noir N/V | Colchagua
- 92 | **L'ENTREMETTEUSE** La Cuíca Pet Nat Chardonnay, Pinot Noir 2019 Colchagua
- 92 | **MIGUEL TORRES** Cordillera Blanc de Noirs Brut P. Noir 2017 | Curicó
- 92 | **SANTA EMA** Ema Chardonnay, Pinot Noir N/V | Leyda
- 92 | **SPUMANTE DEL LIMARÍ** Azur Brut Pinot Noir, Chardonnay N/V | Limarí
- 92 | **SPUMANTE DEL LIMARÍ** Gemma Brut Rosé Pinot Noir, Chardonnay N/V | Limarí
- 92 | **UNDURRAGA** Suprême Extra Brut Chardonnay, Pinot Noir N/V | Leyda
- 92 | **UNDURRAGA** Titillum Original Chardonnay, Pinot Noir N/V | Leyda
- 92 | **VALDIVIESO** Caballo Loco Grand Cru Blanc de Noirs P.Noir N/V | Biobío

{ DESCORCHADOS }

 95

 DIVIDIDO

MELHOR ESPUMANTE

TABALÍ
Tatié Brut *Chardonnay, Pinot Noir N/V*
LIMARÍ

Tatié é o produto da associação entre a casa de champagne Thiénot e Tabalí, com frutas 100% dos solos calcários da vinha Talinay, ao lado do Parque Fray Jorge e a cerca de 12 quilômetros do mar, no vale de Limarí. Elaborado pelo método tradicional de segunda fermentação em garrafa, possui 30 meses de contato com as borras e 60% de Chardonnay e o restante de Pinot Noir. A acidez é tremenda, vertical, afiada. A acidez é tão grande que quase não se sentem os 8 gramas de açúcar residual que possui. A borbulha é firme, intensa e o corpo é generoso, rico em profundidade. Uma ótima estreia.

Os melhores espumantes do ano

- 94 | **AQUITANIA** Sol de Sol Brut Nature Chardonnay, Pinot Noir N/V | Malleco
- 94 | **CASA MARÍN** Casa Marín Nature Riesling 2016 | Lo Abarca
- 94 | **CASA SILVA** Fervor del Lago Ranco Extra Brut N/V | Osorno
- 94 | **CLOS ANDINO** Le Grand Brut Chardonnay 2017 | Maipo
- 94 | **P.S. GARCIA** P. S. Garcia Nature Pinot Noir N/V | Casablanca
- 94 | **UNDURRAGA** Titillum Blanc de Noirs Pinot Noir N/V | Leyda
- 94 | **VALDIVIESO** Centenario Blanc de Blancs Cuvée Aniversario Chardonnay 2014 | Biobío
- 93 | **CALYPTRA** Hera Blanc de Blancs Extra Brut Chardonnay 2013 Alto Cachapoal
- 93 | **FATTO A MANO** Al Dente Nature Blend Blanco Cinsault Chassellas N/V | Itata
- 93 | **MIGUEL TORRES** Estelado Rosé Brut País N/V | Secano Interior
- 93 | **OC WINES** Inicio Extra Brut Chardonnay N/V | Casablanca
- 93 | **UNDURRAGA** Titillum Blanc de Blancs Chardonnay, Riesling N/V | Leyda
- 93 | **VALDIVIESO** Caballo Loco Grand Cru Brut Nature Pinot Noir, Chardonnay N/V | Biobío
- 92 | **CASA SILVA** Fervor Brut Chardonnay, Pinot Noir N/V | Colchagua
- 92 | **L'ENTREMETTEUSE** La Cuíca Pet Nat Chardonnay, Pinot Noir 2019 Colchagua
- 92 | **MIGUEL TORRES** Cordillera Blanc de Noirs Brut P. Noir 2017 | Curicó
- 92 | **SANTA EMA** Ema Chardonnay, Pinot Noir N/V | Leyda
- 92 | **SPUMANTE DEL LIMARÍ** Azur Brut Pinot Noir, Chardonnay N/V | Limarí
- 92 | **SPUMANTE DEL LIMARÍ** Gemma Brut Rosé Pinot Noir, Chardonnay N/V | Limarí
- 92 | **UNDURRAGA** Suprême Extra Brut Chardonnay, Pinot Noir N/V | Leyda
- 92 | **UNDURRAGA** Titillum Original Chardonnay, Pinot Noir N/V | Leyda
- 92 | **VALDIVIESO** Caballo Loco Grand Cru Blanc de Noirs P.Noir N/V | Biobío

‹ vencedores ›

95

MELHOR LARANJA

MATURANA WINES
Naranjo *Torontel* 2019
MAULE

Maturana compra uvas em um antigo vinhedo, plantado em 1940 no vale de Loncomilla, em Maule. Esse Torontel é macerado com suas peles por oito meses em ovos de cimento e apenas se adiciona sulfitos no final, no engarrafamento. Esse Naranjo é um dos poucos em seu estilo que você realmente bebe com prazer. A Torontel oferece flores e de frutas brancas e o vinho não possui amargor nem características excessivamente tânicas, o que o torna bastante bebível e até se pensa em ouriços ou ostras, algo que não é comum nos laranjas, um estilo muito difícil de entrar na cozinha.

Os melhores laranjas do ano

- 94 | **ATTILIO & MOCHI** Amber Roussanne, Viognier 2018 | Casablanca
- 94 | **VILLARD FINE WINES** JCV Charlie Ramato Pinot Grigio 2018 | Casablanca
- 94 | **VINÍCOLA ATACALCO** Cárabe de Casablanca Pinot Grigio 2018 | Casablanca
- 94 | **VINÍCOLA ATACALCO** Cárabe de Itata Sémillon, Moscatel de Alejandría 2018 | Itata
- 93 | **A LOS VIÑATEROS BRAVOS** Leonardo Erazo La Ruptura Guarilihue Alto Moscatel 2019 | Itata
- 93 | **ESTACIÓN YUMBEL** Tinaja Moscatel 2019 | Secano Interior de Yumbel
- 93 | **ITATA PARAÍSO WINES** Blanco Paraíso Moscatel 2019 | Itata
- 93 | **LAPOSTOLLE WINES** Collection Apalta Sémillon, Torontel 2018 | Apalta
- 93 | **LUIS FELIPE EDWARDS** Macerao Moscatel 2019 | Itata
- 93 | **SIEGEL FAMILY WINES** Siegel Naranjo Viognier 2018 | Colchagua
- 92 | **TERRANOBLE** Disidente Naranjo Pinot Blanco, Chardonnay, Pinot Gris 2019 | Casablanca
- 92 | **ZARANDA** Zaranda Naranjo Moscatel 2019 | Itata

{ DESCORCHADOS }

MELHOR ROSADO

ERASMO
Erasmo Rosé *Mourvèdre 2018*
MAULE

La Reserva de Caliboro possui vinhedos de 10 anos de Monastrell nos solos de granito de Caliboro, no meio do secano interior do Maule. Tentaram fazer um tinto com essa variedade, mas o vinho era muito robusto, muito tânico. Em vez disso, feito como rosé, dava o mesmo caráter de fruta, mas sem a "dor" dos taninos. Esse vinho é suculento e muito fresco, cheio de sabores de frutas vermelhas. Uma "cerveja de campo", conforme definida pelo gerente da vinícola, César Opazo, nesse rosé que possui um pouco da rusticidade camponesa que convida você a comer embutidos. Não há muitos rosés como este no Chile, com essa força.

Os melhores rosados do ano

- 92 | **CASA SILVA** Cool Coast Rosé Syrah 2019 | Colchagua
- 92 | **CONCHA Y TORO** Marqués de Casa Concha Rosé Cinsault 2019 | Itata
- 92 | **DE MARTINO** Gallardía Rosé Cinsault 2019 | Itata
- 92 | **GARCÉS SILVA** Boya Rosé Pinot Noir 2019 | Leyda
- 92 | **LA CAUSA** La Causa Rosé Cinsault 2019 | Itata
- 92 | **MAQUIS** Gran Reserva Rosé Malbec, C. Franc 2019 | Colchagua
- 92 | **TABALÍ** Pedregoso Pinot Noir 2019 | Limarí
- 91 | **CALCU** Reserva Especial Rosé Malbec 2019 | Colchagua
- 91 | **CARMEN** Gran Reserva Rosé Carignan, Cinsault 2018 | Maule
- 91 | **CASAS DEL BOSQUE** Casas del Bosque Rosé Pinot Noir 2019 | Casablanca
- 91 | **ESTAMPA** DelViento Rosé Syrah 2019 | Colchagua Costa
- 91 | **FANOA** Fanoa Rosé Malbec, Tempranillo, Mourvèdre 2019 | Colchagua
- 91 | **GARAGE WINE CO.** Old Vine Pale Truquilemu Vineyard Lot 83 2018 | Maule
- 91 | **KINGSTON** Rosillo Syrah 2019 | Casablanca
- 91 | **MATURANA WINES** Rosado Syrah, Sémillon 2019 | Colchagua Andes
- 91 | **PÉREZ CRUZ** Lingal Rosé Mourvèdre, Grenache 2019 | Maipo Andes
- 91 | **SUCESOR** Sucesor Rosé Romano 2019 | Maule

⟨ *vencedores* ⟩

DIVIDIDO

MELHOR VINHO DOCE

DE MARTINO
D'Oro Maipo Entre Cordilleras *Semillón 2008*
MAIPO

O enólogo Marcelo Retamal decidiu separar cerca de três barricas de um Sémillon colhido 100% de botrytis cinerea, o fungo responsável por alguns dos melhores vinhos doces do mundo (a podridão nobre, como os franceses chamam). Até que em 2019 decidiram que era hora de engarrafar o vinho dessas três barricas. O resultado é um néctar de pêssego, com especiarias, mel e frutos secos em todos os lugares. A acidez é suficiente para neutralizar toda a doçura aqui, o que não é uma tarefa menor. Um vinho oleoso e suculento. Um branco de meditação.

Os melhores vinhos doces do ano

- 93 | **ALTACIMA** 6330 Late Harvest Curicó Gewürztraminer 2017 | Lontué
- 93 | **KINGSTON** Late Harvest Casablanca Sauvignon Blanc 2018 Casablanca
- 92 | **CALYPTRA** SolVita Late Harvest Cachapoal Andes Sauvignon Blanc 2010 Alto Cachapoal
- 92 | **VIU MANENT** Noble Colchagua Entre Cordilleras Sémillon 2017 Colchagua
- 91 | **CASAS PATRONALES** Lujuria Late Harvest Cauquenes 2018 | Maule
- 91 | **LUIS FELIPE EDWARDS** Late Harvest Colchagua Entre Cordilleras 2018 Colchagua
- 91 | **MATETIC VINEYARDS** Corralillo Late Harvest 2018 | Aconcágua
- 91 | **VIÑEDOS PUERTAS** Lujuria Curicó Chardonnay 2016 | Curicó
- 90 | **ATTILIO & MOCHI** Dulce Fuerte Casablanca Malbec, Syrah 2015 Casablanca

{ DESCORCHADOS }

DIVIDIDO

MELHOR VINHO DOCE

ERASMO
Erasmo Late Harvest Maule *Torontel 2014*
MAULE

Cheio de sabores de frutas cristalizadas, pêssegos em calda, mel, tudo o que se pode pensar. Esse vinho é um festival de sabores suculentos, notas de frutos secos, flutuando na boca cremosa, intensa em acidez e ao mesmo tempo intenso em dulçor. O equilíbrio é alcançado, enquanto o vinho continua a se expandir no palato, mostrando quão cheio e longo é. A história diz que o conde Marone Cinzano dirigiu seu carro pelas vinhas de Caliboro, enquanto seu ex-conselheiro, Maurizio Castelli, cochilava no banco do passageiro. Mas de repente, quando passaram por uma vinha velha e semiabandonada, Castelli acordou de repente de sua sonolência. E o motivo foram aquelas videiras velhas com as quais começaram a fazer um vinho de colheita tardia, no estilo do Vin Santo italiano, pendurando os cachos nos corredores da antiga casa de La Reserva de Caliboro, no Maule, para ganharem em açúcar.

Os melhores vinhos doces do ano

93 | **ALTACIMA** 6330 Late Harvest Curicó Gewürztraminer 2017 | Lontué
93 | **KINGSTON** Late Harvest Casablanca Sauvignon Blanc 2018
     Casablanca
92 | **CALYPTRA** SolVita Late Harvest Cachapoal Andes Sauvignon Blanc 2010
     Alto Cachapoal
92 | **VIU MANENT** Noble Colchagua Entre Cordilleras Sémillon 2017
     Colchagua
91 | **CASAS PATRONALES** Lujuria Late Harvest Cauquenes 2018 | Maule
91 | **LUIS FELIPE EDWARDS** Late Harvest Colchagua Entre Cordilleras 2018
     Colchagua
91 | **MATETIC VINEYARDS** Corralillo Late Harvest 2018 | Aconcágua
91 | **VIÑEDOS PUERTAS** Lujuria Curicó Chardonnay 2016 | Curicó
90 | **ATTILIO & MOCHI** Dulce Fuerte Casablanca Malbec, Syrah 2015
     Casablanca

⟨ *vencedores* ⟩

VINHO REVELAÇÃO

ATTILIO & MOCHI
Amber *Roussanne, Viognier 2018*
CASABLANCA

Este **Amber** é a primeira versão desse laranja que inclui metade de Roussanne e metade de Viognier, tudo proveniente de vinhedos próprios na área de Bajo Casablanca. Este vinho é cofermentado com suas peles, em um contato de cerca de 20 dias contando a maceração pré e pós-fermentativa. Esse é um laranja macio e gentil. A acidez é muito poderosa, mas ao mesmo tempo apresenta sabores deliciosos e frutados. Um vinho refrescante para abrir com morcilla ou qualquer comida com gordura. A acidez aqui e o corpo que ela mostra são razões suficientes para ser um bom companheiro.

{ DESCORCHADOS }

VINHO REVELAÇÃO

BISQUERTT
Q Clay *Syrah, Malbec 2017*
COLCHAGUA

Q Clay é uma seleção de 95% Syrah e 5% Malbec de vinhedos de 20 anos plantados em solos aluviais em encostas e quebradas do campo de Bisquertt em Marchigüe, nas encostas da cordilheira da Costa, no vale de Colchagua. O vinho estagia por 12 meses em foudres e cubas retangulares de concreto, e o que sai delas é um vinho tinto muito frutado. Frutas vermelhas deliciosas, frescas e crocantes, com textura tensa e cheia de fibras. É um vinho para beber agora ou para guardar. A acidez e os taninos nos permitem pensar agora em ossobuco ou em três a quatro anos de garrafa.

⟨ *vencedores* ⟩

VINHO REVELAÇÃO

BODEGAS Y VIÑEDOS DE AGUIRRE
Pater Familiae Heredium
Cabernet Sauvignon, Carménère 2015
COLCHAGUA

Cerca de 80% desse vinho é de Cabernet Sauvignon, a maior parte da área de Apalta, de solos de granito na margem norte do rio Tinguiririca e também parte de vinhedos próprios em Villa Alegre, no vale do Maule. Os 20% restantes são Carménère de Peumo, no vale do Cachapoal, uma das áreas mais importantes para essa cepa no Chile. A fruta da Cabernet é evidente nesse vinho. As notas de flores e de frutas vermelhas maduras sobem ao palco aqui, em um contexto de vinho fresco, intenso em acidez e com um corpo leve e suculento que faz você querer beber mais, o que convida a outra garrafa. Um bom ponto de partida dessa vinícola que, para muitos, pode estar muito fora do mapa, mas esse vem para ficar.

{ DESCORCHADOS }

95

VINHO REVELAÇÃO

CALITERRA
Pétreo *Carménère 2017*
COLCHAGUA

Atenção com o nariz desse vinho. Os aromas de tabaco, de especiarias, de cinzas, de ervas e de frutas é incrível. Na boca, apresenta uma acidez deliciosa e fresca, acompanhada por uma textura macia e suculenta, com frutas maduras que lhe conferem maior complexidade. Dê um tempo na garrafa e vejam como o vinho se torna uma folha de tabaco nos dentes. Esse Carménère em particular vem de solos de granito das áreas mais altas, perto dos cumes das colinas, na vinha de Caliterra em Colchagua. Mantenha esse vinho por alguns anos, mas você também pode abri-lo agora com embutidos ou costeletas de porco defumadas ou o que achar que tem gordura para acompanhar a acidez e a textura desse exemplo nervoso e incomum da cepa.

⟨ *vencedores* ⟩

 93

VINHO REVELAÇÃO

CALYPTRA
Vivendo Reserve *Pinot Noir 2017*
ALTO CACHAPOAL

Um delicioso Pinot em suas frutas vermelhas maduras, na expressão da variedade. Nasce nos terraços aluviais do rio Cachapoal, em Alto Cachapoal, e mostra seu caráter montanhoso nas notas de frutas e de ervas. 2017 foi um ano quente, mas isso não aparece aqui. Tudo é fresco, com sabores de frutas vermelhas ácidas, com uma textura que tem aderência para acompanhar embutidos. Um Pinot que tem uma excelente relação preço/qualidade. Precisa-se de mais desses Pinot Noir a um preço acessível. Menos doçura e mais tensão.

{ DESCORCHADOS }

VINHO REVELAÇÃO

CARMEN
Carmen Delanz Estate Blend 2018
*Cabernet Sauvignon, Cabernet Franc,
Petit Verdot, Petite Sirah 2018*
MAIPO

Este é o novo vinho de Carmen. Segundo a enóloga Emily Faulconer, essa mistura de 76% de Cabernet Sauvignon, 16% Cabernet Franc, 5% Petit Verdot e o restante de Petite Sirah, visa mostrar a vinha do Alto Jahuel e suas principais cepas. Uma tarefa ambiciosa, já que a vinha que circunda a vinícola de Carmen em Alto Jahuel (e a de Santa Rita) possui cerca de 500 hectares de vinhedos. No entanto, a maior parte - como nesse vinho - é plantada com Cabernet Sauvignon (80% dos 500 hectares são de Cabernet) e, desse lado, a representação é fiel. Os sabores são frutados, frutos pretos maduros e também ervas. Alto Jahuel é uma área quente em Alto Maipo e que é sentida no caráter desse vinho, que tem taninos redondos, mas ao mesmo tempo sólido. Para respeitar esse personagem, a enóloga Emily Faulconer usou apenas madeira usada, tanto barricas quanto foudres. Um vinho que tem uma década pela frente.

⟨ *vencedores* ⟩

91

VINHO REVELAÇÃO

CASALIBRE
Siete Perros *Cabernet Sauvignon 2018*
MAIPO

O enólogo Luca Hodgkinson opta nesse vinho por mostrar a Cabernet Sauvignon nua, sem madeira, mas sem abandonar a força da cepa. Nas vinhas orgânicas de Alto Maipo, concentra-se nos sabores das frutas e nos taninos firmes e pulsantes, deixando um espaço importante para a acidez se mostrar e brilhar. Um desses vinhos deliciosos para beber sem parar, e diferente de qualquer Cabernet. Notícias muito boas, especialmente em um mundo do vinho como o chileno, no qual todos levam essa variedade muito a sério e, os que não seguem esse caminho, produzem sem muito caráter.

{ DESCORCHADOS }

VINHO REVELAÇÃO

CONCHA Y TORO
Casillero del Diablo *Malbec 2018*
VALLE CENTRAL

Fique atento ao preço desse vinho e, acima de tudo, com sua carga de frutas frescas, cheia de frutas vermelhas brilhantes e de toques florais. A fruta vem de uma seleção de vinhedos em direção às áreas costeiras de Rapel e esse lado mais frio aparece aqui. Um vinho para ser servido frio no verão, com peixe grelhado, um pequeno segredo em uma linha tão grande quanto Casillero (quase 6 milhões de caixas de doze garrafas no total) que invade as prateleiras dos supermercados e ocasionalmente oferece isso.

⟨ *vencedores* ⟩

VINHO REVELAÇÃO

CONO SUR
20 Barrels *Carménère 2017*
CACHAPOAL

O Fundo Peumo é a fonte mais importante para Carménère de Cono Sur. A partir daí, Concha y Toro também obtém uvas para vinhos importantes como Terrunyo ou Carmín de Peumo. O vinhedo começou a ser plantado no início dos anos 1980 e uma seleção dessas vinhas é para esse Carménère, a primeira vez que a cepa oficialmente classifica para a linha 20 Barrels e é uma excelente estreia. Existem notas de ervas típicas da cepa, mas também existem muitos aromas e sabores de frutas vermelhas frescas e vibrantes. O corpo é agradável, com taninos muito polidos, mas ao mesmo tempo com muita aderência. Para cordeiro ao curry.

{ DESCORCHADOS }

94
VINHO REVELAÇÃO

COUSIÑO MACUL
Cousiño Macul *Cabernet Franc 2017*
MAIPO

Este Cabernet Franc é uma espécie de ensaio, pequenas produções destinadas à venda na vinícola de Macul e algo mais para exportação. As uvas são provenientes da vinha de Buin, plantada em 2005 e fermentada em aço. O vinho foi envelhecido por 18 meses em barricas antigas até ser engarrafado em abril de 2019. Uma foto de Cabernet Franc, começando com as notas de ervas e de tabaco, mas também de frutas vermelhas loucamente frescas em um corpo de taninos firmes, com muita aderência (muito da variedade) e uma acidez intensa e suculenta. Esse vinho merece mais do que estar na loja turística. Deveria estar, pelo menos, em Antiguas Reservas, para que mais pessoas possam experimentá-lo.

⟨ *vencedores* ⟩

VINHO REVELAÇÃO

CREMASCHI FURLOTTI
Edición Limitada *Carignan 2016*
LONCOMILLA

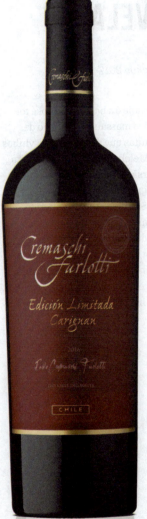

Um Carignan duro, rústico, mas delicioso nessa rusticidade, dos tintos que pedem embutidos ou queijos maduros. Esse vem de uma vinha muito antiga, com mais de cinquenta anos, na área de Huerta do Maule, em Loncomilla, no meio do secano do Maule. Atenção com a textura, com os taninos que parecem bárbaros atacando a língua, enquanto a fruta transborda por toda parte.

{ DESCORCHADOS }

VINHO REVELAÇÃO

DE JOSÉ
De José *Cabernet Sauvignon 2017*
MAIPO ALTO

Em 2009, a vinha que hoje é a base de De José foi plantada com seleções massais do vinhedo de Tocornal, as mesmas plantas que dão uvas para vinhos como Almaviva ou Don Melchor. Esse ano, a colheita de 2017 já é a terceira versão e é a primeira vez que é 100% de Cabernet Sauvignon daquela vinha em Los Morros, em Alto Maipo. São dois ovos de concreto, onde estagiam por onze meses antes de irem para a garrafa. José mostra o lado mais puro da cepa em Alto Maipo, sem interferência, com uma fruta deliciosa e refrescante, vermelha e mentolada. A textura é tensa, com taninos firmes, mas elegantes e sutis sobre a boca, picando-a suavemente. Um clássico da velha escola.

‹ *vencedores* ›

94

VINHO REVELAÇÃO

DE MARTINO
Old Vine Series Las Olvidadas
País, San Francisco 2018
ITATA

De Martino possui um vinhedo que comprou em 2013 na área de Guarilihue, com algumas videiras que datam de 1905. Essa é uma seleção dessas videiras, que compreendem 80% de País e 20% de São Francisco, uma variedade que alguns relacionam com a Negramoll das Ilhas Canárias. O vinho é desengaçado pelo método tradicional de "zaranda" e depois estagia em barricas usadas por 14 meses. O vinho é leve, com sabores frutados e toques terrosos e de especiarias. Mas, por mais leve que seja, possui taninos firmes, com acidez firme e tensa. Para os embutidos.

{ DESCORCHADOS }

VINHO REVELAÇÃO

EL PRINCIPAL
Calicanto
Cabernet Sauvignon, Carménère, Cabernet Franc, Syrah, Malbec 2018
MAIPO ANDES

Um inegável vinho de Maipo Alto, desde as notas de frutas negras, de ervas e de mentol até a textura suave e elegante. Um vinho com muito senso de lugar que esse ano tem 49% de Cabernet Sauvignon, 35% de Carménère e o restante de Syrah, de Cabernet Franc e de Malbec. Estagia um ano em barricas usadas, esse tinto se concentra nos sabores das frutas, mas sem deixar de lado uma forte ligação com sua origem. O enólogo observa que esse atributo se deve a colheitas um pouco mais adiantadas, que aqui fizeram o lugar aparecer primeiro.

‹ *vencedores* ›

95

VINHO REVELAÇÃO

EMILIANA ORGANIC VINEYARDS
Coyam *2017*
COLCHAGUA

Coyam é um vinho emblemático em Emiliana e também no cenário do vinho chileno. Foi um dos primeiros que se aventurou com as variedades mediterrâneas em Colchagua e também o primeiro a mostrar, em grandes volumes, que os vinhos biodinâmicos eram uma possibilidade comercial. Após muitas mudanças de estilo, esse 2017 é o mais bem-sucedido nessa história que começou com a colheita 2001. Pela primeira vez, todas as variedades plantadas desde 1992 em Los Robles, em Colchagua (o coração do projeto de Emiliana) estão aqui, em uma mistura louca baseada em Syrah (43%), depois em Carménère (29%) e depois em outras cepas em quantidades mais ou menos semelhantes. É vermelho, suculento, amável, rico em uma textura macia e cremosa e o final é herbáceo. Um desses vinhos para guardar, mas também que se pode beber agora, para refrescar a comida.

{ DESCORCHADOS }

VINHO REVELAÇÃO

ERASMO
Erasmo Rosé *Mourvèdre 2018*
MAULE

La Reserva de Caliboro possui vinhedos de 10 anos de Monastrell nos solos de granito de Caliboro, no meio do secano interior do Maule. Tentaram fazer um tinto com essa variedade, mas o vinho era muito robusto, muito tânico. Em vez disso, feito como rosé, dava o mesmo caráter de fruta, mas sem a "dor" dos taninos. Esse vinho é suculento e muito fresco, cheio de sabores de frutas vermelhas. Uma "cerveja de campo", conforme definida pelo gerente da vinícola, César Opazo, nesse rosé que possui um pouco da rusticidade camponesa que convida você a comer embutidos. Não há muitos rosés como este no Chile, com essa força.

⟨ *vencedores* ⟩

95

VINHO REVELAÇÃO

GARCÉS SILVA
Amayna Solera *Sauvignon Blanc N/V*
LEYDA

A base desse vinho (75% do volume) é da colheita de 2015 e fica três anos em barricas de 600 litros. O resto é 2016 e 2014, numa espécie de solera que transforma esse clássico Sauvignon Blanc (o antigo Barrel Fermented) em algo completamente diferente. O estágio em madeira deu complexidade e toques defumados e especiados, mas também há uma forte nota de ervas, como se fosse uma espécie de gim tônica vínico. A textura é cremosa, cheia, enche a boca, enquanto a acidez mantém o nervo. Um vinho para guardar.

{ DESCORCHADOS }

94

VINHO REVELAÇÃO

HACIENDA SAN JUAN
Hacienda San Juan *Syrah 2017*
SAN ANTONIO

Hacienda San Juan enxertou Syrah nas plantas de Pinot Noir em 2015 e essa é a primeira versão daquelas uvas que dão um delicioso vinho em frescor, com um aperto monumental, como se tivesse unhas e frutas em todos os lugares, fazendo uma festa. Mas, atenção para que, além dessa fruta, haja toques de carne, terra e de especiarias. Um vinho tinto de muito caráter e esse caráter vem dos solos de granito e de cal, mas também da proximidade com o Oceano Pacífico, a apenas 5 quilômetros em uma linha reta. Uma pequena descoberta que, mais do que Syrah, deveria ser um vinho tinto da costa. Apenas 2.800 garrafas foram elaboradas desse vinho. Comprem algumas.

⟨ vencedores ⟩

VINHO REVELAÇÃO

KORTA WINES
Selección Especial *Grosse Mérille 2019*
SAGRADA FAMILIA

Grosse Mérille é uma variedade muito pouco conhecida no mundo e que no Chile é conhecida como Verdot Chileno. Pela genética, tem pouca cor e muito aroma, com taninos bem presentes. E é isso que você encontrará aqui, um vinho que é pura fruta acima de tudo, uma delícia de aromas de frutas vermelhas em um corpo aparentemente delicado, mas com taninos ferozes, com muita aderência. Um vinho que pode ser incrível no futuro, mas que agora é um trabalho em andamento. Pelo menos não vimos nada parecido no Chile. Um parente da Trousseau? 🍇

{ DESCORCHADOS }

92

VINHO REVELAÇÃO

L'ENTREMETTEUSE
La Cuíca Pet Nat *Chardonnay, Pinot Noir 2019*
COLCHAGUA

Um *pétillant naturel* (pet nat) ou vinho espumante natural feito pelo método ancestral de uma única fermentação em garrafa. A Chardonnay na mistura vem de Colchagua, enquanto a Pinot Noir é de Paredones, na costa de Colchagua. O resultado é um delicioso vinho espumante, com uma acidez refrescante e bolhas selvagens que contribuem para esse frescor. Esse vinho é para comprar várias garrafas e bebê-las nesse verão e, assim, tirar proveito de todas as suas frutas vermelhas e seu espírito de vinho de matar a sede.

‹ vencedores ›

VINHO REVELAÇÃO

LA CAUSA
La Causa Rosé *Cinsault 2019*
ITATA

Este é o primeiro rosé de La Causa e, como parece lógico na filosofia da vinícola, esse é 100% Cinsault, de vinhas velhas em Itata. As uvas são prensadas e fermentadas em aço inoxidável. O vinho é uma pequena delícia de sabores de frutas vermelhas, com toques florais e corpo leve no meio de uma acidez que pinica a língua. Cerca de seis mil garrafas foram feitas desse vinho. Compre algumas garrafas para desarrolhá-las nesse verão. Um rosado ideal para matar a sede.

{ DESCORCHADOS }

95
VINHO REVELAÇÃO

LABERINTO
Arcillas de Laberinto *Riesling 2019*
MAULE

Este novo vinho de Laberinto vem da parte superior da vinha, de quartéis de solo vulcânico. O vinho é fermentado em ânforas de argila e estagia por oito meses. Esse é um branco muito particular. Os amantes de Riesling provavelmente acharão difícil reconhecer o lado varietal porque a argila das ânforas, com mais de cem anos de idade, contribui por si só. Deve-se acrescentar também que, nessas tinajas formam-se uma pequena camada de véu de flor (o véu dos vinhos de Jerez) que adiciona um toque salino a tudo. Mas, tenha paciência para que esse vinho se abra lentamente e, se o nariz ainda mostrar esse lado salino e quase terroso, na boca ele se desdobra com seus aromas de ervas e de frutas, mas principalmente com uma textura que se apega ao paladar, com taninos quase rústicos, que grudam na língua e pedem ouriços ou talvez uma longa guarda de garrafa. Um vinho cheio de personalidade.

‹ *vencedores* ›

94

VINHO REVELAÇÃO

LAS NIÑAS
E *Carménère* 2018
APALTA

Esta é a primeira versão deste E, um trabalho conjunto entre Edith Soler, enóloga da vinícola Terra Remota na Catalunha (cujo proprietário também é sócio de Las Niñas) e o enólogo chileno e responsável pelos vinhos de Las Niñas, Eugenio Lira. Provém de vinhas jovens, enxertadas em videiras de Merlot. Para produzi-lo, apenas ovos de concreto foram utilizados e essa primeira produção possui apenas 1.100 garrafas. Essa nova visão da Carménère, muito mais fresca e nítida em frutas, mas sem deixar de lado sua faceta de ervas, muito tensa e acompanhada por taninos suaves como o creme. Frutas e mais frutas frescas, sem vestígios de madeira nem nada que interfira no caráter da variedade.

{ DESCORCHADOS }

VINHO REVELAÇÃO

LUIS FELIPE EDWARDS
Montañas de Puquillay Alto *Cabernet Sauvignon 2014*
COLCHAGUA

Esta é a primeira versão do mais ambicioso dos Cabernet da LFE. É uma seleção de vinhedos altos, plantados em 2005, nas colinas de Puquillay, a cerca de 900 metros de altura. A ideia, segundo o enólogo Nicolás Bizzarri, era tentar provar que em Colchagua você pode fazer um Cabernet como o melhor do Chile. E eles fazem isso. Estágio de 18 meses em barricas e mais dois anos em garrafa. É um Cabernet focado em sabores de frutas. Ao contrário de outros top Cabernet do Chile, não possui as notas mentoladas (como em alguns exemplos de Alto Maipo) e, em vez disso, concentra-se em frutas e sabores terrosos, de corpo médio, mas de grande estrutura. Seus taninos se firmam no paladar, mantendo todos os sabores de frutas.

⟨ *vencedores* ⟩

93

VINHO REVELAÇÃO

LUIS FELIPE EDWARDS
Macerao *Moscatel 2019*
ITATA

Este é a primeira abordagem aos vinhos laranjas da LFE e é uma boa estreia. Feito com velhas vinhas de Moscatel de Alexandria, na região de Guarilihue, no vale de Itata, o vinho permanece com a peles por três meses. O vinho tem um perfume delicioso, generoso em tons florais e com o corpo de estilo clássico, mas desta vez muito mais polido, com um delicioso frescor, com toques de especiarias, sobretudo frutas e flores em um vinho delicioso em seu estilo e também por um preço que poucos podem resumir.

{ DESCORCHADOS }

93

VINHO REVELAÇÃO

MATURANA WINES
Pa-Tel *2019*
COLCHAGUA COSTA

Este vinho é proveniente de um antigo vinhedo de quatro hectares no meio de florestas, a cerca de doze quilômetros do mar, plantado em 1910 em Paredones. Hoje pertence a Fernando Parraguez, que cuida desses hectares como se fosse um jardim e, nesse jardim, há Moscatel, Sémillon, País e até Riesling. As quatro variedades são cofermentadas em aço e depois engarrafadas. O vinho responde ao protótipo do vinho tinto para matar a sede. Corpo leve, aromas deliciosamente frescos, acidez crocante e sabores de frutas vermelhas puras em um vinho irresistível.

‹ *vencedores* ›

91
VINHO REVELAÇÃO

MORANDÉ
Estate Reserve *Carménère 2018*
MAIPO

Uma tremenda relação preço-qualidade nesse Carménère que cresce ao longo do rio Maipo, em solos aluviais, em Romeral. Essa mistura mostra notas de madeira, aromas de ervas e a forte presença da fruta. Essa é uma nova escola, suave, fresca e nítida, aquela escola que fala sobre expressar a tensão sem problemas com seu lado natural. Esse está rico.

{ DESCORCHADOS }

94

VINHO REVELAÇÃO

PÉREZ CRUZ
Limited Edition *Cot 2018*
MAIPO ANDES

Uma abordagem rica e suculenta da variedade, tem frutas vermelhas em todos os lugares, notas de flores, tudo em um contexto de um nariz delicioso e refrescante. A boca é suculenta na melhor das hipóteses e os sabores de morangos maduros e de cerejas continuam a inundar tudo. Esse vinho é para o verão, para a piscina. Esse Cot (Malbec) possui 4% de Cabernet Franc na mistura e estagia por 14 meses em barricas. A vinha foi plantada em 1998.

⟨ *vencedores* ⟩

VINHO REVELAÇÃO

POLKURA
Secano *Syrah 2017*
COLCHAGUA

Nos tempos em que a água é escassa, a ideia de crescer em secano requer cada vez mais força. Embora no Chile existam muitos vinhedos de secano e muito antigos - especialmente do Maule ao sul -, não existem muitos que estão implantando o regime de secano como um sistema. Hoje Polkura possui cinco hectares de vinhedos de secano, dois em produção com Syrah, Garnacha e algo de Cariñena que vão para esse Secano. Esse ano, tem 85% Syrah e o restante de Garnacha. "Para mim, isso é um mistério." Diz o enólogo Sven Bruchfeld sobre o comportamento das uvas em um ano tão seco e quente como 2017. Aqui você não sente esse calor, mas há frescor e frutas vermelhas no meio de uma acidez suculenta. Possui notas terrosas e alguns toques animais em um vinho de grande personalidade. Essa vinha foi plantada em 2009 e desde 2013 produz as frutas para esse Secano.

{ DESCORCHADOS }

VINHO REVELAÇÃO

RIVERAS DEL CHILLÁN
Vista Bella Bacot *Malbec 2017*
ITATA

Quando a família Chandía comprou a propriedade Santa Patricia em 1945, havia vinhedos muito antigos no país e também de Malbec. De acordo com os cálculos que os Chandía fizeram, seriam videiras de mais de cem anos, hoje em terra seca. Esse Malbec estagia em barricas por um ano e meio. Cheio de frutas vermelhas e ervas aromáticas, num contexto de grande acidez, taninos firmes e corpo médio, cheio de tensão. Não é comum encontrar Malbec tão antigo no sul do Chile, mas existem e são sempre recomendados.

⟨ *vencedores* ⟩

VINHO REVELAÇÃO

SAN FRANCISCO DE LAS QUISCAS
Serendipia *Carménère 2017*
PEUMO

Uma nova escola de Carménère, esse vem de uma vinha plantada em 2013 em colinas na área de Peumo. Frescos, muitas frutas vermelhas em todos os lugares e uma acidez que atualiza tudo em seu caminho. Há deliciosas notas de ervas, que se misturam muito bem com a fruta. O estagio em barricas dura cerca de 14 meses, com 7% de madeira nova, o que confere uma textura mais arredondada. Aqui, a chave é a influência do lago, uma colheita adiantada em busca de mais frutas vermelhas e nenhuma maceração pós fermentativa, o que acentua sua leveza e nervosismo. Uma excelente estreia.

{ DESCORCHADOS }

VINHO REVELAÇÃO

SAN PEDRO
1865 Selected Collection Old Vines
Cabernet Sauvignon 2017
MOLINA

As vinhas desse vinho foram plantadas há mais de 70 anos e, até 2001, essa fruta é a que ia para o top da casa, Cabo de Hornos. O enólogo Matías Cruzat decidiu dar uma nova vida a essas videiras ao fazer esse vinho no estilo "old school", com uma colheita antecipada (em um ano muito quente, deu-lhe 14 graus de álcool) e estágio prolongado em foudres e barris, que nesse caso foram prorrogados por 18 meses. Segundo Cruzat, o vinho precisava de um longo envelhecimento. "Após a fermentação, o vinho era muito tânico. Precisa desses meses para amaciar." O vinho apresenta deliciosos aromas de tabaco, especiarias e muitas frutas vermelhas em um corpo que, embora firme, possui frescor e acidez, que lhe conferem um caráter muito mais fluido. Atenção aqui, com este delicioso e frutado retorno ao passado.

‹ *vencedores* ›

95

VINHO REVELAÇÃO

SAN PEDRO
1865 Tayú *Pinot Noir 2018*
MALLECO

Este projeto nasce em 2015, graças ao viticultor Pedro Izquierdo, que entrou em contato com a comunidade Buchahueico, na área de Purén, no vale de Malleco. Lá, ele começou a ensinar viticultura a duas famílias do local, e hoje têm cinco hectares no total, apenas com Pinot Noir. O vinho foi fermentado em cimento e aço e com guarda em foudres, barricas e cimento por um ano. É um Pinot que mais do que fruta tem terra e notas de ervas. Muitos Pinot do Chile seguem o caminho mais fácil da fruta. Esse vai para um caminho diferente, mais para o lado terroso.

VINHO REVELAÇÃO

SANTA CAROLINA
Reserva de Familia *Cabernet Sauvignon 2017*
MAIPO

Mariscal é uma das áreas mais tradicionais de Alto Maipo, local de solos aluviais e de influência dos Andes que fazem parte importante no trabalho do estilo desse vinho, um estilo suculento e elegante, com toques de especiarias e de ervas, sobre uma textura deliciosa em sua amabilidade, taninos finos, pulsantes, afiados, mas ao mesmo tempo muito polidos. Não há arestas nesse vinho. E sim, parece algo de velha escola, algo que teríamos provado nos anos 1980 e um exemplo claro de como o experimento de Luis Pereira influenciou os vinhos da casa, até mesmo vinhos massivos como esse, do qual é feito cerca de 20 mil caixas de doze garrafas.

⟨ *vencedores* ⟩

VINHO REVELAÇÃO

SANTA CRUZ
Santa Cruz *País 2018*
COLCHAGUA COSTA

Quiahue é uma pequena cidade ao sul de Lolol. No vinhedo de Santa Cruz encontrou um pequeno vinhedo de País com registro de ter sido plantado em 1903 pela família Correa, que ainda é dona. O vinho está em barricas muito antigas há um ano e possui 10% de Cabernet Sauvignon para adicionar um pouco de cor e alguma estrutura, embora essa porcentagem quase não interfira no caráter da cepa, que aqui mostra um lado terroso que é característico, mas também muitas frutas vermelhas, ricas em frescor. Um novo resgate da cepa País, desta vez sob uma visão refrescante e suculenta.

{ DESCORCHADOS }

VINHO REVELAÇÃO

SANTA EMA
Amplus Mountain Vineyard *Merlot 2018*
MAIPO ALTO

Este **Amplus** é 100% das vinhas que Santa Ema plantou em Pirque, a cerca de 820 metros de altura, em uma das áreas mais altas do vale do Maipo. Esse vinho não tem barricas; estagia em foudres. Ambos os detalhes marcam uma grande diferença em relação ao vinho mais vendido na vinícola, o Gran Reserva Merlot, que tem uma forte influência da madeira e vem de uma área mais quente, de Isla de Maipo. Aqui se tem frutas vermelhas, acidez deliciosa e toques de ervas.

⟨ *vencedores* ⟩

VINHO REVELAÇÃO

SANTA RITA
Medalla Real Gran Reserva *Carménère 2018*
COLCHAGUA

Esta é uma mistura de diferentes Carménère que Santa Rita tem no vale de Colchagua, das vinhas antigas em Apalta até as vinhas mais jovens em Marchigüe, a oeste do vale. Esse tinto tem muito a ver com a nova onda de Carménère hoje produzida no Chile, focada em frescor de frutas e também nas notas de ervas típicas da variedade. Esse Carménère é brilhante em frescor, suculento e tenso ao mesmo tempo. Floresta, de Santa Rita, foi pioneira nessa nova visão da variedade. Esse é um filho direto desse vinho.

{ DESCORCHADOS }

93

VINHO REVELAÇÃO

SIEGEL FAMILY WINES
Siegel Naranjo *Viognier 2018*
COLCHAGUA

Esta é a primeira versão desse vinho, um Viognier que vem de videiras plantadas na área de Peralillo, no coração do vale de Colchagua. Daquele vinhedo, Siegel obtém um Viognier muito bom e amável, mas também esse laranja, que tem cerca de 30 dias de contato com as borras, o que lhe confere essa tonalidade, mas que também contribuiu para lhe proporcionar uma adorável paleta de aromas e de sabores de frutas e de especiarias. Um vinho de textura rica, nervoso, tenso e com aqueles sabores de damasco que invadem o paladar em um vinho muito fácil de beber, muito rico e fresco. Em um mundo de laranjas muito difíceis de beber, esse aporta amabilidade.

⟨ *vencedores* ⟩

VINHO REVELAÇÃO

SPUMANTE DEL LIMARÍ
Gemma Brut Rosé *Pinot Noir, Chardonnay N/V*
LIMARÍ

Trata-se de uma mistura de 80% de Pinot Noir e 20% Chardonnay e é cultivada em suas borras por dois anos antes do engarrafamento. É um vinho delicioso em suas frutas vermelhas ácidas, mas o mais delicioso são as borbulhas macias e cremosas que invadem todo o paladar, com uma acidez pulsante. Um daqueles rosados que não se podem parar de beber no verão, na piscina ou como aperitivo em uma noite quente. Escolham camarão grelhado para escoltá-lo.

{ DESCORCHADOS }

95
VINHO REVELAÇÃO

SUCESOR
Sucesor *Cesar Noir 2019*
MAULE

Cesar Noir ou Romano costumava dar estrutura ao Pinot Noir do norte da Borgonha, em Chablis, em anos de pouca concentração. Durante séculos (e pelas mudanças climáticas que aconteceram), parou de se ouvir sobre essa variedade, até que muito recentemente foi encontrada no Chile. E tem dado resultados muito bons, especialmente sob o sol do vale central. Sucessor é uma vinícola que colocou o foco nela e é a primeira vez que oferece um vinho 100% da variedade. E o vinho é delicioso. Frutas vermelhas puras, cheio de ervas e de exuberância. A boca é pura fruta vermelha, mas também taninos importantes que pinicam a língua, que se agarram na boca. "Esse vinho é ideal para fraldinha", diz o enólogo Felipe Ortiz.

⟨ *vencedores* ⟩

VINHO REVELAÇÃO

SUTIL
Grand Reserve *Cariñena, Garnacha 2018*
CAUQUENES

Cauquenes em particular e Maule em geral têm um prestígio muito merecido com Cariñena, especialmente por sua grande herança de vinhas antigas que abundam por lá. No entanto, a idade das vinhas não é o único argumento para o Maule ser um excelente terroir para a cepa. Há o sol, o calor e os solos de granito que as Carignan parecem gostar e eles dão bons vinhos, mesmo quando se trata de videiras jovens. Veja este exemplo, de vinhas de Cariñena plantadas em 2005 na margem sul do rio Cauquenes. Esse é um suco delicioso, para beber sem parar no verão. Puro frescor.

{ DESCORCHADOS }

96
VINHO REVELAÇÃO

TABALÍ
Vetas Blancas *Cabernet Franc 2018*
LIMARÍ

Atenção aqui amantes da Cabernet Franc do vale do Loire, atenção para quem bebe Chinon e Saumur, esse vinho tem tudo o que você precisa. As notas exuberantes de tabaco e de cinzas, os detalhes de ervas no nariz que o tornam incapaz de resistir a bebê-lo. E na boca, uma estrutura cheia de taninos firmes, granulados e cheios de fibras, como os músculos de um maratonista. O melhor Cabernet Franc que já experimentamos no Chile, trata-se de um 100% das vinhas de El Espinal, uma propriedade plantada em 2009 na costa sul de Limarí, em solos de calcário e de areia.

‹ *vencedores* ›

VINHO REVELAÇÃO

TARAPACÁ
Gran Reserva Etiqueta Negra *Carménère 2017*
MAIPO

Esta é a primeira vez que a Carménère de Tarapacá qualifica para a linha Etiqueta Negra. Esse tinto é consequência de uma seleção de três dos oito quartéis que qualificam para a linha Gran Reserva. São solos próximos ao rio, aluviais, e que este ano, apesar do calor, ofereceram um vinho de muitas frutas vermelhas, de grande vitalidade. Um Carménère que faz parte de uma nova onda de exemplos da cepa que passam pelo lado fresco, das frutas vermelhas e que não têm medo do lado herbáceo. Nesse caso, as ervas são como coadjuvantes e é a fruta que comanda.

{ DESCORCHADOS }

94

VINHO REVELAÇÃO

UNDURRAGA
Cauquén Limited Edition *Garnacha 2016*
MAULE

Undurraga enxertou esta vinha, originalmente de País, com Garnacha, em solos de granito nas colinas. Estagia em barricas velhas por 20 meses e apresenta forte presença de frutas vermelhas, com muita tensão, com uma acidez rica e fresca, o que não é comum na cepa. Aqui há vigor, também um equilíbrio para o lado fresco que convida a continuar bebendo e uma deliciosa sensação floral, que acentua o frescor, essa crocância. Atenção com esse vinho, entre os melhores Garnacha que experimentamos do Chile.

‹ *vencedores* ›

VINHO REVELAÇÃO

VALDIVIESO
Centenario Blanc de Blancs Cuvée Aniversario
Chardonnay 2014
BIOBÍO

Esta é a primeira versão desse Centenario, 100% Chardonnay da área de Negrete, no sul, no BioBío Valley. Esse lugar mais frio oferece frutas de grande frescor e acidez, o que se sente nesse vinho espumante. A acidez é o centro de onde os sabores se expandem, refrescando tudo em seu caminho. O vinho tem 48 meses de envelhecimento sobre suas borras e é sentido nos sabores de padaria, enquanto as frutas também desempenham o seu papel, proporcionando aquele lado frutado, que lhe confere um ar de juventude. Um vinho complexo que precisa de pelo menos mais alguns anos em garrafa ou, talvez, vários anos mais.

{ DESCORCHADOS }

VINHO REVELAÇÃO

VALLE SECRETO
Origen *Cabernet Franc 2018*
CACHAPOAL

Origen é o novo vinho da casa, fermentado em ovos de pedra, construídos especialmente pela vinícola, mediante solicitação, com pedras aluviais da mesma vinha. Cada um dos três ovos que foram feitos tem dois mil litros, sem revestimento, ou seja, tem pedra viva nele. O vinho é o primeiro fermentado em aço e depois malolática. O vinho é uma delícia de notas de ervas, com frutas vermelhas e toques picantes. Muitas frutas vermelhas, tensas, com uma acidez suculenta e um acabamento quase floral, pode passar perfeitamente como vinho para saciar a sede, então sirva-o fresco nesse verão.

⟨ *vencedores* ⟩

95

VINHO REVELAÇÃO

VENTISQUERO
Grey Longomilla Vineyard *Sauvignon Blanc 2019*
ATACAMA

De uma das fronteiras do norte do vinho chileno, no deserto de Atacama, mas muito perto do mar, esse Sauvignon não precisa ter inveja dos do extremo sul de Casablanca ou Leyda. Nada a invejar em frescor, mas a diferença aqui é a zona, aquele deserto árido (o mais seco do mundo) e os solos salinos que imprimem esse lado mineral aqui, esse sal entre os sabores cítricos e herbáceo. Um vinho tenso e nervoso. Este vinho foi produzido em foudres por dez meses.

{ DESCORCHADOS }

96

VINHO REVELAÇÃO

VENTOLERA
Private Cuvée White Blend
Chardonnay, Gewürztraminer 2016
LEYDA

Este é o novo branco de Ventolera e é uma mistura de 75% Chardonnay e 25% Gewürztraminer. Estagia três anos com as borras em barricas de aço de 225 litros e seis meses em garrafa antes de entrar no mercado. Foram produzidas cerca de 2.500 garrafas e é bom que tenham a tarefa de conseguir algumas delas. A influência do Pacífico, a cerca de doze quilômetros, aqui se traduz em acidez, uma acidez aguda e brilhante, mas também em notas de sal, que lhe conferem uma complexidade extra. A Gewürz traz notas de flores que o tornam ainda mais divertido no nariz. Na boca, é largo, com a estrutura de um vinho tinto; um branco firme e intenso, cheio de especiarias e de frutas cítricas e um final longo e profundo.

‹ *vencedores* ›

VINHO REVELAÇÃO

VIÑA CHOAPA
Cordilleramar Salinas de Huentelauquén
*Pedro Ximénez, Moscatel de Alejandría,
Moscatel de Áustria 2018*
CHOAPA

Este é um resumo das vinhas de Viña Choapa e também do talento com essas cepas de Moscatel. Nessa mistura, há Pedro Ximénez, da cidade de Panguesillo, a cerca de 630 metros de altura, e depois a Moscatel de Alexandria e a Moscatel da Áustria vêm de Batuco, a cerca de 1.100 metros de altura. Não há grandes mudanças na produção desse vinho. São utilizados tecnologia e aço inoxidável para fermentá-los e o resultado é um vinho com sabores crocantes e cristalinos, frescos e brilhantes. Um vinho leve, rico em frutas brancas e textura macia, cercado por acidez suculenta. Interessante aqui seria ir para uma enologia um pouco mais "orgânica", com leveduras indígenas, recipientes sem controle de temperatura, maior trabalho com as borras. Há muito potencial para interpretar o local.

{ DESCORCHADOS }

VINHO REVELAÇÃO

VIÑA MAIPO
Vitral Art *Sauvignon Blanc 2018*
CASABLANCA

Baseado em vinhedos de El Triángulo, na parte oeste de Casablanca e em um vinhedo mais antigo do vale (plantado em 1994), esse Sauvignon é 100% do Clone 1, que corresponde ao primeiro material clonal que chegou ao Chile no início de década de 1990 e caracterizado por sua acidez mineral, sua firmeza. Aqui está a austeridade, a força ácida no meio de uma certa salinidade que também é típica desse clone. Há um futuro nesse vinho. Embora agora seja irresistível com sashimi de robalo. Em dois a três anos pode oferecer muito mais complexidade.

‹ *vencedores* ›

95

VINHO REVELAÇÃO

VIU MANENT
Single Vineyard Loma Blanca *Carménère 2017*
COLCHAGUA

Esta é a primeira vez que a variedade Carménère entra na linha Single Vineyard e é uma excelente estreia. De uvas colhidas no início da estação e das vinhas plantadas em 2005, aqui está uma deliciosa dimensão de frutas, cheia de frescor e de vitalidade. A fruta também é azul, deixando um pequeno espaço para os aromas de ervas clássicos da cepa. Esse novo e radiante Carménère está no novo estilo da cepa no Chile. E é um dos melhores.

{ DESCORCHADOS }

93

VINHO REVELAÇÃO

WILLIAM FÈVRE CHILE
Espino Gran Cuvée *Cabernet Sauvignon 2017*
MAIPO ALTO

A base desse Cabernet Sauvignon vem da área de Las Majadas, em Alto Maipo, a cerca de 720 metros acima do nível do mar e também possui 8% de Syrah. Estagia por 15 meses em barricas, um quinto delas novas. As notas mentoladas e frutadas buscam destaque nesse vinho e esse tipo de antagonismo causa um efeito fresco e delicioso, em um exemplo muito característico da região, as notas florais ao fundo, os taninos polidos e elegantes. Um vinho de grande sutileza.

‹ vencedores ›

96
MELHOR BLEND BRANCO

VENTOLERA
Private Cuvée White Blend
Chardonnay, Gewürztraminer 2016
LEYDA

Este é o novo branco de Ventolera e é uma mistura de 75% Chardonnay e 25% Gewürztraminer. Estagia três anos com as borras em barricas de aço de 225 litros e seis meses em garrafa antes de entrar no mercado. Foram produzidas cerca de 2.500 garrafas e é bom que tenham a tarefa de conseguir algumas delas. A influência do Pacífico, a cerca de doze quilômetros, aqui se traduz em acidez, uma acidez aguda e brilhante, mas também em notas de sal, que lhe conferem uma complexidade extra. A Gewürz traz notas de flores que o tornam ainda mais divertido no nariz. Na boca, é largo, com a estrutura de um vinho tinto; um branco firme e intenso, cheio de especiarias e de frutas cítricas e um final longo e profundo.

Os melhores blend brancos do ano

94 | **A LOS VIÑATEROS BRAVOS** Granítico Blanco Moscatel de Alejandría, Sémillon 2019 | Itata

94 | **A LOS VIÑATEROS BRAVOS** Leonardo Erazo Piel de Arcilla Moscatel, Torontel 2019 | Itata

94 | **ROBERTO HENRÍQUEZ** Rivera del Notro Mezcla Blanca 2019 | Itata

94 | **SANTA CAROLINA** Cuarteles Experimentales Blanco Bello Moscatel, Sémillon 2019 | Biobío

93 | **COUSIÑO MACUL** Finis Terrae Chardonnay, Riesling, Viognier 2017 Maipo

93 | **FATTO A MANO** Al Dente Nature Cinsault, Chasselas N/V | Itata

93 | **LABERINTO** Vistalago de Laberinto Riesling, Chardonnay, Sémillon 2019 | Maule

93 | **MORANDÉ** Bestiario Marsanne, Roussanne, Viognier 2019 | Maule

93 | **ROGUE VINE** Grand Itata Blanco Moscatel de Alejandría, Riesling, Sémillon 2018 | Itata

93 | **VIÑA CHOAPA** Cordilleramar Salinas de 2018 | Choapa

{ DESCORCHADOS }

97

DIVIDIDO

MELHOR BLEND TINTO

ALMAVIVA
Almaviva *2017*
PUENTE ALTO

O ano 2017 foi uma safra quente no vale do Maipo e que forçou o avanço das colheitas para manter o frescor da fruta. Nesse caso, o enólogo Michel Friou e sua equipe colheram cerca de três semanas mais cedo do que um ano "normal" para manter a elegância e a tensão nesse clássico entre os tintos chilenos. A mescla desse ano é de 65% Cabernet Sauvignon, 23% Carménère, 5% Cabernet Franc, 5% de Petit Verdot e o resto Merlot. O vinho foi, como de costume, uma carga de frutas frescas deliciosas, além de ricos toques de ervas que parecem vir de Carménère. O ano se sente, mas não tanto quanto se esperaria, graças à boa acidez e à estrutura firme de taninos, mas altamente polido. É um vinho que merece ser guardado. Almaviva nasce na vinha El Tocornal, em Puente Alto, em solos aluviais do Maipo Alto. A vinha tem uma longa história de plantações, mas a vinha atual tem cerca de 40 anos e é baseada em Cabernet Sauvignon.

Os melhores blend tintos do ano

- **96** | **ANDES PLATEAU** 700 C. Sauvignon, Syrah, C. Franc, Merlot 2017 | Maipo Andes
- **96** | **ANTIYAL** Antiyal C. Sauvignon, Carménère, Syrah 2017 | Maipo
- **96** | **CARMEN** Carmen Delanz Estate Blend 2018 C. Sauvignon, C. Franc, P. Verdot, Petite Sirah 2018 | Maipo
- **96** | **CASA DONOSO** Grand Domaine Carménère, Malbec 2015 | Maule
- **96** | **CLOS APALTA** Clos Apalta Carménère, C. Sauvignon, Merlot 2016 | Apalta
- **96** | **DAGAZ** Tierras de Pumanque C. Sauvignon, P. Verdot, Carménère, Syrah 2018 | Colchagua Costa
- **96** | **EL PRINCIPAL** El Principal Andetelmo C. Sauvignon, P. Verdot 2016 | Maipo Andes
- **96** | **ERASMO** Erasmo C. Sauvignon, Merlot, C. Franc, Syrah 2014 | Maule
- **96** | **ERRÁZURIZ** Don Maximiano Founder's Reserve 2017 | Aconcágua
- **96** | **HARAS DE PIRQUE** Albis C. Sauvignon, Carménère 2018 | Maipo
- **96** | **KOYLE** Auma C. Sauvignon, Carménère, P. Verdot, Merlot, Malbec, C. Franc 2015 | Colchagua Andes
- **96** | **KOYLE** Cerro Basalto Cuartel G2 Carménère, C. Franc 2017 | Colchagua Andes
- **96** | **LABERINTO** Laberinto Merlot, C. Franc, C. Sauvignon 2017 | Maule
- **96** | **LOS VASCOS** Le Dix de Los Vascos C. Sauvignon, Syrah, Carménère, C. Franc 2016 | Colchagua
- **96** | **MONTES** Montes Alpha M C. Sauvignon, C. Franc, Merlot, P. Verdot 2016 Apalta
- **96** | **MORANDÉ** House of Morandé C. Sauvignon, C. Franc, Carignan 2017 | Maipo
- **96** | **TARAPACÁ** Gran Reserva Etiqueta Azul C. Sauvignon, C. Franc, P. Verdot, Syrah 2017 | Maipo
- **96** | **TERRANOBLE** Lahuen C. Sauvignon, Syrah, Malbec, Carménère 2017 | Chile
- **96** | **TORREÓN DE PAREDES** Don Amado C. Sauvignon, Merlot, Syrah 2014 | Rengo
- **96** | **VENTISQUERO** Vertice Apalta Vineyard Carménère, Syrah 2016 | Colchagua

< vencedores >

97

DIVIDIDO

MELHOR BLEND TINTO

DE MARTINO
Old Vine Series Las Cruces *Malbec, Carménère 2018*
CACHAPOAL

Com dois terços de Malbec e um terço de Carménère, todos misturados em um vinhedo plantado na área de Las Cruces, em Pichidegua, em 1957, essas uvas são ocupadas para esse Old Vine desde a colheita de 2003. Desde 2011, o vinhedo, de cerca de 2,7 hectares, é propriedade De Martino e esse ano eles recebem uma das melhores versões. As duas variedades são cofermentadas e depois estagiadas em foudres de 2.500 litros por um ano e meio antes de ser engarrafadas. É impressionante como a Malbec se apodera desse vinho, os aromas florais e de cerejas pretas, a estrutura firme de um Malbec sério, daqueles que o vinho às vezes encontra em Altamira ou nos solos calcários de Gualtallary. Esse vinho tem a mesma seriedade, a mesma austeridade.

Os melhores blend tintos do ano

96 | **ANDES PLATEAU** 700 C. Sauvignon, Syrah, C. Franc, Merlot 2017 | Maipo Andes
96 | **ANTIYAL** Antiyal C. Sauvignon, Carménère, Syrah 2017 | Maipo
96 | **CARMEN** Carmen Delanz Estate Blend 2018 C. Sauvignon, C. Franc, P. Verdot, Petite Sirah 2018 | Maipo
96 | **CASA DONOSO** Grand Domaine Carménère, Malbec 2015 | Maule
96 | **CLOS APALTA** Clos Apalta Carménère, C. Sauvignon, Merlot 2016 | Apalta
96 | **DAGAZ** Tierras de Pumanque C. Sauvignon, P. Verdot, Carménère, Syrah 2018 | Colchagua Costa
96 | **EL PRINCIPAL** El Principal Andetelmo C. Sauvignon, P. Verdot 2016 | Maipo Andes
96 | **ERASMO** Erasmo C. Sauvignon, Merlot, C. Franc, Syrah 2014 | Maule
96 | **ERRÁZURIZ** Don Maximiano Founder's Reserve 2017 | Aconcágua
96 | **HARAS DE PIRQUE** Albis C. Sauvignon, Carménère 2018 | Maipo
96 | **KOYLE** Auma C. Sauvignon, Carménère, P. Verdot, Merlot, Malbec, C. Franc 2015 | Colchagua Andes
96 | **KOYLE** Cerro Basalto Cuartel G2 Carménère, C. Franc 2017 Colchagua Andes
96 | **LABERINTO** Laberinto Merlot, C. Franc, C. Sauvignon 2017 | Maule
96 | **LOS VASCOS** Le Dix de Los Vascos C. Sauvignon, Syrah, Carménère, C. Franc 2016 | Colchagua
96 | **MONTES** Montes Alpha M C. Sauvignon, C. Franc, Merlot, P. Verdot 2016 Apalta
96 | **MORANDÉ** House of Morandé C. Sauvignon, C. Franc, Carignan 2017 | Maipo
96 | **TARAPACÁ** Gran Reserva Etiqueta Azul C. Sauvignon, C. Franc, P. Verdot, Syrah 2017 | Maipo
96 | **TERRANOBLE** Lahuen C. Sauvignon, Syrah, Malbec, Carménère 2017 | Chile
96 | **TORREÓN DE PAREDES** Don Amado C. Sauvignon, Merlot, Syrah 2014 | Rengo
96 | **VENTISQUERO** Vertice Apalta Vineyard Carménère, Syrah 2016 | Colchagua

{ DESCORCHADOS }

DIVIDIDO

MELHOR BLEND TINTO

SEÑA
Seña *2017*
ACONCAGUA

Seña é produzido desde a safra 1995, quando a ideia de fazer vinhos icônicos no Chile era uma ideia crua. Apesar da ideia ter permanecido e ter sido bem-sucedida, o estilo de Seña mudou muito ao longo do tempo. A mudança mais radical foi em 2016, que coincidiu com um ano frio em que frutas vermelhas frescas e acidez estavam na mão. O desafio nesse 2017, muito mais quente, foi dar espaço ao frescor. E isso foi possível porque o calor da colheita, em vez de se traduzir em aromas e sabores quentes e doces, resultou em uma estrutura mais firme, apoiando o palato médio, dando mais solidez, em uma excelente versão desse vinho. A mistura de Seña desse ano tem 52% de Cabernet Sauvignon, 15% de Malbec, 15% de Carménère, 10% de Cabernet Franc e o resto de Petit Verdot.

Os melhores blend tintos do ano

96 | **ANDES PLATEAU** 700 C. Sauvignon, Syrah, C. Franc, Merlot 2017 | Maipo Andes
96 | **ANTIYAL** Antiyal C. Sauvignon, Carménère, Syrah 2017 | Maipo
96 | **CARMEN** Carmen Delanz Estate Blend 2018 C. Sauvignon, C. Franc, P. Verdot, Petite Sirah 2018 | Maipo
96 | **CASA DONOSO** Grand Domaine Carménère, Malbec 2015 | Maule
96 | **CLOS APALTA** Clos Apalta Carménère, C. Sauvignon, Merlot 2016 | Apalta
96 | **DAGAZ** Tierras de Pumanque C. Sauvignon, P. Verdot, Carménère, Syrah 2018 | Colchagua Costa
96 | **EL PRINCIPAL** El Principal Andetelmo C. Sauvignon, P. Verdot 2016 | Maipo Andes
96 | **ERASMO** Erasmo C. Sauvignon, Merlot, C. Franc, Syrah 2014 | Maule
96 | **ERRÁZURIZ** Don Maximiano Founder's Reserve 2017 | Aconcágua
96 | **HARAS DE PIRQUE** Albis C. Sauvignon, Carménère 2018 | Maipo
96 | **KOYLE** Auma C. Sauvignon, Carménère, P. Verdot, Merlot, Malbec, C. Franc 2015 | Colchagua Andes
96 | **KOYLE** Cerro Basalto Cuartel G2 Carménère, C. Franc 2017 | Colchagua Andes
96 | **LABERINTO** Laberinto Merlot, C. Franc, C. Sauvignon 2017 | Maule
96 | **LOS VASCOS** Le Dix de Los Vascos C. Sauvignon, Syrah, Carménère, C. Franc 2016 | Colchagua
96 | **MONTES** Montes Alpha M C. Sauvignon, C. Franc, Merlot, P. Verdot 2016 | Apalta
96 | **MORANDÉ** House of Morandé C. Sauvignon, C. Franc, Carignan 2017 | Maipo
96 | **TARAPACÁ** Gran Reserva Etiqueta Azul C. Sauvignon, C. Franc, P. Verdot, Syrah 2017 | Maipo
96 | **TERRANOBLE** Lahuen C. Sauvignon, Syrah, Malbec, Carménère 2017 | Chile
96 | **TORREÓN DE PAREDES** Don Amado C. Sauvignon, Merlot, Syrah 2014 | Rengo
96 | **VENTISQUERO** Vertice Apalta Vineyard Carménère, Syrah 2016 | Colchagua

< *vencedores* >

97

DIVIDIDO

MELHOR BLEND TINTO

VIÑEDOS DE ALCOHUAZ
RHU *2015*
ELQUI

Rhu no futuro, conta Marcelo Retamal, será apenas um lote na área mais alta da vinha de Alcohuaz. No momento, é uma seleção de vinhedos de granito com Syrah (80%), Garnacha em 5% e Petite Sirah em 15%. Esse último adiciona acidez à mistura. O vinho é fermentado em lagares com 40 % de cachos inteiros para apoiar a estrutura e dar verticalidade aos taninos. Devido à sua tendência à oxidação, a Garnacha é fermentada separadamente em tanques de cimento. E o vinho é uma flecha de sabores tensos, de notas de especiarias. A textura é uma questão a parte. Parece que a eletricidade e a acidez suportam essa sensação, acrescentando frescor e força. Esse é um vinho para guardar por uma década na adega, embora possa abrir pelo menos uma garrafa para aproveitar sua juventude, algo selvagem, algo distinto, mas incrível.

Os melhores blend tintos do ano

- 96 | **ANDES PLATEAU** 700 C. Sauvignon, Syrah, C. Franc, Merlot 2017 Maipo Andes
- 96 | **ANTIYAL** Antiyal C. Sauvignon, Carménère, Syrah 2017 | Maipo
- 96 | **CARMEN** Carmen Delanz Estate Blend 2018 C. Sauvignon, C. Franc, P. Verdot, Petite Sirah 2018 | Maipo
- 96 | **CASA DONOSO** Grand Domaine Carménère, Malbec 2015 | Maule
- 96 | **CLOS APALTA** Clos Apalta Carménère, C. Sauvignon, Merlot 2016 | Apalta
- 96 | **DAGAZ** Tierras de Pumanque C. Sauvignon, P. Verdot, Carménère, Syrah 2018 | Colchagua Costa
- 96 | **EL PRINCIPAL** El Principal Andetelmo C. Sauvignon, P. Verdot 2016 Maipo Andes
- 96 | **ERASMO** Erasmo C. Sauvignon, Merlot, C. Franc, Syrah 2014 | Maule
- 96 | **ERRÁZURIZ** Don Maximiano Founder's Reserve 2017 | Aconcágua
- 96 | **HARAS DE PIRQUE** Albis C. Sauvignon, Carménère 2018 | Maipo
- 96 | **KOYLE** Auma C. Sauvignon, Carménère, P. Verdot, Merlot, Malbec, C. Franc 2015 | Colchagua Andes
- 96 | **KOYLE** Cerro Basalto Cuartel G2 Carménère, C. Franc 2017 Colchagua Andes
- 96 | **LABERINTO** Laberinto Merlot, C. Franc, C. Sauvignon 2017 | Maule
- 96 | **LOS VASCOS** Le Dix de Los Vascos C. Sauvignon, Syrah, Carménère, C. Franc 2016 | Colchagua
- 96 | **MONTES** Montes Alpha M C. Sauvignon, C. Franc, Merlot, P. Verdot 2016 Apalta
- 96 | **MORANDÉ** House of Morandé C. Sauvignon, C. Franc, Carignan 2017 Maipo
- 96 | **TARAPACÁ** Gran Reserva Etiqueta Azul C. Sauvignon, C. Franc, P. Verdot, Syrah 2017 | Maipo
- 96 | **TERRANOBLE** Lahuen C. Sauvignon, Syrah, Malbec, Carménère 2017 Chile
- 96 | **TORREÓN DE PAREDES** Don Amado C. Sauvignon, Merlot, Syrah 2014 Rengo
- 96 | **VENTISQUERO** Vertice Apalta Vineyard Carménère, Syrah 2016 | Colchagua

{ DESCORCHADOS }

MELHOR CABERNET FRANC

TABALÍ
Vetas Blancas *Cabernet Franc 2018*
LIMARÍ

Atenção aqui amantes da Cabernet Franc do vale do Loire, atenção para quem bebe Chinon e Saumur, esse vinho tem tudo o que você precisa. As notas exuberantes de tabaco e de cinzas, os detalhes de ervas no nariz que o tornam incapaz de resistir a bebê-lo. E na boca, uma estrutura cheia de taninos firmes, granulados e cheios de fibras, como os músculos de um maratonista. O melhor Cabernet Franc que já experimentamos no Chile, trata-se de um 100% das vinhas de El Espinal, uma propriedade plantada em 2009 na costa sul de Limarí, em solos de calcário e de areia.

Os melhores cabernet franc do ano

95 | **ERASMO** Erasmo Selección de Barrica Cabernet Franc 2015 | Maule
95 | **GARAGE WINE CO.** Las Higueras Vineyard Lot 92 Cabernet Franc 2017 Maule
95 | **WILLIAM FÈVRE CHILE** The Franq Rouge Cabernet Franc 2017 | Maipo Alto
94 | **COUSIÑO MACUL** Cousiño Macul Cabernet Franc 2017 | Maipo
94 | **HARAS DE PIRQUE** Galantas Gran Reserva Cabernet Franc 2018 | Maipo
94 | **LOMA LARGA** SAGA Cabernet Franc 2017 | Casablanca
94 | **MAQUIS** Franco Cabernet Franc 2016 | Colchagua
94 | **MAQUIS** Gran Reserva Cabernet Franc 2017 | Colchagua
93 | **ATTILIO & MOCHI** Attilio & Mochi Cabernet Franc 2018 | Casablanca
93 | **GARCÉS SILVA** Boya Cabernet Franc 2018 | Leyda
92 | **LAURA HARTWIG** Selección del Viticultor Block Sauce Cabernet Franc 2017 | Colchagua
92 | **LOMA LARGA** Loma Larga Cabernet Franc 2018 | Casablanca
92 | **SAN FRANCISCO DE LAS QUISCAS** Serendipia C. Franc 2017 | Peumo
92 | **SANTA RITA** Floresta Cabernet Franc 2018 | Colchagua
92 | **VALLE SECRETO** Origen Cabernet Franc 2018 | Cachapoal
91 | **LAS VELETAS** Single Vineyard Cuartel 5 Cabernet Franc 2017 Loncomilla

‹ vencedores ›

DIVIDIDO

MELHOR CABERNET SAUVIGNON

AQUITANIA
Lazuli *Cabernet Sauvignon 2016*
MAIPO ANDES

Esta é uma seleção de vinhedos de Aquitânia em Macul, plantados em solos pedregosos há cerca de 30 anos, nessa que é uma das áreas mais tradicionais do vinho chileno e hoje abriga vinhos tão importantes quanto esse Lázuli, como também Domus Aurea de Clos Quebrada de Macul e Lota de Cousiño Macul. Esse tem 16 meses em barricas (400 litros) de diferentes usos e, em seguida, permanece na garrafa por um ano antes de ir ao mercado. O estilo da casa parece muito bem retratado com essa colheita fria. A delicadeza acompanhada de frutas frescas, a textura quase etérea dos taninos, agregada aos sabores de frutas vermelhas e de notas terrosas. Um clássico entre os clássicos, que estreou em 2002 e mantém seu estilo até agora, não importa o que aconteça.

Os melhores cabernet sauvignon do ano

- 96 | **CALCU** Futa Cabernet Sauvignon 2016 | Colchagua
- 96 | **CALYPTRA** Zahir Cabernet Sauvignon 2011 | Alto Cachapoal
- 96 | **CARMEN** Gold Reserve Cabernet Sauvignon 2017 | Maipo
- 96 | **CLOS QUEBRADA DE MACUL** Domus Aurea Cabernet Sauvignon 2016 | Maipo
- 96 | **CLOS QUEBRADA DE MACUL** Domus Aurea Cabernet Sauvignon 2015 | Maipo Alto
- 96 | **CONO SUR** Silencio Cabernet Sauvignon 2015 | Maipo
- 96 | **COUSIÑO MACUL** Jardín de Macul Cabernet Sauvignon 2017 | Maipo
- 96 | **COUSIÑO MACUL** W Cabernet Sauvignon 2016 | Maipo
- 96 | **DON MELCHOR** Don Melchor Cabernet Sauvignon 2017 | Puente Alto
- 96 | **GANDOLINI** Las 3 Marías Vineyards Cabernet Sauvignon 2014 | Maipo Andes
- 96 | **LUIS FELIPE EDWARDS** Luis Felipe Edwards Cabernet Sauvignon 2014 | Colchagua
- 96 | **ODFJELL** Odfjell Cabernet Sauvignon 2015 | Cauquenes
- 96 | **SANTA RITA** Casa Real Reserva Especial Cabernet Sauvignon 2017 | Maipo
- 96 | **TABALÍ** DOM Cabernet Sauvignon 2015 | Maipo Costa

{ DESCORCHADOS }

DIVIDIDO

MELHOR CABERNET SAUVIGNON

VIÑEDO CHADWICK
Viñedo Chadwick *Cabernet Sauvignon 2017*
PUENTE ALTO

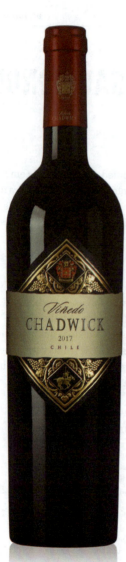

A primeira edição desse Viñedo Chadwick foi em 1999 e, desde então, esse vinho é baseado em Cabernet Sauvignon (com algo de Petit Verdot) de solos aluviais do vinhedo de Tocornal, a mesma fonte de outros excelentes vinhos chilenos como Almaviva e Don Melchor. Desde a safra de 2014, esse vinho está mudando. Movendo-se para territórios mais frios, com menos madeira, com menos álcool. A safra de 2016 foi uma espécie de "saída do armário". Um ano frio foi o álibi perfeito para mostrar esse novo rosto. O desafio surge no ano seguinte, em uma colheita completamente diferente e mais quente, quando as chances de oferecer frescor foram reduzidas. O resultado é que esse vinho oferece frutas vermelhas, talvez não com o brilho de 2016, mas são frescas e vibrantes. A diferença é que aqui é o paladar médio, a estrutura de taninos parece mais firme que 2016. O frio desse ano pode não ter nos permitido obter esse tipo de estrutura, quem sabe. O fato é que parece vibrante e sólido.

Os melhores cabernet sauvignon do ano

- 96 | **CALCU** Futa Cabernet Sauvignon 2016 | Colchagua
- 96 | **CALYPTRA** Zahir Cabernet Sauvignon 2011 | Alto Cachapoal
- 96 | **CARMEN** Gold Reserve Cabernet Sauvignon 2017 | Maipo
- 96 | **CLOS QUEBRADA DE MACUL** Domus Aurea Cabernet Sauvignon 2016 Maipo
- 96 | **CLOS QUEBRADA DE MACUL** Domus Aurea Cabernet Sauvignon 2015 Maipo Alto
- 96 | **CONO SUR** Silencio Cabernet Sauvignon 2015 | Maipo
- 96 | **COUSIÑO MACUL** Jardín de Macul Cabernet Sauvignon 2017 | Maipo
- 96 | **COUSIÑO MACUL** W Cabernet Sauvignon 2016 | Maipo
- 96 | **DON MELCHOR** Don Melchor Cabernet Sauvignon 2017 | Puente Alto
- 96 | **GANDOLINI** Las 3 Marías Vineyards Cabernet Sauvignon 2014 Maipo Andes
- 96 | **LUIS FELIPE EDWARDS** Luis Felipe Edwards Cabernet Sauvignon 2014 Colchagua
- 96 | **ODFJELL** Odfjell Cabernet Sauvignon 2015 | Cauquenes
- 96 | **SANTA RITA** Casa Real Reserva Especial Cabernet Sauvignon 2017 Maipo
- 96 | **TABALÍ** DOM Cabernet Sauvignon 2015 | Maipo Costa

‹ vencedores ›

97

MELHOR CARIÑENA

DE MARTINO
Vigno *Carignan 2018*
MAULE

Esta versão de Vigno vem de um vinhedo de Cariñena, plantado em 1955 na área de Sauzal, perto de Cauquenes. É um vinhedo de alta densidade, cerca de seis mil plantas por hectare, plantado no solo de granito do local. O vinho é feito de uma maneira pouco intervencionista, com apenas uma dose de SO2 no engarrafamento para garantir sua estabilidade. A fruta aqui é radiante. A nova onda de Cariñena no Chile passou por um lado mais frio, mas é um tipo de radicalização: aqui há frutas vermelhas, mas também muita profundidade de sabores, muita força de taninos. Aparentemente, este é um vinho rústico, de enorme acidez, mas se você olhar de perto, verá que aqui há muita complexidade, muitas camadas de sabores.

Os melhores cariñena do ano

95 | **GARAGE WINE CO.** Vigno Carignan 2017 | Empedrado
95 | **LAPOSTOLLE WINES** Vigno Carignan 2018 | Maule
95 | **LUIS FELIPE EDWARDS** LFE100 CIEN Carignan 2014 | Cauquenes
95 | **TINTO DE RULO** Tinto de Rulo Carignan 2018 | Maule
95 | **UNDURRAGA** T.H. Maule Carignan 2016 | Maule
94 | **BOWINES** Carae Carignan 2017 | Maule
94 | **CREMASCHI FURLOTTI** Edición Limitada Carignan 2016 | Loncomilla
94 | **EL VIEJO ALMACÉN DE SAUZAL** Huaso de Sauzal Carignan 2016 | Maule
94 | **EMILIANA ORGANIC VINEYARDS** Vigno Carignan 2017 | Maule
94 | **ESTACION YUMBEL** Estación Yumbel Carignan 2018 Secano Interior de Yumbel
94 | **ITATA PARAÍSO WINES** Portezuelo Paraíso Carignan 2018 | Itata
94 | **MORETTA WINES** Carigno del Maule Carignan 2017 | Maule
94 | **UNDURRAGA** Vigno Carignan 2016 | Maule
93 | **A LOS VIÑATEROS BRAVOS** Leonardo Erazo Hombre en Llamas Guarilihue Alto Carignan 2019 | Itata
93 | **BARON PHILIPPE DE ROTHSCHILD** Mapu Gran Reserva Carignan 2019 Maule
93 | **CARMEN** Gran Reserva Carignan 2018 | Maule
93 | **CONO SUR** Single Vineyard Block 7 Parras Antiguas Carignan 2017 Maule
93 | **GARAGE WINE CO.** Portezuelo Vineyard Lot 88 Carignan 2017 | Itata
93 | **TERRANOBLE** Gran Reserva Carignan 2018 | Maule
93 | **VILLALOBOS** Viñedo Silvestre Carignan 2017 | Colchagua

{ DESCORCHADOS }

DIVIDIDO

MELHOR CARMÉNÈRE

CONCHA Y TORO
Terrunyo 20 Años *Carménère 2018*
PEUMO

A vinha selecionada há 20 anos para o Terrunyo Carménère possui uma área de nove hectares, na área plana de Peumo, rica em argilas que retêm água e oferecem condições ideais para a cepa. Essa seleção é composta por três hectares, plantados em 1990 (o mais antigo, plantado em 1983, vai para Carmín, o principal Carménère de Concha y Toro) e o vinho estagia por nove meses em barricas usadas. Esse é fruta pura, expressão pura da variedade, notas de ervas, mas principalmente o lado da fruta, frutas vermelhas maduras no meio de um corpo tenso, com taninos muito bons. Uma tremenda homenagem a um clássico. Esse vinho será vendido apenas em garrafas de um litro e meio e a produção total foi de mil litros.

Os melhores carménère do ano

- 96 | **ANTIYAL** Antiyal Viñedo El Escorial Carménère 2017 | Maipo
- 96 | **DE MARTINO** Single Vineyard Alto de Piedras Carménère 2018 | Maipo
- 96 | **VIU MANENT** El Incidente Carménère 2017 | Colchagua
- 95 | **CALITERRA** Pétreo Carménère 2017 | Colchagua
- 95 | **CASA SILVA** Microterroir de Los Lingues Carménère 2013 | Los Lingues
- 95 | **CONO SUR** 20 Barrels Carménère 2017 | Cachapoal
- 95 | **ERRÁZURIZ** Kai Carménère 2017 | Aconcágua
- 95 | **MAQUIS** Viola Carménère 2016 | Colchagua
- 95 | **VIU MANENT** Single Vineyard Loma Blanca Carménère 2017 | Colchagua

< vencedores >

DIVIDIDO

MELHOR CARMÉNÈRE

SANTA RITA
Pewën de Apalta *Carménère 2018*
APALTA

A família Quijada possui videiras de Carménère muito antigas na área de Apalta, no vale de Colchagua. Os Quijada têm contrato de venda de uvas com Santa Rita desde os anos 1990. Desde 2004, esses frutos vão para Pewën, o principal Carménère da casa. No entanto, o estilo dessas frutas mudou muito, principalmente desde a safra de 2017, quando o enólogo Sebastián Labbé decidiu avançar as safras e, basicamente, deixou de temer as notas de ervas da variedade. Aqui estão essas notas de ervas (as mesmas que talvez dez anos atrás teriam assustado muitos) acompanhadas de frutas vermelhas e de especiarias em um vinho tenso, de acidez incomumente crocante, tão generoso em frutas e ao mesmo tempo tão profundo.

Os melhores carménère do ano

96 | **ANTIYAL** Antiyal Viñedo El Escorial Carménère 2017 | Maipo
96 | **DE MARTINO** Single Vineyard Alto de Piedras Carménère 2018 | Maipo
96 | **VIU MANENT** El Incidente Carménère 2017 | Colchagua
95 | **CALITERRA** Pétreo Carménère 2017 | Colchagua
95 | **CASA SILVA** Microterroir de Los Lingues Carménère 2013 | Los Lingues
95 | **CONO SUR** 20 Barrels Carménère 2017 | Cachapoal
95 | **ERRÁZURIZ** Kai Carménère 2017 | Aconcágua
95 | **MAQUIS** Viola Carménère 2016 | Colchagua
95 | **VIU MANENT** Single Vineyard Loma Blanca Carménère 2017 | Colchagua

{ DESCORCHADOS }

MELHOR CHARDONNAY

CONCHA Y TORO
Amelia *Chardonnay 2018*
LIMARÍ

Para o vinho Quebrada Seca, o enólogo Marcelo Papa seleciona o quartel Quebrada Seca de solos ricos em argila e cal que, além da influência fria do mar (a cerca de 18 quilômetros), faz desse vinho uma flecha de austeridade e linearidade. No caso de Amelia, também é proveniente de Quebrada seca, mas dessa vez com 75% das vinhas plantadas em solos argilosos e calcários e 25% em solos argilosos, calcários e de pedra, o que talvez dê mais volume a esse branco, um pouco mais amplo, mas sem perder a estrutura, a firmeza dos taninos que aporta o calcário. Parece um vinho completo, mas também parece um vinho para guardar, para o futuro.

Os melhores chardonnay do ano

- 96 | **AQUITANIA** Sol de Sol Chardonnay 2016 | Malleco
- 96 | **ERRÁZURIZ** Las Pizarras Chardonnay 2018 | Aconcágua Costa
- 96 | **MAYCAS DEL LIMARÍ** Quebrada Seca Chardonnay 2018 | Limarí
- 96 | **TABALÍ** Talinay Chardonnay 2019 | Limarí
- 96 | **VENTISQUERO** Tara White Wine 1 Chardonnay 2018 | Atacama
- 95 | **CONO SUR** 20 Barrels Chardonnay 2018 | Casablanca
- 95 | **P.S. GARCÍA** P.S. García Chardonnay 2018 | Malleco
- 95 | **SANTA RITA** Floresta Chardonnay 2019 | Limarí
- 94 | **CALYPTRA** Gran Reserva Chardonnay 2017 | Alto Cachapoal
- 94 | **CLOS ANDINO** Le Grand Brut Chardonnay 2017 | Maipo
- 94 | **DE MARTINO** Single Vineyard Tres Volcanes Chardonnay 2018 | Malleco
- 94 | **ERRÁZURIZ** Aconcágua Costa Chardonnay 2018 | Aconcágua Costa
- 94 | **GARCÉS SILVA** Amayna Chardonnay 2017 | Leyda
- 94 | **LEYDA** Lot 5 Chardonnay 2018 | Leyda
- 94 | **MATETIC VINEYARDS** EQ Quartz Chardonnay 2017 | San Antonio
- 94 | **MAYCAS DEL LIMARÍ** Reserva Especial Chardonnay 2018 | Limarí
- 94 | **MONTSECANO** La Leonie Chardonnay 2019 | Casablanca
- 94 | **SANTA CAROLINA** Cuarteles Experimentales Vinificación No Tradicional Chardonnay 2019 | Chile
- 94 | **SANTA EMA** Amplus Chardonnay 2018 | Leyda
- 94 | **VALDIVIESO** Centenario Blanc de Blancs Cuvée Aniversario Chardonnay 2014 | Biobío
- 94 | **VILLARD FINE WINES** Le Chardonnay Grand Vin Chardonnay 2018 | Casablanca
- 94 | **WILLIAM FÈVRE** Chile Espino Gran Cuvée Chardonnay 2018 | Maipo Alto

⟨ *vencedores* ⟩

DIVIDIDO

MELHOR CINSAULT

A LOS VIÑATEROS BRAVOS
Leonardo Erazo Amigo Piedra Tinajacura Alto
Cinsault 2019
ITATA

Segundo Leonardo Erazo, a melhor Cinsault que ele recebe de seus "crus" de Itata, vem do meio da colina, onde o granito tem algumas argilas e, portanto, retém água para que as plantas não se desidratem nos muitos verões tórridos da região. Essas parcelas, espécie de "Grand Crus" são a base da melhor Cinsault do vale e esse Amigo Piedra está nesse grupo. Aqui a tensão vai além de sua mera expressão frutada (que possui e é refrescante) para entrar em terrenos um pouco mais complexos. O vinho oferece toques de terra, especiarias e ervas em um corpo médio, com taninos pronunciados e afiados e uma acidez que se move por toda a boca com graça.

Os melhores cinsault do ano

- 94 | **A LOS VIÑATEROS BRAVOS** Pipeño Tinto Cinsault 2019 | Itata
- 94 | **CARMEN** D. O. Loma Seca Cinsault 2019 | Itata
- 94 | **GARAGE WINE CO.** Single Ferment Series Soothsayers Cinsault 2018 | Itata
- 94 | **PEDRO PARRA** Hub Cinsault 2017 | Itata
- 94 | **ROGUE VINE** Grand Itata Tinto Cinsault 2018 | Itata
- 93 | **A LOS VIÑATEROS BRAVOS** Granítico Cinsault 2019 | Itata
- 93 | **A LOS VIÑATEROS BRAVOS** Leonardo Erazo El Túnel Guarilihue Alto Cinsault 2019 | Itata
- 93 | **CARTER MOLLENHAUER** Aurora de Itata Cinsault 2018 | Itata
- 93 | **LAPOSTOLLE WINES** Collection Coelemu Cinsault 2018 | Itata
- 93 | **PEDRO PARRA** Monk Cinsault 2017 | Itata
- 92 | **A LOS VIÑATEROS BRAVOS** Leonardo Erazo Las Curvas Tinajacura Alto Cinsault 2019 | Itata
- 92 | **CONCHA Y TORO** Marqués de Casa Concha Rosé Cinsault 2019 | Itata
- 92 | **DAGAZ** Itatino Cinsault 2019 | Secano Interior Coelemu
- 92 | **DE MARTINO** Gallardia Rosé Cinsault 2019 | Itata
- 92 | **LA CAUSA** La Causa Rosé Cinsault 2019 | Itata
- 92 | **MORETTA WINES** Vedette Cinsault 2019 | Maule
- 92 | **SUTIL** Limited Release Cinsault 2018 | Itata
- 92 | **ZARANDA** Zaranda Cinsault 2018 | Itata

{ DESCORCHADOS }

DIVIDIDO

MELHOR CINSAULT

PEDRO PARRA
Trane *Cinsault 2017*
ITATA

Um tributo pequeno mas retumbante a John Coltrane, um dos músicos de jazz mais extremos e, portanto, mais ousados que já existiram, esse Cinsault é talvez o mais elétrico e tenso dos três Cinsault da série, digamos, Jazzistas que compõem essa linha de Pedro Parra, que também é amante de música e do estilo. Esse vem de solos de granito na área de Tinajacura, um dos "cru" de Itata, como costumam chamar alguns dos produtores que mais pesquisam a região, como Parra e Leonardo Erazo (A los Viñateros Bravos, Rogue Vine), entre outros. Tem fruta vermelha raivosa, acidez acentuada, mas corpo leve e quase etéreo. Um vinho delicioso, genial seria prová-lo com mais dois ou três anos de garrafa.

Os melhores cinsault do ano

94 | **A LOS VIÑATEROS BRAVOS** Pipeño Tinto Cinsault 2019 | Itata
94 | **CARMEN** D. O. Loma Seca Cinsault 2019 | Itata
94 | **GARAGE WINE CO.** Single Ferment Series Soothsayers Cinsault 2018 | Itata
94 | **PEDRO PARRA** Hub Cinsault 2017 | Itata
94 | **ROGUE VINE** Grand Itata Tinto Cinsault 2018 | Itata
93 | **A LOS VIÑATEROS BRAVOS** Granítico Cinsault 2019 | Itata
93 | **A LOS VIÑATEROS BRAVOS** Leonardo Erazo El Túnel Guarilihue Alto Cinsault 2019 | Itata
93 | **CARTER MOLLENHAUER** Aurora de Itata Cinsault 2018 | Itata
93 | **LAPOSTOLLE WINES** Collection Coelemu Cinsault 2018 | Itata
93 | **PEDRO PARRA** Monk Cinsault 2017 | Itata
92 | **A LOS VIÑATEROS BRAVOS** Leonardo Erazo Las Curvas Tinajacura Alto Cinsault 2019 | Itata
92 | **CONCHA Y TORO** Marqués de Casa Concha Rosé Cinsault 2019 | Itata
92 | **DAGAZ** Itatino Cinsault 2019 | Secano Interior Coelemu
92 | **DE MARTINO** Gallardia Rosé Cinsault 2019 | Itata
92 | **LA CAUSA** La Causa Rosé Cinsault 2019 | Itata
92 | **MORETTA WINES** Vedette Cinsault 2019 | Maule
92 | **SUTIL** Limited Release Cinsault 2018 | Itata
92 | **ZARANDA** Zaranda Cinsault 2018 | Itata

< *vencedores* >

MELHOR GARNACHA

VIÑEDOS DE ALCOHUAZ
Cuesta Chica *Garnacha 2018*
ELQUI

A vinha La Cuesta Chica tem menos de um hectare, plantada a cerca de 2.100 metros de altura, em solos rochosos, ricos em granito. Fermentado com 60% de cachos completos, em um tanque de cimento, sem oxigenação para evitar que a Garnacha se oxide. O enólogo Marcelo Retamal não gosta do toque de doçura na Garnacha e, portanto, colhe muito cedo e evita a madeira, além do fator engaço, que fornece taninos e limpa o dulçor. O resultado é um Garnacha tenso, com taninos ásperos, pouco comuns na cepa. É ao mesmo tempo floral e frutado, com uma acidez intensa e firme, com toques especiados. O final é floral e a força dos taninos continua pulsando. Esse é um vinho para guardar.

Os melhores garnacha do ano

95 | **CASA MARÍN** Viñedos Lo Abarca Nº4 Garnacha 2018 | Lo Abarca
94 | **GARAGE WINE CO.** Bagual Vineyard Lot 89 Garnacha 2017 | Maule
94 | **P.S. GARCÍA** P.S. García Garnacha 2017 | Itata
94 | **UNDURRAGA** Cauquén Limited Edition Garnacha 2016 | Maule
93 | **PÉREZ CRUZ** Limited Edition Garnacha 2019 | Maipo Andes
92 | **L'ENTREMETTEUSE** Entrez dans la Ronde Garnacha 2017 | Cachapoal
91 | **LA VIÑA DEL SEÑOR** Laureles Garnacha 2018 | Maipo
91 | **LAPOSTOLLE WINES** Collection San Javier Garnacha 2018 | Maule
91 | **MATURANA WINES** Pai-Gar Garnacha 2019 | Maule Secano Interior
90 | **CLOS DE LUZ** Azuda Garnacha 2018 | Cachapoal

{ DESCORCHADOS }

93

MELHOR GEWÜRZTRAMINER

ALTACIMA
6330 Late Harvest *Gewürztraminer 2017*
LONTUÉ

Colhido muito tarde na estação, bem no final de junho, quando as uvas já estão podres. Depois de selecionar as uvas, o vinho é fermentado em aço e vai para a garrafa. Os rendimentos são baixos. Desse vinho foram feitas pouco mais de três mil garrafas e é delicioso. Para os amantes do estilo, aqui há frutos secos, toques de mel e de geleia de frutas brancas. A boca tem cerca de 85 gramas de açúcar, mas a acidez é forte e tensa e isso ajuda o vinho a não ser enjoativo.

Os melhores gewürztraminer do ano

- 92 | **CASA MARÍN** Casona Vineyard Gewürztraminer 2019 | Lo Abarca
- 91 | **ALTACIMA** 4090 Gewürztraminer 2019 | Lontué
- 91 | **ARESTI** Trisquel Gran Reserva Gewürztraminer 2019 | Curicó
- 90 | **CONO SUR** Reserva Especial Gewürztraminer 2018 | Casablanca
- 90 | **TORREÓN DE PAREDES** Reserva Privada Gewürztraminer 2019 | Rengo
- 89 | **MORANDÉ** Estate Reserve Gewürztraminer 2019 | Casablanca
- 88 | **BISQUERTT** La Joya Gran Reserva Gewürztraminer 2019 | Colchagua
- 88 | **LUIS FELIPE EDWARDS** Reserva Gewürztraminer 2019 | Colchagua Costa

‹ *vencedores* ›

96

DIVIDIDO

MELHOR MALBEC

TABALÍ
Talinay *Malbec 2017*
LIMARÍ

A vinha Talinay foi comprada por Tabalí em 2008. Ela havia sido plantada alguns anos antes e o enólogo Héctor Rojas e o enólogo Felipe Müller ficaram encantados com a paisagem de colinas suaves, o clima frio a cerca de 12 km do mar e, acima de tudo, o solo fortemente calcário. Uma década depois, não há dúvida de que, de Talinay, a vinícola obtém seus melhores vinhos. E esse é um bom exemplo. Esse Malbec vem de vinhedos ricos em cal, enxertados em 2015 em Sauvignon Blanc, plantados seis anos antes. Em Descorchados, já falamos muito sobre o efeito da cal e, principalmente, sobre o efeito que esse tipo de solo exerce sobre a Malbec. Existem exemplos essenciais no vale de Uco, em Gualtallary, em Altamira. Vários deles estão entre os melhores vinhos que já provamos na América do Sul. Mas esses são Malbec de calcário com influência andina. Esse Malbec oferece uma face diferente, mas em solos semelhantes. A influência fria do mar aqui está presente, mas o solo é o protagonista, determinando a estrutura dos taninos que se parecem com giz, que têm esse grão, essa textura severa e austera. A propósito, há frutas, mas todas em contexto monástico. Um vinho que impressiona na maneira como absorve o solo.

Os melhores malbec do ano

95 | **CALITERRA** Pétreo Malbec 2017 | Colchagua
95 | **POLKURA** Polkura Malbec 2018 | Colchagua
95 | **TABALÍ** Roca Madre Malbec 2018 | Limarí
95 | **TINTO DE RULO** Tinto de Rulo Malbec 2018 | Biobío
95 | **VIU MANENT** Single Vineyard San Carlos Malbec 2017 | Colchagua
94 | **ATTILIO & MOCHI** Attilio & Mochi Malbec 2018 | Casablanca
94 | **PÉREZ CRUZ** Limited Edition Malbec 2018 Maipo | Andes
94 | **RIVERAS DEL CHILLÁN** Vista Bella Bacot Malbec 2017 | Itata
94 | **SANTA CAROLINA** Cuarteles Experimentales Malbec 2019 | Biobío
93 | **CREMASCHI FURLOTTI** Edición Limitada Malbec 2018 | Maule
93 | **ESTACION YUMBEL** Estación Yumbel Malbec 2019 | Secano Interior de Yumbel
93 | **LAGAR DE CODEGUA** Codegua Malbec 2018 | Alto Cachapoal
93 | **LUIS FELIPE EDWARDS** LFE900 Malbec 2017 | Colchagua
93 | **MORANDÉ** Malmau Malbec 2018 | Maule
92 | **ARESTI** Trisquel Series Curicó Costa Malbec 2018 | Curicó
92 | **CLOS DE LUZ** Massal 1945 Malbec 2018 | Cachapoal
92 | **CONCHA Y TORO** Gran Reserva Serie Riberas Malbec 2018 | Marchigüe
92 | **SANTA EMA** Gran Reserva Malbec 2018 | Maipo
92 | **VIU MANENT** Secreto Malbec 2018 | Colchagua

{ DESCORCHADOS }

DIVIDIDO

MELHOR MALBEC

VIU MANENT
VIU 1 *Malbec 2016*
COLCHAGUA

Este **VIU 1** estreou com a safra de 1999 e sempre veio do quartel mais antigo de Malbec, pertencente à família Viu na área de San Carlos, no coração de Colchagua. E, embora já tenhamos notado uma importante mudança de estilo na safra anterior (2014), esse ano, há uma revolução. Um vinho que costumava ser uma ode à extração, madeira e madurez, atualmente mostra uma fruta deliciosa e fresca, cheia de toques de frutas vermelhas e de flores em um corpo médio, mas com grande tensão de acidez. As colheitas antecipadas, muito mais cedo do que no passado, o menor uso de madeira nova e a contribuição de foudres, além das sangrias, que agora caíram para 10% e anteriormente eram de 20%. São todas essas as razões da mudança.

Os melhores malbec do ano

- 95 | **CALITERRA** Pétreo Malbec 2017 | Colchagua
- 95 | **POLKURA** Polkura Malbec 2018 | Colchagua
- 95 | **TABALÍ** Roca Madre Malbec 2018 | Limarí
- 95 | **TINTO DE RULO** Tinto de Rulo Malbec 2018 | Biobío
- 95 | **VIU MANENT** Single Vineyard San Carlos Malbec 2017 | Colchagua
- 94 | **ATTILIO & MOCHI** Attilio & Mochi Malbec 2018 | Casablanca
- 94 | **PÉREZ CRUZ** Limited Edition Malbec 2018 Maipo | Andes
- 94 | **RIVERAS DEL CHILLÁN** Vista Bella Bacot Malbec 2017 | Itata
- 94 | **SANTA CAROLINA** Cuarteles Experimentales Malbec 2019 | Biobío
- 93 | **CREMASCHI FURLOTTI** Edición Limitada Malbec 2018 | Maule
- 93 | **ESTACION YUMBEL** Estación Yumbel Malbec 2019 | Secano Interior de Yumbel
- 93 | **LAGAR DE CODEGUA** Codegua Malbec 2018 | Alto Cachapoal
- 93 | **LUIS FELIPE EDWARDS** LFE900 Malbec 2017 | Colchagua
- 93 | **MORANDÉ** Malmau Malbec 2018 | Maule
- 92 | **ARESTI** Trisquel Series Curicó Costa Malbec 2018 | Curicó
- 92 | **CLOS DE LUZ** Massal 1945 Malbec 2018 | Cachapoal
- 92 | **CONCHA Y TORO** Gran Reserva Serie Riberas Malbec 2018 | Marchigüe
- 92 | **SANTA EMA** Gran Reserva Malbec 2018 | Maipo
- 92 | **VIU MANENT** Secreto Malbec 2018 | Colchagua

< *vencedores* >

MELHOR MERLOT

COUSIÑO MACUL
Jardín de Macul *Merlot 2017*
MAIPO

Jardín de Macul provém das mais antigas vinhas de Merlot de Cousiño, plantadas por volta de 1981. Sendo mais específico, existem dois quartéis que totalizam cerca de três hectares, anexados à Avenida Tobalaba, em Santiago. Esse Merlot é fino em sua textura, em sua rede de taninos. As notas lembram as frutas vermelhas, mas também terra, algo já clássico na paleta aromática de Macul. E os sabores são longos, profundos, todos em equilíbrio, todos balanceados. A acidez aparece em segundo plano, liberando frescor e vitalidade. Um vinho clássico que precisa de pelo menos uma década em garrafa.

Os melhores merlot do ano

94 | **COUSIÑO MACUL** Antiguas Reservas Merlot 2016 | Maipo
94 | **KINGSTON** Kingston Merlot 2018 | Casablanca
94 | **SANTA EMA** Amplus Mountain Vineyard Merlot 2018 | Maipo Alto
93 | **LA PROMETIDA** Capricho Merlot 2017 | Cauquenes
93 | **LUGAREJO** Crianza Especial Merlot 2017 | Colchagua
93 | **TORREÓN DE PAREDES** Reserva Privada Merlot 2017 | Rengo
92 | **TARAPACÁ** Gran Reserva Merlot 2018 | Maipo
92 | **VENTISQUERO** Grey Apalta Vineyard Merlot 2017 | Apalta
91 | **ALTACIMA** 4090 Merlot 2018 | Lontué
91 | **BISQUERTT** La Joya Single Vineyard Merlot 2017 | Marchigüe
91 | **CONCHA Y TORO** Marques de Casa Concha Merlot 2017 | Maule
91 | **TERRANOBLE** Gran Reserva Merlot 2018 | Maule

{ DESCORCHADOS }

MELHOR MOSCATEL

LAPOSTOLLE WINES
Collection Cerro Verde *Moscatel 2018*
ITATA

A Moscatel de Alexandria tem seu lugar em Itata, nas colinas costeiras de granito nessa área ao sul do Chile. A vinha foi plantada em 1940 e possui cerca de quatro hectares de videiras em secano. Para prepará-lo, a enóloga Andrea León incentiva a produção de véu de flor (criança biológica), que nesse caso protege os sabores das frutas da oxidação e, ao mesmo tempo, fornece notas de sal, como nos vinhos do Jura. Um vinho de grande corpo e ao mesmo tempo grande frescor.

Os melhores moscatel do ano

- 94 | **TINTO DE RULO** Blanco de Rulo Moscatel 2019 | Biobío
- 93 | **A LOS VIÑATEROS BRAVOS** Leonardo Erazo La Ruptura Guarilihue Alto Moscatel 2019 | Itata
- 93 | **ESTACIÓN YUMBEL** Tinaja Moscatel 2019 | Secano Interior de Yumbel
- 93 | **ITATA PARAÍSO WINES** Blanco Paraíso Moscatel 2019 | Itata
- 93 | **LUIS FELIPE EDWARDS** Macerao Moscatel 2019 | Itata
- 92 | **CUCHA CUCHA** Mixtura Moscatel 2018 | Secano Interior Itata
- 92 | **VICAP** Los Confines Moscatel 2019 | Malleco
- 92 | **ZARANDA** Zaranda Naranjo Moscatel 2019 | Itata
- 91 | **VIÑA CASTELLÓN** Coulles Moscatel 2019 | Itata
- 90 | **CUCHA CUCHA** Cucha Cucha Moscatel 2019 | Secano Interior Itata
- 90 | **CUCHA CUCHA** Cucha Cucha Extra Brut Moscatel 2018 Secano Interior Itata
- 90 | **ROBERTO HENRÍQUEZ** Moscatel Rosado Super Estrella Moscatel 2019 Itata
- 90 | **VIÑA CHOAPA** Grabados del Choapa El Iluminado Moscatel 2018 Choapa
- 90 | **VIÑA CHOAPA** Grabados del Choapa Guardián Nocturno Moscatel 2018 | Choapa
- 90 | **ZARANDA** Zaranda Moscatel 2018 | Itata

‹ vencedores ›

DIVIDIDO

MELHOR PAÍS

BOUCHON
País Salvaje *País 2019*
MAULE SECANO INTERIOR

Troncos grossos como árvores, com mais de cem anos. E a partir deles, galhos se espalham em todas as direções no que, mais do que um vinhedo, parece uma floresta. Bouchon tem que colher essas uvas com escadas. E, obviamente, de uma vinha assim, única no mundo, nasce um vinho muito especial. Aqui os aromas de ervas, frutas e especiarias se juntam, enquanto na boca taninos ferozes e pulsantes lembram que a País pode ser muito fresca e frutada, mas acima de tudo, uma boa companheira para os embutidos da região. A melhor versão desse vinho até o momento.

Os melhores país do ano

94 | **A LOS VIÑATEROS BRAVOS** Granítico País 2019 | Itata
94 | **A LOS VIÑATEROS BRAVOS** Leonardo Erazo La ResIstencla Guarilihue Alto País 2019 | Itata
94 | **AGRÍCOLA LA MISIÓN** Pisador País 2018 | Secano Interior Cauquenes
94 | **ESTACIÓN YUMBEL** Quinta de Unihue País 2019 | Secano Interior de Yumbel
94 | **LABERINTO** Arcillas de Laberinto País 2019 | Maule
94 | **ROBERTO HENRÍQUEZ** Tierra de Pumas País 2019 | Biobío
94 | **TINTO DE RULO** Pipeño País 2019 | Biobío
93 | **CARTER MOLLENHAUER** Aurora de Itata País 2018 | Itata
93 | **ESTACIÓN YUMBEL** Pipeño País 2019 | Secano Interior de Yumbel
93 | **GARAGE WINE CO.** Single Ferment Series 215 BC País 2018 | Maule
93 | **GARCÉS SILVA** Catalino País 2019 | Maule Secano Interior
93 | **ITATA PARAÍSO WINES** Rojo Paraíso País 2019 | Itata
93 | **MIGUEL TORRES** Estelado Rosé Brut País N/V | Secano Interior
93 | **ROBERTO HENRÍQUEZ** Fundo la Unión País 2019 | Itata
93 | **ROBERTO HENRÍQUEZ** País Franco País 2019 | Biobío
93 | **SANTA CRUZ** Santa Cruz País 2018 | Colchagua Costa

DIVIDIDO

MELHOR PAÍS

ROBERTO HENRÍQUEZ
Santa Cruz de Coya *País 2019*
BIOBÍO

As quatro pequenas vinhas que são a base de Santa Cruz estão empoleiradas na cordilheira de Nahuelbuta, entre pinheiros e eucaliptos e manchas de árvores nativas. São parcelas de videiras muito antigas, plantadas em solos argilosos e que têm em comum seus solos de granito que lhe conferem, primeiro, uma base firme de taninos, mas ao mesmo tempo muito delicada. É raro ver tais taninos na País, com essa tensão, com essa maneira sutil de se ancorar no paladar. E então as frutas vermelhas, que são refrescantes e suculentas, cercadas por notas de terra e de cinzas. Um dos expoentes da País no Chile.

Os melhores país do ano

- 94 | **A LOS VIÑATEROS BRAVOS** Granítico País 2019 | Itata
- 94 | **A LOS VIÑATEROS BRAVOS** Leonardo Erazo La Resistencia Guarilihue Alto País 2019 | Itata
- 94 | **AGRÍCOLA LA MISIÓN** Pisador País 2018 | Secano Interior Cauquenes
- 94 | **ESTACIÓN YUMBEL** Quinta de Unihue País 2019 | Secano Interior de Yumbel
- 94 | **LABERINTO** Arcillas de Laberinto País 2019 | Maule
- 94 | **ROBERTO HENRÍQUEZ** Tierra de Pumas País 2019 | Biobío
- 94 | **TINTO DE RULO** Pipeño País 2019 | Biobío
- 93 | **CARTER MOLLENHAUER** Aurora de Itata País 2018 | Itata
- 93 | **ESTACIÓN YUMBEL** Pipeño País 2019 | Secano Interior de Yumbel
- 93 | **GARAGE WINE CO.** Single Ferment Series 215 BC País 2018 | Maule
- 93 | **GARCÉS SILVA** Catalino País 2019 | Maule Secano Interior
- 93 | **ITATA PARAÍSO WINES** Rojo Paraíso País 2019 | Itata
- 93 | **MIGUEL TORRES** Estelado Rosé Brut País N/V | Secano Interior
- 93 | **ROBERTO HENRÍQUEZ** Fundo la Unión País 2018 | Itata
- 93 | **ROBERTO HENRÍQUEZ** País Franco País 2019 | Biobío
- 93 | **SANTA CRUZ** Santa Cruz País 2018 | Colchagua Costa

‹ vencedores ›

98
MELHOR PINOT NOIR

TABALÍ
Talinay *Pinot Noir 2018*
LIMARÍ

Vamos começar pelo nariz. Tem fruta, é claro. Vamos começar com a fruta, que é fresca, vermelha e brilhante. Mas essa é apenas a primeira camada. Porque mais profundamente, as notas terrosas e salgadas estão fazendo realmente a festa, a que importa, a que dá complexidade. E, claro, a boca, que é firme, tensa, cheia de taninos de Pinot de verdade (quem disse que a Pinot tem taninos macios?). Uma textura que se agarra à língua e não a libera mais. Nela, os sabores terrosos e salinos agora assumem o controle da situação, proporcionando complexidade e texturas, brilho e profundidade em um vinho que é projetado no palato por um longo tempo. Um vinho tinto que marca um novo registro em Limarí e na América do Sul. As vinhas desse Pinot vêm de uma encosta voltada para o norte, plantada apenas em 2012, com seleções massais da Borgonha, adquiridas no Chile pelo agrônomo da Tabalí, Héctor Rojas. Em teoria, essa encosta, de solos calcários, tem uma orientação norte, mas a chave é o vento que é firme, as frescas brisas marinhas mudando o paradigma.

Os melhores pinot noir do ano

97	**VENTISQUERO** Tara Red Wine 1 Pinot Noir 2018	Atacama
96	**CONO SUR** Ocio Pinot Noir 2017	Casablanca
96	**ERRÁZURIZ** Las Pizarras Pinot Noir 2018	Aconcágua Costa
95	**CONCHA Y TORO** Amelia Pinot Noir 2018	Limarí
95	**ERRÁZURIZ** Aconcágua Costa Pinot Noir 2018	Aconcágua Costa
95	**MATETIC VINEYARDS** EQ Limited Edition Pinot Noir 2016	Casablanca
95	**MAYCAS DEL LIMARÍ** San Julián Pinot Noir 2018	Limarí
95	**MONTSECANO** Montsecano Pinot Noir 2018	Casablanca
95	**SAN PEDRO** 1865 Tayú Pinot Noir 2018	Malleco
94	**CALYPTRA** Gran Reserva Pinot Noir 2017	Alto Cachapoal
94	**CASA MARÍN** Viñedos Lo Abarca Nº1 Pinot Noir 2018	Lo Abarca
94	**KINGSTON** Alazan Pinot Noir 2018	Casablanca
94	**LEYDA** Lot 21 Pinot Noir 2018	Leyda
94	**MATETIC VINEYARDS** EQ Granite Pinot Noir 2016	Casablanca
94	**MAYCAS DEL LIMARÍ** Reserva Especial Pinot Noir 2018	Limarí
94	**MONTSECANO** Refugio Pinot Noir 2018	Casablanca
94	**P.S. GARCÍA** P. S. García Nature Pinot Noir N/V	Casablanca
94	**TABALÍ** Vetas Blancas Pinot Noir 2018	Limarí
94	**TRAPI DEL BUENO** Handmade Pinot Noir 2018	Osorno
94	**UNDURRAGA** Titillum Blanc de Noirs Pinot Noir N/V	Leyda
94	**VENTISQUERO** Herú Pinot Noir 2018	Casablanca

{ DESCORCHADOS }

MELHOR RIESLING

LABERINTO
Arcillas de Laberinto *Riesling 2019*
MAULE

Este novo vinho de Laberinto vem da parte superior da vinha, de quartéis de solo vulcânico. O vinho é fermentado em ânforas de argila e estagia por oito meses. Esse é um branco muito particular. Os amantes de Riesling provavelmente acharão difícil reconhecer o lado varietal porque a argila das ânforas, com mais de cem anos de idade, contribui por si só. Deve-se acrescentar também que, nessas tinajas formam-se uma pequena camada de véu de flor (o véu dos vinhos de Jerez) que adiciona um toque salino a tudo. Mas, tenha paciência para que esse vinho se abra lentamente e, se o nariz ainda mostrar esse lado salino e quase terroso, na boca ele se desdobra com seus aromas de ervas e de frutas, mas principalmente com uma textura que se apega ao paladar, com taninos quase rústicos, que grudam na língua e pedem ouriços ou talvez uma longa guarda de garrafa. Um vinho cheio de personalidade.

Os melhores riesling do ano

- 94 | **CASA MARÍN** Casa Marín Nature Riesling 2016 | Lo Abarca
- 94 | **CASA MARÍN** Miramar Vineyard Riesling 2018 | Lo Abarca
- 94 | **CASA SILVA** Lago Ranco Riesling 2018 | Osorno
- 94 | **SIERRAS DE BELLAVISTA** Sierras de Bellavista Riesling 2019 | Colchagua Andes
- 93 | **FATTO A MANO** Fatto a Mano Riesling 2018 | Itata
- 92 | **CASA MARÍN** Cartagena Riesling 2018 | Lo Abarca
- 92 | **CONO SUR** Single Vineyard Block 23 Rulos del Alto Riesling 2019 | Biobío
- 92 | **LUIS FELIPE EDWARDS** Marea Riesling 2018 | Leyda
- 92 | **TABALÍ** Pedregoso Riesling 2016 | Limarí
- 91 | **CASAS DEL BOSQUE** Botanic Series Riesling 2019 | Chile
- 91 | **LEYDA** Single Vineyard Neblina Riesling 2019 | Leyda
- 90 | **ROGUE VINE** Super Itata Riesling 2018 | Itata
- 89 | **LUIS FELIPE EDWARDS** Reserva Riesling 2019 | Colchagua Costa
- 88 | **CONO SUR** Bicicleta Reserva Riesling 2019 | Chile

⟨ *vencedores* ⟩

DIVIDIDO

MELHOR SAUVIGNON BLANC

CONCHA Y TORO
Terrunyo *Sauvignon Blanc 2019*
CASABLANCA

Terrunyo Sauvignon tradicionalmente vem da vinha de Los Boldos, a cerca de 15 quilômetros do mar, em uma das áreas mais próximas ao Oceano Pacífico, em Casablanca. O material desse branco é 100% Clone 1, o primeiro material clonal de Sauvignon Blanc que chegou ao Chile no início dos anos 1990. Esse clone produz brancos de grande verticalidade, focados em ervas e acidez, em vez de frutas maduras e exuberantes de outros clones que chegaram ao país. E isso é mostrado aqui claramente. Existem frutas brancas e cítricas, especialmente o lado mineral e herbáceo, que se mesclam a uma acidez firme e tensa, em um corpo cremoso, fruto de um ano bastante quente.

Os melhores sauvignon blanc do ano

95 | **AQUITANIA** Sol de Sol Sauvignon Blanc 2018 | Malleco
95 | **CALYPTRA** Gran Reserva Sauvignon Blanc 2016 | Alto Cachapoal
95 | **CASA SILVA** Lago Ranco Sauvignon Blanc 2018 | Osorno
95 | **CONCHA Y TORO** Gravas del Biobío Sauvignon Blanc 2019 | Biobío
95 | **GARCÉS SILVA** Amayna Solera Sauvignon Blanc N/V | Leyda
95 | **GARCÉS SILVA** Amayna Cordón Huinca Sauvignon Blanc 2019 | Leyda
95 | **KOYLE** Costa Sauvignon Blanc 2018 | Colchagua Costa
95 | **LABERINTO** Cenizas de Laberinto Sauvignon Blanc 2019 | Maule
95 | **LEYDA** Lot 4 Sauvignon Blanc 2019 | Leyda
95 | **MATETIC VINEYARDS** EQ Limited Edition Sauvignon Blanc 2019 San Antonio
95 | **UNDURRAGA** T.H. Limarí Sauvignon Blanc 2018 | Limarí
95 | **VENTISQUERO** Grey Longomilla Vineyard Sauvignon Blanc 2019 Atacama
95 | **VENTOLERA** Cerro Alegre Limited Edition Sauvignon Blanc 2018 Leyda

677

{ DESCORCHADOS }

 96

 DIVIDIDO

MELHOR SAUVIGNON BLANC

KALFU
Sumpai *Sauvignon Blanc 2019*
HUASCO-ATACAMA

Este Single Vineyard vem de um vinhedo plantado em 2009, a cerca de 18 quilômetros do mar, no meio do deserto de Atacama, o mais seco do mundo. Os solos aqui nunca foram cultivados e são salinos, brancos, e dão esse tipo de vinho austero em seu grau extremo. Esse é um vinho feito de sal. Não há nada de fruta aqui, apenas aquela sensação intensa e firme de um vinho que vem de um lugar extremo onde ninguém havia feito vinhos antes. Um vinho que não se parece com mais nada e, portanto, nos surpreende e encanta.

Os melhores sauvignon blanc do ano

95 | **AQUITANIA** Sol de Sol Sauvignon Blanc 2018 | Malleco
95 | **CALYPTRA** Gran Reserva Sauvignon Blanc 2016 | Alto Cachapoal
95 | **CASA SILVA** Lago Ranco Sauvignon Blanc 2018 | Osorno
95 | **CONCHA Y TORO** Gravas del Biobío Sauvignon Blanc 2019 | Biobío
95 | **GARCÉS SILVA** Amayna Solera Sauvignon Blanc N/V | Leyda
95 | **GARCÉS SILVA** Amayna Cordón Huinca Sauvignon Blanc 2019 | Leyda
95 | **KOYLE** Costa Sauvignon Blanc 2018 | Colchagua Costa
95 | **LABERINTO** Cenizas de Laberinto Sauvignon Blanc 2019 | Maule
95 | **LEYDA** Lot 4 Sauvignon Blanc 2019 | Leyda
95 | **MATETIC VINEYARDS** EQ Limited Edition Sauvignon Blanc 2019 San Antonio
95 | **UNDURRAGA** T.H. Limarí Sauvignon Blanc 2018 | Limarí
95 | **VENTISQUERO** Grey Longomilla Vineyard Sauvignon Blanc 2019 Atacama
95 | **VENTOLERA** Cerro Alegre Limited Edition Sauvignon Blanc 2018 Leyda

< vencedores >

DIVIDIDO

MELHOR SAUVIGNON BLANC

TABALÍ
Talinay *Sauvignon Blanc 2019*
LIMARÍ

Talinay Sauvignon Blanc corresponde a uma seleção de quartéis da vinha Talinay, localizada na costa de Limarí, com o mar a cerca de 29 quilômetros de distância. É um vinhedo rico em solos de calcário, o que imprime uma aderência especial na boca, uma sensação de textura de giz que, combinada com os sabores frescos e crocantes de frutas brancas e cítricas, oferece deliciosa suculência. A acidez é outro dos principais atores aqui, oferecendo frescor, mas também forte salinidade. Esse é um dos melhores Sauvignon Blanc do Chile e, em Descorchados, sempre ocupa os primeiros lugares desde a sua edição de estreia em 2009.

Os melhores sauvignon blanc do ano

- 95 | **AQUITANIA** Sol de Sol Sauvignon Blanc 2018 | Malleco
- 95 | **CALYPTRA** Gran Reserva Sauvignon Blanc 2016 | Alto Cachapoal
- 95 | **CASA SILVA** Lago Ranco Sauvignon Blanc 2018 | Osorno
- 95 | **CONCHA Y TORO** Gravas del Biobío Sauvignon Blanc 2019 | Biobío
- 95 | **GARCÉS SILVA** Amayna Solera Sauvignon Blanc N/V | Leyda
- 95 | **GARCÉS SILVA** Amayna Cordón Huinca Sauvignon Blanc 2019 | Leyda
- 95 | **KOYLE** Costa Sauvignon Blanc 2018 | Colchagua Costa
- 95 | **LABERINTO** Cenizas de Laberinto Sauvignon Blanc 2019 | Maule
- 95 | **LEYDA** Lot 4 Sauvignon Blanc 2019 | Leyda
- 95 | **MATETIC VINEYARDS** EQ Limited Edition Sauvignon Blanc 2019 San Antonio
- 95 | **UNDURRAGA** T.H. Limarí Sauvignon Blanc 2018 | Limarí
- 95 | **VENTISQUERO** Grey Longomilla Vineyard Sauvignon Blanc 2019 Atacama
- 95 | **VENTOLERA** Cerro Alegre Limited Edition Sauvignon Blanc 2018 Leyda

{ DESCORCHADOS }

95

MELHOR SÉMILLON

BOUCHON
J. Bouchon Granito *Semillón 2018*
MAULE SECANO INTERIOR

Esta é de uma seleção de vinhas de Sémillon muito velhas, com 70 anos, plantadas em solos ricos em granito na vinha da família Bouchon em Batuco, a cerca de 30 quilômetros do mar. Tem 12 meses de envelhecimento em barricas velhas de 500 litros. Esse Sémillon tem uma estrutura linear, como uma flecha na boca. E há algo típico da cepa, de mel e de frutas brancas, mas principalmente acidez, tensão e um lado salino, que não tem nada a ver com a cepa. Um vinho que é mais de solo do que de variedade, o que sempre é uma boa notícia. Deixe esse Sémillon por pelo menos três anos em garrafa. Só ganhará em complexidade.

Os melhores sémillon do ano

94 | **CARMEN** D. O. Florillón #2 Sémillon N/V | Apalta
94 | **CARMEN** D. O. Quijada Sémillon 2018 | Colchagua
94 | **MATURANA WINES** Parellon Sémillon 2019 | Colchagua Costa
94 | **ROBERTO HENRÍQUEZ** Molino del Ciego Sémillon 2019 | Itata
94 | **SANTA CAROLINA** Cuarteles Experimentales Sémillon 2018 | Apalta
93 | **CARTER MOLLENHAUER** Aurora de Itata Sémillon 2018 | Itata
93 | **ROGUE VINE** Super Itata Sémillon 2018 | Itata
93 | **ZARANDA** Zaranda Sémillon 2018 | Itata
92 | **ARESTI** Trisquel Series Origen Sémillon 2019 | Curicó
92 | **BOUCHON** Las Mercedes Singular Sémillon 2019 Maule Secano Interior
92 | **CASAS DEL TOQUI** Barrel Series Reserva Sémillon 2019 | Cachapoal
92 | **GARAGE WINE CO.** Isidore Vineyard Lot W1 Sémillon 2018 | Maule
92 | **VIGNERON** Blanco Chileno Cuvée Giorgio Sémillon 2018 | Maipo
92 | **VILLARD FINE WINES** JCV Charlie Villard Sémillon 2019 Casablanca
92 | **VIU MANENT** Noble Sémillon 2017 | Colchagua
91 | **ROBERTO HENRÍQUEZ** Fundo la Unión Blanco Sémillon 2019 | Itata

‹ *vencedores* ›

DIVIDIDO

MELHOR SYRAH

VENTISQUERO
Tara Red Wine 2 *Syrah 2018*
ATACAMA

Este vinho é baseado nas videiras que Ventisquero plantou a cerca de 24 quilômetros do mar, na vinha Longomilla, ao lado do rio Huasco, em solos pedregosos e calcários. Há 70% de Syrah que vem desse local e do restante dos solos salinos e calcários de Nicolasa, a cerca de 18 quilômetros do mar. Esse é um Syrah radiante em frutas vermelhas, frescas, vibrantes, com um nível zero de secura. Não há doçura aqui, apenas frutas vermelhas em estado de acidez e frescor delicioso e vibrante. Um terroir completamente diferente (uma vinha à beira-mar, no deserto mais seco do mundo) mostra uma face incomum da Syrah, muito diferente de tudo do que se produz mais ao norte.

Os melhores syrah do ano

95 | **ANDES PLATEAU** Cota 500 Syrah 2018 | Cachapoal Andes
95 | **CASA MARÍN** Miramar Vineyard Syrah 2012 | Lo Abarca
95 | **CONO SUR** 20 Barrels Syrah 2017 | Limarí
95 | **MARTY** SER Single Vineyard Syrah 2017 | Maipo
95 | **MATETIC VINEYARDS** Matetic Syrah 2015 | San Antonio
95 | **MONTES** Montes Folly Syrah 2016 | Apalta
95 | **POLKURA** Secano Syrah 2017 | Colchagua
95 | **POLKURA** Block G+I Syrah 2016 | Colchagua
95 | **VALDIVIESO** Caballo Loco Grand Cru Limarí Syrah 2015 | Limarí
95 | **VENTISQUERO** Pangea Syrah 2016 | Apalta
95 | **VILLARD FINE WINES** Tanagra Syrah 2017 | Casablanca
95 | **VIÑA CASABLANCA** Neblus Syrah 2017 | Casablanca

DIVIDIDO

MELHOR SYRAH

VIÑEDOS DE ALCOHUAZ
Tococo *Syrah* 2018
ELQUI

Com 1.788 metros de altura, em solo de granito, esse é um dos três vinhos de Viñedos de Alcohuaz. A fermentação aqui é feita em lagares de pedra, com 40% de cachos inteiros para apoiar a estrutura da Syrah. Estagia em foudres por cerca de 18 meses, apresenta um frescor nada usual nos Syrah do Novo Mundo. A textura dos taninos é firme e afiada e também jovem. Precisa de cerca de cinco anos na garrafa para acalmar os taninos, além da deliciosa fruta vermelha que mostra hoje.

Os melhores syrah do ano

95 | **ANDES PLATEAU** Cota 500 Syrah 2018 | Cachapoal Andes
95 | **CASA MARÍN** Miramar Vineyard Syrah 2012 | Lo Abarca
95 | **CONO SUR** 20 Barrels Syrah 2017 | Limarí
95 | **MARTY** SER Single Vineyard Syrah 2017 | Maipo
95 | **MATETIC VINEYARDS** Matetic Syrah 2015 | San Antonio
95 | **MONTES** Montes Folly Syrah 2016 | Apalta
95 | **POLKURA** Secano Syrah 2017 | Colchagua
95 | **POLKURA** Block G+I Syrah 2016 | Colchagua
95 | **VALDIVIESO** Caballo Loco Grand Cru Limarí Syrah 2015 | Limarí
95 | **VENTISQUERO** Pangea Syrah 2016 | Apalta
95 | **VILLARD FINE WINES** Tanagra Syrah 2017 | Casablanca
95 | **VIÑA CASABLANCA** Neblus Syrah 2017 | Casablanca

‹ *vencedores* ›

MELHOR VIOGNIER

VENTISQUERO
Tara White Wine 2 Edición 3 Solera *Viognier N/V*
ATACAMA

Imitando o sistema de soleras e criaderas dos vinhos de Jerez, esse é 100% Viognier que começou a estagiar em barricas em 2011 e que ano após ano vai se refrescando com a safra mais recente. Essa terceira edição vai da colheita de 2011 a de 2018 e tende a ser ainda mais seca e austera. Há menos notas de frutas brancas frescas (como anunciado na colheita anterior) e mais frutos secos. De certa forma, embora de maneira incipiente, está se "amontillando", como se diz em Jerez. É um vinho que deve ser seguido com calma e, acima de tudo, com paciência.

Os melhores viognier do ano

- 94 | **TABALÍ** Barranco Viognier 2019 | Limarí
- 93 | **SIEGEL FAMILY WINES** Siegel Naranjo Viognier 2018 | Colchagua
- 92 | **MATURANA WINES** VOX Viognier 2019 | Maule
- 92 | **VIU MANENT** Secreto Viognier 2018 | Colchagua
- 91 | **TABALÍ** Pedregoso Viognier 2019 | Limarí
- 90 | **CASA SILVA** Gran Terroir de la Costa Lolol Viognier 2018 | Lolol
- 90 | **EMILIANA ORGANIC VINEYARDS** Adobe Reserva Viognier 2019 Valle Central
- 90 | **KÜTRALKURA** Kütralkura Brut Viognier 2018 | Malleco
- 90 | **L'ENTREMETTEUSE** Entrez dans la Ronde Viognier 2019 | Lolol
- 90 | **LAS VELETAS** Las Veletas Viognier 2018 | Loncomilla
- 90 | **SIEGEL FAMILY WINES** Gran Reserva Viognier 2019 | Colchagua
- 90 | **VIÑA DEL PEDREGAL** Eloisa Limited Collection Viognier 2018 Loncomilla

{ DESCORCHADOS }

97
MELHOR ACONCÁGUA

SEÑA
Seña *2017*
ACONCAGUA

Seña é produzido desde a safra 1995, quando a ideia de fazer vinhos icônicos no Chile era uma ideia crua. Apesar da ideia ter permanecido e ter sido bem-sucedida, o estilo de Seña mudou muito ao longo do tempo. A mudança mais radical foi em 2016, que coincidiu com um ano frio em que frutas vermelhas frescas e acidez estavam na mão. O desafio nesse 2017, muito mais quente, foi dar espaço ao frescor. E isso foi possível porque o calor da colheita, em vez de se traduzir em aromas e sabores quentes e doces, resultou em uma estrutura mais firme, apoiando o palato médio, dando mais solidez, em uma excelente versão desse vinho. A mistura de Seña desse ano tem 52% de Cabernet Sauvignon, 15% de Malbec, 15% de Carménère, 10% de Cabernet Franc e o resto de Petit Verdot.

Os melhores de Aconcágua do ano

- 96 | **ERRÁZURIZ** Las Pizarras Chardonnay 2018 | Aconcágua Costa
- 96 | **ERRÁZURIZ** Las Pizarras Pinot Noir 2018 | Aconcágua Costa
- 96 | **ERRÁZURIZ** Don Maximiano Founder's Reserve 2017 | Aconcágua
- 95 | **ERRÁZURIZ** Kai Carménère 2017 | Aconcágua
- 95 | **ERRÁZURIZ** Aconcágua Costa Pinot Noir 2018 | Aconcágua Costa
- 95 | **ERRÁZURIZ** Villa Don Maximiano Syrah, C. Sauvignon, Malbec, C. Franc, Mourvèdre 2017 | Aconcágua
- 94 | **ARBOLEDA** Brisa Syrah,C. Sauvignon, Garnacha, Mourvèdre, Malbec 2017 | Aconcágua
- 94 | **ERRÁZURIZ** Aconcágua Costa Chardonnay 2018 | Aconcágua Costa
- 94 | **ERRÁZURIZ** Aconcágua Costa Sauvignon Blanc 2019 | Aconcágua Costa
- 94 | **ERRÁZURIZ** Aconcágua Alto Carménère 2018 | Aconcágua
- 94 | **ERRÁZURIZ** Aconcágua Costa Syrah 2018 | Aconcágua Costa
- 94 | **ERRÁZURIZ** La Cumbre Syrah 2017 | Aconcágua
- 93 | **CONO SUR** Single Vineyard 8 Grapes 2017 | Aconcágua
- 93 | **ERRÁZURIZ** Max Sauvignon Blanc 2019 | Aconcágua
- 93 | **ERRÁZURIZ** Max VIII Syrah, Carménère, C. Sauvignon, Grenache, Mourvèdre, Malbec 2017 | Aconcágua
- 93 | **ERRÁZURIZ** The Blend Collection Red Syrah, Garnacha, Mourvèdre 2017 Aconcágua
- 93 | **MONTES** Montes Outer Limits S. Blanc 2019 | Aconcágua Costa
- 93 | **MONTES** Montes Outer Limits Syrah 2018 | Aconcágua Costa

‹ *vencedores* ›

MELHOR APALTA

SANTA RITA
Pewën de Apalta *Carménère 2018*
APALTA

A família Quijada possui videiras de Carménère muito antigas na área de Apalta, no vale de Colchagua. Os Quijada têm contrato de venda de uvas com Santa Rita desde os anos 1990. Desde 2004, esses frutos vão para Pewën, o principal Carménère da casa. No entanto, o estilo dessas frutas mudou muito, principalmente desde a safra de 2017, quando o enólogo Sebastián Labbé decidiu avançar as safras e, basicamente, deixou de temer as notas de ervas da variedade. Aqui estão essas notas de ervas (as mesmas que talvez dez anos atrás teriam assustado muitos) acompanhadas de frutas vermelhas e de especiarias em um vinho tenso, de acidez incomumente crocante, tão generoso em frutas e ao mesmo tempo tão profundo.

Os melhores de Apalta do ano

96 | **CLOS APALTA** Clos Apalta Carménère, C. Sauvignon, Merlot 2016 | Apalta
96 | **MONTES** Montes Alpha M C. Sauvignon, C. Franc, Merlot, P. Verdot 2016 | Apalta
96 | **VENTISQUERO** Vertice Apalta Vineyard Carménère, Syrah 2016 Colchagua
95 | **MONTES** Montes Folly Syrah 2016 | Apalta
95 | **VENTISQUERO** Pangea Syrah 2016 | Apalta
95 | **VIÑEDOS VERAMONTE** Neyen Espíritu de Apalta Carménère, C. Sauvignon 2015 | Apalta
94 | **CARMEN** D. O. Florillón #2 Sémillon N/V | Apalta
94 | **CARMEN** D. O. Quijada Sémillon 2018 | Colchagua
94 | **CARMEN** Winemaker's Black Carménère, Syrah, C. Franc 2017 Colchagua
94 | **CLOS APALTA** Le Petit Clos C. Sauvignon, Merlot, Carménère 2016 | Apalta
94 | **LAPOSTOLLE WINES** Cuvée Alexandre C. Sauvignon 2018 | Apalta
94 | **LAPOSTOLLE WINES** Collection Apalta Carménère 2017 | Colchagua
94 | **LAPOSTOLLE WINES** Collection Apalta Mourvèdre 2018 | Colchagua
94 | **LAS NIÑAS** E Carménère 2018 | Apalta
94 | **SANTA CAROLINA** Cuarteles Experimentales Sémillon 2018 | Apalta
94 | **VENTISQUERO** Grey Apalta Vineyard Garnacha, Carignan, Mourvèdre 2019 | Apalta

{ DESCORCHADOS }

DIVIDIDO

MELHOR BIOBÍO

CONCHA Y TORO
Gravas del Biobío Sauvignon Blanc
Sauvignon Blanc 2019
BIOBÍO

Foi um ano mais quente e seco do que o habitual no vinhedo Quitralman, no vale do rio Biobío. A enóloga Isabel Mitarakis decidiu fazer uma mistura de dois clones, 242 que dá mais vinhos untuosos, e, o Clone 1, que dá um Sauvignon mais vertical e tenso. Nesse clima bastante frio, por mais quente que tenha sido o ano, a influência do sul é sentida em um vinho cremoso, com uma rica expressão à base de plantas e de cítricos. O clone 1 parece ganhar aqui, especialmente na estrutura do vinho, tensa e firme, um branco refrescante e longo.

Os melhores de Biobío do ano

94 | **ESTACIÓN YUMBEL** Carignan 2018 | Secano Interior de Yumbel
94 | **ESTACIÓN YUMBEL** Quinta de Unihue País 2019 | Secano Interior de Yumbel
94 | **ROBERTO HENRÍQUEZ** Tierra de Pumas País 2019 | Biobío
94 | **SANTA CAROLINA** Cuarteles Experimentales Malbec 2019 | Biobío
94 | **SANTA CAROLINA** Cuarteles Experimentales Blanco Bello Moscatel Blanco, Sémillon 2019 | Biobío
94 | **SANTA CAROLINA** Cuarteles Experimentales C. Sauvignon 2018 | Biobío
94 | **SANTA CAROLINA** Cuarteles Experimentales País, C. Sauvignon 2019 | Biobío
94 | **TINTO DE RULO** Blanco de Rulo Moscatel 2019 | Biobío
94 | **TINTO DE RULO** Pipeño País 2019 | Biobío
94 | **VALDIVIESO** Centenario Blanc de Blancs Cuvée Aniversario Chardonnay 2014 | Biobío
93 | **CONCHA Y TORO** Marqués de Casa Concha Edición Limitada Chardonnay 2018 | Biobío
93 | **CONCHA Y TORO** Marqués de Casa Concha Edición Limitada Pinot Noir 2018 | Biobío
93 | **ESTACIÓN YUMBEL** Malbec 2019 | Secano Interior de Yumbel
93 | **ESTACIÓN YUMBEL** Pipeño País 2019 | Secano Interior de Yumbel
93 | **ESTACIÓN YUMBEL** Tinaja Moscatel 2019 | Secano Interior de Yumbel
93 | **ROBERTO HENRÍQUEZ** País Franco País 2019 | Biobío
93 | **VALDIVIESO** Caballo Loco Grand Cru Brut Nature Pinot Noir, Chardonnay N/V | Biobío

⟨ *vencedores* ⟩

DIVIDIDO

MELHOR BIOBÍO

ROBERTO HENRÍQUEZ
Santa Cruz de Coya *País 2019*
BIOBÍO

As quatro pequenas vinhas que são a base de Santa Cruz estão empoleiradas na cordilheira de Nahuelbuta, entre pinheiros e eucaliptos e manchas de árvores nativas. São parcelas de videiras muito antigas, plantadas em solos argilosos e que têm em comum seus solos de granito que lhe conferem, primeiro, uma base firme de taninos, mas ao mesmo tempo muito delicada. É raro ver tais taninos na País, com essa tensão, com essa maneira sutil de se ancorar no paladar. E então as frutas vermelhas, que são refrescantes e suculentas, cercadas por notas de terra e de cinzas. Um dos expoentes da País no Chile.

Os melhores de Biobío do ano

94 | **ESTACIÓN YUMBEL** Carignan 2018 | Secano Interior de Yumbel
94 | **ESTACIÓN YUMBEL** Quinta de Unihue País 2019 | Secano Interior de Yumbel
94 | **ROBERTO HENRÍQUEZ** Tierra de Pumas País 2019 | Biobío
94 | **SANTA CAROLINA** Cuarteles Experimentales Malbec 2019 | Biobío
94 | **SANTA CAROLINA** Cuarteles Experimentales Blanco Bello Moscatel Blanco, Sémillon 2019 | Biobío
94 | **SANTA CAROLINA** Cuarteles Experimentales C. Sauvignon 2018 | Biobío
94 | **SANTA CAROLINA** Cuarteles Experimentales País, C. Sauvignon 2019 | Biobío
94 | **TINTO DE RULO** Blanco de Rulo Moscatel 2019 | Biobío
94 | **TINTO DE RULO** Pipeño País 2019 | Biobío
94 | **VALDIVIESO** Centenario Blanc de Blancs Cuvée Aniversario Chardonnay 2014 | Biobío
93 | **CONCHA Y TORO** Marqués de Casa Concha Edición Limitada Chardonnay 2018 | Biobío
93 | **CONCHA Y TORO** Marqués de Casa Concha Edición Limitada Pinot Noir 2018 | Biobío
93 | **ESTACIÓN YUMBEL** Malbec 2019 | Secano Interior de Yumbel
93 | **ESTACIÓN YUMBEL** Pipeño País 2019 | Secano Interior de Yumbel
93 | **ESTACIÓN YUMBEL** Tinaja Moscatel 2019 | Secano Interior de Yumbel
93 | **ROBERTO HENRÍQUEZ** País Franco País 2019 | Biobío
93 | **VALDIVIESO** Caballo Loco Grand Cru Brut Nature Pinot Noir, Chardonnay N/V | Biobío

{ DESCORCHADOS }

DIVIDIDO

MELHOR BIOBÍO

TINTO DE RULO
Tinto de Rulo *Malbec 2018*
BIOBÍO

É provável que, quando provem esse vinho, pensem que não tem muita relação com o que é feito em Mendoza, do outro lado dos Andes. E sim, é verdade. Esse Malbec vem de uma antiga vinha de mais de cem anos na área de San Rosendo, nos terraços aluviais na margem norte do Biobío. Desde 2014, Tinto de Rulo compra essas uvas de um produtor local e às vezes mostra um lado floral e às vezes um lado mais herbáceo, mas sempre uma deliciosa fruta vermelha. Esse ano é mais herbáceo que violetas, se nos permitem ser tão específicos. Um vinho para matar a sede, mas também para acompanhar um bom churrasco.

Os melhores de Biobío do ano

- 94 | **ESTACIÓN YUMBEL** Carignan 2018 | Secano Interior de Yumbel
- 94 | **ESTACIÓN YUMBEL** Quinta de Unihue País 2019 | Secano Interior de Yumbel
- 94 | **ROBERTO HENRÍQUEZ** Tierra de Pumas País 2019 | Biobío
- 94 | **SANTA CAROLINA** Cuarteles Experimentales Malbec 2019 | Biobío
- 94 | **SANTA CAROLINA** Cuarteles Experimentales Blanco Bello Moscatel Blanco, Sémillon 2019 | Biobío
- 94 | **SANTA CAROLINA** Cuarteles Experimentales C. Sauvignon 2018 | Biobío
- 94 | **SANTA CAROLINA** Cuarteles Experimentales País, C. Sauvignon 2019 | Biobío
- 94 | **TINTO DE RULO** Blanco de Rulo Moscatel 2019 | Biobío
- 94 | **TINTO DE RULO** Pipeño País 2019 | Biobío
- 94 | **VALDIVIESO** Centenario Blanc de Blancs Cuvée Aniversario Chardonnay 2014 | Biobío
- 93 | **CONCHA Y TORO** Marqués de Casa Concha Edición Limitada Chardonnay 2018 | Biobío
- 93 | **CONCHA Y TORO** Marqués de Casa Concha Edición Limitada Pinot Noir 2018 | Biobío
- 93 | **ESTACIÓN YUMBEL** Malbec 2019 | Secano Interior de Yumbel
- 93 | **ESTACIÓN YUMBEL** Pipeño País 2019 | Secano Interior de Yumbel
- 93 | **ESTACIÓN YUMBEL** Tinaja Moscatel 2019 | Secano Interior de Yumbel
- 93 | **ROBERTO HENRÍQUEZ** País Franco País 2019 | Biobío
- 93 | **VALDIVIESO** Caballo Loco Grand Cru Brut Nature Pinot Noir, Chardonnay N/V | Biobío

‹ vencedores ›

DIVIDIDO

MELHOR CACHAPOAL ANDES

CALYPTRA
Zahir Cabernet Sauvignon 2011
ALTO CACHAPOAL

Zahir é o top da vinícola e também uma seleção dos melhores Cabernet da casa, uma seleção que inclui cerca de 9 hectares, todos plantados em terraços aluviais do rio Cachapoal, a cerca de mil metros de altura em Alto Cachapoal. As notas de especiarias são a primeira coisa que chamam a atenção aqui, depois vêm as frutas vermelhas, as ervas, os taninos polidos e a acidez que chega para fazer festa. Essa é uma deliciosa cachoeira de sensações, de texturas e de detalhes. E desde 2011, 8 anos que parecem oito dias.

Os melhores de Cachapoal Andes do ano

95 | **ANDES PLATEAU** Cota 500 Syrah 2018 | Cachapoal Andes
95 | **CALYPTRA** Gran Reserva Sauvignon Blanc 2016 | Alto Cachapoal
95 | **CALYPTRA** Inédito Limited Edition C. Sauvignon, Merlot, Syrah 2015 Alto Cachapoal
95 | **SANTA CAROLINA** Dólmen C. Sauvignon 2018 | Cachapoal
94 | **CALYPTRA** Gran Reserva Chardonnay 2017 | Alto Cachapoal
94 | **CALYPTRA** Gran Reserva Pinot Noir 2017 | Alto Cachapoal
94 | **CALYPTRA** Gran Reserva C. Sauvignon 2016 | Alto Cachapoal
94 | **CASAS DEL TOQUI** Court Rollan Pater C. Sauvignon 2017 | Cachapoal
94 | **CASAS DEL TOQUI** Court Rollan Mater Carménère 2017 | Cachapoal
94 | **LAGAR DE CODEGUA** Aluvión Ensamblage C. Sauvignon, Syrah, P. Verdot, Carménère 2018 | Alto Cachapoal
94 | **LAGAR DE CODEGUA** Codegua Tannat 2018 | Alto Cachapoal
94 | **LOS BOLDOS** Amalia C. Sauvignon, Merlot, Syrah 2015 | Cachapoal Andes
94 | **SAN PEDRO** Cabo de Hornos C. Sauvignon 2017 | Cachapoal Andes
94 | **SAN PEDRO** Sideral C. Sauvignon, Syrah, P. Verdot, C. Franc, Carménère 2017 | Cachapoal Andes
94 | **VALLE SECRETO** Profundo C. Sauvignon, Malbec, Carménère, C. Franc, P. Verdot 2017 | Cachapoal
94 | **VALLE SECRETO** Private Blend C. Sauvignon, Syrah, Carménère 2018 Cachapoal

{ DESCORCHADOS }

DIVIDIDO

MELHOR CACHAPOAL ANDES

TORREÓN DE PAREDES
Don Amado *Cabernet Sauvignon, Merlot, Syrah 2014*
RENGO

Trata-se de uma seleção dupla, a primeira das melhores vinhas de Torreón na região de Rengo, em Alto Cachapoal, e segundo uma seleção das melhores barricas depois que o vinho estagia em adega. O mix desse ano tem 80% Cabernet Sauvignon, 10% Merlot e 10% Syrah. É um ponto de ruptura no estilo da casa, muito mais estilo de frutas, talvez menos concentração, mas em troca há muitas frutas vermelhas. É a primeira vez desde a safra de estreia em 1986 que possui uma proporção maior de Cabernet Sauvignon do que de Merlot e é sentida na estrutura dos taninos, na força que têm, mas também na nitidez. Um vinho de grande frescor, mas ao mesmo tempo de grande profundidade.

Os melhores de Cachapoal Andes do ano

95 | **ANDES PLATEAU** Cota 500 Syrah 2018 | Cachapoal Andes
95 | **CALYPTRA** Gran Reserva Sauvignon Blanc 2016 | Alto Cachapoal
95 | **CALYPTRA** Inédito Limited Edition C. Sauvignon, Merlot, Syrah 2015 | Alto Cachapoal
95 | **SANTA CAROLINA** Dólmen C. Sauvignon 2018 | Cachapoal
94 | **CALYPTRA** Gran Reserva Chardonnay 2017 | Alto Cachapoal
94 | **CALYPTRA** Gran Reserva Pinot Noir 2017 | Alto Cachapoal
94 | **CALYPTRA** Gran Reserva C. Sauvignon 2016 | Alto Cachapoal
94 | **CASAS DEL TOQUI** Court Rollan Pater C. Sauvignon 2017 | Cachapoal
94 | **CASAS DEL TOQUI** Court Rollan Mater Carménère 2017 | Cachapoal
94 | **LAGAR DE CODEGUA** Aluvión Ensamblage C. Sauvignon, Syrah, P. Verdot, Carménère 2018 | Alto Cachapoal
94 | **LAGAR DE CODEGUA** Codegua Tannat 2018 | Alto Cachapoal
94 | **LOS BOLDOS** Amalia C. Sauvignon, Merlot, Syrah 2015 | Cachapoal Andes
94 | **SAN PEDRO** Cabo de Hornos C. Sauvignon 2017 | Cachapoal Andes
94 | **SAN PEDRO** Sideral C. Sauvignon, Syrah, P. Verdot, C. Franc, Carménère 2017 | Cachapoal Andes
94 | **VALLE SECRETO** Profundo C. Sauvignon, Malbec, Carménère, C. Franc, P. Verdot 2017 | Cachapoal
94 | **VALLE SECRETO** Private Blend C. Sauvignon, Syrah, Carménère 2018 | Cachapoal

‹ vencedores ›

96
DIVIDIDO

MELHOR CASABLANCA

CONCHA Y TORO
Terrunyo *Sauvignon Blanc 2019*
CASABLANCA

Terrunyo Sauvignon tradicionalmente vem da vinha de Los Boldos, a cerca de 15 quilômetros do mar, em uma das áreas mais próximas ao Oceano Pacífico, em Casablanca. O material desse branco é 100% Clone 1, o primeiro material clonal de Sauvignon Blanc que chegou ao Chile no início dos anos 1990. Esse clone produz brancos de grande verticalidade, focados em ervas e acidez, em vez de frutas maduras e exuberantes de outros clones que chegaram ao país. E isso é mostrado aqui claramente. Existem frutas brancas e cítricas, especialmente o lado mineral e herbáceo, que se mesclam a uma acidez firme e tensa, em um corpo cremoso, fruto de um ano bastante quente.

Os melhores de Casablanca do ano

- 95 | **CONO SUR** 20 Barrels Chardonnay 2018 | Casablanca
- 95 | **MATETIC VINEYARDS** EQ Limited Edition Pinot Noir 2016 | Casablanca
- 95 | **MONTSECANO** Montsecano Pinot Noir 2018 | Casablanca
- 95 | **MORANDÉ** Brut Nature Chardonnay, Pinot Noir N/V | Casablanca
- 95 | **VILLARD FINE WINES** Tanagra Syrah 2017 | Casablanca
- 95 | **VIÑA CASABLANCA** Neblus Syrah 2017 | Casablanca
- 94 | **ATTILIO & MOCHI** Attilio & Mochi Malbec 2018 | Casablanca
- 94 | **ATTILIO & MOCHI** Amber Roussanne, Viognier 2018 | Casablanca
- 94 | **CASAS DEL BOSQUE** Pequeñas Producciones Syrah 2018 | Casablanca
- 94 | **CONO SUR** 20 Barrels Sauvignon Blanc 2019 | Casablanca
- 94 | **KINGSTON** Kingston Merlot 2018 | Casablanca
- 94 | **KINGSTON** Alazan Pinot Noir 2018 | Casablanca
- 94 | **KINGSTON** Cariblanco Sauvignon Blanc 2019 | Casablanca
- 94 | **KINGSTON** Bayo Oscuro Syrah 2018 | Casablanca
- 94 | **KÜRÜF** Kürüf Syrah 2016 | Casablanca
- 94 | **LOMA LARGA** SAGA C. Franc 2017 | Casablanca
- 94 | **LOMA LARGA** Rapsodia Syrah, C. Franc, Malbec 2018 | Casablanca
- 94 | **MATETIC VINEYARDS** EQ Granite Pinot Noir 2016 | Casablanca
- 94 | **MATETIC VINEYARDS** EQ Coastal Sauvignon Blanc 2019 | Casablanca
- 94 | **MONTSECANO** La Leonie Chardonnay 2019 | Casablanca
- 94 | **MONTSECANO** Refugio Pinot Noir 2018 | Casablanca
- 94 | **MORANDÉ** Gran Reserva Sauvignon Blanc 2018 | Casablanca
- 94 | **P.S. GARCÍA** P. S. García Nature Pinot Noir N/V | Casablanca
- 94 | **QUINTAY** Winemaker's Experience Sauvignon Blanc 2019 | Casablanca
- 94 | **VENTISQUERO** Herú Pinot Noir 2018 | Casablanca
- 94 | **VIÑEDOS VERAMONTE** Ritual Sauvignon Blanc 2018 | Casablanca
- 94 | **VIÑEDOS VERAMONTE** Ritual Alcaparral Block Syrah 2017 | Casablanca
- 94 | **VILLARD** Le Chardonnay Grand Vin Chardonnay 2018 | Casablanca
- 94 | **VILLARD FINE WINES** JCV Charlie Ramato Pinot Grigio 2018 | Casablanca
- 94 | **VINÍCOLA ATACALCO** Cárabe de Casablanca P. Grigio 2018 | Casablanca
- 94 | **VIÑA CASABLANCA** Nimbus Single Vineyard S. Blanc 2019 | Casablanca
- 94 | **WILLIAM COLE** Bill Limited Edition Sauvignon Blanc 2019 | Casablanca

{ DESCORCHADOS }

DIVIDIDO

MELHOR CASABLANCA

CONO SUR
Ocio *Pinot Noir 2017*
CASABLANCA

A primeira safra de Ocio foi em 2003 e, desde então, percorreu um longo caminho em busca de sua identidade. Desde a sua criação, a fruta é baseada nas vinhas de El Triángulo, das primeiras vinhas plantadas com Pinot Noir em 1990. Esse ano também há frutas de outras vinhas vizinhas em Casablanca e 15% de vinhas de San Antonio. O vinho estagia por um ano em uma mistura de 70% de barricas novas e 30% de foudres. A mudança desse ano é a expressão da fruta e como a madeira está em retirada, mas também como a extração foi mais moderada, formando um vinho amável e suculento. A safra mais precoce também fez a fruta parecer mais crocante. Essa é provavelmente a melhor versão de Ócio até agora para nós em Descorchados.

Os melhores de Casablanca do ano

- 95 | **CONO SUR** 20 Barrels Chardonnay 2018 | Casablanca
- 95 | **MATETIC VINEYARDS** EQ Limited Edition Pinot Noir 2016 | Casablanca
- 95 | **MONTSECANO** Montsecano Pinot Noir 2018 | Casablanca
- 95 | **MORANDÉ** Brut Nature Chardonnay, Pinot Noir N/V | Casablanca
- 95 | **VILLARD FINE WINES** Tanagra Syrah 2017 | Casablanca
- 95 | **VIÑA CASABLANCA** Neblus Syrah 2017 | Casablanca
- 94 | **ATTILIO & MOCHI** Attilio & Mochi Malbec 2018 | Casablanca
- 94 | **ATTILIO & MOCHI** Amber Roussanne, Viognier 2018 | Casablanca
- 94 | **CASAS DEL BOSQUE** Pequeñas Producciones Syrah 2018 | Casablanca
- 94 | **CONO SUR** 20 Barrels Sauvignon Blanc 2019 | Casablanca
- 94 | **KINGSTON** Kingston Merlot 2018 | Casablanca
- 94 | **KINGSTON** Alazan Pinot Noir 2018 | Casablanca
- 94 | **KINGSTON** Cariblanco Sauvignon Blanc 2019 | Casablanca
- 94 | **KINGSTON** Bayo Oscuro Syrah 2018 | Casablanca
- 94 | **KÜRÜF** Kürüf Syrah 2016 | Casablanca
- 94 | **LOMA LARGA** SAGA C. Franc 2017 | Casablanca
- 94 | **LOMA LARGA** Rapsodia Syrah, C. Franc, Malbec 2018 | Casablanca
- 94 | **MATETIC VINEYARDS** EQ Granite Pinot Noir 2016 | Casablanca
- 94 | **MATETIC VINEYARDS** EQ Coastal Sauvignon Blanc 2019 | Casablanca
- 94 | **MONTSECANO** La Leonie Chardonnay 2019 | Casablanca
- 94 | **MONTSECANO** Refugio Pinot Noir 2018 | Casablanca
- 94 | **MORANDÉ** Gran Reserva Sauvignon Blanc 2018 | Casablanca
- 94 | **P.S. GARCÍA** P. S. García Nature Pinot Noir N/V | Casablanca
- 94 | **QUINTAY** Winemaker's Experience Sauvignon Blanc 2019 | Casablanca
- 94 | **VENTISQUERO** Herú Pinot Noir 2018 | Casablanca
- 94 | **VIÑEDOS VERAMONTE** Ritual Sauvignon Blanc 2018 | Casablanca
- 94 | **VIÑEDOS VERAMONTE** Ritual Alcaparral Block Syrah 2017 | Casablanca
- 94 | **VILLARD** Le Chardonnay Grand Vin Chardonnay 2018 | Casablanca
- 94 | **VILLARD FINE WINES** JCV Charlie Ramato Pinot Grigio 2018 | Casablanca
- 94 | **VINÍCOLA ATACALCO** Cárabe de Casablanca P. Grigio 2018 | Casablanca
- 94 | **VIÑA CASABLANCA** Nimbus Single Vineyard S. Blanc 2019 | Casablanca
- 94 | **WILLIAM COLE** Bill Limited Edition Sauvignon Blanc 2019 | Casablanca

‹ *vencedores* ›

96
MELHOR CAUQUENES

ODFJELL
Odfjell *Cabernet Sauvignon 2015*
CAUQUENES

Tres Esquinas é a vinha de onde Odfjell obtém seus melhores vinhos. Na área de Cauquenes, Tres Esquinas possui vinhas velhas de Cariñena, mas também plantas mais jovens, como as de Cabernet Sauvignon. Trata-se de uma seleção de quartéis de uma vinha de 10 anos, de manejo orgânico e biodinâmico. O vinho estagia por dois anos em barricas e o resultado é um intenso Cabernet com sabores de frutas negras ácidas e de flores. A textura tem a rusticidade dos vinhos do Maule, aqueles taninos ferozes e suculentos que precisam de anos para se amaciarem. E a chave aqui é a seguinte: há sabores de frutas suficientes, acidez e taninos para uma década. Ou mais.

Os melhores de Cauquenes do ano

- 95 | **LUIS FELIPE EDWARDS** LFE100 CIEN Carignan 2014 | Cauquenes
- 94 | **AGRÍCOLA LA MISIÓN** Pisador País 2018 | Secano Interior Cauquenes
- 94 | **CASAS PATRONALES** Veraz Carménère 2018 | Cauquenes
- 94 | **MORETTA WINES** Carigno del Maule Carignan 2017 | Maule
- 94 | **UNDURRAGA** T.H. Cauquenes C. Sauvignon 2016 | Maule
- 93 | **CONO SUR** Single Vineyard Block 7 Parras Antiguas Carignan 2017 | Maule
- 93 | **LA PROMETIDA** Capricho Merlot 2017 | Cauquenes
- 93 | **LA PROMETIDA** Capricho Syrah 2017 | Cauquenes
- 93 | **MORETTA WINES** Ceniciento C. Sauvignon 2018 | Maule
- 93 | **UNDURRAGA** T.H. Rarities Cauquenes Garnacha, Carignan, Monastrell 2016 | Maule
- 93 | **UNDURRAGA** T.H. Rarities La Soledad País, Cinsault 2019 | Maule
- 92 | **MORETTA WINES** Vedette Cinsault 2019 | Maule
- 92 | **ODFJELL** Orzada Carignan 2018 | Cauquenes
- 92 | **ODFJELL** Orzada Tannat 2016 | Maule
- 92 | **SANTA EMA** Amplus Old Vine Carignan 2017 | Maule
- 92 | **SUTIL** Grand Reserve Cariñena, Garnacha 2018 | Cauquenes
- 92 | **VIÑA MAIPO** Vitral Art C. Sauvignon 2018 | Cauquenes

{ DESCORCHADOS }

◀◀◀ ·············•
DIVIDIDO

MELHOR COLCHAGUA ANDES

KOYLE
Auma *Cabernet Sauvignon, Carménère, Petit Verdot, Merlot, Malbec, Cabernet Franc 2015*
COLCHAGUA ANDES

Auma é o vinho mais ambicioso da casa e é uma seleção dos melhores lotes da propriedade, plantada principalmente em solos rochosos nas partes superiores. Esse ano, Auma possui 39% Cabernet Sauvignon, 33% Carménère, 13% Cabernet Franc, 8% Malbec, 6% Merlot e o restante de Petit Verdot. Uma nova versão que, de certa forma, se alinha com o restante do catálogo de Koyle em busca de vinhos mais frescos e leves, mais equilibrados em sua acidez. Comparado às versões anteriores, esse é um Auma suculento, com sabores tensos, toques especiados e um frescor que percorre todo o vinho desde o início.

Os melhores de Colchagua Andes do ano

- 95 | **CASA SILVA** Microterroir de Los Lingues Carménère 2013 | Los Lingues
- 95 | **KOYLE** Cerro Basalto Mourvèdre, Grenache, Carignan, Syrah 2017 Colchagua Andes
- 94 | **CASA SILVA** Quinta Generación C. Sauvignon, Carménère, Syrah, P. Verdot 2016 | Colchagua
- 94 | **CASA SILVA** Altura Carménère, C. Sauvignon, P. Verdot 2012 | Colchagua
- 94 | **CASA SILVA** S38 Single Block C. Sauvignon 2017 | Los Lingues
- 94 | **KOYLE** Royale Carménère 2017 | Colchagua Andes
- 94 | **LAPOSTOLLE WINES** Collection Portezuelo Carménère 2017 | Colchagua
- 94 | **SIEGEL FAMILY WINES** Ketran Cordon de Fuego C. Franc, Carménère, P. Verdot, Syrah 2015 | Colchagua
- 94 | **SIERRAS DE BELLAVISTA** Sierras de Bellavista Riesling 2019 Colchagua Andes
- 94 | **TERRANOBLE** CA1 Andes Carménère 2017 | Colchagua
- 93 | **CASA SILVA** Gran Terroir de los Andes Los Lingues C. Sauvignon 2018 Los Lingues
- 93 | **CASA SILVA** Gran Terroir de los Andes Los Lingues Carménère 2018 Los Lingues
- 93 | **KOYLE** Royale C. Sauvignon 2017 | Colchagua Andes
- 93 | **KOYLE** Royale Syrah 2017 | Colchagua Andes
- 93 | **SIEGEL FAMILY WINES** Unique Selection C. Sauvignon, Carménère, Syrah 2016 | Colchagua
- 92 | **KOYLE** Cuvée Los Lingues C. Sauvignon 2017 | Colchagua Andes
- 92 | **SIEGEL FAMILY WINES** Single Vineyard Los Lingues Carménère 2017 Colchagua Andes
- 92 | **SIEGEL FAMILY WINES** Single Vineyard Los Lingues P. Verdot 2017 Colchagua

‹ *vencedores* ›

DIVIDIDO

MELHOR
COLCHAGUA ANDES

KOYLE
Cerro Basalto Cuartel G2 *Carménère, C. Franc 2017*
COLCHAGUA ANDES

O Cuartel G 2 é plantado apenas com Carménère e Cabernet Franc, mais ou menos na proporção de 80% e 20%, em solos rochosos nas áreas mais altas da vinha. A colheita desse ano quente foi iniciada, na primeira semana de março, para garantir maior frescor e isso se sente nas frutas vermelhas, mas, como em outros Carménère da casa, principalmente os nascidos em rochas, não possui características de pirazina, de toques vegetais, mas são apenas frutas vermelhas muito frescas. O corpo é médio, com uma acidez muito fresca, com toques frutados profundos, mas nunca perdendo frescor e a tensão no vinho é deliciosa hoje, mas ainda ganhará muita complexidade no futuro.

Os melhores de Colchagua Andes do ano

- 95 | **CASA SILVA** Microterroir de Los Lingues Carménère 2013 | Los Lingues
- 95 | **KOYLE** Cerro Basalto Mourvèdre, Grenache, Carignan, Syrah 2017 Colchagua Andes
- 94 | **CASA SILVA** Quinta Generación C. Sauvignon, Carménère, Syrah, P. Verdot 2016 | Colchagua
- 94 | **CASA SILVA** Altura Carménère, C. Sauvignon, P. Verdot 2012 | Colchagua
- 94 | **CASA SILVA** S38 Single Block C. Sauvignon 2017 | Los Lingues
- 94 | **KOYLE** Royale Carménère 2017 | Colchagua Andes
- 94 | **LAPOSTOLLE WINES** Collection Portezuelo Carménère 2017 | Colchagua
- 94 | **SIEGEL FAMILY WINES** Ketran Cordon de Fuego C. Franc, Carménère, P. Verdot, Syrah 2015 | Colchagua
- 94 | **SIERRAS DE BELLAVISTA** Sierras de Bellavista Riesling 2019 Colchagua Andes
- 94 | **TERRANOBLE** CA1 Andes Carménère 2017 | Colchagua
- 93 | **CASA SILVA** Gran Terroir de los Andes Los Lingues C. Sauvignon 2018 | Los Lingues
- 93 | **CASA SILVA** Gran Terroir de los Andes Los Lingues Carménère 2018 | Los Lingues
- 93 | **KOYLE** Royale C. Sauvignon 2017 | Colchagua Andes
- 93 | **KOYLE** Royale Syrah 2017 | Colchagua Andes
- 93 | **SIEGEL FAMILY WINES** Unique Selection C. Sauvignon, Carménère, Syrah 2016 | Colchagua
- 92 | **KOYLE** Cuvée Los Lingues C. Sauvignon 2017 | Colchagua Andes
- 92 | **SIEGEL FAMILY WINES** Single Vineyard Los Lingues Carménère 2017 Colchagua Andes
- 92 | **SIEGEL FAMILY WINES** Single Vineyard Los Lingues P. Verdot 2017 Colchagua

{ DESCORCHADOS }

DIVIDIDO

MELHOR
COLCHAGUA COSTA

CALCU
Futa *Cabernet Sauvignon 2016*
COLCHAGUA

Futa é a seleção dos melhores quartéis de Cabernet Sauvignon de Marchigüe, vinhedos próprios que foram plantados em 2007, mas também possui 14% de Cabernet Franc que fornece notas de ervas e tabaco ao blend. O vinho é produzido após o término da malolática e, em seguida, envelhecido em barricas usadas por dois anos. O vinho tem uma forte presença de frutas vermelhas, acompanhadas de taninos muito afiados que constroem uma estrutura muito firme, rica em tensão. O vinho é importante em volume, enche a boca, mas ao mesmo tempo refresca. Uma boa combinação. Futa é elaborado desde 2009.

Os melhores de Colchgua costa do ano

95 | **BISQUERTT** Q Clay Syrah, Malbec 2017 | Colchagua
95 | **KOYLE** Costa Sauvignon Blanc 2018 | Colchagua Costa
95 | **POLKURA** Polkura Malbec 2018 | Colchagua
95 | **POLKURA** Secano Syrah 2017 | Colchagua
95 | **POLKURA** Block G+I Syrah 2016 | Colchagua
94 | **CALCU** Winemaker's Selection Blend C. Franc, Carménère, Malbec, C. Sauvignon, P. Verdot 2016 | Colchagua
94 | **DAGAZ** Dagaz C. Sauvignon 2018 | Colchagua Costa
94 | **KOYLE** Costa Cuarzo Sauvignon Blanc 2019 | Colchagua Costa
94 | **MATURANA WINES** Parellon Sémillon 2019 | Colchagua Costa
94 | **POLKURA** Polkura Syrah 2017 | Colchagua
94 | **SANTA CRUZ** Reserva Especial P. Verdot, C. Sauvignon 2015 Colchagua Costa
94 | **TERRANOBLE** CA2 Costa Carménère 2017 | Colchagua
94 | **VILLALOBOS** Lobo Carménère 2018 | Colchagua
93 | **CALCU** Gran Reserva C. Sauvignon 2017 | Colchagua
93 | **CASA SILVA** Cool Coast Sauvignon Gris 2019 | Colchagua
93 | **CHILCAS** Las Almas Carménère 2016 | Colchagua Costa
93 | **CONCHA Y TORO** Gran Reserva Serie Riberas C. Sauvignon 2018 | Marchigüe
93 | **ESTAMPA** DelViento Sauvignon Blanc 2019 | Colchagua Costa
93 | **ESTAMPA** Gold Carménère, C. Franc, C. Sauvignon, P. Verdot 2016 Marchigüe
93 | **L'ENTREMETTEUSE** Rouge-Gorge Pinot Noir 2019 | Colchagua Costa
93 | **MARIO GEISSE** Costero Sauvignon Blanc 2019 | Colchagua
93 | **MATURANA WINES** Pa-Tel País, Moscatel Negro, Sémillon, Riesling 2019 Colchagua Costa
93 | **MONTES** Montes Alpha Special Cuvée C. Sauvignon 2017 | Marchigüe
93 | **POLKURA** GSM+T Grenache, Syrah, Mourvèdre, Tempranillo 2017 Colchagua
93 | **SANTA CRUZ** Santa Cruz País 2018 | Colchagua Costa
93 | **SANTA CRUZ** Make Make Tempranillo, Garnacha 2017 | Colchagua Costa
93 | **VILLALOBOS** Viñedo Silvestre Carignan 2017 | Colchagua

‹ *vencedores* ›

‹‹‹-------------•
DIVIDIDO

MELHOR
COLCHAGUA COSTA

DAGAZ
Tierras de Pumanque
Cabernet Sauvignon, Petit Verdot, Carménère, Syrah 2018
COLCHAGUA COSTA

Dagaz é o primeiro vinho da casa e é sempre uma mistura que este ano inclui 69% de Cabernet Sauvignon, 16% de Petit Verdot, 10% de Carménère e o restante de Syrah. O estágio foi de 40% em foudres e o restante em barricas, sendo 10% novas. O estilo dos vinhos segue o caminho das duas versões anteriores, embora esse ano talvez o destaque seja ainda mais nas frutas ácidas e na tensão dos taninos, sempre guiados por uma acidez firme e suculenta ao mesmo tempo. Esse tem um bom corpo, deliciosos sabores de frutas e ervas e um final levemente floral.

Os melhores de Colchagua costa do ano

95 | **BISQUERTT** Q Clay Syrah, Malbec 2017 | Colchagua
95 | **KOYLE** Costa Sauvignon Blanc 2018 | Colchagua Costa
95 | **POLKURA** Polkura Malbec 2018 | Colchagua
95 | **POLKURA** Secano Syrah 2017 | Colchagua
95 | **POLKURA** Block G+I Syrah 2016 | Colchagua
94 | **CALCU** Winemaker's Selection Blend C. Franc, Carménère, Malbec, C. Sauvignon, P. Verdot 2016 | Colchagua
94 | **DAGAZ** Dagaz C. Sauvignon 2018 | Colchagua Costa
94 | **KOYLE** Costa Cuarzo Sauvignon Blanc 2019 | Colchagua Costa
94 | **MATURANA WINES** Parellon Sémillon 2019 | Colchagua Costa
94 | **POLKURA** Polkura Syrah 2017 | Colchagua
94 | **SANTA CRUZ** Reserva Especial P. Verdot, C. Sauvignon 2015 Colchagua Costa
94 | **TERRANOBLE** CA2 Costa Carménère 2017 | Colchagua
94 | **VILLALOBOS** Lobo Carménère 2018 | Colchagua
93 | **CALCU** Gran Reserva C. Sauvignon 2017 | Colchagua
93 | **CASA SILVA** Cool Coast Sauvignon Gris 2019 | Colchagua
93 | **CHILCAS** Las Almas Carménère 2016 | Colchagua Costa
93 | **CONCHA Y TORO** Gran Reserva Serie Riberas C. Sauvignon 2018 | Marchigüe
93 | **ESTAMPA** DelViento Sauvignon Blanc 2019 | Colchagua Costa
93 | **ESTAMPA** Gold Carménère, C. Franc, C. Sauvignon, P. Verdot 2016 Marchigüe
93 | **L'ENTREMETTEUSE** Rouge-Gorge Pinot Noir 2019 | Colchagua Costa
93 | **MARIO GEISSE** Costero Sauvignon Blanc 2019 | Colchagua
93 | **MATURANA WINES** Pa-Tel País, Moscatel Negro, Sémillon, Riesling 2019 Colchagua Costa
93 | **MONTES** Montes Alpha Special Cuvée C. Sauvignon 2017 | Marchigüe
93 | **POLKURA** GSM+T Grenache, Syrah, Mourvèdre, Tempranillo 2017 Colchagua
93 | **SANTA CRUZ** Santa Cruz País 2018 | Colchagua Costa
93 | **SANTA CRUZ** Make Make Tempranillo, Garnacha 2017 | Colchagua Costa
93 | **VILLALOBOS** Viñedo Silvestre Carignan 2017 | Colchagua

{ DESCORCHADOS }

MELHOR CURICÓ

SAN PEDRO
1865 Selected Collection Old Vines *C. Sauvignon 2017*
MOLINA

As vinhas desse vinho foram plantadas há mais de 70 anos e, até 2001, essa fruta é a que ia para o top da casa, Cabo de Hornos. O enólogo Matías Cruzat decidiu dar uma nova vida a essas videiras ao fazer esse vinho no estilo "old school", com uma colheita antecipada (em um ano muito quente, deu-lhe 14 graus de álcool) e estágio prolongado em foudres e barris, que nesse caso foram prorrogados por 18 meses. Segundo Cruzat, o vinho precisava de um longo envelhecimento. "Após a fermentação, o vinho era muito tânico. Precisa desses meses para amaciar." O vinho apresenta deliciosos aromas de tabaco, especiarias e muitas frutas vermelhas em um corpo que, embora firme, possui frescor e acidez, que lhe conferem um caráter muito mais fluido. Atenção aqui, com este delicioso e frutado retorno ao passado.

Os melhores de Curicó do ano

- 94 | **ARESTI** Family Collection C. Sauvignon, Merlot, P. Verdot, Petite Sirah, Syrah 2015 | Curicó
- 94 | **REQUINGUA** Potro de Piedra Family Reserve C. Sauvignon, C. Franc 2017 | Curicó
- 94 | **VALDIVIESO** Caballo Loco Grand Cru Sagrada Familia C. Franc, P. Verdot, Carménère 2016 | Sagrada Familia
- 93 | **ALTACIMA** 6330 Late Harvest Gewürztraminer 2017 | Lontué
- 93 | **ALTACIMA** 6330 Alto Andes Sauvignon Blanc 2018 | Lontué
- 93 | **ALTACIMA** 6330 Ensamblaje K P. Verdot, C. Sauvignon, Syrah, Merlot, Carménère 2017 | Lontué
- 93 | **ARESTI** Trisquel Series Vichuquén Costa Chardonnay 2019 | Curicó
- 93 | **ECHEVERRIA** Family Reserva C. Sauvignon 2017 | Curicó
- 93 | **KORTA WINES** A DE KORTA P. Verdot, C. Sauvignon, Carménère, Syrah 2016 | Sagrada Familia
- 92 | **ARESTI** Trisquel Series Curicó Costa Malbec 2018 | Curicó
- 92 | **ARESTI** Trisquel Series Origen Sémillon 2019 | Curicó
- 92 | **ARESTI** Trisquel Gran Reserva Assemblage C. Sauvignon, Syrah, P. Verdot 2018 | Curicó
- 92 | **ARESTI** Trisquel Gran Reserva Carménère 2018 | Curicó
- 92 | **IWINES** | Latina P. Verdot 2018 | Molina
- 92 | **KORTA** Wines Beltz Gran Reserva Carignan 2017 | Sagrada Familia
- 92 | **MIGUEL TORRES** Cordillera Blanc de Noirs Brut P. Noir 2017 | Curicó

⟨ *vencedores* ⟩

MELHOR ELQUI

VIÑEDOS DE ALCOHUAZ
RHU *Syrah, Petite Sirah, Garnacha 2015*
ELQUI

Rhu no futuro, conta Marcelo Retamal, será apenas um lote na área mais alta da vinha de Alcohuaz. No momento, é uma seleção de vinhedos de granito com Syrah (80%), Garnacha em 5% e Petite Sirah em 15%. Esse último adiciona acidez à mistura. O vinho é fermentado em lagares com 40 % de cachos inteiros para apoiar a estrutura e dar verticalidade aos taninos. Devido à sua tendência à oxidação, a Garnacha é fermentada separadamente em tanques de cimento. E o vinho é uma flecha de sabores tensos, de notas de especiarias. A textura é uma questão a parte. Parece que a eletricidade e a acidez suportam essa sensação, acrescentando frescor e força. Esse é um vinho para guardar por uma década na adega, embora possa abrir pelo menos uma garrafa para aproveitar sua juventude, algo selvagem, algo distinto, mas incrível.

Os melhores de Elqui do ano

- 96 | **VIÑEDOS DE ALCOHUAZ** Cuesta Chica Garnacha 2018 | Elqui
- 96 | **VIÑEDOS DE ALCOHUAZ** Tococo Syrah 2018 | Elqui
- 95 | **VIÑEDOS DE ALCOHUAZ** GRUS Syrah, Garnacha, P. Verdot, Petite Sirah, Malbec, Carignan 2018 | Elqui
- 93 | **SAN PEDRO** Kankana Syrah 2017 | Elqui
- 92 | **SAN PEDRO** Castillo de Molina Reserva Sauvignon Blanc 2019 Elqui
- 91 | **SAN PEDRO** 1865 Selected Vineyards Pinot Noir 2018 | Elqui

{ DESCORCHADOS }

DIVIDIDO

MELHOR ITATA

PEDRO PARRA
Trane *Cinsault 2017*
ITATA

Um tributo pequeno mas retumbante a John Coltrane, um dos músicos de jazz mais extremos e, portanto, mais ousados que já existiram, esse Cinsault é talvez o mais elétrico e tenso dos três Cinsault da série, digamos, Jazzistas que compõem essa linha de Pedro Parra, que também é amante de música e do estilo. Esse vem de solos de granito na área de Tinajacura, um dos "cru" de Itata, como costumam chamar alguns dos produtores que mais pesquisam a região, como Parra e Leonardo Erazo (A los Viñateros Bravos, Rogue Vine), entre outros. Tem fruta vermelha raivosa, acidez acentuada, mas corpo leve e quase etéreo. Um vinho delicioso, genial seria prová-lo com mais dois ou três anos de garrafa.

Os melhores de Itata do ano

- 95 | **A LOS VIÑATEROS BRAVOS** Leonardo Erazo Amigo Piedra Tinajacura Alto Cinsault 2019 | Itata
- 94 | **A LOS VIÑATEROS BRAVOS** Pipeño Tinto Cinsault 2019 | Itata
- 94 | **A LOS VIÑATEROS BRAVOS** Granítico País 2019 | Itata
- 94 | **A LOS VIÑATEROS BRAVOS** Leonardo Erazo La Resistencia Guarilihue Alto País 2019 | Itata
- 94 | **A LOS VIÑATEROS BRAVOS** Granítico Blanco Moscatel de Alejandría, Sémillon 2019 | Itata
- 94 | **A LOS VIÑATEROS BRAVOS** Leonardo Erazo Piel de Arcilla Cuvée Especial Moscatel, Torontel 2019 | Itata
- 94 | **CARMEN** D. O. Loma Seca Cinsault 2019 | Itata
- 94 | **DE MARTINO** Old Vine Series Las Olvidadas País, San Francisco 2018 Itata
- 94 | **GARAGE WINE CO.** Single Ferment Series Soothsayers Cinsault 2018 Itata
- 94 | **ITATA PARAÍSO WINES** Portezuelo Paraíso Carignan 2018 | Itata
- 94 | **P.S. GARCÍA** P.S. García Garnacha 2017 | Itata
- 94 | **P.S. GARCÍA** Bravado Carignan, Syrah, Grenache, Mourvèdre, P. Verdot 2017 | Itata
- 94 | **PEDRO PARRA** Hub Cinsault 2017 | Itata
- 94 | **RIVERAS DEL CHILLÁN** Vista Bella Bacot Malbec 2017 | Itata
- 94 | **ROBERTO HENRÍQUEZ** Molino del Ciego Sémillon 2019 | Itata
- 94 | **ROBERTO HENRÍQUEZ** Rivera del Notro Mezcla Blanca Corinto, Moscatel de Alejandría, Sémillon 2019 | Itata
- 94 | **ROGUE VINE** Grand Itata Tinto Cinsault 2018 | Itata
- 94 | **ROGUE VINE** Super Itata Tinto Syrah, Carignan, Malbec 2017 | Itata
- 94 | **VINÍCOLA ATACALCO** Cárabe de Itata Sémillon, Moscatel de Alejandría 2018 | Itata

‹ *vencedores* ›

DIVIDIDO

MELHOR ITATA

LAPOSTOLLE WINES
Collection Cerro Verde *Moscatel 2018*
ITATA

A Moscatel de Alexandria tem seu lugar em Itata, nas colinas costeiras de granito nessa área ao sul do Chile. A vinha foi plantada em 1940 e possui cerca de quatro hectares de videiras em secano. Para prepará-lo, a enóloga Andrea León incentiva a produção de véu de flor (criança biológica), que nesse caso protege os sabores das frutas da oxidação e, ao mesmo tempo, fornece notas de sal, como nos vinhos do Jura. Um vinho de grande corpo e ao mesmo tempo grande frescor.

Os melhores de Itata do ano

- 95 | **A LOS VIÑATEROS BRAVOS** Leonardo Erazo Amigo Piedra Tinajacura Alto Cinsault 2019 | Itata
- 94 | **A LOS VIÑATEROS BRAVOS** Pipeño Tinto Cinsault 2019 | Itata
- 94 | **A LOS VIÑATEROS BRAVOS** Granítico País 2019 | Itata
- 94 | **A LOS VIÑATEROS BRAVOS** Leonardo Erazo La Resistencia Guarilihue Alto País 2019 | Itata
- 94 | **A LOS VIÑATEROS BRAVOS** Granítico Blanco Moscatel de Alejandría, Sémillon 2019 | Itata
- 94 | **A LOS VIÑATEROS BRAVOS** Leonardo Erazo Piel de Arcilla Cuvée Especial Moscatel, Torontel 2019 | Itata
- 94 | **CARMEN** D. O. Loma Seca Cinsault 2019 | Itata
- 94 | **DE MARTINO** Old Vine Series Las Olvidadas País, San Francisco 2018 Itata
- 94 | **GARAGE WINE CO.** Single Ferment Series Soothsayers Cinsault 2018 Itata
- 94 | **ITATA PARAÍSO WINES** Portezuelo Paraíso Carignan 2018 | Itata
- 94 | **P.S. GARCÍA** P.S. García Garnacha 2017 | Itata
- 94 | **P.S. GARCÍA** Bravado Carignan, Syrah, Grenache, Mourvèdre, P. Verdot 2017 | Itata
- 94 | **PEDRO PARRA** Hub Cinsault 2017 | Itata
- 94 | **RIVERAS DEL CHILLÁN** Vista Bella Bacot Malbec 2017 | Itata
- 94 | **ROBERTO HENRÍQUEZ** Molino del Ciego Sémillon 2019 | Itata
- 94 | **ROBERTO HENRÍQUEZ** Rivera del Notro Mezcla Blanca Corinto, Moscatel de Alejandría, Sémillon 2019 | Itata
- 94 | **ROGUE VINE** Grand Itata Tinto Cinsault 2018 | Itata
- 94 | **ROGUE VINE** Super Itata Tinto Syrah, Carignan, Malbec 2017 | Itata
- 94 | **VINÍCOLA ATACALCO** Cárabe de Itata Sémillon, Moscatel de Alejandría 2018 | Itata

{ DESCORCHADOS }

96

MELHOR LEYDA

VENTOLERA
Private Cuvée White Blend
Chardonnay, Gewürztraminer 2016
LEYDA

Este é o novo branco de Ventolera e é uma mistura de 75% Chardonnay e 25% Gewürztraminer. Estagia três anos com as borras em barricas de aço de 225 litros e seis meses em garrafa antes de entrar no mercado. Foram produzidas cerca de 2.500 garrafas e é bom que tenham a tarefa de conseguir algumas delas. A influência do Pacífico, a cerca de doze quilômetros, aqui se traduz em acidez, uma acidez aguda e brilhante, mas também em notas de sal, que lhe conferem uma complexidade extra. A Gewürz traz notas de flores que o tornam ainda mais divertido no nariz. Na boca, é largo, com a estrutura de um vinho tinto; um branco firme e intenso, cheio de especiarias e de frutas cítricas e um final longo e profundo.

Os melhores de Leyda do ano

95 | **GARCÉS SILVA** Amayna Solera Sauvignon Blanc N/V | Leyda
95 | **GARCÉS SILVA** Amayna Cordón Huinca Sauvignon Blanc 2019 | Leyda
95 | **LEYDA** Lot 4 Sauvignon Blanc 2019 | Leyda
95 | **VENTOLERA** Cerro Alegre Limited Edition Sauvignon Blanc 2018 | Leyda
94 | **ARESTI** Trisquel Gran Reserva Sauvignon Blanc 2019 | Leyda
94 | **GARCÉS** Silva Amayna Chardonnay 2017 | Leyda
94 | **HACIENDA SAN JUAN** Hacienda San Juan Syrah 2017 | San Antonio
94 | **LEYDA** Lot 5 Chardonnay 2018 | Leyda
94 | **LEYDA** Lot 21 Pinot Noir 2018 | Leyda
94 | **LEYDA** Single Vineyard Garuma Sauvignon Blanc 2019 | Leyda
94 | **LEYDA** Lot 8 Syrah 2018 | Leyda
94 | **LUIS FELIPE EDWARDS** Marea Sauvignon Blanc 2019 | Leyda
94 | **LUIS FELIPE EDWARDS** Marea Syrah 2017 | Leyda
94 | **MARTY** Goutte d'Argent Sauvignon Blanc 2019 | Leyda
94 | **SAN PEDRO** 1865 Selected Vineyards Sauvignon Blanc 2019 | Leyda
94 | **SANTA EMA** Amplus Chardonnay 2018 | Leyda
94 | **UNDURRAGA** Titillum Blanc de Noirs Pinot Noir N/V | Leyda
94 | **UNDURRAGA** T.H. Leyda Sauvignon Blanc 2018 | Leyda
94 | **UNDURRAGA** T.H. Leyda Syrah 2016 | Leyda
94 | **VENTOLERA** Ventolera Sauvignon Blanc 2019 | Leyda

⟨ *vencedores* ⟩

98

MELHOR LIMARÍ

TABALÍ
Talinay *Pinot Noir 2018*
LIMARÍ

Vamos começar pelo nariz. Tem fruta, é claro. Vamos começar com a fruta, que é fresca, vermelha e brilhante. Mas essa é apenas a primeira camada. Porque mais profundamente, as notas terrosas e salgadas estão fazendo realmente a festa, a que importa, a que dá complexidade. E, claro, a boca, que é firme, tensa, cheia de taninos de Pinot de verdade (quem disse que a Pinot tem taninos macios?). Uma textura que se agarra à língua e não a libera mais. Nela, os sabores terrosos e salinos agora assumem o controle da situação, proporcionando complexidade e texturas, brilho e profundidade em um vinho que é projetado no palato por um longo tempo. Um vinho tinto que marca um novo registro em Limarí e na América do Sul. As vinhas desse Pinot vêm de uma encosta voltada para o norte, plantada apenas em 2012, com seleções massais da Borgonha, adquiridas no Chile pelo agrônomo da Tabalí, Héctor Rojas. Em teoria, essa encosta, de solos calcários, tem uma orientação norte, mas a chave é o vento que é firme, as frescas brisas marinhas mudando o paradigma.

Os melhores de Limarí do ano

97	**CONCHA Y TORO** Amelia Chardonnay 2018	Limarí
96	**MAYCAS DEL LIMARÍ** Quebrada Seca Chardonnay 2018	Limarí
96	**TABALÍ** Talinay Malbec 2017	Limarí
96	**TABALÍ** Vetas Blancas C. Franc 2018	Limarí
96	**TABALÍ** Talinay Sauvignon Blanc 2019	Limarí
96	**TABALÍ** Talinay Chardonnay 2019	Limarí
95	**CONCHA Y TORO** Amelia Pinot Noir 2018	Limarí
95	**CONO SUR** 20 Barrels Syrah 2017	Limarí
95	**MAYCAS DEL LIMARÍ** San Julián Pinot Noir 2018	Limarí
95	**SANTA RITA** Floresta Chardonnay 2019	Limarí
95	**TABALÍ** Roca Madre Malbec 2018	Limarí
95	**TABALÍ** Tatié Brut Chardonnay, Pinot Noir N/V	Limarí
95	**UNDURRAGA** T.H. Limarí Sauvignon Blanc 2018	Limarí
95	**VALDIVIESO** Caballo Loco Grand Cru Limarí Syrah 2015	Limarí
94	**MAYCAS DEL LIMARÍ** Reserva Especial Chardonnay 2018	Limarí
94	**MAYCAS DEL LIMARÍ** Reserva Especial Pinot Noir 2018	Limarí
94	**TABALÍ** Vetas Blancas Pinot Noir 2018	Limarí
94	**TABALÍ** Barranco Viognier 2019	Limarí
94	**TABALÍ** Vetas Blancas Sauvignon Blanc 2019	Limarí
94	**TABALÍ** Vetas Blancas Malbec, C. Franc 2017	Limarí
94	**TABALÍ** Payen Syrah 2016	Limarí

{ DESCORCHADOS }

DIVIDIDO

MELHOR MAIPO ANDES

ALMAVIVA
Almaviva *2017*
PUENTE ALTO

O ano 2017 foi uma safra quente no vale do Maipo e que forçou o avanço das colheitas para manter o frescor da fruta. Nesse caso, o enólogo Michel Friou e sua equipe colheram cerca de três semanas mais cedo do que um ano "normal" para manter a elegância e a tensão nesse clássico entre os tintos chilenos. A mescla desse ano é de 65% Cabernet Sauvignon, 23% Carménère, 5% Cabernet Franc, 5% de Petit Verdot e o resto Merlot. O vinho foi, como de costume, uma carga de frutas frescas deliciosas, além de ricos toques de ervas que parecem vir de Carménère. O ano se sente, mas não tanto quanto se esperaria, graças à boa acidez e à estrutura firme de taninos, mas altamente polido. É um vinho que merece ser guardado. Almaviva nasce na vinha El Tocornal, em Puente Alto, em solos aluviais do Maipo Alto. A vinha tem uma longa história de plantações, mas a vinha atual tem cerca de 40 anos e é baseada em Cabernet Sauvignon.

Os melhores de Maipo Andes do ano

- 96 | **ANDES PLATEAU** 700 C. Sauvignon, Syrah, C. Franc, Merlot 2017 | Maipo Andes
- 96 | **ANTIYAL** Antiyal Viñedo El Escorial Carménère 2017 | Maipo
- 96 | **ANTIYAL** Antiyal C. Sauvignon, Carménère, Syrah 2017 | Maipo
- 96 | **CARMEN** Gold Reserve C. Sauvignon 2017 | Maipo
- 96 | **CARMEN** Carmen Delanz Estate Blend 2018 C. Sauvignon, C. Franc, P. Verdot, Petite Sirah 2018 | Maipo
- 96 | **CLOS QUEBRADA DE MACUL** Domus Aurea C. Sauvignon 2016 | Maipo
- 96 | **CLOS QUEBRADA DE MACUL** Domus Aurea C. Sauvignon 2015 | Maipo Alto
- 96 | **CONO SUR** Silencio C. Sauvignon 2015 | Maipo
- 96 | **COUSIÑO MACUL** Jardín de Macul C. Sauvignon 2017 | Maipo
- 96 | **COUSIÑO MACUL** W C. Sauvignon 2016 | Maipo
- 96 | **DON MELCHOR** Don Melchor C. Sauvignon 2017 | Puente Alto
- 96 | **EL PRINCIPAL** El Principal Andetelmo C. Sauvignon, P. Verdot 2016 | Maipo Andes
- 96 | **GANDOLINI** Las 3 Marías Vineyards C. Sauvignon 2014 | Maipo Andes
- 96 | **HARAS DE PIRQUE** Albis C. Sauvignon, Carménère 2018 | Maipo
- 96 | **MORANDÉ** House of Morandé C. Sauvignon, C. Franc, Carignan 2017 | Maipo
- 96 | **SANTA RITA** Casa Real Reserva Especial C. Sauvignon 2017 | Maipo

‹ *vencedores* ›

DIVIDIDO

MELHOR MAIPO ANDES

AQUITANIA
Lazuli *Cabernet Sauvignon 2016*
MAIPO ANDES

Esta é uma seleção de vinhedos de Aquitânia em Macul, plantados em solos pedregosos há cerca de 30 anos, nessa que é uma das áreas mais tradicionais do vinho chileno e hoje abriga vinhos tão importantes quanto esse Lázuli, como também Domus Aurea de Clos Quebrada de Macul e Lota de Cousiño Macul. Esse tem 16 meses em barricas (400 litros) de diferentes usos e, em seguida, permanece na garrafa por um ano antes de ir ao mercado. O estilo da casa parece muito bem retratado com essa colheita fria. A delicadeza acompanhada de frutas frescas, a textura quase etérea dos taninos, agregada aos sabores de frutas vermelhas e de notas terrosas. Um clássico entre os clássicos, que estreou em 2002 e mantém seu estilo até agora, não importa o que aconteça.

Os melhores de Maipo Andes do ano

- 96 | **ANDES PLATEAU** 700 C. Sauvignon, Syrah, C. Franc, Merlot 2017 | Maipo Andes
- 96 | **ANTIYAL** Antiyal Viñedo El Escorial Carménère 2017 | Maipo
- 96 | **ANTIYAL** Antiyal C. Sauvignon, Carménère, Syrah 2017 | Maipo
- 96 | **CARMEN** Gold Reserve C. Sauvignon 2017 | Maipo
- 96 | **CARMEN** Carmen Delanz Estate Blend 2018 C. Sauvignon, C. Franc, P. Verdot, Petite Sirah 2018 | Maipo
- 96 | **CLOS QUEBRADA DE MACUL** Domus Aurea C. Sauvignon 2016 | Maipo
- 96 | **CLOS QUEBRADA DE MACUL** Domus Aurea C. Sauvignon 2015 | Maipo Alto
- 96 | **CONO SUR** Silencio C. Sauvignon 2015 | Maipo
- 96 | **COUSIÑO MACUL** Jardín de Macul C. Sauvignon 2017 | Maipo
- 96 | **COUSIÑO MACUL** W C. Sauvignon 2016 | Maipo
- 96 | **DON MELCHOR** Don Melchor C. Sauvignon 2017 | Puente Alto
- 96 | **EL PRINCIPAL** El Principal Andetelmo C. Sauvignon, P. Verdot 2016 | Maipo Andes
- 96 | **GANDOLINI** Las 3 Marías Vineyards C. Sauvignon 2014 | Maipo Andes
- 96 | **HARAS DE PIRQUE** Albis C. Sauvignon, Carménère 2018 | Maipo
- 96 | **MORANDÉ** House of Morandé C. Sauvignon, C. Franc, Carignan 2017 | Maipo
- 96 | **SANTA RITA** Casa Real Reserva Especial C. Sauvignon 2017 | Maipo

{ DESCORCHADOS }

97 DIVIDIDO

MELHOR MAIPO ANDES

VIÑEDO CHADWICK
Viñedo Chadwick *Cabernet Sauvignon 2017*
PUENTE ALTO

A primeira edição desse Viñedo Chadwick foi em 1999 e, desde então, esse vinho é baseado em Cabernet Sauvignon (com algo de Petit Verdot) de solos aluviais do vinhedo de Tocornal, a mesma fonte de outros excelentes vinhos chilenos como Almaviva e Don Melchor. Desde a safra de 2014, esse vinho está mudando. Movendo-se para territórios mais frios, com menos madeira, com menos álcool. A safra de 2016 foi uma espécie de "saída do armário". Um ano frio foi o álibi perfeito para mostrar esse novo rosto. O desafio surge no ano seguinte, em uma colheita completamente diferente e mais quente, quando as chances de oferecer frescor foram reduzidas. O resultado é que esse vinho oferece frutas vermelhas, talvez não com o brilho de 2016, mas são frescas e vibrantes. A diferença é que aqui é o paladar médio, a estrutura de taninos parece mais firme que 2016. O frio desse ano pode não ter nos permitido obter esse tipo de estrutura, quem sabe. O fato é que parece vibrante e sólido.

Os melhores de Maipo Andes do ano

96 | **ANDES PLATEAU** 700 C. Sauvignon, Syrah, C. Franc, Merlot 2017 Maipo Andes
96 | **ANTIYAL** Antiyal Viñedo El Escorial Carménère 2017 | Maipo
96 | **ANTIYAL** Antiyal C. Sauvignon, Carménère, Syrah 2017 | Maipo
96 | **CARMEN** Gold Reserve C. Sauvignon 2017 | Maipo
96 | **CARMEN** Carmen Delanz Estate Blend 2018 C. Sauvignon, C. Franc, P. Verdot, Petite Sirah 2018 | Maipo
96 | **CLOS QUEBRADA DE MACUL** Domus Aurea C. Sauvignon 2016 | Maipo
96 | **CLOS QUEBRADA DE MACUL** Domus Aurea C. Sauvignon 2015 Maipo Alto
96 | **CONO SUR** Silencio C. Sauvignon 2015 | Maipo
96 | **COUSIÑO MACUL** Jardín de Macul C. Sauvignon 2017 | Maipo
96 | **COUSIÑO MACUL** W C. Sauvignon 2016 | Maipo
96 | **DON MELCHOR** Don Melchor C. Sauvignon 2017 | Puente Alto
96 | **EL PRINCIPAL** El Principal Andetelmo C. Sauvignon, P. Verdot 2016 Maipo Andes
96 | **GANDOLINI** Las 3 Marías Vineyards C. Sauvignon 2014 | Maipo Andes
96 | **HARAS DE PIRQUE** Albis C. Sauvignon, Carménère 2018 | Maipo
96 | **MORANDÉ** House of Morandé C. Sauvignon, C. Franc, Carignan 2017 Maipo
96 | **SANTA RITA** Casa Real Reserva Especial C. Sauvignon 2017 | Maipo

⟨ vencedores ⟩

MELHOR MAIPO COSTA

TABALÍ
DOM *Cabernet Sauvignon 2015*
MAIPO COSTA

Trata-se de uma seleção de dois hectares de uma encosta de solos coluviais voltada para o sul, em uma exposição fria desse lado do mundo. Com 18 meses de barricas e dois anos de garrafa, tem um caráter fresco e vivo, cheio de especiarias e de frutos secos, mas mantendo sempre o frescor. Oferece um estilo old school, com ênfase na acidez e na suavidade dos taninos. É um vinho que, de certa forma, se sente frágil ou, melhor, sutil, seguindo a tradição dos tintos do Maipo, esse tipo de elegância e equilíbrio em um vinho que hoje mostra apenas uma parte do que mostrará em cerca de cinco anos.

Os melhores de Maipo Costa do ano

95 | **RAMIRANA** Trinidad Vineyard Syrah, C. Sauvignon, Carménère 2017 | Maipo
95 | **TABALÍ** Talud C. Sauvignon 2018 | Maipo Costa
95 | **TABALÍ** Transversal C. Sauvignon, Syrah, C. Franc, Malbec 2017 | Maipo Costa
94 | **CLOS ANDINO** Le Grand Brut Chardonnay 2017 | Maipo
94 | **TRES PALACIOS** Cholqui C. Sauvignon, Merlot 2017 | Maipo
94 | **VIÑATEROS DE RAIZ** Aureo Syrah 2018 | Maipo
92 | **CHOCALAN** Origen Gran Reserva Syrah 2018 | Maipo
92 | **TRES PALACIOS** Family Vintage C. Sauvignon 2018 | Maipo
92 | **TRES PALACIOS** Family Vintage Carménère 2018 | Maipo
92 | **VENTISQUERO** Grey Trinidad Vineyard C. Sauvignon 2017 | Maipo
91 | **INDÓMITA** Duette Premium Carménère, C. Sauvignon 2018 | Maipo
91 | **LA VIÑA DEL SEÑOR** Laureles Garnacha 2018 | Maipo
91 | **LA VIÑA DEL SEÑOR** Miura Monastrell 2018 | Maipo
91 | **QUINTAY** Q Gran Reserva C. Sauvignon 2018 | Maipo
91 | **QUINTAY** Q Gran Reserva Malbec 2018 | Maipo
91 | **TABALÍ** Pedregoso C. Sauvignon 2018 | Maipo Costa
91 | **VENTISQUERO** Ramirana Gran Reserva Syrah, Carménère 2018 | Maipo

{ DESCORCHADOS }

MELHOR MAULE

DE MARTINO
Vigno *Carignan 2018*
MAULE

Esta versão de Vigno vem de um vinhedo de Cariñena, plantado em 1955 na área de Sauzal, perto de Cauquenes. É um vinhedo de alta densidade, cerca de seis mil plantas por hectare, plantado no solo de granito do local. O vinho é feito de uma maneira pouco intervencionista, com apenas uma dose de SO2 no engarrafamento para garantir sua estabilidade. A fruta aqui é radiante. A nova onda de Cariñena no Chile passou por um lado mais frio, mas é um tipo de radicalização: aqui há frutas vermelhas, mas também muita profundidade de sabores, muita força de taninos. Aparentemente, este é um vinho rústico, de enorme acidez, mas se você olhar de perto, verá que aqui há muita complexidade, muitas camadas de sabores.

Os melhores do Maule do ano

- 96 | **CASA DONOSO** Grand Domaine Carménère, Malbec 2015 | Maule
- 96 | **ERASMO** Erasmo C. Sauvignon, Merlot, C. Franc, Syrah 2014 | Maule
- 96 | **LABERINTO** Laberinto Merlot, C. Franc, C. Sauvignon 2017 | Maule
- 95 | **BOUCHON** País Salvaje País 2019 | Maule Secano Interior
- 95 | **BOUCHON** J. Bouchon Granito Sémillon 2018 | Maule Secano Interior
- 95 | **BOUCHON** J. Bouchon Granito C. Sauvignon, Carménère 2016 Maule Secano Interior
- 95 | **CASA DONOSO** D de Donoso C. Sauvignon, Carménère, Malbec, C. Franc 2015 | Maule
- 95 | **ERASMO** Erasmo Selección de Barrica C. Franc 2015 | Maule
- 95 | **ERASMO** Erasmo Late Harvest Torontel 2014 | Maule
- 95 | **GARAGE WINE CO.** Vigno Carignan 2017 | Empedrado
- 95 | **LABERINTO** Arcillas de Laberinto Riesling 2019 | Maule
- 95 | **LABERINTO** Cenizas de Laberinto Sauvignon Blanc 2019 | Maule
- 95 | **LAPOSTOLLE WINES** VIGNO Carignan 2018 | Maule
- 95 | **SUCESOR** Sucesor Cesar Noir 2019 | Maule
- 95 | **TINTO DE RULO** Tinto de Rulo Carignan 2018 | Maule

⟨ *vencedores* ⟩

97

MELHOR PEUMO

CONCHA Y TORO
Terrunyo 20 Años *Carménère 2018*
PEUMO

A vinha selecionada há 20 anos para o Terrunyo Carménère possui uma área de nove hectares, na área plana de Peumo, rica em argilas que retêm água e oferecem condições ideais para a cepa. Essa seleção é composta por três hectares, plantados em 1990 (o mais antigo, plantado em 1983, vai para Carmín, o principal Carménère de Concha y Toro) e o vinho estagia por nove meses em barricas usadas. Esse é fruta pura, expressão pura da variedade, notas de ervas, mas principalmente o lado da fruta, frutas vermelhas maduras no meio de um corpo tenso, com taninos muito bons. Uma tremenda homenagem a um clássico. Esse vinho será vendido apenas em garrafas de um litro e meio e a produção total foi de mil litros.

Os melhores de Peumo do ano

95 | **CONO SUR** 20 Barrels Carménère 2017 | Cachapoal
94 | **CONCHA Y TORO** Terrunyo Carménère 2018 | Peumo
94 | **MIGUEL TORRES** Cordillera Reserva Especial Carménère 2017 Cachapoal
94 | **SAN FRANCISCO DE LAS QUISCAS** Serendipia Carménère 2017 | Peumo
94 | **SANTA CAROLINA** Herencia Carménère 2014 | Peumo
93 | **CONCHA Y TORO** Marqués de Casa Concha Carménère 2018 Cachapoal
93 | **MONTGRAS** Antu Carménère | Peumo
93 | **SANTA EMA** Amplus One Carménère 2017 | Peumo
93 | **TABALÍ** Micas Carménère 2015 | Peumo
93 | **UNDURRAGA** T.H. Peumo Carménère 2017 | Cachapoal
93 | **VALDIVIESO** Single Vineyard Carménère 2017 | Peumo
92 | **CLOS ANDINO** Le Grand Assemblage C. Sauvignon, Carménère, Tempranillo 2018 | Cachapoal
92 | **CONCHA Y TORO** Casillero del Diablo Reserva Privada Carménère 2018 Rapel
92 | **CONCHA Y TORO** Gran Reserva Serie Riberas Carménère 2018 | Peumo
92 | **CONO SUR** Single Vineyard Block 28 La Rinconada Carménère 2018 Cachapoal
92 | **SAN FRANCISCO DE LAS QUISCAS** Serendipia C. Franc 2017 | Peumo
92 | **SANTA EMA** Gran Reserva Carménère 2018 | Cachapoal

{ DESCORCHADOS }

MELHOR ZONA SUL

AQUITANIA
Sol de Sol *Chardonnay 2016*
MALLECO

As vinhas de Traiguén já têm 25 anos, videiras pioneiras nessa zona ao sul do Chile, onde hoje já existe uma pequena comunidade de produtores que mostra o terroir muito particular de Malleco. Sol de Sol, com sua primeira safra em 2000, é o pioneiro e nessa nova safra continua a mostrar o que sempre mostra: uma deliciosa energia ácida, elétrica, juntamente com aromas minerais e de frutas ácidas, imersos em um corpo intenso e profundo. Estagia em barricas por nove meses, o que acrescenta sabores e texturas a esse clássico. Outro clássico de Aquitânia.

Os melhores de zona sul do ano

- 95 | **AQUITANIA** Sol de Sol Sauvignon Blanc 2018 | Malleco
- 95 | **CASA SILVA** Lago Ranco Sauvignon Blanc 2018 | Osorno
- 95 | **P.S. GARCÍA** P.S. García Chardonnay 2018 | Malleco
- 95 | **SAN PEDRO** 1865 Tayú Pinot Noir 2018 | Malleco
- 94 | **AQUITANIA** Sol de Sol Brut Nature Chardonnay, Pinot Noir N/V Malleco
- 94 | **CASA SILVA** Lago Ranco Riesling 2018 | Osorno
- 94 | **CASA SILVA** Fervor del Lago Ranco Extra Brut Chardonnay, Pinot Noir N/V | Osorno
- 94 | **DE MARTINO** Single Vineyard Tres Volcanes Chardonnay 2018 | Malleco
- 94 | **MIGUEL TORRES** Cordillera Reserva Especial Sauvignon Blanc 2018 Osorno
- 94 | **TRAPI DEL BUENO** Handmade Pinot Noir 2018 | Osorno
- 93 | **BODEGA VOLCANES DE CHILE** Tectonia Chardonnay 2018 | Malleco
- 93 | **TRAPI DEL BUENO** Handmade Chardonnay 2018 | Osorno
- 93 | **TRAPI DEL BUENO** Brut Nature Riesling, Chardonnay 2017 | Osorno
- 93 | **TRAPI DEL BUENO** Handmade Sauvignon Blanc 2019 | Osorno
- 93 | **WILLIAM FÈVRE CHILE** Little Quino Pinot Noir 2019 | Malleco
- 92 | **TRAPI DEL BUENO** Savage Pinot Noir 2018 | Osorno
- 92 | **UNDURRAGA** T.H. Malleco Pinot Noir 2017 | Malleco
- 92 | **VICAP** Los Confines Moscatel 2019 | Malleco
- 92 | **WILLIAM FÈVRE CHILE** Little Quino Sauvignon Blanc 2019 | Malleco

‹ *vencedores* ›

SUPERPREÇO BRANCO

PORTA
Reserva Biobío *Sauvignon Blanc 2019*
BIOBÍO

Por um preço muito, muito conveniente, pode-se desfrutar de um vinho que está longe de ser comum no Chile. Esse 80% Roussanne e 20% Marsanne vem da área de Lolol, no oeste de Colchagua. Cheira a nozes e é exuberantemente maduro e suculento, com sabores amplos e acidez que abre a porta para o frescor, mas não interfere na textura voluptuosa desse vinho.

Os melhores superpreço brancos do ano

- 90 | **BOUCHON** J. Bouchon Reserva Maule Chardonnay 2019 Maule Secano Costero
- 90 | **ESPÍRITU DE CHILE** Intrépido Curicó Sémillon, Sauvignon Blanc, Moscatel 2019 | Curicó
- 90 | **LUIS FELIPE EDWARDS** Reserva Leyda Sauvignon Blanc 2019 | Leyda
- 90 | **TORREÓN DE PAREDES** Andes Collection Cachapoal Andes Sauvignon Blanc 2019 | Rengo
- 90 | **WILLIAM COLE** Alto Vuelo Reserva Casablanca Sauvignon Blanc 2019 Casablanca
- 90 | **WILLIAM COLE** Reserve Casablanca Sauvignon Blanc 2019 Casablanca

{ DESCORCHADOS }

DIVIDIDO

SUPERPREÇO TINTO

VIÑEDOS PUERTAS
El Milagro Reserva *Carménère 2017*
CURICÓ

Uma relação preço-qualidade muito boa, como de costume nos vinhos de Viñedos Puertas, aqui a Carménère é claramente mostrada. Os aromas são vegetais e de ervas, as frutas são maduras e o corpo é macio e leve. Este Carménère vem de vinhedos plantados sobre solos francoargilosos em 2005 e teve estágio de seis meses em barricas usadas. Abram agora para as empanadas de carne.

Os melhores superpreço tintos do ano

90 | **CONCHA Y TORO** Casillero del Diablo Malbec 2018 | Valle Central
90 | **CONCHA Y TORO** Casillero del Diablo Merlot 2018 | Valle Central
90 | **ESPÍRITU DE CHILE** Intrépido Blend Carignan, País, Cinsault 2019 Maule
90 | **MARTY** Pacha Reserva (Ilaia) (Armonia) Carménère 2018 Valle Central
90 | **QUINTAY** Clava Reserva Malbec 2018 | Maipo
90 | **QUINTAY** Clava Reserva Syrah 2018 | Casablanca

‹ *vencedores* ›

DIVIDIDO

SUPERPREÇO TINTO

LOMA NEGRA
Classic *Pinot Noir 2019*
VALLE CENTRAL

Pumanque, na direção oeste de Colchagua, pode não ser a área mais famosa desse vale, mas a influência fresca do mar faz com que os tintos desse lugar tenham nervo. Nesse caso, por um preço ridículo, obtém-se um delicioso Pinot em frutas vermelhas, suculento e refrescante. Esse é para beber por litros.

Os melhores superpreço tintos do ano

- 90 | **CONCHA Y TORO** Casillero del Diablo Malbec 2018 | Valle Central
- 90 | **CONCHA Y TORO** Casillero del Diablo Merlot 2018 | Valle Central
- 90 | **ESPÍRITU DE CHILE** Intrépido Blend Carignan, País, Cinsault 2019 Maule
- 90 | **MARTY** Pacha Reserva (Ilaia) (Armonia) Carménère 2018 Valle Central
- 90 | **QUINTAY** Clava Reserva Malbec 2018 | Maipo
- 90 | **QUINTAY** Clava Reserva Syrah 2018 | Casablanca

PROVA DE VINHOS DESCORCHADOS 2020

‹ *prova de **vinhos*** ›

AS PONTUAÇÕES

80 ›› 85
VINHOS SIMPLES
para todos os dias.

86 ›› 90
APOSTAS MAIS COMPLEXAS,
ainda que também adequadas
para beber diariamente.

91 ›› 95
VINHOS EXCELENTES
que, independente
de seu preço, devem
ser provados.

96 ›› 100
EXISTE A PERFEIÇÃO?
Provavelmente não, mas
neste grupo há vinhos que
se aproximam bastante.

AS CEPAS

 tinto

 branco

 rosado

laranja   espumante   doce

EQUIVALÊNCIAS ESTIMADAS DE PREÇOS

$ ››› Até 25 reais

$$ ››› De 26 a 50 reais

$$$ ››› De 51 a 75 reais

$$$$ ››› De 76 a 100 reais

$$$$$ ››› Acima de 101 reais

7 colores

PROPRIETÁRIO Grupo Yarur
ENÓLOGO Diego Swinburn
WEB www.7coloreschilewine.cl
RECEBE VISITAS Não

Enólogo
DIEGO SWINBURN

Com um nome inspirado no pássaro chileno "sietecolores", também conhecido como "naranjeiro", 7 Colores foi fundada em 2013 pelo enólogo Diego Swinburn, com 20 anos de experiência na indústria por seu trabalho liderando Lourdes, uma das grandes produtoras de vinho a granel do Chile. Situada em Isla de Maipo, a vinícola produz para 7 Colores rótulos de distintos níveis, de diferentes zonas do Chile, incluindo vinhos ambiciosos vindos em geral de uvas de Alto Maipo. Tem cerca de 300 hectares de vinhedos próprios e uma produção anual de 180 mil garrafas.

VINHOS

 GRAN RESERVA
CABERNET SAUVIGNON, MUSCAT 2017
$$ | MAIPO | 13.5°

Embora pareça um pouco estranho, esse forte e concentrado Cabernet de Isla de Maipo possui 4% do floral e perfumado Moscatel. Nunca havíamos encontrado uma mistura como essa, e realmente funciona. A Cabernet brilha em seus frutas vermelhas, em sua textura tensa de taninos firmes e jovens, enquanto a Moscatel aparece atrás, pondo muita atenção, mostrando flores, proporcionando uma nova complexidade.

91 RESERVA DE FAMILIA RED BLEND CARMÉNÈRE, C. SAUVIGNON, CARIGNAN, MERLOT, MOURVÈDRE, PAÍS 2016
$$ | MAULE | 14°

Pencahue é um lugar no vale do Maule cercado por montanhas, quente e seco, que geralmente dá vinhos como esse, generoso em frutas maduras e untuosas. Essa é uma mescla bastante diversificada e multicolorida, mas todas as cepas parecem apontar para a mesma direção: a País, a Monastrell, a Carignan e até a Carménère, todos indo a um lugar quente, onde as frutas doces são as que mandam. Um vinho grande e amável.

OUTROS VINHOS SELECIONADOS
87 | GRAN RESERVA Pinot Noir 2017 | Casablanca | 13.5° | $$
86 | RESERVA Cabernet Sauvignon 2018 | Maipo | 13.5° | $
86 | RESERVA Carménère 2018 | Maule | 13.5° | $

‹ prova de vinhos ›

A los Viñateros Bravos

PROPRIETÁRIO Leonardo Erazo
ENÓLOGO Leonardo Erazo
RECEBE VISITAS *Não*

Enólogo
LEONARDO ERAZO

Leonardo Erazo (Altos Las Hormigas e Rogue Vine) é o nome por trás desse projeto, onde tenta preservar o trabalho daqueles responsáveis pela tradição vitícola chilena em Itata. Trata-se de um trabalho em conjunto com cada produtor. A uva é deles e os lucros são repartidos entre ambos. Portanto, a vinificação é feita em cada uma das vinícolas desses produtores. Erazo tem recondicionado lagares e recipientes de acordo com as condições de cada lugar. Faz isso sem intervir, como uma forma de respeitar o trabalho e a tradição local, que muitas vezes é apoiada com recursos estatais, que buscam transformar as coisas ao invés de melhorá-las. Daí que em Itata tentam convencê-los com Pinot Noir ou cubas de aço inoxidável e, também, até com pacotes de leveduras de laboratório. Nesse caso, e para o bem de todos, tudo caminha na direção contrária. Além disso, inclui-se dentro de A Los Viñateros Bravos, o próprio projeto de Erazo, também focado em vinhedos velhos de Itata. Ambas as linhas marcam um dos trabalhos mais preciosos que hoje se encontram nesse vale e no sul do Chile. **IMPORTADORES:** BRASIL: www.magnumimportadora.com | www.lavinheria.com | USA: www.ripewi.com

VINHOS

 LEONARDO ERAZO AMIGO PIEDRA TINAJACURA ALTO CINSAULT 2019
$$$$$ | ITATA | 13°

Segundo Leonardo Erazo, a melhor Cinsault que ele recebe de seus "crus" de Itata, vem do meio da colina, onde o granito tem algumas argilas e, portanto, retém água para que as plantas não se desidratem nos muitos verões tórridos da região. Essas parcelas, espécie de "Grand Crus" são a base da melhor Cinsault do vale e esse Amigo Piedra está nesse grupo. Aqui a tensão vai além de sua mera expressão frutada (que possui e é refrescante) para entrar em terrenos um pouco mais complexos. O vinho oferece toques de terra, especiarias e ervas em um corpo médio, com taninos pronunciados e afiados e uma acidez que se move por toda a boca com graça.

 GRANÍTICO BLANCO MOSCATEL DE ALEJANDRÍA, SÉMILLON 2019
$$ | ITATA | 11.5°

Esse blend vem da área de Guarilihue Alto, no coração do vale de Itata. São solos de granito que, segundo o enólogo Leonardo Erazo, conferem ao vinho uma linearidade, uma verticalidade. 60% Moscatel e o restante de Sémillon, essa verticalidade é sentida em um vinho que avança pelo meio do palato, com suas notas florais, mais flanqueadas pela acidez que se parece com um guarda-costas. Um vinho de grande frescor, mas ao mesmo tempo de grande austeridade. Para piures.

A los Viñateros Bravos

GRANÍTICO PAÍS
PAÍS 2019
$$ | ITATA | 12.5°

Uma visão deliciosa de País, é suco de fruta vermelha pura, delicada e firme em acidez. Os taninos são pontiagudos, mas macios e o final tem um leve toque de ervas que acentua o frescor. Um desses vinhos para não parar de beber. Esse Granito vem da área de Leonera e de uma vinha plantada há mais de 200 anos. O estágio é feito em cimento e dura um ano.

LEONARDO ERAZO LA RESISTENCIA GUARILIHUE ALTO PAÍS 2019
$$$$ | ITATA | 12°

Esse vinho pertence à série Parcela Única Superior, de propriedade de Leonardo Erazo desde 2016, mas que foi estabelecido pela família Fuentealba por volta de 1867. 100% País, estagiado em lagar de cimento, possui um delicioso frescor e uma estrutura tensa, marcada por essa acidez tão típica dos vinhos de Erazo em Itata, especialmente todos os que vêm de solos de granito. Um vinho firme e fibroso, mas ao mesmo tempo totalmente recomendado se o objetivo for matar a sede.

LEONARDO ERAZO PIEL DE ARCILLA BULARCO CUVÉE ESPECIAL MOSCATEL DE ALEJANDRÍA, TORONTEL 2019
$$$ | ITATA | 11.5°

O nome Piel de Arcilla vem da guarda desse vinho em velhas tinajas de argila e não têm nada a ver com o solo de onde vem essa mescla metade Moscatel e metade Torontel. A verticalidade de sua estrutura fala dos solos de granito do vinhedo, mas os aromas de flores e de frutas falam da exuberância da Moscatel, que parece dominar aqui, embora haja também um toque salino que sabe-se lá de onde vem. Um vinho que precisa ser provado com ostras.

PIPEÑO TINTO
CINSAULT 2019
$$ | ITATA | 12°

Para Leonardo Erazo, o pipeño em essência é o vinho leve, para matar a sede e feito com a uva que é a mais abundante na zona. Se no Maule a País abunda e o pipeño é feito quase exclusivamente com essa cepa, em Itata não há muito País, mas o que abunda é a Cinsault. E com essa cepa, de uma vinha muito antiga da região de La Leonera, Erazo produz esse delicioso suco de frutas vermelhas. Fermentado em cimento e imediatamente engarrafado. É o vinho perfeito para refrescar o calor.

GRANÍTICO
CINSAULT 2019
$$ | ITATA | 13°

Este **Granítico** mostra o efeito dos solos de granito em Itata na Cinsault. Aos frutos radiantes, vermelhas e frescas da variedade, acrescenta-se a tensão dos taninos que aqui mostram um lado tenso, de certa severidade. A acidez é o que acrescenta frescor aqui, mas também destaca os sabores de frutas e de ervas em um vinho daqueles para se beber por litros.

‹ prova de vinhos ›

93 | LEONARDO ERAZO ÁRBOL ARRIBA BULARCO CUVÉE ESPECIAL TORONTEL 2019
$$$ | ITATA | 11.5°

Esse Torontel vem de vinhas velhas nas colinas de granito de Bularco, no vale de Itata. Estagia em cimento e em aço inoxidável e tem uma acidez que impulsiona os sabores. O corpo é muito bom, mas graças a essa acidez, parece fresco e fácil de beber. E a textura é rústica, muito similar aos brancos dessa zona, geralmente com contato com as peles. Nesse caso, foram duas semanas.

93 | LEONARDO ERAZO EL TÚNEL GUARILIHUE ALTO CINSAULT 2019
$$$$ | ITATA | 12.5°

Outro membro da série Parcela Única Superior, é uma vinha cultivada em 1960, mas que desde 2016 é de propriedade de Leonardo Erazo para seu projeto A Los Viñateros Bravos. Essa vinha de 0,4 hectares está localizada na ponta de uma colina, com muito pouco solo e granitos expostos, o que confere à estrutura muita verticalidade. Em um ano relativamente fresco em Itata, aqui você sente as frutas vermelhas frescas e vivas da cepa.

93 | LEONARDO ERAZO HOMBRE EN LLAMAS GUARILIHUE ALTO CARIGNAN 2019
$$$$ | ITATA | 12.5°

Não é comum que, no clima de Itata, sejam observadas com muita frequência cepas que precisam do sol para amadurecer como a Carignan. No entanto, Leonardo Erazo encontrou um pequeno lote de 0,3 hectare de exposição quente ao norte plantada com Carignan e daí produz Hombre en Llamas, um Carignan mais herbáceo do que frutado, com uma acidez impressionante, não adequada para cardíacos, em um vinho cheio de frescor, cheio de intensidade. Aqui é necessário cordeiro.

93 | LEONARDO ERAZO LA RUPTURA GUARILIHUE ALTO MOSCATEL DE ALEJANDRÍA 2019
$$$$ | ITATA | 12°

Leonardo Erazo compra uvas para esse Moscatel (com 2% de Sémillon) da família Fuentealba. Os registros dizem que esta vinha foi plantada em 1867. Desde 2016, A Los Viñateros Bravos cuida dessas vinhas e esse ano obtiveram um vinho laranja, produto de um mês de contato com as peles. É perfumado, floral, rico em toques especiados. A boca é cheia de sabores de acidez e frutas cítricas, enquanto as notas de flores dão complexidade. Para as ostras.

92 | LEONARDO ERAZO LAS CURVAS TINAJACURA ALTO CINSAULT 2019

$$$$ | ITATA | 12.5°

Las Curvas é uma parcela de 0,8 hectare plantado pela família Castillo em 1938 e que Leonardo Erazo comprou em 2019. É um vinhedo 100% Cinsault no topo de uma colina de granito, mas coberto de argila. Os vinhos de granito de Erazo tendem a ser pontiagudos e afiados, mas, neste caso - antes da presença de argila - o vinho ganha em voluptuosidade, assumindo uma forma mais redonda, sem bordas, com sabores maduros, embora com uma acidez muito boa.

A los Viñateros Bravos

VOLCÁNICO
PAÍS 2019
$$ | ITATA | 12°

Em Batuco, no meio do vale do Itata, no sopé do morro, o calor é intenso e é sentido nesta vinha de cerca de cem anos, plantada em solos de areia preta ou localmente conhecido como "trumao". Uma visão ampla e envolvente do país, mas ainda não perde seu frescor. Outro para beber e beber.

Agua Santa

PROPRIETÁRIO Luis Felipe Edwards Sr. & Senhora
ENÓLOGO Nicolás Bizzarri
WEB www.lfewines.com
RECEBE VISITAS Não

Enólogo
NICOLÁS BIZZARRI

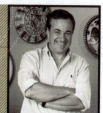

Os vinhos de Agua Santa fazem parte do portfólio da Luis Felipe Edwards, uma vinícola familiar chilena, em grande parte dedicada às exportações. As primeiras vinhas, que datam do início dos anos 1900, sua moderna vinícola e o centro de operações, estão localizados em Puquillay Alto, no coração do vale de Colchagua desde 1976. As vinhas da família Edwards alcançam 2000 hectares e estão distribuídas nos vales mais importantes da zona central do Chile. Suas várias propriedades incluem plantações a 900 metros de altura em Puquillay Alto, vinhas centenárias no Maule, plantações costeiras de clima frio em Leyda e Pumanque - Colchagua Costa - entre outras. Essa grande diversidade de vinhedos reflete-se em suas diferentes linhas de vinho. **IMPORTADOR:** BRASIL: www.condor.com.br

VINHOS

BIEN VENIDO
SYRAH, CABERNET SAUVIGNON, CARMÉNÈRE, GRENACHE, PETIT VERDOT, MOURVÈDRE 2015
$$$ | COLCHAGUA | 14.5°

Esta é uma seleção de algumas das mais altas vinhas na cidade de Puquillay, no vale de Colchagua, entre 600 e 900 metros, bastante alta para a média da região. Essa nova versão possui 46% Syrah, 20% Cabernet Sauvignon, 17% Carménère, 10% Garnacha e o restante de Petit Verdot e Monastrell. Comparado com a versão anterior, parece um pouco mais frio, com mais frutas vermelhas e com maior tensão, embora mantenha a mesma musculatura fibrosa dos vinhos de altura. Um delicioso vinho tinto, para beber agora ou em dois a três anos, só ganhará complexidade, enquanto a acidez aguda sentida hoje permitirá que ele continue envelhecendo.

GRAN RESERVA
SAUVIGNON BLANC 2019
$$ | LEYDA | 13.5°

Em uma excelente relação qualidade-preço, sente-se nervoso e tenso em acidez. Tem sabores de frutas tropicais, tons de ervas em um corpo leve. Esse vem dos solos graníticos de Leyda, no vale de San Antonio, a cerca de 8 quilômetros do mar. O branco ideal para o aperitivo.

‹ *prova de **vinhos*** ›

BRUT
CHARDONNAY, PINOT NOIR N/V
$$ | COLCHAGUA COSTA | 12.5°

Pumanque é a área mais ocidental (mais próxima do mar), onde Agua Santa tem vinhedos em Colchagua e daí vem esse 85% Chardonnay, mais 15% de Pinot que vem de Leyda, também de seus próprios vinhedos. Este Charmat tem foco em frutas e frescor. Tudo aqui é deliciosa acidez, frutas brancas e borbulhas cremosas. Para beber por garrafas.

BRUT ROSÉ
PINOT NOIR, CHARDONNAY N/V
$$ | LEYDA | 12.5°

85% desse vinho é Pinot Noir que vem da zona de Leyda, no vale de San Antonio, muito perto do mar. E isso se sente no frescor e agilidade desse vinho na boca. Com um açúcar residual por litro de pouco mais de cinco gramas, a fruta parece florescer. Um vinho que é um suco de framboesa com borbulhas.

GRAN RESERVA
CABERNET SAUVIGNON 2018
$$ | COLCHAGUA | 14°

Uma boa abordagem para a Cabernet Sauvignon, é uma amostra simples da cepa, focada em frutas vermelhas maduras em vez de ervas. É suculento e tem textura muito macia. Esse Cabernet é proveniente de uvas compradas na área de Lolol, na região oeste de Colchagua.

GRAN RESERVA
CARMÉNÈRE 2018
$$ | COLCHAGUA | 13.5°

Da zona de Lolol, a oeste de Colchagua, esse é um clássico Carménère. Deliciosas frutas vermelhas em um contexto de toques de ervas, muito típico da variedade. A textura é bastante leve, com uma acidez rica em um vinho simples e fácil de beber, mas com a vantagem de mostrar um lado mais fresco e frutado da variedade.

GRAN RESERVA
CHARDONNAY 2019
$$ | CASABLANCA | 13.5°

Generoso em frutas tropicais, notas redutoras que parecem minerais, além de uma acidez fresca e viva nesse Chardonnay simples e que você bebe muito rápido. Essa é uma seleção de uvas que Agua Santa compra na região de Bajo Casablanca, muito perto do Pacífico.

RESERVA
SAUVIGNON BLANC 2019
$ | LEYDA | 12.5°

É o vinho base de Agua Santa em Leyda e em Sauvignon Blanc, um branco delicioso e refrescante que mostra o potencial da vinícola nesses vinhedos plantados em 2005. Aqui há uma deliciosa pureza de frutas frescas, muito influenciada pelo vinho. Brisas marinhas, distantes cerca de 8 quilômetros em linha reta. Atenção aqui. Um vinho para o ceviche.

Agua Santa

OUTROS VINHOS SELECIONADOS
89 | CLASSIC Pinot Noir 2019 | Vale Central | 12.5° | $
88 | CLASSIC C. Sauvignon, Carménère, Syrah 2019 | Vale Central | 13.5° | $
88 | CLASSIC Malbec 2019 | Vale Central | 13° | $
88 | CLASSIC Syrah 2019 | Vale Central | 13.5° | $

Almaviva

PROPRIETÁRIO Baron Philippe de Rothschild S.A. & Viña Concha y Toro S.A.
ENÓLOGO Michel Friou
WEB http://www.almavivawinery.com
RECEBE VISITAS Não

Enólogo
MICHEL FRIOU

Almaviva nasce em 1997 da sociedade entre Concha y Toro e a companhia francesa Baron Philippe de Rothschild, dono do Château Mouton Rothschild de Bordeaux. Se localiza na comuna de Puente Alto, nos vinhedos de El Tocornal, um dos setores mais cobiçados para o Cabernet Sauvignon de Maipo e berço também dos vinhos Don Melchor (Concha y Toro) e Viñedo Chadwick (Errázuriz). O vinhedo de Almaviva tem 60 hectares, a maioria de Cabernet Sauvignon de vinhas de mais de 40 anos. Ali nascem dois vinhos: Almaviva e Epu, segundo vinho da casa. Seus caminhos não se bifurcam no vinhedo, mas na vinícola. É na fase final da fermentação, onde o vinho está em tanques de aço e barricas, quando o enólogo Michel Friou elege quais vão para cada rótulo. Oriundo da França, Friou é enólogo de Almaviva desde 2007. **IMPORTADORES:** USA: http://www.twinsbordeaux.com   http://www.joanne.fr

VINHOS

 ALMAVIVA
C. SAUVIGNON, CARMÉNÈRE, C. FRANC, P. VERDOT, MERLOT 2017
$$$$$ | PUENTE ALTO | 14.5°

2017 foi uma safra quente no vale do Maipo e que forçou o avanço das colheitas para manter o frescor da fruta. Nesse caso, o enólogo Michel Friou e sua equipe colheram cerca de três semanas mais cedo do que um ano "normal" para manter a elegância e a tensão nesse clássico entre os tintos chilenos. A mescla desse ano é de 65% Cabernet Sauvignon, 23% Carménère, 5% Cabernet Franc, 5% de Petit Verdot e o resto Merlot. O vinho foi, como de costume, uma carga de frutas frescas deliciosas, além de ricos toques de ervas que parecem vir de Carménère. O ano se sente, mas não tanto quanto se esperaria, graças à boa acidez e à estrutura firme de taninos, mas altamente polido. É um vinho que merece ser guardado. Almaviva nasce na vinha El Tocornal, em Puente Alto, em solos aluviais do Maipo Alto. A vinha tem uma longa história de plantações, mas a vinha atual tem cerca de 40 anos e é baseada em Cabernet Sauvignon.

 EPU
C. SAUVIGNON, C. FRANC, CARMÉNÈRE, MERLOT 2017
$$$$$ | PUENTE ALTO | 14.5°

"Do total de litros que vinificamos, entre 50% e 55% vão para Almaviva e de 10% a 15% para Epu. O restante vendemos a granel", diz Michel Friou, produtor do vinho Almaviva desde 2017. Epu é uma espécie de "deuxième vin" da casa e é uma seleção que geralmente é feita em agosto, quando

‹ prova de vinhos ›

há vinhos em barricas e tanques de aço. Nesse ponto, o vinho está quase pronto (especialmente com a malolática, que é uma etapa crucial para que a suavidade esteja completa) e resta apenas decidir quais os vinhos que irão para a mescla final. A primeira decisão é tomada com Almaviva e, em seguida, trabalha-se nessa mistura que, neste ano tem 83% de Cabernet Sauvignon, 11% de Carménère, 3,5% de Cabernet Franc e 2,5% de Merlot e no total cerca de quarenta mil garrafas. Graças a um ano quente no Maipo, aqui o nariz oferece notas generosas de frutas maduras no meio de um corpo suave, de acidez suave, mas presente. A boca tem taninos muito polidos, muito no estilo elegante da casa, o que auxilia que o vinho deslize pela boca com muita delicadeza.

AltaCima

PROPRIETÁRIOS Klaus Schröder & Katharina Hanke
ENÓLOGOS Klaus Schröder
WEB www.altacima.cl
RECEBE VISITAS *Sim*

Proprietário & enólogo
KLAUS SCHRÖDER

AltaCima é o projeto de Klaus Schröder, enólogo de importante trajetória e que entre os anos 1965 e 1996 foi solicitado por algumas das vinícolas mais importantes do Chile: San Pedro, Errázuriz e Santa Rita. No ano 2000 construiu sua própria vinícola em Sagrada Família, no coração do vale de Curicó, onde já tinha 62 hectares de vinhedos plantados no ano de 74. **IMPORTADORES:** BRASIL: www.wine-co.com.br | USA: www.cometewines.com

VINHOS

93 | **6330 ALTO ANDES**
SAUVIGNON BLANC 2018
$$ | LONTUÉ | 13.1°

As uvas desse Sauvignon são compradas por AltaCima na cordilheira de Lontué, às margens do rio Colorado, a cerca de 450 metros de altura. Esse Sauvignon tem a moral dos vinhos de montanha, aquele lado herbáceo, cítrico, de grande acidez. Um branco com um toque salino, que o diferencia de seus pares na costa, muito mais exuberante, de frutas mais doces. Isso leva um caminho mais austero.

93 | **6330 ENSAMBLAJE K**
P. VERDOT, C. SAUVIGNON, SYRAH, MERLOT, CARMÉNÈRE 2017
$$ | LONTUÉ | 13°

Esse tinto é um resumo do estilo dos vinhos AltaCima, uma vinícola que muito antes de os vinhos frescos, o uso moderado da madeira e a acidez se tornarem moda, eles já faziam vinhos assim. Aqui há 34% de Petit Verdot, 31% de Cabernet Sauvignon, 30% de Syrah, 3% de Merlot e o restante de Carménère. O vinho brilha em suas notas de frutas vermelhas, em sua acidez tensa e nessa rede de taninos firmes, ricos em tensão.

 6330 LATE HARVEST
GEWÜRZTRAMINER 2017
$$ | LONTUÉ | 12.4°

Colhido muito tarde na estação, bem no final de junho, quando as uvas já

AltaCima

estão podres. Depois de selecionar as uvas, o vinho é fermentado em aço e vai para a garrafa. Os rendimentos são baixos. Desse vinho foram feitas pouco mais de três mil garrafas e é delicioso. Para os amantes do estilo, aqui há frutos secos, toques de mel e de geleia de frutas brancas. A boca tem cerca de 85 gramas de açúcar, mas a acidez é forte e tensa e isso ajuda o vinho a não ser enjoativo.

4090
GEWÜRZTRAMINER 2019
$$ | LONTUÉ | 13.8°

Uma seleção de videiras plantadas em 1993, no campo de AltaCima, na Sagrada Família, aqui a Gewürz tem uma personalidade bastante retraída e na boca se desdobra com suas notas florais e uma acidez firme e intensa, além do corpo exuberante, que sempre essa variedade apresenta. Um vinho para acompanhar porco com molho agridoce.

4090
MERLOT 2018
$$ | LONTUÉ | 13°

Faltam mais Merlot como esses no mundo e, é claro, no Chile. É proveniente da vinha El Esquinao, plantada em 1998 ao lado da vinícola de Sagrada Família. São solos argilosos, que retêm água, algo que a sedenta Merlot sempre gosta. Aqui há frutas vermelhas intensas, cheias de acidez. É um delicioso suco de frutas vermelhas, para beber e beber no verão. Quando se diz que a Merlot não tem lugar no mercado, aqui está um bom argumento para remediar essa situação.

4090
CARMÉNÈRE 2018
$$ | LONTUÉ | 12.5°

Nervoso e tenso, é um Carménère que brilha em seu frescor. A acidez é firme, os aromas herbáceos coexistem sem problemas com os frutados, enquanto na boca é sentida a fibra, a tensão é sentida em um vermelho simples, mas muito refrescante. Esse Carménère vem dos solos argilosos da vinha El Patio, ao lado da vinícola AltaCima, em Sagrada Família.

4090
CHARDONNAY 2019
$$ | LONTUÉ | 13.9°

No estilo dos vinhos da casa, possui um nariz bastante austero e na boca é marcado pela acidez e frutas brancas e florais. Não é exuberante, mas mais retraído, embora não menos suculento e fácil de beber.

4090
SYRAH 2018
$$ | LONTUÉ | 12.5°

Seguindo o estilo da linha 4.090, esse Syrah tem uma deliciosa fruta fresca e vermelha, um corpo nervoso com aderência e um corpo leve que lhe dá uma sensação de agilidade, facilidade de beber. Esse vem de vinhedos plantados em 2006 na Sagrada Família.

OUTRO VINHO SELECIONADO
89 | 4090 Cabernet Sauvignon 2018 | Lontué | 12.4° | $$

‹ prova de *vinhos* ›

Alto Los Romeros

PROPRIETÁRIO Luis Felipe Edwards Sr. & Senhora
ENÓLOGO Nicolás Bizzarri
WEB www.altolosromeroswines.com
RECEBE VISITAS *Não*

Enólogo
NICOLÁS BIZZARRI

Os vinhos de Alto Los Romeros fazem parte do portfólio da Luis Felipe Edwards, uma vinícola familiar chilena, em grande parte dedicada às exportações. As primeiras vinhas, que datam do início dos anos 1900, sua moderna vinícola e o centro de operações, estão localizados em Puquillay Alto, no coração do vale de Colchagua desde 1976. As vinhas da família Edwards alcançam 2000 hectares e estão distribuídas nos vales mais importantes da zona central do Chile. Suas várias propriedades incluem plantações a 900 metros de altura em Puquillay Alto, vinhas centenárias no Maule, plantações costeiras de clima frio em Leyda e Pumanque - Colchagua Costa - entre outras. Essa grande diversidade de vinhedos reflete-se em suas diferentes linhas de vinho.

IMPORTADORes: BRASIL: www.samsclub.com.br | USA: www.misaimports.com

VINHOS

 EL ALTO SYRAH, CABERNET SAUVIGNON, CARMÉNÈRE, GRENACHE, PETIT VERDOT, MOURVÈDRE 2015
$$$ | COLCHAGUA | 14.5°

El Alto é uma seleção de algumas das mais altas vinhas que Alto Los Romeros tem na cidade de Puquillay, no vale de Colchagua, entre 600 e 900 metros, bastante alta para a média da região. Essa nova versão possui 46% Syrah, 20% Cabernet Sauvignon, 17% Carménère, 10% Garnacha e o restante de Petit Verdot e Monastrell. Comparado com a versão anterior, parece um pouco mais frio, com mais frutas vermelhas e com maior tensão, embora mantenha a mesma musculatura fibrosa dos vinhos de altura. Um delicioso vinho tinto, para beber agora ou em dois a três anos, só ganhará complexidade, enquanto a acidez aguda sentida hoje permitirá que ele continue envelhecendo.

91 **GRAN RESERVA**
SAUVIGNON BLANC 2019
$$ | LEYDA | 13.5°

Em uma excelente relação qualidade-preço, sente-se nervoso e tenso em acidez. Tem sabores de frutas tropicais, tons de ervas em um corpo leve. Esse vem dos solos graníticos de Leyda, no vale de San Antonio, a cerca de 8 quilômetros do mar. O branco ideal para o aperitivo.

 BRUT
CHARDONNAY, PINOT NOIR N/V
$$ | COLCHAGUA COSTA | 12.5°

Pumanque é a área mais ocidental (mais próxima do mar), onde Alto Los Romeros tem vinhedos em Colchagua e daí vem esse 85% Chardonnay, mais 15% de Pinot que vem de Leyda, também de seus próprios vinhedos. Este Charmat tem foco em frutas e frescor. Tudo aqui é deliciosa acidez, frutas brancas e borbulhas cremosas. Para beber por garrafas.

Alto Los Romeros

 BRUT ROSÉ
PINOT NOIR, CHARDONNAY N/V
$$ | LEYDA | 12.5°

85% desse vinho é Pinot Noir que vem da zona de Leyda, no vale de San Antonio, muito perto do mar. E isso se sente no frescor e agilidade desse vinho na boca. Com um açúcar residual por litro de pouco mais de cinco gramas, a fruta parece florescer. Um vinho que é um suco de framboesa com borbulhas.

 GRAN RESERVA
CABERNET SAUVIGNON 2018
$$ | COLCHAGUA | 14°

Uma boa abordagem para a Cabernet Sauvignon, é uma amostra simples da cepa, focada em frutas vermelhas maduras em vez de ervas. É suculento e tem textura muito macia. Esse Cabernet é proveniente de uvas compradas na área de Lolol, na região oeste de Colchagua.

 GRAN RESERVA
CARMÉNÈRE 2018
$$ | COLCHAGUA | 13.5°

Da zona de Lolol, a oeste de Colchagua, esse é um clássico Carménère. Deliciosas frutas vermelhas em um contexto de toques de ervas, muito típico da variedade. A textura é bastante leve, com uma acidez rica em um vinho simples e fácil de beber, mas com a vantagem de mostrar um lado mais fresco e frutado da variedade.

 GRAN RESERVA
CHARDONNAY 2019
$$ | CASABLANCA | 13.5°

Generoso em frutas tropicais, notas redutoras que parecem minerais, além de uma acidez fresca e viva nesse Chardonnay simples e que você bebe muito rápido. Essa é uma seleção de uvas que Alto Los Romeros compra na região de Bajo Casablanca, muito perto do Pacífico.

 RESERVA
SAUVIGNON BLANC 2019
$ | LEYDA | 12.5°

É o vinho base de Alto Los Romeros em Leyda e em Sauvignon Blanc, um branco delicioso e refrescante que mostra o potencial da vinícola nesses vinhedos plantados em 2005. Aqui há uma deliciosa pureza de frutas frescas, muito influenciada pelo vinho. Brisas marinhas, distantes cerca de 8 quilômetros em linha reta. Atenção aqui. Um vinho para o ceviche.

OUTROS VINHOS SELECIONADOS
89 | CLASSIC Pinot Noir 2019 | Vale Central | 12.5° | $
88 | CLASSIC RED BLEND Cabernet Sauvignon, Carménère, Syrah 2019
      Vale Central | 13.5° | $
88 | CLASSIC Malbec 2019 | Vale Central | 13° | $
88 | CLASSIC Syrah 2019 | Vale Central | 13.5° | $

‹ *prova de **vinhos*** ›

Andes Plateau

PROPRIETÁRIO Felipe Uribe
ENÓLOGO Felipe Uribe
WEB www.andesplateau.cl
RECEBE VISITAS Não

Proprietários & enólogos
MAITE HOJAS & FELIPE URIBE

Como um projeto de vinhos de altitude, influenciados pela cordilheira, se define esta vinícola fundada pelo enólogo Felipe Uribe. Foi conhecida em 2013, com o lançamento de Andes Plateau 700, um tinto que mescla uvas de duas origens: Pirque (Maipo) e Alcohuaz (Elqui). Hoje o pequeno catálogo de Andes Plateau tem outros dois rótulos, Cota 500 Cabernet Sauvignon e Cota 500 Merlot. Uribe foi por anos enólogo da vinícola William Fèvre, onde já elaborava vinhos marcados pelo caráter da montanha. Andes Plateau tem em sociedade com sua família. **IMPORTADORES:** BRASIL: www.dominiocassis.com.br   www.arydelicatessen.com.br   www.massimex.com.br | USA: www.vinosdelrey.com   www.pacificrim.com   www.vineyardroad.com

VINHOS

700
CABERNET SAUVIGNON, SYRAH, CABERNET FRANC, MERLOT 2017
$$$$ | MAIPO ANDES | 13.6°

700 é um vinho tinto à base de 85% Cabernet Sauvignon da região de Pirque, um lugar montanhoso que fornece vinhos com esse tipo de frescor, esse tipo de intensas frutas vermelhas e também esse tipo de aromas de ervas. É a primeira vez que não há uvas do vale de Alcohuaz, um "sócio" de 700 desde sua primeira safra em 2012. A ausência subtraiu a untuosidade, mas acrescentou nervos a um Cabernet cheio de tensão e de suculência. Muito jovem, é para guardá-lo por pelo menos cinco anos.

COTA 500
SYRAH 2018
$$$ | CACHAPOAL ANDES | 13.8°

Cota 500 é originário de uma vinha de cerca de 20 anos na cidade de Coya, na região de Cachapoal Andes. Envelhecido em barricas usadas por cerca de dez meses, tem forte ênfase nas frutas vermelhas em taninos finos e pulsantes. Um vinho de grande nervo, com leves toques florais e cárnicos.

COTA 500
CABERNET SAUVIGNON, SYRAH, CABERNET FRANC 2018
$$$ | MAULE | 13.6°

No sopé dos Andes, no vale do Maule, Andes Plateau obtém as uvas para esse vinho tinto à base de 95% Cabernet Sauvignon. A fruta vermelha comanda esse vinho, um respeito por essa fruta de montanha, crocante e fresca. O vinho foi produzido em velhos foudres e barricas, que parecem ter moderado a textura, mas os taninos ainda se sentem firmes, sustentando os sabores de frutas que parecem ainda mais radiantes e nervosos em um vinho de aderência e tensão.

COTA 500
CHARDONNAY 2019
$$$ | MAULE | 14.2°

Esse Chardonnay vem de solos coluviais, aos pés dos Andes. A vinha foi

Andes Plateau

plantada no final dos anos 1990 e é um dos poucos exemplos da variedade que vem dessa área, no Maule. Com cinco meses de estágio em barricas, a malolática foi evitada para preservar as frutas de um local muito frio e que oferece frutas brancas e frescas nesse vinho. A acidez é o motor da frescor em um Chardonnay cremoso e amplo.

Antiyal

PROPRIETÁRIOS Álvaro Espinoza & Marina Ashton
ENÓLOGO Álvaro Espinoza
WEB www.antiyal.com
RECEBE VISITAS Sim

Proprietário & enólogo
ÁLVARO ESPINOZA

Álvaro Espinoza é dos enólogos mais influentes do Chile. Foi pioneiro em vários âmbitos: na viticultura orgânica e biodinâmica, onde é referência na América Latina; na redescoberta do Carménère, rotulando primeiro logo depois de aparecer nos vinhedos de Viña Carmen; e também em empreender um projeto independente, Antiyal, quando na cena nacional não existia isso, hoje tão comum, de um enólogo fazer seu próprio vinho. Estabelecida em 1998 em Huelquén, em Alto Maipo, onde Espinoza levantou uma pequena vinícola junto com sua família, Antiyal partiu sendo só um rótulo, um vinho homônimo, uma mescla tinta que em 1998 foram lançadas 3.000 garrafas. Hoje a produção total cresceu para 40.000 garrafas em três linhas de vinhos. **IMPORTADOR:** USA: www.ripe.com

VINHOS

 ANTIYAL
CABERNET SAUVIGNON, CARMÉNÈRE, SYRAH 2017
$$$$$ | MAIPO | 14.5°

Antiyal já completou duas décadas desde que estreou em 1998 como o primeiro biodinâmico no Chile e também o primeiro vinho que foi oficialmente o projeto pessoal de um enólogo, algo que agora é comum na cena chilena. Além disso, esse Antiyal foi o primeiro vinho agrícola biodinâmico do Chile e assim permaneceu, ocupando seu espaço pioneiro. O mix deste ano tem 54% de Carménère, 35% de Cabernet Sauvignon e o restante de Syrah, todos provenientes de vinhedos plantados em 2003 em torno da vinícola e também ao lado da casa onde a família Espinoza vive e trabalha. Essa nova versão é exuberante na boca, cheia de frutas vermelhas e sabores suculentos de frutas e ervas. A textura é cheia, redonda em taninos, com uma acidez que refresca tudo em seu caminho. Esse vinho parece jovem, um pouco selvagem, em uma das boas versões desse clássico.

 ANTIYAL VIÑEDO EL ESCORIAL
CARMÉNÈRE 2017
$$$$$ | MAIPO | 14.5°

Este Carménère vem do quartel 7, em solos aluviais e coluviais, mas com muita pedra e fertilidade muito baixa. São 0,8 hectare de onde Álvaro obtém frutas para Antiyal. O vinho estagia 100% em ovos (não tem madeira), onde permanece por um ano. A expressão da Carménère, como é habitual nesse vinho, é pura, concentrada nas notas de ervas e nas notas frutadas da cepa, que são muitas e generosas, mas que nos últimos anos foram escondidas com a madeira ou sobremadurez. É fresco, delineado por uma acidez suculenta e de frutas em todos os lugares em um contexto de corpo médio. Esse é um vinho para guardar, embora agora ofereça tudo o que eles precisam para acompanhar um ensopado de cordeiro. Carménère em um nível muito alto.

 KUYÉN
CABERNET SAUVIGNON, CARMÉNÈRE, SYRAH, PETIT VERDOT 2017
$$$$$ | MAIPO | 14.5°

Kuyén é uma espécie de segundo vinho da casa, o irmão mais novo de Antiyal e que esse ano tem 55% Syrah, 22% Cabernet Sauvignon, 17% Carménère e 6% Petit Verdot, tudo de vinhas que cercam a vinícola Antiyal em Huelquén, plantada em 2003. As cepas estagiam separadamente, exceto a Cabernet e a Petit que são cofermentadas. O estágio se prolonga por doze meses e o vinho é uma delícia de sabores de frutas, frutas vermelhas e negras em um vinho que se expande pela boca muito suavemente, com muito equilíbrio. Nada resta por aqui, tudo são frutas e ervas.

 PURA FE
CARMÉNÈRE 2017
$$$$ | MAIPO | 14.5°

Para este **Pura Fe**, o enólogo Álvaro Espinoza recorre a vinhedos jovens, plantados em 2010 em solos aluviais na região de Alto Maipo. Em uma safra quente, tiveram que colher a fruta mais cedo para não perder o frescor. Tem um delicioso lado refrescante, de notas de frutas vermelhas, de especiarias e de ervas aromáticas em um vinho delicioso, que corresponde muito fielmente ao novo estilo de Carménère que prevalece hoje e que privilegia a fruta e o frescor, e que não tem medo das notas de ervas típicas da variedade.

 PURA FE
CABERNET SAUVIGNON 2017
$$$$ | MAIPO | 14.5°

O trio de Pura Fé, a porta de entrada para o mundo de Antiyal, é completado com esse Cabernet, que é um suco de frutas vermelhas e de especiarias. Um vinho de taninos elegantes, acompanhado por uma acidez fina. O vinho é fácil de beber, a boca está cheia de sabores de frutas vermelhas maduras e ervas. Este é um exemplo fresco e vibrante de Cabernet de montanha.

 PURA FE
GARNACHA, SYRAH 2017
$$$$ | MAIPO | 14.5°

Pura Fe é a linha de entrada de Antiyal e, nesse caso, são videiras jovens plantadas em 2011, nos leitos do rio. Possui 67% de Garnacha e o restante de Syrah, cofermentados e depois estagia em barricas por cerca de 16 meses. O vinho apresenta uma deliciosa fruta vermelha madura, com taninos muito polidos e macios e com a acidez de montanha, que vibra aqui.

Aquitania

PROPRIETÁRIOS Felipe de Solminihac, Bruno Prats & Ghislain de Montgolfier
ENÓLOGOS Felipe de Solminihac, Bruno Prats, Ghislain de Montgolfier & Angela Jara
WEB www.aquitania.cl
RECEBE VISITAS Sim

Proprietário & enólogo
FELIPE DE SOLMINIHAC

Em **Quebrada de Macul, em Santiago**, se localiza esta vinha cujos 18 hectares originais ficam rodeados de condomínios devido ao crescimento da cidade. Fundada em 1991 pelos franceses Bruno Prats, Paul Pontallier e o chileno Felipe de Solminihac, que é além disso seu enólogo, Aquitania produz neste exclusivo terroir de Alto Maipo principalmente Cabernet Sauvignon, sendo o rótulo **Lázuli** seu maior representante. Têm, isso sim, outra importante fonte de uvas, cultivadas a 650 quilômetros ao sul da vinícola, na chuvosa zona de Malleco. Ali, Felipe de Solminihac foi pioneiro em apostar na viticultura em uma região onde não havia antecedentes. Há mais de 20 anos tomou esse desafio, e Aquitania hoje tem uma consolidada linha de vinhos de clima frio e austrais, a exclusiva **Sol de Sol**. **IMPORTADORES:** BRASIL: www.zahil.com.br | USA: www.vineconnections.com

VINHOS

LAZULI
CABERNET SAUVIGNON 2016
$$$$$ | MAIPO ANDES | 14.5°

Essa é uma seleção de vinhedos de Aquitânia em Macul, plantados em solos pedregosos há cerca de 30 anos, nessa que é uma das áreas mais tradicionais do vinho chileno e hoje abriga vinhos tão importantes quanto esse Lázuli, como também Domus Aurea de Clos Quebrada de Macul e Lota de Cousiño Macul. Esse tem 16 meses em barricas (400 litros) de diferentes usos e, em seguida, permanece na garrafa por um ano antes de ir ao mercado. O estilo da casa parece muito bem retratado com essa colheita fria. A delicadeza acompanhada de frutas frescas, a textura quase etérea dos taninos, agregada aos sabores de frutas vermelhas e de notas terrosas. Um clássico entre os clássicos, que estreou em 2002 e mantém seu estilo até agora, não importa o que aconteça.

SOL DE SOL
CHARDONNAY 2016
$$$$ | MALLECO | 13°

As vinhas de Traiguén já têm 25 anos, videiras pioneiras nessa zona ao sul do Chile, onde hoje já existe uma pequena comunidade de produtores que mostra o terroir muito particular de Malleco. Sol de Sol, com sua primeira safra em 2000, é o pioneiro e nessa nova safra continua a mostrar o que sempre mostra: uma deliciosa energia ácida, elétrica, juntamente com aromas minerais e de frutas ácidas, imersos em um corpo intenso e profundo. Estagia em barricas por nove meses, o que acrescenta sabores e texturas a esse clássico. Outro clássico de Aquitânia.

‹ *prova de* **vinhos** ›

 SOL DE SOL
SAUVIGNON BLANC 2018
$$$$ | MALLECO | 13°

As primeiras plantações que a Aquitânia fez em Traiguén, em meados dos anos 1990, focaram-se na Chardonnay. Essas plantas são a base de Sol de Sol Chardonnay, um dos brancos principais na história moderna do vinho chileno. No entanto, nos últimos anos, a vinícola continuou a explorar como interpretar esse terroir de solos vulcânicos a cerca de 650 quilômetros ao sul de Santiago, mas desta vez através de outras cepas, como a Pinot Noir e a Sauvignon Blanc. Esse último teve uma adaptação especial. Plantado há dez anos, corresponde ao Clone 1, o primeiro material clonal que chegou ao Chile no início dos anos 1990 e produz vinhos afiados, verticais e ricos em acidez. No território de Traiguén, uma zona fria, essas características aparecem acentuadas para dar um branco selvagem, um bárbaro em toques de frutas brancas e cítricas e em acidez. A acidez salina enche a boca com sua personalidade forte. Um monstrinho que mostra um rosto que ainda não conhecíamos nessa área ao sul do Chile.

 SOL DE SOL BRUT NATURE
CHARDONNAY, PINOT NOIR N/V
$$$$ | MALLECO | 13°

Trata-se de uma pequena produção de Aquitania, de cerca de 1.500 garrafas de uma mescla de 50% Chardonnay e 50% Pinot Noir, com dois anos de envelhecimento sobre suas borras, este vinho tem uma impressionante força interna. A acidez une as borbulhas para criar uma arquitetura brilhante de pedras. Os sabores são cítricos, mas também especiados, enquanto no final se sentem ervas, tudo acompanhado por essas borbulhas que picam como agulha.

 SOL DE SOL
PINOT NOIR 2015
$$$$ | MALLECO | 14°

A Aquitânia plantou videiras de Pinot Noir por volta de 2008 na área de Malleco, um lugar chuvoso e frio no sul do Chile. Esse ano, Sol de Sol oferece um estilo terroso, com aromas evoluídos de frutos secos. Mantém uma boa acidez e taninos macios e polidos. É bom beber agora. Procure uma seleção de embutidos.

 AQUITANIA ROSÉ
CABERNET SAUVIGNON, SYRAH 2019
$$ | MAIPO ANDES | 13°

Esse rosé é feito com a sangria dos vinhos de Cabernet Sauvignon da propriedade, além de algumas sangrias de Syrah do mesmo campo da Aquitânia em Macul. Tem uma textura deliciosa, como creme, mas ao mesmo tempo com acidez muito rica, juntamente com frutas vermelhas maduras em um vinho que serve como aperitivo, mas também para acompanhar um salmão assado.

«‹‹---›››

Arboleda

PROPRIETÁRIO Eduardo Chadwick
ENÓLOGO Francisco Baettig
WEB www.arboledawines.com
RECEBE VISITAS *Não*

Enólogo
FRANCISCO BAETTIG

Arboleda fica em Aconcágua, ao norte de Santiago, e aproveita este vale em toda a sua amplitude. Do vinhedo costeiro de Chilhué, a 12 quilômetros do mar, vêm seus Chardonnay, Sauvignon Blanc, Syrah e Pinot Noir, enquanto que o Cabernet Sauvignon e o Carménère crescem em Las Vertientes, um setor mais quente. Têm uma única linha de vinhos de gama média, cada um deles de uma destas variedades. A empresa foi fundada em 1999 pelo vinhateiro Eduardo Chadwick e forma parte de seu grupo de vinícolas, o grupo Errázuriz (Errázuriz, Caliterra, Seña). **IMPORTADORES:** BRASIL: www.worldwine.com.br | USA: www.thienot.com

VINHOS

 BRISA
SYRAH, C. SAUVIGNON, GARNACHA, MOURVÈDRE, MALBEC 2017
$$$$$ | ACONCAGUA | 13.5°

É a segunda safra de Brisa, vinho baseado em Las Vertientes, vinhedo plantado em 1999. Esse ano, a mistura tem 40% de Syrah, 20% de Cabernet Sauvignon, 17% de Garnacha, 13% de Monastrell e o restante de Malbec com estágio em madeira (15% de foudres e o restante de barricas) por cerca de 22 meses. As frutas são vermelhas maduras e há notas de especiarias nesse tinto, com taninos firmes, com ótima aderência. Ainda é jovem. Para guardar por alguns anos.

 ARBOLEDA
CARMÉNÈRE 2018
$$$$ | ACONCAGUA | 13.5°

A vinha Las Vertientes foi plantada em 1999 e fica no centro de Aconcágua, em solos rochosos e de argilas. A base desse vinho é de videiras plantadas em 1999, além de algumas das videiras mais jovens de 2005. O vinho estagia por 14 meses em barricas e o que nasce delas é um vinho com uma sensação suculenta de fruta, mas também um caráter generoso de ervas que é típico da cepa. Aqui você sente esse "sabor de uva" em um vinho cremoso e denso.

 ARBOLEDA
CHARDONNAY 2018
$$$$ | ACONCAGUA COSTA | 13.5°

Um ano muito fresco na região de Aconcágua deu um sabor crocante à acidez, com sabores cítricos e frutas brancas maduras em um contexto de grande frescor, mas sem perder o caráter varietal. Esse vem da área de Chilhué, na costa do Aconcágua.

 ARBOLEDA
CABERNET SAUVIGNON 2018
$$$$ | ACONCAGUA | 13.5°

As encostas são um vinhedo que Errázuriz plantou em 1999, boa parte do Cabernet Sauvignon que é a base desse vinho. Com 14 meses de barricas (30%

‹ *prova de* **vinhos** ›

novas) aqui, o que comanda é o lado da menta e do chá, os sabores de frutas são maduras e suculentas em um vinho que merece costeletas defumadas.

 ARBOLEDA
PINOT NOIR 2018
$$$$ | ACONCAGUA COSTA | 13.5°

Uma grande mudança de estilo nesse vinho, uma mudança que foi gerada por pelo menos há três safras e que nessa edição é claramente vista. Um Pinot focado na fruta, nas notas refrescantes de morangos e framboesas, uma salada de frutas para o verão em um corpo com muito boa aderência, uma daqueles tintos para embutidos. Esse vem das colinas de granito da cordilheira da Costa, em Aconcágua.

Aresti

PROPRIETÁRIAS Begoña Aresti & Ana María Aresti
ENÓLOGO Jon Usabiaga
WEB www.acw.cl
RECEBE VISITAS Não

Enólogo
JON USABIAGA

Aresti é uma das vinhas que mais está explorando o vale de Curicó, vinificando uvas de sua vinha original em Molina, mas também de vinhedos de terceiros em outros setores. Terroirs vão da cordilheira ao mar, com 1.200 metros de altura na cidade de Hualañé, a 20 quilômetros da costa. A linha de seu catálogo que melhor explora essa diversidade de origens é a **Trisquel**, que responde a uma seleção de lotes diferentes. Seu fundador, Vicente Aresti, criou a empresa em 1951, mas foi somente em 1999 que começaram a engarrafar seus próprios vinhos. ☛ IMPORTADORES: BRASIL: www.mareriopescados.com.br | USA: www.vinamericas.com

VINHOS

FAMILY COLLECTION
C. SAUVIGNON, MERLOT, P. VERDOT, PETITE SIRAH, SYRAH 2015
$$$$ | CURICÓ | 14°

A primeira safra de Family Collection foi em 1999. Esse ano, a mistura é baseada em 50% de Cabernet Sauvignon e 20% de Merlot. Após 18 meses de estágio, esse vinho tem um delicioso ar de frutas vermelhas maduras e de especiarias em um contexto de taninos firmes, mas ao mesmo tempo muito domados. Há tensão, embora não em excesso. Esse vinho parece fresco, mas não ao limite de ser um vinho para saciar sua sede. Esse é profundo, com toques de mentol ao final. E uma pechincha pelo preço.

TRISQUEL GRAN RESERVA
SAUVIGNON BLANC 2019
$$ | LEYDA | 13°

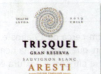

Aresti compra uvas no vale de Leyda para esse Trisquel Gran Reserva, um lugar perto do mar que dá uma fruta muito mais fresca, muito mais nervosa do que os resultados que eles poderiam obter em Curicó, um estilo diferente que oferece um delicioso e rico Sauvignon em texturas e aromas, e também com aquele caráter untuoso que provém de uma safra mais quen-

Aresti

te que fala do ano também quente e de álcoois um pouco mais altos. Um vinho para frutos do mar gratinados.

93 TRISQUEL SERIES VICHUQUÉN COSTA
CHARDONNAY 2019
$$$ | CURICÓ | 13°

A cerca de 13 quilômetros da costa, e a três quilômetros ao sul do Lago Vichuquén, esse é um Chardonnay que mistura um lado de velha escola, um branco lático, com notas de frutas maduras, enquanto seu lugar influencia com a brisa fresca de mar construindo uma acidez tensa e firme. Bebe-se muito bem agora, mas esse vinho merece ser bebido em cerca de três a quatro anos. Só ganhará em complexidade.

92 TRISQUEL GRAN RESERVA
CARMÉNÈRE 2018
$$ | CURICÓ | 13°

Aresti possui vinhedos de cerca de 30 anos, e de uma seleção deles vem esse Carménère, que pela segunda vez qualifica para a linha Gran Reserva. Com uma influência mínima da madeira, é um tinto muito frutado, marcado por frutas vermelhas maduras e com uma participação mínima de aromas e sabores vegetais, geralmente característicos da variedade. É fresco, delicioso em seu frescor, um vinho simples e suave.

92 TRISQUEL GRAN RESERVA ASSEMBLAGE
CABERNET SAUVIGNON, SYRAH, PETIT VERDOT 2018
$$ | CURICÓ | 13.5°

Com base em Cabernet Sauvignon e Syrah (86% da mescla), esse blend de Curicó tem uma deliciosa suculência, os taninos da Cabernet fornecem tensão e aderência, enquanto as frutas vermelhas frescas mantêm o sabor e a textura da Syrah adiciona um lado cremoso. Esse é para se beber bastante fresco com empanadas de mollejas.

92 TRISQUEL SERIES CURICÓ COSTA
MALBEC 2018
$$$ | CURICÓ | 13°

Na área de Licantén, às margens do rio Mataquito, a cerca de 26 quilômetros do mar, esse Malbec oferece frutas vermelhas maduras em um vinho de rica acidez, com toques de especiarias e ervas. Deixe alguns minutos no copo e você verá como as frutas vermelhas começam a predominar. É um Malbec especial, muito diferente e característico de seus primos do outro lado dos Andes, mas com textura amável e sem arestas.

92 TRISQUEL SERIES ORIGEN
SÉMILLON 2019
$$$ | CURICÓ | 13°

A vinha Bellavista possui videiras de Sémillon com cerca de 15 anos e, de uma seleção dessas plantas, vem esse Sémillon, que possui uma rica mistura de sabores maduros, com toques de mel e cítricos. A textura é deliciosa, envolvente, com toques especiados no meio de uma acidez que o incentiva a continuar bebendo, mas ao mesmo tempo com um fundo de mel que lhe dá uma sensação de untuosidade.

‹ *prova de **vinhos*** ›

 TRISQUEL GRAN RESERVA
GEWÜRZTRAMINER 2019
$$ | CURICÓ | 13°

Essa é uma versão bastante fresca e crocante de Gewürz, proveniente de clones sul-africanos plantados em Curicó e que deram um exemplo da cepa mais para frutas cítricas do que para flores. Um branco de grande acidez, para acompanhar ceviche ou peixe cru, em vez do chucrute alsaciano clássico das versões francesas, muito mais exuberantes da variedade.

 TRISQUEL SERIES PARRAS FUNDADORAS
CABERNET SAUVIGNON 2018
$$$ | CURICÓ | 13.5°

Parras Fundadoras é uma seleção das primeiras vinhas que a família Aresti plantou na propriedade Micaela em 1951, um Cabernet Sauvignon que fala da madurez desse lugar em Curicó. A fruta é doce, a textura é envolvente.

OUTROS VINHOS SELECIONADOS
89 | RESERVA Sauvignon Blanc 2019 | Curicó | 12.5° | $
88 | RESERVA Cabernet Sauvignon 2018 | Curicó | 13° | $
88 | RESERVA Carménère 2018 | Curicó | 13° | $

Autoritas

PROPRIETÁRIO Luis Felipe Edwards Sr. & Senhora
ENÓLOGO Nicolás Bizzarri
WEB www.lfewines.com
RECEBE VISITAS Não

Enólogo
NICOLÁS BIZZARRI

Os vinhos de **Autoritas** fazem parte do portfólio da Luis Felipe Edwards, uma vinícola familiar chilena, em grande parte dedicada às exportações. As primeiras vinhas, que datam do início dos anos 1900, sua moderna vinícola e o centro de operações, estão localizados em Puquillay Alto, no coração do vale de Colchagua desde 1976. As vinhas da família Edwards alcançam 2000 hectares e estão distribuídas nos vales mais importantes da zona central do Chile. Suas várias propriedades incluem plantações a 900 metros de altura em Puquillay Alto, vinhas centenárias no Maule, plantações costeiras de clima frio em Leyda e Pumanque - Colchagua Costa - entre outras. Essa grande diversidade de vinhedos reflete-se em suas diferentes linhas de vinho. **IMPORTADORES:** BRASIL: www.cencosud.com.br | USA: www.pacific-hwy.com

VINHOS

 ESCUDO MOUNTAIN RED BLEND SYRAH, C. SAUVIGNON, CARMÉNÈRE, GRENACHE, P. VERDOT, MOURVÈDRE 2015
$$$ | COLCHAGUA | 14.5°

Esta é uma seleção de algumas das mais altas vinhas na cidade de Puquillay, no vale de Colchagua, entre 600 e 900 metros, bastante alta para a média da região. Essa nova versão possui 46% Syrah, 20% Cabernet Sauvignon, 17% Carménère, 10% Garnacha e o restante de Petit Verdot e Monastrell. Comparado com a versão anterior, parece um pouco mais frio, com mais frutas vermelhas e com maior tensão, embora mantenha a mesma musculatura fibrosa dos vinhos de altura. Um delicioso vinho

Autoritas

tinto, para beber agora ou em dois a três anos, só ganhará complexidade, enquanto a acidez aguda sentida hoje permitirá que ele continue envelhecendo.

 GRAN RESERVA
SAUVIGNON BLANC 2019
$$ | LEYDA | 13.5°

Em uma excelente relação qualidade-preço, sente-se nervoso e tenso em acidez. Tem sabores de frutas tropicais, tons de ervas em um corpo leve. Esse vem dos solos graníticos de Leyda, no vale de San Antonio, a cerca de 8 quilômetros do mar. O branco ideal para o aperitivo.

 BRUT
CHARDONNAY, PINOT NOIR N/V
$$ | COLCHAGUA COSTA | 12.5°

Pumanque é a área mais ocidental (mais próxima do mar), onde Autoritas tem vinhedos em Colchagua e daí vem esse 85% Chardonnay, mais 15% de Pinot que vem de Leyda, também de seus próprios vinhedos. Este Charmat tem foco em frutas e frescor. Tudo aqui é deliciosa acidez, frutas brancas e borbulhas cremosas. Para beber por garrafas.

 BRUT ROSÉ
PINOT NOIR, CHARDONNAY N/V
$$ | LEYDA | 12.5°

85% desse vinho é Pinot Noir que vem da zona de Leyda, no vale de San Antonio, muito perto do mar. E isso se sente no frescor e agilidade desse vinho na boca. Com um açúcar residual por litro de pouco mais de cinco gramas, a fruta parece florescer. Um vinho que é um suco de framboesa com borbulhas.

GRAN RESERVA
CABERNET SAUVIGNON 2018
$$ | COLCHAGUA | 14°

Uma boa abordagem para a Cabernet Sauvignon, é uma amostra simples da cepa, focada em frutas vermelhas maduras em vez de ervas. É suculento e tem textura muito macia. Esse Cabernet é proveniente de uvas compradas na área de Lolol, na região oeste de Colchagua.

 GRAN RESERVA
CARMÉNÈRE 2018
$$ | COLCHAGUA | 13.5°

Da zona de Lolol, a oeste de Colchagua, esse é um clássico Carménère. Deliciosas frutas vermelhas em um contexto de toques de ervas, muito típico da variedade. A textura é bastante leve, com uma acidez rica em um vinho simples e fácil de beber, mas com a vantagem de mostrar um lado mais fresco e frutado da variedade.

 GRAN RESERVA
CHARDONNAY 2019
$$ | CASABLANCA | 13.5°

Generoso em frutas tropicais, notas redutoras que parecem minerais, além

prova de vinhos

de uma acidez fresca e viva nesse Chardonnay simples e que você bebe muito rápido. Essa é uma seleção de uvas que Autoritas compra na região de Bajo Casablanca, muito perto do Pacífico.

90 | **RESERVA**
SAUVIGNON BLANC 2019
$ | LEYDA | **12.5°**

É o vinho base de Autoritas em Leyda e em Sauvignon Blanc, um branco delicioso e refrescante que mostra o potencial da vinícola nesses vinhedos plantados em 2005. Aqui há uma deliciosa pureza de frutas frescas, muito influenciada pelo vinho. Brisas marinhas, distantes cerca de 8 quilômetros em linha reta. Atenção aqui. Um vinho para o ceviche.

OUTROS VINHOS SELECIONADOS

89 | CLASSIC Pinot Noir 2019 | Vale Central | 12.5° | $
88 | CLASSIC RED BLEND Cabernet Sauvignon, Carménère, Syrah 2019
    Vale Central | 13.5° | $
88 | CLASSIC Malbec 2019 | Vale Central | 13° | $
88 | CLASSIC Syrah 2019 | Vale Central | 13.5° | $

Baron Philippe de Rothschild Maipo Chile

PROPRIETÁRIO Família Rothschild
ENÓLOGO Emmanuel Riffaud & Gonzalo Castro
WEB www.bphr.com
RECEBE VISITAS Não

Enólogo
EMMANUEL RIFFAUD

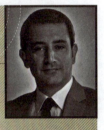

A companhia francesa **Baron Philippe de Rothschild,** dona do Château Mouton Rothschild em Bordeaux, participa da joint venture mais conhecida do Chile, a vinícola Almaviva. Almaviva - que produz o luxuoso vinho de mesmo nome - foi fundada em 1999 em conjunto com Concha y Toro no prestigioso terroir de Tocornal, em Puente Alto. Nesse mesmo ano os franceses iniciaram paralelamente outro empreendimento no Chile: a vinícola Baron Philippe de Rothschild, orientada a vinhos um pouco mais acessíveis. A vinícola está localizada na comuna de Buin e produz anualmente quatro milhões de litros. **IMPORTADOR:** BRASIL: www.devinum.com.br

VINHOS

94 | **ESCUDO ROJO ORIGINE**
CABERNET SAUVIGNON 2018
$$$$ | MAIPO | **14°**

Esse é o novo tinto Rojo, 100% Cabernet Sauvignon das vinhas BPR em Buin, plantada há cerca de 25 anos. É uma dupla seleção, na verdade. Primeiro na vinha e depois na vinícola, selecionamos as melhores barricas. O vinho estagia em barricas, 50% novas durante um ano. Esse Cabernet tem um caráter claro de Maipo, com toques de mentol e de especiarias, com um delicioso fundo de frutas vermelhas maduras. A estrutura de taninos é firme, mas ao mesmo tempo é construída com taninos muito macios e muito polidos.

Baron Philippe de Rothschild

 ESCUDO ROJO GRAN RESERVA
C. SAUVIGNON, CARMÉNÈRE, SYRAH, C. FRANC, P. VERDOT 2018
$$$ | VALE CENTRAL | 14°

A mistura desse ano de Escudo Rojo Gran Reserva desse ano tem 44% de Cabernet Sauvignon, 38% de Carménère, 12% de Syrah e o restante de Petit Verdot e de Cabernet Franc. As variedades são criadas separadamente por cerca de 8 meses e depois misturadas para passar para as barricas novamente por mais alguns meses. Tudo isso, no entanto, não afeta a fruta que continua sendo o principal foco de atenção nesse vinho. Há muitas frutas aqui, frutas vermelhas maduras em uma contagem de taninos suaves e amáveis.

 ESCUDO ROJO RESERVA
SAUVIGNON BLANC 2019
$$$ | CASABLANCA | 13°

Todas as frutas desse Sauvignon vêm da área de Las Dichas, no extremo oeste de Casablanca, muito perto do mar. Tem todo o nervo do lugar, a proximidade com o Pacífico faz a acidez parecer quase salina e tudo parece fresco e nervoso. Aqui há uma profundidade muito boa de sabores, tudo é ervas, tudo é cítrico e a textura parece emocionante, ideal para acompanhar ceviche.

 MAPU GRAN RESERVA
CARIGNAN 2019
$$ | MAULE | 14°

100% de Cariñena de vinhas muito velhas, vinificadas com 10% de cachos inteiros e 50% do volume estagiado em barricas usadas. O estilo dessa Cariñena é consistente com a nova tendência dos tintos chilenos dessa cepa, focados no frescor e destacando a acidez geneticamente alta da variedade. Aqui ela se sente como ator principal, destacando os sabores de cerejas vermelhas e também de taninos, que são afiados e pulsantes. Para acompanhar alimentos condimentados, à base de carnes.

 ESCUDO ROJO RESERVA
CABERNET SAUVIGNON 2018
$$$ | MAIPO | 14°

BPR possui vinhedos em Buin, em Maipo Alto, plantados há cerca de 20 anos. Essa é uma seleção de Cabernet dessas videiras. O vinho estagia em barricas, 25% novas, por oito meses. A madeira não influencia a expressão da fruta, mas parece servir de suporte para que se mostre. Aqui estão as notas de mentol que o colocam em Maipo, mas o foco são as frutas vermelhas deliciosas e frescas.

ESCUDO ROJO RESERVA
CHARDONNAY 2019
$$$ | CASABLANCA | 14°

De vinhedos de 25 anos na área de Casablanca, especialmente de Las Dichas, na parte mais próxima do mar no vale, esse é um Chardonnay muito sutil, com notas de especiarias e florais, com toques de especiarias no contexto muito frescos, mas também com alguma profundidade de fruta, frutas brancas maduras acompanhados de toques de ervas em um vinho completo, de várias camadas.

‹ *prova de* *vinhos* ›

 ESCUDO ROJO RESERVA
SYRAH 2018
$$$ | MAIPO | 14°

Um verdadeiro suco de amoras, que vem de suas próprias vinhas nos solos aluviais de Buin, em Alto Maipo. 30% do vinho estagia em barricas, um quarto delas novas, enquanto o restante permanece em aço. Tudo é fruta nesse vinho tinto, de taninos são macios e redondos, a acidez faz sua parte para aportar o frescor necessário. Ideal para o cordeiro.

91 **MAS ANDES GRAN RESERVA**
CABERNET SAUVIGNON 2018
$$$ | MAIPO | 14°

A base desse vinho é proveniente de vinhedos da região de Isla de Maipo, no centro do vale do Maipo, além de 15% de uvas da vinha de BPR em Loncomilla, tudo Cabernet Sauvignon. 80% do vinho estagia em barricas usadas por oito meses e o restante em tanques de aço, o que dá um vinho tinto muito fresco e muito suculento. É um vinho de frutas antes de mais nada. Um vinho para beber.

90 **ESCUDO ROJO RESERVA**
CARMÉNÈRE 2018
$$$ | COLCHAGUA | 14°

Uma fotografia de Carménère, com suas notas de ervas, de pimentão assado, de frutas vermelhas e um corpo amigável, de frutas maduras e de taninos suaves e domados. Esse vinho é um vinho tinto comercial, mas muito bem feito, sem descuidar do espírito varietal. Provém de diferentes áreas de Colchagua e estagia durante um ano em barricas, um terço delas novas.

 **ESCUDO ROJO RESERVA**
PINOT NOIR 2018
$$$ | CASABLANCA | 13°

Das vinhas de cerca de 25 anos na área de Las Dichas, na área mais ocidental do vale de Casablanca, esse Pinot é 100% centrado nos sabores de frutas. Com 20% de cachos inteiros para apoiar a estrutura, o que ainda mandando aqui é a fruta e os taninos muito macios e redondos de um vinho para matar a sede. Sirva-o mais refrescado.

90 **MAPU GRAN RESERVA**
CARMÉNÈRE 2018
$$ | MAULE | 13°

Um Carménère marcado pelos aromas e sabores de especiarias e de ervas e também de frutas e notas de madeira. Possui um lado comercial e acessível, expresso em seus toques tostados e em sua madurez, mas também mostra claramente a cepa. Esse vai agradar a todos.

 MAPU GRAN RESERVA
CHARDONNAY 2019
$$ | MAULE | 13°

Amplo e suculento, com notas de creme e de manteiga, de especiarias e de ervas, esse Chardonnay untuoso vem de vinhedos na área de Loncomilla,

Baron Philippe de Rothschild

plantados em solos de granito. 30% do vinho foi fermentado em barricas usadas. Para garoupa ao forno.

MAPU RESERVA
CARMÉNÈRE 2018
$$ | MAULE | 13°

Para **Mapu Reserva**, o enólogo Gonzalo Castro decidiu colher os cachos do seu Carménère um pouco mais cedo, a fim de colher as frutas mais frescas e vermelhas da variedade. Também alcançou aromas e sabores de ervas, mas em equilíbrio, sem dominar. É macio, frutado e fresco, para acompanhar uma pizza de berinjela.

MAPU ROSÉ
GARNACHA, CARIGNAN, CINSAULT 2019
$ | MAULE | 12°

Simples e direto, como um suco de cerejas, possui sabores ácidos e um corpo leve, refrescante para poucos, ideal para comprar uma caixa e levá-la nas férias. Esse rosé vem da área de Loncomilla, no Maule e vem de cachos pressionados diretamente.

OUTRO VINHO SELECIONADO
89 | MAPU RESERVA Cabernet Sauvignon 2018 | Maule | 13° | $$

Bendito

PROPRIETÁRIO Luis Felipe Edwards Sr. & Senhora
ENÓLOGO Nicolás Bizzarri
WEB www.lfewines.com
RECEBE VISITAS Não

Enólogo
NICOLÁS BIZZARRI

Os vinhos de Bendito fazem parte do portfólio da Luis Felipe Edwards, uma vinícola familiar chilena, em grande parte dedicada às exportações. As primeiras vinhas, que datam do início dos anos 1900, sua moderna vinícola e o centro de operações, estão localizados em Puquillay Alto, no coração do vale de Colchagua desde 1976. As vinhas da família Edwards alcançam 2000 hectares e estão distribuídas nos vales mais importantes da zona central do Chile. Suas várias propriedades incluem plantações a 900 metros de altura em Puquillay Alto, vinhas centenárias no Maule, plantações costeiras de clima frio em Leyda e Pumanque - Colchagua Costa - entre outras. Essa grande diversidade de vinhedos reflete-se em suas diferentes linhas de vinho. **IMPORTADOR:** BRASIL: www.dia.com.br

VINHOS

MOUNTAIN RED BLEND SYRAH, C. SAUVIGNON, CARMÉNÈRE, GRENACHE, P. VERDOT, MOURVÈDRE 2015
$$$ | COLCHAGUA | 14.5°

Esta é uma seleção de algumas das mais altas vinhas na cidade de Puquillay, no vale de Colchagua, entre 600 e 900 metros, bastante alta para a média da região. Essa nova versão possui 46% Syrah, 20% Cabernet Sauvignon, 17% Carménère, 10% Garnacha e o restante de Petit Verdot e Monastrell. Comparado com a versão anterior, parece um pouco mais frio, com mais frutas vermelhas e com maior tensão, embora mantenha

‹ *prova de* *vinhos* ›

a mesma musculatura fibrosa dos vinhos de altura. Um delicioso vinho tinto, para beber agora ou em dois a três anos, só ganhará complexidade, enquanto a acidez aguda sentida hoje permitirá que ele continue envelhecendo.

91 **GRAN RESERVA**
SAUVIGNON BLANC 2019
$$ | LEYDA | 13.5°

Uma excelente relação qualidade-preço, sente-se nervoso e tenso em acidez. Tem sabores de frutas tropicais, tons de ervas em um corpo leve. Esse vem dos solos graníticos de Leyda, no vale de San Antonio, a cerca de 8 quilômetros do mar. O branco ideal para o aperitivo.

90 **BRUT**
CHARDONNAY, PINOT NOIR N/V
$$ | COLCHAGUA COSTA | 12.5°

Pumanque é a área mais ocidental (mais próxima do mar), onde Bendito tem vinhedos em Colchagua e daí vem esse 85% Chardonnay, mais 15% de Pinot que vem de Leyda, também de seus próprios vinhedos. Este Charmat tem foco em frutas e frescor. Tudo aqui é deliciosa acidez, frutas brancas e borbulhas cremosas. Para beber por garrafas.

90 **BRUT ROSÉ**
PINOT NOIR, CHARDONNAY N/V
$$ | LEYDA | 12.5°

85% desse vinho é Pinot Noir que vem da zona de Leyda, no vale de San Antonio, muito perto do mar. E isso se sente no frescor e agilidade desse vinho na boca. Com um açúcar residual por litro de pouco mais de cinco gramas, a fruta parece florescer. Um vinho que é um suco de framboesa com borbulhas.

90 **GRAN RESERVA**
CABERNET SAUVIGNON 2018
$$ | COLCHAGUA | 14°

Uma boa abordagem para a Cabernet Sauvignon, é uma amostra simples da cepa, focada em frutas vermelhas maduras ao invés de ervas. É suculento e tem textura muito macia. Esse Cabernet é proveniente de uvas compradas na área de Lolol, na região oeste de Colchagua.

90 **GRAN RESERVA**
CARMÉNÈRE 2018
$$ | COLCHAGUA | 13.5°

Da zona de Lolol, a oeste de Colchagua, esse é um clássico Carménère. Deliciosas frutas vermelhas em um contexto de toques de ervas, muito típico da variedade. A textura é bastante leve, com uma acidez rica em um vinho simples e fácil de beber, mas com a vantagem de mostrar um lado mais fresco e frutado da variedade.

90 **GRAN RESERVA**
CHARDONNAY 2019
$$ | CASABLANCA | 13.5°

Generoso em frutas tropicais, notas redutoras que parecem minerais, além

Bendito

de uma acidez fresca e viva nesse Chardonnay simples e que você bebe muito rápido. Essa é uma seleção de uvas que Bendito compra na região de Bajo Casablanca, muito perto do Pacífico.

90 RESERVA
SAUVIGNON BLANC 2019
$ | LEYDA | 12.5°

É o vinho base de Bendito em Leyda e em Sauvignon Blanc, um branco delicioso e refrescante que mostra o potencial da vinícola nesses vinhedos plantados em 2005. Aqui há uma deliciosa pureza de frutas frescas, muito influenciada pelo vinho. Brisas marinhas, distantes cerca de 8 quilômetros em linha reta. Atenção aqui. Um vinho para o ceviche.

OUTROS VINHOS SELECIONADOS

89 | CLASSIC Pinot Noir 2019 | Vale Central | 12.5° | $
88 | CLASSIC RED BLEND Cabernet Sauvignon, Carmènère, Syrah 2019 | Vale Central | 13.5° | $
88 | CLASSIC Malbec 2019 | Vale Central | 13° | $
88 | CLASSIC Syrah 2019 | Vale Central | 13.5° | $

Bisquertt

PROPRIETÁRIO Família Bisquertt
ENÓLOGO Felipe Gutiérrez
WEB www.bisquertt.cl
RECEBE VISITAS Sim

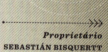

Proprietário
SEBASTIÁN BISQUERTT

Bisquertt vem interpretando Colchagua de um modo diferente nos últimos anos, o que a converte em um ator chave na renovação deste quente vale. Sua história inicia há 50 anos, quando Osvaldo Bisquertt e sua mulher, Soledad Urrutia, plantaram vinhedos no fundo Rinconada de Peralillo, no setor de Marchigüe. O empreendimento se dedicou exclusivamente a vender uvas a outros produtores até que nos anos 80 começou a comercializar seus próprios vinhos. Os últimos anos foram marcados pela segunda geração da família e, na parte enológica, pelo trabalho do jovem enólogo Felipe Gutiérrez, que está levando os vinhos da vinícola por um caminho de maior frescor e caráter frutado, com medidas como identificar solos, adiantar colheitas ou prescindir de madeira nova. IM-

PORTADORES: BRASIL: www.worldwine.com.br | USA: www.ubiimports.com

VINHOS

95 Q CLAY
SYRAH, MALBEC 2017
$$$$ | COLCHAGUA | 14°

Q Clay é uma seleção de 95% Syrah e 5% Malbec de vinhedos de 20 anos plantados em solos aluviais em encostas e quebradas do campo de Bisquertt em Marchigüe, nas encostas da cordilheira da Costa, no vale de Colchagua. O vinho estagia por 12 meses em foudres e cubas retangulares de concreto, e o que sai delas é um vinho tinto muito frutado. Frutas vermelhas deliciosas, frescas e crocantes, com textura tensa e cheia de fibras. É um vinho para beber agora ou para guardar. A acidez e os tani-

‹ *prova de* **vinhos** ›

nos nos permitem pensar agora em ossobuco ou em três a quatro anos de garrafa.

 LA JOYA SINGLE VINEYARD
CABERNET SAUVIGNON 2017
$$$ | MARCHIGÜE | 14°

Os solos graníticos de Marchigüe, no oeste do vale de Colchagua, tendem a dar tintos de taninos fortes, texturas que grudam no paladar pedindo comida. Esse é o caso. Do quartel 26 da vinha El Chequén, uma das principais fontes de uvas Bisquertt, possui um lado suculento e muito frutado, mas ao mesmo tempo a cortina de taninos que fala de sua juventude. Escolha carne grelhada ou aguarde cerca de dois anos em garrafa.

LA JOYA SINGLE VINEYARD
CARMÉNÈRE 2017
$$$ | MARCHIGÜE | 14°

Solos ricos em argila geralmente oferecem vinhos voluptuosos e untuosas. Além disso, retêm muita água, apreciada pela sedenta Carménère. Nesse caso, é um tinto muito frutado e fresco, mas ao mesmo tempo com uma cremosidade, uma textura redonda que enche a boca. As frutas parecem azuis e as notas de ervas características da variedade, muito profundas. Esse é uma seleção de videiras plantadas em argilas muito profundas, há cerca de 20 anos na área de Marchigüe, a oeste de Colchagua.

 TRALCA
CABERNET SAUVIGNON, CARIGNAN, SYRAH 2015
$$$$$ | COLCHAGUA | 14°

Um vinho projetado para "longas corridas", para a guarda, possui uma rica expressão de frutas, com notas de frutos secos e de frutas vermelhas, mais especiarias e ervas aromáticas. A boca tem um corpo muito bom, taninos firmes com força suficiente para suportar o peso da fruta e o final com toques de madeira. Apesar dos quatro anos desde que as uvas foram colhidas, esse vinho ainda parece jovem.

LA JOYA GRAN RESERVA
CABERNET SAUVIGNON 2018
$$ | COLCHAGUA | 14°

Um exemplo rico e suculento de Cabernet de vinhedos de cerca de 20 anos plantados em solos de areia e de argilas em Colchagua. 25% do vinho estagia em barricas usadas por cerca de seis meses e isso traz algumas texturas e especiarias, mas nesse vinho o importante é a fruta e a sensação de suculência e de frescor. Os taninos se sentem pulsantes, prontos para lasanha de carne.

 LA JOYA GRAN RESERVA
SYRAH 2018
$$ | COLCHAGUA | 14°

Perfumado e frutado, esse Syrah tem a vocação de acompanhar costeletas de porco grelhadas. Tem uma acidez vibrante, corpo médio e refrescante,

Bisquertt

com uma camada de taninos que, apesar de macios, possui aderência e tensão e um final que lembra frutas negras. De vinhas de cerca de 20 anos, plantadas em solos de granito e de argila, dois terços do vinho são armazenados em aço e o restante em barricas usadas por seis meses.

 LA JOYA SINGLE VINEYARD
MERLOT 2017
$$$ | MARCHIGÜE | 14°

Jovem e um tanto selvagem, esse Merlot ainda se sente com uma textura áspera, de vinho recém-engarrafado. Dê um tempo ou uma breve decantação para apreciar seus ricos sabores de frutas e de especiarias pretas, especialmente com asas de frango à mão. Esse Merlot provém de vinhedos plantados em solos aluviais na área de Marchigüe, a oeste de Colchagua.

 LA JOYA GRAN RESERVA
CARMÉNÈRE 2018
$$$ | COLCHAGUA | 14°

Um nariz rico em notas de ervas e de frutas mostra esse Carménère de corpo leve, mas com taninos afiados e firmes, que dão a impressão de maior volume, embora sem adicionar gordura, mas apenas nervo e tensão a um tinto que precisa de empanadas de carne. Vem de vinhedos de cerca de 20 anos e 25% estagia em barricas usadas por 6 meses, enquanto o restante permanece em aço.

 LA JOYA GRAN RESERVA
MERLOT 2018
$$ | COLCHAGUA | 14°

Um Merlot de notas suaves de especiarias e de frutas, mas ao mesmo tempo com uma forte estrutura de taninos que se agarram na boca. É um tinto simples e frutado, mas ao mesmo tempo com uma camada de taninos que pede carnes cozidas.

OUTROS VINHOS SELECIONADOS
89 | LA JOYA GRAN RESERVA Sauvignon Blanc 2019 | Colchagua | 13° | $$
88 | LA JOYA GRAN RESERVA Gewürztraminer 2019 | Colchagua | 14° | $$
87 | LA JOYA GRAN RESERVA Chardonnay 2019 | Colchagua | 14° | $$
86 | PETIRROJO RESERVA Cabernet Sauvignon 2019 | Colchagua | 14° | $
86 | PETIRROJO RESERVA Carménère 2019 | Colchagua | 14° | $
86 | PETIRROJO RESERVA Merlot 2019 | Colchagua | 14° | $

> *prova de vinhos*

Bodega Volcanes de Chile

PROPRIETÁRIOS Família Picciotto & José Yuraseck
ENÓLOGA María del Pilar Díaz
WEB www.bodegavolcanesdechile.com
RECEBE VISITAS Sim

Enóloga
MARÍA DEL PILAR DÍAZ

Parte do grupo Undurraga, essa vinícola se propõe explorar o Chile através de seus solos vulcânicos, aproveitando o fato de ser um território historicamente influenciado pela atividade de seus numerosos vulcões. Eles produzem vinhos de diversas origens, como Malleco, Maule, Maipo ou Leyda. Alguns terroirs são misturados na mesma garrafa, como é o caso da mistura mediterrânea de Garnacha, Petite Sirah e Mourvèdre, com frutas de Cachapoal, Maipo e Maule, respectivamente, enquanto outros buscam o senso de lugar, como o Chardonnay **Tectonia** que vem de vinhedos de Malleco, no sul do Chile. **IMPORTADORES:** BRASIL: www.obahortifruti.com.br | USA: www.viaswine.com

VINHOS

ÍGNEO
PETITE SIRAH, PETIT VERDOT 2016
$$$$$ | CHILE | 14°

Segundo a enóloga Pilar Díaz, a espinha dorsal desse vinho é a Petite Sirah que traz volume, aromas e sabores, enquanto a Petit Verdot acrescenta o rigor de taninos, especiarias, ervas e, acima de tudo, a acidez da "Petit Verdot refresca a mescla", diz ela. É um vinho muito jovem, uma criança que ainda não aprendeu a andar. A acidez é alta, também aumentou em um ano muito frio como 2016 e os taninos da Petit Verdot estão em estado selvagem. Para a adega com esse bárbaro.

PARINACOTA LIMITED EDITION
SYRAH, CARIGNAN 2017
$$$$ | MAULE | 14°

Trata-se de uma mescla de 70% Syrah e 30% Carignan, tudo nos solos de granito do Fundo Santa Elena, na área de Loncomilla, no coração do secano do vale Maule. Essa vinha, em geral, oferece vinhos de grande estrutura, de grande força e aqui isso aparece claramente. Ambas as cepas têm músculos, uma estrutura poderosa, construída a partir de acidez acentuada e taninos ferozes, que precisam de alimentos com potência semelhante ou, pelo menos, mais uns cinco anos de garrafa.

TECTONIA
CHARDONNAY 2018
$$$ | MALLECO | 13°

Nessa safra, Volcanes compra uvas de duas vinhas da região de Malleco, ambos solos vulcânicos nas encostas da cordilheira da Costa. A Chardonnay desse lugar, bastante fresco, no sul do Chile, tem uma acidez sempre viva, sempre elétrica e de limão, como neste caso. A madeira (tem 10 meses de estágio) acrescenta aromas tostados e cremosidade a um vinho que, talvez, sem essa madeira e sem a porcentagem de 25% que possui

Bodega Volcanes de Chile

malolática, seria muito afiado e ácido. Parte disso é vista aqui, em um vinho com muito senso de lugar.

 TECTONIA
GRENACHE, PETITE SIRAH, MOURVÈDRE 2017
$$$ | VALE CENTRAL | 14°

Este **Tectonia** tem três cepas de três vales diferentes. A Garnacha (45% da mescla) vem de Cachapoal, a Petite Sirah (40%) vem do Maipo e a Monastrell (15%) de Cauquenes. A mistura funciona muito bem, com ênfase em frutas vermelhas, com a Grenache como protagonista principal, fornecendo flores e frutas vermelhas. Uma delícia de frescor em um vinho que tem aderência na boca e corpo suficiente para o cordeiro.

 TECTONIA
CARMÉNÈRE 2017
$$$ | MAULE | 14°

De vinhas de Carménère plantadas na área de Cauquenes, no vale do Maule, possui as notas clássicas da cepa. Aromas de ervas e vegetais ligados a frutas negras e especiarias pretas. A boca é de corpo médio, acidez muito acentuada e os taninos são ferozes, com aquela rusticidade dos tintos da região.

 TECTONIA
PINOT NOIR 2016
$$$ | BIOBÍO | 13.5°

Um Pinot marcado por sua acidez que atua aqui como uma espécie de espinha dorsal, da qual são liberados sabores suculentos de frutas vermelhas e de especiarias. É um vinho com muito nervo, muito frescor e ao mesmo tempo muita estrutura, um Pinot de ossos muito firmes. Esse vem de uma encosta de solos de granito na área de Biobío, a cerca de 550 quilômetros ao sul de Santiago.

 TECTONIA
CABERNET SAUVIGNON 2017
$$$ | MAIPO | 13.5°

A madurez de um ano quente é sentida nesse vinho. As frutas parecem mais pretas que vermelhas e são domadas, polidas e amáveis. Apesar de vir de Alto Maipo, em direção aos pés dos Andes, esse 2017 marcou sua presença em um vinho mais doce do que o habitual.

OUTRO VINHO SELECIONADO
88 | RESERVA Sauvignon Blanc 2019 | Leyda | 12.5° | $

*‹ prova de **vinhos** ›*

Bodegas y Viñedos de Aguirre

PROPRIETÁRIO Família de Aguirre
ENÓLOGO Sergio Correa Undurraga
WEB www.deaguirre.cl
RECEBE VISITAS *Não*

Proprietário
PEDRO DE AGUIRRE

A família **Aguirre** iniciou esse projeto em 2005 para engarrafar seus próprios vinhos do campo familiar de cerca de 120 hectares na área de Villa Alegre, no vale do Maule. Desses primeiros engarrafamentos, exportavam cerca de 23 mil caixas, hoje passaram de um milhão e seiscentas mil caixas exportadas. Hoje, De Aguirre é nutrida por vinhas do Maule, mas também de outros vales do Chile.

VINHOS

 PATER FAMILIAE HEREDIUM
CABERNET SAUVIGNON, CARMÉNÈRE 2015
$$$$ | COLCHAGUA | 14°

80% desse vinho é de Cabernet Sauvignon, a maior parte da área de Apalta, de solos de granito na margem norte do rio Tinguiririca e também parte de vinhedos próprios em Villa Alegre, no vale do Maule. Os 20% restantes são Carménère de Peumo, no vale do Cachapoal, uma das áreas mais importantes para essa cepa no Chile. A fruta da Cabernet é evidente nesse vinho. As notas de flores e de frutas vermelhas maduras sobem ao palco aqui, em um contexto de vinho fresco, intenso em acidez e com um corpo leve e suculento que faz você querer beber mais, o que convida a outra garrafa. Um bom ponto de partida dessa vinícola que, para muitos, pode estar muito fora do mapa, mas esse vem para ficar.

 PATER FAMILIAE ICONO
CABERNET SAUVIGNON, CARMÉNÈRE, SYRAH, PETIT VERDOT 2015
$$$$$ | VALE CENTRAL | 14.5°

O vinho mais ambicioso de Viñedos de Aguirre tem 85% Cabernet Sauvignon da região de Apalta e também de Villa Alegre, no Maule, além do restante de Carménère de Peumo, Syrah de Villa Alegre e Petit Verdot de Totihue. É focado em frutas vermelhas, na acidez firme, que ressalta essas frutas em um corpo médio, com taninos muito polidos. Está muito jovem hoje, mas evoluirá muito bem em garrafa nos próximos cinco anos.

 PATER FAMILIAE FILIUS
CABERNET SAUVIGNON, MERLOT 2016
$$$ | COLCHAGUA | 14°

É uma mistura de 80% de Cabernet Sauvignon de Apalta, uma das áreas mais famosas do vale de Colchagua, além de Peumo Merlot, no vale de Cachapoal, um pouco mais ao sul, sempre no vale central do Chile. Aqui as frutas maduras da Cabernet são sentidos em primeiro plano e, apesar de ser um ano bastante fresco, o caráter é untuoso. Mas espere alguns minutos e você verá como essa mistura se torna mais herbácea, a medida que se oxigena na boca. Ainda é muito jovem e vem de uma safra complexa e chuvosa, por isso é bom colocar um ponto de interrogação aqui e esperar alguns anos para ver como evolui.

Bodega y Viñedos de Aguirre

 SINGULAR EXTRA BRUT
CHARDONNAY N/V
$$ | CACHAPOAL | 12.5°

Elaborado pelo método tradicional de segunda fermentação em garrafa, esse 100% Chardonnay vem de frutas da área de Totihue, em Alto Cachapoal, aos pés dos Andes, e permanece por quase dois anos com suas lias. O vinho é uma delícia em frescor. O foco está nas frutas suculentas e frescas. As borbulhas são finas e a acidez destaca o lado crocante. Um vinho para se servir por taças a um preço excelente.

 SOL DE CHILE GRAN RESERVA
CABERNET SAUVIGNON 2016
$$ | MAULE | 13.5°

100% das vinhas plantadas em 1996 na área de Villa Alegre, no vale do Maule, e é um bom Cabernet de espírito comercial. A textura muito suave, com aromas de especiarias e de frutas vermelhas maduras, move-se graciosamente pela boca, com toques de ervas. Um que se bebe fácil e oferece uma relação preço-qualidade muito boa.

OUTRO VINHO SELECIONADO
88 | ANNIE SPECIAL SELECTION Sauvignon Blanc 2018 | Casablanca | 13° | $$

Bouchon

PROPRIETÁRIO Família Bouchon
ENÓLOGO Christian Sepúlveda
WEB www.bouchonfamilywines.com
RECEBE VISITAS Sim

Enólogo
CHRISTIAN SEPÚLVEDA

Esta vinícola do vale do Maule vive um atrativo presente desde que, para complementar seu catálogo de Cabernet, Carmènère e outras típicas variedades bordalesas, começaram a elaborar além disso País, Sémillon e Carignan, passando a ser das mais audaciosas da cena. Essas variedades esquecidas têm raiz no Maule e algumas no próprio fundo da família, como a País com que fazem **País Salvaje**, que vem de vinhas que sobem até três metros nas árvores. A vinícola conta com quatro propriedade, todas no Maule (Mingre, Las Mercedes, Santa Rosa e Batuco), que somam 200 hectares plantados. Foi fundada nos anos 70 por Julio Bouchon pai e hoje é liderada por seus filhos Julio, Juan e María, artífices de várias de suas mudanças recentes.

IMPORTADORES: BRASIL: www.worldwine.com.br | USA: www.vineconnections.com

 J. BOUCHON GRANITO
CABERNET SAUVIGNON, CARMÉNÈRE 2016
$$$$ | MAULE SECANO INTERIOR | 13.5°

Esse Granito é de 62% Cabernet Sauvignon e o restante de Carménère, todos são da família Bouchon, em Mingre, a cerca de 45 km do mar, no vale do Maule. Plantado somente em granito na década de 1990, aqui o que é

< prova de *vinhos* >

importante é a estrutura séria e tensa da Cabernet que cresce em solos de granito, um corpo bem armado, como concreto, na exuberância de frutas por influência da Carménère, um tipo especial de comparsa. É um vinho sério, com muitas camadas, além de uma vida longa pela frente.

 J. BOUCHON GRANITO
SÉMILLON 2018
$$$$ | MAULE SECANO INTERIOR | 13.5°

Trata-se de uma seleção de vinhas de Sémillon muito velhas, com 70 anos, plantadas em solos ricos em granito na vinha da família Bouchon em Batuco, a cerca de 30 quilômetros do mar. Tem 12 meses de envelhecimento em barricas velhas de 500 litros. Esse Sémillon tem uma estrutura linear, como uma flecha na boca. E há algo típico da cepa, de mel e de frutas brancas, mas principalmente acidez, tensão e um lado salino, que não tem nada a ver com a cepa. Um vinho que é mais de solo do que de variedade, o que sempre é uma boa notícia. Deixe esse Sémillon por pelo menos três anos em garrafa. Só ganhará em complexidade.

 PAÍS SALVAJE
PAÍS 2019
$$ | MAULE SECANO INTERIOR | 12.5°

Troncos grossos como árvores, com mais de cem anos. E a partir deles, galhos se espalham em todas as direções no que, mais do que um vinhedo, parece uma floresta. Bouchon tem que colher essas uvas com escadas. E, obviamente, de uma vinha assim, única no mundo, nasce um vinho muito especial. Aqui os aromas de ervas, frutas e especiarias se juntam, enquanto na boca taninos ferozes e pulsantes lembram que a País pode ser muito fresca e frutada, mas acima de tudo, uma boa companheira para os embutidos da região. A melhor versão desse vinho até o momento.

 REMIX BY LAS MERCEDES
CARIGNAN, SYRAH, CINSAULT, GARNACHA 2018
$$$ | MAULE SECANO INTERIOR | 13°

Este **Remix** é uma espécie de resumo de como as variedades mediterrânicas se comportam em solos de granito. A mistura inclui 55% Carignan, 30% Syrah, 10% Garnacha e 5% Cinsault. Segundo o enólogo Christian Sepúlveda, o efeito do granito nessas variedades é que as torna mais nítidas, verticais e que se sentem na estrutura linear desse vinho, mas também na fruta vermelha, com algumas especiarias em um vinho muito refrescante.

 MINGRE
CARMÉNÈRE, CABERNET SAUVIGNON, SYRAH, CARIGNAN 2016
$$$$$ | MAULE SECANO INTERIOR | 13.5°

Essa mescla vem principalmente dos solos de granito da propriedade dos Bouchon em Mingre, mas também foram incluídas algumas parcelas com solos mais argilosos, o que afeta imediatamente a estrutura do vinho, tornando-o mais suculento, mais gordo, mas sem perder as frutas vermelhas frescas e, acima de tudo, uma acidez firme que acompanha o vinho desde o início, refrescando-o sem parar. Outro vinho para guardar.

Bouchon

J. BOUCHON BLOCK SERIES
CABERNET SAUVIGNON 2017
$$ | MAULE SECANO INTERIOR | 13°

Os solos de granito de Mingre, no secano interior do Maule, parecem ter um forte impacto na estrutura firme de taninos da Cabernet Sauvignon. Esse se move pela boca com agulhas afiadas que determinam sua arquitetura. É um vinho forte, mas ao mesmo tempo de uma camada de frutas vermelhas suculentas e maduras que o convidam a continuar a bebê-lo. Um Cabernet muito desse lugar.

LAS MERCEDES SINGULAR
CARMÉNÈRE 2017
$$ | MAULE SECANO INTERIOR | 13.5°

Há uma nova ideia de Carménère no Chile, uma visão mais fresca, sem medo das notas de ervas da cepa. Colheitas antecipadas, menos uso de barricas. Esse é um bom exemplo dessa nova onda de frutas vermelhas, textura com aderência e delicioso frescor de vinhos cheios de frutas vermelhas.

LAS MERCEDES SINGULAR
SAUVIGNON BLANC 2019
$$ | MAULE SECANO INTERIOR | 13°

Cheio de notas de ervas, esse vinho parece ser feito de hortelã ou tomilho ao invés de uvas. A acidez é o motor da boca, o vinho é refrescante e nervoso e essa acidez faz com que ele se mova pela boca com força, enquanto continua a espalhar seus aromas de ervas por toda parte. Esse Sauvignon vem de vinhedos na área de Batuco, a cerca de 30 quilômetros do mar, no vale do Maule.

LAS MERCEDES SINGULAR
SÉMILLON 2019
$$ | MAULE SECANO INTERIOR | 13°

Esse Sémillon vem de uma vinha muito antiga, com cerca de setenta anos, plantada em solos de granito e de limo, na área de Batuco, a cerca de 30 quilômetros do mar no vale do Maule. Aqui a acidez é deliciosa, crocante. A influência marinha aparece ser sentida em leves toques salinos, que se misturam com as notas de frutas brancas e de mel. Um Sémillon muito brilhante e vivaz.

PAÍS SALVAJE BLANCO
PAÍS 2019
$$ | MAULE SECANO INTERIOR | 11.5°

Essa é uma mutação da variedade Listán Prieto, conhecida no Chile como País. Esta misturada nas vinhas selvagens de Bouchon em Mingre, tão selvagens que se empoleiram nas árvores e é necessário escada para colhê-las. Esse vinho é fermentado em ânforas de argila, sem as peles, e depois é engarrafado sem filtrar. O resultado é um vinho de grande acidez, de corpo firme e com taninos pulsantes e aromas cítricos e florais. Um vinho rústico, que com essa acidez pode ser um bom companheiro para ceviche de robalo.

PAÍS VIEJO
PAÍS 2019
$$ | MAULE SECANO INTERIOR | 12.5°

Um País que tem tudo o que você precisa saber sobre essa cepa: seus aromas terrosos misturados com toques de frutas vermelhas, taninos ferozes e pulsantes, o corpo leve de um vinho para matar a sede. De videiras de mais de cem anos na área de Huerta do Maule, esse é fermentado e armazenado em cubas de aço, com muito pouca intervenção. Um vinho que hoje, pela primeira vez, parece com um vinho camponês como qualquer outro que se possa beber em qualquer bar da região.

92 · VIGNO
CARIGNAN 2017
$$$ | MAULE SECANO INTERIOR | 13°

A colheita de 2017 foi marcada pelos graves incêndios que atacaram a área do Maule. E muitas vinhas foram afetadas. Nesse caso, é a fumaça que deixou seus aromas aqui, que são misturados com frutas vermelhas e toques terrosos. Na boca, é um vinho muito fresco, com sabores florais frutados, mas também com aquele toque defumado do fogo. A acidez é deliciosa e a fumaça não faz parte do protagonismo desse refrescante Carignan. Os incêndios, aqui, foram parte da colheita no terroir do Maule. Essas uvas vêm pelo primeiro ano da área de Quirihue, ao sul do Maule, quase no fronteira com o vale do rio Itata.

91 · J. BOUCHON BLOCK SERIES
CARMÉNÈRE 2017
$$ | MAULE SECANO INTERIOR | 14°

Este **Block Series** vem dos solos de granito de Mingre, no Secano Interior do Maule e onde, além disso, fica a vinícola de Bouchon. O vinho é produzido por um ano em uma mescla de foudres e de barricas e o que sai dessa madeira é um Carménère suculento, com muito bom frescor e toques de ervas, mas especialmente de frutas vermelhas maduras em um contexto de rica suavidade em taninos.

91 · LAS MERCEDES SINGULAR
PAÍS 2018
$$ | MAULE SECANO INTERIOR | 13°

Para **Las Mercedes Singular**, o enólogo Christian Sepúlveda compra uvas de diferentes produtores da região. Pela primeira vez, o vinho estagia em barricas, mas o SO2 não foi adicionado em nenhum momento durante a vinificação, o que é um risco (é um agente de higiene e evita ataques bacterianos), mas é recompensado com um vinho mais puro, com uma expressão mais livre da variedade: aqui há frutas vermelhas, mas também muitos toques de terra e algo animal, tudo sobre uma estrutura firme, de taninos selvagens como em qualquer País.

90 · J. BOUCHON CANTO NORTE
MERLOT, CABERNET SAUVIGNON, CABERNET FRANC 2018
$$ | MAULE SECANO INTERIOR | 13°

As três variedades (50% de Merlot, mais quantidades iguais dos dois Cabernet) crescem em solos aluviais do rio Maule, no Secano Interior do vale. Tem um lado rico e fresco, suculento, em um tinto muito frutado e simples. Ideal para levá-lo ao churrasco.

90 · J. BOUCHON CANTO SUR
CARMÉNÈRE, PAÍS, CARIGNAN 2019
$$ | MAULE SECANO INTERIOR | 13°

Essa mescla de 50% Carménère, mais quantidades iguais de Carignan e de País, provém de solos graníticos de Mingre, um vinhedo localizado a cerca

Bouchon

de 45 quilômetros do mar no Secano Interior do vale do Maule. É frutado e fresco, simples e muito fácil de beber. Possui garras que aderem ao paladar, mas a sensação é leve e muito fresca.

J. BOUCHON RESERVA
CHARDONNAY 2019
$ | MAULE SECANO INTERIOR | 13°

Da área de Batuco, a cerca de 45 quilômetros do mar. Na área do secano costeiro do vale do Maule, esse Chardonnay oferece deliciosos sabores de frutas brancas e de pimenta. A textura é tensa, a acidez é vibrante e o corpo tem muita aderência. Uma tremenda relação qualidade-preço aqui. Atenção com esse vinho.

LAS MERCEDES SINGULAR
CABERNET SAUVIGNON 2017
$$ | MAULE SECANO INTERIOR | 13.5°

No lado fresco e frutado da variedade, aqui se tem frutas vermelhas e ervas. O corpo é tenso, leve, mas com taninos afiados, rodeados de frutas vermelhas e acidez suculenta em um Cabernet simples, acessível na companhia de morcillas.

OUTROS VINHOS SELECIONADOS

89 | J. BOUCHON RESERVA Carménère 2018 | Maule Secano Interior | 14° | $
89 | J. BOUCHON RESERVA C. Sauvignon, País 2019 | Maule Secano Interior | 13° | $
88 | J. BOUCHON RESERVA C. Sauvignon 2018 | Maule Secano Interior | 13.5° | $

Bowines

PROPRIETÁRIO Alvin Miranda
ENÓLOGO Alvin Miranda
WEB www.bowines.cl
RECEBE VISITAS *Não*

Proprietário & enólogo
ALVIN MIRANDA

Depois de trabalhar 15 anos na Europa em diversas empresas vitivinícolas, o enólogo Alvin Miranda encontrou em seu regresso a Carignan no auge. A variedade o entusiasmou tanto que acabou por impulsionar esse projeto, Bowines, fundado em 2012 junto com outros sócios. Por isso, seus primeiros vinhos foram elaborados exclusivamente com essa cepa, com fortes raízes no Maule, especificamente de um vinhedo sem irrigação em Loncomilla, com vinhas de mais 60 anos. Hoje o catálogo se expandiu além da Carignan, com outras variedades e abarcando cinco denominações dentro do vale Central. A ideia de Miranda é trabalhar com pequenos produtores que sejam capazes de expressar sua origem na taça. Controlam cerca de 15 hectares e produzem umas 30 mil garrafas ao ano. **IMPORTADOR:** BRASIL: www.dagirafa.com.br

VINHOS

CARAE
CARIGNAN 2017
$$$ | MAULE | 14°

Carae vem da parte baixa e tardia da vinha Loncomilla, de onde Bowines obtém todos os seus Carignan. Essa parte fornece vinhos de maior concentração e profundidade. Esse tem frutas vermelhas, toques picantes e flores imersas em uma importante estrutura de taninos. Ainda é um vinho fresco, com muitas frutas vermelhas à frente, mas ao mesmo tempo com uma imponente estrutura de taninos, muito ao estilo da Carignan do campo chileno.

 EL BUEN VIEJO
CABERNET SAUVIGNON 2016
$$ | CACHAPOAL | 13°

Esse é o novo vinho de Bowines, Buen Viejo vem de uma vinha de cerca de 35 anos plantada em Requinoa, na região de Alto Cachapoal. O vinho brilha nas suas frutas vermelhas, nas suas notas de especiarias. Alvin Miranda trabalhou nessa vinha, que estava em péssimas condições, para obter deliciosas frutas vermelhas hoje em um Cabernet muito da região, muito de Alto Cachapoal, tintos com foco nas frutas vermelhas. Esse vinho é assim, mas também potencializado pelo estilo que cultiva a casa de vinhos mais leves e frescos.

 FILLO
CARIGNAN 2019
$$ | MAULE | 13.5°

Consistente com o estilo de Fillo, esse Carignan é puro frescor e frutas vermelhas. E assim é desde a sua primeira safra em 2013. Um Carignan "para entender a Carignan", como diz o enólogo Alvin Miranda. Um Carignan para refrescar, que vem de vinhedos de cerca de 70 anos na área de Loncomilla, de vinhedos de secano.

 MALCRIADO
CARIGNAN, CABERNET SAUVIGNON 2017
$$ | MAULE | 13°

Essa mistura possui 75% de Carignan de vinhedos de cerca de 70 anos em Loncomilla e Cabernet Sauvignon de cerca de 35 anos na área de Requinoa, em Alto Cachapoal. A mescla, embora estranha em teoria, funciona muito bem na prática. A Carignan se impõe, como é óbvio a partir da porcentagem, com suas notas florais e terrosas, mas a Cabernet parece aportar equilíbrio, fornecendo taninos muito finos e sabores de ervas. Um vinho firme para a carne.

 FILLO
CABERNET SAUVIGNON 2017
$$ | CACHAPOAL | 13°

O enólogo Alvin Miranda seleciona vinhedos antigos, com cerca de 35 anos, no vale do Cachapoal para esse Fillo, a linha de vinhos da casa que busca frescor e clareza na expressão da fruta. Esse vinho não estagia em barricas e mostra as notas de ervas e de especiarias da variedade com frutas vermelhas maduras. O corpo se sente com taninos jovens e selvagens, prontos para fraldinha grelhada.

 FILLO ROBLE
CARIGNAN 2018
$$ | MAULE | 13°

Esse é o vinho novo de Bowines e é basicamente uma seleção de vinhos de Carignan com uma estrutura melhor para não sucumbir após os nove meses de passagem por barricas. O resultado é um vinho muito semelhante ao Fillo sem carvalho, com frutas muito frescas na frente em um vinho leve, que talvez mostre mais especiarias, mas nada tostado. Outro Carignan para beber com embutidos.

Bowines

90 **FILLO**
MALBEC 2019
$$ | COLCHAGUA COSTA | 13°

Para este **Fillo Malbec**, Bowines compra uvas na área de Lolol, na parte oeste de Colchagua, um lugar mais fresco. Esse tem um lado herbáceo bem marcado que se liga a deliciosas frutas vermelhas. A boca é uma pequena explosão de sabores de frutas, com textura macia, de um vinho suculento e fácil de beber.

Calcu

PROPRIETÁRIO Grupo Hurtado
ENÓLOGO Rodrigo Romero
WEB www.calcu.cl
RECEBE VISITAS Sim

Enólogo
RODRIGO ROMERO

Calcu produz vinhos desde 2008 e é a vinícola irmã de Maquis, tanto em Colchagua quanto em propriedade da família Hurtado. Calcu baseia sua produção em cem hectares de vinhedos na área de Marchigüe, a cerca de 30 quilômetros do mar, no vale de Colchagua e, como Maquis, cultiva um estilo bastante frutado e fresco, com um uso moderado de madeira.

VINHOS

96 **FUTA**
CABERNET SAUVIGNON 2016
$$$$$ | COLCHAGUA | 14°

Futa é a seleção dos melhores quartéis de Cabernet Sauvignon de Marchigüe, vinhedos próprios que foram plantados em 2007, mas também possui 14% de Cabernet Franc que fornece notas de ervas e tabaco ao blend. O vinho é produzido após o término da malolática e, em seguida, envelhecido em barricas usadas por dois anos. O vinho tem uma forte presença de frutas vermelhas, acompanhadas de taninos muito afiados que constroem uma estrutura muito firme, rica em tensão. O vinho é importante em volume, enche a boca, mas ao mesmo tempo refresca. Uma boa combinação. Futa é elaborado desde 2009.

94 **WINEMAKER'S SELECTION BLEND**
C. FRANC, CARMÉNÈRE, MALBEC, C. SAUVIGNON, P. VERDOT 2016
$$$$ | COLCHAGUA | 14°

É uma mistura de vinhedos de Calcu na área de Marchigüe, a oeste de Colchagua, e esse ano tem 38% de Cabernet Franc, 25% de Carménère, 20% de Malbec, mais 15% de Cabernet Sauvignon e o restante de Petit Verdot. As cinco variedades são misturadas após a fermentação e vão para barricas onde estagiam por dois anos, tudo em madeira de vários usos. O vinho tem uma rica expressão de frutas e de especiarias pretas, mas principalmente de ervas. A boca é tensa, como quase todos os tintos da casa e também a acidez suculenta e acentuada que é uma marca registrada da casa.

‹ prova de vinhos ›

 GRAN RESERVA
CABERNET SAUVIGNON 2017
$$$ | COLCHAGUA | 14°

Como de costume no estilo da casa, esse Cabernet tem uma estrutura construída em torno da acidez, que sublinha ou melhora os sabores das frutas vermelhas ácidas. Os solos de granito parecem acentuar ainda mais esse caráter tenso. Esse Cabernet Sauvignon provém de vinhedos plantados em 2007 na área de Marchigüe e estagia em barricas por doze meses.

 RESERVA ESPECIAL ROSÉ
MALBEC 2019
$$ | COLCHAGUA | 12°

As vinhas para este rosé são trabalhadas especialmente para o estilo, protegendo os cachos do sol e também adiantando a colheita para obter as frutas vermelhas frescas que se podem perceber aqui. É um rosado suculento, tremendamente refrescante, com uma acidez nervosa e um final levemente floral. Daqueles para não se parar de beber no verão.

 RESERVA ESPECIAL
CABERNET FRANC 2017
$$ | COLCHAGUA | 13.5°

Dos solos de granito de Marchigüe, a oeste de Colchagua, esse Cabernet Franc de videiras plantadas em 2006 estagia em barricas por cerca de 8 meses. A fruta é fresca e vermelha, a textura tem muita aderência e, no final, há notas de tabaco clássicas da variedade.

 RESERVA ESPECIAL
CABERNET SAUVIGNON 2017
$$ | COLCHAGUA | 13.5°

Um bom exemplo do estilo da casa, esse Cabernet tem uma aderência muito boa na boca, graças a taninos finos mas afiados. Os sabores são frutados, mas também existem toques de ervas em um vinho fácil de beber e que representa muito bem a variedade.

 RESERVA ESPECIAL
SAUVIGNON BLANC, SÉMILLON 2019
$$ | COLCHAGUA | 12.5°

Uma mistura refrescante, aqui domina a textura cremosa da Sémillon, sustentada pela acidez fresca da Sauvignon. Da área de Marchigüe, em direção à costa de Colchagua, é um branco para o aperitivo ou para acompanhar queijo de cabra fresco.

OUTROS VINHOS SELECIONADOS

89 | RESERVA ESPECIAL Carménère 2017 | Colchagua | 13.5° | $$
88 | RESERVA ESPECIAL Malbec 2017 | Colchagua | 14° | $$

Caliterra

PROPRIETÁRIO Eduardo Chadwick
ENÓLOGO Rodrigo Zamorano
WEB www.caliterra.cl
RECEBE VISITAS *Não*

Enólogo
RODRIGO ZAMORANO

Nasceu em 1992 como uma joint venture entre Eduardo Chadwick e a vinícola californiana Robert Mondavi Winery. Mas a sociedade foi finalizada em 2004, quando Chadwick adquiriu 100% da empresa e a incorporou ao grupo Errázuriz. Seus quartéis centrais se encontram em Colchagua, no setor de Huique, onde tem quase 300 hectares. Eles abastecem seus vinhos tintos, enquanto que os brancos procedem de vinhedos que manejam em Leyda e Casablanca. Há alguns anos o enólogo é Rodrigo Zamorano, que está levando os vinhos de Caliterra a um estilo de maior frescor e pureza frutada.

IMPORTADORES: BRASIL: www.vinhoeponto.com.br | USA: www.seaviewimports.com

VINHOS

 PÉTREO
CARMÉNÈRE 2017
$$$$ | COLCHAGUA | 13.5°

Atenção com o nariz desse vinho. Os aromas de tabaco, de especiarias, de cinzas, de ervas e de frutas é incrível. Na boca, apresenta uma acidez deliciosa e fresca, acompanhada por uma textura macia e suculenta, com frutas maduras que lhe conferem maior complexidade. Dê um tempo na garrafa e vejam como o vinho se torna uma folha de tabaco nos dentes. Esse Carménère em particular vem de solos de granito das áreas mais altas, perto dos cumes das colinas, na vinha de Caliterra em Colchagua. Mantenha esse vinho por alguns anos, mas você também pode abri-lo agora com embutidos ou costeletas de porco defumadas ou o que achar que tem gordura para acompanhar a acidez e a textura desse exemplo nervoso e incomum da cepa.

PÉTREO
MALBEC 2017
$$$$ | COLCHAGUA | 12.5°

Das encostas voltadas para o sul, mais frias e menos expostas ao sol da tarde, esse 100% Malbec, que provém de vinhedos plantados em 2004 em solos graníticos nas áreas mais altas da vinha Caliterra em Colchagua. Colhido no início da temporada, esse ano tem a aderência, acidez e a tensão que sempre teve. A língua recebe essa textura de giz, enquanto o paladar é preenchido com frutas vermelhas ácidas em um vinho para desfrutar no verão e matar a sede, mas com textura suficiente para um churrasco com todas as carnes que imaginem.

CENIT
MALBEC, PETIT VERDOT, SYRAH 2016
$$$$$ | COLCHAGUA | 13.5°

Cenit é o vinho top de Caliterra e sua primeira versão foi em 2005. Em termos de estilo, mudou muito, principalmente nas últimas três safras, onde o enólogo Rodrigo Zamorano seleciona o melhor de seu vinhedo, que esteve nessas três safras Malbec, Petit Verdot e Syrah. Esse ano, possui 59% de

Malbec, 37% de Petit Verdot e 4% de Syrah. A Malbec não manda somente na porcentagem, mas também em personalidade. Frutas vermelhas frescas e notas violetas dominam os aromas, enquanto os taninos firmes da Petit Verdot, mandam na estrutura com um vinho frutado e refrescante para lasanha de carne.

94 | **EDICIÓN LIMITADA M**
SYRAH, CARIGNAN, GARNACHA, MARSANNE 2017
$$$$ | CHILE | 13.5°

Este **M** (de "Mediterrâneo") tem 48% Syrah, 40% Cariñena, 11% Garnacha e o resto da branca Marsanne e vem de Aconcágua, Colchagua e Maule, com o ponto comum de que todos vem de solos de granito. E esse granito é sentido na textura, que é firme, muito tensa, cheia de pequenos grãos como se fossem fibras no palato, acariciando-o. O restante é pura fruta vermelha fresca em um vinho refrescante acima de tudo, mas ao mesmo tempo com corpo suficiente para acompanhar steak tartar.

93 | **DSTNTO**
MALBEC, SYRAH, GARNACHA, CARIGNAN, PETIT VERDOT 2019
$$$ | COLCHAGUA | 13.5°

Fruto de macerações carbônicas, interrompidas para depois prensados e levantados em barricas e também com o malolático interrompido. Tem uma fruta deliciosa, fresca, muito viva, suculenta, firme em acidez. O mix deste ano tem 33% de Malbec, 27% de Garnacha, 20% de Syrah, 15% de Cariñena e o restante de Petit Verdot. Um suco de frutas para saciar a sede no verão, mas tome cuidado, acompanhado de comida. Escolham morcillas.

93 | **EDICIÓN LIMITADA B**
CABERNET SAUVIGNON, CABERNET FRANC, PETIT VERDOT 2017
$$$$ | COLCHAGUA | 14°

A edição **B** de Bordeaux desse ano tem 54% da Cabernet Sauvignon, 29% da Petit Verdot e 17% de Cabernet Franc. Estagia 12 meses em barricas e mais seis meses em dois foudres de 2.800 litros para a mistura se integrar. Esse vinho segue a linha da casa, com um vinho muito tenso, de muito nervo e muitas frutas vermelhas e especiarias submersas em um corpo médio, de taninos firmes e tensos Para a bisteca.

 EDICIÓN LIMITADA A
MALBEC, CARMÉNÈRE 2017
$$ | COLCHAGUA | 13.5°

Essa mescla A de "andino" é uma espécie de homenagem às principais cepas da Argentina e do Chile, nos dois lados dos Andes. Nessa edição, possui 69% de Malbec e 31% de Carménère, todos da vinha Caliterra em Colchagua e oferece uma cara fresca e animada, cheio de frutas vermelhas e de acidez que são mostradas em um corpo bastante leve e tenso, cheio de taninos crocantes.

 TRIBUTO
SAUVIGNON BLANC 2019
$$ | CASABLANCA | 12.5°

De solos de granitos e de argilas na área mais próxima do mar em Casablanca, (o Bajo Casablanca), esse Sauvignon tem o nervo de sua influência

Caliterra

marinha, a acidez do lado salino e as frutas e as ervas, mas também o lado untuoso de uma safra quente que traz o equilíbrio.

 TRIBUTO
CHARDONNAY 2018
$$ | CASABLANCA | 13°

92

De um vinhedo na região de Bajo Casablanca, em solos de granito e de argila, esse Chardonnay possui uma deliciosa untuosidade, destacada por notas salgadas e acidez fresca e crocante. Hoje, esse vinho é ideal para trutas defumadas ou frango assado. Tem corpo suficiente para isso.

91 **TRIBUTO**
CABERNET SAUVIGNON 2017
$$ | COLCHAGUA | 13.5°

Um Cabernet fresco, com toques de ervas e de muitas frutas vermelhas em um vinho nervoso, de acidez persistente e de taninos firmes e suculentos, que o tornam um vinho que é bebido com muita facilidade. Esse Cabernet vem de uma encosta de exposição quente ao norte e estagia em barricas usadas por um ano.

91 **TRIBUTO**
CARMÉNÈRE 2017
$$ | COLCHAGUA | 13.5°

Das áreas mais baixas e mais férteis da vinha Caliterra, em Colchagua, plantada em 1996, esse Carménère estagia em barricas (21% de madeira nova) por um ano. A primeira impressão no nariz é herbáceo, mas pouco a pouco a fruta vermelha surge no meio de um Carménère fresco e amável, com taninos suaves para um cozido.

91 **TRIBUTO**
MALBEC 2017
$$ | COLCHAGUA | 13°

Em uma safra mais quente, o enólogo Rodrigo Zamorano optou por colher as uvas em fevereiro, bem no início da temporada. O resultado é um vinho com muita vibração, energia, acidez firme, toques especiados e frutas muito vermelhas no vinho, um vinho delicioso para se beber mais resfriado. Vem de solos coluviais no vale de Colchagua e estagia doze meses em barricas velhas.

91 **TRIBUTO**
SYRAH 2017
$$ | COLCHAGUA | 13°

Um exemplo muito bom de Syrah fresco e direto, especialmente em uma safra quente como 2017, aproveita todo o frescor de um ano quente para transformá-lo em frutas vermelhas e em especiarias no meio de um corpo firme e de acidez suculenta. Um vinho para embutidos.

‹ prova de *vinhos* ›

Calyptra

PROPRIETÁRIO José Miguel Zarhi Troy
ENÓLOGO Emiliano Domínguez
WEB www.calyptra.cl
RECEBE VISITAS *Não*

Gerente geral & Proprietário
JOSÉ MIGUEL ZARHI TROY & JOSÉ LUIS ZARHI

Calyptra é a vinícola do renomado cirurgião plástico chileno, José Luis Zarhi. Em 2001, começou a engarrafar seus vinhos de uma propriedade que eles têm em Coya, na região de Alto Cachapoal, um lugar isolado do resto do vale, no meio das montanhas, a cerca de mil metros de altura na Cordilheira dos Andes. Hoje eles têm cerca de 55 hectares de vinhedos e a cargo do projeto está o enólogo mendocino Emiliano Domínguez, que trabalhou em vinícolas como Rutini, Finca Ferrer e Contador, em Rioja, na Espanha. **IMPORTADORES:** BRASIL: www.wine.com.br | USA: www.mhwltd.com

VINHOS

 ZAHIR
CABERNET SAUVIGNON 2011
$$$$$ | ALTO CACHAPOAL | 14.5°

Zahir é o top da vinícola e também uma seleção dos melhores Cabernet da casa, uma seleção que inclui cerca de 9 hectares, todos plantados em terraços aluviais do rio Cachapoal, a cerca de mil metros de altura em Alto Cachapoal. As notas de especiarias são a primeira coisa que chamam a atenção aqui, depois vêm as frutas vermelhas, as ervas, os taninos polidos e a acidez que chega para fazer festa. Essa é uma deliciosa cachoeira de sensações, de texturas e de detalhes. E desde 2011, 8 anos que parecem oito dias.

 INÉDITO LIMITED EDITION
CABERNET SAUVIGNON, MERLOT, SYRAH 2015
$$$$$ | ALTO CACHAPOAL | 15°

Inédito nesse ano, uma mescla de 67% de Cabernet Sauvignon, 31% de Merlot e 2% de Syrah, todos das terraços aluviais. É uma seleção de barricas, um tipo de segundo vinho de Zahir, o top da casa, que geralmente é mais Cabernet Sauvignon. Essa nova versão tem força e coragem ao mesmo tempo. As frutas são frescas e vermelhas, os taninos são polidos, mas mantêm a tensão, enquanto a acidez permanece em segundo plano, proporcionando frescor, fornecendo eletricidade. É para beber agora e tirar proveito de toda essa fruta deliciosa, mas também para mantê-la por uma década.

GRAN RESERVA
SAUVIGNON BLANC 2016
$$$$ | ALTO CACHAPOAL | 14°

Um Sauvignon completamente atípico no universo, bastante povoado, do Sauvignon chileno. Primeiro, é um Sauvignon da montanha. E esses brancos têm um acento no lado herbáceo da cepa, mais austero do que no lado das frutas tropicais de seus colegas do Pacífico. E é um vinho encorpado e passou 18 meses em barricas antes de ser engarrafado. Isso

Calyptra

nunca acontece com o Sauvignon chileno e essa exceção à regra é um vinho incrível, com sabores de pedras, de frutas cítricas e de ervas. Parece mineral, expansivo, firme, intenso. Um desses brancos difíceis de se esquecer.

 GRAN RESERVA
CABERNET SAUVIGNON 2016
$$$$ | ALTO CACHAPOAL | 15°

Essa é uma seleção de três quartéis de Cabernet Sauvignon, todos em terraços aluviais do rio Cachapoal. O vinho estagia por dois anos em barricas e o que sai é um Cabernet focado em frutas vermelhas, sabores de ervas. A textura de taninos é deliciosa, tem tensão, mas também é muito macia. A acidez desempenha um papel muito importante, combinando sabores, destacando o frescor e o nervo.

 GRAN RESERVA
CHARDONNAY 2017
$$$$ | ALTO CACHAPOAL | 14.5°

Essa é uma seleção de vinhedos de cerca de 20 anos plantados próximo ao rio Cachapoal, a cerca de 1.000 metros de altura na cidade de Coya, no Alto Cachapoal. O vinho é fermentado em barricas e armazenado na mesmas por dois anos. O vinho tem um perfil muito diferente do habitual, que está na moda. É poderoso em corpo, com a presença de barrica bem na frente, mas com uma camada muito boa de frutas brancas maduras por trás, o que garante que esse vinho acabará por absorver toda essa barrica com vários anos em garrafa. Um Chardonnay atípico, grande, para guardar.

 GRAN RESERVA
PINOT NOIR 2017
$$$$ | ALTO CACHAPOAL | 14.5°

Essa é a visão da Calyptra da Pinot Noir, um vinho tinto focado na estrutura de taninos e nos sabores terrosos e especiados. É proveniente de uma parcela em um segundo terraço do rio Cachapoal e tem 16 meses de estágio em barricas. Assim como em Vivendo, esse não apela aos sabores doces, mas oferece muitas frutas, mas em um nível de secura que não é comum no Chile. A textura dos taninos aporta muito nessa direção, firme e pulsante, dando a sensação de austeridade.

 HERA BLANC DE BLANCS EXTRA BRUT
CHARDONNAY 2013
$$$$ | ALTO CACHAPOAL | 13.5°

100% Chardonnay, com cinco anos de contato com as borras, aqui se sentem os aromas de padaria, que aporta essa longa guarda com as lias. Também se sente a suavidade da textura. É um vinho elegante, refinado e muito sutil, com uma acidez que se espalha por toda parte, refrescando o paladar enquanto se sente como as borbulhas pinicam a língua.

*‹ prova de **vinhos** ›*

93 VIVENDO RESERVE
PINOT NOIR 2017
$$$ | ALTO CACHAPOAL | 14.5°

Um delicioso Pinot em suas frutas vermelhas maduras, na expressão da variedade. Nasce nos terraços aluviais do rio Cachapoal, em Alto Cachapoal, e mostra seu caráter montanhoso nas notas de frutas e de ervas. 2017 foi um ano quente, mas isso não aparece aqui. Tudo é fresco, com sabores de frutas vermelhas ácidas, com uma textura que tem aderência para acompanhar embutidos. Um Pinot que tem uma excelente relação preço/qualidade. Precisa-se de mais desses Pinot Noir a um preço acessível. Menos doçura e mais tensão.

92 SOLVITA LATE HARVEST
SAUVIGNON BLANC 2010
$$$ | ALTO CACHAPOAL | 15°

Esse é 100% Sauvignon Blanc, atacado pelo fungo botrytis, que é a "podridão nobre", como eles chamam na França, um eufemismo tingido com a habitual poesia de gala. Tem um aroma compotado, frutas brancas em calda, enquanto a boca é cremosa, grande, com acidez suficiente para equilibrar essa carga de doçura. Para a sobremesa.

92 VIVENDO RESERVE
CHARDONNAY 2018
$$$ | ALTO CACHAPOAL | 13.5°

Ao longo do rio Cachapoal, a cerca de mil metros de altura no meio dos Andes, esse Chardonnay tem o caráter de brancos de montanha. A fruta parece em segundo plano, enquanto as notas de ervas e cítricos ganham destaque. A boca é dura, com acidez mineral, corpo muito bom e concentração muito boa. Um vinho fluido, mas ao mesmo tempo com arestas, muitos detalhes para observar, como notas de menta, taninos pulsantes e final cítrico. Um vinho delicioso.

90 VIVENDO RESERVE
SAUVIGNON BLANC 2018
$$$ | ALTO CACHAPOAL | 13.5°

Um Sauvignon de montanha, com foco em ervas e de frutas brancas, em um corpo leve e muito amável. Aqui há uma acidez deliciosa e fresca, em um vinho nervoso, para matar a sede e acompanhar frutos do mar.

OUTRO VINHO SELECIONADO
88 | VIVENDO RESERVE ROSÉ Syrah, Sauvignon Blanc 2018 | Alto Cachapoal | 14° | $$$

«‹‹----›››

Carmen

PROPRIETÁRIO Grupo Claro
ENÓLOGA Emily Faulconer
WEB www.carmen.com
RECEBE VISITAS *Sim*

Enóloga
EMILY FAULCONER

Criada em 1850 por Christian Lanz, que a batizou assim em homenagem a sua mulher, esta vinícola de Alto Maipo é das históricas do Chile. Em 1987 é comprada por Santa Rita e desde então vários marcos estiveram no seu rumo. Em 1996, o então enólogo da vinícola, Álvaro Espinoza, foi o primeiro em rotular um vinho como Carménère (com o sinônimo de Gran Vidure). Ocorreu depois que o ampelógrafo francês reconheceu a variedade nos vinhedos de Carmen, que no Chile se confundia com Merlot. Carmen também foi pioneira na elaboração de vinhos orgânicos, com a linha Nativa, hoje manejada como projeto separado. Em 2010, entrou na vinícola o enólogo Sebastián Labbé, que deu um caráter inovador ao portfólio. Após sua partida de Santa Rita, quem está começando uma nova etapa em Carmen é a enóloga Emily Faulconer, ex-Arboleda.

IMPORTADORES: BRASIL: www.mistral.com.br | USA: www.totalwine.com

VINHOS

 GOLD RESERVE
CABERNET SAUVIGNON 2017
$$$$$ | MAIPO | 13°

As videiras que foram originalmente plantadas na vinha de Carmen em Alto Jahuel, datam de 1957, mas devido às doenças da vida (principalmente margarodes que abundam em solos arenosos como os desse lugar), tiveram que ser substituídas por novas plantas. No entanto, aquelas que sobreviveram (cerca de metade da vinha original) são a matéria-prima dessa nova versão de Gold Reserve, um vinho que já é um clássico moderno e é produzido desde a colheita de 1993. Esse ano, um ano quente em Maipo, Gold mostra toda a sua exuberância, exibindo toques de frutas maduras e de frutos secos, em conjunto com frutas vermelhas maduras. O corpo é amplo, com taninos firmes de vinho jovem e também com acidez suculenta que lhe confere brilho. Um Gold que parece fresco, apesar de uma safra mais quente.

 CARMEN DELANZ ESTATE BLEND 2018
C. SAUVIGNON, C. FRANC, P. VERDOT, PETITE SIRAH 2018
$$$$ | MAIPO | 14°

Esse é o novo vinho de Carmen. Segundo a enóloga Emily Faulconer, essa mistura de 76% de Cabernet Sauvignon, 16% Cabernet Franc, 5% Petit Verdot e o restante de Petite Sirah, visa mostrar a vinha do Alto Jahuel e suas principais cepas. Uma tarefa ambiciosa, já que a vinha que circunda a vinícola de Carmen em Alto Jahuel (e a de Santa Rita) possui cerca de 500 hectares de vinhedos. No entanto, a maior parte - como nesse vinho - é plantada com Cabernet Sauvignon (80% dos 500 hectares são de Cabernet) e, desse lado, a representação é fiel. Os sabores são frutados, frutos pretos maduros e também ervas. Alto Jahuel é uma área quente em Alto Maipo e que é sentida no caráter desse vinho, que tem taninos redondos, mas ao mesmo tempo sólido. Para respeitar esse personagem, a enóloga Emily Faulconer usou apenas madeira usada, tanto barricas quanto foudres. Um vinho que tem uma década pela frente.

‹ prova de *vinhos* ›

D. O. FLORILLÓN #2
SÉMILLON N/V
$$$$ | APALTA | 12°

Essa já é a segunda versão de Florillón, o ensaio de Carmen com o véu de flor ao modo dos vinhos do Jura ou de Jerez. Nesse caso, é um Sémillon de vinhedos muito antigos, plantados em 1958, em solos de granito de Apalta, no coração do vale de Colchagua. Nesse caso, o vinho fica sob um véu leve por cerca de três meses e o resultado dessa segunda experiência é um branco mais vertical, tenso em acidez e com aquele toque salino que dá complexidade e acentua esse lado vertical em um vinho para guardar.

D. O. LOMA SECA
CINSAULT 2019
$$$$ | ITATA | 13°

De solos de granito no vale de Itata, esse Cinsault estagia em ovos de concreto por cerca de 8 meses antes do engarrafamento. O granito exerce um forte efeito sobre esse vinho, especialmente na estrutura que oferece taninos firmes e muito tensos. A fruta da Cinsault, como de costume na cepa, é exuberante, cheia de frutas vermelhas azedas e com grande frescor. A vinha de onde este vinho provém é relativamente jovem, com cerca de 20 anos, plantada na área de Checura, numa encosta virada a sul, ou seja, uma nova orientação que pode explicar o caráter da fruta e a personalidade festiva desse tinto. Mas, atenção com essa estrutura de taninos. Esse Cinsault é do sérios.

D. O. MATORRAL CHILENO
CARIGNAN, GARNACHA, PAÍS 2019
$$$$ | MAULE | 13.5°

Esta é a terceira versão de Matorral chileno e esse ano possui 60% de Cariñena, 30% de Garnacha e 10% de País, tudo da área de Melozal. Estagia em ovos de concreto por cerca de 8 meses, captura as frutas vermelhas e as flores de Carignan (de uma vinha de 60 anos) e também sua acidez intensa, rústica e deliciosa. O corpo é potente, embora o álcool não seja tão alto, pelo menos para os padrões da cepa, especialmente quando se trata de vinhedos de secano. O lado terroso da País se sente no final da boca, proporcionando complexidade. Um vinho refrescante e adoravelmente rústico.

D. O. QUIJADA #1
SÉMILLON 2018
$$$$ | COLCHAGUA | 12.5°

A família Quijada possui essa vinha na região de Apalta, plantada em 1958 em solos de granito. Carmen compra essa uva desde os anos 1990 e essa fruta ia para vinhos comuns até que em 2015 essas uvas começaram a entrar nessa nova linha D.O. O objetivo da enóloga Emily Faulconer é que esse vinho se projete na garrafa. E observando essa acidez e a concentração de sabores de frutas nesse Sémillon vibrante parece ter um grande potencial de guarda. Deixe algumas garrafas pelos próximos dez anos. Um novo caminho para a cepa.

Carmen

 WINEMAKER'S BLACK
CARMÉNÈRE, SYRAH, CABERNET FRANC 2017
$$$ | COLCHAGUA | 14°

Carmen se estabeleceu com vinhedos em Apalta no início de 2000 e hoje eles têm cerca de cem hectares plantados. O Winemaker's Black é um tipo de resumo das principais variedades tintas desse campo e a mistura desse ano inclui 75% de Carménère, 15% de Syrah e o restante de Cabernet Franc. O vinho tem muito poder nos taninos e também uma grande profundidade de sabores. As notas de frutas pretas são misturadas com as notas de ervas do Carménère, enquanto a acidez dá equilíbrio em um vinho muito jovem que precisa de pelo menos dois anos de garrafa.

 GRAN RESERVA
CARIGNAN 2018
$$ | MAULE | 13.5°

Cariñena de vinhas velhas, com cerca de 60 anos, plantada em solos de granito na área Melozal, no Secano Interior do vale do Maule, foi colhida muito cedo na temporada e com apenas 13,5 graus de álcool mostra uma fruta vermelha radiante, em um corpo que se sente leve pelos padrões da cepa. É fresco, suculento e simples, rico para beber com embutidos. Um excelente exemplo, a um preço muito bom, da nova onda de Cariñena.

 GRAN RESERVA
SAUVIGNON BLANC 2019
$$ | CASABLANCA | 13°

Esse Sauvignon provém de uma vinha de cerca de 10 anos, plantada nos planos de Tapihue, em Alto Casablanca, na área média do vale e em terras aluviais. A safra 2019, mas aqui você não sente esse lado oleoso que é comum na Sauvignon desse ano. Graças às colheitas adiantadas (metade do volume), esse vinho se sente com muita aderência, com muita acidez e toques de ervas em um estilo que pelo menos não vimos aqui. Com 20% de fermentação em barricas e envelhecido por cerca de 6 meses, oferece uma enorme relação preço-qualidade, uma das melhores do ano em Descorchados em Sauvignon Blanc.

 GRAN RESERVA
CABERNET SAUVIGNON 2018
$$ | MAIPO | 14°

100% de vinhas de Alto Jahuel, ao lado da vinícola de Carmen em Maipo Alto, esta é uma seleção de diferentes quartéis na propriedade. São produzidos cerca de trezentos mil litros desse vinho e, nessa quantidade, oferece muita qualidade. Possui aromas de especiarias e de ervas, mas principalmente frutas, em um vinho de taninos ferozes, que se agarram ao paladar, proporcionando uma sensação de volume e corpo. 20% do volume estagia em barricas por cerca de 14 meses e o restante permanece em aço.

 GRAN RESERVA
CHARDONNAY 2018
$$ | CASABLANCA | 13.5°

Atenção com a aderência na boca e a acidez desse Chardonnay. De vinhas de cerca de 20 anos em uma encosta na área de Tapihue, no meio de Casablanca, com metade do volume colhido no início da temporada, em um ano bastante frio como 2018, deu a esse branco uma textura áspera, deliciosa para frutos do mar gratinados. O resto são sabores de frutas frescas e muito vivos.

91 GRAN RESERVA
PETITE SIRAH 2018
$$ | MAIPO | 14°

Esse Petite Sirah é uma foto da variedade. Sabores e aromas de frutas negras em um corpo intenso, de grandes taninos que pedem carne. Tem uma acidez intensa e toques de ervas. Um vinho grande e ao mesmo tempo muito tenso. Esse vinho tinto vem de vinhedos de 15 anos, plantados na área de Alto Jahuel, ao lado da adega de Carmen.

91 GRAN RESERVA
PINOT NOIR 2019
$$ | LEYDA | 13.5°

Esse Pinot nunca foi um dos nossos favoritos em Descorchados, mas esse ano brilha pela primeira vez. A diferença, de acordo com a enóloga Emily Faulconer, é que nessa safra ela foi colhida mais cedo e 8% de engaços foi adicionado, além de ter sido engarrafado mais cedo, cerca de seis meses a menos de estágio em barricas, o que impediu a oxidação e permitiu que a fruta fosse capturada, vermelha, refrescante. Um vinho frutado, delicioso em sua madurez, tenso em acidez.

91 GRAN RESERVA ROSÉ
CARIGNAN, CINSAULT 2018
$$ | MAULE | 13°

Esse é o primeiro rosado da linha Gran Reserva e é 75% Carignan de vinhas antigas em Maule e novas vinhas de Cinsault de 5 anos plantadas em Alto Jahuel. Os cachos de ambos são prensados diretamente e os sucos são co-fermentados em aço. O resultado é um delicioso suco de cereja, fresco, leve, com muito nervo e muita acidez. O vinho desliza pela boca com taninos suculentos. O rosado ideal para as férias.

90 GRAN RESERVA
SYRAH 2018
$$ | COLCHAGUA | 13°

Carmen tem vinhedos plantados nas encostas de Apalta, no início de 2000. Daí vem esse Syrah, que oferece notas de frutas pretas maduras no contexto de taninos ferozes, com força suficiente para suportar o peso da fruta. E a acidez se equilibra, fazendo com que o vinho pareça ágil, embora maduro. Para linguiça.

90 GRAN RESERVA FRIDA KAHLO
CARMÉNÈRE 2018
$$ | COLCHAGUA | 14°

Frida Kahlo é uma colaboração de Carmen com a corporação da artista no México, para usar sua imagem. Em termos de vinho, esse Carménère vem 100% dos solos argilosos da área de Apalta, de vinhedos plantados há cerca de 15 anos. Mostra um lado amável da cepa, com aromas de ervas e de frutas vermelhas muito maduras em um corpo médio, de taninos polidos. Um bom exemplo da cepa, muito bem equilibrado.

Casa Bauzá

PROPRIETÁRIO Rodrigo Bauzá
ENÓLOGA Natalia Poblete
WEB www.casabauza.cl
RECEBE VISITAS Não

Proprietário & enóloga
RODRIGO BAUZÁ & NATALIA POBLETE

Bauzá no Chile é sinônimo de pisco, dado que a empresa da família homônima é uma das mais importantes da indústria. Mas desde 2011 também produzem vinho, não de Limarí como a pisqueira, mas de Maipo, em um vinhedo plantado pela família em 1998 em Til Til, no norte do vale, no limite com Aconcágua. Ali têm 100 hectares de vinhas cuja maior parte de produção vendem a terceiros. Eles ficam com uma fração que lhes permite engarrafar ao ano 24 mil garrafas, que se repartem em dois rótulos premium. Uma é o Carménère Presumido e a outra, uma mescla tinta batizada simplesmente como Ensamblaje. A enóloga desta vinícola de "Maipo Norte", como gostam de se apresentar, é Natalia Poblete, enquanto a direção comercial é de Rodrigo Bauzá, também no comando da pisqueira.

VINHOS

 ENSAMBLAJE PETIT VERDOT, SYRAH, C. SAUVIGNON, C. FRANC, CARMÉNÈRE, CARIGNAN 2017
$$$$ | MAIPO | 13.5°

A primeira e inaugural colheita desse vinho foi em 2011, o primeiro vinho Bauzá no mercado. Este ano, o mix tem 28% de Syrah, 28% Cabernet Sauvignon, 18% Carménère, 12% Petit Verdot, 8% Cabernet Franc e o restante de Carignan. O vinho apresenta uma generosidade untuosa, demonstrada através de frutas negras maduras e especiarias doces. O corpo é amplo, com taninos macios e redondos, com um final longo acompanhado por uma acidez vibrante.

 PRESUMIDO
CARMÉNÈRE 2018
$$$$ | MAIPO | 13.5°

Em 2017, Bauzá fez três experimentos com o estágio do vinho em três recipientes distintos: flex cube (um polímero plástico), foudres de madeira e ovos de concreto. E esse 2018 é uma mistura desse três recipientes, além de barricas, onde hoje eles se sentem mais à vontade na interpretação da Carménère de Til Til. Há doze meses de estágio, 60% em barricas usadas, 20% em flex cube, 10% em foudres e 10% em ovos de concreto. O resultado é um vinho de ótima expressão aromática, rico em toques de ervas e de frutas, com um corpo suculento, com taninos cremosos e muito amáveis. Depois de um tempo na taça, torna-se mais herbáceo e não perde frescor.

GALA BRUT
PINOT NOIR, CHARDONNAY 2014
$$$ | LIMARÍ | 12.5°

Esse tem 65% de Pinot Noir e 35% de Chardonnay, todos provenientes das vinhas de Limarí. O vinho é elaborado pelo método tradicional de segunda fermentação em garrafa e com 36 meses de contato com as borras. O licor da expedição é o pisco da Casa Bauzá, um pisco branco feito com Mos-

⟨ *prova de **vinhos*** ⟩

catel e uvas de 40 graus. No nariz, apresenta algo de pisco, de aromas de passas e de frutos secos, enquanto na boca, o açúcar residual de cerca de 12 gramas por litro, confere uma doçura suave. A bolha é muito macia e os sabores são suculentos e untuosos.

Casa Donoso

PROPRIETÁRIO Jorge Selume
ENÓLOGO Felipe Ortiz
WEB www.donosogroup.com
RECEBE VISITAS *Sim*

Proprietário
JORGE SELUME

Casa Donoso nasce em 1989 no vale do Maule, fundada por empresários franceses. Sua base está na fazenda La Oriental, próxima à cidade de Talca, no coração do Maule, onde tem vinhas de até 80 anos de idade. É a vinícola principal dentro do Donoso Group, empresa com vários projetos vitivinícolas no Maule, como os vinhos San V, Sucessor e Palmira. Em 2011, Donoso Group foi comprado pelo empresário e economista Jorge Selume. **IMPORTADOR:** USA: www.palmateerwinegroup.com

VINHOS

 GRAND DOMAINE
CARMÉNÈRE, MALBEC 2015
$$$$$ | MAULE | 14°

Esse é o vinho mais ambicioso de Casa Donoso e essa é a segunda edição e possui 65% de Carménère de Loncomilla, um Carménère geralmente selvagem, cheio de frutas vermelhas e de taninos firmes e um tanto rústicos. Esse Carménère corresponde a essa descrição, mas o detalhe é que aqui são complementados com 40% de Malbec proveniente dos solos argilosos do tradicional Fundo La Oriental, em Talca, a base dos vinhos mais tradicionais da casa e cujas videiras são plantadas em argilas, o que confere a esse Malbec uma maior amplitude, um bom complemento à tensão nervosa e de Loncomilla.

D DE DONOSO
C. SAUVIGNON, CARMÉNÈRE, MALBEC, C. FRANC 2015
$$$$$ | MAULE | 14°

Um clássico no catálogo de Casa Donoso, é uma mistura baseada nas vinhas de La Oriental, a base da vinícola e também baseada em 40% Cabernet Sauvignon das mais antigas vinhas da propriedade, algumas com mais de 70 anos. O estilo da casa é refletido nesse vinho, um estilo sutil, com texturas muito cuidadosas, sabores muito polidos e especiados e frutas maduras. Mas aqui, a vantagem é que há uma tremenda profundidade de aromas em um vinho importante, mas não estridente.

 PERLA NEGRA
C. SAUVIGNON, CARMÉNÈRE, MALBEC, C. FRANC 2015
$$$$$ | MAULE | 14°

Perla Negra é o vinho de Casa Donoso das vinhas de Loncomilla, videiras de cerca de 50 anos plantadas em solos de granito. A base é de Cabernet Sauvignon que esse ano tem 50%, enquanto 20% Carménère, 20% Malbec e 10% Cabernet Franc. Aqui se pode sentir as frutas vermelhas da região, a textura

Casa Donoso

um tanto selvagem dos taninos que se expressam assim independentemente da cepa e também das notas de ervas. Um tinto que precisa de pelo menos dois anos em garrafa para alcançar o equilíbrio. Muito potencial por aqui.

 BICENTENARIO GRAN RESERVA
SAUVIGNON BLANC 2019
$$ | MAULE | 13°

A Casa Donoso obtém as uvas para esse Sauvignon de vinhas de 25 anos na área do Lago Colbun, na Cordilheira do Maule. Esse é o Clone 1, o primeiro material clonal de Sauvignon que chegou ao Chile no início dos anos 1990 e é caracterizado por sua acidez dura e sabores bastante austeros. O enólogo Felipe Ortiz opta por colher as uvas posteriormente, para obter maior voluptuosidade. Dessa forma, além disso, disfarça algo do caráter do clone e obtém um Sauvignon cremoso, mas ao mesmo tempo com uma tremenda acidez e notas cítricas responsáveis por sublinhar esse frescor.

 BICENTENARIO GRAN RESERVA
CABERNET SAUVIGNON 2018
$$ | MAULE | 13.5°

Um Cabernet de aromas tensos e de frutas vermelhas, em meio a notas ricas de ervas e de especiarias. Esse Cabernet tem uma estrutura firme, construída a partir de taninos severos, mas ao mesmo tempo amável. Um vinho para bife, veio de duas vinhas no Maule, uma na área de Loncomilla, em solos de granito e a outra na área de Talca, em solos argilosos. As videiras têm cerca de 30 anos.

 BICENTENARIO GRAN RESERVA
CARMÉNÈRE 2018
$$ | MAULE | 13.5°

Para esse Carménère, o enólogo Felipe Ortíz utiliza frutas de dois vinhedos, um em Talca que dá mais frutas maduras e notas especiadas e outro em Loncomilla, com solos de granito, que dá mais frutas vermelhas e a maior tensão. Aqui parece que 50% da mistura rege, pois esse Carménère possui muitas frutas vermelhas em um corpo tenso, com acidez muito rica. 70% desse vinho estagia em barricas usadas por cerca de doze meses.

 CLOS CENTENAIRE
C. SAUVIGNON, CARMÉNÈRE, MALBEC, C. FRANC 2017
$$$$ | MAULE | 13.5°

Clos Centenaire é uma seleção de videiras plantadas nos anos 1980 na propriedade oriental, onde está localizada a vinícola Casa Donoso. O vinho estagia em barricas velhas por um ano e o resultado é um vinho tinto (à base de Cabernet) que segue o estilo da casa, com um equilíbrio suculento, de taninos muito gentis e polidos. Os sabores são maduros e redondos. Um vinho sem arestas, pronto para se beber agora.

 EVOLUCIÓN RESERVA
SAUVIGNON BLANC 2019
$$ | MAULE | 13°

De vinhedos de cerca de 20 anos na área pré-montanhosa do Maule, esse é fermentado e estagiado em aço. Tem um nervo delicioso, produto de uma acidez firme, que não deixa o vinho até o final do paladar. O corpo é leve, com sabores de frutas cítricas e de ervas em um vinho refrescante e pronto para beber agora no verão.

‹ prova de *vinhos* ›

 BICENTENARIO GRAN RESERVA
MALBEC 2018
$$ | MAULE | 13.5°

As frutas vermelhas das vinhas plantadas em granitos em Loncomilla parecem muito claras nesse Malbec perfumado e suculento. A acidez mantém a tensão e os toques de violeta são sentidos. Um vinho fácil de beber, mas ao mesmo tempo com uma boa estrutura de taninos, como sanduíche de pernil.

 EVOLUCIÓN RESERVA
CARMÉNÈRE 2018
$$ | MAULE | 13.5°

Um Carménère muito claro em seu caráter varietal. Possui aromas de ervas e frutas, com intensidade semelhante, enquanto na boca apresenta uma presença muito boa de acidez e de taninos que picam a língua. Um tinto simples, mas muito equilibrado, proveniente de vinhedos de cerca de 20 anos, plantados na área de Talca e também em Loncomilla, ambos na área do Maule.

OUTRO VINHO SELECIONADO
89 | EVOLUCIÓN RESERVA Cabernet Sauvignon 2018 | Maule | 13° | $$

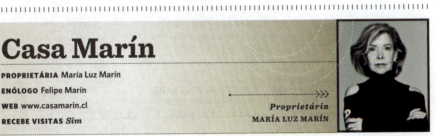

Casa Marín

PROPRIETÁRIA María Luz Marín
ENÓLOGO Felipe Marín
WEB www.casamarin.cl
RECEBE VISITAS Sim

Proprietária
MARÍA LUZ MARÍN

A vinícola de Lo Abarca, no vale de San Antonio, nasce da convicção da enóloga María Luz Marín em plantar vinhedos ali, a quatro quilômetros do mar, algo então considerado uma loucura. Hoje Casa Marín não só é das vinícolas fundamentais da viticultura de clima frio no Chile, como também é das que oferecem vinhos com mais caráter. Seus vinhedos - plantados em encostas, desafiando as brisas do mar - abastecem principalmente duas linhas. Casa Marín é a original, a de vinhos de maior ambição. Ali estão seus famosos Sauvignon Blanc, mas também Pinot Noir e Syrah de grande hierarquia, que passam até quatro anos em garrafa antes de sair ao mercado. Abaixo dela está a linha Cartagena, com vinhos mais acessíveis mas igualmente de grande caráter. De elaborar os vinhos se encarregam a fundadora da vinícola e seu filho, o enólogo Felipe Marín, também no comando da viticultura. **IMPORTADORES:** BRASIL: www.vinea.com.br | USA: www.domaineselect.com

VINHOS

 MIRAMAR VINEYARD
SYRAH 2012
$$$$$ | LO ABARCA | 12°

A primeira vez que Casa Marín fez esse tinto foi em 2005 e, desde então, tem um estilo semelhante a esse: um vinho grande, com taninos grandes, com uma estrutura tremenda. Mas, ao mesmo tempo com um álcool muito baixo, o que mostra que não necessariamente um alto teor de álcool significa muito corpo. Esse vinho tem dois anos de barricas, muitas especiarias, notas de carne e uma acidez acentuada, que modera todos os sabores, dá brilho a todos. Passaram-se 7 anos para nós, mas para esse vinho nada parece ter acontecido.

Casa Marín

 VIÑEDOS LO ABARCA N°4
GARNACHA 2018
$$$ | LO ABARCA | 14°

Casa Marín plantou a vinha Tierras Blancas em 2010, nas encostas de Lo Abarca, em um solo rico em cal, a cerca de quatro quilômetros do Oceano Pacífico. Nesse vinhedo, há apostas arriscadas e seguras. A segura seria com Pinot Noir ou Sauvignon Blanc, cepas que certamente amadurecem nesse clima frio. E arriscadas como a mediterrânea Garnacha, que aqui dá um vinho brilhante em frutas vermelhas, rico em toques de ervas e de frutas e mais frutas que se expandem pela boca. Quando todos no Chile pensam que a Garnacha só pode amadurecer em zonas quentes como o Maule. Há quem acredite que Garnacha é muito mais plástica do que pensamos.

 CASA MARÍN NATURE
RIESLING 2016
$$$$$ | LO ABARCA | 11.5°

Com 33 meses de guarda com suas borras, esse 100% Riesling das colinas de Lo Abarca, de frente para o Pacífico, é elaborado pelo método tradicional de segunda fermentação na garrafa e, apesar de sua juventude (foi recentemente fracionado para as degustações desse guia) mostra uma complexidade deliciosa, misturando notas de frutas brancas, com toques de padaria em um vinho de uma bolha pequena e abundante. Tem o lado das maçãs verdes do clima frio e essa mesma acidez que tem algo salino, algo mineral que traz ainda mais complexidade. Guardem esse vinho por uma década. Só vai crescer.

 CIPRESES VINEYARD
SAUVIGNON BLANC 2019
$$$$ | LO ABARCA | 13.5°

Em 2019, devido à demanda por esse vinho, um clássico no cenário chileno de Sauvignon, o enólogo Felipe Marín teve que recorrer a suas próprias vinhas em Tierras Blancas, ao lado da propriedade. Essas uvas, com solos calcários, contribuem para o tradicional vinhedo Cipreses com vista para o Pacífico, em uma colina de granito em Lo Abarca. Segundo Marín, essas novas vinhas contribuem com uma quantidade significativa de mineralidade às notas tradicionais de aspargos e ervas do vinho. Uma versão muito severa de Cipreses, com toques frescos em todos os lugares, mas com tremenda acidez penetrante.

 MIRAMAR VINEYARD
RIESLING 2018
$$$$ | LO ABARCA | 12.5°

A Casa Marín possui dois quartéis de Riesling, um na parte mais alta da vinha que vai para Cartagena e outro de uma encosta muito íngreme de solos de granito, plantado em 2002, que vai para esse Casa Marín. O vinho tem um caráter varietal inegável, com notas de pêssegos e de maçãs verdes, em um corpo suculento, de acidez brilhante e toques especiados. Para guardar, outro branco dessa vinícola para se guardar.

 VIÑEDOS LO ABARCA N°1
PINOT NOIR 2018
$$$ | LO ABARCA | 14°

O enólogo da Casa Marín, Felipe Marín, plantou a vinha Tierras Blancas

⟨ *prova de **vinhos*** ⟩

em 2010, nas encostas de Lo Abarca, em solos de cal e a cerca de quatro quilômetros da costa. Essa influência fria e os solos contribuem muito para esse Pinot, que na Casa Marín é uma cepa que geralmente amadurece bastante, perdendo parte do caráter do local, tornando-os mais genéricos. Não é esse o caso. Aqui há muitas frutas vermelhas, mas acima de tudo, uma aderência tensa, de Pinot jovem, que tem vários anos em garrafa, uma arquitetura relacionada como o calcário e à brisa do Pacífico.

 VIÑEDOS LO ABARCA N°2
SAUVIGNON BLANC 2018
$$$ | LO ABARCA | 13.5°

Esse Sauvignon é originário das vinhas Tierras Blancas, plantadas em 2010 em solos de cal na propriedade de Casa Marín em Lo Abarca. O vinho estagia 100% em barricas de 500 litros por sete meses. É um vinho de aromas maduros, toques de ervas e cítricos, mas caramelizado, em um corpo amável, de acidez rica, corpo médio muito equilibrado, com toques especiados. Um vinho para beber com ouriços.

 CARTAGENA
RIESLING 2018
$$$ | LO ABARCA | 12°

Uma vinha no topo de uma colina, com solos de granito e argila, é de onde vem esse vinho. Com cerca de 8 gramas de açúcar para compensar sua grande acidez, possui um lado frutado e suculento, simples e direto da cepa. Tem bom corpo, boa profundidade de sabores, mas ao mesmo tempo é refrescante e crocante.

 CASONA VINEYARD
GEWÜRZTRAMINER 2019
$$$$ | LO ABARCA | 14°

Esse é um dos rótulos históricos da Casa Marín e um dos mais complicados de se produzir, ano após ano. Casona vem de uma vinha nas partes baixas e planas de Lo Abarca, ao lado da vinícola. E as geadas o atacam com frequência, portanto as produções geralmente são baixas ou o vinho não é produzido. Esse ano foram produzidas cerca de três mil garrafas e tem que ser provado porque se sente aqui toda a influência do local, sua proximidade com o mar, o frio de um lugar extremo. Esse tem flores e leves toques de lichias, que são típicas da cepa, mas também cítricos e ervas em um corpo cremoso, mas fortemente influenciado pela acidez aqui é a grande coluna vertebral grande. Outro para guardar.

 CARTAGENA COASTAL RED
SYRAH, GARNACHA 2017
$$$ | LO ABARCA | 13.5°

Com dois terços de Syrah e um de Garnacha, esse é um suco de cereja, para quem gosta de sucos de cereja muito ácidas. Esse desliza pela boca com frescor, cheio de frutas vermelhas em um vinho que para se beber por litros.

OUTRO VINHO SELECIONADO
89 | CARTAGENA Pinot Noir 2018 | Lo Abarca | 13.5° | $$$

Casa Silva

PROPRIETÁRIO Mario Pablo Silva
ENÓLOGO Mario Geisse
WEB www.casasilva.cl
RECEBE VISITAS Sim

Enólogo
MARIO GEISSE

Casa Silva é das vinícolas emblemáticas de Colchagua, uma das que mais contribuiu para o prestígio da zona. Nasceu em 1997 no setor de Angostura e com os anos desenvolveu também outras origens dentro do vale: Lolol, na parte oriental, Los Lingues, na cordilheira, e ultimamente Paredones, na costa, onde foram pioneiros. Seus vinhos foram progressivamente encontrando um estilo de maior força frutada, frescor e de menor presença de madeira. O enólogo Mario Geisse contribuiu com isso com medidas como adiantar colheitas ou fazer extrações mais suaves na vinícola. O catálogo de Casa Silva é generoso em linhas e variedades. Destaca-se especialmente por abarcar a plenitude do calor do vale de Colchagua, desde tintos que crescem aos pés dos Andes até brancos que nascem perto do mar. A exceção é o projeto que têm no sul, a 900 km de Santiago, em Lago Ranco. São 11 hectares que desafiam o clima chuvoso e dão um Sauvignon Blanc que está dentro dos mais originais do país. **IMPORTADORES:** BRASIL: www.vinhosdomundo.com.br | USA: www.vineconnections.com

LAGO RANCO
SAUVIGNON BLANC 2018
$$$$ | OSORNO | 12°

Lago Ranco é o projeto da Casa Silva no sul do Chile, a cerca de 900 quilômetros ao sul de Santiago, em solos aluviais nas margens do lago Ranco, perto da pequena cidade de Futrono, e no meio de montanhas e florestas milenares. O clima frio, com chuvas chegando a 1.800 milímetros, não é exatamente um lugar fácil e apenas algumas cepas podem amadurecer. Uma delas é a Sauvignon Blanc, que continua sendo a estrela dos vinhos desse projeto. Nessa nova safra, oferece novamente uma acidez fresca e suculenta, aromas cítricos e minerais que enchem a boca. Um vinho para não parar de beber, principalmente com empanadas fritas de queijo.

MICROTERROIR DE LOS LINGUES
CARMÉNÈRE 2013
$$$$$ | LOS LINGUES | 14.5°

Casa Silva começou a plantar suas vinhas de Los Lingues, na região andina de Colchagua, em 1997 e, após oito anos e depois de ter feito diferentes estudos de solo, começou a conceber um Carménère que estava acima do restante de seu portfólio. Microterroir vem de dois quartéis, onde foram selecionados setores ricos em argila, onde as Carménère podem ter acesso mais fácil à água nos solos que a retêm melhor. Essa nova versão (a primeira safra foi em 2003) apresenta toques suaves de ervas sob uma generosa camada de frutas vermelhas maduras e de especiarias. O nariz típico da variedade. Na boca, a Carménère torna-se macia, suculenta, sem bordas, muito ao estilo dos vinhos da casa, redondo e elegante.

‹ prova de *vinhos* ›

 ALTURA
CARMÉNÈRE, CABERNET SAUVIGNON, PETIT VERDOT 2012
$$$$$ | COLCHAGUA | 14.5°

O vinho top da Casa Silva, Altura, é produzido desde a safra de 2000 e desde 2001 é baseado nas vinhas de Los Lingues, plantadas em 1997 no sopé dos Andes, na região de Colchagua Andes. Esse ano, a mescla possui 50% de Carménère, 45% de Cabernet Sauvignon e o restante de Petit Verdot em um vinho tinto que mostra um estilo particularmente delicado e quase frugal nessa safra. Leve e os sabores frutados e especiados, com taninos muito polidos, muito suaves em um vinho sutil, quase delicado.

 FERVOR DEL LAGO RANCO EXTRA BRUT
CHARDONNAY, PINOT NOIR N/V
$$$$ | OSORNO | 13°

Focado em sabores de frutas, esse vinho espumante é puro frescor. Com 50% de Chardonnay e 50% de Pinot Noir, aqui se sente a força do lugar expressa em uma acidez suculenta e tensa, cercada por mais frutas e borbulhas que picinam a língua. Esse espumante foi elaborado pelo método tradicional de segunda fermentação em garrafa e permaneceu cerca de três anos com suas borras, o que surpreende ainda mais por seu frescor. Um jovem cintilante, cheio de luz.

 LAGO RANCO
RIESLING 2018
$$$$ | OSORNO | 12°

Uma espécie de halbtrocken ou meio-doce, possui cerca de oito gramas de açúcar residual que, junto com uma acidez demoníaca e um álcool bastante baixo, proporcionam um equilíbrio delicioso, encantador e muito de Riesling alemão, algo incomum no Novo Mundo e que fala do clima dessa região ao sul do Chile. Tem sabores de maçãs verdes, frutas cítricas. Um vinho leve, mas cremoso. Esse vinho vem de um vinhedo próximo ao lago Ranco, a cerca de 900 quilômetros ao sul de Santiago, uma lugar onde chove cerca de 1800 milímetros de chuva por ano.

 QUINTA GENERACIÓN
CABERNET SAUVIGNON, CARMÉNÈRE, SYRAH, PETIT VERDOT 2016
$$$$ | COLCHAGUA | 14.5°

Um dos clássicos do portfólio de Casa Silva, esse Quinta Geração é elaborado desde o início dos anos 2000 para comemorar a chegada da quinta geração da família Silva à vinícola. Nesse ano, a mistura possui 45% de Cabernet Sauvignon, 45% de Carménère e 5% de Petit Verdot, todos provenientes da vinha de Los Lingues, que a família começou a plantar por volta de 1997, aos pés dos Andes. Complementa a mistura 5% de Syrah, que vem da Lolol. Essa versão está em sintonia com os tempos e mostra uma fruta deliciosa, vermelha, madura, mas sem excessos. A textura, como um bom filho de Silva, é delicada e muito macia, com acidez aguda, mas sutil.

S38 SINGLE BLOCK
CABERNET SAUVIGNON 2017
$$$$ | LOS LINGUES | 14.5°

Essa já é a terceira versão de S38, do setor 38 da vinha Los Lingues, na região oeste de Colchagua, em direção a Los Andes e plantada em 1997.

Casa Silva

Esse quartel é caracterizado por seus solos de argilas e de pedras. Historicamente, essas uvas iam para o Altura, o mais ambicioso dos vinhos de Casa Silva, mas desde 2015 compartilham com esse 100% Cabernet que nessa colheita mostra, como sempre, uma textura de taninos firmes, mas muito sutis. A textura amável dos vinhos da casa, mas sem deixar de lado o caráter varietal. Aqui existem frutas vermelhas, maduras e frescas no meio de um corpo médio, em equilíbrio com todos os seus elementos, um Cabernet zen.

COOL COAST
SAUVIGNON GRIS 2019
$$$ | COLCHAGUA | 12.5°

Dos 49 hectares que Casa Silva plantou em Paredones, na cordilheira de Colchagua, cerca de três são de Sauvignon Gris, cujo material se origina de vinhas antigas na área de Angostura, no próprio Colchagua, replantadas no solos de granito de Paredones. Aqui, a Gris assume uma personalidade completamente diferente. Se em Angostura, um clima mais quente, sente-se oleosos e untuosa, aqui se tem uma flecha de sabores cítricos e de notas minerais, tudo reunidos em uma textura firme, de acidez brilhante. Um para ser lembrado.

GRAN TERROIR DE LOS ANDES LOS LINGUES
CABERNET SAUVIGNON 2018
$$$ | LOS LINGUES | 13.8°

Para esse Cabernet, são selecionados três quartéis nas partes mais altas da vinha e as mais antigas, plantadas em 1997. 80% do vinho estagia em barricas por um ano e o restante em tanques de aço. A expressão de frutas da Cabernet de Colchagua é respeitada aqui. Existem frutas vermelhas, ervas, taninos firmes e tensos, mas isso ocorre porque a genética da cepa exige isso. No contexto da Cabernet, é macio, elegante e muito equilibrado.

GRAN TERROIR DE LOS ANDES LOS LINGUES
CARMÉNÈRE 2018
$$$ | LOS LINGUES | 14.1°

Los Lingues, em direção aos pés dos Andes, em Colchagua, oferece alguns dos Carménère mais delicados e macios que oferece esse vale. E esse é um exemplo muito bom. A brisa andina e os solos argilosos dão aos Carménère notas de frutas vermelhas frescas e taninos domesticados. Há um fundo de ervas aqui, mas a fruta é a que rege com seus toques refrescantes e tensos. 85% desse vinho estagia em barricas durante um ano e o restante em tanques de aço.

1912 VINES
SAUVIGNON GRIS 2019
$$$ | COLCHAGUA | 13°

A Sauvignon Gris faz parte de uma coleção de vinhedos antigos que foram plantados em Angostura por Casa Silva no início do século XIX. Essas videiras sobreviveram até hoje e dão, por exemplo, esse branco que é um encanto de frutas brancas e cítricas em um corpo leve, mas cheio de sabores. Um desses vinhos para se comer com peixe ensopado.

‹ *prova de* **vinhos** ›

 COOL COAST
SAUVIGNON BLANC 2019
$$$ | COLCHAGUA | 13°

As uvas para esse Sauvignon vêm de uma vinha de Casa Silva plantada em Paredones, a cerca de seis quilômetros do mar, na costa de Colchagua. Mostra notas de ervas e de frutas cítricas em um corpo médio e de muita tensão. Antes de mais nada, é refrescante, mas também possui boa aderência na boca para acompanhar tartar de atum.

 COOL COAST
SYRAH 2018
$$$ | COLCHAGUA | 13°

Um Syrah clássico de clima fresco, esse apresenta notas de carne crua e de frutas vermelhas, temperadas com toques de flores e de especiarias. Na boca, tem força, mas também uma acidez fresca, muito tensa e vertical. Perfeito para escolhar lasanha de carne. Esse Syrah vem de vinhedos em Paredones, à beira-mar, em Colchagua. Metade do volume estagia em barricas e a outro em tanques de aço.

 COOL COAST ROSÉ
SYRAH 2019
$$$ | COLCHAGUA | 12°

O rosé de Syrah vem de um local específico no vinhedo que é mais frio e, portanto, em que as uvas amadurecem com maior frescor, embora não necessariamente de maior concentração oferecida aqui por um rosé ágil, com sabores suculentos e refrescantes. Esse é radiante nas frutas e também na acidez. Ideal para comprar uma caixa e levá-la para as férias.

 FERVOR BRUT
CHARDONNAY, PINOT NOIR N/V
$$$$ | COLCHAGUA | 13°

Baseado em frutas da área de Paredones, nas colinas da cordilheira da Costa, no oeste do vale de Colchagua. Com dois anos sobre as borras e elaborado pelo método tradicional de segunda fermentação em garrafa, possui uma deliciosa mistura de notas de padaria devido ao envelhecimento com suas lias, mas também muitas frutas brancas no meio de borbulhas que parecem creme de tão suaves que se sentem.

 5 CEPAS RESERVA CARMÉNÈRE, CABERNET SAUVIGNON, SYRAH, PINOT NOIR, PETIT VERDOT 2018
$$ | COLCHAGUA | 13.5°

A base desse vinho fica nas vinhas de Casa Silva em Los Lingues, em direção aos pés de Los Andes e de Lolol, em direção ao oeste de Colchagua. 60% do volume do vinho passa por barricas, o que permite que a fruta seja claramente exibida em um vinho bastante fresco, de toques suculentos de frutas vermelhas e uma acidez rica e brilhante. Esse simples tinto é um luxo para se beber no almoço em um dia qualquer.

Casa Silva

COOL COAST
PINOT NOIR 2018
$$$ | COLCHAGUA | 14°

Para começar a entender a Pinot, siga esse exemplo das colinas suaves de Paredones, na costa do vale de Colchagua. Aqui há frutas vermelhas, frescor e um corpo bastante macio, mas com bastante aderência nos taninos ideal para embutidos ou hambúrgueres. Ou, se preferir, beba-o como aperitivo, porque é um delicioso vinho de sede.

DOÑA DOMINGA GRAN RESERVA DE LOS ANDES
CABERNET SAUVIGNON 2018
$$ | COLCHAGUA | 14°

Em termos de linha, a Doña Dominga Gran Reserva de Los Andes é uma das melhores relações preço-qualidade nascidas em Colchagua. Há fruta, frescor e suavidade. Nesse Cabernet, as frutas vermelhas fundem-se com as notas de ervas, dando origem a um vinho fresco, de grande amabilidade. Tudo nele está no lugar. Não sobrou nada. Um Cabernet muito bom do ensolarado Colchagua.

DOÑA DOMINGA GRAN RESERVA DE LOS ANDES
CARMÉNÈRE 2018
$$ | COLCHAGUA | 13.9°

De uma mescla de vinhedos no vale de Colchagua, esse é um exemplo suculento da variedade. Não tem arestas. Tudo parece fluir na boca, taninos muito polidos, sabores de frutas vermelhas e acidez que atua como um conector entre todos os elementos, dando frescor.

GRAN TERROIR DE LA COSTA LOLOL
SYRAH 2018
$$$ | LOLOL | 14.9°

No lado maduro e amplo da cepa, esse Syrah de Lolol em direção à área oeste do vale de Colchagua, tem notas de frutas pretas e detalhes especiados da barrica onde estagia (90% do volume total) por um ano. É robusto, amplo, com taninos firmes e sabores maduros.

COOL COAST
CHARDONNAY 2018
$$$ | COLCHAGUA | 14°

Rico em sabores cítricos e em toques de frutas brancas, além de algumas flores, esse Chardonnay tem um corpo leve, acidez penetrante e final de ervas. Um branco para pensar em frutos do mar gratinados ou uma causa de atum.

CUVÉE COLCHAGUA RESERVA
CABERNET SAUVIGNON 2018
$$ | COLCHAGUA | 13.8°

Uma boa parte de notas de madeira e de frutas vermelhas nesse delicioso Cabernet em sua balança e também em seus taninos, finos e polidos, acompanhados por uma acidez igualmente fina. Esse Cabernet vem da vinha da Casa Silva em Los Lingues, no sopé dos Andes.

‹ *prova de **vinhos*** ›

 CUVÉE COLCHAGUA RESERVA
CHARDONNAY 2019
$$ | COLCHAGUA | 14°

Esse Chardonnay vem de duas áreas em Colchagua, Lolol a oeste e Los Lingues, a leste do vale, no chamado Colchagua Andes. 20% do vinho estagiado em barricas por cerca de quatro meses e o restante permanece em tanques de aço. O nariz parece um pouco tímido, mas na boca tem uma textura de taninos muito boa, que lhe confere corpo e aderência no meio de sabores suaves de frutas brancas maduras.

 CUVÉE COLCHAGUA RESERVA
SYRAH 2018
$$ | COLCHAGUA | 13.8°

Após os aromas da madeira, aparece uma camada de deliciosas frutas vermelhas em seu frescor. A barrica (60% do volume por seis meses) tende a adoçar os sabores, mas essas frutas têm força para superar. A textura é macia, com taninos firmes. Um bom vinho para pensar em sanduíches de cordeiro.

 DOÑA DOMINGA RESERVA DE FAMILIA
CABERNET SAUVIGNON 2018
$$ | COLCHAGUA | 13.3°

Doña Dominga Reserva de Familia tem, em tintos, um estilo fresco e vital. Embora ainda sejam vinhos simples e diretos, com texturas sem arestas, muito macios e redondos, a fruta fica bem na frente, deixando a barrica de lado e em segundo plano. Esse tem frutas vermelhas por todos os lados, com acidez rica para beber mais de uma taça.

 DOÑA DOMINGA RESERVA DE FAMILIA
CARMÉNÈRE 2018
$$ | COLCHAGUA | 13.5°

Um Carménère de dicionário, aqui há frutas vermelhas que se misturam com os toques de ervas da variedade. É de textura macia, com uma acidez sutil e um final que lembra novamente essas ervas. É uma mistura de vinhedos, de Lolol, no oeste de Colchagua, e Los Lingues, ao pé dos Andes.

 GRAN TERROIR DE LA COSTA LOLOL
VIOGNIER 2018
$$$ | LOLOL | 13.7°

Um Viognier suculento e amável, com toques florais e de muitas frutas, esse tem um corpo leve, quase sutil, com leves detalhes especiados. Nada parece sobrar, tudo em equilíbrio nesse branco para acompanhar paella de frutos do mar.

 LAGO RANCO
PINOT NOIR 2018
$$$$ | OSORNO | 11.5°

A Pinot é a variedade mais sensível ao clima do vinhedo de Lago Ranco, onde chove mais de 1800 milímetros ao ano e o frio dificulta a maturação. Por isso, talvez, dos quatro vinhos que Casa Silva produz a partir de suas vinhas em Ranco, esse seja o mais atrasado em termos de caráter. Mesmo assim, é um Pinot fresco, de frutas vermelhas ricas e um corpo leve e amável.

Casa Silva

 PARRAS VIEJAS 1912
CESAR NOIR 2018
$$$ | COLCHAGUA | 13.5°

A teoria diz que Cesar Noir ou Romano deram estrutura a Pinot Noir, no norte da Borgonha, em anos de pouca concentração. Durante séculos, se deixou de ouvir falar sobre essa variedade, até muito recentemente ser reencontrada no Chile. E tem dado resultados muito bons, especialmente sob o sol do vale central. Essa versão de Casa Silva vem de suas antigas vinhas de Angostura, confundidas com outras vinhas antigas. Desde 2015, a vinícola a produz esse tinto e, nesse ano, conseguiu a melhor versão até agora em um vinho bastante austero no nariz, mas com boa fruta na boca e taninos muito bons. Um vinho para paladares curiosos.

OUTROS VINHOS SELECIONADOS

89 | CUVÉE COLCHAGUA RESERVA Carménère 2018 | Colchagua | 13.6° | $$
89 | CUVÉE COLCHAGUA RESERVA Sauvignon Blanc 2019 | Colchagua | 13.3° | $$
89 | DOÑA DOMINGA 4 CEPAS RESERVA Syrah, Cabernet Sauvignon, Carménère, Merlot 2018 | Colchagua | 13.4° | $$
87 | DOMINGA BRUT COSTA FRÍA Chardonnay N/V | Colchagua | 13° | $$
87 | DOÑA DOMINGA Cabernet Sauvignon, Carménère 2019 | Colchagua | 13° | $
87 | DOÑA DOMINGA Carménère 2019 | Colchagua | 13° | $
86 | DOMINGA BRUT ROSÉ Chardonnay, Pinot Noir N/V | Colchagua | 13° | $$
86 | DOÑA DOMINGA Cabernet Sauvignon 2019 | Colchagua | 13° | $

Casas del Bosque

PROPRIETÁRIO Família Cúneo
ENÓLOGO Meinard Jan Bloem
WEB www.casasdelbosque.cl
RECEBE VISITAS Sim

Enólogo
MEINARD JAN BLOEM

Casas del Bosque fica no setor de Las Dichas, onde seus vinhedos em colinas são refrescados pelas frias brisas do Pacífico. Foi fundada em 1993 pelo empresário chileno de ascendência italiana Juan Cúneo Solari, que manteve até hoje o caráter familiar da empresa. Baseando-se primeiro no Sauvignon Blanc, Casas del Bosque foi elaborando um portfólio de vinhos confiáveis e fiel ao potencial de sua origem. Além disso desenvolveram a parte turística, convertendo-se em um ponto de atração em Casablanca. Seu catálogo de vinhos se baseia nesse vale, mas é complementado com uvas de Rapel ou Maipo quando se trata de variedades que necessitam de mais calor, como Carménère e Cabernet Sauvignon. A vinícola tem 206 hectares de vinhedos. O enólogo é Meinard Jan Bloem **IMPORTADORES**: BRASIL: www.domno.com.br | USA: www.southernstarz.com

VINHOS

 PEQUEÑAS PRODUCCIONES
SYRAH 2018
$$$$ | CASABLANCA | 14°

Pequeñas Producciones Syrah vem de La Cantera, uma vinha plantada em 2003 em solos de granito, a cerca de 16 quilômetros do mar, em uma das áreas mais próximas do Pacífico em Casablanca. Ao contrário do Gran

‹ *prova de* **vinhos** ›

Reserva, esse tem muito mais verticalidade, muito mais linearidade. As especiarias invadem o paladar, mas também tem frutas vermelhas e toques de ervas. Os taninos são finos e firmes e a acidez é vibrante.

 BOTANIC SERIES LA CANTERA
SAUVIGNON BLANC 2019
$$$ | CASABLANCA | 13.2°

La Cantera é um setor da vinha das Casas del Bosque, em direção às montanhas da cordilheira da Costa, com solos ricos em argila que oferecem não só uma voluptuosidade nesse Sauvignon Blanc, mas também aromas de ervas, frescos e cítricos. A ideia aqui era capturar aquela sensação pura de Sauvignon e o que se recebe é um vinho refrescante, herbáceo e, acima de tudo, com uma acidez crocante que brilha no meio de um corpo leve e vibrante. É um Sauvignon prototípico dessa área de Las Dichas, uma das mais próximas do oceano Pacífico em Casablanca.

 PEQUEÑAS PRODUCCIONES
SAUVIGNON BLANC 2019
$$$ | CASABLANCA | 14°

O objetivo desse Pequeñas Producciones, segundo o enólogo Meinard Jan Bloem, é obter o melhor branco possível das vinhas de Casas del Bosque, banhadas nas encostas suaves da Costa, em Las Dichas, no vale de Casablanca. Para isso, faz uma seleção de vinhedos, bem com mantém o vinho em barricas de madeira usadas para adicionar complexidade. O que conseguem nesse 2019, uma colheita quente no vale, é um vinho sutil em seus aromas, com toques de ervas e de especiarias, suavemente matizados por cítricos. A boca é leve, com uma acidez muito boa e um final com gosto de menta.

 PEQUEÑAS PRODUCCIONES
CHARDONNAY 2018
$$$ | CASABLANCA | 13.5°

Essa é uma seleção das partes mais baixas da vinha de Casas del Bosque em Casablanca. Uma vinha de já dez anos e que, pelo segundo ano, deu qualidade para Pequeñas Producciones. Tem uma cremosidade suculenta, com toques de pêssego com creme, sustentada por uma acidez tensa que equilibra. Possui um ano e meio de envelhecimento em barricas usadas e foram produzidas cerca de 920 caixas de doze garrafas.

 BOTANIC SERIES
RIESLING 2019
$$ | CHILE | 13.6°

Uma pequena especialidade de Casas del Bosque, esse Riesling foi enxertado em videiras de Merlot em 2008. A vinha fica no sopé de uma colina, recebendo as brisas do mar. Aqui se tem um bom estilo da cepa. As notas de maçãs, toques especiados e, nesse caso, um corpo cremoso que fala de uma safra quente. Um vinho refrescante, suculento e fácil.

 CASAS DEL BOSQUE ROSÉ
PINOT NOIR 2019
$$ | CASABLANCA | 12.3°

Para este rosé, são selecionadas jovens vinhas de Pinot Noir, plantadas em 2006 em um dos setores mais frios do vinhedo de Casas del Bosque, na

Casas del Bosque

área de Las Dichas, em Casablanca. A acidez que parece imprimir aquele lugar frio é o detalhe mais notável aqui, uma espécie de espinha dorsal onde aromas e sabores convergem para frutas vermelhas muito refrescantes. O corpo é leve e ideal para acompanhar camarão ao curry.

 GRAN RESERVA
CABERNET SAUVIGNON 2018
$$ | MAIPO | 14°

Um clássico varietal de Cabernet do Maipo, proveniente de diferentes vinhedos ao sul de Santiago. Possui notas mentoladas, também frutas vermelhas e sabores especiados em um corpo médio, com taninos firmes, embora nada agressivos. Um Cabernet que será um bom companheiro de carnes cozidas.

 GRAN RESERVA
SYRAH 2017
$$$ | CASABLANCA | 14.5°

Esse Syrah é uma seleção de diferentes vinhedos plantados entre 1998 e 2004 em encostas de exposição mais quente ao norte, em solos de granito, típicos da Cordilheira da costa, onde estão localizadas as vinhas das Casas del Bosque. O vinho apresenta notas de frutas negras em estilo untuoso, com sabores profundos e maduros, com taninos redondos, doces e untuosos.

 PEQUEÑAS PRODUCCIONES
PINOT NOIR 2018
$$$$ | CASABLANCA | 14.9°

Um aroma intrigante de cinzas nesse Pinot. Atrás deles, há sabores de frutas, frutas vermelhas maduras. Na boca, a fruta é vermelha e as notas de cinzas que permanecem até o final. Um caráter muito particular para esse Pinot de vinhedos clonais plantados nas colinas de granito de Casas del Bosque, na área de Las Dichas.

 RESERVA
SAUVIGNON BLANC 2019
$$ | CASABLANCA | 13.8°

Como de costume, o Sauvignon básico de Casas del Bosque oferece uma excelente relação preço-qualidade. Uma mistura de três clones de Sauvignon, plantada nas encostas da Cordilheira da Costa, na área de Las Dichas, um lugar muito perto do mar, no vale de Casablanca, aqui há notas de ervas e de frutas em um corpo suculento e refrescante. Daqueles brancos para não esquecer esse verão.

 GRAN RESERVA
CHARDONNAY 2018
$$ | CASABLANCA | 13.8°

Um Chardonnay muito frio, com toques especiados e de frutas tropicais. A textura é macia, com boa acidez, mas acima de tudo o que chama a atenção é a cremosidade que se expande pela boca e pede salmão grelhado.

OUTROS VINHOS SELECIONADOS
89 | GRAN RESERVA Pinot Noir 2017 | Casablanca | 14° | $$$
88 | RESERVA Carménère 2018 | Rapel | 13.9° | $$
88 | RESERVA Chardonnay 2018 | Casablanca | 14.2° | $$
87 | RESERVA Cabernet Sauvignon 2018 | Rapel | 13.8° | $$

‹ prova de *vinhos* ›

Casas del Toqui

PROPRIETÁRIO Família Court
ENÓLOGO Carlos Olivares
WEB www.casasdeltoqui.cl
RECEBE VISITAS *Não*

Enólogo
CARLOS OLIVARES

Em 1994 o **Château Larose Trintaudon,** de Bordeaux, se associou com a família Granela, produtores em Alto Cachapoal, para criar Casas del Toqui. A vinícola se destacou pela pureza de seu Cabernet Sauvignon e foi importante em valorizar o então subvalorizado setor andino do vale de Cachapoal. Em 2010 vieram as mudanças: foi comprada pela família Court, que em parte continuou seu legado, mas também impôs sua marca. Suas linhas de vinhos mais importantes são Gran Reserva, Gran Toqui e os premium do catálogo, Código del Toqui e Leyenda del Toqui, ambos mesclas tintas.

IMPORTADOR: BRASIL: www.wine.com.br

VINHOS

 COURT ROLLAN MATER
CARMÉNÈRE 2017
$$$$ | CACHAPOAL | 14°

Em Totihue, o clima parece ser muito fresco para a Carménère amadurecer com tranquilidade. Portanto, Casas del Toqui compra uvas em uma área um pouco mais quente, em Codegua, de vinhedos plantados em 2002. Aqui, notas de ervas e de frutas vermelhas maduras predominam em um vinho muito elegante, com taninos muito polidos, muito suculento e macio. No estilo da casa, esse é um dos mais bem sucedidos.

 COURT ROLLAN PATER
CABERNET SAUVIGNON 2017
$$$$ | CACHAPOAL | 14°

Esta é uma seleção das melhores barricas do Cabernet de vinhedos antigos da propriedade, plantados em 1943, nas alturas de Totihue, a cerca de 1.100 metros de altura na área de Cachapoal Andes. Estagia 16 meses em barricas, aqui a Cabernet da zona é mostrada com muita clareza, mas também no estilo de vinhos amáveis e elegantes da casa. As frutas são vermelhas e maduras, com leves toques de ervas. Há o mentol de Alto Maipo (para citar um exemplo clássico de Cabernet chileno), mas há ervas no meio de taninos pulsantes e polidos.

 COURT ROLLAN FILIUS BLEND DE BLENDS
CABERNET SAUVIGNON, CARMÉNÈRE, SYRAH 2016
$$$$ | CACHAPOAL | 14°

Filius é uma mistura baseada em 80% Cabernet Sauvignon, mais 15% de Syrah e o restante de diferentes cepas plantadas na propriedade. E o espírito de Casas del Toqui, pelo menos o novo espírito da vinícola de vinhos mais frescos e mais frutados, parece aqui claramente. É um vinho muito suave, com ricos taninos polidos e frutas vermelhas maduras e suculentas. As especiarias são aportadas por esse Syrah em um vinho muito rico para se beber hoje.

Casas del Toqui

 GRAN TOQUI
CABERNET SAUVIGNON 2016
$$$ | CACHAPOAL | 14°

Gran Toqui é uma seleção de videiras plantadas em 1943, na área de Totihue. O vinho estagia 14 meses em barricas e ainda há um pouco dessa madeira nos sabores desse vinho, mas o que comanda são as frutas vermelhas frescas no meio de taninos muito suaves e muito amáveis. O vinho é profundo, com acidez, mas antes de tudo é amável. Auxilia nesse frescor um ano muito frio como 2016.

 BARREL SERIES RESERVA
SÉMILLON 2019
$$ | CACHAPOAL | 13.5°

Esse Sémillon é um clássico moderno. Casas del Toqui foi pioneira na revalorização da Sémillon, mas talvez tenha se adiantado um pouco. Em meados da década de 1990, lançaram seus primeiros exemplos que hoje, nas mãos de algumas pessoas de sorte, evoluíram deliciosamente. Esse tem futuro. A acidez é firme, os sabores de mel são misturados com o de frutas brancas. 25% do vinho estagia em barricas por cerca de quatro meses, em contato com as borras, o que agora é sentido na cremosidade da textura. Esse é um vinho por dez anos.

 BARREL SERIES RESERVA
CABERNET SAUVIGNON 2018
$$ | CACHAPOAL | 13.5°

Esse Cabernet é um resumo da Cabernet jovem que Toqui plantou em Totihue, especialmente vinhedos plantados desde 1992. Tem um lado especiado delicioso, mas o foco está nas frutas vermelhas maduras com textura firme, mas sem ser agressivo. É um Cabernet direto e muito bom exemplo do lugar.

 COASTAL MIST TERROIR SELECTION
SAUVIGNON BLANC 2019
$$ | COLCHAGUA COSTA | 13.5°

Esse Sauvignon vem de vinhedos a cerca de 9 quilômetros do mar, em Paredones, em direção à costa de Colchagua. Sem passar pela madeira, essa é uma visão leve e refrescante dos vinhos da região, muitas frutas brancas, acidez rica, toques de ervas em um vinho macio e ideal para beber com tiradito de robalo.

 COURT ROLLAN BLANC DE BLANCS EXTRA BRUT CHARDONNAY N/V
$$$ | CACHAPOAL | 12.5°

100% Chardonnay, com oito meses de contato com as borras, esse é um vinho espumante delicado e muito fresco, com ênfase em frutas frescas. A textura das borbulhas é firme, crocante e faz muito para elevar os sabores das frutas. Um vinho para beber com frutos do mar.

 GRAN TOQUI
SYRAH 2016
$$$ | CACHAPOAL | 14°

Um Syrah amável e suculento, de fruta vermelha madura muito boa e com no-

‹ *prova de* **vinhos** ›

tas de canela e outras especiarias, em um nariz muito sedutor. A boca é fresca, com boa acidez e taninos polidos. Esse Syrah vem de vinhedos plantados em 2000 na área mais alta da propriedade, a cerca de 1.200 metros de altura.

 BARREL SERIES RESERVA
CARMÉNÈRE 2018
$$ | CACHAPOAL | 14°

90

Para esse Carménère, Toqui compra uvas em uma área mais quente, em Codegua, onde a Carménère amadurece sem problemas, ao contrário de Totihue, que é um local muito frio para a cepa. O vinho tem uma nota marcante de ervas, mas também com toques de tabaco. A boca é macia, muito macia e o final é frutado e herbáceo, ao mesmo tempo. Um bom exemplo da cepa e a um preço muito bom.

Casas Patronales

PROPRIETÁRIO Pablo Castro
ENÓLOGO Alejandro Sánchez
WEB www.casaspatronales.com
RECEBE VISITAS Não

Enólogo
ALEJANDRO SÁNCHEZ

Casas Patronales é de propriedade das famílias Castro, Murua e Silva, todos da cidade de Talca. A vinícola está localizada em San Clemente e tem capacidade para cerca de 10 milhões de litros. Atualmente, eles têm três campos, um em San Clemente, outro em Pencahue e o último em Cauquenes, todos no vale do Maule e que somam mil hectares com os quais produzem cerca de seis milhões de garrafas. **IMPORTADOR:** USA: www.brotherhood.com

VINHOS

 VERAZ
CARMÉNÈRE 2018
$$$$ | CAUQUENES | 14°

94

Algo está acontecendo com o paradigma de que a Carménère, como a Merlot, deve vir de solos que retêm água, como os de argilas de Peumo, por exemplo, para citar o lugar mais famoso para a Carménère no Chile. Esse vem de solos de granito e oferece uma deliciosa fruta vermelha, acidez e textura penetrantes e firmes que se agarram na boca com seus taninos abundantes, mas muito finos. É um Carménère de nova escola, para se pensar em quanto está mudando e ainda vai mudar a variedade no Chile.

91 **LUJURIA LATE HARVEST**
SAUVIGNON BLANC, RIESLING 2018
$$ | MAULE | 12.5°

Com 70% de Sauvignon Blanc e 30% de Riesling, todos provenientes de vinhedos plantados em solos de granito em Cauquenes e feito com uvas botritizadas. Possui uma acidez importante, com força suficiente para equilibrar um vinho que não tem nada menos que 100 gramas de açúcar residual por litro e 12,5 graus de álcool. O resto são sabores de mel e de geleia em um vinho para acompanhar a sobremesa.

Casas Patronales

 MAUCHO
CARIGNAN 2018
$$ | MAULE | 14°

Uma excelente relação qualidade-preço, esse Carignan vem de vinhas antigas, com mais de 80 anos, plantadas na zona de secano de Cauquenes, no vale do Maule. Aqui as frutas e flores e a deliciosa acidez da variedade são claramente exibidas em um corpo leve, com taninos muito polidos. Um vinho para beber sem parar.

 ÑEQUE
CABERNET SAUVIGNON 2015
$$$$$ | MAULE | 14°

Os Cabernet Sauvignon de Cauquenes, de solos de granito e sob aquele sol intenso do Maule, geralmente dá vinhos de taninos intensos, de maturidade acentuada, mas ao mesmo tempo de acidez firme, um tanto rústica, tão distante dos Cabernet mais elegantes de Alto Maipo, os mais tradicionais do Chile. Isso corresponde ao estilo, mas você deve adicionar frutas vermelhas maduras e especiarias em um tinto para costeletas de cordeiro.

90 MIXTURA
CABERNET SAUVIGNON, CARIGNAN, PETITE SIRAH 2016
$$$$ | MAULE | 14°

Frutas vermelhas ricas e sabores amigáveis nesse blend de Cabernet (50%), Carignan (30%) e Petite Sirah. Possui frutas vermelhas maduras, especiarias e uma acidez rica que provavelmente provém da Carignan e que aqui ilumina, eleva os sabores, refresca tudo em seu caminho. 40% do vinho estagia em barricas e o restante em foudres por cerca de 16 meses.

OUTROS VINHOS SELECIONADOS
89 | GRAN RESERVA Syrah 2017 | Maule | 14° | $$
87 | GRAN RESERVA Carménère 2017 | Maule | 14° | $$
87 | MAUCHO Malbec 2018 | Maule | 14° | $$

Chilcas

PROPRIETÁRIO Via Wines
ENÓLOGO Carlos Gatica
WEB www.chilcas.com
RECEBE VISITAS *Sim*

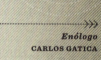
Enólogo
CARLOS GATICA

Esta vinícola do grupo Via Wines tem seu centro de operações no Maule, ainda que tenha desenvolvido vinhedos por toda a zona central. Além dos que tem em San Rafael, seu lugar de origem, conta com vinhedos em Curicó, em Colchagua e em Casablanca. Tal diversidade se aprofunda em linhas como Single Vineyard, onde tentam dar origens adequadas para cada cepa. No catálogo, acima desta linha estão seus vinhos ícones: Red One, uma mescla tinta do Maule, e Las Almas, um Carménère de Lolol, na parte mais fresca do vale de Colchagua. O enólogo da vinícola é Carlos Gatica, que esteve desenvolvendo um estilo de vinhos mais amável e refrescante. Ainda que Via Wines seja um grupo de investidores dominado por brasileiros, o sócio mais famoso é chileno: o apresentador de televisão Mario Kreutzberger, conhecido como "Don Francisco". **IMPORTADOR:** USA: www.totalbeveragesolution.com

VINHOS

93 | LAS ALMAS
CARMÉNÈRE 2016
$$$$$ | COLCHAGUA COSTA | 14°

Para esse Carménère, Chilcas usa sua vinha na área de Nilahue, em Lolol, a cerca de cinquenta quilômetros do oceano Pacífico. Tem mais de um ano e meio em barricas, e esse estágio é sentido em suas notas especiadas, mas é a fruta da Carménère e o caráter da variedade que predomina aqui. Notas de ervas, de frutas vermelhas, textura muito macia e final com notas de pimentão que deixam uma sensação agradável. Uma foto da Carménère.

91 | RED ONE MERLOT, CABERNET SAUVIGNON, CABERNET FRANC, CARMÉNÈRE, MALBEC, PETIT VERDOT 2016
$$$$ | MAULE | 14°

Estagia em barricas entre 16 e 24 meses, essa mescla possui 30% de Merlot, 25% de Cabernet Franc, 10% de Malbec e 5% de Petit Verdot, tem toques doces e maduros em suas frutas. É suculento e firme em acidez, com toques florais.

OUTRO VINHO SELECIONADO
87 | RESERVA Pinot Noir 2018 | Maule | 12.5° | $$

Chocalán

PROPRIETÁRIA Aída Toro
ENÓLOGO Fernando Espina
WEB www.chocalanwines.com
RECEBE VISITAS Sim

Enólogo
FERNANDO ESPINA

Chocalán se localiza no Maipo Costa. E nasce em 2003, quando a família Toro, dedicada há 60 anos à fabricação de garrafas de vinhos, decide empreender com uma vinha na localidade de Chocalán, perto da cidade de Melipilla. Ali têm sua vinícola e vinhedos onde cultivam principalmente variedades tintas. Mais tarde expandem ao vale de San Antonio, com campo no setor de Malvilla, a só quatro quilômetros do mar e onde crescem as cepas brancas e o Pinot Noir. 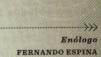 **IMPORTADOR:** BRASIL: www.domno.com.br

VINHOS

93 | ORIGEN GRAN RESERVA
SAUVIGNON BLANC 2019
$$ | SAN ANTONIO | 13.5°

Malvilla é um pequeno vale marinho, no extremo oeste de San Antonio, a 4 km do mar. A brisa do mar chega lá diretamente, graças ao fato da cordilheira costeira ser muito baixa. Isso se reflete nesse Sauvignon de acidez nervosa, de toques salinos no meio de frutas brancas e cítricas e nas notas de ervas. O corpo é cremoso, com um volume muito bom, para beber agora com peixe grelhado ou guardá-lo por alguns anos. Força tem o suficiente.

Chocalán

 VITRUM BLEND
CABERNET SAUVIGNON, SYRAH, CARMÉNÈRE 2017
$$$ | CHILE | 14.5°

Este **Vitrum** é uma mistura de 41% Cabernet Sauvignon, 35% de Syrah, 8% de Malbec, 8% de Cabernet Franc, 5% de Carménère e o restante de Petit Verdot, todas de vinhas ao pé das montanhas do Cordilheira da Costa, na área de Chocalán, a cerca de 35 quilômetros do mar, no vale do Maipo. Esse tem taninos firmes. Muita força na boca e uma acidez que traz brilho. É um vinho muito jovem, precisa de pelo menos dois anos em garrafa para expandir seus sabores.

 ORIGEN GRAN RESERVA
SYRAH 2018
$$ | MAIPO | 14.5°

A área de Maipo Costa não é um tema recorrente na cena vinícola chilena, mas há cada vez mais exemplos que chamam a atenção. Esse é um deles. Da área de Chocalán, a cerca de 35 quilômetros do Oceano Pacífico, possui uma textura nítida, madura, suculenta e muito macia, o que a torna fluído e muito bebível. Escolham cordeiro para acompanhá-lo.

 ORIGEN GRAN RESERVA
CHARDONNAY 2018
$$ | SAN ANTONIO | 13.5°

Uma boa relação preço-qualidade, esse Chardonnay da zona costeira de Malvilla, a cerca de quatro quilômetros do mar, tem notas frescas de ervas e de frutas cítricas no meio de um corpo médio, untuoso e ao mesmo tempo moderado por uma acidez que perfura a língua. 40% do vinho estagia em barricas de 400 litros, com as borras, o que explica essa sensação cremosa.

OUTROS VINHOS SELECIONADOS
88 | ORIGEN GRAN RESERVA Cabernet Sauvignon 2018 | Maipo | 14° | $$
88 | VITRUM Pinot Noir 2018 | San Antonio | 14° | $$$

Claro

PROPRIETÁRIO Luis Felipe Edwards Sr. & Senhora
ENÓLOGO Nicolás Bizzarri
WEB www.lfewines.com
RECEBE VISITAS *Não*

Enólogo
NICOLÁS BIZZARRI

Os vinhos de Claro fazem parte do portfólio da Luis Felipe Edwards, uma vinícola familiar chilena, em grande parte dedicada às exportações. As primeiras vinhas, que datam do início dos anos 1900, sua moderna vinícola e o centro de operações, estão localizados em Puquillay Alto, no coração do vale de Colchagua desde 1976. As vinhas da família Edwards alcançam 2000 hectares e estão distribuídas nos vales mais importantes da zona central do Chile. Suas várias propriedades incluem plantações a 900 metros de altura em Puquillay Alto, vinhas centenárias no Maule, plantações costeiras de clima frio em Leyda e Pumanque - Colchagua Costa - entre outras. Essa grande diversidade de vinhedos reflete-se em suas diferentes linhas de vinho. **IMPORTADORES:** BRASIL: www.redeunissul.com.br | USA: www.misaimports.com

‹ prova de vinhos ›

VINHOS

94 | CIMAS RED BLEND SYRAH, C. SAUVIGNON, CARMÉNÈRE, GRENACHE, P. VERDOT, MOURVÈDRE 2015
$$$ | COLCHAGUA | 14.5°

Esta é uma seleção de algumas das mais altas vinhas na cidade de Puquillay, no vale de Colchagua, entre 600 e 900 metros, bastante alta para a média da região. Essa nova versão possui 46% Syrah, 20% Cabernet Sauvignon, 17% Carménère, 10% Garnacha e o restante de Petit Verdot e Monastrell. Comparado com a versão anterior, parece um pouco mais frio, com mais frutas vermelhas e com maior tensão, embora mantenha a mesma musculatura fibrosa dos vinhos de altura. Um delicioso vinho tinto, para beber agora ou em dois a três anos, só ganhará complexidade, enquanto a acidez aguda sentida hoje permitirá que ele continue envelhecendo.

91 | GRAN RESERVA
SAUVIGNON BLANC 2019
$$ | LEYDA | 13.5°

Uma excelente relação qualidade-preço, sente-se nervoso e tenso em acidez. Tem sabores de frutas tropicais, tons de ervas em um corpo leve. Esse vem dos solos graníticos de Leyda, no vale de San Antonio, a cerca de 8 quilômetros do mar. O branco ideal para o aperitivo.

90 | BRUT
CHARDONNAY, PINOT NOIR N/V
$$ | COLCHAGUA COSTA | 12.5°

Pumanque é a área mais ocidental (mais próxima do mar), onde Claro tem vinhedos em Colchagua e daí vem esse 85% Chardonnay, mais 15% de Pinot que vem de Leyda, também de seus próprios vinhedos. Este Charmat tem foco em frutas e frescor. Tudo aqui é deliciosa acidez, frutas brancas e borbulhas cremosas. Para beber por garrafas.

90 | BRUT ROSÉ
PINOT NOIR, CHARDONNAY N/V
$$ | LEYDA | 12.5°

85% desse vinho é Pinot Noir que vem da zona de Leyda, no vale de San Antonio, muito perto do mar. E isso se sente no frescor e agilidade desse vinho na boca. Com um açúcar residual por litro de pouco mais de cinco gramas, a fruta parece florescer. Um vinho que é um suco de framboesa com borbulhas.

90 | GRAN RESERVA
CABERNET SAUVIGNON 2018
$$ | COLCHAGUA | 14°

Uma boa abordagem para a Cabernet Sauvignon, é uma amostra simples da cepa, focada em frutas vermelhas maduras ao invés de ervas. É suculento e tem textura muito macia. Esse Cabernet é proveniente de uvas compradas na área de Lolol, na região oeste de Colchagua.

Claro

GRAN RESERVA
CARMÉNÈRE 2018
$$ | COLCHAGUA | 13.5°

Da zona de Lolol, a oeste de Colchagua, esse é um clássico Carménère. Deliciosas frutas vermelhas em um contexto de toques de ervas, muito típico da variedade. A textura é bastante leve, com uma acidez rica em um vinho simples e fácil de beber, mas com a vantagem de mostrar um lado mais fresco e frutado da variedade.

GRAN RESERVA
CHARDONNAY 2019
$$ | CASABLANCA | 13.5°

Generoso em frutas tropicais, notas redutoras que parecem minerais, além de uma acidez fresca e viva nesse Chardonnay simples e que você bebe muito rápido. Essa é uma seleção de uvas que Claro compra na região de Bajo Casablanca, muito perto do Pacífico.

RESERVA
SAUVIGNON BLANC 2019
$ | LEYDA | 12.5°

É o vinho base de Claro em Leyda e em Sauvignon Blanc, um branco delicioso e refrescante que mostra o potencial da vinícola nesses vinhedos plantados em 2005. Aqui há uma deliciosa pureza de frutas frescas, muito influenciada pelo vinho. Brisas marinhas, distantes cerca de 8 quilômetros em linha reta. Atenção aqui. Um vinho para o ceviche.

OUTROS VINHOS SELECIONADOS

- 89 | CLASSIC Pinot Noir 2019 | Vale Central | 12.5° | $
- 88 | CLASSIC RED BLEND Cabernet Sauvignon, Carménère, Syrah 2019 | Vale Central | 13.5° | $
- 88 | CLASSIC Malbec 2019 | Vale Central | 13° | $
- 88 | CLASSIC Syrah 2019 | Vale Central | 13.5° | $

Clos Andino

PROPRIETÁRIO José Luis Martin Bouquillard
ENÓLOGO Stephane Geneste
WEB www.closandino.cl
RECEBE VISITAS Não

Sócio
JOSÉ LUIS MARTIN BOUQUILLARD

O enólogo francês **José Luis Martin-Bouquillard** chegou ao Chile em 1993, para trabalhar na Pernod Ricard. Aqui terminou se assentando em Curicó, onde fundou esta vinícola em 2007, na localidade de Teno. Seus vinhos exploram distintas latitudes do vale central, buscando origens adequadas para cada cepa, como Peumo para o Carménère, Alto Cachapoal para o Cabernet Sauvignon ou a parte cordilheirana de Curicó para o Sauvignon Blanc. Junto a Martin-Bouquillard, na empresa participam sua mulher, a chilena Victoria Jaramillo, e o enólogo francês Georges Blanck e o empresário chinês Xinglei Pan. O enólogo é Stephan Geneste. **IMPORTADOR:** BRASIL: www.lacharbonnade.com.br

‹ prova de *vinhos* ›

VINHOS

94 | LE GRAND BRUT
CHARDONNAY 2017
$$$$ | MAIPO | 13°

100% de vinhedos de Chardonnay na área de Maipo Costa, com cerca de dez anos, esse espumante tem dois anos com as borras pelo método de segunda fermentação na garrafa ou também conhecido como "champenoise". O vinho tem um delicioso lado oxidativo, com toques de frutos secos e de padaria. As borbulhas são finas e generosas em volume e a acidez é aguda e profunda. Um espumante com muito corpo para salmão defumado.

92 | LE GRAND ASSEMBLAGE
CABERNET SAUVIGNON, CARMÉNÈRE, TEMPRANILLO 2018
$$$$ | CACHAPOAL | 13.5°

Mais de 90% desse vinho vem de Cachapoal, a Cabernet dessa zona andina desse vale e a Carménère da área de Peumo. O resto é Tempranillo, que vem do Maule. Mantido por um ano em barricas, apresenta uma rica tensão em sua acidez. Possui taninos firmes, com pontas afiadas e uma acidez suculenta, de profundidade muito boa. Há notas de ervas, mas também sabores licorosos que, no entanto, não comprometem seu frescor.

OUTRO VINHO SELECIONADO
89 | LE CARMÉNÈRE Carménère 2018 | Peumo | 13.5° | $$$

Clos Apalta

PROPRIETÁRIO Domaines Bournet Lapostolle
ENÓLOGO Jacques Begarie
WEB www.closapalta.com
RECEBE VISITAS *Sim*

Proprietário
CHARLES DE BOURNET

Desde 2017, quando a família Bournet Lapostolle recomprou todas as operações no Chile de Lapostolle do grupo Campari, decidiu reestruturar as marcas, deixando Clos Apalta como uma vinícola independente de Lapostolle no estilo dos châteaux bordaleses, com sua vinícola e vinhedos independentes, seu "grand vin" e seu segundo vinho, neste caso, Le Petit Clos. Clos Apalta tem 152 hectares plantados de vinhedos em Apalta, mas para seus dois vinhos só ocupa 45 hectares, principalmente de Cabernet Sauvignon, Carménère, Merlot e Petit Verdot. A primeira versão de Clos Apalta foi em 1997, e foi um dos primeiros ícones do vinho moderno no Chile e, sem dúvida, o grande vinho de Colchagua. Em 2014, lançam um segundo vinho, Le Petit Clos, que é composto dos vinhos que não classificaram para Clos Apalta. **IMPORTADORES:** BRASIL: www.mistral.com.br | USA: www.winebow.com

VINHOS

96 | CLOS APALTA
CARMÉNÈRE, CABERNET SAUVIGNON, MERLOT 2016
$$$$$ | APALTA | 15°

Clos Apalta é o vinho top da casa. Sua primeira colheita foi em 1997 e desde então tem sido um paradigma dos vinhos de estilo amplo, suculento e maduro da América do Sul. Esse ano é uma mistura de 64% de Car-

Clos Apalta

ménère, 19% de Cabernet Sauvignon e 17% de Merlot. Enquanto a Cabernet e a Carménère são de vinhedos plantados entre 1910 e 1945, a Merlot foi plantada muito mais tarde, em 2005, que é a única coisa plantada nas encostas, todo o resto nos solos planos e graníticos da região. Uma safra mais fria deu a esse Clos um ar fresco e de frutas vermelhas. Ainda é um vinho amplo e suculento, mas desta vez acompanhado de taninos firmes, com acidez acentuada. O vinho tem dois anos em barricas novas e isso certamente aparece aqui. Dê um tempo a ele. Esse vinho deve começar a mostrar mais complexidade com três a quatro anos de garrafa.

 LE PETIT CLOS
CABERNET SAUVIGNON, MERLOT, CARMÉNÈRE 2016
$$$$$ | APALTA | 14.5°

Le Petit Clos é o segundo vinho da casa. Esse ano, tem 95% de Cabernet Sauvignon, mais 4% de Merlot e 1% de Carménère, todas de vinhas de Apalta, no vale de Colchagua. Esse vinho, originalmente, é destinado ao Clos Apalta, mas após um ano em barricas novas, decidem quais barricas irão para Clos Apalta (especialmente em sua capacidade de guarda) e quais permanecerão em Petit. Em seguida, o vinho é retirado das barricas e deixado em uma mescla de foudres, barricas e tanques por mais um ano até que seja engarrafado. Essa nova versão possui uma deliciosa base de frutas vermelhas maduras, especiarias, toques de flores em um vinho que conta com taninos firmes, acidez delicada, mas tensa. Um vinho para guardar.

Clos de Luz

PROPRIETÁRIO Gabriel Edwards
ENÓLOGO Felipe Uribe
WEB http://www.closdeluz.com
RECEBE VISITAS Sim

Proprietário & enólogo
GABRIEL EDWARDS & FELIPE URIBE

O economista **Gabriel Edwards** criou este projeto aproveitando um campo familiar e um vinhedo majoritariamente de Carménère plantado em 1945 na zona de Almahue, no vale de Cachapoal. A data não é anterior, pois não se conhecem videiras mais antigas desta variedade no Chile. Tampouco é menor sua origem, Almahue, um subvale que tem décadas de tradição e que Clos de Luz se propôs a revalorizar. O enólogo Felipe Uribe (Andes Plateau) é o responsável pelos vinhos, que aqui se fazem sem intervir no vinhedo e realçando o caráter frutado de cada variedade. Além de Carménère, têm Cabernet Sauvignon e Garnacha, com que fazem **Azuda**, um dos vinhos que lidera o surgimento desta cepa mediterrânea no Chile. **IMPORTADORES:** BRASIL: http://www.wine-co.com.br | USA: http://www.vinosdelrey.com

 **VINHOS**

MASSAL 1945
CABERNET SAUVIGNON 2018
$$$$ | CACHAPOAL | 13.5°

Sejam pacientes com esse vinho. No começo, ele se sente tímido, apenas mostrando algumas frutas. Mas, logo a expressão frutada é sentida mais claramente em um vinho de vinhas velhas, plantado nas encostas das colinas de Almahue, em 1945. Há muita suculência nesse vinho, muito foco na fruta e alguns taninos selvagens que precisam de carne.

< *prova de vinhos* >

94 MASSAL 1945
CARMÉNÈRE 2018
$$$$ | CACHAPOAL | 13.5°

Trata-se de uma seleção de vinhas de Carménère muito antigas, plantadas nos solos arenosos e coluviais, dos planos da propriedade da família Edwards em Almahue, no centro do vale de Cachapoal. Esse vinho pertence a uma nova onda da variedade no Chile, mais focada no frescor da fruta e deixando de lado o medo dos toques vegetais. Colhendo antes, mostra frutas vermelhas, intensidade de textura e um forte componente herbáceo.

92 AZUDA
SYRAH 2018
$$$$ | CACHAPOAL | 13.5°

De solos ricos em granito, esse Syrah foi plantado na área de Almahue em meados dos anos 2000. Estagia em barrica por um ano (10% em madeira nova) tem um suave toque defumado, mas a verdade é que o foco é pura fruta vermelha, especiarias e notas de carne em um vinho tenso em acidez, firme em taninos. Para o cordeiro.

92 MASSAL 1945
MALBEC 2018
$$$$ | CACHAPOAL | 14°

Para esse Malbec, Clos de Luz literalmente seleciona as vinhas velhas de vinhas de seus próprios vinhedos e de seus vizinhos, totalizando cerca de cinco mil quilos. Grande parte do vinho que dão essas uvas vai para outras mesclas e cerca de 1.500 quilos são deixados para esse Malbec varietal que oferece um lado austero da cepa. Não possui o lado floral nem o de frutas vermelhas ácidas de seus vizinhos do outro lado dos Andes, mas sim uma tremenda estrutura de taninos e de acidez. Um vinho para guardar.

90 AZUDA
GARNACHA 2018
$$$$ | CACHAPOAL | 14.5°

Plantas de 15 anos de idade de um quartel muito pequeno, de pouco mais de meio hectare, na área de Almahue, essa Garnacha tem notas florais e muitas frutas vermelhas em um corpo médio, com taninos bem presentes, como agulhas no palato.

Clos Quebrada de Macul

PROPRIETÁRIOS Ricardo Peña & Isabel Lezaeta
ENÓLOGO Jean Pascal Lacaze
WEB www.domusaurea.cl
RECEBE VISITAS Não

Enólogo
JEAN PASCAL LACAZE

Em 1970, a família Peña plantou o primeiro quartel de Domus, todo com Cabernet Sauvignon. E nos três anos seguintes completaram o que hoje é o atual painel histórico da vinícola, totalizando 16 hectares, sempre com Cabernet Sauvignon como base. Se trata de um vinhedo a 650 metros em uma zona tradicional do vinho chileno moderno, esse que começou ser gestado em meados do século XIX com as primeiras importações de cepas francesas. Se precisasse buscar o marco zero de onde o Cabernet chileno começou a se expandir, teria que ser neste lugar, ou muito perto, na vinha Cousiño Macul. Hoje na zona, fortemente afetada pela pressão imobiliária, têm vinhedos Cousiño Macul, Aquitania e Clos Quebrada de Macul que, desde 1996, vem engarrafando seus tintos de base com Cabernet Sauvignon, puras expressões do Maipo Alto.

IMPORTADORES: BRASIL: www.zahil.com.br | USA: www.globalvineyard.com

VINHOS

96 — **DOMUS AUREA**
CABERNET SAUVIGNON 2016
$$$$$ | MAIPO | 14.5°

A safra de 2016 foi difícil no Maipo e quase em todo o vale central do Chile. As fortes chuvas no meio e o clima bastante frio fizeram com que muitos que não conseguiram colher antes das tempestades perdessem grande parte de sua qualidade. No caso de Domus Aurea, o enólogo Jean Pascal Lacaze decidiu colher mais cedo, antecipando o problema. E é por isso que esse Domus parece tão fresco e tenso, com uma trama de taninos vibrantes e crocantes e muitas frutas vermelhas. Essa mistura à base de Cabernet Sauvignon (85% do total) é proveniente das parcelas mais antigas de propriedade da família Peña em Peñalolén, plantadas no início dos anos 1970 naqueles solos ricos em pedras. O vinho vibra na boca, as frutas vermelhas são sentidas em todos os lugares e as notas de mentol, de terra e de especiarias dão uma complexidade rica a um Domus que se mostra brilhante.

96 — **DOMUS AUREA**
CABERNET SAUVIGNON 2015
$$$$$ | MAIPO ALTO | 14.8°

Domus é uma seleção das mais antigas vinhas de Cabernet que a família Peña possui na área de Macul, nos arredores de Santiago, plantada em 1970. O vinho estagia cerca de 18 meses em barricas, 45% novas e depois em garrafas por mais um ano e meio antes de ir ao mercado. Esse ano, 87% da mistura é Cabernet Sauvignon, um ano quente que conseguiu amadurecer, "domar" os taninos dessa cepa, que se traduz em uma textura muito polida, de taninos finos, afiados, mas que quase não se sentem na boca. A elegância que isso implica é típica dos Domus dos últimos anos, em safras quentes. A fruta é vermelha madura e exuberante, expandindo-se no pala-

‹ *prova de **vinhos*** ›

dar com seus toques suculentos. E se prestar atenção, depois de um tempo na taça, aquelas notas mentoladas e terrosas, típicas do lugar, começam a aparecer. Um Domus clássico.

 ALBA DE DOMUS CABERNET SAUVIGNON, CABERNET FRANC, PETIT VERDOT, MERLOT 2015
$$$$$ | MAIPO | **14.8°**

Da vinha que circunda a casa da família Peña, proprietária da Quebrada de Macul, esse vinho é baseado em Cabernet Sauvignon plantado no final dos anos 1990 em solos mimosos, com menos pedras do que na vinha de onde vem Domus. Essa vinha oferece vinhos mais simples em estrutura, taninos mais redondos e suculentos e, este ano, uma colheita quente, esse caráter é aprimorado, entregando um vinho de suculência rica, taninos suaves, gentis, amáveis, se preferir, acompanhados por aqueles sabores adoráveis de frutas vermelhas maduras.

 PEÑALOLÉN AZUL CABERNET SAUVIGNON, PETIT VERDOT, CABERNET FRANC 2015
$$$$$ | MAIPO | **14.9°**

Azul vem de Las Pircas, uma vinha plantada em 2007 a cerca de 900 metros de altura, na área de Peñalolén. É um vinhedo de 5 hectares em solos de pura pedra, no sopé da cordilheira dos Andes e esse solo mais essa altura marcam a personalidade dessa mescla de 87% de Cabernet Sauvignon, mais 8% de Petit Verdot e o resto de Cabernet Franc. Graças a um inverno úmido, o solo dessa vinha teve água suficiente para suportar o calor que veio no final da temporada. De qualquer forma, a colheita prosseguiu algumas semanas. O estilo desse vinho é exuberante e essa personalidade é mostrada aqui. Também esse ano tem uma deliciosa carga de frutas na boca, sustentada por taninos que - como sempre - são firmes e musculosos, mas em um contexto de certa elegância, de certa suavidade e equilíbrio, algo que no contexto desse vinho é bastante incomum. Para guardar. Guarde algumas garrafas pelos próximos cinco anos, embora essa safra - coisa rara - já mostre um bom equilíbrio.

 PEÑALOLÉN CABERNET SAUVIGNON 2017
$$$ | MAIPO | **14°**

Peñalolén é baseado em um vinhedo jovem, plantado em 2013 na área de Quilín, em Alto Maipo, além de outras vinhas de Domus na região, muitas delas que não se qualificam para os melhores vinhos da casa. Estagia durante um ano em barricas, principalmente velhos. O vinho mostra o dulçor de uma safra quente que moldou não apenas os sabores, mas também os taninos, que aqui são amáveis e dóceis.

Club des Sommeliers

PROPRIETÁRIO Supermercados Pão de Açúcar
ENÓLOGO Nicolás Bizzarri
RECEBE VISITAS Não

Enólogo
NICOLÁS BIZZARRI

Propriedade da rede de supermercados Pão de Açúcar, o Club des Sommeliers é uma marca que agrupa mais de 90 rótulos de 11 países. Os vinhos são selecionados por um grupo de especialistas liderados por Carlos Cabral e variam de vinhos jovens até um blend de gama alta chamado Allegro. Nessa edição de Descorchados, apenas a seleção de vinhos chilenos desse clube participou.

IMPORTADOR: BRASIL: www.paodeacucar.com.br

VINHOS

 ALLEGRO RED BLEND SYRAH, C. SAUVIGNON, CARMÉNÈRE, GRENACHE, P. VERDOT, MOURVÈDRE 2015
$$$ | COLCHAGUA | 14.5°

Esta é uma seleção de algumas das mais altas vinhas na cidade de Puquillay, no vale de Colchagua, entre 600 e 900 metros, bastante alta para a média da região. Essa nova versão possui 46% Syrah, 20% Cabernet Sauvignon, 17% Carménère, 10% Garnacha e o restante de Petit Verdot e Monastrell. Comparado com a versão anterior, parece um pouco mais frio, com mais frutas vermelhas e com maior tensão, embora mantenha a mesma musculatura fibrosa dos vinhos de altura. Um delicioso vinho tinto, para beber agora ou em dois a três anos, só ganhará complexidade, enquanto a acidez aguda sentida hoje permitirá que ele continue envelhecendo.

 GRAN RESERVA SAUVIGNON BLANC 2019
$$ | LEYDA | 13.5°

Uma excelente relação qualidade-preço, sente-se nervoso e tenso em acidez. Tem sabores de frutas tropicais, tons de ervas em um corpo leve. Esse vem dos solos graníticos de Leyda, no vale de San Antonio, a cerca de 8 quilômetros do mar. O branco ideal para o aperitivo.

 BRUT CHARDONNAY, PINOT NOIR N/V
$$ | COLCHAGUA COSTA | 12.5°

Pumanque é a área mais ocidental (mais próxima do mar), onde o Club des Sommeliers tem vinhedos em Colchagua e daí vem esse 85% Chardonnay, mais 15% de Pinot que vem de Leyda, também de seus próprios vinhedos. Este Charmat tem foco em frutas e frescor. Tudo aqui é deliciosa acidez, frutas brancas e borbulhas cremosas. Para beber por garrafas.

‹ *prova de **vinhos*** ›

 BRUT ROSÉ
PINOT NOIR, CHARDONNAY N/V
$$ | LEYDA | 12.5°

85% desse vinho é Pinot Noir que vem da zona de Leyda, no vale de San Antonio, muito perto do mar. E isso se sente no frescor e agilidade desse vinho na boca. Com um açúcar residual por litro de pouco mais de cinco gramas, a fruta parece florescer. Um vinho que é um suco de framboesa com borbulhas.

 GRAN RESERVA
CABERNET SAUVIGNON 2018
$$ | COLCHAGUA | 14°

Uma boa abordagem para a Cabernet Sauvignon, é uma amostra simples da cepa, focada em frutas vermelhas maduras ao invés de ervas. É suculento e tem textura muito macia. Esse Cabernet é proveniente de uvas compradas na área de Lolol, na região oeste de Colchagua.

 GRAN RESERVA
CARMÉNÈRE 2018
$$ | COLCHAGUA | 13.5°

Da zona de Lolol, a oeste de Colchagua, esse é um clássico Carménère. Deliciosas frutas vermelhas em um contexto de toques de ervas, muito típico da variedade. A textura é bastante leve, com uma acidez rica em um vinho simples e fácil de beber, mas com a vantagem de mostrar um lado mais fresco e frutado da variedade.

 GRAN RESERVA
CHARDONNAY 2019
$$ | CASABLANCA | 13.5°

Generoso em frutas tropicais, notas redutoras que parecem minerais, além de uma acidez fresca e viva nesse Chardonnay simples e que você bebe muito rápido. Essa é uma seleção de uvas que o Club des Sommeliers compra na região de Bajo Casablanca, muito perto do Pacífico.

 RESERVA
SAUVIGNON BLANC 2019
$ | LEYDA | 12.5°

É o vinho base do Club des Sommeliers em Leyda e em Sauvignon Blanc, um branco delicioso e refrescante que mostra o potencial da vinícola nesses vinhedos plantados em 2005. Aqui há uma deliciosa pureza de frutas frescas, muito influenciada pelo vinho. Brisas marinhas, distantes cerca de 8 quilômetros em linha reta. Atenção aqui. Um vinho para o ceviche.

OUTROS VINHOS SELECIONADOS
89 | CLASSIC Pinot Noir 2019 | Vale Central | 12.5° | $
88 | CLASSIC RED BLEND Cabernet Sauvignon, Carménère, Syrah 2019
     Vale Central | 13.5° | $
88 | CLASSIC Malbec 2019 | Vale Central | 13° | $
88 | CLASSIC Syrah 2019 | Vale Central | 13.5° | $

Concha y Toro

PROPRIETÁRIO Concha y Toro S.A.
ENÓLOGOS Enrique Tirado, Isabel Mitarakis, Marcelo Papa, Marcio Ramírez, Sebastián Rodríguez, Héctor Urzúa, Ignacio Recabarren & Lorena Mora
WEB www.conchaytoro.cl
RECEBE VISITAS *Sim*

Enólogo
MARCELO PAPA

A maior vinícola do Chile e da América Latina tem mais de 9.000 hectares de vinhedos nas principais zonas do país, desde Limarí até Maule. Fundada em 1883 pelo político e empresário Melchor Concha y Toro, a empresa iniciou um século mais tarde uma revolução interna na mão da família Guilisasti e do gerente geral Eduardo Guilisasti. Esse processo, que os levou a liderar a indústria, esteve focado em modernizar a vinícola e particularmente em expandir seus vinhedos e encontrar os terroirs adequados para suas diferentes linhas, que hoje vão desde a massiva Frontera até ícones como Don Melchor. Têm vários enólogos, cada um encarregado de distintas marcas. Entre eles Ignacio Recabarren (Trío, Terrunyo, Amelia, Carmín de Peumo), Enrique Tirado (Don Melchor, Gravas) e Marcelo Papa (Casillero del Diablo, Marques de Casa Concha). A companhia tem além disso várias vinícolas filiais, manejadas de maneira independente, como Cono Sur, Maycas del Limarí e Trivento, na Argentina. **IMPORTADORES:** BRASIL: www.vctbrasil.com.br | USA: www.fetzer.com

VINHOS

97 AMELIA
CHARDONNAY 2018
$$$$ | LIMARÍ | 14°

Para o vinho Quebrada Seca, o enólogo Marcelo Papa seleciona o quartel Quebrada Seca de solos ricos em argila e cal que, além da influência fria do mar (a cerca de 18 quilômetros), faz desse vinho uma flecha de austeridade e linearidade. No caso de Amelia, também é proveniente de Quebrada Seca, mas dessa vez com 75% das vinhas plantadas em solos argilosos e calcários e 25% em solos argilosos, calcários e de pedra, o que talvez dê mais volume a esse branco, um pouco mais amplo, mas sem perder a estrutura, a firmeza dos taninos que aporta o calcário. Parece um vinho completo, mas também parece um vinho para guardar, para o futuro.

97 TERRUNYO 20 AÑOS
CARMÉNÈRE 2018
$$$$$ | PEUMO | 14.4°

A vinha selecionada há 20 anos para o Terrunyo Carménère possui uma área de nove hectares, na área plana de Peumo, rica em argilas que retêm água e oferecem condições ideais para a cepa. Essa seleção é composta por três hectares, plantados em 1990 (o mais antigo, plantado em 1983, vai para Carmín, o principal Carménère de Concha y Toro) e o vinho estagia por nove meses em barricas usadas. Esse é fruta pura, expressão pura da variedade, notas de ervas, mas principalmente o lado da fruta, frutas vermelhas maduras no meio de um corpo tenso, com taninos muito bons. Uma tremenda homenagem a um clássico. Esse vinho será vendido apenas em garrafas de um litro e meio e a produção total foi de mil litros.

‹ *prova de **vinhos*** ›

96   TERRUNYO
SAUVIGNON BLANC 2019
$$$$ | CASABLANCA | 13°

Terrunyo Sauvignon tradicionalmente vem da vinha de Los Boldos, a cerca de 15 quilômetros do mar, em uma das áreas mais próximas ao oceano Pacífico, em Casablanca. O material desse branco é 100% Clone 1, o primeiro material clonal de Sauvignon Blanc que chegou ao Chile no início dos anos 1990. Esse clone produz brancos de grande verticalidade, focados em ervas e acidez, em vez de frutas maduras e exuberantes de outros clones que chegaram ao país. E isso é mostrado aqui claramente. Existem frutas brancas e cítricas, especialmente o lado mineral e herbáceo, que se mesclam a uma acidez firme e tensa, em um corpo cremoso, fruto de um ano bastante quente.

95   AMELIA
PINOT NOIR 2018
$$$$ | LIMARÍ | 14°

O enólogo Marcelo Papa seleciona o quartel de Pinot para esse Amelia de solos de calcário e algo de argilas, de pedras e de cal, nessa vinha plantada em 2009 a cerca de 18 quilômetros do mar, no vale de Limarí. Tem um ano de barricas, 20% novas. O aroma do chá e dos morangos é inebriante e, em seguida, a textura que envolve o paladar com suas frutas vermelhas, suculentas e frescas. Os taninos são firmes e tensos, mas isso não implica em agressividade. A textura é elegante em primeiro lugar. Um vinho para guardar por uma década ou para (como poderíamos recomendar) beber agora com embutidos.

95   GRAVAS DEL BIOBÍO SAUVIGNON BLANC
SAUVIGNON BLANC 2019
$$$$ | BIOBÍO | 13°

Foi um ano mais quente e seco do que o habitual no vinhedo Quitralman, no vale do rio Biobío. A enóloga Isabel Mitarakis decidiu fazer uma mistura de dois clones, 242 que dá mais vinhos untuosos, e, o Clone 1, que dá um Sauvignon mais vertical e tenso. Nesse clima bastante frio, por mais quente que tenha sido o ano, a influência do sul é sentida em um vinho cremoso, com uma rica expressão à base de plantas e de cítricos. O clone 1 parece ganhar aqui, especialmente na estrutura do vinho, tensa e firme, um branco refrescante e longo.

94   GRAVAS DEL MAIPO
CABERNET SAUVIGNON 2018
$$$$$ | PUENTE ALTO | 14.5°

Para **Gravas Cabernet**, as uvas são provenientes do vinhedo Don Melchor, em Alto Maipo, de videiras jovens de Cabernet Sauvignon de cerca de 15 anos. Além disso, possui 9% de Merlot e 1% de Petit Verdot, todos da mesma vinha. Apresenta aromas de frutas maduras e untuosas em um vinho de grande madurez, mas ao mesmo tempo com taninos firmes e de acidez que em parte deve vir da Cordilheira dos Andes, descendo o rio Maipo. Esse vinho é para se guardar por cinco anos. Ganhará muito em complexidade.

Concha y Toro

 MARQUÉS DE CASA CONCHA ETIQUETA NEGRA
CABERNET SAUVIGNON, CABERNET FRANC, PETIT VERDOT 2017
$$$$ | PUENTE ALTO | 14.4°

Essa é uma seleção de vinhedos de terraços aluviais ao norte do rio Maipo. Possui 62% de Cabernet Sauvignon, 30% de Cabernet Franc e o restante de Petit Verdot. Colhido muito cedo na estação, aqui a fruta vermelha é privilegiada acima de tudo. E essa fruta se manifesta na forma de cerejas e especiarias pretas maduras. Existe força, há acidez e também uma textura firme e austera, de onde tudo se desenvolve. Um vinho para guardar.

 TERRUNYO
CARMÉNÈRE 2018
$$$$ | PEUMO | 14.5°

Os solos de Peumo, ricos em argila, retêm água e permitem que a sempre sedenta Carménère se beba sem problemas. Mas também o sol do vale Central permite que essa cepa tardia amadureça calmamente. Condições ideais para fazer grandes Carménère como esse, um tinto que não tem medo das notas de ervas da variedade, aqueles toques de pimentão que estão nos genes da Carménère. A boca é madura, cremosa e as frutas vermelhas se apoderam da boca em um vinho que acaba sendo suculento e com um nervo muito bom. Para a adega. Esse vinho só vai melhorar na garrafa.

 CASILLERO DEL DIABLO RESERVA PRIVADA
SAUVIGNON BLANC 2018
$$ | LIMARÍ | 13°

Uma boa entrada para o mundo da Sauvignon de Limarí, possui esse lado austero, mineral e herbáceo da cepa em solos aluviais e cal na região. Tem uma densidade muito boa, uma aderência muito boa na boca. Há firmeza de taninos, intensa acidez (muito intensa, na verdade) e com um delicioso final de ervas e especiarias. Esse Sauvignon vem da vinha de El Tangue, plantada em 1999 a cerca de 8 km do mar, recebendo diretamente a brisa do Pacífico.

 GRAN RESERVA SERIE RIBERAS
CABERNET SAUVIGNON 2018
$$ | MARCHIGÜE | 13.7°

Da área de Marchigüe, a oeste de Colchagua, esse é um Cabernet de dicionário, com seus aromas e sabores de notas de cassis e de pimenta. Os taninos são ásperos, levemente rústicos, comuns nesse local. Aqui as frutas e essa textura se misturam perfeitamente, oferecendo um caráter de Cabernet muito frutado e muito vivaz.

 GRAVAS DEL MAIPO
SYRAH 2018
$$$$$ | BUIN | 14.5°

Na margem sul do rio Maipo, em solos de gravas, esse Syrah apresenta toques especiados e de frutas vermelhas maduras em meio a um corpo untuoso, de grande força, mas com taninos muito polidos e pulsantes. O vinho também possui 7% de Cabernet Sauvignon que suporta essa estrutura de taninos, que de certa forma "ancora" esse vinho na boca.

‹ *prova de **vinhos*** ›

 MARQUÉS DE CASA CONCHA
CABERNET SAUVIGNON 2017
$$$ | MAIPO | 14.3°

Esse ano, Marques de Casa Concha vem de duas vinhas de Maipo Alto, uma em Puente Alto e outra em Pirque, aos dois lados do rio Maipo, em terraços aluviais. É um ano quente e, portanto, há essas notas doces no início do paladar, mas pouco a pouco o vinho se abre para mostrar frutas vermelhas, que parecem muito mais frescas do que no ano. A textura dos taninos é firme, com pontas, com arestas que pedem carne assada.

 MARQUÉS DE CASA CONCHA
CARMÉNÈRE 2018
$$$ | CACHAPOAL | 14.3°

Gradualmente, Marqués Carménère entra em sintonia com os novos tempos da cepa, uma aparência mais fresca, mais nervosa e tensa, sem medo de notas de ervas. Nessa versão, a madeira é importante, mas também o caráter da fruta que se manifesta aqui na forma de frutas vermelhas maduras que são misturadas com especiarias e ervas. A textura tem taninos firmes e delineados, e o final tem uma acidez fresca. Esse Carménère vem dos terraços aluviais do rio Cachapoal, na área de Peumo.

 MARQUÉS DE CASA CONCHA
CHARDONNAY 2018
$$$ | LIMARÍ | 14.2°

O vinhedo Quebrada Seca fica a cerca de 22 km do mar, em solos arenosos e calcários e é a principal fonte de Chardonnay de Concha y Toro, a vinha que dá os vinhos com maior caráter. É uma seleção de vinhas que oferecem um vinho direto e linear, com uma estrutura firme e vertical. A acidez é refrescante e se projeta pela boca com austeridade e firmeza. Um branco para frutos do mar crus e uma imagem da Chardonnay do norte.

 MARQUÉS DE CASA CONCHA
PINOT NOIR 2018
$$$ | LIMARÍ | 13.7°

100% do vinhedo de San Julián, essa é a seleção básica dessa vinha que oferece alguns dos melhores Pinot Noir da casa. Aqui se sente a austeridade e especialmente a linearidade que dá os solos de argila e de calo. A fruta é vermelha e vibrante, muito fresca e a boca é marcada por uma acidez penetrante e uma textura firme, com muita garra.

 MARQUÉS DE CASA CONCHA
EDICIÓN LIMITADA CHARDONNAY 2018
$$$ | BIOBÍO | 14°

Para esse Marqués, o enólogo Marcelo Papa seleciona vinhas de Chardonnay do vinhedo Quitralman, plantada há uma década em solos argilosos no vale de Biobío Tem uma acidez firme e, ao mesmo tempo, uma textura cremosa e ampla, coberta por sabores de frutas brancas e de especiarias. É um vinho grande, amplo e ao mesmo tempo muito refrescante.

Concha y Toro

 MARQUÉS DE CASA CONCHA EDICIÓN LIMITADA PINOT NOIR 2018
$$$ | BIOBÍO | 13.5°

Cerca de 500 quilômetros ao sul de Santiago, Biobío é uma área muito mais fria e chuvosa. Amadurece sob essas chuvas, mas também em solos argilosos que conferem um delicioso volume de boca, mas sempre acompanhados pelo clima frio que aqui traz nervo e acidez. E essa acidez é o que coloca ordem aqui e que aporta tensão. Um delicioso Pinot Noir, radiante em frutas maduras.

 TERRUNYO CABERNET SAUVIGNON 2017
$$$$ | PIRQUE | 14.4°

Como é tradicional, esse Cabernet vem dos terraços de Pirque, ao lado da vinícola de Concha y Toro, na margem sul do rio Maipo. O vinho é cheio de notas de ervas, cheio de frutas vermelhas maduras no meio de um corpo que fala da safra quente de 2017, mostra uma suavidade envolvente. É amplo e enche tudo com seus sabores suculentos e maduros. Estagia durante cerca de 16 meses em barricas.

 CASILLERO DEL DIABLO RESERVA PRIVADA CARMÉNÈRE 2018
$$ | RAPEL | 13°

Trata-se de um Carménère 100% da área de Peumo, no meio do vale de Cachapoal e o local de onde tem surgido alguns dos melhores exemplos da variedade no Chile. Esse tem um foco suculento nas notas de ervas da cepa, cercado por sabores de frutas frescas e uma parcela de madeira, que atua em segundo plano, proporcionando complexidade. Os 10 meses de estágio em barricas deram um creme na boca que é apreciado, especialmente se houver costeletas de porco defumadas no menu.

 GRAN RESERVA SERIE RIBERAS CARMÉNÈRE 2018
$$ | PEUMO | 14°

Da área de Peumo, esse Carménère tem uma boca deliciosa e cremosa, com uma acidez importante que serve para marcar o frescor. Os aromas e sabores são herbáceos e frutados, de maneira semelhante, o que contribui para essa sensação de frescor. O vinho é envelhecido por dez meses em barricas e em foudres e não há contribuição de madeira nova; portanto, as notas de ervas continuam mandando num vinho para ensopado de porco.

 GRAN RESERVA SERIE RIBERAS CHARDONNAY 2018
$$ | LITUECHE | 14°

Às vezes, é bom voltar a esses Chardonnay que têm maior untuosidade, maior cremosidade e suave dulçor. Durante anos, o Chardonnay chileno (em grande parte) tornou-se bastante Sauvignon Blanc. Isso vai para o passado, mas com boa frescor. Nas vinhas de Litueche, na região de Colchagua Costa, as vinhas ficam a cerca de 15 km do mar e, portanto, aquela nova influência que é vista aqui. Para garoupa grelhada.

‹ *prova de* ***vinhos*** ›

92 | GRAN RESERVA SERIE RIBERAS
MALBEC 2018
$$ | MARCHIGÜE | 13.7°

A vinha Palo Santo fica próxima ao rio Tinguiririca, na área de Marchigüe, a oeste de Colchagua. Colhida antecipadamente para obter mais frutas vermelhas, mais acidez e frescor e foi alcançada. Criada em ovos de cimento e foudres (70% da mescla final), a fruta aqui é a que comanda, os aromas de violetas e de cerejas, a textura amável e a acidez suculenta. Um Malbec de dicionário.

92 | GRAN RESERVA SERIE RIBERAS
SAUVIGNON BLANC 2019
$$ | LITUECHE | 13°

A apenas 15 quilômetros do mar, na área de Litueche, em Colchagua, possui um delicioso frescor, cheio de notas de ervas e de toques cítricos, mas especialmente frutas frescas em um corpo que - graças a um ano quente - se sente amável, untuoso, mas sem deixar de lado a acidez. Ideal para escoltar sushi.

92 | MARQUÉS DE CASA CONCHA
SYRAH 2017
$$$ | BUIN | 14.5°

Metade estagia em foudres e metade em barricas por cerca de 18 meses. É proveniente de vinhedos plantados na margem sul do rio Maipo, em solos profundos e aluviais. Apresenta notas de carne e de frutas vermelhas, com toques especiados em um ambiente suculento, com taninos amáveis e cheios de vida. Aqui há muita fruta e muita concentração para pensar em guardar algumas garrafas nos próximos cinco anos.

92 | MARQUÉS DE CASA CONCHA ROSÉ
CINSAULT 2019
$$$ | ITATA | 11.5°

Esse vinho é proveniente de apenas um produtor na região de Trehuaco, a cerca de 18 quilômetros do mar, no vale de Itata. A cor é clara, quase transparente, e a boca é cheia de sabores de frutas vermelhas ácidas em um contexto de grande frescor, acidez e corpo leve, mas ao mesmo tempo tenso. Um rosé para pensar em férias e nigiri de salmão.

91 | CASILLERO DEL DIABLO RESERVA ESPECIAL
SAUVIGNON BLANC 2018
$ | CASABLANCA | 13°

Uma tremenda relação preço-qualidade, esse Sauvignon de Casablanca é fermentado em aço, sem contato com a madeira. A fruta é cristalina, há frutas cítricas e notas de ervas fazendo uma festa. É refrescante, vibrante e crocante, ou seja, é o que se precisa para o aperitivo.

91 | CASILLERO DEL DIABLO RESERVA PRIVADA
CHARDONNAY 2018
$$ | LIMARÍ | 13.5°

Os Chardonnay de Limarí têm essa deliciosa mistura de sabores salinos e minerais, que podem vir dos solos de calcário, mas também da influência

Concha y Toro

do mar, que fica a cerca de 18 quilômetros em linha reta. Esse vinho é uma espécie de porta de entrada para o mundo dos Chardonnay de Limarí da Concha y Toro. Está nervoso, tenso em acidez, suculento e com aquele final salino que aporta muito caráter.

 MARQUÉS DE CASA CONCHA
MERLOT 2017
$$$ | MAULE | 14°

Em uma safra quente e seca, condições não muito boas para a Merlot, a ideia de adiantar a colheita em vários dias para obter frutas vermelhas frescas das vinhas de San Clemente, plantadas há quase 20 anos. O vinho mostra um caráter suculento, com frutas vermelhas refrescantes e vivas, com toques especiados e um fundo de notas defumadas.

 CASILLERO DEL DIABLO
MALBEC 2018
$ | VALE CENTRAL | 13.5°

Fique atento ao preço desse vinho e, acima de tudo, com sua carga de frutas frescas, cheia de frutas vermelhas brilhantes e de toques florais. A fruta vem de uma seleção de vinhedos em direção às áreas costeiras de Rapel e esse lado mais frio aparece aqui. Um vinho para ser servido frio no verão, com peixe grelhado, um pequeno segredo em uma linha tão grande quanto Casillero (quase 6 milhões de caixas de doze garrafas no total) que invade as prateleiras dos supermercados e ocasionalmente oferece isso.

 CASILLERO DEL DIABLO
MERLOT 2018
$ | VALE CENTRAL | 13.5°

Uma surpresa muito boa esse Merlot. A fruta vem de lugares que dão frutas vermelhas frescas como San Clemente, no Maule, e Marchigüe, que dão esse tipo de tensão e frescor. Tem um corpo médio, acidez suculenta e um final levemente herbáceo. Uma tremenda relação qualidade-preço. Lembre-se de que esse vinho produz cerca de 8 milhões de litros, uma quantidade que dá uma lagoa.

 TRIO
CABERNET SAUVIGNON, CABERNET FRANC, SYRAH 2018
$$ | MAULE | 13.5°

Este novo Trio baseia-se em 88% Cabernet Sauvignon de duas vinhas do Maule, uma em Cauquenes e outra em San Clemente. O resto é Cabernet Franc e Syrah, todos do vale do Maule. Atenção com as frutas vermelhas desse vinho, o tipo de tinto que faz salivar com suas frutas frescas e sua textura firme, mas nunca agressiva.

 TRIO
CHARDONNAY, PINOT GRIGIO, PINOT BLANCO 2018
$$ | RAPEL | 13.5°

Para este **TRIO**, a base é Chardonnay de Litueche, na parte ocidental de Colchagua. Possui 84% de Chardonnay, 13% de Pinot Grigio, da mesma vinha e o restante de Pinot Blanc que vem de Casablanca. Aqui é imposta a textura amável da Chardonnay, dando uma sensação de cremosidade que complementa perfeitamente os sabores de frutas e de ervas brancas.

‹ *prova de* **vinhos** ›

OUTROS VINHOS SELECIONADOS

- **89** | CASILLERO DEL DIABLO Cabernet Sauvignon 2018 | Vale Central | 13.5° | $
- **89** | CASILLERO DEL DIABLO Carménère 2018 | Vale Central | 13.5° | $
- **89** | CASILLERO DEL DIABLO DEVIL'S BRUT Chardonnay 2018 | Limarí | 12° | $$
- **89** | CASILLERO DEL DIABLO RESERVA ESPECIAL Cabernet Sauvignon 2018 Maule | 13.5° | $$
- **89** | MARQUÉS DE CASA CONCHA Malbec 2018 | Maule | 13.5° | $$$
- **89** | TRIO Merlot, Carménère, Syrah 2018 | Maule | 13.5° | $$
- **88** | CASILLERO DEL DIABLO ROSÉ Cinsault, Syrah, Carménère, Garnacha, Moscatel de Alejandría 2019 | Chile | 12° | $

Cono Sur

PROPRIETÁRIO Concha y Toro
ENÓLOGO Matías Ríos
WEB www.conosur.com
RECEBE VISITAS Sim

Enólogo
MATÍAS RÍOS

Nascida em 1993 como uma pequena filial de Concha y Toro, esta vinha hoje é uma das grandes da cena nacional. Seus mais de 1.700 hectares abarcam desde Limarí até Biobío e sua produção anual supera as 2,7 milhões de caixas. Cono Sur é reconhecida por várias coisas. Pelos vinhos frutados e confiáveis de sua linha varietal La Bicicleta, que além das cepas típicas tem Gewürztraminer, Riesling e outras que usualmente não se vê em linhas de entrada. Foi das primeiras no Chile em apostar no Pinot Noir, que representa um quinto de sua produção e está em todos os níveis de seu portfólio. E em produzir ambiciosos vinhos com senso de origem, como os de sua linha 20 Barrels, como seu ícone de Pinot Noir, Ocio, ou como Silencio, um Cabernet Sauvignon que ganhou prontamente um lugar entre os melhores do país. **IMPORTADORES:** BRASIL: www.lapastina.com.br | USA: www.fetzer.com

VINHOS

96 **OCIO**
PINOT NOIR 2017
$$$$$ | CASABLANCA | 14°

A primeira safra de Ocio foi em 2003 e, desde então, percorreu um longo caminho em busca de sua identidade. Desde a sua criação, a fruta é baseada nas vinhas de El Triángulo, das primeiras vinhas plantadas com Pinot Noir em 1990. Esse ano também há frutas de outras vinhas vizinhas em Casablanca e 15% de vinhas de San Antonio. O vinho estagia por um ano em uma mistura de 70% de barricas novas e 30% de foudres. A mudança desse ano é a expressão da fruta e como a madeira está em retirada, mas também como a extração foi mais moderada, formando um vinho amável e suculento. A safra mais precoce também fez a fruta parecer mais crocante. Essa é provavelmente a melhor versão de Ócio até agora para nós em Descorchados.

96 **SILENCIO**
CABERNET SAUVIGNON 2015
$$$$$ | MAIPO | 14°

100% de um quartel de 4 hectares de Cabernet Sauvignon, no coração de Alto Maipo. As videiras, plantadas nos anos 1970, estão nos terraços aluviais do

Cono Sur

Maipo, na margem norte da região de Puente Alto. Esse é um exemplo clássico de Cabernet do Alto Maipo, com suas notas de ervas, aromas de especiarias e de terra em um vinho de muitas frutas vermelhas, com muito nervo na acidez. O vinho estagia por 22 meses em barricas novas, mas com uma tosta muito leve que mal contribui com especiarias, mas nunca com tostado muito menos com dulçor. Os taninos são duros, mantendo a tensão, mantendo o vigor e os nervos em um Cabernet Sauvignon tão clássico de Maipo, uma foto do local.

 20 BARRELS
CARMÉNÈRE 2017
$$$$ | CACHAPOAL | 14.5°

O Fundo Peumo é a fonte mais importante para Carménère de Cono Sur. A partir daí, Concha y Toro também obtém uvas para vinhos importantes como Terrunyo ou Carmín de Peumo. O vinhedo começou a ser plantado no início dos anos 1980 e uma seleção dessas vinhas é para esse Carménère, a primeira vez que a cepa oficialmente classifica para a linha 20 Barrels e é uma excelente estreia. Existem notas de ervas típicas da cepa, mas também existem muitos aromas e sabores de frutas vermelhas frescas e vibrantes. O corpo é agradável, com taninos muito polidos, mas ao mesmo tempo com muita aderência. Para cordeiro ao curry.

 20 BARRELS
CHARDONNAY 2018
$$$$ | CASABLANCA | 13.5°

O vinhedo El Centinela foi plantado em 2001, a cerca de sete quilômetros do mar, no vale de Casablanca. É fermentado em barricas e 80% estagia em barricas novas por 7 meses, enquanto o restante vai para ovos de concreto. Ambos os componentes são misturados e engarrafados para dar um Chardonnay de grande profundidade, com ênfase nos frutos brancos, na salinidade e no corpo, que é grande e profundo. Hoje em dia, esse vinho é exuberante, mas cerca de três a quatro anos com uma garrafa proporcionam mais complexidade.

 20 BARRELS
SYRAH 2017
$$$$ | LIMARÍ | 14.5°

A propriedade Los Almendros está localizada na margem sul do rio Limarí, em solos aluviais com pinceladas de calcário. Estagia em barricas novas e foudres por um total de 17 meses. O resultado é um vinho de grande expressão varietal, com toques de frutas vermelhas e de bacon, mais especiarias e ervas aromáticas. A textura é cremosa, desliza pela boca como se fosse um creme de leite, mas aromatizado com amoras e morangos maduros. Uma delícia para se beber no inverno.

 20 BARRELS
CABERNET SAUVIGNON 2017
$$$$ | MAIPO | 13.5°

Quando se trata de 20 Barrels Cabernet Sauvignon, Cono Sur busca frutas de Alto Maipo, na área clássica de Pirque, uma das mais altas da zona central do Chile. A Cabernet é caracterizada por taninos suaves, elegância, mas, acima de tudo, seu foco nas frutas vermelhas que são sentidas aqui em primeiro plano. Especiarias, toques de mentol dão complexidade, mas é o fruto que tem toda a proeminência. É um vinho suculento e delicioso, com uma forte identidade de local.

‹ *prova de **vinhos*** ›

 20 BARRELS
SAUVIGNON BLANC 2019
$$$$ | CASABLANCA | 13.5°

Para 20 Barrels Cono Sur usa as uvas de El Centinela, um vinhedo muito próximo ao mar, no vale de Casablanca. Tem uma maceração muito curta com as peles de cerca de 9 horas e é 100% em tanques de aço. O vinho tem uma força especial na boca, a acidez é firme, acentuando os contornos da língua, mas também atuando como uma espécie de estrutura para conter a cremosidade e os sabores maduros e envolventes.

 20 BARRELS
PINOT NOIR 2018
$$$$ | CASABLANCA | 14°

Baseado em vinhas históricas de Pinot Noir de El Triángulo, plantadas por volta de 1990 na parte superior do vale, também possui 15% de uvas de San Antonio, o vale imediatamente ao norte de Casablanca, e também de frente para a costa. Mostra no início a influência da madeira onde estagia por quase um ano, mas depois a fruta vermelha madura toma conta da boca e do nariz, formando um tipo de Pinot fresco e de ricas notas florais.

 SINGLE VINEYARD 8 GRAPES C. SAUVIGNON, MALBEC, GRENACHE, CARIGNAN, CARMÉNÈRE, P. VERDOT, PETITE SIRAH, MOURVÈDRE 2017
$$ | ACONCAGUA | 14°

Este é o novo membro da linha Single Vineyard e vem 100% da vinha El Encanto, na área de San Felipe, no vale do Aconcágua. A mistura é composta de 28% de Cabernet Sauvignon, 19% de Malbec, 16% Garnacha, 16% Cariñena, 6% Carménère, 5% Petit Verdot, 5% de Petite Sirah e o restante de Monastrell, um sorte de resumo daquela vinha que dá um vinho de grande expressão frutada, de taninos muito firmes, com leves toques de ervas e florais em um vinho fresco e tenso.

 SINGLE VINEYARD BLOCK 18 EL RECURSO
CABERNET SAUVIGNON 2018
$$ | MAIPO | 14°

A vinha El Recurso vem de vinhedos de cerca de 20 anos plantados em solos aluviais na margem sul do rio Maipo. Com quatorze meses de barricas, 80% delas usadas. Esse tem foco nos sabores de frutas e de mentol, mas também em um corpo cheio de textura crocante e acidez que ajuda nessa crocância. Os taninos parecem firmes, afiados e suculentos.

 SINGLE VINEYARD BLOCK 25 LA PALMA
SYRAH 2018
$$ | SAN ANTONIO | 14°

100% do vinhedo de Campo Lindo, a cerca de 15 quilômetros do mar no vale de San Antonio. Apresenta notas clássicas de clima frio: os aromas de bacon, frutas negras maduras e a exuberância geral de uma variedade que pode se adaptar a diferentes climas e solos. Esse vem da área mais quente do campo, protegida dos ventos que vêm do mar. A fruta aqui é generosa, mas ao mesmo tempo apresenta muita tensão devido a uma acidez que parece crocante e nervosa. Tem textura suficiente para costeletas de porco grelhadas.

Cono Sur

SINGLE VINEYARD BLOCK 7 PARRAS ANTIGUAS
CARIGNAN 2017
$$ | MAULE | 13°

De vinhas em secano plantadas há mais de 80 anos em solos de argila vermelha na área de Cauquenes, esse faz parte de uma nova onda de Carignan chilenos que buscam frescor em frutas vermelhas e que não abusam da extração ou da madeira. Aqui há frutas vermelhas puras e frescas com um fundo terroso que lhe confere complexidade. Taninos muito polidos, fruta muito clara.

CENTINELA BLANC DE BLANCS BRUT
CHARDONNAY 2016
$$$$ | CASABLANCA | 12.5°

Esse vinho espumante é 100% Chardonnay que vem da vinha El Centinela, a cerca de 7 km do mar, no local mais próximo do Pacífico, no vale de Casablanca. Possui dois anos de idade nas borras e mantém o lado das frutas, aquele frescor das frutas amadurecendo à beira-mar. A borbulha é macia, a acidez é persistente. Perfeito para ostras.

SINGLE VINEYARD BLOCK 21 VIENTO MAR
PINOT NOIR 2018
$$ | SAN ANTONIO | 14.5°

Das vinhas plantadas por volta de 2005 no vale de San Antonio, isso tem uma influência importante da madeira que combina muito bem com seus sabores frutados, lembrando frutas vermelhas e toques florais. Depois de um tempo na taça, a madeira (um ano em madeira, 20% nova) via desaparecendo gradualmente e a fruta é muito mais nítida, mais firme e mais refrescante. A fruta vence, finalmente fazendo desse tinto um Pinot suculento e delicado.

SINGLE VINEYARD BLOCK 23 RULOS DEL ALTO
RIESLING 2019
$$ | BIOBÍO | 12.5°

Este **Single Vineyard** vem do vinhedo Quitralman, plantado em 1986 nos solos argilosos do vale de Biobío 100% fermentado e estagiado (por 4 meses) em aço inoxidável, possui um aroma delicioso, perfumado e exuberante de pêssego. A boca é cremosa, mas tem uma trama de taninos que o faz sentir com aderência, que pede a companhia de pescados gordurosos na brasa.

SINGLE VINEYARD BLOCK 28 LA RINCONADA
CARMÉNÈRE 2018
$$ | CACHAPOAL | 14°

A área de Peumo tem reputação de produzir alguns dos melhores Carménère do Chile. É uma área bastante quente, ao lado do rio e os solos argilosos retêm a umidade que a Carménère gosta. Provém de videiras plantadas no início dos anos 1980 e hoje oferece aqui um vinho de ótima expressão de frutas e ricas notas de ervas. A madeira está em primeiro plano, mas isso se deve à sua juventude. Espere um tempo em garrafa para que esse vinho brilhe.

RESERVA ESPECIAL
CABERNET SAUVIGNON 2018
$$ | ACONCAGUA | 14.5°

É a primeira vez que esse vinho não vem de Maipo, mas de Aconcágua,

< *prova de* **vinhos** >

da vinha El Encanto. E se pode sentir a falta das notas de mentol, mas certamente apreciarão a intensidade dos sabores e aromas das frutas, frutas vermelhas maduras em um vinho de taninos firmes, mas ao mesmo tempo com acidez suculenta e amável. Uma boa mudança de "bairro".

 RESERVA ESPECIAL
PINOT NOIR 2018
$$ | SAN ANTONIO | 14°

Este **Reserva Especial** vem de vinhedos em San Antonio (85% da mescla) e também em Casablanca. As frutas vermelhas maduras fazem uma festa aqui, deixando um rastro de sabores untuosos, enquanto as notas de madeira são deixadas para trás, proporcionando toques defumados e especiados. Para servi-lo mais resfriado nas férias.

 RESERVA ESPECIAL
SAUVIGNON BLANC 2019
$$ | CASABLANCA | 12.5°

Uma das melhores relações qualidade-preço em Sauvignon no Chile (e provavelmente na América do Sul), é proveniente principalmente da vinha de Los Boldos, com 15% do Fundo El Centinela, ambas áreas em Bajo Casablanca, a área mais próxima do mar naquele vale. Com seis meses com suas borras, sem passar por madeira, esse Sauvignon tem um frescor cristalino. Ervas e frutas cítricas brincam com a língua, enquanto o corpo do meio oferece sabores de ervas. Uma delícia de frescor.

 ORGÁNICO
SAUVIGNON BLANC 2019
$$ | SAN ANTONIO | 12.5°

Do vinhedo Campo Lindo, no vale de San Antonio e parcelas administradas organicamente, o foco é em frutas brancas, maduras e suculentas, com uma acidez que agrega brilho, frescor e notas de ervas. Para a varanda com ele.

 RESERVA ESPECIAL
CARMÉNÈRE 2018
$$ | CACHAPOAL | 14.5°

Peumo geralmente entrega alguns dos Carménère mais tradicionais do Chile, com notas de ervas, corpo macio e acidez suave, que apoiam a doçura da fruta. Por um preço excelente, você pode obter todas essas qualidades nesse Carménère e por um preço muito bom.

 RESERVA ESPECIAL
CHARDONNAY 2019
$$ | CASABLANCA | 13.5°

Com notas de especiarias e toques de frutas brancas maduras, aqui existem 30% de frutas provenientes da vinha Centinela, na área mais próxima ao mar em Casablanca e que dá essa fruta fresca e nervosa, que são sentidas na mistura. Esse Chardonnay transita entre sabores untuosos e a firme acidez.

Cono Sur

 RESERVA ESPECIAL
GEWÜRZTRAMINER 2018
$$ | CASABLANCA | 13.5°

100% da propriedade de Los Boldos, na área de Tapihue, esse Gewürz tem notas florais e de frutas exuberantes da variedade, mas sem se cansar. A boca, como ditada pela variedade, é cheia, cremosa, untuosa e tem um acabamento floral que refresca. Elejam guioza de camarão.

 RESERVA ESPECIAL
MERLOT 2018
$$ | COLCHAGUA | 14°

Baseado em frutas da região de Peralillo, no centro de Colchagua, possui qualidade suculenta, em um corpo suave, com taninos muito suaves e finos. Os sabores são de frutas vermelhas e há leves especiarias do estágio em madeira (70% passa por barricas usadas) que dão alguma complexidade a um vinho que funciona como um tinto para pizza.

 RESERVA ESPECIAL
SYRAH 2018
$$ | LIMARÍ | 14.5°

Uma expressão suculenta e simples de Syrah de Limarí, cheia de frutas vermelhas e taninos muito macios, acompanhada de uma acidez rica que o torna um bom companheiro para carnes especiadas.

 SPARKLING BRUT
CHARDONNAY 2019
$$ | BIOBÍO | 12.5°

Um vinho espumante simples e suculento, com foco nas frutas brancas e de borbulha abundante e crocante, foi elaborado pelo método Charmat de segunda fermentação em tanques de aço e tem quatro meses com as borras.

 SPARKLING BRUT ROSÉ
PINOT NOIR 2018
$$ | BIOBÍO | 12.5°

100% Pinot Noir da vinha Quitralman em Biobío, no sul do Chile. Esse tem pura fruta radiante em frescor, ricas borbulhas que trazem uma deliciosa sensação de crocância em um vinho para o verão.

OUTROS VINHOS SELECIONADOS

89 | ORGÁNICO Cabernet Sauvignon, Carménère, Syrah 2018 | Chile | 13.5° | $$
89 | ORGÁNICO Chardonnay 2019 | Chile | 13.5° | $$
89 | ORGÁNICO Malbec 2018 | Colchagua | 13.5° | $$
88 | BICICLETA RESERVA Cabernet Sauvignon 2018 | Chile | 13.5° | $
88 | BICICLETA RESERVA Riesling 2019 | Chile | 12.5° | $
87 | BICICLETA RESERVA Chardonnay 2019 | Chile | 12.5° | $
87 | BICICLETA RESERVA Merlot 2018 | Chile | 13.5° | $
87 | BICICLETA RESERVA Sauvignon Blanc 2019 | Chile | 12° | $
86 | BICICLETA RESERVA Malbec 2018 | Chile | 13.5° | $
86 | BICICLETA RESERVA Pinot Noir 2018 | Chile | 13.5° | $
85 | BICICLETA RESERVA Rosé Pinot Noir 2019 | Chile | 13° | $

‹ *prova de **vinhos*** ›

Cousiño Macul

PROPRIETÁRIO Família Cousiño
ENÓLOGA Rosario Palma
WEB www.cousinomacul.cl
RECEBE VISITAS Sim

Enóloga
ROSARIO PALMA

Cousiño Macul é das vinícolas históricas do Chile e a única das fundadas no século XIX que segue nas mãos da família original. Em Macul, Alto Maipo, Luis Cousiño e sua mulher, Isidora Goyenechea, plantaram em 1860 as primeiras vinhas trazidas da França. Esse vinhedo chegou a alcançar 300 hectares, mas dada a pressão imobiliária dos últimos anos, a família o reduziu a 90 hectares, desenvolvendo um campo e uma nova vinícola mais ao sul, na localidade de Buin, sempre em Alto Maipo. A propriedade de Macul, com a vinícola construída em 1870, ficou reservada principalmente para os vinhos de maior hierarquia do catálogo. **IMPORTADORES:** BRASIL: www.norimport.com.br | USA: www.winebow.com

VINHOS

JARDÍN DE MACUL
CABERNET SAUVIGNON 2017
$$$$$ | MAIPO | 14.2°

As vinhas de onde esse Cabernet é obtido foram plantadas em 1932, ao lado da Avenida Tobalaba e outro quartel ao lado da Avenida Vespucio, plantado em 1960. Ambos eram a base do que era até 2001 a principal fonte do Cabernet Antiguas Reservas, o mítico vinho de Cousiño, produzido desde 1927. Tem todas as características dos vinhos clássicos da região. Há notas mentoladas, aromas terrosos, de frutos secos e, acima de tudo, um corpo cheio de taninos finos, muito polidos, delicados e firmes; tão sutil quanto severos. Um vinho para guardar e guardar.

W
CABERNET SAUVIGNON 2016
$$$ | MAIPO | 14°

Essa já é a terceira versão de W, um 100% Cabernet Sauvignon e cuja ideia é ser a melhor seleção dos melhores quartéis plantados na vinha de Buin, em 1997, para onde Cousiño Macul se mudou durante a primeira metade dos anos 1990. E que hoje é a base de muitos de seus vinhos. Para Rosario Palma, enóloga de Cousiño Macul desde 2005, a diferença entre a Cabernet de Macul e a Buin é que essa última tem maior exuberância de frutas e maior carga de taninos. E aqui isso aparece. Esse vinho tem muitas frutas vermelhas, muita intensidade de taninos e uma profundidade rica que fala de um vinho que tem muito futuro em garrafa.

FINIS TERRAE
CABERNET SAUVIGNON, MERLOT, SYRAH 2014
$$$$ | MAIPO | 14.1°

Outro dos clássicos "modernos" do catálogo Cousiño Macul, a primeira versão foi em 1995 e nesses tempos era basicamente Merlot, com um pouco de Cabernet Sauvignon, todas as vinhas históricas de Macul. Essa nova versão é 45% Cabernet Sauvignon, 44% Merlot e o restante de Syrah. No total, 60% são provenientes das vinhas de Macul e do resto de Buin. Essa nova versão tem o selo dos vinhos da casa e as notas terrosas e levemente

Cousiño Macul

especiadas de Macul parecem predominar, o que pelo menos para esse guia é um ótimo ponto a favor. A personalidade muito marcada desses vinhos, aqui marca o personagem. Com aqueles taninos firmes, com uma acidez fina mas persistente, esse é um vinho para guardar.

95 | JARDÍN DE MACUL
MERLOT 2017
$$$$$ | MAIPO | 14.6°

Jardín de Macul provém das mais antigas vinhas de Merlot de Cousiño, plantadas por volta de 1981. Sendo mais específico, existem dois quartéis que totalizam cerca de três hectares, anexados à Avenida Tobalaba, em Santiago. Esse Merlot é fino em sua textura, em sua rede de taninos. As notas lembram as frutas vermelhas, mas também terra, algo já clássico na paleta aromática de Macul. E os sabores são longos, profundos, todos em equilíbrio, todos balanceados. A acidez aparece em segundo plano, liberando frescor e vitalidade. Um vinho clássico que precisa de pelo menos uma década em garrafa.

95 | LOTA
CABERNET SAUVIGNON, MERLOT 2013
$$$$$ | MAIPO | 14.3°

Lota foi lançado com a safra de 2004 e, desde o seu início, é uma espécie de homenagem às antigas vinhas Macul, algumas delas (de Cabernet Sauvignon) plantadas em 1931. Trata-se de uma mistura baseada em Cabernet e Merlot, de vinhedos que hoje estão praticamente na cidade, presos pela expansão de Santiago. Essa é uma excelente versão de Lota, apoiada por um ano fresco, que deu vinhos tintos muito bons e elegantes em Alto Maipo. Aqui estão as notas terrosas dos vinhedos de Macul, frutas vermelhas e frutos secos, os aromas de ervas. A boca tem a estrutura sutil dos vinhos desse lugar, aqueles taninos firmes mas polidos ao máximo, tanto que quase parecem etéreos. E o final de ervas, rico em frutas e em especiarias. Uma versão muito boa do mais novo dos melhores vinhos dessa tradicional casa tradicional de Macul.

94 | ANTIGUAS RESERVAS
MERLOT 2016
$$ | MAIPO | 14°

90% desse Merlot provém das vinhas de Buin, plantadas em 1996. Em teoria, provém dos lotes de Merlot que não são utilizados para Lota nem para Finis Terrae, mas, como em 2016, nenhum desses vinhos foi produzido, esse Merlot ajudou muito no mix final. Hoje oferece muitas frutas vermelhas, mas também aromas terrosos que lhe conferem complexidade, mas sem perder frescor. Com o ar, o vinho ganha em toques de frutos secos, que coexistem com frutas vermelhas, oferecendo ainda mais camadas. E a boca é tensa, de taninos polidos, mas com uma acidez muito boa, uma acidez que range e dá tensão. Uma das melhores versões desse clássico (a primeira versão foi em 2005) nos últimos dez anos.

94 | COUSIÑO MACUL
CABERNET FRANC 2017
$$ | MAIPO | 14.2°

Esse Cabernet Franc é uma espécie de ensaio, pequenas produções destinadas à venda na vinícola de Macul e algo mais para exportação. As uvas são provenientes da vinha de Buin, plantada em 2005 e fermentada em aço. O vinho foi envelhecido por 18 meses em barricas antigas até ser engarrafado em abril de 2019. Uma foto de Cabernet Franc, começando com as notas de ervas e de tabaco, mas também de frutas vermelhas loucamente frescas em um corpo de taninos firmes, com muita aderência (muito da variedade) e uma acidez intensa e suculenta. Esse vinho merece mais do que estar na loja turística. Deveria estar, pelo menos, em Antiguas Reservas, para que mais pessoas possam experimentá-lo.

 ANTIGUAS RESERVAS
CABERNET SAUVIGNON 2017
$$ | MAIPO | 13.8°

Antiguas Reservas é o clássico dos clássicos do cenário chileno. A primeira versão foi em 1927 e este ano a mescla corresponde a 70% das vinhas de Buin e o restante das vinhas históricas de Macul, ambas áreas em Alto Maipo. O DNA de Antiguas está aqui. Há equilíbrio, há elegância, mas sempre a fruta vermelha na frente, proporcionando frescor em um vinho de taninos muito polidos, de acidez fina e acentuada, projetada na boca, acentuando a sensação de verticalidade. Um clássico, em todos os sentidos e um candidato seguro para a adega. Pelo preço, isso é uma pechincha.

 FINIS TERRAE
CHARDONNAY, RIESLING, VIOGNIER 2017
$$$$ | MAIPO | 14°

A base desse vinho está nas vinhas de Buin, plantadas em 1996. No entanto, alguns lotes de Chardonnay de Macul entram na mescla. A fermentação foi realizada em barricas de 300 litros e estagia nesses mesmos recipientes por cerca de 8 meses. Esse ano, possui 45% Chardonnay, 40% Riesling e 15% Viognier. O vinho segue seu estilo de branco untuoso, com uma textura cremosa e sabores maduros que se mesclam com toques de madeira para formar um vinho de muito boa estrutura, muito boa acidez e sabores profundos e persistentes.

 ANTIGUAS RESERVAS
CHARDONNAY 2018
$$ | MAIPO | 14.2°

Esse Chardonnay é um branco histórico. Sua primeira colheita foi em 1969 e desde 2004 inclui principalmente a vinha Buin, plantada em 1996. Essa nova safra foi fermentada em carvalho e envelhecida nesses barricas por seis meses e sai desses recipientes um vinho muito fresco e amável, com a cremosidade característica desse Antiguas e notas de frutas brancas maduras e de frutos secos. Um vinho para machas a la parmesana.

 DAMA DE PLATA
CABERNET SAUVIGNON 2016
$$$ | BUIN | 14.1°

Essa é a primeira versão de Dama de Plata e vem 100% de uvas de Buin. A mistura tem 85% de Cabernet Sauvignon, 10% de Malbec e 5% de Syrah. E funciona com seus sabores de frutas vermelhas maduras em um fundo de notas especiadas. O vinho estagia em barricas por um ano e o selo da casa está aqui, embora a Malbec (uma variedade que nunca esteve no catálogo Cousiño) tenda a mostrar sua exuberância, suas frutas vermelhas e suas flores.

Cremaschi Furlotti

PROPRIETÁRIO Pablo Cremaschi Furlotti
ENÓLOGO Gonzalo Pérez Abarzúa
WEB www.cf.cl
RECEBE VISITAS Sim

Enólogo
GONZALO PÉREZ ABARZÚA

Cremaschi Furlotti é uma vinícola familiar do vale do Maule, da zona de San Javier. Tem suas raízes em uma família de viticultores que chegou da Itália a Mendoza na segunda metade do século XIX. Na Argentina criaram a vinícola Furlotti, enquanto que no Chile uma linha da família fundou Cremaschi Furlotti. Em seu vinhedo - chamado El Peñasco e plantado em 1975 - têm distintas variedades, sendo a Carménère a que mais se destaca. A vinícola é presidida por Pablo Cremaschi Furlotti, terceira geração da família. Conta com 400 hectares e uma produção anual de 3,6 milhões de garrafas.

VINHOS

 EDICIÓN LIMITADA
CARIGNAN 2016
$$$ | LONCOMILLA | 13.5°

Um Carignan duro, rústico, mas delicioso nessa rusticidade, dos tintos que pedem embutidos ou queijos maduros. Esse vem de uma vinha muito antiga, com mais de cinquenta anos, na área de Huerta do Maule, em Loncomilla, no meio do secano do Maule. Atenção com a textura, com os taninos que parecem bárbaros atacando a língua, enquanto a fruta transborda por toda parte.

 VÉNERE
CARMÉNÈRE, CABERNET SAUVIGNON, SYRAH 2014
$$$$$ | LONCOMILLA | 13.5°

Vénere vem da vinha El Peñasco, plantada há cerca de 20 anos na área de Loncomilla. A mescla desse ano tem 60% de Carménère, 20% de Cabernet Sauvignon e o restante da Syrah e estagia por 18 meses em barricas mais um ano na garrafa antes de entrar no mercado. O vinho ainda parece jovem, com taninos fortes e afiados, mas também com toques de terra e ervas no meio de uma acidez firme e suculenta. Abra espaço na sua adega para esse tinto.

 EDICIÓN LIMITADA
MALBEC 2018
$$$ | MAULE | 14°

Na região de Melozal, a partir de videiras de 20 anos em solos de granito, apresenta uma deliciosa tensão, marcada por frutas vermelhas e acidez que marca os contornos do paladar. As notas florais, que às vezes aparecem nessa variedade, aqui se assemelham aos sabores das frutas e a uma estrutura de taninos firmes e tensos, que não param de contribuir para o corpo desse vinho até o final.

 130 ANNIVERSARY LIMITED EDITION
CABERNET SAUVIGNON, CARMÉNÈRE, CARIGNAN 2017
$$$ | MAULE | 13.5°

Essa edição comemora o 130º aniversário da família Cremaschi produzindo vinhos. A mistura inclui 60% de Cabernet Sauvignon, 25% de Carménère e 15%

de Carignan. E é impressionante como a Carignan se intromete na mistura, fornecendo sua acidez suculenta e fazendo com que os sabores das frutas vermelhas maduras brilhem especialmente. Esse vinho tem nervo, suculência e frescor.

 EDICIÓN LIMITADA DE FAMILIA
CABERNET SAUVIGNON, CARMÉNÈRE, SYRAH 2017
$$$ | LONCOMILLA | 13.5°

Com 60% de Cabernet Sauvignon, 20% de Carménère e 20% de Syrah e com 14 meses de estágio em barricas, possui um lado especiado muito marcado por especiarias e notas de ervas e depois frutas maduras que lhe conferem complexidade, mas não são protagonistas. No entanto, como o vinho se oxigena na taça, a fruta surge no meio de um corpo tenso e com uma acidez muito boa.

 EDICIÓN LIMITADA
ZINFANDEL 2017
$$$ | MAIPO | 14.5°

Um Zinfandel especialmente fresco e tenso para os padrões da cepa, que geralmente produz vinhos com muita doçura e alto teor alcoólico. Nesse contexto, o álcool de 14,5% é de grau muito baixo e parece aqui proporcionando maciez, mas a fruta parece fresca e viva, sem a doçura usual e também com nervo e frescor. Cremaschi compra uvas na área de Isla de Maipo, ao lado do rio Maipo.

OUTROS VINHOS SELECIONADOS

- 89 | SINGLE VINEYARD Carménère 2017 | Loncomilla | 13.5° | $$
- 89 | SINGLE VINEYARD Syrah 2016 | Loncomilla | 13° | $$
- 89 | TIERRA DEL FUEGO GRAN RESERVA Carménère 2017 | Loncomilla | 13.5° | $$
- 88 | SINGLE VINEYARD Cabernet Sauvignon 2017 | Loncomilla | 13.5° | $$
- 88 | SINGLE VINEYARD Chardonnay 2018 | Loncomilla | 13.5° | $$
- 88 | TIERRA DEL FUEGO GRAN RESERVA C. Sauvignon 2017 | Loncomilla | 13.5° | $$
- 86 | RESERVA Carménère 2018 | Loncomilla | 13.5° | $
- 84 | RESERVA Sauvignon Blanc 2019 | Loncomilla | 12.5° | $

Cucha Cucha

PROPRIETÁRIO Forestal Arauco
ENÓLOGA Ana María Cumsille
WEB www.cuchacucha.cl
RECEBE VISITAS Sim

Enóloga
ANA MARÍA CUMSILLE

Cucha Cucha é o projeto de Celulosa Arauco em Itata. Junto a sua imponente planta de processamento de celulose, localizada no setor de Portezuelo, o projeto inclui 30 hectares de País, uma cepa cuja plantação na zona remonta a 1600. Um lugar cheio de história que a enóloga Ana María Cumsille, ex-Altair e autora do Garnacha Aina, está tratando de recuperar. Além disso, o projeto tem cinco hectares de Cinsault muito velho e Moscatel. Cucha Cucha atualmente contempla a produção de 60.000 garrafas, repartidas em quatro rótulos.

Cucha Cucha

92 | MIXTURA
MOSCATEL DE ALEJANDRÍA 2018
$$ | SECANO INTERIOR ITATA | 11.3°

100% das uvas vem de Trehuaco, uma área costeira no vale de Itata, e permaneceram 7 meses em contato com as peles. Possui muitos toques de ervas e de frutas em um vinho denso e profundo. Tem apenas 12 graus de álcool, mas uma ótima cremosidade. Um vinho como os Moscatel elaborados no sul, feito em foudres, macerado por um longo tempo, sem pressa.

91 | CUCHA CUCHA EXTRA BRUT
PAÍS 2017
$$$ | SECANO INTERIOR ITATA | 11.5°

Esse País vem de uma vinha de mais de duzentos anos no vale de Itata e é feito pelo método de segunda fermentação na garrafa. Fica com as borras por dois anos e o efeito dessa longa guarda é agrega uma certa sofisticação para a País, algo que disfarça sua rusticidade genética e o torna muito mais amável e suave, mas sem perder frescor ou frutas. A acidez é de suco de limão e as borbulhas finas e afiadas.

91 | MIXTURA
CINSAULT, CARIGNAN, MALBEC 2018
$$ | SECANO INTERIOR ITATA | 13°

Nessa safra, a enóloga Ana María Cumsille eliminou a Cabernet Sauvignon de Mixtura, o que lhe dá um caráter especial, muito mais fresco e suculento, deixando a Cinsault com todo o destaque. Esse é vermelho nos sabores, fresco e suculento. Um para o verão, para servir com peixes grelhados.

90 | CUCHA CUCHA
MOSCATEL DE ALEJANDRÍA 2019
$$ | SECANO INTERIOR ITATA | 11.5°

Todas as frutas e flores da Moscatel nesse vinho, de corpo médio e acidez muito fresca, com toques de frutas brancas maduras, mas tudo em um contexto de muito frescor, muito bebível. Esse Moscatel é proveniente de produtores nas áreas de Trehuaco e Guarilihue.

90 | CUCHA CUCHA EXTRA BRUT
MOSCATEL DE ALEJANDRÍA 2018
$$ | SECANO INTERIOR ITATA | 11.5°

Feito pelo método tradicional ou "champenoise" da segunda fermentação em garrafa, possui notas florais em todos os lugares e frutas brancas maduras em um espumante suculento, de borbulhas ricas e de boa acidez.

<<<--->>>

‹ *prova de* **vinhos** ›

Dagaz

PROPRIETÁRIO Marco Puyó & Patricio Gomez-Barris
ENÓLOGO Marco Puyó
WEB www.dagazwines.com
RECEBE VISITAS *Não*

Enólogo
MARCO PUYÓ

Marco Puyó começou a plantar sua vinha na área de Pumanque, a oeste de Colchagua, em 2005, enquanto era enólogo em Los Vascos. E embora desde o início o destino dessas uvas tenha sido a venda a terceiros, Puyó desde 2009 vinifica parte dessa fruta para um projeto que, durante a primeira década, era apenas experimental, para ver o potencial daquela vinha de 40 hectares e a cerca de 35 quilômetros do Oceano Pacífico. Depois de passar por Los Vascos, Puyó entrou como enólogo-chefe do Grupo San Pedro e o projeto pessoal foi adiado até agosto de 2018, quando deixou San Pedro para se dedicar, entre outras coisas, a essa vinha, o projeto Clos de Sol. **IMPORTADOR:** BRASIL: www.casadoporto.com

VINHOS

 96 **TIERRAS DE PUMANQUE**
CABERNET SAUVIGNON, PETIT VERDOT, CARMÉNÈRE, SYRAH 2018
$$$$$ | COLCHAGUA COSTA | 14.5°

Dagaz é o primeiro vinho da casa e é sempre uma mistura que este ano inclui 69% de Cabernet Sauvignon, 16% de Petit Verdot, 10% de Carménère e o restante de Syrah. O estágio foi de 40% em foudres e o restante em barricas, sendo 10% novas. O estilo dos vinhos segue o caminho das duas versões anteriores, embora esse ano talvez o destaque seja ainda mais nas frutas ácidas e na tensão dos taninos, sempre guiados por uma acidez firme e suculenta ao mesmo tempo. Esse tem um bom corpo, deliciosos sabores de frutas e ervas e um final levemente floral.

 94 **DAGAZ**
CABERNET SAUVIGNON 2018
$$$$ | COLCHAGUA COSTA | 14.2°

Um Cabernet Sauvignon muito jovem e de textura selvagem. Os taninos aderem à boca com seus taninos cheios e afiados. A fruta é negra, mas não em nível de sobremadurez, mas sim de frutas negras ácidas decoradas com toques de ervas em um corpo de muito boa concentração. Deixe na adega entre dois e três anos. Esse 100% Cabernet vem de vinhedos plantados em 2006 nas colinas de granito e de argila de Pumanque, a cerca de 34 quilômetros do Oceano Pacífico, no vale de Colchagua. E de um quartel voltado para o oeste, isto é, diretamente para o mar.

 92 **ITATINO**
CINSAULT 2019
$$$ | SECANO INTERIOR COELEMU | 13.5°

De solos de granito de Itata, na região de Coelemu, esse Cinsault é de videiras de cerca de 50 anos, a uma distância de 23 quilômetros do Pacífico. É cultivada por cerca de seis meses em 80% dos ovos de cimento e o restante em ânforas de cerâmica e contém todas as frutas suculentas e frescas da variedade em Itata. É tenso, nervoso, ideal para beber em garrafas no verão.

Dancing Flame

PROPRIETÁRIO Luis Felipe Edwards Sr. & Senhora
ENÓLOGO Nicolás Bizzarri
WEB www.lfewines.com
RECEBE VISITAS Não

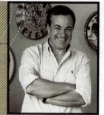

Enólogo
NICOLÁS BIZZARRI

Os vinhos de Dancing Flame fazem parte do portfólio da Luis Felipe Edwards, uma vinícola familiar chilena, em grande parte dedicada às exportações. As primeiras vinhas, que datam do início dos anos 1900, sua moderna vinícola e o centro de operações, estão localizados em Puquillay Alto, no coração do vale de Colchagua desde 1976. As vinhas da família Edwards alcançam 2000 hectares e estão distribuídas nos vales mais importantes da zona central do Chile. Suas várias propriedades incluem plantações a 900 metros de altura em Puquillay Alto, vinhas centenárias no Maule, plantações costeiras de clima frio em Leyda e Pumanque - Colchagua Costa - entre outras. Essa grande diversidade de vinhedos reflete-se em suas diferentes linhas de vinho. **IMPORTADORes:** BRASIL: www.wine.com.br | USA: www.prestigebevgroup.com

VINHOS

 LLAIMA RED BLEND SYRAH, C. SAUVIGNON, CARMÉNÈRE, GRENACHE, P. VERDOT, MOURVÈDRE 2015
$$$ | COLCHAGUA | 14.5°

94

Esta é uma seleção de algumas das mais altas vinhas na cidade de Puquillay, no vale de Colchagua, entre 600 e 900 metros, bastante alta para a média da região. Essa nova versão possui 46% Syrah, 20% Cabernet Sauvignon, 17% Carménère, 10% Garnacha e o restante de Petit Verdot e Monastrell. Comparado com a versão anterior, parece um pouco mais frio, com mais frutas vermelhas e com maior tensão, embora mantenha a mesma musculatura fibrosa dos vinhos de altura. Um delicioso vinho tinto, para beber agora ou em dois a três anos, só ganhará complexidade, enquanto a acidez aguda sentida hoje permitirá que ele continue envelhecendo.

 VILLARICA GRAN RESERVA
SAUVIGNON BLANC 2019
$$ | LEYDA | 13.5°

91

Uma excelente relação qualidade-preço, sente-se nervoso e tenso em acidez. Tem sabores de frutas tropicais, tons de ervas em um corpo leve. Esse vem dos solos graníticos de Leyda, no vale de San Antonio, a cerca de 8 quilômetros do mar. O branco ideal para o aperitivo.

 BRUT
CHARDONNAY, PINOT NOIR N/V
$$ | COLCHAGUA COSTA | 12.5°

90

Pumanque é a área mais ocidental (mais próxima do mar), onde Dancing Flame tem vinhedos em Colchagua e daí vem esse 85% Chardonnay, mais 15% de Pinot que vem de Leyda, também de seus próprios vinhedos. Este Charmat tem foco em frutas e frescor. Tudo aqui é deliciosa acidez, frutas brancas e borbulhas cremosas. Para beber por garrafas.

*‹ prova de **vinhos** ›*

 BRUT ROSÉ
PINOT NOIR, CHARDONNAY N/V
$$ | LEYDA | 12.5°

85% desse vinho é Pinot Noir que vem da zona de Leyda, no vale de San Antonio, muito perto do mar. E isso se sente no frescor e agilidade desse vinho na boca. Com um açúcar residual por litro de pouco mais de cinco gramas, a fruta parece florescer. Um vinho que é um suco de framboesa com borbulhas.

 VILLARICA GRAN RESERVA
CABERNET SAUVIGNON 2018
$$ | COLCHAGUA | 14°

Uma boa abordagem para a Cabernet Sauvignon, é uma amostra simples da cepa, focada em frutas vermelhas maduras ao invés de ervas. É suculento e tem textura muito macia. Esse Cabernet é proveniente de uvas compradas na área de Lolol, na região oeste de Colchagua.

 VILLARICA GRAN RESERVA
CARMÉNÈRE 2018
$$ | COLCHAGUA | 13.5°

Da zona de Lolol, a oeste de Colchagua, esse é um clássico Carménère. Deliciosas frutas vermelhas em um contexto de toques de ervas, muito típico da variedade. A textura é bastante leve, com uma acidez rica em um vinho simples e fácil de beber, mas com a vantagem de mostrar um lado mais fresco e frutado da variedade.

 VILLARICA GRAN RESERVA
CHARDONNAY 2019
$$ | CASABLANCA | 13.5°

Generoso em frutas tropicais, notas redutoras que parecem minerais, além de uma acidez fresca e viva nesse Chardonnay simples e que você bebe muito rápido. Essa é uma seleção de uvas que Dancing Flame compra na região de Bajo Casablanca, muito perto do Pacífico.

 CHAITÉN RESERVA
SAUVIGNON BLANC 2019
$ | LEYDA | 12.5°

É o vinho base de Dancing Flame em Leyda e em Sauvignon Blanc, um branco delicioso e refrescante que mostra o potencial da vinícola nesses vinhedos plantados em 2005. Aqui há uma deliciosa pureza de frutas frescas, muito influenciada pelo vinho. Brisas marinhas, distantes cerca de 8 quilômetros em linha reta. Atenção aqui. Um vinho para o ceviche.

OUTROS VINHOS SELECIONADOS

89 | CLASSIC Pinot Noir 2019 | Vale Central | 12.5° | $
88 | CLASSIC RED BLEND Cabernet Sauvignon, Carménère, Syrah 2019
      Vale Central | 13.5° | $
88 | CLASSIC Malbec 2019 | Vale Central | 13° | $
88 | CLASSIC Syrah 2019 | Vale Central | 13.5° | $

De Martino

PROPRIETÁRIO Família De Martino
ENÓLOGOS Marcelo Retamal & Jaime de la Cerda
WEB www.demartino.cl
RECEBE VISITAS Sim

Proprietários & enólogos
MARCO ANTONIO & SEBASTIÁN DE MARTINO,
MARCELO RETAMAL & JAIME DE LA CERDA.

Ainda que tenha 80 anos de história, De Martino é uma vinícola fundamental para entender o presente dos vinhos do Chile. Entre as razões estão ter realizado uma grande exploração de terroirs ao longo do país, uma busca que iniciou movimentos, como o renascer do vale de Itata, e particularmente ter tomado em 2011 a decisão de prescindir de todos os padronizadores na elaboração: madeira nova, sobremadurez, leveduras, enzimas. Um caminho que muitas vinícolas depois seguiram. Esta história recente de De Martino, vinícola onde atualmente participam a quarta e terceira geração de uma família que chegou ao Chile da Itália, está estritamente vinculada ao trabalho de seu enólogo chefe, Marcelo Retamal, um dos mais audaciosos e influentes profissionais da cena local. **IMPORTADORES:** BRASIL: www.decanter.com.br | USA: www.broadbent.com

VINHOS

97 OLD VINE SERIES LAS CRUCES
MALBEC, CARMÉNÈRE 2018
$$$$$ | CACHAPOAL | 13°

Com dois terços de Malbec e um terço de Carménère, todos misturados em um vinhedo plantado na área de Las Cruces, em Pichidegua, em 1957, essas uvas são ocupadas para esse Old Vine desde a colheita de 2003. Desde 2011, o vinhedo, de cerca de 2,7 hectares, é propriedade De Martino e esse ano eles recebem uma das melhores versões. As duas variedades são cofermentadas e depois estagiadas em foudres de 2.500 litros por um ano e meio antes de ser engarrafadas. É impressionante como a Malbec se apodera desse vinho, os aromas florais e de cerejas pretas, a estrutura firme de um Malbec sério, daqueles que o vinho às vezes encontra em Altamira ou nos solos calcários de Gualtallary. Esse vinho tem a mesma seriedade, a mesma austeridade.

97 VIGNO
CARIGNAN 2017
$$$$$ | MAULE | 13.5°

Essa versão de Vigno vem de um vinhedo de Cariñena, plantado em 1955 na área de Sauzal, perto de Cauquenes. É um vinhedo de alta densidade, cerca de seis mil plantas por hectare, plantado no solo de granito do local. O vinho é feito de uma maneira pouco intervencionista, com apenas uma dose de SO2 no engarrafamento para garantir sua estabilidade. A fruta aqui é radiante. A nova onda de Cariñena no Chile passou por um lado mais frio, mas é um tipo de radicalização: aqui há frutas vermelhas, mas também muita profundidade de sabores, muita força de taninos. Aparentemente, este é um vinho rústico, de enorme acidez, mas se você olhar de perto, verá que aqui há muita complexidade, muitas camadas de sabores.

< prova de *vinhos* >

 SINGLE VINEYARD ALTO DE PIEDRAS
CARMÉNÈRE 2018
$$$$ | MAIPO | 13°

De Martino obtém esse Carménère de seus próprios vinhedos em Isla Maipo, que eles mesmos plantaram há quase trinta anos. Os solos de areia e pedra são um pouco mais profundos do que os de La Cancha, a Cabernet Sauvignon dessa mesma linha, portanto retêm um pouco mais de água, da qual gosta a Carménère que está sempre com sede. As vinhas ainda recebem água durante toda a temporada, o que, segundo o enólogo Marcelo Retamal, reduz bastante as notas vegetais típicas da cepa. Nesse caso, há frutas vermelhas de uma colheita precoce e especiarias que acompanham o DNA da cepa. O vinho tem uma estrutura e textura firmes, taninos densos, mas ao mesmo tempo afiados, picando a língua e um final de ervas quase etéreo.

D'ORO MAIPO ENTRE CORDILLERAS
SÉMILLON 2008
$$$$$ | MAIPO | 14.5°

O enólogo Marcelo Retamal decidiu separar cerca de três barricas de um Sémillon colhido 100% de botrytis cinerea, o fungo responsável por alguns dos melhores vinhos doces do mundo (a podridão nobre, como os franceses chamam). Até que em 2019 decidiram que era hora de engarrafar o vinho dessas três barricas. O resultado é um néctar de pêssego, com especiarias, mel e frutos secos em todos os lugares. A acidez é suficiente para neutralizar toda a doçura aqui, o que não é uma tarefa menor. Um vinho oleoso e suculento. Um branco de meditação.

OLD VINE SERIES LAS OLVIDADAS
PAÍS, SAN FRANCISCO 2018
$$$$$ | ITATA | 12.5°

De Martino possui um vinhedo que comprou em 2013 na área de Guarilihue, com algumas videiras que datam de 1905. Essa é uma seleção dessas videiras, que compreendem 80% de País e 20% de San Francisco, uma variedade que alguns relacionam com a Negramoll das Ilhas Canárias. O vinho é desengaçado pelo método tradicional de "zaranda" e depois estagia em barricas usadas por 14 meses. O vinho é leve, com sabores frutados e toques terrosos e de especiarias. Mas, por mais leve que seja, possui taninos firmes, com acidez firme e tensa. Para os embutidos.

 SINGLE VINEYARD LA CANCHA
CABERNET SAUVIGNON 2018
$$$$ | MAIPO | 13°

Sutil antes de mais nada, esse vinho desliza pela boca com seus aromas de frutas vermelhas e de especiarias, acompanhados por leves toques de ervas. Os taninos são finos, pulsantes, afiados, mas finos e suculentos e o corpo é médio, quase ligeiro. No entanto, o que não tem de volume, tem em profundidade de sabores. Esse vinho é projetado pela boca por um longo tempo. La Canha é um quartel de 1,4 hectares de Cabernet Sauvignon plantado no que antes foi um campo de futebol, nos solos aluviais de Isla de Maipo, que há tempos foi um leito do rio Maipo.

De Martino

 SINGLE VINEYARD TRES VOLCANES
CHARDONNAY 2018
$$$$ | MALLECO | 13°

Cerca de 650 quilômetros ao sul de Santiago, perto de Traiguén, está sendo formado um pequeno polo de produtores de vinho e de uva que traz novos sabores ao cenário chileno, especialmente com a Chardonnay. Tem um ano de estágio em foudres e o que resulta disso é uma delícia de sabores de frutas, intensas, ricas em frutas ácidas, que vão além das notas cítricas para inserir notas de marmelo e de sal. Um vinho diferente para paladares acostumados a Chardonnay do Novo Mundo, mais austero, mais linear.

 SINGLE VINEYARD PARCELA 5
SAUVIGNON BLANC 2018
$$$$ | CASABLANCA | 13°

De Martino compra uvas na área de Las Dichas, em Bajo Casablanca, um dos lugares mais próximos do mar em Casablanca. O frio desse lugar é sentido aqui nos sabores de ervas, na acidez que parece retirada de limões e na textura tensa e nervosa. Um Sauvignon que agora pode ser bebido como aperitivo ou com sashimi de robalo. Ou se preferir, guardá-lo entre quatro a cinco anos.

 GALLARDÍA OLD VINE WHITE
MOSCATEL DE ALEJANDRÍA, CORINTO 2019
$$ | ITATA | 12.5°

Fresco e delicioso em frutas e notas florais, esse Moscatel e Corinto (Chasselas) não é o branco típico pesado de Itata, com maceração com as peles, que é a maneira tradicional de fazê-lo. Nesse caso, parece muito mais frio, menos agitado para o segundo copo. 30% de Corinto, que é uma variedade mais austera, acalma a exuberância da Moscatel. Com 70% de malolática, que não parece nada, esse é um branco fresco e vibrante para o verão.

 GALLARDÍA ROSÉ
CINSAULT 2019
$$ | ITATA | 13°

Da região de Guarilihue, a cerca de 22 quilômetros do mar, isso já se tornou um clássico entre os rosé do catálogo do De Martino em Itata. Está cheio de frutas vermelhas ácidas e esse ano a estrutura parece muito mais firme, muito mais forte e mais concentrada. Mas sem perder o frescor, sem perder a tensão. Um caminho diferente para a Cinsault, mas sempre com vocação para a piscina, de verão.

 LEGADO
CABERNET SAUVIGNON 2018
$$ | MAIPO | 13.5°

Um Cabernet clássico do Maipo, com seus toques terrosos, de frutas vermelhas frescas e de especiarias, esse tinto tem algo de velha escola, especialmente naquelas notas levemente oxidativas, os aromas de frutos secos e de café, que aparecem ao fundo. A acidez desempenha o papel de condutor de tudo, apoiando taninos firmes e sabores de frutas. Um Cabernet clássico.

‹ prova de *vinhos* ›

92 | LEGADO
CARMÉNÈRE 2018
$$ | MAIPO | 14°

De vinhedos plantados em solos aluviais, onde antes passava o rio Maipo a caminho do Pacífico, esse Carménère é um vinho fresco na expressão da variedade. Os aromas de ervas, de frutas vermelhas e de especiarias e de ervas, há uma pequena festa aqui. A acidez é firme, esse vinho é tenso. Um bom exemplo de uma nova onda de Carménère que apela ao frescor e se afasta do sabor da madeira e de chocolate.

92 | LEGADO
PINOT NOIR 2018
$$ | LIMARÍ | 13°

É um Pinot Noir que vem de duas áreas de Limarí, parte do vinhedo El Espinal e a outra de Talinay, ambas próximas à costa, mas a última com presença maior de calcário. Esse vinho tem um delicioso frescor, frutas vermelhas intensas e vibrantes e, acima de tudo, uma textura de taninos que morde a boca. É uma abordagem muito boa para um trabalho que De Martino começa com a Pinot Noir. No próximo ano, virá exclusivamente dos solos de calcário de Talinay, um dos grandes terroirs para o Pinot de Chile. Tem que se esperar.

92 | LEGADO
SAUVIGNON BLANC 2019
$$ | CASABLANCA | 13.5°

Das vinhas plantadas entre 1999 e 2002, na área de Las Dichas, uma das mais próximas do Oceano Pacífico. 100% do vinho estagia em foudres e em barricas e o resultado é um vinho com ricas notas herbáceas, sabores cítricos em um corpo que, apesar de pulsante, possui uma rica cremosidade. Para o aperitivo, mas também para levá-lo ao restaurante japonês favorito.

91 | GALLARDÍA
CINSAULT 2019
$$ | ITATA | 13°

Toda a intensidade e frescor da Cinsault, todas as deliciosas e frescas frutas vermelhas da cepa nesse vinho de vinhedos de 34 anos na região de Guarilihue, a cerca de 22 km do mar. Aqui há frescor e tensão, em um vinho tinto para levar para as festas, em caixas de doze garrafas.

91 | LEGADO
CHARDONNAY 2018
$$ | LIMARÍ | 13.5°

Os Chardonnay de Limarí são geralmente menos exuberantes que os de Casablanca ou San Antonio. Os aromas de frutas tropicais são substituídos por notas salgadas e especiadas. Esse vinho tem algo salino, em um corpo maduro e amável, de taninos redondos e, ao mesmo tempo, de uma acidez acentuada, para comer com salmão defumado.

De Martino

NUEVO MUNDO RESERVA
CABERNET SAUVIGNON, MALBEC 2018
$$ | MAIPO | 13.5°

Da linha de vinhas orgânicas de De Martino, essa mescla de Cabernet e Malbec (50% de cada um) vem de uma vinha que já foi o leito do rio Maipo. Apresenta toques doces de Malbec, mas os taninos firmes e tensos da Cabernet equilibram esse tinto fácil e amável. Esse blend vem de vinhedos orgânicos plantados em 2001.

Don Feli

PROPRIETÁRIO Luis Felipe Edwards Sr. & Senhora
ENÓLOGO Nicolás Bizzarri
WEB www.lfewines.com
RECEBE VISITAS *Não*

Enólogo
NICOLÁS BIZZARRI

Os vinhos de **Don Feli** fazem parte do portfólio da Luis Felipe Edwards, uma vinícola familiar chilena, em grande parte dedicada às exportações. As primeiras vinhas, que datam do início dos anos 1900, sua moderna vinícola e o centro de operações, estão localizados em Puquillay Alto, no coração do vale de Colchagua desde 1976. As vinhas da família Edwards alcançam 2000 hectares e estão distribuídas nos vales mais importantes da zona central do Chile. Suas várias propriedades incluem plantações a 900 metros de altura em Puquillay Alto, vinhas centenárias no Maule, plantações costeiras de clima frio em Leyda e Pumanque - Colchagua Costa - entre outras. Essa grande diversidade de vinhedos reflete-se em suas diferentes linhas de vinho. **IMPORTADOR:** USA: www.prestigebevgroup.com

VINHOS

MOUNTAIN RED BLEND SYRAH, C. SAUVIGNON, CARMÉNÈRE, GRENACHE, P. VERDOT, MOURVÈDRE 2015
$$$ | COLCHAGUA | 14.5°

Esta é uma seleção de algumas das mais altas vinhas na cidade de Puquillay, no vale de Colchagua, entre 600 e 900 metros, bastante alta para a média da região. Essa nova versão possui 46% Syrah, 20% Cabernet Sauvignon, 17% Carménère, 10% Garnacha e o restante de Petit Verdot e Monastrell. Comparado com a versão anterior, parece um pouco mais frio, com mais frutas vermelhas e com maior tensão, embora mantenha a mesma musculatura fibrosa dos vinhos de altura. Um delicioso vinho tinto, para beber agora ou em dois a três anos, só ganhará complexidade, enquanto a acidez aguda sentida hoje permitirá que ele continue envelhecendo.

GRAN RESERVA
SAUVIGNON BLANC 2019
$$ | LEYDA | 13.5°

Uma excelente relação qualidade-preço, sente-se nervoso e tenso em acidez. Tem sabores de frutas tropicais, tons de ervas em um corpo leve. Esse vem dos solos graníticos de Leyda, no vale de San Antonio, a cerca de 8 quilômetros do mar. O branco ideal para o aperitivo.

‹ prova de vinhos ›

 BRUT
CHARDONNAY, PINOT NOIR N/V
$$ | COLCHAGUA COSTA | **12.5°**

Pumanque é a área mais ocidental (mais próxima do mar), onde Don Feli tem vinhedos em Colchagua e daí vem esse 85% Chardonnay, mais 15% de Pinot que vem de Leyda, também de seus próprios vinhedos. Este Charmat tem foco em frutas e frescor. Tudo aqui é deliciosa acidez, frutas brancas e borbulhas cremosas. Para beber por garrafas.

 BRUT ROSÉ
PINOT NOIR, CHARDONNAY N/V
$$ | LEYDA | **12.5°**

85% desse vinho é Pinot Noir que vem da zona de Leyda, no vale de San Antonio, muito perto do mar. E isso se sente no frescor e agilidade desse vinho na boca. Com um açúcar residual por litro de pouco mais de cinco gramas, a fruta parece florescer. Um vinho que é um suco de framboesa com borbulhas.

 GRAN RESERVA
CABERNET SAUVIGNON 2018
$$ | COLCHAGUA | **14°**

Uma boa abordagem para a Cabernet Sauvignon, é uma amostra simples da cepa, focada em frutas vermelhas maduras ao invés de ervas. É suculento e tem textura muito macia. Esse Cabernet é proveniente de uvas compradas na área de Lolol, na região oeste de Colchagua.

 GRAN RESERVA
CARMÉNÈRE 2018
$$ | COLCHAGUA | **13.5°**

Da zona de Lolol, a oeste de Colchagua, esse é um clássico Carménère. Deliciosas frutas vermelhas em um contexto de toques de ervas, muito típico da variedade. A textura é bastante leve, com uma acidez rica em um vinho simples e fácil de beber, mas com a vantagem de mostrar um lado mais fresco e frutado da variedade.

 GRAN RESERVA
CHARDONNAY 2019
$$ | CASABLANCA | **13.5°**

Generoso em frutas tropicais, notas redutoras que parecem minerais, além de uma acidez fresca e viva nesse Chardonnay simples e que você bebe muito rápido. Essa é uma seleção de uvas que Don Feli compra na região de Bajo Casablanca, muito perto do Pacífico.

RESERVA
SAUVIGNON BLANC 2019
$ | LEYDA | **12.5°**

É o vinho base de Don Feli em Leyda e em Sauvignon Blanc, um branco delicioso e refrescante que mostra o potencial da vinícola nesses vinhedos plantados em 2005. Aqui há uma deliciosa pureza de frutas frescas, muito influenciada pelo vinho. Brisas marinhas, distantes cerca de 8 quilômetros em linha reta. Atenção aqui. Um vinho para o ceviche.

OUTROS VINHOS SELECIONADOS
89 | CLASSIC Pinot Noir 2019 | Vale Central | 12.5° | **$**
88 | CLASSIC RED BLEND Cabernet Sauvignon, Carménère, Syrah 2019 Vale Central | 13.5° | **$**
88 | CLASSIC Malbec 2019 | Vale Central | 13° | **$**
88 | CLASSIC Syrah 2019 | Vale Central | 13.5° | **$**

Don Melchor

PROPRIETÁRIO Concha y Toro S.A.
ENÓLOGO Enrique Tirado
WEB www.conchaytoro.cl
RECEBE VISITAS *Sim*

Enólogo
ENRIQUE TIRADO

Don Melchor é um vinho clássico na história moderna do vinho no Chile. Com sua primeira colheita em 1987, ele sempre veio de vinhas históricas - Viñedo El Tocornal - plantado no início da década de 1970 em Puente Alto, aos pés dos Andes e nos solos aluviais do rio Maipo. Desde 1997, o encarregado de Don Melchor é o enólogo Enrique Tirado. Dos 127 hectares (90% Cabernet Sauvignon), são produzidas cerca de 13 mil caixas de doze garrafas. **IMPORTADORES:** BRASIL: www.vctbrasil.com.br | USA: www.fetzer.com

VINHOS

96 **DON MELCHOR**
CABERNET SAUVIGNON 2017
$$$$$ | PUENTE ALTO | **14.5°**

A colheita de 2017 foi um ano quente e seco, radicalmente diferente da colheita de 2016, caracterizada por temperaturas mais baixas e mais chuvas antes da colheita. "Acima de tudo", diz o enólogo Enrique Tirado, "tivemos um janeiro de altas temperaturas que estavam diminuindo ao longo dos meses". A mistura deste ano tem 98% de Cabernet Sauvignon e 2% de Cabernet Franc. Seja paciente pois esse vinho precisa de ar para se mostrar como merece. No início, ele é tímido, com o nariz "fechado", mas pouco a pouco mostra seus aromas de cassis e de ervas. O mesmo acontece na boca, a tensão dos taninos é gradualmente liberada, deixando escapar frutas vermelhas maduras e especiarias. O vinho parece muito mais fresco do que seria esperado para uma colheita considerada quente. Aqui há vigor e nervo em um vinho que tem muitos anos pela frente.

«‹----›»

‹ *prova de* **vinhos** ›

Echeverría

PROPRIETÁRIO Família Echeverría
ENÓLOGO Roberto Ignacio Echeverría
WEB www.echewine.com
RECEBE VISITAS *Sim*

Enólogo
ROBERTO IGNACIO ECHEVERRIA

Localizada no vale de Curicó, Echeverría é uma vinícola familiar estabelecida em 1992. Nasceu por iniciativa do economista Roberto Echeverría, que se propôs a levar a outro nível o negócio vitivinícola que funcionou por décadas em sua família, na localidade de Molina, onde atualmente têm cerca de 80 hectares de vinhedos. Desde o começo a vinícola orientou seus vinhos principalmente ao mercado externo, chegando hoje a 40 países. Este crescimento se deu sem perder o caráter familiar: além de seu fundador, na empresa trabalham seus quatro filhos. Um deles, Roberto Ignacio Echeverría, é o enólogo chefe. A variedade que mais vinificam é Cabernet Sauvignon. A origem de seus vinhos não é sempre Molina, mas além disso compram uvas de zonas como Casablanca ou Alto Maipo.

IMPORTADORES: BRASIL: www.mrman.com.br | USA: www.tedwardwines.com

VINHOS

 LIMITED EDITION
CABERNET SAUVIGNON 2015
$$$$ | MAIPO | 14°

Tinto à base de Cabernet Sauvignon (85%) mais Syrah (10%) e Carménère (5%) e estagiado por 18 meses em barricas, esse Limited Edition tem algo que outros vinhos Echeverría às vezes esquecem: a verticalidade da estrutura. Aqui você sente como a acidez mantém tudo em ordem e como os taninos são firmes, mas ao mesmo tempo polidos, impedindo que os sabores extra maduros sobreponham-se. Tudo aqui está em ordem, em um vinho para guardar por mais uma década.

93 **FAMILY RESERVA**
CABERNET SAUVIGNON 2017
$$$ | CURICÓ | 14°

Este **Family Reserva** mostra o estilo da casa quando se trata de Cabernet, um certo ar de velha escola, de sabores e aromas oxidativos. Cheira a frutos secos e especiarias doces, enquanto a boca mostra taninos muito polidos em uma acidez suave, quase delicada. Um daqueles Cabernet que quase não é mais fabricado. Esse Family Reserva vem de suas próprias vinhas plantadas em 1970 na área de Molina em Curicó e tem doze meses de estágio em barricas novas.

 FOUNDER'S SELECTION
CABERNET SAUVIGNON 2014
$$$$$ | MAIPO | 14.5°

A garrafa monumental e pesada desse vinho já fala um pouco do que está dentro. É um vinho grande, de grandes pretensões. Maturidade pronunciada, taninos amaciados pelo álcool, mas ao mesmo tempo de uma tremenda estrutura de taninos com força suficiente para sustentar essa fera de concentração e madurez. Deixe mais alguns anos em sua adega.

Echeverría

 GRAN RESERVA
CABERNET SAUVIGNON 2017
$$ | CURICÓ | 13.5°

Impressionante em tamanho e também em madurez, esse Cabernet parece untuoso e os taninos firmes e fortes ajudam a essa sensação de poder. No entanto, deixe na taça por alguns minutos e você verá como esse vinho ganha lentamente em frutas e em frescor. Esse Cabernet vem de vinhedos plantados em 1970 no vale do Curicó e estagia por um ano em barricas usadas.

 GRAN RESERVA
CARMÉNÈRE 2017
$$ | CURICÓ | 13.5°

Esse Carménère vem de vinhas velhas, plantadas em 1970 em Curicó. A sua guarda foi de um ano em barricas usadas e é sentida nos aromas especiados, mas as ervas e notas de frutas vermelhas maduras da Carménère prevalecem aqui, tornando esse vinho suculento e amável. Um bom exemplo da variedade, para costeleta de porco grelhadas.

 GRAN RESERVA
SYRAH 2017
$$$ | RAPEL | 14°

Este **Gran Reserva** provém de vinhedos plantados em 1992 em solos argilosos e isso é sentido na voluptuosidade de sua textura. Um vinho cheio, grande, com taninos firmes e corpo imponente. Para cordeiro..

OUTROS VINHOS SELECIONADOS
- 89 | GRAN RESERVA Merlot 2017 | Colchagua | 14° | $$
- 88 | COOL CLIMATE Sauvignon Blanc 2018 | Casablanca | 13.5° | $$
- 88 | PROPUESTA Cabernet Sauvignon, Petit Verdot, Cabernet Franc 2017 | Maipo | 13.5° | $$
- 86 | GRAN RESERVA Chardonnay 2018 | Curicó | 13.5° | $$
- 86 | RST Pinot Noir 2017 | Litueche | 14° | $$
- 84 | GRAN RESERVA Pinot Noir 2018 | Casablanca | 13.5° | $$$

El Principal

PROPRIETÁRIO Família Said Handal
ENÓLOGO Gonzalo Guzmán
WEB www.elprincipal.cl
RECEBE VISITAS Sim

Diretor técnico
GONZALO GUZMÁN

El Principal nasce em 1998 em Pirque. Seu vinhedo de 93 hectares fica entre os 700 e 900 metros de altitude e foi plantado pela família Fontaine, que por anos se dedicou a vender esta uva. Em 1998, ajudados pelo enólogo francês de Saint-Émilion, Jean Paul Valette, se decidiram a engarrafar sob sua própria marca, concentrados em tintos e especialmente em Cabernet Sauvignon, uma uva que em Pirque dá alguns de seus melhores exemplos no Chile. Acima no catálogo está El Principal, lançado em 1999. Segue o rótulo

‹ *prova de* **vinhos** ›

Memorias, também surgido no começo. E depois está o mais acessível Calicanto, lançado em 2007. O branco do catálogo é Kiñe, elaborado com a variedade Verdejo, inédita no Chile, no mercado desde 2014. A vinícola El Principal atualmente é propriedade da família chilena Said Handal. IMPORTADORES: BRASIL: www.decanter.com.br | USA: www.regalwine.com

VINHOS

EL PRINCIPAL ANDETELMO
CABERNET SAUVIGNON, PETIT VERDOT 2016
96 $$$$$ | MAIPO ANDES | 14°

Esse é o primeiro vinho da casa, uma mescla de Cabernet Sauvignon e mais 10% de Petit Verdot, tudo de solos aluviais. No caso da Cabernet, corresponde às plantas mais antigas da propriedade, plantadas em 1993, pelos donos anteriores da vinícola, a família Fontaine. Estagia em barricas cerca de 20 meses, entre madeira nova e usada, esse possui um perfil muito próximo aos vinhos do frio de 2016. A fruta é radiante em frescor, a acidez perfila sabores frescos e as notas mentoladas assumem o final de boca. Possui a elegância dos tintos de Maipo Alto, com taninos finos, além de aromas e sabores terrosos. Um clássico.

MEMORIAS
CABERNET SAUVIGNON, SYRAH, PETIT VERDOT, CARMÉNÈRE 2016
94 $$$$$ | MAIPO ANDES | 14°

Com base em 83% de Cabernet Sauvignon, esse é um tipo de segundo vinho da casa, uma seleção de vinhedos que inclui uma parte dos vinhedos que a família Fontaine (proprietários originais de El Principal) plantou em 1993, mas também videiras que em sua maioria são de 2006. Além disso, é uma mistura de solos aluviais e coluviais. Aqui, as notas de mentol são mescladas com frutas vermelhas muito frescas e de grande vivacidade. A textura é tensa, possui taninos firmes e uma acidez que atua como uma moldura em um contexto de tensão. Como um segundo vinho, esse é um luxo.

CALICANTO CABERNET SAUVIGNON, CARMÉNÈRE, CABERNET FRANC, SYRAH, MALBEC 2018
93 $$$ | MAIPO ANDES | 14.5°

Um inegável vinho de Maipo Alto, desde as notas de frutas negras, de ervas e de mentol até a textura suave e elegante. Um vinho com muito senso de lugar que esse ano tem 49% de Cabernet Sauvignon, 35% de Carménère e o restante de Syrah, de Cabernet Franc e de Malbec. Estagia um ano em barricas usadas, esse tinto se concentra nos sabores das frutas, mas sem deixar de lado uma forte ligação com sua origem. O enólogo observa que esse atributo se deve a colheitas um pouco mais adiantadas, que aqui fizeram o lugar aparecer primeiro.

KIÑE
VERDEJO 2018
93 $$$$ | MAIPO | 13°

O enólogo Gonzalo Guzmán importou as plantas de Verdejo da Espanha e as plantou na vinha de El Principal, em Pirque, em 2010. Essa safra mostra um caráter muito varietal da cepa, os aromas da peles de amêndoas, algo de laranjas e frutas secas em um vinho que tem uma boa base de taninos e de acidez em uma textura redonda e amável.

Emiliana Organic Vineyards

PROPRIETÁRIO Viñedos Emiliana S.A.
ENÓLOGOS Noelia Orts & Emilio Contreras
WEB www.emiliana.bio
RECEBE VISITAS *Sim*

Enólogos
NOELIA ORTS & EMILIO CONTRERAS

Em 1986, Emiliana se separou de Concha y Toro para iniciar um caminho como vinícola independente. Depois de apostar no cultivo orgânico de seus vinhedos, nos últimos anos foi mais longe, abraçando além disso a agricultura biodinâmica, sistema que propõe o equilíbrio biológico dos solos e considera a influência dos astros. Na atualidade, dos 857 hectares de vinhedos que possuem, 700 estão certificadas como biodinâmicos. O grande impulsionador da conversão de Emiliana na grande vinha orgânica do Chile foi o empresário José Guilisasti (1957-2014). Como boa vinícola grande, Emiliana tem vinhedos em alguns dos vales mais importantes da zona central, entre eles Maipo, Cachapoal, Colchagua e Casablanca. Neste último tem uma de suas vinícolas e seu centro de visitas. Seu amplo catálogo de vinhos é composto de três linhas (Adobe, Novas e Signos de Origen), além disso de Coyam e o ícone da casa, Gê. **IMPORTADORES:** BRASIL: www.lapastina.com | USA: www.banfiwines.com

VINHOS

 COYAM SYRAH, CARMÉNÈRE, C. SAUVIGNON, MOURVÈDRE, P. VERDOT, CARIGNAN, MALBEC, GARNACHA, TEMPRANILLO 2017
$$$$ | COLCHAGUA | 14.5°

Coyam é um vinho emblemático em Emiliana e também no cenário do vinho chileno. Foi um dos primeiros que se aventurou com as variedades mediterrâneas em Colchagua e também o primeiro a mostrar, em grandes volumes, que os vinhos biodinâmicos eram uma possibilidade comercial. Após muitas mudanças de estilo, esse 2017 é o mais bem-sucedido nessa história que começou com a colheita 2001. Pela primeira vez, todas as variedades plantadas desde 1992 em Los Robles, em Colchagua (o coração do projeto de Emiliana) estão aqui, em uma mistura louca baseada em Syrah (43%), depois em Carménère (29%) e depois em outras cepas em quantidades mais ou menos semelhantes. É vermelho, suculento, amável, rico em uma textura macia e cremosa e o final é herbáceo. Um desses vinhos para guardar, mas também que se pode beber agora, para refrescar a comida.

 GÊ SYRAH, CARMÉNÈRE, CABERNET SAUVIGNON 2016
$$$$$ | COLCHAGUA | 14.6°

Los Robles é o coração do projeto de Emiliana. Localizada em Colchagua, no meio das montanhas e ladeada pelo rio Tinguiririca, suas vinhas (cerca de 170 hectares) são 100% biodinâmicas. De uma seleção dessas vinhas, e com a base em Syrah (50%) mais 35% de Carménère e o restante de Cabernet Sauvignon, essa é uma das versões mais frescas e leves de Gê, cuja primeira safra foi em 2003, o primeiro vinho certificado como biodinâmico na América do Sul. Aqui estão as especiarias da Syrah, mas também de frutas vermelhas e a acidez de um ano fresco, que foram forçadas a colher antes das chuvas de abril, o que significou frutas mais vermelhas, mais leves, mas com mais crocância.

‹ *prova de* **vinhos** ›

94 — SIGNOS DE ORIGEN LOS MORROS
CABERNET SAUVIGNON 2017
$$$$ | MAIPO | 13.5°

A área de Los Morros está localizada ao sul do rio Maipo, em Alto Maipo, e é um lugar clássico para a Cabernet no vale central do Chile. E esse também tem um estilo clássico, pelo menos em suas notas mentoladas, que são confundidas com toques de especiarias e muitas frutas vermelhas. A textura é construída a partir de taninos muito finos, que dão um suporte sólido e firme a esses sabores frutados, exuberantes e frescos. Um vinho que envelhecerá com muita graça e cujo preço não é nada louco, considerando o quanto oferece, para comprar umas seis garrafas e guardá-las.

94 — VIGNO
CARIGNAN 2017
$$$$ | MAULE | 14.5°

Um Vigno que se une a esse novo estilo de Carignan, muito mais fresco e macio, vem de uma vinha plantada em 1950 na região de Melozal. A guarda foi feita principalmente em foudres de dois mil litros (85% do volume total), o que faz com que a madeira não tenha muita interferência nas frutas, que aqui são frescas e vermelhas em um corpo médio, de taninos firmes, mas nunca agressivos. Esse é um vinho para guardar, mas também para beber agora com embutidos.

93 — SIGNOS DE ORIGEN LA QUEBRADA
SYRAH 2017
$$$$ | CASABLANCA | 14.1°

Teoricamente, esse Syrah é de clima frio, mas a verdade é que ele é plantado em direção aos pés de algumas montanhas, na vinha de Emiliana em Casablanca, e ali é quente o suficiente para que a Syrah amadureça sem problemas. Tem aromas de carne e de frutas, na mesma proporção. As notas de especiarias dão complexidade, enquanto o vinho se move pela boca com seus taninos suculentos e longos.

93 — SIGNOS DE ORIGEN LOS ROBLES
CARMÉNÈRE 2017
$$$$ | COLCHAGUA | 14.5°

Esse Carménère vem dos solos mais aluviais, mais próximos do rio Tinguiririca, na propriedade Los Robles, uma propriedade que foi plantada por volta de 1992 e que possui 170 hectares, todos com manejo biodinâmico. O vinho é pura fruta. Em um ano quente, a Carménère conseguiu amadurecer perfeitamente, entregando notas de frutos vermelhos doces, mas sem ser enjoativo, além de um corpo macio, com uma acidez fina e acentuada. Para beber com linguiças.

92 — NOVAS GRAN RESERVA
SAUVIGNON BLANC 2019
$$ | SAN ANTONIO | 13.2°

Para esse Sauvignon Blanc, a principal fonte de uvas é uma vinha em El Rosario, a vinha da família Matetic em San Antonio. São uvas de vinhedos orgânicos, que Emiliana vinifica sem madeira, embora com três meses de contato com borras em tanques de aço. O vinho é leve e sutil, com toques

Emiliana Organic Vineyards

de ervas e frutas brancas, acompanhado por uma acidez incisiva e acentuada. Para as vieiras.

SIGNOS DE ORIGEN LA CANTERA
GARNACHA, MOURVÈDRE, SYRAH 2016
$$$$ | COLCHAGUA | 14.3°

Para esse blend de variedades mediterrâneas, Emiliana seleciona vinhedos no sopé das colinas de Los Robles, solos pedregosos e coluviais, onde a Garnacha (55% da mescla) tem um caráter mais vertical, mais acentuado na boca e não apenas desse lado floral e amável. A Garnacha é a espinha dorsal desse tinto frutado e suculento, com toques florais, mas acima de tudo frutas vermelhas maduras em um vinho que tem garras para escoltar carne de cordeiro.

EMILIANA BRUT
CHARDONNAY, PINOT NOIR N/V
$$ | CASABLANCA | 12.3°

Elaborado pelo método tradicional de segunda fermentação em garrafa, com seis meses de guarda em suas borras, possui 85% de Chardonnay e 15% de Pinot Noir, tudo do vale de Casablanca. Um vinho tão jovem tem que ter esse frescor de fruta, acidez e borbulhas que aqui são como pequenas agulhas que pinicam o paladar. Para refrescar as noites de verão.

NOVAS GRAN RESERVA
SYRAH, MOURVÈDRE 2017
$$ | CACHAPOAL | 14.5°

Duas variedades mediterrâneas aqui, misturando-se graciosamente. 85% Syrah da área de Totihue, em direção aos Andes em Cachapoal e o resto de Los Robles, em Colchagua. Muitas especiarias, ervas e frutas pretas em um corpo médio, mas com taninos firmes. A acidez é crocante, de Syrah de clima mais frio, como mostram os exemplos da cepa nessa área de Cachapoal.

SIGNOS DE ORIGEN EL RINCÓN
PINOT NOIR 2018
$$$$$ | CASABLANCA | 13.5°

Esse Pinot vem de um quartel ao lado da estrada que cruza Casablanca, de leste a oeste, em sua rota para a cidade portuária de Valparaíso. É uma área mais fresca dentro do vinhedo de Emiliana e, em um ano mais frio, essa mistura se sente nos sabores de frutas vermelhas, que no nariz apontam para o frescor e na boca oferecem um pouco de doçura, mas nada que não permita com que se desfrute com embutidos.

SIGNOS DE ORIGEN LA VINILLA
CHARDONNAY, VIOGNIER, MARSANNE ROUSSANNE 2018
$$$ | CASABLANCA | 14.7°

A base desse vinho é de Chardonnay, cerca de 70%, enquanto as outras três cepas contribuem em quantidades semelhantes ao restante da mistura. A influência dessas cepas é notória, conferindo cremosidade, frutos secos e especiarias. Dá um caráter mediterrâneo, untuoso, que ainda é muito

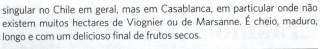

singular no Chile em geral, mas em Casablanca, em particular onde não existem muitos hectares de Viognier ou de Marsanne. É cheio, maduro, longo e com um delicioso final de frutos secos.

 ADOBE RESERVA
VIOGNIER 2019
$$ | VALE CENTRAL | 13.9°

De vinhedos em Colchagua, Cachapoal e Cauquenes, esse Viognier simples e amável possui aromas florais e frutados no meio de um corpo leve e sedoso, sem espaço para arestas. O vinho desliza pela boca deixando um rastro de notas florais.

 NOVAS GRAN RESERVA
CABERNET SAUVIGNON 2017
$$ | MAIPO | 13.5°

Atenção com a aderência desse vinho na boca. Possui taninos firmes, que envolvem os sabores de frutas e de ervas, com toques suaves de mentol em um clássico Cabernet do Maipo, embora com os sabores de frutas maduras de uma colheita muito quente como foi a de 2017. Esse é uma opção segura para hambúrgueres.

SALVAJE
SYRAH, ROUSSANNE 2018
$$ | CASABLANCA | 14°

Esse ano, esse vinho apresenta uma fruta sedutora, untuosa e quase doce. As notas florais da Roussanne (5% da mistura) tendem a ganhar destaque no nariz, enquanto as especiarias e as notas de carne da Syrah fazem uma festa aqui. O sulfuroso é um aditivo para preservar a saúde do vinho e também é uma espécie de meio de transporte, que permite com que o vinho viaje e chegue saudável ao seu destino. Mas com a ideia de vinhos naturais, feitos sem nada além de frutas, existem vinícolas que não usam SO2 em nenhuma etapa da produção do vinho. Salvaje é um desses casos.

OUTROS VINHOS SELECIONADOS

89 | NOVAS GRAN RESERVA Pinot Noir 2018 | Casablanca | 13.5° | $$
88 | ADOBE RESERVA Merlot 2018 | Rapel | 13.5° | $$
88 | NOVAS GRAN RESERVA Carménère, Cabernet Sauvignon 2017 | Colchagua | 14.5° | $$
88 | NOVAS GRAN RESERVA Chardonnay 2018 | Casablanca | 14.5° | $$

⇐⇐⇐---⇒⇒⇒

Erasmo

PROPRIETÁRIO Francesco Marone Cinzano
ENÓLOGO Augusto Reyes C.
WEB www.erasmo.bio
RECEBE VISITAS Sim

Proprietário
FRANCESCO MARONE CINZANO

O Conde Francesco Marone Cinzano vem de uma família italiana que está há séculos no vinho e é proprietário da vinícola Col d'Orcia, na localidade de Montalcino, na Toscana. No ano de 1995 apostou em produzir vinhos no Chile e fez isso não em um vale tradicional, senão no árido Maule. Ali, em uma pequena comunidade chamada Caliboro, comprou uma centenária vinícola de adobe e plantou material que ele mesmo trouxe da França. Sua marca mais emblemática é Erasmo. **IMPORTADORES:** BRASIL: www.francosuissa.com.br | USA: www.palmbay.com

VINHOS

  96 **ERASMO**
CABERNET SAUVIGNON, MERLOT, CABERNET FRANC, SYRAH 2014
$$$$ | MAULE | 14.3°

O conde Francesco Marone Cinzano chegou da Toscana (lá é dono da vinícola Col d'Orcia, em Montalcino), ao vale do Maule, em Caliboro, em 1998. Sua ideia era plantar variedades bordalesas nos solos aluviais do rio Perquelauquén, em Caliboro, uma comunidade remota de cerca de 600 habitantes no secano do Maule. E plantou Cabernet Sauvignon, Merlot e Cabernet Franc. Essa nova versão (a primeira foi em 2001) possui 74% de Cabernet Sauvignon, 20% de Cabernet Franc, 5% de Merlot e 1% de Syrah, todos provenientes de vinhedos de cerca de 20 anos plantados na margem norte do rio Perquelauquén. Esse vinho tem força, uma aderência que não nos lembramos de ter visto em outras edições. As frutas parecem negras, maduras, mas ao mesmo tempo com uma acidez tão boa que tudo é equilibrado e o vinho parece fresco, mas sim, com uma estrutura tânica concreta e tensa.

  95 **ERASMO LATE HARVEST**
TORONTEL 2014
$$$$ | MAULE | 12.8°

Cheio de sabores de frutas cristalizadas, pêssegos em calda, mel, tudo o que se pode pensar. Esse vinho é um festival de sabores suculentos, notas de frutos secos, flutuando na boca cremosa, intensa em acidez e ao mesmo tempo intenso em dulçor. O equilíbrio é alcançado, enquanto o vinho continua a se expandir no palato, mostrando quão cheio e longo é. A história diz que o conde Marone Cinzano dirigiu seu carro pelas vinhas de Caliboro, enquanto seu ex-conselheiro, Maurizio Castelli, cochilava no banco do passageiro. Mas de repente, quando passaram por uma vinha velha e semiabandonada, Castelli acordou de repente de sua sonolência. E o motivo foram aquelas videiras velhas com as quais começaram a fazer um vinho de colheita tardia, no estilo do Vin Santo italiano, pendurando os cachos nos corredores da antiga casa de La Reserva de Caliboro, no Maule, para ganharem em açúcar.

⟨ *prova de **vinhos*** ⟩

 ERASMO SELECCIÓN DE BARRICA
CABERNET FRANC 2015
$$$$ | MAULE | **14.7°**

Como esperado em um clima quente como Caliboro, esse Cabernet Franc de 21 anos de idade fica perto do rio Perquelauquén. Aromas de ervas estão presentes, mas especialmente o que parece são frutas maduras no meio de uma estrutura de taninos muito firme, sólida como concreto. O vinho parece ainda austero, monástico em sua expressão. Sim, pode ser muito tânico, mas a verdade é que gostamos desse tipo de arquitetura aqui.

 ERASMO SELECCIÓN DE BARRICA
ALICANTE BOUSCHET 2015
$$$$ | MAULE | **14.3°**

A variedade Alicante Bouschet é caracterizada por ter não apenas cor na pele, mas principalmente na polpa, o que implica cores muito intensas em seus vinhos. Mas, também possui alta acidez e taninos muito firmes. Tudo isso é representado aqui neste vinho, a partir de videiras plantadas há dez anos na margem norte do rio Perquelauquén, em Caliboro. Com um estágio de 16 meses em barricas, esse vinho é pura energia, puras frutas negras e intensidade tânica. Escolham morcillas para acompanhá-lo.

 ERASMO ROSÉ
MOURVÈDRE 2018
$$ | MAULE | **13°**

La Reserva Caliboro possui vinhedos de 10 anos de Monastrell nos solos de granito de Caliboro, no meio do secano interior do Maule. Tentaram fazer um tinto com essa variedade, mas o vinho era muito robusto, muito tânico. Em vez disso, feito como rosé, dava o mesmo caráter de fruta, mas sem a "dor" dos taninos. Esse vinho é suculento e muito fresco, cheio de sabores de frutas vermelhas. Uma "cerveja de campo", conforme definida pelo gerente da vinícola, César Opazo, nesse rosé que possui um pouco da rusticidade camponesa que convida você a comer embutidos. Não há muitos rosés como este no Chile, com essa força.

Errázuriz

PROPRIETÁRIO Eduardo Chadwick
ENÓLOGO Francisco Baettig
WEB www.errazuriz.com
RECEBE VISITAS Sim

Proprietário
EDUARDO CHADWICK

O **nome desta vinícola é inseparável** do vale de Aconcágua, seu lugar de origem. Em 1870 o empresário Maximiano Errázuriz plantou ali, na localidade de Panquehue, 90 quilômetros ao norte de Santiago, os primeiros vinhedos da empresa, desafiando as convenções da época que indicavam que o lógico era plantar na zona do Maipo. A aposta de Errázuriz expandiu nesse ínterim o limite norte da nascente viticultura moderna chilena e atualmente é a vinícola mais importante dentro de um pequeno grupo de produtores de Aconcágua. Depois de mais de um século de focar na parte central do vale, com marcos como o lançamento nos anos 80 de Don Maximiano Founder's Reserve, o primeiro vinho ícone da era moderna do vinho chileno, Errázuriz nos últimos anos cresceu até a costa, desenvolvendo vinhedos onde o clima é mais fresco, como os que plantaram em 2005 no setor de Manzanares, a 15 quilômetros do mar.

IMPORTADORES: BRASIL: www.grandcru.com.br | USA: www.vintus.com

VINHOS

 DON MAXIMIANO FOUNDER'S RESERVE
C. SAUVIGNON, MALBEC, CARMÉNÈRE, P. VERDOT, C. FRANC 2017
$$$$$ | ACONCAGUA | 14°

Um ano mais quente em Aconcágua significou um caráter um pouco mais untuoso e suculento nesse Don Max, mas a estrada que foi traçada faz pelo menos três safras não para. Esse vinho continua a ter menos influência na madeira e continua sendo um vinho que opta mais por frutas frescas do que por madurez. O ano influencia, pois talvez não tenha o nervo de 2016, mas ainda é um tinto delicioso e frutado. Essa mescla é baseada nas vinhas de Panquehue, com base na vinha Max 5 e possui 67% de Cabernet Sauvignon, 12% de Malbec, 8% de Carménère, 7% de Petit Verdot e o restante de Cabernet Franc.

LAS PIZARRAS
CHARDONNAY 2018
$$$$$ | ACONCAGUA COSTA | 13°

Las Pizarras estreou com a safra de 2014 e sublinhou imediatamente o potencial das vinhas do Aconcágua Costa. Essa versão de Pizarras, como as anteriores, provém de 3 lotes ricos em solos de pizarra (ardósia) a cerca de 11 quilômetros do mar. O estágio é 100% em barricas, embora apenas 50% de madeira nova, enquanto a metade tenha passado por fermentação malolática. Como de costume, esse Chardonnay é bastante austero, com toques de especiarias e de ervas em um contexto de frutas e de minerais. A textura é o importante aqui, a estrutura dos taninos, a força que o vinho oferece desde o início da boca. A estrutura é de um vinho tinto, severo, austero. E muito legal, uma marca registrada de um ano frio na região. Para guardar.

‹ *prova de **vinhos*** ›

LAS PIZARRAS
PINOT NOIR 2018
$$$$$ | ACONCAGUA COSTA | 13°

Essa já é a quinta versão de Las Pizarras Pinot Noir e provavelmente é a melhor. Essa é uma seleção de quatro quartéis, todos ricos em solos de pizarras. A base fica no quartel Salvador, um vinhedo de cerca de três hectares voltado para o sul, uma orientação fria que tem muito a ver com a personalidade desse Pinot. Você sente o frescor do nariz e da boca, transformada em frutas vermelhas radiantes, mas atenção que esse vinho não é só isso, mas também tem um forte componente terroso no meio dessas frutas. Gradualmente, esse vinho está ganhando complexidade em camadas de sabores. Um vinho que tem um longo caminho a percorrer em termos de mostrar seu lugar, mas já avançou muito nesse sentido.

ACONCAGUA COSTA
PINOT NOIR 2018
$$$$ | ACONCAGUA COSTA | 13.5°

Uma abordagem deliciosa de Pinot Noir, apresenta frutas vermelhas suculentas e frescas, com algumas notas de terra que lhe dão complexidade, mas é principalmente frutado, muito concentrado em expressar a influência do mar em seu caráter, o frio do Pacífico. A acidez desempenha um papel importante, projetando uma coluna que fornece tensão e verticalidade, uma estrutura bastante severa e austera, que contrasta com seus sabores frutados. Esse vem das vinhas da costa, a cerca de 12 quilômetros do mar, plantadas a partir de 2005.

KAI
CARMÉNÈRE 2017
$$$$$ | ACONCAGUA | 14°

Kai vem de vinhedos plantados no início do ano 1993, todos de solos aluviais próximos ao rio que costumam dar bom Cabernet Sauvignon, mas que também servem para Carménère. Com o tempo, também reduziu-se a porcentagem de barricas novas de 100% para essa versão, que possui 60%, o que, somado a colheitas adiantadas, deram um caráter mais fresco. As notas de ervas e de especiarias aparecem com clareza e detalhes de cinzas em um vinho que precisa de tempo em garrafa. Abra espaço em sua adega.

VILLA DON MAXIMIANO
SYRAH, C. SAUVIGNON, MALBEC, C. FRANC, MOURVÈDRE 2017
$$$$$ | ACONCAGUA | 14°

A segunda versão do Villa possui 28% Syrah, 25% Cabernet Sauvignon, 20% Malbec, 17% Cabernet Franc e o resto de Monastrell. Estagia 100% em madeira, com 75% de barricas e o restante de foudres por cerca de 22 meses. O vinho é rico em frutas vermelhas, em toques suculentos de especiarias e ervas, mas também generoso em texturas vibrantes, apoiadas por taninos tensos e nervosos. Esse é um vinho com tensão, pelo menos para os padrões da safra de 2017, que deu vinhos suculentos e untuosos. Esse não é assim.

Errázuriz

 94 **ACONCAGUA ALTO**
CARMÉNÈRE 2018
$$$$ | ACONCAGUA | 13.5°

Trata-se de uma seleção de vinhedos na área de Panquehue, em direção ao interior do vale de Aconcágua e à área tradicional de Errázuriz. Estagia por 14 meses em barricas, isso reflete um ano muito bom no vale. Os aromas são vermelhos, frutas vermelhas intensas em frescor, acompanhados por notas de ervas em um corpo que, apesar de macio e gentil, possui taninos polidos e afiados, com força suficiente para "ancorar" no paladar e dar uma sensação sólida de estrutura.

 94 **ACONCAGUA COSTA**
CHARDONNAY 2018
$$$$ | ACONCAGUA COSTA | 13°

Para seus melhores Chardonnay, Errázuriz usa suas vinhas costeiras (plantadas desde 2005), a cerca de 12 quilômetros do Pacífico, sobre as colinas da Cordilheira da Costa, no vale do Aconcágua. Estagia 11 meses em barricas usadas, com fermentação malolática a 50%. Ambos os fatores acrescentam complexidade gustativa e aromática, mas o que predomina aqui é o fruto que se expressa muito costeiro, com muita tensão nervosa e de acidez em um vinho que tem cremosidade e profundidade, mas que hoje em sua juventude mostra verticalidade e frescor.

 94 **ACONCAGUA COSTA**
SAUVIGNON BLANC 2019
$$$$ | ACONCAGUA COSTA | 13°

Esse Sauvignon vem de uma vinha plantada entre 2005 e 2009, a cerca de doze quilômetros do mar em Aconcágua Costa. O vinho é fermentado com 30% de cachos inteiros para - de acordo com o enólogo Francisco Baettig - diminuir o lado herbáceo da cepa. Esse tem um lado de ervas, mas com nuances de toques de frutas brancas e cítricas em um vinho de corpo muito bom, de certa cremosidade e com toques especiados.

 94 **ACONCAGUA COSTA**
SYRAH 2018
$$$$ | ACONCAGUA COSTA | 13.5°

Um Syrah costeiro por onde se olhe, é exuberante e untuoso, com toques de ervas. Já do nariz é possível sentir como é fresco e a acidez feroz que possui. A textura é suculenta, amável, com aquela acidez que marca tudo, que atualiza tudo. Esse vinho é proveniente de vinhas de exposição quente ao norte, mas em um local com forte influência do mar, a cerca de 12 quilômetros do Pacífico. Possui 15% de cachos inteiros para sustentar a estrutura e estagia por 14 meses em madeira, sendo 15% de grandes formatos e o restante em barricas.

 94 **LA CUMBRE**
SYRAH 2017
$$$$$ | ACONCAGUA | 14°

Embora nas safras passadas esse La Cumbre tem aportes de áreas mais frias do vale de Aconcágua (as vinhas de Errázuriz, a cerca de 12 quilômetros do Pacífico), esse ano é 100% da área de Panquehue, uma

< *prova de **vinhos*** >

área mais quente e isso se sente no caráter desse Syrah, especialmente em um ano quente como foi 2017. Aqui se tem um corpo importante e firme de taninos sólidos e cercado por frutas negras. Para beber agora com cordeiro.

93 MAX
SAUVIGNON BLANC 2019
$$$ | ACONCAGUA | 13°

Para esse Sauvignon, o enólogo Francisco Baettig usa vinhedos perto do mar, na área de Aconcágua Costa. Fermentado em tanques de aço e sem madeira, esse vinho oferece uma visão poderosa e tensa da variedade. Esse branco tem densidade, tem força. A acidez desempenha um papel fundamental, oferecendo frescor e também estrutura em um vinho nervoso, mas ao mesmo tempo com generosa cremosidade.

93 MAX VIII SYRAH, CARMÉNÈRE, C. SAUVIGNON, GRENACHE, MOURVÈDRE, MALBEC 2017
$$$ | ACONCAGUA | 14°

Esse novo Max VIII é uma mistura de oito vinhedos na área de Panquehue, no centro de Aconcágua. Esse ano são 45% Syrah, 29% Carménère, 8% Cabernet Sauvignon, 8% Garnacha, 5% Monastrell e o restante do Malbec. A ideia aqui é mostrar uma fotografia de Panquehue através da maioria das cepas plantadas ali. O resultado é um vinho de muitas frutas vermelhas, especiarias e ervas. Os taninos são um pouco rústicos, uma indicação das cepas do Mediterrâneo na mescla, e o final é herbáceo e refrescante.

93 THE BLEND COLLECTION RED
SYRAH, GARNACHA, MOURVÈDRE 2017
$$$$$ | ACONCAGUA | 13.5°

Esse novo The Blend (a primeira safra foi em 2003) possui 40% de Syrah da área costeira de Aconcágua, a cerca de 12 quilômetros do mar, enquanto 34% de Garnacha e o resto de Monastrell vem de vinhedos plantados em meados de 2000 na vinha Las Vertientes. 25% do vinho estagia em foudres e o restante em barricas. Esse tinto tem a marca de um ano quente no Chile em geral. Os sabores são compotados e doces, e na boca é de corpo médio, com taninos muito suaves e toques defumados.

92 MAX
CABERNET SAUVIGNON 2018
$$$ | ACONCAGUA | 13.5°

Essa é uma expressão do vale do Aconcágua, especialmente nas frutas de Panquehue, no centro do vale dos solos coluviais e sob o sol intenso da região. Este ano, uma safra mais fresca, oferece notas de ervas, acompanhadas de sabores de frutas vermelhas e negras em um vinho de corpo médio, taninos firmes e muito boa concentração. Para pensar em ensopados.

91 MAX
CHARDONNAY 2018
$$$ | ACONCAGUA | 13°

Do litoral de Aconcágua, onde Errázuriz começou a plantar vinhedos por volta de 2005, hoje consegue alguns de seus melhores brancos. E essa é

Errázuriz

uma boa porta de entrada. Um Chardonnay de grande estrutura, com forte presença de aromas de frutas tropicais, mas também minerais. Tem uma presença na boca, o suficiente para pensar em peru na panela. Esse Chardonnay é fermentado em barricas, 20% delas novas.

MAX RESERVA
PINOT NOIR 2018
$$$ | ACONCAGUA | 13°

Errázuriz talvez seja conhecida como um dos produtores mais importantes de Cabernet no Chile, mas atenção com esse Pinot Noir, especialmente os que vêm da costa do Aconcágua. Para se ter uma ideia, deveriam começar com este que se aproxima do Pinot pelo lado da fruta, obtendo frutas vermelhas suculentas e gentis em um corpo com tensão e bons taninos. Tem a dose certa de dulçor para torná-lo compreensível. Mais acima, o assunto se torna mais sério. Mas isso é uma outra história.

Espíritu de Chile

PROPRIETÁRIAS Begoña Aresti & Ana María Aresti
ENÓLOGO Juan Ignacio Montt
WEB www.espiritu-de-chile.com
RECEBE VISITAS Não

Enólogo
JUAN IGNACIO MONTT

A **família Aresti desenvolveu** essa segunda marca, Espíritu de Chile, há alguns anos. Hoje, juntamente com a vinícola Aresti, eles fazem parte da ACW (sigla para Aresti Chile Wine), uma empresa que possui 350 hectares de vinhedos na área central, divididos em quatro fazendas. Enquanto Aresti se concentra quase exclusivamente no vale de Curicó, onde esse negócio familiar surgiu em 1951, os vinhos de Espíritu de Chile também vêm de vales como Maule, Maipo e Leyda. **IMPORTADORES:** BRASIL: www.diamondwines.com.br | USA: www.regalwine.com

VINHOS

EXPLORADOR
CABERNET SAUVIGNON 2018
$$ | MAIPO | 14°

Um Cabernet do Maipo de dicionário. Aqui existem frutas vermelhas maduras, especiarias e algumas notas terrosas em um corpo de muitos sabores de frutas, de acidez rica e de taninos firmes, que aderem ao paladar e pedem carne assada. Para desfrutar agora, mas também para pensar em um ano de guarda para que ganhe complexidade.

EXPLORADOR
SAUVIGNON BLANC 2019
$$ | LEYDA | 13°

A cerca de doze quilômetros do mar, no vale do Leyda, esse Sauvignon mostra a influência fria do Oceano Pacífico em suas notas de ervas e salinas. É um vinho, acima de tudo, refrescante e suculento, para beber aos litros, mas também um branco que tem densidade e acidez mineral muito boas.

‹ *prova de* **vinhos** ›

INTRÉPIDO
CARIGNAN, PAÍS, CINSAULT 2019
$ | MAULE | 13°

Com 60% de Carignan, 30% de País e o restante de Cinsault, aqui se tem um vinho perfeito para escoltar fraldinha. Possui corpo médio, taninos firmes e suculentos. A fruta é vibrante, vermelha, decorada com especiarias e ervas em um tinto rico e fácil de beber.

INTRÉPIDO
SÉMILLON, SAUVIGNON BLANC, MOSCATEL DE ALEJANDRÍA 2019
$ | CURICÓ | 13°

Esse branco tem 60% de Sémillon, 30% de Sauvignon Blanc e 10% de Moscatel, tudo de Curicó, exceto a Moscatel que vem de vinhas velhas no vale do Itata. Mostra um delicioso frescor, com toques de especiarias e de mel, em um corpo que é leve, mas ao mesmo tempo tem uma boca muito ácida e parece que essa mistura se apega à boca, como se tivesse unhas, que em termos simples significa que seria um bom parceiro para o ceviche.

OUTROS VINHOS SELECIONADOS
88 | INTRÉPIDO Sauvignon Blanc 2019 | Curicó | 13° | $
87 | INTRÉPIDO Cabernet Sauvignon 2018 | Curicó | 13° | $
87 | INTRÉPIDO Carménère 2018 | Curicó | 13° | $

Estampa

PROPRIETÁRIO Miguel González
ENÓLOGA Johana Pereira
WEB www.estampa.cl
RECEBE VISITAS Sim

Enóloga
JOHANA PEREIRA

Estampa foi progressivamente explorando a diversidade do vale de Colchagua. A empresa nasce em 2003 em Palmilla, na metade do vale, onde têm sua vinícola e primeiros vinhedos. Em 2004 desenvolvem um campo em Marchigüe, na parte oeste de Colchagua. E em 2009 chegam a Paredones, a só oito quilômetros do mar. Tal expansão lhes permitiu utilizar solos mais idôneos para cada variedade e desenvolver novas linhas, como Del Viento, tintos e brancos de clima frio procedentes exclusivamente de Paredones. A enóloga é Johana Pereira e o consultor, o prestigiado enólogo italiano Attilio Pagli.

IMPORTADORES: BRASIL: www.angeloni.com.br | USA: www.australestates.com

DELVIENTO
SAUVIGNON BLANC 2019
$$$ | COLCHAGUA COSTA | 13.5°

A Estampa estabeleceu sua vinha nas colinas costeiras de Paredones, a oeste de Colchagua, até o ano de 2009 e, desde 2012, dá uvas para esse Sauvignon Blanc Del Viento. A influência da brisa do mar é claramente sentida aqui. A acidez é suculenta, brilhante e as notas de sal são misturadas com os sabores de frutas e de ervas. O corpo é importante, oferecendo concentração de sabores e profundidade.

Estampa

93 GOLD
CARMÉNÈRE, C. FRANC, C. SAUVIGNON, P. VERDOT 2017
$$$$ | MARCHIGÜE | 14.5°

Gold esse ano possui 65% de Carménère, plantado em 2004 em uma encosta de solos graníticos na vinha de Estampa em Marchigüe. O caráter da Carménère da área é o que domina aqui. Há tensão e força, uma acidez muito boa, toques de ervas, mas especialmente frutas negras compactas e firmes, que dão uma sensação de madurez e de potência.

92 DELVIENTO
CHARDONNAY N/V
$$$$ | COLCHAGUA COSTA | 13.5°

Esse novo Chardonnay de Estampa vem de vinhedos plantados em 2009 nas colinas de granito e de argilas de Paredones, em direção a oeste do vale de Colchagua. A mescla possui 60% da safra de 2019 e 30% da safra de 2018, portanto, não atende ao mínimo (85%) para carregar a colheita no rótulo. Além disso, a safra de 2018 foi mantida em ânforas das argilas italianas por dez meses, enquanto a parte de 2019 foi cultivada em aço e em barricas usadas. O resultado é um Chardonnay suculento, de acidez profunda, mas também com aromas especiados e de frutos secos, mas também com uma cota de frutas e de flores brancas. Tem corpo suficiente para escoltar salmão defumado.

92 GRAN RESERVA ALTA PALMA VINEYARD
CABERNET SAUVIGNON, MALBEC, SYRAH 2017
$$ | MARCHIGÜE | 14°

Este **Gran Reserva** é baseado em Cabernet Sauvignon de vinhedos plantados em 2004, em solos de granito e argila na área de Marchigüe, a oeste de Colchagua. Aqui há uma forte presença de notas de ervas e de frutas negras ácidas da Cabernet, mas também a textura firme e robusta dos taninos que esses solos de granito aportam. O vinho, no entanto, é muito suculento, é fácil de beber, principalmente com carne assada.

92 GRAN RESERVA MOLINO DEL VIENTO VINEYARD
CARMÉNÈRE, SYRAH, CABERNET SAUVIGNON 2017
$$ | MARCHIGÜE | 14°

Essa mistura possui 85% de Carménère, 10% de Syrah e 5% de Cabernet Sauvignon, todos provenientes de vinhas da área de Marchigüe, a oeste do vale de Colchagua. Os granitos da região dão taninos firmes a esse tinto. Sentem-se nítidos e afiados, acompanhados de frutas vermelhas maduras e especiarias, além de um toque animal que lhe confere complexidade.

92 INSPIRACIÓN
VERMENTINO, FIANO DI AVELLINO, GRECO DI TUFO 2019
$$$$ | COLCHAGUA COSTA | 13°

Graças à influência do consultor italiano Attilio Pagli, Estampa começou a importar variedades italianas e algumas delas foram plantadas em seu campo de Paredones, nas colinas costeiras do oeste de Colchagua. Nesse vinho, por exemplo, existem 40% de Greco di Tufo, 40% de Fiano e 20% de Vermentino. A acidez é a que rege todos os sabores aqui. Há toques de especiarias e de ervas, mas especialmente cítricos em um vinho de

‹ *prova de* **vinhos** ›

grande frescor, para beber e apagar o calor do verão. Foram elaboradas cerca de 330 garrafas desse vinho.

91 | **DELVIENTO ROSÉ**
SYRAH 2019
$$$ | COLCHAGUA COSTA | 12.5°

100% Syrah das encostas de Paredones, esse é um rosé pressionado para se aglomerar e depois fermentado em aço inoxidável. No entanto, existe uma fermentação de 5% na madeira usada que, segundo a enóloga Johana Pereira, dá ao vinho um lado mais de frutas vermelhas. Esse vinho é suculento, com uma rica acidez e frescor por todos os lugares.

90 | **GRAN RESERVA LA ISLA VINEYARD**
SAUVIGNON BLANC, CHARDONNAY, VIOGNIER 2019
$$ | MARCHIGÜE | 13.5°

Vem 95% de vinhas de Sauvignon Blanc em Marchigüe, a oeste de Colchagua. O vinho parece nervoso, com uma acidez muito boa, com sabores de ervas e de frutas cítricas em um corpo leve, muito simples e amável.

90 | **RESERVA**
CABERNET SAUVIGNON, PETIT VERDOT 2018
$$ | COLCHAGUA | 14°

Uma relação qualidade-preço muito boa. Há frutas vermelhas maduras em um corpo médio, de textura muito boa que exige carne. Há uma profundidade de sabores e acidez projetada à medida que o vinho desliza pela boca. Esse vinho tinto vem dos solos argilosos de Palmilla, no centro de Colchagua e de plantas de 1998.

OUTROS VINHOS SELECIONADOS
88 | RESERVA Viognier, Chardonnay 2019 | Colchagua | 14° | $$
87 | RESERVA Carménère, Malbec 2018 | Colchagua | 14° | $$

Favoritos

PROPRIETÁRIO Luis Felipe Edwards Sr. & Senhora
ENÓLOGO Nicolás Bizzarri
WEB www.lfewines.com
RECEBE VISITAS *Não*

Enólogo
NICOLÁS BIZZARRI

Os vinhos de **Favoritos** fazem parte do portfólio da Luis Felipe Edwards, uma vinícola familiar chilena, em grande parte dedicada às exportações. As primeiras vinhas, que datam do início dos anos 1900, sua moderna vinícola e o centro de operações, estão localizados em Puquillay Alto, no coração do vale de Colchagua desde 1976. As vinhas da família Edwards alcançam 2000 hectares e estão distribuídas nos vales mais importantes da zona central do Chile. Suas várias propriedades incluem plantações a 900 metros de altura em Puquillay Alto, vinhas centenárias no Maule, plantações costeiras de clima frio em Leyda e Pumanque - Colchagua Costa - entre outras. Essa grande diversidade de vinhedos reflete-se em suas diferentes linhas de vinho. **IMPORTADOR:** BRASIL: www.evino.com.br

Favoritos

VINHOS

94 | **MOUNTAIN RED BLEND** SYRAH, C. SAUVIGNON, CARMÉNÈRE, GRENACHE, P. VERDOT, MOURVÈDRE 2015
$$$ | COLCHAGUA | 14.5°

Esta é uma seleção de algumas das mais altas vinhas na cidade de Puquillay, no vale de Colchagua, entre 600 e 900 metros, bastante alta para a média da região. Essa nova versão possui 46% Syrah, 20% Cabernet Sauvignon, 17% Carménère, 10% Garnacha e o restante de Petit Verdot e Monastrell. Comparado com a versão anterior, parece um pouco mais frio, com mais frutas vermelhas e com maior tensão, embora mantenha a mesma musculatura fibrosa dos vinhos de altura. Um delicioso vinho tinto, para beber agora ou em dois a três anos, só ganhará complexidade, enquanto a acidez aguda sentida hoje permitirá que ele continue envelhecendo.

 GRAN RESERVA SAUVIGNON BLANC 2019
$$ | LEYDA | 13.5°

Uma excelente relação qualidade-preço, sente-se nervoso e tenso em acidez. Tem sabores de frutas tropicais, tons de ervas em um corpo leve. Esse vem dos solos graníticos de Leyda, no vale de San Antonio, a cerca de 8 quilômetros do mar. O branco ideal para o aperitivo..

 BRUT CHARDONNAY, PINOT NOIR N/V
$$ | COLCHAGUA COSTA | 12.5°

Pumanque é a área mais ocidental (mais próxima do mar), onde Favoritos tem vinhedos em Colchagua e daí vem esse 85% Chardonnay, mais 15% de Pinot que vem de Leyda, também de seus próprios vinhedos. Este Charmat tem foco em frutas e frescor. Tudo aqui é deliciosa acidez, frutas brancas e borbulhas cremosas. Para beber por garrafas.

 BRUT ROSÉ PINOT NOIR, CHARDONNAY N/V
$$ | LEYDA | 12.5°

85% desse vinho é Pinot Noir que vem da zona de Leyda, no vale de San Antonio, muito perto do mar. E isso se sente no frescor e agilidade desse vinho na boca. Com um açúcar residual por litro de pouco mais de cinco gramas, a fruta parece florescer. Um vinho que é um suco de framboesa com borbulhas.

90 | **GRAN RESERVA** CABERNET SAUVIGNON 2018
$$ | COLCHAGUA | 14°

Uma boa abordagem para a Cabernet Sauvignon, é uma amostra simples da cepa, focada em frutas vermelhas maduras ao invés de ervas. É suculento e tem textura muito macia. Esse Cabernet é proveniente de uvas compradas na área de Lolol, na região oeste de Colchagua.

‹ prova de *vinhos* ›

 GRAN RESERVA
CARMÉNÈRE 2018
$$ | COLCHAGUA | 13.5°

Da zona de Lolol, a oeste de Colchagua, esse é um clássico Carménère. Deliciosas frutas vermelhas em um contexto de toques de ervas, muito típico da variedade. A textura é bastante leve, com uma acidez rica em um vinho simples e fácil de beber, mas com a vantagem de mostrar um lado mais fresco e frutado da variedade.

 GRAN RESERVA
CHARDONNAY 2019
$$ | CASABLANCA | 13.5°

Generoso em frutas tropicais, notas redutoras que parecem minerais, além de uma acidez fresca e viva nesse Chardonnay simples e que você bebe muito rápido. Essa é uma seleção de uvas que Favoritos compra na região de Bajo Casablanca, muito perto do Pacífico.

 RESERVA
SAUVIGNON BLANC 2019
$ | LEYDA | 12.5°

É o vinho base de Favoritos em Leyda e em Sauvignon Blanc, um branco delicioso e refrescante que mostra o potencial da vinícola nesses vinhedos plantados em 2005. Aqui há uma deliciosa pureza de frutas frescas, muito influenciada pelo vinho. Brisas marinhas, distantes cerca de 8 quilômetros em linha reta. Atenção aqui. Um vinho para o ceviche.

OUTROS VINHOS SELECIONADOS

89 | CLASSIC Pinot Noir 2019 | Vale Central | 12.5° | $
88 | CLASSIC RED BLEND Cabernet Sauvignon, Carménère, Syrah 2019
Vale Central | 13.5° | $
88 | CLASSIC Malbec 2019 | Vale Central | 13° | $
88 | CLASSIC Syrah 2019 | Vale Central | 13.5° | $

Flaherty Wines

PROPRIETÁRIO Edward Flaherty
ENÓLOGO Edward Flaherty
WEB www.flahertywines.com
RECEBE VISITAS *Sim*

Proprietário & enólogo
EDWARD FLAHERTY

O enólogo **Ed Flaherty** e sua mulher, Jennifer Hoover, tem esse projeto desde o ano 2004. "Começou com quatro barricas, duas de Syrah e duas de Cabernet", conta Jennifer. Hoje ambos se dedicam cem por cento a Flaherty Wines e produzem 50 mil garrafas por ano, a partir de seus vinhedos em Aconcágua, onde tudo começou (Flaherty foi por anos enólogo da vinícola Errázuriz, cujos quartéis generais encontram-se nesse vale) e também em Cauquenes, uma das zonas mais tradicionais e históricas do vale do Maule. **IMPORTADOR:** USA: www.elixirwinegroup.com

Flaherty Wines

VINHOS

 FLAHERTY
SYRAH, PETIT VERDOT, TEMPRANILLO, CABERNET SAUVIGNON 2017
$$$ | ACONCAGUA | 15°

91

Esse é o clássico mix de vinhos de Flaherty Wines, principalmente da área de Panquehue, no centro de Aconcágua e de uma vinha plantada em 2000. Esse ano, o mix possui 49% de Syrah, 28% de Petit Verdot, 14% de Tempranillo e 11% de Cabernet Sauvignon e expressa o calor do ano em suas frutas vermelhas muito maduras e especiarias doces que agregam complexidade. A boca é doce e amável, com taninos finos e macios.

OUTROS VINHOS SELECIONADOS
- **88** | CASA DEL MAGNOLIO DOS CEPAS Gewürztraminer, Chardonnay 2018 | Maule | 13° | $$
- **88** | CASA DEL MAGNOLIO CUATRO CEPAS Tempranillo, Cabernet Sauvignon, País, Syrah 2017 | Chile | 14° | $$

Gandolini

PROPRIETÁRIO Stefano Gandolini & Fernando Izquierdo
ENÓLOGO Stefano Gandolini
WEB www.gandoliniwines.com
RECEBE VISITAS Não

Enólogo
STEFANO GANDOLINI

Na zona de Buin, em Alto Maipo, o enólogo e sócio em Ventolera, Stefano Gandolini, tem esse projeto pessoal, um 100% Cabernet Sauvignon com apenas três safras no mercado. Sua origem remonta ao ano 2001, quando comprou um campo em Buin, onde depois plantaria um vinhedo em alta densidade. Para o projeto, Gandolini estudou minuciosamente não só o solo, mas também o carvalho das barricas onde o vinho estagia por dois anos, buscando um tipo de madeira que afetasse o menos possível o senso de lugar. Gandolini tem 70 hectares de vinhedos plantados em 2001, 2003 e 2005. O enólogo batizou o vinho como Las 3 Marias Vineyards em homenagem ao nome compartilhado de sua avó, sua mãe e sua mulher.

IMPORTADOR: BRASIL: www.wine-co.com.br

VINHOS

 LAS 3 MARÍAS VINEYARDS
CABERNET SAUVIGNON 2014
$$$$$ | MAIPO ANDES | 14.5°

96

Para o enólogo Stefano Gandolini, 2014 foi um ano quente, que o forçou a colher um pouco mais cedo, para não perder a tensão nem o frescor. "Pela mesma razão, por essa acidez e taninos, foi um vinho difícil de domar", adiciona. Tem 32 meses em barrica, quando é normal ter 24, sempre de madeira nova que Gandolini sabe manejar muito bem para não influenciar muito a fruta. E sim, é verdade, aqui a acidez é a espinha, uma acidez não usual nos vinhos dessa safra, que Gandolini atribui à colheita precoce, mas ao mesmo tempo ao estilo de irrigação que faz, tanto superficial quanto subterrâneo, para garantir que a planta não se estresse a qualquer momento. Esse ano vai para o lado de fruta vermelha, para a tensão dos taninos, para a crocância da fruta que marca tudo aqui. Para guardar. Este vinho promete muito para os próximos anos.

< prova de *vinhos* >

Garage Wine Co.

PROPRIETÁRIOS Derek Mossman, Pilar Miranda & Alvaro Peña
ENÓLOGOS Derek Mossman, Pilar Miranda & Alvaro Peña
WEB www.garagewineco.cl
RECEBE VISITAS Sim

Proprietários & enólogos
DEREK MOSSMAN, PILAR MIRANDA & ALVARO PEÑA

O que começou em 2001 como um projeto entre amigos, de umas poucas garrafas para consumo próprio, hoje é um empreendimento de fato e direito, de uma produção próxima de 70.000 garrafas ao ano. Se mantém, isso sim, o espírito original com que os enólogos Derek Mossman, Pilar Miranda e Álvaro Peña criaram Garage Wine Co., de elaborar vinhos experimentais e "feitos a mão", como eles definem. Trabalham com pequenos produtores do Maule e em menor medida do Maipo, elaborando com suas uvas pequenas partidas de rótulos que, em geral, adotam o nome do vinhedo de origem. Entre suas especialidades destaca-se o trabalho que fazem com a Carignan, variedade que ocupa um papel de protagonista em alguns de seus melhores vinhos. **IMPORTADORES:** BRASIL: www.premiumwines.com.br | USA: www.elixirwinegroup.com

VINHOS

LAS HIGUERAS VINEYARD LOT 92
CABERNET FRANC 2017
$$$$ | MAULE | 12.9°

Las Higueras é uma vinha na margem norte do rio Achibueno, no vale do Maule e foi plantada por volta de 1940 com Cabernet Franc, mas também com outras variedades, como Malbec e Cariñena. Garage seleciona plantas de Cabernet Franc e Malbec (uma porcentagem mínima) para este vinho e as cofermenta e depois estagiam por dois invernos em barricas de madeira usadas. O resultado é uma produção de pouco mais de cinco mil garrafas (5.264) de um vinho com forte presença tânica, taninos firmes e pontiagudos e acompanhada de acidez igualmente acentuada. Um vinho cheio de frutas vermelhas, cheio de ervas e de especiarias. Um vinho irresistível hoje, mas com grande potencial de guarda.

VIGNO
CARIGNAN 2017
$$$$ | EMPEDRADO | 13.5°

Membro do grupo Vigno desde a safra 2010, quando esse grupo foi formado visando revitalizar a Carignan do Maule, mas, acima de tudo, os antigos vinhedos de secano como é o caso dessa vinha, plantadas há mais de 60 anos pela família Orellana na área costeira de Empedrado, uma área fresca que dá vinhos de grande acidez, ainda mais com o Carignan que geneticamente possui uma acidez muito alta. Esse vinho tem uma fruta raivosamente fresca, com taninos intensos e pulsantes e, claro, essa acidez que forma uma espécie de espinha dorsal.

BAGUAL VINEYARD LOT 89
GARNACHA 2017
$$$$ | MAULE | 14.5°

Em um terraço aluvial do rio Perquelauquén, esse Garnacha foi enxertado

Garage Wine Co.

em plantas antigas com um clone que a vinícola Torres trouxe da Cataluña. A vinha é de propriedade da família Solar e Garage Wine trabalha com eles para esse Garnacha que tem uma força impressionante. Atenção com a estrutura desse tinto. Possui garras, muita força e certa austeridade, severa e séria, da qual são mostradas as notas frutadas frescas e vermelhas. Um vinho incrível em termos arquitetônicos e um dos Garnachas mais importantes do Chile atualmente.

 SINGLE FERMENT SERIES SOOTHSAYERS
CINSAULT 2018
$$$ | ITATA | 13.5°

Para **Soothsayers Single Ferment Series**, duas parcelas são selecionadas em Itata, uma em Portezuelo e a outra em Guarilihue. O vinho estagia por um ano em barricas e mostra como a Cinsault tem uma impressionante capacidade de mostrar estrutura, para criar um corpo construído a partir de taninos que parecem firmes e severos, penetrantes e um tanto rústicos, uma textura não usual nessa cepa, mais relacionada a vinhos fáceis e frutados. Isso é frutado, mas com uma arquitetura completamente diferente, feita de concreto.

 PORTEZUELO VINEYARD LOT 88
CARIGNAN 2017
$$$$ | ITATA | 13.8°

Não é comum encontrar vinhedos antigos de Cariñena em Itata, um lugar talvez frio demais para essa variedade mediterrânea. Mas, há exceções à regra, como esse da área de Portezuelo, de propriedade da família Lavin. É um vinhedo muito antigo, com cerca de cinquenta anos, cofermentado com algo de Cinsault presente no vinhedo. Tem uma deliciosa fruta azul que é uma espécie de boas-vindas a um tinto que é baseado em uma acidez brilhante e tensa e em notas florais. Tem um corpo muito bom e um final marcado por essa acidez e frutos vermelhos maduros, que convidam a outra taça.

 SAUZAL VINEYARD LOT 85
CARIGNAN, GARNACHA, MONASTRELL 2017
$$$$ | MAULE | 13.5°

Da vinha de Nivaldo Morales, uma antiga vinha de Cariñena, mais Garnacha e Monastrell foi enxertada em vinhas de País em 2010, após o terremoto que atingiu a região. Finalmente, foram três barricas de 225 litros de Cariñena, três de Garnacha e uma de Monastrell. O vinho é armazenado em barricas de usadas por dois invernos e o que sai é um tinto generoso em sabores florais e frutados e aromas com toques especiados É duro na boca, com taninos selvagens e muita acidez, que refresca tudo. Selvagem e delicioso.

 SINGLE FERMENT SERIES 215 BC
PAÍS 2018
$$$ | MAULE | 12.5°

A seleção para esse País se concentra no tamanho dos cachos, incomumente pequenos e concentrados que a Garage Wine Co. encontra em duas áreas do Maule, uma em Sauzal e outra em Puico, ambas antigas vinhas de secano. Tem uma deliciosa camada de frutas, também acompanhada de

‹ *prova de* *vinhos* ›

toques terrosos e uma acidez que impulsiona esses sabores e lhes dá muito brilho. A estrutura dos taninos é firme, com força suficiente para pensar em deixar esse vinho por alguns anos em adega.

 ISIDORE VINEYARD LOT W1
SÉMILLON 2018
$$$$ | MAULE | 13.5°

Esse Sémillon vem de uma antiga vinha, na área de Sauzal. A metade fermenta e estagia em aço inoxidável e a outra em ânforas novas de barro, com as cascas, durante onze meses, resultando em um vinho muito fresco, com acidez suculenta e taninos provenientes dessa maceração com as peles que lhe dá uma aderência importante, mas sem exageros. Esse não é outro vinho de laranja impossível de beber, mas um Sémillon de um corpo muito bom para carne de porco defumada.

92 **TRUQUILEMU VINEYARD LOT 87**
CARIGNAN, MATARO 2017
$$$$ | EMPEDRADO | 13.5°

Cariñena domina essa mistura, com mais de 98% do volume total. E mostra pelos aromas e textura florais, ricos em taninos firmes e penetrantes, mas acima de tudo por uma acidez intensa e acentuada. Como é habitual nos vinhos desta coleção, este tinto estagia em barricas usadas por dois invernos e depois é engarrafado.

 OLD VINE PALE TRUQUILEMU VINEYARD LOT 83
CARIGNAN, MATARO 2018
$$$ | MAULE SECANO COSTERO | 12°

Da área de Truquilemu, um lugar costeiro no vale do Maule, este rosé parece um clarete. Mostra cor rosa intensa, quase como um vinho tinto pálido. A mistura é composta por 80% Cariñena e o restante de Monastrell, fermenta uma parte sem peles e a outra uma sangria (daí a cor intensa) e depois estagia por um inverno em barricas velhas. O vinho tem um lado predominante de frutas e uma textura amável e cremosa. Para paella de frutos do mar.

 SINGLE FERMENT SERIES PHOENIX FERMENT
PAÍS, CARIGNAN 2018
$$$ | MAULE | 12.5°

Um branco feito de tintos, essa mistura de 60% País e 40% Cariñena, tudo de vinhas velhas no secano do Maule. Os cachos são pressionados diretamente. Move-se pela boca com muito frescor, acidez firme e um pouco da rusticidade dos taninos que ambas as cepas deixaram aqui, como uma boa lembrança para molejas.

 PIRQUE VINEYARD LOT 90
CABERNET FRANC 2017
$$$$ | PIRQUE | 13.5°

A madurez da colheita de 2017 é sentida aqui, as frutas doces e os aromas de especiarias e ervas doces, o álcool na boca dando uma sensação de untuosidade. Um vinho que merece cordeiro assado, com alecrim.

‹‹‹----›››

Garcés Silva

PROPRIETÁRIO Família Garcés Silva
ENÓLOGO Diego Rivera
WEB www.vgs.cl
RECEBE VISITAS Não

Diretor Técnico & Operações & enólogo
IGNACIO CASALI & DIEGO RIVERA

A mayna foi das primeiras vinícolas a apostar em Leyda, em 1999, quando a viticultura ali não havia se desenvolvido nem havia como prever que esta fria e costeira zona se converteria em uma das denominações mais prestigiosas do Chile. Propriedade da família Garcés Silva, Amayna - cujo nome faz referência à diminuição da intensidade do vento: amainar - se distinguiu desde o começo de outros produtores de Leyda com vinhos mais maduros, amplos e brancos com estágio em madeira, como o Sauvignon Blanc Barrel Fermented, dos mais singulares da cena nacional. O estilo de Amayna foi desenhado pelo enólogo suíço Jean-Michel Novelle, que segue como assessor. Desde o ano 2015 o enólogo é Diego Rivera, tanto para Amayna quanto para Boya, a outra marca da família Garcés Silva, que também vem de seus vinhedos em Leyda - 22 hectares exclusivos para essa linha -, mas com um proposta de vinhos mais jovens, ligeiros e amáveis.

IMPORTADORES: BRASIL: www.mistral.com.br | USA: www.vineconnections.com

VINHOS

 AMAYNA CORDÓN HUINCA
SAUVIGNON BLANC 2019
$$$$ | LEYDA | 14°

Cordón Huinca vem de vinhedos plantados em 2012, de uma colina de rochas e com uma alta densidade de videiras por hectare, superior a sete mil. Apenas fermentado em aço, esse Sauvignon mostra a forte influência do mar em Leyda, as notas de sal, o lado de ervas que se mistura na boca com toques cítricos e especiados. A estrutura de acidez é o que sustenta tudo aqui, cimentos firmes que, sem dúvida, fazem desse vinho um daqueles para guardar.

 AMAYNA SOLERA
SAUVIGNON BLANC N/V
$$$$ | LEYDA | 15°

A base desse vinho (75% do volume) é da colheita de 2015 e fica três anos em barricas de 600 litros. O resto é 2016 e 2014, numa espécie de solera que transforma esse clássico Sauvignon Blanc (o antigo Barrel Fermented) em algo completamente diferente. O estágio em madeira deu complexidade e toques defumados e especiados, mas também há uma forte nota de ervas, como se fosse uma espécie de gin tônica vínico. A textura é cremosa, cheia, enche a boca, enquanto a acidez mantém o nervo. Um vinho para guardar.

 AMAYNA
CHARDONNAY 2017
$$$ | LEYDA | 14°

Esse Chardonnay vem de vinhas mais antigas da propriedade, plantadas no final dos anos 1990 em Leyda. Um terço do vinho estagia em foudres e o restante em tanques de aço. E atenção com o estilo desse vinho. Embo-

‹ *prova de **vinhos*** ›

ra para olhos distantes possa parecer maduro e untuoso, para a lógica de Amayna esse é fresco e tenso. Evoluiu para toques muito mais frutados e menos lácticos. Ainda é um vinho denso, mas com muito mais nervo, com mais equilíbrio ao fundo do que no passado.

 AMAYNA
SAUVIGNON BLANC 2019
$$$ | LEYDA | 14°

Pelos padrões da variedade dentro do estilo de Garcés Silva, esse Sauvignon é muito fresco e vivo. Tem a cremosidade dos Sauvignon da safra quente de 2019, mas a profundidade habitual, o suco que dá videiras de quase duas décadas no meio de uma acidez. Essa é uma evolução que vem acontecendo desde a safra de 2016 em direção a vinhos frescos e tensos.

 BOYA
CABERNET FRANC 2018
$$$ | LEYDA | 13.5°

Uma visão nova e tensa de Cabernet Franc, esse é um tipo de parente distante de um bom Loire. Aqui há notas de ervas e leves toques de tabaco, mas especialmente frutas vermelhas em todos os lugares. Tem um ano de barricas usadas, mas a verdade é que eles não sentem. O que comanda aqui é a fruta em um vinho fresco, brilhante e animado.

 CATALINO
PAÍS 2019
$$ | MAULE SECANO INTERIOR | 12.5°

De vinhedos de cerca de 100 anos na região de Coronel del Maule, que Garcés Silva comprou em 2014 e que, desde então, eles gradualmente a restauram, para que a vinha, abandonada, retorne ao seu equilíbrio. E esse é o primeiro vinho nascido dessas vinhas, um suco de cerejas com taninos ferozes, como as unhas de um gatinho. Um País muito polido, muito elegante em seus sabores e aromas, mas ao mesmo tempo muito forte em sua estrutura.

 AMAYNA
PINOT NOIR 2017
$$$$ | LEYDA | 14°

Embora a safra tenha sido quente, esse Pinot mostra uma fruta fresca e viva, com toques de especiarias, mas especialmente frutas. A boca tem uma boa aderência e acidez que é mostrada em todo o palato. Tem um nervo, uma garra e, novamente, a acidez que suporta tudo, o que faz tudo brilhar. Esse Pinot foi colhido bem no início da estação, no início de fevereiro, como forma de obter frutas mais frescas. O objetivo é alcançado aqui.

 BOYA ROSÉ
PINOT NOIR 2019
$$ | LEYDA | 12.5°

Com 95% de Pinot Noir e o restante de Garnacha, esse é um rosé para refrescar o verão. Delicado, frutado, tenso, com notas de frutas vermelhas ácidas e de flores, mas também com acidez para saciar a sede. São necessárias desse vinho uma ou duas caixas para as férias.

Garcés Silva

91 **BOYA**
CHARDONNAY 2018
$$ | LEYDA | 12.5°

Um Chardonnay fresco, nítido em frutas brancas e tropicais maduras. É um vinho que mantém a acidez, mas abre espaço para esse tipo de exuberância que lhe confere amplitude e cremosidade. Um Chardonnay para trutas.

91 **BOYA**
SAUVIGNON BLANC 2019
$$ | LEYDA | 12.5°

Boya é o ar fresco de Garcés Silva em Leyda e isso se mostra em seus toques de ervas, de frutas cítricas e deliciosa acidez. O contexto é um corpo médio, de boa cremosidade e uma acidez vibrante.

91 **BOYA**
SYRAH 2017
$$$ | LEYDA | 13.5°

A fruta aparece na frente nesse Syrah, mas também há notas de especiarias e de couro e um pouco de terra em um vinho que é fruta e que na aparência é simples, mas que em termos de aromas e sabores tem muito a mostrar.

90 **BOYA**
PINOT NOIR 2018
$$$ | LEYDA | 13.5°

Um Pinot simples e direto, cheio de frutas doces e maduras, mas ao mesmo tempo com uma acidez muito boa. Sirva-o fresco, para peixes grelhados ou para refrescar o terraço nas férias.

Hacienda Araucano

PROPRIETÁRIO François Lurton
ENÓLOGO Diego Vergara
WEB www.haciendaaraucano.cl
RECEBE VISITAS Sim

Proprietário
FRANÇOIS LURTON

O enólogo François Lurton - com vinícolas na Argentina, Espanha, França e membro de uma família em Bordeaux que está há várias gerações no negócio do vinho - tem esse projeto em Lolol, na parte oeste do vale do Colchagua, a 40 quilômetros do Pacífico. O iniciou nos anos 2000 com seu irmão Jacques Lurton, com quem chegou ao Chile nos 90 para assessorar a Viña San Pedro, mas agora continua sozinho. Tem um vinhedo de 28 hectares, com variedades como Carménère, Pinot Noir e Syrah, que são cultivadas de forma biodinâmica, como é conhecido o sistema que propõe o equilíbrio biológico dos solos e considera a influência dos astros. Além disso, é uma das poucas vinícolas que tem um vinho completamente natural. Um Syrah sem adição de sulfuroso, o conservante dos vinhos.

IMPORTADORES: BRASIL: www.supernosso.com.br | USA: www.winesellersltd.com

prova de vinhos

VINHOS

93 | **ALKA**
CARMÉNÈRE 2016
$$$$$ | COLCHAGUA | 15°

Alka é o tinto top de Hacienda Araucano. É 100% Carménère que vem de suas próprias vinhas em Lolol, a oeste de Colchagua e também da famosa área de Apalta, no mesmo vale, mas em direção às montanhas do interior. Essa versão possui uma fruta delicada e fresca, com toques de especiarias e de ervas. A madeira ainda está presente, mas há frutas suficientes para pensar que acabará sendo absorvida. Guarde esse vinho por três a quatro anos. Só ganhará em complexidade.

91 | **GRAN LURTON** (GRAN ARAUCANO)
CABERNET SAUVIGNON 2016
$$$$$ | COLCHAGUA | 14°

Da região de Lolol, a oeste de Colchagua, esse Cabernet Sauvignon possui uma importante cota de madeira, mas também de frutas vermelhas muito maduras em um corpo de taninos jovens e de média acidez, do tipo que não interfere nessa madurez. Um Cabernet de clima quente, mas com equilíbrio muito bom.

 CLOS DE LOLOL
C. FRANC, CARMÉNÈRE, SYRAH, C. SAUVIGNON, MALBEC 2016
$$$$ | LOLOL | 14°

Esse multivarietal é uma seleção que representa a vinha Hacienda Araucano na área de Lolol, a oeste do vale de Colchagua, uma área mais próxima da influência marítima, mas que geralmente não mostra esse lado mais frio dos vinhos costeiros. Estagia durante um ano em barricas, nesse caso, a fruta parece madura e voluptuosa, embora a acidez seja firme e os taninos pareçam tensos, muito jovens.

OUTRO VINHO SELECIONADO
89 | HUMO BLANCO EDICIÓN LIMITADA S. Blanc 2019 | Colchagua | 13.5° | $$$

Haras de Pirque

PROPRIETÁRIO Antinori Chile SPA
ENÓLOGA Cecília Guzmán
WEB www.harasdepirque.com
RECEBE VISITAS *Sim*

Enóloga
CECILIA GUZMÁN

A cordilheirana comuna de Pirque, em Maipo Alto, é a casa desta vinícola que costumava ser da família Matte, mas hoje pertence em sua totalidade aos italianos de Antinori, prestigiosa vinícola da Toscana e uma família cujo vínculo com o vinho remonta ao século XIV. Haras de Pirque nasceu no ano 2000, contando desde o início com Cecilia Guzmán como enóloga. A empresa tem ali 100 hectares de vinhedos e uma vinícola conhecida por sua particular arquitetura, que simula uma ferradura. Seu vinho emblemático é Albis, uma mescla Cabernet Sauvignon-Carménère que nasce dos melhores quartéis do vinhedo.

IMPORTADORES: BRASIL: www.winebrands.com.br | USA: www.smwe.com

Haras de Pirque

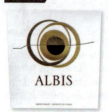

96 ALBIS
CABERNET SAUVIGNON, CARMÉNÈRE 2018
$$$$$ | MAIPO | 13.5°

Albis teve sua primeira versão em 2001 e sempre foi, com porcentagens diferentes, uma mistura de Cabernet Sauvignon e Carménère. Esse ano, o mix possui 60% de Cabernet Sauvignon das primeiras vinhas que Haras de Pirque plantou em 1991, em áreas planas em frente à vinícola, além de 40% de vinhedos nas montanhas. O estilo, aliás, mudou para um tinto de muito mais tensão, de muito frescor e de acidez vibrante que, nesse caso, é coberta de frutas vermelhas. Um vinho para o futuro, que hoje é delicioso abrir com carnes de caça.

94 GALANTAS GRAN RESERVA
CABERNET FRANC 2018
$$$$ | MAIPO | 13.5°

Essa é a segunda versão do Galantas, um Cabernet Franc (mais 15% de Carménère), baseado em vinhedos plantados em 2000 nas colinas da propriedade de Haras de Pirque, com cerca de 700 metros de altura. Aí a Franc adquire uma nota marcante de ervas, junto com frutas vermelhas maduras. Como parte de seu DNA, possui taninos firmes, mas nunca agressivos. É um vinho para guardar.

94 HUSSONET GRAN RESERVA
CABERNET SAUVIGNON 2016
$$$ | MAIPO | 13°

Uma fotografia da Cabernet de Pirque, com aromas mentolados, de ervas, tudo em uma estrutura de taninos sólida, firme, mas ao mesmo tempo fina, que se expande pelo palato como um delicado cobertor de aço. E a fruta, suculenta, refrescante, equilibrada em todos os seus aspectos. Esse Cabernet é uma seleção de vinhedos de Cabernet (mais alguns de Syrah e de Cabernet Franc) de vinhedos a oeste da vinícola de Pirque.

93 ALBACLARA
SAUVIGNON BLANC 2019
$$ | LEYDA | 13°

Haras de Pirque compra uvas para esse Sauvignon Blanc no vale de Leyda, em uma vinha a dois quilômetros do mar, plantada há cerca de 15 anos. Esse vinho mostra a influência fria do mar em sua acidez, mas também em suas notas salinas. Como não possui madeira no processo, as frutas e ervas são do lugar, sublinhando o frescor. Para sashimi de salmão.

92 HARAS DE PIRQUE
CHARDONNAY 2019
$$ | CASABLANCA | 13.5°

Um Chardonnay bastante austero, com nariz tímido, mas ricos em sabores na boca, concentrado, com uma acidez firme e suculenta, o que lhe confere uma dimensão mais exuberante e um final que se abre para um lado floral que deixa um sabor agradável. A textura é cremosa, a acidez continua até o final, sempre firme e crocante. Esse vem da área de Los Ovalle, na Baixa Casablanca, de uma vinha plantada no ano 2000, entre colinas.

‹ *prova de **vinhos*** ›

Indómita

PROPRIETÁRIO Changyu Pioneer Company
ENÓLOGO Diego Covarrubias
WEB www.indomita.cl
RECEBE VISITAS *Sim*

Enólogo
DIEGO COVARRUBIAS

Indómita é das vinícolas mais conhecidas de Casablanca, em parte porque, vindo de Santiago, é a primeira do vale. Também é uma das mais visíveis, devido à localização em altura, sobre uma colina, da vinícola. Ali em Casablanca têm 150 hectares de vinhedos e em Maipo contam com outros 350, especificamente no setor de Longovilo. Sua oferta de vinhos começa com a linha Gran Reserva, continua com a linha Duette e fecha com o Cabernet Zardoz, o top da vinícola. Indómita pertence ao grupo empresarial Changyu Pioneer Wine Company, donos também das vinícolas Porta, Agustinos e Santa Alicia.

VINHOS

93 | **DUETTE PREMIUM**
SAUVIGNON BLANC 2019
$$$ | CASABLANCA | 12.5°

A primeira coisa a procurar nesse Sauvignon é a sua textura cremosa, que desliza facilmente pelo palato, cobrindo todos os cantos do paladar. E depois os sabores maduros, à base de ervas e de frutas, expandindo seus aromas pela boca. Um clássico Sauvignon de clima frio, mas com a densidade adicional. Esse Sauvignon vem de um quartel rico em argilas, que geralmente dão mais volume aos vinhos. Essa é a primeira versão deste **Duette.**

93 | **ZARDOZ ULTRA PREMIUM**
CABERNET SAUVIGNON 2018
$$$$ | MAIPO | 14.2°

Indómita compra uvas na região de Mariscal, em Alto Maipo, um lugar clássico para a Cabernet chileno. Apresenta notas de mentol, toques suaves de ervas e, acima de tudo, frutas vermelhas maduras em um corpo muito macio, com taninos muito finos e polidos. Um vinho à moda antiga, um clássico de Maipo Alto que estagia por cerca de 18 meses em barricas e, além disso, foram adicionados 5% de Syrah para dar mais fruta e estrutura.

 DUETTE PREMIUM
CARMÉNÈRE, CABERNET SAUVIGNON 2018
$$$ | MAIPO | 14.8°

De vinhas de cerca de 15 anos plantadas na área de Longovilo, em Maipo Costa, essa é uma mescla suave e delicada, onde o lado herbáceo da Carménère parece predominar. Na boca, possui taninos muito polidos, corpo leve e é fácil de beber. Esta mistura possui 60% de Cabernet Sauvignon e 40% de Carménère e é uma seleção dos melhores quartéis de ambas as cepas nessa área do Maipo.

 GRAN RESERVA
CABERNET SAUVIGNON, CARMÉNÈRE 2018
$$ | MAIPO | 14°

Essa mistura de 60% de Cabernet Sauvignon e 40% de Carménère vem de

Indómita

vinhas próprias, plantadas no final dos anos 1990 na área de Longovilo, em Maipo Costa. Aqui há frutas vermelhas maduras que são mostradas graciosamente, em meio a sabores de ervas perfumadas, que podem vir da Carménère. O corpo é macio, com taninos muito finos em um vinho simples e direto.

 GRAN RESERVA CARIGNAN 2018 — $$ | MAULE | 13.9°

A mistura desse ano possui 95% de Cariñena da região de Melozal, mais 5% de Cabernet do Maipo em um vinho muito forte, de muito bom caráter de frutas vermelhas maduras e com a característica de acidez da cepa, que aqui é a rainha da festa.

 GRAN RESERVA SAUVIGNON BLANC 2019 — $$ | CASABLANCA | 12.5°

Uma versão suculenta e ao mesmo tempo firme de Sauvignon de Casablanca. Aqui existem notas de ervas, de frutas brancas maduras e um corpo com uma textura áspera, que se adere ao paladar pedindo algo mais gordurosa. Experimento-o com um mero ao forno.

OUTROS VINHOS SELECIONADOS
89 | GRAN RESERVA ROSÉ Pinot Noir 2019 | Casablanca | 12.4° | $$
87 | GRAN RESERVA Carménère 2018 | Maipo | 14.2° | $$

Invina

PROPRIETÁRIO Alex Huber
ENÓLOGO Camilo Díaz
WEB www.invina.net
RECEBE VISITAS Sim

Enólogo CAMILO DÍAZ

A família Huber, dos Estados Unidos, decidiu investir em vinho no Chile e, em 1999, começaram a comprar vinhedos no vale do Maule. Dois anos depois, Alex Huber se estabeleceu no Chile para comandar as operações, que hoje se concentram no Maule e cujos vinhos buscam mostrar a diversidade desse lugar. A marca Invina começou em 2007 e em 2012 a família abriu sua vinícola, onde processam uvas de cinco vinhedos da região. Atualmente, eles produzem cerca de dois milhões de garrafas. **IMPORTADOR:** USA: www.mhwltd.com

VINHOS

94 **OJOS VERDES CABERNET FRANC, CARMÉNÈRE, PETIT VERDOT 2017** — $$$$ | MAULE | 14.2°

Este **Ojos Verdes** é uma mescla de 50% Cabernet Franc, 26% de Carménère e o restante de Petit Verdot, não menos de 24%, bastante alto pelos padrões da cepa, uma uva que fornece vinhos fortes em taninos e acidez acentuada. No entanto, sob o sol de Batuco e a influência exercida pelo Pacífico naquela costa do Maule, a Verdot se mistura bem aqui. Seguindo o estilo da casa, é fresco, vivo, suculento, com taninos firmes, cheios de fru-

‹ prova de *vinhos* ›

tas vermelhas vibrantes em um vinho que chega, talvez na garrafa errada, a embalagem não é a certa. Mais do que garrafas pesadas e cores escuras no rótulo, ele deve vir em uma garrafa cor de vinho com cores brilhantes. Uma garrafa leve e mais luz em um vinho que sobram essas duas coisas.

92 | **SIERRA BATUCO LONE RIDER PREMIUM SELECTION** C. SAUVIGNON, SYRAH, CARMÉNÈRE 2016
$$$ | MAULE | **13.7°**

Esta mistura é baseada nas vinhas do Batuco. A Cabernet e a Carménère foram plantadas em 1999, enquanto a Syrah é de vinhedos mais jovens, de 2008. Os vinhos foram estagiados separadamente em barricas (30% novas) por 18 meses. Esse vinho segue a linha da casa, com tintos muito equilibrados, de muito boa fruta e frescor. Os taninos aqui são um pouco mais firmes, mas a fruta ajuda a fazer tudo parecer equilibrado. Apesar da garrafa pesada, este vinho é leve e suculento.

91 | **LUMA CHEQUÉN GRAN RESERVA** CABERNET SAUVIGNON 2017
$$ | MAULE | **14.2°**

A vinha El Peral foi plantada em 2006, em solos argilosos. Esse vinho mostra um pouco da voluptuosidade que as argilas dão, mas o que oferece mais são frutas vermelhas frescas e muito vibrantes. Na boca, é suculento, com taninos polidos e firmes, sustentando uma acidez que não tira esses deliciosos sabores de cereja. O estágio de um ano em barricas (90% novas) apenas traz notas de especiarias em um vinho que é, em essência, refrescante.

 LUMA CHEQUÉN GRAN RESERVA CARMÉNÈRE 2017
$$ | MAULE | **14.1°**

Os aromas desse vinho variam de frutas vermelhas maduras, toques de ervas e de cinzas, em um vinho tinto leve e bem equilibrado. Os taninos são macios e firmes, mantêm sabores refrescantes. Esse vinho é proveniente de duas vinhas do Maule, plantadas entre 1999 e 2008. O estágio foi prolongado por um ano em barricas, 90% usadas.

Iwines

PROPRIETÁRIA Irene Paiva
ENÓLOGA Irene Paiva
WEB www.iwines.cl
RECEBE VISITAS *Não*

Proprietária & enóloga
IRENE PAIVA

Este é o projeto pessoal de Irene Paiva, enóloga de longa trajetória no Chile. Paiva está entre as primeiras enólogas que empreenderam projetos pessoais, algo que hoje ocorre com frequência, mas que há uma década, quando começou IWines, era pouco comum. Elabora vinhos principalmente no vale de Curicó, onde tem sua pequena vinícola, nas proximidades do rio Teno. Produz anualmente umas 60 mil garrafas.

Iwines

VINHOS

92 | **I LATINA**
PETIT VERDOT 2018
$$$ | MOLINA | 14°

Tanto o Carménère quanto esse Petit Verdot vêm de suas próprias vinhas na área de Molina, plantada em 2008, em direção aos pés dos Andes, no vale de Curicó. Estagia de 12 meses em barricas, 20% novas. Aqui está a força do Petit Verdot, taninos firmes e a acidez acentuada de um vinho muito jovem, que precisa ser integrado, mas agora mostra uma rica camada de sabores.

90 | **I LATINA**
CARMÉNÈRE 2017
$$$ | PEUMO | 14°

A partir de uvas de uma vinha em Peumo, uma das principais origens para o melhor Carménère do Chile, tem doze meses de envelhecimento em barricas, 30% delas novas. O vinho é amável e maduro, com leves notas de ervas típicas da variedade. A madeira aparece, mas a suculência da fruta também é sentida.

OUTRO VINHO SELECIONADO
89 | I LATINA Syrah 2017 | Molina | 14° | $$$

Javiera Ortúzar Wines

PROPRIETÁRIA Javiera Ortúzar
ENÓLOGA Javiera Ortúzar
WEB www.javieraortuzar.cl
RECEBE VISITAS Sim

Proprietária & enóloga
JAVIERA ORTÚZAR

Javiera Ortúzar estudou agronomia na Universidade de Talca e depois enologia na Universidade da Califórnia. Em 2015, ela voltou ao Chile para iniciar esse projeto que se concentra nos vales de Colchagua e de Cachapoal. Javiera não possui vinhedos, mas os arrenda e, a partir daí, obtém uma produção que começou com 900 garrafas e hoje ultrapassa as vinte mil. **IMPORTADORES:** BRASIL: www.santiagovinhos.com.br

VINHOS

93 | **ÍMPETU**
PETIT VERDOT 2018
$$$ | COLCHAGUA | 13.9°

A vida anterior desse Petit Verdot foi um Sémillon plantado em 1958, que foi enxertado em 2009 com essa cepa bordalesa na área de La Patagua, no centro do vale de Colchagua. O vinho estagia por cerca de 14 meses em barricas usadas e a intervenção é mínima, com leveduras nativas e sem sulfitos. Mostra as frutas negras da Petit Verdot crescendo em uma área quente como Colchagua, mas também uma notável acidez natural que é a força, a energia por trás desse tinto, o detalhe que destaca os sabores.

ÍMPETU ENSAMBLAJE
PETIT VERDOT, SYRAH 2018
$$$ | RAPEL | 14.1°

Trata-se de uma mistura de 60% de Syrah de Cachapoal e 40% de Petit

‹ prova de *vinhos* ›

Verdot que foi originalmente um Sémillon plantado em 1958 e enxertado com essa cepa de Bordeaux em 2009. A Syrah é feita com maceração carbônica enquanto a Petit Verdot foi colhida cedo, para obter mais frutas frescas. O resultado é um vinho suculento, com ricas notas especiadas. A Petit Verdot parece fornecer acidez, mas não sua carga tânica usual, algo que acontece no final. Optem por um bom bife de chorizo.

92 | ÍMPETU
SYRAH 2018
$$$ | CACHAPOAL | 13.4°

Trata-se de um 100% Syrah plantado em solos rochosos do setor de Pichidegua, no extremo sul do vale de Cachapoal. O vinho é feito de acordo com a técnica de maceração carbônica, sem sulfitos e com leveduras nativas, ou seja, um vinho com intervenção mínima. Tem um lado suculento de frutas, com notas de especiarias e alguns detalhes de carne, tudo sobre uma textura muito macia, muito amável, de taninos muito domados que se expandem suavemente.

Kalfu

PROPRIETÁRIO Gonzalo Vial
ENÓLOGO Alejandro Galaz
WEB www.kalfuwines.com
RECEBE VISITAS Sim

Enólogo
ALEJANDRO GALAZ

Kalfu é um projeto de Ventisquero dedicado exclusivamente a vinhos que nascem perto da costa. No momento abarca terroirs próximos ao Pacífico nos vales de Huasco, Atacama, Leyda e Colchagua. Seu catálogo é composto de duas linhas, parte com Kuda e segue com Sumpai, de maior gama. O enólogo é Alejandro Galaz, também encarregado do projeto Ramirana e parte da equipe da linha Tara, de Ventisquero. **IMPORTADORES:** BRASIL: http://www.cantuimportadora.com.br | USA: www.australwines.cl

96 | SUMPAI
SAUVIGNON BLANC 2019
$$$ | HUASCO-ATACAMA | 13°

Esse Single Vineyard vem de um vinhedo plantado em 2009, a cerca de 18 quilômetros do mar, no meio do deserto de Atacama, o mais seco do mundo. Os solos aqui nunca foram cultivados e são salinos, brancos, e dão esse tipo de vinho austero em seu grau extremo. Esse é um vinho feito de sal. Não há nada de fruta aqui, apenas aquela sensação intensa e firme de um vinho que vem de um lugar extremo onde ninguém havia feito vinhos antes. Um vinho que não se parece com mais nada e, portanto, nos surpreende e encanta.

94 | KALFU SUMPAI
SYRAH 2018
$$$ | LEYDA | 13°

A vinhedo de Leyda da Ventisquero está plantado nas encostas aluviais do rio Maipo, na sua foz no Oceano Pacífico. Esse Kalfu em particular está localizado em um terraço aluvial com vista para o rio e recebe uma brisa

Kalfu

fresca do mar, que se sente em seu estilo fresco e herbáceo, com toques de toucinho, que são clássicos da Syrah de clima fresco, além de muitas frutas vermelhas maduras por todos os lados. O corpo é médio, fresco, rico em texturas polidas e com uma acidez que refresca tudo em seu caminho. Esse tinto estagia 15 meses em foudres.

93 KUDA
SAUVIGNON BLANC 2019
$$ | LEYDA | 13°

Esse Sauvignon é uma seleção de lotes plantados em solos de granito na propriedade da Ventisquero no vale de Leyda, próximo ao rio Maipo e muito perto da costa. Apresenta uma fruta cítrica suculenta, com uma textura tensa devido à acidez e à carga de frutas cítricas que se desdobram pela boca com exuberância. Para beber com polvo grelhado.

92 KUDA
CHARDONNAY 2018
$$ | LEYDA | 13°

Sem madeira e sem malolática "à procura de um Chardonnay mais tenso", como afirma o enólogo Alejandro Galaz. Esse mistura notas de frutas e minerais em um corpo suculento, marcado por acidez feroz. Kuda vem das encostas aluviais de Leyda, próximas ao rio Maipo.

91 SUMPAI
PINOT NOIR 2018
$$$ | LEYDA | 13.5°

Suculento em primeiro lugar, esse vinho é simples e direto, com taninos muito suaves e de frutas suculentas em um tinto que iria muito bom com atum grelhado. Vem de vinhedos próximos à foz do rio Maipo, no vale de Leyda, justamente sobre o primeiro terraço do rio, com vista para o Oceano Pacífico.

Kingston

PROPRIETÁRIO Família Kingston
ENÓLOGO Amael Orrego
WEB www.kingstonvineyards.com
RECEBE VISITAS Sim

Enólogo
AMAEL ORREGO

Esta vinícola do fresco setor de Las Dichas, em Casablanca, é um projeto de pequena escala. A maioria de suas uvas, que nascem de 140 hectares de vinhedos, é vendida para terceiros. Ele ficam com uma seleção que lhes permite produzir cerca de 50.000 garrafas ao ano. Nasceu em 1998 por iniciativa de Courtney Kingston, que propôs transformar o centenário campo familiar dedicado ao gado e à agricultura em uma vinha que aproveitasse as colinas de Casablanca. Se inspiraram em produtores californianos e foram dos primeiros do vale a apostar na Pinot Noir e na Syrah. A equipe enológica é composta de Amael Orrego e do consultor Byron Kosuge, da Califórnia.

IMPORTADOR: USA: www.kingstonvineyards.com

*< prova de **vinhos** >*

VINHOS

94 | ALAZAN
PINOT NOIR 2018
$$$$ | CASABLANCA | 12.5°

Alazan vem de vinhedos plantados em 1998 e também de vinhedos mais jovens em 2004, todos em solo de argilas e de granitos na área de Las Dichas, em Bajo Casablanca, a cerca de doze quilômetros do mar. Pela primeira vez, segundo o enólogo Amael Orrego, a seleção de barricas esse ano não incluiu madeira nova, simplesmente porque não era necessário. A profundidade dos sabores desse vinho é notável, as frutas são maduras e suculentas, com toques de especiarias e de ervas. A textura é envolvente, com ênfase na suavidade dos taninos e sua elegância. E tudo o mais são sabores de frutas na melhor versão desse vinho até o momento.

94 | BAYO OSCURO
SYRAH 2018
$$$$ | CASABLANCA | 13.5°

Um Syrah com o DNA da costa, aqui estão as notas clássicas de carne e de especiarias exóticas em um contexto de muita exuberância no nariz. A diferença desse vinho está na boca, onde a seleção de frutas resultou em um esqueleto de taninos firmes e tensos, de onde os sabores são projetados para frutas vermelhas maduras e novamente as especiarias. Um vinho encorpado, imponente, para costeletas de cordeiro com alecrim.

94 | CARIBLANCO
SAUVIGNON BLANC 2019
$$$ | CASABLANCA | 13°

Para esse Sauvignon Blanc, o enólogo Amael Orrego seleciona videiras das mais antigas da propriedade, plantadas em 1999, na cidade de Las Dichas, muito perto do mar em Bajo Casablanca. O vinho estagia com as borras em diferentes recipientes: ovos de concreto, barricas de madeira usadas e aço. Esse vinho caracteriza-se por ter uma densidade muito boa, um detalhe que em uma safra quente como 2019 é acentuada, junto com frutas maduras e uma acidez firme, da costa.

94 | KINGSTON
MERLOT 2018
$$$$ | CASABLANCA | 13°

Essa já é a segunda versão desse Merlot, uma seleção de vinhedos plantados em 1999 nas encostas de Las Dichas, em Bajo Casablanca. Isso acentua fortemente as frutas maduras e suculentas, com toques de ervas. É um Merlot crocante, muito direto em sua expressão frutada, de taninos polidos e uma acidez que brilha e que faz brilhar a fruta. Um vinho que pode ser bebido agora para apreciar esse caráter frutado ou esperar de três a quatro anos para conhecer seu lado mais complexo.

93 | LATE HARVEST
SAUVIGNON BLANC 2018
$$$$ | CASABLANCA | 14°

Esse Sauvignon vem de algumas fileiras que foram colhidas em meados de julho quando a botrytis já as tinham atacado completamente. O resultado é um pequeno néctar de sabores confitados, de muito boa acidez, 100%

Kingston

Sauvignon Blanc, que mantém o caráter da cepa, que mantém o frescor no meio de um vinho viscoso, pronto para beber agora com a sobremesa.

 SPARKLING BRUT NATURE
PINOT NOIR, CHARDONNAY 2017
$$$$ | CASABLANCA | 12°

O primeiro espumante de Kingston vem de suas vinhas na área de Las Dichas, na parte baixa de Casablanca e consiste em 50% Chardonnay e 50% Pinot Noir. Elaborado pelo método tradicional de segunda fermentação em garrafa e com 20 meses de guarda sobre as borras, possui um lado frutado muito presente, com aromas de frutas brancas ácidas e algo de ervas. É intenso na boca, com borbulhas muito polidas e redondas, que enchem o palato com sua suavidade.

 SABINO
CHARDONNAY 2018
$$$$ | CASABLANCA | 12.5°

Suculento e amável, com a textura de um Chardonnay corpulento, cremoso, amplo, mas ao mesmo tempo com a acidez proveniente da influência costeira (o Pacífico fica a 12 quilômetros de distância) e que oferece equilíbrio no meio de toda essa cremosidade. Tem 14 meses de estágio metade em ovos de cimento e metade em barricas, que fornecem notas de especiarias em um vinho cremoso.

 TOBIANO
PINOT NOIR 2018
$$$$ | CASABLANCA | 12.5°

Tobiano é uma seleção de vinhedos jovens plantados na propriedade de Kingston em Bajo Casablanca. Em média, eles foram plantados em 2004, com seleções clonais e massas. O envelhecimento é prolongado por oito meses em barricas de 400 litros e o que sai delas é um delicioso suco de frutas vermelhas, simples, muito amável e fresco. É um Pinot de frutas, de exuberância em frutas vermelhas e de corpo leve e amigável.

 LUCERO
SYRAH 2018
$$$$ | CASABLANCA | 14°

Com as notas típicas dos Syrah costeiros, esse cheira a carne e frutas vermelhas maduras em um fundo especiado, de especiarias exóticas. A boca é redonda e untuosa, com taninos suculentos que a agarram e a abraçam. Para cordeiro.

 ROSILLO
SYRAH 2019
$$$ | CASABLANCA | 13°

Esse rosado vem de uvas Syrah que foram colhidas pelo menos um mês antes da colheita normal, para garantir frescor e acidez ao estilo. Os cachos são prensados diretamente e o vinho é fermentado em madeira e em aço. O resultado é um rosé fresco, com muitas frutas e rica expressão varietal, com notas de especiarias e de ervas, mas principalmente frutas e mais frutas para o verão.

‹ *prova de **vinhos*** ›

Korta Wines

PROPRIETÁRIA Consuelo Korta
ENÓLOGO Ricardo Pérez Cruz
WEB www.korta.cl
RECEBE VISITAS *Sim*

Proprietária
CONSUELO KORTA

A família Korta chegou ao Chile no início do século XX do País Basco e inicialmente se dedicou ao curtume de couros, uma ocupação que eles exerciam na Espanha. No entanto, em 1997, decidiram expandir seus interesses e começaram a plantar vinhedos em Santa Ana de Peteroa, na Sagrada Família, no vale de Curicó. Hoje a base de seus tintos está nessa área, enquanto seus brancos vêm de Zapallar em direção à cordilheira pré-montanhosa de Curicó. No total, eles têm 180 hectares plantados. **IMPORTADORES:** BRASIL: www.vinhoeponto.com.br | USA: www.facebook.com/murfhydistributors

VINHOS

 A DE KORTA
PETIT VERDOT, CABERNET SAUVIGNON, CARMÉNÈRE, SYRAH 2016
$$$$$ | SAGRADA FAMILIA | 14.5°

A de Korta é uma mistura baseada em 40% Petit Verdot, o que explica os taninos que parecem presentes, mas nunca agressivos. É uma seleção de vinhedos da propriedade de Korta, em Sagrada Família, mas também é um blend de barricas. O resultado é um vinho que, como dissemos, possui uma trama densa e pulsante de taninos, mas também de frutas vermelhas maduras e de ervas que lhe conferem uma aparência mais fresca. É um tinto para guardar. Espere entre dois e três anos.

 BELTZ GRAN RESERVA
CARIGNAN 2017
$$$ | SAGRADA FAMILIA | 14.5°

Quando os Korta plantaram esse Carignan, o que eles pensavam era que a acidez da Cariñena poderia contribuir para a Carménère. No entanto, não prosperou porque a vinha estava desequilibrada, então um ano eles pararam de regá-la e o resultado mudou, o que demonstra a genética de "secano" da cepa. É rico em frutas vermelhas, com toques especiados e florais, em um contexto muito parecido com o da casa, mais sutil que corpulento. Polido e gentil. Não é comum encontrar uma boa Cariñena fora do Maule. E esse é um deles.

 RESERVA DE FAMILIA
PETIT VERDOT, CABERNET FRANC, CARMÉNÈRE, SYRAH 2015
$$$$ | SAGRADA FAMILIA | 14.5°

Esta é uma mistura das variedades que deram os melhores resultados à família Korta na vinha que plantaram na segunda metade dos anos 1990 em Sagrada Família. Tem 18 meses de estágio em barricas e é uma boa maneira de conhecer o estilo de Korta. Um vinho com boa presença de madeira, mas também com frutas vermelhas presentes. A textura aqui é macia, com taninos polidos e muito boa acidez.

861

Korta Wines

 SELECCIÓN ESPECIAL
GROSSE MÉRILLE 2019
$$ | SAGRADA FAMILIA | 13°

Grosse Mérille é uma variedade muito pouco conhecida no mundo e que no Chile é conhecida como Verdot Chileno. Pela genética, tem pouca cor e muito aroma, com taninos bem presentes. E é isso que você encontrará aqui, um vinho que é pura fruta acima de tudo, uma delícia de aromas de frutas vermelhas em um corpo aparentemente delicado, mas com taninos ferozes, com muita aderência. Um vinho que pode ser incrível no futuro, mas que agora é um trabalho em andamento. Pelo menos não vimos nada parecido no Chile. Um parente da Trousseau?

 BARREL SELECTION GRAN RESERVA
CABERNET SAUVIGNON 2017
$$ | SAGRADA FAMILIA | 14°

Esse Cabernet vem da área de Sagrada Família, a partir de vinhedos de 20 anos de idade. Estagia durante um ano em barricas, todas em madeira usada. O vinho oferece um rico equilíbrio de frutas vermelhas em taninos firmes, mas delicados em um delicioso fundo de acidez. Esse é para beber por garrafas.

 BELTZ GRAN RESERVA
CABERNET FRANC 2016
$$$ | SAGRADA FAMILIA | 14°

Leves toques de ervas e de frutas vermelhas maduras nesse Cabernet Franc muito ao estilo da casa. É quase frugal em corpo, com taninos finos e polidos e boa acidez. E com um final onde as notas de ervas aparecem. Para beber com embutidos.

OUTRO VINHO SELECIONADO

88 | BARREL SELECTION GRAN RESERVA Carménère 2017 | Sagrada Familia 14° | $$

Koyle

PROPRIETÁRIO Família Undurraga
ENÓLOGO Cristóbal Undurraga
WEB www.koyle.cl
RECEBE VISITAS *Sim*

Enólogo
CRISTÓBAL UNDURRAGA

Os Undurraga são das famílias dedicadas ao vinho mais tradicionais do Chile. Depois de vender a famosa vinícola Undurraga há mais de uma década, plantaram quase 1.000 hectares no setor de Los Lingues, no extremo cordilheirano do vale de Colchagua. Assim nasceu Koyle. Seguindo a viticultura orgânica e biodinâmica elaboraram em seus primeiros anos exclusivamente tintos, mas com o tempo estenderam seu catálogo também a brancos, vinificando uvas de Paredones, na zona costeira de Colchagua. E seguindo uma tendência em voga entre as vinícolas locais, ultimamente também elaboram vinhos do vale do Itata, especificamente as variedades Cinsault e Moscatel. Koyle é comandada desde o começo pelo enólogo Cristóbal Undurraga. **IMPORTADORES:** BRASIL: www.grandcru.com.br | USA: www.naturalmerchants.com

‹ *prova de **vinhos*** ›

VINHOS

 AUMA CABERNET SAUVIGNON, CARMÉNÈRE, PETIT VERDOT, MERLOT, MALBEC, CABERNET FRANC 2015
$$$$$ | COLCHAGUA ANDES | 14.5°

Auma é o vinho mais ambicioso da casa e é uma seleção dos melhores lotes da propriedade, plantada principalmente em solos rochosos nas partes superiores. Esse ano, Auma possui 39% Cabernet Sauvignon, 33% Carménère, 13% Cabernet Franc, 8% Malbec, 6% Merlot e o restante de Petit Verdot. Uma nova versão que, de certa forma, se alinha com o restante do catálogo de Koyle em busca de vinhos mais frescos e leves, mais equilibrados em sua acidez. Comparado às versões anteriores, esse é um Auma suculento, com sabores tensos, toques especiados e um frescor que percorre todo o vinho desde o início.

 CERRO BASALTO CUARTEL G2
CARMÉNÈRE, CABERNET FRANC 2017
$$$$$ | COLCHAGUA ANDES | 14°

O Cuartel G 2 é plantado apenas com Carménère e Cabernet Franc, mais ou menos na proporção de 80% e 20%, em solos rochosos nas áreas mais altas da vinha. A colheita desse ano quente foi iniciada na primeira semana de março para garantir maior frescor e isso se sente nas frutas vermelhas, mas, como em outros Carménère da casa, principalmente os nascidos em rochas, não possui características de pirazina, de toques vegetais, mas são apenas frutas vermelhas muito frescas. O corpo é médio, com uma acidez muito fresca, com toques frutados profundos, mas nunca perdendo frescor e a tensão no vinho é deliciosa hoje, mas ainda ganhará muita complexidade no futuro.

 CERRO BASALTO
MOURVÈDRE, GRENACHE, CARIGNAN, SYRAH 2017
$$$$$ | COLCHAGUA ANDES | 14.5°

Cerro Basalto é uma seleção de cerca de seis hectares de vinhedos, localizada na área mais alta do vinhedo. Os solos são rochosos e são plantados principalmente com variedades mediterrânicas, mas também algo de Carménère e Cabernet Franc que servem para os outros vinhos dessa linha, a colina Basalto Cuartel G2. Nesse caso, são cerca de 40% de Monastrell, 35% de Garnacha, 20% de Cariñena e o restante de Syrah. Todas as variedades estagiam separadamente e após um ano são integradas a um foudre de cinco mil litros. O vinho tem o caráter de vinhos mediterrâneos, mas com um sotaque aqui na estrutura de taninos da Monastrell em um ano muito quente. A fruta é exuberante e a acidez é gentil e persistente. Um vinho para curry de cordeiro.

 COSTA
SAUVIGNON BLANC 2018
$$$ | COLCHAGUA COSTA | 13°

Segundo o enólogo Cristóbal Undurraga, a safra de 2018 foi fresca, com rendimentos normais para a área. Esse vem de três vinhedos em Paredones, a cerca de dez quilômetros do mar. Um terço é fermentado e estagiado em barricas (da zona norte, a mais quente), o outro em ovos de cimento (uma encosta mais fria do sul) e o terceiro em tanques de aço com o que vem das áreas planas da vinha. O resultado é um vinho com duas faces, uma meio oxidativa, com aromas de frutos secos e de especiarias. E a outra radiante, com uma boca deliciosa, acidez crocante e ótima estrutura. Um vinho diferente no mercado, um mercado cheio de Sauvignon, onde às vezes é difícil diferenciá-los.

Koyle

COSTA CUARZO
SAUVIGNON BLANC 2019
$$ | COLCHAGUA COSTA | 13°

Um ano quente em Paredones, mas também com muita restrição hídrica, que diminuiu de maneira importante a produção de uvas, gerou vinhos de grande concentração, mas sem perder a acidez em um local influenciado pela brisa do mar, distante quilômetros. Tem sabores de frutas brancas maduras, com toques de ervas. O corpo é importante, de boa concentração e a acidez brilha.

ROYALE
CARMÉNÈRE 2017
$$$ | COLCHAGUA ANDES | 14°

A linha Royale vem das áreas mais altas da vinha de Los Lingues, com menos argila e mais rochas, além de vinhedos com maior densidade de plantio, acima de sete mil plantas por hectare. Tem suculência acima de tudo, não há toques de ervas ou, se houver, estão muito em segundo plano. Em primeiro lugar, há frutas vermelhas maduras e um vinho fresco, apesar dessa colheita ter sido muito quente em todo o vale Central. Toda a textura, toda o frescor em um Carménère de novas escola.

ROYALE
CABERNET SAUVIGNON 2017
$$$ | COLCHAGUA ANDES | 14°

Esse Cabernet vem do terceiro terraço da vinha Los Lingues, onde os solos são mais finos e as produções menores. Estagia 18 meses em barricas e o efeito se sente, segundo o enólogo Cristóbal Undurraga, na textura dos taninos. "No Cabernet de solos rochosos, com taninos duros, s barrica os amacia." O resto são frutos vermelhos maduros e bem amadurecidos de um ano quente, em um vinho tinto untuoso, mas sem perder de vista acidez.

ROYALE
SYRAH 2017
$$$ | COLCHAGUA ANDES | 14.5°

Um Syrah cheio de frutas, cheio de especiarias em um estilo cremoso, mas sem ser enjoativo, provém de um setor rochoso nas partes mais altas da vinha de Los Lingues. Lá o solo é fino, as produções são menores e os sabores mais concentrados, embora não necessariamente com texturas mais rústicas e severas. Tudo aqui é amável mas sem perder de vista a acidez, que o tempo todo aparece para refrescar.

CUVÉE LOS LINGUES
CABERNET SAUVIGNON 2017
$$ | COLCHAGUA ANDES | 14°

A linha Cuvée vem das áreas mais argilosas, do primeiro e do segundo terraço aluvial da vinha Undurraga, em Los Lingues. Tem algumas pedras, mas o que manda é a sensação redonda e untuosa, dada pelos vinhos que nascem em argila. Aqui há muitas frutas suculentas, toques especiados, mas acima de tudo uma textura amável e muito bem equilibrada. A aci-

‹ prova de *vinhos* ›

dez é de fundamental importância aqui, elevando os sabores, aportando crocância.

 COSTA
PINOT NOIR 2017
$$$ | COLCHAGUA COSTA | 13.5°

Em um ano quente, um dos mais quentes dos últimos anos no vale Central, Koyle consegue produzir um Pinot muito amável e suculento, com notas de frutas vermelhas e de especiarias, mas especialmente com muito pouca doçura, com frutas maduras mas não enjoativo, o que é um passo à frente no caminho dos Pinot em Paredones.

 ROYALE
TEMPRANILLO 2015
$$$ | COLCHAGUA ANDES | 14.5°

A evolução em garrafa deu a esse Tempranillo uma rica complexidade, nascida nos solos rochosos das áreas mais altas da vinha Los Lingues, em Colchagua Andes. Possui aromas especiados, notas terrosas e de frutos secos, no meio de um corpo que não perdeu nada de seus taninos, que ainda se sentem vivos e tensos.

 CUVÉE LOS LINGUES
CARMÉNÈRE 2017
$$ | COLCHAGUA ANDES | 14°

Dos solos argilosos da propriedade Undurraga em Los Lingues, aos pés dos Andes, esse é um suculento Carménère, com toques de ervas em todos os lugares, sabores vermelhos e toques de pimentão. Para afirmar a estrutura, possui 4% de Petit Verdot, mais 7% de Malbec para fornecer aromas de frutas. Um vinho adorável e simples.

 DON CANDE
CINSAULT 2019
$$ | ITATA | 14°

Da zona de Bularco, no vale de Itata e de plantas muito antigas cultivadas em granito. Tem a fruta vermelha da Cinsault, a textura muito macia e uma ligeira doçura que o torna mais compreensível. Um tinto simples, para se beber mais fresco.

⋘---⋙

La Causa

PROPRIETÁRIO Família Torres
ENÓLOGO Cristián Carrasco
WEB www.lacausadelitata.cl
RECEBE VISITAS *Sim*

Enólogo
CRISTIÁN CARRASCO

Revalorizar velhos vinhedos do vale do Itata é a proposta deste projeto da vinícola Miguel Torres. As variedades País, Cinsault e Moscatel, arraigadas nas profundidades do vale e associadas à vida camponesa, eram até pouco tempo atrás subestimadas pela cena local. Miguel Torres foi um dos protagonistas do resgate de uma delas, a uva País, com o espumante Estelado, que esta série de vinhos de alguma forma aprofunda esse caminho. O enólogo de La Causa é Cristián Carrasco, que precisamente começou em 2008 o projeto Estelado. La Causa é composta de quatro vinhos: um Cinsault, um Moscatel, um País e uma mescla tinta baseada em Cinsault. A produção anual é perto de 60.000 garrafas. **IMPORTADORES:** BRASIL: www.devinum.com.br | USA: www.parkstreet.com

VINHOS

 LA CAUSA BLEND
CINSAULT, PAÍS, CARIGNAN 2018
$$$ | ITATA | 14°

Essa é a mescla quase clássica de La Causa, proveniente de vinhas antigas na área de Itata. A mistura desse ano é composta por 62% de Cinsault, 23% do País e o restante de Cariñena. Desde o ano passado, esse vinho vinha apresentando uma importante mudança de estilo e essa nova colheita o corrobora. Aqui a fruta vermelha é a que rege em um tinto leve e suculento, refrescante e crocante. Esse é outro vinho para matar a sede, um estilo que em Itata tem excelentes expoentes.

 **LA CAUSA ROSÉ**
CINSAULT 2019
$$ | ITATA | 12°

Esse é o primeiro rosé de La Causa e, como parece lógico na filosofia da vinícola, esse é 100% Cinsault, de vinhas velhas em Itata. As uvas são prensadas e fermentadas em aço inoxidável. O vinho é uma pequena delícia de sabores de frutas vermelhas, com toques florais e corpo leve no meio de uma acidez que pinica a língua. Cerca de seis mil garrafas foram feitas desse vinho. Compre algumas garrafas para desarrolhá-las nesse verão. Um rosado ideal para matar a sede.

‹ *prova de vinhos* ›

La Junta

PROPRIETÁRIO Rodrigo Valenzuela
ENÓLOGO Ricardo Pérez Cruz
WEB www.lajuntawines.com
RECEBE VISITAS *Sim*

Proprietário
RODRIGO VALENZUELA

De propriedade de Rodrigo Valenzuela, que também é o seu gerente geral, esse projeto está localizado no vale do Curicó. Nasce em 2009 e trabalham com vários produtores, cobrindo aproximadamente 60 hectares de vinhedos. O único vinho em seu catálogo que não nasce em Curicó é o Pinot Noir, para o qual recorre ao mais fresco vale de Itata. Tem uma produção anual de cerca de 500.000 garrafas, a cargo do enólogo Ricardo Pérez Cruz. ☙ **IMPORTADORES:** BRASIL: www.obahortifruti.com.br   www.angeloni.com.br/super/ | USA: www.apollowinespirits.com

VINHOS

 GRAN RESERVA
CABERNET FRANC 2017
$$$ | CURICÓ | 14°

Há notas claras da Cabernet Franc: notas de ervas, de frutas vermelhas e de especiarias em um vinho de taninos firmes, com uma acidez muito boa e leves toques florais. Mas é a fruta vermelha que comanda, pelo menos na boca, enquanto o vinho é projetado com seus taninos suculentos. Um bom exemplo da cepa.

 GRAN RESERVA
CABERNET SAUVIGNON 2017
$$$ | CURICÓ | 14°

Uma boa mistura aqui de sabores de madeira e também de frutas. A estrutura tânica da Cabernet permite que a fruta seja mostrada com clareza, apoiando com sua tensão e estrutura. Outro bom vinho tinto de La Junta para levar ao churrasco.

 GRAN RESERVA
PETIT VERDOT 2017
$$$ | CURICÓ | 14°

Se é um daqueles que gosta de vinhos poderosos em taninos, vai gostar desse. A estrutura tânica é feroz nesse vinho, assim como sua acidez disfarçada pelas frutas vermelhas aqui, mas que impõe sua influência, trazendo frescor. É um vinho tinto grande, com bom potencial de envelhecimento, mas hoje delicioso com morcillas.

 LA JUNTA
CARIGNAN 2017
$$$ | CURICÓ | 14°

Esse é um Carignan tímido. Demora muito tempo a mostrar sua fruta, especialmente no nariz, onde mostra apenas algumas notas florais. Mas depois de alguns minutos, esse Carignan de Curicó (de maneira alguma um lugar habitual na cepa) começa a "se abrir", oferecendo muitas frutas vermelhas em um contexto de taninos macios, especialmente domados para ser de Carignan.

La Junta

OUTROS VINHOS SELECIONADOS

88 | CALICATA Syrah 2017 | Curicó | 14° | $$$
88 | GRAN RESERVA Carménère 2017 | Curicó | 14° | $$$
88 | MOMENTOS RESERVE Carménère 2018 | Curicó | 13.5° | $$
87 | MOMENTOS RESERVE Cabernet Sauvignon 2018 | Curicó | 13.5° | $$
87 | MOMENTOS RESERVE Syrah, Carménère 2018 | Curicó | 13.5° | $$
86 | MOMENTOS RESERVE Viognier, Sauvignon Blanc 2019 | Curicó | 13° | $$

La Moneda

PROPRIETÁRIO International Procurement and Logistics Ltda.
ENÓLOGO Nicolás Bizzarri
RECEBE VISITAS Não

Enólogo
NICOLÁS BIZZARRI

O palácio **La Moneda** funcionou como a Casa da Moeda no período colonial, atualmente esse palácio é a sede do governo chileno. É a principal construção chilena no estilo neoclássico e um dos principais marcos históricos do Chile. Essa é a inspiração para criar essa linha exclusiva para o Walmart. Essa gama de vinhos é o resultado de muito cuidado e paixão de enólogos talentosos para produzir vinhos de excelência, resultado de uvas de qualidade, tecnologia de ponta e as melhores práticas de enologia.

IMPORTADORES: BRASIL: www.big.com.br   www.samsclub.com.br | USA: www.prestigebevgroup.com

VINHOS

 CANCILLER RED BLEND SYRAH, C. SAUVIGNON, CARMÉNÈRE, GRENACHE, P. VERDOT, MOURVÈDRE 2015
$$$ | COLCHAGUA | 14.5°

Esta é uma seleção de algumas das mais altas vinhas na cidade de Puquillay, no vale de Colchagua, entre 600 e 900 metros, bastante alta para a média da região. Essa nova versão possui 46% Syrah, 20% Cabernet Sauvignon, 17% Carménère, 10% Garnacha e o restante de Petit Verdot e Monastrell. Comparado com a versão anterior, parece um pouco mais frio, com mais frutas vermelhas e com maior tensão, embora mantenha a mesma musculatura fibrosa dos vinhos de altura. Um delicioso vinho tinto, para beber agora ou em dois a três anos, só ganhará complexidade, enquanto a acidez aguda sentida hoje permitirá que ele continue envelhecendo.

 EMBAJADOR
SAUVIGNON BLANC 2019
$$ | LEYDA | 13.5°

Uma excelente relação qualidade-preço, sente-se nervoso e tenso em acidez. Tem sabores de frutas tropicais, tons de ervas em um corpo leve. Esse vem dos solos graníticos de Leyda, no vale de San Antonio, a cerca de 8 quilômetros do mar. O branco ideal para o aperitivo.

‹ prova de *vinhos* ›

 BRUT
CHARDONNAY, PINOT NOIR N/V
$$ | COLCHAGUA COSTA | 12.5°

Pumanque é a área mais ocidental (mais próxima do mar), onde La Moneda tem vinhedos em Colchagua e daí vem esse 85% Chardonnay, mais 15% de Pinot que vem de Leyda, também de seus próprios vinhedos. Este Charmat tem foco em frutas e frescor. Tudo aqui é deliciosa acidez, frutas brancas e borbulhas cremosas. Para beber por garrafas.

 BRUT ROSÉ
PINOT NOIR, CHARDONNAY N/V
$$ | LEYDA | 12.5°

85% desse vinho é Pinot Noir que vem da zona de Leyda, no vale de San Antonio, muito perto do mar. E isso se sente no frescor e agilidade desse vinho na boca. Com um açúcar residual por litro de pouco mais de cinco gramas, a fruta parece florescer. Um vinho que é um suco de framboesa com borbulhas.

 EMBAJADOR
CABERNET SAUVIGNON 2018
$$ | COLCHAGUA | 14°

Uma boa abordagem para a Cabernet Sauvignon, é uma amostra simples da cepa, focada em frutas vermelhas maduras ao invés de ervas. É suculento e tem textura muito macia. Esse Cabernet é proveniente de uvas compradas na área de Lolol, na região oeste de Colchagua.

 EMBAJADOR
CARMÉNÈRE 2018
$$ | COLCHAGUA | 13.5°

Da zona de Lolol, a oeste de Colchagua, esse é um clássico Carménère. Deliciosas frutas vermelhas em um contexto de toques de ervas, muito típico da variedade. A textura é bastante leve, com uma acidez rica em um vinho simples e fácil de beber, mas com a vantagem de mostrar um lado mais fresco e frutado da variedade.

 EMBAJADOR
CHARDONNAY 2019
$$ | CASABLANCA | 13.5°

Generoso em frutas tropicais, notas redutoras que parecem minerais, além de uma acidez fresca e viva nesse Chardonnay simples e que você bebe muito rápido. Essa é uma seleção de uvas que La Moneda compra na região de Bajo Casablanca, muito perto do Pacífico.

OUTRO VINHO SELECIONADO
89 | RESERVA Cabernet Sauvignon 2019 | Vale Central | 13.5° | $

La Prometida

PROPRIETÁRIOS Yang Yang & Cristóbal Barrios
ENÓLOGO Felipe Uribe
WEB www.laprometida.cl
RECEBE VISITAS Não

Proprietários
YANG YANG & CRISTÓBAL BARRIOS

Yang Yang e Cristóbal Barrios são o casal de donos de La Prometida, projeto focado na zona de Cauquenes, no vale do Maule. Ali contam com 30 hectares de vinhedos sem irrigação (secano), de onde produzem anualmente umas 30 mil garrafas. A cargo dos vinhos está o experimentado enólogo Felipe Uribe (Andes Plateau).

VINHOS

 **CAPRICHO** MERLOT 2017 | $$$ | CAUQUENES | 13.5°

Nos arredores da cidade de Cauquenes, esse vinhedo de Merlot foi plantado há cerca de 25 anos em solos de argila muito vermelha, que retêm a umidade, algo bom para uma cepa que precisa de água e, ainda mais, em um clima quente como o daquela área do Maule. Tem muitas frutas vermelhas, especiarias e flores em um corpo que oferece taninos selvagens. Cordeiro para acompanhar.

 **CAPRICHO** SYRAH 2017 | $$$ | CAUQUENES | 13.5°

A partir dessa vinha plantada há 15 anos nos solos das argilas de Cauquenes, La Prometida obtém dois vinhos para sua linha Capricho e ambos têm em comum uma estrutura firme de taninos, uma certa austeridade que se sobrepõe à fruta. Nesse caso, há frutas vermelhas e toques de especiarias, em um vinho intenso, poderoso e de textura selvagem.

 **REVOLTOSA** SYRAH 2019 | $$ | CAUQUENES | 13°

Segundo o enólogo de La Prometida, a linha La Revoltosa visa entregar vinhos frutados e simples. Esse é um exemplo muito bom. De solos ricos em argila e vinhas plantadas há 15 anos, esse é exuberante, untuoso, com taninos maduros e amáveis, quase como creme. O vinho estagiou em barricas durante seis meses, todas usadas.

 **REVOLTOSA** MERLOT 2019 | $$ | CAUQUENES | 13°

Esse vinho é proveniente de solos profundos e argilosos, que geralmente retêm melhor a água, algo nada desprezível em uma área quente como Cauquenes. Aqui está uma fruta exuberante, doce, madura e amável. Os taninos são suculentos em um vinho simples e cheio de frutas.

OUTRO VINHO SELECIONADO
88 | **REVOLTOSA** Nebbiolo 2019 | Maule Secano Interior | 13° | $$

‹ *prova de vinhos* ›

Laberinto

PROPRIETÁRIOS Rafael Tirado & Heidi Andresen
ENÓLOGO Rafael Tirado
WEB www.laberintowines.com
RECEBE VISITAS *Sim*

Proprietário & Enólogo
RAFAEL TIRADO

Laberinto é a vinícola que o enólogo **Rafael Tirado** tem no lago Colbún, na cordilheira do Maule, em sociedade com seu sogro. Começou nos 90 como algo pequeno, de poucas vinhas plantadas na casa de verão para consumo familiar. Aquilo pouco a pouco foi crescendo até chegar a ser uma vinha estabelecida e com vinhos que estão entre os de maior caráter do Chile. Ali, a 600 metros de altitude, entre a pré-cordilheira e o lago, em um clima relativamente fresco, tem um vinhedo de 18 hectares plantado em forma de labirinto circular, uma maneira que Tirado encontrou para que cada planta não crescesse em condições idênticas. Ainda que no catálogo todos os vinhos se destaquem por sua personalidade, a estrela indiscutível de Laberinto é o Sauvignon Blanc. **IMPORTADORES:** BRASIL: www.magnumimportadora.com | USA: www.brazoswine.com

VINHOS

 LABERINTO
MERLOT, CABERNET FRANC, CABERNET SAUVIGNON 2017
$$$$ | MAULE | 13°

Para **Laberinto**, o enólogo Rafael Tirado seleciona vinhedos em solos argilosos, tanto para o branco quanto o tinto e em ambos os casos a influência desse solo lhes confere um caráter mineral e terroso. Nesta mistura, há 60% Cabernet Franc, mais 30% de Merlot e o restante de Cabernet Sauvignon. A influência dos aromas de tabaco e de ervas da Franc tem um papel importante nesse vinho, mas o lado terroso e os sabores frutados que combinam com todos os outros elementos dão um delicioso frescor. Esse é um vinho de muitas camadas, com muito para entreter, mas acima de tudo, é um vinho elegante, sutil e equilibrado.

 ARCILLAS DE LABERINTO
RIESLING 2019
$$$ | MAULE | 12.6°

Esse novo vinho de Laberinto vem da parte superior da vinha, de quartéis de solo vulcânico. O vinho é fermentado em ânforas de argila e estagia por oito meses. Esse é um branco muito particular. Os amantes de Riesling provavelmente acharão difícil reconhecer o lado varietal porque a argila das ânforas, com mais de cem anos de idade, contribui por si só. Deve-se acrescentar também que, nessas tinajas forma-se uma pequena camada de véu de flor (o véu dos vinhos de Jerez) que adiciona um toque salino a tudo. Mas, tenha paciência para que esse vinho se abra lentamente e, se o nariz ainda mostrar esse lado salino e quase terroso, na boca ele se desdobra com seus aromas de ervas e de frutas, mas principalmente com uma textura que se apega ao paladar, com taninos quase rústicos, que grudam na língua e pedem ouriços ou talvez uma longa guarda de garrafa. Um vinho cheio de personalidade.

Laberinto

CENIZAS DE LABERINTO
SAUVIGNON BLANC 2019
95
$$$ | MAULE | 12.3°

Essa é uma seleção de vinhedos de Sauvignon Blanc, plantados em solos vulcânicos com vista para o lago Colbun, aos pés dos Andes, no vale do Maule. Pela primeira vez, o enólogo Rafael Tirado decidiu usar leveduras nativas, o que aportou, segundo ele, "um caráter mais selvagem". Especialmente nos aromas que mostram um lado terroso de uma maneira muito mais clara do que nas versões anteriores. Ao mesmo tempo, há uma deliciosa acidez, a acidez de um vinho de montanha, mas também uma estrutura de taninos que se agarra na boca com força e que é a característica central desse vinho, sua força em textura.

ARCILLAS DE LABERINTO
PAÍS 2019
94
$$$ | MAULE | 12.7°

Esse País vem de plantas que foram enxertadas em Syrah em 2010, em uma área alta da vinha, em solos de muita pedra. Vinificado e estagiado em argila por cerca de oito meses, com 20% de engaços, esse possui uma sutileza deliciosa, talvez comparável aos exemplos de País em zonas do sul, mais frias, como no sul do rio Biobío O clima frio da montanha pode se conectar a ambas as áreas e também no estilo de ambos os vinhos. É terroso e frutado em proporção semelhante, com taninos muito suaves e finos, em meio a deliciosos sabores de cerejas.

VISTALAGO DE LABERINTO MEZCLA TINTA
MERLOT, CABERNET FRANC, SYRAH 2017
94
$$$ | MAULE | 13°

A mistura de 85% de Merlot, 11% de Cabernet Franc e 4% de Syrah vem das seleções de quartéis em solos de granito que dão para o lago Colbún, na cordilheira do rio Maule. Tudo é fermentado em cimento e depois estagia em barricas usadas por um ano. A Merlot e seus sabores a frutas vermelhas misturam-se com especiarias em um vinho com caráter mentolado e taninos muito finos e suculentos, envolvendo frutas vermelhas deliciosas e frescas.

VISTALAGO DE LABERINTO MEZCLA BLANCA
RIESLING, CHARDONNAY, SÉMILLON 2019
93
$$$ | MAULE | 13°

Essa mistura consiste em 64% de Riesling, 20% de Chardonnay e 16% de Sémillon, sem passar por barricas, mas mantido em contato com borras em aço. A mistura total foi de cerca de 7.700 litros, dos quais cerca de 1.200 litros de Riesling foram fermentados em ânforas para proporcionar um pouco mais de complexidade. Um Riesling maduro e untuoso de sabores penetrantes é o que comanda, no meio de uma textura suculenta, mas ao mesmo tempo com taninos de firme textura, com grande força tanto nos taninos quanto na acidez. Precisa de tempo na garrafa, mas agora é perfeito para costeletas de porco defumadas.

‹ *prova de* *vinhos* ›

 CENIZAS DE LABERINTO
PINOT NOIR 2017
$$$ | MAULE | 13°

Em vinhas plantadas em solos vulcânicos e estagiado em barricas por doze meses, apela aos sabores terrosos de um vinho que possui uma boca muito poderosa, de taninos finos e delineados, mas ao mesmo tempo firmes e nervosos. Os sabores são maduros e as notas de terra e de frutos secos mandam em um vinho que, apesar de não ser rico em frutas vermelhas, ainda parece muito refrescante.

Lagar de Codegua

PROPRIETÁRIO René Piantini
ENÓLOGO Benjamín Leiva
WEB www.lagardecodegua.cl
RECEBE VISITAS *Sim*

Enólogos & viticultores
BENJAMÍN LEIVA & DANIELA ROJAS

Nas proximidades da localidade de Codegua, a 560 metros de altura, em Alto Cachapoal, localiza-se essa vinícola, que vem produzindo vinhos desde 2001. Todos são elaborados com uvas próprias, do vinhedo de 60 hectares que plantaram ali, em um planalto de solo pedregoso. Partiram centrados em Cabernet Sauvignon e Syrah e, com o tempo, foram ampliando para outras variedades tintas: Garnacha, Mourvèdre, Tannat, Petit Verdot, Carménère e Malbec. Os enólogos são Daniela Rojas e Benjamin Leiva, na empresa desde 2008 e 2016, respectivamente. **IMPORTADOR:** USA: www.vinodelsol.com

VINHOS

 ALUVIÓN ENSAMBLAGE
CABERNET SAUVIGNON, SYRAH, PETIT VERDOT, CARMÉNÈRE 2018
$$$ | ALTO CACHAPOAL | 14°

Aluvión é um rótulo clássico do catálogo de Lagar e, dessa vez, tem 55% de Cabernet Sauvignon, 22% de Syrah, 15% de Petti Verdot e 8% de Carménère, tudo de solos aluviais, ricos em pedras, um solo que junto à influência da brisa andina nessa região do Alto Cachapoal, é um local muito apropriado para que essas três cepas amadureçam e deem frescor. Após 14 meses em barricas, 20% delas novas, esse vinho ainda não afetou sua carga de frutas, embora existam taninos que precisem de tempo na garrafa para ganhar suavidade e complexidade.

 CODEGUA
TANNAT 2018
$$$ | ALTO CACHAPOAL | 14.5°

A vinícola possui apenas treze fileiras de Tannat, que dão cerca de seis barricas por ano de um vinho que cresce sob o sol e Tannat gosta de sol. A extração da Tannat tem sido fundamental para alcançar taninos tão mansos e amáveis, algo que não é usual na cepa. Um ano em madeira contribuiu para essa sensação de suavidade. A acidez, no entanto, essa sim é de Tannat, cortando os sabores maduros e dando textura e estrutura. Um Tannat moderno.

Lagar de Codegua

 CODEGUA
MALBEC 2018
$$$ | ALTO CACHAPOAL | 13.5°

Não há explicações para o caráter um tanto excêntrico desse Malbec. Cheira a carne defumada, terra e frutas da Malbec, cerejas vermelhas, aparecem ao fundo ao lado dos aromas florais, lembrando violetas. Segundo Benjamin Leiva, o enólogo de Lagar, as uvas sempre deram esse caráter que se desenvolve à medida que o vinho estagia em barricas. Eles virão delas? Quem sabe. O que sabemos é que esse vinho é adoravelmente amável e frutado.

 CODEGUA GSM
GRENACHE, MOURVÈDRE, SYRAH 2018
$$$ | ALTO CACHAPOAL | 14.4°

Este **GSM** começou a ser produzido em 2010 e essa versão possui 44% de Garnacha, 44% de Monastrell e o restante é de Syrah. O vinho tem um ano e um pouco mais de estágio em barricas e esse tempo permitiu moderar sua textura, mas acima de tudo o vinho parece integrado, com todos os seus sabores bem amalgamados. É opulento, de caráter mediterrâneo, untuoso, com frutas vermelhas maduras e uma boa acidez que existe para aportar maior verticalidade.

 EDICIÓN LIMITADA
SYRAH 2017
$$$ | ALTO CACHAPOAL | 14°

Um vinho cheio de frutas vermelhas, exuberante em sua expressão de morangos maduros, mirtilos. A boca é construída a partir de taninos firmes e jovens, impetuosos e o restante são muitos sabores de frutas vermelhas que se espalham por toda a boca. O vinho é fermentado com 15% de engaços e tudo estagia em barricas por cerca de 16 meses.

 LAGAR DE CODEGUA
CABERNET SAUVIGNON 2018
$$ | ALTO CACHAPOAL | 13.8°

Um excelente relação preço-qualidade para nesse Cabernet, que é especialmente exuberante e generoso por ser da variedade. Aqui há um pequeno festival de frutas azuis, pretas e vermelhas em um vinho com taninos muito firmes, corpo muito bom e, acima de tudo, muito sabor. Esse Cabernet vem de três quartéis nas vinhas de Lagar em direção aos pés dos Andes, em Alto Cachapoal.

 CODEGUA
MOURVÈDRE 2018
$$$ | ALTO CACHAPOAL | 14°

A Monastrell que Lagar plantou em 2006 na propriedade de Alto Cachapoal se estende por meio hectare e faz parte de sua linha de Codegua, orientada para as cepas do Mediterrâneo. Esse é um Monastrell rico em aromas frutados, com toques de ervas e de especiarias. A boca é cheia de sabor, com frutas pretas maduras na frente, com um corpo muito polido e macio, algo incomum na variedade.

‹ prova de vinhos ›

Lapostolle Wines

PROPRIETÁRIO Domaines Bournet Lapostolle
ENÓLOGA Andrea León
WEB www.lapostollewines.com
RECEBE VISITAS *Não*

Enóloga
ANDREA LEÓN

A família francesa Marnier Lapostolle (a mesma do licor Grand Marnier) abriu esta vinícola em Colchagua em 1994, e desde então é assessorada por Michel Rolland, o famoso consultor francês. O estilo de vinhos concentrados e voluptuosos que promove Rolland lhe trouxe muitos êxitos internacionais. O selo de Rolland segue presente nos vinhos da vinícola localizada no setor de Apalta, mas há tempos tem contraponto no catálogo: a linha Collection. É uma linha onde a enóloga da casa, Andrea León, se aventurou em outras direções, com vinhos caracterizados por sua força frutada e não nascem só em Colchagua, mas em lugares como Elqui, Maule ou Itata. **IMPORTADORES:** BRASIL: www.mistral.com.br | USA: www.winebow.com

VINHOS

 COLLECTION CERRO VERDE
MUSCAT 2018
$$$$ | ITATA | 13.5°

A Moscatel de Alexandria tem seu lugar em Itata, nas colinas costeiras de granito nessa área ao sul do Chile. A vinha foi plantada em 1940 e possui cerca de quatro hectares de videiras em secano. Para prepará-lo, a enóloga Andrea León incentiva a produção de véu de flor (estágio biológico), que nesse caso protege os sabores das frutas da oxidação e, ao mesmo tempo, fornece notas de sal, como nos vinhos do Jura. Um vinho de grande corpo e ao mesmo tempo grande frescor.

 VIGNO
CARIGNAN 2018
$$$$ | MAULE | 14°

Empredado é uma área do Maule muito perto do mar e os vinhos que são obtidos a partir daí geralmente têm esse caráter frutado, muito fresco. Esse é um bom exemplo de lugar, cheio de toques de cerejas ácidas e de flores e uma textura deliciosamente refrescante. Há força nos taninos, mas eles são tão finos que, no final, não se sentem. O que aparece é uma sensação pulsante no paladar e muitos sabores de frutas vermelhas.

 COLLECTION APALTA
CARMÉNÈRE 2017
$$$$ | COLCHAGUA | 14.5°

Essa é uma seleção de vinhedos de Carménère que Lapostolle plantou por volta do primeiro semestre dos anos 2000 nas encostas de granito de Apalta. Colhido no início da estação e envelhecido em barricas velhas, esse vinho tem uma boca leve, com muitas frutas vermelhas e toques suaves de ervas em um vinho acessível, frutado, mas ao mesmo tempo que envelhecerá muito bem. Acidez e taninos tem de sobra.

Lapostolle Wines

 COLLECTION APALTA
MOURVÈDRE 2018
$$$$ | COLCHAGUA | 14°

Um Monastrell especialmente domado, até submisso. Antes da força da cepa, aqui se tem uma textura deliciosa, fresca e amigável. A fruta é vermelha, para saciar a sede e beber por litros no verão. Esse vinho vem do topo de uma colina, na vinha de San José e foi enxertado com Syrah em solos de granito em um canto cercado por florestas nativas em Apalta.

 COLLECTION PORTEZUELO
CARMÉNÈRE 2017
$$$$ | COLCHAGUA | 14°

Para esse Carménère, parcelas de um vinhedo são selecionadas na área de Los Lingues, em Alto Cachapoal, perto dos pés dos Andes. Os solos são de granito, algo longe do conhecimento comum que diz que a cepa precisa de solos que retenham água. Aqui as uvas são colhidas cedo para capturar a fruta fresca. Além disso, esta colheita adiantada também oferece deliciosas e intensas notas de ervas. Um vinho que leva a tensão a outro nível, muito em sintonia com a nova onda dos Carménère que está começando a ser atualmente no Chile.

 CUVÉE ALEXANDRE
CABERNET SAUVIGNON 2018
$$$$ | APALTA | 14.5°

Baseado em vinhedos da região de El Condor, metade de videiras muito velhas e a outra plantada em 2005 (a primeira seleção massal e a segunda clonal), esse Cabernet envelhece por um ano em barricas usadas. Segundo a enóloga Andrea León, a vinha velha é mais rústica, com taninos mais firmes, enquanto a vinha clonal é muito mais suave e equilibrada. A mistura é deliciosa em frutas negras, especiarias e notas terrosas. Um vinho grande, mas ao mesmo tempo com deliciosa acidez, muito crocante.

 COLLECTION APALTA
SÉMILLON, TORONTEL 2018
$$$$ | APALTA | 13.5°

Essa mescla provém de uma vinha muito antiga, plantada nos anos 1930, com Sémillon e Torontel, todos misturados na vinha. A enóloga Andrea León calcula que a Sémillon representa pouco mais de 80% do total e se sente com seus sabores aromatizados e sua textura oleosa. Mas, a Torontel também contribui com seus toques cítricos em um vinho refrescante e suculento. Em média, o vinho tem contato com as peles por 6 semanas e, portanto, o tom meio laranja.

 COLLECTION COELEMU
CINSAULT 2018
$$$$ | ITATA | 14.5°

A Cinsault geralmente não possui essa textura de taninos, uma textura firme e quase rústica, que - junto com a fruta vermelha e deliciosamente fresca da cepa - oferece um vinho refrescante e ideal para o cordeiro. Os pisos de granito têm muita culpa nesse caráter, fornecendo essa textura, dando-lhe profundidade.

‹ *prova de **vinhos*** ›

 CUVÉE ALEXANDRE
CARMÉNÈRE 2018
$$$$ | APALTA | 14°

Cuvée Alexandre é uma seleção obtida de vinhedos plantados por volta de 1940 nos solos de granito de Apalta. Há também 20% das vinhas ainda mais antigas em El Condor, a área tradicional de Apalta e de onde vem o ícone Clos Apalta. O nariz tem uma nota acentuada de ervas, quase vegetal, que predomina com frutas vermelhas e um delicioso nervo de acidez. Uma mudança importante no estilo desse vinho, uma das versões mais frescas que lembramos.

 COLLECTION APALTA
PETIT VERDOT 2018
$$$$ | COLCHAGUA | 14°

O solo rico em argila geralmente produz vinhos voluptuosos e, nesse caso, consegue acalmar a extrema tanicidade da cepa, sua textura selvagem. Essa vinha está virada ao sul, uma orientação mais fresca, que ajuda a fruta a se sentir floral e fresca. Um vinho suculento em sabores e uma textura para nada domesticada. Optem por costeletas de cordeiro.

 LE ROUGE
SYRAH, MERLOT, CARMÉNÈRE, CABERNET FRANC 2018
$$$ | APALTA | 14.5°

Le Rouge é uma mistura de 29% de Carménère, 27% de Merlot, 22% de Syrah e 21% de Cabernet Sauvignon e o restante de Petit Verdot, tudo dos vinhedos de Lapostolle em Apalta. É um vinho tinto untuoso, com taninos grandes e uma estrutura firme, na qual a Syrah desempenha um papel importante, dando uma sensação de untuosidade e de amplitude.

COLLECTION SAN JAVIER
GRENACHE 2018
$$$$ | MAULE | 14.5°

Um Garnacha especialmente tânico, tem uma força sem precedentes para a cepa. A fruta é negra, a textura é selvagem e a arquitetura é monolítica: tudo parece firme e poderoso, embora a acidez aqui desempenhe um papel fundamental, fornecendo nervo.

 LE ROSÉ
GRENACHE, MOURVÈDRE, CINSAULT, SYRAH 2019
$$ | APALTA | 12.5°

Esse rosé vem de vinhas de Apalta, plantadas em 2005 no sopé de uma colina de granito, com solos profundos. Esse tem 56% de Cinsault, 21% de Syrah, 15% de Garnacha e o resto de Monastrell. Vinificado como branco, é um vinho rico em acidez, mas especialmente generoso em sabores de frutas vermelhas ácidas em um vinho feito para comer com frutos do mar gratinados. Ele tem boca suficiente para isso.

Las Casas de Vaquería

PROPRIETÁRIO Donoso Group
ENÓLOGO Felipe Ortiz
WEB www.donosogroup.com
RECEBE VISITAS *Não*

Enólogo
FELIPE ORTIZ

L as Casas de Vaquería faz parte do Donoso Group, uma vinícola com vários projetos no vale do Maule, como Casa Donoso e San V. Esses vinhos, em particular, provêm de Loncomilla, um setor tradicional do vale, conhecido por seus solos de granito e vinhas de baixa produtividade Com esta origem, o compromisso da Casas de Vaquería é encontrar vinhos aromáticos e intensos.

VINHOS

 LAS CASAS DE VAQUERÍA HERRADURA DE ORO
C. SAUVIGNON, CARMÉNÈRE, MALBEC, C. FRANC 2015
$$$$$ | MAULE | 14°

É uma mistura baseada nas vinhas de La Oriental, a base da vinícola e também baseada em 40% Cabernet Sauvignon das mais antigas vinhas da propriedade, algumas com mais de 70 anos. O estilo da casa é refletido nesse vinho, um estilo sutil, com texturas muito cuidadosas, sabores muito polidos e especiados e frutas maduras. Mas aqui, a vantagem é que há uma tremenda profundidade de aromas em um vinho importante, mas não estridente.

 LAS CASAS DE VAQUERÍA LAGO SUR GRAN RESERVA SAUVIGNON BLANC 2019
$$ | MAULE | 13°

A Las Casas de Vaqueria obtém as uvas para esse Sauvignon de vinhas de 25 anos na área do Lago Colbun, na Cordilheira do Maule. Esse é o Clone 1, o primeiro material clonal de Sauvignon que chegou ao Chile no início dos anos 1990 e é caracterizado por sua acidez dura e sabores bastante austeros. O enólogo Felipe Ortiz opta por colher as uvas posteriormente, para obter maior voluptuosidade. Dessa forma, além disso, disfarça algo do caráter do clone e obtém um Sauvignon cremoso, mas ao mesmo tempo com uma tremenda acidez e notas cítricas responsáveis por sublinhar esse frescor.

 LAS CASAS DE VAQUERÍA SERIE COLONIAL
C. SAUVIGNON, CARMÉNÈRE, MALBEC, C. FRANC 2017
$$$$ | MAULE | 13.5°

Trata-se de uma mistura de 40% de Cabernet Sauvignon e 30% de Carménère, ambas cepas da região de San Vicente, perto de Talca, de videiras plantadas em solos argilosos. Além disso, possui Malbec em 20% e Cabernet Franc em 10%, essas últimas variedades dos solos de granito de Loncomilla. O vinho estagia por 12 meses em barricas, embora apenas 10% sejam novas. O vinho precisa de ar para mostrar toda sua fruta, que é vermelha madura e decorada com ervas. A textura é tensa, os taninos são afiados e tudo é cercado por muitos sabores de frutas vermelhas.

 LAS CASAS DE VAQUERÍA 1692
C. SAUVIGNON, CARMÉNÈRE 2017
$$$$ | MAULE | 13.5°

Nesta mistura, há 50% de Cabernet Sauvignon das vinhas de granito em

‹ *prova de **vinhos*** ›

Loncomilla, além de outros 50% de Carménère de Talca, plantados em solos argilosos. Na mistura, a fruta vermelha e a tensão de Loncomilla prevalecem diante da maior amplitude e de especiarias de Talca em um vinho com 18 meses de barricas, mas que parece não afetar a força da fruta e seus aromas intensos de frutas vermelhas.

 LAS CASAS DE VAQUERÍA LAGO SUR GRAN RESERVA CABERNET SAUVIGNON 2018
$$ | MAULE | **13.5°**

Um Cabernet de aromas tensos e de frutas vermelhas, em meio a notas ricas de ervas e de especiarias. Esse Cabernet tem uma estrutura firme, construída a partir de taninos severos, mas ao mesmo tempo amável. Um vinho para bife, veio de duas vinhas no Maule, uma na área de Loncomilla, em solos de granito e a outra na área de Talca, em solos argilosos. As videiras têm cerca de 30 anos.

 LAS CASAS DE VAQUERÍA LAGO SUR GRAN RESERVA CARMÉNÈRE 2018
$$ | MAULE | **13.5°**

Para esse Carménère, o enólogo Felipe Ortíz utiliza frutas de dois vinhedos, um em Talca que dá mais frutas maduras e notas especiadas e outro em Loncomilla, com solos de granito, que dá mais frutas vermelhas e a maior tensão. Aqui parece que 50% da mistura rege, pois esse Carménère possui muitas frutas vermelhas em um corpo tenso, com acidez muito rica. 70% desse vinho estagia em barricas usadas por cerca de doze meses.

 LAS CASAS DE VAQUERÍA CORRAL A18 RESERVA SAUVIGNON BLANC 2019
$$ | MAULE | **13°**

De vinhedos de cerca de 20 anos na área pré-montanhosa do Maule, esse é fermentado e estagiado em aço. Tem um nervo delicioso, produto de uma acidez firme, que não deixa o vinho até o final do paladar. O corpo é leve, com sabores de frutas cítricas e de ervas em um vinho refrescante e pronto para beber agora no verão.

 LAS CASAS DE VAQUERÍA CORRAL A18 RESERVA CARMÉNÈRE 2018
$$ | MAULE | **13.5°**

Um Carménère muito claro em seu caráter varietal. Possui aromas de ervas e frutas, com intensidade semelhante, enquanto na boca apresenta uma presença muito boa de acidez e de taninos que picam a língua. Um tinto simples, mas muito equilibrado, proveniente de vinhedos de cerca de 20 anos, plantados na área de Talca e também em Loncomilla, ambos na área do Maule.

 LAS CASAS DE VAQUERÍA LAGO SUR GRAN RESERVA MALBEC 2018
$$ | MAULE | **13.5°**

As frutas vermelhas das vinhas plantadas em granitos em Loncomilla parecem muito claras nesse Malbec perfumado e suculento. A acidez mantém a tensão e os toques de violeta são sentidos. Um vinho fácil de beber, mas ao mesmo tempo com uma boa estrutura de taninos, como sanduíche de pernil.

OUTRO VINHO SELECIONADO
89 | LAS CASAS DE VAQUERÍA CORRAL A18 RESERVA C. Sauvignon 2018
Maule | 13° | $$

Las Niñas

PROPRIETÁRIO Família Bournazeau-Florensa, Cayard & Dauré
ENÓLOGO Eugenio Lira
WEB www.vinalasninas.com
RECEBE VISITAS *Sim*

Enólogo
EUGENIO LIRA

Las Niñas foi fundada no final dos anos 1990 em Apalta, uma das regiões mais conhecidas do vale de Colchagua. Nascido da parceria entre os franceses Bernard Dauré, Jean Pierre Cayard e Claude Florensa. Hoje a empresa possui 200 hectares de vinhedos e uma vinícola famosa por seu design, obra do arquiteto chileno Mathias Klotz. O enólogo é Eugenio Lira. **IMPORTADORES:** BRASIL: www.sommelier4u.com.br | USA: www.vinoviawinegroup.com.br

VINHOS

94 — E
CARMÉNÈRE 2018
$$$ | APALTA | 13.5°

Essa é a primeira versão deste E, um trabalho conjunto entre Edith Soler, enóloga da vinícola Terra Remota na Catalunha (cujo proprietário também é sócio de Las Niñas) e o enólogo chileno e responsável pelos vinhos de Las Niñas, Eugenio Lira. Provém de vinhas jovens, enxertadas em videiras de Merlot. Para produzi-lo, apenas ovos de concreto foram utilizados e essa primeira produção possui apenas 1.100 garrafas. Essa nova visão da Carménère, muito mais fresca e nítida em frutas, mas sem deixar de lado sua faceta de ervas, muito tensa e acompanhada por taninos suaves como o creme. Frutas e mais frutas frescas, sem vestígios de madeira nem nada que interfira no caráter da variedade.

92 — AMANTE
SYRAH, MOURVÈDRE 2017
$$$ | APALTA | 14°

Las Niñas plantou ambas as cepas nas encostas baixas das colinas de Apalta, onde existem solos de origem granítica que as variedades mediterrâneas como Syrah e Monastrell geralmente gostam como a base desse vinho. Parece austero na boca, com taninos severos e a acidez tensa. Os sabores são especiados e frutados, mas por enquanto tímidos. Precisa de alguns anos para integrar seu corpo e mostrar mais do que mostra hoje.

92 — SIN FILTRO
MOURVÈDRE 2018
$$$ | APALTA | 13°

Uma expressão rica e frutada de Monastrell, esse vem de solos rochosos em uma exposição fresca, que torna a maturação lenta e que parte do frescor das uvas é preservada. Isso é sentido no caráter vivo e crocante dos sabores que se expandem pela boca com seu frescor. Tem um ano em barricas de madeira usadas que conseguiram domar os taninos da cepa, mas ainda se sente boa aderência para escoltar carnes.

‹ *prova de **vinhos*** ›

 AMANTE
CABERNET SAUVIGNON, MERLOT 2017
$$$ | APALTA | **14°**

A safra de 2017 foi quente e deu vinhos de grande madurez, mas nesse caso essa madurez é muito bem mesclada com taninos firmes e notas de ervas (mais uma acidez acentuada) que fazem o vinho parecer fresco ou, pelo menos, não tão maduro. Aqui estão notas de frutos secos e de ervas, mas também de frutas vermelhas. Para se beber agora com salame.

91 **SIN FILTRO**
CHARDONNAY 2018
$$$ | APALTA | **13.5°**

Ao lado ao rio Tinguiririca, esse Chardonnay é plantado no terraço aluvial do rio, em uma área um pouco mais fria do que o habitual em Apalta. O vinho estagia um ano em barricas, o que quase não aparece. O que aparece é a fruta fresca no meio de um corpo bastante leve, com toques de ervas, mas especialmente frutados. A acidez marca os contornos da língua com precisão, com tensão.

Las Veletas

PROPRIETÁRIO Raul Dell'Oro
ENÓLOGO Rafael Tirado
WEB www.lasveletas.cl
RECEBE VISITAS *Não*

Enólogo
RAFAEL TIRADO

Mesclas tintas do árido costeiro maulino. Essa é a proposta de Las Veletas, projeto nascido em 2010 da sociedade entre Rafael Tirado (o mesmo da vinícola Laberinto) e o produtor Raúl Dell'Oro. Este último levava anos trabalhando um campo tradicional em Alquihue, comuna de San Javier, no extremo sudoeste do Maule, recuperando vinhas velhas de País e Carignan, e somando variedades bordalesas e mediterrâneas. A vinícola começou como um projeto familiar, com liberdade para experimentar a fim de dar com os resultados esperados e hoje segue mantendo uma escala relativamente pequena, com uma produção anual de 35.000 garrafas. Têm 150 hectares de vinhedos, com alguns quartéis de até 80 anos de idade.

VINHOS

 CUARTEL 60
CARMÉNÈRE 2017
$$$ | LONCOMILLA | **13.5°**

Esse Carménère vem do Cuartel Número 60, um terreno de cerca de 2,1 hectares plantado em 2004 em solos de granito. O vinho permanece por cerca de 14 meses em barricas usadas e o resultado é um Carménère que brilha em suas frutas vermelhas e de notas de ervas. Possui uma acidez incomumente alta para padrões de variedade, o que destaca os sabores das frutas e também a textura tem mais aderência. Um Carménère pouco comum.

Las Veletas

 LAS VELETAS
PETIT VERDOT, CABERNET FRANC 2018
$$$ | LONCOMILLA | 13.5°

A Petit Verdot manda aqui, não apenas na proporção da mistura (55%), mas também no caráter do vinho, na acidez persistente e nos toques de especiarias e de ervas ao lado de alguns taninos selvagens, de intensidade firme, quase como se fossem garras no paladar. O resto são deliciosas frutas vermelhas em seu frescor. Um vinho muito jovem que precisa de pelo menos dois anos na garrafa.

 LAS VELETAS GCM
GRENACHE, CARIGNAN, MOURVÈDRE 2018
$$$ | LONCOMILLA | 13.5°

Esse "GCM" possui 54% de Garnacha, 26% de Carignan e 20% de Monastrell, todos provenientes da vinha de Las Veletas, no Vale Loncomilla. Cada variedade estagia separadamente em barricas usadas por um ano e depois faz-se a mistura final e é engarrafada. O vinho mostra uma deliciosa fruta vermelha, muito vibrante e suculenta em meio a taninos com muita aderência, quase como se o vinho estivesse ancorado na boca, pedindo linguiças, de preferência as do Maule.

 LAS VELETAS
PAÍS 2018
$$ | LONCOMILLA | 13°

De vinhas muito antigas, de cerca de 120 anos plantadas na área de Loncomilla. Puro em frutas e também com uma parcela importante de sabores e de aromas terrosos, mostra também uma textura áspera e rústica, ideal para a cozinha abundante do campo.

 SINGLE VINEYARD CUARTEL 5
CABERNET FRANC 2017
$$$ | LONCOMILLA | 13.5°

Com toques suaves de ervas, típicos da cepa, apresenta notas de especiarias e de frutas, frutas vermelhas maduras em um vinho de grande concentração, de grande força em seus taninos. Parece muito jovem. Experimente com uma perna de cordeiro grelhada ou guarde-o por pelo menos três anos. Esse novo Cabernet Franc vem de uma parcela de 0,77 hectares plantada em 2003, nos solos graníticos do vale de Loncomilla.

 LAS VELETAS
CABERNET SAUVIGNON, CABERNET FRANC 2017
$$$ | LONCOMILLA | 13.5°

60% Cabernet Sauvignon e 40% Cabernet Franc nesse fresco e tenso blend. Apresenta notas terrosas, aromas especiados e de frutas vermelhas maduras em corpo médio, mas com taninos firmes, que pedem comida.

 LAS VELETAS
VIOGNIER 2018
$$ | LONCOMILLA | 13°

Uma amostra madura e untuosa de Viognier, essa é da área de Loncomilla, no vale do Maule. Além disso, o vinho estagia cerca de seis meses em barricas usadas que fornecem especiarias. Mas, acima de tudo, é frutado e floral, em um corpo amável e untuoso, para acompanhar camarões ao curry.

‹ prova de *vinhos* ›

Lastarria

PROPRIETÁRIO Luis Felipe Edwards Sr. & Senhora
ENÓLOGO Nicolás Bizzarri
WEB www.lfewines.com
RECEBE VISITAS *Não*

Enólogo
NICOLÁS BIZZARRI

Os vinhos de Lastarria fazem parte do portfólio da Luis Felipe Edwards, uma vinícola familiar chilena, em grande parte dedicada às exportações. As primeiras vinhas, que datam do início dos anos 1900, sua moderna vinícola e o centro de operações, estão localizados em Puquillay Alto, no coração do vale de Colchagua desde 1976. As vinhas da família Edwards alcançam 2000 hectares e estão distribuídas nos vales mais importantes da zona central do Chile. Suas várias propriedades incluem plantações a 900 metros de altura em Puquillay Alto, vinhas centenárias no Maule, plantações costeiras de clima frio em Leyda e Pumanque - Colchagua Costa - entre outras. Essa grande diversidade de vinhedos reflete-se em suas diferentes linhas de vinho.

VINHOS

94 | **MOUNTAIN RED BLEND** SYRAH, CABERNET SAUVIGNON, CARMÉNÈRE, GRENACHE, PETIT VERDOT, MOURVÈDRE 2015
$$$ | COLCHAGUA | 14.5°

Esta é uma seleção de algumas das mais altas vinhas na cidade de Puquillay, no vale de Colchagua, entre 600 e 900 metros, bastante alta para a média da região. Essa nova versão possui 46% Syrah, 20% Cabernet Sauvignon, 17% Carménère, 10% Garnacha e o restante de Petit Verdot e Monastrell. Comparado com a versão anterior, parece um pouco mais frio, com mais frutas vermelhas e com maior tensão, embora mantenha a mesma musculatura fibrosa dos vinhos de altura. Um delicioso vinho tinto, para beber agora ou em dois a três anos, só ganhará complexidade, enquanto a acidez aguda sentida hoje permitirá que ele continue envelhecendo.

 GRAN RESERVA
SAUVIGNON BLANC 2019
$$ | LEYDA | 13.5°

Em uma excelente relação qualidade-preço, sente-se nervoso e tenso em acidez. Tem sabores de frutas tropicais, tons de ervas em um corpo leve. Esse vem dos solos graníticos de Leyda, no vale de San Antonio, a cerca de 8 quilômetros do mar. O branco ideal para o aperitivo.

 BRUT
CHARDONNAY, PINOT NOIR N/V
$$ | COLCHAGUA COSTA | 12.5°

Pumanque é a área mais ocidental (mais próxima do mar), onde Lastarria tem vinhedos em Colchagua e daí vem esse 85% Chardonnay, mais 15% de Pinot que vem de Leyda, também de seus próprios vinhedos. Este Charmat tem foco em frutas e frescor. Tudo aqui é deliciosa acidez, frutas brancas e borbulhas cremosas. Para beber por garrafas.

Lastarria

 BRUT ROSÉ
PINOT NOIR, CHARDONNAY N/V
$$ | LEYDA | 12.5°

85% desse vinho é Pinot Noir que vem da zona de Leyda, no vale de San Antonio, muito perto do mar. E isso se sente no frescor e agilidade desse vinho na boca. Com um açúcar residual por litro de pouco mais de cinco gramas, a fruta parece florescer. Um vinho que é um suco de framboesa com borbulhas.

 GRAN RESERVA
CABERNET SAUVIGNON 2018
$$ | COLCHAGUA | 14°

Uma boa abordagem para a Cabernet Sauvignon, é uma amostra simples da cepa, focada em frutas vermelhas maduras em vez de ervas. É suculento e tem textura muito macia. Esse Cabernet é proveniente de uvas compradas na área de Lolol, na região oeste de Colchagua.

 GRAN RESERVA
CARMÉNÈRE 2018
$$ | COLCHAGUA | 13.5°

Da zona de Lolol, a oeste de Colchagua, esse é um clássico Carménère. Deliciosas frutas vermelhas em um contexto de toques de ervas, muito típico da variedade. A textura é bastante leve, com uma acidez rica em um vinho simples e fácil de beber, mas com a vantagem de mostrar um lado mais fresco e frutado da variedade.

 GRAN RESERVA
CHARDONNAY 2019
$$ | CASABLANCA | 13.5°

Generoso em frutas tropicais, notas redutoras que parecem minerais, além de uma acidez fresca e viva nesse Chardonnay simples e que você bebe muito rápido. Essa é uma seleção de uvas que Lastarria compra na região de Bajo Casablanca, muito perto do Pacífico.

 RESERVA
SAUVIGNON BLANC 2019
$ | LEYDA | 12.5°

É o vinho base de Lastarria em Leyda e em Sauvignon Blanc, um branco delicioso e refrescante que mostra o potencial da vinícola nesses vinhedos plantados em 2005. Aqui há uma deliciosa pureza de frutas frescas, muito influenciada pelo vinho. Brisas marinhas, distantes cerca de 8 quilômetros em linha reta. Atenção aqui. Um vinho para o ceviche.

OUTROS VINHOS SELECIONADOS

89 | CLASSIC Pinot Noir 2019 | Vale Central | 12.5° | $
88 | CLASSIC RED BLEND C. Sauvignon, Carménère, Syrah 2019 | Vale Central 13.5° | $
88 | CLASSIC Malbec 2019 | Vale Central | 13° | $
88 | CLASSIC Syrah 2019 | Vale Central | 13.5° | $

‹ prova de *vinhos* ›

Laura Hartwig

PROPRIETÁRIO Família Hartwig
ENÓLOGO Renato Czischke
WEB www.laurahartwig.cl
RECEBE VISITAS *Sim*

Enólogo
RENATO CZISCHKE

Laura Hartwig foi fundada em 1994, ainda que o vínculo da família com o vinho remonte a vários anos atrás, quando o engenheiro Alejandro Hartwig, seu fundador, voltou ao Chile depois de uma década trabalhando no Canadá. O auge do vinho na América do Norte e o interesse global pelos vinhos do Novo Mundo o impulsionaram a cultivar vinhas em Santa Cruz, em pleno vale de Colchagua. Depois de anos vendendo a terceiros, decidem engarrafar seus próprios vinhos. E desde o começo os vinhos de Laura Hartwig se caracterizaram por se distanciar da tendência da sobremadurez e o uso excessivo da madeira que primou nos vinhos de Colchagua. Hoje seguem nesse caminho com a equipe enológica dirigida desde 2010 por Renato Czischke e com Felipe García (da vinícola P.S García) como assessor.

IMPORTADORES: BRASIL: www.dagirafa.com.br | USA: www.oasiswines.com

VINHOS

 EDICIÓN DE FAMILIA
C. SAUVIGNON, MALBEC, P. VERDOT, C. FRANC 2017
$$$$ | COLCHAGUA | 14°

Essa mescla possui 44% de Cabernet, da vinha Los Nogales, plantada em 1980, Malbec em 38%, Petit Verdot em 12% e o restante em Cabernet Franc. O vinho é armazenado por 15 meses em barricas e o que você recebe são notas de frutas vermelhas e de ervas. O calor do ano é sentido, mas não é tão óbvio como em outros vinhos da mesma safra de Hartwig. Aqui há frescor, tensão e uma textura refinada, muito polida.

 SELECCIÓN DEL VITICULTOR BLOCK SAUCE
CABERNET FRANC 2017
$$$ | COLCHAGUA | 14°

Uma boa abordagem da Cabernet Franc, especialmente considerando que é um ano muito quente em uma área também muito quente como Santa Cruz. Esse Cabernet Franc mostra toques de especiarias e de ervas, mas principalmente de frutas vermelhas, com taninos firmes, algo selvagens, que precisam de embutidos para se acalmarem. Esse Selección del Viticultor vem da vinha Los Sauces, plantada em 1994.

 SELECCIÓN DEL VITICULTOR BLOCK LOS NARANJOS PETIT VERDOT 2017
$$$ | COLCHAGUA | 14°

Laura Hartwig plantou Petit Verdot em 2006 em seu campo de Santa Cruz, um lugar quente onde essa variedade - que geralmente entra nas mesclas - parece se sentir à vontade. Aqui há frutas vermelhas maduras e exuberantes em um corpo marcado por taninos selvagens. Precisa de mais alguns anos em garrafa.

 SELECCIÓN DEL VITICULTOR BLOCK NOGALES
CABERNET SAUVIGNON 2017
$$$ | COLCHAGUA | 14°

Esse Cabernet é proveniente da vinha Los Nogales, a mais antiga da proprieda-

Laura Hartwig

...de da família Hartwig em Colchagua, plantada em 1980. Sente-se a safra mais quente de 2017. As frutas são maduras, com toques de especiarias doces e os taninos ferozes, ainda muito jovens. Deixe esse vinho alguns anos em garrafa.

90 | **LALUCA**
MALBEC 2019
$$ | COLCHAGUA | 13.5°

Essa já é a terceira edição de Laluca, o vinho mais descontraído de Laura Hartwig. Sem estágio em madeira, envelhece em ovos de cimento por oito meses, esse Malbec possui muitas frutas, muito frescor e uma textura muito agradável, além de uma acidez que faz desse vinho um tinto irresistível para o verão.

OUTRO VINHO SELECIONADO
86 | SINGLE VINEYARD Cabernet Sauvignon 2017 | Colchagua | 13.5° | $$

Leyda

PROPRIETÁRIO VSPT
ENÓLOGA Viviana Navarrete
WEB www.leyda.cl
RECEBE VISITAS *Não*

Enóloga
VIVIANA NAVARRETE

No fim dos anos noventa, quando Leyda era uma zona não irrigada costeira tradicionalmente ligada ao gado e ao trigo, esta vinícola foi das primeiras a apostar ali na viticultura. Tal como sucedeu a quem anos atrás se aventurou em Casablanca, a aposta rendeu frutos: Leyda está hoje entre as denominações mais prestigiadas do Chile e a vinícola, entre as mais destacadas da viticultura costeira. A família fundadora (Fernández) a vendeu no ano 2007 ao grupo San Pedro, ainda que a vinha tenha mantido seu caráter original. Apesar de manejar vinhedos em Colchagua e Maipo para alguns tintos, seu centro segue sendo seu lugar de origem. Ao primeiro vinhedo que desenvolveram ali, El Maitén, a sete quilômetros da costa, se soma um novo, El Granito, a só quatro quilômetros e nas margens do rio Maipo. **IMPORTADORES:** BRASIL: www.grandcru.com.br | USA: www.winebow.com

VINHOS

95 | **LOT 4**
SAUVIGNON BLANC 2019
$$$$ | LEYDA | 13°

Este **Lot 4** provém de pisos de granito que geralmente dão mais aderência e tensão aos vinhos, principalmente quando se trata de vinhedos próximos à influência fria do mar, como é o caso desse branco. Metade do vinho estagia em ovos de cimento e a outra metade em foudres, o que contribuiu para a sedosidade e a cremosidade na boca. Precisa de tempo, mesmo em garrafa, mas os sabores frescos e especiados oferecem muita complexidade e vivacidade. Para guardar.

94 | **LOT 21**
PINOT NOIR 2018
$$$$ | LEYDA | 13.5°

Essa é uma seleção de vinhedos plantados em El Maitén, o vinhedo que

‹ prova de *vinhos* ›

data de 2008 em Leyda, a cerca de 12 quilômetros do mar. O vinho estagia metade em ovos de cimento e a outra em diferentes formatos de madeira. O vinho tem uma qualidade frutada muito acentuada, com toques florais, mas acima de tudo frutas vermelhas no meio de um esqueleto firme, feito de taninos afiados e amáveis Esse é um vinho para guardar.

94 | LOT 5
CHARDONNAY 2018
$$$ | LEYDA | 13.5°

Lot 5 vem de uma encosta voltada para o sul, uma exposição fria, nos solos aluviais do terraço do Maipo, pouco antes do rio desaguar no oceano Pacífico. Aqui se tem uma expressão firme e suculenta de Chardonnay. Tem toques de ervas, mas especialmente notas cítricas e de frutas brancas frescas em um vinho vibrante e com nervo e, a propósito, ainda muito jovem. Tenha paciência por alguns anos, essa paciência será recompensada.

94 | LOT 8
SYRAH 2018
$$$$ | LEYDA | 13.5°

Selecionado a partir de uma vinha plantada voltada para o norte, em uma calorosa exposição sobre solos de granito comuns na cordilheira da Costa, esse tinto possui uma forte presença de frutas vermelhas maduras e de especiarias, que dá a sensação, no início, de ser um suco de amoras, mas depois de um tempo na taça mostra seus sabores e sua complexidade. Beba hoje com queijos maduros ou guarde-o por cerca de cinco anos.

94 | SINGLE VINEYARD GARUMA
SAUVIGNON BLANC 2019
$$ | LEYDA | 13°

A base desse vinho é o clone 1, o primeiro material clonal de Sauvignon que chegou ao Chile em meados da década de 1990. O caráter desse clone é geralmente bastante austero, mas com uma boca muito boa, como é o caso desse Sauvignon. Além disso, esse ano possui 5% de barricas velhas, para "dar algo mais na boca", como diz a enóloga Viviana Navarrete. E tem uma boca, especialmente quando se trata de uma colheita quente como 2019, que deu vinhos de cremosidade rica. Aqui se tem esse creme, mas com uma acidez deliciosa e acentuada.

93 | SINGLE VINEYARD CAHUIL
PINOT NOIR 2018
$$ | LEYDA | 13.5°

Cahuil é tradicionalmente o vinho com mais concentração e madurez dos dois Single Vineyard de Leyda. E se comparado a Las Brisas, parece mais amplo, mais cheio. De uma encosta voltada para o norte, em uma orientação mais quente, é mais amplo, mais oleoso, enchendo a boca mais do que seu irmão Las Brisas.

 SINGLE VINEYARD KADÚN
SAUVIGNON GRIS 2019
$$ | LEYDA | 14°

A Sauvignon Gris de Leyda tem a untuosidade da cepa e aquela certa seriedade de vinho de baixa acidez, mas de grande caráter frutado. Aqui se

Leyda

tem isso, mas também a influência do mar, muito próxima ao vale de Leyda, aporta acidez e tensão, o que faz deste Kadún um vinho redondo e vibrante.

 SINGLE VINEYARD LAS BRISAS
PINOT NOIR 2018
$$ | LEYDA | 14°

Desde a safra de 2017, Las Brisas é uma mescla de duas vinhas, uma a clássica Los Maitenes, no interior de Leyda, e a outra Granito, nos terraços aluviais do Maipo, muito perto do Pacífico. As duas vinhas, no entanto, têm a mesma orientação sul, mais fria, o que confere a esse vinho uma certa fragilidade. As frutas são vermelhas e maduras, mas acompanhados por uma acidez suculenta, em um contexto de taninos muito polidos e elegantes. Las Brisas, como sempre, é um vinho sutil.

 RESERVA
PINOT NOIR 2019
$$ | LEYDA | 13.5°

Uma relação preço-qualidade impressionante, esse Pinot Noir de Leyda vem de solos de granito e de argila desse vale, sobre a Cordilheira da Costa. Possui 20% de barricas usadas e o restante em aço inoxidável para preservar a fruta. E a fruta é deliciosa, vermelha, firme, tensa. Apenas Zorzal Terroir Único (de Gualtallary, no vale de Uco) pode competir em qualidade e preço com esse vinho. Dois mundos opostos, mas unidos por frutas vermelhas e um espírito de vinho de sede para todos os bolsos.

 SINGLE VINEYARD CANELO
SYRAH 2018
$$ | LEYDA | 13.5°

Segundo a enóloga Viviana Navarrete, a Syrah é uma variedade que mal amadurece na área em que foi plantada em Leyda, a cerca de 12 quilômetros do mar. Nesse Syrah esse efeito é sentido. A fruta é vermelha, tensa, com taninos firmes e frutas vermelhas seguidas de especiarias em um vinho com uma estrutura pulsante para o cordeiro.

 SINGLE VINEYARD NEBLINA
RIESLING 2019
$$ | LEYDA | 12.5°

Em solos aluviais no terraço norte do rio Maipo, no vale costeiro de Leyda, esse apresenta notas de peras e de maçãs em um branco de textura oleosa, com acidez fulminante e tensa, como uma flecha atravessando o palato e dando-lhe uma dimensão de nervo e crocância. Para guardar ou abrir agora com ostras.

 SINGLE VINEYARD FALARIS HILL
CHARDONNAY 2018
$$ | LEYDA | 13.5°

Após os aromas de frutas maduras, há uma camada de frutas cítricas e de notas frescas nesse Chardonnay. É tenso e vivo, mas também de textura redonda, oleosa e cheia na boca. Esse é uma seleção de dois quartéis com exposição ao sudeste mais frio e é parcialmente responsável pelo brilho da acidez e frutas aqui.

‹ prova de vinhos ›

 RESERVA
SAUVIGNON BLANC 2019
$$ | LEYDA | 13.5°

Cheio de frutas maduras e de ervas, esse é um filho da safra quente de 2019 e de suas texturas amáveis e cremosas, mas sem deixar de lado a acidez que, nos melhores exemplos desse ano, oferece um rico contraste entre esse creme e essa acidez de limão. É esse o caso e por um preço muito baixo.

Loma Larga

PROPRIETÁRIO Felipe Díaz Santelices
ENÓLOGA Tamara de Baeremaecker
WEB www.lomalarga.cl
RECEBE VISITAS *Sim*

Proprietário
FELIPE DÍAZ SANTELICES

Mesmo que Casablanca se associe a brancos, **Loma Larga,** que também os elabora, destaca-se por se focar em tintos. Syrah, Pinot Noir, Cabernet Franc e Malbec estão entre as especialidades desta vinícola localizada na zona de Camino al Tranque, Lo Ovalle, um lugar relativamente fresco devido à sua distância de 26 quilômetros do mar. "Tintos de clima frio" é o conceito que eles mesmos sublinham com seu selo. Em Lo Ovalle têm 148 hectares de vinhedos plantados em 1999, que é quando começou este projeto criado pela família Díaz. O catálogo tem duas linhas: Lomas del Valle e Loma Larga. A primeira é a linha de entrada e que agrupa seus vinhos mais leves, enquanto que a segunda tem vinhos de maior concentração. Além disso, têm duas mesclas tintas: Quinteto e Rapsodia, que é seu vinho mais ambicioso, baseado em Syrah. Da elaboração dos vinhos se encarrega, desde 2016, a enóloga Tamara De Baeremaecker. **IMPORTADORES:** BRASIL: www.winemais.com.br | USA: www.tri-vin.com

VINHOS

 RAPSODIA
SYRAH, CABERNET FRANC, MALBEC 2018
$$$$ | CASABLANCA | 14.5°

Rapsodia é um dos dois melhores vinhos de Loma Larga (o outro é SAGA) e é baseado em Syrah, que esse ano contempla 60% da mistura. Cada variedade é vinificada separadamente e também é estagiada separadamente em barricas, por cerca de 20 meses. A presença da Syrah aqui é evidente, com seus toques de carne que se mesclam aos sabores de frutas. É um vinho líquido com clima frio, mas com uma alta madurez que lhe dá uma sensação de untuosidade.

 SAGA
CABERNET FRANC 2017
$$$$$ | CASABLANCA | 14.5°

SAGA é uma seleção das melhores barricas da vinha de Loma Larga, no vale de Casablanca. É feito apenas nos melhores anos e, de fato, essa é apenas a segunda safra desde sua estreia em 2011. A colheita de 2017 foi generosa em sol e calor e isso permitiu ao Cabernet Franc dessa área bastante fresca de Casablanca (a cerca de 25 quilômetros do Pacífico, conhecido como Bajo Casablanca) amadurecer sem problemas, oferecendo um tinto de toques de

Loma Larga

ervas e tabaco, mas também com frutas doces e suculentas. A textura é muito redonda, muito macia, mas o corpo é imponente, com a extrema madurez que pode ser alcançada em um clima frio. Para guardar.

 LOMA LARGA
CHARDONNAY 2018
$$ | CASABLANCA | 13.5°

De vinhedos plantados em 1999, na área de Lo Ovalle, a cerca de 25 quilômetros do mar, estagia (30% do volume) em barricas por dez meses. E a barrica não parece ou, pelo menos, não oferece esses sabores torrados, mas sim especiados, o que acrescenta um charme extra a esse vinho de textura cremosa, mas ao mesmo tempo com uma acidez de limão. Os sabores são longos e profundos em um Chardonnay para ensopados de frutos do mar.

 LOMA LARGA
SYRAH 2018
$$$$ | CASABLANCA | 14.5°

A influência do mar, a cerca de 25 quilômetros, é sentida aqui nas notas de carne e de bacon. O restante é fruta negra madura e uma estrutura de taninos que se sente sólida, espessa o suficiente para sustentar toda sua fruta. Com o ar na taça, começa a mostrar um lado cada vez mais frutado, mas ainda é um vinho para guardar. Deixe-o alguns anos na adega.

 LOMA LARGA
CABERNET FRANC 2018
$$$$ | CASABLANCA | 14°

Rico em toques de ervas e de tabaco, mas também com uma importante influência da madeira que se mistura com os sabores intensos da fruta. A textura de taninos tem força, tem algo até selvagem na maneira como atacam a língua, embora nada que uma carne ensopada não consiga remediar. Com um pouco de ar na taça, começa a mostrar toques de tabaco, mas a textura permanece firme, em um vinho jovem. Esse Franc vem de encostas de colinas de solo argiloso, plantadas em 2001.

 LOMAS DEL VALLE QUINTETO RED BLEND
CABERNET FRANC, MALBEC, SYRAH, MERLOT, PINOT NOIR 2019
$$ | CASABLANCA | 14°

Quinteto possui 45% de Cabernet Franc, 20% de Malbec, 20% de Syrah, 10% de Merlot e o restante da Pinot Noir esse ano. As notas de ervas da Cabernet Franc mandam aqui, mas também existem frutas vermelhas, muitas frutas vermelhas em uma textura que possui taninos firmes, mas que não são agressivos para o paladar. Esse vinho tão jovem, sim, pode ser bebido agora sem problemas.

 LOMA LARGA
MALBEC 2018
$$$$ | CASABLANCA | 14°

A Malbec de Loma Larga foi plantada em 2001 e provém de vinhedos ricos em argila e granito. A colheita foi no final de abril e 100% estagia em barricas, mas um terço novas. Apesar da influência do mar, é quente, com frutas negras, sabores untuosos e toques de especiarias. A textura é macia e a madeira precisa ser integrada, mas tudo é uma questão de tempo em garrafa.

⟨ *prova de* ***vinhos*** ⟩

 LOMAS DEL VALLE
PINOT NOIR 2019
$$ | CASABLANCA | 13.5°

Frutas doces em um vinho amável e cheio de textura, de notas florais e de frutas vermelhas maduras. Os taninos são muito polidos, com frutas maduras que enchem a boca. O vinho não passa por madeira, para realçar os sabores frutados.

 LOMAS DEL VALLE
SAUVIGNON BLANC 2019
$$ | CASABLANCA | 13°

Uma expressão amável e fresca de Sauvignon Blanc, em um ano caracterizado por seus dias de temperaturas muito altas. Tem alguns sabores de frutas maduras, produto desse calor, mas também com uma acidez fresca e tensa, que um trabalho muito bom aqui para transformar esse branco em um vinho fácil de beber.

 LOMAS DEL VALLE ROSÉ
CABERNET FRANC 2019
$$ | CASABLANCA | 13°

As uvas para esse rosé foram colhidas muito cedo, na quarta semana de março, para obter aquele lado fresco das frutas vermelhas que aqui têm todo o destaque. É seco, sem vestígios de dulçor, para beber e refrescar as férias.

Loma Negra

PROPRIETÁRIO Luis Felipe Edwards Sr. & Senhora
ENÓLOGO Nicolás Bizzarri
WEB www.lfewines.com
RECEBE VISITAS Não

Enólogo
NICOLÁS BIZZARRI

Os vinhos de **Loma Negra** fazem parte do portfólio da Luis Felipe Edwards, uma vinícola familiar chilena, em grande parte dedicada às exportações. As primeiras vinhas, que datam do início dos anos 1900, sua moderna vinícola e o centro de operações, estão localizados em Puquillay Alto, no coração do vale de Colchagua desde 1976. As vinhas da família Edwards alcançam 2000 hectares e estão distribuídas nos vales mais importantes da zona central do Chile. Suas várias propriedades incluem plantações a 900 metros de altura em Puquillay Alto, vinhas centenárias no Maule, plantações costeiras de clima frio em Leyda e Pumanque - Colchagua Costa - entre outras. Essa grande diversidade de vinhedos reflete-se em suas diferentes linhas de vinho. **IMPORTADOR:** BRASIL: www.domazzi.com.br | USA: www.latitudewines.com

VINHOS

 MOUNTAIN RED BLEND SYRAH, C. SAUVIGNON, CARMÉNÈRE, GRENACHE, P. VERDOT, MOURVÈDRE 2015
$$$ | COLCHAGUA | 14.5°

Esta é uma seleção de algumas das mais altas vinhas na cidade de Puquillay, no vale de Colchagua, entre 600 e 900 metros, bastante alta para a média da região. Essa nova versão possui 46% Syrah, 20% Cabernet Sauvignon, 17% Carménère, 10% Garnacha e o restante de Petit Verdot

Loma Negra

e Monastrell. Comparado com a versão anterior, parece um pouco mais frio, com mais frutas vermelhas e com maior tensão, embora mantenha a mesma musculatura fibrosa dos vinhos de altura. Um delicioso vinho tinto, para beber agora ou em dois a três anos, só ganhará complexidade, enquanto a acidez aguda sentida hoje permitirá que ele continue envelhecendo.

 GRAN RESERVA
SAUVIGNON BLANC 2019
$$ | LEYDA | 13.5°

Uma excelente relação qualidade-preço, sente-se nervoso e tenso em acidez. Tem sabores de frutas tropicais, tons de ervas em um corpo leve. Esse vem dos solos graníticos de Leyda, no vale de San Antonio, a cerca de 8 quilômetros do mar. O branco ideal para o aperitivo.

 BRUT
CHARDONNAY, PINOT NOIR N/V
$$ | COLCHAGUA COSTA | 12.5°

Pumanque é a área mais ocidental (mais próxima do mar), onde Loma Negra tem vinhedos em Colchagua e daí vem esse 85% Chardonnay, mais 15% de Pinot que vem de Leyda, também de seus próprios vinhedos. Este Charmat tem foco em frutas e frescor. Tudo aqui é deliciosa acidez, frutas brancas e borbulhas cremosas. Para beber por garrafas.

 BRUT ROSÉ
PINOT NOIR, CHARDONNAY N/V
$$ | LEYDA | 12.5°

85% desse vinho é Pinot Noir que vem da zona de Leyda, no vale de San Antonio, muito perto do mar. E isso se sente no frescor e agilidade desse vinho na boca. Com um açúcar residual por litro de pouco mais de cinco gramas, a fruta parece florescer. Um vinho que é um suco de framboesa com borbulhas.

 GRAN RESERVA
CABERNET SAUVIGNON 2018
$$ | COLCHAGUA | 14°

Uma boa abordagem para a Cabernet Sauvignon, é uma amostra simples da cepa, focada em frutas vermelhas maduras ao invés de ervas. É suculento e tem textura muito macia. Esse Cabernet é proveniente de uvas compradas na área de Lolol, na região oeste de Colchagua.

GRAN RESERVA
CARMÉNÈRE 2018
$$ | COLCHAGUA | 13.5°

Da zona de Lolol, a oeste de Colchagua, esse é um clássico Carménère. Deliciosas frutas vermelhas em um contexto de toques de ervas, muito típico da variedade. A textura é bastante leve, com uma acidez rica em um vinho simples e fácil de beber, mas com a vantagem de mostrar um lado mais fresco e frutado da variedade.

‹ *prova de **vinhos*** ›

GRAN RESERVA
CHARDONNAY 2019
$$ | CASABLANCA | **13.5°**

Generoso em frutas tropicais, notas redutoras que parecem minerais, além de uma acidez fresca e viva nesse Chardonnay simples e que você bebe muito rápido. Essa é uma seleção de uvas que Loma Negra compra na região de Bajo Casablanca, muito perto do Pacífico.

ROSÉ
CABERNET SAUVIGNON, MERLOT 2019
$ | VALE CENTRAL | **12.5°**

Este Cabernet Rosé (mais 20% de Merlot) vem de um vinhedo em latada de Cabernet que nunca amadurece o suficiente para ser um tinto e que acaba se tornando este adorável, suculento e refrescante rosado, um suco de cereja.

CLASSIC
PINOT NOIR 2019
$ | VALE CENTRAL | **13°**

Pumanque, na direção oeste de Colchagua, pode não ser a área mais famosa desse vale, mas a influência fresca do mar faz com que os tintos desse lugar tenham nervo. Nesse caso, por um preço ridículo, obtém-se um delicioso Pinot em frutas vermelhas, suculento e refrescante. Esse é para beber por litros.

CLASSIC
SAUVIGNON BLANC 2019
$ | VALE CENTRAL | **12.5°**

Por um preço surpreendente, esse é um Sauvignon elétrico que vibra no paladar. De uvas de Pumanque, no oeste de Colchagua, além de uma pequena ajuda de Leyda, no litoral de San Antonio, precisa de ceviche para continuar refrescando.

RESERVA
SAUVIGNON BLANC 2019
$ | LEYDA | **12.5°**

É o vinho base de Loma Negra em Leyda e em Sauvignon Blanc, um branco delicioso e refrescante que mostra o potencial da vinícola nesses vinhedos plantados em 2005. Aqui há uma deliciosa pureza de frutas frescas, muito influenciada pelo vinho. Brisas marinhas, distantes cerca de 8 quilômetros em linha reta. Atenção aqui. Um vinho para o ceviche.

OUTROS VINHOS SELECIONADOS
88 | CLASSIC RED BLEND Cabernet Sauvignon, Carménère, Syrah 2019
Vale Central | 13.5° | $
88 | CLASSIC Malbec 2019 | Vale Central | 13° | $

⋘---⋙

Los Boldos

PROPRIETÁRIO Sogrape
ENÓLOGO Víctor Arce
WEB www.vinalosboldos.cl
RECEBE VISITAS Não

Enólogo
VÍCTOR ARCE

Foi fundada pela companhia alsaciana Massenez em 1991 como Château Los Boldos, conceito habitual na França para vinícolas que elaboram vinhos do vinhedo que têm em sua propriedade. Em 2009 foi comprada pelo grupo português Sogrape, dono de vinhas na Argentina, Espanha, Nova Zelândia e Portugal. Situada em Requínoa, Alto Cachapoal, Los Boldos tem hoje 180 hectares, com que produz anualmente 1,5 milhão de garrafas. Seu forte são tintos como Cabernet Sauvignon e Carménère, ainda que também produzam brancos, tudo de vinhedos próprios em Alto Cachapoal. O enólogo é Víctor Arce, enquanto o consultor é o experiente Juan Carlos Faúndez. 🍷

VINHOS

 AMALIA
CABERNET SAUVIGNON, MERLOT, SYRAH 2015
$$$$$ | CACHAPOAL ANDES | 14°

Amalia esse ano possui 50% de Cabernet Sauvignon, uma seleção das vinhas mais antigas da propriedade, plantada há 65 anos no sopé dos Andes, em Requinoa. A mescla é complementada por 40% de Syrah e 10% de Merlot, ambas de vinhedos jovens, plantados em 2000. O vinho estagia em barricas por 14 meses. Hoje mostra um rosto muito jovem, mas já de um tinto andino. É impetuoso nos taninos, a estrutura severa e austera dos vinhos que precisam de uma década para expandir sua textura e seus sabores. No momento, seria uma boa ideia guardar algumas garrafas e abri-las entre dois e três anos.

CHÂTEAU LOS BOLDOS GRAND CLOS
CABERNET SAUVIGNON 2017
$$$$ | CACHAPOAL ANDES | 14°

Esse é o novo vinho de Los Boldos, cerca de 6.500 garrafas de um Cabernet que é uma seleção de solos muito pedregosos do vinhedo plantado em 1998. Esses quartéis foram trabalhados para diminuir os rendimentos e o vinho passou um ano em barricas. Sente-se jovem e impetuoso, com os taninos ferozes de um vinho que acaba de começar seu caminho na garrafa. Existe potencial aqui, há força e notas de especiarias e de madeira em uma acidez firme, que é um seguro de vida para dure nos próximos dez anos.

 CHÂTEAU LOS BOLDOS VIEILLES VIGNES
CABERNET SAUVIGNON, SYRAH 2018
$$$ | CACHAPOAL ANDES | 14.5°

Esta mescla provém de solos aluviais, muito pedregosos e de vinhedos plantados em 1998, na área de Alto Cachapoal. A mistura é baseada em 80% Cabernet Sauvignon e 20% Syrah, com um ano de barricas, um terço novas. Aqui a ideia de menor madurez e mais notas de frutas vermelhas frescas continua seu curso, mostrando um Cabernet onde abundam as notas de ervas, em um corpo que não parece pesado, mas tem um peso médio cercado por uma acidez rica.

 CHÂTEAU LOS BOLDOS VIEILLES VIGNES
SYRAH 2018
$$$ | CACHAPOAL ANDES | 14.5°

Esse Syrah reaparece após ter sido descontinuado em 2012 devido ao problema de vender Syrah no mundo. Hoje, com uma filosofia talvez menos focada na madeira e na madurez, oferece um Syrah rico em sabores de frutas, com detalhes defumados e de especiarias. A boca tem uma boa estrutura de taninos e também uma acidez muito boa, o que a torna uma boa companhia para carnes picantes.

 CHÂTEAU LOS BOLDOS BRUT NATURE
CHARDONNAY 2017
$$$ | CACHAPOAL ANDES | 13°

Elaborado pelo método tradicional de segunda fermentação em garrafa e mantido com suas borras por nove meses, esse Chardonnay vem de uvas colhidas muito cedo na temporada (em um ano quente, como 2017) na área de Requinoa, em Alto Cachapoal. É um vinho muito fresco e concentrado na fruta, com uma borbulha nervosa e aguda e uma acidez muito firme por trás, proporcionando frescor.

 CHÂTEAU LOS BOLDOS VIEILLES VIGNES
CABERNET SAUVIGNON 2018
$$$ | CACHAPOAL ANDES | 14°

Esse Cabernet é baseado em solos rochosos de Requinoa, no sopé dos Andes, na área chamada Alto Cachapoal. Esse vinho estagia um ano em barricas e essa influência é sentida, especialmente nos sabores especiados. O restante são frutas pretas, muito maduras em um fundo de taninos tensos e musculosos. Um vinho grande com acento na madurez.

 CHÂTEAU LOS BOLDOS GRANDE RÉSERVE
CABERNET SAUVIGNON 2018
$$ | CACHAPOAL ANDES | 14°

Um delicioso Cabernet de frutas vermelhas, mentol e de ervas, e, acima de tudo, com acidez e taninos firmes, que mantém a tensão o tempo todo, desde o início da boca até o final. Um bom exemplo de Cabernet andino, aos pés dos Andes, em Alto Cachapoal.

 CHÂTEAU LOS BOLDOS GRANDE RÉSERVE
CABERNET SAUVIGNON, SYRAH 2018
$$ | CACHAPOAL ANDES | 14.5°

A base desse vinho é de Cabernet de videiras plantadas por volta de 1998 em solos aluviais e pedregosos em Requinoa. Aqui há frutas vermelhas maduras e ervas, enquanto a boca é macia, com o Syrah comandando com sua textura suculenta e suave.

Los Boldos

CHÂTEAU LOS BOLDOS GRANDE RÉSERVE
CARMÉNÈRE 2018
$$ | CACHAPOAL ANDES | 14°

Um suculento Carménère, focado em frutas vermelhas maduras, mas com um espaço importante para ervas e notas de pimentas típicas da variedade. A textura é suave, gentil e rica em acidez. Um vinho que bebe muito fácil.

CHÂTEAU LOS BOLDOS GRANDE RÉSERVE
CHARDONNAY 2019
$$ | CACHAPOAL ANDES | 13.5°

Uma boa mistura entre textura cremosa e sabores de frutas maduras dá a esse Chardonnay um lado cremoso e suculento, moderado por uma acidez que pode ser imposta. Para beber fresco com frango assado.

CHÂTEAU LOS BOLDOS TRADITION RÉSERVE BRUT CHARDONNAY 2019
$$ | CACHAPOAL ANDES | 11.5°

100% Chardonnay, de vinhas plantadas em 2008, esse método Charmat com segunda fermentação em tanques de aço, possui borbulhas gentis, acariciando a boca e a acidez brinca com a doçura, dando equilíbrio. Um espumante simples para a hora do aperitivo.

CHÂTEAU LOS BOLDOS VIEILLES VIGNES
MERLOT 2018
$$$ | CACHAPOAL ANDES | 14°

Esse Merlot vem de vinhedos jovens, plantados em 2000, aos pés dos Andes, em Cachapoal. Tem frutas vermelhas muito maduras, destacando especialmente as especiarias doces em um vinho generoso no corpo e na madurez.

OUTROS VINHOS SELECIONADOS

89 | CHÂTEAU LOS BOLDOS TRADITION RÉSERVE Sauvignon Blanc 2019
Cachapoal Andes | 13° | $

88 | CHÂTEAU LOS BOLDOS TRADITION RÉSERVE Cabernet Sauvignon 2019
Cachapoal Andes | 13.5° | $

《《····》》

‹ *prova de* ***vinhos*** ›

Los Coches

PROPRIETÁRIO Luis Felipe Edwards Sr. & Senhora
ENÓLOGO Nicolás Bizzarri
WEB www.lfewines.com
RECEBE VISITAS *Não*

Enólogo
NICOLÁS BIZZARRI

Os **vinhos de Los Coches** fazem parte do portfólio da Luis Felipe Edwards, uma vinícola familiar chilena, em grande parte dedicada às exportações. As primeiras vinhas, que datam do início dos anos 1900, sua moderna vinícola e o centro de operações, estão localizados em Puquillay Alto, no coração do vale de Colchagua desde 1976. As vinhas da família Edwards alcançam 2000 hectares e estão distribuídas nos vales mais importantes da zona central do Chile. Suas várias propriedades incluem plantações a 900 metros de altura em Puquillay Alto, vinhas centenárias no Maule, plantações costeiras de clima frio em Leyda e Pumanque - Colchagua Costa - entre outras. Essa grande diversidade de vinhedos reflete-se em suas diferentes linhas de vinho. **IMPORTADOR:** BRASIL: www.big.com.br

VINHOS

 MOUNTAIN RED BLEND SYRAH, C. SAUVIGNON, CARMÉNÈRE, GRENACHE, P. VERDOT, MOURVÈDRE 2015
$$$ | COLCHAGUA | 14.5°

Esta é uma seleção de algumas das mais altas vinhas na cidade de Puquillay, no vale de Colchagua, entre 600 e 900 metros, bastante alta para a média da região. Essa nova versão possui 46% Syrah, 20% Cabernet Sauvignon, 17% Carménère, 10% Garnacha e o restante de Petit Verdot e Monastrell. Comparado com a versão anterior, parece um pouco mais frio, com mais frutas vermelhas e com maior tensão, embora mantenha a mesma musculatura fibrosa dos vinhos de altura. Um delicioso vinho tinto, para beber agora ou em dois a três anos, só ganhará complexidade, enquanto a acidez aguda sentida hoje permitirá que ele continue envelhecendo.

 GRAN RESERVA
SAUVIGNON BLANC 2019
$$ | LEYDA | 13.5°

Uma excelente relação qualidade-preço, sente-se nervoso e tenso em acidez. Tem sabores de frutas tropicais, tons de ervas em um corpo leve. Esse vem dos solos graníticos de Leyda, no vale de San Antonio, a cerca de 8 quilômetros do mar. O branco ideal para o aperitivo.

 BRUT
CHARDONNAY, PINOT NOIR N/V
$$ | COLCHAGUA COSTA | 12.5°

Pumanque é a área mais ocidental (mais próxima do mar), onde Los Coches tem vinhedos em Colchagua e daí vem esse 85% Chardonnay, mais 15% de Pinot que vem de Leyda, também de seus próprios vinhedos. Este Charmat tem foco em frutas e frescor. Tudo aqui é deliciosa acidez, frutas brancas e borbulhas cremosas. Para beber por garrafas.

Los Coches

BRUT ROSÉ
PINOT NOIR, CHARDONNAY N/V
$$ | LEYDA | 12.5°

85% desse vinho é Pinot Noir que vem da zona de Leyda, no vale de San Antonio, muito perto do mar. E isso se sente no frescor e agilidade desse vinho na boca. Com um açúcar residual por litro de pouco mais de cinco gramas, a fruta parece florescer. Um vinho que é um suco de framboesa com borbulhas.

GRAN RESERVA
CABERNET SAUVIGNON 2018
$$ | COLCHAGUA | 14°

Uma boa abordagem para a Cabernet Sauvignon, é uma amostra simples da cepa, focada em frutas vermelhas maduras ao invés de ervas. É suculento e tem textura muito macia. Esse Cabernet é proveniente de uvas compradas na área de Lolol, na região oeste de Colchagua.

GRAN RESERVA
CARMÉNÈRE 2018
$$ | COLCHAGUA | 13.5°

Da zona de Lolol, a oeste de Colchagua, esse é um clássico Carménère. Deliciosas frutas vermelhas em um contexto de toques de ervas, muito típico da variedade. A textura é bastante leve, com uma acidez rica em um vinho simples e fácil de beber, mas com a vantagem de mostrar um lado mais fresco e frutado da variedade.

GRAN RESERVA
CHARDONNAY 2019
$$ | CASABLANCA | 13.5°

Generoso em frutas tropicais, notas redutoras que parecem minerais, além de uma acidez fresca e viva nesse Chardonnay simples e que você bebe muito rápido. Essa é uma seleção de uvas que Los Coches compra na região de Bajo Casablanca, muito perto do Pacífico.

RESERVA
SAUVIGNON BLANC 2019
$ | LEYDA | 12.5°

É o vinho base de Los Coches em Leyda e em Sauvignon Blanc, um branco delicioso e refrescante que mostra o potencial da vinícola nesses vinhedos plantados em 2005. Aqui há uma deliciosa pureza de frutas frescas, muito influenciada pelo vinho. Brisas marinhas, distantes cerca de 8 quilômetros em linha reta. Atenção aqui. Um vinho para o ceviche.

OUTROS VINHOS SELECIONADOS

89 | CLASSIC Pinot Noir 2019 | Vale Central | 12.5° | $
88 | CLASSIC RED BLEND C. Sauvignon, Carménère, Syrah 2019 Vale Central | 13.5° | $
88 | CLASSIC Malbec 2019 | Vale Central | 13° | $
88 | CLASSIC Syrah 2019 | Vale Central | 13.5° | $

‹ *prova de **vinhos*** ›

Los Vascos

PROPRIETÁRIO Domaines Barons de Rothschild (Lafite)
ENÓLOGO Marcelo Gallardo & Max Correa
WEB www.lafite.com
RECEBE VISITAS *Sim*

Enólogo
MARCELO GALLARDO

Los Vascos pertence à célebre vinícola francesa Château Lafite. Foi criada em 1988, em sociedade com o produtor chileno Jorge Eyzaguirre, que tinha vinhas plantadas faz 70 anos em Peralillo, vale de Colchagua. Los Vascos desenvolveu ali um extenso vinhedo, um só plano de 700 hectares. Seu catálogo tem quatro passos. Parte com uma linha jovem, com brancos do vale de Casablanca. Segue com a linha reserva, exclusivamente de Cabernet Sauvignon. Continua com a linha grande reserva, que inclui um Carménère e uma mescla baseada em Cabernet Sauvignon. E acima está Le Dix De Los Vascos, o top da casa, um Cabernet criado para o aniversário número 10 da vinícola e que nasce das vinhas mais velhas da propriedade. **IMPORTADORES:** BRASIL: www.inovini.com.br | USA: www.taubfamilyselections.com

VINHOS

LE DIX DE LOS VASCOS
C. SAUVIGNON, SYRAH, CARMÉNÈRE, C. FRANC 2016
$$$$$ | COLCHAGUA | 14°

Le Dix é uma seleção dos vinhedos mais antigos da propriedade na vinha El Fraile, plantada há 75 anos nos solos pedregosos e argilosos de Peralillo. Segundo o enólogo Marcelo Gallardo, seu trabalho tem se concentrado em diminuir a influência da madeira nesse vinho e em permitir que a fruta (uma fruta colhida antecipadamente) seja mostrada com mais clareza. Nesse vinho há uma tensão deliciosa e suculenta, formada por taninos polidos, mas afiados, e uma acidez responsável por destacar os sabores das frutas, enquanto a madeira está atrás, proporcionando complexidade. O corpo é médio. Não é um vinho "grande", mas é um vinho longo, que se projeta na boca com sabores frutados e de ervas. Le Dix é o principal vinho de Los Vascos no Chile e estreou com a safra de 1986, como forma de comemorar os dez anos ("le dix" em francês) da chegada de Lafite no Chile, a primeira aventura francesa em terras chilenas.

GRANDE RESERVE
CABERNET SAUVIGNON, SYRAH, CARMÉNÈRE 2017
$$$ | COLCHAGUA | 14°

Essa mescla baseada em Cabernet Sauvignon, é uma fotografia da vinha Los Vascos em Peralillo, uma área no centro de Colchagua, mas que ainda assim recebe a nova influência do mar. E isso aparece na fruta fresca desse vinho, mas acima de tudo o que se sente é a mão do enólogo Marcelo Gallardo, adiantando as datas da colheita e diminuindo a influência da barrica para mostrar o lado mais refrescante da região. Tem frutas vermelhas, especiarias e ervas, mas também uma acidez fina que ressalta os taninos suculentos e afiados desse vinho. Um tinto muito elegante e equilibrado.

Los Vascos

LOS VASCOS
CABERNET SAUVIGNON 2018
$$ | COLCHAGUA | 14°

Um excelente custo-benefício, esse Cabernet Sauvignon tem uma forte presença de frutas vermelhas frescas e vibrantes. A textura é tensa, feita de taninos suculentos e afiados. E a acidez ajuda a sublinhar toda esse frescor. Um Cabernet muito bom, simples, direto.

Luis Felipe Edwards

PROPRIETÁRIO Luis Felipe Edwards Sr. & Senhora
ENÓLOGO Nicolás Bizzarri
WEB http://www.lfewines.com
RECEBE VISITAS *Não*

Enólogo
NICOLÁS BIZZARRI

Fundada em Colchagua em 1976, essa vinha familiar é caracterizada por seu constante crescimento - já contam com dois mil hectares - e pelo grande sucesso comercial no mercado externo. Outro de seus atributos é o compromisso com a viticultura em áreas mais frias. Há uma década, plantaram nas colinas que possuem ao lado de seu campo tradicional em Puquillay, videiras que desafiam a gravidade e estão localizadas até a 900 metros de altura, bastante alto para os padrões de Colchagua. No frio vale de Leyda, contam com 150 hectares plantados a oito quilômetros do mar e 140 hectares a mais em desenvolvimento a dois quilômetros da costa. O trabalho enológico é liderado por Nicolas Bizzarri, com assessoria de Matt Thomson, da Nova Zelândia e Philippe Melka, um enólogo franco-americano do Napa Valley. **IMPORTADOR:** BRASIL: www.paodeacucar.com.br

VINHOS

MONTAÑAS DE PUQUILLAY ALTO
CABERNET SAUVIGNON 2014
$$$$$ | COLCHAGUA | 14.5°

Essa é a primeira versão do mais ambicioso dos Cabernet da LFE. É uma seleção de vinhedos altos, plantados em 2005, nas colinas de Puquillay, a cerca de 900 metros de altura. A ideia, segundo o enólogo Nicolás Bizzarri, era tentar provar que em Colchagua você pode fazer um Cabernet como o melhor do Chile. E eles fazem isso. Estágio de 18 meses em barricas e mais dois anos em garrafa. É um Cabernet focado em sabores de frutas. Ao contrário de outros top Cabernet do Chile, não possui as notas mentoladas (como em alguns exemplos de Alto Maipo) e, em vez disso, concentra-se em frutas e sabores terrosos, de corpo médio, mas de grande estrutura. Seus taninos se firmam no paladar, mantendo todos os sabores de frutas.

LFE100 CIEN
CARIGNAN 2014
$$$$$ | CAUQUENES | 14.5°

LFE compra frutas na área de Cauquenes, a partir de vinhas muito antigas plantadas em secano, sem irrigação artificial. Em um ano não excessivo de calor e com chuvas moderadas, este Carignan (envelhecido por 12 meses em foudres e barris velhos) apresenta uma fruta radiante no frescor, sucu-

‹ *prova de vinhos* ›

lenta na acidez. Taninos são pequenos animais à espreita, taninos como agulhas em um vinho cheio de frutas vermelhas, flores e especiarias e um exemplo muito bom de quanto a Carignan avançou no Chile.

95 DOÑA BERNARDA
CABERNET SAUVIGNON, PETITE SIRAH, SYRAH 2015
$$$$$ | COLCHAGUA | 14.7°

Doña Bernarda é o vinho emblemático da vinícola. Sua primeira safra foi em 1997 e desde o início sua base foi Cabernet Sauvignon. Desde a safra 2009, é 100% de vinhas plantadas nas colinas de Puquillay, o principal vinhedo da casa. Esse ano, a mistura tem 78% Cabernet Sauvignon, 19% Syrah e o restante de Petite Sirah, em um vinho que estagia cerca de 18 meses em barricas, 50% delas novas. O estilo, como sempre, caminha para o lado da untuosidade, dos sabores maduros e sedosos, mas sem descuidar da acidez que aqui se sente muito presente. O nariz é exuberante em notas de especiarias, os sabores na boca são envolventes e a textura de taninos firmes e tensos. Esse é um vinho para guardar.

94 LFE900 SINGLE VINEYARD
SYRAH, PETITE SIRAH, CABERNET SAUVIGNON, PETIT VERDOT 2015
$$$$$ | COLCHAGUA | 14.5°

Para essa mistura, a LFE usa 80% Syrah, 10% Petite Sirah, 7% Cabernet Sauvignon e uns 3% de Petit Verdot, todos provenientes de vinhedos plantados em 2005 nos solos de granito das colinas de Puquillay, a cerca de 900 metros de altura. É rico em frutas vermelhas, em sabores picantes, com toques de ervas. O Syrah e seus frutos vermelhos dominam, mas também há uma contribuição suculenta dos dois "Petit" e também dos taninos de ambas as cepas. Um vinho para guardar.

94 360° SERIES MOUNTAIN RED BLEND SYRAH,
C. SAUVIGNON, CARMÉNÈRE, GRENACHE, P. VERDOT, MOURVÈDRE 2015
$$$ | COLCHAGUA | 14.5°

Esta é uma seleção de algumas das mais altas vinhas na cidade de Puquillay, no vale de Colchagua, entre 600 e 900 metros, bastante alta para a média da região. Essa nova versão possui 46% Syrah, 20% Cabernet Sauvignon, 17% Carménère, 10% Garnacha e o restante de Petit Verdot e Monastrell. Comparado com a versão anterior, parece um pouco mais frio, com mais frutas vermelhas e com maior tensão, embora mantenha a mesma musculatura fibrosa dos vinhos de altura. Um delicioso vinho tinto, para beber agora ou em dois a três anos, só ganhará complexidade, enquanto a acidez aguda sentida hoje permitirá que ele continue envelhecendo.

94 MAREA
SAUVIGNON BLANC 2019
$$$ | LEYDA | 13°

A LFE possui cerca de 150 hectares de vinhedos em Leyda e essa é a base de seus melhores brancos. Trata-se de uma seleção de parcelas de frente para o mar, em solos de granito a cerca de 8 quilômetros do Pacífico. A influência marinha é sentida nesse vinho. A brisa fresca do mar molda os sabores deste branco, fazendo com que se sintam frescos e vivos, com toques de ervas e de frutas tropicais em um corpo oleoso, com textura cremosa. A acidez é como gotas de limão nesse creme.

Luis Felipe Edwards

94 — MAREA
SYRAH 2017
$$$ | LEYDA | 14.5°

Dos 150 hectares que a LFE plantou em Leyda, a cerca de 8 quilômetros do mar no vale de San Antonio, apenas cinco são de Syrah. E com uma seleção deles, esse Syrah é feito, um tinto vibrante, com taninos firmes e pulsantes e com uma acidez que anima a festa. Um vinho fibroso, com frutos vermelhos, radiante em frescor. E, como um extra, aquelas notas de carne que são muito típicas dos Syrah costeiros.

93 — 360° SERIES
SAUVIGNON BLANC 2019
$$$ | LEYDA | 13.5°

Das vinhas de Leyda, nas encostas costeiras da cordilheira da Costa, no vale de San Antonio, esse Sauvignon tem vibração, acidez de suco de limão e um corpo suave e tenso. É para ceviche ou ostras ou para o que vier à mente que venha do mar. Outro exemplo muito bom da safra quente de 2019, que deu vinhos de cremosidade rica, mas sem perder a influência fria do Pacífico, traduzida em acidez e sabores refrescantes.

93 — LFE900
MALBEC 2017
$$$$$ | COLCHAGUA | 14.5°

Esse Malbec vem das vinhas que a LFE plantou nas colinas de Puquillay, a cerca de 800 metros de altura, em solos de granito vermelho. A vinha está exposta ao sul, uma orientação mais fresca que ajudou em um ano muito quente no vale Central a diminuir a carga de maturidade, deixando aqui um espaço delicioso para acidez e frutas vermelhas maduras. Não parece pesado, mas é um vinho grande, que enche a boca com seus sabores frutados. Um vinho para ojo de bife.

93 — MACERAO
MOSCATEL DE ALEJANDRÍA 2019
$$ | ITATA | 13°

Essa é a primeira abordagem aos vinhos laranjas da LFE e é uma boa estreia. Feito com velhas vinhas de Moscatel de Alexandria, na região de Guarilihue, no vale de Itata, o vinho permanece com a peles por três meses. O vinho tem um perfume delicioso, generoso em tons florais e com o corpo de estilo clássico, mas desta vez muito mais polido, com um delicioso frescor, com toques de especiarias, sobretudo frutas e flores em um vinho delicioso em seu estilo e também por um preço que poucos podem resumir.

92 — 360° SERIES
CARIGNAN 2016
$$$ | MAULE | 14.5°

LFE possui uma vinha muito antiga nos arredores da cidade de Cauquenes. É um vinhedo muito velho, com cerca de 70 anos, que produz muito pouco (algo em torno de um quilo por planta), mas com sabores muito concentrados, o que é comum em vinhedos Carignan muito antigos. A acidez da cepa é fortemente sentida, assim como o lado floral e de terra, clássico nessa uva. A textura é bem domada e as especiarias dominam no final de um vinho de inverno, ideal para acompanhar cordeiro.

‹ *prova de* **vinhos** ›

92 | 360° SERIES
CARMÉNÈRE 2018
$$$ | COLCHAGUA | 14°

Para esse Carménère, a vinícola Luis Felipe Edwards utiliza vinhedos conduzidos com o sistema gobelet, pequenos arbustos onde os cachos crescem protegidos do sol. Uma técnica usada em climas quentes - como Colchagua - para obter vinhos mais equilibrados. Nesse caso, há uma deliciosa camada de sabores de frutas vermelhas em compota que se abrem para notas mais frescas. Ervas e especiarias são sentidas, tudo em um corpo macio e de intensidade média.

92 | 360° SERIES
ROUSSANNE, MARSANNE 2018
$$$ | COLCHAGUA COSTA | 14°

Aos poucos, estão ganhando terreno no Chile, não apenas as cepas tintas do Mediterrâneo (Garnacha, Monastrell, Cariñena), mas também as brancas, como é o caso desta mistura que inclui Marsanne e Roussanne, ambas das vinhas de Luis Felipe Edwards na região de Pumanque, a oeste do vale de Colchagua. Os aromas aqui combinam notas de frutos secos com frutas brancas maduras, em um corpo médio e sedoso e ao mesmo tempo cheio, mas com muito boa acidez. Um branco ideal para carne de porco defumada.

92 | MAREA
RIESLING 2018
$$$ | LEYDA | 12.5°

LFE possui uma vinha de cerca de cinco hectares na área de Leyda, em um dos setores mais próximos ao mar em Leyda, a sete quilômetros de distância. As vinhas de 15 anos deram a esse 2018 um Riesling fresco e jovial, com toques frutados muito maduros e doces, mas ao mesmo tempo com uma estrutura de acidez muito boa. É longo e amável, um Riesling ideal para linguado ao forno.

91 | 360° SERIES
CHARDONNAY 2019
$$$ | COLCHAGUA COSTA | 14°

A área de Pumanque não é uma das mais conhecidas em Colchagua, mas está dando o que falar em projetos como Dagaz ou Santa Rita, que plantaram nessa área. A eles se juntam Luis Felipe Edwards, que também possui vinhas nesse local de influência costeira. Esse Chardonnay é cheio de frutas brancas e de sabores de ervas em um corpo leve e suculento, com acidez rica e brilhante. Pense em legumes salteados na wok..

91 | 360° SERIES
SYRAH 2018
$$$ | COLCHAGUA | 14.5°

Da área de Puquillay Alto, no vale de Colchagua, onde Luis Felipe Edwards tem sua vinícola, esse Syrah é uma seleção de vinhedos plantados nas montanhas, em solos rochosos e argilosos. Tem o tom de um ano quente no nariz, com frutas maduras e untuosas, mas na boca parece muito mais tenso e fresco do que o esperado, com taninos firmes e acidez para equilibrar. Para hambúrgueres.

Luis Felipe Edwards

91 CINSAULT
CINSAULT 2019
$$ | ITATA | 12°

Das colinas de granito de Itata, na Cordilheira da Costa, esse Cinsault de vinhas velhas é um suco de cereja para adultos. O perfume no nariz é adorável, fresco, nítido em sua expressão frutada, enquanto a boca é suculenta, refrescante e leve. Compre algumas garrafas e resfrie-as para férias ou para o próximo churrasco no terraço.

91 GRAN RESERVA
SAUVIGNON BLANC 2019
$$ | LEYDA | 13.5°

Em uma excelente relação qualidade-preço, sente-se nervoso e tenso em acidez. Tem sabores de frutas tropicais, tons de ervas em um corpo leve. Esse vem dos solos graníticos de Leyda, no vale de San Antonio, a cerca de 8 quilômetros do mar. O branco ideal para o aperitivo.

91 LATE HARVEST
VIOGNIER, SAUVIGNON BLANC 2018
$$ | COLCHAGUA | 12°

Com uvas maduras, parcialmente atacadas pelo fungo da botrytis, essa mistura de Viognier e de Sauvignon Blanc, apresenta aromas de pêssegos compotados e todas as compotas de frutas brancas que puderem imaginar. A boca é oleosa, rica em profundidade e com acidez para equilibrar.

91 MAREA
CHARDONNAY 2018
$$$ | LEYDA | 14°

Das colinas de argilas e granitos de Leyda e de vinhas de cerca de dez anos, com estágio de 15% dos barricas novas, 60% em barricas usadas e o restante em tanques de aço. A madeira desempenha um papel importante aqui, oferecendo toques tostados e aromas e sabores especiados. Tem uma textura muito macia, untuosa e sabores de frutas que são refrescados graças a uma deliciosa acidez. Um Chardonnay convencional, de estilo comercial, mas muito bem feito.

90 360° SERIES
PINOT NOIR 2018
$$$ | LEYDA | 13.5°

Mais do que aromas frutados, que os tem e são maduros e amplos, esse Pinot tem um lado terroso intrigante que se expressa no nariz, mas também na boca ao lado dos sabores de morangos e uma textura construída a partir de taninos muito suaves, que se expandem pela boca com graça. Esse Pinot vem de solos de granito e argila de Leyda, nas colinas da cordilheira da Costa, no vale de San Antonio.

90 GRAN RESERVA
CABERNET SAUVIGNON 2018
$$ | COLCHAGUA | 14°

Uma boa abordagem para a Cabernet Sauvignon, é uma amostra simples da cepa, focada em frutas vermelhas maduras em vez de ervas. É suculen-

‹ prova de *vinhos* ›

to e tem textura muito macia. Esse Cabernet é proveniente de uvas compradas na área de Lolol, na região oeste de Colchagua.

 GRAN RESERVA
CARMÉNÈRE 2018
$$ | COLCHAGUA | 13.5°

Da zona de Lolol, a oeste de Colchagua, esse é um clássico Carménère. Deliciosas frutas vermelhas em um contexto de toques de ervas, muito típico da variedade. A textura é bastante leve, com uma acidez rica em um vinho simples e fácil de beber, mas com a vantagem de mostrar um lado mais fresco e frutado da variedade.

 GRAN RESERVA
CHARDONNAY 2019
$$ | CASABLANCA | 13.5°

Generoso em frutas tropicais, notas redutoras que parecem minerais, além de uma acidez fresca e viva nesse Chardonnay simples e que você bebe muito rápido. Essa é uma seleção de uvas que a LFE compra na região de Bajo Casablanca, muito perto do Pacífico.

 MAREA
PINOT NOIR 2017
$$$ | LEYDA | 14°

A madeira tem um papel importante nesse Pinot. Os sabores das frutas parecem frescos, mas a madeira interfere nesse frescor, dando doçura. A textura é muito macia e suculenta. Tem um estilo maduro, mas ao mesmo tempo uma acidez muito boa que oferece equilíbrio, o que refresca tudo em seu caminho.

 RESERVA
SAUVIGNON BLANC 2019
$ | LEYDA | 12.5°

É o vinho base da LFE em Leyda e em Sauvignon Blanc, um branco delicioso e refrescante que mostra o potencial da vinícola nesses vinhedos plantados em 2005. Aqui há uma deliciosa pureza de frutas frescas, muito influenciada pelo vinho. Brisas marinhas, distantes cerca de 8 quilômetros em linha reta. Atenção aqui. Um vinho para o ceviche.

 VADO BRUT ROSÉ
PINOT NOIR, CHARDONNAY N/V
$$ | LEYDA | 12.5°

85% desse vinho é Pinot Noir que vem da zona de Leyda, no vale de San Antonio, muito perto do mar. E isso se sente no frescor e agilidade desse vinho na boca. Com um açúcar residual por litro de pouco mais de cinco gramas, a fruta parece florescer. Um vinho que é um suco de framboesa com borbulhas.

VADO DE NILAHUE BRUT
CHARDONNAY, PINOT NOIR N/V
$$ | COLCHAGUA COSTA | 12.5°

Pumanque é a área mais ocidental (mais próxima do mar), onde a LFE tem vinhedos em Colchagua e daí vem esse 85% Chardonnay, mais 15% de Pinot que vem de Leyda, também de seus próprios vinhedos. Este Charmat tem foco em frutas e frescor. Tudo aqui é deliciosa acidez, frutas brancas e borbulhas cremosas. Para beber por garrafas.

OUTROS VINHOS SELECIONADOS
89 | RESERVA Riesling 2019 | Colchagua Costa | 13° | $
88 | RESERVA Gewürztraminer 2019 | Colchagua Costa | 13° | $

Mancura

PROPRIETÁRIO Família Yarur
ENÓLOGO Jorge Martínez
WEB www.mancurawines.cl
RECEBE VISITAS Sim

Enólogo
JORGE MARTÍNEZ

Parte das vinícolas do Grupo Belén (Morandé, Vistamar), Mancura se destaca por seus vinhos de boa relação preço-qualidade. Seu catálogo não se limita a uma região em particular, mas busca refletir a diversidade de terroirs e vales do país. Entre suas marcas se destacam a linha reserva chamada Guardián e a grande reserva, Leyenda de Los Andes. O enólogo encarregado é Jorge Martínez e a produção anual da vinícola ronda 1,2 milhão de garrafas. **IMPORTADOR:** BRASIL: www.grandcru.com.br

VINHOS

 VUELO MÁGICO
CABERNET SAUVIGNON 2014
$$$$$ | MAIPO | 14°

Os anos de garrafa deram a esse Cabernet uma camada de sabores de frutos secos e de especiarias que trazem complexidade. Os sabores maduros são acompanhados por uma textura quente e cremosa, enquanto os taninos são gentis e sedosos, subjugados diante dessa madurez. Um vinho profundo, com um corpo generoso e um estilo amplo e poderoso. Esse é o tinto ideal para escoltar cordeiro grelhado.

 MITO GRAN RESERVA
CHARDONNAY, VIOGNIER 2018
$$ | CASABLANCA | 13°

Para esse blend, o enólogo Jorge Martínez obtém suas uvas do Fundo Belén, na área mais próxima do mar em Casablanca. Embora a temperatura em 2017 tenha sido alta, esse calor não é sentido aqui, mas sim as frutas brancas maduras em um contexto de rica cremosidade. A mistura consiste em 80% de Chardonnay e 20% de Viognier, essa última da vinha El Principal, em frente a Belén. Possui 8 meses de estagio em barricas o que acrescenta notas defumadas, mas são mínimas diante da força da fruta. Escolham polvo grelhado para escoltá-lo.

 LEYENDA DE LOS ANDES
SYRAH, CABERNET FRANC, MERLOT 2018
$$ | CASABLANCA | 14°

Um exemplo clássico de vinho tinto de clima frio, essa saborosa e fresca mescla de Syrah, Cabernet Franc e Merlot vem das vinhas do Grupo Belén em Casablanca. Tem um marcado acento em especiarias e nas ervas, mas

‹ *prova de* **vinhos** ›

o fundo é frutado. E se prestar atenção, na boca há uma rica explosão de sabores de frutas vermelhas no meio de uma textura fina e bem delineada por taninos afiados. A acidez é responsável por refrescar tudo.

 LEYENDA DE LOS ANDES RED BLEND
CARMÉNÈRE, CARIGNAN, MERLOT, MOURVÈDRE, PAÍS 2015
$$ | MAULE | 14°

Esse multiblend do vale do Maule tem um forte acento nas especiarias, com a Carignan fornecendo acidez e algumas notas florais em um vinho de sabores maduros e suculentos, mas ao mesmo tempo com uma camada de taninos tensos e uma acidez que alcança o equilíbrio e fazendo com que se beba fácil, mas melhor se você tiver uma pizza de pepperoni.

OUTROS VINHOS SELECIONADOS
- 89 | GUARDIÁN RESERVA Cabernet Sauvignon 2018 | Maule | 13° | $
- 89 | GUARDIÁN RESERVA Chardonnay 2019 | Colchagua | 13° | $
- 89 | GUARDIÁN RESERVA Pinot Noir 2018 | Casablanca | 13° | $
- 89 | GUARDIÁN RESERVA Sauvignon Blanc 2019 | Maule | 13° | $
- 88 | GUARDIÁN RESERVA Carménère 2018 | Maule | 13 ° | $
- 88 | MITO GRAN RESERVA Cabernet Sauvignon 2015 | Maipo | 13.5 ° | $$

Manto Blanco

PROPRIETÁRIO Exclusivo Carrefour
ENÓLOGO Nicolás Bizzarri
WEB https://www.lfewines.com
RECEBE VISITAS *Não*

Enólogo
NICOLÁS BIZZARRI

Os vinhos de Manto Blanco fazem parte do portfólio da Luis Felipe Edwards, uma vinícola familiar chilena, em grande parte dedicada às exportações. As primeiras vinhas, que datam do início dos anos 1900, sua moderna vinícola e o centro de operações, estão localizados em Puquillay Alto, no coração do vale de Colchagua desde 1976. As vinhas da família Edwards alcançam 2000 hectares e estão distribuídas nos vales mais importantes da zona central do Chile. Suas várias propriedades incluem plantações a 900 metros de altura em Puquillay Alto, vinhas centenárias no Maule, plantações costeiras de clima frio em Leyda e Pumanque - Colchagua Costa - entre outras. Essa grande diversidade de vinhedos reflete-se em suas diferentes linhas de vinho. **IMPORTADOR:** BRASIL: www.carrefour.com.br

VINHOS

 MOUNTAIN RED BLEND SYRAH, C. SAUVIGNON, CARMÉNÈRE, GRENACHE, P. VERDOT, MOURVÈDRE 2015
$$$ | COLCHAGUA | 14.5°

Esta é uma seleção de algumas das mais altas vinhas na cidade de Puquillay, no vale de Colchagua, entre 600 e 900 metros, bastante alta para a média da região. Essa nova versão possui 46% Syrah, 20% Cabernet Sauvignon, 17% Carménère, 10% Garnacha e o restante de Petit Verdot e Monastrell. Comparado com a versão anterior, parece um pouco mais frio, com mais frutas vermelhas e com maior tensão, embora mantenha a mesma musculatura fibrosa dos vinhos de altura. Um delicioso vinho

Manto Blanco

tinto, para beber agora ou em dois a três anos, só ganhará complexidade, enquanto a acidez aguda sentida hoje permitirá que ele continue envelhecendo.

 GRAN RESERVA
SAUVIGNON BLANC 2019
$$ | LEYDA | 13.5°

Uma excelente relação qualidade-preço, sente-se nervoso e tenso em acidez. Tem sabores de frutas tropicais, tons de ervas em um corpo leve. Esse vem dos solos graníticos de Leyda, no vale de San Antonio, a cerca de 8 quilômetros do mar. O branco ideal para o aperitivo.

 BRUT
CHARDONNAY, PINOT NOIR N/V
$$ | COLCHAGUA COSTA | 12.5°

Pumanque é a área mais ocidental (mais próxima do mar), onde Manto Blanco tem vinhedos em Colchagua e daí vem esse 85% Chardonnay, mais 15% de Pinot que vem de Leyda, também de seus próprios vinhedos. Este Charmat tem foco em frutas e frescor. Tudo aqui é deliciosa acidez, frutas brancas e borbulhas cremosas. Para beber por garrafas.

 BRUT ROSÉ
PINOT NOIR, CHARDONNAY N/V
$$ | LEYDA | 12.5°

85% desse vinho é Pinot Noir que vem da zona de Leyda, no vale de San Antonio, muito perto do mar. E isso se sente no frescor e agilidade desse vinho na boca. Com um açúcar residual por litro de pouco mais de cinco gramas, a fruta parece florescer. Um vinho que é um suco de framboesa com borbulhas.

 GRAN RESERVA
CABERNET SAUVIGNON 2018
$$ | COLCHAGUA | 14°

Uma boa abordagem para a Cabernet Sauvignon, é uma amostra simples da cepa, focada em frutas vermelhas maduras ao invés de ervas. É suculento e tem textura muito macia. Esse Cabernet é proveniente de uvas compradas na área de Lolol, na região oeste de Colchagua.

 GRAN RESERVA
CARMÉNÈRE 2018
$$ | COLCHAGUA | 13.5°

Da zona de Lolol, a oeste de Colchagua, esse é um clássico Carménère. Deliciosas frutas vermelhas em um contexto de toques de ervas, muito típico da variedade. A textura é bastante leve, com uma acidez rica em um vinho simples e fácil de beber, mas com a vantagem de mostrar um lado mais fresco e frutado da variedade.

GRAN RESERVA
CHARDONNAY 2019
$$ | CASABLANCA | 13.5°

Generoso em frutas tropicais, notas redutoras que parecem minerais, além

‹ prova de *vinhos* ›

de uma acidez fresca e viva nesse Chardonnay simples e que você bebe muito rápido. Essa é uma seleção de uvas que Manto Blanco compra na região de Bajo Casablanca, muito perto do Pacífico.

90 **RESERVA**
SAUVIGNON BLANC 2019
$ | LEYDA | 12.5°

É o vinho base de Manto Blanco em Leyda e em Sauvignon Blanc, um branco delicioso e refrescante que mostra o potencial da vinícola nesses vinhedos plantados em 2005. Aqui há uma deliciosa pureza de frutas frescas, muito influenciada pelo vinho. Brisas marinhas, distantes cerca de 8 quilômetros em linha reta. Atenção aqui. Um vinho para o ceviche.

OUTROS VINHOS SELECIONADOS
89 | CLASSIC Pinot Noir 2019 | Vale Central | 12.5° | $
88 | CLASSIC RED BLEND C. Sauvignon, Carménère, Syrah 2019 Vale Central | 13.5° | $
88 | CLASSIC Malbec 2019 | Vale Central | 13° | $
88 | CLASSIC Syrah 2019 | Vale Central | 13.5° | $

Maquis

PROPRIETÁRIO Grupo Hurtado
ENÓLOGO Ricardo Rivadeneira
WEB www.maquis.cl
RECEBE VISITAS *Sim*

Enólogo
RICARDO RIVADENEIRA

Maquis fica em Colchagua e cultiva um estilo de vinhos diferente ao da maioria das vinícolas deste quente vale. Como ocorre com Calcu, sua vinícola irmã, os vinhos de Maquis são tintos de maior frescor e tensão, em parte graças à localização de seu vinhedo, rodeado pelos rios Chimbarongo e Tinguiririca, o que ajuda a moderar o clima. Seu catálogo tem três degraus: uma linha grande reserva, o blend tinto baseado em Carménère Lien e o vinho ícone Franco, um Cabernet Franc. Pertence à família Hurtado Vicuña e foi iniciada por Dom José María Hurtado, que comprou esta propriedade em 1916.

VINHOS

 VIOLA
CARMÉNÈRE 2016
$$$$$ | COLCHAGUA | 13.5°

Os melhores quartéis de Maquis estão localizados à beira do estuário de Chimbarongo, em solos ricos de argilas, solos com muita retenção de água, onde a Carménère pode beber sem problemas. O vinho é produzido em barricas, todas usadas, que não têm mais nada a oferecer em termos de aromas, mas sim em termos de oxigenação que ajuda a amaciar os taninos, sem tocar na fruta ou, pelo menos, tocar nesse frescor o menos possível. É um vinho nervoso, tenso, longo e profundo ao mesmo tempo. Mas, também é um vinho tinto refrescante, com muita crocância.

Maquis

 FRANCO
CABERNET FRANC 2016
$$$$$ | COLCHAGUA | 14°

Franco é uma seleção das melhores vinhas de Cabernet Franc que Maquis possui em sua propriedade de Colchagua, especialmente um setor de um quartel muito próximo ao rio Tinguiririca, com um alto teor de argila, mas ao mesmo tempo com cascalhos que permitem uma boa drenagem. O vinho estagia 24 meses em barricas usadas (em Maquis não há barricas novas) para suavizar sua carga de taninos. E mesmo que o façam, ainda assim esse vinho tem muito pela frente, muito potencial de garrafa. A fruta é vermelha, radiante em frescor, a acidez é vibrante, com uma força que ilumina tudo. Deixe este vinho na adega por pelo menos cinco anos.

 GRAN RESERVA
CABERNET FRANC 2017
$$$ | COLCHAGUA | 14°

O Cabernet Franc da Maquis tem algo, embora leve, dos vinhos do Loire. E sim, podemos exagerar, mas existem os aromas de tabaco, a textura nervosa e a ideia de que Maquis tem de que a acidez é importante, que deve prevalecer sobre o dulçor. Esse Franc é proveniente de solos frios de argila, que em teoria devem dar um vinho amplo e doce, mas esse não é o caso. Aqui as raízes chegaram mais abaixo, até os solos aluviais, ricos em cascalhos, que oferecem vinhos mais tensos. Algo de Franc do Loire há nesse vinho ou, pelo menos, é muito mais próximo do que o Cabernet Franc mais rico e generoso de Bordeaux.

 GRAN RESERVA
CABERNET SAUVIGNON 2017
$$$ | COLCHAGUA | 13.5°

Baseado em Cabernet Sauvignon, todo plantado em solos de argila com profundidade superior a dois metros, solo que pode sufocar qualquer Cabernet jovem, mas este com 23 anos de idade, conseguiu alcançar os solos aluviais do rio com suas raízes, que estão lá no fundo. Hoje o vinho mostra uma deliciosa camada de frutas vermelhas, sedosas e suculentas, que se projetam pela boca, expandindo seus sabores, seu nervo por toda a boca. Como exemplo de estilo, esse é claro como água.

LIEN
CARMÉNÈRE, C. FRANC, C. SAUVIGNON, P. VERDOT, SYRAH 2016
$$$$ | COLCHAGUA | 13.5°

Lien é o vinho emblemático de Maquis. Sua primeira safra foi a de 2003 e, desde então, é uma espécie de resumo do vinhedo da casa, cercado por rios, em um setor particularmente fresco em Colchagua. Esse ano, a mescla possui 41% Carménère, 28% Cabernet Franc, 27% Cabernet Sauvignon e o restante de Syrah. Essa mistura variou bastante ao longo dos anos e, acima de tudo, é sentida pelo aporte de Syrah que chegou a participar em até 60%. Hoje a estrutura mais tensa da Franc ou da Cabernet Sauvignon é privilegiada e também a Carménère da casa, que sempre foi muito boa. É cheio de frutas vermelhas, toques de especiarias e taninos firmes, fibrosos e tensos.

⟨ *prova de **vinhos*** ⟩

  GRAN RESERVA
CARMÉNÈRE 2017
$$$ | COLCHAGUA | 13.5°

Esse Carménère nasce em solos aluviais, mas ao mesmo tempo rico em argilas, algo que a sedenta Carménère adora, pois é um solo que retém água. Mesmo assim, a drenagem é boa e quase no final da temporada, a água é equilibrada e, portanto, a Carménère - segundo a teoria da casa - perde seu lado vegetal. Aqui há frutas vermelhas deliciosas e crocantes. E sim, tem pouco caráter vegetal, mas há um pouco de verde aqui que acompanha e dá complexidade. A mistura inclui 9% de Cabernet Franc, que pode ser a culpada pelas notas de tabaco. O resto é de Malbec.

  GRAN RESERVA ROSÉ
MALBEC, CABERNET FRANC 2019
$$ | COLCHAGUA | 12.5°

Para esse rosé, Maquis seleciona vinhedos próximos ao estuário de Chimbarongo, em áreas mais frias e tardias. A mistura possui 60% de Malbec e o restante de Cabernet Franc. Fermentado em barricas e depois permanece lá por cinco meses, sem se mover, de modo que os sólidos sejam decantados pela gravidade, é claro. O resultado é um delicioso Cabernet Franc, com frutas vermelhas ácidas e notas de especiarias. Tem uma certa redondeza na boca, mas combinada por uma acidez suculenta e firme. Para a paella.

Mario Geisse

PROPRIETÁRIO Mario Geisse
ENÓLOGO Ranier de Souza Velho
WEB https://www.vinicolageisse.com.br
RECEBE VISITAS *Sim*

Proprietário
MARIO GEISSE

Mario Geisse é um dos enólogos lendários do Chile e também do Brasil. No Chile, ele é responsável pelos vinhos da vinícola Casa Silva desde o início, enquanto no Brasil trabalhou na Chandon e, desde meados da década de 1990, tem seu próprio projeto, Cave Geisse, que produz alguns dos melhores vinhos espumantes do país. Esse é seu projeto pessoal no Chile que, por enquanto, produz cerca de cem mil garrafas, todas com uvas do vale de Colchagua. **IMPORTADOR:** BRASIL: www.familiageisse.com.br

VINHOS

  COSTERO
SAUVIGNON BLANC 2019
$$ | COLCHAGUA | 12.7°

De vinhedos de cerca de 8 anos plantados nas colinas de granito de Paredones, à cerca de 12 quilômetros do mar, no vale de Colchagua, esse é um Sauvignon tipicamente costeiro. Seus aromas são herbáceos e cítricos, em um corpo médio, mas com acidez acentuada. A boca é cheia de sabores de menta. Para ceviche de robalo.

Mario Geisse

COSTERO
PINOT NOIR 2019
$$ | COLCHAGUA | 13°

Uma expressão crocante e suculenta de Pinot Noir, esse é cheio de sabores de frutas, frutas vermelhas suculentas e frescas. Há notas de flores, mas o importante aqui são aquelas frutas generosas que se desdobram pela boca, juntamente com uma acidez vibrante e crocante. Um bom vinho para aquecer no verão. Esse Pinot vem das colinas de granito de Paredones, a oeste de Colchagua, e de vinhedos muito jovens, plantados apenas em 2012.

EL SUEÑO GRAN RESERVA
CABERNET SAUVIGNON 2014
$$ | COLCHAGUA | 14°

Como todos os tintos de Mario Geisse (exceto Pinot), esse vem da área de Marchigüe, a cerca de 30 quilômetros do Oceano Pacífico. Estagia por 18 meses em barricas, mostra a influência da madeira nas notas de especiarias e, principalmente, na maneira como o carvalho agrega doçura aos sabores na boca. Um vinho de natureza comercial, mas muito bem feito.

EL SUEÑO GRAN RESERVA
CARMÉNÈRE 2015
$$ | COLCHAGUA | 14°

Para esse Carménère, o enólogo Mario Geisse obtém essas uvas da área de Marchigüe, a cerca de 30 quilômetros do mar, na região oeste de Colchagua. O vinho estagia 18 meses em barricas e esse tempo é sentido nos sabores defumados que se juntam às frutas maduras nesse Carménère de sabores profundos e quentes.

OUTROS VINHOS SELECIONADOS
89 | RESERVA BLEND Cabernet Sauvignon, Carménère 2017 | Colchagua | 14° | $$
88 | RESERVA Cabernet Sauvignon 2016 | Colchagua | 14° | $$
88 | RESERVA Carménère 2017 | Colchagua | 14° | $$

Marty

PROPRIETÁRIO Pascal Marty
ENÓLOGO Álvaro Reyes
WEB www.vinamarty.cl
RECEBE VISITAS Sim

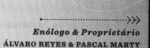
Enólogo & Proprietário
ÁLVARO REYES & PASCAL MARTY

O francês **Pascal Marty** tem uma importante trajetória no país. Chegou a desenvolver em 1997 o projeto do vinho Almaviva, a famosa joint venture entre Baron Philippe de Rothschild e Concha y Toro. Depois de seis anos ali como enólogo chega a Cousiño Macul para desenhar seu vinho ícone, Lota. E nessa mesma época inicia esta, sua aventura própria. Marty dispõe de 250 hectares de vinhedos para este projeto, de terroirs em distintas partes da zona central que pertencem a seus sócios. A exceção são dois hectares que Pascal tem plantados em sua casa em Pirque. Dali nasce seu vinho ícone, Clos de Fa, um blend tinto baseado em Cabernet Sauvignon, como bom filho de Alto Maipo. **IMPORTADORES:** BRASIL: www.delmaipo.com.br | USA: www.frolishwines.com

‹ prova de *vinhos* ›

95 | CLOS DE FA
CABERNET SAUVIGNON, MERLOT, SYRAH 2014
$$$$$ | PIRQUE | 14.5°

Clos de Fa vem de uma pequena vinha no pátio da casa de Pascal Marty, em Pirque, em uma das áreas mais altas do Alto Maipo, aos pés dos Andes. De qualquer forma, é um pátio bastante grande, com dois hectares de vinhedos, plantados principalmente com Cabernet. A partir daí, são produzidas cerca de seis mil garrafas entre esse Clos de Fa e Ser, o segundo vinho. Na versão desse ano, como de costume desde sua primeira safra em 2007, a Cabernet desempenha um papel central com 60%, mais 25% de Merlot e 15% de Syrah. A textura desse vinho, apesar de jovem, é suave. As frutas são vermelhas e a madeira está em primeiro plano, mas a quantidade de frutas é tal que é provável que essa madeira seja absorvida em alguns anos na garrafa. Um vinho para a adega.

95 | SER SINGLE VINEYARD
SYRAH 2017
$$$$$ | MAIPO | 14.5°

Pascal Marty seleciona vinhedos na área de Pirque, plantados há duas décadas em solos de leito de rio. O estágio é feito em barricas (dois terços novas), onde permanece por um ano e meio. A fruta aqui é exuberante e, ao mesmo tempo, muito vermelha e fresca, a tensão gerada entre os ácidos e os taninos faz com que o lado refrescante seja ressaltados, enquanto as frutas continuam com sua exuberância.

94 | GOUTTE D'ARGENT
SAUVIGNON BLANC 2019
$$$ | LEYDA | 13.5°

Para fermentar esse vinho, o enólogo Pascal Marty usa leveduras de saquê, acostumadas a trabalhar em áreas frias, nas montanhas do Japão. "O problema de muitos Sauvignon chilenos é que seus aromas desaparecem muito rápido", diz o enólogo Pascal Marty, membro dos produtores de sake no Japão, por isso tem o direito de ocupar essas leveduras que trabalham em temperaturas muito baixas, o que ajuda - segundo Marty - a manter esses aromas. As fermentações são muito lentas, nesse caso quase quatro meses. E o resultado é um vinho muito sutil, com aromas frescos e sutis de flores. A boca é de corpo médio, com uma acidez amável e notas de especiarias. Um vinho quase etéreo.

91 | CORAZÓN DEL INDIO PREMIUM BLEND
(IDÉNTICO) (ARMONIA) (W) **CARMÉNÈRE, C. SAUVIGNON, SYRAH 2018**
$$$ | VALE CENTRAL | 14.5°

Corazón del Indio é uma mistura de vales e cepas. Carménère e Syrah de Cachapoal, Cabernet Sauvignon de Colchagua. Tudo estagia 8 meses em barricas. O vinho tem um lado maduro muito pronunciado, expande-se pela boca com sabores de frutas negras doces e toques de especiarias exóticas. Iria muito bem com curry de cordeiro.

Marty

 GOUTTE D'ARGENT
CHARDONNAY 2019
$$$ | LEYDA | 13.5°

Fermentado em temperaturas muito baixas com leveduras de saquê, que podem trabalhar em temperaturas muito baixas, esse é um Chardonnay de vinhedos em Leyda, muito perto do mar, no vale de Leyda. Tem toque de frutos secos e de especiarias, embora não tenha tocado a madeira. Tem textura cremosa, redonda e se expande pela boca com sua voluptuosidade.

 MARIPOSA ALEGRE GRAN RESERVA
CARMÉNÈRE 2018
$$ | CACHAPOAL | 14°

Essa é uma seleção de vinhedos antigos na área de Cachapoal, especialmente das zonas de Millahue e Almahue, uma área onde existem muitos vinhedos antigos. Aqui se tem notas de ervas que mandam e depois delas notas de frutas vermelhas maduras. Tem corpo bom e os taninos são muito polidos, aumentando a sensação de redondez.

 MARIPOSA ALEGRE GRAN RESERVA
CABERNET SAUVIGNON 2018
$$ | COLCHAGUA | 13.5°

Frutado e maduro, parece equilibrado em sua madurez, graças aos taninos firmes e uma acidez que consegue neutralizar essa voluptuosidade. Um vinho direto em suas frutas e com corpo suficiente para costelas de cordeiro.

 MARIPOSA ALEGRE GRAN RESERVE
CHARDONNAY 2019
$$ | LEYDA | 13.5°

Este **Mariposa Alegre** é obtido de vinhedos no vale do Leyda, a cerca de 14 quilômetros do mar. O vinho estagia em barricas por 4 meses e o resultado é um suco de frutas suculento e amável, com notas de especiarias, mas principalmente frutas. É cremoso, cheio, redondo e com um final deliciosamente floral.

 PACHA RESERVA (ILAIA) (ARMONÍA)
CARMÉNÈRE 2018
$ | VALE CENTRAL | 13.5°

Esse Carménère vem de vinhedos de Cachapoal e Curicó e tem cerca de quatro meses de estágio em barricas, sempre usadas. O vinho é uma delícia de sabores de frutas vermelhas misturadas com notas de couro e de ervas. A textura é densa, muito macia, com uma acidez bastante tímida e um final de ervas. Um vinho de excelente valor pelo dinheiro.

OUTROS VINHOS SELECIONADOS
88 | LOVE ROSÉ Syrah 2019 | Vale Central | 13° | $
88 | PACHA RESERVA Chardonnay 2019 | Leyda | 13.5° | $
88 | PACHA RESERVA (ILAIA) (ARMONÍA) Sauvignon Blanc 2019 | Leyda | 13.5° | $

‹ prova de *vinhos* ›

Matetic Vineyards

PROPRIETÁRIO Família Matetic
ENÓLOGOS Julio Bastías & Emmanuel Campana
WEB www.matetic.com
RECEBE VISITAS *Sim*

Proprietário
JORGE MATETIC

Em **El Rosario,** um minivale encaixado entre morros no vale de San Antonio, Matetic plantou em 1999 distintas variedades de modo experimental, buscando saber quais conseguiriam desafiar o frio e amadurecer. Entre as que conseguiram estava o Syrah, e o primeiro que elaboraram foi um marco na vitivinicultura chilena: provou que a variedade se adaptava a climas frescos e abriu a porta a muitas outras vinícolas que mais tarde fizeram o mesmo, em distintas zonas. Hoje Matetic tem ali 160 hectares de diversas variedades, além de outros dois campos em Casablanca: um em Santo Tomás e outro em Valle Hermoso, este último a oito quilômetros do mar. **IMPORTADORES:** BRASIL: www.grandcru.com.br | USA: www.quintessentialwines.com

VINHOS

 EQ LIMITED EDITION
PINOT NOIR 2016
$$$$ | CASABLANCA | 14°

Para este **Limited Edition**, o enólogo Julio Bastías usa maceração carbônica, que geralmente dá vinhos frutados e suculentos. Mas não aqui. A fruta vem de Valle Hermoso, o vinhedo Matetic em Casablanca, a cerca de 10 quilômetros do mar e o efeito da carbônica aqui é que transforma os sabores frutados de um vinho do litoral em terra, mineral. É um efeito estranho, mas delicioso. E outra coisa importante: em vez de acalmar os taninos, enaltece-os, proporcionam uma qualidade granular, tensa e nítida. Um Pinot de muita personalidade.

 **EQ LIMITED EDITION**
SAUVIGNON BLANC 2019
$$$ | SAN ANTONIO | 13.5°

Este **Limited** é o EQ Sauvignon Blanc original, produzido desde 2002 e sempre baseado em frutas da fazenda El Rosario, plantada em 1999. Além disso, sempre teve uma pequena porcentagem de uvas botritizadas, o que confere uma boa parte do caráter desse vinho. O resto é a zona, os solos de granito e a proximidade do mar. Um Sauvignon frutado e, ao mesmo tempo, mineral, com toques terrosos em um corpo grande e suculento pelos padrões da cepa, algo que a colheita quente ajudou a acentuar.

 MATETIC
SYRAH 2015
$$$$$ | SAN ANTONIO | 14.5°

Este **Matetic** vem de um setor especial, rico em granito puro, de vinhedos plantados em 1999, as plantações originais que a família Matetic fez em San Antonio. A primeira safra de 2007 foi apenas uma seleção de barricas, essa é uma vinha especial e não apenas isso, mas também uma vinificação que inclui cachos inteiros, que dá muita estrutura, fornece verticalidade e muito osso. E então a fruta fresca, vermelha e exuberante, sustentada por uma acidez que permite que tudo brilhe, que tudo seja fresco e tenso.

Matetic Vineyards

94 | EQ COASTAL
SAUVIGNON BLANC 2019
$$$ | CASABLANCA | 13.5°

Para **EQ Coastal,** Matetic muda o vale e usa as vinhas de Sauvignon Blanc do Valle Hermoso, a cerca de 9 km do mar em Casablanca. 30% do vinho estagia em cimento e o restante em barricas usadas de diferentes tamanhos. O resultado é um branco com muita aderência, um Sauvignon encorpado, com toques de mentol e de ervas, com uma profundidade de sabores de frutas brancas encantadoras. Desse vinho foram elaboradas doze mil caixas, uma grande quantidade pela qualidade e caráter que ele oferece.

94 | EQ COOL CLIMATE
SYRAH 2015
$$$$ | SAN ANTONIO | 14.5°

De vinhedos biodinâmicos na propriedade de Rosário, esse EQ Cool Climate é o mesmo e velho Syrah, o primeiro Syrah de clima frio do Chile lançado na safra de 2001, que foi uma pequena revolução na época, quando a Syrah estava na moda e a inovação de fazê-lo com uvas tão perto do mar. Faz muito tempo desde então que a Syrah não tem mais o êxito de vendas que já teve, mas esse vinho ainda é um vinho tinto essencial, um Syrah que continua a mostrar o caráter da variedade na costa. Um vinho delicioso e profundo.

94 | EQ GRANITE
PINOT NOIR 2016
$$$$ | CASABLANCA | 13.5°

Valle Hermoso foi plantado em 2006, na área de Casablanca, muito perto do mar, a cerca de 10 quilômetros do Pacífico. Esse Pinot vem de lá e mostra a influência do mar em um Pinot focado em frutas, sabores de frutas vermelhas maduras que dependem de uma acidez firme, tensa. Uma coluna de acidez que se move pela boca. Com 30% de engaços, para suportar a estrutura (e se sai muito bem), sente-se com peso, sente-se com corpo, mas sem perder o frescor.

94 | EQ QUARTZ
CHARDONNAY 2017
$$$ | SAN ANTONIO | 13.5°

Quartz é uma seleção de vinhedos administrados biodinâmicos na fazenda El Rosario, a principal fonte de uvas de Matetic ao norte do vale de San Antonio. O estágio é de um ano em barricas e corresponde ao estilo dos brancos da casa, aquela untuosidade cremosa na textura e os amplos sabores, de brancos para guardar. Tem muita profundidade, toques de caramelo e de ervas. Um vinho sério, para guardar.

92 | CORRALILLO
SAUVIGNON BLANC 2019
$$ | SAN ANTONIO | 13.5°

Esse Sauvignon baseia-se nas vinhas de El Rosario, em San Antonio, uma seleção dessas videiras que a Matetic começou a plantar a partir de 1999. Essa visão da Sauvignon Blanc tem muito a ver com a safra e com as sensações cremosas que aportam esse ano mais quente. Um vinho exuberante, com frutas e ervas brancas. Leve-o à mesa para frutos do mar gratinados.

‹ prova de *vinhos* ›

91 CORRALILLO
CHARDONNAY 2018
$$ | SAN ANTONIO | 13.5°

De material clonal de Chardonnay, esse branco oferece uma tremenda relação qualidade-preço. Os sabores são suculentos e untuosos, dando uma sensação de deliciosa cremosidade. É um Chardonnay fresco e ao mesmo tempo grande. Para trutas grelhadas.

91 CORRALILLO
SYRAH, MALBEC, CABERNET FRANC 2016
$$$ | SAN ANTONIO | 14°

O mix de Corralillo desse ano é baseado, como de costume, em Syrah com 40%, mais Cabernet Franc e Malbec em partes iguais. Uma boa expressão de vinho tinto de clima frio, tem um acento nas especiarias, no meio de um corpo médio, com uma estrutura muito boa.

91 CORRALILLO LATE HARVEST
SAUVIGNON BLANC, GEWÜRZTRAMINER, RIESLING 2018
$$ | ACONCAGUA | 11.5°

Uma mistura de Riesling em 35%, Gewürztraminer em 35% e o restante de Sauvignon Blanc. Mostra aromas e sabores confitados e toques de especiarias no meio de um corpo generoso em dulçor, mas com uma parcela necessária de acidez para que não seja enjoativo. Um vinho para a sobremesa.

90 CORRALILLO
PINOT NOIR 2018
$$$ | SAN ANTONIO | 14°

Uma versão madura e suculenta de Pinot, cheio, com toques especiados. A textura é suculenta, construída com taninos muito polidos e redondos. Para mollejas.

Maturana Wines

PROPRIETÁRIO Família Maturana
ENÓLOGO José Ignacio Maturana
WEB www.maturana-wines.cl
RECEBE VISITAS *Sim*

Proprietário & enólogo
JOSÉ IGNACIO & JAVIER MATURANA

A vinícola liderada por José Ignacio Maturana e seu pai, Javier Maturana, tem sua base em Marchigüe, no vale de Colchagua. Ali elaboram seu tinto estrela, MW, à base de Carménère. Mas produz também vinhos de outras zonas, muito particulares e que dão personalidade a seu breve catálogo de rótulos. De vinhas velhas de Loncomilla, no árido costeiro do Maule, vem o particular Naranjo, um Torontel que estagia com suas peles, daí sua cor. Outra origem chamativa é Paredones, na costa de Colchagua, onde um produtor com vinhas de 1928 os abastece desta variedade branca cada vez mais frequente no meio local. Os vinhos desta jovem vinícola - nasceu em 2011 - são elaborados por José Ignacio Maturana, que foi por anos enólogo da vinícola Casa Silva. **IMPORTADORES:** BRASIL: www.ambordu.com | USA: www.ripewi.com — www.ambrosiachilena.com — www.vinosdelrey.com

Maturana Wines

95 — NARANJO
TORONTEL 2019
$$$ | MAULE | 13.5°

Maturana compra uvas em um antigo vinhedo, plantado em 1940 no vale de Loncomilla, em Maule. Esse Torontel é macerado com suas peles por oito meses em ovos de cimento e apenas se adiciona sulfitos no final, no engarrafamento. Esse Naranjo é um dos poucos em seu estilo que você realmente bebe com prazer. A Torontel oferece flores e de frutas brancas e o vinho não possui amargor nem características excessivamente tânicas, o que o torna bastante bebível e até se pensa em ouriços ou ostras, algo que não é comum nos laranjas, um estilo muito difícil de entrar na cozinha.

94 — PARELLON
SÉMILLON 2019
$$$ | COLCHAGUA COSTA | 13.5°

Embora apenas na última década o nome de Paredones tenha começado a ser ouvido como a nova costa vinícola de Colchagua, a verdade é que o local tem uma longa história de vinhos e, como prova, esse Sémillon proveniente de vinhedos plantados em 1928. Nessa nova safra, o volume de contato com as peles aumentou de 20% para 40% e o tempo permaneceu em 4 meses. O resultado é que este vinho parece muito mais tânico, um Sémillon de grande estrutura e força, com notas de especiarias e de mel e toques de frutas maduras.

93 — PA-TEL
PAÍS, MOSCATEL NEGRO, SÉMILLON, RIESLING 2019
$$$ | COLCHAGUA COSTA | 12°

Esse vinho é proveniente de um antigo vinhedo de quatro hectares no meio de florestas, a cerca de doze quilômetros do mar, plantado em 1910 em Paredones. Hoje pertence a Fernando Parraguez, que cuida desses hectares como se fosse um jardim e, nesse jardim, há Moscatel, Sémillon, País e até Riesling. As quatro variedades são cofermentadas em aço e depois engarrafadas. O vinho responde ao protótipo do vinho tinto para matar a sede. Corpo leve, aromas deliciosamente frescos, acidez crocante e sabores de frutas vermelhas puras em um vinho irresistível.

— VOX
VIOGNIER 2019
$$$ | MAULE | 14°

Esse Viognier vem de vinhedos plantados na área de San Clemente, em direção à cordilheira do Maule. É uma vinha de cerca de 25 anos que dá um delicioso vinho em notas florais, toques suculentos e sabores de frutas brancas. Tem um lado especiado, imerso em uma textura cremosa, de acidez moderada, de sabores maduros. O vinho estagia em barricas por dez meses e 10% do volume teve contato com as peles por 4 meses.

— LUCAS
CABERNET SAUVIGNON 2016
$$$ | COLCHAGUA ANDES | 14°

Lucas é 90% Cabernet Sauvignon de uma antiga vinha de 1940, plantada na área de Angostura, perto da cidade de San Fernando, no vale de Col-

‹ prova de vinhos ›

chagua. Além disso, possui 10% de Petit Verdot na área de Marchigüe, a oeste do vale. Estagia 10 meses em barricas usadas. A madeira interfere nos sabores, mas a fruta é suculenta, de muito bom frescor em um corpo médio de muito boa acidez.

 NEGRA
SAN FRANCISCO 2019
$$$ | MAULE SECANO INTERIOR | 13°

Conhecido como Negramoll nas Ilhas Canárias, San Francisco deve ter chegado ao Chile junto com a cepa País e Moscatel, com os conquistadores espanhóis. Ao contrário da País, é muito menos tânico e também tem uma forte dose de frutas e, talvez, não tenha esse lado terroso da País. Caminhando por uma vinha antiga, o enólogo José Ignacio Maturana encontrou essas uvas e decidiu vinificá-las separadamente. O resultado dessa segunda colheita segue os passos da primeira em um vinho de toques maduros, mas ao mesmo tempo muito suave, em um corpo leve, simples e fácil de beber.

 PAI-GAR
GARNACHA 2019
$$$ | MAULE SECANO INTERIOR | 14.5°

A colheita de 2019 foi quente na maior parte do Chile vitícola e especialmente intensa no Maule. Esse calor é sentido no caráter dos sabores, maduros e suculentos, levemente adocicados em uma textura suave e untuosa, expandindo-se no paladar. Esse vinho é 100% Garnacha, enxertado em cepas de País antigas.

 ROSADO
SYRAH, SÉMILLON 2019
$$$ | COLCHAGUA ANDES | 13.5°

Ao contrário da tendência ditada pela moda, esse não tem uma cor de casca de cebola nem opta por uma espécie de versão branca de rosé. É o oposto. Essa mistura de 90% Syrah e 10% Sémillon, da região de San Fernando, na parte superior do vale de Colchagua, possui madurez e profundidade de sabores. Estagia em barricas por cinco meses e isso confere complexidade extra aos sabores, acrescentando especiarias. Um rosado para paella.

Maycas del Limarí

PROPRIETÁRIO Quinta de Maipo Wine Group
ENÓLOGO Marcelo Papa
WEB www.maycasdellimari.com
RECEBE VISITAS *Não*

Enólogo
MARCELO PAPA

Esta é a primeira aventura da gigante Concha y Toro no norte. Se origina em 2005 e está estritamente relacionada com seu enólogo, Marcelo Papa, que tinha experiência em explorar as condições do vale, em seus anos como enólogo no começo dos 90 na vinícola Calina, pioneira no Limarí. Com dois vinhedos como fontes principais (Quebrada Seca e San Juan), Maycas arma um catálogo com três níveis

Maycas del Limarí

bem definidos: começa com a linha Sumaq, segue com Reserva Especial e se coroa com Quebrada Seca e San Julián, os top da casa, ambos vinhos que são seleções especiais de setores de vinhedos e que buscam refletir a influência costeira e os solos calcários da zona. A produção total da vinícola é de 300.000 garrafas ao ano.
IMPORTADOR: BRASIL: www.wine.com.br

VINHOS

QUEBRADA SECA
CHARDONNAY 2018
$$$$ | LIMARÍ | 14°

Quebrada Seca vem de uma seleção de dois quartéis do vinhedo Quebrada Seca, plantado em 2009. São quartéis plantados em solos argilosos, mas ricos em cal, que aqui se traduz em um vinho muito vertical. A salinidade é o eixo, que condiciona tudo nesse vinho. Com um ano em barricas (15% de madeiras novas), aqui há notas de especiarias e de frutas brancas, mas o que importa é essa estrutura monolítica e austera, projetada no palato, profunda e penetrante. Um vinho para guardar.

SAN JULIÁN
PINOT NOIR 2018
$$$$ | LIMARÍ | 13.5°

San Julián é uma vinha que foi plantada por volta de 2006, a cerca de 25 quilômetros do mar, em solos argilosos e de calcário no vale do Limarí. Estagia 12 meses em barricas e tem 20% de engaços na fermentação que visa proporcionar mais estrutura. Se no ano de 2017 esse vinho pareceu amplo e voluptuoso, um ano mais frio delineou a fruta de uma maneira completamente diferente. O nariz é rico em frutas vermelhas, adornadas com notas florais, mas basicamente frutas vermelhas. E então a boca tem sabores desses mesmos morangos, mas desta vez com uma acidez firme e taninos duros, quase rústicos, em um vinho que dá mais e mais frutas, o que mostra cada vez mais à medida que o vinho que se oxigena na taça.

RESERVA ESPECIAL
CHARDONNAY 2018
$$$ | LIMARÍ | 13.5°

Trata-se de uma seleção de solos calcários do vinhedo Quebrada Seca, a cerca de 18 quilômetros do mar. Com doze meses de barricas, 20% delas de madeira nova. Esse se projeta pela boca como uma flecha, uma acidez penetrante, ancorada ao paladar e aos sabores minerais que sustentam esse frescor, essa linearidade. Esse é um Chardonnay muito bom, com a austeridade e mineralidade de Limarí.

RESERVA ESPECIAL
PINOT NOIR 2018
$$$ | LIMARÍ | 13.5°

Um suco de framboesas maduras e exuberantes em seus toques frescos e penetrantes. Esse é um exemplo de como solos de argilas e de cal influenciam a construção da Pinot de Limarí. Aqui a superfície é feita de deliciosas frutas vermelhas frescas. Mas, no final o que aparece atrás é uma camada de frutas vermelhas e de taninos que sustentam toda essa fruta. Um vinho refrescante, intenso, cheio de vida. Pelo preço, esse é uma pechincha.

‹ *prova de **vinhos*** ›

SUMAQ
CHARDONNAY 2018
$$ | LIMARÍ | **13.5°**

Prove esse vinho e entre no mundo dos Chardonnay de Limarí. Os solos de cal e a proximidade do Pacífico fazem com que este vinho ofereça notas salgadas, frescor, intensidade e força. Essa é a porta de entrada para alguns dos melhores Chardonnay da América do Sul. E a um preço ridículo.

Miguel Torres

PROPRIETÁRIO Família Torres
ENÓLOGO Eduardo Jordán
WEB www.migueltorres.cl
RECEBE VISITAS Sim

Enólogo
EDUARDO JORDÁN

M iguel Torres é a filial chilena de Bodegas Torres, tradicional vinícola da Catalunha. São considerados os grandes modernizadores do vinho chileno pois quando chegaram a se instalar no vale de Curicó, em fins dos anos 70, trouxeram tecnologia que aqui não se usava, como tanques de aço inoxidável com temperatura controlada ou as primeiras barricas de carvalho, o que impulsionou as vinícolas locais a se atualizarem. Os vinhos de Miguel Torres estão bem arraigados em Curicó, ainda que também tenham explorado outras regiões do Chile. Além de oferecer as típicas variedades francesas, na última década desenvolveram vinhos com outras próprias do campo chileno, sendo um caso emblemático o espumante Estelado, que elaboram com cepa País, o primeiro em seu tipo. Também foram os pioneiros no resgate do Moscatel do vale de Itata com seu rótulo Días de Verano. **IMPORTADORES:** BRASIL: www.devinum.com.br | USA: www.parkstreet.com

VINHOS

CORDILLERA RESERVA ESPECIAL
CARMÉNÈRE 2017
$$$ | CACHAPOAL | **13.5°**

A área de Peumo é um local tradicional para a produção de Carménère. Seu clima quente permite amadurecer sem problemas. Nesse caso, no entanto, uma colheita antecipada e a redução de madeira nova de 30% para 9% deram um vinho rico em frescor, rico em crocância. É um vinho leve, mas ao mesmo tempo muito longo, projetando seus sabores de frutas vermelhas, ervas (muitas ervas) e delicadas notas de terra até o final do paladar. Esse é daqueles para se beber mais de uma garrafa.

CORDILLERA RESERVA ESPECIAL
SAUVIGNON BLANC 2018
$$$ | OSORNO | **12°**

Das colinas dos solos vulcânicos de Trapi, na margem norte do Rio Bueno, em Osorno, esse Sauvignon tem um caráter muito diferente de todos os Sauvignon que ocorrem mais ao norte, em áreas costeiras como Casablanca ou San Antonio. Segundo Eduardo Jordán, a acidez do vinho é tão alta nessa área fria que é preciso deixá-lo macerar por muito tempo com suas borras para ganhar no corpo e se equilibrar com essa acidez.

Miguel Torres

Isso se traduz em Sauvignon Blanc de textura cremosa. Uma espécie de suco de limão no meio de um creme de leite. Esse vinho tem nervo, tem tensão. Para ouriços.

 CORDILLERA RESERVA ESPECIAL
CHARDONNAY 2018
$$$ | LIMARÍ | 13°

Esse Chardonnay vem de duas áreas de Limarí, ambas em solos ricos em cal e muito perto do Oceano Pacífico. Para essa safra, toda a madeira nova foi eliminada e, em um ano de acidez bastante alta (um ano frio), optaram por fazer somente 30% de malolática, para dar um pouco mais de redondeza e suavidade. O vinho, no entanto, é uma flecha de acidez, de toques cítricos, muito refrescante, quase crocante.

 ESTELADO ROSÉ BRUT
PAÍS N/V
$$ | SECANO INTERIOR | 12°

A primeira versão de Estelado foi em 2010 e nessa primeira tiragem foram feitas cerca de mil caixas de doze garrafas. Dessa nova versão produziram 20 mil caixas, o que demonstra o sucesso desse espumante 100% País. E tem sido consistente desde o início em seus sabores frutados e frescos, exceto no nível de açúcar que caiu de 6 para 4 gramas por litro. A propósito, isso resultou em maior frescor. Estelado continua sendo um sucesso.

 CORDILLERA BLANC DE NOIRS BRUT
PINOT NOIR 2017
$$$ | CURICÓ | 12°

Esse brut clássico de Torres é 100% Pinot Noir plantado em direção à cordilheira de Curicó, em Río Claro. Tem nove meses com as borras e cerca de 90% de malolática no vinho base, o que lhe confere uma maior suavidade. No entanto, permanece o mesmo vinho ácido e austero de sempre. Um brut refrescante e suculento, enfatizando como sempre a fruta e as borbulhas suaves e abundantes.

 CORDILLERA RESERVA ESPECIAL
CABERNET SAUVIGNON 2017
$$$ | MAIPO | 13°

Torres obtém as uvas para esse vinho em Pirque, uma das áreas mais altas de Alto Maipo, aos pés dos Andes. Possui aromas de ervas e frutas em uma proporção semelhante. Frutas maduras e amplos, em um corpo com nervo. Seus taninos firmes e acidez nervosa, que não sai até o fim.

‹ *prova de **vinhos*** ›

Millamán

PROPRIETÁRIO Alfredo Schiappacasse
ENÓLOGO Alexis Castro
WEB www.millaman.cl
RECEBE VISITAS *Sim*

Enólogo
ALEXIS CASTRO

Millamán é a vinícola "irmã" de Terramater, a conhecida vinícola de Isla de Maipo. Fundada pelas filhas do imigrante italiano José Canepa (nome ilustre no vinho chileno), Millamán, no entanto, obtém seus melhores vinhos na região de Curicó, duzentos quilômetros mais ao sul, no vale Central. Lá ele tem duas vinhas, Peteroa, em Sagrada Família e San Jorge, em Los Niches, em direção aos pés dos Andes. **IMPORTADOR:** BRASIL: www.alentejana.com.br

VINHOS

 PAYA DE MILLAMÁN
MALBEC 2017
$$$$ | CURICÓ | 14.5°

Embora os dois anos de barrica sejam sentidos nesse vinho, a fruta atrás é fresca e viva, com cerejas e ameixas muito típicas da cepa Malbec. Trata-se de um vinhedo antigo, com mais de 70 anos, plantado na área da Sagrada Família, e essas uvas de vinhas velhas acabam aparecendo. Vejam como, depois de um tempo, o vinho ganha em frescor e em sabor frutado, enquanto a textura permanece tão sedosa quanto no início.

OUTROS VINHOS SELECIONADOS

88 | ESTATE RESERVE Cabernet Sauvignon, Malbec 2018 | Curicó | 13.5° | $
88 | LIMITED RESERVE Carménère 2017 | Curicó | 14° | $$
87 | ESTATE RESERVE Merlot 2018 | Curicó | 13.5° | $
85 | ESTATE RESERVE Sauvignon Blanc 2019 | Curicó | 13.5° | $

Misiones de Rengo

PROPRIETÁRIO VSPT
ENÓLOGA Viviana Magnere
WEB www.misionesderengo.cl
RECEBE VISITAS *Não*

Enóloga
VIVIANA MAGNERE

Misiones de Rengo é uma das vinícolas mais bem-sucedidas comercialmente no mercado chileno. 85% de sua produção fica no Chile, ao contrário do que sucede com quase todas as vinícolas, que exportam a maior parte. E sua produção total não é menor: mais de nove milhões de garrafas ao ano. Hoje parte do grupo San Pedro Tarapacá, dos maiores do Chile, a origem de Misiones de Rengo remonta ao ano 2000, quando Tarapacá reformula uma vinícola que havia montado originalmente para vinhos a granel, graças a seus grandes resultados. A vinícola sempre esteve alinhada com as

Misiones de Rengo

tendências do mercado, o que fez com que ultimamente seus vinhos moderem o uso da madeira e busquem mais frescor. Está situada na cidade de Rengo, no vale de Cachapoal, ainda que usem uvas de toda a zona central. ☙ **IMPORTADORES:** BRASIL: www.angeloni.com.br www.carrefour.com.br

VINHOS

91 | GRAN RESERVA CUVÉE
SAUVIGNON BLANC 2019
$$ | LEYDA | 13.5°

Produto de safras adiantadas (em um ano em que houve muitos picos de temperatura), esse Sauvignon vem de vinhas de Leyda, no vale de San Antonio. Aqui há textura firme, acidez acentuada, um corpo médio que pede ceviche e uma acidez final que sublinha todo o frescor que esse vinho oferece. E, novamente em Misiones, uma ótima relação qualidade-preço.

90 | GRAN RESERVA CUVÉE
CABERNET SAUVIGNON 2018
$$ | RAPEL | 14°

De dois vinhedos de Rapel, um em Colchagua e outro em Cachapoal, mostra taninos e estrutura suficientes para uma costela de porco. A acidez é firme, as frutas estão maduras e a madeira é um ator mais no conjunto. Um vinho bom no estilo comercial.

 GRAN RESERVA CUVÉE
CARMÉNÈRE 2018
$$ | RAPEL | 14°

Esse Carménère (mais algumas gotas de Syrah) vem de dois vinhedos, um em Colchagua e outro em Cachapoal. Tem a textura macia e amável, quase achocolatada da Carménère de clima quente, com muitas notas de especiarias e de ervas, mas principalmente com toques de frutas negras maduras que aportam volume de boca.

OUTROS VINHOS SELECIONADOS
89 | RESERVA Sauvignon Blanc 2019 | Casablanca | 12.5° | $
87 | RESERVA Cabernet Sauvignon 2018 | Vale Central | 13.5° | $
87 | RESERVA Chardonnay 2019 | Casablanca | 13.5° | $
85 | RESERVA Carménère 2018 | Vale Central | 13.5° | $

‹ *prova de **vinhos*** ›

Montes

PROPRIETÁRIO Aurelio Montes Baseden
ENÓLOGO Aurelio Montes Del Campo
WEB www.monteswines.com
RECEBE VISITAS *Sim*

Enólogo
AURELIO MONTES DEL CAMPO

Montes representa uma particular história de êxito no Chile. A empresa fundada por Aurelio Montes foi pioneira nos 90 em orientar seus vinhos ao exterior, despertando nesse mercado o interesse por vinícolas novas chilenas e conseguindo ser muito bem-sucedida comercialmente. Hoje o que alguma vez foi uma vinha butique, é uma empresa bastante grande: possui 740 hectares e produz anualmente cerca de oito milhões de garrafas. É também uma vinícola emblemática do vale de Colchagua e das zonas de Marchigüe e Apalta, onde está seu centro de operações. Montes toda a vida defendeu um estilo clássico, de madurez de fruta, de concentração e presença de madeira, evidente em seus tintos mais emblemáticos, como os da linha Montes Alpha, ou seus vinhos ícones. Mas esse estilo tem há alguns anos um contraponto no interior do catálogo: a linha Outer Limits, vinhos onde há maiores liberdades. Em Outer Limits exploram, por exemplo, outro terroir que Montes realçou, Zapallar, na costa do vale de Aconcágua, e onde cultivam Sauvignon Blanc.

IMPORTADORES: BRASIL: www.mistral.com.br | USA: www.kobrandwineandspirits.com

VINHOS

MONTES ALPHA M
C. SAUVIGNON, C. FRANC, MERLOT, P. VERDOT 2016
$$$$$ | APALTA | 14.5°

As vinhas de onde é obtido o Montes M são as mais antigas que foram plantadas em Apalta, em 1994, todas em declives suaves na região de Colchagua. A mescla desse ano tem 80% de Cabernet Sauvignon, mais 10% de Cabernet Franc e o restante de Merlot e Petit Verdot. A primeira versão de M foi em 1996 e se destacou por seu estilo elegante, quase leve para os padrões da época. Vinte anos depois, e talvez após algumas mudanças de estilo, esse vinho parece retomar esse caminho inicial. Existem coincidências. 1996 foi um ano frio, 2016 também é, embora talvez com mais chuvas. E a delicadeza de ambos é semelhante. Foi um ano difícil. Um bom ano lhes dá 70 mil garrafas, esse ano conseguiu produzir apenas um terço devido à seleção de uvas. Histórias semelhantes, para vinhos semelhantes. Um pequeno flashback de delicadeza, frutas vermelhas maduras, especiarias da madeira, taninos sutis e um delicioso final de ervas. Um M que será clássico.

MONTES FOLLY
SYRAH 2016
$$$$$ | APALTA | 15.5°

Folly é baseado em uma vinha plantada em 1995 em uma encosta muito íngreme nas colinas de Apalta, no vale de Colchagua. Sua primeira safra foi a de 1999 e, desde então, ele cultiva um estilo amplo e quente. A vinha íngreme reduz ainda mais a produtividade (há menos solo, menos fertilidade) e o sol Apalta faz o resto. O vinho tem 15,5 graus de álcool, mas é impressionante como esse calor não se sente. E tudo se deve aos taninos intensos e imponentes, responsáveis por sustentar todo esse enorme peso

Montes

de concentração e calor. No final, o vinho parece equilibrado e ainda tem algum frescor.

MONTES ALPHA SPECIAL CUVÉE
CABERNET SAUVIGNON 2017
$$$$ | MARCHIGÜE | 14.5°

Marchigüe está localizado na área de Colchagua Costa, a cerca de 30 quilômetros do mar. E a partir daí, Montes obtém frutas para alguns de seus vinhos mais emblemáticos, incluindo esse Special Cuvée, que oferece um grande Cabernet, de taninos importantes, como os vinhos daquele lugar. Nesse caso, este vinho provém de solos argilosos e essas argilas são refletidas nesse vinho volumoso, rico em ervas, suculentas, notas redondas, de taninos gordos e amplos.

MONTES OUTER LIMITS
SAUVIGNON BLANC 2019
$$$ | ACONCAGUA COSTA | 13.5°

Um lado salino é o que caracteriza esse Sauvignon na área de Zapallar, a cerca de sete quilômetros do mar, no vale do Aconcágua. É provável que esse lado salino venha da brisa do mar. Para acentuá-lo, o vinho é macerado com as cascas por cerca de quatro a oito horas e é aí que parece que essas brisas do Pacífico seriam "guardadas". O vinho não tem madeira, apenas aço e isso é sentido na clareza dos sabores de ervas e em uma acidez suculenta e firme ao mesmo tempo.

MONTES OUTER LIMITS
SYRAH 2018
$$$$ | ACONCAGUA COSTA | 14.5°

As videiras desse Syrah estão localizadas a cerca de dez quilômetros do mar, em uma área onde a brisa do mar não é tão forte e as uvas podem amadurecer lenta e calmamente, embora sempre em um contexto de clima frio e costeiro. Possui forte presença de notas de carne comuns nos Syrah costeiros. Há também frutas vermelhas maduras e especiarias em uma textura cremosa, quase untuosa.

MONTES ALPHA
CARMÉNÈRE 2018
$$$ | COLCHAGUA | 14.5°

Alpha Carménère é uma mistura de vinhedos em Colchagua, principalmente em Apalta, mas também em Marchigüe, em uma área mais costeira. O vinho estagia 100% em barricas, o que também é sentido aqui, mas sem esconder frutas vermelhas muito maduras e notas de ervas. Uma foto da variedade, em sua versão quente e doce.

MONTES ALPHA
CHARDONNAY 2017
$$$ | ACONCAGUA COSTA | 14°

Para esse Chardonnay, Montes seleciona vinhedos em Leyda, Casablanca e Zapallar e seu estilo mudou muito nos últimos anos. De uma madurez acentuada, tornou-se muito mais fresco graças a evitar a fermentação malolática, a ser colhido mais cedo e pela proteção dos cachos do sol, mas também graças ao uso moderado de madeira nova que passou de 100% do vinho para apenas uns 25%, enquanto o resto não toca em barrica ou madeira. O vinho ainda tem um estilo dos anos 1990, mas atualizado, com um frescor

‹ *prova de **vinhos*** ›

muito maior, mas sem perder a doçura (leve nesse caso) da madeira e a rica cremosidade que esse vinho sempre teve.

 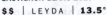

91 LIMITED SELECTION
SAUVIGNON BLANC 2019
$$ | LEYDA | 13.5°

De uma cremosidade rica e também com uma acidez suculenta, é um Sauvignon simples, muito concentrado na fruta e com um lado de ervas, especialmente na boca, muito pronunciado. O final tem uma acidez cintilante, que convida a continuar bebendo.

91 MONTES ALPHA
CABERNET SAUVIGNON 2017
$$$ | COLCHAGUA | 14.5°

Um vinho clássico do catálogo de Montes, esse vinho é produzido desde 1987. Este ano, vem das vinhas de Marchigüe, em direção à costa de Colchagua e Apalta, para o interior do vale. O vinho é fermentado em aço e depois envelhecido por um ano em barricas. Esse efeito, assado, picante sente-se muito aqui, mas também sente-se a fruta preta madura de um vinho intenso, mas nunca rústico.

91 MONTES ALPHA
MALBEC 2018
$$$ | COLCHAGUA | 14.5°

Montes tem experiência com a Malbec, especialmente com seu empreendimento na área de Vistalba, em Mendoza. E aqui eles cultivam um estilo semelhante, um Malbec de frutas maduras e confitadas, de texturas amplas e voluptuosas, em um vinho grande para beber na companhia de um bife suculento.

91 MONTES ALPHA
PINOT NOIR 2018
$$$ | ACONCAGUA COSTA | 14°

Esse Pinot é uma mistura de vinhedos de Leyda, no vale de San Antonio, e Zapallar, em Aconcágua, e tem um lado suculento e frutado, delicioso e sedutor. A madeira desempenha um papel aqui, mas está ao fundo, permitindo com que as frutas vermelhas maduras ganhem todo o destaque.

91 MONTES ALPHA
SYRAH 2017
$$$ | COLCHAGUA | 14.5°

Esse Syrah, metade de vinhas de Marchigüe e Apalta, segue o estilo da casa, com seus toques picantes e de frutas negras, doces e opulentas em um vinho que enche a boca com sua madurez. O álcool é responsável por suavizar os taninos, embora a verdade é que eles se sentem aqui e pedem carne.

90 CHERUB ROSÉ
SYRAH, GRENACHE 2019
$$ | COLCHAGUA | 13.5°

Trata-se de uma mistura de 85% Syrah e 15% Grenache, todas colhidas precocemente e também maceradas com as peles brevemente. Isso mudou ao longo dos anos. Antes que o suco fosse deixado com a casca por

Montes

quase dois dias, hoje dificilmente é macerado enquanto os cachos são pressionados, e então o suco é vinificado como branco, em aço. O resultado é um vinho suculento, muito fresco, com tons de especiarias, mas principalmente frutas em um vinho para se beber no verão.

OUTRO VINHO SELECIONADO
88 | MONTES TWINS Cabernet Sauvignon, Syrah, Carménère, Tempranillo 2017 | Colchagua | 14.5° | $$

MontGras

PROPRIETÁRIO Família Gras
ENÓLOGO Santiago Margozzini
WEB www.montgras.cl
RECEBE VISITAS *Sim*

Enólogo
SANTIAGO MARGOZZINI

MontGras Montgras foi fundada em 1993 pelos irmãos Hernán e Eduardo Gras junto com Cristián Hartwig. A estabeleceram em Colchagua, que segue sendo seu centro de operações. Hoje são uma empresa grande no contexto chileno, com quase 600 hectares nos vales de Colchagua, Maipo e Leyda. Seu portfólio também é extenso, com distintas marcas. MontGras é a original, com vinhos principalmente de Colchagua e linhas como Quatro, Antu ou o premium Ninquén. Intriga é uma marca exclusivamente de vinhos do Alto Maipo, de uma propriedade que têm no setor de Linderos. Consta de dois Cabernet Sauvignon, Intriga e o ícone Intriga Máxima. E por último está Amaral, de brancos de Leyda, o mais recente dos vales que explorou MontGras. **IMPORTADORES:** BRASIL: www.bruck.com.br | USA: www.guarachiwinepartners.com

VINHOS

 NINQUÉN MOUNTAIN VINEYARD
CABERNET SAUVIGNON, SYRAH 2017
$$$$$ | COLCHAGUA | 14.5°

Ninquén é uma seleção de vinhedos dos mais antigos que foram plantados no monte Ninquén, nos anos 2000. A mistura desse ano tem cerca de metade de Syrah e metade de Cabernet Sauvignon. O vinho fermenta e produz o malolático em tanques e depois estágio em barricas por dois anos, 35% dessa madeira é nova. O vinho tem um caráter muito equilibrado e suave. As frutas dominam, mas a madeira ainda está em segundo plano. Ainda não se mesclou totalmente ao conjunto, porque esse vinho é muito jovem e, quando o provamos, mal tinha um mês de engarrafamento. Recomendamos armazenar algumas dessas garrafas pelos próximos cinco a dez anos. Há muito futuro aqui.

 ANTU
CABERNET SAUVIGNON 2018
$$$ | MAIPO | 14.5°

Esse é um Cabernet atípico na linha específica de Antu, mas em geral em MontGras. Não havíamos experimentado um Cabernet com essa generosidade de fruta, com essa ausência de barricas e com esse frescor, um vinho que pode ser um ponto de ruptura no estilo da casa. Fruto de uma colheita precoce e uma maceração de três semanas, trata-se de suco de cerejas, delicioso em seu frescor, de taninos amáveis, quase cremosos.

‹ *prova de **vinhos*** ›

94 INTRIGA
CABERNET SAUVIGNON, PETIT VERDOT, CABERNET FRANC 2016
$$$$ | MAIPO | 14°

Intriga é elaborado desde a safra de 2005 e sempre foi baseado nas vinhas da região de Linderos, plantadas há 70 anos, com base em Cabernet Sauvignon, que esse ano forma 82% da mistura final, mais Cabernet Franc e algumas gotas de Petit Verdot. Um ano frio, com fortes chuvas (Maxima, o top da vinícola, não foi elaborado esse ano) produziu vinhos mais frescos e mais leves, e esse é um bom exemplo. As uvas que entraram na mistura foram colhidas antes das chuvas de Páscoa e isso fez com que o caráter se sentisse muito mais nervoso do que o habitual, em um vinho de corpo médio e acidez rica e brilhante..

93 ANTU
CARMÉNÈRE 2018
$$$ | PEUMO | 14.5°

Montgras compra uvas na área de Peumo, no vale de Cachapoal, um dos principais locais de Carménère do Chile. Essa vinha foi plantada em 1998 e, desde a colheita de 2014, 100% é usada para a linha Antu. Essa colheita mostra notas de ervas e de frutas vermelhas muito maduras em um corpo delicioso e macio, generoso em sabores untuosos. Para o inverno.

93 ANTU
CHARDONNAY 2018
$$$ | ITATA | 14°

Nas vinhas da região de Larqui, no vale do Itata, as uvas para esse Chardonnay crescem em solos vulcânicos. O vinho estagia em barricas com 100% de malolática e, embora em teoria possa ser um vinho muito mais pesado, a verdade é que ele tem um bom equilíbrio entre essas notas láticas e defumadas com a nova rota de uma área fria como Larqui. Uma boa abordagem para um estilo um pouco "old school" em Chardonnay que hoje é reavaliado diante do excesso de Chardonnay com cara de Sauvignon.

93 ANTU
GRENACHE, SYRAH, CARIGNAN 2018
$$$ | COLCHAGUA | 14.5°

Montgras plantou a colina de Ninquén no ano 2000, principalmente com Cabernet e Syrah. Nessa mescla, há 35% de Syrah dessas plantações, mas também há 50% de Garnacha (e o restante de Cariñena) de plantações mais jovens, que dão um vinho de frutas vermelhas maduras e deliciosas em um contexto de muita suavidade e frescor. Dentro do catálogo de Montgras, esse é um vinho subversivo.

93 ANTU
SYRAH 2018
$$$ | COLCHAGUA | 14.5°

A primeira safra das vinhas plantadas na colina de Ninquén ocorreu em 2004 e hoje elas mostram maturidade e muito senso de lugar. É um solo de colina e um clima quente, por isso é normal que esse vinho seja rico em frutas negras, de madurez acentuada, mas ao mesmo tempo de taninos ri-

MontGras

cos, frescos e nervosos e com uma acidez essencial para aportar tensão. Para todo o conjunto.

 AMARAL
SAUVIGNON BLANC 2019
$$ | LEYDA | 14°

A doze quilômetros do mar, no vale de Leyda, este Sauvignon oferece uma boa imagem do que são os brancos da região. Mais do que frutas tropicais, como Casablanca poderia entregar, um pouco mais ao norte, possui notas de ervas e de frutas cítricas em um corpo leve, com uma acidez firme e também salina. Este vinho é uma seleção dos 60 hectares que Montgras possui em Leyda.

ANTU
CABERNET SAUVIGNON, CARMÉNÈRE 2018
$$$ | COLCHAGUA | 14°

Trata-se de uma mescla baseada em 75% Cabernet Sauvignon e o restante de Carménère, todas as colinas de Ninquén, montadas pela MontGras em 2000 na área de Colchagua. Aqui existem frutas vermelhas maduras, mas acima de tudo é um tinto especiado, agradável na boca, com taninos domados e uma acidez suave, apenas para controlar que nada se torne tedioso ou tão maduro. Aqui se tem um vinho equilibrado.

 QUATRO TINTO
CABERNET SAUVIGNON, CARMÉNÈRE, SYRAH, MALBEC 2018
$$ | COLCHAGUA | 14°

Quatro estreou em 1998 e hoje é um clássico no catálogo de MontGras. As porcentagens desse ano incluem 45% de Cabernet Sauvignon, 25% de Syrah, 20% de Carménère e 10% de Malbec. E, embora seu estilo tenha mudado, ainda é um vinho comercial muito bom, com frutas vermelhas, maduras e macias e uma cota de madeira que não se sobrepõe. Um vinho equilibrado.

OUTRO VINHO SELECIONADO
88 | RESERVA EARLY HARVEST ROSÉ Zinfandel 2019 | Colchagua | 13° | $$

Montsecano

PROPRIETÁRIO Julio Donoso, André Ostertag, Álvaro Yáñez & Javier de la Fuente
ENÓLOGO André Ostertag
WEB www.montsecano.com
RECEBE VISITAS *Sim*

Enólogo
ANDRÉ OSTERTAG

A origem desta vinícola de Casablanca remonta ao ano 2005, quando o fotógrafo Julio Donoso, decidido a fazer mudanças em sua vida, plantou seis hectares de Pinot Noir em um terreno que sua família tinha na localidade de Las Dichas, de colinas e de relativa proximidade ao mar. Seu projeto mais tarde se converteu em uma sociedade com amigos, entre eles André Ostertag, um renomado produtor da Alsácia, França. Seu vinho estrela é Montsecano, um cento por cento Pinot Noir de Las Dichas e que desde sua primeira safra de 2008 se posicionou entre os melhores do país. Com os anos desenvolveram outros rótulos para acompanhar. Um é Refugio, o segundo vinho da casa, também um Pinot mas proveniente de Lo Ovalle, outro setor de Casablanca. Migrante, mescla de Malbec com Pinot Noir, é mais recente. Em Montsecano praticam a viticultura orgânica, vinificam com mínima intervenção e estagiam seus vinhos em ovos de cimento.

IMPORTADORES: BRASIL: www.lacharbonnade.com.br | USA: www.brazoswine.com

VINHOS

95 — **MONTSECANO** PINOT NOIR 2018 $$$$ | CASABLANCA | 12°

Montsecano vem de uma seleção de vinhedos que a vinícola possui na área de Las Dichas, muito perto do mar, a cerca de 10 quilômetros do Pacífico. São cerca de seis hectares plantados em 2005 que essa safra oferece um delicioso, tenso tinto, de muito nervo e de taninos com muita aderência. A colheita foi adiantada, mas também a extração moderada, o que resulta em um vinho mais fresco, mas também mais tenso na textura, com taninos mais finos. É uma mudança importante de estilo, uma visão diferente, talvez mais luminosa (que não é um julgamento de valor) trazida pelo borgonhês Dominique Derain. Esse é um novo caminho na vida curta mas intensa desse Pinot, uma vida que começou em 2008 e que brilhou desde então entre os melhores vinhos tintos do Chile.

94 — **LA LEONIE** CHARDONNAY 2019 $$ | CASABLANCA | 13.5°

La Leonie é um 100% Chardonnay que vem de uma pequena parcela de apenas 0,34 hectare na área de Las Dichas, no local de onde eles também obtém o Pinot Montsecano, na área mais próxima do mar, em Casablanca. Em contato com as peles por cerca de 15 dias (daí a cor levemente alaranjada) deste delicioso Chardonnay, com tons de frutos secos e de frutas maduras. A boca tem uma delicadeza deliciosa, com uma acidez que se move pela boca com um caráter quase etéreo. A acidez é responsável por dar tensão a um branco que termina com especiarias, o que lhe confere uma complexidade extra..

94 — **REFUGIO** PINOT NOIR 2018 $$ | CASABLANCA | 12°

Refugio é uma espécie de segundo vinho e, ao contrário de Montsecano Pinot Noir, não vem da vinha de Las Dichas, mas de uma vinha próxima, em Casablanca mesmo, na zona mais próxima do mar. Nessa safra, bastante quente, o consultor de Montsecano, Dominique Derain, decidiu colher antes para capturar a fruta que acaba por ser fresca, suculenta e nervosa. Um Refugio especialmente nervoso, de grande frescor, como talvez nunca tivéssemos tido a oportunidade de experimentar desde a sua primeira versão em 2010. E é o que mais gostamos.

Morandé

PROPRIETÁRIO Família Yarur
ENÓLOGOS Ricardo Baettig & Pablo Morandé
WEB www.morande.cl
RECEBE VISITAS Sim

Enólogo
RICARDO BAETTIG

Morandé é uma das vinícolas grandes do Chile e a principal dentro do Grupo Belén, uma holding de vinícolas que inclui Vistamar, Mancura, Fray León e a argentina Zorzal. O que nasceu em 1996 como um sonho do enólogo Pablo Morandé de ter uma vinha e um restaurante, hoje é uma embarcação grande, com cerca de 1.000 hectares e uma produção que ultrapassa os sete milhões de garrafas ao ano. Desde 2011 o enólogo é Ricardo Baettig, enquanto que Pablo Morandé, seu fundador, que em 2000 vendeu a vinha a Empresas Juan Yarur, segue como responsável por elaborar os vinhos espumantes, que estão entre os melhores do país. As marcas mais famosas de Morandé são a linha de entrada Pionero, Estate Reserve, Gran Reserva e seu vinho ícone, o blend baseado em Cabernet House of Morandé. A linha Adventure, por sua parte, agrupa vinhos mais experimentais feitos por distintos enólogos do Grupo Belén. **IMPORTADORES:** BRASIL: www.grandcru.com.br | USA: www.iws-fla.com

VINHOS

 HOUSE OF MORANDÉ
CABERNET SAUVIGNON, CABERNET FRANC, CARIGNAN 2017
$$$$$ | MAIPO | 13,5°

Um ponto de ruptura no estilo dessa casa, um vinho que estreou no mercado em 1997, sempre da região de Chena. Isso também vem de lá e é a base de Cabernet Sauvignon (77% do total) que governa, mas também há 16% de Cabernet Franc e o restante do Carignan do vinhedo de Santa Elena, muito mais ao sul, em Loncomilla. A principal mudança é a data da colheita, que foi avançada para obter frutas frescas, mais vibração. O enólogo Ricardo Baettig diz que nessa versão colheu uvas pelo menos um mês antes, mas é preciso levar em conta que 2017 foi um ano muito quente no Maipo. Enfim, esse vinho tem sete anos, cheira e tem um sabor muito diferente. As frutas vermelhas são a regra, a tensão da acidez é o que direciona os sabores e a fruta acompanha o tempo todo deslizando em taninos firmes e ao mesmo tempo muito polidos.

 BRUT NATURE
CHARDONNAY, PINOT NOIR N/V
$$$$ | CASABLANCA | 13°

A Chardonnay e a Pinot Noir nesse vinho espumante são provenientes das vinhas de Morandé em Belém, em Bajo Casablanca, ou seja, a área perto do mar naquele vale. Elaborado pelo método tradicional de segunda fermentação em garrafa, passou 18 meses em contato com as borras, o que sem dúvida influencia os sabores, dando notas de pão e padaria, mas o que manda acima de tudo é a fruta. Sente-se muito jovem, ainda muito frutado, com a borbulha selvagem de um vinho feito na hora. Dê a esse frasco pelo menos três a quatro anos. E verá como ganhará em complexidade.

‹ prova de *vinhos* ›

 GRAN RESERVA
SAUVIGNON BLANC 2018
$$ | CASABLANCA | 12.5°

El Ensueño é uma das vinhas mais tradicionais de Casablanca. Localizada no extremo oeste do vale, na região de Lo Ovalle, aqui a influência do mar aparece firme, dando frescor aos sabores e acentuando a acidez. Estagia em foudres e também em ovos de cimento (20% do volume) e hoje mostra, graças a uma colheita bastante fresca no vale, um lado mineral e uma acidez muito presente. Possui aromas de ervas e deliciosa cremosidade. Um Sauvignon para se levar à mesa com merluza frita.

 VIGNO
CARIGNAN, SYRAH, CHARDONNAY 2017
$$$$ | MAULE | 14.5°

Há uma nova visão de Cariñena chilena, mais relacionada ao frescor e à fruta, com a tensão da acidez (alta na cepa) e sem medo da textura silvestre típica dessa uva. Nesse Vigno, parte do grupo Vignadores del Carignan, a fruta parece firme e suculenta, com taninos e acidez severos que procuram uma festa. Um vinho para guardar ou beber agora com embutidos.

 ATERCIOPELADO
PAÍS, MALBEC 2019
$$$ | MAULE | 14°

Trata-se de uma mistura de 80% País da área de Melozal e o restante de Malbec de Pencahue, ambos do Maule. As cepas são cofermentadas, com 30% de cachos inteiros e estagiam por dois meses. O resultado é um vinho delicioso em frescor, rico em frutas vermelhas, mas também com toques de terra que lhe conferem um caráter que o distingue de um mero vinho para matar a sede.

BESTIARIO
MARSANNE, ROUSSANNE, VIOGNIER 2019
$$$ | MAULE | 13°

Bestiario é a mescla mediterrânea de Morandé. A mistura consiste em 45% de Marsanne, 45% de Roussanne e o restante de Viognier. As duas primeiras vinhas da região são Melozal, no vale do Maule, cofermentadas, enquanto o Viognier vem de Casablanca. O vinho tem um monte de notas de frutos secos, com frutos e flores brancas maduras, mas acima de tudo esse caráter nogado, que permeia tudo. O vinho tem cerca de 6 meses em contato com as peles, o que sem dúvida traz corpo e estrutura, o que é uma novidade na cena de brancos do Chile. Não é um laranja, apesar da longa maceração com peles, mas um branco com moral de tinto.

 CREOLE
CINSAULT, PAÍS 2019
$$$ | ITATA | 12.5°

Essa mistura possui 85% de Cinsault de Itata, na cidade de Quilo, enquanto a País vem de Melozal, no vale do Maule. Ambas as vinhas são de secano e dão a esta fruta vermelha deliciosa, fresca e intensa em um corpo com taninos firmes e um tanto rústicos, mas ao mesmo tempo com uma acidez que convida a continuar bebendo. Um tinto de sede.

Morandé

GRAN RESERVA
CABERNET SAUVIGNON 2017
$$ | MAIPO | 14°

Trata-se de uma seleção de vinhedos na região dos Cerros de Chena, ao lado da Rodovia Pan-Americana, em San Bernardo, vale do Maipo. Estagia em foudres entre dois e quatro mil litros por 18 meses. Com essas dimensões e com a madeira utilizada, o impacto é mínimo e a fruta foi preservada intacta em seu frescor. Uma colheita adiantada também ajudou a que, em um ano quente no Maipo, os sabores sejam frescos e crocantes, sem nada de madurez. Um Cabernet de frutas acima de tudo.

GRAN RESERVA
CARMÉNÈRE 2018
$$ | MAIPO | 14°

Existem cada vez mais expoentes de Carménère como esse Gran Reserva, um nome retumbante para um vinho que é pura fruta deliciosa e vermelho, fresca e nervosa. De vinhedos nas colinas de Chena, em Maipo Medio, estagia 16 meses em barricas e o que sai deles é um suco temperado apenas com notas de ervas e de pimenta. A fruta manda no nariz e na boca, produzindo um vinho fácil de beber, mas ao mesmo tempo com uma estrutura de taninos muito boa para ser levado à mesa.

GRAN RESERVA
CHARDONNAY 2017
$$ | CASABLANCA | 13.5°

Um Chardonnay profundo em aromas, com notas de frutos secos e lácticas, que se misturam em uma textura muito cremosa e ampla, que enche o paladar com seus sabores voluptuosos. O final é fresco, graças a uma acidez que está ganhando terreno à medida que o vinho viaja pela boca. Esse Chardonnay vem da área mais próxima do mar em Casablanca e estagia em foudres e em barricas por dez meses.

GRAN RESERVA
SYRAH, CABERNET SAUVIGNON 2017
$$ | VALE CENTRAL | 14°

As uvas para esse vinho vêm de duas áreas. 50% do Cabernet Sauvignon dos Cerros de Chena, no vale do Maipo, e 50% do Syrah são provenientes de videiras enxertadas sobre País, na área de Loncomilla. Um ano quente no vale Central deu a esse vinho uma carga especial de frutas, mas sem o amadurecer demais. O que se sente aqui é uma nova camada de frutas vermelhas e especiarias em um corpo redondo, amável e suculento. A Syrah parece impor sua untuosidade.

MALMAU
MALBEC 2018
$$$$ | MAULE | 14.5°

Esse Malbec de 100% vem de uma vinha muito antiga de cerca de 70 anos plantada na área de Pencahue, no vale do Maule. É um lugar quente, que geralmente dá vinhos de grande expressão de frutas, de grande generosidade. Esse não é exceção. Esse vinho apresenta uma camada de frutas vermelhas, deliciosas e frescas, temperadas com notas de flores em uma

⟨ *prova de vinhos* ⟩

textura que desliza pela boca sem problemas, sem arestas. Um Malbec que assume o lado mais frutado e fresco da variedade.

93 · MEDITERRÁNEO
GRENACHE, SYRAH, CARIGNAN, MARSANNE, ROUSSANNE 2017
$$$$ | MAULE | 14.5°

O vale do Maule tem uma vocação especial para variedades de corte mediterrâneo, como as mescladas aqui. Essas uvas precisam de calor e de sol para amadurecer e no Maule há o suficiente. Esse vinho vem especificamente de Loncomilla, na zona de secano interior e de variedades que foram enxertadas sobre País. Tem muita força nas frutas vermelhas, muita tensão nos taninos e um perfil fresco que faz querer continuar bebendo, principalmente se tiverem morcillas por perto.

 DESPECHADO
PINOT NOIR 2019
$$$ | CASABLANCA | 13°

Essa já é a sétima colheita de Despechado, a primeira vez que 100% vem da área de Las Dichas, uma das zonas mais próximas do mar no vale de Casablanca. A fermentação tem 50% de cachos inteiros e o restante de uvas desengaçadas. Os cachos inteiros dão estrutura aqui, enquanto o vinho exibe suas frutas vermelhas em todos os lugares. Um vinho para matar sede, mas também para pensar em embutidos.

 GRAN RESERVA
PINOT NOIR 2018
$$ | CASABLANCA | 13.5°

Um Pinot com muita força, aqui a textura parece se apegar ao paladar, enquanto a acidez ajuda nos sabores de frutas vermelhas maduras e untuosas a ganharem mais nervo. Deixe por um tempo na taça e verá como essas frutas adicionam aromas terrosos. Esse Pinot vem das vinhas de Morandé em El Ensueño, na zona de Bajo Casablanca, muito perto do mar.

 BRUT K.O.
PAÍS, CHARDONNAY, PINOT NOIR N/V
$$ | SECANO INTERIOR | 12.5°

Dois mundos se encontram nesse espumante. O rural da uva País (70% do país de Pencahue e Loncomilla) e o mais moderno e talvez o mais sofisticado da Chardonnay e da Pinot Noir de Casablanca. Elaborado pelo método tradicional de segunda fermentação em garrafa. É uma fruta cintilante, com uma estrutura de acidez e borbulhas firmes e tensas e que merecem até ouriços, mas ao mesmo tempo uma acidez que convida a bebê-lo como aperitivo.

ESTATE RESERVE
CARMÉNÈRE 2018
$$ | MAIPO | 13.5°

Uma tremenda relação preço-qualidade nesse Carménère que cresce ao longo do rio Maipo, em solos aluviais, em Romeral. Essa mistura mostra notas de madeira, aromas de ervas e a forte presença da fruta. Essa é uma

Morandé

nova escola, suave, fresca e nítida, aquela escola que fala sobre expressar a tensão sem problemas com seu lado natural. Esse está rico.

 EDICIÓN LIMITADA CRIOLLO DEL MAIPO
CARMÉNÈRE 2017
$$ | MAIPO | 14°

O calor do ano é sentido nesse Carménère. Os sabores são maduros e untuosos, a boca se sente ampla, enche o paladar com seu calor. Aromas de ervas são profundos, dando um pouco de frescor.

 EL GRAN PETIT
PETITE SIRAH, PETIT VERDOT 2018
$$$$ | CACHAPOAL | 14.5°

Da vinha de La Moralina, na região de Cachapoal Andes, essa mescla de 50% Petit Sirah e 50% Petit Verdot tem frutas vermelhas e especiarias, mas acima de tudo um lado de ervas que lhe dá frescor. A boca é áspera, com taninos severos e potentes. Precisa de carne.

 ESTATE RESERVE
CABERNET SAUVIGNON 2018
$$ | MAIPO | 13.5°

Uma relação preço-qualidade muito boa aqui, esse Cabernet do Maipo mostra uma expressão clara da variedade. Há frutas vermelhas e especiarias, temperadas com ervas e algum mentol. O corpo, embora leve, possui taninos muito bons e afiados para a carne.

 TIRAZIŠ
SYRAH 2018
$$$$ | CASABLANCA | 15°

Da vinha de Belém, na região de Lo Ovalle, em Bajo Casablanca, há frutas vermelhas e especiarias maduras. A textura possui taninos firmes, acompanhadas por uma acidez que ajuda a elevar os sabores das frutas em um vinho maduro e untuoso.

OUTROS VINHOS SELECIONADOS

89 | ESTATE RESERVE Gewürztraminer 2019 | Casablanca | 13° | $$
89 | ESTATE RESERVE Sauvignon Blanc 2019 | Casablanca | 13.5° | $$
88 | ESTATE RESERVE Malbec 2018 | Maule | 13.5° | $$
88 | ESTATE RESERVE Pinot Noir 2018 | Casablanca | 13.5° | $$
87 | PIONERO RESERVA Sauvignon Blanc 2019 | Maule | 13° | $
86 | PIONERO RESERVA Pinot Noir 2018 | Casablanca | 13° | $

《《----》》

‹ prova de *vinhos* ›

Nucos

PROPRIETÁRIO Luis Felipe Edwards Sr. & Senhora
ENÓLOGO Nicolás Bizzarri
WEB https://www.lfewines.com
RECEBE VISITAS *Não*

Enólogo
NICOLÁS BIZZARRI

Os vinhos de **Nucos** fazem parte do portfólio da Luis Felipe Edwards, uma vinícola familiar chilena, em grande parte dedicada às exportações. As primeiras vinhas, que datam do início dos anos 1900, sua moderna vinícola e o centro de operações, estão localizados em Puquillay Alto, no coração do vale de Colchagua desde 1976. As vinhas da família Edwards alcançam 2000 hectares e estão distribuídas nos vales mais importantes da zona central do Chile. Suas várias propriedades incluem plantações a 900 metros de altura em Puquillay Alto, vinhas centenárias no Maule, plantações costeiras de clima frio em Leyda e Pumanque - Colchagua Costa - entre outras. Essa grande diversidade de vinhedos reflete-se em suas diferentes linhas de vinho.

VINHOS

94 — **MOUNTAIN RED BLEND** SYRAH, CABERNET SAUVIGNON, CARMÉNÈRE, GRENACHE, PETIT VERDOT, MOURVÈDRE 2015
$$$ | COLCHAGUA | 14.5°

Esta é uma seleção de algumas das mais altas vinhas na cidade de Puquillay, no vale de Colchagua, entre 600 e 900 metros, bastante alta para a média da região. Essa nova versão possui 46% Syrah, 20% Cabernet Sauvignon, 17% Carménère, 10% Garnacha e o restante de Petit Verdot e Monastrell. Comparado com a versão anterior, parece um pouco mais frio, com mais frutas vermelhas e com maior tensão, embora mantenha a mesma musculatura fibrosa dos vinhos de altura. Um delicioso vinho tinto, para beber agora ou em dois a três anos, só ganhará complexidade, enquanto a acidez aguda sentida hoje permitirá que ele continue envelhecendo.

91 — **GRAN RESERVA**
SAUVIGNON BLANC 2019
$$ | LEYDA | 13.5°

Em uma excelente relação qualidade-preço, sente-se nervoso e tenso em acidez. Tem sabores de frutas tropicais, tons de ervas em um corpo leve. Esse vem dos solos graníticos de Leyda, no vale de San Antonio, a cerca de 8 quilômetros do mar. O branco ideal para o aperitivo.

90 — **BRUT**
CHARDONNAY, PINOT NOIR N/V
$$ | COLCHAGUA COSTA | 12.5°

Pumanque é a área mais ocidental (mais próxima do mar), onde Nucos tem vinhedos em Colchagua e daí vem esse 85% Chardonnay, mais 15% de Pinot que vem de Leyda, também de seus próprios vinhedos. Este Charmat tem foco em frutas e frescor. Tudo aqui é deliciosa acidez, frutas brancas e borbulhas cremosas. Para beber por garrafas.

Nucos

BRUT ROSÉ
PINOT NOIR, CHARDONNAY N/V
$$ | LEYDA | 12.5°

85% desse vinho é Pinot Noir que vem da zona de Leyda, no vale de San Antonio, muito perto do mar. E isso se sente no frescor e agilidade desse vinho na boca. Com um açúcar residual por litro de pouco mais de cinco gramas, a fruta parece florescer. Um vinho que é um suco de framboesa com borbulhas.

GRAN RESERVA
CABERNET SAUVIGNON 2018
$$ | COLCHAGUA | 14°

Uma boa abordagem para a Cabernet Sauvignon, é uma amostra simples da cepa, focada em frutas vermelhas maduras em vez de ervas. É suculento e tem textura muito macia. Esse Cabernet é proveniente de uvas compradas na área de Lolol, na região oeste de Colchagua.

GRAN RESERVA
CARMÉNÈRE 2018
$$ | COLCHAGUA | 13.5°

Da zona de Lolol, a oeste de Colchagua, esse é um clássico Carménère. Deliciosas frutas vermelhas em um contexto de toques de ervas, muito típico da variedade. A textura é bastante leve, com uma acidez rica em um vinho simples e fácil de beber, mas com a vantagem de mostrar um lado mais fresco e frutado da variedade.

GRAN RESERVA
CHARDONNAY 2019
$$ | CASABLANCA | 13.5°

Generoso em frutas tropicais, notas redutoras que parecem minerais, além de uma acidez fresca e viva nesse Chardonnay simples e que você bebe muito rápido. Essa é uma seleção de uvas que Nucos compra na região de Bajo Casablanca, muito perto do Pacífico.

RESERVA
SAUVIGNON BLANC 2019
$ | LEYDA | 12.5°

É o vinho base de Nucos em Leyda e em Sauvignon Blanc, um branco delicioso e refrescante que mostra o potencial da vinícola nesses vinhedos plantados em 2005. Aqui há uma deliciosa pureza de frutas frescas, muito influenciada pelo vinho. Brisas marinhas, distantes cerca de 8 quilômetros em linha reta. Atenção aqui. Um vinho para o ceviche.

OUTROS VINHOS SELECIONADOS

89 | CLASSIC Pinot Noir 2019 | Vale Central | 12.5° | $
88 | CLASSIC RED BLEND C. Sauvignon, Carménère, Syrah 2019 | Vale Central 13.5° | $
88 | CLASSIC Malbec 2019 | Vale Central | 13° | $
88 | CLASSIC Syrah 2019 | Vale Central | 13.5° | $

‹ prova de **vinhos** ›

Odfjell

PROPRIETÁRIO Família Odfjell
ENÓLOGO Arnaud Hereu
WEB www.odfjellvineyards.cl
RECEBE VISITAS *Sim*

Enólogo
ARNAUD HEREU

A família norueguesa **Odfjell** se dedica ao transporte marítimo e tem uma centenária companhia de navegação com sede na cidade de Bergen. Nos anos 80, quando Dan Odfjell era seu presidente e estava no Chile a negócio, comprou um campo em Padre Hurtado (vale do Maipo) com a ideia de produzir vinhos. Começaram a comercializar em 1998, da mão do enólogo Arnaud Hereu, presente até hoje. Desenvolveram um vinhedo de 85 hectares ali em Padre Hurtado e com os anos somaram outros, em setores como Molina (Curicó), Cauquenes e Loncomilla (Maule). Em Loncomilla cultivam Carignan, sendo das primeiras vinícolas a promover o renascimento desta variedade. Suas linhas de vinhos mais conhecidas são Armador e Orzada. A empresa, que hoje é liderada pelos filhos de Odfjell, Laurence e Dan, produz cerca de um milhão de garrafas ao ano. **IMPORTADORES:** BRASIL: www.worldwine.com.br | USA: www.ffwsales.com

VINHOS

96 — **ODFJELL**
CABERNET SAUVIGNON 2015
$$$$$ | CAUQUENES | 15.5°

Tres Esquinas é a vinha de onde Odfjell obtém seus melhores vinhos. Na área de Cauquenes, Tres Esquinas possui vinhas velhas de Cariñena, mas também plantas mais jovens, como as de Cabernet Sauvignon. Trata-se de uma seleção de quartéis de uma vinha de 10 anos, de manejo orgânico e biodinâmico. O vinho estagia por dois anos em barricas e o resultado é um intenso Cabernet com sabores de frutas negras ácidas e de flores. A textura tem a rusticidade dos vinhos do Maule, aqueles taninos ferozes e suculentos que precisam de anos para se amaciarem. E a chave aqui é a seguinte: há sabores de frutas suficientes, acidez e taninos para uma década. Ou mais.

94 — **ALIARA**
CARIGNAN, MALBEC, SYRAH, CABERNET SAUVIGNON 2014
$$$$$ | VALE CENTRAL | 14°

Este **Aliara** vem desde 2000 e não tinha Cariñena. A partir de 2005, a Cariñena começou a aparecer e já na safra anterior, 2013, é a base. Esse ano, 49% são Cariñena, 22% Malbec, 14% Syrah e 15% Cabernet Sauvignon. A força da Carignan é sentida aqui com sua acidez, seus taninos e seus aromas florais. Esse vinho tem energia, possui muitas frutas vermelhas frescas e um delicioso lado de ervas, que traz frescor. Esse é um vinho de longa guarda, para ocupar espaço na adega.

92 — **ARMADOR**
CARMÉNÈRE 2018
$$ | MAIPO | 13°

Expressão pura da Cabernet Sauvignon, é proveniente de vinhedos biodinâmicos plantados no final dos anos 1990 na área de Padre Hurtado, no

Odfjell

Maipo. Aqui não há interferência da madeira. É fermentado em aço, com leveduras nativas e depois vai para a garrafa, preservando toda a fruta da variedade. Um tinto que é simples, mas ao mesmo tempo mostra um Cabernet sem maquiagens, cheio de frutas e de vigor.

 ARMADOR
CABERNET SAUVIGNON 2018
$$ | MAIPO | 14°

Um Carménère de nova escola. Aqui não há problemas em assumir os aromas vegetais da cepa, mas acompanhados de certos sabores de frutas em um corpo médio, de taninos firmes, pontudos e generosos em quantidade. A acidez destaca sabores e confere frescor a esse Carménère de vinhedos plantados em Padre Hurtado, no final dos anos 1990. O vinho é fermentado e levemente estagiado, sem passagem por madeira.

 CAPÍTULO
MALBEC, CABERNET SAUVIGNON, SYRAH, CARIGNAN 2018
$$ | VALE CENTRAL | 13.7°

Capítulo é um resumo das vinhas e lugares onde Odfjell aplica os preceitos da biodinâmica. A Cabernet e a Syrah vêm de vinhas de Padre Hurtado, no vale do Maipo, enquanto a Malbec do vale de Curicó e a Cariñena de Cauquenes. 100% aço inoxidável, é uma deliciosa expressão de frutas, frutas maduras e profundas em um corpo intenso, de taninos firmes, que pedem embutidos. Um vinho puro, mas com força.

ORZADA
CABERNET SAUVIGNON 2018
$$$ | MAIPO | 14°

A base desse vinho está nas vinhas de Odfjell, em Padre Hurtado, no Maipo, embora também possua 10% do Maule. O vinho tem dez meses de estágio em barricas e o que sai deles é um Cabernet sério, com toques de baunilha e de madeira, mas especialmente frutas vermelhas, especiarias e ervas, muitas ervas em um vinho tinto macio, longo, frutado e muito tinto fácil de beber.

 ORZADA
CARIGNAN 2018
$$$ | CAUQUENES | 15°

Odfjell é um dos pioneiros de Cariñena no Chile. A primeira colheita foi em 2001 e sua base sempre foram as vinhas velhas de Cauquenes, no interior seco do Maule. Sem madeira, fermentada com leveduras nativas, esse vinho mostra as flores e as frutas vermelhas da variedade, acompanhadas por sua acidez e taninos elétricos. Um tinto ao mesmo tempo rústico e ao mesmo tempo muito frutado.

 ORZADA
TANNAT 2016
$$$ | MAULE | 14°

A Tannat geralmente possui taninos muito duros e acidez muito alta, e aqui se tem um pouco disso, mas a verdade é que ele se parece mais com um Tannat domesticado, com uma textura macia ou, pelo menos, suave para os padrões da variedade. O restante são frutas vermelhas maduras, especiarias e leves notas de ervas em um vinho que enche a boca de sabores, embora precise de tempo em garrafa. Mas não espere muito. Um ano e veja o que acontece.

 ORZADA
CARMÉNÈRE 2018
$$ | MAULE | 14°

Odfjell obtém as uvas para esse Carménère de suas próprias vinhas em Cauquenes e também de um produtor vizinho. A fermentação é feita em aço e cimento e o vinho nunca vê madeira. O estilo é puro, nítido em frutas e especiarias, especialmente especiarias que dão a este Carménère um lufo exótico. Tem uma textura muito macia e a acidez permanece alerta o tempo todo, para que nada saia do lugar e tudo permaneça fresco.

 ARMADOR
MERLOT 2018
$$ | MAIPO | 14°

Um Merlot crocante e fluido, com muitas frutas vermelhas e também um certo calor do álcool, mas ao mesmo tempo com muito boa acidez. Vem de vinhedos de cerca de 20 anos, cercando a vinícola de Odfjell no vale do Maipo.

 ARMADOR
SAUVIGNON BLANC 2019
$$ | SAN ANTONIO | 14°

Um Sauvignon para se pensar em frutos do mar crus, temperados apenas com limão e ervas, possui uma acidez deliciosa, tensa e refrescante em meio a sabores de ervas e de frutas cítricas. Um vinho com corpo leve, mas de textura rica e cremosa. Um bom exemplo do caráter dos vinhos de San Antonio.

 ORZADA
MALBEC 2018
$$$ | CURICÓ | 14°

Para esse Malbec, as vinhas estão localizadas na área de Lontué, ao lado de rio Claro, em Curicó. As videiras têm cerca de 60 anos e estão plantadas em terreno pedregoso. Tem um lado muito especiado, com um fundo de frutas vermelhas maduras e de flores. A textura, muito da Malbec, é macia, com taninos muito refinados em um contexto de frutas. Um vinho que se bebe muito fácil.

OUTRO VINHO SELECIONADO
88 | ARMADOR Syrah 2018 | Chile | 13° | $$

«‹‹----»››

Olas del Sur

PROPRIETÁRIO Luis Felipe Edwards Sr. & Senhora
ENÓLOGO Nicolás Bizzarri
WEB www.lfewines.com
RECEBE VISITAS Não

Enólogo
NICOLÁS BIZZARRI

Os vinhos de **Olas del Sur** fazem parte do portfólio da Luis Felipe Edwards, uma vinícola familiar chilena, em grande parte dedicada às exportações. As primeiras vinhas, que datam do início dos anos 1900, sua moderna vinícola e o centro de operações, estão localizados em Puquillay Alto, no coração do vale de Colchagua desde 1976. As vinhas da família Edwards alcançam 2000 hectares e estão distribuídas nos vales mais importantes da zona central do Chile. Suas várias propriedades incluem plantações a 900 metros de altura em Puquillay Alto, vinhas centenárias no Maule, plantações costeiras de clima frio em Leyda e Pumanque - Colchagua Costa - entre outras. Essa grande diversidade de vinhedos reflete-se em suas diferentes linhas de vinho. **IMPORTADORES:** BRASIL: www.marche.com.br www.palato.com.br www.emporiosantamaria.com.br | USA: www.prestigebevgroup.com

VINHOS

94 — **ALTAMAR RED BLEND** SYRAH, C. SAUVIGNON, CARMÉNÈRE, GRENACHE, P. VERDOT, MOURVÈDRE 2015
$$$ | COLCHAGUA | 14.5°

Esta é uma seleção de algumas das mais altas vinhas na cidade de Puquillay, no vale de Colchagua, entre 600 e 900 metros, bastante alta para a média da região. Essa nova versão possui 46% Syrah, 20% Cabernet Sauvignon, 17% Carménère, 10% Garnacha e o restante de Petit Verdot e Monastrell. Comparado com a versão anterior, parece um pouco mais frio, com mais frutas vermelhas e com maior tensão, embora mantenha a mesma musculatura fibrosa dos vinhos de altura. Um delicioso vinho tinto, para beber agora ou em dois a três anos, só ganhará complexidade, enquanto a acidez aguda sentida hoje permitirá que ele continue envelhecendo.

91 — **GRAN RESERVA**
SAUVIGNON BLANC 2019
$$ | LEYDA | 13.5°

Em uma excelente relação qualidade-preço, sente-se nervoso e tenso em acidez. Tem sabores de frutas tropicais, tons de ervas em um corpo leve. Esse vem dos solos graníticos de Leyda, no vale de San Antonio, a cerca de 8 quilômetros do mar. O branco ideal para o aperitivo.

90 — **BRUT**
CHARDONNAY, PINOT NOIR N/V
$$ | COLCHAGUA COSTA | 12.5°

Pumanque é a área mais ocidental (mais próxima do mar), onde Olas del Sur tem vinhedos em Colchagua e daí vem esse 85% Chardonnay, mais 15% de Pinot que vem de Leyda, também de seus próprios vinhedos. Este Charmat tem foco em frutas e frescor. Tudo aqui é deliciosa acidez, frutas brancas e borbulhas cremosas. Para beber por garrafas.

⟨ *prova de **vinhos*** ⟩

 BRUT ROSÉ
PINOT NOIR, CHARDONNAY N/V
$$ | LEYDA | 12.5°

85% desse vinho é Pinot Noir que vem da zona de Leyda, no vale de San Antonio, muito perto do mar. E isso se sente no frescor e agilidade desse vinho na boca. Com um açúcar residual por litro de pouco mais de cinco gramas, a fruta parece florescer. Um vinho que é um suco de framboesa com borbulhas.

 GRAN RESERVA
CABERNET SAUVIGNON 2018
$$ | COLCHAGUA | 14°

Uma boa abordagem para a Cabernet Sauvignon, é uma amostra simples da cepa, focada em frutas vermelhas maduras em vez de ervas. É suculento e tem textura muito macia. Esse Cabernet é proveniente de uvas compradas na área de Lolol, na região oeste de Colchagua.

 GRAN RESERVA
CARMÉNÈRE 2018
$$ | COLCHAGUA | 13.5°

Da zona de Lolol, a oeste de Colchagua, esse é um clássico Carménère. Deliciosas frutas vermelhas em um contexto de toques de ervas, muito típico da variedade. A textura é bastante leve, com uma acidez rica em um vinho simples e fácil de beber, mas com a vantagem de mostrar um lado mais fresco e frutado da variedade.

 GRAN RESERVA
CHARDONNAY 2019
$$ | CASABLANCA | 13.5°

Generoso em frutas tropicais, notas redutoras que parecem minerais, além de uma acidez fresca e viva nesse Chardonnay simples e que você bebe muito rápido. Essa é uma seleção de uvas que Olas del Sur compra na região de Bajo Casablanca, muito perto do Pacífico.

 RESERVA
SAUVIGNON BLANC 2019
$ | LEYDA | 12.5°

É o vinho base de Olas del Sur em Leyda e em Sauvignon Blanc, um branco delicioso e refrescante que mostra o potencial da vinícola nesses vinhedos plantados em 2005. Aqui há uma deliciosa pureza de frutas frescas, muito influenciada pelo vinho. Brisas marinhas, distantes cerca de 8 quilômetros em linha reta. Atenção aqui. Um vinho para o ceviche.

OUTROS VINHOS SELECIONADOS
89 | CLASSIC Pinot Noir 2019 | Vale Central | 12.5° | $
88 | CLASSIC RED BLEND C. Sauvignon, Carménère, Syrah 2019 Vale Central | 13.5° | $
88 | CLASSIC Malbec 2019 | Vale Central | 13° | $
88 | CLASSIC Syrah 2019 | Vale Central | 13.5° | $

⟪⟪⟪----⟫⟫⟫

Origen

PROPRIETÁRIO Luis Felipe Edwards Sr. & Senhora
ENÓLOGO Nicolás Bizzarri
WEB www.lfewines.com
RECEBE VISITAS Não

Enólogo
NICOLÁS BIZZARRI

Os vinhos Origen fazem parte do portfólio da Luis Felipe Edwards, uma vinícola familiar chilena, em grande parte dedicada às exportações. As primeiras vinhas, que datam do início dos anos 1900, sua moderna vinícola e o centro de operações, estão localizados em Puquillay Alto, no coração do vale de Colchagua desde 1976. As vinhas da família Edwards alcançam 2000 hectares e estão distribuídas nos vales mais importantes da zona central do Chile. Suas várias propriedades incluem plantações a 900 metros de altura em Puquillay Alto, vinhas centenárias no Maule, plantações costeiras de clima frio em Leyda e Pumanque - Colchagua Costa - entre outras. Essa grande diversidade de vinhedos reflete-se em suas diferentes linhas de vinho - Classic, Reserva, Gran Reserva -, quase todos monovarietais, bem definidos e com diferentes níveis de complexidade conforme aumenta a escala. **IMPORTADOR:** BRASIL: www.savegnago.com.br

VINHOS

 MOUNTAIN RED BLEND SYRAH, CABERNET SAUVIGNON, CARMÉNÈRE, GRENACHE, PETIT VERDOT, MOURVÈDRE 2015
94 | $$$ | COLCHAGUA | 14.5°

Esta é uma seleção de algumas das mais altas vinhas na cidade de Puquillay, no vale de Colchagua, entre 600 e 900 metros, bastante alta para a média da região. Essa nova versão possui 46% Syrah, 20% Cabernet Sauvignon, 17% Carménère, 10% Garnacha e o restante de Petit Verdot e Monastrell. Comparado com a versão anterior, parece um pouco mais frio, com mais frutas vermelhas e com maior tensão, embora mantenha a mesma musculatura fibrosa dos vinhos de altura. Um delicioso vinho tinto, para beber agora ou em dois a três anos, só ganhará complexidade, enquanto a acidez aguda sentida hoje permitirá que ele continue envelhecendo.

 GRAN RESERVA
SAUVIGNON BLANC 2019
91 | $$ | LEYDA | 13.5°

Em uma excelente relação qualidade-preço, sente-se nervoso e tenso em acidez. Tem sabores de frutas tropicais, tons de ervas em um corpo leve. Esse vem dos solos graníticos de Leyda, no vale de San Antonio, a cerca de 8 quilômetros do mar. O branco ideal para o aperitivo.

 BRUT
CHARDONNAY, PINOT NOIR N/V
90 | $$ | COLCHAGUA COSTA | 12.5°

Pumanque é a área mais ocidental (mais próxima do mar), onde Origen tem vinhedos em Colchagua e daí vem esse 85% Chardonnay, mais 15% de Pinot que vem de Leyda, também de seus próprios vinhedos. Este Charmat tem foco em frutas e frescor. Tudo aqui é deliciosa acidez, frutas brancas e borbulhas cremosas. Para beber por garrafas.

‹ prova de *vinhos* ›

BRUT ROSÉ
PINOT NOIR, CHARDONNAY N/V
$$ | LEYDA | 12.5°

85% desse vinho é Pinot Noir que vem da zona de Leyda, no vale de San Antonio, muito perto do mar. E isso se sente no frescor e agilidade desse vinho na boca. Com um açúcar residual por litro de pouco mais de cinco gramas, a fruta parece florescer. Um vinho que é um suco de framboesa com borbulhas.

GRAN RESERVA
CABERNET SAUVIGNON 2018
$$ | COLCHAGUA | 14°

Uma boa abordagem para a Cabernet Sauvignon, é uma amostra simples da cepa, focada em frutas vermelhas maduras em vez de ervas. É suculento e tem textura muito macia. Esse Cabernet é proveniente de uvas compradas na área de Lolol, na região oeste de Colchagua.

GRAN RESERVA
CARMÉNÈRE 2018
$$ | COLCHAGUA | 13.5°

Da zona de Lolol, a oeste de Colchagua, esse é um clássico Carménère. Deliciosas frutas vermelhas em um contexto de toques de ervas, muito típico da variedade. A textura é bastante leve, com uma acidez rica em um vinho simples e fácil de beber, mas com a vantagem de mostrar um lado mais fresco e frutado da variedade.

GRAN RESERVA
CHARDONNAY 2019
$$ | CASABLANCA | 13.5°

Generoso em frutas tropicais, notas redutoras que parecem minerais, além de uma acidez fresca e viva nesse Chardonnay simples e que você bebe muito rápido. Essa é uma seleção de uvas que Origen compra na região de Bajo Casablanca, muito perto do Pacífico.

RESERVA
SAUVIGNON BLANC 2019
$ | LEYDA | 12.5°

É o vinho base de Origen em Leyda e em Sauvignon Blanc, um branco delicioso e refrescante que mostra o potencial da vinícola nesses vinhedos plantados em 2005. Aqui há uma deliciosa pureza de frutas frescas, muito influenciada pelo vinho. Brisas marinhas, distantes cerca de 8 quilômetros em linha reta. Atenção aqui. Um vinho para o ceviche.

OUTROS VINHOS SELECIONADOS
89 | CLASSIC Pinot Noir 2019 | Valle Central | 12.5° | $
88 | CLASSIC RED BLEND C. Sauvignon, Carménère, Syrah 2019 Vale Central | 13.5° | $
88 | CLASSIC Malbec 2019 | Vale Central | 13° | $
88 | CLASSIC Syrah 2019 | Vale Central | 13.5° | $

‹‹‹---›››

945

Oveja Negra

PROPRIETÁRIO Via Wines
ENÓLOGO Carlos Gatica
WEB www.viawines.com
RECEBE VISITAS Sim

Enólogo
CARLOS GATICA

Parte do grupo VIA Wines (o mesmo da vinícola Chilcas), Oveja Negra se orienta no vale do Maule e suas vinhas velhas. Seus vinhos nascem em sua maioria do vinhedo San Rafael, o tradicional terroir de VIA Wines, relativamente perto da cordilheira dos Andes. A estrela do catálogo de Oveja Negra é Lost Barrel, mescla tinta baseada em Carignan, uma das variedades emblemáticas da viticultura tradicional do Maule. **IMPORTADOR:** USA: www.totalbeveragesolution.com

VINHOS

THE LOST BARREL
CARIGNAN, CABERNET FRANC, PETIT VERDOT 2016
$$$$ | MAULE | 14.5°

Essa nova versão do Lost Barrel possui 61% de Carignan, 22% de Cabernet Franc e 17% de Petit Verdot, todos provenientes de vinhedos em diferentes áreas do Maule. Lost é uma espécie de resumo ou, melhor, uma visão do que Oveja Negra interpreta como sendo do Maule. E essa visão é suculenta, de sabores crocantes de frutas vermelhas com um fundo de especiarias e de ervas. A Cabernet Franc tem um papel importante, acrescentando essas ervas, mas também frutas vermelhas em um vinho delicioso agora com costeletas de cordeiro.

SINGLE VINEYARD
CARIGNAN 2016
$$$ | MAULE | 14°

Para esse Carignan, Oveja Negra usa vinhedos em Cauquenes. Vinhas velhas de cerca de 70 anos, em regime de secano, ou seja, sem irrigação artificial. As frutas são vermelhas maduras e as notas de flores complementam os aromas que são muito típicos da variedade. A textura é macia, mas possui a acidez da Carignan que consegue elevar os sabores.

SINGLE VINEYARD
CARMÉNÈRE 2017
$$$ | MAULE | 13.5°

De vinhedos em San Rafael, localizados na fronteira norte do vale do Maule, esse Carménère apresenta especiarias e notas de ervas e, em seguida, mostra frutas vermelhas muito maduras. É um vinho simples, com textura macia e sabores de madeira, onde estagia por um ano.

OUTRO VINHO SELECIONADO
88 | RESERVA Chardonnay, Viognier 2019 | Maule | 13.5° | $

‹ *prova de* *vinhos* ›

P.S. García

PROPRIETÁRIOS Felipe García, Patricio Mendoza & Sergio Mendoza
ENÓLOGO Felipe García
WEB www.psgarcia.cl
RECEBE VISITAS *Não*

Proprietários & enólogo
PATRICIO MENDOZA & FELIPE GARCÍA

Fundada em 2006 como **García + Schwaderer,** então com uma produção de apenas 6.500 garrafas, este foi dos primeiros projetos pequenos da cena nacional, junto com Garage Wines, Polkura e vários mais, também companheiros de rota no MOVI (Movimento de Viñateros Independentes). Hoje com uma produção de 80.000 garrafas, este projeto rebatizado como P.S. García tem portfólio de 10 vinhos, alguns bem conhecidos entre os consumidores mais inquietos da cena, como a mescla tinta baseada em Carignan, Facundo, ou o Sauvignon Blanc Marina, que vem de Las Dichas, uma das zonas mais frias de Casablanca. O enólogo Felipe García e a família Mendoza são os atuais proprietários. **IMPORTADOR:** USA: www.vineconnections.com

VINHOS

95 — P.S. GARCÍA
CHARDONNAY 2018
$$$ | MALLECO | 13°

Para esse Chardonnay, o enólogo Felipe García obtém uvas do vale de Malleco, ao sul do Chile. A fermentação ocorre em barricas por não menos de oito meses, basicamente retardada pelo clima, pois Garcia não queria intervir com a temperatura. Além disso, ele teve oito meses a mais de envelhecimento nessas mesmas barricas. O vinho tem muita austeridade. Não é o Chardonnay tropical clássico, com sabores de abacaxi e manga que tem sido tão bem-sucedido em Casablanca. É um vinho de grande estrutura, os taninos como se fossem de um vinho tinto e a projeção dos sabores em pedras, com o calcário monopolizando todos os cantos do paladar. Intenso em todos os seus aspectos, exceto no nível aromático do nariz, é um Chardonnay monolítico.

94 — BRAVADO
CARIGNAN, SYRAH, GRENACHE, MOURVÈDRE, PETIT VERDOT 2017
$$$ | ITATA | 14°

Bravado é a mistura das quatro variedades que a família Mendoza, juntamente com Felipe García, começou a enxertar a partir de 2010 na vinha da área de San Nicolás, na fronteira norte do vale de Itata. Estagia por quase dois anos em barricas, possui uma forte presença da Cariñena (38% da mistura) que proporciona acidez, força nos taninos, mas também notas florais. A Garnacha, que aqui nessa vinha dá vinhos de muito frescor e tensão, contribui com 24%. A mistura é completada pela Petit Verdot com 14%, Monastrell com 9% e o restante de Syrah, que vem de outro vinhedo próximo. Esse vinho é muito jovem, com muita acidez, com muitas frutas negras e vermelhas. Precisa de pelo menos cinco anos de garrafa.

P.S. García

 FACUNDO CARIGNAN, CABERNET SAUVIGNON, CABERNET FRANC, PETIT VERDOT 2015
$$$ | CHILE | 14°

A primeira safra de Facundo foi em 2006 e sempre foi baseada em Cariñena com Cabernet Sauvignon. Esse ano, possui 40% de Cariñena, 30% de Cabernet Sauvignon e o restante de Petit Verdot e de Cabernet Franc. A Cariñena vem de Melozal, no Maule, enquanto a Cabernet Sauvignon vem de Itata. Um vinho de grande força, de grande acidez e frescor, com taninos polidos, mas de qualquer maneira com tensão suficiente para picar a língua pedindo carne. Estagia por 28 meses em barricas, a madeira deu algumas notas de especiarias, mas, acima de tudo, cuidou da textura. Mesmo assim, é um vinho que precisa de mais cinco anos de guarda.

 P.S. GARCÍA GRENACHE 2017
$$$ | ITATA | 14.5°

Um Garnacha muito particular, com uma trama firme e monolítica de taninos, que não é usual na cepa. A textura é compacta, enquanto a acidez é vibrante e se projeta fortemente até o final do palato, acentuando a estrutura de forma firme e densa. Essa Garnacha foi enxertada em 2010 em um vinhedo antigo de mais de 120 anos na área de San Nicolás, na fronteira norte do vale de Itata. Deixe este vinho por alguns anos em garrafa. Só ganhará em complexidade.

 P.S. GARCÍA NATURE PINOT NOIR N/V
$$$$ | CASABLANCA | 12.5°

Feito pelo método tradicional de segunda fermentação em garrafa, tem cerca de cinco anos de contato com as borras, o que não é usual no cenário chileno. 100% Pinot Noir, o vinho base tem uma parte fermentada em madeira e a outra em aço. A seleção final se concentrou mais em quais vinhos pareciam ser mais frescos. Não possui dosagem e se sente a secura total dos sabores. Aqui não há espaço para a doçura, mas o que se sente é salinidade e mineralidade. A borbulha é fina e abundante, com muita tensão e os sabores estão evoluindo para frutos secos, para especiarias. Este vinho é uma viagem.

 P.S. GARCÍA MOURVÈDRE 2017
$$$ | ITATA | 13.5°

Essa vinha foi enxertada em cepas de País com mais de 120 anos quando foram "transmutadas" em 2011 em Monastrell. E o resultado é um vinho nervoso, com taninos firmes e de acidez tensa. Um vinho como se fosse o suco de frutas ácidas e compactas. Apesar de ter sido um ano quente, o álcool não parece presente, mas todo o conjunto parece fresco e vivo.

 P.S. GARCIA PETIT VERDOT 2017
$$$ | ITATA | 13°

Enxertado em cepas muito antigas de País, esse é um Petit Verdot que mostra como é a variedade. O nariz não é especialmente aromático, mas

‹ prova de *vinhos* ›

possui notas de frutas negras e de especiarias. A boca é dominada por intensa acidez, uma flecha que se projeta em todas as direções e os taninos são ferozes, selvagens, ainda muito jovens. Para guardar.

 SOFIA
PINOT NOIR 2017
$$$ | CASABLANCA | 13°

De vinhedos na área de Las Dichas, em Bajo Casablanca, muito perto do mar, esse Pinot mostra o lado maduro da variedade em um ano quente em Casablanca. Possui taninos muito suaves, sabores de frutas maduras em um contexto de rica acidez.

Palmira Wines

PROPRIETÁRIO Jorge Selume
ENÓLOGO Felipe Ortiz
WEB www.palmirawines.com
RECEBE VISITAS *Não*

Enólogo
FELIPE ORTIZ

O **Grupo Donoso** foi fundado em 1989, quando começaram a produzir vinhos de La Oriental, perto da cidade de Talca, no vale do Maule. Partem como Casa Donoso, embora esse nome seja hoje um dos vários projetos da empresa, entre eles a vinícola Palmira, que obtém frutas das vinhas de Casa Donoso em Loncomilla e em Talca, mais algo da área de Pencahue. Desde 2011, pertence ao empresário chileno Jorge Selume e ao enólogo de Felipe Ortíz.

VINHOS

 PALMIRA GRAN RESERVA
SAUVIGNON BLANC 2019
$$ | MAULE | 13°

A Palmira obtém as uvas para esse Sauvignon de vinhas de 25 anos na área do Lago Colbun, na Cordilheira do Maule. Esse é o Clone 1, o primeiro material clonal de Sauvignon que chegou ao Chile no início dos anos 1990 e é caracterizado por sua acidez dura e sabores bastante austeros. O enólogo Felipe Ortiz opta por colher as uvas posteriormente, para obter maior voluptuosidade. Dessa forma, além disso, disfarça algo do caráter do clone e obtém um Sauvignon cremoso, mas ao mesmo tempo com uma tremenda acidez e notas cítricas responsáveis por sublinhar esse frescor.

 PALMIRA GRAN RESERVA
CABERNET SAUVIGNON 2018
$$ | MAULE | 13.5°

Um Cabernet de aromas tensos e de frutas vermelhas, em meio a notas ricas de ervas e de especiarias. Esse Cabernet tem uma estrutura firme, construída a partir de taninos severos, mas ao mesmo tempo amável. Um vinho para bife, veio de duas vinhas no Maule, uma na área de Loncomilla, em solos de granito e a outra na área de Talca, em solos argilosos. As videiras têm cerca de 30 anos.

Palmira Wines

92 | PALMIRA GRAN RESERVA
CARMÉNÈRE 2018
$$ | MAULE | 13.5°

Para esse Carménère, o enólogo Felipe Ortíz utiliza frutas de dois vinhedos, um em Talca que dá mais frutas maduras e notas especiadas e outro em Loncomilla, com solos de granito, que dá mais frutas vermelhas e a maior tensão. Aqui parece que 50% da mistura rege, pois esse Carménère possui muitas frutas vermelhas em um corpo tenso, com acidez muito rica. 70% desse vinho estagia em barricas usadas por cerca de doze meses.

91 | PALMIRA RESERVA
SAUVIGNON BLANC 2019
$$ | MAULE | 13°

De vinhedos de cerca de 20 anos na área pré-montanhosa do Maule, esse é fermentado e estagiado em aço. Tem um nervo delicioso, produto de uma acidez firme, que não deixa o vinho até o final do paladar. O corpo é leve, com sabores de frutas cítricas e de ervas em um vinho refrescante e pronto para beber agora no verão.

90 | PALMIRA GRAN RESERVA
MALBEC 2018
$$ | MAULE | 13.5°

As frutas vermelhas das vinhas plantadas em granitos em Loncomilla parecem muito claras nesse Malbec perfumado e suculento. A acidez mantém a tensão e os toques de violeta são sentidos. Um vinho fácil de beber, mas ao mesmo tempo com uma boa estrutura de taninos, como sanduíche de pernil.

90 | PALMIRA RESERVA
CARMÉNÈRE 2018
$$ | MAULE | 13.5°

Um Carménère muito claro em seu caráter varietal. Possui aromas de ervas e frutas, com intensidade semelhante, enquanto na boca apresenta uma presença muito boa de acidez e de taninos que picam a língua. Um tinto simples, mas muito equilibrado, proveniente de vinhedos de cerca de 20 anos, plantados na área de Talca e também em Loncomilla, ambos na área do Maule.

OUTRO VINHO SELECIONADO
89 | PALMIRA RESERVA Cabernet Sauvignon 2018 | Maule | 13° | $$

<<<----->>>

‹ *prova de vinhos* ›

Pargua

PROPRIETÁRIO Francisco Santa Cruz
ENÓLOGO Jean Pascal Lacaze
WEB www.pargua-wines.com
RECEBE VISITAS *Não*

Enólogo
JEAN PASCAL LACAZE

Este projeto foi lançado pelos proprietários de Clos Quebrada de Macul (Domus Aurea) e pelo ecologista Francisco Santa Cruz, na prestigiada área de Maipo Alto, em Huelquén, onde eles possuem uma vinha de 23 hectares, administrada organicamente, plantada em 2000. Essas vinhas dão origem a dois vinhos de Pargua: o ambicioso Pargua e o Anka de vinhedos mais jovens, ambos tintos com base em Cabernet Sauvignon. O enólogo de Pargua, Jean-Pascal Lacaze, também é responsável pelo famoso Domus Aurea.

IMPORTADORES: BRASIL: www.vinosevinos.com.br | USA: www.globalvineyard.co

VINHOS

PARGUA
C. SAUVIGNON, C. FRANC, MERLOT, CARMÉNÈRE, P. VERDOT 2015
$$$$$ | MAIPO | 14°

Pargua é o vinho top da vinícola e se baseia em uma seleção de Cabernet Sauvignon (85% da mescla) das vinhas mais antigas da propriedade em Alto Maipo, em Huelquén, plantadas em 1997. O vinho estagia 100% em barricas usadas. Esse Pargua tem o caráter dos vinhos do Maipo, suas notas mentoladas e sabores especiados, além de, nesse caso, frutos secos e toques de café. O corpo é médio, de taninos que ainda precisam se polimerizar. A boca é preenchida com sabores de nozes, enquanto a acidez faz sua parte, proporcionando frescor, apesar do calor da safra. Aqui se tem vinho por um bom tempo, então guardem essas garrafas. Clássico de Maipo Alto.

ANKA
C. SAUVIGNON, C. FRANC, CARMÉNÈRE, MERLOT, P. VERDOT 2015
$$$ | MAIPO | 14°

Anka é o segundo vinho de Pargua e é baseado em 70% Cabernet Sauvignon, todos provenientes de uma vinha plantada em 1997 na área de Huelquén. Uma colheita quente deu um Anka polido, com deliciosas notas compotadas e taninos muito macios, quase completamente integrados a frutas e sabores especiados. É um vinho quente e elegante, pronto para se beber agora.

‹‹‹---›››

Pedro Parra

PROPRIETÁRIO Pedro Parra
ENÓLOGO Pedro Parra
WEB www.pedroparrachile.com
RECEBE VISITAS Não

Enólogo
PEDRO PARRA

Pedro Parra é um dos poucos especialistas em solo que se destacam no mundo do vinho e hoje é um consultor importante, com clientes em algumas das denominações mais famosas do planeta. Parra nasceu em Concepción, no sul do Chile e este projeto é um retorno às suas raízes. A vinícola é baseada nas antigas vinhas de Itata, onde Parra obtém vinhos com forte caráter local.

VINHOS

TRANE
CINSAULT 2017
$$$$$ | ITATA | 14.5°

Um tributo pequeno mas retumbante a John Coltrane, um dos músicos de jazz mais extremos e, portanto, mais ousados que já existiram, esse Cinsault é talvez o mais elétrico e tenso dos três Cinsault da série, digamos, Jazzistas que compõem essa linha de Pedro Parra, que também é amante de música e do estilo. Esse vem de solos de granito na área de Tinajacura, um dos "cru" de Itata, como costumam chamar alguns dos produtores que mais pesquisam a região, como Parra e Leonardo Erazo (A los Viñateros Bravos, Rogue Vine), entre outros. Tem fruta vermelha raivosa, acidez acentuada, mas corpo leve e quase etéreo. Um vinho delicioso, genial seria prová-lo com mais dois ou três anos de garrafa.

HUB
CINSAULT 2017
$$$$$ | ITATA | 14.5°

Pedro Parra, além de produtor de vinho, é músico. E amante de jazz e, portanto, esses crus de Cinsault têm nomes de famosos músicos de jazz. Em homenagem a Freddy Hubbard, um dos grandes trompetistas do século passado e culpado - junto com outros - daquela brilhante ideia de misturar jazz com funk. Esse vem de uma antiga vinha de Cinsault, plantada em granito em uma ponta de uma colina. Apresenta as frutas vermelhas e frescas da variedade, mas também a precisão nos taninos e a acidez oferecida pelos vinhos de granito. Aqui há uma linearidade suculenta.

MONK
CINSAULT 2017
$$$$$ | ITATA | 14°

Monk, como os amantes do jazz imaginam, é uma homenagem a Thelonius Monk, um dos grandes pianistas do jazz que a história conheceu. É proveniente de solos graníticos, mas com uma porcentagem de argila que lhe confere um caráter um pouco mais arredondado, mais untuoso e mais generoso no contexto de vinhos elétricos e finos que Pedro Parra oferece nessa linha de grandes músicos de jazz. Aqui se tem as frutas vermelhas da Cinsault, uvas frescas colhidas na estação, mas também aquele lado amplo e redondo que dá o solo.

‹ prova de *vinhos* ›

92 PENCOPOLITANO
CINSAULT, PAÍS 2018
$$$$ | ITATA | 14°

Essa é uma interpretação brilhante de Itata, através de suas duas variedades mais importantes: Cinsault e País, ambas de antigas vinhas em solos de granito nessa zona do sul do Chile, que hoje está passando por uma séria redescoberta. Aqui estão as deliciosas e frescas frutas da Cinsault suportadas pelo lado tânico e rústico da variedade País. As duas formam um delicioso vinho tinto, cheio de vida, cheio de frescor.

90 IMAGINADOR
CINSAULT 2017
$$$$ | ITATA | 14°

Esse Cinsault vem de quatro vinhedos nas colinas de Itata, todos plantados em solos de granito e todos também compostos por vinhas muito antigas. A Cinsault aqui mostra seu lado especiado e suas notas de frutas vermelhas, mas no lado maduro e amigável da variedade. Sirva-o frio para destacar seu lado refrescante e frutado.

OUTRO VINHO SELECIONADO
89 | VINISTA País 2018 | Itata | 14° | $

Peralillo Wines

PROPRIETÁRIA Paola Díaz
ENÓLOGA Carmen Merino
WEB www.peralillowines.cl
RECEBE VISITAS Não

Proprietária
PAOLA DÍAZ

A família **Hoppe** chegou da Alemanha e, como muitas outras famílias de imigrantes daquele país, estabeleceu-se no sul do Chile. No início eles se dedicavam à produção de frutas, mas depois decidiram diversificar suas atividades entrando no mundo do vinho, comprando um campo na área de Peralillo, no vale de Colchagua. Hoje eles se mudaram um pouco mais ao norte, no vale de Cachapoal, onde também têm vinhedos e vinícola.

VINHOS

90 CARNADA GRAN RESERVA
C. SAUVIGNON, CARMÉNÈRE, P. VERDOT, C. FRANC 2017
$$ | COLCHAGUA | 13.5°

Carnada é uma mescla de 45% Cabernet Sauvignon, 30% de Carménère, 15% de Petit Verdot e 10% de Cabernet Franc, todos da área de Peralillo, no vale de Colchagua. Frutas generosas aqui, com toques de ervas e muitas frutas vermelhas maduras em um vinho de corpo médio, muito bem equilibrado.

Pérez Cruz

PROPRIETÁRIO Família Pérez Cruz
ENÓLOGO Germán Lyon
WEB www.perezcruz.com
RECEBE VISITAS Sim

Enólogo
GERMÁN LYON

Esta vinícola do prestigiado setor de Alto Maipo nasce em 2002. Localizada na localidade de Huelquén, Pérez Cruz conta com 240 hectares de vinhedos, a maioria (70%) de Cabernet Sauvignon e o resto de variedades tintas bordalesas, com exceção da Garnacha. Ainda que o Cabernet seja a estrela do catálogo, presente desde sua linha de entrada até o ambicioso tinto Pircas de Liguai, conseguem também grandes resultados com outras variedades. Alguns de seus melhores vinhos se baseiam em Petit Verdot (Quelen, Chaski) ou Syrah (Liguai). Desde o começo o enólogo da vinícola foi Germán Lyon. **IMPORTADORES:** BRASIL: www.santaluzia.com.br | USA: www.massanois.com

VINHOS

LIGUAI
SYRAH, CARMÉNÈRE, CABERNET SAUVIGNON 2016
$$$$$ | MAIPO ANDES | 14°

Esse ano, Liguai possui 46% de Syrah, 30% de Cabernet Sauvignon e 24% de Carménère, variedades estagiadas separadamente nos primeiros 6 meses e, em seguida, a mistura final passa mais um ano em madeira. É o mais maduro dos vinhos de Pérez Cruz, o mais amplo e, de certa forma, o mais horizontal por sua madurez e voluptuosidade na boca. Um vinho com sabores profundos, textura muito delicada. Reserve um tempo na garrafa, pelo menos alguns anos.

LIMITED EDITION
COT 2018
$$$ | MAIPO ANDES | 13.5°

Uma abordagem rica e suculenta da variedade, tem frutas vermelhas em todos os lugares, notas de flores, tudo em um contexto de um nariz delicioso e refrescante. A boca é suculenta na melhor das hipóteses e os sabores de morangos maduros e de cerejas continuam a inundar tudo. Esse vinho é para o verão, para a piscina. Esse Cot (Malbec) possui 4% de Cabernet Franc na mistura e estagia por 14 meses em barricas. A vinha foi plantada em 1998.

PIRCAS
CABERNET SAUVIGNON 2016
$$$$$ | MAIPO ANDES | 14°

Pircas é uma pequena produção de 12 mil garrafas de um único lote de cerca de sete hectares onde convergem solos aluviais e coluviais. As videiras foram plantadas em 1998 e esse ano foram colhidas pouco antes das chuvas da Páscoa que causaram estragos na colheita das uvas no Chile. Esse tem um toque fresco e herbáceo, com toques finos e de especiarias. A boca possui taninos firmes, com uma acidez pronunciada que fala de uma colheita precoce. A textura é suavizada com os minutos no copo, mas tem essa verticalidade que dá tensão e a aderência permanece.

*‹ prova de **vinhos** ›*

 CHASKI
PETIT VERDOT 2016
$$$$$ | MAIPO ANDES | 13.5°

Uma safra muito fria que produziu vinhos nervosos e suculentos, de grande frescor e tensão, principalmente aqueles que foram colhidos antes das chuvas da Páscoa. Esse é um Petit Verdot bastante suave para os padrões de cepa, o que é explicado pelo estilo que a vinícola procura por vinhos mais delicados e menos extraídos. Mantém as notas de frutas pretas e a rica acidez. Esta vinha foi plantada em 2003, em solos aluviais da propriedade da família Pérez Cruz em Maipo Alto.

 LIMITED EDITION
CARMÉNÈRE 2018
$$$ | MAIPO ANDES | 13°

Com um ano em barricas e de vinhedos plantados em solos aluviais e coluviais (uma mistura muito típica de terroir de Pérez Cruz), aqui o Carménère é mostrado com todas as suas virtudes. Existem notas de ervas, de frutas vermelhas e toques de especiarias, em um corpo de taninos muito polidos e de acidez fresca, bastante fresca para os padrões da cepa. O mix deste ano tem 9% de Cabernet Sauvignon para apoiar a estrutura.

LIMITED EDITION
GRENACHE 2019
$$$ | MAIPO ANDES | 13.5°

A Garnacha de Pérez Cruz tem a qualidade refrescante que se espera dessa variedade. Os aromas florais, as notas de frutas vermelhas exuberantes e o corpo leve, acidez rica, intensa em frescor, daqueles deliciosos vermelhos que não se pode deixar de beber. Essa já é a terceira edição desse vinho, de vinhas plantadas em 2008 e não estagia em barris. Esse é para beber por litros.

 LIMITED EDITION
SYRAH 2018
$$$ | MAIPO ANDES | 14°

A ideia de colher cedo para obter frutas mais frescas e também de extrair com mais delicadeza e usar menos madeira nova impactou o estilo dos vinhos de Pérez Cruz. Esse Syrah corresponde a esse estilo. É cheio de frutas vermelhas, texturas suaves em um corpo leve, matizadas por especiarias e ervas aromáticas.

 LINGAL ROSÉ
MOURVÈDRE, GRENACHE 2019
$$ | MAIPO ANDES | 13°

Esse blend de Garnacha e de Monastrell vem de uvas colhidas muito cedo e é prensada diretamente com os cachos. O vinho é fermentado como branco e permanece com as borras por cerca de 20 dias. O Lingal já está em sua segunda versão e esse ano segue o caminho de frescor e da simplicidade em um vinho radiante em frutas vermelhas, em um corpo de acidez leve e suculento.

Pérez Cruz

RESERVA
CABERNET SAUVIGNON 2017
$$ | MAIPO ANDES | 13°

Apesar de ter sido um ano quente no Maipo Alto, esse vinho não mostra o dulçor da fruta associada a esse estilo de safra. Uma colheita muito precoce, que começou em fevereiro e deu um vinho de frutas vermelhas e notas de ervas em um corpo leve, frescor e de taninos altamente polidos, pronto para beber agora..

Pewen Wines

PROPRIETÁRIO Claudio Sánchez
ENÓLOGO Claudio Sánchez
WEB www.pewenwines.cl
RECEBE VISITAS Não

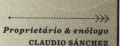
Proprietário & enólogo
CLAUDIO SÁNCHEZ

Fundada na década de 1990, no vale de Curicó, Pewen atualmente possui instalações para produzir mais de dois milhões de litros de vinho e, embora a base de suas vinhas esteja em Curicó, também obtém uvas do vale do Maule e do vale de Colchagua.

VINHOS

EL ABRAZO DE MAIPÚ GRAND RESERVE
CABERNET SAUVIGNON 2017
$$ | VALE CENTRAL | 13.5°

Um Cabernet moldado pelo sol de um ano quente como 2017. É proveniente de vinhedos plantados em 2005. Estagia por 10 meses em barricas, 25% delas novas. Aqui as frutas são vermelhas e maduras, em um corpo bastante leve e elegante, com sabores equilibrados e taninos muito finos e polidos. Nada sobra.

ROYAL ONE GRAND RESERVE
CABERNET SAUVIGNON 2017
$$ | VALE CENTRAL | 13.5°

Sabores suaves de frutas vermelhas maduras em um vinho quente, de taninos polidos e muito finos, em um corpo médio e leve, bastante elegante e equilibrado. Um balanceado Cabernet, proveniente de vinhedos de 2005 e que estagia cerca de 10 meses em barricas antes de ser engarrafado.

‹ *prova de* **vinhos** ›

Piduco Wines

PROPRIETÁRIO Jorge Selume
ENÓLOGO Felipe Ortiz
WEB www.donosogroup.com
RECEBE VISITAS *Não*

Enólogo
FELIPE ORTIZ

Piduco Wines é um campo de 120 hectares localizado no centro do vale do Maule e é atravessado pelo estuário do rio Piduco, que gera um terroir de argila sedimentar e uma influência moderada nas temperaturas do local, que produz uvas, principalmente Cabernet Sauvignon, Carménère, Merlot e Chardonnay, que amadurecem lentamente, concentrando aromas e sabores.

VINHOS

PIDUCO GRAN RESERVA
SAUVIGNON BLANC 2019
$$ | MAULE | 13°

Piduco Wines obtém as uvas para esse Sauvignon de vinhas de 25 anos na área do Lago Colbun, na Cordilheira do Maule. Esse é o Clone 1, o primeiro material clonal de Sauvignon que chegou ao Chile no início dos anos 1990 e é caracterizado por sua acidez dura e sabores bastante austeros. O enólogo Felipe Ortiz opta por colher as uvas posteriormente, para obter maior voluptuosidade. Dessa forma, além disso, disfarça algo do caráter do clone e obtém um Sauvignon cremoso, mas ao mesmo tempo com uma tremenda acidez e notas cítricas responsáveis por sublinhar esse frescor.

94

PIDUCO PREMIUM
C. SAUVIGNON, CARMÉNÈRE, MALBEC, C. FRANC 2017
$$$$ | MAULE | 13.5°

Trata-se de uma mistura de 40% de Cabernet Sauvignon e 30% de Carménère, ambas cepas da região de San Vicente, perto de Talca, de videiras plantadas em solos argilosos. Além disso, possui Malbec em 20% e Cabernet Franc em 10%, essas últimas variedades dos solos de granito de Loncomilla. O vinho estagia por 12 meses em barricas, embora apenas 10% sejam novas. O vinho precisa de ar para mostrar toda sua fruta, que é vermelha madura e decorada com ervas. A textura é tensa, os taninos são afiados e tudo é cercado por muitos sabores de frutas vermelhas.

PIDUCO SUPER PREMIUM
C. SAUVIGNON, CARMÉNÈRE 2017
$$$$ | MAULE | 13.5°

Tem 50% Carménère e 50% Cabernet Sauvignon, todas plantadas há cerca de 40 anos no vinhedo de San Vicente, em solos argilosos próximos ao rio Lircay. O vinho é mantido em barricas por 18 meses, 10% de madeira nova. A trama de taninos aqui parece bem, mas firme com uma textura nítida, mas não ao nível de ser agressiva. É rico em acidez, mas também generoso em frutas vermelhas maduras em meio a toques de ervas.

Piduco Wines

 PIDUCO GRAN RESERVA
CABERNET SAUVIGNON 2018
$$ | MAULE | 13.5°

Um Cabernet de aromas tensos e de frutas vermelhas, em meio a notas ricas de ervas e de especiarias. Esse Cabernet tem uma estrutura firme, construída a partir de taninos severos, mas ao mesmo tempo amável. Um vinho para bife, veio de duas vinhas no Maule, uma na área de Loncomilla, em solos de granito e a outra na área de Talca, em solos argilosos. As videiras têm cerca de 30 anos.

 PIDUCO GRAN RESERVA
CARMÉNÈRE 2018
$$ | MAULE | 13.5°

Para esse Carménère, o enólogo Felipe Ortíz utiliza frutas de dois vinhedos, um em Talca que dá mais frutas maduras e notas especiadas e outro em Loncomilla, com solos de granito, que dá mais frutas vermelhas e a maior tensão. Aqui parece que 50% da mistura rege, pois esse Carménère possui muitas frutas vermelhas em um corpo tenso, com acidez muito rica. 70% desse vinho estagia em barricas usadas por cerca de doze meses.

 PIDUCO RESERVA
SAUVIGNON BLANC 2019
$$ | MAULE | 13°

De vinhedos de cerca de 20 anos na área pré-montanhosa do Maule, esse é fermentado e estagiado em aço. Tem um nervo delicioso, produto de uma acidez firme, que não deixa o vinho até o final do paladar. O corpo é leve, com sabores de frutas cítricas e de ervas em um vinho refrescante e pronto para beber agora no verão.

 PIDUCO GRAN RESERVA
MALBEC 2018
$$ | MAULE | 13.5°

As frutas vermelhas das vinhas plantadas em granitos em Loncomilla parecem muito claras nesse Malbec perfumado e suculento. A acidez mantém a tensão e os toques de violeta são sentidos. Um vinho fácil de beber, mas ao mesmo tempo com uma boa estrutura de taninos, como sanduíche de pernil.

 PIDUCO RESERVA
CARMÉNÈRE 2018
$$ | MAULE | 13.5°

Um Carménère muito claro em seu caráter varietal. Possui aromas de ervas e frutas, com intensidade semelhante, enquanto na boca apresenta uma presença muito boa de acidez e de taninos que picam a língua. Um tinto simples, mas muito equilibrado, proveniente de vinhedos de cerca de 20 anos, plantados na área de Talca e também em Loncomilla, ambos na área do Maule.

OUTRO VINHO SELECIONADO
89 | PIDUCO RESERVA Cabernet Sauvignon 2018 | Maule | 13° | $$

‹ *prova de **vinhos*** ›

Pino Azul | El Encanto

PROPRIETÁRIO Pedro Pablo Valenzuela & Cristián Azócar
ENÓLOGO Cristián Azócar
WEB http://www.vinoelencanto.cl
RECEBE VISITAS *Sim*

Enólogo
CRISTIÁN AZÓCAR

Pino Azul | El Encanto possui 40 hectares de vinhedos, principalmente de tintos em Alto Cachapoal e grande parte de sua produção é vendida a terceiros. No entanto, desde 2011, o empresário Pedro Pablo Valenzuela e o enólogo Cristián Azócar, parceiros nesse projeto, decidiram começar a engarrafar seus próprios vinhos, graças a uma seleção dessas vinhas. O que começou com apenas alguns milhares de garrafas, hoje já produzem cerca de três mil caixas e também foram adicionadas uvas de um campo que Valenzuela possui em Cauquenes e de onde obtém País.

VINHOS

 93 — **EL ENCANTO**
CARMÉNÈRE, SYRAH, C. SAUVIGNON, P. VERDOT 2018
$$$ | ALTO CACHAPOAL | 14°

Trata-se de uma mistura de Carménère (38%), Syrah (32%) Petit Verdot (16%) e Cabernet Sauvignon (14%), todos provenientes de vinhedos de 15 anos de idade, no sopé dos Andes, em Alto Cachapoal. O estágio é em barricas (5% novas) por um ano e segue o mesmo estilo (novo) da casa. Aqui existem frutas vermelhas frescas, a madeira não parece e a acidez manda, juntamente com uma textura muito macia, muito fresca. Tudo em seu lugar.

 93 — **ENCANTO**
CABERNET SAUVIGNON 2018
$$$ | CACHAPOAL ANDES | 14°

Esse Cabernet vem de vinhedos nas encostas, com uma produção muito baixa em solos pedregosos e de argilas. A vinificação é feita em barricas velhas e depois estagia em barricas de uso múltiplo por cerca de 14 meses. Uma colheita mais adiantada e uma extração cuidadosa fizeram desse Cabernet um tinto muito mais fresco e "vermelho" do que o normal, focado em frutas vermelhas refrescantes e suculentas. Um Cabernet de verão, pois não há muitos no cenário do vinho no Chile.

91 — **ENCANTO**
PAÍS 2019
$$ | CAUQUENES | 13°

Um País de videiras plantadas em 1948 em solos de chuva de Cauquenes, esse País é fermentado em tinas abertas com 15% de engaços e alguns com cachos inteiros e depois fica em barricas usadas por dois meses. É um tinto de sede, com muita fruta, muito frescor e as notas terrosas que são tão típicas da variedade. O vinho é um suco de cereja, delicioso para o verão.

‹‹‹---›››

Pocoa Wines

PROPRIETÁRIO Jorge Selume
ENÓLOGO Felipe Ortiz
WEB www.donosogroup.com
RECEBE VISITAS Sim

Proprietário
JORGE SELUME

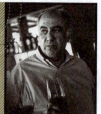

Pocoa pertence ao Grupo Donoso, empresa com 30 anos no Maule e que hoje possui vários projetos no vale, como a Casa Donoso, que iniciou tudo, além da San V, Sucesor e Palmira, marcas mais recentes. Na Pocoa, a aposta é em uma enologia de baixa intervenção, com o uso de ânforas de barro e outras técnicas que resgatam as raízes do Maule.

VINHOS

 POCOA FORTUNA GRAN RESERVA
SAUVIGNON BLANC 2019
$$ | MAULE | 13°

A Pocoa obtém as uvas para esse Sauvignon de vinhas de 25 anos na área do Lago Colbun, na Cordilheira do Maule. Esse é o Clone 1, o primeiro material clonal de Sauvignon que chegou ao Chile no início dos anos 1990 e é caracterizado por sua acidez dura e sabores bastante austeros. O enólogo Felipe Ortiz opta por colher as uvas posteriormente, para obter maior voluptuosidade. Dessa forma, além disso, disfarça algo do caráter do clone e obtém um Sauvignon cremoso, mas ao mesmo tempo com uma tremenda acidez e notas cítricas responsáveis por sublinhar esse frescor.

 POCOA CONQUISTA
C. SAUVIGNON, CARMÉNÈRE, MALBEC, C. FRANC 2017
$$$$ | MAULE | 13.5°

Trata-se de uma mistura de 40% de Cabernet Sauvignon e 30% de Carménère, ambas cepas da região de San Vicente, perto de Talca, de videiras plantadas em solos argilosos. Além disso, possui Malbec em 20% e Cabernet Franc em 10%, essas últimas variedades dos solos de granito de Loncomilla. O vinho estagia por 12 meses em barricas, embora apenas 10% sejam novas. O vinho precisa de ar para mostrar toda sua fruta, que é vermelha madura e decorada com ervas. A textura é tensa, os taninos são afiados e tudo é cercado por muitos sabores de frutas vermelhas.

 POCOA TRAVESÍA
C. SAUVIGNON, CARMÉNÈRE 2017
$$$$ | MAULE | 13.5°

Tem 50% Carménère e 50% Cabernet Sauvignon, todas plantadas há cerca de 40 anos no vinhedo de San Vicente, em solos argilosos próximos ao rio Lircay. O vinho é mantido em barricas por 18 meses, 10% de madeira nova. A trama de taninos aqui parece bem, mas firme com uma textura nítida, mas não ao nível de ser agressiva. É rico em acidez, mas também generoso em frutas vermelhas maduras em meio a toques de ervas.

‹ *prova de* *vinhos* ›

 POCOA FORTUNA GRAN RESERVA
CABERNET SAUVIGNON 2018
$$ | MAULE | 13.5°

Um Cabernet de aromas tensos e de frutas vermelhas, em meio a notas ricas de ervas e de especiarias. Esse Cabernet tem uma estrutura firme, construída a partir de taninos severos, mas ao mesmo tempo amável. Um vinho para bife, veio de duas vinhas no Maule, uma na área de Loncomilla, em solos de granito e a outra na área de Talca, em solos argilosos. As videiras têm cerca de 30 anos.

 POCOA FORTUNA GRAN RESERVA
CARMÉNÈRE 2018
$$ | MAULE | 13.5°

Para esse Carménère, o enólogo Felipe Ortíz utiliza frutas de dois vinhedos, um em Talca que dá mais frutas maduras e notas especiadas e outro em Loncomilla, com solos de granito, que dá mais frutas vermelhas e a maior tensão. Aqui parece que 50% da mistura rege, pois esse Carménère possui muitas frutas vermelhas em um corpo tenso, com acidez muito rica. 70% desse vinho estagia em barricas usadas por cerca de doze meses.

 POCOA EXPLORA RESERVA
SAUVIGNON BLANC 2019
$$ | MAULE | 13°

De vinhedos de cerca de 20 anos na área pré-montanhosa do Maule, esse é fermentado e estagiado em aço. Tem um nervo delicioso, produto de uma acidez firme, que não deixa o vinho até o final do paladar. O corpo é leve, com sabores de frutas cítricas e de ervas em um vinho refrescante e pronto para beber agora no verão.

 POCOA FORTUNA GRAN RESERVA
MALBEC 2018
$$ | MAULE | 13.5°

As frutas vermelhas das vinhas plantadas em granitos em Loncomilla parecem muito claras nesse Malbec perfumado e suculento. A acidez mantém a tensão e os toques de violeta são sentidos. Um vinho fácil de beber, mas ao mesmo tempo com uma boa estrutura de taninos, como sanduíche de pernil.

 POCOA EXPLORA RESERVA
CARMÉNÈRE 2018
$$ | MAULE | 13.5°

Um Carménère muito claro em seu caráter varietal. Possui aromas de ervas e frutas, com intensidade semelhante, enquanto na boca apresenta uma presença muito boa de acidez e de taninos que picam a língua. Um tinto simples, mas muito equilibrado, proveniente de vinhedos de cerca de 20 anos, plantados na área de Talca e também em Loncomilla, ambos na área do Maule.

OUTRO VINHO SELECIONADO
89 | POCOA EXPLORA Cabernet Sauvignon 2018 | Maule | 13° | $$

Polkura

PROPRIETÁRIO Sven Bruchfeld
ENÓLOGO Sven Bruchfeld
WEB www.polkura.cl
RECEBE VISITAS Não

Proprietário & enólogo
SVEN BRUCHFELD

Localizada no vale de Colchagua, Polkura é o empreendimento do enólogo Sven Bruchfeld em sociedade com seu amigo Gonzalo Muñoz. Começou como um pequeno projeto em 2004, quando Bruchfeld era enólogo da vinícola MontGras, e foi crescendo até se converter em uma vinícola de fato e direito. Hoje Polkura produz 84.000 garrafas, a maioria delas de Marchigüe, onde contam com 14 hectares de vinhedos. Ali têm plantadas variedades mediterrâneas, principalmente Syrah. No topo do portfólio estão o Syrah g+i e a mescla mediterrânea GSM+T. São seguidos pelos rótulos como o Syrah Polkura (o primeiro vinho da vinícola) e o Sauvignon Blanc Aylin, o único que não é de Colchagua, mas do costeiro vale de Leyda. **IMPORTADORES:** BRASIL: www.premiumwines.com.br | USA: www.classicwines.us   www.cravierousa.com

VINHOS

95 — BLOCK G+I
SYRAH 2016
$$$$ | COLCHAGUA | 14.5°

O Quartel G e o Quartel I vêm de uma encosta voltada para o sul, ou seja, uma exposição mais fria e que oferece vinhos mais vibrantes em acidez. Em um ano frio, essas qualidades se intensificam e ver como isso é mostrado nesse Syrah (com mais 2% de Viognier), que possui até aromas florais, mas especialmente deliciosas frutas vermelhas frescas em um vinho macio, acidez brilhante e final herbáceo que, apesar de ter dois anos de barricas, guarda toda a sua fruta.

95 — POLKURA
MALBEC 2018
$$$ | COLCHAGUA | 14.5°

Esse é um Malbec proveniente de um vinhedo fresco de exposição ao sudoeste, dividido em duas seções, uma com muitas pedras e outra com mais sedimentos. Essa é uma mistura dos dois, que também adiciona 13% de Syrah de diferentes quartéis, todos de colinas. O vinho, em um ano fresco e muito bom, tem uma deliciosa suculência. É um vinho refrescante, mantendo as frutas e flores do Malbec que estão em seus genes, mas adicionando notas terrosas e de especiarias. Um ar fresco.

95 — SECANO
SYRAH 2017
$$$$ | COLCHAGUA | 14.5°

Nos tempos em que a água é escassa, a ideia de crescer em secano requer cada vez mais força. Embora no Chile existam muitos vinhedos de secano e muito antigos - especialmente do Maule ao sul -, não existem muitos que estão implantando o regime de secano como um sistema. Hoje Polkura possui cinco hectares de vinhedos de secano, dois em produção

‹ prova de **vinhos** ›

com Syrah, Garnacha e algo de Cariñena que vão para esse Secano. Esse ano, tem 85% Syrah e o restante de Garnacha. "Para mim, isso é um mistério". Diz o enólogo Sven Bruchfeld sobre o comportamento das uvas em um ano tão seco e quente como 2017. Aqui você não sente esse calor, mas há frescor e frutas vermelhas no meio de uma acidez suculenta. Possui notas terrosas e alguns toques animais em um vinho de grande personalidade. Essa vinha foi plantada em 2009 e desde 2013 produz as frutas para esse Secano.

POLKURA
SYRAH 2017
$$$ | **COLCHAGUA** | **14.5°**

Segundo Sven Bruchfeld, essa mescla foi a mais complexa que elaborou até hoje. Um ano muito quente dificultava a busca por lotes que mostrassem frescor. Portanto, a produção total diminuiu 25% e acrescentou "atores que normalmente não se enquadram nessa mistura como 6% de Cabernet Franc e 1,5% de Petit Verdot, mais uma porcentagem semelhante de Grenache e Cariñena". Bruchfeld acrescenta. Esse vinho paga por todo esse trabalho, oferecendo um tinto de frutas vermelhas maduras, mas também muito fresco e vibrante no meio de uma acidez que apoia esse frescor e destaca as frutas. É um vinho grande, mas ao mesmo tempo tenso.

GSM+T
GRENACHE, SYRAH, MOURVÈDRE, TEMPRANILLO 2017
$$$$ | **COLCHAGUA** | **14.5°**

O quente ano de 2017 deu um muito bom Tempranillo em Marchigüe e é por isso que esse vinho pela primeira vez tem a maioria de Tempranillo. A mistura inclui 37,5% de Tempranillo, 25% de Syrah, 25% de Garnacha e o restante de Monastrell em um vinho que se move graciosamente pela boca, com grande frescor e com uma acidez incomum para a safra, uma acidez que bate com força na boca, suportando todas as suas frutas vermelhas suculentas.

AYLIN
SAUVIGNON BLANC 2019
$$ | **SAN ANTONIO** | **14°**

Para esse Sauvignon, Polkura utiliza uvas compradas no vale de Leyda, em solos argilosos. 10% do vinho é produzido em barricas e o restante em tanques de aço. A safra de 2019 foi considerada quente e se sente especialmente na textura oleosa, com um certo teor de untuosidade que o envolve. No entanto, esse vinho não perde frescor em acidez ou aromas herbáceos e nervosos.

OUTRO VINHO SELECIONADO
88 | LOTE D Syrah 2017 | Colchagua | 14.5° | **$$**

⫷⫷⫷----⫸⫸⫸

Porta

PROPRIETÁRIO Changyu Pioneer Wine Company
ENÓLOGO Eduardo Gajardo
WEB www.vinaporta.cl
RECEBE VISITAS *Não*

Enólogo
EDUARDO GAJARDO

Fundada em 1989, seus atuais proprietários são a empresa chinesa Changyu Pioneer Wine Company, os mesmos das vinícolas Agustinos, Indómita e Santa Alicia. A vinícola concentra seu trabalho em dois vales, em Maipo e sobretudo no austral e chuvoso Biobío. De Biobío, onde foram das primeiras vinícolas modernas em explorá-lo, vêm seus vinhos de variedades que funcionam em clima frio, como Pinot Noir, Chardonnay e Sauvignon Blanc. E ao Maipo recorrem para alguns de seus Cabernet Sauvignon e Carménère. Porta tem no total 1.000 hectares de vinhedos.

VINHOS

 RESERVA
SAUVIGNON BLANC 2019
$ | BIOBÍO | **13°**

Sob a intensa chuva de Biobío, que atinge 1.200 milímetros em anos, a Sauvignon se sente de clima frio, com esse nervo que dão os dias nublados. Não há muito corpo aqui, mas muita tensão e frutas cítricas em um vinho leve e suculento, com pleno vigor. O melhor lanche possível e a um preço quase imbatível.

 GRAN RESERVA
CABERNET SAUVIGNON 2018
$$ | MAIPO | **14.1°**

Um tinto muito do Maipo, com toques mentolados e de frutos vermelhos maduros em um contexto de bom corpo, bons taninos, que pedem carne e uma acidez suculenta que eleva os sabores e destaca as frutas vermelhas.

 GRAN RESERVA
CARMÉNÈRE 2018
$$ | MAIPO | **14.1°**

A madeira desempenha um papel importante nesse vinho, escondendo um pouco a fruta, mas não o suficiente para ver que os sabores estão maduros e que as notas de ervas são abundantes. Deixe o vinho oxigenar na taça, para que esses sabores defumados deem lugar às frutas vermelhas, maduras e suculentas desse Carménère. No final, os aromas de ervas aumentam a sensação de frescor.

OUTRO VINHO SELECIONADO
87 | RESERVA Cabernet Sauvignon 2019 | Maipo | 13.5° | $

‹ *prova de **vinhos*** ›

Portal Nogales
Bodega Familia Hernández

PROPRIETÁRIO Rodrigo Hernández & Armando Grand
ENÓLOGA Paula Bottero
WEB www.portalnogales.com
RECEBE VISITAS *Não*

Proprietários & enóloga
RODRIGO HERNÁNDEZ, PAULA BOTTERO
& ARMANDO GRAND

A **família Hernández** tem uma forte relação com o mundo do vinho, especialmente pela figura de Alejandro Hernández, professor da Faculdade de Enologia da Universidade Católica e responsável pelo treinamento de pelo menos três gerações de enólogos chilenos. Mas, também são produtores de uvas e vinhos da área do Maule e também de Alto Jahuel, no vale do Maipo.

VINHOS

 BARREL SELECTION 800 METROS
CABERNET SAUVIGNON 2017
$$$$ | MAIPO ALTO | 13.5°

A vinha emblemática da família Hernández está localizada a cerca de 800 metros de altura, nas encostas da cordilheira dos Andes, no vale do Maipo. Dessa área nascem alguns dos Cabernet mais elegantes e equilibrados produzidos no Chile e esse é um deles. As frutas maduras, vermelhas e frescas, as leves notas de ervas e, acima de tudo, o corpo delicado de taninos muito finos fazem deste vinho um exemplo de Cabernet do Alto Maipo.

OUTROS VINHOS SELECIONADOS
86 | PRIVATE RESERVE Carménère 2018 | Vale Central | 14° | $
85 | RESERVA Merlot, Cabernet Sauvignon 2018 | Vale Central | 13.5° | $

Quintay

PROPRIETÁRIO WC Investment
ENÓLOGA Ximena Klein
WEB www.quintay.com
RECEBE VISITAS *Sim*

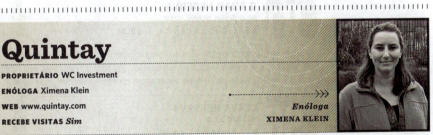

Enóloga
XIMENA KLEIN

Quintay nasceu com a ideia de mostrar o caráter do Sauvignon Blanc em Casablanca, a variedade emblemática do vale. Pouco a pouco, no entanto, esta ideia foi crescendo até abarcar outras cepas e também expandindo suas fronteiras à zona vizinha de El Pangue, um terroir mais quente perto de Curacaví, no que se conhece como Maipo Costa. A base do catálogo da vinícola é Clava, cujos vinhos vêm de distintas origens dentro de Casablanca, depois a linha Q que está restrita à fruta de vinhedos específicos. Mas acima Winemaker's Experience que são já pequenos lotes de seleções de barricas. Acima do catálogo está o tinto Tapihue, o ícone da casa.

IMPORTADORES: BRASIL: www.twimportadora.com.br | USA: www.regalwine.com

Quintay

VINHOS

94 | WINEMAKER'S EXPERIENCE
SAUVIGNON BLANC 2019
$$$ | CASABLANCA | 12.5°

Das vinhas de Tapihue, esse Sauvignon tem quatro meses de estágio em barricas em 100% do vinho, o que não é comum no cenário da Sauvignon de Casablanca. O estágio, em todo caso, lhe deu complexidade, em vez de apenas aportar madeira. Tem aromas de ervas e cítricos, mas também toques especiados das barricas e um pouco de notas defumadas. O vinho tem um bom corpo, um branco ideal para acompanhar mollejas.

91 | Q GRAN RESERVA
CABERNET SAUVIGNON 2018
$$ | MAIPO | 13.5°

Esse Cabernet vem da área de El Pangue, localizada no nordeste de Casablanca, em uma área conhecida como Maipo Costa. E apesar de estar entre as colinas, recebe a influência do mar e isso é sentido em suas frutas vermelhas e frescas. Os toques de ervas gradualmente ganham destaque enquanto as frutas vermelhas ficam em segundo plano, mas ainda assim proporcionam uma sensação refrescante. Um vinho de textura macia, para manter alguns anos.

 91 | Q GRAN RESERVA
MALBEC 2018
$$ | MAIPO | 13.5°

Pangue é uma área de colinas a nordeste de Casablanca, fora do vale, em Maipo Costa. A partir daí, Quintay obtém esse Malbec de vinhedos plantados há pouco mais de dez anos. O vinho estagia por um ano em barricas, principalmente usadas. Aqui existem notas licorosas de uvas colhidas mais tarde, o que confere um caráter amplo e untuoso. A textura é redonda, envolvente. Um Malbec de inverno.

 91 | Q GRAN RESERVA
SAUVIGNON BLANC 2019
$$ | CASABLANCA | 12.5°

Na área de Tapihue, no meio de Casablanca, possui notas florais e cítricas em um corpo que se expande com a cremosidade por toda a boca. Tem um bom corpo, um bom peso e seria ótimo beber agora com frutos do mar gratinados.

 90 | CLAVA RESERVA
MALBEC 2018
$ | MAIPO | 13.5°

Um suco de cereja concentrado, maduro, mas com muito espaço para acidez, é um Malbec com toques de ervas e flores, que seduz desde o primeiro momento, capturando a essência da variedade, aquele caráter de fruta tão fácil de apreciar.

 90 | CLAVA RESERVA
SYRAH 2018
$ | CASABLANCA | 13.5

Um vinho essencial para quem quer saber como é o Syrah de clima frio, mas que não quer gastar muito. Isso tem todos os componentes do estilo: notas de ervas, alguns detalhes de carne e muitas frutas vermelhas em um

‹ prova de *vinhos* ›

corpo nervoso e amável, com um acentuado sotaque na acidez. Sirva-o muito fresco para acompanhar embutidos.

 Q GRAN RESERVA
CHARDONNAY 2019
$$ | CASABLANCA | 13°

Os aromas da madeira com a qual teve contato por seis meses deram a esse Chardonnay um toque especiado e defumado. Tem textura macia, redonda e amável e com corpo suficiente para acompanhar carne de porco defumada.

 Q GRAN RESERVA
PINOT NOIR 2019
$$ | CASABLANCA | 13°

Um Pinot para se beber muito fresco no verão e matar a sede, tem notas de frutas vermelhas e flores em um corpo muito macio, muito suculento e também muito simples. Sem dúvidas, é uma maneira muito boa de entrar no mundo da Pinot. Esse é um exemplo muito bom.

OUTROS VINHOS SELECIONADOS

89 | CLAVA RESERVA Cabernet Sauvignon 2018 | Maipo | 13° | $
89 | Q GRAN RESERVA Syrah 2018 | Casablanca | 13.5° | $$
88 | CLAVA RESERVA Pinot Noir 2019 | Casablanca | 12° | $
88 | CLAVA RESERVA Pinot Noir 2019 | Casablanca | 13° | $

Ramirana

PROPRIETÁRIO Gonzalo Vial
ENÓLOGO Alejandro Galaz
WEB www.ramirana.com
RECEBE VISITAS Sim

Enólogo
ALEJANDRO GALAZ

Ramirana é uma das vinícolas satélite de Ventisquero. Está sediada em Trinidad, uma vinha localizada a cerca de 35 quilômetros do mar na área de Maipo Costa e começou a ser plantada em 1998. Embora Trinidad corresponda a 90% das uvas utilizadas pela vinícola em seus vinhos, também obtém frutas de outros vinhedos do grupo, como Apalta e Leyda. O responsável por esse projeto é o enólogo Alejandro Galaz. **IMPORTADO-RES:** BRASIL: www.cantuimportadora.com.br | USA: www.australwines.cl

 TRINIDAD VINEYARD
SYRAH, CABERNET SAUVIGNON, CARMÉNÈRE 2017
$$$$ | MAIPO | 14°

Uma mescla diferente. Esse vinho tem taninos firmes e tensos, mas ao mesmo tempo em que a textura é fluida na boca, desliza pelo paladar. Tem notas de especiarias, mas ao mesmo tempo frutas vermelhas deliciosamente frescas, suculentas e crocantes. É um vinho jovem, mas ainda há um longo caminho a percorrer. No entanto, não os culpo se o beberem antes do tempo com antecedência. A fruta aqui é deliciosa. Esse Trinidad vem 100% da zona rural de Trinidad, em Maipo Costa, a cerca de 35 quilômetros do mar e consiste em 64% Syrah, 28% Cabernet e o restante de Carménère.

Ramirana

 93 **LA ROBLERÍA VINEYARD**
CABERNET SAUVIGNON, CARMÉNÈRE, PETIT VERDOT 2017
$$$$ | APALTA | 14°

Esse vinho é proveniente da vinha La Roblería, plantada no ano de 2000. E vem de um setor especial, da parte mais alta, de solos pedregosos. Baseia-se em 68% Cabernet Sauvignon, mais 18% de Carménère e 14% Petit Verdot. O vinho possui uma base tensa e firme de taninos, sobre os quais é estabelecida outra camada de frutas vermelhas maduras e algumas especiarias. O vinho tem uma textura fibrosa, decorada com frutas vermelhas que se projetam com profundidade.

 91 **RAMIRANA GRAN RESERVA**
SYRAH, CARMÉNÈRE 2018
$$ | MAIPO | 13°

Essa mistura em partes semelhantes de Syrah e Carménère tem um espírito comercial claro. Seus aromas defumados e tostados da madeira se misturam graciosamente com sabores frescos e de frutas vermelhas. A textura é suave como creme e o corpo é médio, com uma acidez suave que traz sua parcela de frescor em um tinto sem arestas, pronto para se desfrutar hoje.

Requingua

PROPRIETÁRIO Família Achurra
ENÓLOGO Benoit Fitte
WEB www.survalles.com
RECEBE VISITAS *Não*

Enólogo
BENOIT FITTE

Vinícola do setor de Sagrada Familia, no vale de Curicó, Requingua começou a engarrafar seus vinhos no ano 2000. Alguns de seus melhores vinhos são de Cabernet Sauvignon, variedade que vai bem neste vale. A melhor expressão de Cabernet da vinícola se encontra em um de seus rótulos top, Potro de Piedra. Vem de uma plantação de mais de 50 anos, onde plantas de Cabernet Sauvignon se entrelaçam com outras de Cabernet Franc. A vinha tem mais de 1.000 hectares contando não somente as de Curicó, mas também outras propriedades em Colchagua e Maule. O enólogo é o francês Benoit Fitte, desde 2001 em Requingua. **IMPORTADORES:** BRASIL: www.orion.br.com | USA: www.puertoviejowines.com

VINHOS

 95 **LAKU**
CABERNET SAUVIGNON, SYRAH, CARIGNAN, PETIT VERDOT 2013
$$$$$ | CHILE | 14°

Laku é uma seleção das dez melhores barricas da vinícola e isso é feito pela equipe Requingua, incluindo os proprietários. No momento da escolha, o vinho já está com 14 meses de envelhecimento e, em seguida, continua em cada barrica por mais 9 a 10 meses. A mistura desse ano foi de 65% Petit Verdot de Sagrada Família, 24% de Syrah do Maule, 9% de Cabernet Sauvignon de Colchagua e o restante de Cariñena do Maule. Apesar dos anos, esse vinho tinto parece muito fresco e tenso em suas frutas vermelhas. A madeira desempenha um papel importante, mas está sempre atrás, apoiando os sabores de frutas e de café. A boca é poderosa, com acidez e taninos muito típicos da Petit Verdot. Esse vinho ainda precisa de mais tempo em garrafa.

94 | POTRO DE PIEDRA FAMILY RESERVE
CABERNET SAUVIGNON, CABERNET FRANC 2017
$$$$ | CURICÓ | 14°

Essa é uma seleção dos vinhedos em latada mais antigos da propriedade, um quartel de cinco hectares plantado em 1963 no campo da vinícola em Sagrada Família. O vinho é armazenado 20 meses em barricas antes do engarrafamento. A mistura final tem 85% Cabernet Sauvignon e o restante de Cabernet Franc, todos misturados na vinha e tudo é colhido ao mesmo tempo. Esse ano, além disso, possui 3% de Syrah para melhorar a acidez em uma colheita considerada muito quente no Vale Central. As frutas vermelhas parecem bem frescas nesse vinho. O corpo é médio, com taninos muito polidos e o calor do ano não é visto com tanta clareza; ao contrário, sente-se nervoso e de rica e crocante acidez.

90 | TORO DE PIEDRA BRUT
CHARDONNAY N/V
$$ | MAULE | 13.5°

Focado em sabores de frutas, possui um frescor vibrante. Graças a borbulhas abundantes, o vinho sente-se crocante e também marcado por uma acidez suculenta e nítida. Esse espumante foi feito pelo método Charmat de segunda fermentação em tanques de aço e ficou em contato com as borras por dois meses.

OUTRO VINHO SELECIONADO
88 | TORO DE PIEDRA LATE HARVEST Sémillon, Sauvignon Blanc 2018 | Curicó 14° | $$

Riscos de Puquillay Alto

PROPRIETÁRIO Luis Felipe Edwards Sr. & Senhora
ENÓLOGO Nicolás Bizzarri
WEB www.lfewines.com
RECEBE VISITAS *Não*

Enólogo
NICOLÁS BIZZARRI

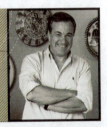

Os vinhos de Riscos de Puquillay Alto fazem parte do portfólio da Luis Felipe Edwards, uma vinícola familiar chilena, em grande parte dedicada às exportações. As primeiras vinhas, que datam do início dos anos 1900, sua moderna vinícola e o centro de operações, estão localizados em Puquillay Alto, no coração do vale de Colchagua desde 1976. As vinhas da família Edwards alcançam 2000 hectares e estão distribuídas nos vales mais importantes da zona central do Chile. Suas várias propriedades incluem plantações a 900 metros de altura em Puquillay Alto, vinhas centenárias no Maule, plantações costeiras de clima frio em Leyda e Pumanque - Colchagua Costa - entre outras. Essa grande diversidade de vinhedos reflete-se em suas diferentes linhas de vinho. **IMPORTADORES:** BRASIL: www.makro.com.br | USA: www.prestigebevgroup.com

Riscos de Puquillay Alto

VINHOS

94 | MOUNTAIN RED BLEND SYRAH, C. SAUVIGNON, CARMÉNÈRE, GRENACHE, P. VERDOT, MOURVÈDRE 2015
$$$ | COLCHAGUA | 14.5°

Esta é uma seleção de algumas das mais altas vinhas na cidade de Puquillay, no vale de Colchagua, entre 600 e 900 metros, bastante alta para a média da região. Essa nova versão possui 46% Syrah, 20% Cabernet Sauvignon, 17% Carménère, 10% Garnacha e o restante de Petit Verdot e Monastrell. Comparado com a versão anterior, parece um pouco mais frio, com mais frutas vermelhas e com maior tensão, embora mantenha a mesma musculatura fibrosa dos vinhos de altura. Um delicioso vinho tinto, para beber agora ou em dois a três anos, só ganhará complexidade, enquanto a acidez aguda sentida hoje permitirá que ele continue envelhecendo.

91 | GRAN RESERVA SAUVIGNON BLANC 2019
$$ | LEYDA | 13.5°

Uma excelente relação qualidade-preço, sente-se nervoso e tenso em acidez. Tem sabores de frutas tropicais, tons de ervas em um corpo leve. Esse vem dos solos graníticos de Leyda, no vale de San Antonio, a cerca de 8 quilômetros do mar. O branco ideal para o aperitivo.

90 | BRUT CHARDONNAY, PINOT NOIR N/V
$$ | COLCHAGUA COSTA | 12.5°

Pumanque é a área mais ocidental (mais próxima do mar), onde a vinícola tem vinhedos em Colchagua e daí vem esse 85% Chardonnay, mais 15% de Pinot que vem de Leyda, também de seus próprios vinhedos. Este Charmat tem foco em frutas e frescor. Tudo aqui é deliciosa acidez, frutas brancas e borbulhas cremosas. Para beber por garrafas.

90 | BRUT ROSÉ PINOT NOIR, CHARDONNAY N/V
$$ | LEYDA | 12.5°

85% desse vinho é Pinot Noir que vem da zona de Leyda, no vale de San Antonio, muito perto do mar. E isso se sente no frescor e agilidade desse vinho na boca. Com um açúcar residual por litro de pouco mais de cinco gramas, a fruta parece florescer. Um vinho que é um suco de framboesa com borbulhas.

90 | GRAN RESERVA CABERNET SAUVIGNON 2018
$$ | COLCHAGUA | 14°

Uma boa abordagem para a Cabernet Sauvignon, é uma amostra simples da cepa, focada em frutas vermelhas maduras ao invés de ervas. É suculento e tem textura muito macia. Esse Cabernet é proveniente de uvas compradas na área de Lolol, na região oeste de Colchagua.

90 | GRAN RESERVA CARMÉNÈRE 2018
$$ | COLCHAGUA | 13.5°

Da zona de Lolol, a oeste de Colchagua, esse é um clássico Carménère.

‹ *prova de **vinhos*** ›

Deliciosas frutas vermelhas em um contexto de toques de ervas, muito típico da variedade. A textura é bastante leve, com uma acidez rica em um vinho simples e fácil de beber, mas com a vantagem de mostrar um lado mais fresco e frutado da variedade.

 GRAN RESERVA
CHARDONNAY 2019
$$ | CASABLANCA | 13.5°

Generoso em frutas tropicais, notas redutoras que parecem minerais, além de uma acidez fresca e viva nesse Chardonnay simples e que você bebe muito rápido. Essa é uma seleção de uvas que a vinícola compra na região de Bajo Casablanca, muito perto do Pacífico.

 RESERVA
SAUVIGNON BLANC 2019
$ | LEYDA | 12.5°

É o vinho base da vinícola em Leyda e em Sauvignon Blanc, um branco delicioso e refrescante que mostra o potencial da vinícola nesses vinhedos plantados em 2005. Aqui há uma deliciosa pureza de frutas frescas, muito influenciada pelo vinho. Brisas marinhas, distantes cerca de 8 quilômetros em linha reta. Atenção aqui. Um vinho para o ceviche.

OUTROS VINHOS SELECIONADOS

89 | CLASSIC Pinot Noir 2019 | Vale Central | 12.5° | $
88 | CLASSIC RED BLEND C. Sauvignon, Carménère, Syrah 2019 Vale Central | 13.5° | $
88 | CLASSIC Malbec 2019 | Vale Central | 13° | $
88 | CLASSIC Syrah 2019 | Vale Central | 13.5° | $

Riveras del Chillán

PROPRIETÁRIO Gonzalo Chandía Tolosa
ENÓLOGO Gonzalo Chandía Tolosa
WEB www.riverasdelchillan.cl
RECEBE VISITAS *Sim*

Proprietário & enólogo
GONZALO CHANDÍA TOLOSA

Riveras del Chillán está localizado na nova região de Ñuble e é o projeto da família Chandía, que começou com Jorge Chandía e uma distribuidora de vinhos no centro de Chillán, onde também produzia seus próprios vinhos. Graças a essa distribuidora, Chandía começou a comprar vinhedos, um deles Santa Patricia, a cerca de 20 quilômetros de Chillán, que hoje é a base dos vinhos dessa vinícola. **IMPORTADOR:** BRASIL: www.dominiocassis.com.br

 **VISTA BELLA BACOT**
MALBEC 2017
$$$ | ITATA | 14°

Quando a família Chandía comprou a propriedade Santa Patricia em 1945, havia vinhedos muito antigos de País e também de Malbec. De acordo com os cálculos que os Chandía fizeram, seriam videiras de mais de cem anos, hoje em terra seca. Esse Malbec estagia em barricas por um ano e meio. Cheio de frutas vermelhas e ervas aromáticas, num contexto de grande aci-

Riveras del Chillán

dez, taninos firmes e corpo médio, cheio de tensão. Não é comum encontrar Malbec tão antigo no sul do Chile, mas existem e são sempre recomendados.

 **VISTA BELLA**
SYRAH 2016
$$$ | ITATA | 14°

Esse Syrah foi plantado há 20 anos ao longo das margens do rio Chillán e estagia cerca de 18 meses em barricas. Possui força e rica tensão de taninos em um vinho bastante austero, que não se mostra muito no nariz, mas na boca apresenta sabores deliciosos de frutas vermelhas maduras e de especiarias. Um vinho que precisa de tempo na garrafa para ganhar complexidade.

 CLON
PINOT NOIR 2019
$$$ | ITATA | 13°

Trata-se de uma mistura de cinco clones de Pinot Noir, plantados há 4 anos e elaborados de maneira tradicional com o sistema de zaranda para separar as uvas dos engaços e fermentadas com leveduras nativas. O estágio é em barricas usadas. O resultado é uma espécie de Pinot rústico. Pelo lado terroso e da rusticidade de seus taninos, parece mais um País do que um Pinot. Um espécime excêntrico da cepa, nas margens do rio Chillán.

Roberto Henríquez

PROPRIETÁRIO Roberto Henríquez
ENÓLOGO Roberto Henríquez
WEB www.robertohenriquez.com
RECEBE VISITAS Sim

Proprietário & enólogo
ROBERTO HENRÍQUEZ

A vinícola do enólogo Roberto Henríquez começou na safra 2015 e rapidamente ganhou um lugar entre as mais atrativas do sul. Isso graças aos grandes resultados obtidos com sua proposta de resgate da viticultura mais tradicional e camponesa. Henríquez se centra nos vales Biobío e Itata. Do primeiro obtém a cepa País, à que chama sua "principal motivação" e cuja vontade em resgatá-la contagiou a Louis-Antoine Luyt, a quem conheceu ao regressar ao Chile depois de anos trabalhando em vinícolas do Canadá, África do Sul e França. Para a País, Roberto Henríquez conta com vinhas de até 200 anos, como é o caso das plantadas na localidade de Nacimiento. Ao vale do Itata vai para elaborar seus vinhos brancos, especialmente à fresca localidade de Coelemu, centrando-se nas variedades Moscatel, Corinto (Chasselas) e Sémillon.

IMPORTADORES: BRASIL: www.lavinheria.com | USA: www.tedwardwines.com

VINHOS

 MOLINO DEL CIEGO
SÉMILLON 2019
$$$ | ITATA | 12°

Sémillon é das cepas esquecidas de Chile e embora esteja atualmente em revisão, essa revisão permanece marginal. Roberto Henríquez quer contribuir para essa redescoberta com esse Molino del Ciego, um Sémillon de vinhas de cerca de 90 anos, plantadas na zona costeira de Coelemu, no vale

‹ prova de vinhos ›

de Itata. Em solos de granito, esse é vinificado em aço e depois armazenado em barricas antigas. O vinho tem, acima de tudo, muita profundidade. Os sabores de mel são confundidos com as notas de frutas brancas e de especiarias no meio de uma textura cremosa e oleosa, que se expande pela boca, ocupando tudo. Um vinho que é muito bom hoje, mas que merece uma guarda de pelo menos cinco anos.

 RIVERA DEL NOTRO MEZCLA BLANCA
CORINTO, MOSCATEL DE ALEJANDRÍA, SÉMILLON 2019
$$$ | ITATA | 11°

Este ano, Notro possui um terço de cada uma das variedades, todas de plantas com cerca de 70 anos de três blocos diferentes em Itata, mas todos em solos de granito. O vinho tem uma deliciosa presença de flores e de frutas brancas em um corpo cremoso, suculento e especiado, mas principalmente aromas e sabores de frutas brancas maduras que se expandem pela boca. Para causa do atum.

 SANTA CRUZ DE COYA
PAÍS 2019
$$$ | BIOBÍO | 11.5°

As quatro pequenas vinhas que são a base de Santa Cruz estão empoleiradas na cordilheira de Nahuelbuta, entre pinheiros e eucaliptos e manchas de árvores nativas. São parcelas de videiras muito antigas, plantadas em solos argilosos e que têm em comum seus solos de granito que lhe conferem, primeiro, uma base firme de taninos, mas ao mesmo tempo muito delicada. É raro ver tais taninos na País, com essa tensão, com essa maneira sutil de se ancorar no paladar. E então as frutas vermelhas, que são refrescantes e suculentas, cercadas por notas de terra e de cinzas. Um dos expoentes da País no Chile.

 TIERRA DE PUMAS
PAÍS 2019
$$$ | BIOBÍO | 11.5°

Tierra de Pumas é uma vinha na região de Santa Juana, na margem sul do rio Biobío, no sopé da Cordilheira Nahuelbuta. Em 2018, Roberto Henríquez comprou essa vinha com cerca de 2,5 hectares de vinhedos, todos muito antigos e algumas videiras, como estas de País, estão lá há mais de duzentos anos. Os solos da vinha são de granito, especialmente nas partes superiores. Essa primeira colheita, no entanto, é uma mistura de diferentes vinhedos, uma espécie de resumo desse terroir. E esse resumo excita. Há frutas vermelhas, notas terrosas e uma textura delicada, como no melhores País de Henríquez. Um apronte que mostra o potencial de um lugar ainda inexplorado.

 FUNDO LA UNIÓN
PAÍS 2018
$$$ | ITATA | 11.5°

Esta é provavelmente uma das vinhas mais próximas ao mar em Itata. É uma vinha de vinhedos muito antigos, a cerca de nove quilômetros do mar. Com estágio em barricas velho, esse é um País que mostra camadas de frutas vermelhas, um lado fresco e delicioso, cercado por notas terrosas. A textura é tensa, rústica, de vermelho de campo, muito ao estilo dos País da zona. Refrescante. É ideal para massas à bolonhesa.

Roberto Henríquez

93 | PAÍS FRANCO
PAÍS 2019
$$ | BIOBÍO | 11.8°

Esse País vem da área de Millapoa, um solo de areia negra de origem vulcânica e vinha muito antiga, com mais de duzentos anos. Estagia em barricas usadas, esse vinho tem uma deliciosa camada de sabores de frutas, mas também de toques terrosos clássicos da cepa e como é habitual nos País de Biobío, a textura é muito menos rústica do que os exemplos da cepa mais ao norte. Um País delicado e muito refrescante.

92 | RIVERA DEL NOTRO
PAÍS 2019
$$$ | BIOBÍO | 11.5°

Rivera del Notro vem de solos aluviais, pelos quais, em algum momento, transcorria o rio Biobío em direção ao Pacífico. Armazenada em concreto, possui uma textura firme, mais firme do que o habitual na zona. O que cerca esses taninos são frutas vermelhas deliciosas, refrescante e o corpo leve, apesar dos taninos afiados. Um vinho para ensopado de carne.

91 | CORINTO SUPER ESTRELLA
CORINTO 2019
$$$ | ITATA | 10.5°

Chasselas é conhecido em Itata como Corinto, uma variedade bastante austera em aromas e sabores, mas rica em acidez. É proveniente de uma vinha de cerca de 70 anos, costeira e essa influência marinha destaca o frescor de um delicioso branco para frutos do mar gratinados.

91 | FUNDO LA UNIÓN BLANCO
SÉMILLON 2019
$$$ | ITATA | 10.5°

A cerca de nove quilômetros do mar, o Fundo La Unión tinha um passado glorioso, com centenas de hectares e diversas atividades relacionadas à pecuária e à agricultura, incluindo a viticultura. Hoje, no entanto, a era dos "fundos" parece ter passado e La Unión hoje foi significativamente reduzida, enquanto tentava recuperar a antiga casa que, há 50 anos, viveu seus momentos de glória. O produtor Roberto Henríquez fez uma parceria com a proprietária, Soledad Camaño, para vinificar as vinhas velhas da propriedade. Este Sémillon é um delicado e cremoso pedaço de branco, um vinho suculento, com acidez rica, onde a influência do mar é fortemente sentida. Tem um lado salino, mas além disso, fruta suculenta.

91 | TORONTEL SUPER ESTRELLA
TORONTEL 2019
$$$ | ITATA | 12°

De uma vinha em Coelemu, no vale de Itata e a cerca de 12 quilômetros do mar, esse Torontel possui uma deliciosa camada de notas florais que envolvem frutas brancos maduras. Não filtrado ou estabilizado, tem uma expressão cristalina e honesta. Um vinho frutado acima de tudo.

⟨ *prova de* vinhos ⟩

MOSCATEL ROSADO SUPER ESTRELLA
MOSCATEL ROSADO 2019
$$$ | ITATA | 11.5°

Um rosado simples e suculento, com aromas de flores, conforme exigido pela variedade, para se beber no verão, com embutidos ou queijos. Um vinho refrescante e direto.

Rogue Vine

PROPRIETÁRIO Leo Erazo & Justin Decker
ENÓLOGO Leo Erazo
WEB www.roguevine.com
RECEBE VISITAS Sim

Enólogo
LEO ERAZO

Leonardo Erazo é o enólogo chileno de Altos Las Hormigas em Mendoza. E ali, junto aos sócios e consultores italianos Alberto Antonini e Attilio Pagli, tem desenvolvido um profundo estudo da geografia mendocina e de seu potencial com a Malbec. Algo similar é o que busca Erazo com esse projeto Rogue Vine, em conjunto com seu amigo Justin Decker, mas dessa vez nas encostas graníticas de Itata, ao sul do Chile. Ali eles têm se dedicado a resgatar vinhedos velhos e a elaborar seus vinhos da forma mais natural e artesanal possível. E os resultados são impressionantes. Fazendo uso de Moscatel, Cinsault e Carignan, seus vinhos são nítidos e expressivos, aproveitando a profundidade de sabores que essas vinhas velhas aportam. Erazo é hoje uma das peças chaves para se quer compreender os vinhos de Itata.

IMPORTADORES: BRASIL: www.lavinheria.com | USA: www.brazoswine.com

VINHOS

GRAND ITATA TINTO
CINSAULT 2018
$$ | ITATA | 12.5°

Um vinho que parece natural, com seus sabores terrosos e de frutas vermelhas selvagens. Um tinto intenso nos sabores, mas também com uma acidez persistente e firme, que eleva os sabores em meio a uma textura de taninos pontiagudos. É um vinho de base campestre, com algumas gotas de País que caem na mescla final e que provêm da vinha, uma vinha velha de mais de 50 anos.

SUPER ITATA TINTO
SYRAH, CARIGNAN, MALBEC 2017
$$$ | ITATA | 13.5°

Super Itata é um blend de 50% Malbec, 30% Syrah e 20% Carignan, de três vinhedos diferentes e de diferentes áreas dentro de Itata. Fermentado em cimento, estagia em barricas (a Carignan e a Syrah), possui uma carga de taninos poderosos e de frutas negras, além de uma acidez que morde os contornos do paladar. Parece muito jovem. Espere cerca de dois a três anos para tomá-lo.

GRAND ITATA BLANCO
MOSCATEL DE ALEJANDRÍA, RIESLING, SÉMILLON 2018
$$ | ITATA | 12.5°

Grand Itata é uma mistura de 40% Moscatel, 40% Riesling e o restante

Rogue Vine

de Sémillon, todos provenientes de vinhas antigas de mais de 50 anos, plantadas em granito no vale de Itata. O vinho é produzido em tanques de cimento e a Moscatel é a primeira coisa que aparece no nariz, com suas notas florais e de frutas brancas maduras. A boca é cheia, gorda, com toques de terra que dão complexidade aos sabores das frutas.

93 SUPER ITATA SÉMILLON 2018 $$$ | ITATA | 12°

Para esse Sémillon, Rogue Vine obtém suas uvas de uma vinha de mais de 60 anos em Itata. Uma vinha sem irrigação. O vinho é produzido em barricas de 400 litros, todos em madeira usada. E não há leveduras exógenas no processo. O resultado é um Sémillon de uma acidez muito rica, de corpo leve a médio, com notas de mel, mas especialmente de frutas brancas e de ervas. É refrescante, de sabores puros.

90 SUPER ITATA RIESLING 2018 $$$ | ITATA | 12°

De acordo com os estudos que Rogue Vine fez com essas cepas, o resultado lhes disse que é Riesling. Esse vinho não tem muito a ver com Riesling, pelo menos, alemão. Isso parece muito mais robusto, muito mais expansivo e com menos acidez. Um Riesling mutante, com foco nos sabores maduros, de frutas brancas em uma estrutura redonda e opulenta.

San Pedro

PROPRIETÁRIO VSPT
ENÓLOGO Matías Cruzat
WEB www.sanpedro.cl
RECEBE VISITAS Sim

Enólogo
MATÍAS CRUZAT

Sua produção anual de mais de 140 milhões de garrafas serve para dimensionar a magnitude de San Pedro, entre as mais importantes vinícolas do Chile e também das mais antigas (nasce em 1865). Ainda que nesses 140 milhões se considere todo o espectro de vinhos que produz San Pedro, que vão desde rótulos econômicos até luxuosos vinhos ícones. Nos últimos anos, e em linha com algumas mudanças da indústria, expandiram além dos vales da zona central (seu centro de operações está em Molina, Curicó) chegando ao vale do Elqui ou iniciando aventuras pelo Itata, com o projeto Los Despedidos. De seu extenso portfólio destacam-se as linhas como Castillo de Molina, importante não só em volume de vendas mas também em qualidade, cujos vinhos variam de origem segundo a cepa. Um passo além nesse conceito está a linha 1865, com vinhos de vinhedos mais específicos, como Las Gaviotas (Leyda) no caso do Sauvignon Blanc ou Las Piedras (Alto Maipo) para o Cabernet Sauvignon. E acima do portfólio estão os ícones, os tintos de Alto Cachapoal Cabo de Hornos e Altaïr e, do Elqui, o Syrah Kankana.

IMPORTADORES: BRASIL: www.interfood.com.br   www.grandcru.com.br | USA: www.shawross.com

< *prova de **vinhos*** >

VINHOS

95 | **1865 SELECTED COLLECTION OLD VINES**
CABERNET SAUVIGNON 2017
$$$$ | MOLINA | 14°

As vinhas desse vinho foram plantadas há mais de 70 anos e, até 2001, essa fruta é a que ia para o top da casa, Cabo de Hornos. O enólogo Matías Cruzat decidiu dar uma nova vida a essas videiras ao fazer esse vinho no estilo "old school", com uma colheita antecipada (em um ano muito quente, deu-lhe 14 graus de álcool) e estágio prolongado em foudres e barris, que nesse caso foram prorrogados por 18 meses. Segundo Cruzat, o vinho precisava de um longo envelhecimento. "Após a fermentação, o vinho era muito tânico. Precisa desses meses para amaciar." O vinho apresenta deliciosos aromas de tabaco, especiarias e muitas frutas vermelhas em um corpo que, embora firme, possui frescor e acidez, que lhe conferem um caráter muito mais fluido. Atenção aqui, com este delicioso e frutado retorno ao passado.

95 | **1865 TAYÚ**
PINOT NOIR 2018
$$$$ | MALLECO | 12.5°

Esse projeto nasce em 2015, graças ao viticultor Pedro Izquierdo, que entrou em contato com a comunidade Buchahueico, na área de Purén, no vale de Malleco. Lá, ele começou a ensinar viticultura a duas famílias do local, e hoje têm cinco hectares no total, apenas com Pinot Noir. O vinho foi fermentado em cimento e aço e com guarda em foudres, barricas e cimento por um ano. É um Pinot que mais do que fruta tem terra e notas de ervas. Muitos Pinot do Chile seguem o caminho mais fácil da fruta. Esse vai para um caminho diferente, mais para o lado terroso.

94 | **1865 SELECTED VINEYARDS**
SAUVIGNON BLANC 2019
$$$ | LEYDA | 13.5°

Esse Sauvignon vem da vinha Las Gaviotas, na área de Santo Domingo, em Leyda, a cerca de 4 quilômetros do mar. E desde sua primeira colheita, em 2007, sempre manteve um estilo muito sutil, mais austero ou quase etéreo. E esse ano não é exceção. Aromas de ervas e cítricos movem-se graciosamente pela boca, enquanto seu corpo médio é marcado por uma acidez acentuada e bem marcada. Um vinho de bom corpo, de boa concentração, mas que ainda assim parece suave, tudo em um equilíbrio elegante e sutil.

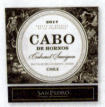

94 | **CABO DE HORNOS**
CABERNET SAUVIGNON 2017
$$$$$ | CACHAPOAL ANDES | 14.5°

A primeira safra de Cabo de Hornos foi em 1994 e até 2005 foi produzido com uvas de Curicó, na área de Molina. Desde 2006, mudaram para Alto Cachapoal, para uma vinha nos pés dos Andes e desde 2014 vem 100% dessas vinhas plantadas por volta de 1998. Essa colheita, apesar de ter vindo de um ano muito quente no vale Central, possui ricas frutas vermelhas e a madeira caiu consideravelmente, deixando as frutas e ervas marcarem sua presença com muita personalidade. É um vinho de corpo médio, mas com taninos muito polidos e de grande equilíbrio.

San Pedro

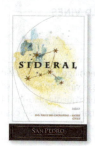

94 | SIDERAL
C. SAUVIGNON, SYRAH, PETIT VERDOT, C. FRANC, CARMÉNÈRE 2017
$$$$ | CACHAPOAL ANDES | 14.5°

Sideral é o segundo vinho de Altaïr e é uma mistura de todas as cepas tintas plantadas nos 70 hectares que a vinícola possui em Alto Cachapoal, plantada em 1998. Essa mistura é baseada em Cabernet Sauvignon e tem o caráter da Cabernet do Cachapoal andino. As notas de ervas combinam com os aromas de frutas vermelhas e de especiarias. A textura é macia, como de costume na área e a acidez tem um brilho refrescante, que se expande por toda a boca. Para guardar. Pense em pelo menos cinco anos.

 1865 SELECTED VINEYARDS
CABERNET SAUVIGNON 2018
$$$ | MAIPO | 14.5°

Da linha 1865, esse é um clássico. De vinhedos na área de Buin, no segundo terraço do Maipo, solos aluviais que se dão muito bem com o Cabernet Sauvignon. Estagia em barricas, 20% novas, que fornecem notas de especiarias em um Cabernet rico em notas de mentol, mas também terrosas e de frutas. A boca é pura fruta vermelha madura, em uma textura com taninos para pensar na guarda.

 KANKANA
SYRAH 2017
$$$$$ | ELQUI | 15°

Las Rojas fica a cerca de 25 quilômetros do mar, na área mais costeira de Elqui. Os solos são argilosos e pedregosos e dão vinhos opulentos, mas ao mesmo tempo com boa acidez, graças à sua proximidade com o oceano Pacífico. Possui aromas de amoras e cerejas negras, cercados por especiarias doces. A boca tem taninos firmes, ainda muito jovens e as frutas são maduras e doces.

 CASTILLO DE MOLINA RESERVA
SAUVIGNON BLANC 2019
$$ | ELQUI | 13.5°

Os vinhos de Elqui tendem a ser exuberantes e muito lineares, marcados por solos de cal e pela brisa do mar, especialmente se você estiver próximo ao oceano. É proveniente de um vinhedo a cerca de 20 quilômetros do Pacífico e possui aromas deliciosos de frutas cítricas e de ervas, enquanto a acidez é o que guia os sabores, proporcionando frescor e tensão. Um vinho refrescante, perfeito para frutos do mar crus.

 TIERRAS MORADAS
CARMÉNÈRE 2017
$$$$$ | MAULE | 15°

Tierras Moradas vêm de uma seleção de uma encosta da vinha de San Pedro na zona muito quente de Pencahue, no vale do Maule. Esses solos geralmente dão vinhos voluptuosos e amplos, como nesse caso. Esse Carménère possui taninos redondos e voluptuosos, que contam com frutas vermelhas maduras e muitas notas de ervas. O vinho tem muita profundidade, madurez bem equilibrada e acidez firme. Apesar de ter 15 graus de álcool, não parece pesado, nem cansado.

‹ *prova de **vinhos*** ›

 1865 SELECTED VINEYARDS
CARMÉNÈRE 2018
$$$ | MAULE | 14.5°

Pencahue é um lugar quente no vale do Maule, fechado entre montanhas, onde a Carménère amadurece suavemente e oferece vinhos amáveis e suculentos como esse Carménère. Existem algumas notas de ervas, mas principalmente o que oferece é uma deliciosa fruta vermelha em sua profundidade e também apoiada por uma muito boa acidez. Para empanadas de carne.

 1865 SELECTED VINEYARDS
MALBEC 2017
$$$ | VALE DE UCO | 14°

San Pedro obtém frutas em sua filial na Argentina, na vinícola La Celia, das vinhas de La Consulta e de Altamira, ambas no vale de Uco. Esse tem os aromas florais, de violetas e de cerejas dos Malbec de Uco. A boca é nervosa, marcada por acidez profunda e por sabores de cerejas.

 1865 SELECTED VINEYARDS
PINOT NOIR 2018
$$$ | ELQUI | 13°

Localizada a cerca de 20 quilômetros do mar, em solos arenosos nas margens do rio Elqui, possui uma rica camada de frutas vermelhas que são acompanhadas por uma acidez brilhante, aquela acidez que convida a continuar bebendo. Tem cerca de 20% de cachos inteiros, o que enfatiza os sabores das frutas e também suporta a estrutura de um vinho feito para matar a sede.

 CASTILLO DE MOLINA RESERVA
CABERNET SAUVIGNON 2018
$$ | RAPEL | 14°

Esse é um Cabernet que vem de duas vinhas, uma na área de Marchigüe em direção à costa de Colchagua e a outra em direção aos Andes, no Alto Cachapoal. Estagia por dez meses em barricas que a verdade não se sentem. Aqui envia os frutos vermelhos do Cabernet, mas também seu lado de ervas em uma textura firme de taninos, mas não o suficiente para pensar em guardá-lo, leve-o ao churrasco nesse fim de semana.

 CASTILLO DE MOLINA RESERVA
PINOT NOIR 2018
$$ | CURICÓ | 13.5°

Como sempre, esse Pinot Noir do vale de Molina, em Curicó (com uma pequena porcentagem de frutas de Elqui) oferece uma fruta deliciosa, simples e fresca. Os aromas de frutas vermelhas se movem em um corpo muito macio, leve e fácil de beber. Esse é para sardinhas grelhadas.

OUTROS VINHOS SELECIONADOS
89 | CASTILLO DE MOLINA RESERVA Carménère 2018 | Maule | 14° | $$
89 | CASTILLO DE MOLINA RESERVA Chardonnay 2018 | Casablanca | 13.5° | $$

Santa Alicia

PROPRIETÁRIO Changyu Pioneer Company
ENÓLOGO Mauricio Garrido
WEB www.santa-alicia.cl
RECEBE VISITAS *Sim*

Enólogo
MAURICIO GARRIDO

O grupo **Changyu Pioneer Wine Company** tem filiais em Biobío (Porta, Agustinos) e Casablanca (Indómita). Santa Alicia é sua vinícola em Maipo, com 430 hectares em diferentes pontos do vale. O vinhedo mais importante em termos de qualidade é o que têm em Pirque, a 600 metros de altitude. Consta de 120 hectares e ali nascem seus dois melhores vinhos, o Carménère Ankee a mescla baseada em Cabernet Millantú, que está no topo de seu portfólio. A produção anual da vinícola é de 5,4 milhões de garrafas.

VINHOS

 MILLANTÚ
CABERNET SAUVIGNON, CABERNET FRANC, CARMÉNÈRE 2018
$$$$ | MAIPO | **14.1°**

Para **Millantú**, Santa Alicia seleciona seus melhores quartéis na área de Pirque, em Alto Maipo. A influência andina aparece clara aqui, em um vinho de frutas frescas e vermelhas, além de notas de ervas, especialmente mentol, tão características dessa área do Maipo. A textura é muito fina, mas ao mesmo tempo muito firme, composta por taninos afiados. Esta mistura estagia em barricas por 18 meses e consiste em 40% de Cabernet Sauvignon, 30% de Carménère e outro 30% de Cabernet Franc. Millantú é o topo de Santa Alicia e é produzido desde 2009.

 GRAN RESERVA DE LOS ANDES
CHARDONNAY 2019
$$$ | MAIPO | **13.7°**

Os aromas de madeira são sentidos acima das frutas nesse Chardonnay, mas cuidado com o que está atrás. Uma camada de sabores de frutas brancas e toques de flores em um vinho quente, de boa acidez e final de ervas que gradualmente mostra mais e mais sabores de frutas. Falta mais branco no Alto Maipo, uma área que, com muitos argumentos e exemplos, concentrou-se na Cabernet Sauvignon. Esse Chardonnay é uma boa contribuição.

 ANKE
CARMÉNÈRE, PETIT VERDOT, SYRAH 2018
$$$ | MAIPO | **14.1°**

Essa mescla vem da área de Pirque, de onde Santa Alicia obtém seus melhores vinhos. A madeira está em primeiro plano e a fruta atrás é madura, com destaque para as notas de especiarias. Um vinho acolhedor e amável.. Esse ano, Anke tem 55% de Carménère, 30% Petit Verdot e 15% Syrah. A primeira safra de Anke foi em 2012.

OUTRO VINHO SELECIONADO
89 | GRAN RESERVA DE LOS ANDES Carménère 2018 | Maipo | 14.1° | $$$

‹ *prova de vinhos* ›

Santa Carolina

PROPRIETÁRIO Santiago Larraín
ENÓLOGO Andrés Caballero
WEB www.santacarolina.cl
RECEBE VISITAS *Sim*

Enólogo
ANDRÉS CABALLERO

Fundada por Luis Pereira em 1875, Santa Carolina é das vinícolas maiores e mais históricas do Chile. E parte dessa história ainda se pode ver na tradicional vinícola da rua Rodrigo de Araya, uma vez parte da Santiago rural, hoje rodeada pela cidade. A última safra que se fez ali foi em 1970. Desde então, e principalmente desde que a adquiriu a família Larraín, em 1974, Santa Carolina experimentou um processo de modernização que se acelerou na última década, sobretudo com a chegada do enólogo Andrés Caballero, que injetou energia e dinamismo nesta tradicional empresa do Maipo. Com uma paleta de mais de mil hectares de vinhedos, Caballero tem material para experimentar. E parte disso ele e sua equipe voltaram para a linha Cuarteles Experimentales, uma série de vinhos em que a liberdade é total. Seu projeto estrela, no entanto, é Luis Pereira, cuja primeira safra foi 2012. Esse tinto nasce da ideia de recuperar a forma com que eram feitos os vinhos no Chile faz 50 anos, quando não se contava com a tecnologia com que hoje se conta e quando os graus de álcool eram muito menores que os da atualidade. **IMPORTADORES:** BRASIL: www.casaflora.com.br | USA: www.carolinawinebrandsusa.com

VINHOS

95 DÓLMEN
CABERNET SAUVIGNON 2018
$$$$$ | CACHAPOAL | 13°

"Este vinho nos propõe a mostrar uma face diferente da cepa, aprofundar as fronteiras da Cabernet." Diz o enólogo Andrés Caballero sobre a primeira versão desse vinho da safra de 2015, uma proposta completamente diferente da variedade que vem dos solos de pizarras na área de Totihue, em Alto Cachapoal, aos pés dos Andes. Essa safra estagia em novas ânforas de argila e foi armazenado aí por um ano. Tem um caráter delicioso, honesto e direto de frutas. Esse Cabernet se move em direção às notas de frutas vermelhas doces e na boca a textura é fina, taninos muito polidos e afiados. Um novo passo na investigação que Santa Carolina faz de um Cabernet de pizarras.

94 CUARTELES EXPERIMENTALES
CABERNET SAUVIGNON 2018
$$ | BIOBÍO | 12.5°

Santa Carolina seleciona frutas de vinhas velhas na área de San Rosendo, na margem norte do rio Biobío, em um local de solos de granito e onde abundam as vinhas velhas. Aqui as plantas de Cabernet são selecionadas, em uma vinha que é misturada com um País muito antigo e as frutas são colhidas videira por videira. O resultado é um tinto suculento, de grande caráter frutado, frutas vermelhas deliciosas e frescas e até com algo cítrico que é um pouco de loucura nesse vinho que não se assemelha a nada.

Santa Carolina

 CUARTELES EXPERIMENTALES
MALBEC 2019
$$$ | CHILE | 12.6°

San Rosendo é uma das principais fontes de uvas da linha Cuarteles Experimentales de Santa Carolina e esse Malbec, de vinhedos muito antigos na margem norte do Biobío, é um clássico dessa linha. A primeira safra foi em 2016 e, desde 2017, eles podem mudar as datas de colheita à sua maneira, buscando mais frescor dessas vinhas centenárias. E esse ano esse frescor é mostrado claramente, oferecendo notas florais, suculentas e frescas. Tem força na boca, a fruta é generosa, as violetas sobem ao palco. Um vinho de muito carácter e de uma vinha histórica no Chile.

 CUARTELES EXPERIMENTALES
PAÍS, CABERNET SAUVIGNON 2019
$$$ | CHILE | 12°

Da área de San Rosendo, na margem norte do Biobío, trata-se de uma cofermentação de videiras muito antigas com Cabernet Sauvignon, todas misturadas na vinha. A mistura de cerca de mil litros permanece em barricas velhas e o que sai disso é um vinho incomum. A País traz todos os seus aromas de frutas vermelhas, de terra, de especiarias e de ervas, mas também seus taninos ásperos, enquanto a Cabernet de alguma forma "completa" a estrutura aqui, apoiando-se em taninos mais firmes e principalmente com uma acidez que aumenta sabores, que atua como suporte. Uma mistura nada comum, que funciona muito bem aqui. Uma simbiose natural que se adaptou por décadas na vinha. Foram produzidas cerca de 1.200 garrafas desse vinho.

 CUARTELES EXPERIMENTALES
SÉMILLON 2018
$$$ | APALTA | 12.5°

Esse Sémillon vem de uma vinha de cerca de 80 anos na área de Apalta, no vale de Colchagua. 70% do vinho é fermentado em ânforas e estagia por cerca de sete meses, enquanto o restante permanece em aço. A cremosidade da textura é a primeira coisa que atrai a atenção, uma textura amável, que se expande no palato com graça. As notas de mel, frutas brancas e especiarias fazem desse vinho um Sémillon irresistível, um dos melhores exemplos da variedade no Chile.

 CUARTELES EXPERIMENTALES BLANCO BELLO
MOSCATEL BLANCO, SÉMILLON 2019
$$$ | CHILE | 11°

De vinhas muito antigas plantadas há mais de 50 anos na área de San Rosendo, na margem norte do rio Biobío. Fermentado em ânforas com suas peles e depois levantado em barricas esperando que véu de flor se forme, o que deu uma salinidade especial às habituais flores e especiarias da Moscatel, uma maneira de dar mais complexidade. A boca é grande, de muito boa cremosidade e ao mesmo tempo com uma tremenda acidez em um vinho muito particular, de muito caráter.

 CUARTELES EXPERIMENTALES VINIFICACIÓN NO TRADICIONAL CHARDONNAY 2019
$$$ | CHILE | 13°

A maceração carbônica é frequentemente usada em vinhos tintos para dar-lhes um caráter mais frutado, em vinhos geralmente simples. Eles raramente são usados em brancos, e essa é uma das exceções. Das vinhas de Leyda, 85% são provenientes da safra de 2019 e do resto de 2018, essa última em barricas por cerca de 15 meses. No estilo oxidativo, possui um corpo untuoso, acidez rica e pungente, mas, em vez de sabores de frutas, cheira a frutos secos e a especiarias. Um vinho para anchovas.

94 HERENCIA
CARMÉNÈRE 2014
$$$$$ | PEUMO | 14°

Fruto de Peumo, uma das fontes mais importantes de Carménère no Chile, esse ano tem um ano em foudres e um ano em barricas e mais três anos em garrafa. A influência da madeira é sentida, proporcionando notas tostadas, mas sobretudo sabores e aromas especiados que contribuem para a complexidade da fruta, que é madura e suculenta. Não é comum que essa cepa esteja presente no mercado com todos esses anos de envelhecimento. Esse se mostra muito bem hoje e com potencial de guarda.

94 RESERVA DE FAMILIA
CABERNET SAUVIGNON 2017
$$$ | MAIPO | 13.5°

Mariscal é uma das áreas mais tradicionais de Alto Maipo, local de solos aluviais e de influência dos Andes que fazem parte importante no trabalho do estilo desse vinho, um estilo suculento e elegante, com toques de especiarias e de ervas, sobre uma textura deliciosa em sua amabilidade, taninos finos, pulsantes, afiados, mas ao mesmo tempo muito polidos. Não há arestas nesse vinho. E sim, parece de velha escola, algo que teríamos provado nos anos 1980 e um exemplo claro de como o experimento de Luis Pereira influenciou os vinhos da casa, até mesmo vinhos massivos como esse, do qual é feito cerca de 20 mil caixas de doze garrafas.

94 VSC PETIT VERDOT, PETITE SIRAH, CABERNET SAUVIGNON, CARMÉNÈRE, MALBEC 2015
$$$$$ | CACHAPOAL | 14.5°

Este **VSC** tem nessa safra 40% de Petite Sirah, 39% de Petit Verdot, 15% de Cabernet Sauvignon, 10% de Carménère e o restante, 5% de Malbec. Estagia um ano em barricas e um ano em foudres, a passagem de menos madeira para mais frutas é sentida lentamente aqui, embora a fruta seja suculenta e envolvente, exibindo sem medo sua madurez e opulência. Um vinho grande com texturas cremosas.

93 CUARTELES EXPERIMENTALES DE LA COSTA
CHARDONNAY 2019
$$$ | CHILE | 13°

De produtores da região de Leyda, no vale de San Antonio, os cachos são prensados diretamente e depois fermentados e estagiados em ânforas por seis meses, em contato com as borras, aproveitando a cremosidade e a complexidade dos sabores que esse contato implica. O resultado é um vinho de textura gentil, um delicioso suco de abacaxi e de especiarias com corpo médio a grande, untuoso, mas ao mesmo tempo com muito boa acidez, acidez da costa, para refrescar. Foram fabricadas 500 garrafas desse vinho, todas à venda na vinícola de Santa Carolina.

Santa Carolina

93 **RESERVA DE FAMILIA**
CHARDONNAY 2018
$$$ | ITATA | 14°

Desde a safra anterior, esse vinho provém do vale de Itata, um vale que, nesse caso, produz vinhos bastante austeros, com aromas florais suaves, toques de especiarias, todos muito diferentes dos seus homólogos da costa norte, em vales como Casablanca ou Leyda. O vinho estagia produzido em diferentes formatos, de ânforas ao aço, e o resultado é um branco que cheira a ervas e especiarias, em vez de frutas. O corpo é poderoso, de grande acidez, mas também de grande concentração. Para acompanhar ostras.

92 **RESERVA DE FAMILIA**
CARMÉNÈRE 2017
$$$ | RAPEL | 14°

Em um ano muito quente, como em 2017, esse vinho possui uma porcentagem maior de vinhedos de Los Lingues, em uma área mais fresca em direção ao pé dos Andes em Colchagua e menos de Peumo, que fica no meio de Cachapoal. Nesse caso, existem 60% de fruta de Los Lingues. O vinho tem uma forte nota de madeira, mas também uma espessa camada de frutas maduras que fala do ano, mas também da generosidade de Los Lingues quando se trata de Carménère. Isso também tem notas florais e de especiarias. Dê alguns anos na garrafa para ganhar complexidade.

91 **SPECIALTIES**
CARIGNAN 2017
$$ | MAULE SECANO INTERIOR | 14.5°

Seguindo o novo estilo de Carignan chileno, concentra-se na fruta e no frescor da cepa, sustentada por sua genética de alta acidez. Possui sabores frutados e florais e a textura é uma delícia de maciez em um vinho que se toma muito bem como Cariñena, mas também que se toma como um tinto muito bom e a um preço muito bom também.

90 **CAROLINA RESERVA**
SAUVIGNON BLANC 2019
$$ | LEYDA | 13.5°

Simples e suculento, com uma textura rica e deliciosa acidez em vinho de perfil herbáceo, refrescante antes de mais nada. E com uma textura fina, marcada por essa acidez, mas também com notas florais e de frutas. É ideal para o verão, para servir resfriado como aperitivo.

90 **GRAN RESERVA**
CABERNET SAUVIGNON 2017
$$ | MAIPO | 13.5°

Como um Cabernet para levar para o churrasco e deixar todos os amigos felizes, esse funciona perfeitamente. Tem textura para a carne, é perfumado, rico em frutas e com uma acidez gentil, para não assustar ninguém.

90 **GRAN RESERVA**
CARMÉNÈRE 2017
$$ | RAPEL | 14°

Uma mistura de frutas de Los Lingues, em direção à cordilheira dos Andes, em

‹ prova de *vinhos* ›

Colchagua e Peumo, em direção ao interior do vale, em Cachapoal, com toques suaves de madeira, mas com um delicioso fundo de frutas frescas, cheio de frutas vermelhas e de textura firme, para comer empanadas de carne.

 GRAN RESERVA
CHARDONNAY 2018
$$ | ITATA | 14°

Com a madeira em primeiro lugar, mas também com frutas brancas maduras em uma textura muito gentil, acompanhada de uma leve doçura que ajuda a torná-lo um Chardonnay muito fácil de entender e fácil de beber.

OUTRO VINHO SELECIONADO
88 | CAROLINA RESERVA Pinot Noir 2018 | Leyda | 13.5° | $$

Santa Cruz

PROPRIETÁRIO Família Cardoen
ENÓLOGO Guillermo Cárdenas
WEB www.vinasantacruz.cl
RECEBE VISITAS *Sim*

Proprietários
EMILIO & CARLOS CARDOEN

Apesar de tomar seu nome da cidade de Santa Cruz, esta vinícola e seus vinhedos se localizam na vizinha localidade de Lolol, em pleno vale de Colchagua. Pertence à família Cardoen, empresários de trajetória no vale, com importantes investimentos turísticos, entre eles o Hotel Santa Cruz, o Museu Colchagua e a própria vinícola. Santa Cruz começou engarrafando seus vinhos em 2005, elaborados sempre com uvas próprias, cultivadas nos 160 hectares que têm em volta da vinícola. **IMPORTADORES:** BRASIL: www.lacharbonnade.com.br | USA: www.wbimports.com

VINHOS

 RESERVA ESPECIAL
PETIT VERDOT, CABERNET SAUVIGNON 2015
$$$$$ | COLCHAGUA COSTA | 14°

Um vinho mais tradicional, focado em frutas negras maduras, notas de especiarias, de café e de frutos secos. A boca tem uma profundidade deliciosa, taninos firmes e acidez que se misturam muito bem com frutas voluptuosas, grandes e maduras. Essa mistura é baseada em Petit Verdot (mais 10% de Cabernet Sauvignon) plantado por volta de 2005 em solos aluviais e argilosos na parte mais quente da propriedade. Possui dois anos em barricas, 15% de madeira nova. Merece tempo na garrafa, pelo menos três anos.

MAKE MAKE
TEMPRANILLO, GARNACHA 2017
$$$$ | COLCHAGUA COSTA | 14.5°

Essa já é a terceira versão de Make Make, o vinho mais desconectado do catálogo de Santa Cruz em Lolol. A mistura é de 90% Tempranillo e 10% Garnacha, todos dos vinhedos mais jovens da vinícola, plantados em 2012. O vinho estagia em barricas por um ano, mas tudo de madeira usada para que não haja influência do carvalho. A fruta se mostra fortemente, frutas vermelhas maduras e profundas em meio a uma acidez suculenta e tensa. É um tinto para acompanhar embutidos.

SANTA CRUZ
PAÍS 2018
$$$ | COLCHAGUA COSTA | 13.5°

Quiahue é uma pequena cidade ao sul de Lolol. Santa Cruz encontrou um pequeno vinhedo de País com registro de ter sido plantado em 1903 pela família Correa, que ainda é dona. O vinho está em barricas muito antigas há um ano e possui 10% de Cabernet Sauvignon para adicionar um pouco de cor e alguma estrutura, embora essa porcentagem quase não interfira no caráter da cepa, que aqui mostra um lado terroso que é característico, mas também muitas frutas vermelhas, ricas em frescor. Um novo resgate da cepa País, desta vez sob uma visão refrescante e suculenta.

CHAMÁN GRAN RESERVA
CABERNET SAUVIGNON 2018
$$ | COLCHAGUA COSTA | 14°

Essa é uma seleção de videiras plantadas entre 1998 e 2005 nos solos argilosos de Lolol, ao lado da vinícola de Santa Cruz. Esse tem um forte acento em frutas vermelhas e em frescor. É um Cabernet alegre, com muitos sabores de frutas, mas também com taninos firmes que servem como bom suporte.

CHAMÁN GRAN RESERVA
CARMÉNÈRE 2018
$$ | COLCHAGUA COSTA | 14°

Esse Carménère vem do quartel El Peral, de um lugar que é o mais rico em argilas da propriedade, solos que capturam a água, o que é sempre bom para a sedenta Carménère Mas as argilas também dão vinhos voluptuosos e esse é assim. Mas, também traz frutas frescas e vermelhas em um corpo médio, amável e suculento.

CHAMÁN GRAN RESERVA
SYRAH 2018
$$ | COLCHAGUA COSTA | 14.5°

O setor El Peral é o mais legal da propriedade de Santa Cruz em Lolol, de frente para a brisa vinda do mar. Esse Syrah transforma essa influência em sabores de frutas vermelhas muito frescas e crocantes e também notas de ervas. Parece fresco nas frutas e também firme na boca, para pensar em cordeiro.

CHAMÁN GRAN RESERVA
MERLOT 2018
$$ | COLCHAGUA COSTA | 14.5°

Estagiado em barricas por um ano, 10% da madeira nova, esse tem a influencia da madeira na forma de notas desfiguradas e de especiarias. A fruta parece madura e suculenta, em um vinho quente e untuoso, para ensopados.

CHAMÁN RESERVA
CARMÉNÈRE, CABERNET SAUVIGNON 2018
$$ | COLCHAGUA COSTA | 13°

Esta mistura de 65% de Carménère e o resto de Cabernet Sauvignon, to-

‹ *prova de* **vinhos** ›

dos provenientes de vinhas próprias em Lolol, tem uma fruta deliciosa, muito fresca e tensa. Se servirem frio, perceberão que há muita vida aqui e um tinto ideal para se beber no verão.

OUTROS VINHOS SELECIONADOS
89 | CHAMÁN RESERVA Rosé Malbec 2019 | Colchagua Costa | 13° | $
88 | CHAMÁN RESERVA Cabernet Sauvignon 2018 | Colchagua Costa | 14° | $$

Santa Ema

PROPRIETÁRIO Felix Pavone
ENÓLOGO Andrés Sanhueza
WEB www.santaema.cl
RECEBE VISITAS *Sim*

Enólogo
ANDRÉS SANHUEZA

Esta vinícola do setor de Isla de Maipo nasce em 1959, ainda que seus proprietários, a família Pavone, oriunda de Itália, estivesse desde 1931 dedicada ao cultivo da vinha e à venda de uvas a outras vinícolas. Hoje contam com mais de 200 hectares, incluindo os que têm no setor da vinícola e outros em Pirque, em Alto Maipo, um vinhedo mais recente e que é o berço dos vinhos top da casa, como Catalina e Amplus. A estes dois terroirs se soma a última aventura de Santa Ema, no costeiro vale de Leyda, de onde elaboram, entre outros, seu espumante extra brut. Os vinhos pelos que Santa Ema é conhecida entre os consumidores sejam sem dúvida os de sua linha Gran Reserva (antes Reserva), que representa mais de um terço da produção total da vinícola, de 3,6 milhões de garrafas. O Merlot dessa linha é um dos best sellers mais famosos do Chile.

VINHOS

94 AMPLUS
CABERNET SAUVIGNON 2017
$$$$ | MAIPO ALTO | 14°

É uma vinha plantada por Santa Ema em 2012, a cerca de 900 metros de altura, no vale do Maipo. Essa já é a segunda versão desse vinho, 100% de vinhedos próprios, que chamam de Cerro Blanco e mostra um estilo muito semelhante ao de 2016, uma conquista já que 2017 foi um ano muito mais quente. O trabalhado, então, foi maior. Conseguir esse tipo de frutas vermelhas, suculentas e frescas não deve ter sido fácil. E o resultado é delicioso. Um vinho de montanha.

94 AMPLUS
CHARDONNAY 2018
$$$$ | LEYDA | 13.5°

No topo de uma colina, essa é uma seleção de quatro lotes que totalizam pouco mais de um hectare e produzem cerca de sete mil garrafas desse vinho. Um Chardonnay com muita força na boca, tem muito boa aderência e leves toques de mel. Não tem malolática e cerca de dez meses em barricas que contribuíram com algumas notas tostadas, mas o que aparece primeira é a fruta.

Santa Ema

94 | AMPLUS MOUNTAIN VINEYARD
MERLOT 2018
$$$$ | MAIPO ALTO | 14°

Este **Amplus** é 100% das vinhas que Santa Ema plantou em Pirque, a cerca de 820 metros de altura, em uma das áreas mais altas do vale do Maipo. Esse vinho não tem barricas; estagia em foudres. Ambos os detalhes marcam uma grande diferença em relação ao vinho mais vendido na vinícola, o Gran Reserva Merlot, que tem uma forte influência da madeira e vem de uma área mais quente, de Isla de Maipo. Aqui se tem frutas vermelhas, acidez deliciosa e toques de ervas.

93 | AMPLUS ONE
CARMÉNÈRE 2017
$$$$ | PEUMO | 14°

Trata-se de uma mistura de 85% de Carménère de Peumo, mais 10% de Syrah de Pirque, no Alto Maipo, e 5% de Carignan do Maule. A personalidade da Carménère, as notas de ervas e as frutas vermelhas em um vinho de acidez rica e suculenta. A textura tem garras, taninos que se percebem no meio de frutas vermelhas maduras e novamente muitas ervas.

93 | GRAN RESERVA
SAUVIGNON BLANC 2019
$$ | LEYDA | 13°

Santa Ema compra uvas na área de Leyda, uma área muito perto do mar, no vale de San Antonio. Sem passagem por madeira, este é um Sauvignon típico dos solos graníticos da cordilheira da Costa, a fruta radiante ligada aos toques de ervas e de frutas cítricas. Também possui algo salino em um vinho que é, acima de tudo, refrescante, tenso e nervoso.

AMPLUS OLD VINE
CARIGNAN 2017
$$$$ | MAULE | 14°

Esse Carignan vem de vinhas antigas na área de Cauquenes, nos vinhedos de secano do vale Maule. Estagia 15 meses de barricas e isso aparece, principalmente, no nariz, onde no momento os tons tostados ditam as regras. Na boca, no entanto, a Carignan e suas flores e suas frutas vermelhas ácidas são mostradas com muita clareza, em um vinho que acaba sendo muito mais suculento do que se poderia esperar pelos seus aromas.

EMA
CHARDONNAY, PINOT NOIR N/V
$$$$ | LEYDA | 12°

Baseado em 70% de Chardonnay e 30% de Pinot Noir, ambas as cepas do vale de Leyda, muito perto do mar. Tem um ano de envelhecimento em borras e o resultado é um vinho muito focado na fruta, no frescor. Esse é delicioso em suas notas florais e acidez quase força a continuar a bebê-lo.

GRAN RESERVA
CARMÉNÈRE 2018
$$ | CACHAPOAL | 13.5°

Na área de Peumo, no vale de Cachapoal, nascem alguns dos melhores

Carménère do Chile. Os solos das argilas e as brisas que deslizam ao longo do rio são fatores importantes para a tensão brilhar. A outra é a mudança que a cepa teve, as frutas muito mais frescas e as notas de ervas resultado de colheitas adiantadas, que deram à uva uma nova vida, uma maior tensão. Menos pesado, mais suculento.

 GRAN RESERVA
MALBEC 2018
$$ | MAIPO | 13.5°

60% da mescla vem das vinhas de Santa Ema, em Pirque, que determinam o estilo. Um clima de montanha, aqui se sente nas notas de flores e de cerejas ácidas que parecem frescas aqui, especialmente na boca generosa nessas cerejas, uma espécie de suco de cereja muito rico. É intenso em frescor, mas também intenso em acidez. Um bom exemplo de Malbec chileno andino.

 GRAN RESERVA
SYRAH 2018
$$ | LEYDA | 13.5°

Com as típicas notas de carne da Syrah do clima frio, esse vem de solos de granito da cordilheira da Costa, no vale de Leyda. É um vinho angular, com taninos firmes e acidez firme. Envelhecido por cerca de 6 meses em barricas, possui um lado defumado muito sutil, que lhe confere alguma complexidade. Mas cuidado, antes de mais nada, é frutado e fresco.

 GRAN RESERVA
CABERNET SAUVIGNON 2018
$$ | MAIPO | 13.5°

Com frutas principais de Isla de Maipo, mas também com 25% de Cabernet de Pirque, na cordilheira de Maipo, aqui se tem frutas e ervas, além de notas defumadas e tostadas pelo estágio de 8 meses em barricas. A textura é nervosa e tensa, com muitos sabores de frutas vermelhas ácidas na boca. Um bom exemplo de tensão, especialmente dos solos aluviais de Maipo.

 GRAN RESERVA
CHARDONNAY 2018
$$ | LEYDA | 13.5°

Das vinhas da região de Leyda, nos solos graníticos da cordilheira da Costa, 40% desse Chardonnay é cultivado por cerca de 8 meses em barricas e o restante em aço. A textura é cremosa, com notas de especiarias e de frutas brancas e notas defumadas. Um vinho frutado, muito suave, mas também muito fresco.

OUTROS VINHOS SELECIONADOS
89 | BARREL RESERVE 60/40 Cabernet Sauvignon, Merlot 2018 | Chile | 13.5° | $$
89 | GRAN RESERVA Merlot 2018 | Maipo | 13.5° | $$

Santa Luz

PROPRIETÁRIO Luis Felipe Edwards Sr. & Senhora
ENÓLOGO Nicolás Bizzarri
WEB www.lfewines.com
RECEBE VISITAS Não

Enólogo
NICOLÁS BIZZARRI

Os vinhos de Santa Luz fazem parte do portfólio da Luis Felipe Edwards, uma vinícola familiar chilena, em grande parte dedicada às exportações. As primeiras vinhas, que datam do início dos anos 1900, sua moderna vinícola e o centro de operações, estão localizados em Puquillay Alto, no coração do vale de Colchagua desde 1976. As vinhas da família Edwards alcançam 2000 hectares e estão distribuídas nos vales mais importantes da zona central do Chile. Suas várias propriedades incluem plantações a 900 metros de altura em Puquillay Alto, vinhas centenárias no Maule, plantações costeiras de clima frio em Leyda e Pumanque - Colchagua Costa - entre outras. Essa grande diversidade de vinhedos reflete-se em suas diferentes linhas de vinho. **IMPORTADORES:** BRASIL: www.superkoch.com.br | USA: www.countryvintner.com

VINHOS

94 **GRAN CORTE RED BLEND** SYRAH, C. SAUVIGNON, CARMÉNÈRE, GRENACHE, P. VERDOT, MOURVÈDRE 2015
$$$ | COLCHAGUA | 14.5°

Esta é uma seleção de algumas das mais altas vinhas na cidade de Puquillay, no vale de Colchagua, entre 600 e 900 metros, bastante alta para a média da região. Essa nova versão possui 46% Syrah, 20% Cabernet Sauvignon, 17% Carménère, 10% Garnacha e o restante de Petit Verdot e Monastrell. Comparado com a versão anterior, parece um pouco mais frio, com mais frutas vermelhas e com maior tensão, embora mantenha a mesma musculatura fibrosa dos vinhos de altura. Um delicioso vinho tinto, para beber agora ou em dois a três anos, só ganhará complexidade, enquanto a acidez aguda sentida hoje permitirá que ele continue envelhecendo.

91 **GRAN RESERVA**
SAUVIGNON BLANC 2019
$$ | LEYDA | 13.5°

Uma excelente relação qualidade-preço, sente-se nervoso e tenso em acidez. Tem sabores de frutas tropicais, tons de ervas em um corpo leve. Esse vem dos solos graníticos de Leyda, no vale de San Antonio, a cerca de 8 quilômetros do mar. O branco ideal para o aperitivo.

90 **BRUT**
CHARDONNAY, PINOT NOIR N/V
$$ | COLCHAGUA COSTA | 12.5°

Pumanque é a área mais ocidental (mais próxima do mar), onde Santa Luz tem vinhedos em Colchagua e daí vem esse 85% Chardonnay, mais 15% de Pinot que vem de Leyda, também de seus próprios vinhedos. Este Charmat tem foco em frutas e frescor. Tudo aqui é deliciosa acidez, frutas brancas e borbulhas cremosas. Para beber por garrafas.

⟨ *prova de vinhos* ⟩

 BRUT ROSÉ
PINOT NOIR, CHARDONNAY N/V
$$ | LEYDA | 12.5°

85% desse vinho é Pinot Noir que vem da zona de Leyda, no vale de San Antonio, muito perto do mar. E isso se sente no frescor e agilidade desse vinho na boca. Com um açúcar residual por litro de pouco mais de cinco gramas, a fruta parece florescer. Um vinho que é um suco de framboesa com borbulhas.

 GRAN RESERVA
CABERNET SAUVIGNON 2018
$$ | COLCHAGUA | 14°

Uma boa abordagem para a Cabernet Sauvignon, é uma amostra simples da cepa, focada em frutas vermelhas maduras ao invés de ervas. É suculento e tem textura muito macia. Esse Cabernet é proveniente de uvas compradas na área de Lolol, na região oeste de Colchagua.

 GRAN RESERVA
CARMÉNÈRE 2018
$$ | COLCHAGUA | 13.5°

Da zona de Lolol, a oeste de Colchagua, esse é um clássico Carménère. Deliciosas frutas vermelhas em um contexto de toques de ervas, muito típico da variedade. A textura é bastante leve, com uma acidez rica em um vinho simples e fácil de beber, mas com a vantagem de mostrar um lado mais fresco e frutado da variedade.

  GRAN RESERVA
CHARDONNAY 2019
$$ | CASABLANCA | 13.5°

Generoso em frutas tropicais, notas redutoras que parecem minerais, além de uma acidez fresca e viva nesse Chardonnay simples e que você bebe muito rápido. Essa é uma seleção de uvas que Santa Luz compra na região de Bajo Casablanca, muito perto do Pacífico.

 RESERVA
SAUVIGNON BLANC 2019
$ | LEYDA | 12.5°

É o vinho base de Santa Luz em Leyda e em Sauvignon Blanc, um branco delicioso e refrescante que mostra o potencial da vinícola nesses vinhedos plantados em 2005. Aqui há uma deliciosa pureza de frutas frescas, muito influenciada pelo vinho. Brisas marinhas, distantes cerca de 8 quilômetros em linha reta. Atenção aqui. Um vinho para o ceviche.

OUTROS VINHOS SELECIONADOS
- **89** | CLASSIC Pinot Noir 2019 | Vale Central | 12.5° | $
- **88** | CLASSIC RED BLEND Cabernet Sauvignon, Carménère, Syrah 2019 Vale Central | 13.5° | $
- **88** | CLASSIC Malbec 2019 | Vale Central | 13° | $
- **88** | CLASSIC Syrah 2019 | Vale Central | 13.5° | $

⟨⟨⟨----⟩⟩⟩

Santa Rita

PROPRIETÁRIO Grupo Claro
ENÓLOGO Sebastián Labbé
WEB www.santarita.com
RECEBE VISITAS Sim

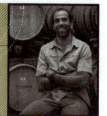
Enólogo
SEBASTIÁN LABBÉ

Fundada em 1880 em Alto Jahuel, aos pés da cordilheira, Santa Rita é das vinícolas clássicas do Chile e das maiores em termos de produção. É além disso a vinícola mãe do Grupo Santa Rita, um grupo de várias filiais: Carmen, Nativa, Terra Andina e a argentina Doña Paula, cada uma gerenciada de forma independente. De sua localização privilegiada em Alto Maipo produz alguns dos melhores Cabernet Sauvignon do país, sendo o mais destacado Casa Real Reserva Especial, um tinto histórico da cena nacional e que nasce de vinhas plantadas nos anos 70. Algumas das linhas mais conhecidas do extenso portfólio de Santa Rita são Medalla Real, Casa Real, a premium Floresta e os rótulos top Pehuén e Triple C. **IMPORTADORES:** BRASIL: www.santarita.cl | USA: www.delicato.com

VINHOS

 **PEWËN DE APALTA**
CARMÉNÈRE 2018
$$$$$ | APALTA | 14°

A família Quijada possui videiras de Carménère muito antigas na área de Apalta, no vale de Colchagua. Os Quijada têm contrato de venda de uvas com Santa Rita desde os anos 1990. Desde 2004, esses frutos vão para Pewen, o principal Carménère da casa. No entanto, o estilo dessas frutas mudou muito, principalmente desde a safra de 2017, quando o enólogo Sebastián Labbé decidiu avançar as safras e, basicamente, deixou de temer as notas de ervas da variedade. Aqui estão essas notas de ervas (as mesmas que talvez dez anos atrás teriam assustado muitos) acompanhadas de frutas vermelhas e de especiarias em um vinho tenso, de acidez incomumente crocante, tão generoso em frutas e ao mesmo tempo tão profundo.

 **CASA REAL RESERVA ESPECIAL**
CABERNET SAUVIGNON 2017
$$$$$ | MAIPO | 14.2°

Esse é o primeiro Casa Real 100% feito por Sebastián Labbé, que assumiu a direção técnica de Santa Rita em janeiro de 2017. Segundo Labbé, uma grande mudança não foi aqui na data da colheita (avanço normal em um ano quente), muito menos na barrica nova, que foi reduzida em 20%, mas mais importante se dá na extração, que nessa safra foi muito mais suave e isso na estrutura é firme, tensa, com notas suculentas e de frutas vermelhas, mas principalmente em taninos que deslizam pelo palato como agulhas, finas e afiadas. O vinho tem camadas de sabores, as primeiras são frutadas, depois vem as ervas e depois as especiarias. Uma mudança importante no estilo, para um lado mais sutil. Esse Casa Real é 100 Cabernet Sauvignon que vem da vinha Carnero Viejo, plantado há 50 anos, são apenas solos arenosos em Alto Jahuel, no Maipo Andino.

 *< prova de **vinhos** >*

95 FLORESTA
CABERNET SAUVIGNON 2018
$$$$ | MAIPO | 14°

Essa é uma seleção das vinhas mais antigas plantadas nas colinas de Alto Jahuel, uma espécie de segundo estágio da história de Santa Rita nessa área, depois das primeiras e históricas vinhas em solos arenosos nos planos de propriedade. O vinho mostra uma nova ideia de Alto Jahuel, uma área bastante quente dentro da nova lógica de Alto Maipo. E esse clima oferece vinhos de frutas maduras e profundas. Aqui também há isso, mas há um maior frescor aqui, uma ênfase maior em ervas e nas frutas vermelhas e também na acidez. É um vinho fresco e alegre, com uma visão luminosa de Alto Jahuel, terra de grandes clássicos em Cabernet, como Gold Reserve ou Casa Real, da própria Santa Rita.

95 FLORESTA
CHARDONNAY 2019
$$$$ | LIMARÍ | 13.1°

Santa Rita tem vinhedos na margem sul do rio Limarí, plantada há mais de 20 anos. Os solos dessas vinhas são aluviais, com traços de calcário e essa influência é sentida em seus vinhos, principalmente em Chardonnay. Esse Floresta vem de uma seleção de solos ricos em cal da propriedade Santa Rita em Limarí. Seus cachos são prensados diretamente, a fermentação ocorre em barricas por 8 meses, um quinto de barricas novas. Este vinho tem sal na boca, uma mineralidade salina projetada em todas as direções e que ajuda a dar complexidade aos sabores das frutas. A textura é firme, vertical, um vinho que se expande gradualmente até ocupar toda a boca. Coloquem esse vinho entre os melhores Chardonnay do Chile.

95 TRIPLE C
CABERNET FRANC, CABERNET SAUVIGNON, CARMÉNÈRE 2016
$$$$$ | MAIPO | 14°

A primeira safra desse vinho foi em 1997 e desde então tem variado muito em estilo. Desde o início, quando era um vinho tinto corpulento e super concentrado até agora, que está mais ao lado da elegância e da suavidade. Mas, sempre teve as mesmas tensões, com a Cabernet Franc como ator principal. Esse ano, a mistura possui 70% de Cabernet Sauvignon, 20% de Cabernet Sauvignon e o restante de Carménère, todos de terraços aluviais de plantas de cerca de 35 anos na área de Alto Jahuel, exceto o Carménère, que vem de vinhas muito antigas da região no vale do Apalta. Esse vinho tem um equilíbrio, tudo aparece em seu lugar, os aromas de frutas negras, de especiarias e principalmente de ervas, que tomam conta do nariz e da boca. Um vinho elegante, com grande potencial de guarda.

Santa Rita

MEDALLA REAL GRAN RESERVA
CARMÉNÈRE 2018
$$ | COLCHAGUA | 14.3°

Esta é uma mistura de diferentes Carménère que Santa Rita tem no vale de Colchagua, das vinhas antigas em Apalta até as vinhas mais jovens em Marchigüe, a oeste do vale. Esse tinto tem muito a ver com a nova onda de Carménère hoje produzida no Chile, focada em frescor de frutas e também nas notas de ervas típicas da variedade. Esse Carménère é brilhante em frescor, suculento e tenso ao mesmo tempo. Floresta, de Santa Rita, foi pioneira nessa nova visão da variedade. Esse é um filho direto desse vinho.

MEDALLA REAL GRAN RESERVA
CHARDONNAY 2019
$$ | LIMARÍ | 13.8°

Esse Chardonnay vem de vinhedos próprios na área de Limarí, plantadas no início de 2000 em solos aluviais com depósitos de cal. Como de costume na área, esse Chardonnay possui notas salinas que acompanham uma acidez aguda e vertical. O vinho parece firme, de muito bom corpo, com frutas brancas maduras, mas todos cruzados, influenciados por essa salinidade, como sal na salada e ver como muda. Esse é o efeito.

MEDALLA REAL GRAN RESERVA
SYRAH 2018
$$ | LIMARÍ | 14.5°

Na margem sul do rio Limarí, em solos aluviais, ricos em cascalho e também com traços de calcário, esse Syrah tem uma personalidade muito particular. Antes da fruta, aparecem ervas e os toques típicos de cinzas que são tão comuns nessa área. O vinho estagia cerca de doze meses em barricas, 20% novas. A boca tem muita aderência, com taninos ferozes que precisam de carne.

BOUGAINVILLE
PETITE SIRAH 2017
$$$$ | MAIPO | 14.5°

A safra de 2017 era quente no Vale Central e isso se sente nesse vinho. As notas de frutas negras, cristalizadas, nozes e especiarias. Na boca, é grande, com taninos poderosos, mas ao mesmo tempo domesticado pelo álcool. O vinho cheira a especiarias e a café. Um estilo da velha escola, daqueles feitos no Chile há uma década.

FLORESTA
CABERNET FRANC 2018
$$$$ | COLCHAGUA | 13.5°

Santa Rita tem cerca de 550 hectares de vinhedos na área de Pumanque, a oeste de Colchagua, onde um quarto dessa área corresponde ao Cabernet Franc. Com uma seleção desses quartéis, esse Floresta é produzido, um Cabernet Franc focado em aromas de ervas e de tabaco, em um corpo firme e tenso, mas também com uma madurez acentuada.

‹ *prova de **vinhos*** ›

MEDALLA REAL GRAN RESERVA
SAUVIGNON BLANC 2019
$$ | LEYDA | 12.5°

Das vinhas mais antigas de Leyda, plantadas há cerca de 20 anos na cordilheira da Costa, no vale de San Antonio, há cerca de seis meses de estágio em aço com suas borras, o que oferece um aroma extra, complexidade aromática com toques de padaria que combinam com frutas e ervas. O corpo é leve, mas com intensa acidez.

FLORESTA FIELD BLEND BLANCO SÉMILLON, S. VERT, MOSCATEL DE ALEJANDRÍA, TORONTEL, CORINTO 2019
$$$$ | APALTA | 12.7°

Trata-se de uma mistura de campo, um field blend que representa o que há em um vinhedo muito antigo, com mais de 80 anos, na área de Apalta. Todas as uvas são colhidas ao mesmo tempo e cofermentadas e depois deixadas com as cascas por cerca de 8 meses. Esse vinho tem força, tem poder e textura áspera, acompanhado por uma acidez firme, que refresca tudo em seu caminho.

MEDALLA REAL GRAN RESERVA
CABERNET SAUVIGNON 2017
$$ | MAIPO | 14.2°

100% das vinhas do Alto Jahuel, ao redor da vinícola Santa Rita, em Alto Maipo, esse Cabernet tem um forte acento nas frutas vermelhas maduras e nas ervas, mas também com toques defumados, que podem ser o produto dos incêndios que atingiram o vale Central em 2017. Isso é complementado por muitos sabores de frutas em um corpo de taninos firmes e muito suculentos.

SanV Wines

PROPRIETÁRIO Jorge Selume
ENÓLOGO Felipe Ortiz
WEB www.sanvicentewinery.com
RECEBE VISITAS Não

Proprietário
JORGE SELUME

Os vinhos San V vêm do vale do Maule e devem seu nome ao seu lugar de origem: o fundo San Vicente, com parras de 60 anos de idade. O terreno é atravessado pelo rio Lircay, o que lhe outorga distintos perfis de solo. San V é parte do Donoso Group, empresa com diversos projetos no vale do Maule, como Casa Donoso e Sucesor. 🍷

VINHOS

SANV WINES CHUNGARÁ GRAN RESERVA
SAUVIGNON BLANC 2019
$$ | MAULE | 13°

SanV Wines obtém as uvas para esse Sauvignon de vinhas de 25 anos na área do Lago Colbun, na Cordilheira do Maule. Esse é o Clone 1, o primeiro material clonal de Sauvignon que chegou ao Chile no início dos anos 1990 e é caracterizado por sua acidez dura e sabores bastante austeros. O enólogo Felipe Ortiz opta por colher as uvas posteriormente, para obter

SanV Wines

maior voluptuosidade. Dessa forma, além disso, disfarça algo do caráter do clone e obtém um Sauvignon cremoso, mas ao mesmo tempo com uma tremenda acidez e notas cítricas responsáveis por sublinhar esse frescor.

 SANV WINES CHUNGARÁ GRAN RESERVA
CABERNET SAUVIGNON 2018
$$ | MAULE | 13.5°

Um Cabernet de aromas tensos e de frutas vermelhas, em meio a notas ricas de ervas e de especiarias. Esse Cabernet tem uma estrutura firme, construída a partir de taninos severos, mas ao mesmo tempo amável. Um vinho para bife, veio de duas vinhas no Maule, uma na área de Loncomilla, em solos de granito e a outra na área de Talca, em solos argilosos. As videiras têm cerca de 30 anos.

 SANV WINES CHUNGARÁ GRAN RESERVA
CARMÉNÈRE 2018
$$ | MAULE | 13.5°

Para esse Carménère, o enólogo Felipe Ortíz utiliza frutas de dois vinhedos, um em Talca que dá mais frutas maduras e notas especiadas e outro em Loncomilla, com solos de granito, que dá mais frutas vermelhas e a maior tensão. Aqui parece que 50% da mistura rege, pois esse Carménère possui muitas frutas vermelhas em um corpo tenso, com acidez muito rica. 70% desse vinho estagia em barricas usadas por cerca de doze meses.

 SANV WINES VIENTO TERRAL
C. SAUVIGNON, CARMÉNÈRE, MALBEC, C. FRANC 2017
$$$$ | MAULE | 13.5°

Viento Terral é uma seleção de videiras plantadas nos anos 1980 na propriedade oriental, onde está localizada a vinícola Casa Donoso. O vinho estagia em barricas velhas por um ano e o resultado é um vinho tinto (à base de Cabernet) que segue o estilo da casa, com um equilíbrio suculento, de taninos muito gentis e polidos. Os sabores são maduros e redondos. Um vinho sem arestas, pronto para se beber agora.

 SANV WINES GEISER TATIO
SAUVIGNON BLANC 2019
$$ | MAULE | 13°

De vinhedos de cerca de 20 anos na área pré-montanhosa do Maule, esse é fermentado e estagiado em aço. Tem um nervo delicioso, produto de uma acidez firme, que não deixa o vinho até o final do paladar. O corpo é leve, com sabores de frutas cítricas e de ervas em um vinho refrescante e pronto para beber agora no verão.

 SANV WINES CHUNGARÁ GRAN RESERVA
MALBEC 2018
$$ | MAULE | 13.5°

As frutas vermelhas das vinhas plantadas em granitos em Loncomilla parecem muito claras nesse Malbec perfumado e suculento. A acidez mantém a tensão e os toques de violeta são sentidos. Um vinho fácil de beber, mas ao mesmo tempo com uma boa estrutura de taninos, como sanduíche de pernil.

‹ prova de *vinhos* ›

90 SANV WINES GEISER TATIO
CARMÉNÈRE 2018
$$ | MAULE | 13.5°

Um Carménère muito claro em seu caráter varietal. Possui aromas de ervas e frutas, com intensidade semelhante, enquanto na boca apresenta uma presença muito boa de acidez e de taninos que picam a língua. Um tinto simples, mas muito equilibrado, proveniente de vinhedos de cerca de 20 anos, plantados na área de Talca e também em Loncomilla, ambos na área do Maule.

OUTRO VINHO SELECIONADO
89 | SANV WINES GEISER TATIO Cabernet Sauvignon 2018 | Maule | 13° | $$

Seña

PROPRIETÁRIO Eduardo Chadwick
ENÓLOGO Francisco Baettig
WEB www.sena.cl
RECEBE VISITAS Não

Proprietário
EDUARDO CHADWICK

Seña é um dos vinhos ícones de Errázuriz. Começou na safra 1995 sendo uma sociedade entre Eduardo Chadwick, seu presidente, e o famoso produtor californiano Robert Mondavi. Por volta de sua primeira década foram feitas várias mudanças. A propriedade passou 100% para as mãos de Errázuriz, o vinho começou a se centrar em uvas do vinhedo de Ocoa - antes era de Panquehue - e adotaram a viticultura biodinâmica, que considera o equilíbrio dos solos e a influência dos astros. O enólogo desta mescla tinta é Francisco Baettig, que nos últimos anos encaminhou para um perfil de maior frescor. A produção anual de Seña é de 60.000 garrafas.

VINHOS

97 SEÑA
C. SAUVIGNON, MALBEC, CARMÉNÈRE, C. FRANC, P. VERDOT 2017
$$$$$ | ACONCAGUA | 13.5°

Seña é produzido desde a safra 1995, quando a ideia de fazer vinhos icônicos no Chile era uma ideia crua. Apesar da ideia ter permanecido e ter sido bem-sucedida, o estilo de Seña mudou muito ao longo do tempo. A mudança mais radical foi em 2016, que coincidiu com um ano frio em que frutas vermelhas frescas e acidez estavam na mão. O desafio nesse 2017, muito mais quente, foi dar espaço ao frescor. E isso foi possível porque o calor da colheita, em vez de se traduzir em aromas e sabores quentes e doces, resultou em uma estrutura mais firme, apoiando o palato médio, dando mais solidez, em uma excelente versão desse vinho. A mistura de Seña desse ano tem 52% de Cabernet Sauvignon, 15% de Malbec, 15% de Carménère, 10% de Cabernet Franc e o resto de Petit Verdot.

«««----»»»

Sideways

PROPRIETÁRIO Via Wines
ENÓLOGO Carlos Gatica
WEB www.sideways-wines.com
RECEBE VISITAS *Não*

Enólogo
CARLOS GATICA

Sideways é o famoso filme que, em 2004, causou uma pequena revolução no mundo do vinho, elogiando a Pinot Noir e não deixando a Merlot tão bem. Naqueles anos, foi uma controvérsia. Hoje é história, mas ainda é um tópico. Sideways, antes de virar filme, foi um romance escrito por Rex Pickett, que visitou o Chile há alguns anos e encantado com a paisagem, desejou fazer um vinho. Via Wines estava entusiasmada com a ideia e foi aí que nasceu esse Pinot do vale de Casablanca. **IMPORTADORES:** BRASIL: www.paodeacucar.com | USA: www.totalbeveragesolution.com

VINHOS

 REX PICKETT SIGNATURE SERIES SIDEWAYS
PINOT NOIR 2016
$$$ | CASABLANCA | 13.5°

Da área de Tapihue, no vale de Casablanca, esse é um Pinot suculento e simples. Estagia em barricas por um ano, aqui você sente as notas de especiarias e a madurez dos sabores das frutas. É macio, cremoso e simples.

Siegel Family Wines

PROPRIETÁRIO Alberto Siegel D.
ENÓLOGA Fabiola Calderón
WEB www.siegelvinos.com
RECEBE VISITAS *Sim*

Proprietário
ALBERTO SIEGEL

Siegel é uma da vinícolas de Colchagua que começaram a direcionar seu vinhos para maior frescor e facilidade de beber, desafiando o estilo de tintos voluptuosos que dominou o vale por muito anos. A vinícola foi fundada em 1998 pelo broker Alberto Siegel, que estava há muito tempo produzindo uvas até que decidiu em conjunto com sua família elaborar seus próprios vinhos. Têm cerca de 700 hectares de vinhedos, repartidos em setores característicos de Colchagua, como Los Lingues, Peralillo e Palmilla. O catálogo de Siegel começa com as linhas Crucero e Special Reserve, com leque de variedades. Continua com os Single Vineyard, que conta com Cabernet Sauvignon e um Carménère. E culmina com a mescla tinta Unique, o ícone da casa. A equipe enológica é composta da enóloga Fabiola Calderón e o assessor - oriundo de Bordeaux - Didier Debono.
IMPORTADORES: BRASIL: www.uainegroup.com.br | USA: www.kysela.com

*< prova de **vinhos** >*

VINHOS

94 KETRAN CORDÓN DE FUEGO
CABERNET FRANC, CARMÉNÈRE, PETIT VERDOT, SYRAH 2015
$$$$$ | COLCHAGUA | 14.5°

Essa já é a terceira safra de Ketran, o melhor vinho da família Siegel nas encostas de Los Lingues, na região de Colchagua Andes. Esse ano, o mix tem 35% de Syrah, 30% de Petit Verdot, 25% de Carménère e 10% de Cabernet Franc, todos provenientes de vinhedos plantados em 2007. O vinho estagia em barris de 600 litros e mostra uma concentração de importantes sabores de frutas, mas nunca para incomodar o paladar, mas acompanhado por uma acidez muito boa e taninos firmes e severos. Ainda jovem, ele precisa de pelo menos três anos em garrafa.

93 BRUT NATURE
CHARDONNAY, PINOT NOIR 2016
$ | ITATA | 12.5°

No vale de Itata, há uma certa tendência a produzir vinhos espumantes, principalmente com Moscatel, que abundam nas colinas da região. No entanto, até agora não tínhamos experimentado um espumante, digamos, mais clássico. Esse possui 95% de Chardonnay e o restante de Pinot Noir e é elaborado pelo método tradicional de segunda fermentação em garrafas, com dois anos de guarda com as leveduras. O resultado é um vinho de grande firmeza e austeridade, os aromas das frutas são misturados com toques minerais em um corpo poderoso, de borbulhas que picam como agulhas e uma acidez tensa. Parece muito jovem. Compre algumas garrafas e comece a abri-las entre dois e três anos.

93 SIEGEL NARANJO
VIOGNIER 2018
$$ | COLCHAGUA | 12.5°

Essa é a primeira versão desse vinho, um Viognier que vem de videiras plantadas na área de Peralillo, no coração do vale de Colchagua. Daquele vinhedo, Siegel obtém um Viognier muito bom e amável, mas também esse laranja, que tem cerca de 30 dias de contato com as borras, o que lhe confere essa tonalidade, mas que também contribuiu para lhe proporcionar uma adorável paleta de aromas e de sabores de frutas e de especiarias. Um vinho de textura rica, nervoso, tenso e com aqueles sabores de damasco que invadem o paladar em um vinho muito fácil de beber, muito rico e fresco. Em um mundo de laranjas muito difíceis de beber, esse aporta amabilidade.

93 UNIQUE SELECTION
CABERNET SAUVIGNON, CARMÉNÈRE, SYRAH 2016
$$$$ | COLCHAGUA | 14.5°

Baseado em Cabernet Sauvignon, é uma mistura das vinhas de Siegel na área de Los Lingues, no sopé da cordilheira dos Andes, no que é conhecido como Colchagua Andes. O vinho permanece em barricas entre 14 e 16 meses. A fruta aparece madura e exuberante nesse tinto grande, largo, de grande concentração, mas ao mesmo tempo em taninos que - embora precisem de tempo na garrafa - já apresentam alguma redondeza. Para guardar.

92 GRAN RESERVA
SAUVIGNON BLANC 2019
$$ | LEYDA | 14°

Siegel compra uvas para esse vinho na área de Leyda, no vale de San Anto-

Siegel Family Wines

nio, um Sauvignon fresco e leve, com ênfase nas frutas brancas maduras e uma acidez suculenta, mas ao mesmo tempo muito amável. Para se beber no verão, fazer um lanche ou com camarões.

92 | SINGLE VINEYARD LOS LINGUES
CARMÉNÈRE 2017
$$$ | COLCHAGUA ANDES | 14°

A linha Single Vineyard é um resumo das vinhas de Siegel em Los Lingues, no setor andino de Colchagua. Esse vinhedo começou a ser plantado em 2007 e esse Carménère vem daqueles vinhedos em solos argilosos que retêm a umidade, algo que o sempre querido Carménère gosta. Aqui a expressão da cepa é clara. Aromas de ervas e vegetais combinam com frutas vermelhas em um corpo suculento muito profundo, com taninos muito suaves e toques de ervas que se projetam até o fim. Uma foto da variedade.

92 | SINGLE VINEYARD LOS LINGUES
PETIT VERDOT 2017
$$$ | COLCHAGUA | 14.5°

A Petit Verdot da vinha de Los Lingues é plantada numa encosta que olha para o sol da tarde, o que lhe permite amadurecer sem problemas e também moderar a intensidade de seus taninos, tornando esse Petit num exemplo muito mais gentil e suculento do que o que a cepa geralmente dá. Mesmo assim, a linha Single Vineyard é a que apresenta maior tensão de taninos, com muito mais aderência do que as demais. E a fruta é vermelha, radiante em frescor em um vinho que precisa de tempo na garrafa, mas agora, devido à energia de sua fruta, está irresistível.

91 | 1234 RED BLEND RESERVA
SYRAH, CARMÉNÈRE, PETIT VERDOT, CABERNET FRANC 2018
$$ | COLCHAGUA | 14°

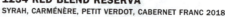

Essa mescla é baseada em Syrah em 50%, 30% de Carménère, Petit Verdot em 10% e Cabernet Franc em 10%. No início, a madeira (dez meses em barricas usadas) tende a ser o protagonista, mas as frutas e especiarias sobem ao palco em um vinho muito suculento e de boa acidez, mas ao mesmo tempo com taninos muito suaves e redondos. Para a pizza.

91 | GRAN RESERVA
CARMÉNÈRE 2018
$$ | COLCHAGUA | 14°

Da área de Los Lingues, no Colchagua andino, esse Carménère se beneficia do clima mais frio em comparação ao do centro de Colchagua, cuja a colheita de Carménère pode ocorrer até duas semanas antes. Esse é um Carménère despido, delicioso em sabores de ervas e com uma textura tão macia que é como acariciasse o paladar. É fácil de beber, amável, acessível e com um final que insiste no lado herbáceo.

91 **| SINGLE VINEYARD LOS LINGUES**
CABERNET SAUVIGNON 2017
$$$ | COLCHAGUA | 14°

Los Lingues têm uma aptidão muito boa para a Carménère, mas também para a Cabernet Sauvignon. E essa vinha, plantada em solos argilosos e de limo, nas partes centrais das encostas. Aqui há muitas frutas frescas e ver-

‹ prova de *vinhos* ›

melhas, com toques de especiarias e de ervas, mas principalmente de frutas. É um tinto suculento, de profundidade muito boa e acidez rica. Optem por acompanhá-lo com um ensopado.

 GRAN RESERVA
CABERNET SAUVIGNON 2018
$$ | COLCHAGUA | 14°

Muito em sintonia com a linha Gran Reserva, esse tem foco nas frutas vermelhas frescas no meio de um corpo muito macio e suculento. Não há arestas nesse vinho, tudo parece fluir graças a taninos muito polidos e elegantes e a muitos sabores de frutas.

 GRAN RESERVA
SYRAH 2018
$$ | COLCHAGUA | 14°

Esse Syrah vem das colinas de Los Lingues, nas áreas mais altas e mais pobres da propriedade de Siegel, na área andina de Colchagua. Apresenta taninos muito macios e muito polidos e está rodeado por deliciosos sabores de frutas vermelhas e uma acidez muito amável e refrescante.

 GRAN RESERVA
VIOGNIER 2019
$$ | COLCHAGUA | 14.5°

Da zona de Peralillo, no meio do vale de Colchagua, esse Viognier parece se beneficiar do clima quente do lugar, oferecendo notas de frutas maduras, de especiarias e de flores. O corpo é redondo e amável, com uma leve acidez que apoia esse frescor.

ROSÉ CINSAULT
CINSAULT 2019
$$ | COLCHAGUA ANDES | 12.5°

Siegel plantou 0,4 hectare de Cinsault em sua propriedade em Los Lingues em 2014. Não é comum ver essa variedade fora das fronteiras de Itata, no sul do Chile. E aqui, na forma de rosé, oferece suas clássicas frutas vermelhas frescas e suculentas em um vinho leve e muito amável. Para se beber muito fresco no verão.

 UBER CUVÉE
CABERNET SAUVIGNON 2018
$$ | COLCHAGUA | 13.5°

85% desse vinho é Cabernet Sauvignon e vem da área de Los Lingues, em Alto Colchagua, em direção aos Andes, enquanto o restante é de Syrah da área de Peralillo, no meio do vale. Apresenta notas frutadas, doces e amáveis em um tinto suculento, muito fácil de beber, com notas de madeira e de ervas.

OUTROS VINHOS SELECIONADOS

88 | HANDPICKED RESERVA Carménère 2018 | Colchagua | 13.5° | $
88 | HANDPICKED RESERVA Sauvignon Blanc 2019 | Curicó | 13.5° | $
87 | HANDPICKED RESERVA Syrah 2018 | Colchagua | 13.5° | $
86 | HANDPICKED RESERVA Cabernet Sauvignon 2018 | Colchagua | 13.5° | $

Sierras de Bellavista

PROPRIETÁRIOS Jacques Ergas & Camilo Rahmer
ENÓLOGO Camilo Rahmer
WEB www.vinasierrasdebellavista.com
RECEBE VISITAS Não

Proprietário & enólogo
CAMILO RAHMER

Aos 1.100 metros de altura, no meio de florestas e montanhas na paisagem exuberante dos Andes, onde os imigrantes italianos se estabeleceram em meados do século passado, hoje existe a ideia - ainda muito incipiente - de que a área não é apenas para férias de verão em um ambiente calmo como poucos, mas também pode abrir um novo caminho no vinho de Colchagua, embora esse lugar não tenha muito a ver com esse vale. Lá Jacques Ergas e Camilo Rahmer decidiram abrir essa nova fronteira. Hoje eles têm 4,5 hectares, dos quais apenas 1,5 está em produção. E isso é muito pouco. No total, hoje produzem cinco mil garrafas.

VINHOS

94 **SIERRAS DE BELLAVISTA**
RIESLING 2019
$$$$ | COLCHAGUA ANDES | 11.5°

Seja paciente aqui. Esse vinho tem uma acidez muito alta e aromas muito tímidos no início. Depois de alguns minutos, no entanto, essa acidez permanece a mesma - como é óbvio -, mas os aromas chegaram a um estágio mais exuberante e agora mostram notas de maçãs e de especiarias, além de toques minerais em um vinho que, tanto no nariz quanto na boca, muda constantemente. E a boca é uma flecha de acidez, uma espécie de estrutura ácida a partir da qual todas essas frutas e notas minerais são exibidas. Esse vem de uma vinha plantada em 2011 a cerca de 1.200 metros de altura, em Serras de Bellavista.

Spumante del Limarí

PROPRIETÁRIO Rafael Guilisasti
ENÓLOGO Carlo Franchini
WEB www.azur.cl
RECEBE VISITAS Não

Enólogo
CARLO FRANCHINI

Spumante del Limarí é o projeto de Rafael Guilisasti e dos sócios italianos, Fabio Mascialino e Stefano Rossi. Como já podem adivinhar pelo nome, isto se trata de borbulhas, todas de 18 hectares plantados no Vale do Encanto, sobre os solos de argilas, pedras e cal do Limarí, a 30 quilômetros do Pacífico. As cepas eleitas são Chardonnay, com seis hectares, e Pinot Noir, com 12, este último é a base de seu vinho top Azur, que tem 70% da cepa. A produção atual está em 40 mil garrafas, mas a ideia é chegar a 60 mil, em três vinhos. Azur, e dois Gemma, um brut e o outro é rosado, tudo em método tradicional de segunda fermentação em garrafa.

‹ *prova de* **vinhos** ›

VINHOS

AZUR BRUT
PINOT NOIR, CHARDONNAY N/V
$$$$ | LIMARÍ | 12°

Os vinhedos para esse Azur estão localizados a cerca de 28 quilômetros do oceano Pacífico, no vale de Limarí e Spumante del Limarí aproveita essa influência fria para produzir vinhos ricos em frescor. Possui 70% de Pinot Noir e 30% de Chardonnay e é cultivada por três anos em suas borras, o que é sentida aqui nos toques de padaria que se misturam com os sabores de frutas e com ligeiro dulçor que serve como conector. A borbulha é suave e envolvente em um brutal que é o melhor que o Chile produz atualmente.

GEMMA BRUT ROSÉ
PINOT NOIR, CHARDONNAY N/V
$$$ | LIMARÍ | 12°

Trata-se de uma mistura de 80% de Pinot Noir e 20% Chardonnay e é cultivada em suas borras por dois anos antes do engarrafamento. É um vinho delicioso em suas frutas vermelhas ácidas, mas o mais delicioso são as borbulhas macias e cremosas que invadem todo o paladar, com uma acidez pulsante. Um daqueles rosados que não se podem parar de beber no verão, na piscina ou como aperitivo em uma noite quente. Escolham camarão grelhado para escoltá-lo.

GEMMA BRUT
CHARDONNAY, PINOT NOIR N/V
$$$ | LIMARÍ | 12°

Com cerca de dois anos de contato com suas borras, essa mescla de Chardonnay e de Pinot Noir tem um lado de padaria que caracteriza os vinhos de guardas prolongadas feitos pelo método tradicional de segunda fermentação garrafa, mas o que domina aqui são as frutas brancas frescas em um vinho com textura cremosa, bolhas suaves e amáveis.

Sucesor Wines

PROPRIETÁRIO Jorge Selume
ENÓLOGO Felipe Ortiz
WEB www.sucesorwines.com
RECEBE VISITAS *Sim*

Enólogo
FELIPE ORTIZ

Sucesor é parte do Donoso Group, vinícola com vários projetos no vale do Maule, como Casa Donoso e San V. Esses são seus vinhos mais inovadores, onde o enólogo, Felipe Ortiz, é livre para desenvolver linhas que se distanciam do caráter clássico das outras marcas da empresa. Aqui, por exemplo, vinificam a cepa Romano (Cesar Noir), uma variedade esquecida que pouco a pouco começa a ser resgatada. Souberam que estava entre seus vinhedos graças a Jean Michel Boursiquot, o mesmo ampelógrafo francês que descobriu a Carménère no Chile. **IMPORTADORES:** BRASIL: www.uainegroup.com.br | USA: www.theimportedgrape.com

Sucesor Wines

VINHOS

SUCESOR
CESAR NOIR 2019
$$$$ | MAULE | 13.5°

Cesar Noir ou Romano costumava dar estrutura ao Pinot Noir do norte da Borgonha, em Chablis, em anos de pouca concentração. Durante séculos (e pelas mudanças climáticas que aconteceram), parou de se ouvir sobre essa variedade, até que muito recentemente foi encontrada no Chile. E tem dado resultados muito bons, especialmente sob o sol do vale central. Sucessor é uma vinícola que colocou o foco nela e é a primeira vez que oferece um vinho 100% da variedade. E o vinho é delicioso. Frutas vermelhas puras, cheio de ervas e de exuberância. A boca é pura fruta vermelha, mas também taninos importantes que pinicam a língua, que se agarram na boca. "Esse vinho é ideal para fraldinha", diz o enólogo Felipe Ortiz.

SUCESOR BLUE
CARIGNAN, CABERNET SAUVIGNON, CABERNET FRANC 2015
$$$$ | MAULE | 13.5°

Este **Blue** possui 65% de videiras plantadas há mais de 70 anos na área de Loncomilla, no vale do Maule. O vinho estagia em barricas usadas por cerca de 18 meses e 10% do volume em ânforas de barro espanholas de terceiro uso. Há especiarias e flores nesse vinho, mas especialmente frutas azuis e vermelhas maduras em um tinto que tem força suficiente na boca para costeletas de cordeiro grelhadas.

SUCESOR RED
CARMÉNÈRE, MALBEC 2016
$$$$ | MAULE | 13.5°

Com 80% de Carménère e 20% de Malbec, todos provenientes de vinhedos da região de Loncomilla, plantados em solos de granito. O vinho estagia em barricas usadas e 10% em ânforas de barro de três usos. O vinho parece amplo, provavelmente mais untuoso do que os vinhos que geralmente vêm da região, mas os sabores são profundos, há notas de ervas e de especiarias, mas especialmente aquelas frutas maduras que se expandem no palato, em todas as direções.

SUCESOR
PORTUGAIS BLEU 2019
$$$$ | MAULE | 13°

Esse Portugais Bleu vem diversificar o catálogo de Sucesor. De vinhas de 20 anos plantadas no Maule, essa variedade - relacionada a viticultura germânica - oferece aqui um tinto muito perfumado, com aromas intensos de frutas vermelhas. A boca é dominada por taninos selvagens, que precisam de vários anos em garrafa para se acalmar e oferecer complexidade. Um trabalho em andamento, com uma cepa que pouco ou nada se produz no Chile.

SUCESOR ROSÉ
ROMANO 2019
$$$$ | MAULE | 13°

Romano (ou César Noir) é uma variedade antiga de Chablis, do norte da Borgonha, redescoberta pela Casa Donoso em suas vinhas de La Oriental, no vale do Maule. Esse rosé tem 4 meses de barricas usadas e é um vinho

‹ prova de **vinhos** ›

de cor intensa, com notas frutadas e de ervas. Na boca, é leve e refrescante. 2% de Chardonnay e outros 2% de Sauvignon Blanc foram adicionados para acentuar frescor e fornecer resultados em um vinho para se beber no verão.

Sutil

PROPRIETÁRIO Juan Sutil Servoin
ENÓLOGO Camilo Viani Barbagelata
WEB www.sutil.cl
RECEBE VISITAS *Sim*

Enólogo
CAMILO VIANI BARBAGELATA

Propriedade do empresário **Juan Sutil,** dono de diversos empreendimentos no ramo agrícola, a primeira safra dessa vinícola de Colchagua foi a de 2000. Em 2011 compram a Geo Wines, criada pelo enólogo Álvaro Espinoza, o que lhes permitiu adicionar ao seu catálogo seus vinhos, entre eles Chono. Hoje tem diversas origens: Colchagua, Maipo, Maule e Limarí. Sua produção total anual é de três milhões de garrafas.

VINHOS

93 | **LIMITED RELEASE**
CHARDONNAY 2018
$$$ | ITATA | 14°

Esse Chardonnay tem profundidade e, acima de tudo, madurez, uma madurez cremosa que é acompanhada por uma acidez viva e que ajuda a fruta a se sentir mais profunda. Esse Chardonnay vem de vinhedos plantados por volta de 1992 na margem norte do rio Larqui, no vale de Itata. Uma amostra do potencial e um exemplo de que Itata às vezes pode ser mais do que Cinsault ou Moscatel.

92 | **GRAND RESERVE**
CARIÑENA, GARNACHA 2018
$$ | CAUQUENES | 13°

Cauquenes em particular e Maule em geral têm um prestígio muito merecido com Cariñena, especialmente por sua grande herança de vinhas antigas que abundam por lá. No entanto, a idade das vinhas não é o único argumento para o Maule ser um excelente terroir para a cepa. Há o sol, o calor e os solos de granito que as Carignan parecem gostar e eles dão bons vinhos, mesmo quando se trata de videiras jovens. Veja este exemplo, de vinhas de Cariñena plantadas em 2005 na margem sul do rio Cauquenes. Esse é um suco delicioso, para beber sem parar no verão. Puro frescor.

92 | **LIMITED RELEASE**
CABERNET SAUVIGNON 2017
$$$ | MAIPO ANDES | 14°

Da área de Catemito, no vale do Maipo, esse é um clássico Cabernet Sauvignon 100% da região, as notas mentoladas que são misturadas com as frutas vermelhas em uma textura muito fina, de taninos muito polidos, que servem de suporte para que as frutas suculentas se mostrem. Um vinho muito sutil, muito elegante e equilibrado.

Sutil

LIMITED RELEASE
CINSAULT 2018
$$$ | ITATA | 14°

Um exemplo de como a Cinsault pode ser encantadora quando tratada com cuidado, é uma cascata de sabores de frutas. Fresco, vermelho, intenso e de verão. A boca é suave, leve, com uma acidez gentil que dá brilho aos sabores de cerejas e um final fresco e nítido de frutas. Um desses vinhos que não se para de beber. Esse vem de vinhedos de cerca de 26 anos, plantados nos solos de granito de Itata.

CHONO SINGLE VINEYARD
SAUVIGNON BLANC 2019
$$ | LEYDA | 13.5°

Sutil obtém as uvas para este Sauvignon da vinha de San Andrés de Huinca, em Leyda, a cerca de 13 quilômetros do mar. A influência do mar é clara nesse branco, os aromas brancos de ervas, as notas cítricas e, acima de tudo, na deliciosa acidez salina que dá vida e brilho a um Sauvignon para frutos do mar marinados em limão.

GRAN RESERVE
CHARDONNAY 2019
$$ | LIMARÍ | 14°

Esse Chardonnay vem de suas próprias vinhas, dez dos 40 hectares que foram resgatados da seca profunda que vive o norte do Chile. Essas esparras sobreviventes dão um Chardonnay de grande salinidade, de sabores exuberantes de frutas e de flores, com uma acidez intensa, que destaca as frutas brancas. Um Chardonnay muito de lugar, muito boa expressão de Limarí.

GRAN RESERVE
PINOT NOIR 2019
$$ | CASABLANCA | 13°

Por esse preço, esse vinho é uma pechincha. Um Pinot refrescante, cheio de sabores frutados, com toques de especiarias e taninos muito suaves e muito amáveis. A acidez faz o resto em um vinho para se beber por garrafas.

GRAN RESERVE
SAUVIGNON BLANC 2019
$$ | COLCHAGUA COSTA | 13.5°

Da área de Ucuquer, na costa de Colchagua, esse Sauvignon tem muito boa aderência, frutas brancas maduras no meio de uma textura tensa, com acidez vibrante e corpo leve.

OUTRO VINHO SELECIONADO
88 | RESERVE Sauvignon Blanc 2019 | Curicó | 12.5° | $

⟨ *prova de **vinhos*** ⟩

Tabalí

PROPRIETÁRIO Sucesión Guillermo Luksic Craig
ENÓLOGO Felipe Müller East
WEB www.tabali.com
RECEBE VISITAS *Sim*

Enólogo
FELIPE MÜLLER EAST

Pioneira no meridional vale do Limarí, esta vinícola começa a deslumbrar especialmente a partir de 2006, quando se configura a dupla formada por Felipe Müller (enologia) e Héctor Rojas (viticultura), que soube explorar a melhor descoberta do vale, o vinhedo Talinay, plantado sobre solos generosos em carbonato de cálcio, a oito quilômetros do mar. Ali Tabalí apostou em variedades como Sauvignon Blanc, Chardonnay e Pinot Noir, que brilham particularmente na linha de vinhos chamada simplesmente Talinay. Com o tempo desenvolveram também um vinhedo no outro extremo do vale, na zona cordilheirana de Rio Hurtado, a 1.600 metros de altitude, onde o solo é vulcânico. Ali a variedade Malbec é a que deu melhores resultados. Prova disso é seu Malbec top, Roca Madre. **IMPORTADORES:** BRASIL: www.worldwine.com.br | USA: www.biagiocru.com

VINHOS

98 **TALINAY**
PINOT NOIR 2018
$$$$$ | LIMARÍ | **13°**

Vamos começar pelo nariz. Tem fruta, é claro. Vamos começar com a fruta, que é fresca, vermelha e brilhante. Mas essa é apenas a primeira camada. Porque mais profundamente, as notas terrosas e salgadas estão fazendo realmente a festa, a que importa, a que dá complexidade. E, claro, a boca, que é firme, tensa, cheia de taninos de Pinot de verdade (quem disse que a Pinot tem taninos macios?). Uma textura que se agarra à língua e não a libera mais. Nela, os sabores terrosos e salinos agora assumem o controle da situação, proporcionando complexidade e texturas, brilho e profundidade em um vinho que é projetado no palato por um longo tempo. Um vinho tinto que marca um novo registro em Limarí e na América do Sul. As vinhas desse Pinot vêm de uma encosta voltada para o norte, plantada apenas em 2012, com seleções massais da Borgonha, adquiridas no Chile pelo agrônomo da Tabalí, Héctor Rojas. Em teoria, essa encosta, de solos calcários, tem uma orientação norte, mas a chave é o vento que é firme, as frescas brisas marinhas mudando o paradigma.

96 **TALINAY**
MALBEC 2017
$$$$$ | LIMARÍ | **14°**

A vinha Talinay foi comprada por Tabalí em 2008. Ela havia sido plantada alguns anos antes e o enólogo Héctor Rojas e o enólogo Felipe Müller ficaram encantados com a paisagem de colinas suaves, o clima frio a cerca de 12 km do mar e, acima de tudo, o solo fortemente calcário. Uma década depois, não há dúvida de que, de Talinay, a vinícola obtém seus melhores vinhos. E esse é um bom exemplo. Esse Malbec vem de vinhedos ricos em cal, enxertados em 2015 em Sauvignon Blanc, plantados seis anos antes. Em Descorchados, já falamos muito sobre o efeito da cal e, principalmente, sobre o efeito que esse tipo de solo exerce sobre a Malbec. Existem

Tabalí

exemplos essenciais no vale de Uco, em Gualtallary, em Altamira. Vários deles estão entre os melhores vinhos que já provamos na América do Sul. Mas esses são Malbec de calcário com influência andina. Esse Malbec oferece uma face diferente, mas em solos semelhantes. A influência fria do mar aqui está presente, mas o solo é o protagonista, determinando a estrutura dos taninos que se parecem com giz, que têm esse grão, essa textura severa e austera. A propósito, há frutas, mas todas em contexto monástico. Um vinho que impressiona na maneira como absorve o solo.

 TALINAY
CHARDONNAY 2019
$$$$ | LIMARÍ | 13.5°

Esta é uma seleção dos quartéis mais calcários da vinha Talinay, uma vinha plantada em 2006 e na qual Tabalí obtém frutos desde 2009. São colinas suaves a leste do Parque Nacional Fray Jorge, próximo ao rio. É uma área fresca, que proporciona ótimos vinhos nervosos, mas, acima de tudo, grande tensão na boca, graças a esses solos. Isso acontece no Pinot Talinay, no Sauvignon Talinay e, claro, também nesta excelente versão do Chardonnay. O nariz está cheio de aromas de frutas brancas maduras misturadas com toques de especiarias e ervas, mas é na boca onde a diversão realmente começa. O vinho é untuoso, redondo e ao mesmo tempo delineado com taninos firmes, com muita aderência, enquanto a acidez dá uma sensação salina que não sai da boca até o final, deixando aquela deliciosa sensação salgada, pronta para beber com anchovas.

 VETAS BLANCAS
CABERNET FRANC 2018
$$$ | LIMARÍ | 14.5°

Atenção aqui amantes da Cabernet Franc do vale do Loire, atenção para quem bebe Chinon e Saumur, esse vinho tem tudo o que você precisa. As notas exuberantes de tabaco e de cinzas, os detalhes de ervas no nariz que o tornam incapaz de resistir a bebê-lo. E na boca, uma estrutura cheia de taninos firmes, granulados e cheios de fibras, como os músculos de um maratonista. O melhor Cabernet Franc que já experimentamos no Chile, trata-se de um 100% das vinhas de El Espinal, uma propriedade plantada em 2009 na costa sul de Limarí, em solos de calcário e de areia.

DOM
CABERNET SAUVIGNON 2015
$$$$$ | MAIPO COSTA | 14°

Trata-se de uma seleção de dois hectares de uma encosta de solos coluviais voltada para o sul, em uma exposição fria desse lado do mundo. Com 18 meses de barricas e dois anos de garrafa, tem um caráter fresco e vivo, cheio de especiarias e de frutos secos, mas mantendo sempre o frescor. Oferece um estilo old school, com ênfase na acidez e na suavidade dos taninos. É um vinho que, de certa forma, se sente frágil ou, melhor, sutil, seguindo a tradição dos tintos do Maipo, esse tipo de elegância e equilíbrio em um vinho que hoje mostra apenas uma parte do que mostrará em cerca de cinco anos.

< prova de *vinhos* >

96 | TALINAY
SAUVIGNON BLANC 2019
$$$$ | LIMARÍ | 13°

Talinay Sauvignon Blanc corresponde a uma seleção de quartéis da vinha Talinay, localizada na costa de Limarí, com o mar a cerca de 29 quilômetros de distância. É um vinhedo rico em solos de calcário, o que imprime uma aderência especial na boca, uma sensação de textura de giz que, combinada com os sabores frescos e crocantes de frutas brancas e cítricas, oferece deliciosa suculência. A acidez é outro dos principais atores aqui, oferecendo frescor, mas também forte salinidade. Esse é um dos melhores Sauvignon Blanc do Chile e, em Descorchados, sempre ocupa os primeiros lugares desde a sua edição de estreia em 2009.

95 | ROCA MADRE
MALBEC 2018
$$$$$ | LIMARÍ | 14.5°

Em Río Hurtado, a 1.600 metros de altura, na Cordilheira dos Andes, no alto do vale Limarí, a vinícola Tabalí começou a plantar por volta de 2011. Em solos de origem vulcânica, a Malbec tem sido, até agora, a cepa que se adaptou melhor a essa altura. E Roca Madre é a melhor prova dessa adaptação. Esse 100% Malbec tem a profundidade dos melhores exemplos do outro lado dos Andes, no vale de Uco, o mesmo caráter das violetas e de cerejas pretas, e com uma estrutura semelhante aos primos de Altamira ou Gualtallary; os taninos reunindo uma estrutura severa, austera e monástica. E se isso tudo acrescentamos que é Malbec e, portanto, é frutado até não poder mais, esse é um dos grandes tintos que vão provar dessa safra no Chile.

95 | TALUD
CABERNET SAUVIGNON 2018
$$$ | MAIPO COSTA | 14°

Talud vem das mais antigas vinhas de Cabernet Sauvignon da propriedade de Tabalí na área de Maipo Costa, a cerca de 50 quilômetros do Pacífico, plantadas em 1999. São solos coluviais, que geralmente produzem taninos firmes e pontiagudos que são sentidos aqui, mas muito bem acompanhado por frutas suculentas e vermelhas e acidez brilhante que faz com que esse tinto mostre sua faceta fresca e vibrante em primeiro lugar. Mas atenção, pois há profundidade e densidade de sabores aqui. É um Cabernet muito jovem. Abra espaço na sua adega.

95 | TATIÉ BRUT
CHARDONNAY, PINOT NOIR N/V
$$$$ | LIMARÍ | 12°

Tatié é o produto da associação entre a casa de Champagne Thiénot e Tabalí, com frutas 100% dos solos calcários da vinha Talinay, ao lado do Parque Fray Jorge e a cerca de 12 quilômetros do mar, no vale de Limarí. Elaborado pelo método tradicional de segunda fermentação em garrafa, possui 30 meses de contato com as borras e 60% de Chardonnay e o restante de Pinot Noir. A acidez é tremenda, vertical, afiada, A acidez é tão grande que quase não se sentem os 8 gramas de açúcar residual que possui. A borbulha é firme, intensa e o corpo é generoso, rico em profundidade. Uma ótima estreia.

Tabalí

TRANSVERSAL
CABERNET SAUVIGNON, SYRAH, CABERNET FRANC, MALBEC 2017
$$$$ | MAIPO COSTA | 14°

Transversal é uma mescla das quatro vinhas de Tabalí, três de Limarí e uma no Maipo Costa. Nessa versão, há 50% de Cabernet Sauvignon da vinha DOM em Maipo, 30% de Malbec da área de Río Hurtado, a cerca de 1.600 metros de altura em Los Andes. Além disso, 15% de Syrah de Talinay, o vinhedo de Tabalí na costa de Limarí, próximo ao Parque Fray Jorge e 5% de Cabernet Franc de El Espinal, plantado em 2009. Há uma forte presença de frutas vermelhas e a textura amável e elegante do Cabernet de DOM na zona costeira de Maipo. Os outros ingredientes que acrescentam complexidade: notas de ervas, especiarias e acidez em um vinho que precisa de pelo menos cinco anos em garrafa.

BARRANCO
VIOGNIER 2019
$$$$ | LIMARÍ | 13.5°

Na região de Rio Hurtado, a mais de 1.500 metros de altura, Tabalí obteve resultados muito bons com a Malbec (daí vem o seu tinto top Rocca Madre), mas também brancos como esse Viognier que, nesse caso, corresponde às vinhas plantadas em 2011 em uma encosta de frente para o leste. Esse ano, essa terceira versão apresenta uma untuosidade semelhante, um tipo de creme na boca que se desenrola ao mostrar seus sabores a frutas brancas e de especiarias. Tem uma acidez pulsante, a acidez afiada dos vinhos de clima frio na montanha, enquanto os sabores das frutas continuam a fluir por toda a boca.

PAYÉN
SYRAH, CABERNET FRANC 2016
$$$$$ | LIMARÍ | 14.5°

Untuoso e até grandiloquente, move-se pela boca como uma cascata de sabores maduros de frutas pretas, uma fanfarra de sabores exuberantes e densos, invadindo o paladar como bárbaros. Um Syrah prototípico de Limarí, com seus taninos grandes e maduros, redondos e gordos. Essa é a primeira versão de Payén que vem 100% das vinhas de Tabalí em Talinay, solos fortemente calcários que dão aos taninos uma força e uma austeridade que tendem a diminuir a amplitude usual dessa variedade em Limarí.

VETAS BLANCAS
MALBEC, CABERNET FRANC 2017
$$$ | LIMARÍ | 14°

Essa nova mistura da linha Vetas Blancas possui 70% de Malbec (enxertado em 2015 em Syrah) mais 30% de Cabernet Franc plantado em 2009, ambos em solos aluviais, ricos em cal da vinha El Espinal. Apesar das proporções, é impressionante ver a força da Cabernet Franc aqui. Essa força já pode ser vista no Cabernet Franc de Vetas Blancas e aqui também pode vê-la nessa mistura em que a Franc se sobrepõe a Malbec, de modo que quase o anula. Possui taninos firmes e granulados e a fruta é subjugada às notas de ervas e de tabaco.

‹ prova de *vinhos* ›

 VETAS BLANCAS
PINOT NOIR 2018
$$$ | LIMARÍ | 13.5°

Movendo-se entre dois territórios distintos, um frutado, cerejas maduras e outro, notas terrosas, esse Pinot oferece deliciosa complexidade e frescor. Todos esses aromas são repetidos na boca, em um corpo médio, de taninos firmes e suculentos, que são distribuídos pela boca como um quadro, proporcionando estrutura e tensão. 70% das uvas para esse vinho provêm dos solos aluviais, argilosos e calcários da vinha El Espinal, a cerca de 24 quilômetros do mar, em Limarí. O restante é complementado pelos solos calcários quase puros de Talinay, muito mais perto do mar, a cerca de 12 quilômetros.

94 **VETAS BLANCAS**
SAUVIGNON BLANC 2019
$$$ | LIMARÍ | 13°

Para **Vetas Blancas**, o enólogo Felipe Müller seleciona quartéis de encostas com face sul, uma orientação fria no hemisfério sul. Aqui a influência do calcário não só começa a ser sentida nos sabores salinos mostrados ao lado das notas cítricas e de ervas, mas principalmente na estrutura desse vinho que é firme, com texturas de garras, que grudam no paladar, tudo acompanhado por uma acidez mineral salina. O final cheira a ervas e limas, em um branco de grande complexidade e força.

 MICAS
CARMÉNÈRE 2015
$$$ | PEUMO | 14°

Em um estilo muito particular para os padrões de Tabalí, aqui mais do que a fruta ou o senso de senso de lugar, esse vinho refere-se à guarda e a um estilo. De vinhedos de cerca de 70 anos na área de Peumo, esse vinho estagia por 22 meses em barricas, o que é sem dúvida a chave em seu estilo. Aqui há notas e de frutos secos com um caráter frutado que são claramente muito mais maduras e untuosas do que as encontradas no restante do catálogo.

93 **VETAS BLANCAS**
SYRAH 2017
$$$ | LIMARÍ | 14°

Trata-se de uma seleção de vinhedos de Syrah de solos aluviais, na vinha El Espinal, especialmente aqueles com traços de calcário que condicionam imediatamente a estrutura desse Syrah, dão nervosismo, tensão nos taninos e fazem com que tudo pareça com mais brilho e crocância. De certa forma, a pressão dos taninos na língua aumenta e isso, mais a fruta deliciosa e exuberante, produz esse vinho tinto para costeletas de porco defumadas.

 PEDREGOSO
CARMÉNÈRE 2018
$$ | CACHAPOAL | 14°

Privilegiando a fruta acima de tudo, possui aromas e sabores de frutas vermelhas, suculentas na madurez, expandindo-se pela boca graças aos taninos macios e sedosos. A base da fruta aqui vem da zona de Peumo, no vale do Cachapoal, berço do melhor Carménère do Chile, mas aqui tratado procurando o frescor da variedade e sem medo de suas notas de ervas. Caso goste de Cabernet Franc frescos e leves, esse também vai agradar.

Tabalí

PEDREGOSO
PINOT NOIR 2019
$$ | LIMARÍ | 12.5°

Um Pinot Noir rosé proveniente da vinha El Espinal, plantada em solos calcários na margem sul do rio Limarí. Esse é prensado com cachos inteiros, pressionado suavemente para não extrair tanta cor das frutas, que foram colhidas muito cedo na estação. Tem frutos vermelhos ácidos em todos os lugares e leves toques florais em um vinho leve e ao mesmo tempo muito bom. Para o verão.

PEDREGOSO
PINOT NOIR 2018
$$ | LIMARÍ | 13.5°

Pedregoso é o nível mais básico do catálogo de Pinot Noir de Tabalí e corresponde às vinhas de El Espinal, um vinhedo a uns 29 quilômetros do mar. O vinho é produzido em barricas usadas por um ano e oferece um delicioso lado de frutas, muito fresco e tenso, com toques especiados e salinos, mas principalmente frutas vermelhas que se expandem no palato, deixando um rastro suave de notas florais. Um vinho básico, mas uma ótima entrada.

PEDREGOSO
RIESLING 2016
$$ | LIMARÍ | 12.5°

Esse Riesling vem de um pequeno quartel de pouco mais de um hectare, plantado na vinha Talinay, na costa do Limarí, a cerca de doze quilômetros do mar, em solos ricos em cal. Esse já tem uma leve oxidação que não se transformou nos aromas habituais de petróleo da variedade, mas aqui se traduz em frutas maduras e exuberância nas texturas. Este Riesling tem corpo amplo e untuoso.

PEDREGOSO
SYRAH 2018
$$ | LIMARÍ | 14°

O fruto deste pedregoso provém da vinha El Espinal, plantada em solos aluviais com traços de calcário na margem sul do rio Maipo. Possui uma rede de taninos firmes e tensos, com sabores de frutas vermelhas, suculentas e refrescantes. Esse vinho tem corpo e força, frescor e tensão e um final rico com essas notas de cinzas que são clássicas dos Syrah da região.

VETAS BLANCAS
CHARDONNAY 2018
$$$ | LIMARÍ | 13.5°

Trata-se de uma mescla de vinhedos, com 60% de vinhedos de El Espinal, plantados em 2009, com traços de calcário e o restante de Talinay, em direção à costa de Limarí, em solos de calcário. Esse ano, sente-se austero no nariz, sem o caráter salino usual da cepa plantada em Limarí. Na boca, no entanto, essa salinidade é sentida com maior evidência, acompanhada de frutas brancas maduras e de notas cítricas. Tem um corpo importante, ideal para acompanhar ceviche de robalo.

‹ *prova de* **vinhos** ›

 PEDREGOSO
CABERNET SAUVIGNON 2018
$$ | MAIPO COSTA | 14°

Dominado por notas frutadas e de ervas no nariz e na boca sabores suculentos de frutas vermelhas, esse Cabernet tem força tânica suficiente para acompanhar churrasco, mas também possui uma delicadeza em sua estrutura que vale a pena apreciar lentamente com queijos maduros. Esse Pedregoso vem da área de Maipo Costa, que geralmente oferece esse tipo de Cabernet.

 PEDREGOSO
SYRAH, CARMÉNÈRE 2018
$$ | LIMARÍ | 14°

Este **Pedregoso** mescla Syrah da vinha El Espinal (54%) com Carménère de Almahue (43% mas Cabernet Sauvignon) e o resultado de dois lugares muito diferentes, o primeiro no norte árido e o outro no fértil vale central do, é equilibrado e suculento, com a fruta vermelha madura à frente, a acidez proporcionando frescor e a textura macia e muito amável em estilo comercial, muito bem feita.

 PEDREGOSO
VIOGNIER 2019
$$ | LIMARÍ | 13.5°

Um Viognier fresco e frutado, com toques especiados e florais, mas sempre com a fruta branca e madura na frente, tanto no nariz quanto na boca. A acidez acompanha proporcionando um frescor ainda maior em um vinho para acompanhar merluza frita. É proveniente da vinha El Espinal, plantada em 2009 em solos aluviais na margem sul do rio Limarí. Possui 5 gramas de açúcar residual.

 PEDREGOSO
MERLOT 2018
$$ | LIMARÍ | 14°

Frutas negras e toques de especiarias nesse Merlot de solos aluviais em Limarí, no norte do Chile. O corpo é médio, com taninos firmes e ainda muito jovens, com uma rugosidade que tem a mesma intensidade dos sabores de frutas negras. Para pensar em guardar, melhor ainda se acompanhado de pizza de calabresa.

 PEDREGOSO
SAUVIGNON BLANC 2019
$$ | LIMARÍ | 13.5°

Pedregoso é o primeiro passo no sólido portfólio de Sauvignon Blanc que a Tabalí possui, todos plantados em Limarí. Nesse caso, esse vem do vinhedo Talinay, das nas mais planas e argilosas, com o calcário em maior profundidade. A sensação refrescante começa no nariz, com toques cítricos e de ervas em uma boca clara e de sabores também herbáceos. Para o aperitivo.

«««----»»»

Tagua Tagua

PROPRIETÁRIOS Santiago, Francisco & José Tomás Correa Lisoni
ENÓLOGO José Tomás Correa Lisoni
WEB www.bodegastt.cl
RECEBE VISITAS *Não*

Proprietários
JOSÉ TOMAS, JUAN FRANCISCO
& SANTIAGO CORREA LISONI.

Tagua Tagua é o projeto da família Correa, na cidade de San Vicente de Tagua Tagua, em Peumo. De lá, eles recebem boa parte de seus vinhos, mas também de Cauquenes, San Fernando e Pencahue, todos no vale Central. No total, eles têm 350 hectares plantados. Tomas Correa é responsável pela produção dos vinhos e Felipe Uribe (Andes Plateau) é o consultor. **IMPORTADORES:** BRASIL: www.dominiocassis.com.br | USA: www.marquee.com

VINHOS

 DESCOMPLICADOS
BARBERA 2019
$$ | MAULE SECANO COSTERO | 14°

Esse Barbera vem da área de Cauquenes, de vinhedos de cerca de 25 anos. Com uma intervenção mínima, esse vinho tinto apresenta frutas vermelhas puras no meio de um corpo rico em taninos e acidez. Um vinho selvagem, delicioso em sabores de ervas que duram até o final. O vinho não tem contato com a madeira.

 DESCOMPLICADOS
CABERNET SAUVIGNON 2017
$$$$ | MAULE SECANO COSTERO | 14.5°

Uma boca tremenda nesse vinho. Muita força, muita fruta preta madura e muita concentração em um Cabernet rústico que precisa de morcillas.

 DESCOMPLICADOS
SYRAH 2017
$$$$ | MAULE SECANO COSTERO | 14.5°

A madeira tem um papel de liderança nesse vinho e, atrás dela, há frutas pretas em um vinho de grande força tânica, selvagem em sua textura.

OUTRO VINHO SELECIONADO
88 | DESCOMPLICADOS Merlot 2017 | Maule Secano Costero | 14.5° | $$$$

‹ prova de *vinhos* ›

Tarapacá

PROPRIETÁRIO VSPT
ENÓLOGO Sebastián Ruiz
WEB www.tarapaca.cl
RECEBE VISITAS *Sim*

Enólogo
SEBASTIÁN RUIZ

Fundada em 1874, Tarapacá é das vinícolas mais tradicionais do Chile. A mudança mais importante de sua história recente ocorreu em 2008: sua fusão com outra vinícola histórica, San Pedro. Uma sociedade que deu como resultado um dos maiores grupos vitivinícolas do país (VSPT Wine Group). Tarapacá se situa e centra sua produção em Isla de Maipo, no fundo El Rosario, de mais de 600 hectares de vinhedos, a maioria de Cabernet Sauvignon. Dispõe também de um vinhedo de 130 hectares em Casablanca e outro de 120 hectares compartilhado com a vinícola Leyda, também parte do grupo. No catálogo, ainda que se destaquem vinhos de sua marca Gran Tarapacá, a linha que segue acima, Gran Reserva, é a que concentra seus melhores vinhos. O enólogo é, desde 2014, Sebastián Ruiz.

IMPORTADORES: BRASIL: www.epice.com.br | USA: www.winebow.com

VINHOS

 GRAN RESERVA ETIQUETA AZUL
C. SAUVIGNON, C. FRANC, P. VERDOT, SYRAH 2017
$$$$$ | MAIPO | 14°

O primeiro Etiqueta Azul surgiu no mercado em 2004, antes disso era simplesmente chamado de Zavala, em homenagem a um dos primeiros proprietários da vinícola. A mistura, como sempre, é baseada em Cabernet Sauvignon com 78% esse ano, mais 10% de Cabernet Franc, 7% de Petit Verdot e o restante de Syrah. Essa é uma seleção dos melhores quartéis de Tarapacá, em Isla de Maipo. E hoje o vinho mostra muita juventude, a textura é firme, fechada, de taninos austeros, aromas de ervas e frutas que parecem negras e ácidas. O futuro é brilhante aqui, mas seja paciente. Pelo menos três anos, para começar a abrir a primeira garrafa.

 **GRAN RESERVA ETIQUETA NEGRA**
CABERNET SAUVIGNON 2018
$$$$ | MAIPO | 14°

Etiqueta Negra vem de uma seleção da vinha El Mirador, com um total de 43 hectares, com uma média de 28 anos. Os solos são coluviais, com pedras angulares e que parecem projetar-se na textura deste vinho, que possui taninos firmes, com a forma de ângulos em vez de círculos. E isso aparece na boca, essa aderência. A fruta é vermelha, mas há muitas notas de ervas e de especiarias e uma acidez que não se separa dos sabores de fruta em nenhum momento. Resumo: escolham um ensopado de cordeiro.

 **GRAN RESERVA ETIQUETA NEGRA**
CARMÉNÈRE 2017
$$$$ | MAIPO | 13.5°

É a primeira vez que a Carménère de Tarapacá qualifica para a linha Etiqueta Negra. Esse tinto é consequência de uma seleção de três dos oito quartéis que qualificam para a linha Gran Reserva. São solos próximos ao rio, aluviais, e que este

Tarapacá

ano, apesar do calor, ofereceram muitas frutas vermelhas, grande vitalidade. Um Carménère que faz parte de uma nova onda de exemplos da cepa que passam pelo lado fresco, das frutas vermelhas e que não têm medo do lado herbáceo. Nesse caso, as ervas são como coadjuvantes e é a fruta que comanda.

GRAN RESERVA
CABERNET SAUVIGNON 2018
$$ | MAIPO | 14°

Essa é uma seleção de vinhedos de Cabernet Sauvignon, além de algo de Cabernet Franc (3%) e de Petit Verdot (2%), tudo o que anteriormente era chamado de Rosário e que hoje é conhecido como Fundo Tarapacá, em Isla Maipo. Esse é um Cabernet clássico. As notas são especiadas e de ervas e a fruta que está por trás, uma fruta vermelha madura contida por uma acidez elétrica. Este é para empanadas de carne.

GRAN RESERVA
SAUVIGNON BLANC 2019
$$ | LEYDA | 13°

Finas notas de ervas nesse Sauvignon da área de Leyda, no vale de San Antonio. Atenção aqui com a tensão de boca. A acidez é firme, refrescante, muito vertical e muito acentuada. Em torno dessa acidez, há sabores de frutas, frutas cítricas e de ervas em um vinho de médio a leve, mas muito linear, muito tenso.

GRAN RESERVA
SYRAH 2018
$$ | MAIPO | 14°

Segundo o enólogo Sebastián Ruiz, 2018 foi brilhante. Um ano muito bom para os tintos, principalmente, e essa impressão é corroborada com esse Syrah que vem de vinhedos de cerca de 25 anos plantados em Isla de Maipo, no que hoje é conhecido como Fundo Tarapacá. Esse tem taninos como garras e frutas vermelhas maduras mescladas com toques de cerejas negras ácidas. Ainda está muito jovem, mas é inevitável tentar aproveitar toda essa fruta. Escolham mollejas de cordeiro para acompanhá-lo.

GRAN RESERVA ORGANIC WINE
SYRAH, C. FRANC, CARMÉNÈRE, C. SAUVIGNON 2018
$$ | MAIPO | 14°

O blend desse ano possui 31% de Syrah, 29% de Cabernet Franc, 25% de Carménère e 15% de Cabernet Sauvignon, tudo de vinhedos orgânicos do Fundo Tarapacá, em Isla de Maipo. A presença de frutas negras maduras da Syrah é evidente, mas também mostra ervas, notas de especiarias e de frutas vermelhas em um tinto de grande frescor, de estrutura tensa de taninos e de acidez firme.

GRAN RESERVA
CARMÉNÈRE 2018
$$ | MAIPO | 14°

Um Carménère focado em frutas e em ervas, quase na mesma proporção. Esse tem uma camada de taninos que se agarram à boca e não a liberam mais, enquanto as frutas e as ervas fazem uma pequena festa onde há espaço para uma acidez acentuada. Um Carménère no lado fresco da variedade, de estilo suculento, mas ao mesmo tempo de estrutura. Pense em bife de chorizo.

‹ prova de *vinhos* ›

92 | GRAN RESERVA
CHARDONNAY 2019
$$ | LEYDA | 13.5°

Dos solos graníticos do vale de Leyda, esse Chardonnay tem um nervo ácido que funciona como uma coluna vertebral e da qual são retirados todos os sabores frutados e de ervas. É generoso em aromas, intenso em frescor e com um toque de madeira que se sente bem ao fundo. Um daqueles Chardonnay que vem a calhar com sashimi de robalo, assim fresco que se sente.

92 | GRAN RESERVA
MERLOT 2018
$$ | MAIPO | 14°

Esse Merlot é obtido de uma vinha de cerca de 26 anos, na área de Isla de Maipo e na sua fermentação há 10% de cachos inteiros para sustentar a estrutura. Esse apoio é sentido em um tinto com uma pegada na boca, de taninos afiados, mas também com muitas frutas negras ácidas e alguns toques mentolados. É de corpo médio, mas de muito boa concentração. Para abri-lo em alguns anos.

OUTROS VINHOS SELECIONADOS

87 | RESERVA Sauvignon Blanc 2019 | Casablanca | 12.5° | $
86 | RESERVA Cabernet Sauvignon 2018 | Maipo | 13.5° | $

Terra Vega

PROPRIETÁRIO Luis Felipe Edwards Sr. & Senhora
ENÓLOGO Nicolás Bizzarri
WEB www.lfewines.com
RECEBE VISITAS *Não*

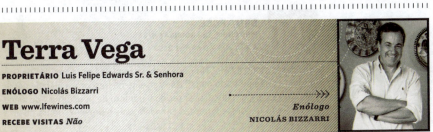

Enólogo
NICOLÁS BIZZARRI

Os vinhos de Terra Vega fazem parte do portfólio da Luis Felipe Edwards, uma vinícola familiar chilena, em grande parte dedicada às exportações. As primeiras vinhas, que datam do início dos anos 1900, sua moderna vinícola e o centro de operações, estão localizados em Puquillay Alto, no coração do vale de Colchagua desde 1976. As vinhas da família Edwards alcançam 2000 hectares e estão distribuídas nos vales mais importantes da zona central do Chile. Suas várias propriedades incluem plantações a 900 metros de altura em Puquillay Alto, vinhas centenárias no Maule, plantações costeiras de clima frio em Leyda e Pumanque - Colchagua Costa - entre outras. Essa grande diversidade de vinhedos reflete-se em suas diferentes linhas de vinho. **IMPORTADORES:** BRASIL: www.hiperideal.com.br www.gigaatacado.com.br www.atacadaodiaadia.com.br

VINHOS

94 | ALTA TERRA RED BLEND SYRAH, C. SAUVIGNON, CARMÉNÈRE, GRENACHE, P. VERDOT, MOURVÈDRE 2015
$$$ | COLCHAGUA | 14.5°

Esta é uma seleção de algumas das mais altas vinhas na cidade de Puquillay, no vale de Colchagua, entre 600 e 900 metros, bastante alta para a média da região. Essa nova versão possui 46% Syrah, 20% Cabernet Sauvignon, 17% Carménère, 10% Garnacha e o restante de

Terra Vega

Petit Verdot e Monastrell. Comparado com a versão anterior, parece um pouco mais frio, com mais frutas vermelhas e com maior tensão, embora mantenha a mesma musculatura fibrosa dos vinhos de altura. Um delicioso vinho tinto, para beber agora ou em dois a três anos, só ganhará complexidade, enquanto a acidez aguda sentida hoje permitirá que ele continue envelhecendo.

 GRAN RESERVA
SAUVIGNON BLANC 2019
$$ | LEYDA | 13.5°

Uma excelente relação qualidade-preço, sente-se nervoso e tenso em acidez. Tem sabores de frutas tropicais, tons de ervas em um corpo leve. Esse vem dos solos graníticos de Leyda, no vale de San Antonio, a cerca de 8 quilômetros do mar. O branco ideal para o aperitivo.

 BRUT
CHARDONNAY, PINOT NOIR N/V
$$ | COLCHAGUA COSTA | 12.5°

Pumanque é a área mais ocidental (mais próxima do mar), onde Terra Vega tem vinhedos em Colchagua e daí vem esse 85% Chardonnay, mais 15% de Pinot que vem de Leyda, também de seus próprios vinhedos. Este Charmat tem foco em frutas e frescor. Tudo aqui é deliciosa acidez, frutas brancas e borbulhas cremosas. Para beber por garrafas.

 **BRUT ROSÉ**
PINOT NOIR, CHARDONNAY N/V
$$ | LEYDA | 12.5°

85% desse vinho é Pinot Noir que vem da zona de Leyda, no vale de San Antonio, muito perto do mar. E isso se sente no frescor e agilidade desse vinho na boca. Com um açúcar residual por litro de pouco mais de cinco gramas, a fruta parece florescer. Um vinho que é um suco de framboesa com borbulhas.

 **GRAN RESERVA**
CABERNET SAUVIGNON 2018
$$ | COLCHAGUA | 14°

Uma boa abordagem para a Cabernet Sauvignon, é uma amostra simples da cepa, focada em frutas vermelhas maduras ao invés de ervas. É suculento e tem textura muito macia. Esse Cabernet é proveniente de uvas compradas na área de Lolol, na região oeste de Colchagua.

 GRAN RESERVA
CARMÉNÈRE 2018
$$ | COLCHAGUA | 13.5°

Da zona de Lolol, a oeste de Colchagua, esse é um clássico Carménère. Deliciosas frutas vermelhas em um contexto de toques de ervas, muito típico da variedade. A textura é bastante leve, com uma acidez rica em um vinho simples e fácil de beber, mas com a vantagem de mostrar um lado mais fresco e frutado da variedade.

‹ prova de *vinhos* ›

GRAN RESERVA
CHARDONNAY 2019
$$ | CASABLANCA | 13.5°

Generoso em frutas tropicais, notas redutoras que parecem minerais, além de uma acidez fresca e viva nesse Chardonnay simples e que você bebe muito rápido. Essa é uma seleção de uvas que Terra Vega compra na região de Bajo Casablanca, muito perto do Pacífico.

RESERVA
SAUVIGNON BLANC 2019
$ | LEYDA | 12.5°

É o vinho base de Terra Vega em Leyda e em Sauvignon Blanc, um branco delicioso e refrescante que mostra o potencial da vinícola nesses vinhedos plantados em 2005. Aqui há uma deliciosa pureza de frutas frescas, muito influenciada pelo vinho. Brisas marinhas, distantes cerca de 8 quilômetros em linha reta. Atenção aqui. Um vinho para o ceviche.

OUTROS VINHOS SELECIONADOS

89 | CLASSIC Pinot Noir 2019 | Vale Central | 12.5° | $
88 | CLASSIC RED BLEND Cabernet Sauvignon, Carmènère, Syrah 2019 Vale Central | 13.5° | $
88 | CLASSIC Malbec 2019 | Vale Central | 13° | $
88 | CLASSIC Syrah 2019 | Vale Central | 13.5° | $

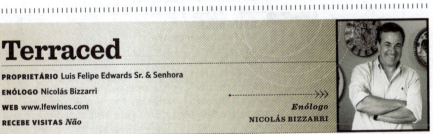

Terraced

PROPRIETÁRIO Luis Felipe Edwards Sr. & Senhora
ENÓLOGO Nicolás Bizzarri
WEB www.lfewines.com
RECEBE VISITAS *Não*

Enólogo
NICOLÁS BIZZARRI

Os vinhos de **Terraced** fazem parte do portfólio da Luis Felipe Edwards, uma vinícola familiar chilena, em grande parte dedicada às exportações. As primeiras vinhas, que datam do início dos anos 1900, sua moderna vinícola e o centro de operações, estão localizados em Puquillay Alto, no coração do vale de Colchagua desde 1976. As vinhas da família Edwards alcançam 2000 hectares e estão distribuídas nos vales mais importantes da zona central do Chile. Suas várias propriedades incluem plantações a 900 metros de altura em Puquillay Alto, vinhas centenárias no Maule, plantações costeiras de clima frio em Leyda e Pumanque - Colchagua Costa - entre outras. Essa grande diversidade de vinhedos reflete-se em suas diferentes linhas de vinho. **IMPORTADOR:** BRASIL: www.big.com.br

VINHOS

MOUNTAIN RED BLEND SYRAH, C. SAUVIGNON, CARMÈNÈRE, GRENACHE, P. VERDOT, MOURVÈDRE 2015
$$$ | COLCHAGUA | 14.5°

Esta é uma seleção de algumas das mais altas vinhas na cidade de Puquillay, no vale de Colchagua, entre 600 e 900 metros, bastante alta para a média da região. Essa nova versão possui 46% Syrah, 20%

Terraced

Cabernet Sauvignon, 17% Carménère, 10% Garnacha e o restante de Petit Verdot e Monastrell. Comparado com a versão anterior, parece um pouco mais frio, com mais frutas vermelhas e com maior tensão, embora mantenha a mesma musculatura fibrosa dos vinhos de altura. Um delicioso vinho tinto, para beber agora ou em dois a três anos, só ganhará complexidade, enquanto a acidez aguda sentida hoje permitirá que ele continue envelhecendo.

 GRAN RESERVA
SAUVIGNON BLANC 2019
$$ | LEYDA | 13.5°

Uma excelente relação qualidade-preço, sente-se nervoso e tenso em acidez. Tem sabores de frutas tropicais, tons de ervas em um corpo leve. Esse vem dos solos graníticos de Leyda, no vale de San Antonio, a cerca de 8 quilômetros do mar. O branco ideal para o aperitivo.

 BRUT
CHARDONNAY, PINOT NOIR N/V
$$ | COLCHAGUA COSTA | 12.5°

Pumanque é a área mais ocidental (mais próxima do mar), onde Terraced tem vinhedos em Colchagua e daí vem esse 85% Chardonnay, mais 15% de Pinot que vem de Leyda, também de seus próprios vinhedos. Este Charmat tem foco em frutas e frescor. Tudo aqui é deliciosa acidez, frutas brancas e borbulhas cremosas. Para beber por garrafas.

 BRUT ROSÉ
PINOT NOIR, CHARDONNAY N/V
$$ | LEYDA | 12.5°

85% desse vinho é Pinot Noir que vem da zona de Leyda, no vale de San Antonio, muito perto do mar. E isso se sente no frescor e agilidade desse vinho na boca. Com um açúcar residual por litro de pouco mais de cinco gramas, a fruta parece florescer. Um vinho que é um suco de framboesa com borbulhas.

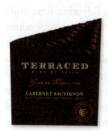

 GRAN RESERVA
CABERNET SAUVIGNON 2018
$$ | COLCHAGUA | 14°

Uma boa abordagem para a Cabernet Sauvignon, é uma amostra simples da cepa, focada em frutas vermelhas maduras ao invés de ervas. É suculento e tem textura muito macia. Esse Cabernet é proveniente de uvas compradas na área de Lolol, na região oeste de Colchagua.

 **GRAN RESERVA**
CARMÉNÈRE 2018
$$ | COLCHAGUA | 13.5°

Da zona de Lolol, a oeste de Colchagua, esse é um clássico Carménère. Deliciosas frutas vermelhas em um contexto de toques de ervas, muito típico da variedade. A textura é bastante leve, com uma acidez rica em um vinho simples e fácil de beber, mas com a vantagem de mostrar um lado mais fresco e frutado da variedade.

‹ prova de *vinhos* ›

GRAN RESERVA
CHARDONNAY 2019
$$ | CASABLANCA | 13.5°

Generoso em frutas tropicais, notas redutoras que parecem minerais, além de uma acidez fresca e viva nesse Chardonnay simples e que você bebe muito rápido. Essa é uma seleção de uvas que Terraced compra na região de Bajo Casablanca, muito perto do Pacífico.

RESERVA
SAUVIGNON BLANC 2019
$ | LEYDA | 12.5°

É o vinho base de Terraced em Leyda e em Sauvignon Blanc, um branco delicioso e refrescante que mostra o potencial da vinícola nesses vinhedos plantados em 2005. Aqui há uma deliciosa pureza de frutas frescas, muito influenciada pelo vinho. Brisas marinhas, distantes cerca de 8 quilômetros em linha reta. Atenção aqui. Um vinho para o ceviche.

OUTROS VINHOS SELECIONADOS

89 | CLASSIC Pinot Noir 2019 | Vale Central | 12.5° | $
88 | CLASSIC RED BLEND Cabernet Sauvignon, Carménère, Syrah 2019 Vale Central | 13.5° | $
88 | CLASSIC Malbec 2019 | Vale Central | 13° | $
88 | CLASSIC Syrah 2019 | Vale Central | 13.5° | $

TerraNoble

PROPRIETÁRIO Wolf von Appen
ENÓLOGO Marcelo García
WEB www.terranoble.cl
RECEBE VISITAS Sim

Enólogo
MARCELO GARCÍA

Após começar em 1993 orientada exclusivamente em seu lugar de origem, em San Clemente, vale do Maule, TerraNoble começou a explorar mais ao norte, desenvolvendo vinhedos em zonas como Los Lingues, na parte cordilheirana de Colchagua, ou em Santa Rosa, no lado mais costeiro de Casablanca. Essa variedade de terroirs se traduz em um portfólio diverso, onde além da linha Gran Reserva e da marca premium Lahuen, destaca-se a linha de vinhos CA, que tem a particularidade de se centrar só na Carménère, em mostrar como se comporta segundo diversas origens. Têm no total 340 hectares próprios e o enólogo é, desde 2015, Marcelo García. ✒ IMPORTADORES: BRASIL: www.decanter.com.br | USA: www.winebow.com

VINHOS

LAHUEN
CABERNET SAUVIGNON, SYRAH, MALBEC, CARMÉNÈRE 2017
$$$$$ | CHILE | 14.2°

A base desse vinho é 74% de Cabernet Sauvignon do Maipo, de uma vinha plantada em 1949, que fornece ossos, estrutura, mas também uma boa dose de frutas vermelhas maduras que falam de um ano quente no Maipo. Aqui existem taninos muito polidos, mas ao mesmo tempo muito afiados

TerraNoble

e pulsantes. Possui 16 meses de madeira, sendo um quarto de foudres com menor impacto na fruta, mas maior na textura que, como dissemos, é polida e afiada ao mesmo tempo. A boca é cheia de sabores de frutas, enquanto o vinho exibe sua juventude sem vergonha. É irresistível agora, mas aqui está um tinto para durar uma década.

 LAHUEN
C. SAUVIGNON, SYRAH, P. VERDOT, C. FRANC 2016
$$$$$ | VALE CENTRAL | 14°

A mescla deste Lahuen tem 73% de Cabernet Sauvignon do Maipo, mais 18% de Syrah, 7% de Petit Verdot e 2% de Cabernet Franc. Estagia 18 meses em madeira, sendo um terço do volume em foudres e dois terços em barricas. Agora está em um bom momento, apesar de jovem. Possui um forte componente de frutas vermelhas e ervas no nariz, notas de menta e de cerejas pretas, enquanto na boca é austero nos sabores. O que predomina é a acidez e os taninos duros e tensos. Um vinho que precisa de filet au poivre para sustentá-lo. Ou mais cinco anos de garrafa.

 CA1 ANDES
CARMÉNÈRE 2017
$$$$ | COLCHAGUA | 14.1

O experimento de TerraNoble, mostrando o caráter da Carménère em duas áreas opostas de Colchagua, esse ano é muito claro. Este CA1 vem das vinhas de Los Lingues, plantadas há 23 anos em argila e solos profundos ao pé dos Andes. Aqui se sente a nova influência da brisa andina, mas especialmente o efeito das argilas, que fazem o vinho parecer redondo, agradável nos taninos e com muitas frutas vermelhas maduras, mas ao mesmo tempo com sutis notas de ervas.

CA2 COSTA
CARMÉNÈRE 2017
$$$$ | COLCHAGUA | 14.3°

O segundo Carménère da linha CA vem de Lolol e mostra a influência da brisa costeira, mas principalmente dos solos de granito que aqui imprime uma parcela de taninos firmes e suculentos, pinicando a língua. A fruta não é muito diferente do que se mostra no CA1, que vem de Los Lingues, na direção de Los Andes. Ambos têm frutas vermelhas maduras e notas de ervas. A diferença aqui é a textura dos taninos e como o granito os torna mais severos. Esse é para guardar.

 DISIDENTE
CARIGNAN, MOURVÈDRE, GARNACHA 2018
$$$ | MAULE | 13.5°

A Carignan e a Monastrell nessa mistura vêm da zona de secano de Melozal. A Carignan corresponde a 67% da mistura e provém de vinhas velhas plantadas em 1958, enquanto a Monastrell corresponde a 17% e é de vinhas mais jovens, na mesma vinha, plantada em 2012. Complementa esse vinho 16% de Garnacha de San Clemente, plantada há cerca de dez anos. A fruta vermelha é a que prevalece aqui, em um vinho cheio de frescor, mas ao mesmo tempo também com os taninos ardentes da Cariñena, contribuindo com isso e também com muita acidez. Um vinho para beber por litros, quem dera na companhia de embutidos.

‹ *prova de **vinhos*** ›

93 — GRAN RESERVA
CARIGNAN 2018
$$$ | MAULE | 13.4°

Os novos Carignan chilenos são assim: frutas vermelhas, radiantes em frescor, silvestres, taninos afiados, prontos para receber embutidos e esses detalhes de flores no meio de uma acidez que ilumina. Essa Carignan vem das vinhas plantadas em Melozal (nome fundamental para a cepa no Chile) em 1958. Embora ela tenha muita vida pela frente, recomendamos que você beba agora para aproveitar todas essa cascata de fruta.

93 — GRAN RESERVA
PINOT NOIR 2019
$$$ | CASABLANCA | 13°

Boa parte (60%) desse vinho vem de um material de uma seleção conhecida localmente como "Romanée Conti" em referência à famosa vinha da Borgonha e cujos cachos são pequenos e compactos. Embora não tenha muita relação com a sua origem e que este vinho tenha pouco a ver com a Borgonha, acaba por ser uma delícia de frescor e de tensão. Há muitas frutas frescas, vermelhas e vibrantes em um vinho que se bebe rápido e é uma excelente porta de entrada para a variedade.

93 — GRAN RESERVA
SAUVIGNON BLANC 2019
$$$ | CASABLANCA | 12.5°

De Las Dichas, no chamado "Bajo Casablanca", a área mais próxima do mar naquele vale, esse Sauvignon vem de vinhedos de 9 anos, todos do Clone 1, o mais antigo dos materiais clonais da cepa que chegaram ao Chile, que dão vinhos como esses, tensos, ricos em acidez, mas também com muito corpo, com muita concentração. Esse é um Sauvignon para ostras.

92 — DISIDENTE
SYRAH, TEMPRANILLO 2018
$$$ | CASABLANCA | 14°

Um tinto de clima frio, onde esses 74% de Syrah são vistos e o restante de Tempranillo tem a Syrah como protagonista, não apenas em porcentagem, mas também nos aromas defumados, de carne, em um corpo onde a textura granulada da Tempranillo tem grande destaque.

92 — DISIDENTE NARANJO
PINOT BLANCO, CHARDONNAY, PINOT GRIS 2019
$$$ | CASABLANCA | 12.2°

A Pinot Blanc é a base desse Naranjo com 92%, e embora tenha tido cerca de 4 meses de contato com as cascas, a cor é pálida, qualificando apenas para laranja, mas com muita força na boca. A Pinot Blanc, a Chardonnay (6%) e a Pinot Gris (2%) vêm de vinhedos muito próximos ao mar, na área de Las Dichas, no vale de Casablanca. Daí o frescor e a acidez que tornam esse vinho muito fácil de beber.

TerraNoble

 GRAN RESERVA
CABERNET SAUVIGNON 2017
$$$ | COLCHAGUA | 14.1°

Essa é uma mistura de dois vinhedos em áreas opostas de Colchagua. O primeiro em Los Lingues, em direção à Cordilheira dos Andes e o outro em Marchigüe, a oeste. A fruta é suculenta, com toques de especiarias e ervas e um toque de frutas negras. Um Cabernet com ossos muito bons, boa estrutura e uma acidez que comanda, que dirige tudo e que refresca desde o início. 70% desse vinho estagia em barricas e o restante em foudres, tudo por um ano.

 GRAN RESERVA
CARMÉNÈRE 2017
$$$ | MAULE | 14°

Gradualmente, as barricas estão sendo substituídas por foudres nessa linha Gran Reserva e o efeito imediato é que os sabores da madeira parecem retirados. Aqui há 25% do volume total em foudres e o restante em madeira, usado principalmente. Qual é o prêmio da fruta e do lado herbário da cepa, em um vinho com um bom corpo, taninos firmes e suculentos. Um Carménère para ser considerado como um membro desses novos exemplos da variedade, muito mais brilhante em frescor.

 GRAN RESERVA
CHARDONNAY 2019
$$$ | CASABLANCA | 13.8°

A cremosidade desse Chardonnay é a sua qualidade mais notória, mas lembre-se de que as frutas brancas maduras e as notas de ervas ao fundo também contribuem, especialmente em frescor. A acidez é firme, mas se esconde muito bem sob essa textura oleosa. Metade desse vinho estagia em foudres e o resto em barricas usadas e em ovos de concreto.

 GRAN RESERVA
MERLOT 2018
$$$ | MAULE | 13.5°

As vinhas desse Merlot vêm de vinhedos plantados há 25 anos, quando o projeto TerraNoble estava apenas começando. Desde então até agora, o estilo da casa mudou e esse vinho é um bom exemplo. Muita fruta, frescor, taninos firmes e boa acidez em um Merlot que pede comida.

⟨ *prova de* **vinhos** ⟩

Tinto de Rulo

PROPRIETÁRIO Sociedad Agrícola Contreras, González & Pereira LTDA
ENÓLOGOS Claudio Contreras, Jaime Pereira & Mauricio González
WEB www.tintoderulo.cl
RECEBE VISITAS *Não*

Proprietários & enólogos
CLAUDIO CONTRERAS, JAIME PEREIRA & MAURICIO GONZÁLEZ

Tinto de Rulo é um grupo de amigos que fazem vinho em San Rosendo, na província de Biobío, no sul do Chile. Os amigos são Claudia Contreras, Mauricio González e Jaime Pereira. Eles compram uvas de três viticultores em San Rosendo, Yumbel e Huerta do Maule, todas de vinhas muito velhas de País, Carignan, Moscatel e Malbec, com as quais fazem vinho de modo artesanal e natural, somente com uvas e focados nas práticas ancestrais. À medida que o projeto foi se desenvolvendo, esses três sócios (todos agrônomos) conseguiram uma precisão muito maior, com sabores frutados mais nítidos em vinhos que começam a falar com clareza de um lugar como Biobío, e sobre a profundidade que vem desses vinhedos velhos próximos ao rio. **IMPORTADORES: BRASIL:** www.lavinheria.com | **USA:** www.ripewi.com www.vinosdelrey.com

VINHOS

95 — TINTO DE RULO
CARIGNAN 2018
$$$$ | MAULE | 13°

Dos vinhos de Tinto de Rulo, esse é o único que não vem de Biobío, mas do Maule, de videiras de 70 anos plantadas em solos de granito na área de Huerta do Maule. O vinho fermenta em potes de argila muito antigos e depois envelhece em barricas de uso geral por um ano. E é uma delícia de acidez, sabores florais e de frutas vermelhas em um vinho rústico no melhor sentido do termo: a textura é áspera, ideal para embutidos e o final é preenchido com a acidez que possui luz própria e que irradia por todos os sabores.

95 — TINTO DE RULO
MALBEC 2018
$$$$ | BIOBÍO | 12°

É provável que, quando provem esse vinho, pensem que não tem muita relação com o que é feito em Mendoza, do outro lado dos Andes. E sim, é verdade. Esse Malbec vem de uma antiga vinha de mais de cem anos na área de San Rosendo, nos terraços aluviais na margem norte do Biobío. Desde 2014, Tinto de Rulo compra essas uvas de um produtor local e às vezes mostra um lado floral e às vezes um lado mais herbáceo, mas sempre uma deliciosa fruta vermelha. Esse ano é mais herbáceo que violetas, se nos permitem ser tão específicos. Um vinho para matar a sede, mas também para acompanhar um bom churrasco.

94 — BLANCO DE RULO
MOSCATEL DE ALEJANDRÍA 2019
$$$ | BIOBÍO | 11.5°

De videiras de cerca de 70 anos na comuna de San Rosendo, na margem norte do Biobío, esse Moscatel fica em contato com as peles por cerca de três semanas, tudo em tinajas de barro, sem ser filtrado e depois é

Tinto de Rulo

engarrafado. O vinho tem a rusticidade dos brancos do sul, os aromas de flores, mas também das notas de terra e dos animais em um corpo poderoso, onde esse contato com as peles é sentido na textura um tanto áspera, mas que traz muito corpo.

94 | **PIPEÑO**
PAÍS 2019
$$ | BIOBÍO | 12°

Muito perto de Yumbel, em direção à cordilheira, Goyo Fica é um produtor que possui cerca de 20 mil videiras plantadas em solos vulcânicos há mais de cem anos. É fermentado em tinajas de barro e em foudres de raulí e depois envelhecido em pipas (pequenos foudres de raulí) por cerca de seis meses. É um vinho tinto, com todas as suas notas terrosas e de frutas vermelhas, tão refrescantes que fazem você querer continuar bebendo. Possui muita aderência, muita força de taninos, o que é comum na cepa. Uma pequena delícia muito próximo do tintos originais do campo chileno.

Tololo

PROPRIETÁRIO Comercial Tololo Spa
ENÓLOGO Jose Pablo Martin Vergara
WEB www.tololovinos.cl
RECEBE VISITAS Não

Enólogo
JOSE PABLO MARTIN VERGARA

Tololo é o projeto de cinco sócios, todos da área de Limarí e todos ligados de uma maneira ou de outra à produção de pisco. Em 2018, eles se reúnem para mudar a direção do vinho e começar a engarrafar, usando cerca de 40 hectares, a maioria arrendadas. A produção da Tololo começou com 80 mil garrafas, todas na D.O. Limarí.

VINHOS

91 | **GRAN RESERVA**
CARMÉNÈRE 2017
$$ | LIMARÍ | 14.5°

Esse Carménère vem de uma vinha de 21 anos na margem norte do rio Limarí, em solos argilosos e granitos. Tem treze meses de barricas e a fruta ainda está viva e refrescante, apesar de todo esse tempo. É fresco, com toques suaves de ervas e especialmente frutas vermelhas que inundam o paladar, mas não o sobrecarregam. Um vinho para beber mais de uma garrafa.

OUTROS VINHOS SELECIONADOS

89 | RESERVA PRIVADA Malbec, Cabernet Sauvignon, Carménère 2018 | Limarí 14.5° | $$
88 | RESERVA Cabernet Sauvignon 2018 | Limarí | 14.5° | $
88 | RESERVA Pedro Ximenes 2018 | Limarí | 12.5° | $

< *prova de **vinhos*** >

Torreón de Paredes

PROPRIETÁRIOS Álvaro & Javier Paredes Legrand
ENÓLOGAS Eugenia Díaz A. & Isabel Paredes A.
WEB www.torreondeparedes.cl
RECEBE VISITAS Sim

Enóloga & Proprietários
ISABEL, ÁLVARO & JAVIER PAREDES

Esta vinícola de Alto Cachapoal nasce em 1979 da mão de Dom Amado Paredes, que em seus 70 anos compra uma vinha na comuna de Rengo. Hoje a lideram seus filhos Álvaro e Javier, gerente de produção e gerente geral respectivamente, continuando com o estilo da casa e colocando foco nos últimos anos em vinhos um pouco mais bebíveis e leves. Uma das particularidades de Torreón de Paredes é sua aposta desde o começo pelo Merlot, que se beneficia das condições andinas. Está presente na mescla do vinho ícone, Don Amado, e como monovarietal em distintos níveis do catálogo. Ainda que o lugar seja bom em geral para as variedades bordalesas, variedades como Cabernet ou Carménère também brilham dentro do consistente catálogo desta vinícola. Têm no total 150 hectares e uma produção anual aproximada de 700.000 garrafas.

IMPORTADORES: BRASIL: www.casarioverde.com.br | USA: www.metropoliswine.com

VINHOS

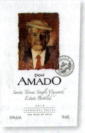

 DON AMADO
CABERNET SAUVIGNON, MERLOT, SYRAH 2014
$$$$$ | RENGO | 14°

Trata-se de uma seleção dupla, a primeira das melhores vinhas de Torreón na região de Rengo, em Alto Cachapoal, e segundo uma seleção das melhores barricas depois que o vinho estagia em adega. O mix desse ano tem 80% Cabernet Sauvignon, 10% Merlot e 10% Syrah. É um ponto de ruptura no estilo da casa, muito mais estilo de frutas, talvez menos concentração, mas em troca há muitas frutas vermelhas. É a primeira vez desde a safra de estreia em 1986 que possui uma proporção maior de Cabernet Sauvignon do que de Merlot e é sentida na estrutura dos taninos, na força que têm, mas também na nitidez. Um vinho de grande frescor, mas ao mesmo tempo de grande profundidade.

 RESERVA ANDINA
SAUVIGNON BLANC 2019
$$$ | ALTO CACHAPOAL | 13.5°

Esse Sauvignon é de material clonal, plantado em 2016 em Rengo, aos pés dos Andes. Normalmente, esse clone dá frutas tropicais e cremosidade abundante na boca. Nesse caso, no entanto, parece mais herbáceo do que tropical, com um corpo que tem uma aderência muito boa na boca, com uma acidez firme e tensa. Tem boca muito saborosa.

 RESERVA PRIVADA
CARMÉNÈRE 2017
$$$ | RENGO | 13.5°

Dos 40 hectares que Torreón de Paredes possui em Rengo, aos pés dos Andes, no Alto Cachapoal, seis hectares são de Carménère, um Carménère que resulta em tintos herbáceos e delicados, muito influenciados pela brisa

Torreón de Paredes

andina, como é o caso desse Reserva Privada que começa no nariz com um delicioso aroma de ervas e depois mostra uma camada de frutas vermelhas que traz mais frescor e complexidade. É tenso na boca, com acidez acentuada, taninos firmes e ervas frescas.

93 | RESERVA PRIVADA
MERLOT 2017
$$$ | RENGO | 13.5°

Esse é um clássico do portfólio da Torreón de Paredes. As vinhas para esse Merlot provêm das primeiras vinhas que a família Paredes plantou em 1980, aos pés dos Andes, em Alto Cachapoal. Tem 30% de barricas novas e estagia em madeira por um ano, esta nova versão não reflete o calor da safra. Nesse caso, as uvas foram colhidas antes para obter um vinho de grande expressão de frutas. Frutos vermelhos deliciosos e crocantes em um vinho de corpo médio, delicioso e fácil de beber, mas também com bom potencial de guarda. Uma excelente safra de um clássico de Cachapoal.

92 | RESERVA PRIVADA
CABERNET SAUVIGNON 2017
$$$ | RENGO | 13.5°

Um Cabernet especialmente fresco e tenso, com acidez nervosa que preenche a boca em todas as direções, proporcionando frescor e crocância. Não é o típico Cabernet concentrado ou para guardar, mas sim frutado e alegre. Leve este para o churrasco ou, se preferir, aguarde alguns meses e depois abra-o com um risoto de cogumelos.

RESERVA PRIVADA
CHARDONNAY 2018
$$$ | RENGO | 13.5°

Mais do que super frutado ou extremamente exuberante em frutas, esse Chardonnay estagia por um ano em barricas e tem uma certa austeridade que apreciamos em Descorchados. O corpo é firme, generoso, de muito boa acidez e de taninos bem definidos. É mais herbáceo do que frutado, embora no fundo tenha uma camada de frutas brancas maduras que dão um toque final a um branco muito bom, plantado aos pés dos Andes, em Rengo.

RESERVA PRIVADA
SYRAH 2017
$$$ | RENGO | 14°

Um Syrah leve, suculento e equilibrado. Estagia por doze meses em barricas, um terço novas e esse efeito é sentido nas notas tostadas e de especiarias que se mesclam entre os sabores das frutas. Há frescor, mas também uma rica madurez, nesse tinto carne de porco defumada.

ANDES COLLECTION
SAUVIGNON BLANC 2019
$ | RENGO | 13°

Uma deliciosa mistura de sabores de frutas maduras, quase untuosas e uma acidez tensa e fresca, nesse vinho da parte superior de Cachapoal. É cremoso, suculento, rico para acompanhar frutos do mar gratinados. E uma excelente relação preço-qualidade.

‹ *prova de **vinhos*** ›

ANDES COLLECTION ROSÉ
CABERNET SAUVIGNON 2019
$ | RENGO | 13°

Como de costume no estilo desse vinho, não há concessões à moda. Sua cor é intensa (ao revés dos tons de casca de cebola que são tão comuns hoje em dia) e seus frutos são vermelhos, maduros e voluptuosos. É verdade que falta alguma acidez, mas tem muitos sabores de frutas em um estilo que, mais do que rosado, parece clarete. Sirva-o resfriado, de preferência com paella.

RESERVA PRIVADA
GEWÜRZTRAMINER 2019
$$ | RENGO | 13°

Tradicionalmente, a Gewürz em Torreón vai para o mix do Reserva Sauvignon Blanc. É a primeira vez que é elaborado como varietal é uma boa estreia. Possui aromas florais e de frutas, em corpo médio, com muito boa acidez e toques especiados. É refrescante, ideal com pescados thai.

OUTRO VINHO SELECIONADO
87 | ANDES COLLECTION Merlot 2019 | Rengo | 13° | $

Trapi del Bueno

PROPRIETÁRIOS Rodrigo Romero & Luis Moller
ENÓLOGO Rodrigo Romero
WEB www.trapi.cl
RECEBE VISITAS *Sim*

Proprietários & enólogo
LUIS MOLLER & RODRIGO ROMERO

Rodrigo Romero é o enólogo de Calcu e Maquis, ambas vinícolas no vale de Colchagua. Esse, no entanto, é um projeto em um local muito diferente, em Osorno. Lá, juntamente com o engenheiro agrônomo Luis Moller, tem esse vinhedo de cerca de 14 hectares nas encostas aluviais do rio Bueno, no sul da viticultura chilena e hoje a origem de uma nova ninhada de vinhos que oferecem sabores completamente diferentes no cenário, sabores do clima frio e chuvoso da região. **IMPORTADORES:** BRASIL: www.dagirafa.com.br | USA: www.vinosdelrey.com

VINHOS

HANDMADE
PINOT NOIR 2018
$$$ | OSORNO | 12°

Sob fortes chuvas e o tempo frio de Osorno, a Pinot parece ter encontrado um lugar que combina com ela. O vinhedo de Trapi fica sobre as colinas que enfrentam o rio Bueno, ao sul. São solos profundos de origem vulcânica e de importantes declives onde esse Pinot parece absorver seus aromas e sabores terrosos. Mais que frutas, mais que flores, tem aromas de pedras. O corpo é leve, mas ao mesmo tempo fibroso, tenso e longo. O vinho estagia por 14 meses em barricas usadas e isso lhe dá algumas especiarias, mas o que comanda aqui é essa mineralidade. Há Pinot de frutas e Pinot de terra. Esse pertence ao último grupo.

Trapi del Bueno

 BRUT NATURE
RIESLING, CHARDONNAY 2017
$$$$ | OSORNO | 12°

É uma mescla de 50% Chardonnay e 50% Rieslings, todos das colinas ao longo do rio Bueno, no sul do Chile. O vinho de base estagia por cerca de 8 meses em barrica usadas e, em seguida, na garrafa, é mantido em suas borras por mais dez meses. O resultado é uma borbulha cintilante, bem como sua acidez, uma acidez firme, muito típica de climas frios, como Osorno. Os sabores são cítricos e de ervas ao mesmo tempo, com um final deliciosamente frutado.

 HANDMADE
CHARDONNAY 2018
$$$ | OSORNO | 12°

Sem fermentação malolática e estagiado em barricas de cinco usos por cinco meses, esse Chardonnay das colinas ao longo do rio Bueno parece austero, mostrando apenas notas cítricas em um corpo leve e dominado por uma acidez suculenta e firme, muito dessa zona fria ao sul do Chile. Depois de um tempo na taça, mostra frutas brancas maduras, mas a acidez ainda está lá, como um guardião, esfriando tudo.

 HANDMADE
SAUVIGNON BLANC 2019
$$$ | OSORNO | 12°

A safra de 2019 foi um ano menos chuvoso em Osorno, o que lhes permitiu adiar um pouco a colheita e obter frutas mais maduras nesse Sauvignon. No entanto, o álcool ainda é muito baixo (12 graus) e a acidez é tão alta e crocante como sempre. É 100% fermentado em aço inoxidável e a fruta parece crocante, muito fresca e com leves toques florais e de ervas. O corpo é leve e a acidez se mostra com total liberdade.

 SAVAGE
PINOT NOIR 2018
$$$ | OSORNO | 12°

Esse é o novo Pinot de Trapi del Bueno. Fermentado em aço com leveduras nativas e engarrafado em seguida. Esse finge ser um Pinot mais fácil, mas de servir por taças, como nos diz o enólogo Rodrigo Romero. E, de fato, é um tinto leve, de piscina, com corpo suave e acidez deliciosamente refrescante. Puras frutas vermelhas frescas e suculentas em um vinho para matar a sede.

«« ---»»

‹ *prova de* *vinhos* ›

Tres Palacios

PROPRIETÁRIO Patricio Palacios
ENÓLOGO Camilo Rahmer
WEB www.vinatrespalacios.cl
RECEBE VISITAS *Não*

Enólogo
CAMILO RAHMER

Propriedade da família Palacios, esta vinícola de Maipo Costa cultiva um estilo de vinhos frescos e elegantes. Desde sua primeira safra em 2002 obteve também grandes resultados com o Merlot, algo que no contexto local não se vê com frequência. A vinícola e os vinhedos ficam a 30 quilômetros do mar, em Cholqui, perto de Melipilla. Em seu campo rodeado de morros, os solos graníticos próprios da zona têm também um componente aluvial, produto de um rio que passa próximo. O enólogo e gerente geral é Camilo Rahmer, que procura não intervir demasiadamente na vinícola e faz um uso criterioso do estágio em madeira. Tres Palacios tem catálogo de vinhos conciso e ordenado que começa com a linha Reserva, segue com Family Vintage e o encabeça Cholqui, seu melhor vinho. **IMPORTADOR:** USA: www.skurnik.com

VINHOS

 CHOLQUI
CABERNET SAUVIGNON, MERLOT 2017
$$$$ | MAIPO | 14°

Cholqui é o vinho mais ambicioso de Tres Palacios e é uma seleção de vinhedos e também uma seleção de barricas. Esse ano, a mistura é 75% Cabernet Sauvignon e o resto de Merlot, todos da vinha de Maipo Costa, ao lado da vinícola e mostra uma fruta muito crocante e madura, com a tradicional textura amável e polida dos taninos dos vinhos de Tres Palacios, mas dessa vez com uma ênfase menor em especiarias e uma ênfase maior em frutas vermelhas. Um vinho para guardar, mas é tão gentil e macio que se pode beber agora.

FAMILY VINTAGE
CABERNET SAUVIGNON 2018
$$ | MAIPO | 14°

Muito ao estilo de Tres Palacios, apela às notas de especiarias e à textura suave e polida dos taninos. A fruta sente-se madura e vermelha e o corpo está equilibrado. Nada parece sobrar. Tenha paciência, depois de um tempo na taça os aromas especiados dão lugar aos aromas mais frutados e terrosos, e tudo segue sendo sutil, muito elegante e amável.

 FAMILY VINTAGE
CARMÉNÈRE 2018
$$ | MAIPO | 14°

Tres Palacios possui cerca de 15 hectares de Carménère no Maipo, todos em solos argilosos e pedregosos, são solos profundos com videiras que já têm 20 anos. Aqui está uma boa amostra do estilo da casa. Frutas vermelhas maduras, toques especiados e uma textura que desliza pela boca e não tem arestas. Depois de um tempo na taça, as notas de ervas aparecem enquanto a fruta continua a predominar. Um elegante e sutil Carménère.

Tres Palacios

90 | RESERVE MERLOT 2018
$$ | MAIPO | 13.5°

Um Merlot de excelente relação qualidade-preço, proveniente da área de Maipo Costa, com solos argilosos e pedregosos. Mostra um lado muito especiado, como é característico da Merlot de Tres Palacios, mas também oferece uma textura suculenta, suave e leve. Um vinho para acompanhar um almoço de um dia qualquer.

OUTROS VINHOS SELECIONADOS
89 | RESERVE Cabernet Sauvignon 2018 | Maipo | 13.5° | $$
89 | RESERVE Pinot Noir 2018 | Maipo | 13.5° | $$
89 | RESERVE Sauvignon Blanc 2019 | Maipo | 13° | $$

Undurraga

PROPRIETÁRIOS Grupo Hampton & José Yuraszeck
ENÓLOGO Rafael Urrejola
WEB www.undurraga.cl
RECEBE VISITAS Sim

Enólogo
RAFAEL URREJOLA

O presente desta tradicional vinícola chilena está marcado por sua venda em 2006 ao empresário chileno José Yuraszeck e à família colombiana Picciotto. Investimentos, expansão para novos terroirs e mudanças na enologia - como a chegada do enólogo Rafael Urrejola -, são parte desta nova etapa desta vinha fundada em 1885 pela família Undurraga (hoje em Koyle). A vinícola segue operando desde seu lugar de origem, no fundo Santa Ana, comuna de Talagante, no centro do vale do Maipo, ainda que hoje seja um entre muitos que desenvolveram e que lhes permite somar mais de 1.600 hectares de vinhedos. Têm também vinhedos em Maipo Costa, Alto Maipo, Colchagua, Cachapoal, Leyda e Maule. Seu catálogo é generoso em linhas de vinhos, sendo TH o mais representativo de sua nova etapa. Undurraga também se caracteriza por seus espumantes, que vêm produzindo faz anos, muito antes do auge das borbulhas no Chile.

VINHOS

95 | ALTAZOR
CABERNET SAUVIGNON, CARIGNAN, CARMÉNÈRE 2016
$$$$$ | MAIPO | 13.5°

Altazor 2016 é baseado em Cabernet Sauvignon de vinhedos de 30 anos em Pirque, uma das áreas mais altas de Alto Maipo. O restante é Carménère de Peumo (7%) e Carignan de Cauquenes. O vinho foi colhido mais cedo, o que é uma filosofia da casa, mas esse ano se salvou das fortes chuvas que caíram na segunda semana de abril. O resultado é um vinho de caráter intenso de Maipo Alto, com foco em notas de ervas e de mentol em um corpo médio, muito leve e amável, com muita elegância e caráter quase etéreo.

‹ *prova de vinhos* ›

T.H. LIMARÍ
SAUVIGNON BLANC 2018
$$$ | LIMARÍ | 13.5°

Para este **T.H.** as uvas são provenientes da vinha Talinay, de propriedade da vinha Tabalí, onde Undurraga compra uvas nessa safra. Os solos são de cal, colinas ao longo da costa que dão vinhos afiados e tensos. O calcário desempenhando seu papel, fazendo tudo parecer tenso. Além disso, o clone 1, um material que dá Sauvignon que se caracteriza por seu bom corpo e grande acidez. Dois fatores: local e material clonal, que aqui são aprimorados para criar um vinho que se parece feito de pedras mais do que frutas.

T.H. MAULE
CARIGNAN 2016
$$$ | MAULE | 14°

Os Carignan de Loncomilla no fundo Santa Elena (68% dessa mescla) geralmente produzem vinhos encorpados, de taninos firmes, com acentuada acidez. Carignan rústicos e de campo. Enquanto isso, os de La Soledad que compõem o restante dessa mescla são mais frutados e frescos. Aqui as frutas frescas prevalecem, mas a estrutura é de Santa Elena, aquela coisa meio monástica de um vinho sério, que precisa de uma carne de panela para alcançar seu equilíbrio zen.

CAUQUÉN LIMITED EDITION
GARNACHA 2016
$$$$ | MAULE | 14.5°

Undurraga enxertou esta vinha, originalmente de País, com Garnacha, em solos de granito nas colinas. Estagia em barricas velhas por 20 meses e apresenta forte presença de frutas vermelhas, com muita tensão, com uma acidez rica e fresca, o que não é comum na cepa. Aqui há vigor, também um equilíbrio para o lado fresco que convida a continuar bebendo e uma deliciosa sensação floral, que acentua o frescor, essa crocância. Atenção com esse vinho, entre os melhores Garnacha que experimentamos do Chile.

FOUNDER'S COLLECTION
CABERNET SAUVIGNON 2016
$$$$ | MAIPO | 13.5°

Nessa versão, 70% do vinho é proveniente de vinhedos de 25 anos plantados na área de Puente Alto, em Alto Maipo, e o restante vem de vinhedos de 20 anos em Santa Ana, próximo à vinícola Undurraga em Isla de Maipo. Além disso, possui 15% de Cabernet Franc. As notas de ervas são as que prevalecem aqui, algo normal se pensarmos em um ano mais. Frutas vermelhas, nervosas em seu frescor, também podem ser devidas a esse mesmo fator. Um vinho delicado e suculento, com taninos muito polidos e um delicioso final de ervas.

T.H. ALTO MAIPO
CABERNET SAUVIGNON 2017
$$$ | MAIPO ALTO | 13.5°

Embora seja um ano quente no Maipo e quase todo o Chile, essa madurez associada a um ano quente não é sentida aqui. Pelo contrário, esse Caber-

Undurraga

net de vinhedos de 30 anos em Pirque oferece um lado quase frágil, com frutas vermelhas e uma acidez clara que permanece firme até o final de boca. Além disso, possui toques de ervas, terrosos e de mentol, típicos do Cabernet andino. O estágio em barricas (80% do volume, o restante em ovos) dificilmente acrescenta especiarias a um vinho de várias camadas.

T.H. CAUQUENES
CABERNET SAUVIGNON 2016
$$$ | MAULE | 14°

Os Cabernet do Maule são geralmente rústicos, com taninos firmes, mas ao mesmo tempo com frutas vermelhas exuberantes. Para acalmar esses taninos, o enólogo Rafael Urrejola deixa esse vinho um ano a mais em garrafa antes de lançá-lo. É por isso que, por exemplo, a última colheita de T.H. Alto Maipo é a de 2017, enquanto esse é 2016, que também é um ano frio que acentua os sabores vermelhos e a textura tensa, em um vinho cheio de senso de lugar.

T.H. LEYDA
SAUVIGNON BLANC 2018
$$$ | LEYDA | 13.5°

Para este **T.H.** o enólogo Rafael Urrejola seleciona uvas da vinha de Undurraga em Leyda, em um setor rico em solos de cal. Principalmente do clone 1, o primeiro material clonal de Sauvignon que chegou ao Chile no início dos anos 1990 e se caracteriza por sua acidez e seu importante corpo. Aqui você sente esse caráter tenso, ácido, firme e exacerbado, talvez por causa dos solos de calcário que tendem a gerar maior verticalidade e mais tensão. Um vinho refrescante e suculento, com ossos duros.

T.H. LEYDA
SYRAH 2016
$$$ | LEYDA | 13.5°

Um Syrah cheio de frutas vermelhas, toques de carne muito típicos da variedade em áreas frescas, como as colinas de Leyda. A tensão da acidez é combinada com a textura dos taninos para formar um vinho suculento, mas ao mesmo tempo de muito boa estrutura, para beber e matar a sede e ao mesmo tempo acompanhar um cordeiro. Esse Syrah vem de uma vinha de alta densidade, com dez mil plantas por hectare, em solos de granito em regime de secano (sem irrigação), desde os três anos de idade. Os rendimentos são muito baixos, mas ao mesmo tempo o frescor do local, a 10 quilômetros do mar, oferece frutas muito vermelhas e uma acidez crocante.

TITILLUM BLANC DE NOIRS
PINOT NOIR N/V
$$$$ | LEYDA | 12.5°

O campo em Leyda de Undurraga começou a ser plantado por volta de 2007 e esse Pinot Noir vem dessas primeiras plantações. Da safra 2013 e com cinco anos de envelhecimento com borras em garrafas (um número nada usual na cena das borbulhas chilenas), esse vinho brilha por sua textura cremosa e sabores de frutos secos e de especiarias, todos unidos por uma acidez brilhante, crocante e que não abandona o vinho até o final. Tem

‹ *prova de vinhos* ›

um lado defumado que traz complexidade. Um vinho delicioso, amplo e envolvente, mas com aquele nervo ácido que faz salivar.

 VIGNO
CARIGNAN 2016
$$$ | MAULE | 14°

Este **Vigno** vem de La Soledad, uma vinha plantada em solos de granito em 1956, em Cauquenes. Estagia durante 16 meses em barricas de 400 e 500 litros, todas de madeira usada. O vinho tem uma fruta vermelha radiante, um estilo suculento, uma deliciosa acidez, um vinho que quase classifica para vinho de sede, para matar a sede no verão. Tudo isso tem a ver com o ano fresco, apoiando com frutas vermelhas em um lindo tinto.

 T.H. LIMARÍ
SYRAH 2017
$$$ | LIMARÍ | 14°

Esse vinho tem uma salinidade deliciosa, mas intrigante, talvez relacionada aos solos de calcário de onde vem, uma vinha plantada há cerca de 20 anos nas colinas costeiras de calcário de Talinay. Há muita tensão aqui, que oferece um lado novo e enfatiza as frutas vermelhas e a sensação de querer continuar bebendo. Tem toques picantes e também detalhes de carne em um vinho suculento e fresco, mas ao mesmo tempo profundo em sua expressão varietal.

 T.H. PEUMO
CARMÉNÈRE 2017
$$$ | CACHAPOAL | 14°

A safra de 2017 foi muito quente, então a colheita teve que ser avançada para preservar o frescor das frutas, especialmente em uma área quente como Peumo, no vale de Cachapoal. O estágio é de 14 meses em barricas e o resultado é um vinho de grande frescor, de frutas vermelhas que são combinadas com toques minerais e principalmente de ervas. É um vinho delicado, de acidez fina e na boca a presença mineral parece ser amplificada.

 T.H. RARITIES CAUQUENES
GARNACHA, CARIGNAN, MONASTRELL 2016
$$$ | MAULE | 14.5°

Este **Rarities** é uma mescla de 67% de Garnacha, 28% de Cariñena e o resto de Monastrell, todos enxertados em cepas de País antigo na área de Cauquenes, no vale do Maule. Aqui o sol se sente o calor da fruta, as notas de especiarias e a voluptuosidade do álcool; um vinho untuoso e amplo, para carnes cozidas na panela.

 T.H. RARITIES LA SOLEDAD
PAÍS, CINSAULT 2019
$$$ | MAULE | 13°

Da vinha La Soledad, em um canto da zona de Cauquenes, esse é 80% País e o restante de Cinsault, tudo de vinhas velhas em secano. Há alguma maceração carbônica (20% com cachos inteiros) e isso dá o toque brilhante e

Undurraga

suculento, um vinho tinto cheio de frutas vermelhas que atende a todos os requisitos para saciar a sede no verão.

 TITILLUM BLANC DE BLANCS
CHARDONNAY, RIESLING N/V
$ $ $ $ | LEYDA | 12.5°

Basicamente Chardonnay com 5% de Riesling, esse espumante feito pelo método tradicional de segunda fermentação em garrafa tem um guarda de dois anos com suas borras e depois meio ano de garrafa antes de entrar no mercado. A acidez aqui é o motor, a energia que move tudo. As bolhas são macias, mas abundantes e os sabores são frutados e também próximos ao envelhecimento com as borras, mais as notas de padaria. É um vinho refrescante, mas ao mesmo tempo de muito boa complexidade.

 SUPRÊME EXTRA BRUT
CHARDONNAY, PINOT NOIR N/V
$ $ $ | LEYDA | 12.5°

O vinho base desse espumante tem 9 meses de estágio em barricas com borras e depois três anos com as leveduras, o que é algo incomum em vinhos desse nível de preço. O vinho tem um forte componente de notas de padaria (devido ao envelhecimento com as borras), mas também frutas vermelhas e brancas em um vinho que mostra complexidade, mas ao mesmo tempo tem muito frescor graças a uma acidez vibrante que entra por todos lados. Não se esqueça de aproveitar essa verdadeira barganha que, muito raramente, depois de todo esse trabalho, aparece a esse preço no mercado.

 T.H. MALLECO
PINOT NOIR 2017
$ $ $ | MALLECO | 13°

Os aromas são quase cítricos nesse Pinot Noir particular da área de Malleco. Apresenta toques de laranja e de frutas vermelhas, corpo médio, com taninos finos e afiados e com uma deliciosa acidez, que convida a continuar bebendo, enquanto os sabores das frutas vermelhas enchem a boca. Este Pinot vem da área de Quino, em Malleco. 70% estagia em barricas e o restante em ovos de cimento.

 T.H. WEST-LIMARÍ
CHARDONNAY 2017
$ $ $ | LIMARÍ | 13°

Em um estilo oxidativo, com muitos toques especiados e salinos. Tem um corpo firme, forte acidez e, novamente, esse toque de sal que envolve os sabores das frutas brancas maduras. É um vinho longo, com sabores profundos e acidez que nunca sai da boca. Esse Chardonnay vem de solos calcários de Quebrada Seca, 70% é fermentado em ovos de cimento, o restante é fermentado em barricas usadas.

 TITILLUM ORIGINAL
CHARDONNAY, PINOT NOIR N/V
$ $ $ $ | LEYDA | 12.5°

Original é uma mescla de 55% Chardonnay e 45% Pinot Noir, produzida pelo método tradicional de segunda fermentação em garrafa. Nesse caso, há dois anos de envelhecimento com as borras em um vinho que apresenta

‹ *prova de **vinhos*** ›

uma grande elegância nas borbulhas. É macio e amável, se expande pela boca e sustentado por sabores de frutas maduras e brancas. Um vinho amplo e suculento, que contrasta com o nervo e a verticalidade do Blanc de Blancs. Dois vinhos para gostos opostos.

 FOUNDER'S COLLECTION
CARMÉNÈRE 2016
$$$$ | COLCHAGUA | 14°

Undurraga possui vinhedos de cerca de 30 anos na região de Colchagua, no meio do vale, em solos profundos e argilosos onde as produções são altas, mas também os vinhos são frutados e suculentos como esse exemplo, onde foi colhido em um ponto intermediário, obtendo um vinho focado em seus sabores de frutas vermelhas maduras e muitas especiarias. A textura é macia e amável.

 SIBARIS BLACK SERIES
SYRAH, CARIGNAN, GRENACHE 2017
$$ | MAULE | 14°

Esse mescla de Sibaris, sob a nova linha Black Series, possui 60% de Syrah, 30% de Cariñena e o restante de Garnacha, todos plantados em solos graníticos de Cauquenes, no vale do Maule. O vinho é produzido em foudres de 5.000 litros ou 16 meses e o que sai desses vasos é uma deliciosa fruta vermelha, refrescante, com acentuada acidez e com os taninos que impõem a Cariñena. Um vinho para cordeiro.

 SIBARIS GRAN RESERVA
CABERNET SAUVIGNON 2018
$$ | MAIPO | 13.5°

Para este **Gran Reserva**, Undurraga usa videiras de cerca de 20 anos em sua finca tradicional de Santa Ana, que envolve 30% da mescla. O restante vem da área de Alto Maipo, em Los Morros, plantada em 2008. Um pouco menos da metade do vinho estagia em barricas, enquanto o restante permanece em tanques de aço. É um Cabernet que mostra muito bem a cepa, as notas de ervas levemente mentoladas no meio das frutas vermelhas. O corpo tem aderência, o suficiente para acompanhar costeletas de porco grelhadas.

 T.H. RARITIES CAUQUENES
MONTEPULCIANO 2016
$$$ | MAULE | 14°

Esse Montepulciano foi enxertado em uma vinha de 70 anos, nos solos de granito de Cauquenes. Possui aromas terrosos, com muitas frutas vermelhas e taninos rústicos, intensos, nem um pouco domados. É um vinho muito jovem ou que precisa de uma boa porção de carne grelhada para alcançar o equilíbrio.

 EXTRA BRUT
CHARDONNAY, RIESLING, SAUVIGNON BLANC, PINOT NOIR N/V
$$ | LEYDA | 12.5°

Esse extra brut tem 70% de Chardonnay, 13% de Riesling, 7% de Sauvignon e o restante de Pinot Noir que aporta um leve toque rosado a um vinho que é realmente branco. Feito pelo método Charmat de segunda fermentação em tanques de aço, aqui se tem um estilo linear, com boa acidez e

Undurraga

borbulhas leves e macias. Para beber por garrafas nesse verão.

 NATURE
CHARDONNAY, PINOT NOIR N/V
$$ | LEYDA | 12.5°

Não é frequentemente encontrado no mercado vinhos nature (menos de 3 gramas de açúcar por litro) fabricados pelo método Charmat mais industrial de segunda fermentação em tanques de aço. Essa é uma das boas exceções com suas notas de frutas cítricas e de ervas. O destaque é de Chardonnay (65% da mescla) e seus frutas brancas que irradiam frescor em um vinho de borbulhas suaves e de rica acidez.

 ROSÉ ROYAL
PINOT NOIR N/V
$$ | LEYDA | 12.5°

100% Chardonnay, esse vinho é feito pelo método Charmat de segunda fermentação em um tanque de aço. O vinho tem três meses de contato com as borras e é um delicioso rosé com borbulhas, generoso em sabores de frutas vermelhas ácidas em um vinho refrescante antes de mais nada.

 SIBARIS BLACK SERIES
CINSAULT 2018
$$ | ITATA | 13.5°

De vinhedos de mais de 60 anos na área de Bularco, no vale de Itata, esse Cinsault possui todas as características que tornam essa cepa tão irresistível: frutas puras, algo de dulçor, mas com uma acidez suculenta, textura macia e um corpo muito leve. Dos tintos que não se pode parar de beber.

 SIBARIS BLACK SERIES
VIOGNIER, ROUSSANNE 2018
$$ | MAULE | 13.5°

Essa mistura em partes semelhantes de Viognier e Roussanne vem de vinhedos jovens, plantados em 2007 em solos graníticos de Cauquenes, no vale do Maule. Com o caráter dos vinhos brancos mediterrâneos, oferece aromas de frutos secos e um pouco de mel na boca que é cremosa e untuosa, com uma acidez fresca. Optem por costeletas grelhadas.

 SIBARIS GRAN RESERVA
SAUVIGNON BLANC 2019
$$ | LEYDA | 13.2°

Uma excelente relação qualidade-preço, possui aromas de ervas e muitos sabores de frutas brancas ácidas em um vinho simples, refrescante e crocante. Este é o Sauvignon ideal para o aperitivo. Esse Sauvignon vem das colinas de granito de Leyda, na Cordilheira da Costa.

OUTROS VINHOS SELECIONADOS
89 | BRUT ROYAL Pinot Noir, Chardonnay N/V | Leyda | 12.5° | $$
88 | ALIWEN Cabernet Sauvignon 2018 | Colchagua | 14° | $
87 | ALIWEN Sauvignon Blanc 2019 | Leyda | 13° | $

<<<---->>>

< prova de *vinhos* >

Valdivieso

PROPRIETÁRIO Mitjans, Gil & Coderch
ENÓLOGO Brett Jackson
WEB www.valdivesowines.com
RECEBE VISITAS *Não*

Enólogo
BRETT JACKSON

Apesar de ter sido fundada em **1879** por Alberto Valdivieso, foi a família de origem catalã, Mitjans, que geriu a maior parte de sua história. Valdivieso foi conhecida desde sempre como produtora de espumantes, que seguem representando parte importante de sua produção. Nos anos 80 iniciou além disso um caminho em vinhos tranquilos, com sua vinícola em Lontué, vale de Curicó. Com vinhedos principalmente nessa zona e em Maule, e comprando uvas de diversas origens, montam um catálogo extenso encabeçado pela marca Caballo Loco, que inclui o vinho original (um tinto sem safra, mescla de várias colheitas) e os que chamam "Grand Cru", que provêm de uma gama de terroirs específicos. A produção anual de Valdivieso ultrapassa os 15 milhões de garrafas.

VINHOS

CABALLO LOCO GRAND CRU LIMARÍ
SYRAH 2015
$$$$$ | LIMARÍ | 15.5°

Os solos de Limarí são aluviais, com pedras redondas cobertas de cal e isso, além da nova influência do mar, dão aos vinhos locais um nervo especial, uma tensão na boca que os faz sentir mais frescos e suculentos. Com 18 meses de barricas, é um vinho que percorre o caminho do nervo e da frescor com seus toques de frutas vermelhas e sua acidez vibrante que traz brilho a toda a boca. Uma mudança em direção a um maior nervo e frescor que percebemos na safra anterior, mas que aqui aparece mais claramente.

CABALLO LOCO GRAND CRU MAIPO
CABERNET SAUVIGNON, CABERNET FRANC 2015
$$$$$ | MAIPO | 15°

De Chada, no Alto Maipo, esse Gran Cru Maipo possui 75% de Cabernet Sauvignon e o restante de Cabernet Franc, de vinhedos de cerca de 20 anos. O vinho é mantido por 18 meses em barricas e o que sai deles é um vinho de grande personalidade do Maipo, com suas notas mentoladas e sua textura que, embora elegante, adere muito bem na boca. As frutas são vermelhas e maduras e as ervas e hortelã ainda flutuam por muito tempo nesse vinho com um corpo imponente, para guardar.

CABALLO LOCO GRAND CRU SAGRADA FAMILIA
CABERNET FRANC, PETIT VERDOT, CARMÉNÈRE 2016
$$$$$ | SAGRADA FAMILIA | 13.5°

O blend desse ano de Caballo Loco Sagrada Familia, tem base de Cabernet Franc e Petit Verdot que, juntos, correspondem a 85% da mescla. As vinhas foram plantadas no Fundo La Primavera, em Sagrada Família, onde os verões são quentes, mas o outono começa muito cedo, ou seja, as temperaturas já caem rapidamente desde o início de março, permitindo uma final de maturação lento. Aqui há um vinho tinto suculento, com madurez untuosa, com muitos aromas especiados e toques finos de ervas, que pro-

Valdivieso

vavelmente provêm da Cabernet Franc. Esse tinto tem ótimo corpo e os sabores são profundos. Para guardar.

94 | CENTENARIO BLANC DE BLANCS CUVÉE ANIVERSARIO CHARDONNAY 2014
$$$$ | BIOBÍO | 12.5°

Essa é a primeira versão desse Centenario, 100% Chardonnay da área de Negrete, no sul, no Biobío. Esse lugar mais frio oferece frutas de grande frescor e acidez, o que se sente nesse vinho espumante. A acidez é o centro de onde os sabores se expandem, refrescando tudo em seu caminho. O vinho tem 48 meses de envelhecimento sobre suas borras e é sentido nos sabores de padaria, enquanto as frutas também desempenham o seu papel, proporcionando aquele lado frutado, que lhe confere um ar de juventude. Um vinho complexo que precisa de pelo menos mais alguns anos em garrafa ou, talvez, vários anos mais.

93 | CABALLO LOCO GRAND CRU BRUT NATURE PINOT NOIR, CHARDONNAY N/V
$$$$ | BIOBÍO | 12.5°

Para este **Brut Nature**, Valdivieso viaja ao sul do Chile, em Biobío para obter 50% Chardonnay e 50% Pinot Noir da área de Negrete, próximo ao rio Biobío. O vinho estagia sobre suas borras durante trinta meses e esse tempo é sentido na suavidade das borbulhas, cremosas e abundantes, mas também nas notas de padaria, que unem os sabores das frutas. É um vinho seco (2,5 gramas de açúcar por litro) e tremendamente refrescante, mas ao mesmo tempo com muito corpo para ouriços.

93 | CABALLO LOCO Nº 18 C. SAUVIGNON, C. FRANC, CARMÉNÈRE, SYRAH, MALBEC, CARIGNAN, PETITE SIRAH, TANNAT N/V
$$$$$ | VALE CENTRAL | 14.3°

Mais do que safras, o Caballo Loco tem versões anuais. Essa já é a versão número 18 e é uma espécie de sistema de solera onde existem vinhos bases que são atualizados com culturas de anos diferentes. Essa versão parece madura e expansiva, com notas de nozes e café no meio de uma textura cheia e untuosa, com ênfase na doçura da fruta. Um cavalo cheio.

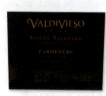

93 | SINGLE VINEYARD CARMÉNÈRE 2017
$$$ | PEUMO | 14°

Para seu **Single Vineyard**, Valdivieso compra uvas na região de Peumo, a origem de alguns dos melhores vinhos do Chile. Esse poderia perfeitamente estar nesse grupo. Dos solos argilosos, que retêm bem a água de que a Carménère gosta e sob o sol intenso do local, as uvas amadurecem sem problemas. Estagia por um ano em barricas, aqui está uma boa parte de notas de ervas, pimentões e de frutas vermelhas em um corpo de muito boa concentração e muito boa profundidade.

92 | CABALLO LOCO GRAND CRU BLANC DE NOIRS PINOT NOIR N/V
$$$$ | BIOBÍO | 12.5°

Para este **Caballo Loco**, Valdivieso usa uvas da região de Negrete, próximo ao rio Biobío. O vinho é feito pelo método tradicional de segunda fermenta-

‹ *prova de **vinhos*** ›

ção em garrafa e com 30 meses de envelhecimento sobre suas borras. Possui borbulha cremosa e abundante, com foco nos sabores e na acidez das frutas. Aqui está o motor que refresca tudo e dá vida a esse intenso vinho espumante.

92 | SINGLE VALLEY LOT
SAUVIGNON BLANC 2019
$$ | LEYDA | 13.5°

Com uvas do vale de Leyda, de um produtor muito próximo ao mar, esse Sauvignon tem a densidade de um ano quente, mas também o frescor da acidez e das frutas cítricas, que imprimem a influência fria do Pacífico. A acidez é tensa, nunca deixa o vinho até o final, permitindo que tudo pareça fresco e vigoroso.

92 | SINGLE VINEYARD
CABERNET SAUVIGNON 2016
$$$ | MAIPO | 14°

Esse 2016 em Maipo deu sabores suculentos e amplos, ricos em madurez e em texturas untuosas. Tem um fundo de notas de ervas, mas em primeiro plano o que predomina são frutas negras e especiarias doces. Esse vem da área de Chada, no Alto Maipo, em direção aos pés dos Andes.

91 | GRAND CUVEE BLANC DE BLANCS
CHARDONNAY N/V
$$$$ | LEYDA | 12.5°

Elaborado 100% a partir de Chardonnay do vale de Leyda, em San Antonio, de frente para o mar, esse é um vinho espumante feito pelo método tradicional de segunda fermentação em garrafa e com 30 meses de envelhecimento sobre suas borras. Totalmente focado na fruta, é refrescante e seco, com apenas 4 gramas de açúcar residual. A borbulha é cremosa, com toques especiados e sempre com muitos sabores frutados que o tornam muito refrescante.

91 | SINGLE VALLEY LOT
CABERNET SAUVIGNON 2017
$$ | RAPEL | 14°

Um Cabernet de dicionário, mas um dicionário de clima quente, é um Cabernet estruturado, com taninos firmes e jovens, ainda não domesticados. A fruta é negra, mas há espaço para notas de ervas e de especiarias. A acidez é firme e a concentração de sabores exige cordeiro.

91 | SINGLE VALLEY LOT
CARMÉNÈRE 2018
$$ | RAPEL | 14.4°

Esse Carménère é uma mistura de dois vinhedos da região de Rapel e é um bom resumo da Carménère da região, aromas de ervas, notas de frutas pretas, corpo suave e aromas de pimenta que dominam a boca. Para aprender sobre a Carménère, esse é um bom professor.

91 | SINGLE VALLEY LOT
SYRAH 2017
$$ | COLCHAGUA | 14.5°

Frutas vermelhas e notas de carne nesse Syrah suculento e muito frutado

Valdivieso

de vinhedos na famosa área de Apalta, nas montanhas de Colchagua. A textura tem taninos suficientes para pensar em carnes bem temperadas e a acidez existe para refrescar. Um vinho fácil de beber, desde que encontre o prato com força e exuberância suficientes.

 SINGLE VINEYARD
PINOT NOIR 2018
$$$ | CAUQUENES | 12.8°

Cauquenes não é exatamente o terroir que, em teoria, poderia funcionar para a Pinot Noir. Com esse calor, a Pinot se queima. No entanto, o enólogo Brett Jackson procurou um lugar mais perto do mar, em Pilén, onde a influência do oceano se traduz em brisas frescas. Além disso, as safras foram avançadas para aproveitar o frescor. O álcool é baixo, e as frutas muito vermelhas deste vinho para matar a sede, mas com estrutura para atum grelhado.

 CUVÉE RESERVE EXTRA BRUT
CHARDONNAY, PINOT NOIR N/V
$$ | BIOBÍO | 12.5°

Esse é um clássico no cenário de espumantes chilenos e, por muito tempo, líder em seu estilo. Esse ano, toda a fruta vem do vale de Biobío, próximo ao rio, ao sul do Chile. Possui 60% de Chardonnay e 40% de Pinot Noir e possui uma acidez deliciosa, firme e penetrante. Os sabores são frutados, enquanto o corpo leve permite que se beba outra taça sem problemas.

 SINGLE VALLEY LOT
MERLOT 2016
$$ | RAPEL | 14.6°

Com uma pequena porcentagem de Carménère e de vinhedos de cerca de 15 anos, esse é um Merlot robusto, de muito boa concentração e de taninos ainda muito jovens que acompanham sabores de frutas negras e de ervas.

 SINGLE VINEYARD
CHARDONNAY 2018
$$$ | LEYDA | 13.5°

Sabores maduros com textura firme, acidez acentuada e aromas bastante austeros. Nas vinhas da região de Leyda, no vale de San Antonio, muito perto do mar e estagia por cerca de dez meses em barricas, aqui há corpo suficiente para carne de porco defumada.

OUTROS VINHOS SELECIONADOS

89 | LIMITED BRUT Chardonnay, Pinot Noir N/V | Vale Central | 12° | $$
88 | DOLCE BIANCO Moscatel Rosado N/V | Itata | 13.1° | $$
86 | AMBASSADOR BRUT Chardonnay, Pinot Noir, Sémillon N/V | Vale Central | 12° | $
86 | VALDIVIESO BRUT Chardonnay, Pinot Noir N/V | Vale Central | 12° | $

‹ prova de *vinhos* ›

Valle Hermoso

PROPRIETÁRIO Luis Felipe Edwards Sr. & Senhora
ENÓLOGO Nicolás Bizzarri
WEB www.lfewines.com
RECEBE VISITAS Não

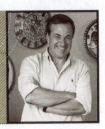

Enólogo
NICOLÁS BIZZARRI

Os vinhos de Valle Hermoso fazem parte do portfólio da Luis Felipe Edwards, uma vinícola familiar chilena, em grande parte dedicada às exportações. As primeiras vinhas, que datam do início dos anos 1900, sua moderna vinícola e o centro de operações, estão localizados em Puquillay Alto, no coração do vale de Colchagua desde 1976. As vinhas da família Edwards alcançam 2000 hectares e estão distribuídas nos vales mais importantes da zona central do Chile. Suas várias propriedades incluem plantações a 900 metros de altura em Puquillay Alto, vinhas centenárias no Maule, plantações costeiras de clima frio em Leyda e Pumanque - Colchagua Costa - entre outras. Essa grande diversidade de vinhedos reflete-se em suas diferentes linhas de vinho. **IMPORTADORES:** BRASIL: www.bistek.com.br • www.obahortifruti.com.br • www.bahamas.com.br | USA: www.grazianoimport.com

VINHOS

94 | MÁGICO MOUNTAIN RED BLEND SYRAH, C. SAUVIGNON, CARMÉNÈRE, GRENACHE, P. VERDOT, MOURVÈDRE 2015
$$$ | COLCHAGUA | 14.5°

Esta é uma seleção de algumas das mais altas vinhas na cidade de Puquillay, no vale de Colchagua, entre 600 e 900 metros, bastante alta para a média da região. Essa nova versão possui 46% Syrah, 20% Cabernet Sauvignon, 17% Carménère, 10% Garnacha e o restante de Petit Verdot e Monastrell. Comparado com a versão anterior, parece um pouco mais frio, com mais frutas vermelhas e com maior tensão, embora mantenha a mesma musculatura fibrosa dos vinhos de altura. Um delicioso vinho tinto, para beber agora ou em dois a três anos, só ganhará complexidade, enquanto a acidez aguda sentida hoje permitirá que ele continue envelhecendo.

91 | GRAN RESERVA
SAUVIGNON BLANC 2019
$$ | LEYDA | 13.5°

Uma excelente relação qualidade-preço, sente-se nervoso e tenso em acidez. Tem sabores de frutas tropicais, tons de ervas em um corpo leve. Esse vem dos solos graníticos de Leyda, no vale de San Antonio, a cerca de 8 quilômetros do mar. O branco ideal para o aperitivo.

90 | BRUT
CHARDONNAY, PINOT NOIR N/V
$$ | COLCHAGUA COSTA | 12.5°

Pumanque é a área mais ocidental (mais próxima do mar), onde Valle Hermoso tem vinhedos em Colchagua e daí vem esse 85% Chardonnay, mais 15% de Pinot que vem de Leyda, também de seus próprios vinhedos. Este Charmat tem foco em frutas e frescor. Tudo aqui é deliciosa acidez, frutas brancas e borbulhas cremosas. Para beber por garrafas.

Valle Hermoso

 BRUT ROSÉ
PINOT NOIR, CHARDONNAY N/V
$$ | LEYDA | 12.5°

85% desse vinho é Pinot Noir que vem da zona de Leyda, no vale de San Antonio, muito perto do mar. E isso se sente no frescor e agilidade desse vinho na boca. Com um açúcar residual por litro de pouco mais de cinco gramas, a fruta parece florescer. Um vinho que é um suco de framboesa com borbulhas.

 GRAN RESERVA
CABERNET SAUVIGNON 2018
$$ | COLCHAGUA | 14°

Uma boa abordagem para a Cabernet Sauvignon, é uma amostra simples da cepa, focada em frutas vermelhas maduras ao invés de ervas. É suculento e tem textura muito macia. Esse Cabernet é proveniente de uvas compradas na área de Lolol, na região oeste de Colchagua.

 GRAN RESERVA
CARMÉNÈRE 2018
$$ | COLCHAGUA | 13.5°

Da zona de Lolol, a oeste de Colchagua, esse é um clássico Carménère. Deliciosas frutas vermelhas em um contexto de toques de ervas, muito típico da variedade. A textura é bastante leve, com uma acidez rica em um vinho simples e fácil de beber, mas com a vantagem de mostrar um lado mais fresco e frutado da variedade.

 **GRAN RESERVA**
CHARDONNAY 2019
$$ | CASABLANCA | 13.5°

Generoso em frutas tropicais, notas redutoras que parecem minerais, além de uma acidez fresca e viva nesse Chardonnay simples e que você bebe muito rápido. Essa é uma seleção de uvas que Valle Hermoso compra na região de Bajo Casablanca, muito perto do Pacífico.

  **RESERVA**
SAUVIGNON BLANC 2019
$ | LEYDA | 12.5°

É o vinho base de Valle Hermoso em Leyda e em Sauvignon Blanc, um branco delicioso e refrescante que mostra o potencial da vinícola nesses vinhedos plantados em 2005. Aqui há uma deliciosa pureza de frutas frescas, muito influenciada pelo vinho. Brisas marinhas, distantes cerca de 8 quilômetros em linha reta. Atenção aqui. Um vinho para o ceviche.

OUTROS VINHOS SELECIONADOS
89 | CLASSIC Pinot Noir 2019 | Vale Central | 12.5° | $
88 | CLASSIC RED BLEND Cabernet Sauvignon, Carménère, Syrah 2019
   Vale Central | 13.5° | $
88 | CLASSIC Malbec 2019 | Vale Central | 13° | $
88 | CLASSIC Syrah 2019 | Vale Central | 13.5° | $

‹ prova de *vinhos* ›

Valle Secreto

PROPRIETÁRIOS Antonio Punti & Claudio Berndt
ENÓLOGA Alejandra Vallejo
WEB www.vallesecreto.cl
RECEBE VISITAS *Sim*

Enóloga
ALEJANDRA VALLEJO

Em Alto Cachapoal se localiza esta vinícola cujos 35 hectares de vinhedos estão a 550 metros de altitude. A zona cordilheirana de Cachapoal é conhecida pelo caráter que imprime ao Cabernet Sauvignon, ainda que também variedades como o Cabernet Franc e o Syrah se beneficiem de sua influência, e assim demonstra o portfólio de Valle Secreto, um projeto concebido a si mesmo como "butique". First Edition é sua linha de entrada, Private é a que segue e Profundo se chama seu vinho ícone.

IMPORTADOR: BRASIL: www.optimusimportadora.com.br

PRIVATE BLEND
CABERNET SAUVIGNON, SYRAH, CARMÉNÈRE 2018
$$$ | CACHAPOAL | 14.5°

Para essa mescla, a enóloga Alejandra Vallejo está aplicando uma nova maneira de produzir seus vinhos, focada em obter concentração e frescor na vinha e depois na vinícola, extraindo essa fruta com maior delicadeza e sem deixar a madeira intervir demais ou, pelo menos, para não ser um ator principal. Vejam esse vinho. As frutos vermelhos são as que mandam, as notas de cerejas e de morangos em meio a uma acidez deliciosa e vibrante, rica em crocância.

PROFUNDO
C. SAUVIGNON, MALBEC, CARMÉNÈRE, C. FRANC, P. VERDOT 2017
$$$$$ | CACHAPOAL | 14.5°

Essa já é a sexta edição de Profundo, o vinho top da casa, que inclui uma seleção dos melhores quartéis e das melhores barricas. Esse ano, o mix possui 30% de Cabernet Sauvignon, 22% de Cabernet Franc, 18% de Petit Verdot, 18% de Carménère e 12% de Malbec. O vinho estagia por 18 meses em barricas e esse ano foram produzidas cerca de três mil garrafas. Esse tem uma série de taninos firmes e concentrados, enquanto os sabores são frutados, maduros e vermelhos, exuberantes. Tem um corpo importante, mas tudo é polido, tudo é equilibrado. Mas, tome cuidado para que este vinho precise de tempo na garrafa. É bom começar a pensar em abri-lo em cinco anos.

PRIVATE
CABERNET SAUVIGNON 2017
$$$ | CACHAPOAL | 14.5°

Esse Cabernet Sauvignon vem de plantas clonais, plantadas em 2009 em solos aluviais. O vinho tem 15 meses de estágio em barricas, 20% delas de primeiro uso. A produção de 3.200 garrafas e vale a pena conseguir algumas delas. Esse Cabernet segue a linha (a nova linha) de Private, concentrada nos sabores das frutas, nos temperos e ervas da cepa. A textura é muito polida, os taninos são agradáveis e suculentos.

Valle Secreto

PRIVATE
CARMÉNÈRE 2018
$$$ | CACHAPOAL | 14.5°

Quando não há tanta madeira ou madurez no meio, Alto Cachapoal é capaz de produzir vinhos como esses. Esse Carménère vem de vinhedos plantados em 2002 em solos aluviais e com doze meses de envelhecimento em barricas. Esse Carménère da "nova escola", sem medo das notas herbáceas da cepa, e com uma colheita adiantada, extrações mais delicadas e um uso mais criterioso da barrica, se obtém esse lado refrescante nesse Carménère.

ORIGEN
CABERNET FRANC 2018
$$$$ | CACHAPOAL | 14.5°

Origen é o novo vinho da casa, fermentado em ovos de pedra, construídos especialmente pela vinícola, mediante solicitação, com pedras aluviais da mesma vinha. Cada um dos três ovos que foram feitos tem dois mil litros, sem revestimento, ou seja, tem pedra viva nele. O vinho é o primeiro fermentado em aço e depois malolática. O vinho é uma delícia de notas de ervas, com frutas vermelhas e toques picantes. Muitas frutas vermelhas, tensas, com uma acidez suculenta e um acabamento quase floral, pode passar perfeitamente como vinho para saciar a sede, então sirva-o fresco nesse verão.

FIRST EDITION
CABERNET SAUVIGNON 2018
$$ | CACHAPOAL | 14.5°

Esse é uma visão do estilo do Cabernet Sauvignon de Valle Secreto. De uma seleção de vinhedos plantados entre 1998 e 2009 e estagiado em barricas (40% do vinho) por 8 meses, aqui está uma presença notável de notas de ervas, que dão um frescor a mais a frutas vermelhas maduras. Um Cabernet direto, muito frutado, muito macio.

FIRST EDITION
CARMÉNÈRE 2018
$$ | CACHAPOAL | 14.5°

Esse Carménère nasceu em Alto Cachapoal, a partir de vinhedos plantados em 2009 em solos profundos, com boa retenção de água, detalhe que a sempre sedenta Carménère gosta, aqui há frutas vermelhas maduras, textura muito suave e uma sensação de frescor geral, que atravessa todo esse vinho. Notas de ervas acentuam essa sensação.

FIRST EDITION
SYRAH 2018
$$ | CACHAPOAL | 14°

Um Syrah leve e fresco, com destaque para as notas de especiarias e também para as frutas vermelhas maduras mostradas aqui em um corpo médio de taninos muito gentis e muito polidos. Esse vinho é proveniente de vinhas plantadas em 2007 em solos aluviais e estagia em barricas por oito meses.

‹ prova de *vinhos* ›

 PRIVATE
CABERNET FRANC 2017
$$$ | CACHAPOAL | 14.5°

Nas colinas aluviais de Alto Cachapoal, esse Cabernet Franc mostra frutas e notas de ervas em quantidades semelhantes, tudo em um fundo de frutas vermelhas e de especiarias. O vinho possui corpo médio, taninos macios, polidos e cremosos, mas também delineados por uma acidez firme e suculenta.

OUTROS VINHOS SELECIONADOS
88 | KEY Petit Verdot 2018 | Cachapoal | 14.5° | $$
87 | FIRST EDITION Viognier 2018 | Cachapoal | 13° | $$

Ventisquero

PROPRIETÁRIO Gonzalo Vial
ENÓLOGO Felipe Tosso
WEB www.vinaventisquero.com
RECEBE VISITAS Sim

Enólogo
FELIPE TOSSO

Desde a edição de sua linha Tara, com vinhos do extremo norte do Chile, há seis anos Ventisquero veio adotando um estilo de vinhos mais inovador. Um feito de destaque para uma vinícola grande e de vocação comercial. Produz anualmente 3,6 milhões de garrafas, provenientes de 1.000 hectares próprios, incluindo vinhedos em vales como o meridional Huasco, o costeiro Leyda ou os tradicionais Colchagua ou Maipo. Na parte costeira de Maipo está sua sede, no campo Trinidad, onde começou sua história, no ano 2001. O portfólio da vinícola é amplo e bem diferenciado. Começa com varietais e reservas, continua com a marca Queulat, segue com Grey e culmina com seus vinhos top, que são vários. Aqui está o Pinot Noir Herú, o Cabernet Enclave, o Syrah Pangea, a mescla tinta Vértice e as rótulas da linha Tara, provenientes do desértico clima de Atacama. O enólogo chefe de Ventisquero é, desde o começo, Felipe Tosso. **IMPORTADORES:** BRASIL: www.cantuimportadora.com.br | USA: www.australwines.cl

 **TARA RED WINE 1**
PINOT NOIR 2018
$$$$$ | ATACAMA | 13°

Esse Pinot desempenha um esporte diferente dos outros jogadores de Pinot no Chile ou, pelo menos, o seu jogo tem diferentes regras. De duas vinhas no vale Huasco, ambas a cerca de oito horas de carro de Santiago. Longomilla fica a cerca de 24 quilômetros do mar, próximo ao rio Huasco, em um terreno de cal e de pedras. E Nicolasa, em pisos de cal e de sal. A mescla aqui funciona muito bem, principalmente porque afeta o caráter desse vinho de forma decisiva. Não há aromas de Pinot aqui, mas minerais, carvão. Não há frutas ao fundo. O que há é solo, acidez, taninos e profundidade de sabores. Tudo isso e muito mais é projetado no palato e permanece lá, no fundo, vibrando, brincando com a língua, fazendo cócegas com essa acidez, incomodando com esses taninos ferozes. Pare um segundo e veja aonde esse vinho o leva.

Ventisquero

TARA WHITE WINE 1
CHARDONNAY 2018
$$$$$ | ATACAMA | 13°

Esse 100% Chardonnay que vem de duas vinhas: dois terços de Longomilla e um terço de Nicolasa. Longomilla é um vinhedo próximo ao rio Huasco, plantado em 2007, de solos de pedra e de cal e a cerca de 24 quilômetros do mar. Nicolasa fica a 18 quilômetros do Pacífico e tem um solo branco e salino, plantado em 2009, um lugar que "tem uma visão muito mais desértica que Longomilla, muito mais árida", diz o enólogo Felipe Tosso. No contexto bruto e forte de Copiapó, Longomilla oferece vinhos mais amplos, envolventes e maduros, enquanto Nicolasa oferece um lado vertical, firme e austero. A mistura aqui é incrível. Pura fruta madura com um raio de acidez no meio. Um vinho para guardar por uma década.

TARA RED WINE 2
SYRAH 2018
$$$$$ | ATACAMA | 13°

Esse vinho é baseado nas videiras que Ventisquero plantou a cerca de 24 quilômetros do mar, na vinha Longomilla, ao lado do rio Huasco, em solos pedregosos e calcários. Há 70% de SYrah que vem desse local e do restante dos solos salinos e calcários de Nicolasa, a cerca de 18 quilômetros do mar. Esse é um Syrah radiante em frutas vermelhas, frescas, vibrantes, com um nível zero de secura. Não há doçura aqui, apenas frutas vermelhas em estado de acidez e frescor delicioso e vibrante. Um terroir completamente diferente (uma vinha à beira-mar, no deserto mais seco do mundo) mostra uma face incomum da Syrah, muito diferente de tudo do que se produz mais ao norte.

VÉRTICE APALTA VINEYARD
CARMÉNÈRE, SYRAH 2016
$$$$$ | COLCHAGUA | 14.5°

Esse é um ano importante na transformação do estilo de Vértice, uma mescla de Carménère e de Syrah das mais altas vinhas dessas variedades em Apalta, videiras que Ventisquero plantou no ano 2000 na região de Colchagua. Desde a primeira colheita, em 2005, isso representa cerca de metade das duas cepas. Esse ano tem outra coisa, talvez dois por cento Syrah, mas o importante é o estilo que parece muito mais atual hoje do que no passado, menos concentrado e mais fluido na boca. Isso se deve em parte ao ano, que tem sido muito frio, e também ao fato das extrações terem sido muito mais suaves e a madeira nova ter baixado notavelmente para apenas um terço. Aqui há foudres de 2.700 litros e barricas de 300 litros, ou seja, madeira de grandes formatos que influencia muito menos os sabores. O melhor Vértice até agora.

GREY LONGOMILLA VINEYARD
SAUVIGNON BLANC 2019
$$$ | ATACAMA | 13°

De uma das fronteiras do norte do vinho chileno, no deserto de Atacama, mas muito perto do mar, esse Sauvignon não precisa ter inveja dos do extremo sul de Casablanca ou Leyda. Nada a invejar em frescor, mas a diferença aqui é a zona, aquele deserto árido (o mais seco do mundo) e os solos salinos que imprimem esse lado mineral aqui, esse sal entre os sabores cítricos e herbáceo. Um vinho tenso e nervoso. Este vinho foi produzido em foudres por dez meses.

95 **PANGEA**
SYRAH 2016
$$$$$ | APALTA | 14°

Pangea é o Syrah top de Ventisquero, elaborado a 4 mãos pelo consultor australiano John Duval e Felipe Tosso. Esse vem de solos de granito nas montanhas de La Roblería, em Apalta. A primeira versão foi em 2004 e essa nova safra dá um novo passo em seu desenvolvimento em direção a vinhos mais frescos, menos carregados e menos doces. Esse vinho envelhece 10% em fordes 2.500 e o restante em barricas de 300 litros. A madeira tem uma influência muito menor aqui, mas também há o fato de que a colheita de 2016 foi fria e influenciou diretamente o caráter dos sabores, que parecem mais ácidos e fluidos, menos pesados e mais nervosos. Um passo a frente no caminho de um Syrah de Apalta Syrah, com maior frescor.

95 **TARA WHITE WINE 2 EDICIÓN 3 SOLERA**
VIOGNIER N/V
$$$$$ | ATACAMA | 13.5°

Imitando o sistema de soleras e criaderas dos vinhos de Jerez, esse é 100% Viognier que começou a estagiar em barricas em 2011 e que ano após ano vai se refrescando com a safra mais recente. Essa terceira edição vai da colheita de 2011 a de 2018 e tende a ser ainda mais seca e austera. Há menos notas de frutas brancas frescas (como anunciado na colheita anterior) e mais frutos secos. De certa forma, embora de maneira incipiente, está se "amontillado", como se diz em Jerez. É um vinho que deve ser seguido com calma e, acima de tudo, com paciência.

94 **GREY APALTA VINEYARD**
GARNACHA, CARIGNAN, MOURVÈDRE 2019
$$$ | APALTA | 14°

A primeira safra desse vinho foi em 2012 e, de certa forma, marcou um caminho diferente em Ventisquero, em particular, e em Apalta em geral. Antes desse vinho, o que se pensava de Apalta era que só poderia ser uma fonte de vinhos extra concentrados e maduros. E Ventisquero, foi o fusível que acendeu uma pequena revolução que levaria a menos extração, menos madeira e, é claro, Tara, uma das linhas mais radicais do Chile. E sim, esta nova colheita é uma delícia de frescor.

94 **HERÚ**
PINOT NOIR 2018
$$$$ | CASABLANCA | 14°

Da área de Tapihue, no centro do vale de Casablanca, esse Herú é o Pinot mais ambicioso de Ventisquero. É proveniente de uma pequena montanha de granito e sua primeira safra foi em 2007. Nesse ano, Herú se comporta como a colheita fresca e de vinhos com maior foco em frutas vermelhas, mas também em notas florais e especiadas. Atenção com a textura suave dos taninos que apoiam esses sabores com sua textura firme e pulsante.

Ventisquero

GREY APALTA VINEYARD
MERLOT 2017
$$$ | APALTA | 13°

Ventisquero obtém esse Merlot de vinhedos plantados em solos argilosos em uma inclinação de cerca de 30%. O vinho estagia por 18 meses em barricas, a maior parte usadas e o vinho que vem delas é pura fruta vermelha madura. Em uma safra quente, as uvas foram colhidas cedo, para não perder o frescor. E não foi perdido. Aqui existem frutas, ervas e especiarias em um vinho tinto fácil de beber e que mostra a suavidade e o charme da Merlot, como poucos do Maipo.

GREY APALTA VINEYARD
SYRAH 2017
$$$ | APALTA | 13.5°

De solos de granito em áreas mais altas de Apalta, com cerca de 400 metros de altura, esse Syrah das colinas de Apalta possui uma deliciosa carga de frutas, com frutas vermelhas maduras em seu estado ideal, sem exageros. A textura é macia e deixa espaço para notas de ervas e uma acidez que quase não aparece, mas está lá, refrescante.

GREY TAPIHUE VINEYARD
CHARDONNAY 2018
$$$ | CASABLANCA | 12.5°

Grey é uma seleção de parcelas no sopé das montanhas, com solos de argilas e de granito, mas sem areias que, segundo o enólogo Felipe Tosso, produz vinhos mais gordos, mais planos. Nesse caso, um solo de granito, a Chardonnay brilha em sua verticalidade, em sua acidez firme e afiada, com frutas brancas maduras e untuosos. A acidez aqui atua como uma espécie de guarda que impede que algo saia do lugar, que nada se expanda ou ganhe em dulçor.

GREY TRINIDAD VINEYARD
CABERNET SAUVIGNON 2017
$$$ | MAIPO | 14°

As vinhas plantadas em 1998, no vinhedo de Trinidad, estão localizadas na área de Maipo Costa. O estilo de Cabernet da região, e especialmente de Ventisquero, tem foco na fruta e na maciez dos taninos. É assim. Taninos polidos, frutas vermelhas e um leve toque de especiarias que traz complexidade e charme. Um vinho que mostra um estilo diferente de Cabernet, mais frutado que herbáceo.

GREY TRINIDAD VINEYARD
CARMÉNÈRE 2017
$$$ | APALTA | 13.5°

A nova onda de Carménère representada nesse tinto. Colhida três semanas mais cedo do que o habitual, em um ano muito quente como 2017, apresenta frutas, cerejas e morangos em um fundo muito sutil de ervas e de notas de especiarias. Um vinho de taninos muito polidos e suculentos, bem amalgamados em uma camada de sabores de frutas. Um vinho fresco em um ano quente, que implica um desafio vitícola em vez de enológico, e que foi cumprido aqui.

‹ *prova de **vinhos*** ›

 GREY LAS TERRAZAS VINEYARD
PINOT NOIR 2018
$$$ | LEYDA | 13.5°

De vinhedos próximos à foz do rio Maipo, no vale do Leyda, esse Grey oferece frutas vermelhas maduras, mas nunca doces. Tem uma textura amável, onde o calor da fruta supera os taninos, mas não chega a ser enjoativo. É macio, firme, de boa acidez e com um final levemente herbáceo.

 QUEULAT GRAN RESERVA
SAUVIGNON BLANC 2019
$$ | LEYDA | 13°

Um suco de peras ácidas nesse vinho, um delicioso exemplo de Sauvignon Blanc, simples e direto em suas frutas. Esse vem dos terraços de Leyda, ao lado do rio Maipo.

 QUEULAT GRAN RESERVA
CABERNET SAUVIGNON 2018
$$ | MAIPO COSTA | 13.5°

De vinhedos na área de Maipo Costa, de exposição sul, de costas para o sol da tarde, esse Cabernet tem um lado fresco e amável. Como essa linha exige, não existem arestas ou qualquer coisa que interrompa a expressão ou textura da fruta, um para o churrasco.

 QUEULAT GRAN RESERVA
CARMÉNÈRE 2018
$$ | MAIPO COSTA | 13°

Da zona da Trinidad, no vale do Maipo, em direção à costa, apresenta muitas frutas vermelhas e uma textura muito suave, muito amável, com toques de especiarias e de ervas. Um vinho que se bebe muito fácil, sem arestas.

 QUEULAT GRAN RESERVA
CINSAULT 2018
$$ | ITATA | 13°

Este é o protótipo do Cinsault fresco, vermelho e rico em acidez, um vinho para beber no verão, na piscina e nos feriados. Frutas e mais frutas e textura macia.

 QUEULAT GRAN RESERVA
PINOT NOIR 2018
$$ | LEYDA | 13.5°

Uma visão gentil e suculenta de Pinot, esse é macio, amável, suculento, cheio de sabores de frutas vermelhas e especiarias doces em um vinho fácil de beber e sem arestas.

QUEULAT GRAN RESERVA
SYRAH 2018
$$ | MAIPO | 13.5°

Dos tintos da linha Queulat, esse é o que possui melhor aderência, aquele com os taninos mais duros e firmes, todos no lugar de frutas vermelhas suculentas e frescas. Um vinho para o churrasco.

Ventisquero

RESERVA LIMITED EDITION
CABERNET SAUVIGNON, CARMÉNÈRE, SYRAH, PETIT VERDOT 2018
$ | MAIPO | 13°

Esse é um excelente vinho pelo seu preço. Baseado em Cabernet Sauvignon, provém de solos graníticos no Maipo. 70% do vinho estagia em barricas usadas e o restante em aço inoxidável. Os sabores das frutas são deliciosos em um contexto de acidez rica e de corpo médio, com carga suficiente para ser um aliado perfeito para o churrasco.

ROOT: 1 HERITAGE BLEND
CABERNET SAUVIGNON, CARMÉNÈRE, SYRAH, PETIT VERDOT 2018
$ | MAIPO | 13°

Por um preço muito conveniente, aqui se tem um tinto suculento, focado nos sabores de frutas e de especiarias. O corpo é macio, mas com taninos suficientes (com aderência suficiente) para um churrasco.

OUTROS VINHOS SELECIONADOS

- 89 | RESERVA País, Moscatel 2018 | Cauquenes | 11.5° | $
- 88 | RESERVA Pinot Noir 2018 | Casablanca | 12.5° | $
- 88 | RESERVA Sauvignon Blanc 2019 | Casablanca | 12.5° | $
- 87 | RESERVA Carménère 2019 | Colchagua | 13° | $
- 87 | ROOT:1 Carménère 2018 | Colchagua | 13° | $
- 86 | RESERVA Cabernet Sauvignon 2018 | Maipo | 13° | $

Ventolera

PROPRIETÁRIOS Vicente Izquierdo & Stefano Gandolini
ENÓLOGO Stefano Gandolini
WEB www.gvvterroirs.com
RECEBE VISITAS Não

Proprietário & enólogo
STEFANO GANDOLINI

Propriedade do empresário agrícola Vicente Izquierdo, Ventolera foi das vinícolas pioneiras em apostar no vale de Leyda, zona até pouco atrás inexplorada para a viticultura e que hoje está entre as mais prestigiadas do país. Começou em 2008 com a enologia a cargo de Ignacio Recabarren (célebre enólogo de Concha y Toro) e desde 2011 ficou a cargo de Stefano Gandolini, que além disso entrou como sócio. Contam com 160 hectares, a maioria de Sauvignon Blanc - o forte da vinícola - e o resto de Chardonnay, Syrah e Pinot Noir. **IMPORTADOR:** BRASIL: www.wine-co.com.br

VINHOS

PRIVATE CUVÉE WHITE BLEND
CHARDONNAY, GEWÜRZTRAMINER 2016
$$$$$ | LEYDA | 13.5°

Esse é o novo branco de Ventolera e é uma mistura de 75% Chardonnay e 25% Gewürztraminer. Estagia três anos com as borras em barricas de aço de 225 litros e seis meses em garrafa antes de entrar no mercado. Foram produzidas cerca de 2.500 garrafas e é bom que tenham a tarefa de conseguir algumas delas. A influência do Pacífico, a cerca de doze quilômetros, aqui se traduz em acidez, uma acidez aguda e brilhante, mas também em

‹ prova de **vinhos** ›

notas de sal, que lhe conferem uma complexidade extra. A Gewürz traz notas de flores que o tornam ainda mais divertido no nariz. Na boca, é largo, com a estrutura de um vinho tinto; um branco firme e intenso, cheio de especiarias e de frutas cítricas e um final longo e profundo.

 CERRO ALEGRE LIMITED EDITION
SAUVIGNON BLANC 2018
$$$$$ | LEYDA | 13.5°

A primeira versão do Cerro Alegre foi em 2013 e, desde então, vem de um setor especial dentro da vinha Ventolera. Essa é uma seleção de dois quartéis, que totalizam cerca de 7 hectares. Um plantado com o clone 107, que amadurece muito cedo na estação e fornece o lado cítrico e as ervas, enquanto o outro é plantado com o clone 242, que fornece frutas tropicais e maior madurez e redondeza. Há 50% de cada um deles. Para o enólogo Stefano Gandolini, a importância de um ano em garrafa que tem esse vinho está na complexidade que adquire em seus sabores e texturas, algo que não é habitual no Sauvignon de Leyda, que geralmente são lançados ao mercado logo depois de alguns meses de sua fermentação. É um delicioso Sauvignon em seu frescor, com toques cítricos e de ervas, mas com uma boca longa e cremosa, moderada por uma acidez elétrica, firme e de grande tensão.

 VENTOLERA
SAUVIGNON BLANC 2019
$$$$ | LEYDA | 13.5°

Este **Ventolera** é o Sauvignon de entrada e é uma seleção de quartéis dos vinhedos da vinícola em Leyda, na parte mais próxima ao mar desse vale. Sem passar por madeira, aqui há uma expressão clara da variedade nos solos argilosos e graníticos dessas colinas costeiras. Cítrico e herbáceo, com toques florais no meio de uma acidez firme, muito típica desse lugar fortemente influenciado pelo Pacífico. O corpo é importante, tem peso, mas devido a essa acidez tudo aqui se torna muito fácil de beber e muito refrescante.

VENTOLERA
SYRAH 2018
$$$$ | LEYDA | 13°

Esse Syrah foi enxertado em plantas de Chardonnay em 2013. A fermentação é feita com 50% de todos os cachos e depois estagia em barricas usadas por 8 meses. Esse mostra uma mistura de aromas de carne, como se cheirasse toucinho e também muitas frutas vermelhas, que falam do clima frio nessa área de Leyda, a doze quilômetros do Pacífico. O vinho tem um bom corpo, taninos bem polidos e pulsantes. Para guardar alguns anos em garrafa.

«‹----›»

VIK

PROPRIETÁRIO Alexander Vik
ENÓLOGO Cristián Vallejo
WEB www.vik.cl
RECEBE VISITAS *Sim*

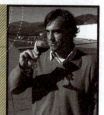

Enólogo
CRISTIÁN VALLEJO

Vik é o projeto de Alexander Vik, um empresário norueguês focado na indústria hoteleira e, no Chile, também no vinho. A propriedade de 4.325 hectares no centro do vale de Cachapoal foi adquirira em meados da década passada, um mini vale entre montanhas onde Vik plantou 326 hectares de vinhedos, a maior parte destinados a venda das uvas. Uma seleção dessas vinhas é usada para três vinhos, La Piu Belle, Milla Calla e Vik, todos elaborados pelo enólogo Cristián Vallejo, que está no comando desde que o consultor Patrick Vallete, encarregado de iniciar o projeto, deixou a vinícola em 2017. **IMPORTADORES:** BRASIL: www.wine.com.br | USA: www.guarachiwinepartners.com

VINHOS

 94 **VIK** CABERNET SAUVIGNON, CABERNET FRANC, CARMÉNÈRE 2014
$$$$$ | CACHAPOAL | 14°

Essa é a primeira versão de Vik que não possui Merlot em sua mescla, uma variedade que, segundo o enólogo Cristián Vallejo, tende a subtrair a verticalidade que ele procura. Nesse caso, há 72% de Cabernet Sauvignon, 15% de Cabernet Franc e o restante Carménère. O vinho segue o curso da colheita anterior, que já havia nos mostrado mudanças importantes nessa vinícola em Millahue, em Cachapoal. As videiras de doze anos oferecem frutas vermelhas e especiarias, além de notas de ervas. O foco é a fruta fresca e não mais a madeira ou a madurez. Os taninos são muito polidos e o vinho, de corpo médio, é muito elegante.

92 **MILLA CALA** CABERNET SAUVIGNON, CABERNET FRANC, CARMÉNÈRE, MERLOT, SYRAH 2016
$$$$$ | CACHAPOAL | 14°

Milla Cala é o vinho de entrada de Vik e essa safra de 2016, um ano fresco, de chuvas intensas, é o primeiro intento do enólogo Cristián Vallejo em busca de maior pureza das frutas. A madeira nova é um dos primeiros "padronizadores" que foram reduzidos aqui, com apenas 15% de novas barricas. Depois vêm os recipientes de barro, obtidos do mesmo campo, e também as barricas tostadas com madeira da propriedade. Mas, isso é a partir da safra de 2018-19. No momento, esse tem 62% Cabernet Sauvignon, 16% Carménère, 11% Merlot, 10% Cabernet Franc e o restante de Syrah e é talvez a versão mais delicada desse vinho. Taninos muito finos emolduram frutas vermelhas maduras e muitas ervas e especiarias. É um vinho de corpo médio, com muito equilíbrio.

<<<----->>>

‹ *prova de **vinhos*** ›

Villalobos

PROPRIETÁRIO Família Villalobos
ENÓLOGOS Enrique, Rolando & Martín Villalobos
WEB www.villaloboswine.cl
RECEBE VISITAS *Sim*

Enólogos
ENRIQUE, ROLANDO & MARTÍN VILLALOBOS

A família **Villalobos** possui um vinhedo na área de Lolol, em Colchagua. E é um vinhedo muito particular, sem condução, com trepadeiras subindo pelas árvores. A partir dessa vinha muito antiga, em 2009, eles lançaram o Carignan Viñedo Silvestre e, na época, era algo que ainda não era visto na cena chilena, um vinho de corte "natural" sem intervenção, feito de forma intuitiva e que mostrava uma cara fresca, leve e selvagem da variedade. Esse é seu tinto estrelado, mas também possuem outros vinhos que, embora não venham de vinhedos selvagens, mostram um estilo semelhante de vinificação natural. Hoje produzem 35.000 garrafas.

VINHOS

 LOBO
CARMÉNÈRE 2018
$$$ | COLCHAGUA | 12.5°

Esse vem de um vinhedo de cerca de 20 anos de Carménère, pertencente aos Villalobos, na área de Lolol, em direção a oeste do vale de Colchagua. Essa é uma versão muito frutada da variedade, com uma textura deliciosa, que se move graciosamente pela boca, sem arestas. Colheram mais tarde para evitar notas exageradas de ervas, mas ainda assim esse vinho parece fresco e apenas 12,5% de álcool, o que pode falar da influência fresca do mar na área. Esse é um vinho para não se parar de beber.

 VIÑEDO SILVESTRE
CARIGNAN 2017
$$$ | COLCHAGUA | 12°

Um vinhedo selvagem, onde as vinhas escalam árvores em total liberdade. A partir daí, os Villalobos produzem Carignan desde 2007 (a primeira safra comercial foi em 2009), intuitivamente, sem conhecimento técnico. É por isso que talvez seu Carignan Viñedo Silvestre (hoje com uma produção de 10.000 garrafas) não se pareça com nenhum Carignan chileno. Começando com a cor, que é muito suave. Os aromas são frutados, frutas vermelhas suculentas com detalhes terrosos, em um vinho que desliza pela boca com seus toques de ervas e de frutas e é muito firme, mas ao mesmo tempo de taninos muito amáveis. Esse vinho estagia em barricas usadas com suas leveduras nativas e apenas sulfitos são adicionados no momento do engarrafamento.

 COSTINO
CABERNET SAUVIGNON 2019
$$ | COLCHAGUA | 13°

Esse é um Cabernet bastante incomum, primeiro porque é feito quase sem intervenção enológica, segundo porque é proveniente de uma área bastante fria como Lolol e, terceiro, porque possui algo de Carménère e também de Cinsault (10% no total). O resultado é muito frutado, as frutas vermelhas são radiantes em frescor, com uma acidez suculenta. As frutas de Cinsault, apesar de sua baixa participação em termos percentuais, são sentidos nessas notas de cerejas. Uma visão muito particular, refrescante e natural da cepa.

Villard Fine Wines

PROPRIETÁRIO Thierry Villard
ENÓLOGA Anamaría Pacheco
WEB www.villard.cl
RECEBE VISITAS Sim

Proprietários
THIERRY VILLARD & JEAN-CHARLES VILLARD

A vinícola fundada em 1989 pelo francês Thierry Villard foi das pioneiras do vale de Casablanca. Nos últimos anos a liderança foi tomada por seu filho, o enólogo Jean-Charles Villard, que junto à enóloga Anamaría Pacheco elabora um catálogo de vinhos centrado nas variedades brancas Sauvignon Blanc e Chardonnay, e nas tintas Pinot Noir e Syrah. A base de seus vinhos está no setor de Tapihue, onde têm um vinhedo que começou a ser plantado em 2006. São vinhas em encostas de distintas orientações e que aproveitam as colinas de Casablanca. Em Tapihue têm além disso, a vinícola, inaugurada no ano passado. Sua vinícola e vinhedos originais foram vendidos aos franceses da Laroche (Chablis) faz uma década, mas que continuaram utilizando a propriedade por um tempo. A produção anual de Villard é de 130.000 garrafas. **IMPORTADORES:** BRASIL: www.decanter.com.br | USA: www.ripewi.com

VINHOS

 TANAGRA
SYRAH 2017
$$$$$ | CASABLANCA | 14°

Em um ano muito quente, o top de Villard foi colhido mais cedo do que nunca, no final de março. Estagia em barris por cerca de 20 meses, possui um suporte de taninos muito importante, taninos firmes e afiados, com uma fruta muito fresca e crocante para os padrões da safra. É um vinho que, apesar dos taninos, parece suculento, rico para beber. Esse Tanagra estreou na safra de 2005 com uvas compradas de terceiros. E desde 2010 vem de vinhedos próprios em Tapihue.

 JCV CHARLIE RAMATO
PINOT GRIGIO 2018
$$$ | CASABLANCA | 14°

Emulando o estilo Ramato de Friuli na Itália, esta segunda versão do JCV Ramato tem 3 meses de contato com as peles, o que explica sua cor mais intensa e mais alaranjada. No entanto, aqui o que parece (e importante) é que a fruta é deliciosa, refrescante; uma espécie de suco de marmelo e com a mesma acidez deliciosa. É um vinho fresco, muito fácil de beber e que escapa ao protótipo do vinho laranja, que é mais um prazer intelectual do que sensorial. Esse é para beber por litros.

 LE CHARDONNAY GRAND VIN
CHARDONNAY 2018
$$$ | CASABLANCA | 14°

Le Chardonnay é uma seleção de videiras com mais de vinte anos no setor de La Vinilla. O estágio é feito em foudres de diferentes tamanhos e também uma porção menor em barricas, tudo por dez meses e sempre em contato com as borras. O resultado é um vinho que mistura muito bem o frescor de um ano frio em Casablanca, com a influência da madeira e das borras que lhe conferem profundidade e sabores untuosos. Para guardar.

‹ *prova de **vinhos*** ›

 L'ASSEMBLAGE GRAND VIN
SYRAH, CABERNET SAUVIGNON, PETITE SIRAH, MERLOT 2018
$$$ | VALE CENTRAL | 14°

Essa é a nova versão do L'Assemblage e possui 46% de Syrah de Tapihue, 40% de Cabernet Sauvignon da área de Mariscal, em Alto Maipo, 10% de Petite Sirah da área de Maipo Costa e o restante de Merlot de Casablanca. Uma mistura clássica de Villard, esse ano mostra o frescor da colheita com notas de frutas vermelhas maduras e ervas em um vinho com taninos firmes, muito nervo na boca e rico em sabores de frutas. Ainda muito jovem, serve para embutidos, mas também para guardar.

 LE PINOT NOIR GRAND VIN
PINOT NOIR 2018
$$$$ | CASABLANCA | 14°

A base desse Pinot fica em Tapihue, de vinhedos de cerca de 12 anos, embora também haja frutos de um produtor do setor Lo Ovalle, mais próximo do mar, ambos em Casablanca. Estagia em foudres e em barricas, tudo de madeira usada, esse Pinot tem ossos muito bons, uma base de acidez e taninos onde as frutas vermelhas, maduras, mas frescas são sustentadas sem problemas. Esse Pinot tem profundidade e um bom potencial de guarda.

 EXPRESIÓN RESERVE
CHARDONNAY 2018
$$ | CASABLANCA | 12.5°

Um Chardonnay daqueles crocantes na boca, fresco e cheio de ervas, mas não ao nível de trair o caráter da variedade. Aqui há notas de abacaxi maduro, mas também de flores brancas e de frutas em um corpo leve, mas com uma acidez firme e suculenta. Esse vinho foi fermentado em aço e estagia com as borras sempre em tanques.

 EXPRESIÓN RESERVE
SAUVIGNON BLANC 2019
$$ | CASABLANCA | 14°

Da área de Bajo Casablanca, perto do mar, é uma mesma de dois clones. Clone 1 que fornece acidez e vinhos austeros e 242 que fornece vinhos mais maduros e amplos. A mistura funciona bem em um ano quente, oferecendo um vinho de grande voluptuosidade, com toques de ervas, textura cremosa e final também herbáceo.

 EXPRESIÓN RESERVE
SYRAH 2017
$$ | CASABLANCA | 13°

Villard começou a plantar Syrah na área de Tapihue, no meio de Casablanca, há uma década e hoje obtém todos os Syrah dessa vinha, ao lado da recém-inaugurada vinícola. Esse exemplo é um suco de cerejas, fresco e vivo, com toques especiados, mas principalmente frutas e mais frutas. Esse vinho tem cerca de dez meses de envelhecimento em madeira usada, embora apenas em um terço do volume.

Villard Fine Wines

JCV CHARLIE VILLARD
SÉMILLON 2019
$$$ | CASABLANCA | 14°

Fermentado com as peles e entre macerações e fermentação, esse Sémillon fica em contato com as peles por um mês. De frutas compradas na área de Lo Ovalle, em Bajo Casablanca, esse é um dos raros exemplos da cepa nesse vale. E o que caracteriza essa versão, a primeira no projeto de Charlie Villard para a vinícola Villard, são os toques de frescor e de ervas em um corpo bastante leve, com toques frescos de frutas brancas e algumas ervas.

EXPRESIÓN RESERVE
PINOT NOIR 2018
$$ | CASABLANCA | 14°

Esse é um Pinot que tradicionalmente opta pela simplicidade, pelas frutas frescas. Quando no Chile esse estilo era escasso ou, justamente, não existia, era mostrado com esse tipo de fruta ingênua, sabores de frutas vermelhas e acidez rica em uma textura macia e muito gentil. Isso vem de diferentes partes de Casablanca, embora a maior porcentagem seja de Tapihue, no centro de Casablanca, onde Villard tem sua vinícola.

Vinetrail

PROPRIETÁRIO Luis Felipe Edwards Sr. & Senhora
ENÓLOGO Nicolás Bizzarri
WEB www.lfewines.com
RECEBE VISITAS *Não*

Enólogo
NICOLÁS BIZZARRI

Os vinhos de **Vinetrail** fazem parte do portfólio da Luis Felipe Edwards, uma vinícola familiar chilena, em grande parte dedicada às exportações. As primeiras vinhas, que datam do início dos anos 1900, sua moderna vinícola e o centro de operações, estão localizados em Puquillay Alto, no coração do vale de Colchagua desde 1976. As vinhas da família Edwards alcançam 2000 hectares e estão distribuídas nos vales mais importantes da zona central do Chile. Suas várias propriedades incluem plantações a 900 metros de altura em Puquillay Alto, vinhas centenárias no Maule, plantações costeiras de clima frio em Leyda e Pumanque - Colchagua Costa - entre outras. Essa grande diversidade de vinhedos reflete-se em suas diferentes linhas de vinho. **IMPORTADOR:** BRASIL: www.evino.com.br

VINHOS

MOUNTAIN RED BLEND SYRAH, C. SAUVIGNON, CARMÉNÈRE, GRENACHE, P. VERDOT, MOURVÈDRE 2015
$$$ | COLCHAGUA | 14.5°

Esta é uma seleção de algumas das mais altas vinhas na cidade de Puquillay, no vale de Colchagua, entre 600 e 900 metros, bastante alta para a média da região. Essa nova versão possui 46% Syrah, 20% Cabernet Sauvignon, 17% Carménère, 10% Garnacha e o restante de Petit Verdot e Monastrell. Comparado com a versão anterior, parece um pouco mais frio, com mais frutas vermelhas e com maior tensão, embora mantenha a mesma musculatura fibrosa dos vinhos de altura. Um delicioso vinho tinto, para beber agora ou em dois a três anos, só ganhará complexidade, enquanto a acidez aguda sentida hoje permitirá que ele continue envelhecendo.

‹ *prova de vinhos* ›

GRAN RESERVA
SAUVIGNON BLANC 2019
$$ | LEYDA | 13.5°

Uma excelente relação qualidade-preço, sente-se nervoso e tenso em acidez. Tem sabores de frutas tropicais, tons de ervas em um corpo leve. Esse vem dos solos graníticos de Leyda, no vale de San Antonio, a cerca de 8 quilômetros do mar. O branco ideal para o aperitivo.

BRUT
CHARDONNAY, PINOT NOIR N/V
$$ | COLCHAGUA COSTA | 12.5°

Pumanque é a área mais ocidental (mais próxima do mar), onde Vinetrail tem vinhedos em Colchagua e daí vem esse 85% Chardonnay, mais 15% de Pinot que vem de Leyda, também de seus próprios vinhedos. Este Charmat tem foco em frutas e frescor. Tudo aqui é deliciosa acidez, frutas brancas e borbulhas cremosas. Para beber por garrafas.

BRUT ROSÉ
PINOT NOIR, CHARDONNAY N/V
$$ | LEYDA | 12.5°

85% desse vinho é Pinot Noir que vem da zona de Leyda, no vale de San Antonio, muito perto do mar. E isso se sente no frescor e agilidade desse vinho na boca. Com um açúcar residual por litro de pouco mais de cinco gramas, a fruta parece florescer. Um vinho que é um suco de framboesa com borbulhas.

GRAN RESERVA
CABERNET SAUVIGNON 2018
$$ | COLCHAGUA | 14°

Uma boa abordagem para a Cabernet Sauvignon, é uma amostra simples da cepa, focada em frutas vermelhas maduras ao invés de ervas. É suculento e tem textura muito macia. Esse Cabernet é proveniente de uvas compradas na área de Lolol, na região oeste de Colchagua.

GRAN RESERVA
CARMÉNÈRE 2018
$$ | COLCHAGUA | 13.5°

Da zona de Lolol, a oeste de Colchagua, esse é um clássico Carménère. Deliciosas frutas vermelhas em um contexto de toques de ervas, muito típico da variedade. A textura é bastante leve, com uma acidez rica em um vinho simples e fácil de beber, mas com a vantagem de mostrar um lado mais fresco e frutado da variedade.

GRAN RESERVA
CHARDONNAY 2019
$$ | CASABLANCA | 13.5°

Generoso em frutas tropicais, notas redutoras que parecem minerais, além de uma acidez fresca e viva nesse Chardonnay simples e que você bebe muito rápido. Essa é uma seleção de uvas que Vinetrail compra na região de Bajo Casablanca, muito perto do Pacífico.

Vinetrail

90 | RESERVA
SAUVIGNON BLANC 2019
$ | LEYDA | **12.5°**

É o vinho base de Vinetrail em Leyda e em Sauvignon Blanc, um branco delicioso e refrescante que mostra o potencial da vinícola nesses vinhedos plantados em 2005. Aqui há uma deliciosa pureza de frutas frescas, muito influenciada pelo vinho. Brisas marinhas, distantes cerca de 8 quilômetros em linha reta. Atenção aqui. Um vinho para o ceviche.

OUTROS VINHOS SELECIONADOS
- 89 | CLASSIC Pinot Noir 2019 | Vale Central | 12.5° | $
- 88 | CLASSIC RED BLEND Cabernet Sauvignon, Carménère, Syrah 2019 Vale Central | 13.5° | $
- 88 | CLASSIC Malbec 2019 | Vale Central | 13° | $
- 88 | CLASSIC Syrah 2019 | Vale Central | 13.5° | $

Viña Carrasco

PROPRIETÁRIO Luis Felipe Edwards Sr. & Senhora
ENÓLOGO Nicolás Bizzarri
WEB www.lfewines.com
RECEBE VISITAS *Não*

Enólogo
NICOLÁS BIZZARRI

Os vinhos de Viña Carrasco fazem parte do portfólio da Luis Felipe Edwards, uma vinícola familiar chilena, em grande parte dedicada às exportações. As primeiras vinhas, que datam do início dos anos 1900, sua moderna vinícola e o centro de operações, estão localizados em Puquillay Alto, no coração do vale de Colchagua desde 1976. As vinhas da família Edwards alcançam 2000 hectares e estão distribuídas nos vales mais importantes da zona central do Chile. Suas várias propriedades incluem plantações a 900 metros de altura em Puquillay Alto, vinhas centenárias no Maule, plantações costeiras de clima frio em Leyda e Pumanque - Colchagua Costa - entre outras. Essa grande diversidade de vinhedos reflete-se em suas diferentes linhas de vinho. **IMPORTADOR:** BRASIL: www.wine.com.br

VINHOS

94 | MOUNTAIN RED BLEND SYRAH, C. SAUVIGNON, CARMÉNÈRE, GRENACHE, P. VERDOT, MOURVÈDRE 2015
$$$ | COLCHAGUA | **14.5°**

Esta é uma seleção de algumas das mais altas vinhas na cidade de Puquillay, no vale de Colchagua, entre 600 e 900 metros, bastante alta para a média da região. Essa nova versão possui 46% Syrah, 20% Cabernet Sauvignon, 17% Carménère, 10% Garnacha e o restante de Petit Verdot e Monastrell. Comparado com a versão anterior, parece um pouco mais frio, com mais frutas vermelhas e com maior tensão, embora mantenha a mesma musculatura fibrosa dos vinhos de altura. Um delicioso vinho tinto, para beber agora ou em dois a três anos, só ganhará complexidade, enquanto a acidez aguda sentida hoje permitirá que ele continue envelhecendo.

‹ *prova de **vinhos*** ›

 GRAN RESERVA
SAUVIGNON BLANC 2019
$$ | LEYDA | 13.5°

Uma excelente relação qualidade-preço, sente-se nervoso e tenso em acidez. Tem sabores de frutas tropicais, tons de ervas em um corpo leve. Esse vem dos solos graníticos de Leyda, no vale de San Antonio, a cerca de 8 quilômetros do mar. O branco ideal para o aperitivo.

 BRUT
CHARDONNAY, PINOT NOIR N/V
$$ | COLCHAGUA COSTA | 12.5°

Pumanque é a área mais ocidental (mais próxima do mar), onde Viña Carrasco tem vinhedos em Colchagua e daí vem esse 85% Chardonnay, mais 15% de Pinot que vem de Leyda, também de seus próprios vinhedos. Este Charmat tem foco em frutas e frescor. Tudo aqui é deliciosa acidez, frutas brancas e borbulhas cremosas. Para beber por garrafas.

 BRUT ROSÉ
PINOT NOIR, CHARDONNAY N/V
$$ | LEYDA | 12.5°

85% desse vinho é Pinot Noir que vem da zona de Leyda, no vale de San Antonio, muito perto do mar. E isso se sente no frescor e agilidade desse vinho na boca. Com um açúcar residual por litro de pouco mais de cinco gramas, a fruta parece florescer. Um vinho que é um suco de framboesa com borbulhas.

 GRAN RESERVA
CABERNET SAUVIGNON 2018
$$ | COLCHAGUA | 14°

Uma boa abordagem para a Cabernet Sauvignon, é uma amostra simples da cepa, focada em frutas vermelhas maduras ao invés de ervas. É suculento e tem textura muito macia. Esse Cabernet é proveniente de uvas compradas na área de Lolol, na região oeste de Colchagua.

 GRAN RESERVA
CARMÉNÈRE 2018
$$ | COLCHAGUA | 13.5°

Da zona de Lolol, a oeste de Colchagua, esse é um clássico Carménère. Deliciosas frutas vermelhas em um contexto de toques de ervas, muito típico da variedade. A textura é bastante leve, com uma acidez rica em um vinho simples e fácil de beber, mas com a vantagem de mostrar um lado mais fresco e frutado da variedade.

 GRAN RESERVA
CHARDONNAY 2019
$$ | CASABLANCA | 13.5°

Generoso em frutas tropicais, notas redutoras que parecem minerais, além de uma acidez fresca e viva nesse Chardonnay simples e que você bebe muito rápido. Essa é uma seleção de uvas que Viña Carrasco compra na região de Bajo Casablanca, muito perto do Pacífico.

Viña Carrasco

90 RESERVA
SAUVIGNON BLANC 2019
$ | LEYDA | 12.5°

É o vinho base de Viña Carrasco em Leyda e em Sauvignon Blanc, um branco delicioso e refrescante que mostra o potencial da vinícola nesses vinhedos plantados em 2005. Aqui há uma deliciosa pureza de frutas frescas, muito influenciada pelo vinho. Brisas marinhas, distantes cerca de 8 quilômetros em linha reta. Atenção aqui. Um vinho para o ceviche.

OUTROS VINHOS SELECIONADOS

89 | CLASSIC Pinot Noir 2019 | Vale Central | 12.5° | $
88 | CLASSIC RED BLEND Cabernet Sauvignon, Carménère, Syrah 2019 Vale Central | 13.5° | $
88 | CLASSIC Malbec 2019 | Vale Central | 13° | $
88 | CLASSIC Syrah 2019 | Vale Central | 13.5° | $

Viña Casablanca

PROPRIETÁRIO Carolina Wine Brands
ENÓLOGO Gonzalo Bertelsen
WEB www.casablancawinery.com
RECEBE VISITAS Não

Enólogo
GONZALO BERTELSEN

Sociedade entre Santa Carolina e os franceses de Domaine Laroche, esta vinícola nascida em 1992 concentra seu trabalho no lado ocidental do vale de Casablanca, a 20 quilômetros da costa. Ali está o fundo Nimbus (antes chamado Santa Isabel), que inclui plantações nas encostas do morro que margeia a propriedade pelo oeste. Seus melhores vinhos, como Neblus, um Syrah que encabeço o catálogo, ou os brancos da linha Nimbus, provêm daquele campo. Contam também com outras duas propriedades no vale, El Chaparro e La Vinilla, somando entre todas 80 hectares de vinhedos. Desde 2012 o enólogo e gerente geral é Gonzalo Bertelsen. **IMPORTADORES:** BRASIL: www.casaflora.com.br | USA: www.carolinawinebrandsusa.com

VINHOS

95 NEBLUS
SYRAH 2017
$$$$ | CASABLANCA | 15°

Neblus é uma seleção de vinhedos de Syrah nas áreas mais altas das colinas do vinhedo da Viña Casablanca, a cerca de 20 quilômetros do mar. Plantada em 2010, em declives com uma inclinação de até 70%, essa é a melhor expressão desses solos de granito, na cordilheira da Costa. Estagia 16 meses em barricas. Essa nova versão apresenta a suculência normal da cepa, mas combinada com sabores de carne e uma acidez refrescante e acentuada, que acompanha os sabores até o final. Um vinho para beber agora e apreciar seus sabores juvenis ou deixá-lo na adega por cinco ou dez anos mais. Esse ganhará em complexidade.

⟨ *prova de* *vinhos* ⟩

 NIMBUS SINGLE VINEYARD
SAUVIGNON BLANC 2019
$$$ | CASABLANCA | 13.5°

Esse Sauvignon foi plantado em 1991 com um dos primeiros materiais clonais da cepa que chegaram ao Chile. Está localizado na área de Bajo Casablanca, a cerca de 20 quilômetros do mar, e de lá recebe a influência marinha fresca transformada em névoa que cobre a vinha pela manhã. Esse ano, a fruta se sente radiante em seu frescor, com uma acidez firme e intensa, com muita nitidez e os sabores são de frutas brancas e de ervas. Um dos bons expoentes da Sauvignon em Casablanca e, além disso, um clássico desse vale.

 PINOT DEL CERRO
PINOT NOIR 2016
$$$$$ | CASABLANCA | 14.5°

Esse vinho é proveniente da área mais alta do vinhedo Nimbus, bem no topo da colina, que recebe diretamente os nevoeiros frios e úmidos do Pacífico, distante cerca de 20 quilômetros em linha reta. Essa condição retarda a maturação e mantém a acidez nos cachos, que aqui se traduzem em um vinho que, embora tenha um marcado acento na doçura da fruta - como todos os tintos da casa - oferece um nervo especial, uma acidez que é conjugada com os taninos, para dar tensão na boca. Dê alguns anos em garrafa para ganhar complexidade.

 NIMBUS SINGLE VINEYARD
SYRAH 2018
$$$ | CHILE | 14.9°

Radiante em frutas vermelhas, com toques especiados, mas acima de tudo com essa camada de frutas vermelhas refrescantes e, ao mesmo tempo, de rica madurez, esse Syrah da vinha do Nimbus, a cerca de 20 quilômetros do mar, em Casablanca, é uma dos melhores amostras da grande adaptabilidade dessa variedade em climas mais frios, como a desse Nimbus, moderado fortemente pelas brumas marinhas que baixam sobre vinha ao amanhecer. Um vinho com textura firme, acidez muito boa e um corpo médio delicioso e refrescante.

 NIMBUS SINGLE VINEYARD
CHARDONNAY 2017
$$$ | CASABLANCA | 14°

Um ano quente em todo o vale central do Chile deixou sua marca nesse Chardonnay de videiras plantadas a cerca de 20 quilômetros do mar, na área chamada Bajo Casablanca. A textura é untuosa, com toques de frutas brancas maduras e de frutos secos, os sabores suculentos de uvas maduras em um branco para carne de porco defumada.

 NIMBUS SINGLE VINEYARD
PINOT NOIR 2017
$$$ | CASABLANCA | 14°

Da vinha de Nimbus, a cerca de 20 quilômetros do mar, em Casablanca, esse Pinot consegue capturar parte do espírito da variedade, em seus toques florais e suas frutas vermelhas frescas e vibrantes. A madeira (um ano de barricas), no entanto, tende a ter destaque, dando-lhe uma doçura no final, que permanece um pouco de frescor.

Viña Casablanca

CÉFIRO ROSÉ
PINOT NOIR 2019
$$ | CASABLANCA | 13.5°

Fresco e frutado, esse 100% Pinot Noir tem aromas e sabores de frutas vermelhas ácidas em um contexto de corpo leve, rico em acidez e frescor. Um para o verão, para beber frio com camarão frito. A relação preço-qualidade aqui é excelente.

NIMBUS SINGLE VINEYARD
MERLOT 2017
$$$ | CASABLANCA | 14°

Esse é um dos poucos Merlot que existem em Casablanca e, menos ainda, na área de "Bajo Casablanca", a mais próxima do frio Pacífico. De uma vinha a 20 quilômetros do mar, as videiras desse vinho tinto foram plantadas em 1991. Essa safra se sente quente e ampla, com o álcool dando uma sensação de untuosidade natural se pensarmos que 2017 foi um ano muito quente. Um Merlot exuberante e maduro, para cordeiro.

NOIR
PINOT NOIR 2018
$$ | CASABLANCA | 14°

Um Pinot focado em frutas doces e maciez que geralmente é associada a variedade. Aqui a madurez dos sabores se sente com uma camada de doçura, enquanto os taninos parecem aveludados. Sirvam-no muito fresco para capturar o frescor da fruta.

OUTROS VINHOS SELECIONADOS

89 | CÉFIRO Sauvignon Blanc 2019 | Casablanca | 13.5° | $$
88 | BRUT BLANC DE BLANCS Chardonnay N/V | Casablanca | 12.5° | $$
88 | CÉFIRO Cabernet Sauvignon 2019 | Maipo | 14° | $$
88 | CÉFIRO Chardonnay 2019 | Casablanca | 13° | $$
87 | CÉFIRO Pinot Noir 2018 | Casablanca | 14° | $$

Viña Choapa

PROPRIETÁRIO Roberto Gálvez
ENÓLOGO Cristián Rubio
WEB www.choapawines.cl
RECEBE VISITAS Sim

Proprietário
ROBERTO GÁLVEZ

A família Gálvez produz uvas há gerações na área de Salamanca, no vale de Choapa. No entanto, desde 2013 eles começaram a engarrafar com a marca Viña Choapa, com a cepa Pedro Jiménez como bandeira, uma uva tradicionalmente associada à produção de pisco. Para os brancos, obtém uvas de duas vinhas, uma na cidade de Panguesillo, com cerca de 630 metros de altura e a outra em Batuco, a cerca de 1.100 metros acima do nível do mar.

< *prova de vinhos* >

VINHOS

93 CORDILLERAMAR SALINAS DE HUENTELAUQUÉN
PEDRO XIMENES, MOSCATEL DE ALEJANDRÍA, MOSCATEL DE ÁUSTRIA 2018
$$$ | CHOAPA | 14°

Esse é um resumo das vinhas de Viña Choapa e também do talento com essas cepas de Moscatel. Nessa mistura, há Pedro Ximenes, da cidade de Panguesillo, a cerca de 630 metros de altura, e depois a Moscatel de Alexandria e a Moscatel da Áustria vêm de Batuco, a cerca de 1.100 metros de altura. Não há grandes mudanças na produção desse vinho. São utilizados tecnologia e aço inoxidável para fermentá-los e o resultado é um vinho com sabores crocantes e cristalinos, frescos e brilhantes. Um vinho leve, rico em frutas brancas e textura macia, cercado por acidez suculenta. Interessante aqui seria ir para uma enologia um pouco mais "orgânica", com leveduras indígenas, recipientes sem controle de temperatura, maior trabalho com as borras. Há muito potencial para interpretar o local.

92 CORDILLERAMAR MALLACÚN
PEDRO XIMENES 2018
$$$ | CHOAPA | 14°

Da cidade de Panguesillo, a cerca de 17 quilômetros da cidade de Salamanca, no vale de Choapa, Viña Choapa obtém essas uvas de uma antiga videira plantada em solos aluviais com cerca de 630 metros de altura. Esse Pedro Ximenes é fermentado em aço e sem madeira, depois direto para a garrafa. Possui densidade de frutas brancas, uma rica camada de flores e um corpo redondo e generoso, mas muito bem equilibrado em sua frescor graças a uma acidez acentuada.

90 GRABADOS DEL CHOAPA CHAMÁN DEL CERRO
PEDRO XIMENES 2018
$$ | CHOAPA | 13.5°

Perfumado e suculento, esse Pedro Ximenes é um daqueles vinhos que não se pode deixar de beber, principalmente no verão, pelo seu frescor, pelo aroma sem ser enjoativo e pela sensação de leveza na boca. Vem de um parral (vinhedo em latada) localizado a cerca de 630 metros de altura, perto de Salamanca.

90 GRABADOS DEL CHOAPA EL ILUMINADO
MOSCATEL DE ALEJANDRÍA 2018
$$ | CHOAPA | 12.5°

Uma expressão clara de Moscatel, aqui estão os aromas florais e de frutas mostrando generosamente o nariz. Na boca, apresenta um corpo muito bom e uma textura rústica, mas a acidez é fresca e vibrante. É proveniente de um vinhedo na cidade de Batuco, a 1.100 metros de altura, o que é bastante alto para os padrões chilenos.

90 GRABADOS DEL CHOAPA GUARDIÁN NOCTURNO
MOSCATEL DE ÁUSTRIA 2018
$$ | CHOAPA | 14°

Esse Moscatel de Áustria parece austero e ao mesmo tempo muito refrescante. Possui notas de limão e ervas em um corpo leve, acidez rica e sabores maduros e de frutas brancas. É proveniente da cidade de Batuco, a cerca de 1.100 metros de altura, em solos de gravas e de areia.

Viña del Pedregal

PROPRIETÁRIO Família del Pedregal
ENÓLOGA Rosario Domínguez
WEB www.delpedregalwines.com
RECEBE VISITAS *Sim*

Enóloga
ROSARIO DOMÍNGUEZ

Carlos del Pedregal viajou das Astúrias para o Chile em 1825 e ali se estabeleceu no vale de Loncomilla, no coração do "secano" do tradicional vale do Maule. Quase duzentos anos mais tarde, Viña del Pedregal tem se focado em vinhos de grandes volumes, que vem de seus vinhedos próprios e que se distribuem em seis marcas, a mais conhecida é Carta Vieja.

VINHOS

ORIGEN ASSEMBLAGE I
SYRAH, MALBEC, SANGIOVESE 2017
$$ | LONCOMILLA | 14°

Do vinhedo Cunaco, na zona de Loncomilla, no coração do vale do Maule, essa mescla bastante peculiar de cepas, todas plantadas em 2004, oferece um ambiente delicioso de sabores vermelhos, vibrantes e frescos. A acidez lidera tudo, com seu brilho e a tensão, enquanto o vinho oferece corpo bem mais leve, mas muito bem equilibrado. Esse Origen estagia em barricas por um ano, sendo a metade novas.

ORIGEN ASSEMBLAGE III
CABERNET SAUVIGNON, PETIT VERDOT, CABERNET FRANC 2017
$$ | LONCOMILLA | 14°

De vinhas plantadas em 2004, nos terraços do rio Loncomilla, esse vinho tinto tem taninos firmes que se apegam ao paladar com força, como se pedissem embutidos. A acidez é firme, tensa e os sabores das frutas vermelhas dominam o paladar, intensificando a sensação de frescor. Apesar de ser elaborado com variedades bordalesas, apresenta a rusticidade dos vinhos do campo.

ELOISA LIMITED COLLECTION
VIOGNIER 2018
$$ | LONCOMILLA | 13.5°

100% Viognier de textura mais vívida, como creme, sabores doces e untuosos e toques especiados. Tem um corpo leve, boa acidez, mas os sabores maduros têm toda a proeminência em um vinho perfeito para curry de camarão. Esse vem de videiras plantadas em 2004 no vale de Loncomilla.

ORIGEN ASSEMBLAGE II
CARMÉNÈRE, MERLOT, NEBBIOLO 2017
$$ | LONCOMILLA | 14°

Embora não seja comum ver a Nebbiolo mesclada com a Merlot, muito menos com a Carménère, essa mescla funciona muito bem. Vem tudo do vinhedo de Cerrillos, no vale Loncomilla, com as cepas plantadas entre 1996 e 1999. Estagia em barricas, metade novas, por um ano. O vinho é macio, com frutas vermelhas maduras e uma acidez amável e suave. Taninos muito polidos e um final floral.

‹ *prova de **vinhos*** ›

Viña Maipo

PROPRIETÁRIO Quinta de Maipo Wine Group
ENÓLOGO Max Weinlaub
WEB www.vinamaipo.com
RECEBE VISITAS *Não*

Enólogo
MAX WEINLAUB

Esta vinícola fundada em 1948 e adquirida por Concha y Toro 20 anos depois, é uma grande produtora e das maiores exportadoras do Chile. Manejam 1.000 hectares de vinhedos nos vales de Casablanca, Maipo, Rapel e Maule, com os que elaboram anualmente 36 milhões de garrafas. Seu fundo original, Quinta de Maipo, fica em Buin, na parte alta do vale e é o berço de seus melhores tintos. Desde 2007 o enólogo é Max Weinlaub.

VINHOS

 ALTO TAJAMAR
SYRAH, CABERNET SAUVIGNON 2014
$$$$$ | BUIN | 14.5°

Essa é a segunda versão de Alto Tajamar, um vinho à base de Syrah de vinhas plantadas em 1992 nos vinhedos de Buin de Viña Maipo mais Cabernet Sauvignon (20%) da mesma vinha. O estágio em barricas é de 30 meses. É um vinho grande e voluptuoso, focado em frutas maduras, na imponente estrutura de uvas colhidas no final da temporada. Enche o paladar com seus sabores exuberantes de frutas pretas.

 LIMITED EDITION
SYRAH 2016
$$$$ | MAIPO | 14°

A colheita fria e chuvosa marcou o caráter desse vinho. De videiras plantadas em 1992 na costa sul do rio Maipo, esse é 89% Syrah mais 10% Cabernet Sauvignon e 1% Petit Verdot, esse possui frutos vermelhos e taninos firmes, mas suaves, com uma acidez ao fundo que refresca tudo. A boca é cheio de frutas vermelhas maduras e as especiarias doces ficam ao fundo, dando complexidade.

 VITRAL ART
SAUVIGNON BLANC 2018
$$ | CASABLANCA | 13°

Baseado em vinhedos de El Triángulo, na parte oeste de Casablanca e em um vinhedo mais antigo do vale (plantado em 1994), esse Sauvignon é 100% do Clone 1, que corresponde ao primeiro material clonal que chegou ao Chile no início de década de 1990 e caracterizado por sua acidez mineral, sua firmeza. Aqui está a austeridade, a força ácida no meio de uma certa salinidade que também é típica desse clone. Há um futuro nesse vinho. Embora agora seja irresistível com sashimi de robalo. Em dois a três anos pode oferecer muito mais complexidade.

 PROTEGIDO
CABERNET SAUVIGNON 2016
$$$$$ | MAIPO | 14°

Dos vinhedos plantados em 1992 na área de Buin, na fronteira do Alto Maipo,

Viña Maipo

esse é um exemplo de Cabernet (mais 1% de Petit Verdot) rico em especiarias que se sobrepõem no início aos frutos vermelhos que aparecem lentamente, junto com notas de canela e de frutos secos. É um vinho maduro, exuberante, mas sem exageros. Aqui há um bom equilíbrio e a textura tem uma aderência muito boa, graças aos taninos que permanecem jovens, muito vitais.

 VITRAL ART
CABERNET SAUVIGNON 2018
$$ | CAUQUENES | 13.5°

Cauquenes e seus solos de granito tendem a dar esse tipo de vinho, Cabernet com mais frutas vermelhas do que o habitual e menos mentol e notas de especiarias, mas acima de tudo com uma textura de tanino um tanto selvagem e um tanto rústica, "que pede um cordeiro daqueles de Cauquenes", diz o enólogo de Viña Maipo, Max Weinlaub. Esse vinho tem um nervo, uma acidez crocante, mas principalmente frutas vermelhas. Um vinho muito vivo.

 GRAN DEVOCIÓN
CABERNET SAUVIGNON 2018
$$$ | MARCHIGÜE | 13.5°

Esse Cabernet (com 5% de Malbec) possui taninos firmes e tensos, essa textura nervosa que precisa de carne para se acalmar. Mas o resto é delicioso aqui. Há frutas vermelhas, especiarias, ervas em um corpo médio e de acidez rica, uma acidez suculenta e refrescante. Marchigüe, a oeste do vale de Colchagua, em um de seus bons momentos.

 GRAN DEVOCIÓN
CARMÉNÈRE 2018
$$$ | PEUMO | 13.5°

Peumo oferece alguns dos melhores Carménère do Chile, mas mesmo nessa terra privilegiada, a Carménère precisa de ajuda. Nesse caso, as frutas vermelhas maduras e às especiarias da cepa acrescentam-se os taninos e a acidez da Cabernet Sauvignon que aqui contribui com 13% e aporta dá aderência, dá tensão, mas sem interferir no lado untuoso e doce desse tinto.

 VITRAL RESERVA
SAUVIGNON BLANC 2019
$$ | VALE CENTRAL | 13°

É uma mistura de vinhedos, o primeiro em Casablanca e o outro em Ucuquer, no vale de Colchagua. A mistura funciona muito bem em um vinho fresco, tenso e leve, com excelente e brilhante acidez e frutas cítricas. Para o aperitivo.

OUTROS VINHOS SELECIONADOS
88 | VITRAL RESERVA Chardonnay 2018 | Vale Central | 13.5° | $$
87 | VITRAL RESERVA Syrah 2018 | Vale Central | 13.5° | $$

«‹‹----›››

‹ prova de vinhos ›

Viñamar

PROPRIETÁRIO Viña San Pedro Tarapacá
ENÓLOGA Francesca Perazzo
WEB www.vinamar.cl
RECEBE VISITAS *Sim*

Enóloga
FRANCESCA PERAZZO

Esta vinícola de Casablanca se dedica principalmente aos espumantes. Vende a maior parte de sua produção no mercado local, onde a demanda por estes vinhos cresceu enormemente nos últimos anos, sendo eles protagonistas desta pequena revolução. Propriedade da holding San Pedro Tarapacá, ViñaMar elabora seus vinhos com uvas principalmente de Casablanca e Leyda. Sua oferta consta de várias alternativas de espumantes feitos com o método Charmat, salvo seu rótulo mais ambicioso, Método Tradicional, elaborado com segunda fermentação em garrafa, como em Champagne. A produção anual de ViñaMar é de cerca de 1,8 milhões de garrafas.

VINHOS

 MÉTODO TRADICIONAL EXTRA BRUT
CHARDONNAY, PINOT NOIR 2015
$$$ | CASABLANCA | 12.5°

Com 60% de Chardonnay e o resto de Pinot Noir, tudo no vale de Casablanca e plantado em 2008, possui borbulhas ricas e acentuadas, acompanhadas de notas frutadas, mas também com sabores e aromas de padaria, que falam dos 30 meses que esse vinho passou com suas borras. Uma tremenda relação qualidade-preço, focada em frutas, mas também na complexidade do método tradicional de segunda fermentação em garrafa.

 BRUT ROSÉ
PINOT NOIR 2019
$$ | CASABLANCA | 12.5°

Essa nova versão de Brut Rosé de Viñamar vem com uma pequena surpresa, em vez de ter mais de 15 gramas de açúcar residual, possui 9 gramas de açúcar, o que significa uma grande mudança de estilo e agora a fruta está em destaque, a expressão dos sabores da Pinot no meio de borbulhas fortes é mostrada com muito mais clareza. Ideal para trutas.

 EXTRA BRUT
CHARDONNAY, PINOT NOIR, RIESLING 2019
$$ | CASABLANCA | 12.5°

São produzidas cerca de duzentas mil garrafas desse vinho, o que não é pequeno e, acima de tudo, não é ruim para a qualidade desse extra brut, um vinho feito pelo método Charmat de segunda fermentação em tanques de aço e que hoje oferece uma das boas relações preço-qualidade no mercado. É fresco, cheio de frutas e com uma acidez suculenta e refrescante.

OUTRO VINHO SELECIONADO
89 | **BRUT UNIQUE** Chardonnay, Pinot Noir 2019 | Casablanca | 12.5° | $$

Viñedo Chadwick

PROPRIETÁRIO Eduardo Chadwick
ENÓLOGO Francisco Baettig
WEB www.vinedochadwick.cl
RECEBE VISITAS *Não*

Proprietário
EDUARDO CHADWICK

Parte da aristocracia do vinho chileno, a história deste Cabernet do Maipo, ícone do grupo Errázuriz, remonta a 1942, quando Alfonso Chadwick compra o fundo San José de Tocornal, localizado na comuna de Puente Alto. Em 1968 vende grande parte dessas terras a Concha y Toro, que depois produzirá ali nada menos que Don Melchor e Almaviva. Mas Chadwick ficou com sua casa e 25 hectares de propriedade, incluindo um campo de polo, sua paixão. Em 1992 seu filho Eduardo Chadwick - hoje presidente de Errázuriz - o convence de transformar esse campo de polo em um vinhedo.

VINHOS

97 | **VIÑEDO CHADWICK**
CABERNET SAUVIGNON, PETIT VERDOT 2017
$$$$$ | PUENTE ALTO | 13.5°

A primeira edição desse Viñedo Chadwick foi em 1999 e, desde então, esse vinho é baseado em Cabernet Sauvignon (com algo de Petit Verdot) de solos aluviais do vinhedo de Tocornal, a mesma fonte de outros excelentes vinhos chilenos como Almaviva e Don Melchor. Desde a safra de 2014, esse vinho está mudando. Movendo-se para territórios mais frios, com menos madeira, com menos álcool. A safra de 2016 foi uma espécie de "saída do armário". Um ano frio foi o álibi perfeito para mostrar esse novo rosto. O desafio surge no ano seguinte, em uma colheita completamente diferente e mais quente, quando as chances de oferecer frescor foram reduzidas. O resultado é que esse vinho oferece frutas vermelhas, talvez não com o brilho de 2016, mas são frescas e vibrantes. A diferença é que aqui é o paladar médio, a estrutura de taninos parece mais firme que 2016. O frio desse ano pode não ter nos permitido obter esse tipo de estrutura, quem sabe. O fato é que parece vibrante e sólido.

《《----》》

⟨ prova de *vinhos* ⟩

Viñedos de Alcohuaz

PROPRIETÁRIOS Família Flaño & Marcelo Retamal
ENÓLOGO Marcelo Retamal
WEB www.vdalcohuaz.cl
RECEBE VISITAS *Sim*

Proprietários
PATRICIO FLAÑO & MARCELO RETAMAL

Das montanhas do vale do Elqui vem um dos projetos mais audaciosos da cena local, nascido da sociedade entre o empresário Álvaro Flaño e o influente enólogo da vinícola De Martino, Marcelo Retamal. Em terras de 2.000 metros de altitude que Flaño tinha em Elqui por seu apreço pelo lugar, plantou em 2005 diferentes cepas para ver como respondiam a estas extremas condições de sol e secura. Algumas funcionaram bem, como a Syrah, cuja fruta vende desde 2008 a De Martino para seu celebrado vinho Alto Los Toros. Impulsados pelos bons resultados desse vinho e pelo próprio Retamal, Flaño se animou a construir sua própria vinícola em 2010. A vinícola também é peculiar, com lagares de pedra para pisar e fermentar as uvas. Seus vinhos principais são duas mesclas tintas baseadas em Syrah, com que começaram, Grus e Rhus. Com o tempo somaram outros como o Syrah Tococo e a Garnacha Cuesta Chica, ambos de produção mais limitada. Viñedos de Alcohuaz tem 17 hectares.

IMPORTADORES: BRASIL: www.decanter.com.br | USA: www.europeancellars.com

VINHOS

97 — RHU
SYRAH, PETITE SIRAH, GARNACHA 2015
$$$$$ | ELQUI | 13.4°

Rhu no futuro, conta Marcelo Retamal, será apenas um lote na área mais alta da vinha de Alcohuaz. No momento, é uma seleção de vinhedos de granito com Syrah (80%), Garnacha em 5% e Petite Sirah em 15%. Esse último adiciona acidez à mistura. O vinho é fermentado em lagares com 40 % de cachos inteiros para apoiar a estrutura e dar verticalidade aos taninos. Devido à sua tendência à oxidação, a Garnacha é fermentada separadamente em tanques de cimento. E o vinho é uma flecha de sabores tensos, de notas de especiarias. A textura é uma questão à parte. Parece que a eletricidade e a acidez suportam essa sensação, acrescentando frescor e força. Esse é um vinho para guardar por uma década na adega, embora possa abrir pelo menos uma garrafa para aproveitar sua juventude, algo selvagem, algo distinto, mas incrível.

96 — CUESTA CHICA
GARNACHA 2018
$$$$ | ELQUI | 13.5°

A vinha La Cuesta Chica tem menos de um hectare, plantada a cerca de 2.100 metros de altura, em solos rochosos, ricos em granito. Fermentado com 60% de cachos completos, em um tanque de cimento, sem oxigenação para evitar que a Garnacha se oxide. O enólogo Marcelo Retamal não gosta do toque de doçura na Garnacha e, portanto, colhe muito cedo e evita a madeira, além do fator engaço, que fornece taninos e limpa o dulçor. O resultado é um Garnacha tenso, com taninos ásperos, pouco comuns na cepa. É ao mesmo tempo floral e frutado, com uma acidez intensa e firme, com toques especiados. O final é floral e a força dos taninos continua pulsando. Esse é um vinho para guardar.

Viñedos de Alcohuaz

TOCOCO
SYRAH 2018
$$$$ | ELQUI | 13.5°

Com 1.788 metros de altura, em solo de granito, esse é um dos três vinhos de Viñedos de Alcohuaz. A fermentação aqui é feita em lagares de pedra, com 40% de cachos inteiros para apoiar a estrutura da Syrah. Estagia em foudres por cerca de 18 meses, apresenta um frescor nada usual nos Syrah do Novo Mundo. A textura dos taninos é firme e afiada e também jovem. Precisa de cerca de cinco anos na garrafa para acalmar os taninos, além da deliciosa fruta vermelha que mostra hoje.

GRUS SYRAH, GARNACHA, PETIT VERDOT, PETITE SIRAH, MALBEC, CARIGNAN 2018
$$$$ | ELQUI | 13.7°

Grus é o vinho de entrada de Viñedos de Alcohuaz e é uma mistura de 51% Syrah, 16% Petit Verdot, 15% Petite Sirah, 10% Garnacha, 13% Cariñena e restante Malbec. "É definitivo, Grus é o vinho do" povo ", um resumo de Alcohuaz", diz o enólogo Marcelo Retamal. Todas as cepas são fermentadas em lagares abertos de pedra, exceto a Garnacha sempre oxidativa que é fermentada em tanques de concreto. Cheio de frutas vermelhas, esse ano parece especialmente crocante, um vinho de base com um delicioso frescor, mas principalmente com uma acidez elétrica que atravessa todo o vinho, suportando as frutas vermelhas e a tensão geral que é sentida nesse vinho.

Viñedos Marchigüe

PROPRIETÁRIO Família Errázuriz Ovalle
ENÓLOGO Víctor Baeza
WEB www.vinedosmarchigue.cl
RECEBE VISITAS Sim

Enólogo
VÍCTOR BAEZA

A **família Errázuriz Ovalle** iniciou seu caminho no vinho em 1994. Depois de converter solos florestais e somar novas terras, atualmente contam com nada menos que 2.700 hectares, repartidos entre os vales de Colchagua e Curicó. Esse é seu projeto de engarrafados (também vendem a granel) e está em Marchigüe, um setor na costa de Colchagua. Sua proposta é de vinhos honestos, de boa relação preço/qualidade, que aproveitam as condições do lugar. O enólogo é Victor Baeza e tem uma produção anual de 7,8 milhões de garrafas.

VINHOS

MARCHIGÜE PRIVATE COLLECTION
CARMÉNÈRE 2017
$$$$ | COLCHAGUA | 14°

Um Carménère rico em toques de ervas, mas especialmente em frutas vermelhas e notas de especiarias em um vinho que conseguiu absorver a madeira (18 meses de estágio) para mostrar toques frutados e terrosos. Um exemplo rico da variedade, com ênfase nas frutas vermelhas maduras. Esse Carménère vem de duas vinhas, ambas nas encostas de solos de granito, onde a produção por vinha é menor, mas com sabores mais concentrados.

‹ *prova de* **vinhos** ›

91 | MARCHIGÜE PRIVATE COLLECTION
CABERNET SAUVIGNON 2017
$$$$ | COLCHAGUA | 14.5°

Esse Cabernet provém de dois vinhedos, ambos de solos com pouca terra, de baixa fertilidade, de solos de granito, onde a Cabernet adquire um tom mais vertical e mais linear. Aqui a textura dos taninos é firme, mas cercada por sabores licorosos e da madeira que interferem na expressão do lugar, mas que contribuem para o seu lado comercial.

91 | MARCHIGÜE PRIVATE COLLECTION
SYRAH 2017
$$$$ | COLCHAGUA | 14.5°

Esse Syrah vem de uma encosta de solos de granito na vinha de Santa Ana, plantada há cerca de 20 anos em Marchigüe, a cerca de 40 quilômetros do mar. No início, a madeira é um ator importante, mas seja paciente e verá como as frutas vermelhas maduras assumem o controle em um vinho de taninos firmes e espírito comercial.

90 | MARCHIGÜE LIEBRE
CABERNET SAUVIGNON 2018
$$ | COLCHAGUA | 14°

Uma visão muito suculenta da Cabernet Sauvignon, com uma camada bem definida de sabores de frutas, mas também alguns aromas de madeira em que este vinho estagiou por 12 meses. A textura é quase delicada, bastante macia para os padrões de cepa.

90 | MARCHIGÜE LIEBRE
CARMÉNÈRE 2018
$$ | COLCHAGUA | 14°

Uma fruta madura e amável, com leves notas de especiarias em um corpo texturizado que desliza sem arestas, sem problemas. Aqui há toques especiados, a madeira contribui com aromas tostados, mas o que aparece primeiro é a fruta madura em um vinho que se bebe fácil.

90 | TRICYCLO
CABERNET SAUVIGNON, MERLOT, CABERNET FRANC 2018
$$ | COLCHAGUA | 13.5°

Esta mescla é baseada em 75% Cabernet Sauvignon de videiras de cerca de 20 anos, plantadas a cerca de 40 quilômetros do mar, em Marchigüe. O blend é completado por 15% de Merlot e 10% de Cabernet Franc. A presença da Cabernet Sauvignon é sentida com suas notas de ervas e na firmeza de seus taninos. É uma textura rica e vermelha suculenta para empanadas de carne.

90 | TRICYCLO
MALBEC, CABERNET SAUVIGNON, SYRAH 2018
$$ | COLCHAGUA | 13.5°

Esse é Malbec em 70% da área de Pumanque e o restante é de Cabernet Sauvignon e Syrah, em partes iguais, provenientes de Marchigüe, todos a oeste de Colchagua. O vinho tem um espírito comercial claro, com frutas maduras e untuosas, notas tostadas da madeira e textura muito macia, mas tudo em equilíbrio, nada enjoativo. Um vinho comercial, bem feito.

Viñedos Marchigüe

OUTROS VINHOS SELECIONADOS
88 | PANUL GRAN RESERVA Syrah 2018 | Colchagua | 13.5° | $$
87 | MAHUIDA GRAN RESERVA Sauvignon Blanc 2019 | Curicó | 12.5° | $$
87 | PANUL GRAN RESERVA Cabernet Sauvignon 2018 | Colchagua | 13.5° | $$

Viñedos Puertas

PROPRIETÁRIO José Puertas E.
ENÓLOGO Carlos Torres S.
WEB www.vinedospuertas.cl
RECEBE VISITAS Sim

Enólogo
CARLOS TORRES S.

Viñedos Puertas é uma vinícola de Curicó, terra da família Puertas, com vinhedos em distintas zonas do vale. Cultivam um estilo de vinhos caracterizado por sua amabilidade e bons preços. No vale têm 850 hectares próprios e uma produção de oito milhões de litros. A maior parte exportam como vinho a granel. É uma fração de sua produção que reservam para rotular sob Viñedos Puertas, 360.000 garrafas ao ano. Desde 2006 o enólogo é Carlos Torres, que esteve mais de duas décadas no staff de Concha y Toro.

VINHOS

 CABALLO AZUL RESERVA ESPECIAL BARRICAS
CABERNET SAUVIGNON, MERLOT, CARMÉNÈRE 2016
$$ | CURICÓ | 13.5°

Essa mescla tem 60% de Cabernet Sauvignon, 20% de Merlot, 10% de Carménère e 10% de Petit Verdot, a maioria das vinhas que Puertas possui em Palquibudi, a cerca de 40 quilômetros do mar em Curicó. De uma safra mais fresca, esse vinho mostra muitas frutas vermelhas em um corpo de taninos firmes, com notas de especiarias e de ervas.

LUJURIA
CHARDONNAY 2016
$$ | CURICÓ | 12.5°

Esse Chardonnay vem da região de Río Claro, em direção à cordilheira dos Andes, uma zona fresca de onde Viñedos Puertas obtém esse vinho. A colheita de 2016 foi muito complicada, com muita umidade, que apodreceu muitas uvas. Com essas uvas foi produzido esse branco, uma podridão "nobre", como os franceses a chamam, que deu aqui um vinho doce (120 gramas de açúcar residual), mas de bom equilíbrio com a acidez, o que o torna muito bebível. Ideal para a sobremesa.

 EL MILAGRO RESERVA
CARMÉNÈRE 2017
$ | CURICÓ | 13.5°

Uma relação preço-qualidade muito boa, como de costume nos vinhos de Viñedos Puertas, aqui a Carménère é claramente mostrada. Os aromas são vegetais e de ervas, as frutas são maduras e o corpo é macio e leve. Esse Carménère vem vinhedos plantados sobre solos franco argilosos em 2005 e teve estágio de seis meses em barricas usadas. Abram agora para empanadas de carne.

‹ prova de *vinhos* ›

90 — EL MILAGRO RESERVA
SYRAH 2016
$ | CURICÓ | 13.5°

Esse Syrah vem da área de El Milagro, ao lado da vinícola de Viñedos Puertas, em solos pobres, de leito de rio, muito pedregosos. Esse vinho tem o lado de carne da Syrah e também o lado forte e especiado em um corpo firme, com taninos amáveis e frutas vermelhas maduras que enchem a boca.

OUTROS VINHOS SELECIONADOS

89 | LUJURIA | Chardonnay, Viognier 2016 | Curicó | 13.5° | $
89 | TRONADOR RESERVA Carménère, Cabernet Sauvignon 2016 | Curicó | 13.5° | $
88 | CORONA DE ARAGÓN RESERVA | Merlot 2016 | Curicó | 13° | $

Viñedos Veramonte

PROPRIETÁRIO González Byass
ENÓLOGA Sofía Araya
WEB https://www.vinedosveramonte.cl
RECEBE VISITAS Sim

Enóloga
SOFÍA ARAYA

Quando se iniciaram a plantação dos primeiros vinhedos em Casablanca, em 1995, Veramonte se estabeleceu ali com uma grande vinícola. Esse importante investimento da família Huneeus foi uma mensagem poderosa que contribuiu para o desenvolvimento do vale. Depois de ser comandada por anos por Agustín Huneeus, empresário chave do vinho argentino, conhecido também por seus projetos na Califórnia, em 2016 Veramonte foi adquirida pelo grupo espanhol González Byass, famosos pelo Jerez Tío Pepe. Os espanhóis passaram a controlar também suas marcas anexas, Primus, Neyen e Ritual, agrupadas dessa vez como parte de um mesmo portfólio. Veramonte é somente uma linha de vinhos de Casablanca, para as cepas mais frescas, e de Colchagua, para as que necessitam de mais sol. Ritual é exclusivamente de Casablanca, de parcelas específicas cultivadas de forma orgânica. Primus é composta de três tintos premium de Maipo e de Colchagua. E no topo do catálogo estão os dois Neyen: a tradicional mescla de Cabernet-Carménère e o mais recente, um Malbec de edição limitada. Ambos nascem do calor de Apalta, em Colchagua. **IMPORTADOR:** USA: www.gonzalezbyassusa.com

VINHOS

95 — NEYEN ESPÍRITU DE APALTA
CARMÉNÈRE, CABERNET SAUVIGNON 2015
$$$$ | APALTA | 13°

As vinhas de Veramonte em Apalta têm mais de 130 anos, verdadeiras relíquias que sobreviveram em Colchagua e agora são a base dos vinhos mais ambiciosos da casa. Trata-se de uma mistura de 55% Cabernet Sauvignon com cerca de 130 anos, além de 45% de Carménère mais jovem, com cerca de 80 anos. As variedades estagiam separadamente por um ano em barricas e depois a mescla final por mais seis meses em foudres de cinco mil litros, três foudres no total. Seja paciente aqui. Esse vinho se mostra muito lentamente na taça. Mas, quando isso

Viñedos Veramonte

acontece, frutas vermelhas maduras, especiarias e ervas, que começam a emergir, enquanto na boca são os taninos fortes e firmes da Cabernet que mandam, dando a sensação de um vinho imponente e grande. Esse Neyen precisa de pelo menos quatro anos em garrafa. Portanto, para os amantes de vinhos maduros e concentrados, uma boa dica é abrir espaço em sua adega.

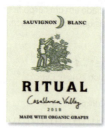

 RITUAL ORGÁNICO
SAUVIGNON BLANC 2018
$$$ | CASABLANCA | 14°

Este **Ritual** é baseado no vinhedo Gloria, uma das primeiras vinhas que Veramonte plantou em Casablanca, em meados da década de 1990. O quartel de Mauco, um pouco mais jovem, mas sempre dos anos 1990, também entra na mescla. É armazenado em ovos de cimento, em barricas velhas e em tanques de aço. A mistura tem corpo muito bom, a estrutura firme da Sauvignon estagiada com suas borras e uma acidez firme e tensa, que acompanha o vinho até o final da boca. É um Sauvignon para pensar em comida, tem corpo suficiente para mero ao forno.

 RITUAL ALCAPARRAL BLOCK
SYRAH 2017
$$$$$ | CASABLANCA | 13.5°

O vinhedo Alcaparral foi plantado no início dos anos 2000, na parte norte da zona rural de Veramonte, cercada por encostas de florestas nativas. É a parte mais quente da vinha e também a que apresenta os solos mais pobres. Essa safra (muito quente no vale Central) parece ter moldado a fruta, dando-lhe um pouco de doçura, mas a acidez e os taninos desse vinho fazem com que o calor pareça muito menor. De fato, os sabores na boca parecem vivos e frescos, graças em grande parte à acidez fibrosa e acentuada.

 PRIMUS THE BLEND
C. SAUVIGNON, CARMÉNÈRE, C. FRANC, SYRAH, P. VERDOT 2017
$$$$ | APALTA | 14°

Primus The Blend esse ano tem 50% Cabernet Sauvignon, 30% Carménère, 10% Merlot, 5% Petit Verdot e 5% Cabernet Franc. Tanto a Cabernet Franc quanto a Petit Verdot vêm da área de Marchigüe, em direção à costa de Colchagua, enquanto o restante vem das vinhas de Veramonte em Apalta. Esse vinho brilha pela sua volutuosidade. Tudo é grande e suculento, os aromas são de especiarias doces e de frutas negras maduras, enquanto a boca é cheia de sabores opulentos que enchem o paladar.

 RITUAL
CHARDONNAY 2018
$$$ | CASABLANCA | 14°

Trata-se de uma mescla de uvas de vinhedos próprios e também de uvas compradas de produtores em Casablanca. Um terço do vinho é produzido em ovos, o outro em barricas novas e outro terço em barrica velhas, todos com um intenso trabalho com as borras ,que deram a esse Chardonnay uma deliciosa cremosidade. Tem uma acidez muito boa, mas ao mesmo tempo possui uma maturidade suculenta do fruto. É um vinho amplo, mas com uma estrutura fibrosa e de sabores longos e exuberantes.

‹ *prova de vinhos* ›

GRAN RESERVA
CABERNET SAUVIGNON 2017
$$ | COLCHAGUA | 14°

Para esse Cabernet, Veramonte obtém frutas de seus vinhedos em Marchigüe, a cerca de 40 quilômetros do mar, em Colchagua. Estagia em barricas por cerca de dez meses e tem notas de especiarias e de frutas negras maduras em um contexto de vinho amável, um Cabernet de clima quente, que se move graciosamente pela boca, sem arestas. Um Cabernet, digamos, redondo.

GRAN RESERVA
CARMÉNÈRE 2018
$$ | COLCHAGUA | 14°

Esse vinho vem das colinas suaves de Marchigüe, a oeste de Colchagua, a cerca de 40 quilômetros do mar. Os solos são arenosos, não especialmente adequados para a sempre sedenta Carménère. Mas, nesse vinho, pelo menos, essa combinação improvável funciona. Mostra frutas vermelhas muito maduras, acompanhadas por toques de ervas e de especiarias. Vai mais para o lado de frescor, que fala de um clima mais frio do que o do interior do vale.

PRIMUS
CABERNET SAUVIGNON 2017
$$$$ | MAIPO | 14°

Para **Primus Cabernet**, Veramonte possui contrato com um produtor na região de Chada, em Alto Maipo. Esse vinho é fermentado em tanques de aço e depois estagia um ano em barricas. É intenso e concentrado, com frutas negras e especiarias no meio de uma intensa estrutura de taninos, cheia de força. E esse poder é necessário para sustentar os frutos maduros desse Cabernet corpulento e ao mesmo tempo suculento.

PRIMUS
CARMÉNÈRE 2018
$$$$ | APALTA | 14°

No lado maduro e suculento da cepa, aqui não há espaço para notas de ervas, muito menos para os sabores de frutas vermelhas de outros exemplos da cepa, que estão começando a ser produzidos atualmente no Chile. É cheio de frutas negras, em um corpo poderoso e rico em taninos. Precisa de tempo em garrafa. Essa textura selvagem requer pelo menos dois ou três anos de guarda.

RITUAL
PINOT NOIR 2018
$$$ | CASABLANCA | 14°

Um Pinot Noir focado em frutas vermelhas maduras e texturas suculentas de vinho de clima quente. Tem especiarias e algumas ervas, mas acima de tudo é um vinho de frutas, as notas de framboesas maduras dominam a boca enquanto os taninos parecem firmes, mas muito ao fundo. Um Pinot para embutidos.

Viñedos Veramonte

 RESERVA ORGÁNICO
SAUVIGNON BLANC 2019
$$ | CASABLANCA | 13.5°

90

Este Sauvignon sempre é um branco confiável. Para o aperitivo, para matar a sede. Esse ano tem notas de ervas e muitas frutas brancas e acidez, que mantem o frescor. O corpo é leve e tenso, nesse vinho para se beber no verão.

 RESERVA ORGÁNICO ROSÉ
SYRAH 2019
$$ | CASABLANCA | 13°

90

Rosés como esses são os culpados por esse estilo que se tornou moda no mundo. Uma cor de casca de cebola, frutas vermelhas ácidas puras em um corpo leve, refrescante antes de mais nada. Compre várias garrafas desse vinho para se preparar para o verão.

OUTROS VINHOS SELECIONADOS

89 | RESERVA Cabernet Sauvignon 2018 | Colchagua | 14° | $$
89 | RESERVA ORGÁNICO Carménère 2018 | Colchagua | 14.5° | $$
88 | RESERVA Chardonnay 2018 | Casablanca | 14° | $$

Vistamar

PROPRIETÁRIO Família Yarur
ENÓLOGA Irene Paiva
WEB www.vistamar.cl
RECEBE VISITAS Sim

Enóloga
IRENE PAIVA

Vistamar é parte do Grupo Belén, junto com as vinícolas Morandé, Mancura, Fray León e a argentina Zorzal. Foca-se em vinhos do Maipo, Alto Cachapoal e, para os brancos, Casablanca. A produção anual aproximada de Vistamar é de 1,4 milhão de caixas. **IMPORTADORES:** BRASIL: www.grandcru.com.br | USA: www.totalwine.com

VINHOS

 GRAN RESERVA
CABERNET SAUVIGNON, SYRAH 2018
$$$ | MAIPO | 14°

94

Com 65% de Cabernet Sauvignon e o restante de Syrah, tudo do vinhedo de Cerros de Chena, no vale do Maipo, essa Gran Reserva representa uma ótima relação qualidade-preço. Os aromas e sabores das frutas ficam em primeiro plano, proporcionando uma agradável sensação de frescor. Tem uma textura bastante macia, embora tenha pequenas garras de taninos para pensar em guardá-lo (alguns anos, talvez) ou em um corte de bife grelhado.

92 **CORTE DE CAMPO COASTAL**
CHARDONNAY, VIOGNIER 2018
$$ | CASABLANCA | 13°

Com 85% de Chardonnay da vinha de Belén e 15% de Viognier de El Principal, ambos na região de Lo Ovalle, em Bajo Casablanca, isso tem - como é óbvio pelas porcentagens - uma clara predominância de aromas e sabores de Chardonnay, mas atenção com a textura de Viognier, que interfere oferecendo seus sabores florais e tropicais, mas também fornecendo ossos para esse vinho maduro e suculento.

 CORTE DE CAMPO ANDES
C. SAUVIGNON, PETITE SIRAH, P. VERDOT, CARMÉNÈRE 2017
$$$ | CACHAPOAL ANDES | 14°

Este **Corte de Campo** vem da vinha La Moralina, localizada na área de Alto Cachapoal, em direção aos pés dos Andes, uma área pré-montanhosa que dá vinhos de muita fruta e elegância, especialmente quando se baseia, como esse vinho tinto, em Cabernet Sauvignon, a estrela do lugar. O vinho é mantido em barricas por um ano, mas aqui não há influência direta dessa madeira, mas sim se trata de um tinto muito frutado e suculento, de taninos muito firmes e pulsantes, mas elegantes ao mesmo tempo.

 SEPIA RESERVA
CABERNET SAUVIGNON 2018
$$ | CACHAPOAL ANDES | 13.5°

Como de costume, o Cabernet Sépia oferece uma excelente relação preço-qualidade. Aqui existem muitos sabores de frutas vermelhas e algumas ervas, mas especialmente frutas em um vinho leve e de bons taninos para animar o churrasco. Esta é uma seleção de frutas da vinha La Moralina, localizada na área de Cachapoal Alto, aos pés dos Andes.

 SEPIA RESERVA
SYRAH 2018
$$ | CACHAPOAL ANDES | 13°

Dos vinhedos da região dos Andes Cachapoal, possui um rico frescor, em um contexto de tinto simples, para todos os dias, mas carregado de sabores, tenso em acidez, leve em corpo. Um desses tintos para beber um pouco mais fresco e, assim, tirar proveito das radiantes frutas vermelhas que mostram.

OUTROS VINHOS SELECIONADOS

89 | SEPIA RESERVA Carménère 2018 | Maipo | 13.5° | $$
89 | SEPIA RESERVA Chardonnay 2018 | Maipo | 13° | $$
88 | SEPIA RESERVA Malbec 2018 | Maule | 13.5° | $$
87 | SEPIA RESERVA Sauvignon Blanc 2019 | Casablanca | 13.5° | $$

«‹‹----›››

Viu Manent

PROPRIETÁRIO Família Viu
ENÓLOGO Patricio Celedón
WEB www.viumanent.cl
RECEBE VISITAS Sim

Proprietário
JOSÉ MIGUEL VIU

Viu Manent é uma das vinícolas mais importantes do vale de Colchagua. Sua base de operações está em San Carlos de Cunaco, onde possuem vinhedos centenários, a vinícola de vinificação e outros atrativos, que a converteram em um polo turístico do vale, como o bistrô Rayuela ou a oficina Food & Wine Studio de Pilar Rodríguez, uma das chefs mais importantes do Chile. Dos 260 hectares que têm no total, 145 estão em San Carlos. O resto vem de dois setores, sempre em Colchagua: La Capilla, com 45 hectares, e El Olivar, localizado nas encostas rochosas de Peralillo, com 75. Quanto à sua história, Viu Manent nasceu em 1966, ainda que a família proprietária tenha engarrafado e comercializado vinhos com a marca Vinos Viu desde 1935. Foi com a compra do Campo de San Carlos que a história da Viu Manent propriamente se inicia. **IMPORTADOR:** USA: www.grapex.com

VINHOS

96 CUVÉE INFINITO
CABERNET SAUVIGNON, MALBEC, CABERNET FRANC 2016
$$$$$ | COLCHAGUA | 14°

Cuvée Infinito é o vinho novo da Viu Manent, uma mistura de 65% Cabernet Sauvignon e 23% Malbec de videiras muito antigas plantadas na fazenda Cunaco de Viu Manent, algumas com mais de cem anos, mais 12% da Cabernet Franc de videiras jovens. Aqui seguiu a nova linha de vinhos da casa, com maior frescor e foco em frutas, em vez de madeira e madurez. De certa forma, um irmão mais velho de Vibo, que tem a mesma base de vinhas velhas, mas aqui é um pouco mais complexo, talvez porque teve maior estágio em madeira. Depois de 14 meses, passa mais 5 meses em ovos. O efeito se sente nas camadas de sabores, não no lado terroso e especiado. Um vinho delicioso, para guardar.

96 VIU 1
MALBEC 2016
$$$$$ | COLCHAGUA | 13.5°

Este **Viu 1** estreou com a safra de 1999 e sempre veio do quartel mais antigo de Malbec, pertencente à família Viu na área de San Carlos, no coração de Colchagua. E, embora já tenhamos notado uma importante mudança de estilo na safra anterior (2014), esse ano, há uma revolução. Um vinho que costumava ser uma ode à extração, madeira e madurez, atualmente mostra uma fruta deliciosa e fresca, cheia de toques de frutas vermelhas e de flores em um corpo médio, mas com grande tensão de acidez. As colheitas antecipadas, muito mais cedo do que no passado, o menor uso de madeira nova e a contribuição de foudres, além das sangrias, que agora caíram para 10% e anteriormente eram de 20%. São todas essas as razões da mudança.

< prova de *vinhos* >

96 EL INCIDENTE
CARMÉNÈRE 2017
$$$$$ | COLCHAGUA | 14°

Essa é a nova e provavelmente a melhor colheita de El Incidente, um Carménère (mais 8% de Malbec e 2% do Petit Verdot) que provém de vinhedos de cerca de 25 anos da vinha de La Capilla, plantado em solos de limos e de areias, com uma camada de cinza vulcânica que aqui parece contribuir com uma cota de mineralidade que é complementada por uma forte cota de sabores de frutas. A textura é macia, quase cremosa, mas ao mesmo tempo possui uma acidez muito boa para complementar essa amabilidade. Os aromas de madeira (85% do vinho foi produzido em barricas) tendem a complementar tudo, fornecendo especiarias em vez de notas defumadas. Mesmo assim, esse é para guardar.

95 SINGLE VINEYARD LOMA BLANCA
CARMÉNÈRE 2017
$$$$ | COLCHAGUA | 13.5°

É a primeira vez que a variedade Carménère entra na linha Single Vineyard e é uma excelente estreia. De uvas colhidas no início da estação e das vinhas plantadas em 2005, aqui está uma deliciosa dimensão de frutas, cheia de frescor e de vitalidade. A fruta também é azul, deixando um pequeno espaço para os aromas de ervas clássicos da cepa. Esse novo e radiante Carménère está no novo estilo da cepa no Chile. E é um dos melhores.

95 SINGLE VINEYARD SAN CARLOS
MALBEC 2017
$$$$ | COLCHAGUA | 13.5°

Dos quartéis 5 e 6 de Malbec da vinha Viu Manent em San Carlos, plantados há mais de cem anos. Esse é um tipo de irmão mais novo de Viu 1, que tem a fonte certa de uvas, mas aqui talvez em uma versão menos concentrada. O nariz tem algo de carne que complementa as notas de frutas e flores vermelhas, e na boca é fresco, frutado, refrescante, com sabores maduros e profundos, aquela profundidade de vinhas velhas, interpretada aqui com uma colheita muito mais cedo que o normal, pelo menos três semanas.

95 VIBO VIÑEDO CENTENARIO
CABERNET SAUVIGNON, MALBEC 2017
$$$ | COLCHAGUA | 14°

Vibo é uma mistura de Cabernet Sauvignon (65%) e Malbec, tudo a partir de uma seleção de vinhas muito antigas de cerca de cem anos plantadas em solo de argilas e de areias de San Carlos de Cunaco. Esse ano, embora tenha sido uma colheita muito quente, a equipe de Viu Manent, em busca de frescor, decidiu colher a fruta muito mais cedo, cerca de três semanas antes do normal, em busca dessa expressão nervosa da Cabernet e da exuberância fresca da Malbec. E essa versão de Vibo, acreditamos que seja a melhor até agora. Esse vinho tem a fruta à frente, os sabores maduros e vermelhos, a textura tensa, mas ao mesmo tempo macia. Para se beber sem parar.

Viu Manent

SINGLE VINEYARD EL OLIVAR
SYRAH 2017
$$$$ | COLCHAGUA | 14°

Para mostrar a vinha de El Olivar, Viu Manent escolheu um Syrah que vem de vinhedos plantados em 2000 nas encostas de solos de granito e de argilas. Consistente com o estilo dessa linha, as uvas são colhidas no início da temporada para capturar mais frescor em uma área quente e que requer nervo. Aqui há frutas vermelhas em todos os lugares, notas de especiarias e frescor devido a uma acidez penetrante, acentuada e longa. Guarde essa garrafa por alguns anos, só ganhará em complexidade.

SINGLE VINEYARD LA CAPILLA
CABERNET SAUVIGNON 2017
$$$$ | COLCHAGUA | 13.5°

La Capilla é o segundo dos vinhedos de Viu Manent e o primeiro plantado. Isso aconteceu em 1990 e a partir dessas primeiras plantações, vem esse Cabernet que irradia frescor e tensão nessa safra. A fruta é vermelha madura e há notas de ervas, mas o que comanda aqui é a textura, que parece firme e suculenta, com espaço suficiente para os sabores das frutas maduras e aquele delicioso final de ervas que é acompanhado por uma acidez muito presente, muito crocante.

GRAN RESERVA
CABERNET SAUVIGNON 2018
$$ | COLCHAGUA | 13.5°

Um ano que não foi quente no vale Central, deu muito bons Cabernet Sauvignon como esse exemplo que vem de uma seleção de vinhedos muito antigos, quartéis antigos de cerca de 100 anos plantados nos solos férteis de San Carlos de Cunaco. A maior parte do vinho (81%) passa por madeira que pouco influencia os sabores desse Cabernet vermelho e delicioso, rico em toques de ervas e de especiarias, mas com a fruta como foco principal. Para costelas de porco bem temperadas.

SECRETO
CABERNET SAUVIGNON 2018
$$ | COLCHAGUA | 14°

A base desse vinho é a Cabernet Sauvignon dos vinhedos de Viu Manent em San Carlos, ao lado da vinícola e do centro turístico. As frutas são vermelhas, radiantes em frescor, mas há espaço para toques de especiarias e de ervas. A boca é dominada por taninos firmes, mas são os sabores das frutas que vencem em um delicioso tinto em sua expressão da variedade sob o sol de Colchagua.

GRAN RESERVA
CHARDONNAY 2018
$$ | LITUECHE | 14°

Litueche está localizado a cerca de 18 quilômetros do mar, na costa de Colchagua e desde 2014 a Viu Manent compra uvas nesse setor para esse Chardonnay que esse ano mostra uma rica fruta fresca, frutas brancas ácidas e suculentas no meio de um corpo médio, refrescante. Comparado a outros exemplos costeiros, como os de Casablanca, sente-se mais herbáceo e salino, menos exuberante e mais austero.

‹ *prova de vinhos* ›

92 | **NOBLE**
SÉMILLON 2017
$$ | COLCHAGUA | 13°

Esse Sémillon colhido no final da temporada vem de vinhas com mais de cem anos de idade na vinha de Cunaco, ao lado da vinícola de Viu Manent em Colchagua. As uvas foram colhidas com 93% de botrytis. Estagia durante um ano em barricas e o resultado é um branco de sabores cristalizados, de textura deliciosamente envolvente e com uma madurez que contrasta com uma acidez muito firme. Um vinho equilibrado e pronto agora para a sobremesa.

92 | **SECRETO**
CARMÉNÈRE 2018
$$ | COLCHAGUA | 14°

De vinhas plantadas em 2005 no vinhedo El Olivar, na área de Peralillo, esse vem de uma encosta de granito. 38% do vinho estagia em barricas e o restante em tanques de aço. Mostrando muitas frutas vermelhas maduras e algumas especiarias, esse é um suculento Carménère por definição, com toques de ervas ao fundo em um vinho comercial no melhor sentido. Nada sobra, só há frutas.

92 | **SECRETO**
MALBEC 2018
$$ | COLCHAGUA | 14°

Uma visão madura e doce da Malbec, mas sem cair em excessos. Esse é equilibrado, com frutas vermelhas maduras e leves toques de flores. A textura, como sempre, é suave como creme. E o final está cheio de frutas. Vem de vinhedos em Peralillo, na vinha El Olivar, plantada a partir do ano 2000.

92 | **SECRETO**
VIOGNIER 2018
$$ | COLCHAGUA | 13°

Este é um clássico no catálogo de Viu Manent. Vem de videiras plantadas na área de San Carlos de Cunaco, no centro do vale de Colchagua e oferece deliciosos aromas de pinha em um corpo cremoso, que se expande no palato como se fosse sorvete. Um vinho sem arestas agora e pronto para peixes ao curry.

91 | **GRAN RESERVA**
CARMÉNÈRE 2018
$$ | COLCHAGUA | 14°

Esse é um Carménère que vem do vinhedo La Capilla. Os solos de areia e de lima cobertos por uma fina cinza vulcânica, de acordo com o enólogo Patricio Celedón, dão à textura alguns taninos granulares que lhe dão aderência, embora ainda sejam macios e suculentos. Aqui existem frutas vermelhas maduras e muitas notas de ervas, mas acima de tudo especiadas.

Viu Manent

 GRAN RESERVA
MALBEC 2018
$$ | COLCHAGUA | 14°

Para esse Malbec a Viu Manent seleciona quartéis plantados no início dos anos 1990 em San Carlos, ao lado da vinícola. 85% do vinho estagia em barricas por um ano, enquanto o restante em aço. O vinho é intenso, de boa concentração, de sabores de frutas negras, temperadas pela influência da madeira. Um Malbec para carne.

 SECRETO
PINOT NOIR 2018
$$ | CASABLANCA | 13.5°

Um Pinot concentrado na fruta, nos sabores frescos e maduros da variedade cultivada nas encostas de argilas de Casablanca. Esse tem 25% de seu volume estagiado em foudres, outros 25% em barricas e o restante em tanques. É o vinho ideal para matar a sede no verão, um tinto para colocar no balde com gelo e água e beber durante as férias.

 SECRETO
SAUVIGNON BLANC 2019
$$ | CASABLANCA | 14°

Viu Manent compra as uvas para esse Sauvignon de duas vinhas na área de Las Dichas, muito perto do mar no vale de Casablanca. Esse tem notas de ervas em um corpo leve e gentil, com muito boa acidez em um branco fresco, daqueles brancos para o aperitivo, mas aqui com a vantagem de que há acidez e corpo para acompanhar ceviche.

OUTROS VINHOS SELECIONADOS
88 | RESERVA Chardonnay 2019 | Colchagua | 13.5° | $
88 | RESERVA Sauvignon Blanc 2019 | Colchagua | 13.5° | $
87 | RESERVA Malbec 2018 | Colchagua | 14° | $

Wildstone

PROPRIETÁRIO Luis Felipe Edwards Sr. & Senhora
ENÓLOGO Nicolás Bizzarri
WEB www.lfewines.com
RECEBE VISITAS Não

Enólogo
NICOLÁS BIZZARRI

Os vinhos de Wildstone fazem parte do portfólio da Luis Felipe Edwards, uma vinícola familiar chilena, em grande parte dedicada às exportações. As primeiras vinhas, que datam do início dos anos 1900, sua moderna vinícola e o centro de operações, estão localizados em Puquillay Alto, no coração do vale de Colchagua desde 1976. As vinhas da família Edwards alcançam 2000 hectares e estão distribuídas nos vales mais importantes da zona central do Chile. Suas várias propriedades incluem plantações a 900 metros de altura em Puquillay Alto, vinhas centenárias no Maule, plantações costeiras de clima frio em Leyda e Pumanque - Colchagua Costa - entre outras. Essa grande diversidade de vinhedos reflete-se em suas diferentes linhas de vinho.

 *prova de vinhos*

VINHOS

94 — MOUNTAIN RED BLEND SYRAH, C. SAUVIGNON, CARMÉNÈRE, GRENACHE, P. VERDOT, MOURVÈDRE 2015
$$$ | COLCHAGUA | 14.5°

Esta é uma seleção de algumas das mais altas vinhas na cidade de Puquillay, no vale de Colchagua, entre 600 e 900 metros, bastante alta para a média da região. Essa nova versão possui 46% Syrah, 20% Cabernet Sauvignon, 17% Carménère, 10% Garnacha e o restante de Petit Verdot e Monastrell. Comparado com a versão anterior, parece um pouco mais frio, com mais frutas vermelhas e com maior tensão, embora mantenha a mesma musculatura fibrosa dos vinhos de altura. Um delicioso vinho tinto, para beber agora ou em dois a três anos, só ganhará complexidade, enquanto a acidez aguda sentida hoje permitirá que ele continue envelhecendo.

91 — GRAN RESERVA SAUVIGNON BLANC 2019
$$ | LEYDA | 13.5°

Uma excelente relação qualidade-preço, sente-se nervoso e tenso em acidez. Tem sabores de frutas tropicais, tons de ervas em um corpo leve. Esse vem dos solos graníticos de Leyda, no vale de San Antonio, a cerca de 8 quilômetros do mar. O branco ideal para o aperitivo.

90 — BRUT CHARDONNAY, PINOT NOIR N/V
$$ | COLCHAGUA COSTA | 12.5°

Pumanque é a área mais ocidental (mais próxima do mar), onde Wildstone tem vinhedos em Colchagua e daí vem esse 85% Chardonnay, mais 15% de Pinot que vem de Leyda, também de seus próprios vinhedos. Este Charmat tem foco em frutas e frescor. Tudo aqui é deliciosa acidez, frutas brancas e borbulhas cremosas. Para beber por garrafas.

90 — BRUT ROSÉ PINOT NOIR, CHARDONNAY N/V
$$ | LEYDA | 12.5°

85% desse vinho é Pinot Noir que vem da zona de Leyda, no vale de San Antonio, muito perto do mar. E isso se sente no frescor e agilidade desse vinho na boca. Com um açúcar residual por litro de pouco mais de cinco gramas, a fruta parece florescer. Um vinho que é um suco de framboesa com borbulhas.

90 — GRAN RESERVA CABERNET SAUVIGNON 2018
$$ | COLCHAGUA | 14°

Uma boa abordagem para a Cabernet Sauvignon, é uma amostra simples da cepa, focada em frutas vermelhas maduras ao invés de ervas. É suculento e tem textura muito macia. Esse Cabernet é proveniente de uvas compradas na área de Lolol, na região oeste de Colchagua.

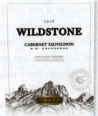

90 — GRAN RESERVA CARMÉNÈRE 2018
$$ | COLCHAGUA | 13.5°

Da zona de Lolol, a oeste de Colchagua, esse é um clássico Carménère.

Wildstone

Deliciosas frutas vermelhas em um contexto de toques de ervas, muito típico da variedade. A textura é bastante leve, com uma acidez rica em um vinho simples e fácil de beber, mas com a vantagem de mostrar um lado mais fresco e frutado da variedade.

 GRAN RESERVA
CHARDONNAY 2019
$$ | CASABLANCA | 13.5°

Generoso em frutas tropicais, notas redutoras que parecem minerais, além de uma acidez fresca e viva nesse Chardonnay simples e que você bebe muito rápido. Essa é uma seleção de uvas que Wildstone compra na região de Bajo Casablanca, muito perto do Pacífico.

 RESERVA
SAUVIGNON BLANC 2019
$ | LEYDA | 12.5°

É o vinho base de Wildstone em Leyda e em Sauvignon Blanc, um branco delicioso e refrescante que mostra o potencial da vinícola nesses vinhedos plantados em 2005. Aqui há uma deliciosa pureza de frutas frescas, muito influenciada pelo vinho. Brisas marinhas, distantes cerca de 8 quilômetros em linha reta. Atenção aqui. Um vinho para o ceviche.

OUTROS VINHOS SELECIONADOS

89 | CLASSIC Pinot Noir 2019 | Vale Central | 12.5° | $
88 | CLASSIC RED BLEND Cabernet Sauvignon, Carmènère, Syrah 2019 Vale Central | 13.5° | $
88 | CLASSIC Malbec 2019 | Vale Central | 13° | $
88 | CLASSIC Syrah 2019 | Vale Central | 13.5° | $

William Cole

PROPRIETÁRIO WC Investment
ENÓLOGA Ximena Klein
WEB www.tapihuewines.com
RECEBE VISITAS *Sim*

Enóloga
XIMENA KLEIN

Fundada em 1999 pelo empresário norte-americano William Cole, esta vinícola de Casablanca foi adquirida em 2016 pela família Weinstein. Seu estilo de vinhos veio se orientando cada vez mais ao frescor e à força frutada, algo notório já em sua linha de entrada, Mirador, conhecida por sua boa relação preço-qualidade. Suas outras linhas principais são Columbine Special Reserve, com um pouco de estágio em barrica, e a mais ambiciosa Bill. A vinícola e seus principais vinhedos ficam em um setor de Casablanca conhecido como Tapihue, ainda que também trabalhem com uvas dos vales de Colchagua e Maipo, principalmente Cabernet Sauvignon. A equipe enológica é composta pela enóloga chefe Ximena Klein e o consultor Peter Mackey.

IMPORTADORES: BRASIL: www.evino.com.br | USA: www.metropoliswine.com www.superiorwineselections.com www.stewleonards.com

*‹ prova de **vinhos** ›*

VINHOS

BILL LIMITED EDITION
SAUVIGNON BLANC 2019
$$$ | CASABLANCA | 12.5°

Das vinhas de Tapihue, esse Sauvignon tem quatro meses de estágio em barricas em 100% do vinho, o que não é comum no cenário da Sauvignon de Casablanca. O estágio, em todo caso, lhe deu complexidade, em vez de apenas aportar madeira. Tem aromas de ervas e cítricos, mas também toques especiados das barricas e um pouco de notas defumadas. O vinho tem um bom corpo, um branco ideal para acompanhar mollejas.

BILL LIMITED EDITION
CABERNET SAUVIGNON 2016
$$$ | MAIPO | 14°

Embora venha da área de Maipo Medio, nas colinas de Chena, esse Cabernet possui algo dos Cabernet de lugares mais acima, apenas alguns quilômetros mais alto em Alto Maipo. Há notas de eucalipto, frutas negras ácidas e taninos polidos, embora presentes, além de um lado terroso que lhe confere caráter. Tem um bom corpo, boa estrutura, bons ossos, enquanto essa textura precisa de embutidos.

ALTO VUELO GRAN RESERVA
SAUVIGNON BLANC 2019
$$ | CASABLANCA | 12.5°

Na área de Tapihue, no meio de Casablanca, possui notas florais e cítricas em um corpo que se expande com a cremosidade por toda a boca. Tem um bom corpo, um bom peso e seria ótimo beber agora com frutos do mar gratinados.

GRAND RESERVE
SAUVIGNON BLANC 2019
$$ | CASABLANCA | 12.5°

Na área de Tapihue, no meio de Casablanca, possui notas florais e cítricas em um corpo que se expande com a cremosidade por toda a boca. Tem um bom corpo, um bom peso e seria ótimo beber agora com frutos do mar gratinados.

ALTO VUELO GRAN RESERVA
CABERNET SAUVIGNON, CARMÉNÈRE, CARIGNAN 2018
$$ | VALE CENTRAL | 14°

Essa mistura consiste em 47% de Cabernet Sauvignon da região de Linderos, no centro do Maipo, 47% de Colchagua e o restante de Syrah de Tapihue, em Casablanca. O preço é baixo para o nível de força e de concentração que mostra. É intenso nos sabores de frutas negras, rico em taninos ainda muito jovens, que se aderem ao paladar e pedem embutidos. Um vinho grande e cheio. O volume impressiona em sua faixa de preço.

ALTO VUELO GRAN RESERVA
CHARDONNAY 2019
$$ | CASABLANCA | 13°

Os aromas da madeira com a qual teve contato por seis meses deram a esse Chardonnay um toque especiado e defumado. Tem textura macia, redonda e amável e com corpo suficiente para acompanhar carne de porco defumada.

 ALTO VUELO GRAN RESERVA
PINOT NOIR 2019
$$ | CASABLANCA | 13°

Um Pinot para se beber muito fresco no verão e matar a sede, tem notas de frutas vermelhas e flores em um corpo muito macio, muito suculento e também muito simples. Sem dúvidas, é uma maneira muito boa de entrar no mundo da Pinot. Esse é um exemplo muito bom.

 ALTO VUELO RESERVA
SAUVIGNON BLANC 2019
$ | CASABLANCA | 12.5°

Rico em toques de ervas, mas especialmente em frutas brancas frescas e crocantes, esse é um Sauvignon com uma tremenda relação qualidade-preço. Aqui há energia em acidez, frutas simples e diretas e um corpo ideal para tiradito de corvina.

 GRAND RESERVE
CHARDONNAY 2019
$$ | CASABLANCA | 13°

Os aromas da madeira com a qual teve contato por seis meses deram a esse Chardonnay um toque especiado e defumado. Tem textura macia, redonda e amável e com corpo suficiente para acompanhar carne de porco defumada.

 GRAND RESERVE
PINOT NOIR 2019
$$ | CASABLANCA | 13°

Um Pinot para se beber muito fresco no verão e matar a sede, tem notas de frutas vermelhas e flores em um corpo muito macio, muito suculento e também muito simples. Sem dúvidas, é uma maneira muito boa de entrar no mundo da Pinot. Esse é um exemplo muito bom.

 GRAND RESERVE WINEMAKER'S COLLECTION
CABERNET SAUVIGNON, CARMÉNÈRE, CARIGNAN 2018
$$ | VALE CENTRAL | 14°

Essa mistura consiste em 47% de Cabernet Sauvignon da região de Linderos, no centro do Maipo, 47% de Colchagua e o restante de Syrah de Tapihue, em Casablanca. O preço é baixo para o nível de força e de concentração que mostra. É intenso nos sabores de frutas negras, rico em taninos ainda muito jovens, que se aderem ao paladar e pedem embutidos. Um vinho grande e cheio. O volume impressiona em sua faixa de preço.

 RESERVE
SAUVIGNON BLANC 2019
$ | CASABLANCA | 12.5°

Rico em toques de ervas, mas especialmente em frutas brancas frescas e crocantes, esse é um Sauvignon com uma tremenda relação qualidade-preço. Aqui há energia em acidez, frutas simples e diretas e um corpo ideal para tiradito de corvina.

‹ prova de vinhos ›

OUTROS VINHOS SELECIONADOS

89 | ALTO VUELO GRAN RESERVA Carménère 2018 | Colchagua | 13.5° | $$
89 | GRAND RESERVE Carménère 2018 | Colchagua | 13.5° | $$
88 | ALBAMAR ESTATE SERIES Sauvignon Blanc 2019 | Casablanca | 12° | $
88 | ALTO VUELO ESTATE SERIES Sauvignon Blanc 2019 | Casablanca | 12° | $
88 | ALTO VUELO GRAN RESERVA Cabernet Sauvignon 2018 | Maipo | 14° | $$
88 | ALTO VUELO RESERVA Pinot Noir 2019 | Casablanca | 12° | $
88 | GRAND RESERVE Cabernet Sauvignon 2018 | Maipo | 14° | $$
88 | RESERVE Pinot Noir 2019 | Casablanca | 12° | $
88 | VINEYARD SELECTION Sauvignon Blanc 2019 | Casablanca | 12° | $
87 | ALTO VUELO RESERVA Pinot Noir 2019 | Casablanca | 13° | $
87 | RESERVE Pinot Noir 2019 | Casablanca | 13° | $
86 | ALTO VUELO RESERVA Carménère 2018 | Colchagua | 13.5° | $
86 | RESERVE Carménère 2018 | Colchagua | 13.5° | $

William Fèvre Chile

PROPRIETÁRIO Víctor Pino Torche
ENÓLOGO Cristián Aliaga
WEB www.williamfevre.cl
RECEBE VISITAS *Sim*

Enólogo
CRISTIÁN ALIAGA

Vinhedos de até 880 metros, na localidade de Pirque, em Alto Maipo, tem esta vinha nascida em 1991 como filial da francesa William Fèvre (conhecida vinícola de Chablis, na Borgonha) mas que hoje pertence majoritariamente à família chilena Pino. Sua proposta se destaca por seus vinhos de montanha, desde cedo por Cabernet Sauvignon, presente em todos os níveis do catálogo, ainda que também produzam Chardonnay que não precisam invejar aos da costa. Há alguns anos, e com a linha Quino, exploram além disso o Vale de Malleco, a mais de 600 quilômetros ao sul de Santiago, um clima extremo onde elaboram vinhos de muita personalidade. Ali têm 14 hectares de vinhedos dos 102 que possuem no total. A produção anual de William Fèvre é de 500.000 garrafas. **IMPORTADORES:** BRASIL: www.dominiocassis.com.br | USA: www.rbwineimports.com

VINHOS

 CHACAI
CABERNET SAUVIGNON 2016
$$$$ | MAIPO ANDES | **13.2°**

Esse vinho é proveniente de uvas Cabernet Sauvignon enxertadas em 1992 em videiras de Chardonnay, a uma altura de 900 metros, na área de Pirque, em Alto Maipo. A safra 2016, por outro lado, ofereceu vinhos como esses, filhos do frio, com corpos suaves e texturas nítidas e firmes. Aqui existem aromas de mentol e frutas vermelhas em um corpo médio, rico em acidez. Um vinho profundo em sabores, especialmente ervas e com três a quatro anos para continuar evoluindo em garrafa. Aqui você tem um bom exemplo de como a Cabernet pode ser elegante e sutil em Pirque.

 THE FRANQ ROUGE
CABERNET FRANC 2017
$$$$ | MAIPO ALTO | **14°**

O Cabernet Franc de William Fèvre tem mudado de estilo, desde as primei-

William Fèvre Chile

ras versões no início da década passada, até agora mostra um lado muito mais sutil, mais "Chinon" da variedade, se essa comparação é possível. Trata-se de uma seleção de videiras plantadas em 1999 em San Luis de Pirque, com cerca de 640 metros de altura aos pés dos Andes. Apresenta frutas vermelhas maduros, especiarias, ervas e notas de especiarias em um fundo de taninos leves, suculentos e profundos que agarram a boca com sutileza. Tem frescor, mas acima de tudo tem equilíbrio. Nada parece estar sobrando, não tem arestas.

94 | ESPINO GRAN CUVÉE
CHARDONNAY 2018
$$$ | MAIPO ALTO | 13.5°

De uma vinha plantada em 1992, na área de San Juan de Pirque, com cerca de 900 metros de altura, é uma seleção de vinhas que são colhidas posteriormente para obter maior profundidade e madurez. 30% do vinho é mantido em barricas por nove meses e o restante em tanques e não possui fermentação malolática. A madurez dos sabores é o que mais se destaca nesse vinho, mas também - e como um contraste suculento - a acidez é viva e brilhante. Um vinho denso e profundo.

93 | ESPINO GRAN CUVÉE
CABERNET SAUVIGNON 2017
$$$ | MAIPO ALTO | 13.3°

A base desse Cabernet Sauvignon vem da área de Las Majadas, em Alto Maipo, a cerca de 720 metros acima do nível do mar e também possui 8% de Syrah. Estagia por 15 meses em barricas, um quinto delas novas. As notas mentoladas e frutadas buscam destaque nesse vinho e esse tipo de antagonismo causa um efeito fresco e delicioso, em um exemplo muito característico da região, as notas florais ao fundo, os taninos polidos e elegantes. Um vinho de grande sutileza.

93 | ESPINO GRAN CUVÉE
CARMÉNÈRE 2017
$$$ | VALE CENTRAL | 13°

Enquanto as novas plantações de Carménère entram em produção, William Fèvre deve recorrer à fruta do Maule, que nesse caso atingem 30% do volume total. O resto vem de vinhedos plantados em 1994 em Pirque, com cerca de 650 metros de altura. Tem notas de especiarias e de ervas, mas também muitas frutas vermelhas e algumas notas de carne e de terra. Um vinho delicioso e fresco, mas ao mesmo tempo com uma boa parcela de complexidade.

93 | LITTLE QUINO
PINOT NOIR 2019
$$ | MALLECO | 11.9°

Nas suaves colinas do vale de Malleco, a cerca de 600 quilômetros ao sul de Santiago, esse é um Pinot que fala de uma área fresca e fria. As notas terrosas movem-se entre sabores de frutas e uma acidez rica, fazendo com que esse vinho não seja apenas divertido em aromas, mas também muito fácil de beber. O corpo é leve, mas com uma boa aderência e o final é cheio de frutas vermelhas.

*< prova de **vinhos** >*

 ESPINO RESERVA ESPECIAL
CHARDONNAY 2019
$$ | PIRQUE | 13.6°

William Fèvre plantou esse vinhedo de Chardonnay em 1992, a cerca de novecentos metros de altura, na área de Pirque. Esse Espino é a porta de entrada para aquele vinhedo, uma primeira seleção de uvas que são colhidas cedo e que não passam por barricas. Esse mostra notas de frutas brancas e florais, mas também notas de especiarias em uma textura cremosa e amável. Os sabores são profundos e as frutas brancas acabam dominando tudo em um vinho que refresca e pode acompanhar uma caçarola de frutos do mar.

 LITTLE QUINO
SAUVIGNON BLANC 2019
$$ | MALLECO | 11.7°

Uma delícia de sutilezas, aromas de ervas e cítricos em um corpo muito leve e fresco, mas ao mesmo tempo esses sabores são profundos e penetrantes. Parece frugal, mas a verdade é que tem peso para acompanhar um ceviche. Esse Sauvignon corresponde às primeiras plantações de uva que William Fèvre fez em Malleco, em 2007.

 ESPINO RESERVA ESPECIAL
CABERNET SAUVIGNON 2017
$$ | MAIPO ALTO | 13.3°

Esse Cabernet é uma mistura de vinhedos próprios na região de Pirque, em diferentes alturas, de 640 a 950 metros, aos pés dos Andes, em Maipo Alto. Esse tem características típicas da Cabernet da região: notas de mentol, aromas de ervas e de frutas vermelhas em meio a uma textura firme, mas nunca agressiva.

OUTRO VINHO SELECIONADO
88 | ESPINO RESERVA ESPECIAL Carménère 2018 | Vale Central | 13.6° | $$

PEQUENAS AVENTURAS

A CENA DE VINHOS NA AMÉRICA DO SUL SE DIVERSIFICOU E POR OS TODOS LADOS APARECEM NOVOS PROJETOS, MUITAS VEZES PEQUENOS, DE POUCAS GARRAFAS. AQUI VÃO ALGUNS DELES.

⟨ *prova de **vinhos*** ⟩

Agrícola la Misión

Nicola Massa e Elena Pantaleoni, proprietária da vinícola La Stoppa, na Emiglia Romagna, na Itália, uniram forças para investigar o potencial da cepa País no Chile. Para fazer isso, compram uvas de uma antiga vinha em Coronel del Maule (o registro diz que tem 130 anos) e as vinificam em alguns lagares restaurados de raulí e depois estagiam em barricas usadas de 300 litros por cerca de 12 meses. ☞ **FB: vinopisador**

VINHOS

94 | **PISADOR**
PAÍS 2018
$$$ | SECANO INTERIOR CAUQUENES | 13.5°

Pisador tenta levar a País a um lugar de maior ambição, principalmente na textura que vai além dos taninos rústicos da cepa, para aprofundar a estrutura, uma espécie de arquitetura campestre que aqui se manifesta como uma trama de taninos firmes, que parecem se enterrar na língua, algo como as fundações de uma casa, o cimento que sustenta tudo. O restante são frutas vermelhas frescas e brilhantes, camadas de frutas vermelhas firmes e intensas, com toques de ervas e de acidez firme, que se expande por toda a boca, proporcionando frescor e tensão. A melhor versão até agora desse Pisador, apenas a terceira.

Attilio & Mochi

Marcos Attilio e Angela Mochi são dois brasileiros que se dedicavam a importar vinhos chilenos para o Brasil até que decidiram se estabelecer no vale de Casablanca e fazer seus próprios vinhos. Isso aconteceu em 2011 e o que começou como um pequeno projeto hoje permanece, mas desde 2018 com uvas de vinhedos próprios (dois hectares) com os quais produzem cerca de 12 mil garrafas. ☞ www.attiliomochi.com |
IMPORTADORES: BRASIL: www.pnrvinhos.com.br | USA: www.bonhomiewine.com

VINHOS

94 | **AMBER**
ROUSSANNE, VIOGNIER 2018
$$$ | CASABLANCA | 14.9°

Este **Amber** é a primeira versão desse laranja que inclui metade de Roussanne e metade de Viognier, tudo proveniente de vinhedos próprios na área de Bajo Casablanca. Este vinho é cofermentado com suas peles, em um contato de cerca de 20 dias contando a maceração pré e pós-fermentativa. Esse é um laranja macio e gentil. A acidez é muito poderosa, mas ao mesmo tempo apresenta sabores deliciosos e frutados. Um vinho refrescante para abrir com morcilla ou qualquer comida com gordura. A acidez aqui e o corpo que ela mostra são razões suficientes para ser um bom companheiro.

94 | **ATTILIO & MOCHI**
MALBEC 2018
$$$ | CASABLANCA | 14.5°

Os dois hectares de vinhedos de Attilio & Mochi estão localizados a cerca de 20 quilômetros em linha reta do mar, em Bajo Casablanca. Desses, ape-

Pequenas Aventuras

nas 2400 plantas são de Malbec e com todas elas produzem esse delicioso e refrescante vinho tinto, cheio de frutas vermelhas, aromas de violeta e com uma acidez firme e tensa. O vinho é envelhecido em barricas por cerca de 15 meses. Há muito pouco Malbec plantado, uma pena, porque em um clima frio, essa variedade tem muito potencial.

ATTILIO & MOCHI
CABERNET FRANC 2018
$$$ | CASABLANCA | 12.8°

Dos dois hectares que essa vinícola plantou em 2014, cerca de 2.200 plantas correspondem a Cabernet Franc. Esse vinho foi mantido em barricas por cerca de 13 meses, e o resultado é um vinho delicioso e fresco, com adoráveis notas de tabaco e de especiarias em um corpo leve, de taninos extremamente polidos e com uma deliciosa acidez refrescante. Um desses vinhos fáceis de beber, principalmente com embutidos.

DULCE FUERTE
MALBEC, SYRAH 2015
$$$$ | CASABLANCA | 18.5°

Marcos Attilio e Angela Mochi se declaram admiradores dos vinhos fortificados (com álcool acrescido) do Porto. E como Chile é um mercado pouco receptivo ao estilo, eles decidiram fazer seu próprio Porto em Casablanca, mesclando dois terços de Malbec e um terço de Syrah, com álcool acrescido deixando 90 gramas de açúcar. O vinho tem boa acidez e doces sabores de chocolate. Para uma sobremesa... com chocolate.

Bodega Aluvial

Bodega Aluvial é o projeto de Pedro Vial e Andrea Winkelmann na região de Alto Jahuel, na cordilheira do vale Maipo. Seu nome é inspirado nos solos aluviais do Maipo, onde nascem alguns dos tintos com mais caráter no Chile. O catálogo consiste em três vinhos, todos baseados em Cabernet Sauvignon de uma vinha do Alto Jahuel, plantada em 1998. ~ www.aluvial.cl

VINHOS

92 GRAN RESERVA
CABERNET SAUVIGNON 2014
$$ | MAIPO | 14°

Os anos foram muito bons para esse Cabernet Sauvignon de Alto Maipo, na região de Alto Jahuel. Com videiras de 20 anos, possui notas de ervas e de frutas secas, mas também frutas vermelhas maduras que falam de sua juventude. O corpo é macio, leve, quase delicado e a acidez não se move de seu lugar. O segredo da juventude desse vinho está exatamente nessa acidez firme e tensa.

RENOVAL
CABERNET SAUVIGNON 2016
$$ | MAIPO | 14°

Estagia 18 meses em barricas e de vinhedos de 1998 na região de Alto Jahuel, esse é outro exemplo do estilo delicado da casa. O estágio deu foco às notas de especiarias, mas também as notas de ervas e as frutas vermelhas

de um ano bastante frio aparecem no vale do Maipo. A textura dos taninos, sua trama, parece firme, jovem e a acidez não brinca com a língua enquanto o vinho avança pela boca. Uma pequena descoberta do sopé dos Andes.

Carter Mollenhauer

Karine Mollenhauer e Edgard Carter são vinicultores e têm esse pequeno projeto com pequenos produtores de viticultura de secano no interior do Maule e Itata. O primeiro engarrafamento foi em 2014 e hoje produzem cerca de 25 mil garrafas. O casal vive em Talca e hoje estão 100% dedicados a esse projeto. www.cmwines.cl

IMPORTADOR USA: www.ambrosiachilena.com

VINHOS

93 — AURORA DE ITATA
CINSAULT 2018
$$ | ITATA | 12.7°

Para esse Cinsault, as uvas vêm de Guarilihue Alto, a cerca de 21 quilômetros do mar, em uma encosta que fica de frente para o sudoeste. A vinha foi plantada por volta de 1940. O vinho é fermentado em cubas abertas e depois cultivado em tanques de cimento por cerca de dez meses. O vinho tem todo o espírito da cepa, as deliciosas frutas vermelhas que fazem da Cinsault uma cepa que dá "sede" aos vinhos, mas também possui uma estrutura muito boa, rica em taninos, rica em acidez. E tudo isso dá profundidade, algo além do vinho que se bebe por garrafas.

93 — AURORA DE ITATA
PAÍS 2018
$$$ | ITATA | 12.7°

Karine Mollenhauer e Edgard Carter compram uvas do produtor Jerman Urrutia em Itata, na área de Pachagua, ao norte do rio Itata, a cerca de 26 quilômetros do mar. É uma encosta íngreme de cerca de 25 graus de videiras com mais de duzentos anos de idade, que dá um vinho de taninos muito firmes e muito tensos. Os sabores das frutas são frescos, vermelhos, muito vívidos, com o lado terroso da variedade ao fundo. Aqui se tem uma estrutura importante, mas ao mesmo tempo é um vinho tinto muito suculento, daqueles vinhos que são facilmente bebidos.

93 — AURORA DE ITATA
SÉMILLON 2018
$$ | ITATA | 11.5°

Da área de Guarilihue Alto e de uma vinha plantada em 1955, estagia em tinajas (ânforas) por cerca de dez meses, com suas peles. O vinho mostra um delicioso caráter herbáceo com toques especiados, além de muitas frutas brancas ao fundo. É um vinho de acidez firme, mas ao mesmo tempo também de uma estrutura importante, que fica no meio de boca e vai para todas as direções. Apenas 560 garrafas foram produzidas desse vinho. Tente conseguir alguma.

Pequenas Aventuras

Casa Curti

No início do século passado, Scipione Curti Fuggiani e seus irmãos deixaram Roma para se estabelecer no porto de Valparaíso, no Chile. Cem anos depois, muito próximo dali, seus descendentes começaram a produzir vinhos a oeste do vale de Casablanca, muito perto do Oceano Pacífico. Daniel Vargas é o enólogo de Casa Curti e hoje eles produzem cerca de 12 mil garrafas. 🌿 www.casacurti.cl

VINHOS

 92 **AURELIA DE CASA CURTI**
SAUVIGNON BLANC 2018
$$ | CHILE | 13.5°

Esse Sauvignon vem do lado oeste do vale de Casablanca, a área mais próxima do mar neste vale de clima frio. As vinhas foram plantadas lá em 1998 e hoje elas dão a esse Sauvignon sabores de ervas e toques cítricos em um vinho com um bom corpo, sabores de ervas e uma acidez vibrante e fresca. Esse branco funcionaria muito bem para o aperitivo, mas também para um tiradito de atum.

OUTRO VINHO SELECIONADO
89 | AURELIA DE CASA CURTI Syrah 2016 | Casablanca | 12.5° | $$

Casalibre

Fred Skwara é engenheiro comercial de mãe chilena e pai brasileiro, que se dedicava aos mercados financeiros da América Latina. Esse é o seu primeiro empreendimento relacionado ao vinho e, para ele, procurou a ajuda de Luca Hodgkinson, um enólogo com uma longa história na Argentina e no Chile e que hoje se dedica a aconselhar diferentes projetos pequenos como esse. No caso da Casa Libre, eles obtêm uvas do vale do Maipo e em Colchagua. 🌿 www.casalibre.cl | IMPORTADORES: BRASIL: www.lacharbonnade.com.br

VINHOS

 91 **SIETE PERROS**
CABERNET SAUVIGNON 2018
$$ | MAIPO | 13°

O enólogo Luca Hodgkinson opta nesse vinho por mostrar a Cabernet Sauvignon nua, sem madeira, mas sem abandonar a força da cepa. Nas vinhas orgânicas de Alto Maipo, concentra-se nos sabores das frutas e nos taninos firmes e pulsantes, deixando um espaço importante para a acidez se mostrar e brilhar. Um desses vinhos deliciosos para beber sem parar, e diferente de qualquer Cabernet. Notícias muito boas, especialmente em um mundo do vinho como o chileno, no qual todos levam essa variedade muito a sério e, os que não seguem esse caminho, produzem sem muito caráter.

Casas de Bucalemu

A área de Bucalemu está localizada ao sul do vale de Leyda, muito perto do rio Rapel. De fato, o vinhedo das Casas de Bucalemu leva as águas desse rio para irrigação.

*‹ prova de **vinhos** ›*

Compartilha com Leyda, no entanto, a influência marinha. O Pacífico está uns 8 quilômetros em linha reta. Emilio Carrasco plantou lá pela primeira vez em 2008 e, desde então, produz vinhos tintos e brancos fortemente influenciados pelo Oceano Pacífico. O enólogo responsável é Cristóbal Undurraga, que também é sócio e enólogo de Koyle, dessa vez do outro lado, em direção aos pés dos Andes, em Los Lingues. ⚭ www.casasdebucalemu.cl IM-
PORTADOR: BRASIL: Marcio Moaulla

VINHOS

FOSILES
PINOT NOIR 2018
$$$ | CASABLANCA-LEYDA | 13.5°

Plantado em colinas costeiras na área de Bucalemu, em Leyda, a cerca de 8 quilômetros do oceano Pacífico, esse ano esse Fósiles tem um acentuado destaque nos sabores da terra, combinados com frutas vermelhas maduras e especiarias. A textura é firme, com uma acidez que permanece nervosa até o final. Um vinho no lado da terra ao invés da fruta.

SALINAS
SAUVIGNON BLANC 2018
$$ | CASABLANCA-LEYDA | 13°

Esse Sauvignon vem de vinhedos na área de Bucalemu, ao norte do rio Rapel. A vinha foi plantada em 2007 a cerca de nove quilômetros do mar e essa influência é sentida aqui, nas notas de sal e nos toques de acidez que são fortemente mostrados. É um vinho herbáceo, de grande frescor e, ao mesmo tempo, de um corpo cremoso e untuoso.

Caven

Francisco Caroca é dono de Caven, uma vinícola localizada na região de Marchigüe, de duas vinhas plantadas em 1999. Desde 2001, começou a produzir seus próprios vinhos, com a intenção de ver o potencial de suas vinhas. Hoje produz cerca de dez mil garrafas. ⚭ www.cavenwines.cl

VINHOS

DOS
CABERNET SAUVIGNON 2017
$$ | MARCHIGÜE | 14.5°

Essa nova safra de Caven tem uma mudança importante no nível de maturez das uvas. O produtor Francisco Caroca, procurando uma expressão diferente de seus vinhedos, começou a adiantar a data da colheita e a mudança foi dramática. O frescor parece muito mais clara, há frutas vermelhas, especiarias e ervas, mas principalmente o caráter dos taninos de Marchigüe, taninos nascidos em granito. Esse está muito mais ligado à sua origem.

OUTRO VINHO SELECIONADO
86 | CLASIC Cabernet Sauvignon 2016 | Marchigüe | 14.5° | $$

Pequenas Aventuras

Curauma Wines

Roberto Millán é enólogo e, desde 2013, tem seu projeto pessoal, Curauma, baseado em vinhas de Las Dichas, uma das áreas mais próximas do mar, no vale de Casablanca. Hoje produz cerca de seis mil garrafas. ⚘ www.curaumawines.cl | IMPORTADOR: BRASIL: www.marepescados.com.br

VINHOS

91 | WEICHAFE
SAUVIGNON BLANC 2019
$$ | CASABLANCA | 12.5°

A área de Las Dichas é um dos lugares mais próximos do mar em Casablanca e Roberto Millán tira suas uvas de lá, de uma vinha de cerca de 15 anos plantada nas colinas da Cordilheira da Costa. Possui um forte componente floral, frutas brancas cítricas e ervas em um vinho de acidez de corpo leve, rico e sutil.

De José

De José é a homenagem que sua família fez a José Guilisasti, esse grande enólogo chileno e personagem-chave no boom da viticultura orgânica e biodinâmica na América Latina, que morreu em 2014. Na produção de vinhos, Noelia Orts e Alvaro Espinoza usam as frutas de uma vinha plantada em 2009, na área de Los Morros, em Alto Maipo. Hoje produzem cerca de 4.600 garrafas. ⚘ martinguilisasti@imanque.cl

VINHOS

94 | DE JOSÉ
CABERNET SAUVIGNON 2017
$$$$$ | MAIPO ALTO | 13.5°

Em 2009, a vinha que hoje é a base de De José foi plantada com seleções massais do vinhedo de Tocornal, as mesmas plantas que dão uvas para vinhos como Almaviva ou Don Melchor. Esse ano, a colheita de 2017 já é a terceira versão e é a primeira vez que é 100% de Cabernet Sauvignon daquela vinha em Los Morros, em Alto Maipo. São dois ovos de concreto, onde estagiam por onze meses antes de irem para a garrafa. José mostra o lado mais puro da cepa em Alto Maipo, sem interferência, com uma fruta deliciosa e refrescante, vermelha e mentolada. A textura é tensa, com taninos firmes, mas elegantes e sutis sobre a boca, picando-a suavemente. Um clássico da velha escola.

Dominique Derain

Dominique Derain é um produtor da Borgonha. Sua profissão original era um mestre toneleiro, mas em 1988 ele e sua esposa, Catherine, decidiram começar a produzir vinhos, para isso compraram cinco hectares nos arredores da cidade de Saint-Aubin, onde até hoje ele pratica viticultura biodinâmica e de intervenção mínima na vinícola. Em 2018, começou a trabalhar como assessor em Montsecano, na área de Las Dichas,

‹ prova de *vinhos* ›

no vale de Casablanca. Inspirado pela fruta da Pinot Noir da região, nesse mesmo ano começou a fazer vinhos no Chile. 🌱 www.domainederain.fr

| VINHOS | 93 | LAS NUBES
PINOT NOIR 2018
$$$$ \| CASABLANCA \| 11° | |

Essa é a primeira safra de Las Nubes, um 100% Pinot Noir da área baixa de Casablanca (a mais próxima da influência do mar), que o enólogo e produtor de vinhos borgonheses Dominique Derain produz com a ajuda de Julio Donoso, a quem assessora em Montsecano. Este vinho estagia por seis meses em ovos de cimento e em seu processo houve mínima intervenção, apenas uvas fermentadas. O resultado é um vinho sutil, quase etéreo, mostrando deliciosas frutas vermelhas em seu frescor. Tem um corpo leve, mas ao mesmo tempo possui taninos afiados e firmes.

El Viejo Almacén de Sauzal

Renán Cancino é um renomado assessor vitícola no Chile e quando decidiu realizar seu projeto pessoal, retornou à sua cidade natal, Sauzal, no coração do secano do Maule. Ali Cancino produz vinhos com intervenção mínima, tentando de contemplar o vinho que sua família produzia, alheio a toda tecnologia. 🌱 renancancinoa@gmail.com

| VINHOS | | HUASO DE SAUZAL
CARIGNAN 2016
$$$$ \| MAULE \| 13.2° | |

Numa colheita bastante fresca no Maule, esse Carignan de vinhas velhas tem deliciosos aromas de frutas vermelhas, notas terrosas e de flores. Feito com intervenção mínima, sem aditivos, apenas frutas, mostra os sabores de uma Cariñena em sua expressão mais natural. Há frutas vermelhas, especiarias e textura firme, mas nunca agressivas ao paladar. E a acidez é responsável por iluminar tudo em seu caminho. Um vinho fresco.

OUTRO VINHO SELECIONADO
88 | HUASO DE SAUZAL Garnacha 2017 | Maule | 14.2° | $$$$

Estación Yumbel

Mauricio González e sua esposa, Daniela Tapia, começaram este projeto em 2015, depois que González deixou sua posição de enólogo na vinícola Luis Felipe Edwards. Estabelecidos na área de Santa Rosa de Choigüe, em Yumbel, esse casamento hoje produz alguns dos vinhos mais autênticos que o Chile oferece, alguns dos mais conectados com as antigas tradições vinícolas da zona rural chilena. 🌱 danielatapiaberardi@gmail.com | IMPORTADORES: BRASIL: www.dominiocassis.com.br | USA: www.tedwardwines.com

| VINHOS | | ESTACIÓN YUMBEL
CARIGNAN 2018
$$ \| SECANO INTERIOR DE YUMBEL \| 13° | |

Esse Carignan foi enxertado em um vinhedo em Santa Rosa, em 2015. O vinhe-

Pequenas Aventuras

do é plantado em solos vulcânicos, profundos e frios. A fermentação foi feita em barricas abertas e o vinho estagia por cerca de 18 meses. A propósito, barricas usadas, que não fornecem aromas, mas acalmam a textura dessa pequena fera. A fruta é vermelha, intensa, cheia de acidez e de toques florais. Um puro, refrescante e poderoso Carignan, a adorável rusticidade dos vinhos do campo.

 QUINTA DE UNIHUE
PAÍS 2019
$$ | SECANO INTERIOR DE YUMBEL | 11.5°

Mauricio González seleciona videiras da cepa País de um vinhedo com mais de duzentos anos na zona de secano de Yumbel. É uma vinha que não foi tratada com herbicidas nem foi manuseado com máquinas. Vindo desse estado completamente natural, as uvas para esse vinho são fermentadas em cubas abertas de Raulí sem intervenção e, em seguida, deixadas para estagiar em barricas velhas por cerca de 6 meses. Como todos os tintos da casa, possui uma estrutura fresca e delicada. A País oferece notas terrosas, mas especialmente toques de frutas vermelhas em um corpo macio, com taninos firmes, muito típicos da cepa. Para beber sem parar por causa da sensação de frescor.

 ESTACIÓN YUMBEL
MALBEC 2019
$$ | SECANO INTERIOR DE YUMBEL | 13°

Para seu **Estación Malbec**, o enólogo Mauricio González e sua esposa Daniela Tapia utilizam um vinhedo antigo na área de Santa Rosa que eles enxertaram em 2015 com Malbec. Esse ano, eles também obtêm uvas de uma antiga vinha, com cerca de 30 anos, também em Santa Rosa. Como sempre, esse vinho precisa de tempo para abrir e mostrar todas sua fruta, que é vermelha e suculenta. Esse ano, com um alto teor alcoólico para os padrões do local, também oferece especiarias doces. Um vinho selvagem, que precisa de embutidos para se acalmar.

 PIPEÑO
PAÍS 2019
$$ | SECANO INTERIOR DE YUMBEL | 12.6°

A velha tradição de fazer Pipeño revive nas mãos da Estación Yumbel. Esse vinho vem de vinhedos de mais de duzentos anos na área de Santa Rosa de Choigüe. Fermentado em lagares de raulí e armazenado em pipas (recipientes de raulí) de 400 a 3600 litros. Esse é o mais próximo do estilo original de produção de pipeño. A diferença é que aqui as uvas não são moídas em "zarandas", mas com uma máquina. O resultado, no entanto, é o mais próximo de beber um tinto de País, de sabores terrosos, de taninos selvagens, que pedem comida camponesa potente.

 TINAJA
MOSCATEL DE ALEJANDRÍA 2019
$$ | SECANO INTERIOR DE YUMBEL | 11.5°

Do secano interior de Yumbel, no vale de Biobío, esse é um Moscatel que vem de vinhas muito antigas de cerca de 80 anos. O vinho é armazenado com a casca em velhas ânforas, por cerca de cinco meses, sem mais intervenção do que as uvas que fermentam nessas velhas tinajas. O resultado é um suco de laranja, um vinho com toques terrosos, mas de deliciosa acidez cítrica. O resto são flores por toda parte. Para carnes de porco defumadas.

⟨ prova de *vinhos* ⟩

Fanoa

A **família Narváez** possui 2,5 hectares de vinhedos na área de Agua Santa, ao norte de Apalta, nas margens do rio Tinguiririca, no vale de Apalta. É uma encosta plantada em 2013 e de lá elaboram todos os seus vinhos para Fanoa, um projeto que começou em 2016 com a primeira safra. Atualmente, produzem cerca de dez mil garrafas. www.fanoa.com | IMPORTADOR: BRASIL: www.lacharbonnade.com.br

VINHOS

93   **SEIS TINTOS** CABERNET SAUVIGNON, MALBEC, TEMPRANILLO, PETITE SIRAH, CARMÉNÈRE 2017
$$$ | COLCHAGUA | 13.5°

No vinhedo de Raúl Narváez, na área de Agua Santa, próximo ao rio Tinguiririca, há 14 variedades plantadas em 2,5 hectares de vinhedos. Os que compõem essa mistura correspondem àqueles com maior número de plantas, em vinhedos de alta densidade, 12 mil plantas por hectare. Existem 30% de Malbec, 18% de Tempranillo, 19% de Carménère, 11% de Petite Sirah, 12% de Cariñena e o restante de Cabernet Sauvignon. Dessas cepas, apenas Malbec estagia em barricas de um ano, o restante estagia em aço. O vinho tem a madurez dos vinhos tintos da casa, mas aqui também há uma forte presença de taninos que constroem uma estrutura muito sólida em um vinho que será aberto em alguns anos.

91   **FANOA ROSÉ** MALBEC, TEMPRANILLO, MOURVÈDRE 2019
$$ | COLCHAGUA | 12.5°

Trata-se de uma mistura de Malbec, Tempranillo e Monastrell, todos prensados diretamente e cofermentados em aço com leveduras nativas. Com acidez natural, possui uma camada de sabores de frutas vermelhas e de ervas com uma estrutura muito boa, um corpo muito, que o torna ideal para acompanhar uma paella de frutos do mar e peixes.

OUTROS VINHOS SELECIONADOS
89 | FANOA Carignan 2019 | Colchagua | 13° | $$
88 | FANOA Carménère 2019 | Colchagua | 13° | $$

Fatto a Mano

Camilo Viani é um enólogo chileno com uma longa história no país. Fatto a Mano é seu projeto pessoal desde 2009 e tudo é feito em sua casa. A produção é de cerca de 2.500 garrafas. www.fatto.cl | IMPORTADOR: BRASIL: www.lacharbonnade.com.br

VINHOS

 AL DENTE NATURE CINSAULT, CHASSELAS N/V
$$$ | ITATA | 12.5°

Com 70% de Cinsault e 30% de Chasselas, esse vinho espumante nasce em uma encosta muito íngreme de vinhedos antigos na área de Guarilihue, no vale do rio Itata. Feito pelo método tradicional de segunda fermentação em garrafa em um vinho que não foi filtrado, portanto, parece turvo. É fresco, cheio de frutas brancas ácidas e uma textura deliciosa em sua rusticidade.

Pequenas Aventuras

93 | **FATTO A MANO**
RIESLING 2018
$$ | ITATA | 12°

Esse Riesling vem de vinhas de cerca de 30 anos na zona costeira de Itata, em Guarilihue. Em solos de granito, esse Riesling é compacto e fresco, com acidez severa. Com a prensagem direta dos cachos e depois estagia em suas borras em barris de aço por cerca de 9 meses, a acidez é sentida no meio das notas de frutas maduras. Um vinho de baixo teor alcoólico, para acompanhar piures.

Gustavo Martínez

Gustavo Martínez é natural da cidade de Concepción. Estudou agronomia lá e, em meados da última década, mora em Chillán, aconselhando pequenos produtores da região e também, a partir de 2016, produzindo seus próprios vinhos, todos provenientes de vinhas velhas do vale de Itata. gustavomartinezsuazo@gmail.com

VINHOS

92 | **KOŪPIN**
CARIGNAN 2018
$ | ITATA | 13°

Gustavo Martínez diz que essa Cariñena é a mais antiga plantada no vale do Itata, uma variedade mais relacionada ao vale do Maule. Esse vinhedo foi plantado em 1969 e as uvas são vinificadas meio desengaçadas e a outra com maceração carbônica. O nariz desse vinho oferece aromas terrosos e confitados, algo muito diferente da clareza frutada que mostra na boca, onde há uma mostra de sabores que fazem salivar, todos unidos por uma acidez e taninos selvagens, rústicos e deliciosos.

91 | **EL CÁRMEN DE CUCHACUCHA**
PAÍS 2018
$ | ITATA | 13°

Este **Cármen de Cuchacucha** vem de uma vinha muito antiga ("essas videiras têm facilmente 400 anos", diz Gustavo Martínez), de propriedade de dona Carmen, que trabalha de maneira totalmente natural, sem pesticidas ou fertilizantes. O vinho tem aromas terrosos e levemente animais, mas deixe por um tempo no copo e você verá como as frutas vermelhas emergem em um País suculento e leve.

OUTRO VINHO SELECIONADO
89 | KILAKO Moscatel de Alejandría 2018 | Itata | 11.5° | $

Hacienda San Juan

Hacienda San Juan é um pequeno projeto de dois hectares, pertencente à família Freire, na área de San Juan, em Leyda. A vinha foi plantada em 2011 e era originalmente 100% Pinot Noir, mas hoje eles também têm Syrah e compram Chardonnay de terceiros em Casablanca. No total, eles produzem cerca de 13 mil garrafas. francisco.freire@hacienda-sanjuan.cl | IMPORTADOR: BRASIL: Facebook: Antares Wine & Spirits Inc

‹ *prova de **vinhos*** ›

Hacienda San Juan
Syrah 2018

 HACIENDA SAN JUAN
SYRAH 2017
$$$$ | SAN ANTONIO | 13°

A Hacienda San Juan enxertou Syrah nas plantas de Pinot Noir em 2015 e essa é a primeira versão daquelas uvas que dão um delicioso vinho em frescor, com um aperto monumental, como se tivesse unhas e frutas em todos os lugares, fazendo uma festa. Mas, atenção para que, além dessa fruta, haja toques de carne, terra e de especiarias. Um vinho tinto de muito caráter e esse caráter vem dos solos de granito e de cal, mas também da proximidade com o Oceano Pacífico, a apenas 5 quilômetros em uma linha reta. Uma pequena descoberta que, mais do que Syrah, deveria ser um vinho tinto da costa. Apenas 2.800 garrafas foram elaboradas desse vinho. Comprem algumas.

Hacienda San Juan
Pinot Noir 2016

 HACIENDA SAN JUAN
PINOT NOIR 2016
$$$$ | SAN ANTONIO | 13°

Hacienda San Juan possui pouco menos de 7 mil videiras de Pinot Noir, plantadas a cerca de cinco quilômetros do mar, na área de San Juan, em Leyda. 40% do volume total estagia em barricas por um ano e o restante em aço. A mistura final tem um delicioso lado terroso. Existem frutas vermelhas, mas o que comanda é essa nota terrosa em um vinho de corpo leve, mas com uma boa aderência graças aos taninos firmes e polidos. Este se bebe fácil.

Hacienda San Juan
Chardonnay 2017

HACIENDA SAN JUAN
CHARDONNAY 2017
$$$ | CASABLANCA | 14°

Hacienda San Juan deixa Leyda para ir a Casablanca para comprar uvas Chardonnay em uma área muito próxima ao mar, em Lo Orozco, e essa influência é sentida na acidez, severa e firme, até crocante. O corpo é macio e cheio de notas de frutas e de ervas brancas.

Itata Paraíso Wines

Este é o projeto da família Ramírez, originalmente de Portezuelo. É baseado em um vinhedo localizado naquela cidade, cerca de 35 hectares de vinhas, algumas delas com duzentos anos, que a família comprou em 1952. Até 2015, todas essas uvas eram vinificadas para vinhos a granel, mas a partir dessa safra começa a usar parte dessa uva para Itata Paraíso. Atualmente, produzem cerca de 5.000 garrafas. www.itataparaiso.com

 PORTEZUELO PARAÍSO
CARIGNAN 2018
$$$ | ITATA | 13.8°

Essa é a quarta safra desse Carignan e é a primeira vez que é apenas Carignan e também é a primeira vez que não possui maceração carbônica. Uma deliciosa safra, de muitas frutas vermelhas, de grande tensão na boca, graças a uma acidez crocante. É Carignan em estado puro, de clima um pouco limítrofe para a variedade e mostra todos os atributos da cepa: as notas florais, as frutas vermelhas brilhantes em frescor e, novamente, essa

Pequenas Aventuras

acidez que é a coluna vertebral.

 BLANCO PARAÍSO
MOSCATEL DE ALEJANDRÍA 2019
$$ | ITATA | 13.4°

Esta é a segunda experiência de Itata Paraíso com Moscatel, com um quartel de cerca de 30 anos em solos argilosos da propriedade dos Ramirez em Portezuelo. As uvas foram maceradas por pouco mais de uma semana antes da fermentação e depois uma semana após a fermentação das uvas, o que no total significou cerca de um mês de contato com as peles. E daí a cor laranja e também as notas cítricas e de terras. Um vinho de muito boa concentração, taninos firmes e acidez suculenta. Não tem amargor, mas sem frescor. Escolham ouriços para acompanhá-lo.

 PARAÍSO SECRETO
CABERNET SAUVIGNON 2018
$$$$ | ITATA | 13.1°

Esse Cabernet vem de um pequeno quartel de um hectare, plantado em 1990 e corresponde a uma onda de plantações de uva francesas no vale, um sinal de quão perdido o Chile estava em relação ao verdadeiro caráter e a tradição da região. Dito isso, o vinho é fruta pura, deliciosa e refrescante. Foi colhido antecipadamente, para garantir maior expressão da fruta. E o que é alcançado. Suco de cereja com excelente taninos para desfrutá-lo no churrasco.

93 ROJO PARAÍSO
PAÍS 2019
$$ | ITATA | 13.2°

Esse País vem de vinhas mais antigas da propriedade, uma parcela de um hectare de vinhas centenárias plantadas em solos de granito e de argila. O vinho foi armazenado por cinco meses em barricas. Pura fruta vermelha, suculenta, misturada com toques terrosos em um vinho de tremendo frescor. Os taninos são muito duros, selvagens, em parte por causa da genética da variedade, mas também porque um terço do volume de engaços foi adicionado. O vinho tem nervo, tem tensão e acidez que contribuem para que tudo isso se multiplique.

Kürüf

Os enólogos **Diego Ortiz e Mauro Schiappacasse** têm esse pequeno projeto no vale de Casablanca e sua ideia é fazer vinhos em pequena escala. No momento, eles têm dois vinhos, ambos da parte ocidental do vale, também conhecido como "Bajo Casablanca" e é a porção mais próxima do oceano Pacífico. No momento, os vinhos mal ultrapassam as mil garrafas. ☞ www.kurufwines.cl

VINHOS

 KÜRÜF
SYRAH 2016
$$$ | CASABLANCA | 13°

Caso queiram conhecer o caráter do Syrah de clima frio, podem começar com este Kürüf da região de Bajo Casablanca, de solos argilosos e graníticos, muito comuns na cordilheira da costa. As videiras foram plantadas em 1999, um ano em que não havia muito material de Syrah disponível e hoje produzem frutas frescas e crocantes, com notas de toucinho (típicas da variedade) em um corpo que, embora leve, também é tenso e de taninos afiados. Um daqueles para se ter em mente.

KÜRÜF
PINOT NOIR 2018
$$$ | CASABLANCA | 13°

93

Do oeste de Casablanca, a área mais próxima do Pacífico e, portanto, a mais fresca, e de uma vinha de solos de granito plantada em 2005, os enólogos Diego Ortiz e Mauro Schiappacasse obtêm um saboroso vinho no sentido mais frutado do termo. Esse Pinot concentra-se nos sabores de frutas vermelhas e algo floral, em meio a um corpo leve, muito polido em textura e acidez muito refrescante. Uma estreia muito boa.

Kütralkura

A **família Chahin** iniciou este pequeno projeto em Angol em 2013, em um local de 24 hectares. Inicialmente, plantaram Chardonnay e Viognier e, dois anos depois, continuaram com a Pinot Noir. No total, eles têm hoje 3 hectares em produção com os quais elaboram cerca de cinco mil garrafas. A enóloga responsável é a jovem Josefina Chahin. 🍷 www.bodegakutralkura.cl

VINHOS

KÜTRALKURA
CHARDONNAY 2018
$$$ | MALLECO | 13.5°

90

Um Chardonnay bastante austero em aromas. Não oferece muito no nariz, exceto toques de ervas e levemente minerais. A diversão, no entanto, é na boca, com uma acidez intensa e sabores cítricos maduros. Um vinho para o ceviche, é proveniente da região de Angol e corresponde às primeiras plantações feitas pelo proprietário da vinícola, José Chahin, na região.

KÜTRALKURA BRUT
VIOGNIER 2018
$$$ | MALLECO | 12°

90

Um vinho refrescante e frutado, com borbulhas finas e de ricos sabores cítricos, tem a vocação de ser vinho para matar a sede. Frutas puras com muito brilho em um Viognier pouco comum na cena chilena, como pouco comuns são a maior parte dos vinhos que nascem na região sul de Araucanía, um novo polo para o vinho chileno. Esse vem de vinhedos plantados em 2013 e permanece com suas lias por um ano.

L'Entremetteuse

Laurence Real trabalhou em vinícolas como Aquitânia, Santa Rita e por 17 anos na vinícola Las Niñas, em Apalta. Em 2016, no entanto, Laurence decide fazer seus próprios vinhos, sem pressão dos patrões e muito menos comerciais. Para isso, utiliza os produtores no vale de Colchagua, que é onde mora com sua família. Atualmente, produzem cerca de doze mil garrafas. 🍷 www.lentremetteuseandco.com

Pequenas Aventuras

VINHOS

93 — L'ENTREMETTEUSE CABERNET FRANC, CABERNET SAUVIGNON, CARMÉNÈRE, SYRAH, MOURVÈDRE 2017
$$$$ | COLCHAGUA | 14.5°

L'Entremetteuse é uma mistura que varia a cada ano. Essa colheita é baseada em Cabernet Sauvignon e Cabernet Franc e a ideia é produzir um vinho para guardar. Os cachos são descascados à mão e o vinho estagia por um ano em barricas usadas. Os sabores são maduros, untuosos e com marcado acento em frutas negras doces, mas também com uma estrutura de taninos que é o sustento para esses sabores amplos e suculentos. Para deixá-lo na garrafa por alguns anos, pelo menos na adega.

93 — ROUGE-GORGE PINOT NOIR 2019
$$$$ | COLCHAGUA COSTA | 12°

Na área de Paredones está o lugar mais costeiro do vale de Colchagua. Esse Pinot vem de vinhedos a cerca de oito quilômetros do Pacífico. A fermentação é 100% com cachos inteiros, sem sulfitos e o estágio é em aço inoxidável. O vinho tem uma aparência turva, não foi filtrado e oferece um foco em deliciosas frutas vermelhas, além de um lado terroso que lhe dá um ar de vinho "natural". Tem uma certa rusticidade, mas também muito frescor. Um para beber sem parar, embora o preço seja um pouco alto.

92 — ENTREZ DANS LA RONDE GRENACHE 2017
$$$ | CACHAPOAL | 14.5°

Para esse Garnacha, a enóloga Laurence Real compra uvas de uma vinha de cerca de 18 anos plantada em Pichidegua, na região sul de Cachapoal. Estagia em barricas velhas por 18 meses, esse possui as flores e as frutas vermelhas da cepa. A textura é macia e a acidez proporciona um delicioso frescor. Uma fruta inesperadamente fresca para um Garnacha de quase dois anos de envelhecimento.

92 — LA CUÍCA PET NAT CHARDONNAY, PINOT NOIR 2019
$$ | COLCHAGUA | 13°

Um pétillant naturel (pet nat) ou vinho espumante natural feito pelo método ancestral de uma única fermentação em garrafa. A Chardonnay na mistura vem de Colchagua, enquanto a Pinot Noir é de Paredones, na costa de Colchagua. O resultado é um delicioso vinho espumante, com uma acidez refrescante e bolhas selvagens que contribuem para esse frescor. Esse vinho é para comprar várias garrafas e bebê-las nesse verão e, assim, tirar proveito de todas as suas frutas vermelhas e seu espírito de vinho de matar a sede.

90 — ENTREZ DANS LA RONDE VIOGNIER 2019
$$$ | LOLOL | 13.5°

Esse Viognier vem da área de Lolol, no oeste de Colchagua. Estagia durante 4 meses em barricas usadas, tem um lado floral muito envolvente e uma textura cremosa, sem amargor que às vezes é encontrada na cepa. Não tem arestas, brinca com acidez, refrescando tudo em seu caminho.

‹ *prova de **vinhos*** ›

La Despensa Boutique

Matt Ridgway é inglês e, em 2007, chegou ao Chile, depois de viver três anos em Buenos Aires, como professor de inglês. Ele cresceu no campo e, procurando esse ambiente, veio para Colchagua, onde finalmente se estabeleceu. Hoje possui dois hectares de vinhedos e, com eles, começou a produzir vinhos da safra de 2015. Hoje, produzem cerca de 10 mil garrafas. ☙ www.ladespensaboutique.com

VINHOS

91 | **FIELD BLEND**
GRENACHE, SYRAH, MOURVÈDRE 2018
$$$ | COLCHAGUA | 14.5°

De uma vinha plantada em 2013, em solos argilosos no setor de Población, a cerca de 40 quilômetros do Pacífico. Possui 40% de Garnacha, 40% de Syrah e o restante de Monastrell, as três variedades são cofermentadas em um recipiente de plástico e depois envelhecidas em barricas usadas por dez meses. Tem aromas de folhas de chá, frutas maduras e de terra. É um vinho macio, com acidez muito rica e, embora tenha grau álcool bastante alto, não há peso aqui, mas sim frescor e boa aderência na boca.

OUTRO VINHO SELECIONADO
88 | LA DESPENSA BOUTIQUE Cabernet Sauvignon 2018 | Colchagua | 13° | $$$

La Pascuala

La Pascuala está em Peralillo, no vale de Colchagua e pertence à família Castro. São produtores de uvas com uma vinha de cerca de dez hectares que plantaram em 1998, com Cabernet Sauvignon. Em 2017, começaram a engarrafar com a marca La Pascuala e hoje produzem cerca de cinco mil garrafas. ☙ @vinalapascualachile

VINHOS

 ARTESANA
CABERNET SAUVIGNON 2018
$$ | COLCHAGUA | 13.6°

Esse Cabernet vem das primeiras vinhas que a família Castro plantou em Peralillo, em 1998. Fermentado e estagiado em aço, sem madeira, mostra um foco nas frutas vermelhas, um vinho fresco, de frutas vermelhas maduras e algumas ervas. A textura é muito macia em um vinho simples, mas que se sente honesto com a variedade.

 ARTESANA ENSAMBLAJE DE TINAJA
CABERNET SAUVIGNON, CARMÉNÈRE 2018
$$ | COLCHAGUA | 13.3°

É um blend em ânforas, tanto fermentado quanto estagiado (cinco meses), e incorpora 50% de Cabernet Sauvignon e 50% de Carménère. Tem um foco claro em frutas vermelhas, maduras e especiadas. A textura é muito macia e cremosa e o final levemente herbáceo em um vinho simples e direto.

OUTRO VINHO SELECIONADO
89 | ARTESANA ENSAMBLAJE Cabernet Sauvignon, Carménère, Malbec, Carignan 2018 | Colchagua | 13.4° | $$

Pequenas Aventuras

La Viña del Señor

La Viña del Señor pertence à família Moure e consiste em três hectares plantados na área de Maipo Costa, perto de Melipilla. Metade é Tempranillo, acrescido de variedades mediterrâneas como Garnacha, Monastrell e Cariñena. Os Moure elaboram cerca de seis mil garrafas. www.lavinadelsenor.cl

VINHOS

91 **LAURELES**
GARNACHA 2018
$$$ | MAIPO | 13°

Dos três hectares que a família Moure plantou em Maipo Costa, um hectare é de Garnacha e, com ele, produz esse vinho tinto. É uma deliciosa Garnacha com frutas vermelhas e especiarias. A textura tem uma garra, uma força, mas principalmente o que se tem na boca são frutas vermelhas maduras e untuosas em um vinho de acidez muito boa para se beber fresco com embutidos.

91 **MIURA**
MONASTRELL 2018
$$$ | MAIPO | 13°

A garra da Monastrell está neste vinho. Aqueles taninos selvagens que são tão característicos da variedade, aqui se sentem cercados por deliciosas frutas vermelhas, tão refrescantes que quase esquecemos que precisamos comer algo para acalmar essa adstringência. A acidez ajuda a realçar esses sabores, mas acima de tudo para fazer com que se queira continuar a bebê-lo. Esse Monastrell vem de vinhedos plantados em 2015 na área de Maipo Costa.

Lugarejo

Lugarejo é um projeto da família Purcell-Carbonell. Em 2014, eles colheram suas primeiras uvas, como hobby, algo para reunir seus parentes. Atualmente, produzem mais de quatro mil garrafas distribuídas em cinco vinhos, que vêm do pátio da casa da família (250 plantas de Carménère e 250 plantas de Mourvèdre) e de um vinhedo da família em Peralillo. Elina Carbonell e seu marido, Fernando Purcell, lideram o projeto. www.lugarejo.cl

VINHOS

93 **CRIANZA ESPECIAL**
MERLOT 2017
$$$ | COLCHAGUA | 13.5°

Esse é um novo vinho de Lugarejo. Esse é o Merlot da vinha da família em Peralillo, mas com dois anos em barricas de carvalho usadas e apenas sulfitos no momento do engarrafamento. O estágio ajudou a dar um toque especiado às já deliciosas frutas da Merlot, que Lugarejo obtém daquela vinha, as notas de cerejas e flores e a maciez dos taninos. Um vinho cheio de frutas, mas também com muito boa profundidade.

92 **LUGAREJO**
SYRAH 2018
$$ | COLCHAGUA | 13.5°

Esse Syrah vem de uma vinha, pertencente à família Purcell em Peralillo e

plantada há cerca de 19 anos. O vinho estagia por doze meses em barricas usadas e foram produzidas cerca de 327 garrafas, apenas gotas de um Syrah suculento, de frutas muito boas e refrescantes e de uma acidez, que impulsiona todos os sabores e dá um certo brilho, mas principalmente frescor.

92 | **ZAFARRANCHO ENSAMBLAGE RUIDOSO**
CARMÉNÈRE, MERLOT, CABERNET SAUVIGNON, SYRAH 2018
$$$ | COLCHAGUA | 12.5°

Para **Zafarrancho** são usadas as duas vinhas que Lugarejo possui. A Carménère vem do pátio da casa da família em Nancagua e as outras cepas do campo da família na área de Peralillo. A mistura deste ano tem 40% Syrah, 40% Cabernet Sauvignon, 15% Merlot e 5% Carménère. Foram produzidas 603 garrafas e devem ser obtidas porque vale a pena experimentar as delicadas e frescas frutas oferecidas por esse vinho. Tem notas de cerejas e flores em um corpo leve, com taninos muito elegantes e polidos.

OUTRO VINHO SELECIONADO
89 | LUGAREJO Carménère 2018 | Colchagua | 12.5° | $$

Magyar

Magyar é o projeto de Harold Pinter no Chile. Descendentes de húngaros e com o sobrenome do Prêmio Nobel de Literatura (o dramaturgo britânico Harold Pinter o obteve em 2005) tem suas vinhas plantadas na área de Tutuquén, no vale do Curicó desde 2015. Em 2015, começaram a engarrafar seus primeiros vinhos e hoje eles produzem cerca de nove mil garrafas. www.magyarwines.cl

VINHOS

91 | **MAGYAR**
MALBEC 2018
$$$ | CURICÓ | 13.5°

Plantado em 2012 e gerenciado organicamente, esse Malbec de Curicó passa doze meses em barricas, 20% delas novas. Tem o estilo leve e quase sutil da casa, de frutas vermelhas e a suavidade de taninos à toda prova, que foram extraídos com tanto cuidado. Um vinho quase frugal que traz um estilo muito particular ao cenário de Curicó.

90 | **MAGYAR**
CABERNET FRANC 2018
$$$ | CURICÓ | 13.8°

Mais do que a variedade Cabernet Franc, o que este vinho cheira e tem gosto é o estilo da casa, as frutas vermelhas, o corpos leve e que, nesse caso, é matizado com taninos bastante firmes, muito de Cabernet Franc. Um vinho fresco e suculento para pizzas.

90 | **MAGYAR**
CARMÉNÈRE 2018
$$$ | CURICÓ | 13.8°

Rico em frutas vermelhas e sem notas de ervas que denunciam a cepa, esse tinto segue com firmeza o estilo da casa. A fruta sutil e corpo leve, quase etéreo.

Pequenas Aventuras

OUTROS VINHOS SELECIONADOS
87 | KUNKO MEZCLA CAMPO Cabernet Franc, Malbec, Carménère 2018 | Curicó | 13.5° | $$
87 | MANA Cabernet Franc, Malbec, Carménère 2018 | Curicó | 13.5° | $

Moretta Wines

Natalia Poblete e María José Ortúzar são enólogas e amigas da universidade. E desde então vêm desenvolvendo um projeto envolvendo as duas. Em 2015, isso é concretizado com Moretta Wines, uma vinícola embasada nas uvas do Maule, compradas de Andrés Guzman, produtor na área de Cauquenes. Hoje, Moretta produz cerca de dez mil garrafas em quatro rótulos. 🍷 www.morettawines.cl

VINHOS

CARIGNO DEL MAULE
CARIGNAN 2017
$$$$ | MAULE | 14.1°

O melhor vinho de Moretta vem de vinhas de Cauquenes, plantadas há 70 anos, na área de Cauquenes, no secano do Maule. O estágio é feito em barricas usadas por um ano e, embora existam poucas garrafas (três mil), o resultado é delicioso. Em um ano complicado pelos incêndios que atingem o Maule, esse vinho não mostra notas defumadas, mas apenas frutas vermelhas frescas em um corpo de acidez radiante e taninos com muita aderência para acompanhar a cozinha poderosa de Cauquenes.

CENICIENTO
CABERNET SAUVIGNON 2018
$$ | MAULE | 13.5°

Esta é a segunda versão da Ceniciento, um 100% Cabernet Sauvignon que Moretta começou a comprar em 2017, o ano dos incêndios que afetaram muitas vinhas do Maule, poluindo seus aromas com fumaça. Naquele ano, Ceniciento não mostrou tons esfumaçados, até mesmo este 2018, que continua oferecendo um rosto fresco e suculento de Cabernet, rico em frutas vermelhas e com aqueles taninos rústicos, com garras da tensão dos solos de granito de Cauquenes.

SINTRUCO BLEND
CARIGNAN, CABERNET SAUVIGNON, CARMÉNÈRE, SYRAH 2018
$$$ | VALE CENTRAL | 13.5°

Trata-se de um vinho novo do catálogo da Moretta, cuja base é de Carignan e de Cabernet de suas vinhas habituais em Cauquenes, mas, tentando encontrar novos sabores, procuraram frutas em outros vales. A Carménère vem de Colchagua e o Syrah de Pirque, no Alto Maipo, que juntos representam 40% do mix total. O estilo de vinho ainda é fresco e vital, assim como os vinhos de Moretta. Há algo mais especiado e um pouco mais untuoso que pode vir da Carménère de clima quente ou mesmo da Syrah, mas se esse vinho precisa ser definido, certamente se encaixa nos tintos frescos e vibrantes que servem para acompanhar o churrasco.

‹ prova de *vinhos* ›

92 | **VEDETTE**
CINSAULT 2019
$$$ | MAULE | 14°

Este **Vedette** vem de uma pequena colina plantada há cerca de 70 anos com Cinsault. Originalmente, o produtor vendia essas uvas para uma feira local, por quilo, como uvas de mesa, mas Moretta as descobriram encontrada no meio dessa vinha e começaram a vinificá-la a partir de 2016 como esse Vedette. Este Cinsault é uma delícia de frutas vermelhas, de frescor, acidez crocante e taninos firmes que pedem embutidos. Um vinho de verão e outro exemplo de como é fácil e agradável beber Cinsault.

Nahuel

O suíço **Daniel Wiederkehr** chegou a trabalhar como enólogo na Viña Carmen em 2001 e, dez anos depois, começou a fazer Cabernet Sauvignon para seu projeto familiar Viña Nahuel, de uma vinha de seis hectares plantada em 1942, na região de Nancagua. Hoje produz cerca de 15 mil garrafas. www.vinanahuel.cl

VINHOS

94 | **EL PRIMERO**
CABERNET SAUVIGNON 2015
$$$ | COLCHAGUA | 14°

Daniel Wiederkehr possui esse vinhedo de seis hectares de Cabernet Sauvignon (mais algumas plantas da Malbec) que foi plantado em 1942 na área de Cunaco, no meio do vale de Colchagua. O vinho é colhido à mão e fermentado em barricas abertas e depois estagia em barricas por dois anos. O estilo do vinho tem um ar da velha escola, privilegiando os sabores de cerejas ácidas e de frutos secos, em um vinho onde é a acidez que comanda, e os taninos que obedecem, projetando a acidez e sublinhando todos os sabores de frutas.

91 | **PATAGUA SELECCIÓN**
SÉMILLON, SAUVIGNON BLANC 2019
$$ | COLCHAGUA | 13°

Esse branco é uma mescla de 80% Sémillon e 20% de Sauvignon Blanc, todos misturados em um vinhedo antigo, com cerca de 50 anos na área de Santa Cruz, no vale de Colchagua. O vinho estagia em aço com as borras, o que, além de dar uma complexidade que vai além das notas frutadas (especiarias e ervas), confere a esse vinho uma cremosidade suculenta. Tem as notas de mel da Sémillon como ator principal, mas também tem uma acidez tensa para equilibrar.

OC Wines

O **rnella Pastene e sua família** têm este projeto focado apenas em vinhos espumantes. Começaram na área de Lo Ovalle, no vale de Casablanca com Inicio, mas agora já possuem três borbulhas, todas de Casablanca e que, no total, somam mais de seis mil garrafas. www.ocwines.cl

Pequenas Aventuras

VINHOS

93 — **INICIO EXTRA BRUT**
CHARDONNAY N/V
$$$ | CASABLANCA | 12.5°

100% Chardonnay do Fundo La Rotunda, na área de Lo Vasquez, em Bajo Casablanca, a área mais próxima do mar no vale de Casablanca, tem dois anos de envelhecimento com as borras pelo método tradicional de segunda fermentação em garrafa. Mostra certos toques de padaria, mas também frutos secos e especiarias em um corpo com força suficiente e borbulhas finas e abundantes. Um candidato sério para roastbeef.

91 — **INQUIETO BRUT**
CHARDONNAY, PINOT NOIR N/V
$$ | CASABLANCA | 12.5°

Antes de mais nada é refrescante. Mostra aromas cítricos e sabores de frutas brancas em meio a borbulhas deliciosamente macias e amáveis. Esse tipo de vinho é feito para matar a sede no verão. As uvas para este Inquieto provêm da área da Rotunda, de uma encosta de solos de granito e foram plantadas há mais de duas décadas.

San Francisco de las Quiscas

Este projeto é do enólogo **Cristián Azócar (El Encanto)** e dos empresários Osvaldo Pavez e Sebastián Peñaloza, localizados na propriedade de San Francisco de Las Quiscas, a 6 km a leste do Lago Rapel. Lá eles têm cerca de 10 hectares plantados com Carménère, Cabernet Franc, Merlot e Petite Sirah. A colheita inaugural foi em 2017 e produziu cerca de 1.300 garrafas de cada um dos dois vinhos que hoje compõem seu breve catálogo. www.serendipia.cl

VINHOS

94 — **SERENDIPIA**
CARMÉNÈRE 2017
$$$ | PEUMO | 14°

Uma nova escola de Carménère, esse vem de uma vinha plantada em 2013 em colinas na área de Peumo. Frescos, muitas frutas vermelhas em todos os lugares e uma acidez que atualiza tudo em seu caminho. Há deliciosas notas de ervas, que se misturam muito bem com a fruta. O estagio em barricas dura cerca de 14 meses, com 7% de madeira nova, o que confere uma textura mais arredondada. Aqui, a chave é a influência do lago, uma colheita adiantada em busca de mais frutas vermelhas e nenhuma maceração pós fermentativa, o que acentua sua leveza e nervosismo. Uma excelente estreia.

92 — **SERENDIPIA**
CABERNET FRANC 2017
$$$ | PEUMO | 14°

Esse Cabernet Franc foi plantado em um plano, com solos argilosos e a cerca de 7 quilômetros a leste do lago Rapel, na área de Peumo. Estagia em barricas, dez por cento delas novas. É um vinho cheio de notas de ervas, com toques de frutas vermelhas maduras em um corpo suculento, cheio de acidez crocante. Esse se bebe fácil, mas também serve para acompanhar um prato de embutidos e de queijos.

‹ *prova de* **vinhos** ›

Traslagua

Traslagua é o pequeno projeto de Anne-France Doledec, uma doutorada em terroir da Universidade de Paris Grignon, e do médico e enólogo Oscar Alarcón. Juntos, eles têm vinhedos na área pré-cordilheira de Romeral, nas margens de Humedal Guaco, em Curicó. Também compram uvas na área de Melozal, no secano do vale do Maule. Sua produção anual é de cerca de três mil garrafas. @cygnus_wine

VINHOS

90 | **CYGNUS**
CARIGNAN 2017
$$$ | MAULE | 14°

Esse Carignan vem de videiras de cerca de 43 anos plantadas na área de Melozal, no secano interior do vale do Maule. Com 16 meses de estágio em barricas, apresenta uma textura bastante suave e "domesticada", juntamente com aromas florais e maduros. Para começar a entender o mundo da Carignan do Maule.

Travesía

Juan Canales é engenheiro, mas chegou ao vinho porque, após a morte de seu pai, assumiu uma área agrícola da família, na área de Placilla. Por um longo tempo, foram produtores de uvas. Em 2014 decidiu engarrafar sua própria marca. Hoje produz cerca de 5.000 garrafas. juan_canales@icloud.com

VINHOS

92 | **INFILTRADO**
CARMÉNÈRE 2017
$$$ | COLCHAGUA | 14.2°

Esse Carménère vem de suas próprias vinhas, plantadas há cerca de 20 anos na área de Placilla, no coração do vale de Colchagua. Trata-se de um quartel de cinco hectares, do qual o produtor Juan Canales seleciona videiras para esse vinho, com estágio de 20 meses em barricas. Tem um forte caráter varietal, com toques de ervas e de frutas vermelhas maduras em um vinho profundo, com taninos firmes e levemente reativos. A boca é cheia de sabores maduros em um vinho que mostra a face da cepa sob o calor de Colchagua.

92 | **SINFIN**
MARSANNE, ROUSSANNE, VIOGNIER 2018
$$$ | COLCHAGUA | 13.4°

Essa mistura vem de um jardim de variedades que foi plantado há cerca de trinta anos na área de Puquillay, em Colchagua. O produtor Juan Canales compra essas uvas, um total de 1.800 quilos para formar uma mistura de 49% de Marsanne, 28% de Roussanne e o restante de Viognier. O vinho tem uma parcela significativa de sabores florais e de nozes, que se dissolvem em um corpo médio, com muito boa acidez e sabores longos de frutas brancas e muitas especiarias. Esses brancos mediterrâneos fazem falta em Colchagua, cujo sol é perfeito para amadurecer suas uvas.

OUTRO VINHO SELECIONADO

88 | APRENDIZ Syrah, Cabernet Sauvignon, Cabernet Franc, Petit Verdot 2015
Colchagua | 13.6° | $$

Pequenas Aventuras

VICAP

VICAP, Viña Capitán Pastene, baseia-se em um vinhedo de cerca de 120 anos de Moscatel localizado dentro de uma prisão na comuna de Angol, no vale do Malleco. Os presos são treinados para trabalhar na vinha e depois cumprem sua sentença adquirindo um novo ofício. As uvas são compradas pelo enólogo Raúl Narváez e seu sócio, o advogado Juan Pablo Pelín, para produzir Confines, que é o Moscatel mais austral do Chile. www.vicap.cl

VINHOS

 LOS CONFINES
MOSCATEL DE ALEJANDRÍA 2019
$$ | MALLECO | 12.5°

Essa é a segunda safra de Los Confines, Moscatel de uma antiga vinha de cerca de 120 anos, localizada dentro de uma prisão na comuna de Angol, em Malleco, trabalhada pelos próprios presos. As uvas são processadas pelo enólogo Raúl Narváez, que pressiona os cachos diretamente, os fermenta em aço e, em seguida, o vinho é filtrado e engarrafado. Como a primeira versão, esse é cristalino na expressão da variedade: aromas florais e frutados em um corpo denso, mas ao mesmo tempo com acidez muito rica, o que o torna muito refrescante e fácil de beber.

Vigneron

Este é o projeto dos irmãos De Martino, Marco e Sebastián, nas antigas vinhas de Itata e de Maipo. A ideia é fazer vinhos com intervenção mínima, da maneira mais artesanal possível. As quantidades são pequenas, mal ultrapassam dois mil litros e são vendidas, no momento, apenas no Chile e fazem parte do catálogo da Vigneron, importadora de vinhos franceses, alemães e espanhóis que os irmãos possuem no Chile. www.vigneron.cl

VINHOS

 TINTO DEL ITATA CUVÉE LA CHINA
PAÍS, CINSAULT 2018
$$ | ITATA | 13.5°

Trata-se de uma mistura da vinha La Leonera, uma área de cerca de 14 hectares de vinhedos antigos de País e de Cinsault, na área de Guarilihue. Esse é um resumo dessa vinha, 60% de País e 40% de Cinsault, todos misturados na vinha e cofermentados com a menor intervenção possível. Um vinho local, com as notas de terra de País e deliciosas frutas vermelhas da Cinsault. Um vinho rústico e ao mesmo tempo refrescante. Escolham queijos para acompanhá-lo.

 BLANCO CHILENO CUVÉE GIORGIO
SÉMILLON 2018
$$ | MAIPO | 13°

Esse Sémillon é colhido cedo, nos primeiros dias de março, para preservar a acidez. Depois é pisado em cachos inteiros e estagia em barricas velhas por 16 meses, sempre com as borras. O vinho tem uma deliciosa cremosidade, com notas de mel e de frutas brancas maduras. É envolvente, untuoso e com um final licoroso. Vem das vinhas de Isla de Maipo, em solos de cascalho e de areia.

‹ *prova de **vinhos*** ›

Viña Castellón

A **família da senhora Yolanda Campos Quezada** produz vinhos há gerações no vale de Itata. Localizado perto da cidade de Ránquil, o vinhedo Castellón produz vinhos tintos de Cinsault e de Carménère e brancos de Chasselas, conhecidos localmente como "Corinto" e, claro, Moscatel, que é a cepa branca de Itata. ⁓ www.vinacastellon.cl

VINHOS

 COULLES
MOSCATEL DE ALEJANDRÍA 2019
$$$ | ITATA | 12°

Coulles é 100% Moscatel plantado em 1940 em solos de granito na área de Ránquil. Vinificado em aço inoxidável, possui uma delicadeza especial, frescor suculento, acidez linear, mas aromas sutis de flores e de frutas em um contexto refrescante e quase etéreo. Uma boa abordagem para a cepa.

Viña Mujica

Viña Mujica aparece no circuito comercial com esse Bajo Instinto, um vinho produzido em colaboração entre a família Mujica, José Miguel Viu, da vinha Viu Manent e o baixista de jazz Roberto Titae Lindl, conhecido no cenário musical chileno por fazer parte de Los Três, uma banda reconhecida nesse país. ⁓ jmviu@viumanent.cl

VINHOS

 BAJO INSTINTO
CABERNET SAUVIGNON 2018
$ | COLCHAGUA | 13.7°

Esse Cabernet com 5% de Petit Verdot vem da área de Cunaco, plantada nos terraços aluviais do rio Tinguiririca, no centro do vale de Colchagua. Metade do volume estagia em ovos de concreto e a outra parte em barricas usadas, tudo por um ano. O resultado é um Cabernet simples, amável e frutado, com textura macia e sabores ricos de frutas vermelhas maduras e de ervas.

Viñateros de Raíz

Viñateros de Raíz é o projeto da paisagista Macarena Guzmán e seu marido Sergio Hormazábal, que é o chefe viticultor da vinícola Ventisquero. Em 2015, eles decidiram plantar em parte de seu lote em Melipilla, no Maipo Costa, uma pequena quantidade de videiras, mil plantas de Cabernet e 400 de Touriga Nacional, plantadas apenas em 2019. A Cabernet é a base da produção, além de uvas compradas de vizinhos. De qualquer forma, a produção é pequena: cerca de 1600 garrafas, em dois rótulos. ⁓ www.vinaterosderaiz.cl

Pequenas Aventuras

VINHOS

94 — AUREO
SYRAH 2018
$$$ | MAIPO | 13°

Sergio Hormazábal faz esse vinho com alguns parceiros desde 2008. No entanto, na última safra de 2018, ele decidiu incorporá-lo ao projeto da família Viñateros de Raíz. E não vem do quintal de sua casa em Melipilla, mas da vinha de um vizinho de Puangue, também em Maipo Costa. Estagia em barricas usadas durante cerca de 15 meses e foram produzidas cerca de 600 garrafas desse vinho. É um tinto particularmente floral, um personagem que nunca vimos antes em Syrah do vale Central, no Chile. E é macio, muito amável, com taninos domados e cremosos e de muitas frutas vermelhas maduras.

Vinícola Atacalco

Carlos Spoerer e o enólogo Ricardo Baettig queriam resgatar vinhas velhas de Sémillon e Moscatel para tentar fazer um vinho distinto de Itata, algo que - de acordo com a perspectiva deles - está mais próximo da visão do agricultor do que a do enólogo.
rbaettig@hotmail.com

VINHOS

94 — CÁRABE DE CASABLANCA
PINOT GRIGIO 2018
$$$ | CASABLANCA | 12.5°

Imitando o estilo Ramato do norte da Itália, esse Pinot Grigio estagia 100% em ânforas por dez meses, três dos quais em contato com as peles e daí a cor do vinho ser levemente rosada. Com essa uva, o muito em moda estilo "laranja" se torna mais amável e bebível, em um vinho com sabores suculentos de frutas vermelhas, toques de especiarias e textura muito macia e leve, muito refrescante. Esse Pinot Grigio vem de vinhedos jovens, plantados em 2006, na área de Lo Ovalle, em Casablanca.

CÁRABE DE ITATA
SÉMILLON, MOSCATEL DE ALEJANDRÍA 2018
$$$ | ITATA | 13.5°

Essa é a segunda versão de Cárabe del Itata, um vinhedo de Moscatel e de Sémillon localizado na área de Cerro Verde, em Itata, um local de solos de granito onde nascem alguns dos melhores brancos de Itata. A vinha é de propriedade de Agustín Peñailillo, que cuida dessa vinha há mais de 80 anos. A mistura desse ano tem 75% de Sémillon e o restante de Moscatel que é fermentado e estagiado em ânforas de argila por oito meses. A nota de mel da Sémillon é a característica central desse vinho, enquanto os aromas florais e a exuberância do Moscatel sentem-se ao fundo. A textura é cheia e o caráter cremoso em um branco para levar para a mesa.

‹ *prova de **vinhos*** ›

Zaranda

Juan Ignacio Acuña é um sommelier e chef, mas também produtor de vinho. Ele comanda Zaranda, um pequeno vinhedo de cerca de 8 hectares (no meio do campo da família de 1990), localizado na área de Guariligüe, no vale de Itata, onde estão as vinhas de sua família, vinhas muito antigas de Moscatel e de País. Produz cerca de dez mil garrafas por ano. www.zaranda.cl

VINHOS

93 | ZARANDA
SÉMILLON 2018
$$ | ITATA | 13°

Um Sémillon perfumado, com notas de mel e de frutas brancas, com detalhes especiados e de frutos secos. Um nariz fascinante que dá lugar a um corpo de textura rústica, de sabores profundos de frutas brancas maduras e novamente o mel que envolve tudo, dando-lhe um caráter muito especial. Esse Sémillon vem de solos de granito plantado na área de Guariligüe, há cerca de 80 anos. O vinho é produzido com intervenção mínima e em contato com suas peles em aço inoxidável.

92 | ZARANDA
CINSAULT 2018
$$ | ITATA | 14°

Esse Cinsault provém de solos de granito com uma boa proporção de argila, o que provavelmente é o motivo do delicioso volume desse vinho, sua amplitude que, no entanto, não o faz perder o frescor, o brilho e as frutas vermelhas suculentas dos melhores Cinsault de Itata. Esse é outro dos vinhos para beber sem parar de Zaranda. Esse vinho de vinhas velhas em Guariligüe, estava em barricas velhas por meses e depois descansa por mais seis meses em garrafa.

92 | ZARANDA MEZCLA TINTA
PAÍS, CINSAULT 2018
$$$ | ITATA | 13.5°

Trata-se de uma mistura de 50% de País e 50% de Cinsault, todos provenientes de vinhedos muito antigos, plantados na propriedade da família Zúñiga em Guariligüe. Como os outros tintos da casa, isso também corresponde a um estilo leve, com sabores muito refrescantes e suaves, com acidez pronunciada, mas ao mesmo tempo muito equilibrada no conjunto. Fruta vermelha suculenta pura em um vinho para saciar a sede.

92 | ZARANDA NARANJO
MOSCATEL ROSADO 2019
$$ | ITATA | 13.5°

Adorável pelos sabores e aromas de frutas cítricas e de flores, mantém contato de 20 dias com as peles (fermentação e 5 dias de maceração) e sente a textura da boca, firme e tensa, com uma rusticidade que pede embutidos ou carne de porco defumada. É proveniente de vinhedos muito antigos, com cerca de 80 anos, na área de Guariligüe e pertence ao grupo de vinhos laranjas, cada vez mais povoado no Chile, mas com um visual mais fresco e sutil.

Pequenas Aventuras

91 **ZARANDA**
PAÍS 2018
$$ | ITATA | 13°

Um País para beber e matar a sede no verão, com notas de morangos e de cerejas e mais todas as frutas frescas e vermelhas que se possa imaginar nesse vinho delicioso, refrescante e jovem, muito ao estilo dos País mais delicados de Itata. Esse vem de vinhedos de cerca de 80 anos, da propriedade da família Zúñiga em Guariligüe.

91 **ZARANDA MEZCLA BLANCA**
CORINTO, MOSCATEL DE ALEJANDRÍA, GEWÜRZTRAMINER 2018
$$ | ITATA | 12°

Essa é uma mistura do campo da propriedade da família Zúñiga em Guariligüe. Possui 70% de Chasselas (localmente chamada de Corinto), 20% de Moscatel de Alexandria, ambas de videiras muito antigas, com mais de 80 anos. Além disso, inclui 10% de Gewürztraminer de videiras mais jovens. Esse vinho tem uma deliciosa austeridade, reflexo da Corinto que aqui coloca sua assinatura com intensa acidez e seus leves toques cítricos em um branco para frutos do mar.

90 **ZARANDA**
MOSCATEL DE ALEJANDRÍA 2018
$$ | ITATA | 13°

De vinhedos de secano com cerca de 80 anos, localizados na região de Guarilihue, em Itata, é fermentado com leveduras nativas em contato com as peles e em aço inoxidável. Os aromas florais têm um espaço importante aqui, mas também as notas de frutas maduras. O corpo é médio, com uma acidez rica e a textura polida e muito suave. Um branco refrescante.

OUTRO VINHO SELECIONADO
89 | ZARANDA Corinto 2018 | Itata | 13° | $$

 AGORA É

International Trade Fair for Wines & Spirits

20 a 22 de Outubro
São Paulo
Transamérica Expo Center

www.prowine-saopaulo.com

Realização:

Media Partner:

URUGUAI 2020

Vinhedos da família Dardanelli em Las Violetas

DESCORCHADOS 2020
URUGUAI

Vinhedos da vinícola Casa Grande

‹ introdução ›

Catedrais próximas ao rio ·······≫

FAZ ALGUNS ANOS, EM UM AEROPORTO. ANDANDO SEM RUMO ME DEPAREI COM ALBERTO ANTONINI, O CONSULTOR ITALIANO. E TINHA RECÉM VISITADO A BODEGA GARZÓN, MUITO ANTES DO QUE A GARZÓN É ATUALMENTE: O TIPO DE VINÍCOLA URUGUAIA NUNCA VISTA ANTES, COM VINHEDOS E ENOLOGIA QUE TAMBÉM NÃO ERAM VISTAS POR ESSAS BANDAS E COM UMA TAMBÉM INÉDITA ORIENTAÇÃO TURÍSTICA, HOJE, ENTRE AS MELHORES DA AMÉRICA DO SUL.

O caso é que minha primeira visita à Garzón foi quando a vinícola ainda não estava construída e os vinhos, de vinhedos muito jovens, ainda não deixavam ver o que mostram hoje. Lembro que Antonini e eu nos sentamos para falar sobre esse projeto e o potencial que, segundo ele, tinha. Falou dos solos de granito, das exposições, da maneira que tinham dividido o vinhedo (220 hectares, com parcelas em média de 0,2 hectare) e da influência do atlântico nesta área da baía de Maldonado.

Desde a última edição de Descorchados, Garzón se tornou um dos grandes vencedores do guia. Seus vinhos demonstraram que estão em sintonia com os tempos e que privilegiam o frescor, a fruta e o desejo de oferecer um sentido de lugar o mais claro possível. Esse ano, escolhemos o **Petit Clos Block 212 Tannat 2018** como o melhor tinto de Descorchados, justamente por causa da ideia de ser transparente, de mostrar - mesmo em um ano quente - o caráter da fruta nesses solos de granito e sob as brisas constantes que deslizam pelas colinas de Garzón.

Antonini tinha certeza de que naquele local seriam feitos os melhores vinhos do Uruguai e isso está acontecendo, pelo menos nas degustações de Descorchados. A baía de Maldonado e seus granitos contribuem com um lado muito mais fresco e elegante para a Tannat, em particular, e para os tintos uruguaios, em geral. Há mais fruta e mais tensão.

Algo semelhante acontece com os brancos, especialmente nas pequenas, mas intensas comunidades de vinhedos de Riesling ou de Albariño, que aqui se traduzem em brancos brilhantes e também de considerável complexidade, como é o caso de **Albariño 2019**, da vinícola José Ignacio, ou do Riesling **Viñedo Pan de Azúcar**, de Bouza, ambos dividindo o pódio dos melhores brancos desse Descorchados 2020. Coloque esses dois brancos em qualquer degustação de vinhos sul-americanos e eles se destacarão.

Vinhedos Garzón

Nas últimas edições de Descorchados, nossa atenção foi colocada na baía de Maldonado, porque, acima de tudo, somos jornalistas e é aí que as notícias estão. No entanto, a razão pela qual chegamos ao Uruguai e começamos a incluir seus vinhos em Descorchados não foi Maldonado. Naqueles anos, era apenas um trabalho em andamento. O principal motivo foram os solos de argila e de cal de Canelones, e especialmente da região de Las Violetas, um lugar privilegiado que une um clima frio, e um pouco de calcário que confere à Tannat uma monumentalidade única. Muitas vezes já fizemos a analogia: os Tannat de Las Violetas têm a estrutura, a espessura das paredes de uma igreja românica e também a sua mesma simplicidade.

E são vinhos difíceis, especialmente no mundo atual, onde preferimos suavidade, leveza e elegância. O Tannat de Las Violetas pode ser elegante, mas para isso tem que se esperar muitos anos em garrafa. Na juventude e nos primeiros anos da vida adulta, o que há são catedrais. Aparentemente, existe uma reação entre a tanicidade genética da cepa, conjugada com os solos calcários que, quase sempre, produzem vinhos afiados e verticais. Penso, como já disse muitas vezes, nas coisas que a ligam à Baga plantada nos solos de calcário e argila nas colinas que enfrentam a Costa de Prata, em Portugal. Em ambos, existe uma austeridade semelhante, uma espécie de bloco de frutas, compacto e severo. Esses vinhos são difíceis. Claro que são.

Este ano, voltamos a esses Tannat, especialmente graças ao **Dardanelli Family Reserve 2018**, o protótipo do Tannat de Las Violetas, o estilo dos primeiros Tannat que o Uruguai começou a mostrar ao mundo, um estilo que em seu tempo (pleno boom de vinhos sobremaduros e doces, há 20 anos) passou quase completamente despercebido. O que queremos é revalorizar esse tipo de tintos, os de Bouza, os de Carrau, os de Colorado Chico, os da Família Bresesti e outros que mostram o lado mais tradicional do Uruguai. Não podemos esquecê-los. Nem tudo é Garzón; há também essas catedrais.

2018, a grande safra uruguaia? ⋯⋯>>>

Quando chegamos a Montevidéu esse ano para as degustações de Descorchados Uruguai, notamos imediatamente o entusiasmo dos produtores com a safra de 2018. Ouvimos que foi a melhor da década, como algo raramente visto no clima atlântico uruguaio.

Após as degustações, entendemos o entusiasmo, mas a verdade é que não o compartilhamos. Sim, foi uma safra ideal, mas atípica no contexto desse país, acostumado às chuvas, ao frio. Pelo contrário, esse 2018 foi seco e quente, o que permitiu aos produtores escolher o momento da colheita e não ter medo das chuvas ou do desastre da podridão causado pelas chuvas.

Um ano seco e quente mostrou no Uruguai um sintoma da escola, digamos, "moderna" do vinho sul-americano, o costume de colher esperando que as sementes se lignifiquem, ou seja, fiquem marrons e crocantes; a reverberação de consultores e críticos que elogiavam a super madurez e as texturas redondas e doces e que, com elas, acabaram transformando tudo em geleia, sem identidade varietal ou de origem. Esperar até que as sementes estejam com cor de café e, assim, não correr o risco de ter notas vegetais no vinho, sempre pensando que tem que se extrair muito, que era necessário macerar ao máximo porque - aprenderam - que o melhor vinho é o maior vinho, quem bate mais forte.

Na safra 2018, muitos não foram capazes de resistir a essa tentação. E colheram com níveis mais altos de álcool, com sementes marrons escuras e com frutas, portanto, com sabores pretos e maduros. E isso fala que à viticultura uruguaia ainda falta um pouco, ainda precisa correr mais riscos.

Colher com sementes verdes implica, se o momento exato for escolhido, em frutas frescas e vermelhas, menos álcool, em vinhos mais fáceis de beber. Mas cuidado, isso não implica necessariamente mais simplicidade. Com uma extração mais baixa, com macerações mais suaves, os aromas vegetais das sementes verdes não atingem o vinho, o que vem é a tensão da acidez, a força de uma textura feita de taninos firmes. A semente não é um sabor, é um sinal.

{ DESCORCHADOS }

Vales do Uruguai

NÃO SEI SE ALGUMA VEZ JÁ OUVIRAM ISSO, MAS COSTUMA-SE DIZER QUE OS VINHOS URUGUAIOS TENDEM A SER MAIS DO "VELHO MUNDO" QUE DO NOVO. ISSO, QUE NOS TEMPOS MODERNOS JÁ PERDEU SEU SIGNIFICADO, PODE SER QUE AINDA TENHA ALGO DE CONCRETO NO ESTILO DOS VINHOS DO URUGUAI.

Com os riscos que implicam toda a generalização, podemos dizer que os vinhos uruguaios são especialmente frescos, nem sempre têm os altos teores de álcool de suas contrapartes em outras regiões da América do Sul e também sua tanicidade (dada por uma cepa tânica como o Tannat) os faz candidatos ideais para a guarda.

Se vocês aceitam esta injusta e pouco precisa generalização, é preciso agora buscar razões. A primeira se encontra no clima temperado do Uruguai, a influência que exerce o mar e os rios, estendendo suas brisas frescas pelos vinhedos do interior. Assim, e em um lugar muito importante, ficam os solos argilocalcários que dominam zonas tão tradicionais como Canelones. Esse tipo de solo lhe imprime uma marca austera, vinhos mais concentrados em estrutura que em sabores e aromas frutados, que certamente têm. E também me agrada pensar que o Uruguai segue sendo a butique do vinho no mundo, e que mantém um ar artesanal, de trabalho a mão, que implica em vinhos feitos na medida em vez de pensados para as grandes massas.

Enfim, a grande especialista Isabel Mazzucchelli nos dá em seguida uma resenha das principais regiões vitícolas do Uruguai.

‹ vales do *Uruguai* ›

Região Sul

Situada em torno da capital do país, Montevidéu, compreende os vinhedos e vinícolas dos Departamentos de Montevidéu e Canelones. Aqui se situa 80% dos 8000 hectares de vinhedos plantados no país, e a grande maioria das vinícolas.

A primeira razão da existência desta região é histórica - a proximidade da capital, principal mercado de consumo, e do porto, lugar de chegada dos imigrantes que deram origem à produção vitivinícola no país –, e os estudos realizados na década de 1990 (etapa da reconversão vitivinícola no país) reafirmaram sua aptidão como zona de produção de vinhos de qualidade.

É uma região suavemente ondulada, com uma paisagem de colinas com encostas suaves e solos variados, ainda que predominem os argilocalcários e os francoarenosos em algumas zonas.

O clima é temperado, com uma temperatura média de 16,5°C, chegando à máxima, em alguns dias do verão, cerca de 40°C e, à mínima no inverno, em torno de 0°C. As chuvas se distribuem durante todo o ano com um volume total de 1.100 mm anuais.

No país, predominam as variedades tintas, ainda que se produza também bons vinhos brancos. As variedades de uvas plantadas na região são, maioritariamente, as de origem francesa: Tannat, Merlot, Cabernet Sauvignon, Cabernet Franc, um pouco de Syrah e Pinot Noir entre as tintas; Sauvignon Blanc, Chardonnay e Viognier entre as brancas.

As vinícolas são familiares, com volumes de produção que podem se considerar pequenos em nível internacional, variando desde os poucos mil litros até chegar aos 6 milhões nas tamanho maior. Estes volumes facilmente manejáveis fazem com que seja possível um bom controle da qualidade da produção.

O turismo do vinho vem se desenvolvendo na região aceleradamente, contando nesta zona com a vantagem da proximidade da capital, ponto de chegada de muitos dos turistas, já que ali estão situados o principal aeroporto e porto do país.

‹ vales do *Uruguai* ›

Região Sudoeste

É uma da regiões mais tradicionais de produção de vinho no país, situada junto à nascente do Rio da Prata pela conjunção dos rios Uruguai e Paraná, nos departamentos de Colonia, oeste de San José e parte de Soriano. É a segunda região em superfície de vinhedos plantados, com 1.100 hectares de vinhedo.

Uma série de vinícolas, entre as quais se encontra Los Cerros de San Juan, a mais antiga em funcionamento do país, com um vinhedo de Tannat que é Patrimônio Histórico, e a vinícola Irurtia, também de longuíssima trajetória, fazem desta região um enclave de particular história e tradição. A cidade de Colonia del Sacramento, com seu barro histórico, é a porta de entrada da região que está muito próxima à capital argentina, Buenos Aires.

A paisagem é suavemente ondulada, com solos maioritariamente de origem aluvial, profundos e com drenagem média.

As uvas da região, além das tradicionais de origem francesa, incluem plantações de Riesling, trazida por imigrantes alemães, e de Tempranillo, duas variedades que não são tão comuns no Uruguai, ainda que sua superfície plantada esteja aumentando.

Junto com o vinho, são bem conhecidos os destilados (Grappas) desta zona, e os produtos lácteos entre os que se destaca o Queijo Colonia, um queijo criado na região por imigrantes suíços.

Região Sudeste

É a mais jovem região de produção do Uruguai, com 250 hectares de vinhedo. Compreende os departamentos de Maldonado, Rocha e Lavalleja, estando no primeiro a maioria dos vinhedos.

É uma região de forte influência oceânica, com ventos constantes, que ajudam a controlar a umidade, boa amplitude térmica e solos pedregosos, com encostas entre leves e bastante pronunciadas em solos pobres e de excelente drenagem. Em um país em que o monte mais alto apenas ultrapassa os 600 metros acima do nível do mar, é aqui no sudeste onde se encontram as maiores alturas e encostas.

6.300 hectares de vinhas.
1.000 prêmios em concursos.
900 viticultores.
180 vinícolas.
150 anos de tradição em Tannat.
90 variedades plantadas.
50 mercados nos
5 continentes.

1 país: Uruguai.

Uruguay Wine

www.uruguay.wine
@uruguay.wine
#storiestotaste

As temperaturas na região são temperadas pela influência de duas grandes massas de água, o Oceano Atlântico e o Rio da Prata, que se unem precisamente em frente ao departamento de Maldonado, em Punta del Este.

A presença de duas vinícolas pioneiras, Dominio Cassis, em Rocha, e Alto de la Ballena, em Maldonado, fez ressurgir a viticultura nesta região que havia sido abandonada quase completamente durante a maior parte do século XX. Uma vez mais, a maioria das variedades plantadas são as francesas, entre as que destacam seguramente a Tannat, mas também a Cabernet Franc e a Syrah, assim como algumas brancas como a Viognier ou a Sauvignon Blanc. A presença crescente de vinícolas e vinhedos, junto com a plantação de olivais na região, modifica a paisagem e faz com que alguns a comparem com "a Toscana uruguaia".

A personalidade dos vinhos do sudeste começa a se mostrar, com uma mineralidade que não se encontra em quase nenhum outro lugar do país e com uma evolução dos mostos mais lenta, que dá vinhos de vida mais longa. Estas observações são, seguramente, feitas sobre os primeiros vinhos da região e fará ver os resultados que serão obtidos com o passar do tempo – lembrando que 12 ou 14 anos para uma região no âmbito do vinho não é nada – mas as perspectivas são muito animadoras.

‹ *vales do **Uruguai*** ›

Região Norte e Centro

O norte do Uruguai, departamento de Rivera, fronteiriço com o Brasil, é uma região de produção de temperaturas um pouco mais elevadas em sua média com relação às do sul, de solos muito arenosos e com boa drenagem nas partes mais onduladas. Possui 50 hectares de vinhedo.

É uma boa região de vinhos tintos, e ali são elaborados excelentes Tannat. A vinícola mais importante da região, Carrau, produz ali alguns de seus vinhos ícone.

Enquanto isso, o centro do Uruguai foi uma região com altos e baixos históricos, mas atualmente renasce com novas vinícolas que buscam a produção de qualidade. Seus vinhedos cobrem 150 hectares. O clima e solos são similares aos da região sul, com uma média de temperaturas que vai aumentando à medida que se avança na direção no norte.

{ DESCORCHADOS }

Região Noroeste

Compreende os departamentos de Salto e Paysandú. É uma região com temperaturas um pouco mais altas que as das regiões do sul e uma grande amplitude térmica. Compreende 250 hectares de vinhedo. Curiosamente, no século XIX foi uma das regiões com mais vinhedos do país, mas com o tempo muitos foram substituídos por plantações de outro tipo, especialmente cítricos. Nos últimos 10 anos, diversas vinícolas se instalaram na região, fazendo renascer a viticultura que havia sido mantida por uns poucos, como Falcone e Ariano, em Paysandú, e H. Stagnari, em Salto.

‹ *vales do **Uruguai*** ›

Salto foi o departamento eleito pelo pioneiro da viticultura uruguaia, Pascual Harriague, para a introdução da variedade de uva ícone do país, a Tannat, que atualmente ocupa quase um terço da superfície plantada de vinhedos no país. Trouxe-a da Argentina, mas baseado na lembrança e no desejo de produzir um vinho similar ao que bebia em seu país de origem, o país basco francês. A uva se adaptou muito bem aos solos e clima locais, dando um vinho muito apreciado, que pode conseguir elegância e que acompanha de maneira ideal a carne de vaca e especialmente o churrasco, feito nas brasas, o prato nacional.

Na região, além do Tannat se planta uma grande diversidade de uvas, principalmente de origem francesa, e é uma região que dá tintos de muita cor e alta graduação alcoólica.

{ DESCORCHADOS }

VENCEDORES 2020 DESCORCHADOS

⟨ *vencedores* ⟩

O MELHOR TINTO E O MELHOR BRANCO

De todos os vinhos que provamos ano a ano, este par é o meu favorito. Sem dúvida, a maior honra que uma garrafa pode alcançar no *Descorchados*.

ENÓLOGO E VINÍCOLA REVELAÇÃO DO ANO

O prêmio Enólogo do Ano recebe quem mais nos entusiasmou pela qualidade de seus vinhos. Os prêmios Enólogo e Vinícola Revelação são para aqueles que, com seu trabalho, transformam o vinho na América do Sul.

VINHOS REVELAÇÃO DO ANO

Esta é a novidade, o vinho que se destaca do resto, o que busca caminhos diferentes. Esse tipo de vinho sempre tem um lugar no *Descorchados*.

OS MELHORES EM CADA CEPA OU ESTILO

Seguindo o estilo varietal dos vinhos no Novo Mundo, estes rankings apelam aos melhores dentro de sua cepa. Mas atenção, porque também incluem-se rankings por estilos de vinhos: **doces, espumantes, rosados**.

OS MELHORES POR VALE

No *Descorchados* nos interessa o sentido de lugar dos vinhos, sua origem. Por isso aqui destacamos os melhores segundo o vale onde foram produzidos.

SUPER PREÇO

Um tema sempre recorrente é a boa relação qualidade-preço. Neste par de rankings vocês encontrarão as melhores ofertas provadas no ano. **Imprescindível**.

96
MELHOR TINTO

GARZÓN
Petit Clos Block 212 *Tannat 2018*
GARZÓN

Um novo membro da família Petit Clos, esse Tannat vem do Bloco 212, originalmente parte do Single Vineyard Tannat e também de Balasto, o top da casa. É uma série de declives de granito que dão para o norte e dão uma fruta concentrada e profunda que é mostrada nesse tinto com uma clareza suculenta, fresca e clara, cheia de especiarias e de ervas aromáticas. O corpo é firme e cheio, de taninos muito de Tannat, verticais, severos, austeros, protegendo as frutas refrescantes. Abram espaço na adega para esse vinho. Há pelo menos cinco anos de garrafa adiante.

Os melhores tintos do ano

95 | **FAMILIA DEICAS** Extreme Vineyards Guazuvirá 2019 | Las Sierras
95 | **GARZÓN** Balasto Tannat, Cabernet Franc, Merlot, Marselan 2017 Garzón
95 | **GARZÓN** Petit Clos Block 969 Cabernet Sauvignon 2018 | Garzón
94 | **BOUZA** Monte Vide Eu Tannat, Merlot, Tempranillo 2018 Montevidéu
94 | **BRACCOBOSCA** Gran Ombú Cabernet Franc 2019 | Atlántida
94 | **FAMILIA DARDANELLI** Dardanelli Family Reserve Tannat 2018 Las Violetas
94 | **GARZÓN** Single Vineyard Petit Verdot 2018 | Garzón
94 | **GARZÓN** Single Vineyard Tannat 2018 | Garzón
94 | **VIÑEDO DE LOS VIENTOS** Eolo Tannat 2015 | Atlántida

< *vencedores* >

95

DIVIDIDO

MELHOR BRANCO

BODEGA OCÉANICA JOSÉ IGNACIO
José Ignacio *Albariño 2019*
MALDONADO

A safra de 2019 foi complexa em Maldonado. As chuvas marcaram a estação e em Oceánica decidiram colher cedo para evitar a umidade. É por isso que a textura desse vinho é tão firme, como se fossem pequenas garras que aderem à boca. Não há traços de verdor nos sabores, apenas aquela sensação de aderência que pede ceviche ou tiradito. Os aromas frutados e florais complementam essa nova versão de Albariño, que, como a anterior, está entre os melhores brancos do Uruguai. Esse Albariño vem de vinhedos plantados em 2015 na área de José Ignacio, a cerca de sete quilômetros do mar, na baía de Maldonado.

Os melhores brancos do ano

94 | **GARZÓN** Single Vineyard Sauvignon Blanc 2019 | Garzón
94 | **GARZÓN** Petit Clos Block 27 Albariño 2019 | Garzón
93 | **BODEGA OCÉANICA JOSÉ IGNACIO** José Ignacio Chardonnay 2019 | Maldonado
93 | **BOUZA** Viñedo Canelón Chico Sémillon 2019 | Canelón Chico
93 | **BOUZA** Bouza Albariño 2019 | Melilla/Las Violetas
93 | **FAMILIA DEICAS** Preludio Barrel Select Lote 22 Blanco 2019 | Juanicó
93 | **GARZÓN** Single Vineyard Albariño 2019 | Garzón
93 | **VIÑA EDÉN** Viña Edén Chardonnay 2017 | Pueblo Edén
93 | **VIÑEDO DE LOS VIENTOS** Estival 2019 | Atlántida
92 | **BOUZA** Bouza Chardonnay 2018 | Melilla/Las Violetas
92 | **CARRAU** Vivent de Petit Manseng Limited Edition 10 Barrels 2018 | Las Violetas
92 | **CERRO CHAPEU** 1752 Gran Tradición Petit Manseng, Viognier 2018 | Montevidéu
92 | **GARZÓN** Cosecha Tardía Petit Manseng 2016 | Garzón
92 | **GARZÓN** Reserva Albariño 2019 | Garzón
92 | **SPINOGLIO** Estiba Reservada Chardonnay 2019 | Montevidéu

{ DESCORCHADOS }

DIVIDIDO

MELHOR BRANCO

BOUZA
Viñedo Pan de Azúcar *Riesling 2018*
PAN DE AZÚCAR

Bouza plantou vinhedos Riesling no sopé da colina Pan de Azúcar em 2009 e nos solos rochosos daquele lugar da baía de Maldonado, muito perto do Atlântico. E essa influência marinha é fortemente sentida, acompanhada por um ano bastante quente que traz volume, alguma cremosidade. O restante são frutas brancas frescas, sublinhadas em seu frescor por uma acidez vibrante. Fermentado em tanques de aço, com o tempo na taça começa a mostrar um lado especiado que agrega complexidade.

Os melhores brancos do ano

- 94 | **GARZÓN** Single Vineyard Sauvignon Blanc 2019 | Garzón
- 94 | **GARZÓN** Petit Clos Block 27 Albariño 2019 | Garzón
- 93 | **BODEGA OCÉANICA JOSÉ IGNACIO** José Ignacio Chardonnay 2019 Maldonado
- 93 | **BOUZA** Viñedo Canelón Chico Sémillon 2019 | Canelón Chico
- 93 | **BOUZA** Bouza Albariño 2019 | Melilla/Las Violetas
- 93 | **FAMILIA DEICAS** Preludio Barrel Select Lote 22 Blanco 2019 | Juanicó
- 93 | **GARZÓN** Single Vineyard Albariño 2019 | Garzón
- 93 | **VIÑA EDÉN** Viña Edén Chardonnay 2017 | Pueblo Edén
- 93 | **VIÑEDO DE LOS VIENTOS** Estival 2019 | Atlántida
- 92 | **BOUZA** Bouza Chardonnay 2018 | Melilla/Las Violetas
- 92 | **CARRAU** Vivent de Petit Manseng Limited Edition 10 Barrels 2018 Las Violetas
- 92 | **CERRO CHAPEU** 1752 Gran Tradición Petit Manseng, Viognier 2018 Montevidéu
- 92 | **GARZÓN** Cosecha Tardía Petit Manseng 2016 | Garzón
- 92 | **GARZÓN** Reserva Albariño 2019 | Garzón
- 92 | **SPINOGLIO** Estiba Reservada Chardonnay 2019 | Montevidéu

⟨ *vencedores* ⟩

ENÓLOGO REVELAÇÃO DO ANO

**SANTIAGO DEICAS
BODEGA FAMILIA DEICAS**

Sendo rigoroso, **Santiago Deicas** não é um enólogo, mas um engenheiro de alimentos. No entanto, em nossos dias, ideias são o que fazem as pessoas. E sem dúvida que o novo caminho de inovação dessa família tradicional de produtores uruguaios hoje está fortemente focado no que Santiago Deicas bebe e no que vê. Pode-se provar algumas dessas ideias em sua linha **Single Vineyard**, da Bodega Familia Deicas. Aí, há uma busca por origem, por um senso de lugar. Não há um jogo de vinificação, mas uma pergunta sobre identidade. Um caminho diferente é seguido pela linha **Bizarra Extravaganza**, um nome um tanto óbvio para alguns vinhos que experimentam com a enologia e seus limites, enquanto na linha **Bodegones del Sur** (da vinícola Juanicó) o que se busca é simplicidade e identidade da fruta. É provável que ainda falte a Santiago Deicas muito a provar e a ver (como a todos, certamente) para aperfeiçoar esses projetos. No entanto, o que falta em experiência sobra em energia, uma energia que hoje é a mais forte que se irradia no Uruguai.

VINÍCOLA DO ANO

GARZÓN

Não é apenas uma "cara bonita" ou, nesse caso, não é apenas uma vinícola imponente, bem acima da média do Uruguai, uma construção que mostra claramente que os recursos foram generosos. Mas, além das aparências quase intimidadoras, o que Garzón oferece hoje é um dos mais fortes catálogos de vinhos da América do Sul, todos os mais de duzentos hectares plantados nos solos de granito na paisagem ondulante de Garzón. No vinhedo, Eduardo Felix; na vinícola, Germán Bruzzone e na consultoria, Alberto Antonini, uma equipe bem azeitada, que vem buscando interpretar aquele terroir sem artifícios, embora com muita curiosidade. Será que Tannat será a joia de Garzón? Ou melhor, a Albariño, a Pinot ou a Petit Verdot? Talvez até a Cabernet Franc. Todas as perguntas que, enquanto esta equipe tenta responder, oferecem vinhos deliciosos, frescos e vibrantes, uma das muitas novas faces do vinho uruguaio.

‹ *vencedores* ›

MELHOR ESPUMANTE

VIÑA EDÉN
Methóde Champenoise Brut Nature
Chardonnay, Pinot Noir N/V
PUEBLO EDÉN

Com mais de três anos de borras sob o método tradicional de segunda fermentação em garrafa, esse 85% Chardonnay e 15% Pinot Noir vem dos solos graníticos de Edén, na costa atlântica e muito perto da lagoa El Sauce, ambas as situações criam um clima bastante frio que permite esse tipo de sabor radiante de fruta. As borbulhas aqui são densas e abundantes, misturando-se com sabores crocantes de frutas em um corpo médio e de acidez suculenta.

Os melhores espumantes do ano

92 | **VIÑA EDÉN** Methóde Champenoise Brut Rosé Pinot Noir, Chardonnay N/V | Pueblo Edén

91 | **GARZÓN** Garzón Extra Brut Chardonnay, Pinot Noir 2018 | Garzón

91 | **PIZZORNO FAMILY ESTATES** Reserva Brut Nature Chardonnay, Pinot Noir N/V | Canelón Chico

91 | **VARELA ZARRANZ** Varela Zarranz Brut Nature Chardonnay, Viognier 2015 | Canelones

90 | **FAMILIA DEICAS** Castelar Extra Brut Chardonnay, Viognier 2017 Uruguay

90 | **GARZÓN** Garzón Brut Rosé Pinot Noir 2018 | Garzón

90 | **PIZZORNO FAMILY ESTATES** Rosé Brut Nature Pinot Noir N/V Canelón Chico

{ DESCORCHADOS }

93

MELHOR ROSADO

GARZÓN
Estate Rosé *Pinot Noir 2019*
GARZÓN

Este é um 100% Pinot Noir que se tornou uma das principais vendas da vinícola. Fermentado em aço e com uvas colhidas no início da estação, é um suco refrescante de frutas vermelhas e flores, em corpo leve, com acidez rica. Esse é o exemplo clássico de rosado para levar para as férias ou para beber na praia. Cerca de 130 mil garrafas são feitas desse vinho.

Os melhores rosados do ano

92 | **BODEGA OCÉANICA JOSÉ IGNACIO** José Ignacio Rosé Pinot Noir 2019 Maldonado

92 | **FAMILIA DEICAS** Ocean Blend 2019 | Uruguay

92 | **VIÑEDO DE LOS VIENTOS** Soul Surfer Rosé Barbera, Gewürztraminer, Chardonnay 2019 | Atlántida

91 | **MARICHAL** Reserve Collection Rosé Chardonnay, Pinot Noir 2019 Canelones

90 | **CERRO CHAPEU** Castel Pujol Altos Rosé Saignée Tannat 2019 Cerro Chapeu

90 | **FAMILIA TRAVERSA** Traversa Rosé Pinot Noir, Cabernet Franc 2019 Uruguay

⟨ *vencedores* ⟩

93

VINHO REVELAÇÃO

BIZARRA EXTRAVAGANZA
Amphora Natural *Tannat 2019*
CANELONES

Fruto de macerações intensas, mas curtas e fermentativas, ou seja, com baixo teor alcoólico e, portanto, com baixa extração, esse Tannat da zona de Progreso envelhece em ânforas de argila cozidas por cerca de três meses. Essa nova maneira de extrair sabores e elevar confere a este tinto um caráter frutado, focado nos sabores suculentos da Tannat, mas sem descuidar da estrutura dos taninos e a acidez que constroem aqui num vinho que não é apenas delicioso em frutas, mas também importantes em corpo, profundas e perfeitas para armazenamento. O rótulo fala de um vinho desconstruído, e é. Mas também é um vinho sério. Esse Tannat foi produzido com intervenção mínima, com leveduras naturais e somente com enxofre no momento do engarrafamento.

{ DESCORCHADOS }

VINHO REVELAÇÃO

BOUZA
Viñedo Canelón Chico *Sémillon 2019*
CANELÓN CHICO

Para esse Sémillon, Bouza utiliza uma vinha plantada em 1998 em Canelón Chico, na área tradicional de Canelones, nos solos de calcário e argila que dão aos vinhos certa tensão na textura. Aqui se sente isso, mas também uma suculência rica relacionada à acidez, que aqui é brilhante e fresca. A textura cremosa da Sémillon, no entanto, também se sente, juntamente com deliciosas frutas brancas. Um Sémillon de caráter varietal nítido e para pensar na guarda. Esse tem ossos e carne suficientes para suportar facilmente cinco anos em garrafa.

‹ *vencedores* ›

VINHO REVELAÇÃO

BRACCOBOSCA
Ombú Sin Pre Conceptos *Moscatel de Hamburgo 2019*
ATLÁNTIDA

BraccoBosca possui quatro hectares de Moscatel de Hamburgo, plantados ao lado da vinícola na área de Atlántida, às margens do rio da Prata. Essa é uma foto da cepa, as notas de flores e frutas doces em um corpo poderoso, com uma estrutura sólida e firme. Um vinho com sabores suculentos, mas ao mesmo tempo muito boa acidez para acompanhar peixes grelhados, como a tremenda corvina preta, grelhada, um dos melhores peixes que podem ser obtidos nas proximidades de Montevidéu.

{ DESCORCHADOS }

90

VINHO REVELAÇÃO

COLORADO CHICO
Viggiano Tinaja *Tannat 2018*
LAS VIOLETAS

Este vinho se trata de uma cofermentação de 50% Marselan e 50% Tannat de duas vinhas de Canelones. As duas uvas foram colhidas no mesmo dia, deixando a Marselan um pouco mais madura e a Tannat em um ponto nervoso de frescor. O resultado dessa mistura peculiar é um vinho intenso em taninos, maduro e firme na acidez, com sabores profundos e um corpo forte, que pede a companhia de costeletas de cordeiro.

‹ vencedores ›

92

VINHO REVELAÇÃO

ESTABLECIMIENTO JUANICÓ
Don Pascual Roble *Tannat 1999*
SUL DO URUGUAI

Este vinho envelheceu com dignidade. Na época, era o segundo vinho da vinícola (o primeiro era Preludio) e, embora tenha tido uma longa guarda em madeira (que ainda é sentida), tem apenas 12,5% de álcool, o que fala de tempos passados, mas que voltam. Épocas em que era colhida mais cedo, procurando vinhos mais frescos. Esse foi projetado como um vinho ainda fresco e cuja textura encanta. Esse Tannat é vendido na vinícola Juanicó e também em algumas lojas de vinho em Montevidéu.

{ DESCORCHADOS }

91

VINHO REVELAÇÃO

FAMILIA DEICAS
Extreme Vineyards Subsuelo *Pinot Noir 2019*
GARZÓN

Este é um experimento vitícola. Na área de Garzón, a cerca de dez quilômetros do mar, próximo à cidade de Garzón, os Deicas decidiram remover uma camada de solo para plantar diretamente na base rica em cal daquele lugar. A escavação envolveu a remoção de um metro de solo até atingir a cal e foram plantadas em 2015 quatro variedades: Tannat, Chardonnay, Merlot e esse Pinot Noir. A fruta parece madura, untuosa, mas os taninos são firmes e tensos. Com essas videiras jovens, a Pinot raramente oferece seu verdadeiro potencial, no entanto, essas videiras devem ser seguidas de perto.

< *vencedores* >

VINHO REVELAÇÃO

FAMILIA DEICAS
Ocean Blend Rosé *2019*
URUGUAI

O Cerro Eguzquiza está localizado a cerca de cinco quilômetros do mar, na estância de Punta del Este. Lá, a família Deicas tem uma vinha plantada por volta de 2008 em solos de lodo muito profundos. Esse rosé vem desse local, de uvas colhidas antecipadamente para obter o maior frescor possível. Possui duas bases, a primeira é uma mistura de Cabernet Sauvignon, Tannat e Cabernet Franc que são fermentadas todas juntas e, em seguida, um segundo componente de Pinot Noir que é colhida ainda mais cedo. O resultado é uma espécie de rosado provençal, de cor pálida e rico em frutas, muito generoso em seu frescor. É radiante em notas ácidas e é projetado para saciar a sede, embora também funcione bem com uma caçarola de frutos do mar.

{ DESCORCHADOS }

VINHO REVELAÇÃO

GARZÓN
Single Vineyard *Sauvignon Blanc 2019*
GARZÓN

Esta é a primeira safra desse Sauvignon, uma seleção especial de um setor dos 17 hectares da cepa que Garzón plantou em sua propriedade na baía de Maldonado. Trata-se de um hectare composto por pequenas parcelas plantadas em solos de granito muito expostos, de baixa fertilidade e orientadas para sudeste, uma orientação fria que imprime aqui sabores frescos e herbáceos. Mas cuidado, há mais aqui. O estágio com as borras por 7 meses em tulipas de concreto confere uma complexidade e untuosidade extra a um vinho que se concentra na boca, a amplitude que se expande e que pede frutos do mar gratinados.

⟨ *vencedores* ⟩

VINHO REVELAÇÃO

GIMÉNEZ MÉNDEZ
Búho Microvinificaciones *Malbec 2015*
CANELONES

Búho é uma linha de pequenas produções e misturas cujas uvas são cofermentadas. Nesse caso, é 87% Malbec, mais 7% Syrah e 6% Petit Verdot de vinhedos próprios em Canelones, todos plantados em solos argilosos típicos do local. Aqui existe um Malbec muito especial, de estrutura monolítica, talvez herdeiro daqueles solos argilosos que escondem traços de cal e que geralmente criam esse tipo de taninos robustos e severos. As frutas parecem maduras e também oferecem especiarias, mas o que impressiona são os taninos que constroem um edifício com pedras.

{ DESCORCHADOS }

90
VINHO REVELAÇÃO

FAMILIA TRAVERSA
Traversa Rosé *Pinot Noir, Cabernet Franc 2019*
URUGUAI

Uma verdadeira pechincha, por onde quer que se observe, esse rosé é uma mistura de 60% de Pinot Noir e 40% de Cabernet Franc, de vinhas de Montevidéu e Canelones. E embora seja um rosado de sangria, o resultado é tão fresco e tão nervoso que parece ser mais do que isso. Tem frutas vermelhas frescas e ácidas e flores em um corpo firme, surpreendentemente tenso para um vinho desse preço. Compre uma caixa e leve-a para as férias.

⟨ *vencedores* ⟩

VINHO REVELAÇÃO

LAS GARZAS VIÑA OCEÁNICA
Las Garzas Viña Oceánica *Tannat 2019*
URUGUAI

O que surpreende a enóloga Estela de Frutos na região de Rocha, a cerca de 5 quilômetros do mar, no leste do Uruguai, é a capacidade que ela tem de amadurecer a Tannat. Com apenas 12 graus de álcool, esse exemplo mostra muitas frutas vermelhas maduras e toques de ervas no meio de um corpo forte, com taninos afiados e firmes. A acidez é uma acidez marinha, com traços salinos e nervo, um nervo que se projeta até o fim, refrescando tudo em seu caminho. Um Tannat para ser lembrado quando se fala da costa uruguaia.

{ DESCORCHADOS }

VINHO REVELAÇÃO

PIZZORNO FAMILY ESTATES
Experimental Pizzorno
Arinarnoa, Marselan, Petit Verdot, Cabernet Franc 2018
CANELÓN CHICO

A ideia de Carlos Pizzorno aqui era tentar uma mescla, mas sem a presença de Tannat, sem o coringa da estrutura que sempre dá essa cepa. A mistura final é de 40% Marselan, 15% Arinarnoa, 35% Cabernet Franc e o restante de Petit Verdot. Tudo estagia por um ano em barricas antes de ir para a garrafa. A ausência da Tannat diminuiu o peso, mas deixa espaço para que as frutas maduras mandem. A textura macia e "carnuda" definida por Pizzorno enche a boca. Foram produzidas cerca de seis mil garrafas desse vinho, que, em princípio, serão vendidas apenas na vinícola, uma boa desculpa para visitar Canelón Chico.

‹ *vencedores* ›

91

VINHO REVELAÇÃO

PIZZORNO FAMILY ESTATES
Exclusivos *Marselan 2018*
CANELÓN CHICO

Este é o novo membro da família Pizzorno, um companheiro do já clássico Maceración Carbónica Tannat e que está procurando a mesma coisa: um tinto fresco e vívido, com muitas frutas vermelhas e taninos macios para se beber aos litros no verão. Aqui há frutas, suavidade e frescor, mas também toques suaves de ervas e terrosos que dão alguma complexidade a um vinho simples e direto. Marselan é uma cepa muito plantada no Uruguai, mas corresponde a um cruzamento feito na França no início dos anos 1960 entre Cabernet Sauvignon e Garnacha.

{ DESCORCHADOS }

VINHO REVELAÇÃO

SPINOGLIO
Diego Spinoglio Sin Barrica *Tannat 2019*
MONTEVIDÉU

Este é o novo vinho de Spinoglio, um Tannat que vem de uma seleção da propriedade da vinícola em Cuchilla Pereyra, mas em vez de estagiar em barricas ou ânforas, permanece em tanques de cimento. Além disso, a colheita de 2019 foi complexa, com muitas chuvas, obrigando-os a selecionar os frutos e a colheita não tão maduras, com as sementes um pouco mais verdes. E, portanto, extraíram muito menos na vinícola, com medo de obter muito verdor. O resultado é um Tannat delicado, mas ao mesmo tempo muito frutado, muito fresco, embora tenha quase 14 graus de álcool. Devido à sua facilidade de beber, pode funcionar como o rei do churrasco, mas cuidado que aqui há mais do que isso.

⟨ *vencedores* ⟩

VINHO REVELAÇÃO

VIÑEDO DE LOS VIENTOS
Soul Surfer Rosé
Barbera, Gewürztraminer, Chardonnay 2019
ATLÁNTIDA

O enólogo Pablo Fallabrino descreve esse vinho como "meio de verão", referindo-se ao fato de que metade é um Gewürztraminer untuoso e um Chardonnay colhido muito cedo para combater essa doçura, a base do clássico Estival. O resto é de Barbera, uma variedade do norte da Itália rica em acidez e que aqui traz frutas vermelhas em um delicioso vinho em seu frescor, intenso e suculento. Um rosé para refrescar durante todo o verão.

{ DESCORCHADOS }

VINHO REVELAÇÃO

VIÑEDO DE LOS VIENTOS
Nebbiolo Crudo *Nebbiolo 2019*
ATLÁNTIDA

Um vinho produzido com intervenção mínima, sem filtro e sem adição de sulfitos. A Nebbiolo em estado puro, mostrando todas as suas notas de flores e de terra. A textura é intensa, contém taninos selvagens que se projetam na boca, deixando a necessidade de carne ou algo gordo para compensar a deliciosa sensação rústica. Dos 12 hectares que Viñedo de los Vientos possui na área de Atlántida, ao lado do rio da Prata, um é de Nebbiolo, que eles usam para este Crudo e para Notos, o Nebbiolo da casa estagiado em barricas.

‹ *vencedores* ›

MELHOR ALBARIÑO

BODEGA OCÉANICA JOSÉ IGNACIO
José Ignacio *Albariño 2019*
MALDONADO

A safra de 2019 foi complexa em Maldonado. As chuvas marcaram a estação e em Oceánica decidiram colher cedo para evitar a umidade. É por isso que a textura desse vinho é tão firme, como se fossem pequenas garras que aderem à boca. Não há traços de verdor nos sabores, apenas aquela sensação de aderência que pede ceviche ou tiradito. Os aromas frutados e florais complementam essa nova versão de Albariño, que, como a anterior, está entre os melhores brancos do Uruguai. Esse Albariño vem de vinhedos plantados em 2015 na área de José Ignacio, a cerca de sete quilômetros do mar, na baía de Maldonado.

Os melhores albariños do ano

94 | **GARZÓN** Petit Clos Block 27 Albariño 2019 | Garzón
93 | **BOUZA** Bouza Albariño 2019 | Melilla/Las Violetas
93 | **GARZÓN** Single Vineyard Albariño 2019 | Garzón
92 | **GARZÓN** Reserva Albariño 2019 | Garzón
88 | **CASA GRANDE ARTE Y VIÑA** Casa Grande Albariño 2019 | Canelones

{ DESCORCHADOS }

MELHOR CABERNET FRANC

BRACCOBOSCA
Gran Ombú *Cabernet Franc 2019*
ATLÁNTIDA

Esta já é a quarta versão desse Gran Ombú, um Cabernet Franc que vem de solos de argila e de cal de Atlántida, próximo ao rio da Prata. São videiras de 20 anos que deram um vinho de grande caráter varietal. As notas de especiarias e de tabaco fazem um banquete no nariz, enquanto na boca é de corpo médio a leve, com notas de especiarias, mas especialmente frutas vermelhas maduras decoradas com ervas. É um vinho refrescante e delicado, com um forte caráter influenciado pelo clima marinho da região. Dos 11 hectares que BraccoBosca possui em Atlántida, 1,5 é de Cabernet Franc.

Os melhores cabernet franc do ano

91 | **CASA GRANDE ARTE Y VIÑA** Casa Grande Cabernet Franc 2018 Canelones

91 | **GARZÓN** Reserva Cabernet Franc 2018 | Garzón

90 | **ESTABLECIMIENTO JUANICÓ** Bodegones del Sur Limited Edition Cabernet Franc 2019 | San José

88 | **ESTABLECIMIENTO JUANICÓ** Don Pascual Rosé Franc Cabernet Franc 2019 | Juanicó

88 | **FAMILIA BRESESTI** Línea Histórica Persia Rosé Cabernet Franc 2019 Las Violetas

87 | **FAMILIA BRESESTI** Pequeñas Colecciones Cabernet Franc 2018 Las Violetas

⟨ *vencedores* ⟩

MELHOR CABERNET SAUVIGNON

GARZÓN
Petit Clos Block 969 *Cabernet Sauvignon 2018*
GARZÓN

A colheita de 2018 foi seca, o que não é habitual no clima úmido do Uruguai. Essa circunstância permitiu que colhessem as uvas com certa tranquilidade e sem pressa e, no caso da Cabernet, colhem um pouco mais cedo para ver como reage em um lugar onde se sente fortemente a nova influência do Atlântico. Esse Cabernet é uma foto da cepa, do lado de cassis e de especiarias, de taninos firmes e suculentos, da acidez que enquadra todos os sabores de frutas e que dá frescor, um frescor herbáceo que se projeta em toda a boca. Um experimento interessante que pode falar sobre os caminhos que esse vinhedo pode seguir, nas colinas graníticas de Maldonado.

Os melhores cabernet sauvignon do ano

92 | **GIMÉNEZ MÉNDEZ** Búho Microvinificaciones Cabernet Sauvignon 2015 Canelones

90 | **CARRAU** Juan Carrau Cabernet de Reserva Cabernet Sauvignon 2017 Las Violetas

88 | **FAMILIA BRESESTI** Pequeñas Colecciones Cabernet Sauvignon 2018 Las Violetas

88 | **FAMILIA DEICAS** Atlántico Sur Reserve Cabernet Sauvignon 2018 Sul do Uruguay

88 | **MARICHAL** Periplo Cabernet Sauvignon 2018 | Canelones

{ DESCORCHADOS }

 93

 DIVIDIDO

MELHOR CHARDONNAY

BODEGA OCÉANICA JOSÉ IGNACIO
Jose Ignacio *Chardonnay 2019*
MALDONADO

Esta é a primeira versão do Chardonnay José Ignacio, um branco de vinhedos jovens, plantados em 2015 na área de José Ignacio, na baía de Maldonado. Atenção aqui com a textura. Parece ter garras que aderem ao paladar e refrescam, mas também pedem comida. Isso tem sabores suculentos, frutas e flores brancas e uma nota salina que fala do lugar. Sem passar por barricas e com cerca de 4 meses de estágio com as borras finas em tanques de aço, essa é uma expressão clara do local, o solo de granito nas encostas de Maldonado com o Atlântico, apenas a sete quilômetros de distância.

Os melhores chardonnay do ano

- 92 | **BOUZA** Bouza Chardonnay 2018 | Melilla/Las Violetas
- 92 | **SPINOGLIO** Estiba Reservada Chardonnay 2019 | Montevidéu
- 91 | **BOUZA** Viñedo Pan de Azúcar Chardonnay 2018 | Pan de Azúcar
- 91 | **DE LUCCA** Reserve Chardonnay 2019 | Canelones
- 91 | **FAMILIA DEICAS** Single Vineyard Juanicó Chardonnay 2019 | Juanicó
- 91 | **MARICHAL** Reserve Collection Chardonnay 2019 | Canelones
- 91 | **VIÑA EDÉN** Pueblo Edén Chardonnay 2018 | Pueblo Edén

‹ *vencedores* ›

 93

DIVIDIDO

MELHOR CHARDONNAY

VIÑA EDÉN
Viña Edén *Chardonnay 2017*
PUEBLO EDÉN

Este Chardonnay vem de vinhedos plantados em 2009, ao lado da vinícola na área de Pueblo Edén, em Maldonado. Não possui madeira, mas sim um ano de contato com as borras, o que aqui se traduz em, primeiro, muitas notas lácticas e frutas maduras e depois uma textura ampla, sedosa e volumosa. Um vinho de sabores profundos e muito bom corpo, e também com as notas de sal típicas dos brancos da região.

Os melhores chardonnay do ano

92 | **BOUZA** Bouza Chardonnay 2018 | Melilla/Las Violetas
92 | **SPINOGLIO** Estiba Reservada Chardonnay 2019 | Montevidéu
91 | **BOUZA** Viñedo Pan de Azúcar Chardonnay 2018 | Pan de Azúcar
91 | **DE LUCCA** Reserve Chardonnay 2019 | Canelones
91 | **FAMILIA DEICAS** Single Vineyard Juanicó Chardonnay 2019 | Juanicó
91 | **MARICHAL** Reserve Collection Chardonnay 2019 | Canelones
91 | **VIÑA EDÉN** Pueblo Edén Chardonnay 2018 | Pueblo Edén

93

MELHOR MERLOT

BOUZA
Parcela Única B9 *Merlot 2018*
LAS VIOLETAS

Las Violetas é uma das melhores fontes de tintos no Uruguai. Os solos argilosos e calcários e o clima ameno da região oferecem tensão na estrutura e frescor. Esse Merlot vem desses solos e de vinhedos plantados no final dos anos 1990. Estagia por um ano em barricas. Nesse Merlot, o caráter da cepa é sentido, as doces frutas vermelhas, mas também o local influencia com seus toques terrosos e de cal, fazendo com que os taninos se sintam muito mais ásperos. Um vinho para guardar.

Os melhores merlot do ano

- 92 | **BRACCOBOSCA** Gran Ombú Merlot 2018 | Atlántida
- 92 | **FAMILIA DARDANELLI** Dardanelli Family Reserve Merlot 2018 Las Violetas
- 92 | **GARZÓN** Single Vineyard Merlot Merlot 2017 | Garzón
- 91 | **BOUZA** Viñedo Pan de Azúcar Merlot 2018 | Pan de Azúcar
- 90 | **ANTIGUA BODEGA** Prima Donna Merlot 2015 | Canelones
- 90 | **ANTIGUA BODEGA** Osiris Reserva Merlot 2011 | Canelones
- 90 | **BODEGA OCÉANICA JOSÉ IGNACIO** Jose Ignacio Merlot 2019 Maldonado

‹ *vencedores* ›

MELHOR SAUVIGNON BLANC

GARZÓN
Single Vineyard *Sauvignon Blanc 2019*
GARZÓN

Esta é a primeira safra desse Sauvignon, uma seleção especial de um setor dos 17 hectares da cepa que Garzón plantou em sua propriedade na baía de Maldonado. Trata-se de um hectare composto por pequenas parcelas plantadas em solos de granito muito expostos, de baixa fertilidade e orientadas para sudeste, uma orientação fria que imprime aqui sabores frescos e herbáceos. Mas cuidado, há mais aqui. O estágio com as borras por 7 meses em tulipas de concreto confere uma complexidade e untuosidade extra a um vinho que se concentra na boca, a amplitude que se expande e que pede frutos do mar gratinados.

Os melhores sauvignon blanc do ano

91 | **CERRO CHAPEU** Ysern Reserva Blend of Region Sauvignon Blanc 2019 | Cerro Chapeu
91 | **FAMILIA DEICAS** Atlántico Sur Reserve Sauvignon Blanc 2019 | Juanicó
90 | **ANTIGUA BODEGA** Prima Donna Sauvignon Blanc 2019 | Canelones
90 | **ESTABLECIMIENTO JUANICÓ** Bodegones del Sur Sauvignon Blanc 2019 | Sul do Uruguai
90 | **GARZÓN** Estate Sauvignon Blanc 2019 | Garzón
90 | **MARICHAL** Marichal Sauvignon Blanc 2019 | Canelones

{ DESCORCHADOS }

96
MELHOR TANNAT

GARZÓN
Petit Clos Block 212 *Tannat 2018*
GARZÓN

Um novo membro da família Petit Clos, esse Tannat vem do Bloco 212, originalmente parte do Single Vineyard Tannat e também de Balasto, o top da casa. É uma série de declives de granito que dão para o norte e dão uma fruta concentrada e profunda que é mostrada nesse tinto com uma clareza suculenta, fresca e clara, cheia de especiarias e de ervas aromáticas. O corpo é firme e cheio, de taninos muito de Tannat, verticais, severos, austeros, protegendo as frutas refrescantes. Abram espaço na adega para esse vinho. Há pelo menos cinco anos de garrafa adiante.

Os melhores tannat do ano

94 | **FAMILIA DARDANELLI** Dardanelli Family Reserve Tannat 2018 | Las Violetas
94 | **GARZÓN** Single Vineyard Tannat 2018 | Garzón
93 | **ARIANO** Don Nelson Ariano Tannat 2015 | Canelones
93 | **BIZARRA EXTRAVAGANZA** Amphora Natural Tannat 2019 | Canelones
93 | **BODEGA OCEÁNICA JOSÉ IGNACIO** Jose Ignacio Tannat 2019 | Maldonado
93 | **BOUZA** Viñedo Pan de Azúcar Tannat 2018 | Pan de Azúcar
93 | **BOUZA** Parcela Única B28 Tannat 2018 | Las Violetas
93 | **BOUZA** Parcela Única B6 Tannat 2018 | Las Violetas
93 | **BOUZA** Parcela Única A6 Tannat 2018 | Montevidéu
93 | **CARRAU** Amat Tannat 2017 | Las Violetas
93 | **CASA GRANDE ARTE Y VIÑA** Gran Tannacito Tannat 2015 | Canelones
93 | **FAMILIA DARDANELLI** Constante Tannat 2018 | Las Violetas
93 | **FAMILIA DEICAS** Extreme Vineyards Suelo Invertido Tannat 2018 | Canelones
93 | **FAMILIA DEICAS** Massimo Deicas Tannat 2015 | Uruguai
93 | **LAS GARZAS VIÑA OCEÁNICA** Las Garzas Viña Oceánica Tannat 2019 | Uruguai
93 | **SPINOGLIO** Diego Spinoglio Sin Barrica Tannat 2019 | Montevidéu
93 | **SPINOGLIO** Estiba Reservada Tannat 2015 | Montevidéu

‹ *vencedores* ›

DIVIDIDO

MELHOR BLEND BRANCO

FAMILIA DEICAS
Preludio Barrel Select Lote 22 Blanco
Chardonnay, Viognier 2019
JUANICÓ

Este branco de Juanicó, no departamento de Canelones, é composto por cerca de 90% Chardonnay e o restante de Viognier. Estagia em barricas por dez meses, mais 10% do vinho proveniente de uma base de vinhos espumantes, uvas colhidas muito cedo que trouxeram aqui muito frescor e tensão no meio de um corpo untuoso, muito amplo no palato e generoso em sabores especiados e de fruta. Um vinho grande, mas ao mesmo tempo muito fresco e tenso.

Os melhores blend brancos do ano

92 | **CERRO CHAPEU** 1752 Gran Tradición Petit Manseng, Viognier 2018 Montevidéu
91 | **FAMILIA DEICAS** Single Vineyards 2016 | Uruguai
90 | **FAMILIA DEICAS** Castelar Extra Brut Chardonnay, Viognier 2017 Uruguai
90 | **FAMILIA TRAVERSA** Noble Alianza Reserva 2019 | Montevidéu
90 | **VIÑEDO DE LOS VIENTOS** Viñedo de los Vientos Arneis, Chardonnay 2019 | Atlántida
90 | **VIÑEDO DE LOS VIENTOS** Estival Espumante Natural 2019 | Atlántida
89 | **ESTABLECIMIENTO JUANICÓ** Don Pascual Coastal White 2019 Sul do Uruguai
89 | **FAMILIA DEICAS** Castelar Brut Reserve Pinot Noir, Pinot Meunier 2017 Canelones
88 | **VARELA ZARRANZ** María Zarranz Extra Brut Chardonnay, Viognier 2019 | Canelones
87 | **ESTABLECIMIENTO JUANICÓ** Don Pascual Brut Blanc de Blancs 2019 Juanicó

{ DESCORCHADOS }

DIVIDIDO

MELHOR BLEND BRANCO

VIÑEDO DE LOS VIENTOS
Estival
Gewürztraminer, Chardonnay, Moscatel Blanco 2019
ATLÁNTIDA

Este é a mistura clássica de Viñedo de los Vientos. Sua primeira colheita foi em 2003 e desde então ele brinca com a ideia da oleosidade do Gewürztraminer (60% da mistura) mais 30% de Chardonnay, mas colhido muito cedo para fornecer acidez e neutralizar a doçura do Gewürztraminer. A Moscato traz perfume em um vinho de grande frescor, de grande intensidade aromática e de bom peso. Para o ceviche.

Os melhores blend brancos do ano

- 92 | **CERRO CHAPEU** 1752 Gran Tradición Petit Manseng, Viognier 2018 | Montevidéu
- 91 | **FAMILIA DEICAS** Single Vineyards 2016 | Uruguai
- 90 | **FAMILIA DEICAS** Castelar Extra Brut Chardonnay, Viognier 2017 | Uruguai
- 90 | **FAMILIA TRAVERSA** Noble Alianza Reserva 2019 | Montevidéu
- 90 | **VIÑEDO DE LOS VIENTOS** Viñedo de los Vientos Arneis, Chardonnay 2019 | Atlántida
- 90 | **VIÑEDO DE LOS VIENTOS** Estival Espumante Natural 2019 | Atlántida
- 89 | **ESTABLECIMIENTO JUANICÓ** Don Pascual Coastal White 2019 | Sul do Uruguai
- 89 | **FAMILIA DEICAS** Castelar Brut Reserve Pinot Noir, Pinot Meunier 2017 | Canelones
- 88 | **VARELA ZARRANZ** María Zarranz Extra Brut Chardonnay, Viognier 2019 | Canelones
- 87 | **ESTABLECIMIENTO JUANICÓ** Don Pascual Brut Blanc de Blancs 2019 | Juanicó

< *vencedores* >

DIVIDIDO

MELHOR BLEND TINTO

FAMILIA DEICAS
Extreme Vineyards Guazuvirá
Tannat, Merlot, Petit Verdot, Viognier 2019
LAS SIERRAS

A colina de Guazubirá foi plantada pela família Deicas em uma área de solos de granito, uma formação muito jovem de rochas que os Deicas tiveram que dinamitar para poder perfurar a rocha e plantar os dois hectares que atualmente estão naquela colina. O local fica a cerca de 17 quilômetros do mar, por isso recebe a brisa fresca do Atlântico. Metade dessa mistura é de Merlot, mais 40% de Tannat e o restante de Petit Verdot e Viognier. O resultado, após um mês e meio de estágio em ânforas, é um vinho generoso em frutas vermelhas maduras, com taninos firmes e pulsantes. Possui notas florais que se expandem pela boca e uma acidez que faz salivar.

Os melhores blend tintos do ano

94 | **BOUZA** Monte Vide Eu Tannat, Merlot, Tempranillo 2018 | Montevidéu
94 | **VIÑEDO DE LOS VIENTOS** Eolo Tannat 2015 | Atlántida
93 | **CASTILLO VIEJO** El Preciado 2016 | San José
93 | **EL CAPRICHO WINERY** Aguará Tannat Blend 2018 | Durazno
93 | **FAMILIA DEICAS** Single Vineyards Garzón 2018 | Garzón
93 | **FAMILIA DEICAS** Preludio Barrel Select Tinto 2015 | Uruguai
93 | **LAS GARZAS VIÑA OCEÁNICA** Las Garzas Tannat, Merlot, Petit Verdot 2019 | Uruguai
93 | **PIZZORNO FAMILY ESTATES** Experimental 018 | Canelón Chico
93 | **PIZZORNO FAMILY ESTATES** Primo 2016 | Canelón Chico
93 | **VARELA ZARRANZ** Guidaí Detí 2016 | Canelones
93 | **VIÑEDO DE LOS VIENTOS** Catarsis 2019 | Atlántida
92 | **ARIANO** Cuatro Gatos Cabernet Sauvignon, Tannat 2015 | Canelones
92 | **DE LUCCA** Reserve Tannat, Merlot 2019 | Canelones
92 | **FAMILIA TRAVERSA** Noble Alianza Reserva 2018 | Canelones
92 | **FAMILIA TRAVERSA** Noble Alianza Reserva Marselan, Tannat, Merlot 2018 | Canelones
92 | **PIZZORNO FAMILY ESTATES** Select Blend Reserva 2017 | Canelón Chico
92 | **SPINOGLIO** Tonel 10 Corte Único (2009-2017) | Montevidéu
92 | **VIÑA EDÉN** Cerro Negro Gran Reserva Tannat, Merlot, Marselan 2017 Pueblo Edén

{ DESCORCHADOS }

DIVIDIDO

MELHOR BLEND TINTO

GARZÓN
Balasto *Tannat, Cabernet Franc, Merlot, Marselan 2017*
GARZÓN

Esta já é a terceira versão de Balasto, o top de Garzón e dessa vez a ideia que começou na safra 2016 foi aprofundada e que, palavras mais palavras menos, podem ser resumidas da seguinte forma: não é necessário ter um vinho enorme em tamanho ou madurez para ocupar o topo da pirâmide no catálogo de uma vinícola. No caso de Balasto 2107, aqui é privilegiada a fruta vermelha fresca da Tannat, um Tannat que provém de uma série de encostas no coração da vinha de Garzón, sobre as colinas de granito dessa área da baía de Maldonado, cerca de 15 quilômetros do oceano Atlântico. O vinho é fermentado em tanques de cimento e depois estagia por cerca de 20 meses em barricas de carvalho de 20 a 25 mil litros. O que sai daí é um suco quase delicado, refrescante e ao mesmo tempo muito firme. É intenso, profundo, mas sempre vertical. Agora é adorável, mas é um tinto à base de Tannat, e a Tannat o que faz de melhor é envelhecer.

Os melhores blend tintos do ano

94 | **BOUZA** Monte Vide Eu Tannat, Merlot, Tempranillo 2018 | Montevidéu
94 | **VIÑEDO DE LOS VIENTOS** Eolo Tannat 2015 | Atlántida
93 | **CASTILLO VIEJO** El Preciado 2016 | San José
93 | **EL CAPRICHO WINERY** Aguará Tannat Blend 2018 | Durazno
93 | **FAMILIA DEICAS** Single Vineyards Garzón 2018 | Garzón
93 | **FAMILIA DEICAS** Preludio Barrel Select Tinto 2015 | Uruguai
93 | **LAS GARZAS VIÑA OCEÁNICA** Las Garzas Tannat, Merlot, Petit Verdot 2019 | Uruguai
93 | **PIZZORNO FAMILY ESTATES** Experimental 018 | Canelón Chico
93 | **PIZZORNO FAMILY ESTATES** Primo 2016 | Canelón Chico
93 | **VARELA ZARRANZ** Guidaí Detí 2016 | Canelones
93 | **VIÑEDO DE LOS VIENTOS** Catarsis 2019 | Atlántida
92 | **ARIANO** Cuatro Gatos Cabernet Sauvignon, Tannat 2015 | Canelones
92 | **DE LUCCA** Reserve Tannat, Merlot 2019 | Canelones
92 | **FAMILIA TRAVERSA** Noble Alianza Reserva 2018 | Canelones
92 | **FAMILIA TRAVERSA** Noble Alianza Reserva Marselan, Tannat, Merlot 2018 | Canelones
92 | **PIZZORNO FAMILY ESTATES** Select Blend Reserva 2017 | Canelón Chico
92 | **SPINOGLIO** Tonel 10 Corte Único (2009-2017) | Montevidéu
92 | **VIÑA EDÉN** Cerro Negro Gran Reserva Tannat, Merlot, Marselan 2017 Pueblo Edén

⟨ vencedores ⟩

MELHOR OUTRAS CEPAS BRANCAS

BOUZA
Viñedo Pan de Azúcar *Riesling 2018*
PAN DE AZÚCAR

Bouza plantou vinhedos Riesling no sopé da colina Pan de Azúcar em 2009 e nos solos rochosos daquele lugar da baía de Maldonado, muito perto do Atlântico. E essa influência marinha é fortemente sentida, acompanhada por um ano bastante quente que traz volume, alguma cremosidade. O restante são frutas brancas frescas, sublinhadas em seu frescor por uma acidez vibrante. Fermentado em tanques de aço, com o tempo na taça começa a mostrar um lado especiado que agrega complexidade.

Os melhores outras cepas brancas do ano

93 | **BOUZA** Viñedo Canelón Chico Sémillon 2019 | Canelón Chico
92 | **CARRAU** Vivent de Petit Manseng Limited Edition 10 Barrels 2018
Las Violetas
92 | **GARZÓN** Cosecha Tardía Petit Manseng 2016 | Garzón
92 | **BRACCOBOSCA** Ombú Sin Pre Conceptos Moscatel de Hamburgo 2019
Atlántida
91 | **CARRAU** Juan Carrau Gran Reserva Petit Manseng 2018
Las Violetas
91 | **DE LUCCA** Reserve Marsanne 2019 | Canelones
90 | **ALTO DE LA BALLENA** Alto de la Ballena Viognier 2019 | Maldonado
90 | **ESTABLECIMIENTO JUANICÓ** Bodegones del Sur Limited Edition Viognier 2019 | Sul do Uruguai
90 | **GARZÓN** Estate Pinot Grigio 2019 | Garzón
90 | **GARZÓN** Estate Viognier 2019 | Garzón

{ DESCORCHADOS }

MELHOR OUTRAS CEPAS TINTAS

GARZÓN
Single Vineyard *Petit Verdot 2018*
GARZÓN

De duas parcelas de solo rico em granitos, esse Petit Verdot é proveniente de uma safra muito seca que permitiu à equipe de Garzón aguardar calmamente a colheita. E o resultado é um vinho de grande nitidez de frutas, com taninos firmes e verticais e uma acidez que acompanha todo o caminho do vinho até o final da boca. Foi um ano quente, mas aqui você não sente isso na fruta que é fresca e tensa, embora com muita concentração.

Os melhores outras cepas tintas do ano

- 93 | **GIMÉNEZ MÉNDEZ** Búho Microvinificaciones Malbec 2015 | Canelones
- 92 | **BRACCOBOSCA** Ombú Reserve Petit Verdot 2018 | Atlántida
- 92 | **CASA GRANDE ARTE Y VIÑA** Casa Grande Arinarnoa 2018 Canelones
- 92 | **DE LUCCA** De Lucca Nero d'Avola 2019 | Canelones
- 92 | **VIÑEDO DE LOS VIENTOS** Nebbiolo Crudo Nebbiolo 2019 | Atlántida
- 92 | **VIÑEDO DE LOS VIENTOS** Viñedo de los Vientos Especial Barbera 2019 Atlántida
- 91 | **DE LUCCA** De Lucca Aglianico 2018 | Canelones
- 91 | **ESTABLECIMIENTO JUANICÓ** Don Pascual Orgánico Gamaret 2018 Juanicó
- 91 | **PIZZORNO FAMILY ESTATES** Exclusivos Marselan 2018 Canelón Chico
- 90 | **FAMILIA DARDANELLI** Cepa Única Marselan 2019 | Las Violetas

‹ *vencedores* ›

DIVIDIDO

MELHOR CANELONES

BRACCOBOSCA
Gran Ombú *Cabernet Franc 2019*
ATLÁNTIDA

Esta já é a quarta versão desse Gran Ombú, um Cabernet Franc que vem de solos de argila e de cal de Atlántida, próximo ao rio da Prata. São videiras de 20 anos que deram um vinho de grande caráter varietal. As notas de especiarias e de tabaco fazem um banquete no nariz, enquanto na boca é de corpo médio a leve, com notas de especiarias, mas especialmente frutas vermelhas maduras decoradas com ervas. É um vinho refrescante e delicado, com um forte caráter influenciado pelo clima marinho da região. Dos onze hectares que BraccoBosca possui em Atlántida, 1,5 é de Cabernet Franc.

Os melhores de Canelones do ano

93 | **BOUZA** Viñedo Canelón Chico Sémillon 2019 | Canelón Chico
93 | **FAMILIA DEICAS** Preludio Barrel Select Lote 22 Blanco Chardonnay, Viognier 2019 | Juanicó
93 | **VIÑEDO DE LOS VIENTOS** Estival 2019 | Atlántida
93 | **ARIANO** Don Nelson Ariano Tannat 2015 | Canelones
93 | **BIZARRA EXTRAVAGANZA** Amphora Natural Tannat 2019 Canelones
93 | **CASA GRANDE ARTE Y VIÑA** Gran Tannacito Tannat 2015 | Canelones
93 | **FAMILIA DEICAS** Extreme Vineyards Suelo Invertido Tannat 2018 Canelones
93 | **GIMÉNEZ MÉNDEZ** Búho Microvinificaciones Malbec 2015 Canelones
93 | **PIZZORNO FAMILY ESTATES** Experimental Pizzorno 2018 Canelón Chico
93 | **PIZZORNO FAMILY ESTATES** Primo 2016 | Canelón Chico
93 | **VARELA ZARRANZ** Guidaí Detí 2016 | Canelones
93 | **VIÑEDO DE LOS VIENTOS** Catarsis 2019 | Atlántida

1175

{ DESCORCHADOS }

◀◀◀ ─────•
DIVIDIDO

MELHOR CANELONES

VIÑEDO DE LOS VIENTOS
Eolo *Tannat 2015*
ATLÁNTIDA

A mistura tradicional de Viñedo de los Vientos, Eolo, tem 85% de Tannat que estagia por três anos em barricas usadas de carvalho, além de 15% de Ruby Cabernet do ano (nesse caso 2018) para dar um frescor maior à mescla. O vinho tem um enorme potencial para economizar. Hoje ele se sente jovem, ainda impactado pela madeira, mas com uma camada densa e compacta de sabores. Possui taninos firmes e acidez suculenta e persistente. Abra espaço em sua adega para este clássico de Viñedo de los Vientos. 🍷

Os melhores de Canelones do ano

- 93 | **BOUZA** Viñedo Canelón Chico Sémillon 2019 | Canelón Chico
- 93 | **FAMILIA DEICAS** Preludio Barrel Select Lote 22 Blanco Chardonnay, Viognier 2019 | Juanicó
- 93 | **VIÑEDO DE LOS VIENTOS** Estival 2019 | Atlántida
- 93 | **ARIANO** Don Nelson Ariano Tannat 2015 | Canelones
- 93 | **BIZARRA EXTRAVAGANZA** Amphora Natural Tannat 2019 Canelones
- 93 | **CASA GRANDE ARTE Y VIÑA** Gran Tannacito Tannat 2015 | Canelones
- 93 | **FAMILIA DEICAS** Extreme Vineyards Suelo Invertido Tannat 2018 Canelones
- 93 | **GIMÉNEZ MÉNDEZ** Búho Microvinificaciones Malbec 2015 Canelones
- 93 | **PIZZORNO FAMILY ESTATES** Experimental Pizzorno 2018 Canelón Chico
- 93 | **PIZZORNO FAMILY ESTATES** Primo 2016 | Canelón Chico
- 93 | **VARELA ZARRANZ** Guidaí Detí 2016 | Canelones
- 93 | **VIÑEDO DE LOS VIENTOS** Catarsis 2019 | Atlántida

‹ vencedores ›

MELHOR COSTA ATLÂNTICA

GARZÓN
Petit Clos Block 212 *Tannat 2018*
GARZÓN

Um novo membro da família Petit Clos, esse Tannat vem do Bloco 212, originalmente parte do Single Vineyard Tannat e também de Balasto, o top da casa. É uma série de declives de granito que dão para o norte e dão uma fruta concentrada e profunda que é mostrada nesse tinto com uma clareza suculenta, fresca e clara, cheia de especiarias e de ervas aromáticas. O corpo é firme e cheio, de taninos muito de Tannat, verticais, severos, austeros, protegendo as frutas refrescantes. Abram espaço na adega para esse vinho. Há pelo menos cinco anos de garrafa adiante.

Os melhores de costa Atlântica do ano

- 95 | **BODEGA OCÉANICA** José Ignacio José Ignacio Albariño 2019 | Maldonado
- 95 | **BOUZA** Viñedo Pan de Azúcar Riesling 2018 | Pan de Azúcar
- 95 | **GARZÓN** Balasto Tannat, C. Franc, Merlot, Marselan 2017 | Garzón
- 95 | **GARZÓN** Petit Clos Block 969 Cabernet Sauvignon 2018 | Garzón
- 94 | **GARZÓN** Petit Clos Block 27 Albariño 2019 | Garzón
- 94 | **GARZÓN** Single Vineyard Petit Verdot 2018 | Garzón
- 94 | **GARZÓN** Single Vineyard Sauvignon Blanc 2019 | Garzón
- 94 | **GARZÓN** Single Vineyard Tannat 2018 | Garzón
- 93 | **BODEGA OCÉANICA** José Ignacio Jose Ignacio Chardonnay 2019 | Maldonado
- 93 | **BODEGA OCÉANICA JOSÉ IGNACIO** Jose Ignacio Tannat 2019 | Maldonado
- 93 | **BOUZA** Viñedo Pan de Azúcar Tannat 2018 | Pan de Azúcar
- 93 | **FAMILIA DEICAS** Single Vineyards Garzón 2018 | Garzón
- 93 | **GARZÓN** Estate Rosé Pinot Noir 2019 | Garzón
- 93 | **GARZÓN** Single Vineyard Albariño 2019 | Garzón
- 93 | **LAS GARZAS VIÑA OCEÁNICA** Las Garzas Tannat, Merlot, Petit Verdot 2019 | Uruguai
- 93 | **LAS GARZAS VIÑA OCEÁNICA** Tannat 2019 | Uruguai
- 93 | **VIÑA EDÉN** Methóde Champenoise Brut Nature N/V | Pueblo Edén
- 93 | **VIÑA EDÉN** Viña Edén Chardonnay 2017 | Pueblo Edén

{ DESCORCHADOS }

MELHOR LAS VIOLETAS

FAMILIA DARDANELLI
Dardanelli Family Reserve *Tannat 2018*
LAS VIOLETAS

Este é o protótipo do Tannat de Las Violetas, o estilo do primeiro Tannat que o Uruguai começou a mostrar ao mundo, um estilo que em seu tempo (plena explosão de vinhos maduros e doces, há 20 anos) passou quase completamente despercebido. Atualmente deve ser revalorizado principalmente porque apela à austeridade, a um vinho construído com base em seus taninos e em sua acidez (herdeiros do solo calcário de Las Violetas e do clima influenciado pelo rio da Prata) como são, por exemplo, a Baga da Bairrada ou a Sagrantino de Montefalco. Aqui está um nariz bastante tímido, oferecendo aromas florais. A boca, onde está toda a ação, onde esse Tannat se desenrola, mostra sua estrutura feita de grossas paredes, como uma igreja românica. Um vinho essencial para conhecer o Tannat uruguaio.

Os melhores de Las Violetas do ano

93 | **BOUZA** Parcela Única B9 Merlot 2018 | Las Violetas
93 | **BOUZA** Parcela Única B28 Tannat 2018 | Las Violetas
93 | **BOUZA** Parcela Única B6 Tannat 2018 | Las Violetas
93 | **CARRAU** Amat Tannat 2017 | Las Violetas
93 | **FAMILIA DARDANELLI** Constante Tannat 2018 | Las Violetas
92 | **CARRAU** Juan Carrau Tannat de Reserva Tannat 2018 | Las Violetas
92 | **CARRAU** Vivent de Petit Manseng Limited Edition 10 Barrels 2018 Las Violetas
92 | **FAMILIA DARDANELLI** Dardanelli Family Reserve Merlot 2018 Las Violetas
91 | **CARRAU** Juan Carrau Gran Reserva Petit Manseng 2018 | Las Violetas
91 | **FAMILIA DARDANELLI** Blend de Tannat Tannat 2019 | Las Violetas
90 | **CARRAU** Juan Carrau Cabernet de Reserva Cabernet Sauvignon 2017 Las Violetas
90 | **COLORADO CHICO** Viggiano Tinaja Tannat 2018 | Las Violetas
90 | **FAMILIA BRESESTI** Pequeñas Colecciones Tannat 2018 | Las Violetas
90 | **FAMILIA DARDANELLI** Cepa Única Marselan 2019 | Las Violetas

‹ vencedores ›

MELHOR MONTEVIDÉU

BOUZA
Monte Vide Eu *Tannat, Merlot, Tempranillo 2018*
MONTEVIDÉU

Bouza expandiu suas vinhas fortemente em direção à baía de Maldonado, de frente para o Atlântico. Um quarto dos 58 hectares que possuem no Uruguai estão aí. No entanto, essas são videiras jovens (as mais antigas foram plantadas em 2009), portanto ainda são necessárias várias safras para que essas uvas mostrem todo o seu potencial. É por isso que o seu vinho top, Monte Vide Eu, provém de vinhas mais tradicionais em Las Violetas (Canelones) e Melilla (Montevidéu). A Tannat manda aqui e que vem basicamente dos vinhedos de argila e de cal de Las Violetas, a área clássica da cepa nesse país. E é sentida com as notas de violetas e toques terrosos, mas especialmente em cerejas ácidas e taninos que são ferozes e tensos, verticais e afiados. Este vinho mostra uma grande carga de frutas, mas também precisa de tempo na garrafa para se equilibrar. Um clássico em estado embrionário.

Os melhores de Montevidéu do ano

93 | **BOUZA** Parcela Única A6 Tannat 2018 | Montevidéu
93 | **SPINOGLIO** Diego Spinoglio Sin Barrica Tannat 2019 | Montevidéu
93 | **SPINOGLIO** Estiba Reservada Tannat 2015 | Montevidéu
92 | **CERRO CHAPEU** 1752 Gran Tradición Petit Manseng, Viognier 2018 Montevidéu
92 | **SPINOGLIO** Estiba Reservada Chardonnay 2019 | Montevidéu
92 | **SPINOGLIO** Tonel 10 Corte Único (2009-2017) N/V | Montevidéu
91 | **SPINOGLIO** Tierra Alta Reserva Tannat 2018 | Montevidéu
91 | **SPINOGLIO** Diego Spinoglio Tannat 2018 | Montevidéu
90 | **FAMILIA TRAVERSA** Noble Alianza Reserva Blanco 2019 | Montevidéu
90 | **SPINOGLIO** Tierra Alta Tannat 2018 | Montevidéu

{ DESCORCHADOS }

SUPERPREÇO BRANCO

BRACCOBOSCA
Ombú Sin Pre Conceptos *Moscatel de Hamburgo 2019*
ATLÁNTIDA

BraccoBosca possui quatro hectares de Moscatel de Hamburgo, plantados ao lado da vinícola na área de Atlántida, às margens do rio da Prata. Essa é uma foto da cepa, as notas de flores e frutas doces em um corpo poderoso, com uma estrutura sólida e firme. Um vinho com sabores suculentos, mas ao mesmo tempo muito boa acidez para acompanhar peixes grelhados, como a tremenda corvina preta, grelhada, um dos melhores peixes que podem ser obtidos nas proximidades de Montevidéu.

Os melhores superpreço brancos do ano

91 | **DE LUCCA** Reserve Marsanne 2019 | Canelones
91 | **DE LUCCA** Reserve Chardonnay 2019 | Canelones
90 | **ESTABLECIMIENTO JUANICÓ** Bodegones del Sur Sauvignon Blanc 2019 Sul do Uruguai
90 | **FAMILIA TRAVERSA** Noble Alianza Reserva Blanco 2019 | Montevidéu
90 | **MARICHAL** Marichal Sauvignon Blanc 2019 | Canelones
89 | **CARRAU** Juan Carrau Cepas Nobles Sauvignon Blanc 2019 Las Violetas
89 | **ESTABLECIMIENTO JUANICÓ** Don Pascual Coastal White 2019 Sul do Uruguai
89 | **FAMILIA BRESESTI** Línea Histórica Egípto Sauvignon Blanc 2019 Las Violetas
89 | **MARICHAL** Unoaked Chardonnay 2019 | Canelones
88 | **SPINOGLIO** Tierra Alta Reserva Chardonnay 2019 | Montevidéu
87 | **ANTIGUA BODEGA** Pedregal Chardonnay 2019 | Canelones
89 | **ESTABLECIMIENTO JUANICÓ** Don Pascual Brut Blanc de Blancs 2019 Juanicó
89 | **FAMILIA TRAVERSA** Finca Traversa Sauvignon Blanc 2019 | Montevidéu
89 | **MARICHAL** Periplo Sauvignon Blanc 2019 | Canelones
89 | **VARELA ZARRANZ** Petit Grain Muscat muscat 2019 | Canelones
86 | **SPINOGLIO** Tierra Alta Sauvignon Blanc 2019 | Montevidéu

⟨ vencedores ⟩

SUPERPREÇO TINTO

FAMILIA TRAVERSA
Noble Alianza Reserva
Cabernet Franc, Tannat, Marselan 2018
CANELONES

Este é o novo membro da linha Noble Alianza. Uma mescla de 40% Cabernet Franc, 30% Tannat e 30% Marselan, tudo proveniente de vinhedos plantados em solos argilosos e de cal da área de Canelones. O vinho tem um breve estágio de seis meses em barricas que não reduzem o lado fresco e frutado desse vinho, um tinto nervoso, com muita energia na acidez e nas frutas vermelhas. E atenção com o preço. A qualidade é muito, muito superior ao que esse vinho custa.

Os melhores superpreço tintos do ano

92 | **DE LUCCA** Reserve Tannat, Merlot 2019 Canelones
92 | **FAMILIA TRAVERSA** Noble Alianza Reserva Marselan, Tannat, Merlot 2018 | Canelones
91 | **DE LUCCA** Reserve Tannat 2018 | Canelones
91 | **FAMILIA DARDANELLI** Blend de Tannat Tannat 2019 | Las Violetas
91 | **FAMILIA TRAVERSA** Viña Salort Reserva Syrah, Tannat 2018 Canelones
91 | **FAMILIA TRAVERSA** Viña Salort Reserva Tannat 2018 | Canelones
91 | **MARICHAL** Marichal Tannat 2018 | Canelones
91 | **SPINOGLIO** Tierra Alta Reserva Tannat 2018 | Montevidéu
90 | **ANTIGUA BODEGA** Pedregal Roble Tannat, Merlot, Cabernet Sauvignon 2017 | Canelones
90 | **ARIAN**o Tacuabé Reserva Tannat 2017 | Canelones
90 | **ARIANO** Tacuabé Reserva Tannat, Cabernet Franc 2017 | Canelones
90 | **BRACCOBOSCA** Ombú Tannat 2017 | Atlántida
90 | **BRACCOBOSCA** Ombú Blend Tannat, Syrah, Petit Verdot 2017 Atlántida
90 | **ESTABLECIMIENTO JUANICÓ** Don Pascual Reserve Tannat 2019 Sul do Uruguai
90 | **FAMILIA DARDANELLI** Cepa Única Marselan 2019 | Las Violetas
90 | **SPINOGLIO** Tierra Alta Tannat 2018 | Montevidéu

PROVA DE VINHOS DESCORCHADOS 2020

‹ *prova de **vinhos*** ›

AS PONTUAÇÕES

80 ›› 85
VINHOS SIMPLES
para todos os dias.

86 ›› 90
APOSTAS MAIS COMPLEXAS,
ainda que também adequadas
para beber diariamente.

91 ›› 95
VINHOS EXCELENTES
que, independente
de seu preço, devem
ser provados.

96 ›› 100
EXISTE A PERFEIÇÃO?
Provavelmente não, mas
neste grupo há vinhos que
se aproximam bastante.

AS CEPAS

tinto

branco

rosado

laranja   espumante

doce

EQUIVALÊNCIAS ESTIMADAS DE PREÇOS

$ ···⟫ Até **25 reais**

$ $ ···⟫ De 26 a **50 reais**

$ $ $ ···⟫ De 51 a **75 reais**

$ $ $ $ ···⟫ De 76 a **100 reais**

$ $ $ $ $ ···⟫ Acima de **101 reais**

Alto de la Ballena

PROPRIETÁRIOS Leandro Pereira, Paula Pivel & Dunkan Killiner
ENÓLOGOS Leandro Pereira, Paula Pivel & Dunkan Killiner
WEB www.altodelaballena.com
RECEBE VISITAS Sim

Proprietários
ALVARO LORENZO & PAULA PIVEL

Paula Pivel e Álvaro Lorenzo, que antes se dedicavam ao mercado financeiro, entraram no mundo do vinho nos anos 2000, depois de comprar uma propriedade em Sierra de la Ballena, no Departamento de Maldonado, a uns 15 quilômetros do Atlântico. Ali, num lugar muito próximo de Punta del Leste, de solos graníticos, das encostas com face para o oceano, plantaram 8 hectares de vinhedos e fundaram Alto de la Ballena. Hoje tem Merlot, Tannat, Cabernet Franc, Syrah e Viognier e sua produção anual é de cerca de 55 mil garrafas. O trabalho de Alto de la Ballena é considerado pioneiro na ressurreição de Maldonado e do sudeste uruguaio como zona produtora. **IMPORTADORES:** USA: www.classicwines.us www.mybimports.com

VINHOS

 ALTO DE LA BALLENA
TANNAT, MERLOT, CABERNET FRANC 2015
$$ | MALDONADO | 13.5°

Um vinho grande e expansivo, com a estrutura firme da Tannat crescendo no solo granítico de Maldonado. Esse tem sabores maduros, frutas licorosas e profundas, em um corpo que se sente poderoso desde o início. O estágio em madeira por nove meses adicionou especiarias, acrescentando complexidade.

 ALTO DE LA BALLENA
VIOGNIER 2019
$$ | MALDONADO | 13.5°

Dos solos de granito da baía de Maldonado, a cerca de 15 quilômetros do oceano Atlântico, esse vinho apresenta a untuosidade da cepa, seu lado amanteigado e sua textura cremosa, sem o amargor que costuma oferecer em muitos lugares do Novo Mundo. Esse parece equilibrado, cheio de sabores de frutas maduras e de flores brancas.

Antigua Bodega

PROPRIETÁRIA Virginia Stagnari
ENÓLOGA Mariana Meneguzzi
WEB www.antiguabodegastagnari.com.uy
RECEBE VISITAS Sim

Proprietários
VIRGINIA STAGNARI E FILHOS

A família Moise vem produzindo vinhos no Uruguai desde os anos 1920, quando Pablo Moise chegou a Canelones vindo de Torino, na Itália. Em 1955, Hector Nelson Stagnari continua com o trabalho de seu sogro e é sua filha, Virgnia Stagnari e seus filhos que são atualmente os encarregados de continuar esse trabalho. Tem dois vinhedos, um em Canelones, em

⟨ *prova de **vinhos*** ⟩

Santos Lugares, e o outro em Melilla, em Montevidéu. No total, possuem 30 hectares, com os quais produzem cerca de duzentos mil litros, tudo de uvas próprias. Para sua produção de vinhos de mesa (de mais ou menos um milhão de litros) utilizam uvas de terceiros. 🍷

VINHOS

91 | OSIRIS RESERVA
TANNAT 2013
$$$$$ | CANELONES | 14°

Essa já é a sétima versão de Osíris, um dos tops de Antigua Bodega e que somente é produzido em anos muito bons. Esse 2013 é uma seleção de Tannat das parcelas da vinícola em Canelones, plantadas no início dos 2000 nesses solos pedregosos de granito. No início, esse vinho é apenas aromas de madeira (onde estagia por um ano), mas depois de um tempo a fruta surge enquanto na boca mostra uma sólida rede de taninos. Um vinho para guardar.

90 | OSIRIS RESERVA
MERLOT 2011
$$$$$ | CANELONES | 14°

A evolução desse vinho passou para o lado do chocolate e de especiarias. Um Merlot forte, de ossos muito bons, mas também de ampla maturez, ainda mostra taninos firmes e afiados. Ideal agora com o boeuf bourguignon.

90 | PEDREGAL ROBLE
TANNAT, MERLOT, CABERNET SAUVIGNON 2017
$ | CANELONES | 13.5°

Essa mescla tem 40% de Tannat, 30% de Merlot e 30% de Cabernet Sauvignon, todos provenientes de suas próprias vinhas na área de Canelones. É um vinho simples, muito frutado e fresco, com leves toques especiados e terrosos. O corpo é leve, mas os taninos são firmes, mostrando um Tannat em muito boa forma. Uma excelente relação qualidade/preço.

90 | PRIMA DONNA
MERLOT 2015
$$ | CANELONES | 13.5°

Esse Merlot vem de uma vinha plantada ao lado da vinícola de Antigua em Canelones. As videiras foram plantadas no início de 2000 e agora oferecem esse vinho simples e suculento, cuja metade estagia em carvalho por oito meses e o restante em aço. É um Merlot amável, com muitas frutas vermelhas e toques tostados da madeira.

90 | PRIMA DONNA
SAUVIGNON BLANC 2019
$$ | CANELONES | 12.5°

Fresco e vivaz, com toques defumados e toques florais, este possui corpo médio, textura sedosa. É simples e refrescante, um branco para pensar no aperitivo ou para acompanhar um prato de mexilhões.

OUTROS VINHOS SELECIONADOS
89 | PRIMA DONNA Tannat 2015 | Canelones | 13.5° | $$
88 | PEDREGAL ROBLE Tannat 2017 | Canelones | 13° | $
87 | PEDREGAL Chardonnay 2019 | Canelones | 12.5° | $

Ariano

PROPRIETÁRIOS Edgardo Ariano, Cono Gerardo Ariano & Sebastián Ariano
ENÓLOGA Sabrina Ariano
WEB www.arianohermanos.com
RECEBE VISITAS Sim

Enóloga
SABRINA ARIANO

Ariano foi fundado em 1929 por Adelio e Amílcar Ariano, um casal de irmãos imigrantes italianos da região de Piemonte. Continuando com a tradição da família, estabeleceram-se na área de El Colorado, no departamento tradicional de Canelones, um dos lugares com mais história do vinho no Uruguai. Hoje, a quarta geração da Ariano assume o controle desse projeto que se concentra em vinhos a granel, embora um terço de sua produção seja de vinhos engarrafados. **IMPORTADORES:** BRASIL: www.galeriadovinhos.com.br www.norimport.com.br | USA: www.jacquesvieau.com

VINHOS

 DON NELSON ARIANO
TANNAT 2015
$$$ | CANELONES | 14°

Don Nelson Ariano é o vinho mais ambicioso da casa e, como tal, é o que mostra a maior complexidade e estrutura. No entanto, se você der uma olhada nos outros tintos da casa, perceberá que isso não passa de uma continuação do estilo da vinícola, um estilo bastante austero, muito antigo, focado em taninos firmes e em acidez com as clássicas notas terrosas dos solos de cal de Canelones. Esse Don Nelson Ariano é uma seleção de 21 das melhores barricas de Tannat da vinícola e passa 18 meses em madeira.

 CUATRO GATOS
CABERNET SAUVIGNON, TANNAT 2015
$$$ | CANELONES | 14°

Cuatro Gatos é uma homenagem de Ariano aos gatos que acompanham o trabalho do campo. Existem quatro e eles tem os nomes dos quatro pontos cardeais. A mescla é secreta, embora saibamos que possui Cabernet Sauvignon e Merlot e que provém de vinhedos de cerca de 40 anos, plantados em El Colorado, no coração da área tradicional de Canelones. Essa nova versão de Cuatro Gatos tem maturidade e untuosidade, mas ao mesmo tempo uma acidez firme que traz equilíbrio. Os toques terrosos e herbáceos típicos da Tannat de solos de calcário em Canelones têm a palavra aqui.

 EDICIÓN ESPECIAL 90 ANIVERSARIO
TANNAT 2018
$$ | CANELONES | 15°

Esse 100% Tannat foi lançado para comemorar a primeira produção dos irmãos Ariano do Piemonte em terras uruguaias. Foram apenas oito mil e oitocentos litros. Hoje a vinícola produz mais de um milhão e esse Tannat é uma boa homenagem. De vinhedos de cerca de 40 anos em solos argilosos e calcários, típicos de Canelones. Estagia um ano em barricas e mostra um estilo de velha escola, com nariz muito tímido, mas com a boca cheia de força e de frutas. A acidez domina, mas os taninos também fazem sua parte neste Tannat clássico.

‹ prova de *vinhos* ›

 TACUABÉ RESERVA
TANNAT 2017
$ | CANELONES | 14.5°

Use esse vinho como um exemplo de lugar e de estilo. Embora seja um tinto simples, o piso de calcário de Canelones imprime taninos firmes, que se agarram firmemente à boca, enquanto os aromas são frutados, mas também há notas terrosas e toques de ervas em um Tannat típico.

 TACUABÉ RESERVA
TANNAT, CABERNET FRANC 2017
$ | CANELONES | 13.5°

Focado em notas de especiarias e em sabores maduros de frutas vermelhas, esse tem a aderência na boca que é típica dos solos de argila e de cal de Canelones. É um vinho simples, muito fácil de beber, principalmente se houver carne no cardápio. Um clássico da região.

OUTROS VINHOS SELECIONADOS
88 | ARIANO Tannat, Merlot 2018 | Canelones | 13.5° | $
87 | ARIANO Tannat 2019 | Canelones | 12.5° | $
86 | DON ADELIO ARIANO Tannat, Syrah 2017 | Canelones | 14° | $

Bodega Océanica José Ignacio

PROPRIETÁRIA Natalia Welker
ENÓLOGO Hans Vinding-Diers
WEB www.ojoseignacio.com
RECEBE VISITAS Sim

Enólogo
HANS VINDING-DIERS

Natalia Welker e Marcelo Conserva são produtores do azeite O'33 José Ignacio, uma marca muito respeitada no Uruguai. Em sua área de 50 hectares, 21 são destinadas à plantação de oliveiras e com eles produzem cerca de 60 mil litros de azeite de oliva ao ano. Desde 2012 também são produtores de vinhos, sempre nas terras de Paraje José Ignacio, a uns 7 quilômetros do mar. As primeiras vinhas foram plantadas em 2012 e hoje tem 8 hectares de vinhas com as quais produzem 30 mil garrafas.

VINHOS

 JOSÉ IGNACIO
ALBARIÑO 2019
$$$ | MALDONADO | 13°

A safra de 2019 foi complexa em Maldonado. As chuvas marcaram a estação e em Océanica decidiram colher cedo para evitar a umidade. É por isso que a textura desse vinho é tão firme, como se fossem pequenas garras que aderem à boca. Não há traços de verdor nos sabores, apenas aquela sensação de aderência que pede ceviche ou tiradito. Os aromas frutados e florais complementam essa nova versão de Albariño, que, como a anterior, está entre os melhores brancos do Uruguai. Esse Albariño vem de vinhedos plantados em 2015 na área de José Ignacio, a cerca de sete quilômetros do mar, na baía de Maldonado.

Bodega Océanica José Ignacio

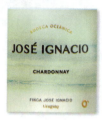

 JOSE IGNACIO
CHARDONNAY 2019
$$$ | MALDONADO | 12.5°

Essa é a primeira versão do Chardonnay José Ignacio, um branco de vinhedos jovens, plantados em 2015 na área de José Ignacio, na baía de Maldonado. Atenção aqui com a textura. Parece ter garras que aderem ao paladar e refrescam, mas também pedem comida. Tem sabores suculentos, frutas e flores brancas e uma nota salina que fala do lugar. Sem passar por barricas e com cerca de 4 meses de estágio com as borras finas em tanques de aço, essa é uma expressão clara do local, o solo de granito nas encostas de Maldonado com o Atlântico, apenas sete quilômetros distante.

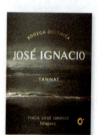

 JOSE IGNACIO
TANNAT 2019
$$ | MALDONADO | 14°

Fruta vermelha pura nesse Tannat de vinhedos plantados até 2015 na área de Paraje José Ignacio, a cerca de 7 km do mar, na baía de Maldonado. Aqui se tem a textura forte e firme da variedade, mas acompanhada por toques refrescantes de frutas e uma acidez que faz salivar. 20% do vinho estagia em barricas e, como experimento, 5% fica em recipientes de cerâmica. Abra essa garrafa com embutidos ou guarde-a por dois a três anos para ganhar complexidade.

 JOSÉ IGNACIO ROSÉ
PINOT NOIR 2019
$$$ | MALDONADO | 13.5°

Esse rosé é proveniente de vinhedos plantados entre 2012 e 2015. Os cachos são prensados diretamente e o vinho é produzido com suas borras por três meses, em tanques de aço. O resultado é um delicioso rosado com frutas vermelhas ácidas e com um aperto na boca que convida a continuar bebendo. Refrescante em todos os sentidos, esse é um delicioso rosé para beber com paella de frutos do mar ou camarão grelhado. E certamente mais de uma garrafa será bebida. Essa é a terceira versão desse rosé 100% Pinot Noir.

JOSE IGNACIO
MERLOT 2019
$$$ | MALDONADO | 13.5°

Maduro e rico em toques especiados, esse Pinot simples tem a qualidade de se beber fácil e de não ter arestas. Desliza pela boca com sabores frutados e taninos sedosos. Um vinho tinto para se beber um pouco mais frio do que o habitual, de preferência com massas.

 JOSE IGNACIO
PINOT NOIR 2018
$$$ | MALDONADO | 12.8°

A base desse vinho é proveniente de vinhedos plantados em 2012, as primeiras videiras que Natalia Welker e Marcelo Conserva plantaram ao lado dos olivais em sua propriedade de Paraje José Ignacio, em Maldonado. Essa versão parece herbácea e picante, com um acento nas notas terrosas. O corpo é leve, de grande acidez e as notas terrosas se repetem.

‹ prova de *vinhos* ›

Bouza

PROPRIETÁRIOS Juan Bouza, Elisa Trabal & Eduardo Boido
ENÓLOGO Eduardo Boido
WEB www.bodegabouza.com
RECEBE VISITAS *Sim*

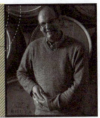

Enólogo
EDUARDO BOIDO

A **família Bouza chegou no Uruguai** vinda da Galícia em 1955 e se estabeleceu em Las Piedras, a uns 20 quilômetros da cidade de Montevidéu, em Canelones. Primeiro iniciaram a fazer pão para depois se dedicarem à produção de massas. Sem dúvida, em 2002, decidiram diversificar e entrar no mundo do vinho comprando uma velha vinícola construída em Melilla no ano de 1942. A primeira safra foi em 2003. Hoje produzem cerca de 170 mil garrafas que vêm de 32 hectares, 15 deles em Las Violetas (Canelones), 10 em Melilla (Montevidéu) e o restante em Pan de Azúcar, a uns 3 quilômetros do mar. Além disso, estão trabalhando em um novo vinhedo na zona de Las Espinas, a uns 2 quilômetros e meio da costa, de frente para a baía de Maldonado. Bouza é conhecida, entre outras coisas, por ser uns dos poucos produtores de Albariño da América do Sul, talvez pela herança galega de seus donos. **IMPORTADORES:** BRASIL: www.decanter.com.br | USA: www.elixirwinegroup.com

VINHOS

VIÑEDO PAN DE AZÚCAR
RIESLING 2018
$$$ | PAN DE AZÚCAR | 13.8°

Bouza plantou vinhedos Riesling no sopé da colina Pan de Azúcar em 2009 e nos solos rochosos daquele lugar da baía de Maldonado, muito perto do Atlântico. E essa influência marinha é fortemente sentida, acompanhada por um ano bastante quente que traz volume, alguma cremosidade. O restante são frutas brancas frescas, sublinhadas em seu frescor por uma acidez vibrante. Fermentado em tanques de aço, com o tempo na taça começa a mostrar um lado especiado que agrega complexidade.

MONTE VIDE EU
TANNAT, MERLOT, TEMPRANILLO 2018
$$$$ | MONTEVIDÉU | 14.5°

Bouza expandiu suas vinhas fortemente em direção à baía de Maldonado, de frente para o Atlântico. Um quarto dos 58 hectares que possuem no Uruguai estão aí. No entanto, essas são videiras jovens (as mais antigas foram plantadas em 2009), portanto ainda são necessárias várias safras para que essas uvas mostrem todo o seu potencial. É por isso que o seu vinho top, Monte Vide Eu, provém de vinhas mais tradicionais em Las Violetas (Canelones) e Melilla (Montevidéu). A Tannat manda aqui e que vem basicamente dos vinhedos de argila e de cal de Las Violetas, a área clássica da cepa nesse país. E é sentida com as notas de violetas e toques terrosos, mas especialmente em cerejas ácidas e taninos que são ferozes e tensos, verticais e afiados. Este vinho mostra uma grande carga de frutas, mas também precisa de tempo na garrafa para se equilibrar. Um clássico em estado embrionário.

Bouza

BOUZA
ALBARIÑO 2019
$$$ | MELILLA/LAS VIOLETAS | 13.2°

Segundo o enólogo Eduardo Boido, a colheita de 2019 foi complicada, principalmente devido às fortes chuvas de janeiro. "Tivemos que selecionar muito mais esse ano", diz. E se sente alguma diluição, mas a verdade é que esse Albariño, um clássico moderno da viticultura uruguaia, ainda é muito rico, como sempre. As frutas brancas parecem maduras e a textura é cremosa, redonda e com um bom corpo. O fim é herbáceo. Esse Albariño vem de dois vinhedos, um na área de Melilla e outro em Las Violetas.

PARCELA ÚNICA A6
TANNAT 2018
$$$$$ | MONTEVIDÉU | 16.2°

A6 vem de vinhedos plantados na área de Melilla em 2002, onde Bouza tem sua vinícola. Os solos argilosos conferem a esse Tannat um caráter amplo, grande e opulento. As frutas parecem maduras e doces, algo normal em uma colheita quente como a de 2018. Esse é outro vinho de Bouza que deve ser guardado na adega. Novamente, paciência aqui.

PARCELA ÚNICA B6
TANNAT 2018
$$$$$ | LAS VIOLETAS | 16°

Comparando os Parcela Única de Las Violetas, B6 e B28, o primeiro apresenta mais argila e o segundo mais cal, o que é claramente sentido. Vejamos B6. Esse vinho "geralmente é muito doce", diz o enólogo Eduardo Boido e isso é sentido aqui, nos taninos amáveis e redondos e na sensação de suculência que permeia tudo. Há madurez, sabores amplos em um vinho grande e opulento.

PARCELA ÚNICA B9
MERLOT 2018
$$$$$ | LAS VIOLETAS | 3.4°

Las Violetas é uma das melhores fontes de tintos no Uruguai. Os solos argilosos e calcários e o clima ameno da região oferecem tensão na estrutura e frescor. Esse Merlot vem desses solos e de vinhedos plantados no final dos anos 1990. Estagia por um ano em barricas. Nesse Merlot, o caráter da cepa é sentido, as doces frutas vermelhas, mas também o local influencia com seus toques terrosos e de cal, fazendo com que os taninos se sintam muito mais ásperos. Um vinho para guardar.

PARCELA ÚNICA B28
TANNAT 2018
$$$$$ | LAS VIOLETAS | 16.1°

Essa é a segunda versão de B28, um Tannat de um lote de meio hectare que Bouza plantou em 20011, em Las Violetas. É uma área clássica no cenário vinícola uruguaio, no meio do departamento de Canelones e com solos argilosos e calcários, que influenciam fortemente o caráter dos tintos, especialmente da Tannat mostrada aqui com uma rede de taninos firmes e tensos, com aquela textura de giz que é tão comum nos tintos de Las Violetas. E os sabores onde os toques de frutas são misturados com as

< prova de *vinhos* >

notas terrosas. Esse é um vinho de longa guarda, com grande potencial de envelhecimento, portanto, abra espaço na adega.

93 VIÑEDO CANELÓN CHICO
SÉMILLON 2019
$$$ | CANELÓN CHICO | 11.4°

Para esse Sémillon, Bouza utiliza uma vinha plantada em 1998 em Canelón Chico, na área tradicional de Canelones, nos solos de calcário e argila que dão aos vinhos certa tensão na textura. Aqui se sente isso, mas também uma suculência rica relacionada à acidez, que aqui é brilhante e fresca. A textura cremosa da Sémillon, no entanto, também se sente, juntamente com deliciosas frutas brancas. Um Sémillon de caráter varietal nítido e para pensar na guarda. Esse tem ossos e carne suficientes para suportar facilmente cinco anos em garrafa.

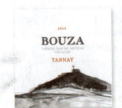

93 VIÑEDO PAN DE AZÚCAR
TANNAT 2018
$$$$ | PAN DE AZÚCAR | 15.6°

A vinícola Bouza possui vinhedos de Tannat no sopé da colina Pan de Azúcar, plantados em 2009 em solos rochosos naquela área muito próxima ao oceano Atlântico (a cerca de quatro quilômetros) que definitivamente influencia os vinhos locais. Esse tem um certo sabor salino que se junta aos sabores de cerejas maduras que predominam aqui. A textura é firme, com taninos verticais que dão uma sensação afiada, nítida. A acidez é exuberante, larga, proporcionando muito frescor, mas sobretudo influenciando os sabores, refrescando-os. Um desses tintos que você precisa conhecer para dar uma olhada na recente evolução do vinho uruguaio.

92 BOUZA
CHARDONNAY 2018
$$$ | MELILLA/LAS VIOLETAS | 13.2°

Esse Chardonnay é uma mistura de vinhedos de Melilla e Las Violetas, em solos argilosos e calcários. Metade do vinho é fermentado e estagia cerca de 8 meses em barricas, enquanto o restante permanece em tanques de aço. O vinho tem um sabor doce e cremoso, com toques especiados e um pouco salgados, mas principalmente com frutas brancas maduras. Um Chardonnay grande, mas ao mesmo tempo muito equilibrado.

92 VIÑEDO LAS ESPINAS
TANNAT 2018
$$$$ | PAN DE AZÚCAR | 15.1°

Las Espinas é o novo vinhedo de Bouza, plantado em 2016 nas colinas onde termina a Sierra de las Animas, na baía de Maldonado. São solos rochosos em uma vinha que olha diretamente para o oceano Atlântico, a cerca de dois quilômetros de distância. Essa é a primeira produção dessas videiras e elas mal produziram cerca de 500 garrafas. No entanto, como uma aproximação ao potencial do local, esse vinho é incrível. Mostra o lado salino dos vinhos locais, mas também uma deliciosa fruta. Foi uma safra quente no Uruguai, mas aqui, embora se sinta esse calor no dulçor da fruta, a acidez e os taninos refrescam e dão tensão. É uma quantidade muito pequena de garrafas, mas que irão para o mercado de restaurantes e lojas especializadas, especialmente no Uruguai, então é importante ficar atento.

Bouza

VIÑEDO CANELÓN CHICO
TANNAT 2018
$$$$ | CANELÓN CHICO | 15.9°

Este **Canelón Chico** é uma seleção de vinhas de Tannat de três hectares que Bouza possui naquela área de Canelones. É uma vinha de cerca de 15 anos que produz frutas maduras e untuosas, mas acompanhada de toques terrosos e de taninos firmes, como todo bom Tannat. A acidez também trabalha duro aqui para dar frescor a essas frutas doces. Um vinho ainda muito jovem. Deem três anos em garrafa.

VIÑEDO PAN DE AZÚCAR
CHARDONNAY 2018
$$$ | PAN DE AZÚCAR | 13.2°

Esse Chardonnay vem de meio hectare plantado nas encostas rochosas da colina Pan de Azúcar, na baía de Maldonado, muito perto do Atlântico. Como todos os vinhos desse vinhedo, esse também tem um lado salino, que aqui é combinado com as notas de frutas brancas e de especiarias. É um branco redondo e suculento, generoso em sabor e em frescor.

VIÑEDO PAN DE AZÚCAR
MERLOT 2018
$$$$ | PAN DE AZÚCAR | 14.9°

As uvas para esse Merlot são selecionadas de vinhedos plantados no final de 2000 nos solos rochosos da colina Pan de Azúcar, em Maldonado. Esse tem cerca de doze meses de estágio em barricas e o que sai delas é um tinto cheio e doce, com um acento claro nos sabores de especiarias exóticas e de frutas maduras.

OUTRO VINHO SELECIONADO
88 | VIÑEDO PAN DE AZÚCAR Pinot Noir 2018 | Pan de Azúcar | 13.1° | $$$$

BraccoBosca

PROPRIETÁRIA Fabiana Bracco
ENÓLOGO Marcelo Laitano. Viticultor: Enrique Sartore
WEB www.braccobosca.com
RECEBE VISITAS *Sim*

Proprietária
FABIANA BRACCO

A família **Bracco Bosca** produziu uvas por quatro gerações, mas somente em 2005 começaram a engarrafar com marca própria. Naquele período focavam-se em vinhos comuns, vendidos em garrafões. Recém sob a direção da dinâmica Fabiana Bracco, começaram a produzir vinhos de maior ambição. Seus vinhedos (9 hectares) encontram-se na zona de Atlántida, a uns 8 quilômetros do rio da Prata. Atualmente, produzem cerca de 60 mil garrafas. **IMPORTADORES:** BRASIL: www.cantuimportadora.com.br | USA: JK Imports

‹ *prova de **vinhos*** ›

VINHOS

94 | GRAN OMBÚ
CABERNET FRANC 2019
$$$$ | ATLÁNTIDA | 13°

Essa já é a quarta versão desse Gran Ombú, um Cabernet Franc que vem de solos de argila e de cal de Atlántida, próximo ao rio da Prata. São videiras de 20 anos que deram um vinho de grande caráter varietal. As notas de especiarias e de tabaco fazem um banquete no nariz, enquanto na boca é de corpo médio a leve, com notas de especiarias, mas especialmente frutas vermelhas maduras decoradas com ervas. É um vinho refrescante e delicado, com um forte caráter influenciado pelo clima marinho da região. Dos onze hectares que Bracco Bosca possui em Atlántida, 1,5 é de Cabernet Franc.

92 | GRAN OMBÚ
MERLOT 2018
$$$$ | ATLÁNTIDA | 13.5°

Dos 11 hectares que Bracco Bosca plantou em Atlántida, dois são de Merlot plantados em solos argilosos próximos à vinícola há cerca de 25 anos. O envelhecimento é prolongado por doze meses em carvalho e a madeira nova é sentida nas notas defumadas e nos sabores de frutas doces. A acidez é forte o suficiente para neutralizar essa doçura e madurez. A textura é muito macia, em um vinho delicado e suculento.

92 | OMBÚ RESERVE
PETIT VERDOT 2018
$$ | ATLÁNTIDA | 13.5°

Esse Petit Verdot é proveniente de um hectare que a proprietária, Fabiana Bracco, plantou há cerca de 20 anos, ao lado da vinícola. Metade do volume é estagiado em barricas usadas e o restante em cimento. O vinho tem a força da cepa e também a acidez que aqui tem todo o destaque, enfatizando o lado de ervas e de frutas negras. Um vinho de grande corpo para um cordeiro.

92 | OMBÚ RESERVE
TANNAT 2018
$$ | ATLÁNTIDA | 13.5°

Ao lado da vinícola, Bracco Bosca plantou cerca de 11 hectares, a maioria Tannat, plantados há 20 anos. Essa é uma seleção de videiras de Tannat. Metade do volume é estagiado em barricas por meio ano e outro em cubas de cimento. Uma colheita bastante quente em Atlántida, possui uma espessa camada de sabores de frutas, sabores de frutas vermelhas densas, mas acompanhados de toques de ervas em um vinho que sente uma acidez rica e macia para acompanhar carnes grelhadas.

92 | OMBÚ SIN PRE CONCEPTOS
MOSCATEL DE HAMBURGO 2019
$ | ATLÁNTIDA | 12°

Bracco Bosca possui quatro hectares de Moscatel de Hamburgo, plantados ao lado da vinícola na área de Atlántida, às margens do rio da Prata. Essa é uma foto da cepa, as notas de flores e frutas doces em um corpo poderoso, com uma estrutura sólida e firme. Um vinho com sabores suculentos, mas ao mesmo tempo muito boa acidez para acompanhar peixes grelhados,

BraccoBosca

como a tremenda corvina preta, grelhada, um dos melhores peixes que podem ser obtidos nas proximidades de Montevidéu.

 OMBÚ
TANNAT 2017
$ | ATLÂNTIDA | 13.5°

É uma expressão pura de Tannat, sem envelhecimento em barricas e vinhedos de 20 anos na área de Atlântida, em direção às margens do rio da Prata. Frutas vermelhas maduras e especiarias tomam o vinho, enquanto os taninos são macios, com notas de ervas, que dão um toque de complexidade. A acidez é suculenta, acentuando o lado da fruta. Para beber no verão.

 OMBÚ BLEND
TANNAT, SYRAH, PETIT VERDOT 2017
$ | ATLÂNTIDA | 12.5°

Essa mescla consiste em 40% de Tannat, mais 30% de Syrah e 30% de Petit Verdot. Metade do vinho estagia por cerca de quatro meses em barricas usadas e a outra metade em cimento. O vinho tem um caráter rico de frutas, com toques de especiarias. Possui corpo médio, textura muito macia e final de ervas.

Carrau

PROPRIETÁRIOS Javier & Ignacio Carrau
ENÓLOGA Carolina Damiano Cores
WEB www.bodegascarrau.com
RECEBE VISITAS Sim

Proprietários
JAVIER & IGNACIO CARRAU

A família Carrau é originária da Catalunha, onde eram produtores de vinhos. Em 1930 Don Juan Carrau, sua mulher Catalina Pujol e seus 5 filhos se estabeleceram no Uruguai. Recém-chegados, os Carrau puseram-se a trabalhar, comprando suas primeiras vinhas na hoje clássica zona de Las Violetas, em Canelones. Hoje é a décima geração da família no comando do negócio. Nesse período, lançaram vários clássicos do Uruguai, como o Sauvignon Blanc Sur Lie ou o Tannat Reserva, uma das melhores relações entre preço e qualidade do país. Possuem 30 hectares em Las Violetas, de onde vem toda sua produção, de 350 mil garrafas ao ano.

IMPORTADORES: BRASIL: www.vinhosdomundo.com.br | USA: www.bluewinedist.com

VINHOS

 AMAT
TANNAT 2017
$$$$ | LAS VIOLETAS | 13.5°

Essa é a primeira safra de Amat, após sua estreia em 1998, que representa 1005 das vinhas de Carrau na área tradicional de Las Violetas, em Canelones. Os solos são de argila e de cal e neles essas videiras de Tannat foram plantadas há trinta anos. Esse solo imprime nessa variedade um caráter severo, quase monástico, que se traduz em taninos firmes e em austeridade de sabores. É um Tannat muito clássico, talvez um tanto fechado ou tímido

*‹ prova de **vinhos** ›*

para quem se acostumou a experimentar os novos tintos do Uruguai mais em direção ao mar, em Maldonado. Esse Amat parece muito jovem ainda, com as notas de estágio em barricas (20 meses de madeira nova) proporcionando sabores defumados e tostados. Mas, cuidado com o que está por trás, porque é puro suco de frutas, um suco puro de Tannat delicado e sutil, severo e tímido.

 JUAN CARRAU TANNAT DE RESERVA
TANNAT 2018
$$ | LAS VIOLETAS | 13.5°

Esse é a clássica cuvée de Carrau e uma das melhores relações preço-qualidade do mercado. De vinhas de cerca de 30 anos, nos solos de cal e de argila de Las Violetas (uma das fontes mais importantes de tintos do Uruguai), esse oferece uma visão tradicional da Tannat, muito frutada. Uma foto da cepa acentuada em seus frutos vermelhos e em seus taninos firmes e afiados.

 VIVENT DE PETIT MANSENG LIMITED EDITION 10 BARRELS PETIT MANSENG 2018
$$ | LAS VIOLETAS | 18.5°

Com pouco mais de 20 gramas de açúcar residual, esse vinho fortificado é 100% Petit Manseng de vinhedos de cerca de 12 anos plantados no solos argilosos e de calcário de Las Violetas, em Canelones. As uvas são colhidas muito tarde e depois fermentadas a baixa temperatura e, após a adição de álcool, envelhecem em barricas por pouco mais de um ano. O resultado é um vinho com muito perfume, com sabores licorosos, mas ao mesmo tempo leve, vivo e refrescante no contexto de madurez desse vinho. Uma estrada interessante para os brancos de colheita tardia na América do Sul.

 JUAN CARRAU GRAN RESERVA
PETIT MANSENG 2018
$$$ | LAS VIOLETAS | 14.5°

De vinhedos plantados em meados de 2000 nos solos de argila e de cal de Las Violetas, em Canelones, esse Petit Manseng se adaptou muito bem à umidade e ao clima bastante frio do Uruguai, contribuindo com uma parcela de diversidade para o panorama varietal da região. Com dez gramas de açúcar residual, mas com uma acidez poderosa, parece cremoso e amplo, um branco quente para costeletas de porco em molho agridoce.

 JUAN CARRAU CABERNET DE RESERVA
CABERNET SAUVIGNON 2017
$$ | LAS VIOLETAS | 13°

Um Cabernet de textura delicada, complexo em sabores. Apresenta toques defumados e de frutas vermelhas maduras em um corpo médio, com taninos muito polidos e frescos e com uma acidez responsável por refrescar esses sabores de frutas.

OUTRO VINHO SELECIONADO
89 | JUAN CARRAU CEPAS NOBLES Sauvignon Blanc 2019 | Las Violetas | 12.5° | $

Casa Grande Arte y Viña

PROPRIETÁRIA Florencia De Maio
ENÓLOGA Florencia De Maio
WEB www.vinoscasagrande.com
RECEBE VISITAS Sim

Proprietária & enóloga
FLORENCIA DE MAIO

A família De Maio se dedicou à produção de uvas para vinhos de terceiros em Canelones. Florencia de Maio, membro da quarta geração da família ligada ao vinho, decidiu dar um passo adiante e em 2013 começou a engarrafar seus próprios vinhos com a marca Casa Grande. O empreendimento tem 10 hectares, enquanto que os outros 13 hectares de vinhedos continuam sendo destinados a uvas para a venda. Hoje Casa Grande produz em torno de 60 mil garrafas. **IMPORTADORES:** BRASIL: www.allwine.com.br

VINHOS

 GRAN TANNACITO
TANNAT 2015
$$$ | CANELONES | 13°

Este **Gran Tannacito** vem de videiras muito jovens que a família De Maio plantou em Canelones em 2010. É uma parcela única de um quarto de hectare. Essa já é a terceira colheita proveniente dessas videiras e é uma grande amostra do potencial dessas videiras clonais (o material foi importado da França) nos solos arenosos dessa área de Canelones, a cerca de dez quilômetros do rio da Prata. Com 16 meses em barricas, apresenta forte presença dos taninos da variedade. Apesar dessa guarda longa, ainda se sente enérgico e tenso. As frutas são vermelhas maduras e as notas de especiarias e de ervas adicionam complexidade a um vinho ainda muito jovem, mas que promete muito.

 CASA GRANDE
ARINARNOA 2018
$$ | CANELONES | 12.5°

A Arinarnoa é um cruzamento feito na França em meados dos anos 1950 entre Cabernet Sauvignon e Tannat, um cruzamento entre taninos e concentração. No entanto, sob as mãos de Florencia de Maio, a enóloga de Casa Grande, esse vinho tem um caráter muito mais frutado do que poderíamos pensar. A estrutura tânica certamente está presente, mas o estágio em barricas por cerca de seis meses a amaciou, embora também tenha dado notas doces e tostadas. É um vinho que, graças à sua potência, deve ter um longo potencial de guarda em garrafa.

 CASA GRANDE
CABERNET FRANC 2018
$$ | CANELONES | 12.8°

Esse Cabernet Franc vem de vinhedos plantados por volta de 1999 nos solos arenosos dessa área de Canelones, a cerca de dez quilômetros do estuário do rio da Prata. Sem passar por madeira, possui um aroma adorável de tabaco e de especiarias, juntamente com as frutas vermelhas maduras. A boca é delicada, leve, com taninos muito polidos e macios, mas ao mesmo tempo com uma acidez energética que lhe confere tensão e firmeza, um excelente exemplo da variedade nessa área de forte influência do rio da Prata.

‹ *prova de* ***vinhos*** ›

91 CASA GRANDE
TANNAT 2018
$$ | CANELONES | 12.8°

A especialidade da casa, esse Tannat tem tudo o que se pode esperar da cepa, o nariz bastante tímido, embora com toques especiados e florais e a boca severa e firme, com uma trama de taninos tensos e unidos a uma acidez, que aporta energia o tempo todo. É um vinho feito para o churrasco e sem passagem por madeira, é um exemplo claro das uvas nos solos arenosos da Casa Grande, a cerca de dez quilômetros do rio da Prata.

OUTROS VINHOS SELECIONADOS

89 | CASA GRANDE Merlot 2018 | Canelones | 12.8° | $$
88 | CASA GRANDE Albariño 2019 | Canelones | 13° | $$
87 | CASA GRANDE Sauvignon Blanc 2019 | Canelones | 13° | $$

Castillo Viejo

PROPRIETÁRIA Mariana Anfuso
ENÓLOGO Alejandro Etcheverry
WEB www.castilloviejo.com
RECEBE VISITAS *Sim*

Enólogo
ALEJANDRO ETCHEVERRY

Situada no Departamento de San José, Castillo Viejo pertence à família Etcheverry, que já está há quatro gerações vinculada ao vinho. A vinícola foi fundada em 1927 e até 1986 foi orientada completamente para produção de vinho a granel. Desde então começou um período de reconversão e de cultivo de variedades francesas, consolidado com o lançamento de sua linha Catamayor, na década de 1990. Mais recente é El Preciado, o vinho top da vinícola, que elaborado somente nos melhores anos.

VINHOS

93 EL PRECIADO TANNAT, CABERNET FRANC, CABERNET SAUVIGNON, TEMPRANILLO, MERLOT 2016
$$$$ | SAN JOSÉ | 13.5°

O mais ambicioso dos vinhos de Castillo Viejo mudou de estilo desde a colheita 2015 e nessa nova versão, o caminho mais fresco e mais leve dessa mescla baseada em Tannat parece ainda mais claro e bem executado. Esse tinto vem dos solos argilosos de San José e estagia 18 meses em barricas. Possui uma estrutura de taninos muito firme, delineada por uma acidez vibrante e tensa. O restante são sabores terrosos e de frutas vermelhas maduras em um vinho amplo e imponente, mas ao mesmo tempo de taninos polidos.

90 CATAMAYOR GRAND VIN
TANNAT, TEMPRANILLO 2016
$$ | SAN JOSÉ | 13.5°

Num estilo velha escola, essa mescla de Tannat e de Tempranillo parece muito tímida no nariz, mal mostrando notas terrosas. Na boca, porém, é amplo, com taninos firmes e muito boa acidez no meio de uma generosa camada de frutas negras. Um vinho grande para os embutidos. É prove-

Castillo Viejo

niente de vinhedos de cerca de 20 anos na área de San José e estagia 15 meses em barricas.

OUTRO VINHO SELECIONADO
87 | CATAMAYOR RESERVA DE LA FAMILIA Tannat 2017 | San José | 13° | $$

Cerro Chapeu

PROPRIETÁRIO Francisco Carrau
ENÓLOGO Francisco Carrau
WEB www.cerrochapeu.com
RECEBE VISITAS Sim

Proprietário & enólogo
FRANCISCO CARRAU

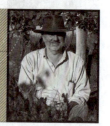

Cerro Chapeu baseia sua produção em uvas da zona de Cerro Chapeu, na fronteira com o Brasil, no norte do Uruguai. Ali tem uns 30 hectares de vinhedos, dos quais 15 são de Tannat, plantados em solos arenosos da zona no início dos anos 1970. A dinâmica Margarita Carrau é a encarregada da empresa, enquanto que o enólogo Dany Mayo está na vinícola desde 1997. A produção total é de cerca de 300 mil garrafas. **IMPORTADORES:** BRASIL: www.vinhosdomundo.com.br | USA: www.classicwines.com

VINHOS

92 — **1752 GRAN TRADICIÓN**
PETIT MANSENG, VIOGNIER 2018
$$$$ | MONTEVIDÉU | 14°

A Petit Manseng é uma variedade popular no sudoeste da França, onde também há muito Tannat. Assim, talvez também tenha se encontrado no Uruguai, especialmente na região de Canelones ou de Montevidéu, de onde vem esse vinho, 90% de Petit Manseng e 10% de Viognier que, segundo o enólogo Francisco Carrau, ajudam a aliviar o Manseng muitas vezes enjoativo. O resultado é um amplo branco, toques maduros e especiados e de frutos secos em um corpo generoso e untuoso. Para costeletas grelhadas na churrasqueira.

92 — **RESERVA**
TANNAT 2018
$$ | CERRO CHAPEU | 13°

Plantado nos solos arenosos de Cerro Chapeu, no norte do Uruguai, quase na fronteira com o Brasil e em videiras de cerca de 40 anos, esse Tannat é um exemplo suculento e ao mesmo tempo tenso da cepa. Possui um ano de barricas, oferece uma visão frutada e direta, para aprender com a uva e também oferece uma tremenda relação preço/qualidade.

92 — **YSERN GRAN RESERVA BLEND OF REGIONS**
TANNAT 2018
$$ | URUGUAI | 12°

Esse é o primeiro ano em que esse Tannat vem 100% das vinhas de cerca de 40 anos na área de Cerro Chapeu, no norte do Uruguai. Com doze meses de estágio em barricas velhas, oferece um perfil muito fresco e animado, com taninos firmes conforme a linhagem, mas ao mesmo tempo

com muita suculência e frescor. É um vinho ágil, com toques especiados e muitas frutas. Os solos arenosos permitem que o Tannat amadureça sem problemas, atingindo esse tipo de suavidade.

 YSERN RESERVA BLEND OF REGION
SAUVIGNON BLANC 2019
$$ | CERRO CHAPEU | 12°

100% das vinhas da vinícola em Cerro Chapeu, no norte do Uruguai, esse Sauvignon é fermentado em tanques e depois estagia em suas borras em barricas por seis meses. Esse contato é especialmente sentido na boca, onde se sente redondo, amplo, maduro e complexo, com uma acidez muito boa para equilibrar. Esse é o tipo de Sauvignon que se deseja levar para a mesa, com alguns peixes gordurosos grelhados.

CASTEL PUJOL ALTOS ROSÉ SAIGNÉE
TANNAT 2019
$$ | CERRO CHAPEU | 13°

Esse rosé é o resultado da sangria da Tannat que vai para tintos. 20% é extraído para esse vinho e o resultado tem um lado floral intrigante, como se houvesse Moscatel na mescla (o enólogo Francisco Carrau diz que é fruto das leveduras) que é acompanhado por muitos sabores de frutas, frutas vermelhas maduras em um vinho amplo, muito sedoso.

 YSERN RESERVA BLEND OF REGION
TANNAT 2018
$$ | CERRO CHAPEU | 13°

Para este **Reserva**, a vinícola utiliza vinhedos de alto rendimento que proporcionam vinhos mais suaves e leves. Esse Tannat se sente muito fluido na boca, com taninos firmes, como de costume na cepa, mas dessa vez mais polido e muito bem equilibrado com a fruta que aqui se sente amável e fresca. Um Tannat clássico para beber por garrafas.

OUTROS VINHOS SELECIONADOS
89 | RESERVA Chardonnay 2019 | Cerro Chapeu | 13° | $$
89 | RESERVA Tempranillo 2017 | Campanha Gaúcha | 13° | $$
88 | RESERVA Pinot Noir 2018 Cerro Chapeu | 13° | $$

De Lucca

PROPRIETÁRIO Família De Lucca
ENÓLOGO Reinaldo de Lucca
WEB www.deluccawines.com
RECEBE VISITAS Sim

Proprietários & enólogo
REINALDO & AGOSTINA DE LUCCA

Reinaldo de Lucca é um personagem no mundo do vinho uruguaio. Um pouco iconoclasta, sempre direto em suas opiniões e também um enólogo livre de preconceitos na hora de enfrentar seu trabalho. De Lucca tem sua vinícola na zona de El Colorado, em Canelones. Tem uns 40 hectares ali, com alguns vinhedos de mais de 30 anos. Sua produção total é de 400 mil litros, dos quais a metade envasa em garrafas de 750 ml o restante é vendido a granel. Em vinhos, o forte aqui são os tintos, com foco na Tannat. **IMPORTADOR:** BRASIL: www.premiumwines.com.br

VINHOS

92 — DE LUCCA
NERO D'AVOLA 2019
$$$ | CANELONES | 12.5°

Dos 40 hectares que De Lucca possui, pouco mais de um hectare é de Nero, uma variedade da Sicília que, sob o clima marítimo de Canelones, oferece um lado um pouco mais vibrante e nervoso. Esse exemplo é cheio de frutas vermelhas, especiarias e toques de terra em um corpo médio, de acidez muito rica que é projetada até o final do paladar. Esse é para embutidos ou para queijos maduros. Ou para os dois ao mesmo tempo.

92 — RESERVE
TANNAT, MERLOT 2019
$ | CANELONES | 13°

Uma mistura clássica no Uruguai, a Merlot para suavizar a textura rígida da Tannat e fornecer frutas. E, embora na teoria funcione, na prática nem sempre acontece. No entanto, nesse caso, a equação textura-fruta resulta em um vinho delicioso em frutos vermelhos, maduros e profundos em um corpo médio, com taninos firmes, mas não agressivos. Esse ano, essa mistura tem 60% de Tannat e o restante de Merlot.

91 — DE LUCCA
AGLIANICO 2018
$$$ | CANELONES | 12°

Lucca tem apenas um quarto de hectare de Aglianico, plantado há cerca de dez anos em El Colorado, em Canelones. Fermentado e estagiado em barricas por cerca de um ano, é uma expressão de fruta pura, acompanhada de uma acidez vibrante e notas de ervas que lhe conferem um certo toque de complexidade, mas sempre em um contexto de muito vigor e simplicidade em um vinho perfeito para acompanhar linguiças.

91 — RESERVE
CHARDONNAY 2019
$ | CANELONES | 12°

Esse Chardonnay tem algumas gotas de Gewürztraminer (8% da mistura

‹ *prova de* **vinhos** ›

total), ambas as cepas plantadas na mesma vinha e depois cofermentadas. Sem estágio em barricas, tem um lado confitado e untuoso que o torna um bicho esquisito para ser Chardonnay, muito fresco ou muito barricado. Esse está no ponto médio.

91 | **RESERVE**
MARSANNE 2019
$ | CANELONES | **12.5°**

Frutos secos têm todo o destaque nesse vinho. É untuoso, cheio de toques especiados e de frutas brancas maduras e com um acabamento de ervas que convida a continuar bebendo. Desta variedade, De Lucca tem apenas três quartos de hectare na área de El Colorado, no coração de Canelones, há cerca de 25 anos.

91 | **RESERVE**
TANNAT 2018
$ | CANELONES | **15°**

Todo o domínio de De Lucca com a Tannat é visto aqui, possui aromas florais e frutados em um corpo cheio de sabores também frutados e de taninos ferozes, que são misturados ou, melhor, se fundem com aquelas frutas suculentas em um vinho com sabor de frutas, fresco, mas também com toques especiados e terrosos, que lhe conferem um caráter mais complexo.

OUTRO VINHO SELECIONADO
89 | RESERVE Merlot 2019 | Canelones | 12.8° | $

El Capricho Winery

PROPRIETÁRIOS Dirk Reinicke & Paul Savio
ENÓLOGO Javier Alegresa
WEB www.elcaprichowinery.com
RECEBE VISITAS Não

Proprietários
PAUL SAVIO & DIRK REINICKE

O alemão **Dirk Reinicke** e o italiano **Paul Savio** são amigos e sempre tiveram o sonho de ter uma vinícola própria. Em 2015 esse sonho se tornou realidade, com a primeira safra de um vinhedo plantado na zona de Durazno em 2003. Atualmente, tem 7 hectares de vinhedos em um campo de duzentos na zona de Villa del Carmen. Javier Alegresa é o enólogo e atualmente produzem cerca de 50 mil garrafas.

IMPORTADORES: BRASIL: www.lacharbonnade.com.br | USA: www.lancianoimports.com

VINHOS

93 | **AGUARÁ TANNAT BLEND**
CABERNET SAUVIGNON, TANNAT, TEMPRANILLO 2018
$$$$ | DURAZNO | **14°**

Essa é uma seleção das melhores videiras de Tannat, Cabernet e Tempranillo que El Capricho possui na área de Durazno, plantada no início de 2000. A mescla consiste em 45% de Tannat, 40% de Cabernet Sauvignon e 15% Tempranillo. Dois terços do vinho estagia em barricas e essa madeira traz especiarias a um vinho onde predominam frutas maduras e sabores terrosos. É intenso na boca, com uma estrutura imponente, que

El Capricho Winery

enche a boca com taninos e sabores. Escolha um prato que combine com esse poder.

 RESERVE
TANNAT 2017
$$ | DURAZNO | 14°

De vinhedos plantados na primeira metade de 2000, nos solos arenosos da região de Durazno, esse possui caráter untuoso e maduro, com frutas negras que se misturam com os toques de ervas da cepa. Um vinho com um corpo grande e taninos firmes para acompanhar morcillas.

OUTROS VINHOS SELECIONADOS
88 | EL CAPRICHO VERDEJO Verdejo 2019 | Durazno | 12° | $$
87 | EL CAPRICHO Tannat 2018 | Durazno | 14° | $$
87 | TANNAT BLEND Tannat, Tempranillo, C. Sauvignon 2018 | Durazno | 13.5° | $$

Establecimiento Juanicó

PROPRIETÁRIO Fernando Deicas
ENÓLOGOS Adriana Gutiérrez & Santiago Deicas
WEB www.familiadeicas.com
RECEBE VISITAS Sim

Proprietário & enólogo
FERNANDO & SANTIAGO DEICAS

A origem de Establecimiento Juanicó vem de 1830, quando Don Francisco Juanicó funda uma vinícola na zona centro-oeste do Departamento de Canelones, antes dedicado à criação de gado. Depois de passar por diferentes donos, em 1979 finalmente é adquirida pela família Deicas, que a consagra como uma das vinícolas mais influentes do Uruguai. Em 2010, ao agrupar seus vinhos mais ambiciosos com a nova marca Bodega Familia Deicas, Establecimiento Juanicó passa a se focar, quase exclusivamente na marca Don Pascual, cuja a produção anual é grande, de mais de 1,5 milhões de garrafas.

IMPORTADORES: BRASIL: www.interfood.com.br | USA: www.corkalliance.com

VINHOS

92 **DON PASCUAL ROBLE**
TANNAT 1999
$$$$ | SUL DO URUGUAI | 13°

Esse vinho envelheceu com dignidade. Na época, era o segundo vinho da vinícola (o primeiro era Preludio) e, embora tenha tido uma longa guarda em madeira (que ainda se sente), tem apenas 12,5% de álcool, o que fala de tempos passados, mas que voltam. Épocas em que era colhida mais cedo, procurando vinhos mais frescos. Esse foi projetado como um vinho ainda fresco e cuja textura encanta. Esse Tannat é vendido na vinícola Juanicó e também em algumas lojas de vinho em Montevidéu.

 DON PASCUAL CRIANZA EN ROBLE
TANNAT 2018
$$ | JUANICÓ | 13°

Essa é uma seleção de vinhedos na área de Juanicó, de propriedade da família Deicas. O vinho fica entre 6 e 9 meses em barricas de carvalho e esse efeito, embora notório, não ofusca a fruta nesse Tannat amável e suculento. Tem uma textura firme, construída por grandes taninos. Guarde esse vinho para um ensopado de cordeiro.

 DON PASCUAL ORGÁNICO
GAMARET 2018
$$$$ | JUANICÓ | **12.5°**

A Gamaret é um cruzamento da década de 1970 na França entre a tinta Gamay e a branca Reichensteiner e nesse vinho oferece um rosto suculento, rico em toques de frutos vermelhos e pretos licorosos e um corpo firme e intenso, marcado pela acidez que se planta no meio do palato e de lá se expande por toda parte. Um tinto para carnes vermelhas grelhadas ou para ensopados de cordeiro.

 BODEGONES DEL SUR
SAUVIGNON BLANC 2019
$ | SUL DO URUGUAI | **12°**

Cuidado com esse branco e com sua excelente relação qualidade-preço. De uma seleção de vinhedos sob a influência do rio da Prata e também do Atlântico, aqui se tem um branco de corpo médio, cheio de sabores de frutas brancas e cítricas, tudo unido por uma acidez crocante que convida a continuar bebendo. Vá ao restaurante peruano favorito e peça uma bandeja de "piqueos" frios.

 BODEGONES DEL SUR LIMITED EDITION
CABERNET FRANC 2019
$$ | SAN JOSÉ | **13.5°**

O nariz oferece algumas notas de ervas, mas principalmente o que esse nariz generoso em aromas oferece são notas de frutas vermelhas maduras. O corpo tem uma boa estrutura de taninos, suficiente para sustentar a madurez dos sabores. A acidez, muito acentuada, dá equilíbrio nesse Franc para pato assado. Esse Cabernet Franc vem dos solos ricos em ferro das serras de Mahoma.

 BODEGONES DEL SUR LIMITED EDITION
TANNAT 2019
$$ | SUL DO URUGUAI | **13°**

Os sabores são licorosos, a acidez traz frescor, enquanto os taninos - muito afinados com o que a cepa dita. São duros e firmes, prontos agora para escoltar carne grelhada. Esse Tannat vem 100% de vinhas na área de Juanicó, no tradicional Departamento de Canelones.

 BODEGONES DEL SUR LIMITED EDITION
VIOGNIER 2019
$$ | SUL DO URUGUAI | **14°**

Não é comum que a Viognier mostre esse nível de frutas tão claro e refrescante na América do Sul. Aqui não há vestígios de amargor ou taninos ásperos, como costuma acontecer, mas o que predomina são as frutas frescas, acompanhadas de toques especiados.

Establecimiento Juanicó

 DON PASCUAL COASTAL
TANNAT 2018
$$ | SUL DO URUGUAI | 14°

Este novo vinho da linha Don Pascual é 100% Tannat, mas de três vinhedos, todos com a particularidade de serem influenciados pelas águas do rio da Prata e do Atlântico, nos departamentos de San José, Canelones e Maldonado É um Tannat fresco e focado nas frutas vermelhas da cepa. De corpo médio, possui uma acidez acentuada e um acabamento de ervas que adiciona ainda mais frescor.

 DON PASCUAL RESERVE
TANNAT 2019
$ | SUL DO URUGUAI | 13°

Don Pascual Reserve é uma das melhores relações preço-qualidade do mercado uruguaio quando se fala em Tannat. Trata-se de uma seleção de vinhedos na área de Juanicó e oferece uma aparência muito clara da variedade, com seus aromas florais e frutados, boca firme, construída com taninos tensos e musculosos e acidez com a vibração necessária. O vinho ideal para o churrasco.

OUTROS VINHOS SELECIONADOS

- 89 | BODEGONES DEL SUR Tannat 2019 | Uruguai | 12.5° | $
- 89 | DON PASCUAL COASTAL WHITE Albariño, Chardonnay, Verdejo 2019 Sul do Uruguai | 13° | $
- 89 | DON PASCUAL VARIETAL Tannat 2019 | Juanicó | 13.5° | $
- 88 | DON PASCUAL RED BLEND Cabernet Franc, Marselan, Merlot, Cabernet Sauvignon, Tannat 2018 | Sul do Uruguai | 13° | $
- 88 | DON PASCUAL ROSÉ FRANC Cabernet Franc 2019 | Juanicó | 12.5° | $
- 87 | DON PASCUAL BRUT BLANC DE BLANCS Sauvignon Blanc, Sauvignon Gris 2019 | Juanicó | 12.5° | $
- 86 | DON PASCUAL BIVARIETAL Malbec, Marselan 2019 | Juanicó | 13° | $
- 86 | DON PASCUAL RESERVE Marselan 2018 | Sul do Uruguai | 13.5° | $

Família Dardanelli

PROPRIETÁRIA Alba Dardanelli
ENÓLOGO Pablo Crovetto
WEB www.familiadardanelli.com.uy
RECEBE VISITAS *Sim*

Proprietárias
ALBA DARDANELLI & ELIANA COMESAÑA

A família **Dardanelli** vem fazendo vinhos desde 1949, quando Constante Dardanelli, do Piemonte, começou a elaborá-los em San Martín, que hoje foi absorvida pela cidade de Montevidéu. Posteriormente, se mudou para Las Violetas, onde está até hoje a base de seus melhores vinhos. Atualmente tem uns 30 hectares, mas compram uvas de terceiros com as quais produzem mais ou menos uns 3 milhões de litros, quase em sua totalidade de vinhos de mesa. Com esses 30 hectares elaboram, desde 2012, os vinhos que etiquetam com o nome da família.

‹ *prova de **vinhos*** ›

VINHOS

DARDANELLI FAMILY RESERVE
TANNAT 2018
$$ | LAS VIOLETAS | 12.5°

Esse é o protótipo do Tannat de Las Violetas, o estilo do primeiro Tannat que o Uruguai começou a mostrar ao mundo, um estilo que em seu tempo (plena explosão de vinhos maduros e doces, há 20 anos) passou quase completamente despercebido. Atualmente deve ser revalorizado principalmente porque apela à austeridade, a um vinho construído com base em seus taninos e em sua acidez (herdeiros do solo calcário de Las Violetas e do clima influenciado pelo rio da Prata) como são, por exemplo, a Baga da Bairrada ou a Sagrantino de Montefalco. Aqui está um nariz bastante tímido, oferecendo aromas florais. A boca, onde está toda a ação, onde esse Tannat se desenrola, mostra sua estrutura feita de grossas paredes, como uma igreja românica. Um vinho essencial para conhecer o Tannat uruguaio.

CONSTANTE
TANNAT 2018
$$$ | LAS VIOLETAS | 13.2°

A primeira safra de Constante foi em 2012, que coincidiu com as primeiras safras da família Dardanelli, como produtora de vinhos finos. Essa primeira versão foi um pouco mal sucedida, especialmente para um vinho icônico de uma vinícola. A madeira em excesso simplesmente cobria todo o senso de lugar, o que foi uma pena, pois é Las Violetas o lugar mais tradicional da viticultura uruguaia e uma das melhores fontes de Tannat do país. Felizmente, para esta segunda versão, o assunto foi radicalmente modificado e esse vinho é agora um reflexo fiel das videiras plantadas nos solos de calcário da região. Esse Tannat é severo, austero em graus máximos. O nariz apenas oferece algumas notas florais, da mesma forma que o Family Reserve (abaixo no catálogo). Mas, aqui há um nível acima nessa estrutura impressionante, intensa, cheia, mas ao mesmo tempo muito vertical. Os taninos dos solos calcários transformando-se aqui em cimento. Para beber agora ou guardá-lo por uma década.

DARDANELLI FAMILY RESERVE
MERLOT 2018
$$ | LAS VIOLETAS | 13.4°

Seja paciente com esse Merlot. No início, os aromas parecem muito fechados e até um pouco oxidados. Pouco a pouco, o vinho começa a desabrochar, mostrando um Merlot forte, de taninos severos (intimamente relacionados aos solos calcários de Las Violetas), mas também muito frutado, de muitas frutas vermelhas maduras e de especiarias. Esse é um Merlot para pensar em embutidos de porco.

BLEND DE TANNAT
TANNAT 2019
$ | LAS VIOLETAS | 12°

Esse Tannat vem de três parcelas da propriedade Dardanelli em Las Violetas e é vinificado em três lotes separados. A primeira em tanques de aço, a segunda em barricas de carvalho americano e a outra em francês. Essa mistura tem muito dos solos de argila e de cal de Las Violetas, a severidade dos taninos que se expandem aqui como uma camada compacta que confere corpo e textura. O resto é papel das frutas

1205

Familia Dardanelli

negras e das flores nesse Tannat clássico de velha escola, o protótipo da Tannat de Canelones. Escolham cabrito para acompanhá-lo.

90 | CEPA ÚNICA
MARSELAN 2019
$ | LAS VIOLETAS | 13°

A Marselan é uma variedade que se adaptou muito bem ao clima úmido do Uruguai. Com um total de 158 hectares (de pouco mais de 6.100 hectares de vinhedos do país), esse cruzamento de Cabernet Sauvignon e de Garnacha fornece vinhos suculentos e frutados, como esse exemplo simples e frutado da variedade. Possui taninos firmes, mas com um corpo bastante leve, que oferece muito frescor.

OUTRO VINHO SELECIONADO
88 | DINO DARDANELLI Tannat 2019 | Las Violetas | 12° | $

Familia Deicas

PROPRIETÁRIO Fernando Deicas
ENÓLOGA Adriana Gutiérrez
WEB www.pueblodelsol.com.uy
RECEBE VISITAS Sim

Enóloga
ADRIANA GUTIÉRREZ

A família Deicas, proprietária da vinícola Juanicó, umas das mais importantes do Uruguai, decidiu em 2010 separar determinados vinhos em seu catálogo e agrupá-los sob um novo projeto: Bodega Familia Deicas. Juntaram aí seus vinhos mais ambiciosos, aqueles que expressam de maneira mais fiel seus distintos vinhedos, como os que eles têm em Garzón, próximo ao mar ou os que crescem em solos graníticos na Serra de Mahoma, em San José. A vinícola está em Progreso, em Canelones, onde remodelaram uma antiga casa familiar conhecida como Domaine Castelar, circundada por vinhedos. No comando do grupo vitivinícola formado pelas vinícolas Familia Deicas, Juanicó e Pueblo del Sol está Fernando Deicas. Nessa aventura é acompanhado por seu filho, o entusiasmado Santiago Deicas, parte da terceira geração dessa família de vinhateiros. Esse projeto em particular produz anualmente cerca de 200 mil garrafas. **IMPORTADORES:** BRASIL: www.interfood.com.br

VINHOS

95 | EXTREME VINEYARDS GUAZUVIRÁ
TANNAT, MERLOT, PETIT VERDOT, VIOGNIER 2019
$$$ | LAS SIERRAS | 13°

A colina de Guazuvirá foi plantada pela família Deicas em uma área de solos de granito, uma formação muito jovem de rochas que os Deicas tiveram que dinamitar para poder perfurar a rocha e plantar os dois hectares que atualmente estão naquela colina. O local fica a cerca de 17 quilômetros do mar, por isso recebe a brisa fresca do Atlântico. Metade dessa mistura é de Merlot, mais 40% de Tannat e o restante de Petit Verdot e Viognier. O resultado, após um mês e meio de estágio em ânforas, é um vinho generoso em frutas vermelhas maduras, com taninos firmes e pulsantes. Possui notas florais que se expandem pela boca e uma acidez que faz salivar.

‹ prova de *vinhos* ›

EXTREME VINEYARDS SUELO INVERTIDO
TANNAT 2018
$$$ | CANELONES | 14°

Em 2002, Fernando Deicas decidiu investir no solo de Progreso, tipicamente composto por uma camada grossa e fértil de argilas com um fundo de cal. Ao invertê-lo, esse setor de pouco menos de um hectare ficou com cal acima, disponível para as raízes, enquanto a área mais fértil ficou abaixo. Durante anos, essas uvas não deram a qualidade esperada até 2012. Os resultados começaram a melhorar à medida que as raízes fixaram-se nessa camada de cal. Esse ano, esse vinho possui uma tremenda profundidade de sabores, com sabores licorosos e florais, em uma estrutura densa, de grande intensidade, de taninos duros, como se fossem de concreto. É um vinho para guardar por pelo menos cinco anos. Esse ano, esse vinhedo, plantado em alta densidade (dez mil plantas por hectare), produziu cerca de 1.200 garrafas.

MASSIMO DEICAS
TANNAT 2015
$$$$$ | URUGUAI | 13°

É uma mistura de vinhedos, todos de Tannat e principalmente das áreas de Mahoma, Progreso e Garzón. Também possui menos barrica nova e menos tempo, mas ainda sente a madurez untuosa, a amplitude, a força de um vinho que foi concentrado ao máximo nas vinhas e na vinícola. Há notas florais, muitas frutas negras e acidez severa. Para guardar.

PRELUDIO BARREL SELECT LOTE 22 BLANCO
CHARDONNAY, VIOGNIER 2019
$$$$$ | JUANICÓ | 14°

Esse branco de Juanicó, no departamento de Canelones, é composto por cerca de 90% Chardonnay e o restante de Viognier. Estagia em barricas por dez meses, mais 10% do vinho proveniente de uma base de vinhos espumantes, uvas colhidas muito cedo que trouxeram aqui muito frescor e tensão no meio de um corpo untuoso, muito amplo no palato e generoso em sabores especiados e de fruta. Um vinho grande, mas ao mesmo tempo muito fresco e tenso.

PRELUDIO BARREL SELECT TINTO
TANNAT, C. FRANC, MERLOT, C. SAUVIGNON, P. VERDOT 2015
$$$$$ | URUGUAI | 13.5°

Um estilo talvez um pouco mais clássico que o catálogo geral de Deicas. É uma mescla de diferentes vinhedos e vinhas e estagia por dois anos em barricas e depois por mais dois anos em garrafa. O resultado é um vinho de grande estrutura (a base é Tannat) com taninos muito firmes e ainda muito jovens. Esse vinho tem uma longa vida pela frente, mas hoje essa força já é sentida, aquela sensação de que esse vinho hoje oferece uma força sedutora, ideal para acompanhar carne.

SINGLE VINEYARDS GARZÓN
MERLOT, MARSELAN, TANNAT, SYRAH, PETIT VERDOT 2018
$$ | GARZÓN | 13°

Deicas possui uma vinha na área de Garzón, plantada em 2006 nas colinas graníticas daquela área da baía de Maldonado. Brevemente macerada, aqui

Familia Deicas

há uma carga de deliciosas frutas maduras no seu grau certo e com uma estrutura baseada em acidez e taninos que constrói aqui uma base tensa e sólida. O vinho estagia em barricas, ânforas e cimento por cerca de 9 meses. Pense nesse vinho para acompanhar carnes ensopadas.

 OCEAN BLEND ROSÉ
C. FRANC, C. SAUVIGNON, P. NOIR, TANNAT 2019
$$$ | URUGUAI | 12.5°

Cerro Eguzquiza está localizado a cerca de cinco quilômetros do mar, na estância de Punta del Este. Lá, a família Deicas tem uma vinha plantada por volta de 2008 em solos de lodo muito profundos. Esse rosé vem desse local, de uvas colhidas antecipadamente para obter o maior frescor possível. Possui duas bases, a primeira é uma mistura de Cabernet Sauvignon, Tannat e Cabernet Franc que são fermentadas todas juntas e, em seguida, um segundo componente de Pinot Noir que é colhida ainda mais cedo. O resultado é uma espécie de rosado provençal, de cor pálida e rico em frutas, muito generoso em seu frescor. É radiante em notas ácidas e é projetado para saciar a sede, embora também funcione bem com uma caçarola de frutos do mar.

 ATLÁNTICO SUR RESERVE
SAUVIGNON BLANC 2019
$$ | JUANICÓ | 13°

100% das vinhas da região de Juanicó, oferece uma boca untuosa, com corpo amplo e madurez exuberante para os padrões da cepa no Uruguai. Sem madeira, mas com um intenso trabalho com as borras por cerca de 4 meses em tanques de aço, aqui há profundidade e bom corpo. Para beber com mero na manteiga.

 ATLÁNTICO SUR RESERVE
TANNAT 2018
$$ | SUL DO URUGUAI | 13.5°

Essa é uma mescla de três zonas no sul do Uruguai: Progreso, Garzón e Mahoma. Sem passar por barricas, é uma expressão clara da Tannat com seus toques florais e de frutas vermelhas maduras, mas principalmente com uma boca tremenda, com taninos firmes, mas ao mesmo tempo polidos e redondos. A acidez é suculenta e fresca e o final é herbáceo. Uma foto da Tannat e a um preço muito conveniente.

EXTREME VINEYARDS SUBSUELO
PINOT NOIR 2019
$$$ | GARZÓN | 14°

Esse é um experimento vitícola. Na área de Garzón, a cerca de dez quilômetros do mar, próximo à cidade de Garzón, os Deicas decidiram remover uma camada de solo para plantar diretamente na base rica em cal daquele lugar. A escavação envolveu a remoção de um metro de solo até atingir a cal e foram plantadas em 2015 quatro variedades: Tannat, Chardonnay, Merlot e esse Pinot Noir. A fruta parece madura, untuosa, mas os taninos são firmes e tensos. Com essas videiras jovens, a Pinot raramente oferece seu verdadeiro potencial, no entanto, essas videiras devem ser seguidas de perto.

‹ prova de *vinhos* ›

SINGLE VINEYARD JUANICÓ
CHARDONNAY 2019
$$ | JUANICÓ | 13°

Untuoso e maduro, esse Chardonnay de solo argiloso de Juanicó, no Departamento de Canelones, possui uma amplitude na boca que se deve a essa madurez, mas, ao mesmo tempo, uma tensão de acidez que causa um contraste rico. Metade do vinho estagia em barricas por seis meses e o restante em tanques.

SINGLE VINEYARDS PROGRESO
TANNAT, CABERNET FRANC, TOURIGA NACIONAL 2016
$$ | URUGUAI | 13°

Um vinho quente, de madurez acentuada. Com base em 70% de Tannat, tudo da área de Progreso, em Canelones. Esse mostra suculência, amplitude e um corpo generoso, que se projeta em todas as direções da boca, preenchendo-a com toques licorosos. Aqui se tem um tinto de inverno, para ser bebido junto à lareira.

CASTELAR EXTRA BRUT
CHARDONNAY, VIOGNIER 2017
$$ | URUGUAI | 11.5°

Uma limonada com borbulhas é o que se parece com esse espumante simples e deliciosamente refrescante. Elaborado pelo método tradicional de segunda fermentação em garrafa e com um estágio de 18 meses sobre suas borras. Aqui tudo gira em torno da acidez cítrica e nervosa e forma a alma desse vinho. Para se beber como aperitivo.

PRELUDIO BARREL SELECT LOTE 50 TINTO
TANNAT, MERLOT, CABERNET SAUVIGNON, PETIT VERDOT 1999
$$$$ | CANELONES | 13.5°

Um vinho do passado, quando o que importava era super madurez e concentração, esse vinho foi mantido com dignidade na garrafa e hoje oferece muitos sabores defumados e maduros, quase em geleia, mas acima de tudo uma estrutura de taninos e uma acidez como se fosse jovem.

OUTROS VINHOS SELECIONADOS
- **89** | CASTELAR BRUT RESERVE Pinot Noir, Pinot Meunier 2017 | Canelones 11.5° | $$
- **88** | ATLÁNTICO SUR RESERVE Cabernet Sauvignon 2018 | Sul do Uruguai 13.5° | $$

Familia Traversa

PROPRIETÁRIO Família Traversa
ENÓLOGO Alejandro Gatto
WEB www.grupotraversa.com.uy
RECEBE VISITAS *Não*

Enólogo
ALEJANDRO GATTO

Traversa funciona em Montevidéu desde 1956. Fundada pelos irmãos Dante, Luis e Arnaldo Traversa, hoje é uma das maiores vinícolas do Uruguai. Cada ano produzem cerca de 14 milhões de quilos de uvas, dos quais quatro são destinados aos vinhos finos. Ao redor da metade de tudo o que produzem vem de vinhedos próprios, uns 290 hectares, principalmente nas zonas de Montevidéu e de Canelones.

IMPORTADOR: BRASIL: www.divvino.com.br | USA: www.australestates.com

VINHOS

NOBLE ALIANZA RESERVA
CABERNET FRANC, TANNAT, MARSELAN 2018
$ | CANELONES | 13.5°

Esse é o novo membro da linha Noble Alianza. Uma mescla de 40% Cabernet Franc, 30% Tannat e 30% Marselan, tudo proveniente de vinhedos plantados em solos argilosos e de cal da área de Canelones. Tem um breve estágio de seis meses em barricas que não reduzem o lado fresco e frutado desse vinho, um tinto nervoso, com muita energia na acidez e nas frutas vermelhas. E atenção com o preço. A qualidade é muito, muito superior ao que esse vinho custa.

NOBLE ALIANZA RESERVA
MARSELAN, TANNAT, MERLOT 2018
$ | CANELONES | 13.5°

A fruta vermelha e vibrante da Marselan rege nessa mistura de vinhedos plantados entre 2004 e 2010 na área de Canelones. Esse ano, a mescla é composta por 30% de Marselan, 30% de Tannat e 40% de Merlot e estagia em barricas por seis meses. Antes de mais nada, possui taninos vibrantes e firmes em corpo médio, com acidez suculenta. Perfeito para morcillas.

VIÑA SALORT RESERVA
SYRAH, TANNAT 2018
$ | CANELONES | 13.5°

Trata-se de uma mescla de 60% de Syrah e 40% de Tannat, tudo da vinha de Traversa em Paso Cuello, na área de Canelones, nos solos argilosos e de cal, que são clássicos desse departamento. A textura do vinho mostra a qualidade do calcário, com taninos muito firmes e afiados, austeros e severos. A fruta é vermelha e os aromas de ervas acrescentam complexidade.

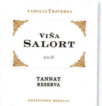
VIÑA SALORT RESERVA
TANNAT 2018
$ | CANELONES | 13.5°

Essa é uma fotografia da Tannat de Canelones, dos solos de argila e de cal, dando uma textura de giz aos taninos. Os aromas são bastante austeros e é na boca onde esse vinho é mostrado com uma densa camada de taninos e de frutas vermelhas maduras que são misturados com ervas e flores. Um vinho amplo, muito profundo e por um preço justo.

‹ *prova de **vinhos*** ›

 NOBLE ALIANZA RESERVA
CHARDONNAY, SAUVIGNON BLANC, MOSCATO BRANCO 2019
$ | MONTEVIDÉU | 13.5°

Essa mescla de 30% de Chardonnay, 30% de Sauvignon Blanc e 40% de Moscato Branco tem uma cremosidade rica, juntamente com flores e frutas brancas maduras. Tem um corpo amplo e delicioso, que se expande pela boca com sua textura cremosa e aromas florais que enchem o paladar. Esse é um daqueles brancos necessários para o restaurante tailandês.

 TRAVERSA ROSÉ
PINOT NOIR, CABERNET FRANC 2019
$ | URUGUAI | 13°

Uma verdadeira pechincha, por onde quer que se observe, esse rosé é uma mistura de 60% de Pinot Noir e 40% de Cabernet Franc, de vinhas de Montevidéu e Canelones. E embora seja um rosado de sangria, o resultado é tão fresco e tão nervoso que parece ser mais do que isso. Tem frutas vermelhas frescas e ácidas e flores em um corpo firme, surpreendentemente tenso para um vinho desse preço. Compre uma caixa e leve-a para as férias.

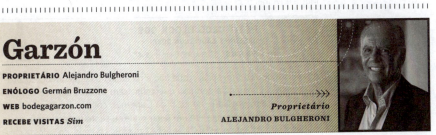

Garzón

PROPRIETÁRIO Alejandro Bulgheroni
ENÓLOGO Germán Bruzzone
WEB bodegagarzon.com
RECEBE VISITAS Sim

Proprietário
ALEJANDRO BULGHERONI

Propriedade da família Bulgheroni da Argentina, esse é o projeto mais ambicioso hoje do Uruguai. São 220 hectares plantados em 2008 em solos graníticos da zona de Garzón, a uns 18 quilômetros da costa atlântica. São encostas suaves onde essa vinícola tem desenvolvido o conceito de micro vinhedos (0,2 hectare de tamanho em média) para respeitar a topografia e também para obter maior diversidade de sabores de acordo com distintas exposições e diferenças nos solos. No total, plantaram umas 12 cepas, 7 tintas e 5 brancas. Sem dúvida, as mais importantes são a Tannat, com 67 hectares e a Albariño, com 35 hectares. No total, a vinícola tem algo mais de 2 milhões de litros entre algumas das instalações mais moderas da América do Sul.

IMPORTADORES: BRASIL: www.worldwine.com.br | USA: www.pacific-hwy.com

VINHOS

 PETIT CLOS BLOCK 212
TANNAT 2018
$$$$$ | GARZÓN | 14°

Um novo membro da família Petit Clos, esse Tannat vem do Bloco 212, originalmente parte do Single Vineyard Tannat e também de Balasto, o top da casa. É uma série de declives de granito que dão para o norte e dão uma fruta concentrada e profunda que é mostrada nesse tinto com uma clareza suculenta, fresca e clara, cheia de especiarias e de ervas aromáticas. O corpo é firme e cheio, de taninos muito de Tannat, verticais, severos, austeros, protegendo as frutas refrescantes. Abram

| DESCORCHADOS 2020

1211

Garzón

espaço na adega para esse vinho. Há pelo menos cinco anos de garrafa adiante.

 BALASTO
TANNAT, CABERNET FRANC, MERLOT, MARSELAN 2017
$$$$$ | GARZÓN | 14°

Essa já é a terceira versão de Balasto, o top de Garzón e dessa vez a ideia que começou na safra 2016 foi aprofundada e que, palavras mais palavras menos, podem ser reunidas da seguinte forma: não é necessário ter um vinho enorme em tamanho ou maturez para ocupar o topo da pirâmide no catálogo de uma vinícola. No caso de Balasto 2107, aqui é privilegiada a fruta vermelha fresca da Tannat, um Tannat que provém de uma série de encostas no coração da vinha de Garzón, sobre as colinas de granito dessa área da baía de Maldonado, cerca de 15 quilômetros do oceano Atlântico. O vinho é fermentado em tanques de cimento e depois estagia por cerca de 20 meses em barricas de carvalho de 20 a 25 mil litros. O que sai daí é um suco quase delicado, refrescante e ao mesmo tempo muito firme. É intenso, profundo, mas sempre vertical. Agora é adorável, mas é um tinto à base de Tannat, e a Tannat o que faz de melhor é envelhecer.

 PETIT CLOS BLOCK 969
CABERNET SAUVIGNON 2018
$$$$$ | GARZÓN | 14°

A colheita de 2018 foi seca, o que não é habitual no clima úmido do Uruguai. Essa circunstância permitiu que colhessem as uvas com certa tranquilidade e sem pressa e, no caso da Cabernet, colhem um pouco mais cedo para ver como reage em um lugar onde se sente fortemente a nova influência do Atlântico. Esse Cabernet é uma foto da cepa, do lado de cassis e de especiarias, de taninos firmes e suculentos, da acidez que enquadra todos os sabores de frutas e que dá frescor, um frescor herbáceo que se projeta em toda a boca. Um experimento interessante que pode falar sobre os caminhos que esse vinhedo pode seguir, nas colinas graníticas de Maldonado.

 PETIT CLOS BLOCK 27
ALBARIÑO 2019
$$$$$ | GARZÓN | 13.5°

Aprofundando-se na ideia de Albariño e no potencial que tem nas encostas de granito de Garzón, esse vem da Parcela 27, uma vinha de pouco mais de um quarto de hectare de frente para o mar. Até a colheita de 2018, esse bloco ia para o Single Vineyard, mas a equipe da vinícola esse ano decidiu separar pela concentração de sabores que aquele solo, rico em granito, lhes oferecia. O vinho fermentou dois terços em cimento e um terço em barricas grandes e alongadas, daí o nome "Lancero Barrel", em homenagem ao charuto que Fidel Castro fumava. Essa estreia é incrível. Os oito meses de estágio em barricas com suas borras nesse terço do volume têm complexidade e notas lácticas, mas o que comanda aqui são as frutas que são tremendas em sua força. Um vinho amplo, mas ao mesmo tempo vertical. Para a guarda, é uma aposta segura.

‹ prova de *vinhos* ›

SINGLE VINEYARD
PETIT VERDOT 2018
$$$ | GARZÓN | 14.5°

De duas parcelas de solo rico em granitos, esse Petit Verdot é proveniente de uma safra muito seca que permitiu à equipe de Garzón aguardar calmamente a colheita. E o resultado é um vinho de grande nitidez de frutas, com taninos firmes e verticais e uma acidez que acompanha todo o caminho do vinho até o final da boca. Foi um ano quente, mas aqui você não sente isso na fruta que é fresca e tensa, embora com muita concentração.

SINGLE VINEYARD
SAUVIGNON BLANC 2019
$$$ | GARZÓN | 13°

Essa é a primeira safra desse Sauvignon, uma seleção especial de um setor dos 17 hectares da cepa que Garzón plantou em sua propriedade na baía de Maldonado. Trata-se de um hectare composto por pequenas parcelas plantadas em solos de granito muito expostos, de baixa fertilidade e orientadas para sudeste, uma orientação fria que imprime aqui sabores frescos e herbáceos. Mas cuidado, há mais aqui. O estágio com as borras por 7 meses em tulipas de concreto confere uma complexidade e untuosidade extra a um vinho que se concentra na boca, a amplitude que se expande e que pede frutos do mar gratinados.

SINGLE VINEYARD
TANNAT 2018
$$$ | GARZÓN | 14.5°

Abra espaço na sua adega para esse vinho, porque aqui há força, concentração, mas ao mesmo tempo um equilíbrio muito bom entre acidez, taninos e sabores maduros e profundos, cercados por especiarias e ervas. Um vinho tinto para guardar. Esse Tannat é originário de uma vinha de cerca de seis hectares na encosta de uma colina e foi um dos primeiros Tannat que Garzón plantou em Maldonado, em 2008. A parte do meio, metade da colina, é a escolhida para esse Single Vineyard, um ponto de granito decomposto, onde há retenção de água e, portanto, a uva não se desidrata.

ESTATE ROSÉ
PINOT NOIR 2019
$$ | GARZÓN | 13°

Esse é 100% Pinot Noir que se tornou uma das principais vendas da vinícola. Fermentado em aço e com uvas colhidas no início da estação, é um suco refrescante de frutas vermelhas e flores, em corpo leve, com acidez rica. Esse é o exemplo clássico de rosado para levar para as férias ou para beber na praia. Cerca de 130 mil garrafas são feitas desse vinho.

SINGLE VINEYARD
ALBARIÑO 2019
$$$ | GARZÓN | 14°

Este **Single Vineyard** já está em sua quarta versão e provém de três parcelas que somam um hectare. Essa área é orientada para o oceano, que em linha reta está a cerca de 15 quilômetros. Esta vinha recebe a brisa direta do mar, sem declives que se interpõem e essa é uma das chaves para a

Garzón

qualidade desse vinho. Fermenta tudo em uma tulipa de cimento de cerca de oito mil litros e elevou suas borras por oito meses. Ao contrário de suas primeiras safras, não há madeira na produção e isso tem trazido frescor e nitidez de frutas brancas. Esse é profundo, complexo, delicioso em sua acidez. Um clássico.

 COSECHA TARDÍA
PETIT MANSENG 2016
$$$$ | GARZÓN | 17°

Com mais de 150 gramas de açúcar residual, esse Petit Manseng pode ficar muito mais sóbrio do que realmente se sente. E isso graças ao fato de Petit Manseng ser uma cepa que dá muito açúcar, mas que também possui muita acidez que parece equilibrada aqui. Esse doce estagia por três anos em barricas de carvalho.

 **RESERVA**
ALBARIÑO 2019
$$ | GARZÓN | 13.5°

Essa é o Albariño de entrada da Garzón, uma seleção dos 35 hectares que a vinícola plantou atualmente nas encostas de granito de sua propriedade na baía de Maldonado. E é um excelente porta de entrada. Possui aromas de flores brancas, frutas e especiarias em um corpo envolvente, moderado pela acidez acentuada e suculenta. Cerca de 130 mil garrafas são fabricadas desse Reserva.

 **RESERVA**
TANNAT 2018
$$ | GARZÓN | 14.5°

Esse é o cavalo de batalha de Garzón. São produzidas cerca de 400 mil garrafas desse vinho e, embora seja uma pequena lagoa de tinto, a qualidade é muito alta para o preço da garrafa. Fermenta em cimento e depois estagia em diferentes recipientes por um ano, aqui as frutas vermelhas maduras da Tannat são claros, seus toques de ervas e de flores em um corpo de taninos firmes e de alta acidez conforme dita a cepa. Um Tannat de dicionário.

 SINGLE VINEYARD MERLOT
MERLOT 2017
$$$ | GARZÓN | 14°

Para essa safra, esse Single Vineyard é baseado em vinhedos de menor fertilidade do que na colheita anterior. Localizado em uma altitude maios (uns 150 metros) em solos de granito mais expostos. É fermentado em cimento e depois estagiado por um ano e meio em foudres. Graças talvez a esse solo de menor fertilidade, esse ano esse vinho parece mais concentrado, mais robusto, com taninos muito firmes e afiados, mas também robustos. Esse é um vinho de longa guarda.

 GARZÓN EXTRA BRUT
CHARDONNAY, PINOT NOIR 2018
$$$ | GARZÓN | 12°

Essa é a segunda versão desse vinho espumante, 80% de Chardonnay e o restante de Pinot Noir, todos feitos pelo método tradicional de segun-

‹ *prova de* **vinhos** ›

da fermentação em garrafa e com um ano de borras. O estilo é jovem e refrescante, com ênfase em sabores de frutas e borbulhas que parecem crocantes e refrescantes. Um luxo para o aperitivo.

 RESERVA
CABERNET FRANC 2018
$$ | GARZÓN | 14°

Uma expressão madura e à base de ervas, típica da cepa, fermenta em tanques de aço e depois estagia em diferentes recipientes por um ano. Aqui está uma mistura suculenta e doce de notas de tabaco e de especiarias, com um fundo de sabores licorosos projetados até o final do paladar.

 ESTATE
PINOT GRIGIO 2019
$$ | GARZÓN | 13°

Com 6 meses de estágio com as borras, essa versão de Pinot Grigio parece mais carnuda, mais oleosa do que na última colheita. Focado em aromas de frutas maduras e amplas, é ideal para frutos do mar.

 ESTATE
SAUVIGNON BLANC 2019
$$ | GARZÓN | 12.5°

Dos 220 hectares que Garzón plantou em sua propriedade na área de Garzón, 17 são de Sauvignon Blanc que sempre dão frutos muito bons. Nesse ano, esse branco, que é uma seleção de todos os setores em que a cepa foi plantada, oferece um lado suave e de muito boa acidez, com uma textura muito redonda. Pense em sashimi de robalo.

 ESTATE
VIOGNIER 2019
$$ | GARZÓN | 14.5°

Untuoso e cheio, com muitas frutas maduras e com ênfase na salinidade, move-se pela boca com sua cremosidade. Para garoupa na brasa.

 ESTATE CABERNET DE CORTE
CABERNET FRANC, TANNAT, MERLOT, MARSELAN 2018
$$ | GARZÓN | 14°

Essa é a versão varietal do Cabernet de Garzón, um exemplo fresco e crocante de frutas vermelhas, toques de ervas e de especiarias, em uma textura marcada por taninos muito suaves e quase cremosos. Esse pode ser o ator principal no churrasco no próximo fim de semana.

 GARZÓN BRUT ROSÉ
PINOT NOIR 2018
$$$ | GARZÓN | 12°

Com pouco mais de três gramas de açúcar residual, esse espumante é elaborado pelo método tradicional e parece muito mais seco do que muitos de seus pares Brut na América do Sul. E isso faz com que todo o acento esteja nas frutas e no frescor, em um vinho ideal para o aperitivo.

Garzón

SINGLE VINEYARD
PINOT NOIR 2018
$$$ | GARZÓN | 13.5°

Esse Pinot vai para o lado maduro e doce da cepa, com aromas e sabores de morangos maduros em um corpo leve, com taninos muito suaves, muito domados. Os sabores de frutas vermelhas maduras se espalham pela boca, dando uma sensação doce e ampla.

OUTROS VINHOS SELECIONADOS

89 | ESTATE TANNAT DE CORTE Tannat, Marselan, Cabernet Franc, Petit Verdot 2018 | Garzón | 14° | $$
89 | RESERVA Marselan 2018 | Garzón | 14.5° | $$

Giménez Méndez

PROPRIETÁRIO Mauro Giménez Méndez
ENÓLOGO Gastón Vitale
WEB www.gimenezmendez.com
RECEBE VISITAS Não

Proprietário
MAURO GIMÉNEZ MÉNDEZ

Giménez Méndez é o projeto de Marta Méndez e Luis Alberto Giménez, criado em 1991, em Canelones. Hoje é uma das maiores vinícolas do Uruguai, com cem hectares e uma produção de um milhão de garrafas, muito alta para a média do país. Gastón Vitale é o enólogo, enquanto Mauro Méndez, segunda geração da família, é responsável pela administração. **IMPORTADOR:** USA: www.lionstone.com

VINHOS

BÚHO MICROVINIFICACIONES
MALBEC 2015
$$$ | CANELONES | 14.5°

Búho é uma linha de pequenas produções e misturas cujas uvas são cofermentadas. Nesse caso, é 87% Malbec, mais 7% Syrah e 6% Petit Verdot de vinhedos próprios em Canelones, todos plantados em solos argilosos típicos do local. Aqui existe um Malbec muito especial, de estrutura monolítica, talvez herdeiro daqueles solos argilosos que escondem traços de cal e que geralmente criam esse tipo de taninos robustos e severos. As frutas parecem maduras e também oferecem especiarias, mas o que impressiona são os taninos que constroem um edifício com pedras.

BÚHO MICROVINIFICACIONES
CABERNET SAUVIGNON 2015
$$$ | CANELONES | 14.5°

Este **Búho** é um vinho tinto à base de 87% Cabernet Sauvignon, mais 8% de Marselan e 5% de Touriga Nacional, tudo proveniente das vinhas de Giménez Méndez em Las Brujas e Los Cerrillos. Tudo foi colhido no mesmo dia e cofermentado e depois estagiaram em barricas. Esse vinho tem muita força e vigor, muita maturez e concentração e também uma forte acidez dedicada a equilibrar. É um vinho grande, com sabores condimentados e com chocolate, no estilo da velha escola, ideal para beber com carne de porco defumada.

‹ *prova de* **vinhos** ›

ALTA RESERVA
TANNAT 2017
$$ | CANELONES | 14.5°

Seguindo o estilo da casa, essa seleção de Tannat da vinha Las Brujas, em Canelones, tem uma influência marcante da barrica e também um acento na madurez dos sabores que lhe conferem um caráter amplo e doce. Um daqueles vinhos que vão bem no inverno, com queijos maduros.

PREMIUM
TANNAT 2018
$$$ | CANELONES | 14.5°

Concentrado no estilo da casa, esse Tannat de vinhedos plantados em 1995 possui um corpo imenso, com ênfase acentuada na barrica e em seus sabores tostados, enquanto a madurez é importante, conferindo um caráter amplo e robusto ao conjunto.

OUTROS VINHOS SELECIONADOS
89 | 100 AÑOS RESERVA FAMILIAR Tannat 2018 | Canelones | 14° | $$
89 | ALTA RESERVA Sauvignon Blanc 2019 | Canelones | 11.5° | $$

Marichal

PROPRIETÁRIO Juan Andrés Marichal
ENÓLOGO Juan Andrés Marichal
WEB www.marichalwines.com
RECEBE VISITAS Sim

Proprietário & enólogo
JUAN ANDRÉS MARICHAL

Esta vinícola está situada na zona de Etchevarria, no coração de Canelones, e foi fundada pela família Marichal, imigrantes que chegaram das Ilhas Canárias no final do século XIX. Hoje é a terceira geração da família que conduz o negócio, liderados pelo enólogo Juan Andrés Marichal, que também faz os vinhos de Sierra Oriental, no Departamento de Maldonado. A vinícola em Etchevarria é de 1917 e está circundada por 50 hectares de vinhedos. Tem uma produção anual de 120 mil garrafas. IMPORTADORES: BRASIL: www.ravin.com.br | USA: www.globalvineyard.com

VINHOS

MARICHAL
TANNAT 2018
$ | CANELONES | 13°

Trata-se de uma seleção de vinhedos muito jovens, de diferentes lotes, cujas idades variam entre 10 e 15 anos, todos em solo de argilas e de cal de Canelones. Sem passar por barricas, isso mostra um lado fresco e frutado da cepa, além do lado terroso e herbáceo da Tannat de Canelones, os taninos finos mas afiados da cepa naquele solo calcário. Uma tremenda relação qualidade-preço que não apenas fala claramente da cepa, mas da cepa plantada em uma origem muito especial.

Marichal

RESERVE COLLECTION
CHARDONNAY 2019
$$ | CANELONES | 12.5°

Essa é uma seleção de vinhedos com rendimentos mais baixos e maior madurez (colhidos mais tarde) da propriedade de Marichal em Canelones. São videiras de cerca de 19 anos plantadas em solos argilosos e calcários. 60% do vinho estagia por seis meses em barricas de segundo uso, o que lhe confere certa untuosidade, mas isso não prevalece devido à força do frescor da fruta nesse branco. É nervoso, com uma acidez aguda e cheia de sabores de ervas. Para o ceviche.

RESERVE COLLECTION ROSÉ
CHARDONNAY, PINOT NOIR 2019
$$ | CANELONES | 12.5°

Esse rosé é uma espécie de clarete, mas muito claro, quase com tons de pele de cebola. Tinto e branco são misturados, 60% de Pinot Noir macerado brevemente com a pele e o resto de Chardonnay. Tudo é fermentado separadamente e, após quatro meses (alguns lotes estagiam em barricas e outros em cimento), a mescla é elaborada e vai para a garrafa. É um rosado energético, com muitos sabores de frutas vermelhas, especialmente cerejas ácidas em um corpo médio a leve, mas com grande tensão. Um rosado para tartar de salmão.

MARICHAL
SAUVIGNON BLANC 2019
$ | CANELONES | 12°

A textura desse Sauvignon deixa espaço para a acidez, mas, acima de tudo, privilegia sua suavidade em um vinho fresco e untuoso. De videiras de 20 anos plantadas em argila e calcário em Canelones, esse é generoso em frutas maduras e em flores. Para o camarão grelhado.

OUTROS VINHOS SELECIONADOS
89 | PERIPLO ROSÉ Tannat 2019 | Canelones | 12° | $
89 | UNOAKED Chardonnay 2019 | Canelones | 12° | $
88 | PERIPLO Cabernet Sauvignon 2018 | Canelones | 13° | $
88 | PERIPLO Tannat 2018 | Canelones | 13° | $
87 | PERIPLO Sauvignon Blanc 2019 | Canelones | 12° | $

《《----》》

‹ *prova de* **vinhos** ›

Pizzorno Family Estates

PROPRIETÁRIO Carlos Pizzorno
ENÓLOGO Carlos Pizzorno
WEB www.pizzornowines.com
RECEBE VISITAS *Sim*

Proprietários
FRANCISCO & CARLOS PIZZORNO

Carlos Pizzorno e sua família têm essa vinícola na zona de Canelón Chico, em Canelones e ali engarrafam seus vinhos desde 1982, uma forma de continuar o trabalho familiar que inicia com o avô de Carlos, Próspero, que começou a construir a vinícola em 1924. Muito próximo da vinícola estão os vinhedos, que se repartem em duas parcelas que no total somam cerca de 21 hectares. Com elas produzem 140 mil garrafas, 30% delas da variedade Tannat. E com essa cepa produzem seus melhores vinhos.

IMPORTADORES: BRASIL: www.grandcru.com.br | USA: www.mybimports.com   www.woodwinesimports.com

VINHOS

 EXPERIMENTAL PIZZORNO
ARINARNOA, MARSELAN, PETIT VERDOT, CABERNET FRANC 2018
$$$ | CANELÓN CHICO | 13°

A ideia de Carlos Pizzorno aqui era tentar uma mescla, mas sem a presença de Tannat, sem o coringa da estrutura que sempre dá essa cepa. A mistura final é de 40% Marselan, 15% Arinarnoa, 35% Cabernet Franc e o restante de Petit Verdot. Tudo estagia por um ano em barricas antes de ir para a garrafa. A ausência da Tannat diminuiu o peso, mas deixa espaço para que as frutas maduras mandem. A textura macia e "carnuda" definida por Pizzorno enche a boca. Foram produzidas cerca de seis mil garrafas desse vinho, que, em princípio, serão vendidas apenas na vinícola, uma boa desculpa para visitar Canelón Chico.

 PRIMO
TANNAT, MALBEC, CABERNET SAUVIGNON, PETIT VERDOT 2016
$$$$$ | CANELÓN CHICO | 13.5°

Primo é o vinho mais ambicioso de Pizzorno e é produzido apenas nas melhores safras e com uma seleção das variedades que melhor se comportam naquele ano nas instalações da vinícola em Canelón Chico. A primeira versão foi em 2004 e esta é a sétima versão e, pela primeira vez, é realizada em safras consecutivas. A mescla desse ano tem 50% de Tannat, como de costume, mais 15% Cabernet Sauvignon, 20% Malbec e o restante de Petit Verdot. Como é habitual nesse vinho, é um tinto de longa guarda, um maratonista que acaba de começar a corrida. Aqui a Tannat predomina com sua austeridade e seus taninos, sua severidade monástica em um vinho que deve ser guardado por pelo menos cinco anos. Abra espaço na adega.

 SELECT BLEND RESERVA
TANNAT, CABERNET SAUVIGNON, MALBEC 2017
$$ | CANELÓN CHICO | 13.5°

Esse ano Select Blend possui 50% de Tannat, 30% de Cabernet Sauvignon e o restante de Malbec, todos provenientes de vinhedos plantados na área de Canelón Chico, em Canelones. Cada variedade estagia separadamente por um ano e, em seguida, a mistura é devolvida às barricas por mais seis

Pizzorno Family Estates

meses. O resultado é um tinto suculento e fresco, com frutos vermelhos maduros muito bons e com toques especiados. Os taninos permanecem muito firmes, muito verticais, enquanto o vinho se projeta pela boca com frescor e tensão. Esse é para guardar.

 EXCLUSIVOS
MARSELAN 2018
$$ | CANELÓN CHICO | 13.5°

Esse é o novo membro da família Pizzorno, um companheiro do já clássico Maceración Carbónica Tannat e que está procurando a mesma coisa: um tinto fresco e vívido, com muitas frutas vermelhas e taninos macios para se beber aos litros no verão. Aqui há frutas, suavidade e frescor, mas também toques suaves de ervas e terrosos que dão alguma complexidade a um vinho simples e direto. Marselan é uma cepa muito plantada no Uruguai, mas corresponde a um cruzamento feito na França no início dos anos 1960 entre Cabernet Sauvignon e Garnacha.

 EXCLUSIVOS MACERACIÓN CARBÓNICA
TANNAT 2019
$$ | URUGUAI | 13.5°

A vinícola Pizzorno produz esse vinho desde 2000 e tem sido um dos pioneiros em mostrar uma nova cara da Tannat, muito mais fresca e desconstruída da variedade. Essa nova versão segue o caminho das anteriores, focadas em frutas, com toques terrosos, mas acima de tudo frescos e frutados no meio de um corpo de taninos muito macios, incomumente macios para a cepa. Esse é um vinho de sede, para o verão.

 RESERVA BRUT NATURE
CHARDONNAY, PINOT NOIR N/V
$$ | CANELÓN CHICO | 13.5°

Com metade de Chardonnay e a outra metade de Pinot Noir, esse vinho tem dois anos de envelhecimento com suas borras pelo método tradicional de segunda fermentação na garrafa. Esse vinho é austero e seco, com frutas brancas azedas e muitas notas de especiarias e doces, resultado desse longo envelhecimento com as borras. A borbulha é muito macia, muito fina, mas o corpo é importante, para trazer esse vinho para a mesa e acompanhar a carne assada.

 ROSÉ BRUT NATURE
PINOT NOIR   N/V
$$ | CANELÓN CHICO | 13.5°

Trata-se de 100% Pinot Noir com um ano de estágio com as borras pelo método tradicional de segunda fermentação na garrafa. O vinho espumante tem uma borbulha muito fina e delicada, muito suave e em equilíbrio com os sabores e acidez das frutas que são refrescantes e animadas aqui. Para beber com tartar de salmão.

OUTRO VINHO SELECIONADO
🍷 | DON PRÓSPERO TANNAT Tannat 2018 | Canelón Chico | 13° | $

‹ *prova de **vinhos*** ›

Spinoglio

PROPRIETÁRIO Diego Spinoglio
ENÓLOGOS Pablo Bieito & Paulo Lorenzou
WEB www.bodegaspinoglio.com
RECEBE VISITAS *Sim*

Proprietário
DIEGO SPINOGLIO

A família **Spinoglio** chegou no Uruguai vinda do Piemonte no fim do século XIX e em 1961 compraram uma velha edificação e também vinhedos onde começaram a elaborar seus vinhos. Em 2009, Diego Spinoglio e sua mulher, Alessandra, decidiram comprar a marca e as instalações da família para trilharem seu próprio caminho. Sempre em Cuchilla Pereyra, a uns cem metros de altura, a segunda elevação mais alta do país. Nesse lugar, de brisas permanentes e distante do perigo das geadas, eles têm 12 hectares de vinhedos, mais 8 hectares na zona da Serra de Mahoma, no Departamento de San José.

VINHOS

93 **DIEGO SPINOGLIO SIN BARRICA**
TANNAT 2019
$$$ | MONTEVIDÉU | 13.8°

Esse é o novo vinho de Spinoglio, um Tannat que vem de uma seleção da propriedade da vinícola em Cuchilla Pereyra, mas em vez de estagiar em barricas ou ânforas, permanece em tanques de cimento. Além disso, a colheita de 2019 foi complexa, com muitas chuvas, obrigando-os a selecionar os frutos e a colher não tão maduras, com as sementes um pouco mais verdes. E, portanto, extraíram muito menos na vinícola, com medo de obter muito verdor. O resultado é um Tannat delicado, mas ao mesmo tempo muito frutado, muito fresco, embora tenha quase 14 graus de álcool. Devido à sua facilidade de beber, pode funcionar como o rei do churrasco, mas cuidado que aqui há mais do que isso.

93 **ESTIBA RESERVADA**
TANNAT 2015
$$$$ | MONTEVIDÉU | 15°

Estiba Reservada é uma seleção de quatro barricas que são obtidas do total de barricas que vão para a cuvée Diego Spinoglio. Possui taninos firmes e ferozes, incomuns para o habitual nessa vinícola, cujas vinhas de Tannat provêm de solos argilosos que dão vinhos mais gordos. Aqui há tensão na textura e energia na acidez, tudo em uma pintura de muitas frutas negras.

92 **ESTIBA RESERVADA**
CHARDONNAY 2019
$$$$ | MONTEVIDÉU | 13.2°

De vinhas de 8 anos de idade, em Cuchilla Pereyra, na região de Montevidéu, essa é uma pequena produção de cerca de 600 garrafas de Chardonnay. O vinho estagia cerca de 9 meses em barricas e o resultado comprova que Spinoglio tem um tipo de talento natural que pode - e isso é uma teoria, nada mais - ter a ver com o solo argiloso da área, que dá esse volume aos vinhos da casa. Esse tem essa textura redonda, mas também muitos sabores de frutas maduras e de especiarias. Um vinho com grande potencial de envelhecimento.

Spinoglio

 TONEL 10 CORTE ÚNICO (2009-2017)
CABERNET FRANC, MERLOT, TANNAT N/V
$$$ | MONTEVIDÉU | **13.6°**

O costume do pai de Diego Spinoglio, Angel, era separar os melhores vinhos em um único tonel e depois vendê-lo. Essas foram misturas de safras e variedades, como é o caso deste Tonel Único, uma espécie de homenagem de Diego a seu pai que, nesse caso, contém safras de 2009 a 2017 com base de Tannat, como historicamente sempre foi. O vinho mostra uma camada forte e sólida de taninos, com uma acidez intensa que ajuda a refrescar os sabores de frutas pretas e intensas.

 DIEGO SPINOGLIO
TANNAT 2018
$$$ | MONTEVIDÉU | **15°**

Um ano seco e quente parece ter acentuado o caráter dos tintos de Spinoglio e de suas vinhas plantadas em solos argilosos de Cuchilla Pereyra, em Montevidéu. Aqui há madurez de um ano seco e quente, junto com taninos redondos e gordos, comuns nessa vinícola. O resultado é uma bomba de sabores.

 TIERRA ALTA RESERVA
TANNAT 2018
$ | MONTEVIDÉU | **14.1°**

As argilas de Cuchilla Pereyra, na região de Montevidéu, são compostas por pequenas colinas feitas de solos de limo e de argila, que geralmente dão esse tipo de Tannat mais cheio, mais voluptuoso, com taninos que seguem a lógica da variedade, mas que aqui, nessas argilas, são mais redondos. Esse tem notas de frutas maduras e vermelhas, em um vinho para entranhas.

 TIERRA ALTA
TANNAT 2018
$ | MONTEVIDÉU | **13°**

Um vinho projetado para o churrasco, oferece uma ótima relação qualidade-preço, uma das melhores do Uruguai. Das argilas e dos limos de Cuchilla Pereyra, é um Tannat cheio de frutas, redondo em taninos, com toques florais, maduros e untuosos. Leve esse vinho para o churrasco no fim de semana e receba todos os aplausos.

OUTROS VINHOS SELECIONADOS
89 | TIERRA ALTA RESERVA Merlot, Tannat 2018 | Montevidéu | 13.8° | $
88 | TIERRA ALTA RESERVA Chardonnay 2019 | Montevidéu | 13° | $
86 | TIERRA ALTA Sauvignon Blanc 2019 | Montevidéu | 13° | $

《《----》》》

⟨ *prova de* **vinhos** ⟩

Varela Zarranz

PROPRIETÁRIOS Enrique, Laura, Cristina & Ricardo Varela
ENÓLOGO Santiago Degásperi
WEB www.varelazarranz.com
RECEBE VISITAS Sim

Enólogo
SANTIAGO DEGÁSPERI

A família **Varela Zarranz** começou sua aventura com o vinho em 1933, na cidade de Las Piedras, no departamento de Canelones. Seu primeiro grande feito foi a compra, uma década antes, da vinícola que foi construída em 1888 por Diego Pois, um dos pioneiros da viticultura uruguaia, em Joaquín Suárez, também em Canelones. Atualmente, a terceira geração dos Varela Zarranz está no comando da empresa. Contam com 100 hectares divididos em dois terrenos, Cuatro Piedras e Joaquín Suárez. Varela Zarranz tem uma produção anual de 120 mil garrafas.

VINHOS

 GUIDAÍ DETÍ
TANNAT, CABERNET SAUVIGNON, CABERNET FRANC 2016
$$$ | CANELONES | 13.8°

A primeira versão do Guidaí Detí ("três luas" na língua Charrúa) foi lançado graças à safra de 2004. Nessa nova versão, a filosofia permanece a mesma: selecionar as melhores barricas de cada uma das três variedades que compõem a mescla. Esse ano, possui 55% de Tannat, 25% de Cabernet Sauvignon e 20% de Cabernet Franc, todos provenientes de suas próprias vinhas em Joaquín Suarez. O vinho tem uma força imponente na boca, deixando a Tannat mandar com seus taninos firmes e severos, mas também com algum espaço para as notas de ervas dos dois Cabernet. Um vinho grande, mas sem se cansar por seu peso. Esse é para guardar uma década na adega.

 TANNAT CRIANZA
TANNAT 2017
$$$ | CANELONES | 14°

Para este **Crianza**, Varela Zarranz seleciona uvas de suas vinhas mais antigas, plantadas em 1992 na área de Joaquín Suarez. Com quatorze meses de envelhecimento em barricas, esse tem uma influência importante da madeira, proporcionando toques doces e caramelizados, mas a fruta aqui também é muito forte, o que acaba equilibrando as coisas e dando um caráter amplo e expansivo ao vinho, mas ao mesmo tempo de muito boa estrutura, idealizado para a guarda.

 OPEN CELLAR
TANNAT 2018
$$ | CANELONES | 14.1°

Open Cellar é uma seleção do vinhedo mais jovem de Tannat de Varela Zarranz em Joaquín Suárez, em Canelones. As uvas estagiam e fermentam por um ano em barricas e depois por mais um ano na garrafa. Embora seja sentida a presença da madeira, também é evidente o local que apresenta os frutos de sabores maduros e untuosos da Tannat em Canelones e taninos consistentes com essa origem, taninos que armam uma estrutura firme e sólida de vinho com grande potencial de guarda.

Varela Zarranz

 VARELA ZARRANZ BRUT NATURE
CHARDONNAY, VIOGNIER 2015
$$ | CANELONES | 12°

Esse é um blend de 50% Viognier e 50% Chardonnay, todos provenientes de vinhedos entre 20 e 30 anos na área de Canelones. O vinho é produzido pelo método tradicional de segunda fermentação em garrafa e é mantido em suas borras por cerca de 50 meses. O resultado é um espumante de borbulhas muito leves e macias, quase etéreas. Tem toques especiados e uma ligeira doçura, mas é muito elegante e equilibrado, fresco e com sabores profundos.

 RESERVA
TANNAT 2018
$$ | CANELONES | 14.5°

Esse Tannat Reserva vem de um terreno de um hectare plantado em 2003, na região de Joaquín Suarez, em Canelones. 100% estagia em barricas novas por oito meses. Tem um lado amplo e suculento, com toques frescos e amáveis, com notas de madeira especiadas e doces. É macio, redondo.

 TANNAT ROBLE
TANNAT 2018
$$ | CANELONES | 13.8°

Num estilo amplo e maduro, esse vinho é tratado muito bem. Sabores defumados e especiados, mas com predominância de frutas maduras e exuberantes, possui taninos muito polidos e cremosos que contribuem para essa sensação de amplitude.

OUTROS VINHOS SELECIONADOS
89 | VARELA ZARRANZ ANCESTRAL BRUT Moscatel de Hamburgo 2019
 Canelones | 12° | $$
88 | FUSIÓN ROBLE Cabernet Sauvignon, Tannat, Merlot 2018 | Canelones
 13.6° | $$
88 | MARÍA ZARRANZ EXTRA BRUT Chardonnay, Viognier 2019 | Canelones
 12° $$
88 | OMM ROSÉ Marselan 2019 | Canelones | 12.2° | $
87 | PETIT GRAIN MUSCAT Muscat 2019 | Canelones | 12° | $

《《《----》》》

‹ *prova de **vinhos*** ›

Viña Edén

PROPRIETÁRIO Mauricio Zlatkin
ENÓLOGO Marcelo Breganti
WEB www.vinaeden.com
RECEBE VISITAS *Sim*

Enólogo
MARCELO BREGANTI

Mauricio Zlatkin é do Rio de Janeiro e tem esse projeto de uns 8 hectares plantados em solos graníticos da serra de Maldonado, muito próximo da Laguna del Sauce, 25 quilômetros em linha reta do mar. Produz umas 44 mil garrafas anualmente, concentrados na Tannat, mas também com muitos bons resultados em espumantes. O lugar, além disso, tem um restaurante que conta com uma vista incrível da paisagem da zona, modelada pelas serras, em um mar de montanhas. **IMPORTADOR:** BRASIL: www.ruta12.com.br

VINHOS

 METHÓDE CHAMPENOISE BRUT NATURE
CHARDONNAY, PINOT NOIR N/V
$$$$$ | PUEBLO EDÉN | 12.6°

Com mais de três anos de borras sob o método tradicional de segunda fermentação em garrafa, esse 85% Chardonnay e 15% Pinot Noir vem dos solos graníticos de Edén, na costa atlântica e muito perto da lagoa El Sauce, ambas as situações criam um clima bastante frio que permite esse tipo de sabor radiante de fruta. As borbulhas aqui são densas e abundantes, misturando-se com sabores crocantes de frutas em um corpo médio e de acidez suculenta.

 VIÑA EDÉN
CHARDONNAY 2017
$$$$ | PUEBLO EDÉN | 12.2°

Esse Chardonnay vem de vinhedos plantados em 2009, ao lado da vinícola na área de Pueblo Edén, em Maldonado. Não possui madeira, mas sim um ano de contato com as borras, o que aqui se traduz em, primeiro, muitas notas lácticas e frutas maduras e, depois, uma textura ampla, sedosa e volumosa. Um vinho de sabores profundos e muito bom corpo, e também com as notas de sal típicas dos brancos da região.

 CERRO NEGRO GRAN RESERVA
TANNAT, MERLOT, MARSELAN 2017
$$$$$ | PUEBLO EDÉN | 13.3°

Esta mistura é um resumo das melhores videiras da propriedade de Viña Edén, em Pueblo Edén, na baía de Maldonado. São vinhedos plantados em 2009 em solos de granito e esse ano a mistura consiste em 45% de Tannat, 20% de Merlot e 35% de Marselan. O estágio é de 18 meses em barricas e, embora tenha o selo dos tintos da casa, essa extrema madurez e essa voluptuosidade dos taninos, aqui há uma estrutura muito boa que traz equilíbrio. Esse tinto é para guardar por alguns anos.

Viña Edén

92 LICOR DE TANNAT
TANNAT 2019
$$$ | PUEBLO EDÉN | 17°

Essa é a estreia desse licor de Tannat e é uma excelente estreia. Com 170 gramas de açúcar residual e enriquecido com álcool de vinho, é muito doce, mas ao mesmo tempo possui uma acidez muito rica que consegue equilibrar os sabores e dar uma sensação de frescor no meio de toda essa onda de madurez e taninos. Esse vinho é para o futuro, para abrir em dez anos.

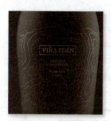

92 METHÓDE CHAMPENOISE BRUT ROSÉ
PINOT NOIR, CHARDONNAY N/V
$$$$$ | PUEBLO EDÉN | 12.8°

Esse rosé possui 92% de Pinot Noir e o restante de Chardonnay, todos provenientes das vinhas de Éden, nos pisos de granito dessa área da baía de Maldonado. Feito pelo método tradicional de segunda fermentação em garrafa, move-se pela boca com seus sabores maduros de frutas vermelhas e suas borbulhas abundantes e finas em um corpo médio e de muito frescor.

91 PUEBLO EDÉN
CHARDONNAY 2018
$$ | PUEBLO EDÉN | 12.5°

Por alguma razão, os brancos de Maldonado têm esse lado salino que mostra esse vinho. Pode ser pelo granitos ou pela influência do mar ou sabe-se lá o motivo, mas a verdade é que esse Chardonnay possui, além de frutas brancas maduras, uma camada de sabores salinos que lhe confere muito caráter. O corpo é denso, cremoso, mas ao mesmo tempo acompanhado por uma acidez que range na boca.

90 CEMENTO
TANNAT 2017
$$$$ | PUEBLO EDÉN | 15°

Esse Tannat vem de vinhedos plantados em 2009 em solos de granito. Estagia por 18 meses em cimento, o vinho possui uma madurez acentuada e taninos muito redondos, sustentados por um nível de álcool que se sente gentil, que traz calor.

90 PUEBLO EDÉN
TANNAT 2018
$$ | PUEBLO EDÉN | 13.8°

Esse é o vinho de entrada, um Tannat simples, com muitas frutas frescas e um lado de ervas que lhe confere alguma complexidade. A textura é muito macia, os taninos polidos e redondos, os sabores doces e amáveis.

90 RESERVA
TANNAT 2017
$$$$ | PUEBLO EDÉN | 14.1°

Seguindo o estilo da casa, possui taninos redondos e sabores maduros, muito maduros em níveis que a fruta parece quase confitada com toques de café e de especiarias doces. 30% do vinho estagia em barricas.

OUTRO VINHO SELECIONADO
89 | PUEBLO EDÉN VERANO Pinot Noir 2018 | Pueblo Edén | 12.8° | $$

*‹ prova de **vinhos** ›*

Viñedo de los Vientos

PROPRIETÁRIO Pablo Fallabrino
ENÓLOGO Pablo Fallabrino
WEB www.vinedodelosvientos.com
RECEBE VISITAS Sim

Proprietário & enólogo
PABLO FALLABRINO

Pablo Fallabrino herdou em 1995 um vinhedo em Atlántida, na costa de Canelones, que pertencia ao seu avô, Angel Fallabrino, que chegou da Itália em 1920 e se tornou em um dos maiores produtores de uvas e de vinhos do Uruguai. Em sociedade com sua mulher, Mariana Cerutti, Pablo Fallabrino construiu uma vinícola em um terreno herdado e iniciou sua produção de vinhos de 1998. Em seus 17 hectares de vinhedos cultivam não somente Tannat, muito presente em seu portfólio, mas também algumas variedade pouco comuns como Nebbiolo e Arneis. A isso somam-se um Tannat sem intervenção, uma mescla branca de 3 variedades cofermentadas, que falam do espírito livre de Viñedo de los Vientos, uma das vinícolas com um dos catálogos mais singulares na América do Sul.

IMPORTADORES: BRASIL: www.wine.com.br | USA: www.brazoswine.com

VINHOS

 EOLO
TANNAT 2015
$$$ | ATLÁNTIDA | 15°

A mistura tradicional de Viñedo de los Vientos, Eolo, tem 85% de Tannat que estagia por três anos em barricas usadas de carvalho, além de 15% de Ruby Cabernet do ano (nesse caso 2018) para dar um frescor maior à mescla. O vinho tem um enorme potencial para economizar. Hoje ele se sente jovem, ainda impactado pela madeira, mas com uma camada densa e compacta de sabores. Possui taninos firmes e acidez suculenta e persistente. Abra espaço em sua adega para este clássico de Viñedo de los Vientos.

 **CATARSIS**
CABERNET SAUVIGNON, BARBERA, TANNAT 2019
$$ | ATLÁNTIDA | 14°

Catarsis vem sofrendo mudanças ao longo do tempo, desde suas primeiras safras no início dos anos 2000. Sempre tem havido mudanças, especialmente no nível do estilo. No começo era um vinho concentrado, de grande estrutura e pouco a pouco foi se tornando mais fresco. Mais um passo nessa direção é essa nova safra que, pela primeira vez, não possui madeira, o que permite que uma fruta mais nervosa e fresca se expresse com mais clareza. Um vinho suculento, mas ao mesmo tempo profundo em sabores. Catarsis possui 50% de Cabernet Sauvignon, 40% de Barbera e o restante de Tannat.

 ESTIVAL
GEWÜRZTRAMINER, CHARDONNAY, MOSCATEL BLANCO 2019
$$ | ATLÁNTIDA | 12.5°

Essa é a mistura clássica de Viñedo de los Vientos. Sua primeira colheita foi em 2003 e desde então ele brinca com a ideia da oleosidade do Gewürztraminer (60% da mistura) mais 30% de Chardonnay, mas colhido muito cedo para fornecer acidez e neutralizar a doçura do Gewürztraminer. A

Viñedo de los Vientos

Moscato traz perfume em um vinho de grande frescor, de grande intensidade aromática e de bom peso. Para o ceviche.

 NEBBIOLO CRUDO
NEBBIOLO 2019
$$ | ATLÁNTIDA | 13.5°

Vinho produzido com intervenção mínima, sem filtro e sem adição de sulfitos. A Nebbiolo em estado puro, mostrando todas as suas notas de flores e de terra. A textura é intensa, contém taninos selvagens que se projetam na boca, deixando a necessidade de carne ou algo gordo para compensar a deliciosa sensação rústica. Dos 12 hectares que Viñedo de los Vientos possui na área de Atlántida, ao lado do rio da Prata, um é de Nebbiolo, que eles usam para este Crudo e para Notos, o Nebbiolo da casa estagiado em barricas.

 SOUL SURFER
BARBERA, GEWÜRZTRAMINER, CHARDONNAY 2019
$$ | ATLÁNTIDA | 12.5°

O enólogo Pablo Fallabrino descreve esse vinho como "meio de verão", referindo-se ao fato de que metade é um Gewürztraminer untuoso e um Chardonnay colhido muito cedo para combater essa doçura, a base do clássico Estival. O resto é de Barbera, uma variedade do norte da Itália rica em acidez e que aqui traz frutas vermelhas em um delicioso vinho em seu frescor, intenso e suculento. Um rosé para refrescar durante todo o verão.

 VIÑEDO DE LOS VIENTOS ESPECIAL
BARBERA 2019
$$ | ATLÁNTIDA | 13°

A família de Pablo Fallabrino vem do Piemonte e, portanto, é natural que ele use cepas da região como a Barbera. Em um ano difícil, com muitas chuvas, aqui eles conseguiram um vinho leve e muito suave (suave mesmo para os padrões de uma cepa suave como a Barbera) e uma acidez brilhante que o torna muito fácil de beber. Não possui grande concentração, mas possui muito frescor em um vinho para matar a sede. Para pizza.

 ESTIVAL ESPUMANTE NATURAL
GEWÜRZTRAMINER, CHARDONNAY, MOSCATEL BLANCO 2019
$$$ | ATLÁNTIDA | 12.5°

Essa é a primeira versão comercial desse Espumante Natural feito pelo método ancestral de uma única fermentação na garrafa. A mistura possui 60% de Gewürztraminer, 30% de Chardonnay (colhido muito cedo para a acidez) e o restante de Moscatel Branco. No fundo, é o Estival tradicional, mas com bolhas e o experimento funciona. Com dez gramas de açúcar, parece maduro e suculento, para acompanhar peixe ao curry.

 VIÑEDO DE LOS VIENTOS
ARNEIS, CHARDONNAY 2019
$$ | ATLÁNTIDA | 12.5°

Trata-se de uma cofermentação de 60% de Arneis e 40% de Chardonnay, tudo em aço. Esse branco tem uma fruta deliciosa, com toques florais e uma acidez suculenta e muito tensa. O corpo é bastante leve, com uma textura nervosa em um branco clássico para saciar a sede. Seus apenas 12,5 graus de álcool ajudam muito.

PEQUENAS AVENTURAS

A CENA DE VINHOS NA AMÉRICA DO SUL SE DIVERSIFICOU E POR OS TODOS LADOS APARECEM NOVOS PROJETOS, MUITAS VEZES PEQUENOS, DE POUCAS GARRAFAS. AQUI VÃO ALGUNS DELES.

Pequenas Aventuras

Bizarra Extravaganza

Bizarra Extravaganza é um projeto de Santiago Deicas, das vinícola Familia Deicas, Juanicó e Pueblo del Sol e pretende dar lugar a vinhos experimentais, especialmente os feitos com um nível muito baixo de intervenção na vinícola. No momento, existem apenas dois vinhos no catálogo e a produção atinge apenas cerca de três mil garrafas. www.bizarra.com

VINHOS

93 — **AMPHORA NATURAL**
TANNAT 2019
$$ | CANELONES | 13.5°

Fruto de macerações intensas, mas curtas e fermentativas, ou seja, com baixo teor alcoólico e, portanto, com baixa extração, esse Tannat da zona de Progreso envelhece em ânforas de argila cozidas por cerca de três meses. Essa nova maneira de extrair sabores e elevar confere a este tinto um caráter frutado, focado nos sabores suculentos da Tannat, mas sem descuidar da estrutura dos taninos e a acidez que constrói aqui um vinho que não é apenas delicioso em frutas, mas também importantes em corpo, profundo e perfeito para armazenamento. O rótulo fala de um vinho desconstruído, e é. Mas também é um vinho sério. Esse tannat foi produzido com intervenção mínima, com leveduras naturais e somente com enxofre no momento do engarrafamento.

92 — **NARANJA NATURAL**
PETIT MANSENG, GROS MANSENG 2019
$$ | CANELONES | 12°

Com um mês e meio de maceração nas peles e sem adicionar leveduras na fermentação nem sulfuroso para a guarda, embora seja adicionado algo no momento do engarrafamento. Essa mistura de metade Petit Manseng e metade Gros Manseng, tem uma delicada suavidade, muito de ambas as variedades Tem uma certa doçura, mas acima de tudo uma textura ampla e volumosa, que com esse ligeiro dulçor esconde o amargor, típico de muitos desses vinhos laranjas. Costeletas de porco defumadas iriam muito bem com esse laranja.

Colorado Chico

Colorado Chico é o projeto de quatro amigos, três deles enólogos e um sommelier, todos de Montevidéu. A vinícola está localizada na área de Colorado Chico, em Canelones. Embora a capacidade da vinícola, originalmente projetada para vinhos a granel, seja de 150 mil litros, apenas dez mil deles vão para esse projeto que é muito experimental. Em termos de origem das uvas, o projeto inclui vinhedos em diferentes áreas do Uruguai. n.monforte20@gmail.com

VINHOS

92 — **DEMMON BLEND DE AÑADAS**
TANNAT N/V
$$$ | CANELONES | 14°

Essa é uma mistura de diferentes culturas, todas de Tannat. Nesse ano, há 26% de Tannat de 2015, 51% de 2016 e o restante de 2018. Somente

*‹ prova de **vinhos** ›*

a parcela de 2018 não tem envelhecimento em barricas. O vinho tem forte presença na boca, taninos firmes e muita severidade em sua estrutura, um exemplo típico de Canelones e toda a austeridade quase monástica da Tannat dessa região clássica perto de Montevidéu. Daqueles para guardar por pelo menos cinco anos em adega.

 VIGGIANO
MARSELAN, TANNAT 2018
$$ | CANELONES | 13°

Trata-se de uma cofermentação de 50% Marselan e 50% Tannat de duas vinhas de Canelones. As duas uvas foram colhidas no mesmo dia, deixando a Marselan um pouco mais madura e a Tannat em um ponto nervoso de frescor. O resultado dessa mistura peculiar é um vinho intenso em taninos, maduro e firme na acidez, com sabores profundos e um corpo forte, que pede a companhia de costeletas de cordeiro.

 PYXIS BLEND DE REGIONES
TANNAT 2018
$$ | URUGUAI | 13°

Esse é um 100% Tannat, mas de quatro áreas, um quarto do total da zona de Rocha, a outra de Tacuarembó, outro quarto de Colonia e a último de Canelones. Metade do vinho estagia em barricas velhas e a outra fica em cimento. O vinho mostra uma madurez acentuada, num vinho doce e amplo, com sabores maduros e corpo cheio que se expande pela boca. Para o cordeiro.

 VIGGIANO TINAJA
TANNAT 2018
$$ | LAS VIOLETAS | 14°

Esse Tannat 100% da área de Las Violetas, em Canelones, foi fermentado em tinajas espanholas novas de argila e lá estagia por nove meses antes de ir para a garrafa. O vinho é uma delícia de frescor, frutas vermelhas maduras e flores em uma espécie de nova onda de Tannat, muito mais intensa em aromas, mas sem abandonar a carga de taninos, essa estrutura e algo severo, austero, da variedade, especialmente da cepa nesses solos argilosos e de cal de Las Violetas, uma das fontes dos melhores tintos do Uruguai.

OUTRO VINHO SELECIONADO
88 | OSADO ROSÉ Tannat 2019 | Canelones | 12.5° | $

Las Garzas Viña Oceánica

Patricia Fernández e Jorge de León são um casal de Punta del Este. Patricia é artista e Jorge é contador. Ambos iniciaram esse projeto em 2016, em terrenos localizados na área de Rocha, leste do Uruguai, a cerca de 5 quilômetros do oceano. Aí plantaram dois hectares, com os quais produzem cerca de 1.500 garrafas. A enóloga é a lendária Estela de Frutos, que está encarregada da enologia. crjleon@me.com

Pequenas Aventuras

BLEND DE LA VIÑA LAS GARZAS VIÑA OCEÁNICA
TANNAT, MERLOT, PETIT VERDOT 2019
$$$ | URUGUAI | 12.5°

Essa mistura vem de vinhedos muito jovens, plantados nos solos da rocha decomposta de Rocha, a cerca de cinco quilômetros do mar, no leste do Uruguai. Possui 65% de Tannat, mais 25% de Merlot e o restante de Petit Verdot e estagia por cerca de seis meses em barricas. A fruta aqui é crocante, marcada pela acidez firme, que destaca os sabores de cerejas e de especiarias pretas. É um tinto fresco, mas ao mesmo tempo com um corpo muito bom, forte o suficiente para pensar em guardar ou acompanhar um cordeiro.

LAS GARZAS VIÑA OCEÁNICA
TANNAT 2019
$$$$ | URUGUAI | 12.5°

O que surpreende a enóloga Estela de Frutos na região de Rocha, a cerca de 5 quilômetros do mar, no leste do Uruguai, é a capacidade que ela tem de amadurecer a Tannat. Com apenas doze graus de álcool, esse exemplo mostra muitas frutas vermelhas maduras e toques de ervas no meio de um corpo forte, com taninos afiados e firmes. A acidez é uma acidez marinha, com traços salinos e nervo, um nervo que se projeta até o fim, refrescando tudo em seu caminho. Um Tannat para ser lembrado quando se fala da costa uruguaia.

《《《----》》》

WINETOURS
by RedTravel

Experiências e tours únicos no Uruguai

info@winetours.com.uy · www.winetours.com.uy